Bachem/Hamblock

Wörterbuch
Recht

Deutsch/Englisch
Englisch/Deutsch

Walter Bachem
Dieter Hamblock

Wörterbuch Recht

Deutsch/Englisch
Englisch/Deutsch

Cornelsen

Verlagsredaktion: Marlies Bocionek/Erich Schmidt-Dransfeld
Umschlaggestaltung: Knut Waisznor, Berlin
Technische Umsetzung: Text & Form, Düsseldorf

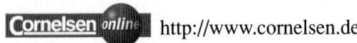 http://www.cornelsen.de

1. Auflage   Druck 4 3 2 1   Jahr 07 06 05 04

© 2004 Cornelsen Verlag Scriptor GmbH & Co. KG, Berlin

Druck: Parzeller Druck- und Mediendienstleistungen, Fulda

ISBN 3-589-24000-8

Bestellnummer 240008

 Gedruckt auf säurefreiem Papier, umweltschonend
hergestellt aus chlorfrei gebleichten Faserstoffen.

Vorwort

Das vorliegende Fachwörterbuch ist als alltäglicher Begleiter für all diejenigen gedacht, die im Beruf oder Studium englischsprachige Rechtstexte sicher erfassen bzw. rechtsverbindlich verfassen wollen. Es ist das Ergebnis langjähriger lexikographischer Arbeit und basiert auf einem Korpus von mehr als 100.000 Lexemen. Seine ca. 27.000 ausgangssprachlichen Einträge in jede Richtung sowie die deutlich größere Anzahl zielsprachlicher Lösungen sind einem breiten Spektrum fachsprachlicher Texte entnommen. Die für beide Sprachen ausgewerteten Textsorten umfassen mündliche Äußerungen (wie Verhöre oder Zeugenaussagen), Fachzeitschriften, Formulare, Gesetzestexte, Kleingedrucktes, Satzungen, Urteilssammlungen, Verordnungen, Versicherungspolicen sowie Verträge aller Art.

Mit Hilfe der elektronischen Datenverarbeitung war es möglich, noch wenige Wochen vor dem Erscheinungsdatum zahlreiche Neologismen aufzunehmen und damit dem rapiden Wachstum des juristischen Fachwortschatzes Rechnung zu tragen. Andererseits ergab die Auswertung fachsprachlicher Texte relativ hohe Rekurrenzwerte bei bestimmten allgemeinsprachlichen Lexemen und Verbindungen, insbesondere solcher aus dem Bereich der Umgangssprache sowie viele bildhafte Wendungen. Es würde den Gebrauchswert eines Fachwörterbuchs deutlich schmälern, wollte man auf diese im Umfeld der Rechtssprache angesiedelten allgemeinsprachlichen Elemente verzichten.

Für den Benutzer wird ein Wörterbuch erst dann interessant, wenn es ihm mehr als lexematische Einzellösungen bietet. So haben die Autoren bei der Erfassung authentischer Äußerungen auch kontextuelle und kotextuelle Merkmale berücksichtigt. Dabei ging es ihnen weniger um ausgefallene idiomatische Wendungen als vielmehr um authentische Kollokationen, wie sie in fachsprachlichen Texten immer wieder vorkommen. Die drei Kollokationsebenen Nomen + Verb/Adjektiv/Präpositionalphrase erwiesen sich in diesem Zusammenhang als besonders produktiv. Gleichzeitig reflektiert die stark variierende Anzahl der Einträge, die sich in einigen Fällen über mehrere Spalten und Seiten erstrecken können, den Grad ihrer Systembedeutung und ihrer Frequenz im aktuellen Rechtsverkehr.

Ein weiterer Grund für die verhältnismäßig großzügige Ausstattung einiger Wortfelder liegt darin, dass sich viele Einzelbegriffe in der jeweiligen Zielsprache in mehrere (hier numerisch angeordnete) Bedeutungsträger aufspalten, die ihrerseits wiederum spezifische Kollokationen nach sich ziehen bzw. bevorzugen. Der Umfang vieler Stichwortgruppen hat schließlich aber auch mit dem Bemühen der Verfasser zu tun, für einen Begriff oder eine Wendung gleich mehrere, semantisch äquivalente Übersetzungslösungen anzubieten. Dadurch soll der Benutzer zum Gebrauch stilistischer Varianten und letztlich zur konzept- und kontextadäquaten Rezeption und Produktion von Rechtstexten angeregt werden.

Die Verfasser möchten an dieser Stelle allen Freunden, Kollegen und Mitarbeitern danken, die zum Gelingen dieses Projekts beigetragen haben, allen voran Kornelia Kramer, die das amorphe Material aufnahm und in der Anfangsphase aufbereitete sowie in der Schlussphase in eine wörterbuchgerechte Form brachte. Sodann gilt unser Dank Karin Bachem und Barbara Hamblock für unverzichtbare Beiträge während der redaktionellen Zwischenphase sowie Nicole Frings und Sebastian Petereit für wichtige redaktionelle Arbeiten. Schließlich danken wir Norbert Brauner für wertvolle Anregungen aus dem Bereich des Polizeirechts, James Bean und William Walker für Hilfestellungen in Bezug auf das amerikanische Recht sowie Mark Adamson und David Talbot für entsprechende Beiträge aus dem englischen Recht. Nicht zuletzt danken wir den Teilnehmern unserer fachsprachlichen Seminare an der Ruhr-Universität Bochum für ihre vielfältigen Anregungen, Fragen und Vorschläge.

Bochum, im Mai 2004 *Walter Bachem*
Dieter Hamblock

Erläuterungen für Benutzer

Anordnung
Die Stichwörter sind streng nach dem Alphabet angeordnet. Dabei ergibt sich das Hierarchieprinzip Nomen, Verb, Adjektiv, Adverb, Präposition, Konjunktion.

Für das Stichwort gilt folgende Anordnung:
1. Nomen: **Recht** *nt*
2. Präposition + Nomen: **von Rechts wegen**
3. Nomen + präpositionale Verbindung: **Recht auf Klageerhebung**
4. Wendungen: **alle Rechte vorbehalten**
5. Kollokation Nomen + Verb: **Recht verwirken**
6. Kollokation Adjektiv + Nomen: **unveräußerliches Recht**
7. Komposita: **Rechtsverletzung**

Die Anordnung im englisch-deutschen Teil erfolgt analog zu der hier erläuterten Sequenz.

Stichwort
Jedes Stichwort ist beim Ersteintrag definiert nach Wortart bzw. Genus. Verben sind als transitiv, intransitiv, reflexiv und präpositional gekennzeichnet. Im Weiteren wird das Stichwort durch den Anfangsbuchstaben abgekürzt. Bei Komposita wird der Stichwortbestandteil durch einen senkrechten Strich angezeigt.

Bedeutungsunterschiede
Die zielsprachlichen Lösungen sind nach ihrer Bedeutung angeordnet und durch Ziffern gekennzeichnet. Eine Zuordnung des Verwendungsbereichs erfolgt zudem in vielen Fällen durch einen Verweis in Kursivschrift und runder Klammer.

Zeichen
~ Die Tilde vertritt ein vorhergehendes Wort oder eine vorhergehende Wortgruppe.

→ Der „Pfeil" verweist auf ein Stichwort mit denselben und ggf. weiteren zielsprachlichen Lösungen.

[ ] Eckige Klammern mit der Länderabkürzung geben den geografischen Verwendungsbereich eines Begriffs an.

/ Der Schrägstrich dient der Zusammenfassung von semantisch identischen Wörtern und Wendungen in Ausgangs- und Zielsprache.

Orthografie und Trennungen
Maßgebend für Rechtschreibung und Trennungen der englischen Einträge war die Schreibweise in Collins Dictionary of the English Language. Spezifisch amerikanische Begriffe werden in amerikanischer Schreibweise dargestellt.

Verzeichnis der Abkürzungen

A	Österreich/Austria
adj	Adjektiv/adjective
adv	Adverb/adverb
AG	Aktiengesellschaft/public limited company
CAN	Kanada/Canada
CH	Schweiz/Switzerland
conj	Konjunktion/conjunction
coll	umgangssprachlich/colloquial
D	Deutschland/Germany
d.h.	das heißt/that is
etc.	usw./and others
etw.	etwas/something
EU	Europäische Union/European Union
f	Femininum/feminine
fig	bildlich/figurative
frz.	französisch/French
GB	Großbritannien/Great Britain
GmbH	Gesellschaft mit beschränkter Haftung/private limited company
HV	Hauptversammlung/(annual) general meeting
IRL	Irland/Eire
jd	jemand/someone
jdm	jemandem/someone
jdn	jemanden/someone
jds	jemandes/someone's
lat.	lateinisch/Latin
m	Maskulinum/masculine
n	Nomen/noun
nt	Neutrum/neuter
obs.	veraltet/obsolete
OHG	Offene Handelsgesellschaft/general partnership
os.	sich/oneself
pej	pejorativ/pejorative
pl	Plural/plural
prep	Präposition/preposition
prov.	Sprichwort/proverb
Scot.	Schottland/Scotland

so.	jemand/someone
sth.	etwas/something
US	Vereinigte Staaten/United States
v/i	intransitives Verb/intransitive verb
v/prep	präpositionales Verb/prepositional verb
v/refl	reflexives Verb/reflexive verb
v/t	transitives Verb/transitive verb
v/ti	transitives und intransitives Verb/transitive and intransitive verb
Vers.	Versicherungswesen/insurance
z.B.	zum Beispiel/for instance

Deutsch – Englisch

A

ab 1. Januar 1. as from 1 January; 2.with effect from 1 January; **a. 18 Jahren** from 18 years onwards

abändern *v/t* 1. to alter; 2. *(Text)* to revise; 3. *(Gesetz)* to amend; 4. *(teilweise)* to modify

Abänderung *f* 1. amendment; 2. revision; 3. alteration; 4. *(teilweise)* modification; **die A. des Abkommens tritt in Kraft** the amendment of the convention takes effect

Abänderungs|antrag *m* proposed amendment; **~ einbringen** to table an amendment; **A.befugnis** *f* power to amend; **A.klage** *f* 1. application for variation of an order *[GB]*; 2. petition to modify a judgment *[US]*

Abandon *nt* abandonment, relinquishment; **A.frist** *f* period allowed for abandonment; **a.ieren** *v/t* to abandon/relinquish; **A.klausel** *f* abandonment clause

abbau|en *v/t (Beschränkungen)* to relax; **A.recht** *nt* mining right

abbedingen *v/t* to contract out (of sth.)

abberuf|en *v/t* 1. *(Amt)* to remove (from office); 2. *(entlassen)* to dismiss; **A.ung** *f* dismissal

abbestell|en *v/t* to cancel; **A.ung** *f* cancellation

abbild|en *v/t* to reproduce; **A.ung** *f* reproduction

abbrechen *v/t* to break off

abbrennen *v/t* to burn down

Abbruch *m* 1. *(Beziehungen)* breaking off; 2. *(Bauwerk)* demolition; **A. der Schwangerschaft** abortion; **a.reif** *adj (baufällig)* dilapidated; **A.verfügung** *f* demolition order

abbuchen *v/t* to debit

Abbuchung *f* debit; **A.sermächtigung** *f* direct debit mandate

Abbüßen einer Straftat *nt* serving one's sentence

abdecken *v/t* to cover

abdingbar *adj* subject to dispositon by the parties, not mandatory

Abdruck *m* reprint; **a.en** *v/t* to reprint

aberkennen *v/t* to deprive/revoke

Aberkennung *f* revocation, deprivation; **A. der bürgerlichen Rechte** deprivation of civil rights

aberratio ictus *(lat.)* failure of the criminal act

Abfall *m* → **Müll** waste, refuse, garbage *[US]*, trash *[US]*; **gefährlicher A.** hazardous waste; **A.beseitigung** *f* waste/ refuse disposal; **A.wirtschaft** *f* waste management

abfällig *adj (Bemerkung)* derogatory

Abfangen *nt (Post etc.)* interception; **a.** *v/t* to intercept

abfassen *v/t* to draw up/draft

abfinden *v/t* to pay off, to settle

Abfindung *f* accord and satisfaction, settlement; **A. von Gläubigern** arrangement with creditors; **freiwillige A.** ex gratia payment; **vergleichsweise A.** arrangement

Abfindungs|anspruch *m* indemnity claim; **A.erklärung** *f* general release; **A.summe** *f* amount of compensation; **A.vergleich** *m* arrangement, composition; **A.vertrag** *m* settlement agreement; **A.zahlung** *f* payment in (full) settlement

abführ|en *v/t* to transfer/pay; **A.ung** *f* transfer, payment

Abgabe *f (Steuer)* levy; **A. einer Erklärung** making a declaration; **~ Rechtssache an das zuständige Gericht** transfer of a case to the competent court; **~ Versicherung** affirmation; **~ eidesstattlichen Versicherung** affirmation in lieu of an oath; **A.frist** *f* deadline for filing

Abgaben *pl* duties; **A. erheben** to levy duties; **A.ordnung** *f* tax code

Abgaberecht *nt* revenue law

Abgasnorm *f* exhaust emission standard

abgeben *v/t* to surrender

abgekartet *adj* collusive, concerted

abgelaufen *adj (Pass)* expired

abgelegen *adj* remote

abgelt|en *v/t* to discharge; **A.ung** *f* discharge

abgemacht *adj* agreed

Abgeordnete(r) *f/m* member of parliament; **A.nimmunität** *f* parliamentary privilege

abgesehen von *prep* save for

abgesichert *adj (Kredit)* collateralized *[US]*, securitized *[GB]*; **vertraglich a.** secured by contract

abgeurteilt *adj (rechtskräftig)* convicted

abgrenz|en *v/t* to demarcate; **A.ung** *f* demarcation

abhalten *v/t* 1. *(abschrecken)* to deter; 2. *(Veranstaltung)* to hold

abhanden kommen *adj* to be lost

Abhandenkommen *nt* loss

abhängig von *adj* dependent on, subject to

Abhängige *pl* dependants; **A.r** *m* dependant

Abhängigkeit *f* 1. dependence; 2. *(z. B Sucht)* dependency; **A.sverhältnis** *nt* state of dependence

abheb|en *v/t (Geld)* to withdraw; **A.ung** *f* withdrawal

abhelfen *v/t* to relieve/redress/remedy

Abhilfe *f* remedy, relief , redress, interlocutory revision; **A. gewährend** remedial; **A. schaffen** to redress/remedy; **A.gesuch** *nt* petition for relief

abhol|en *v/t* to collect; **A.gebühren** *f* collection charges; **A.ung der Ware** *f* collection of the goods

abhören *v/t* to bug/tap; **A. von Telefongesprächen** *nt* telephone tapping, wiretapping

Abhör|gerät; A.vorrichtung *nt/f* bugging/surveillance device

Abkommen *nt* agreement, treaty, convention; **dieses A. tritt am Tage seiner Unterzeichnung in Kraft** the present agreement shall come into force on the date of signing; **unter ein A. fallen** to be subject to a convention

Abkömmling *m* descendant; **A.e des Erblassers** descendants of testator; **~ eines Dritten** third-party descendants; **~ in gerader Linie** descendants in direct line

Abkunft *f* 1. origin; 2. descent

abkürz|en *v/t (Text)* to abbreviate; **A.ung** *f* abbreviation

Ablauf *m* 1. *(Gültigkeit)* expiration *[US]*, expiry *[GB]*; 2. termination; **bei A. von** at the expiration of; **der A. wird gehemmt** *(Verjährung)* time ceases to run; **nach A. von** after (the) expiration of; **vor A.** prior to expiry; **A. der Frist** expiration/expiry of the period; **~ Kündigungsfrist** expiration/expiry of the period; **~ Pacht** expiration/expiry of the lease; **A. einer Police** expiration/expiry of a policy; **A. der Strafzeit** expiration/expiry of the prison sentence; **~ Verjährungsfrist** expiration/expiry of the limitation period; **A. eines Vertrages** termination of a contract

Ablaufdatum *nt* date of expiration *[US]*/of expiry *[US]*, expiration/expiry date

ablaufen *v/t* to lapse/terminate/expire; **A.** *nt* lapse, expiration *[US]*, expiry *[GB]*

Ablaufhemmung *f* 1. suspension of expiration of prescription; 2. tolling of the statute of limitations *[US]*

Ableben *nt* death

ablehnen *v/t* to repudiate/refuse/reject

Ablehnung *f* 1. repudiation, refusal, rejection; 2. *(Richter)* challenge; **A. ohne Angabe von Gründen** rejection without giving reasons, challenge for cause; **A. (eines Richters) wegen Befangenheit** challenge (of a judge) on the grounds of bias; **A. eines Geschworenen** challenge of a juror, objection to a juror; **A. der Haftung** disclaimer of liability; **~ Verantwortung** rejection of responsibility

allgemeine Ablehnung blanket refusal; **unbegründete A.** unfounded rejection

Ablehnungs|bescheid *m* notice of rejection; **A.recht** *nt* right of refusal

Ablenkungsmanöver *nt* red herring *(fig)*

ableugnen *v/t* to deny; **eidlich a.** to deny on oath

Ableugnung *f* denial

abliefern *v/t* to surrender/deliver

Ablieferung *f* 1. *(Waren)* delivery; 2. *(Dokumente)* surrender; **A.spflicht** *f* 1. obligation to deliver, 2. obligation to surrender

ablösen *v/t* 1. *(Dienst)* to relieve; 2. *(Hypothek)* to redeem

Ablösung *f* 1. relief; 2. redemption; **A.recht** *nt* right of redemption

abmachen *v/t* to agree/stipulate

Abmachung *f* agreement; **außergerichtliche A.** out-of-court settlement; **vertragliche A.** contractual stipulation

abmahnen *v/t* 1. to warn; 2. *(Mitarbeiter)* to caution

Abmahnung *f* 1. caution; 2. warning; 3. *(Schreiben)* warning notice: **A.sfrist** *f* period of warning; **A.sschreiben** *nt* 1. written caution; 2. warning notice
abmark|en *v/t* to mark the boundary; **A.ung** *f* marking the boundary
abmeld|en *v/t* to cancel; **A.ung** *f* cancellation
Abnahme *f* 1. *(Prüfung)* acceptance, inspection; 2. *(Ware)* delivery; **A. der Ware** acceptance of goods; **A.bescheinigung;** **A.protokoll** *f/nt* certificate of inspection; **A.verzug** *m* default in taking delivery
abnehmen *v/ti* 1. to accept/inspect; 2. to take delivery
Abnehmer *m* buyer
abnorm *adj* 1. abnormal; 2. anomalous
abnutzen *v/t* to (be subject to) wear and tear
Abnutzung *f* wear and tear; **gewöhnliche A.** normal wear and tear; **A.s- und Verschleißerscheinungen** wear and tear
Abonn|ement *nt* subscription; **A.ent** *m* subscriber; **a.ieren** *v/t* to subscribe
abraten *v/t* to advise against
Abrechnung *f* settlement; **A.stag** *m* settlement day; **A.szeitraum** *m* accounting period
Abrede *f* understanding, accord, agreement; **etwas in A. stellen** to deny sth.
abriegel|n *v/t* to cordon/seal off; **A.ung** *f* cordon, cordoning off
Abrogation *f* abrogation
Abruf *m* call
Absage *f* cancellation, refusal
Absatz *m* 1. clause, section, paragraph, sub-paragraph; 2. *(Verkauf)* sales
abschaff|en *v/t* 1. to abolish; 2. *(aufheben)* to repeal; 3. *(allmählich)* to phase out; **A.ung** *f* 1. abolition; 2. repeal
abschätzen *v/t* to estimate/evaluate/value/appraise/assess
Abschätzung *f* appraisal, assessment, valuation; **A. des Risikos** risk evaluation; **A. durch einen Sachverständigen** valuation by an expert; **A.sklausel** *f (Versicherung)* appraisal clause
Abschiebehaft *f* detention prior to deportation
abschieben *v/t* to deport
Abschiebung *f* deportation; **A. von Aus-**

ländern deportation of aliens; **A.shaft** *f* detention prior to deportation
Abschlag *m* discount, rebate
abschlägig *adj* negative; **a. bescheiden** to refuse; **a. beschieden werden** to meet with a refusal
Abschlagszahlung *f* part(ial)/down/interim payment, payment on account
abschließen *v/t* 1. *(Vertrag)* to enter into, to conclude; 2. *(beenden)* to conclude/finalize; 3. *(Ausbildung, Projekt usw)* to complete
Abschluss *m* 1. conclusion; 2. completion; **A. auf Termin** time contract; **A. eines Vertrages** conclusion of a contract, entering into an agreement; **nach A. des Vertrages** after conclusion of the contract
Abschluss|freiheit *f* freedom to contract; **A.jahr** *nt* contract year; **A.ort** *m* place of contracting; **A.prüfer** *m (Bilanz)* auditor; **A.prüfung** *f* 1. *(Bilanz)* audit(ing); 2. *(Schule)* school-leaving examination; **A.termin** *m* completion date; **A.vollmacht** *f* authority to conclude a contract; **A.zahlung** *f* final instalment; **A.zeugnis** *nt* school-leaving certificate *[GB]*, high school diploma *[US]*; **A.zwang** *m* obligation to conclude a contract
Abschnitt *m (Gesetz, Vertrag)* paragraph, section, chapter
abschrecken *v/t* to act as a deterrent, to deter; **a.d** *adj* to deterrent
Abschreckung *f* deterrence; **A.smittel** *nt* deterrent; **A.stheorie** *f* theory of deterrence
abschreib|bar *adj (Steuer)* depreciable; **a.en** *v/t* 1. to copy; 2. *(teilweise)* to write down; 3. *(voll)* to write off
Abschreibung *f* 1. depreciation, write-down; 2. write-off; **A. auf Anlagevermögen** depreciation of fixed assets; **~ Betriebsanlagen** depreciation of plant and equipment; **~ den Wiederbeschaffungswert** depreciation of replacement value; **außerplanmäßige A.** unscheduled depreciation; **A.serlös(e)** *m/pl* proceeds resulting from depreciation
Abschrift *f* copy; **A. anfertigen** to make a copy; **eine A. beglaubigen** to certify a copy; **die Übereinstimmung der A.**

mit dem Original bestätigen to certify the conformity of the copy with the original; **A. einer Urkunde** copy of a deed **amtliche Abschrift** official copy; **beglaubigte A.** certified copy; **notariell ~** notarized copy *[US]*/notarially attested copy; **gleichlautende A.** true/conformed *[US]* copy

Abschrifterteilung *f* furnishing a copy

abschwören *v/t* 1. *(Schuld)* to deny; 2. *(Verbrechen)* to renounce

abseh|bar *adj* *(Zeit)* foreseeable; **a.en von** *v/prep* to refrain from, to dispense with; **A.en von Strafe** *nt* exemption from punsihment

absend|en *v/t* to send/post/mail/dispatch; **A.er** *m* sender; **A.etag** *m* date of mailing; **A.ung** *f* mailing, posting

absetzbar *adj* *(Steuer)* allowable, deductible; **n. absetzbar** non-allowable; **steuerlich a.** tax-deductible

absetzen *v/t* 1. *(Steuer)* to deduct; 2. *(Tagesordnung etc.)* to remove

Absetzung *f* 1. *(Steuer)* deduction; 2. *(Amt)* dismissal; **A. eines Termins** cancellation of a date

absichern *v/t* 1. to secure; 2. *(Risiko)* to cover

Absicherung *f* securitization

Absicht *f* intent, intention; **ausdrückliche böse A.** *(Tötung)* express malice; **in böser A.** with malice aforethought; **in betrügerischer A. handeln** to act with intent to deceive; **gesetzgeberische A.** legislative intent; **verbrecherische A.** criminal intent

absichtlich *adj* deliberate, intentional, wilful; *adv* knowingly, on purpose

Absichtserklärung *f* letter of intent, declaration of intent(ion)

absitzen *v/t* *(Strafe)* to serve

absondern *v/t* to segregate/separate/set aside/sever

Absonderung *f* preferential treatment; **A.sgläubiger** *m* preferential creditor; **A.srecht** *nt* preferential right

absperren *v/t* to cordon/seal off

Absprache *f* 1. collusion, understanding, accord, agreement; 2. *(Kartellrecht)* concerted action; **A. bei Angebotsabgabe** collusive tendering; **A. zwischen Anklage und Verteidigung** plea bargaining; **heimliche A.** collusive agreement; **wettbewerbsschädigende A.** anti-competitive agreement

absprechen *v/t* *(Recht)* to deny/disallow

abstammen *v/i* to descend (from)

Abstammung *f* descent; **A. in gerader Linie** lineal descent; **~ der Seitenlinie** collateral descent; **eheliche A.** legitimate descent

Abstand *m* 1. distance; 2. *(Abstandnahme)* desistence, forbearance; **A. nehmen von** to desist/refrain from; **in regelmäßigen Abständen** at regular intervals; **A.ssumme** *f* premium; **A.szahlung** *f* release payment

abstellen *v/t* *(Störung)* to remedy/abate

abstimmen *v/i* 1. *(Wahl)* to vote; 2. to coordinate/reconcile

Abstimmung *f* 1. vote; 2. understanding; **A. durch Handheben** vote by show of hands; **geheime A.** secret ballot

abstrakt *adj* abstract

Abstraktion *f* abstraction; **A.sprinzip** *nt* *(Vertragsrecht)* abstraction principle

abstreiten *v/t* *(bestreiten)* to disclaim/deny/contest/dispute

absuchen *v/t* to search

abteilen *v/t* to sever

Abteilung *f* department, division, section; **A.sgericht** *nt* divisional court

Abtötung der Leibesfrucht *f* feticide

abtragen *v/t* to pay off

abträglich *adj* detrimental

abtreib|en *v/t* to abort; **A.ung** *f* abortion, termination of pregnancy

abtrenn|en *v/t* to sever; **A.ung** *f* severance

abtret|bar *adj* assignable; **a.en** *v/t* 1. to assign; 2. *(aufgeben)* to relinquish; **A.ende(r)** *f/m* assignor

Abtretung *f* assignment, cession; **A. des Anspruchs** assignment of the claim; **A. der Ersatzansprüche** assignment of claims for damages; **~ Forderung** assignment of the claim; **A. von Gehaltsansprüchen** assignment of salary claims; **A. eines Herausgabeanspruchs** assignment of a claim for return/surrender/restitution; **A. auf Grund rechtlicher Verpflichtungen** subrogation; **A. von Versorgungsansprüchen** assignment of maintenance claims; ~ pension entitlements; **A. an Zahlungs Statt** cession in lieu of payment

Abtretungs|anzeige *f* notice of assignment; **A.empfänger(in)** *m/f* assignee;

A.erklärung *f* declaraton of assignment; **beglaubigte A.erklärung** certified assignment; **A.gläubiger(in)** *m/f* assignee; **A.urkunde** *f* deed of assignment; **A.vertrag** *m* contract of assignment

aburteil|en *v/t* to sentence/convict; **A.ung** *f* sentencing, conviction

abverlangen *v/t* to demand

abwäg|en *v/t* to weigh/consider; **A.ung** *f* consideration

abwälzen *v/t* 1. *(Kosten)* to pass on; 2. *(Verantwortung)* to shift

abwandel|n *v/t* to modify; **A.ung** *f* modification

abwarten *v/t* to await

Abwasser *nt* waste water, sewage; **A.beseitigung** *f* sewage disposal

abwechselnd *adj* alternate

Abwehr *f* defence; **A. eines Anspruchs** rebuttal of a claim; **A. einer Gefahr** warding off a danger; **a.en** *v/t* to ward off/avert

abweichen *v/i* 1. to differ/diverge/deviate; 2. *(Gerichtsentscheidung)* to overrule; 3. *(Meinung)* to dissent; **A. von der Wahrheit** departure from the truth; **a.d** *adj* dissenting

Abweichung *f* derogation, discrepancy, divergence, deviation; **bei A.en** if discrepancies arise; **in A. von Art. 1** in derogation of Art. 1; **~ hiervon** notwithstanding this

Abweichung aus Billigkeitsgründen deviation on grounds of equity; **A. von der Norm** departure from the norm; **~ Vertragsbedingungen** deviation from the terms of a contract; **A. einer Zeugenaussage** discrepancy in the deposition of a witness

abweisen *v/t* 1. to reject; 2. *(Klage)* to dismiss; 3. *(Anspruch)* to repudiate/disallow/dismiss; **etw. kostenpflichtig a.** to dismiss sth. with costs; **~ als rechtlich unbegründet a.** to dismiss sth. on a point of law

Abweisung *f* 1. rejection, repudiation; 2.

(Klage) dismissal; **A. der Klage** dismissal of the claim; **A.sbegehren** *nt* motion to dismiss, demurrer *[US]*

abwend|en *v/t* to avert/stave off/avoid/prevent; **A.ung** *f* avoidance

abwerten *v/t* to devalue

Abwertung *f* devaluation; **A.sklausel** *f* devaluation clause

abwesend *adj* absent; **A.e(r)** *f/m* absentee

Abwesenheit *f* absence; **in A.** in absentia *(lat.)*; **eigenmächtige A.** absence without leave

Abwesenheits|pfleger(in) *m/f* curator for an absent person; **A.pflegschaft** *f* curatorship for an absent person; **A.urteil** *nt* judgment in absentia *(lat.)*; **A.verfahren** *nt* proceedings against an absentee; **A.vermutung** *f* presumption of absence

abwickeln *v/t* to wind up

Abwickler *m* liquidator; **gerichtlich bestellter A.** liquidator appointed by the court

Abwicklung *f* winding up; **A. von Schadensfällen** settlement of accident claims

abzahlen *v/t* to redeem, to pay off (in instalments)

Abzahlung *f* paying off

Abzahlungs|geschäft *nt* instalment business; **A.gesetz** *nt* Hire Purchase Act *[GB]*; **A.kredit** *m* instalment credit; **A.plan** *m* instalment plan; **A.schuld** *f* instalment debt; **A.vertrag** *m* hire purchase agreement, credit sale agreement

abzeichnen *v/t* to initial

abzieh|bar *adj* deductible; **a.en** *v/ti* to deduct

abzins|en *v/t* to deduct unaccrued interest; **A.ung** *f* deduction of unaccrued interest

Abzug *m* deduction; **nach A. von** after deduction of

abzüglich *prep* less

achten *v/t* to respect

ächten *v/t* to proscribe/outlaw

achtlos *adj* careless

Ächtung *f* proscription

Achtung der Menschenrechte *f* respect for human rights

Adäqu|anz *f* adequate causation; **a.at** *adj* adequate

Adhärenz *f* adherence

Adhäsions|verfahren *nt* adhesive procedure/proceedings; **A.vertrag** *m* adhesion contract

Adjudi|kation *f* adjudication; **a.zieren** *v/t* to adjudicate

adoptieren *v/t* to adopt

Adoption *f* adoption; **A.sbeschluss** *m* adoption order; **A.sverfahren** *nt* adoption proceedings

Adoptiv|eltern *f* adoptive parents; **A.kind** *nt* adopted/adoptive child

Adressat *m* addressee, consignee

Adress|e *f* address; **a.ieren** *v/t* to address/direct

Advokat *m* advocate; **A.ur** *f* advocacy

Affekt *m* (uncontrollable) impulse; **A.handlung** *f* act committed in the heat of passion

Affidavit *m* affidavit

affirmativ *adj* affirmative

Agent *f* agent; **A.entätigkeit** *f* intelligence operation

Agentur *f* agency; **A.vertrag** *m* agency agreement

Agio *nt* premium

Agrarrecht *nt* agricultural law

ahnd|en *v/t* to punish; **A.ung** *f* punishment

akkordieren *v/t* to agree

akkreditier|en *v/t* 1. *(Völkerrecht)* to accredit; 2. *(Akkreditiv)* to open a credit; **A.ung** *f* 1. accreditation; 2. opening of a (letter of) credit

Akkreditiv *nt* (letter of) credit

Akt *m* act, deed

Akte *f* filde, record; **zu den A.n** to be filed

Akten anfordern to ask for the files; **zu den A. einreichen** to submit for insertion in the files; **A. einsehen** to inspect files

Akten|anforderung *f* request for files, order/writ of certiorari *(lat.)*, writ of error coram vobis *(lat.)*, invocation of papers *[US]*; **A.auszug** *m* abstract of record; **A.einsicht** *f* inspection of files/records, access to records; **~ gewähren** to lay files open to inspection

aktenkundig *adj* on record; **a. sein** to be on record

Aktenlage *f* record as it stands, status of the case; **nach A. entscheiden** to decide on the record

Akten|versendung *f* forwarding of records; **A.vorlage an ein höheres Gericht** certiorari *(lat.)*

Aktenzeichen *nt* file/reference number; **ein A. angeben** to quote a reference number

Aktie *f* share *[GB]*, stock *[US]*

Aktiengesellschaft (AG) *f* public limited company (plc) *[GB]*, (open) corporation *[US]*

Aktien|gesetz *nt* Companies Act *[GB]*; **A.recht** *nt* company law

Aktienübertragung *f* transfer of shares; **A.surkunde** *f* deed of transfer

Aktien|zertifikat *nt* share/stock certificate; **A.zuteilung** *f* allotment of shares/stocks

Aktionär *m* shareholder, stockholder; **A.sklage** *f* shareholders'/stockholders' action

Aktiva *pl (Bilanz)* assets

Aktiv|legitimation *f* right to sue; **A.saldo** *m* credit balance

Akzept *nt* acceptance; **A.ant** *m* acceptor; **a.ieren** *v/t* to accept

Akzess|ion *f* accession; **A.orietät** *f* accessoriness; **a.orisch** *adj* criminally involved as an accessory

akzidentiell *adj* accidental

Alarm *m* alarm, alert; **A.anlage** *f* burglar alarm

aleatorisch *adj* aleatory

alias alias, also known as (aka)

Alibi *nt* alibi; **ein A. anfechten** to contest an alibi; **den A.nachweis erbringen** to prove one's alibi

Alimente *pl* alimony, aliment *[Scot]*, maintenance; **A.nbeschluss** *m* affiliation order

alimentieren *v/t* to fund

Alkohol *m* alcohol; **A.einfluss** *m* influence of alcohol; **A.schmuggler** *m* bootlegger; **A.sünder am Steuer** *m* drunken driver; **A.test** *m* breath test; **A.testgerät** *nt* breathalyser; **A.verbot** *nt* ban on alcohol

Allein|auftrag *m* exclusive order; **A.berechtigung** *f* exclusive authority; **A.besitz** *m* sole possession; **A.eigentum** *nt* sole ownership; **A.eigentümer(in)** *m/f* sole owner/proprietor; **A.entscheidungsrecht** *nt* sole right of decision; **A.erbe** *m* sole heir; **A.gebrauch** *m* exclusive use; **A.händler** *m* sole trader; **A.herstellungsrecht** *nt* monopoly of production; **A.inhaber** *m* sole holder; **A.pacht** *f* sole tenancy; **A.recht** *nt* exclusive right; **A.schuldner** *m* sole debtor; **A.sorge** *f* sole custody

alleinstehend *adj* single

Alleinver|kaufsrecht *nt* exclusive selling right; **A.schulden** *nt* sole fault; **A.treter** *m* sole agent; **A.tretung** *f* sole agency; **A.tretungsvereinbarung** *f* exclusive agreement; **A.trieb** *m* concession, exclusive sale

allgemein *adj* general; **A.heit** *f* general pubic; **A.verfügung** *f* general disposition; **A.wohl** *nt* common weal, public good

Allzuständigkeit *f* comprehensive jurisdiction

Alter *nt* age; **erwerbsfähiges A.** employable age; **heiratsfähiges A.** marriagable age; **zurechnungsfähiges A.** age of responsibility

alternativ *adj* alternative; **A.anklage** *f* alternative charge; **A.antrag** *m* alternative motion; **A.vermächtnis** *nt* alternative legacy

Alters|erfordernis *f* age requirement; **A.grenze** *f* age limit; **A.rente**; **A.ruhegeld** *f/nt* old-age pension; **A.versorgung** *f* provision for (one's) old age

Altverbindlichkeit *f* existing liability

ambulant *adj* 1. *(Krankenhaus)* outpatient; 2. *(Gewerbe)* itinerant

Amnestie *f* amnesty; **a.ren** *v/t* to grant an amnesty

Amok *m* amok; **A.lauf** *m* running amok

Amortis|ation *f* amortization; **a.ieren** *v/t* amortize

Amt *nt* office; **kraft seines A.es** by virtue of his office; **von A.s wegen** ex officio *(lat.)*; **A. für Verbraucherschutz** Office of Fair Trading *[GB]*; **A. bekleiden** to hold office; **jdn aus dem A. entfernen** to remove so. from office

amtieren *v/i* to act (in an official capacity)

amtlich *adj* official

Amts|akten *pl* official files; **A.anklage** *f* ex officio charge; **A.anmaßung** *f* false/fraudulent assumption of authority; **A.anwalt** *m* official solicitor;

A.arzt *m* medical officer of health (MOH) *[GB]*, medical referee *[US]*; **A.befugnis** *f* official powers

amtsbekannt *adj* known to the authorities

Amts|beleidigung *f* insulting a public official; **A.bereich** *m* jurisdiction; **A.bezeichnung** *f* official title/designation; **A.bezirk** *m* administrative district; **A.blatt** *nt* official gazette/journal; **A.dauer** *f* term of office; **A.delikt** *m* misdemeanour; **A.eid** *m* oath of office; **A.ermittlung** *f* official investigation; **A.fähigkeit** *f* eligibility for office; **A.geheimnis** *nt* official secret

Amtsgericht *nt* local court, magistrates' court *[GB]*, sheriff's court *[Scot]*, district court *[US]*; **zuständiges A.** competent magistrates' court

Amts|gewalt *f* official power; **A.haftung** *f* liability of an official, public liability; **A.handlung** *f* official act

Amtshilfe *f* administrative assistance/aid; **A. leisten** to provide administrative assistance; **A.ersuchen** *nt* letters rogatory

Amts|inhaber *m* office holder; **A.kaution** *f* official fidelity guarantee; **A.kenntnis** *f* official knowledge; **A.missbrauch** *m* abuse of authority, misdemeanour; **A.mündel** *m* ward of court; **A.organ** *nt* official organ; **A.periode** *f* term of office; **A.person** *f* official; **A.pflegeschaft** *f* ex officio curatorship

Amtspflicht *f* official duty; **A.verletzung** *f* malpractice/malfeasance in office, breach of public duty, violation of official duty

Amts|prinzip *nt* principle of ex officio proceedings; **A.register** *nt* official register

Amtsrichter *m* district judge, magistrate *[GB]*; **besoldeter A.** stipendiary magistrate *[GB]*

Amts|sache *f* official business; **A.siegel** *nt* official seal; **A.sprache** *f* official language; **A.träger(in)** *m/f* official, office-holder; **A.übernahme** *f* assumption of office;

A.unterschlagung *f* misappropriation in an official capacity, malversation; **A.vergehen** *nt* malfeasance (in office); **A.verschwiegenheit** *nt* official secrecy; **A.vollmacht** *f* official power(s)

Amtsvormund *m* public/official guardian; **A.schaft** *f* ex officio guardianship
Amts|walter *m* administrator; **A.weg** *m* official channels
Amtszeit *f* tenure, period/term of office
analog anwenden *adj* to apply analogously
Anbau *m* 1. *(Gebäude)* annex(e); 2. *(Vorgang)* extension; **a.en** *v/t* to build on/annex
anbei *adv* herewith
anberaumen *v/t* to schedule/fix
in Anbetracht dass considering that, whereas
anbiet|en *v/t* 1. to offer; 2. *(Zahlung, Leistung)* to tender; **A.ungspflicht** *f* obligation to treat
anbringen *v/t* to affix/attach (to)
Ander|depot *nt* trust deposit; **A.konto** *nt* nominee/client/fiduciary/trust account
ändern *v/t* 1. to change; 2. to alter/modify/vary; 3. *(Gesetz)* to amend
Änderung *f* 1. change; 2. alteration, modification; 3. amendment; **Ä.(n) vorbehalten** subject to change/alterations; **Ä. eines Patents** amendment of a patent; **Ä. der Satzung** modification of the articles of association; **Ä.des Wohnsitzes** change of residence; **bauliche Ä.** structural alternation, **nachträgliche Ä.** later alteration; **wesentliche Ä.** material change
Änderungs|bescheid *m* amending decision; **Ä.beschluss** *m* amending order; **Ä.kündigung** *f* notice of termination pending a change of contract; **Ä.verbot** *nt* prohibited alterations; **Ä.vorbehalt** *m* reservation of the right of modification
anderweitig *adj* elsewhere, otherwise
andeuten *v/t* to imply
andien|en *v/t* to offer/tender; **A.ung** *f* offer, tender
androhen *v/t* to threaten
Androhung *f* threat; **bei A. einer Freiheitsstrafe** under penalty of punishment; **~ Geldstrafe** under penalty of a fine
sich aneignen *v/refl* to appropriate; **sich rechtswidrig a.** to appropriate unlawfully, to misappropriate
Aneignung *f* appropriaton; **unerlaubte**

A. taking without the owner's consent (twoc); **widerrechtliche A.** misappropriation; **A.srecht** *nt* right of appropriation
Anerbieten *nt* offer
anerkannt *adj* recognized
anerkennen *v/t* 1. to acknowledge/recognize; 2. *(Schuld)* to admit; 3. *(Steuer)* to allow; **nicht a.** 1. to repudiate; 2. to disallow
Anerkenntnis *nt* recognition, acknowledgement; **A. der Haftung** acknowledgement of liability; **A.urteil** *nt* judgment by confession, decree by consent
Anerkennung *f* 1. recognition, acknowledgement; 2. admission; 3. allowance; **A. eines Anspruchs** allowance of a claim; **A. und Vollstreckung eines ausländischen Urteils** recognition and enforcement of a foreign judgment; **A.serklärung** *f* declaration of acknowledgment
Anfall *m* accrual, incidence; **A. des Nachlasses an den Staat** escheat *(lat.)*; **A. eines Rechts** accrual of a right
anfallen *v/i* to accrue; **a.d** *adj* accruing
anfällig *adj* prone, sensitive, susceptible, vulnerable
Anfang *m* commencement; **von A. an** ab initio *(lat.)*; **~ nichtig** void ab initio *(lat.)*
anfangen *v/ti* to commence
Anfangs- initial; **A.bedingungen** *pl* initial conditions; **A.tag** *m* starting day; **A.termin** *m* starting date
anfechtbar *adj* defeasible, (a)voidable, controversial; **A.keit** *f* defeasibility, voidability, contestability
anfechten *v/t* 1. *(Anspruch)* to challenge/dispute; 2. *(Urteil)* to appeal; 3. *(Willenserklärung)* to contest; **A.der** *m* appellant
Anfechtung *f* 1. rescission, avoidance; 2. *(Zeuge)* challenge; **A. einer Anordnung** appeal against an order; **A. wegen falscher Darstellung von Tatsachen** rescission for misrepresentation; **~ Irrtums** avoidance on the ground(s) of error
anfechtungsberechtigt *adj* entitled to appeal; **A.er** *m* person entitled to appeal
Anfechtungs|erklärung *f* notice of avoidance; **A.frist** *f* time limit for avoiding;

A.gegner *m* respondent; **A.grund** *m* ground for avoidance, cause for rescission;

A.klage *f* 1. *(Ehe)* action for nullification; 2. *(Urteil)* action to set aside; 3. *(Willenserklärung)* action for avoidance; **A.recht** *nt* right of rescission; **A.verfahren** *nt* appellate proceedings

anfordern *v/t* to demand

Anforderung *f* requirement, request, demand; **auf A.** on demand; **~ von** at the request of; **den A.en entsprechen** to comply with the requirements; **gesetzliche A.en** requirements of the law

Anfrage *f* inquiry; **auf Ihre A.** in answer to your inquiry

anfragen *v/i* to inquire

anfügen *v/t* to attach

anführen *v/t* 1. *(Gründe)* to set forth/ adduce; 2. *(zitieren)* to quote/cite

Anführer *m* principal; **A. einer Bande** ringleader

Anführung *f* citation

Angabe *f* declaration; **unter A. von** stating; **falsche A.** misrepresentation

Angaben *pl* information; **A. zur Person** personal data; **~ Sache** statement concerning the case as such; **ohne nähere A. zu machen** without giving particulars; **sachdienliche A.** pertinent information; **sich widersprechende A.** conflicting statements; **unrichtige A.** false information; **~ A. machen** to misrepresent; **wesentliche A.** material representations; **zweckdienliche A.** pertinent information/representations

angeben *v/t* to state

angeblich *adj* purported, putative, supposed, alleged

Angebot *nt* 1. offer; 2. *(mit Preisangabe)* quotation; 3. *(Vorschlag)* proposal; **A. der Leistung** offer of performance; **A. solange Vorrat reicht** offer subject to availability; **A. widerrufen** to revoke an offer; **bedingtes A.** conditional offer; **unverlangtes A.** unsolicited offer; **verbindliches A.** firm offer

Angebots|preis *m* offer price; **A.schreiben** *nt* proposal document

angebracht *adj* proper, appropriate

angeheiratet related by marriage

Angehörige(r) *f/m* 1. *(Verwandte(r))* relative, dependant; 2. *(Mitglied)* member; **nächste(r) A.(r)** next of kin

angeklagt *adj* charged, on trial; **a. werden wegen** to be charged with

Angeklagte(r) *f/m* accused, defendant; accused after committal for trial *[GB]*; **A., der aus der Untersuchungshaft vorgeführt wird** prisoner at the bar

Angeklagten freisprechen to acquit the accused, to find for the defendant; **A. verteidigen** to defend so. against a charge

Angeld *nt* deposit, down payment

Angelegenheit *f* matter, case, business, concern, affair; **eine A. gütlich regeln** to settle a matter amicably; **jds A.en besorgen** to attend to sb.'s affairs; **streitige A.** contentious matter

angemeldet *adj* registered

angemessen *adj* adequate, proper, reasonable, appropriate; **A.heit** *f* appropriateness, sufficiency

angeschlossen *adj* affiliated

Angeschuldigte(r) *f/m* 1. defendant, accused; 2. *(der Beschuldigte, gegen den die öffentliche Klage erhoben ist)* accused prior to committal *[GB]*

angesehen *adj* reputable; **a. sein** to be of good standing

angestellt *adj* employed

Angestellte(r) *f/m* salaried employee; **leitender A.** executive; **einem Angestellten kündigen** to give an employee notice

Angestellten|bestechung *f* bribing (of) an employee; **A.verhältnis** *nt* employment

angetrunken *adj* drunk

angewachsen *adj* accrued

angewiesen (auf) *adj* dependent (on)

angleichen *v/t* to adjust/harmonize

Angleichung *f* adjustment, alignment, approximation, harmonization; **A. der Rechtsvorschriften** approximation/ harmonization of legislation

angreifen *v/t* 1. to attack/assail; 2. *(tätlich)* to assault; **A.er** *m* attacker, assailant

angrenzen *v/i* to adjoin, to be contiguous to, to border on; **a.d** *adj* neighbouring, adjacent, adjoining

Angrenzer *m* abutter
Angriff *m* 1. aggression; 2. attack, assault; **gewaltsamer A.** violent attack; **tätlicher A.** assault
Angriffs|handlung *f* act of agression; **A.krieg** *m* war of aggression; **A.waffe** *f* offensive weapon
anhaftend *adj* appurtenant (to)
Anhalt für den Verdacht *m* indication of suspicion
Anhalte- und Durchsuchungsbefugnis *f* power of stop and search *[UK]*/frisk *[US]*
anhalten *v/t* to stop; **a.d** *adj* continuing
Anhalterecht *nt* right of stoppage (in transit)
Anhaltspunkt *m* lead, clue
Anhang *m* appendix, supplement, codicil, schedule
anhängen *v/t* to append
Anhänger *m* trailer
Anhängeverfahren *nt* supplementary proceedings
anhängig *adj* pending, pendente lite *(lat.)*; **A.keit** *f* pendency
anheim fallen *adv* to escheat/devolve; **a. stellen** to suggest; **jdm etwas a. stellen** to leave sth to so.'s discretion
anheuer|n *v/ti* to hire, to sign up; **A.ung** *f* hiring, signing up
anhören *v/t* to grant a hearing, to hear; **A.** *nt* hearing
Anhörung *f* hearing; **A. von Sachverständigen** hearing of experts; **A. vertagen** to adjourn the hearing; **öffentliche A.** public hearing
Anhörungs|recht *nt* right to be heard; **A.termin** *m* date of hearing
Ankauf *m* purchase; **a.en** *v/t* to purchase/ buy
Ankäufer *m* purchaser, buyer
Ankerrecht *nt* anchorage
anklagbar *adj* indictable
Anklage *f* 1. charge, prosecution; 2. *(schriftlich)* indictment *[GB]*, presentment *[US]*; 3. *(formlos)* accusation; **A. wegen Betruges** charge of fraud; **~ Mordes** charge of murder
die Anklage kann nicht aufrechterhalten werden the charge cannot stand; **sich zur A. äußern** to plead; **gegen jdn A. erstatten** to press charges against so.; **A. erheben** to prefer charges, to

indict; **A. fallen lassen** to drop the charge; **von einer A. freisprechen** to acquit so. of a charge; **unter A. stehen** to be on trial, **~ charged**; **~ stellen** to arraign/charge/ indict; **sich wegen einer A. verantworten** to answer a charge; **A. verlesen** to read the indictment; **A. verwerfen** to throw out a charge *[GB]*; **A. zurücknehmen** to drop the charge
Anklagebank *f* dock; **auf der A. sitzen** to be in the dock
Anklagebehörde *f* prosecution (service), Director of Public Prosecutions (DPP) *[GB]*, district attorney *[US]*; **oberste A.** Crown Prosecution Service (CPS) *[GB]*
Anklageerhebung *f* bringing/preferring a charge, preferment of a charge
anklagefähig *adj* indictable
anklagen *v/t* to charge/indict/prosecute; **jdn. a.** to bring a charge against so.
Anklagepunkt *m* charge, count (of a charge/indictment)
Ankläger *m* (public) prosecutor, prosecuting counsel, counsel for the prosecution
Anklageschrift *f* (bill of) indictment, charge, presentment *[US]*
Anklagevertreter(in) *m/f* prosecuting counsel, counsel for the prosecution, (public) prosecutor
ankündigen *v/t* to announce
Ankündigung *f* announcement, notice, **vorherige A.** advance notice
Anlage *f* 1. enclosure, attachment; 2. *(Neigung, Begabung)* disposition; **als A. beigefügte Urkunde** enclosed document
Anlage|güter *pl* fixed assets; **A.vermögen** *nt* assets
Anlass *m* occasion, cause; **aus A.** on the occasion of; **ohne allen A.** for no reason at all; **A. geben zu** to give rise to; **jdm ~** to give so. occasion to; **begründeter A.** good cause
anleg|en *v/t* to invest; **A.er** *m* investor; **A.ung** *f* investment
in Anlehnung an *f* in conformity with
Anleihe *f* bond, debenture; **A.kapital** *nt* debenture capital
Anleitung *f* 1. *(Verleiten)* incitement; 2. instruction(s); **A. zu einer Straftat** incitement to commit a crime

anliegend erhalten Sie *adj* enclosed please find

Anlieger *m* abutter, abutting/adjoining owner, resident; **frei für A.** open to residents

Anlieger|grundstück *nt* adjoining property; **A.staat** *m* bordering state; **A.verkehr** *m (Schild)* residents only

anlocken *v/t* to entice

anmahn|en *v/t* to remind; **A.ung** *f* reminder

sich etw. anmaßen *v/refl* to arrogate sth. to os.

Anmaßung *f* usurpation (of office)

Anmelde|datum *nt* registration/filing date; **A.frist** *f* time for (making an) application, time allowed for registration; **A.gebühr** *f* application/registration fee

sich anmelden *v/refl* to register; ~ **polizeilich a.** to register with the police

Anmeldepflicht *f* notification requirement; **a.ig** *adj* subject to compulsory registration, notifiable

Anmelder *m* registrant, applicant

Anmeldeschluss *m* closing date for applications, deadline for registration

Anmeldung *f* notification, registration; **A. eines Anspruchs** filing (of) a claim; ~ **Rechts** filing (of) a right/title; ~ **Warenzeichens** registration of a trademark

Anmeldungs|frist *f* period for filing an application; **A.pflicht** *f* registration requirement

Annahme *f* 1. *(Vermutung)* presumption, assumption; 2. *(Entgegennahme)* receipt, acceptance; 3. *(Entschließung)* adoption; **A. eines Angebotes** acceptance of an offer; ~ **Auftrags** acceptance of an order; **A. der Erbschaft** acceptance of the inheritance; **A. an Erfüllungs Statt** acceptance in lieu of performance; **A. als Kind** adoption; **A. der Leistung** acceptance of the performance

Annahme ablehnen to refuse acceptance; **irrige/irrtümliche A.** erroneous assumption

Annahme|erklärung *f* declaration of acceptance; **A.fall** *m* exceptional case; **A.frist** *f* period for acceptance; **A.genehmigung** *f* permission to accept; **A.verhältnis** *nt* adoptive relationship; **A.verzug** *m* default of acceptance

annehm|bar *adj* acceptable; **a.en** *v/t* 1. *(entgegennehmen)* to accept; 2. *(vermuten)* to assume; 3. *(Entschließung)* to adopt; **A.ende(r)** *f/m* acceptor

Annex *m* annex

annullier|bar *adj* voidable; **a.en** *v/t* to annul/nullify/cancel/quash/avoid; **A.ung** *f* annulment, cancellation, rescission

anonym *adj* anonymous

anordnen *v/t* 1. *(regeln)* to rule; 2. *(richterlich)* to decree/order/direct

Anordnung *f* 1. order, decree; 2. *(behördlich)* directive; **auf A. von** on the order of; **A. von Amts wegen** ex officio order *(lat.)*; **A. der Durchsuchung** search warrant; **A. öffentlicher Fürsorge** care order; **A. eines Haftprüfungstermins** habeas corpus *(lat.)*; **A. des Richters** order of the judge; **A. der Zwangsverwaltung eines Grundstücks** writ of elegit *(lat.)*

die Anordnung des dinglichen Arrests erwirken to obtain a writ of attachment; **einer A. Folge leisten** to comply with an order; ~ **nachkommen** to comply with an instruction; **A. treffen** to make an order

einstweilige Anordnung interim/provisional order; **gerichtliche/richterliche A.** court/judicial order; **gesetzliche A.** statutory order

anpassen *v/t* to adapt/adjust

Anpassung *f* adaptation, adjustment; **A.sbeihilfe** *f* adjustment aid

anprangern *v/t* to pillory

Anrainer *m* abutter

anrech|enbar *adj* allowable, chargeable; **a.nen** *v/t* to deduct, to take into account

Anrechnung *f* taking into account; **A. einer Gegenforderung** set-off; **A.szeit** *f* qualifying period

Anrecht *nt* interest, entitlement, right; **A. des Erben auf das Urheberrecht** heir's title to a copyright, reversionary right; **A. haben auf** to be entitled to; **sicher begründetes A.** vested interest

Anreiz *m* inducement, incentive

Anreizung *f* incitement

anrüchig *adj* ill-reputed

anrufen *v/t* to invoke

Anrufung *f* submission; **A. der Schiedsstelle** recourse to arbitration

Ansammlung *f* 1. *(Geld)* accrual; 2. *(Menschen)* gathering, assembly; **unerlaubte A.** unlawful assembly

ansässig *adj* resident; **A.er** *m* resident

Ansatz *m (Schätzung)* estimate

anschaffen *v/t* to acquire

Anschaffung *f* acquisition; **A.skosten** *pl* acquisition costs

Anschein *m* semblance, appearance; **allem A. nach** in all probability; **auf den ersten A.** prima facie *(lat.)*; **A. erwecken** suggest

anscheinend apparent

Anscheins|beweis *m* prima facie *(lat.)* evidence; **A.gefahr** *f* prima facie *(lat.)* danger; **A.vollmacht** *f* ostensible authority

Anschlag *m* plot, assassination attempt; **A. verüben** to make an assassination attempt; **A. anzetteln** to devise a plot

anschließend *adj* subsequent

Anschluss *m* 1. connection; 2. *(Verfahren)* joinder; **A.berufung; A.revision** *f* cross-appeal; **A.verfahren** *nt* subsequent proceedings; **A.vertrag** *m* follow-up agreement

Anschrift *f* address; **ladungsfähige A.** address for service

jdn anschuldigen wegen *v/t* to charge so. with, to accuse so. of

Anschuldigung *f* charge, accusation; **falsche A.** false accusation; **schwere A.en gegen jdn erheben** to bring serious charges against so.

anschwärz|en *v/t* to disparage/slander; **A.ung** *f* 1. libel, slander; 2. *(Konkurrent)* trade libel

ansehen *v/t* to regard/consider

Ansehen *nt* standing, reputation; **ohne A. der Person** irrespective of a person's status

Ansehung *f* regard, respect; **in A. von** in view of

ansetzen *v/t* 1. to calculate; 2. *(Termin)* to schedule/appoint/fix

Ansicht *f* opinion; **zur A.** on approval; **A. des Gerichts** opinion of the court; **sich jds A. anschließen** to concur in so.'s opinion

Ansichtssache *f* matter of opinion

Anspannung *f* strain

Anspielung *f* hint, innuendo

Anspruch *m* claim, right, title; **der A. ist erloschen** the claim has become extinct

Anspruch ableiten to derive a claim; **A. abtreten** to assign a claim; **A. abwehren** to refute a claim; **A. anerkennen** to recognize a claim; **A. anmelden** to file a claim; **A. aufrechterhalten** to sustain a claim; **A. ausschließen** to excude a claim; **A. befriedigen** to satisfy a claim; **A. begründen** to substantiate a claim; **A. bestreiten** to deny a claim; **A. durchsetzen** to enforce a claim; **A. erheben** to file/enter/prefer a claim; **A. geltend machen** to assert a claim; **A. gerichtlich geltend machen** to sue upon a claim; **A. glaubhaft machen** to establish a claim; **A. haben auf** to be entitled to; **A. nachweisen** to substantiate a claim; **A. sichern** to secure a claim; **einem A. stattgeben** to admit/sustain a claim; **auf einen A. verzichten** to waive a claim; **A. vorbringen** to advance a claim; **A. zurückweisen** to reject/repudiate a claim; **A. als unbegründet zurückweisen** to reject a claim as unfounded

Anspruch auf bevorrechtigte Befriedigung prior claim to satisfaction; **~ Eigentum** title to land; **~ Einräumung des Nießbrauchs** claim to grant of usufruct; **~ Erfüllung** claim to performance; **~ Ersatz** claim to compensation; **~ Grund eines Gesetzes** claim under an act; **A. dem Grund nach anerkennen** to admit a claim on its merits; **A. aus unerlaubter Handlung** claim in tort; **A. auf Herausgabe** claim to restitution; **~ Nebenleistung** accessory claim; **~ Rentenzahlung** claim to payment of a pension; **~ Schaden(s)ersatz** claim/entitlement to damages; **~ Unterhalt** claim to maintenance; **A. aus Vermächtnis** claim arising out of an estate; **~ dem Versicherungsvertrag** claim arising out of the contract of insurance; **~ einem Vertrag** claim under a contract; **A. auf Vertragsänderung** claim to charge of contract

abhängiger Anspruch dependent claim; **älterer A.** prior claim; **ausgeschiedener A.** divisional claim; **bedingter A.** contingent claim; **begründeter A.** substantiated claim; **berechtigter A.** justified claim; **billiger A.** equitable claim; **deliktischer A.** tortious claim; **dinglicher A.** right in rem *(lat.)*; **fälliger A.** matured claim; **geldwerter A.** pecuniary claim; **gesetzlicher A.** statutory claim; **klagbarer A.** cause of action; **possessorischer A.** possessory claim; **rechtsgültiger A.** valid claim; **mehrere Gattungen umfassender A.** generic claim; **unbegründeter A.** unfounded claim; **vermögensrechtlicher A.** pecuniary claim; **nicht ~ A.** non-pecuniary claim; **verwirkter A.** stale claim; **vollstreckbarer A.** enforceable claim; **vorgehender A.** prior claim; **vorrangiger A.** prior claims; **wohlerworbener A.** vested right; **zivilrechtlicher A.** civil claim; **zweifelhafter A.** doubtful claim **Ansprüche** *pl* claims; **A. Dritter** third-party claim; **A. auf Schaden(s)ersatz** claims to compensation; **A. sichern** to secure claims; **weitergehende A.** further claims

Anspruchs|abtretung *f* assignment of a claim; **A.art** *f* type of claim; **A.begründung** *f* 1. justification of a claim; 2. *(Vers.)* proof of a claim

anspruchsberechtigt *adj* entitled, eligible; **A.e(r)** *f/m* (rightful) claimant, beneficiary, person entitled to a claim

Anspruchs|berechtigung *f* validity of/ eligibility for/entitlement to a claim; **A.durchsetzung** *f* enforcement of a claim; **A.erhebung** *f* presentation of a claim; **A.grundlage** *f* basis of claim; **A.häufung** *f* muliplicity of claims; **A.konkurrenz** *f* concurrence of claims; **A.regulierung** *f* claim settlement; **A.steller** *m* claimant; **A.übergang** *m* devolution of claims; **A.verjährung** *f* limitation/barring of claims; **A.verwirkung** *f* forfeiture (of a claim); **A.verzicht** m waiver (of a claim)

anspruchsvoll *adj* demanding

Anstalt *f* → **Strafvollzugsanstalt** establishment, institution

Anstalt des öffentlichen Rechts public-law institution; **geschlossene A.** psychiatric institution; **öffentlich-rechtliche A.** public-law institution

Anstaltsunterbringung *f* committal to an institution

Anstand *m* decency, propriety; **A.sgefühl** *nt* sense of deceny; **A.pflicht** *f* moral duty

anstelle von *prep* in lieu of

anstellen *v/t* to employ

Anstellung *f* employment; **feste A.** regular employment

Anstellungs|bedingungen *pl* terms/conditions of employment, ~ service; **A.betrug** *m* employment fraud; **A.verhältnis** *nt* employment; **A.vertrag** *m* contract of employment

Anstieg *m* increase; **A. der Kriminalität** increase in crime

anstift|en *v/t* 1. *(Meineid)* to suborn; 2. *(Verbrechen)* to abet; 3. *(aufwiegeln)* to incite/instigate; **A.er** *m* 1. suborner; 2. abetter, abettor; 3. instigator

Anstiftung *f* incitement, instigation; **A. zum Aufruhr** incitement to sedition; **~ Meineid** subornation of perjury; **A. zu grundloser Prozessführung** barratry *[US]*; **A. zum Verbrechen** instigation to commit a crime; **~ Völkerhass** incitement to racial hatred

Anstoß *m* offence; **A. erregen** to cause offence; **A. nehmen** to take offence; **an etw. A. nehmen** to take exception to sth.

anstößig *adj* indecent, offensive

anstrengen *v/t* *(Prozess)* to institute/initiate

Anteil *m* 1. share, portion; 2. *(Schaden)* quantum *(lat.)*; **gleiche A.e** equal shares

anteilig *adj* pro rata *(lat.)*

Anteilinhaber *m* shareholder

anteils|berechtigt *adj* entitled to a share; **A.eigner** *m* shareholder *[GB]*, stockholder *[US]*

Anti|chrese *f* Welsh mortgage; **A.diskriminierung** *f* affirmative action

Antrag *m* application, proposal, submission, request, petition, bill, motion **auf Antrag** at the instance of, (up)on application; **~ von** at the request of; **~ eigenen A.** proprio motu *(lat.)*; **~ besonderen A.** at the special request of; **~ nur einer Partei** ex parte *(lat.)* application

Antrag auf Abweisung der Klage motion to dismiss the claim; **~ Anberaumung eines Termins** application for a trial date; **~ Aufhebung der Immunität** motion to lift immunity; **~ einen Be-**

schluss im Büroweg application for a decision in chambers; **~ Beugehaft gegen zahlungsunwilligen Vollstreckungsschuldner** judg(e)ment summons; **~ Einstellung des Verfahrens** application to stay proceedings; **~ Eintragung** application for registration; **~ Entmündigung** petition in lunacy; **~ Erlass einer einstweiligen Verfügung** petition for an injunction; **~ Eröffnung des Konkursverfahrens** petition in bankruptcy; **A. zur Geschäftsordnung** motion on a point of order; **A. auf Haftentlassung** petition for release from custody; **~ Konkurseröffnung** petition in bankruptcy; **~ Konkurseröffnung stellen** to file a petition in bankruptcy; **~ Liquidation** winding-up petition; **~ Nachprüfung** petition for revivor *(lat.)*; **~ Scheidung** divorce petition; **~ Verfahrenseinstellung** application to drop a case; **~ Verfolgung** petition for prosecution; **~ Vertagung** motion for adjournment; **~ Vollstreckungsaufschub** petition for a reprieve; **~ Wiederaufnahme eines ruhenden Verfahrens** bill of revivor *(lat.)*; **~ Zulassung der Berufung** petition for leave to appeal
Antrag ablehnen to refuse an application; **A. annehmen** to pass a motion **A. begründen** to substantiate an application; **A. einbringen** to table a motion; **A. einreichen** to file an application; **einem A. stattgeben** to sustain a motion; **A. stellen** to make an application; **A. zurücknehmen** to withdraw a motion; **A. zurückweisen** to reject a motion
Antragender *m* applicant
antragsberechtigt *adj* entitled to file an application; **A.e(r)** *f/m* person entitled to file an application
Antrags|delikt *nt* offence requiring a request for prosecution from the victim; **A.erfordernis** *f* application requirement; **A.formular** *nt* application form; **A.frist** *f* period for filing applications, deadline for applications; **a.gemäß** *adj* as applied for; **A.recht** *nt* right of application; **A.rücknahme** *f* withdrawal of an application
Antragssteller(in) *m/f* 1. applicant, claimant, petitioner, 2. *(Prozess)* mover

Antragsstellung *f* application
Antwort *f* answer, reply; **die A. abwarten** to await the reply; **a.en** *v/i* to answer/reply
anvertrauen *v/t* to entrust
anwachsen *v/i* to accrue
Anwachsung *f* accrual, accretion; **A.srecht** *nt* jus accrescendi *(lat.)*, right to accruals
Anwalt *m* solicitor *[GB]*, barrister (at law) *[GB]*, attorney (at law) *[US]*, counsel, advocate, lawyer
Anwalt des Beklagten counsel for the defendant; **A. der Gegenpartei** counsel for the opposing party; **A. vor höheren Gerichten** barrister *[GB]*; **A. des Klägers** counsel für the plaintiff; **A. der Krone** QC (Queen's Counsel) *[GB]*; **A. für Steuersachen** tax attorney; **A. der Verteidigung** defence counsel, counsel for the defence
als Anwalt auftreten to appear as counsel; **einen A. beauftragen** to retain an attorney; **A. mit der Vertretung beauftragen** to brief a solicitor; **A. bestellen** to mandate a lawyer; **A. bevollmächtigen** to give a lawyer power of attorney; **A. mandieren** to retain a lawyer; **A. nehmen** to retain a lawyer; **durch einen A. vertreten sein** to be legally represented; **als A. zugelassen werden** to be called to the Bar*[GB]*
klägerischer Anwalt counsel for the plaintiff; **prozessbevollmächtigter A.** solicitor of record, counsel retained, attorney of record *[US]*
Anwältin *f* woman lawyer
Anwalts|assistent *m* paralegal; **A.beruf** *m* legal profession; **A.büro** *nt* lawyer's/law *[US]* office, chambers
Anwaltschaft *f* bar association, Law Society *[GB]*, the Bar *[GB]*; **zur A. zulassen** to call to the bar
Anwalts|gebühren *pl* legal/lawyer's fees; **A.gehilfe** *m* lawyer's clerk; **A.gutachten** *nt* counsel's/legal opinion
Anwaltshonorar *nt* retainer, lawyer's fees; **zusätzliches A.** refresher
Anwaltskammer *f* Bar Association *[US]*, Bar Council *[GB]*, Inns of Court *[GB]*, Law Society *[GB]*
Anwalts|kosten *f* lawyer's fees; **A.liste** *f*

list of solicitors; **von der ~ streichen** to disbar; **A.notar** *m* notary-advocate; **A.praxis** *f* law practice; **A.prozess** *m* litigation with necessary representation by lawyers; **A.referendar** *m* articled clerk; **A.robe** *f* lawyer's robe; **A.stand** *m* legal profession; **A.tag** *m* lawyers' congress; **A.tätigkeit** *f* advocacy; **A.verein** *m* lawyers' association; **A.vorschuss** *m* retainer; **A.wechsel** *m* change of attorney; **A.zulassung** *f* practising certificate; **A.zwang** *m* mandatory representation by a lawyer

Anwartschaft *f* 1. expectancy; 2. *(Erbrecht)* remainder; **bedingte A.** contingent remainder

Anwartschafts|berechtigter *m* remainderman; **A.recht** *nt* remainder, right to a future interest, contingent right; **A.zeit** *f* qualifying period

anweisen *v/t* to instruct/order/direct/ brief; **A.der** *m* principal

Anweisung *f* instruction, order, direction, mandate; **A. eines übergeordneten Gerichts an ein untergeordnetes Gericht** writ of mandamus *(lat.)*; **auf A.(en) warten** to await instructions; **verbindliche A.** binding order; **A.sempfänger** *m* agent

anwendbar *adj* applicable; **A.keit** *f* applicability

anwenden *v/t* to apply

Anwendung *f* application; **A. von Gewalt** use of force; **A. eines Rechts** application of a law; **A. gesetzlicher Vorschriften** application of statutory provisions

Anwendung finden to apply; **entsprechende A. finden** to apply mutatis mutandis *(lat.)*; **A. fordern** to demand that sth. be applied

Anwendungsbereich *m* scope/sphere of application; **persönlicher A.** personal sphere of application; **räumlicher A.** geographical sphere of application; **sachlicher A.** relevant sphere of application

Anwendungsgebiet *nt* field of application

anwerb|en *v/t* to recruit; **A.ung** *f* recruitment

Anwesen *nt* premises, property

anwesend *adj* present; **A.e** *pl* those present; **A.er** *m (Unbeteiligter)* innocent bystander

Anwesenheit *f* presence

Anwohner *m* resident

anzahlen *v/t* to pay down

Anzahlung *f* deposit, down payment; **eine A. einbüßen/verwirken** to forfeit a deposit

anzapfen *v/t* to tap; **A. von Telefonleitungen** *nt* wire-tapping

Anzeige *f* 1. *(StR)* charge; 2. *(Benachrichtigung)* advice note, notice, notification; **A. des Versicherungsfalls** notification of a claim; **A. erstatten** to lay an information; to file a complaint *[US]*; **gegen jdn ~** to report so. to the police, ~ the authorities, to lay an information against so.; **A. machen** to notify (so. of sth.)

anonyme Anzeige anonymous complaint; **mündliche A.** oral notification; **unterbliebene A.** failure to notify

Anzeigeerstatter *m* private prosecutor

anzeigen *v/t* 1. *(StR)* to report; 2. *(benachrichtigen)* to inform/advise/ notify

Anzeigepflicht *f* obligation/duty to notify, disclosure requirement; **A. des Anweisungsempfängers** payee's duty to notify; **~ Finders** finder's duty to notify; **A. bei Fund** duty to report finds, **A. des Nießbrauchers** usufructuary's duty to notify; **~ Verkäufers** seller's duty to notify; **~ Vorerben** prior heir's duty to notify; **A. verletzen** to breach the duty to report

anzeigepflichtig *adj* notifiable, reportable

anzuwenden *adj* applicable

anzweifeln *v/t* to doubt

Appellationsgericht *nt* court of appeal, appellate court

Approbation *f* licence to practise; **jdm die A. entziehen** to revoke so.'s licence to practise

Äquivalenz *f* equivalence; **Ä.prinzip** *nt* equivalence principle; **Ä.theorie** *f* equivalence theory

Arbeit *f* work; **zumutbare A.** reasonable work

arbeiten *v/i* to work

Arbeiter(in) *m/f* worker; **A. wieder einstellen** to reinstate a worker

Arbeitgeber *m* employer; **A.haftpflichtversicherung** *f* employers' liability insurance

Arbeitnehmer|(in) *m/f* employee; **A.erfindung** *f* employee's invention; **A.freibetrag** *m* earned income relief; **A.haftung** *f* employee's liability; **A.überlassung** *f* temporary hire of an employee; **A.überlassungsgesetz** *nt* temporary employment act; **A.überlastung** *f* excessive workload

Arbeitsamt *nt* Job Centre *[GB]*

Arbeitsbedingungen *pl* working conditions; **tarifvertraglich vereinbarte A.** terms of employment agreed in a collective agreement

Arbeits|bereitschaft *f* readiness to work; **A.beschaffungsprogramm** *nt* job creation scheme; **A.einkommen** *nt* earned income; **A.erlaubnis** *f* work permit, green card *[US]*

arbeitsfähig *adj* employable

Arbeitsfähigkeit *f* ability to work, fitness for work; **jds A. beeinträchtigen** to impair so.'s ability to work

Arbeits|förderung *f* employment promotion; **A.gericht** *nt* industrial tribunal; **A.gerichtsbarkeit** *f* industrial jurisdiction; **A.gesetzgebung** *f* industrial legislation; **A.kampf** *m* industrial dispute; **A.konflikt** *m* industrial conflict; **A.kräfte** *pl* labour (force); **A.leistung** *f* performance; **A.lohn** *m* wage

arbeitslos *adj* unemployed, jobless, out of work; **A.e(r)** *f/m* unemployed person

Arbeitslosen|geld *nt* unemployment benefit; **A.hilfe; A.unterstützung** *f* unemployment support; **A.versicherung** *f* unemployment insurance

Arbeits|losigkeit *f* unemployment; **A.mittel** *pl* tools of the trade; **A.pflicht** *f* obligation to work; **A.platz** *m* 1. job; 2. place of work; **A.prozess** *m* working process; **A.recht** *nt* industrial relations law

Arbeitsschutz *m* industrial safety; **A.gesetze** *pl* industrial safety legislation

Arbeits|stelle *f* place of employment; **A.tag** *m* working day

arbeitsunfähig *adj* incapacitated

Arbeitsunfähigkeit *f* disability, inability to work, unfitness to work; **A.sbescheinigung** *f* sick note

Arbeits|unfall *m* accident at work, industrial/occupational accident; **A.verbot** *nt* prohibition of employment; **A.verhältnis** *nt* employment

Arbeitsvertrag *m* contract of employment/service, employment contract; **befristeter A.** fixed-term contract of employment; **A.sbedingungen** *f* terms/conditions of employment

Arbeitswoche *f* working week

Arbeitszeit *f* working time; **A.ordnung** *f* regulations governing working time; **A.rechtsgesetz** *nt* working times act

Arbeits|zeugnis *nt* employer's reference; **A.zwang** *m* compulsory work

Architekt *m* architect

Archiv|ar *m* recorder; **A.e** *pl* archives

Ärgernis *nt* nuisance, annoyance; **Ä. abstellen** to abate a nuisance; **Ä. erregen** to give offence; **öffentliches Ä.** public nuisance

Arglist *f* malice; **A.einrede** *f* plea of fraud, exceptio doli *(lat.)*

arglistig *adj* fraudulent, malicious, with malice aforethougt

arglos *adj* innocent, unsuspecting

Argument *nt* argument; **A.ation** *f* reasoning

arm *adj* poor, indigent

Armen|anwalt *m* counsel for the party on legal aid; **A.recht** *nt* legal aid; **A.rechtsverfahren** *nt* legal aid proceedings; **A.rechtszeugnis** *nt* legal aid certificate

Armut *f* poverty, indigence; **A.szeugnis** *nt (Prozesskostenhilfe)* civil aid certificate *[GB]*, certificate of entitlement to legal aid

arrangieren *v/t* to arrange, to make arrangements

Arrest *m* 1. *(Person)* arrest, apprehension, taking into custody, detention; 2. *(Sachen)* attachment; **A. aufheben** to set aside the attachment;

dinglicher A. attachment, seizure (of assets/property), distraint; **persönlicher A.** arrest

Arrest|antrag *m* application for an arrest warrant; **A.befehl** *m* arrest warrant; **A.beschluss** *m* writ of attachment;

A.gläubiger *m* attaching creditor; **A.kläger** *m* plaintiff in attachment proceedings; **A.pfandrecht** *nt* attachment lien; **A.pfändung** *f* attachment of a claim; **A.schuldner** *m* respondent in arrest proceedings; **A.urteil** *nt* judgment in attachment proceedings; **A.verfahren** *nt* attachment proceedings; **A.vollziehung** *f* execution of an arrest warrant; **A.zelle** *f* detention cell

Artikel *m* article, item

Arznei(mittel) *f/nt* (pharmaceutical) drug; **A.haftung** *f* liability of the drug manufacturer

Arzt *m* medical doctor, physician; **A. hinzuziehen** to consult a doctor; **behandelnder A.** doctor in charge of treatment; **A.haftung** *f* medical liability

ärztlich *adj* medical

Arztrecht *nt* medical law

Asperationsprinzip *nt* principle of asperity

Asservat *m* exhibit; **A.enkammer** *f* storeroom for (court) exhibits; **A.enkonto** *nt* suspense account

Assozi|ation *f* association; **a.ieren** *v/t* to associate

Asyl *nt* asylum; **A. gewähren** to grant asylum

Asylant *m* asylum-seeker

Asyl|antrag *m* application for asylum; **A.recht** *nt* 1. law of asylum; 2. *(Anspruch)* right of asylum/sanctuary; **A.suchender** *m* asylum-seeker

Atten|tat *nt* assassination (attempt); **A.täter** *m* assassin

Attest *nt* certificate, testimonial; **ärztliches A.** medical certificate; **a.ieren** *v/t* to certify

audiatur et altera pars *(lat.)* let the other party also be heard

aufbewahren *v/t* to retain/keep

Aufbewahrung *f* safekeeping; **A.sfrist** *f* safekeeping period; **A.sgebühr** *f* safekeeping fee/charge; **A.sort** *m* place of safekeeping

aufbrauchen *v/t* to exhaust

aufbringen *v/t* 1. *(Geld)* to raise; 2. *(Schiff)* to capture

Aufbringung *f* 1. raising; 2. capture; **A.s- und Beschlagnahmeklausel** *f* free of capture and seizure clause

aufbrummen *v/t (coll)* to impose

aufdeck|en *v/t* to uncover/disclose/detect; **A.ung** *f* disclosure, exposure, detection

aufeinander folgend *adj* consecutive

Aufenthalt *m* 1. *(Wohnung)* residence, abode; 2. sojourn; **A. ändern** to change one's residence; **ohne festen A.** of no fixed abode; **gewöhnlicher A.** usual abode; **letzter A.** last address

Aufenthalts|bescheinigung *f* residence certificate; **A.beschränkung** *f* residence restriction; **A.erlaubnis; A.genehmigung** *f* residence permit; **A.gestattung** *f* temporary residence permit; **A.ort** *m* place of residence, abode, whereabouts; **gewöhnlicher ~** usual place of residence; **A.papiere** *f* residence papers

Aufenthaltsrecht *nt* 1. *(Anspruch)* right of residence/abode; 2. residence law; **a.lich** in terms of residence law

Aufenthaltsverbot *nt* residence ban

auferleg|en *v/t* to impose, to mete out; **A.ung** *f* imposition

Auffahrunfall *m* rear-end collision

Auffangtatbestand *m* omnibus clause

Auffassung *f* understanding

auffliegen *v/i (coll)* to be caught

auffordern *v/t* to demand

Aufforderung *f* demand; **zahlbar bei A.** payable on demand; **A. zur Begehung eines Verbrechens** incitement to commit a crime; **~ Gewalt** incitement to commit acts of violence; **A. zu Straftaten** incitement to commit punishable acts; **A. zum Ungehorsam** incitement to disaffection

Aufgabe *f* 1. *(Verzicht)* abandonment, surrender; 2. *(Arbeit)* task; **A. eines Anspruchs** disclaimer; **A. des Eigentums** surrender of ownership/property; **A. eines Rechts** relinquishment of a right; **~ Rechtsanspruchs** abandonment of a claim; **A.n und Befugnisse des Verwalters** duties and powers of the administrator; **A.n des Vormunds** duties of the guardian; **A. wahrnehmen** to carry out a task

hoheitsrechtliche Aufgabe government function; **öffentliche A.** public function

Aufgabenkreis *m* remit

aufgeben v/t 1. *(Dokumente)* to surrender; 2. *(Recht)* to relinquish/waive; 3. *(verlassen)* to abandon

Aufgebot nt 1. citation; 2. *(Behörde)* pubic notice; 3. *(Ehe)* banns, notice of intended marriage; **A. des Hypothekenbriefs** public notice of mortgage deed; **A. der Nachlassgläubiger** public notice for creditors of an estate; **A.sverfahren** nt public notice procedure

Aufgeld nt premium

aufgeschoben adj deferred

aufhebbar adj voidable

aufheben v/t 1. *(Beschränkungen)* to lift; 2. *(Urteil)* to overturn//quash/set aside; 3. *(Gesetz)* to repeal/abrogate; 4. *(Vertrag)* to revoke/rescind

Aufhebung f 1. *(Gesetz)* repeal; 2. *(Vertrag)* rescission; 3. *(Urteil)* reversal; **A. einer Dienstbarkeit** extinguishment of an easement; **A. der Ehe** annulment of marriage; ~ **ehelichen Gemeinschaft** judicial separation; **A. des Haftbefehls gegen Sicherheitsleistung** release on bail; **A. der Pfändung** release from distraint; **A. eines Urteils** reversal of a judgment; ~ **Vertrags** cancellation of a contract (by mutual consent)

auf Aufhebung klagen to sue for avoidance; **gerichtliche A. der Adoption** revocation of the adoption order

Aufhebungs|anspruch m claim to avoidance; **A.klage** f action for avoidance; ~ **erheben** to bring an action for avoidance; **A.klausel** f defeasance clause; **A.recht** nt right of rescission; **A.urteil** nt reversing jugment; **A.vertrag** m termination agreement

aufhetzen v/t to incite

Aufhetzung f incitement; **A. zum Rassenhass** incitement to racial hatred

aufklären v/t to clear up/detect

Aufklärung f detection; **A.squote; A.srate** f clear-up/detection rate

aufkommen v/i to accrue; **a. für** to be responsible for; **A.** nt accrual

aufkündigen v/t to give notice (of termination)

Auflage f 1. *(Bedingung)* stipulation, condition; 2. *(Belastung)* charge, obligation, burden; **mit einer A. beschwert** encumbered with a charge; **A. erfüllen** to meet a conditon; **A.n machen** to impose conditions

auflassen v/t to convey

Auflassung f conveyance (of land), closing of title; **A. des Grundstücks** conveyance of the property

Auflassungs|eintrag m entry of conveyance; **A.klausel** f habendum *(lat.)*/conveyance clause; **A.urkunde** f deed of conveyance; **A.vollmacht** f power of conveyance; **A.vormerkung** f caution/priority notice of conveyance

jdm auflauern v/i to wait in ambush for so.

Auflauf m riotous assembly

auflaufen v/i to accrue; **A.** nt accrual

Auflieger m semi-trailer

auflösbar adj terminable

auflösen v/t 1. to dissolve/annul/terminate; 2. to wind up/liquidate; **sich a.** to dissolve

Auflösung f 1. dissolution; 2. rescission, annulment; 3. liquidation; **A. des Ehebandes** dissolution of marriage; ~ **Vereins** dissolution of the associaton; ~ **Verlöbnisses** dissolution of the engagement; ~ **Vertrags** rescission/annulment of the contract

Auflösungs|beschluss m dissolution order; **A.klage** f petition for dissolution

Aufmerksamkeit f attention; **mangelnde A.** lack of attention

Aufnahme f admission; **A. der Niederschrift** taking (of) the minutes; **A.stopp** m *(Einwanderung)* ban on immigration

aufnehmen v/i to admit

aufrech|enbar adj offsettable; **a.nen** v/t to set off/offset

Aufrechnung f set-off; **A. mit einem Anspruch** setting off (of) a claim, offsetting against a claim

Aufrechnungs|anspruch m set-off claim; **A.befugnis** f right of set-off; **A.einrede** f defence of set-off; **A.recht** nt right of set-off, **A.verbot** nt prohibition to set off

aufrechterhalt|en v/t to maintain/sustain; **A.tung** f maintenance, preservation

aufreizen v/t to incite

Aufreizung f incitement; **A. zum Rassenhass** incitement to racial hatred

Aufruf *m* proclamation; **A. von Zeugen** calling of witnesses

aufrufen *v/t* to summon

Aufruhr *m* disorder, riot, insurrection, fracas; **A. und innere Unruhen** riot and civil commotion

Aufrührer *m* rioter

aufrührerisch *adj* seditious, riotous

aufschieben *v/t* 1. to defer/postpone; 2. *(vertagen)* to adjourn; **a.d** *adj* dilatory, suspensive

Aufschiebung *f* postponement

Aufschlag *m* surcharge

aufschlüsseln *v/t* to break down/itemize; **A.ung** *f* breakdown, itemization

Aufschub *m* 1. deferment; 2. *(Respekttage)* grace; 3. postponement, respite; 4. *(Vollstreckung)* reprieve; 5. delay; **A. der Urteilsverkündung** deferment of sentence; **~ Vollstreckung** stay of execution; **A. bewilligen** to grant a respite; **jdm A. gewähren** *(Respekttage)* to allow so. a period of grace

Aufseher(in) *m/f* guard, warder

aufsetzen *v/t* to draw up

Aufsicht *f* supervision, surveillance

Aufsichts- supervisory; **A.beamte(r)** *f/m* inspector, supervisor; **A.behörde** *f* inspectorate, regulatory authority/body, regulator, watchdog; **A.gewalt** *f* supervisory power(s); **A.organ** *nt* supervisory body; **A.person** *f* supervisor; **A.pflicht** *f* legal duty to supervise, duty of supervision, supervisory duty; **~ verletzen** to be in breach of one's supervisory duty

Aufsichtsrat *m* supervisory board, board of (non-executive) directors, ~ trustees

Aufsichtsrats|mitglied *nt* director, board member, member of the supervisory board; **A.sitzung** *f* supervisory board meeting; **A.tantiemen** *pl* directors' emoluments; **A.vorsitzender** *m* chairman (of the board of directors)

Aufsichts|recht *nt* right of supervision; **A.stelle** *f* supervisory body

aufspüren *v/t* to track down/trace/detect

aufstacheln *v/t* to incite; **A.ung** *f* incitement

Auf|stand *m* insurgency; **a.ständisch** *adj* insurgent; **A.ständischer** *m* insurgent

Aufstellung *f* schedule

aufteilen *v/t* to divide up/apportion/ parcel out

Aufteilung *f* division, allocation, apportionment; **A. im Innenverhältnis** equitable apportionment; **A. des Vermögens** allocation of the estate; **anteilmäßige A.** pro-rata *(lat.)* apportionment

Auftrag *m* 1. *(Anwalt)* brief, mandate; 2. *(Ware)* contract, order; 3. *(Konstruktion)* commission; **aus dem A.** ex contractu *(lat.)*; **im A.** on behalf of, by order of; **~ und für Rechnung** by order and for account of; **namens und ~** in the name and on behalf of; **A. auf Abruf** option order

Auftrag ausführen to execute an order; **A. erteilen** to place an order; **A. stornieren** to cancel/rescind an order, **A. vergeben** to award a contract

fester Auftrag firm order; **auf Widerruf gültiger A.** open order; **öffentlicher A.** 1. government contract; 2. *(z. B. Beförderungspflicht)* public service obligation

Auftrag|geber(in) *m/f* principal; **A.nehmer(in)** *m/f* contractor

Auftrags|annahme *f* acceptance of an order; **A.arbeit** *f* commissioned/contract work; **A.bestätigung** *f* confirmation of an order; **A.erledigung** *f* execution of an order; **A.erteilung** *f* placing of an order; **A.formular** *nt* order form; **A.gegenstand** *m* item ordered; **A.mörder** *m* hired killer; **A.recht** *nt* law of mandate; **A.schein** *m* order form; **A.vergabe** *f* award of contract; **A.verhältnis** *nt* agency; **A.wert** *m* contract value

auftragswidrig *adj* contrary to instructions

auftreten *v/i* to appear; **persönlich a.** to appear in person

Auftrittsrecht *nt* *(Anwalt/Gericht)* right of audience

Aufwand *m* expenditure(s), expense(s), cost(s); **betrieblicher A.** operating costs; **A.sentschädigung** *f* expenses, expense allowance

aufweisen *v/t* to show signs (of)

aufwenden *v/t* to expend

Aufwendung *f* expenditure; **notwendige A.** necessary expenditure(s); **A.en** *pl* expenditures, expenses(s), outlay; **laufende ~** current expenditures

Aufwendungs|ersatz; A.erstattung *m/f* reimbursement/refund of expenses

aufwert|en *v/t* to revalue; **A.ung** *f* revaluation

aufwiegel|n *v/t* to incite; **A.ung** *f* incitement

aufzeichnen *v/t* to record

Aufzeichnung *f* record; **A.spflicht** *f* duty to keep records

aufzwingen *v/t* to impose

Augenschein *m* inspection; **in A. nehmen** to inspect; **richterlicher A.** judicial inspection

augenscheinlich *adj* manifest, apparent

Augenschein|nahme *f* inspection; **~ am Tatort** inspection of the scene of crime; **A.sbeweis** *m* ocular evidence

Augenzeuge *m* eyewitness; **A.nbericht** *m* eyewitness account

Auktion *f* auction; **A.ator** *m* auctioneer; **a.ieren** *v/t* to sell by auction

aus ex *(lat.)*

ausbedingen *v/t* 1. to stipulate; 2. *(Recht)* to reserve; **sich etw. a.** to reserve the right to sth.

Ausbedingung *f* 1. condition, stipulation; 2. *(Vorbehalt)* reservation

ausbesser|n *v/t* to repair; **A.ung** *f* repair

Ausbeute *f* yield; **a.n** *v/t* to exploit

Ausbeutung *f* exploitation; **A. von Minderjährigen** exploitation of minors; **A.slizenz** *f* licence to exploit

ausbezahl|en *v/t* to pay off; **A.ung** *f* *(Partner/Erben)* buying off

ausbiet|en *v/t* to call for bids; **A.er** *m* auctioneer; **A.ung** *f* calling for bids

ausbilde|n *v/t* train; **A.r** *m* instructor

Ausbildung *f* (vocational) training, apprenticeship; **seine A. abschließen** to complete one's training; **angemessene A.** appropriate training; **juristische A.** legal training

Ausbildungs|kosten *pl* training costs; **A.stand** *m* level of training; **A.vertrag** *m* articles of indenture, training contract

ausbleiben *v/i* to fail to appear, to be absent

Ausbleiben *nt* failure to appear, non-appearance, absence; **A. der Zahlung** default of payment; **A. eines Zeugen** default by a witness

Aus|brecher *m* escaped prisoner; **A.bruch** *m* escape, jail-break

ausbürger|n *v/t* to expatriate; **A.ung** *f* expatriation

auschließen *v/t* to preclude

auschreib|en *v/t* to invite tenders; **A.ung** *f* invitation to tender

Ausdruck *m* term; **A. der Rechtssprache** legal term

ausdrücklich *adj* explicit, express

auseinander *adv* apart; **a.setzen** *v/t* to divide/partition; **sich a.** *v/refl* to separate

Auseinandersetzung *f* 1. *(Streit)* dispute; 2. *(Verteilung)* distribution, partition, apportionment; **vermögensrechtliche A.** apportionment of assets and liabilities

Auseinandersetzungs|anspruch *m* claim to a distribution quota; **A.beschluss** *m* order of distribution; **A.bilanz** *f* final balance sheet; **A.guthaben** *nt* final balance;

A.klage *f* action for a share in the distribution quota

Ausfall *m* 1. loss; 2. *(Maschine)* breakdown; **A.bürgschaft** *f* indemnity; **A.bürgschaftserklärung** *f* letter of indemnity

ausfallen *v/i* to fail

Ausfall|haftung *f* contingent liability; **A.zeit** *f* 1. time(s) of absence; 2. *(Maschine)* down-time

ausfertigen *v/t* 1. *(Kopie)* to engross/execute; 2. *(Pass)* to issue

Ausfertigung *f* 1. engrossment, copy; 2. issue; **in doppelter A.** in duplicate; **in dreifacher A.** in triplicate; **zweite A. einer Klage** concurrent writ

ausfindig machen *adj* to locate/trace

Ausflüchte machen *pl* to prevaricate, to give an evasive reply

ausfolgen *v/i* to deliver, to hand over

jdn. ausforschen *v/t* to sound so. out

Ausforschung *f* investigation, questioning; **A.sbeweis** *m* exploratory evidence

ausfragen *v/t* to question/interrogate

Ausfuhr *f* → **Export** export(ation)

ausführbar *adj* feasible, practicable; **A.keit** *f* feasibility

Ausfuhr|bestimmungen *pl* export regulations; **A.bewilligung** *f* export licence; **A.bürgschaft** *f* export credit guarantee

ausführen *v/t* 1. to export; 2. *(Gerichtsbeschluss)* to execute, to carry out; 3. *(Gesetz)* to implement

Ausfuhr|erlaubnis; A.genehmigung *f* export licence/permit; **A.kennzeichen** *nt* export numberplate

ausführlich *adj* detailed

Ausfuhr|lizenz *f* export licence; **A.nachweis** *m* export certificate; **A.sperre** *f* export ban, embargo

Ausführung *f* execution, implementation; **bei der A.** in the act; **in A. von** pursuant to

Ausführung von Arbeiten execution of work; **A. des Auftrags** execution of the order; **A. von Dienstleistungen** performance of services; **A. einer Straftat** commission of a criminal act; **A. des Verkaufs** execution of the sale; **zur A. bringen** implement; **mangelhafte A.** defective workmanship

Ausführungen *pl* pleadings, submissions

Ausführungs|anweisung *f* implementing instruction; **A.behörde** *f* executive authority; **A.beschluss** *m* executory decision; **A.bestimmung** *f* implementing provision; **A.frist** *f* period for execution; **A.gesetz** *nt* implementing act; **A.verordnung** *f* implementing regulation/decree, statutory instrument; **A.vorschrift** *f* implementing provision

Ausfuhrverbot *nt* export ban/prohibition/embargo

ausfüllen *v/t* to fill in *[GB]*/out *[US]*

Ausgabe *f* issue; **A. von Schuldverschreibungen** issue of debentures

Ausgabe(n) *f/pl* expenditure(s), expense(s)

Ausgabebedingungen *pl* terms of issue

abzugsfähige Ausgaben allowable expenses; **außerplanmäßige A.** unbudgeted expenditure(s)

Ausgaben|beleg *m* expense voucher; **A.erstattung** *f* reimbursement of expenses

Ausgabepreis *m* issue price

Ausgang *m* result, outcome; **A. eines Prozesses** outcome of a lawsuit

Ausgangs|sperre; A.verbot *f/nt* curfew

ausgeben *v/t* to spend/expend; **sich a. als** *v/refl* to pose as

ausge|bildet *adj* qualified; **a.dehnt** *adj* extensive; **a.fallen** *adj* cancelled; **a.fertigt** *adj* executed; **a.händigt** *adj* handed over

schlecht ausgehen *v/i* to turn out badly

Ausgehverbot *nt* curfew

ausge|liehen *adj* on loan; **a.macht** *adj* agreed, arranged

ausgenommen *adv* excepted, exempt, except (for), saving

ausgeschlossen *adj* excluded

Ausgesetztsein *nt* exposure

ausgewogen *adj* balanced; **A.heit** *f* balance, equilibrium

ausgezeichnet *adj (Preis)* priced, marked

Ausgleich *m* balance, compensation; **A. in Geld** pecuniary compensation; **zum A. eines Kontos** in (full) settlement of an account; **~ einer Rechnung** in (full) discharge of a bill; **angemessener A.** reasonable compensation

ausgleichen *v/t* to compensate (for), to make good, to set off, to offset; **a.d** *adj* compensatory, balancing

Ausgleichs|abgabe *f* countervailing levy; **A.anspruch** *m* equalization claim; **A.berechtigter** *m* indemnitee; **A.betrag** *m* balance; **A.entschädigung** *f* compensation; **A.fonds** *m* compensation fund; **A.forderung** *f* compensation claim; **A.haftung** *f* contributory liability; **A.klausel** *f* compensation clause; **A.leistung** *f* compensatory payment

Ausgleichspflicht *f* duty of compensate, liability for compensation; **a.ig** *adj* liable for compensation; **A.iger** *m* person liable for compensation

Ausgleichs|rente *f* compensatory pension; **A.schuld** *f* equalization charge; **A.zahlung** *f* compensatory payment

Ausgleichung *f* settlement; **a.sberechtigt** *adj* entitled to compensation; **A.betrag** *m* amount of compensation; **A.pflicht** *f* liability for compensation

ausgliedern *v/t* to hive off

ausgrenzen *v/t* to exclude

ausgründen *v/t* to hive off

aushändig|en *v/t* to surrender/deliver, to hand over; **A.ung** *f* surrender, delivery, handing over; **gegen ~** (up)on delivery

Aushang *m* public notice

Aushebung von Verbrechern *f* round(ing)-up of criminals

Aushilfs|arbeit *f* casual work; **A.arbei-ter(in)** *m/f* casual worker; **A.kräfte; A.personal** *pl/nt* temporary staff/workers; **A.tätigkeit** *f* casual work

aushöhl|en *v/t* to erode/undermine; **A.ung** *f* erosion, undermining

ausklagen *v/t* to (seek to) recover by litigation

Auskommen *nt* subsistence, livelihood

Auskunft *f* information, disclosure; **A. erteilen** to provide information; **sach-dienliche A.** pertinent information

Auskünfte *pl* information

Auskunftei *f* credit (enquiry) agency, private detective agency

Auskunfts|anspruch *m* right to be informed; **A.ersuchen** *nt* letters rogatory, request for information; **A.klage** *f* action to obtain information; **A.person** *f* informant

Auskunftspflicht *f* disclosure requirement, duty to provide information; **a.ig** *adj* liable to disclose, ~ furnish/provide information

Auskunftsrecht *nt* right to be informed

Auskunftsverweigerung *f* refusal to disclose; **A.srecht** *nt* privilege of non-disclosure, right to withhold information, ~ remain silent

Auslage *f* outlay, expenditure(s)

Auslagen *pl* expenses, outlay, expenditure(s); **bare A.** cash outlay; **erstattungsfähige A.** reimbursable expenses; **tatsächlich entstandene A.** expenditures actually incurred; **A.erstattung** *f* reimbursement of expenses

Auslageschrift *f* patent specification

im/ins Ausland abroad; **im A. wohnhaft** resident abroad

Ausländer *m* alien, foreigner; **A. mit Wohnsitz im Inland** resident alien; **staatenloser A.** stateless alien; **uner-wünschter A.** undesirable alien

Ausländer|behörde *f* aliens department; **A.gesetz** *nt* aliens act

ausländisch *adj* alien, foreign

Auslands|aufenthalt *m* stay abroad; **A.delikt; A.(straf)tat** *nt/f* offence committed abroad; **A.schutzbrief** *m* international travel insurance cover;

A.wohnsitz *m* residence abroad

auslass|en *v/t* to leave out/omit; **A.ung** *f* omission

auslaufen *v/i* to expire; **A. nt** expiration *[US]*, expiry *[GB]*

auslegen *v/t* 1. to interpret/construe; 2. *(vorschießen)* to advance (as a loan); **eng a.** to interpret restrictively, to construe narrowly; **falsch a.** to misconstrue/misinterpret

Auslegung *f* construction, interpretation; **einschränkende A.** restrictive interpretation; **gültige A.** valid interpretation; **normative A.** normative interpretation; **sinngemäße A.** interpretation by analogy; **strenge A.** strict interpretation; **weite A.** broad interpretation; **wörtliche A.** literal interpretation; **zweckmäßige A.** purposive construction

Auslegungs|bestimmung *f* interpretation clause; **A.frage** *f* question of construction; **A.regel** *f* rule of construction/interpretation; **allgemeine** ~ general rule of construction/interpretation; **A.sache** *f* matter of interpretation

Ausleihe *f* lending, loan

ausleihen *v/t* to lend; **sich etw. a.** *v/refl* to borrow sth.

ausliefern *v/t* 1. *(Ware)* to deliver; 2. *(Person)* to extradite

Auslieferung *f* 1. delivery; 2. extradition

Auslieferungs|antrag *m* application for extradition; **A.begehren; A.ersuchen** *nt* request for extradition; **A.beschluss** *m* writ of extradition

Auslieferungshaft *f* detention prior to extradition; **A.befehl** *m* arrest warrant pending extradition

Auslieferungs|verbot *nt* extradition ban; **A.verfahren** *nt* extradition proceedings; **A.vertrag** *m* extradition treaty

auslob|en *v/t* to offer (as a reward), to promise as a prize; **A.ung** *f* (public) offer/promise of a reward

auslösch|en *v/t* to delete/expunge; **A.ung** *f* deletion

auslos|en *v/t* 1. *(Lotterie)* to draw lots; 2. *(einlösen)* to redeem; **A.ung** *f* 1. draw; 2. redemption

Ausmaß *nt* scope, extent

Ausnahme *f* 1. exception; 2. *(Befreiung)* exemption; **A.n von der dreißigjähri-**

gen Frist exceptions to the 30-year limitation period; **mit A. des Obengesagten** save as aforesaid; **A. von der Regel** exception to the rule; **~ Schriftform** exception to the written form

Ausnahme|bestimmung *f* exempting provison; **A.bewilligung** *f* dispensation, exceptional leave; **A.fall** *m* exceptional case; **A.genehmigung** *f* exemption permit; **A.gesetz** *nt* emergency act

Ausnahmeregelung *f* exempting provision; **unter eine A. fallen** to come under an exempting provision, **~** a statutory exemption

Ausnahme|vorschriften *pl* exceptional provisions; **A.zustand** *m* state of emergency; **A. verhängen** to declare a state of emergency

ausnehmen *v/t* to exempt

ausnutzen *v/t* to use/to exploit

Ausnutzung *f* utilization, exploitation; **A. des Rechtsweges** exhaustion of legal remedies; **A. eines Abhängigkeitsverhältnisses** exploitation of a state of dependence; **A. einer Amtsstellung** exploitation of an official position; **missbräuchliche A.** abuse

ausrauben *v/t* to rob

Ausrede *f* excuse, pretext

Ausreisevisum *nt* exit visa

ausru|fen *v/t* to proclaim; **A.ung** *f* proclamation

Aussage *f* evidence, testimony, deposition, statement; **ich bleibe bei meiner A.** I abide by what I have said; **A. unter Eid** deposition, statement on oath; **A. eines Sachverständigen** expert testimony

Aussage bekräftigen to affirm a deposition; **freiwillige A. machen** to volunteer to give evidence; **A. verweigern** to refuse to give evidence; **A. widerrufen** to retract a statement

eidliche Aussage deposition/testimony on oath, sworn testimony; **nichteidliche/unbeeidigte/uneidliche A.** unsworn statement/testimony; **falsche ~ A.** false unsworn testimony not on oath; **sich widersprechende A.n** conflicting statements

Aussage|erpressung *f* extortion of a statement; **A.genehmigung** *f* permis-

sion to give evidence; **A.kraft** *f* significance, probative strength

aussagen *v/t* to make a statement, to give evidence, to testify; **falsch a.** to give false evidence; **schriftlich a.** to make a written statement

Aussage|pflicht *f* duty to give evidence; **A.protokoll** *nt* deposition

Aussageverweigerung *f* refusal to give evidence, **~** testify

Aussageverweigerungsrecht *nt* right to remain silent; **A. eines Ehegatten** marital privilege; **berufliches A.** professional privilege

Aussagewert *m* evidentiary value

Ausschank *m* sale of alcoholic beverages for consumption on the premises; **A.-lizenz** *f* liquor licence; **A.zeiten** *pl* licensing hours

ausscheiden *v/ti* to leave

ausschlagen *v/t* 1. to turn down/decline; 2. *(Recht)* to waive/disclaim

Ausschlagung *f* 1. non-acceptance; 2. waiver, disclaimer; **A. einer Erbschaft** disclaimer of an inheritance; **A. eines Vermächtnisses** disclaimer of a legacy

Ausschlagungs|frist *f* waiver period; **A.recht** *nt* jus deliberandi *(lat.)*

ausschließen *v/t* 1. to bar/disqualify/preclude; 2. *(Möglichkeit)* to rule out/exclude

ausschließlich *adj* excluding, exclusive

Ausschließlichkeit *f* exclusiveness, exclusivity; **A.sklausel** *f* exclusive clause; **A.srecht** *nt* exclusive right; **A.svertrag** *m* exclusive contract

Ausschließung *f* exclusion, preclusion; **A. der Öffentlichkeit** excluding the public (from the courtroom); **A. eines Rechts** exclusion of a right; **A.sgrund** *m* ground(s) for exclusion; **A.srecht** *nt* right of exclusion

Ausschluss *m* exclusion, preclusion; **A. aus der Anwaltschaft** disbarment; **A. unbekannter Berechtigter** exclusion of unknown obligees, **~** undisclosed obligees; **unter A. der Gefahr** without risk; **A. des allgemeinen Gerichtsstandes** exclusion of jurisdiction; **A. eines Gesellschafters** expulsion of a partner; **A. der Gewährleistung** exclusion of warranty, caveat emptor *(lat.)*; **A. unbe-**

kannter Gläubiger exclusion of unknown creditors; **A. der Haftung** exclusion of liability; **A. jeder Haftung** no recourse, exclusion of any liability; **A. der Öffentlichkeit** excluding the public (from the courtroom); **unter ~** in camera *(lat.)*; **A. des Rechtsweges** no recourse to the courts of law; **unter ~** without possible recourse to legal action, ousting the jurisdiction of a court; **A. der Sachmängelhaftung** non-warranty clause; **A. jeder Sachmängelhaftung** with all faults; **A. vom Stimmrecht** suspension of voting rights; **A. von Störern** expulsion of troublemakers; **A. des Vorsatzes** exclusion of intent

Ausschlussfrist *f* limitation of a claim, time of preclusion, preclusive period; **A. für Wandelung** cut-off period for recission

Ausschluss|klausel *f* exclusion clause; **A.recht** *nt* right of exclusion; **A.urteil** *nt* exclusory judgment

ausschöpf|en *v/t* to exhaust; **A.ung** *f* exhaustion

ausschreiben *v/t* to invite tenders, to advertise

Ausschreibung *f* invitation to tender; **begrenzte A.** limited submission

Ausschreibungs|frist *f* deadline for tenders; **A.schluss** *m* closing date for tenders; **A.verfahren** *nt* bidding/tendering procedure

Ausschreitung *f* violence, riot

Ausschuss *m* board, commission, committee; **A. zur Gewährung der bedingten Haftentlassung** parole board; **~ Untersuchung polizeilicher Vergehen** Police Complaints Board *[GB]*

ausschütt|en *v/t* *(Dividende)* to distribute; **A.ung** *f* distribution

außen *adv* outside

Außenprüfung *f* *(Bilanz)* external audit

Außenstände *pl* receivables, accounts receivable; **nicht beitreibbare A.** bad debts; **zweifelhafte A.** doubtful debts

Außenverhältnis *nt* external relationship, relation to third parties

außer *prep* save

Außerachtlassen *nt* disregard

außer|ehelich *adj* extramarital, illegitimate; **a.gerichtlich** *adj* extrajudicial, out of court; **a.gesetzlich** *adj* outside the law, illegal

Außerkraftsetzung *f* abrogation

außer|ordentlich *adj* extraordinary; **a.planmäßig** *adj* unscheduled; **a.stande** *adj* unable

Äußerung *f* statement, utterance; **ehrenrührige/herabsetzende Ä.** disparaging statement

Äußerungstheorie *f* doctrine of utterance

aussetzen *v/t* 1. suspend/stay/defer; 2. *(Kind, Tier)* to abandon

Aussetzung *f* suspension, stay, deferment, adjournment; **A. der Bewährung** suspended sentence, suspension of sentence on probation; **A. eines Kindes** abandoning a child; **A. des Strafrestes bei lebenslanger Freiheitsstrafe** suspension of the remainder of a sentence (in case of life imprisonment); **~ Strafverfahrens** suspension of criminal proceedings; **A. der Strafvollstreckung** stay of execution; **A. eines Termins** adjournment of a hearing; **A. des Verfahrens** stay of proceedings; **A. der Verkündigung des Urteils** deferment of the pronouncement of the judgment; **~ Zwangsvollstreckung** suspension of execution

Aussetzungsbeschluss *m* suspension order

aussondern *v/t* to segregate

Aussonderung *f* 1. assertion of rights of ownership; 2. *(Eigentum)* segregation

Aussonderungs|anspruch *m* claim for recovery from a bankrupt's estate; **A.gläubiger** *m* creditor entitled to recovery; **A.recht** *nt* right of recovery; **A.verfahren** *nt* segregration proceedings

Ausspähung *f* espionage; **landesverräterische A.** treasonable espionage

aussperr|en *v/t* to lock out; **A.ung** *f* lockout

Ausspruch *m* award; **A. im Schiedsverfahren** arbitration award; **gerichtlicher A.** court award

Ausstand *m* strike; **in den A. treten** to (go on) strike

ausstatt|en *v/t* to endow; **A.ung** *f* endowment

ausstehen *v/i* to be owed; **a.d** *adj* owing

ausstellen *v/t* to issue; **A.** *nt (Dokument)* issue

Aussteller *m* issuer, drawer, maker

Ausstellung *f* issue, drawing; **A. einer Urkunde** execution of a document; **A.stag** *m* date of issue

Aussteuer *f* dowry

Aussteuerung *f* 1. disqualification; 2. *(Versicherung)* termination

ausstreich|en *v/t* to delete; **A.ung** *f* deletion

Austausch *m* exchange; **A. von Lizenzen** cross-licensing; **a.bar** *adj* exchangeable; **a.en** *v/t* to exchange; **A.geschäft** *nt* barter transaction

austragen *v/t (Streit vor Gericht)* to litigate

austreten *v/i* to resign/withdraw

Austritt *m* resignation, withdrawal; **A.serklärung** *f* notice of withdrawal; **A.srecht** *nt* right of withdrawal

ausüben *v/t* 1. *(Amt)* to hold; 2. *(Beruf)* to practise; 3. *(Macht/Recht)* to exercise; 4. *(Pflicht)* to perform; **a.d** *adj* practising

Ausübung *f* exercise; **A. des Ermessens** exercise of discretion; **A. der Gerichtsbarkeit** exercise of jurisdiction; **~ verbotenen Prostitution** exercise of prohibited prostitution; **A. eines Rechts** exercise of a right; **A. der elterlichen Sorge** exercise of parental custody; **A. der Verfügungsgewalt** exercise of discretion; **A. des Wahlrechts** exercise of the right to vote; **verbotene A.** prohibited exercise

Ausübungsermächtigung *f* authorized exercise

Auswahl *f* selection; **A. durch Vormundschaftsgericht** appointment by guardianship court; **A.verfahren** *nt* selection procedure

auswander|n *v/i* to emigrate; **A.ung** *f* emigration

auswärtig *adj* non-resident

auswechs|eln *v/t* to exchange; **A.lung** *f* exchange

als letzter Ausweg *m* as a last resort

Ausweichen *nt* evasion; **a.d** *adj* evasive

Ausweis *m* 1. proof (of identity), evidence; 2. *(Personalausweis)* identity

card; **amtlicher A.** *(Berechtigung)* official permit

ausweisen *v/t* 1. to identify/reveal; 2. *(abschieben)* to deport; 3. *(vertreiben)* to expel; **sich a.** *v/refl* to identify oneself

Ausweiskontrolle *f* identity check

ausweislich *adv* as evidenced by

Ausweis|papier *nt* identity paper; **A.pflicht** *f* duty/obligation to carry identity papers

Ausweisung *f* deportation, expulsion

Ausweisungs|befehl; A.beschluss *m* deportation/expulsion order; **A.befehl erlassen** to make an expulsion order; **A.verfahren** *nt* deportation proceedings

auswert|en *v/t* to evaluate; **A.ung** *f* evaluation

sich auswirken auf *v/refl* to affect; **~ nachteilig a.** to affect adversely/prejudicially

Auswirkung *f* effect, impact

auszahl|en *v/t* to pay out/disburse; **A.ung** *f* disbursement, payout

Auszubildende(r) *f/m* trainee

Auszug *m* 1. *(Text)* extract, summary, excerpt; 2. *(Grundbuch)* abstract (title); **A. aus dem Handelsregister** excerpt from the commercial register; **~ Strafregister** excerpt form the register of previous convictions

Auto *nt* car; **A.diebstahl** *m* car theft; **A.fahrer** *m* (car) driver, motorist; **A.falle** *f* radar/speed trap; **A.kennzeichen** *nt* registration number

Automat *m* slot/vending machine; **A.enmissbrauch** *m* misuse of slot/vending machines

autonom *adj* autonomous; **A.ie** *f* autonomy

Autopsie *f* autopsy, post-mortem

Autor *m* author; **A.enrecht** *nt* copyright

autorisier|en *v/t* to authorize; **A.ung** *f* authorization

Auto|strich *m* curb-crawling; **A.unfall** *m* motoring accident

Avis *m* advice note; **a.ieren** *v/t* to advise, to give notice of

Axiom *nt* axiom

B

Bagatell- petty
Bagatell|betrag *m* small sum; **B.delikt** *nt* petty/summary offence; **B.sache** *f* petty case, summary offence; **B.sachen** *pl* small claims; **B.schaden** *m* minor damage; **B.strafsache** *f* summary offence; **B.vergehen** *m* minor offence
Bahn *f* railway *[GB]*, railroad *[US]*; **B.verkehr** *m* railway traffic
Bande *f* gang
Banden|bildung *f* formation of gangs; **B.diebstahl** *m* gang theft; **schwerer ~** gang robbery; **B.hehlerei** *f* gang receiving (of stolen goods); **B.kriminalität** *f* gang crime; **B.mitglied** *nt* member of a gang
Bank *f* bank; **B.akzept** *nt* banker's acceptance; **B.bürgschaft** *f* bank guarantee; **B.einlage** *f* bank deposit; **B.geheimnis** *nt* banking secrecy, banker's discretion; **B.gesetzgebung** *f* banking legislation; **B.konto** *nt* bank account; **B.note** *f* banknote
Bankomat *m* cash dispenser, cashpoint, automated teller machine (ATM)
Bankrecht *nt* banking law
bankrott *adj* bankrupt; **B.** *m* bankruptcy, insolvency; **betrügerischer B.** fraudulent bankruptcy; **B.eur** *m* defaulter, bankrupt person
Bann *m* ban; **B.kreis** *m* protected zone; **B.meile** *f* parliamentary zone, security zone *(around parliament or government buildings)*; **B.ware** *f* contraband
bar *adj* (in) cash
Bar|abgeltung *f* cash settlement; **B.ablösung** *f* cash redemption; **B.ausgleich** *m* cash settlement; **B.auslagen** *pl* out-of-pocket expenses, cash outlay; **B.geld** *nt* cash; **B.kauf** *m* cash purchase; **B.leistung** *f* cash benefit; **B.scheck** *m* open check *[US]*/cheque *[GB]*; **B.wert** *m* cash value; **B.zahlung** *f* cash payment, payment in cash; **B.zahlungspreis** *m* cash price
Basis *f* basis

Bau *m* building, construction; **B.amt** *nt* planning department; **B.artgenehmigung** *f* type approval
Bauaufsicht *f* building inspection; **B.sbeamter** *m* building inspector; **B.sbehörde** *f* building inspectorate
Bau|behörde *f* building/planning authority; **B.beschränkungen** *pl* planning restrictions; **B.bewilligung** *f* planning permission; **B.dispens** *m* waiver of planning restrictions
bauen *v/t* to build
Bau|erlaubnis *f* planning permission; **B.erschließung** *f* site development; **B.erschließungsgebiet** *nt* development zone; **B.erwartungsland** *nt* development land
baufällig *adj* dilapidated, derelict; **B.keit** *f* state of disrepair
Bau|gefährdung *f* causing danger during construction; **B.genehmigung** *f* planning (and building) permission; **B.gesetz** *nt* building act; **B.gesetzbuch** *nt* building (and planning) code; **B.gewerbe** *nt* building trade; **B.grenze** *f* building line; **B.grundstück** *nt* plot; **B.gutachter** *m* surveyor; **B.haftpflicht** *f* builder's liability; **B.herr** *m* principal; **B.kosten** *pl* contruction costs; **B.landsache** *f* building land case
Bauleistung *f* building/construction work; **B.sabnahmebescheinigung** *f* certificate of acceptance
Bau|leitplan *m* zoning/development plan; **B.lichkeit** *f* building; **B.linie** *f* building line
Baum *m* tree
Bau|nutzungsverordnung *f* building use decree; **B.ordnung** *f* building code *[US]*, building/construction regulations; **örtliche ~** building by-law; **B.ordnungsrecht** *nt* building law; **B.planungsrecht** *nt* planning law; **B.polizei** *f* building inspectorate, building control department; **B.prozess** *m* construction case; **B.recht** *nt* construction law, planning and building laws and regulations
Bauspar|darlehen *nt* building society loan; **B.kasse** *f* building society *[GB]*, savings and loan assoscation *[US]*; **B.vertrag** *m* building society (savings) contract

Bau|träger *m* builder, principal; **B.über-wachung** *f* building control/inspection; **B.unternehmer** *m* building contractor; **B.verbot** *nt* contruction ban

Bauvertrag *m* building contract; **B.srecht** *nt* building contract law

Bauvorschrift *f* building regulation; **B.en** *pl* planning regulations

Bauwerk *nt* edifice, structure

beabsichtigen *v/i* to intend

beacht|en *v/t* to comply with; **nicht b.** to disregard; **B.ung** *f* compliance

Beamten|haftung *f* liability of a civil servant; **B.recht** *nt* civil service law; **b.rechtlich** in terms of civil service law

Beamter *m* civil servant, public official

Beamtin *f* female civil servant

beanspruchen *v/t* to claim

beanstand|en *v/t* to complain (of), to object to/query; **B.ung** *f* complaint, objection, query

beantrag|en *v/t* to apply for, to file an application for; **B.ung** *f* application

beantwort|en *v/t* to answer/reply; **B.ung** *f* answer, reply

beaufsichtig|en *v/t* to supervise; **B.ung** *f* supervision, surveillance

beauftragen *v/t* 1. to mandate/instruct; 2. *(Anwalt)* to retain/brief; 3. *(ernennen)* to appoint; 4. *(Projekt)* to commission

Beauftragte(r) *f/m* 1. agent, mandatary; 2. *(Vertreter)* proxy, representative

Beauftragung *f* 1. mandate; 2. brief(ing); 3. commission; **B. zur Vertretung vor Gericht** brief *[GB]*

bebauen *v/t* to build on

Bebauung *f* construction work; **B.splan** *m* development/zoning plan

Bedachter *m* beneficiary, legatee; **testamentarisch B.** beneficiary under a will

Bedarf *m* needs, requirements; **B.serfüllung** *f* meeting the requirements; **B.güter** *pl* commodities

bedenk|en *v/t* to consider, to provide for; **B.** *pl* misgivings; **b.lich** *adj* questionable

bedeuten *v/t* to mean; **b.d** *adj* important, relevant

Bedeutung *f* 1. meaning, sense; 2. relevance, importance; 3. *(Tragweite)* significance; **rechtliche B.** legal significance; **b.slos** *adj* irrelevant, unimportant

Bediensteter *m* employee

Bedienung *f* operation; **B.sanweisungen** *pl* operating instructions

bedingen *v/t* to stipulate

bedingt *adj* conditional (on/upon); **auflösend b.** subject to a resolutory condition

Bedingt|geschäft *nt* conditional transaction; **B.lieferung** *f* sale on approval

Bedingung *f* condition, stipulation, term, proviso; **unter der B., dass** provided/on condition that; **zu gleichen B.en** on equal terms; **B. der Strafbarkeit** condition of punishability

auflösende Bedingung resolvent condition; **aufschiebende B.** suspensive condition; **ausdrückliche B.** express condition; **gegenseitige B.en** mutual conditions; **günstige B.** favourable condition; **zwingend notwendige B.** indispensable condition; **rechtliche B.** legal condition; **sittenwidrige B.** contra bonos mores *(lat.)* condition; **stillschweigende B.** implied condition; **übliche B.en** usual terms (u.t.); **unerlässliche B.** condition sine qua non *(lat.)*; **wesentliche B.** essential condition

Bedingungen abändern to amend the terms; **B. einhalten** to comply with the terms; **B. erfüllen** to meet the conditions; **B. vereinbaren** to agree terms; **allgemeine B.** terms and conditions

bedingungs|feindlich *adj* not subjected to a condition; **b.los** *adj* unconditional

bedroh|en *v/t* to menace/threaten; **B.ung** *f* menace, threat

bedürfen *v/i* to need/require

Bedürfnis *nt* need, requirement, want; **B.prüfung** *f* means test

Bedürfnisse *pl* needs, requirements, necessaries; **B. befriedigen** to satisfy needs; **persönliche B.** personal needs

bedürftig *adj* indigent, poor; **B.e(r)** *f/m* indigent/needy person; **B.keit** *f* indigence, poverty

beeid|en *v/t* to confirm on oath; **b.et** *adj* sworn; **b.igen** *v/t* 1. to swear in, to administer an oath; 2. *(versichern)* to affirm on oath; **B.igung** *f* 1. swearing in, administration of an oath; 2. *(Versicherung)* affirmation on oath

beeinflussen *v/t* to influence

Beeinflussung f influence; **B. von Zeugen** tampering with witnesses; **sittenwidrige B.** improper influence; **unzulässige B.** inadmissible influence

beeinträchtig|en v/t to affect adversely, to impair; **b.t** impaired

Beeinträchtigung f 1. impairment, detriment; 2. (Störung) nuisance; **B. der Arbeitsfähigkeit** impairment of the ability to work; ~ **Erwerbsfähigkeit** impairment of earning capacity; **B. einer Dienstbarkeit** infringement of an easement; **B. der persönlichen Freiheit** invasion of personal liberty; ~ **Grunddienstbarkeit** infringement of easement, **B. von Interessen** impairment of interests; **B. der Rechte** impairment of rights

dauernde Beeinträchtigung permanent impairment; **rechtswidrige B.** unlawful impairment; **B.sgrad** m degree of impairment

beenden v/t to conclude/finish/terminate

beendigen v/t to terminate

Beendigung f termination; **B. des Besitzes** termination of possession; ~ **Dienstverhältnisses** termination of employment; ~ **Güterstandes** termination of the conjugal property regime; ~ **Nießbrauchs** termination of usufruct; **B. der Tat** completion of the crime; **B. des Vertrags** termination of contract

beerben v/t to succeed to, to inherit from

beerdigen v/t to bury

Beerdigung f burial, funeral; **B.skosten** pl funeral expenses

befähig|en v/prep to enable; **b.t** adj eligible

Befähigung f capability, eligibility, qualification; **B.snachweis** m certificate of proficiency/qualification

befangen adj biased, prejudiced; **B.heit** f bias, prejudice

sich befassen mit v/refl to deal with

Befehl m command, order; **B. verweigern** to refuse to obey an order; **richterlicher B.** court order

befehlen v/t to command/order

Befehls|befugnis; B.gewalt f power of command; **B.missbrauch** m abuse of authority; **B.notstand** m acting under orders; **B.recht** nt right of command; **B.verweigerung** f refusal to obey orders

befinden v/ti to adjudge/find; **B. nt** opinion

befolg|en v/t to comply with, to obey/observe; **B.ung** f compliance, observance

beförder|n v/t 1. to carry/convey/transport; 2. (Position) to promote; **B.ung** f 1. carriage, conveyance, transport(ation); 2. promotion

Beförderungs|bedingungen pl conditions of carriage; **B.frist** f period allowed for transport; **B.leistung** f performance of transport services; **B.pflicht** f public service obligation (PSO); **B.unternehmen** nt carrier; **B.vertrag** m contract of carriage/transport(ation); **B.vorschriften** pl forwarding instructions

befracht|en v/t to ship; **B.er** m shipper

Befrachtung f shipping; **B.svertrag** m contract of affreightment, charter party

befrag|en v/t to question/interrogate; **B.ung** f questioning, interrogation

befrei|en v/t 1. (freilassen) to liberate/release; 2. (ausnehmen) to exempt; **b.t** adj exempt

Befreiung f 1. (Freilassung) liberation, release; 2. (Ausnahme) dispensation, exemption; 3. (Entlastung) discharge

Befreiungs|anspruch m right of exemption/indemnity; **B.gründe** pl grounds for exemption; **B.vorbehalt** m conditional discharge

befriedigen v/t to satisfy

Befriedigung f satisfaction; **B. eines Anspruchs** satisfaction of a claim; **B. von Bedürfnissen** satisfaction of needs; ~ **Gläubigern** satisfaction of creditors; **B. verlangen** to demand satisfaction; **teilweise B.** satisfaction in part; **B.srecht** nt right of satisfaction

befrist|en v/t to set a time limit, to fix a deadline; **b.et** v/t limited (in time), restricted

Befristung f time limit/restriction

Befugnis f power(s), authority; **B.se des Eigentümers** powers of the owner; **B. zur Geschäftsführung** managerial authority; **B. delegieren** to delegate one's authority; **B.se überschreiten** to act ultra vires (lat.); **gesetzliche B.** statutory power(s)

befugt adj authorized

Befund *m* report, findings; **ärztlicher B.** medical report

befürwort|en *v/t* to advocate/approve/endorse/support; **B.er(in)** *m/f* advocate, supporter; **B.ung** *f* approval

begebbar *adj* negiotable; **nicht b.** nonnegotiable

begehen *v/t* to commit; **B.** *nt* commission; **B. durch Unterlassen** commission by omission

begehren *v/t* to petition

Begehung *f* commission; **B. der Handlung** commission of the act; **B.sdelikt** *nt* punishable offence

Beginn *m* 1. beginning, commencement; 2. *(Vertrag)* entrance; **B. der Gewährfrist** commencement of the warranty period; **~ Rechtsfähigkeit** commencement of legal capacity

beginnen *v/ti* to begin/commence

beglaubig|en *v/t* to attest/authenticate/certify; **notariell b.** to notarize; **b.t** *adj* certified, authenticated

Beglaubigung *f* certification, authentication, attestation; **B. einer Abschrift** certification of a copy; **~ Unterschrift** certification of a signature; **notarielle B.** notarial certification

Beglaubigungs|klausel *f* attestation clause; **B.vermerk** *m (Revision)* auditor's opinion

begleichen *v/t* to discharge/pay/settle

Begleichung *f* discharge, payment, settlement; **vollständige B.** discharge in full

Begleit|brief; B.schreiben *m/nt* covering letter; **B.kriminalität** *f* accompanying crime; **B.papiere** *pl* accompanying documents; **B.umstände** *pl* attendant circumstances

begnadigen *v/t* to pardon/reprieve

Begnadigung *f* pardon, reprieve; **B.sakt** *m* act of clemency; **B.sgesuch** *nt* petition for clemency; **B.srecht** *nt* prerogative of mercy

begreiflich *adj* comprehensible

begrenz|en *v/t* to limit/restrict; **b.t** *adj* limited, restricted

Begrenzung *f* limitation, restriction; **B. des Eigentums** limitation of ownership

Begriff *m* 1. *(Vorstellung)* concept, notion; 2. term; **juristischer B.** legal term

begrifflich *adj* notional, conceptual

Begriffsbestimmung *f* definition

begründ|en *v/t* 1. *(errichten)* to constitute; 2. *(erklären)* to justify/substantiate, to give reasons for; **b.et** *adj* justified; **rechtlich b.et** legally justified

Begründung *f* 1. *(Errichtung)* formation, foundation; 2. *(Erklärung)* justification, reasons, grounds, basis; **B. des Antrags** reasons for the application; **B. einer Entscheidung** reasons for a decision; **B. eines Rechts** creation of a title; **~ Urteils** grounds for a judgment; **B. der Vormerkung** grounds for priority notice; **B. des Wohnsitzes** setting up a home; **schlüssige B.** cogent reasons; **vertretbare B.** tenable argument; **B.sfrist** *f* time for stating reasons

begünstigen *v/t* to benefit, to aid and abet

Begünstige(r) *f/m* 1. *(StR)* accessory (after the fact), abettor; 2. *(ZR)* beneficiary, nominee

Begünstigung *f* 1. aiding and abetting; 2. preferential treatment; **B. im Amt** connivance (by officials or a public body); **B.sklausel** *f* benefit clause; **B.svertrag** *m* beneficial contract

begutacht|en *v/t* to appraise/examine/survey; **B.ung** *f* appraisal, expert's opinion

Behältnis *nt* container, vessel, receptacle

behandeln *v/t* treat; **gleich b.** to treat equally; **unterschiedlich b.** to discriminate;

vertraulich b. to treat as confidential

Behandlung *f* treatment; **bevorzugte B.** preferential treatment; **diskriminierende B.** discriminatory treatment; **entwürdigende B.** humiliating treatment; **fachgerechte B.** competent treatment; **medizinisch fehlerhafte B.** medical malpractice; **ungleiche B.** discrimination; **unsachgemäße B.** improper use

behaupten *v/t* to allege/assert/aver/claim/contend/maintain

Behauptung *f* allegation, assertion, averment , claim, contention; **B. einer Partei vor Gericht** allegation, contention, submission; **beleidigende B.** defamatory statement; **ehrenrührige B.** libel, slander; **negative B.** negative averment; **unbewiesene B.** unproved claim

Behauptung aufstellen → **behaupten**
beheb|bar *adj* rectifable, remediable;
b.en *v/t* to rectify/remedy
Behebung *f* remedying, rectification; **B.
eines Mangels** remedying (of) a defect
beheimatet *adj* resident
Behelf *m* makeshift
beherbergen *v/t* to accommodate
Beherbergung *f* accommodation, lodging; **B.sbetrug** *m* accommodation
fraud; **B.svertrag** *m* accommodation
contract
beherrschen *v/t* to control/dominate
Beherrschung *f* control, domination;
B.svertrag *m* contract of control
behindern *v/t* to impede/obstruct/hinder
behindert *adj* handicapped; **geistig/see-
lisch b.** mentally handicapped; **körperlich b.** disabled; **B.e(r)** *f/m* disabled/
handicapped person
Behinderung *f* 1. obstruction, hindrance;
2. *(rechtlich)* impediment; 3. *(körperlich)* disability, handicap; **B. des
Konkursverfahrens** obstruction of
bankruptcy proceedings; **B. der
Rechtspflege** obstruction of the course
of justice; **B. des öffentlichen Verkehrs** obstruction of the traffic; **B. des
Wettbewerbs** restraint of competition;
vorsätzliche B. wilful obstruction
Behörde *f* (public) authority, government
agency; **durchführende/vollziehende
B.** executive authority; **maßgebende/
zuständige B.** authority in charge;
nachgeordnete B. subsidiary authority;
öffentliche B. public authority; **unterstellte B.** subordinate authority
behördlich *adj* official
Beiakte *f* supplementary file
beibehalt|en *v/t* to retain; **B.ung** *f* retention
beibringen *v/t* to adduce/furnish/produce/
submit
Beibringung *f* production, submission;
B.sfrist *f* deadline for submissions
beiderseitig *adj* mutual, reciprocal
beidrücken *v/t* 1. *(Siegel)* to affix; 2.
(Stempel) to impress
Beifahrer(in) *m/f* passenger
beifüg|en *v/t* to attach/append/enclose;
B.ung *f* enclosure, attachment
beigeordnet *adj* associate(d); **B.er** *m* associate

Beihilfe *f* 1. grant (-in-aid), allowance,
assistance, aid; 2. *(Verbrechen)* aiding
and abetting; **B. durch Unterlassung**
assistance by (way of) omission; **B. leisten** to aid and abet
Beiladung *f* 1. summons; 2. *(unter Strafandrohung)* subpoena
Beilage *f* attachment, enclosure
beilegen *v/t* 1. to attach/enclose; 2.
(Streit) settle
Beilegung *f* settlement, adjustment,
arrangement; **B. einer Streitigkeit** dispute settlement; **B. im Wege des Vergleichs** composition; **friedliche B.** peaceful settlement; **gütliche B.** amicable/
out-of-court settlement; **schiedsgerichtliche B.** settlement by arbitration
beinhalten *v/t* 1. to comprise/contain/in-
clude; 2. *(bedenken)* to imply
beiordn|en *v/t* to assign; **B.ung** *f* assign-
ment (as counsel)
jdm beipflichten *v/i* to concur with so.
Beirat *m* advisory board/committee
Beischlaf *m* sexual intercourse; **B. zwischen Verwandten** sexual intercourse
between relatives; **außerehelicher B.**
extramarital intercourse
im Beisein von *nt* in the presence of
beiseite schaffen *adv* to remove secretly
Beiseiteschaffen *nt* removing by stealth,
secret removal; **B. von Beweismitteln**
secret removal of evidence
Beisitzer(in) *m/f* juror, associate/puisne
judge, assessor, judge assisting the presiding judge
Beispiel *nt* instance, example; **zum B.** e.
g. (exempli gratia) *(lat.)*, for example/
instance; **b.los** *adj* unprecedented
Beistand *m* 1. aid, assistance; 2. *(Person)*
assistant, (legal) adviser, counsel, legal
representative; **B. bestellen** to appoint a
counsel; **B. leisten** to render assistance;
gegenseitiger B. mutual assistance
Beistand|schaft *f* assistance; **B.spakt** *m*
mutual assistance pact; **B.spflicht** *f* duty
to render assistance
beistehen *v/i* to support/second
Beitrag *m* contribution; **B. leisten** to contribute; **Beiträge der Gesellschafter**
partners' contributions
beitragen *v/ti* to contribute
Beitrags|bemessungsgrenze *f* contribu-

tion assessment ceiling; **B.leistung** *f* contribution(s); **b.pflichtig** *adj* liable to pay contributions, contributory; **B.pflichtige(r)** *f/m* person liable to pay a contribution, contributor; **B.zahlung** *f* contribution payment **beitreib|bar** *adj* collectible, recoverable; **b.en** *v/t* to recover/collect

Beitreibung *f* recovery, collection; **B.sverfahren** *nt* collection procedure

beitreten *v/i* to accede/join

Beitritt *m* accession; **B.surkunde** *f* instrument of accession; **B.svertrag** *m* treaty of accession

beiwohn|en *v/i* to cohabit; **B.ung** *f* cohabitation

bejahen *v/t* to answer in the affirmative

bekämpf|en *v/t* to fight; **B.ung** *f* fight

bekannt *adj* known; **b. machen** 1. *(Gesetz)* to promulgate; 2. to announce/publicize

Bekanntgabe *f* announcement, notification; **öffentliche B.** public notice

Bekanntmachung *f* 1. publication, announcement, public notice; 2. *(Gesetz)* promulgation; **amtliche B.** official announcement; **gerichtliche B.** court notice; **öffentliche B.** public announcement; **B.spflicht** *f* disclosure requirement

bekennen *v/t* to own up to/admit/confess; **sich schuldig b.** *v/refl* to plead guilty

Bekenntnis *nt* 1. *(Schuld)* admission, confession; 2. *(Religion)* denomination; **B.freiheit** *f* freedom of religious belief

beklagt sued; **B.e(r)** *f/m* 1. *(Klage)* defendant; 2. *(Berufung, Revision)* respondent

bekräftigen *v/t* to (re)affirm/confirm/corroborate; **eidlich b.** to affirm on oath

Bekräftigung *f* affirmation, corroboration; **B. an Eides Statt** affirmation in lieu of oath; **B.seid** *m* assertory/confirmatory oath; **B.sformel** *f* words of affirmation

Bekundung *f* testimony, deposition

Belang *m* concern, relevance, importance, significance; **nicht von B.** immaterial, irrelevant; **öffentlicher B.** matter of public concern; **von B. sein** to matter

belang|bar *adj* actionable, suable, liable

(to proceedings); **b.en** *v/t* to sue

belanglos *adj* irrelevant, immaterial; **B.igkeit** *f* irrelevance

Belangung *f* 1. *(ZR)* legal action; 2. *(StR)* prosecution

belasten *v/t* 1. *(Grundstück)* to encumber/mortgage; 2. *(StR)* to charge; 3. *(belasten)* to incriminate; **hypothekarisch b.** to mortgage; **sich selbst b.** *v/refl* to incriminate os.; **b.d** *adj* incriminating, incriminatory, inculpatory

belastet *adj* encumbered, mortgaged

belästigen *v/t* to harass/molest; **b.d** *adj* offensive

Belästigung *f* nuisance, harrassment, annoyance, molestation; **rechtserhebliche B.** actionable nuisance

Belastung *f* 1. *(Grundstück)* encumbrance, mortgage; 2. *(StR)* charge; **dingliche B.** encumbrance; **unzumutbare B.** unreasonable burden

Belastungs|material *nt* incriminating evidence; **B.zeuge** *m* witness for the prosecution

Beleg *m* 1. evidence, proof; 2. *(Quittung)* receipt, voucher; **B. vorlegen** to furnish evidence; **b.bar** *adj* evidentiary

belegen *adj* situate; *v/t (beweisen)* to document/prove/substantiate

Beleg|enheit *f* locus rei sitae *(lat.)*; **B.schaft** *f* payroll, staff, workforce, labour force

Belegung *f* *(Nachweis)* verification

belehren *v/t* to advise/caution/direct/instruct

Belehrung *f* advice, caution, direction, instruction; **falsche B.** misdirection; **rechtliche B.** *(Rechtsbehelfsbelehrung)* cautioning; **B.spflicht** *f* obligation to caution

beleidigen *v/t* to insult; **b.d** *adj* offensive, defamatory

Beleidigung *f* insult, defamation, libel, slander; **schwere B.** gross insult; **tätliche B.** assault; **B.sklage** *f* action for defamation

beleih|bar *adj* eligible to serve as security; **b.en** *v/t* to lend against security; **B.ung** *f* lending against security

beleumundet *adj* reputed; **übel b.** ill-reputed

Belieben *nt* discretion; **in jds B.** at so.'s

discretion; **nach B.** discretionary; **~ des Gerichts** as the court may see fit

Beliehene(r) *f/m* borrower

belohn|en *v/t* to reward; **B.ung** *f* reward; **~ aussetzen** *nt* to offer a reward

bemängeln *v/t* to criticize, to find fault with

Bemerkung *f* remark; **B. des Richters bei Prozessende** obiter dictum *(lat.)*; **abfällige B.** derogatory remark; **beiläufige B.en des Richters** *(im Gegensatz zu ratio decidendi)* obiter dicta *(lat.);* **eine dementsprechende B.** a remark to that effect

bemessen *v/t* 1. to assess; 2. *(zusprechen)* to award

Bemessung *f* 1. assessment; 2. award; **B.sgrundlage** *f* assessment basis

Bemühung *f* effort

benachbart *adj* adjoining, adjacent, neighbouring

benachrichtigen *v/t* to notify/advise; **schriftlich b.** to notify in writing

Benachrichtigung *f* notification, notice, advice; **B.sschreiben** *nt* advice note; **B.serfahren** *nt* notification procedure

benachteilig|en *v/t* to discriminate against; **b.t** *adj* adversely affected, disadvantaged

Benachteiligung *f* discrimination, prejudice

benannt *adj* aforesaid; **B.e(r)** *f/m* nominee

beneficium *(lat.)* benefice

Benehmen *nt* 1. *(Verhalten)* conduct, behaviour; 2. *(Rücksprache)* consultation; **im B. mit** in consultation with; **Ärgernis erregendes B.** disorderly conduct; **ungebührliches B.** misconduct, conduct unbecoming

benenn|en *v/t* to name/nominate; **B.ung** *f* naming; **~ von Zeugen** naming of witnesses

benötigen *v/t* to need/require

benutzen *v/t* to use/utilize; **missbräuchlich b.** to abuse/misuse

Benutzer *m* user; **gutgläubiger B.** user in good faith

Benutzung *f* use, utilization; **B. der Erfindung** use of the invention; **B. eines Grundstücks** use of a plot of land **alleinige Benutzung** sole/exclusive use;

gewöhnliche **B.** ordinary use; **missbräuchliche B.** misuse, improper use; **öffentliche B.** public use; **ordnungsgemäße B.** proper use; **widerrechtliche B.** illicit use

Benutzungsrecht *nt* right to use

beobacht|en *v/t* observe; **B.ung** *f* observation

beraten *v/i (Rat geben)* to advise/counsel; **sich b.** *v/refl* to confer/deliberate; **sich anwaltschaftlich b. lassen** to take legal advice; **b.d** *adj* advisory

Berater *m* consultant, adviser; **B. des Amtsrichters** justice's clerk; **juristischer B.** legal adviser; **B.vertrag** *m* consultancy contract

Beratung *f* 1. *(Rat geben)* counselling; 2. *(besprechen)* deliberation; **sich zur B. zurückziehen** to retire (for deliberation)

Beratungs|ausschuss *m* advisory board; **B.organ** *nt* consultative body; **B.tätigkeit** *f* consultancy; **B.vertrag** *m* consultancy contract

berauben *v/t* to rob

berauschen *v/t* to intoxicate; **b.d** *adj* intoxicating

berechn|en *v/t* to evaluate; **b.et** *adj* 1. *(in Rechnung gestellt)* billed, charged; 2. calculated

Berechnung *f* assessment, calculation, computation, evaluation

berechtigen *v/t* 1. *(Person)* to authorize/entitle; 2. *(Sache)* to justify

berechtigt *adj* 1. authorized, eligible, entitled; 2. justified; **b. sein zu** *adj* to be entitled to; **dinglich b.** entitled in rem *(lat.)*

Berechtigte(r) *f/m* entitled party/person, beneficiary, eligible person; **dinglich B.** person entitled in rem *(lat.)*; **unbekannter B.** unknown claimant; **b.weise** *adv* justifiably

Berechtigung *f* 1. *(Person)* eligibility, entitlement, right; 2. *(Sache)* justification; **B.snachweis** *m* eligibility requirement; **B.sschein** *m* certificate of eligibility

Bereich *m (Geltungsbereich)* scope, purview

bereichern *v/t* to enrich; **sich b.** *v/refl* to enrich os.

Bereicherung f enrichment; **ungerechtfertigte B.** unjust(ified) enrichment
Bereicherungs|absicht f intention to enrich os.; **B.anspruch** m claim on account of unjust enrichment; **B.klage** f action for unjust enrichment, ~ on the grounds of unjust enrichment
Bereit|halten; B.stellung nt/f provision
bereuen v/t to repent/regret
bergen v/t 1. *(Person)* to rescue; 2. *(Sachen)* to salvage
Berg|recht nt mining law; **B.schaden** m subsidence
Bergung f 1. rescue (operation); 2. salvage; **B.srecht** nt right of salvage; **B.sschaden** m salvage loss; **B.svertrag** m salvage contract
Bergwerk nt mine
Bericht m report; **B. erstatten; b.en** v/t to report; **B.erstatter(in)** m/f reporter; **B.erstattung** f reporting
berichtigen v/t 1. *(korrigieren)* to correct/rectify; 2. *(Gesetz)* to amend; 3. *(beheben)* to adjust
Berichtigung f 1. correction, rectification; 2. amendment; 3. adjustment; **B. der Gesellschaftsschulden** adjustment of company/partnership debts; **B. eines Urteils** rectification of a judgment
Berichtigungs|anspruch m claim for rectification; **B.protokoll** nt rectifying minutes
berichtspflichtig adj required to report
Berliner Testament mutual/reciprocal will (of spouses)
Berner Übereinkunft *(Copyright)* Berne Convention
berüchtigt adj notorious, ill-reputed
berücksichtigen v/t to consider, to take into consideration
Berücksichtigung f consideration; **unter B. von** considering; **~ aller Umstände** having considered all (the) facts and circumstances; **B. der Interessen** consideration of interests; **gebührende B.** due consideration
Beruf m 1. *(akademischer B.)* profession; 2. *(Berufung)* vocation; 3. *(Tätigkeit)* job; 4. *(Handwerk)* trade; **von B.** by trade
berufen adj competent
berufen v/t to appoint; **sich b. auf** v/refl to cite/invoke, to refer to

beruflich adj professional, vocational
Berufs|bezeichnung f job description; **B.freiheit** f freedom of occupation, ~ to choose an occupation; **B.genossenschaft** f mutual indemnity (risk) association; **B.haftpflichtversicherung** f (statutory) industrial accident insurance scheme, professional indemnity insurance; **B.gruppe** f professional group; **B.recht** nt law of profession(s)
Berufsrichter(in) m/f professional/salaried judge, stipendary magistrate *[GB]*
Berufs|unfähigkeit f occupational disability; **B.vergehen** nt professional misconduct; **B.verbot** nt prohibition to practise; **B.verbrecher** m professional criminal
Berufswahl f choice of occupation/career; **B.freiheit** f freedom of occupational choice, freedom to choose a profession
Berufszeuge m convenient witness
Berufung f 1. *(Amt)* appointment; 2. *(gegen ein Urteil)* appeal; **B. der Mitgliederversammlung** convocation of the general meeting; **sich der B. anschließen; B. einlegen** to (lodge an) appeal; **B. verwerfen** to quash an appeal; **B. zulassen** to allow an appeal; **B. zurückweisen** to dismiss/reject an appeal
Berufungs|- appellate; **B.antrag** m petition for appeal; **B.ausschuss** m review board; **B.beklagte(r)** f/m appellee, respondent; **B.entscheidung** f appellate decision
berufungsfähig adj appealable
Berufungs|frist f time for appeal; **B.führer** m appellant; **B.gegner** m appellee, respondent; **B.gericht** nt court of appeal, appellate court; **B.gerichtsbarkeit** f appellate jurisdiction; **B.gründe** pl grounds for appeal; **B.instanz** f appellate instance; **B.kläger** m appellant; **B.recht** nt right of appeal; **B.richter(in)** m/f appellate judge; **B.sache** f case on appeal; **B.schrift** f notice of appeal; **B.stelle** f board of appeals; **B.urteil** nt judgment on appeal; **B.verfahren** nt appellate procedure/proceedings; **B.verhandlung** f appellate hearing; **B.zulassung** f leave to appeal
beruhen auf v/i to be based on

berühm|en to assert; **B.ung** *f* assertion
berühren *v/t* to affect/touch
Besatzungs|macht *f* occupying power;
B.recht *nt* law of occupation
beschädig|en *v/t* to damage; **b.igt** *adj*
damaged; **B.te(r)** *f/m* aggrieved party
Beschädigung *f* damage; **B. öffentlicher
Denkmäler** defacing (of) public monu-
ments; **B. von Sachen** property damage; **böswillige B.** malicious damage;
vorsätzliche B. wilful damage
beschaffen *v/t* to procure
Beschaffenheit *f* 1. quality; 2. *(Bau)* state
of repair; **mangelhafte B.** defective
quality
Beschaffung *f* procurement; **B.skrimi-
nalität** *f* drug-related crime(s); **B.srisi-
ko** *nt* procurement risk
beschäftig|en *v/t* to employ; **b.t** *adj* em-
ployed; **B.e(r)** *f/m* employee
Beschäftigung *f* 1. employment, engagement; 2. *(Tätigkeit)* occupation
Beschäftigungs|hindernis *nt* impedi-
ment to employment; **B.nachweis** *m*
certificate of employment; **B.verbot** *nt*
employment ban; **B.verhältnis** *nt* employment
Bescheid *m* 1. *(Entscheidung)* decision,
order, ruling; 2. *(Mitteilung)* notification; **abschlägiger B.** negative decision; **endgültiger B.** final decision, decree absolute; **vorläufiger B.**
provisional decision, decree nisi *(lat.)*
bescheiden *v/t* to notify
bescheinigen *v/t* to attest/certify
Bescheinigung *f* 1. *(Vorgang)* attestation,
certification; 2. *(Zeugnis)* certificate; **B.
beibringen** to furnish evidence, to submit a certificate; **amtliche B.** official
certificate; **notarielle B.** notary's certificate; **vorläufige B.** interim certificate
beschenk|en *v/t* to donate; **B.te(r)** *f/m* do-
nee
beschimpf|en *v/t* to abuse; **B.ung** *f* abuse,
abusive language
Beschlag *m* confiscation; **in B. nehmen**
to confiscate
Beschlagnahme *f* attachment, confiscation, seizure, sequestration; **B. von Forderungen** attachment of debts; **B.
durch Pfändungs- und Überweisungsbeschluss** attachment of debts by

garnishee order; **~ Wegnahme** actual
seizure; **B. und Zwangsvollstreckung**
attachment and execution; **B. aufheben**
to lift an attachment; **gerichtliche B.**
court-ordered sequestration; **rechtswidrige B.** unlawful seizure
Beschlagnahme|anordung *f* writ of se-
questration; **B.beschluss** *m* attachment
order; **b.fähig** *adj* attachable; **B.freiheit**
f exemption from attachment and seizure
beschlagnahmen *v/t* to attach/confiscate/
distrain/impound/levy/requisition/seize/
sequestrate
Beschlagnahme|recht *nt* right of seizure;
B.verfügung *f* attachment order
beschleunig|en *v/t* to accelerate; **b.t** *(Ver-
fahren)* summary; **B.ung** *f* acceleration
beschließen *v/t* to decide/hold/rule
Beschluss *m* 1. decision, (court) order,
ruling, verdict; 2. *(Abstimmung)* resolution; **durch B.** by order of the court; **es
ergeht folgender B.** be it resolved, it is
ordered and decreed as follows; **B. auf
einseitigen Antrag** ex parte order; **B.
über die Aufhebung des Haftbefehls**
release order; **B. im Büroweg** order in
chambers; **B. über die Eröffnung des
Konkursverfahrens** order of adjudication in bankruptcy; **B. der Gesellschafter** partners' resolution; **B. auf Grund
der Zustimmung der beschwerten
Partei** consent order; **~ Wiederaufnahme des Verfahrens** order of revivor
(lat.)
Beschluss aufheben to set aside an order;
B. durchführen to implement an order;
B. erlassen to make an order; **B. fassen**
to decide
gerichtlicher Beschluss court order; **gültiger B.** definitive order; **rechtskräftiger B.** final ruling; **zwingender B.** peremptory order
Beschluss|fähigkeit *f* quorum; **B.unfä-
higkeit** *f* lack of quorum; **B.fassung** *f*
adoption of a resolution; **B.verfahren**
nt court decision by vote (without hearing)
Beschlüsse *pl* decisions; **B. durchführen**
to carry out decisions
beschränk|en *v/t* to limit/restrict; **b.end**
adj restrictive; **b.t** *adj* limited, restricted

Beschränkung *f* limitation, restriction; **ohne jede B.** without let or hindrance; **B. eines Anspruchs** narrowing of a claim; **B.der Haftung** limitation of liability, limited liability; **B. eines Rechts** limitation of a right; **B. der Vertragsfreiheit** limitation of freedom to contract; ~ **Vertretungsmacht** limited power of agency; ~ **Zuständigkeit** limitation of jurisdiction
gesetzliche Beschränkungen statutory restrictions; **B. auferlegen** to impose restrictions; **B. aufheben** to lift restrictions
beschreiben *v/t* to describe
Beschreibung *f* description; **B. der Pacht-/Mietsache** description of the lease
beschuldigen *v/t* to accuse/blame/incriminate; **b.d** *adj* accusatory, incriminatory
beschuldigt werden *adj* to be accused
Beschuldigte|(r) *f/m* 1. accused, defendant, person charged; 2. *(Verdächtiger)* suspect; **B.nvorladung** *f* summoning (of) the accused
Beschuldigung *f* accusation; **falsche B.** false accusation; **grundlose B.** unfounded accusation
Beschwerde *f* 1. complaint, grievance; 2. *(Berufung)* appeal; **einer B.abhelfen; B. abstellen** to remedy a grievance; **B. einlegen/erheben/führen** 1. to (lodge an) appeal; 2. to complain,to file a complaint; **B. unterdrücken** to suppress a complaint; **B. verwerfen** to dismiss an appeal; **B. vorlegen** to submit a complaint
einfache Beschwerde ordinary appeal; **sofortige B.** immediate appeal
Beschwerde|ausschuss *m* grievance committee; **B.belehrung** *f* instructions concerning an appeal; **B.berechtigte(r)** *f/m* 1. appellant; 2. aggrieved person, complainant; **B.brief** *m* letter of complaint; **B.einlegung** *f* 1. appeal, lodging (of) an appeal; 2. filing (of) a complaint; **B.entscheidung** *f* decision on appeal
beschwerdefähig *adj* appealable
Beschwerde|frist *f* time for appeal; **B.führer(in)** *m/f* 1. appellant; 2. complainant; **B.gegenstand** *m* cause for

complaint; **B.gegner** *m* appellee, respondent; **B.gericht** *nt* appellate court/division; **B.grund** *m* grievance, reason for complaint; **B.instanz** *f* appellate instance, court of appeal; **B.kammer** *f* appellate division, court of appeal; **B.kommissar** *m* ombudsman; **B.recht** *nt* right of appeal; **B.rücknahme** *f* 1. withdrawal of an appeal; 2. withdrawal of a complaint; **B.schrift** *f* notice of appeal; **B.stelle** *f* complaints department; **B.verfahren** *nt* 1. appeal procedure; 2. grievance procedure; **B.weg** *m* appeal
sich beschweren *v/refl* to complain
beschwert aggrieved; **B.e(r)** *f/m* aggrieved party
beschwichtigen *v/t* to appease
beschwindeln *v/t* to defraud/cheat
beschwören *v/t* to swear (to sth.), to affirm on oath
besehen seen; **wie b.** as seen
beseitigen *v/t* to abate/eliminate/remove/remedy
Beseitigung *f* abatement, elimination, removal, remedy; **B. von Rechtsmängeln** removing defects of title; **B. einer Störung** abatement of a nuisance
Beseitigungs|anspruch *m* right to abatement of a nuisance, ~ termination of a tortious act; **B.- und Unterlassungsanspruch** right to have an act terminated and prohibited; **B.verfügung** *f (Abrissverfügung)* condemnation order
besetz|en *v/t* 1. *(Fabrik, Haus, usw)* to occupy, to take possession of; 2. *(Stelle)* to fill; **B.ung** *f* occupation
besicher|n *v/t* to collateralize *[US]*/securitize *[GB]*; **B.ung** *f* collateralization *[US]*, securitization *[GB]*
Besicht *f* inspection, examination; **auf B. kaufen** to buy subject to inspection; **ohne B. kaufen** to buy sight unseen
besichtigen *v/t* to inspect/view/examine
Besichtigung *f* inspection, viewing, examination; **ohne B.** sight unseen; **B. des Tatorts** viewing the scene of the crime; **gerichtliche B.** judicial inspection; **unverbindliche B.** free inspection
Besichtigungs|bericht *m* inspection report; **B.protokoll** *nt* record of inspection

besiegel|n *v/t* to (affix a) seal; **B.ung** *f* sealing, affixing a seal

Besitz *m* possession, occupancy; **B. und Gebrauchsvorteile** possession and enjoyment; **im vollem B. seiner geistigen Kräfte** of sound mind and memory, in (full) possession of one's faculties; **B. im Rechtssinn** legal possession; **B. ohne Rechtstitel** naked possession

Besitz aufgeben to surrender possession, **B. entziehen** to dispossess/oust/eject; **B. ergreifen** to take possession; **B. erlangen** to gain/obtain possession; **B. erwerben** to acquire possession; **etw. in B. nehmen** to take possession of something; **jdn im B. stören** to trespass on so.'s possession; **B. verlieren** to lose possession; **aus dem B. vertreiben** to oust/eject/dispossess; **wieder in B. nehmen** to repossess; **B. wiedererlangen** to recover possession

abgeleiteter Besitz derivative possession; **ausdrücklicher B.** exclusive possession; **bestrittener B.** adverse possession; **fehlerhafter B.** adverse/faulty possession; **fiktiver B.** fictitious possession; **fingierter B.** fictitious possession; **fortwährender B.** continuous possession; **geduldeter B.** tenancy at will; **gemeinschaftlicher B.** joint possession; **gutgläubiger B.** bona-fide possession;

mittelbarer B. indirect possession, possession in law; **rechtlicher B.** lawful possession; **rechtswidriger B.** adverse/unlawful possession; **redlicher B.** possession in good faith, bona-fide possession; **reiner B.** naked possession; **tatsächlicher B.** actual possession; **treuhänderischer B.** fiduciary possession; **unbefugter B.** unauthorized possession; **ungestörter B.** quiet (enjoyment of) possession; **unmittelbarer B.** actual/direct possession; **unrechtmäßiger/widerrechtlicher B.** unlawful possession; **wohlerworbener B.** vested rights

Besitz|anspruch *m* possessory claim/title, claim for possession; **B.antritt** *m* entering into/taking possession, **B.aufgabe** *f* surrender of possession; **B.dauer** *f* period of occupancy; **B.diener** *m* pos-

sessor's agent, possessory servant, custodian, caretaker; **B.einräumung** *f* granting of possession; **B.einweisung** *f* writ of possession, livery of seisin

besitzen *v/t* to hold/occupy/possess; **treuhänderisch b.** to hold on trust

Besitzentziehung *f* dispossession, ejection, ejectment, divestment, ouster; **B.sanspruch** *m* dispossession claim; **B.sklage** *f* action for ejectment

Besitzer(in) *m/f* 1. *(Wohnung)* occupier; 2. holder, possessor, occupant; **B. auf Lebenszeit** holder for life; **B. einer Sache** possessor of a thing

angrenzender Besitzer neighbouring occupier; **bösgläubiger B.** holder in bad faith, mala-fide holder; **früherer B.** previous occupier/occupant; **gutgläubiger B.** holder in good faith; **mittelbarer B.** indirect possessor; **nicht berechtigter B.** adverse possessor; **prekarischer B.** occupant at will; **rechtmäßiger B.** lawful holder;

treuhänderischer B. holder on trust; **unmittelbarer B.** direct holder

Besitz|ergreifung *f* occupation, taking possession; **B.erlangung** *f* entering into possession; **B.ermittelung** *f* determination of possession; **B.erwerb** *m* obtaining possession; **B.gegenstand** *m* possession; **B.genuss** *m* enjoyment of possession; **B.institut** *nt* possessory agreement; **B.klage** *f* possessory action, writ of entry;

B.konstitut *nt* constructive possession; **B.mittler** *m* bailor; **B.mittlungsverhältnis** *nt* bailment; **B.nachfolger** *m* subsequent holder/possessor; **B.nachweis** *m* proof of possession; **B.nahme** *f* taking possession, occupation, seizure; **B.pfand** *nt* possessor's/possessory lien; **B.recht** *nt* right of possession, possessory right

besitzrechtlich *adj* possessory

Besitz|schutz *m* protection of possession; **B.stand** *m* 1. status of possession; 2. *(Recht)* vested rights; **B.steuer** *f* property tax; **B.störer** *m* trespasser

Besitzstörung *f* trespass, civil nuisance; **B.sanspruch** *m* claim based on trespass, claim arising out of trespass, trespass claim; **B.sklage** *f* action of trespass

Besitz|titel *m* possessory title; **B.tum** *nt* possession, estate; **B.übergang; B.übertragung** *m/f* transfer of possession; **B.urkunde** *f* title deed, document of title; **B.veränderung** *f* change of occupancy/possession; **B.verlust** *m* loss of possession/property; **B.vermutung** *f* constructive possession; **B.vorenthaltung** *f* ouster; **B.wechsel** *m* change of occupancy/possession; **B.wille** *m* intent(ion) to possess; **B.zeit** *f* time of occupancy

besold|en *v/t* to remunerate/pay; **b.et** *adj* 1. salaried; 2. *(Richter)* stipendiary *[GB]*; **B.ung** *f* salary, remuneration, stipend

Besonderheit *f* special feature

besorgen *v/t* to procure

Besorgnis *f* apprehension; **B. der Befangenheit** fear of partiality

Besorgung *f* commission, procurement

Besserung *f* improvement, betterment

bestallen *v/t* to appoint

Bestallung *f* appointment; **B.surkunde** *f* letter(s) of appointment

Bestand *m* holdings, stock in hand, inventory; **B. aufnehmen** to take stock

Bestands|aufnahme *f* stocktaking, inventory; **B.kraft** *f* authority, force of an administrative decision; **B.prüfung** *f* inventory audit; **B.verzeichnis** *nt* inventory (list)

Bestandteil *m* (constituent) part, component, part and parcel; **wesentlicher B.** essential/integral part

bestätig|en *v/t* 1. to confirm/corroborate; 2. *(Wechsel)* to endorse; 3. *(Dokument)* to certify; 4. *(Urteil)* to confirm/uphold; **hierdurch wird b.t** this is to certify

Bestätigung *f* 1. confirmation, corroboration, acknowledgment; 2. endorsement; 3. certification; **B. des Urteils** confirmation of a judgment; **B. der Zeugenaussage** corroboration of a witness; **eidliche B.** confirmation on oath; **gerichtliche B.** judicial confirmation; **rückseitige B.** endorsement; **schriftliche B.** written confirmation

Bestätigungs|anzeige *f* notice of confirmation; **B.brief** *m* letter of confirmation; **b.fähig** *adj* confirmable; **B.patent** *nt* confirming patent; **B.recht** *nt* right of approval; **B.schreiben** *nt* letter of acknowledgment/confirmation; **B.vermerk** *m* 1. attestation; 2. *(Bilanz)* auditor's opinion

bestatt|en *v/t* to bury; **B.er** *m* undertaker; **B.ungsfeier** *f* funeral

bestechen *v/t* to bribe; **sich b. lassen** to take a bribe

bestechlich *adj* open to bribery, venal, corruptible; **B.keit** *f* corruptibility, venality

Bestechung *f* bribery, bribing, corruption, graft; **aktive B.** bribing; **passive B.** bribe-taking; **B.sgeld** *nt* bribe money; **B.sversuch** *m* attempted bribery

bestehen *v/i* to exist; **b. aus** to consist of; **B.** *nt* existence; **b. bleiben** to continue; **b.d** *adj* existing, in esse *(lat.)*

bestellen *v/t* 1. *(Ware)* to order; 2. *(Dienstleistung)* to commission; 3. *(ernennen)* to appoint

Besteller(in) *m/f* principal, customer, buyer

bestellt *adj* 1. ordered; 2. commissioned; **gerichtlich b.** court-ordered; **ordnungsgemäß b.** duty appointed

Bestellung *f* 1. order; 2. appointment; **B. einer Hypothek** execution and registration of a mortgage; **B. eines Schiedsrichters** appointment of a referee; **B. einer Sicherheit** collateralization *[US]*, securitization *[GB]*; **B. eines Verteidigers** appointment of a defence counsel; **B. des Vormunds** appointment of the guardian; **~ Vorstandes** appointment of the management board; **verbindliche B.** firm order

besteuer|bar *adj* taxable; **b.n** *v/t* to tax; **b.t** *adj* taxed; **B.ung** *f* taxation

bestimm|bar *adj* determinable, ascertainable; **b.en** *v/t* 1. to determine/fix; 2. *(Termin)* to appoint; **b.t** *adj* 1. fixed; 2. appointed; **soweit nichts anderes ~ ist** unless otherwise provided

Bestimmtheit *f* certainty; **B.sgrundsatz** *m* principle that administrative decisions should be definite and unambiguous

Bestimmung *f* 1. provision, stipulation, term; 2. *(Urteil)* decision, ruling; 3. *(Vorschrift)* regulation; 4. *(Feststel-*

lung) determination; **gemäß den nachstehenden B.en** as hereinafter provided; **vorbehaltlich anderslautender B.en** except as otherwise provided; ~ **der B.en** subject to the terms
Bestimmung durch einen Dritten determination by a third party; **B. einer Frist** fixing (of) a deadline; **B. der Gegenleistung** determination of consideration; **B. durch Los** determination by lot; **gemäß den B.en des Vertrages** pursuant to the stipulations of the contract; **B. des Wertes** determination of value; **B. der Zuständigkeit** jurisdictional ruling; **B. treffen** to stipulate
abweichende Bestimmung diverging provision; **besondere B.** special provision; **bestehende B.en** prevailing provisions, provisions in force; **eindeutige B.** explicit provision; **einleitende B.en** preamble; **gegenteilige B.** stipulation to the contrary; **mangels gegenteiliger B.** in the absence of any provision to the contrary; **gesetzliche B.** statutory provision, provision of law; **subsidäre B.en** subordinate provisions; **zwingende B.en** mandatory provisions
Bestimmungen des Vertrags; vertragliche B. contractual provisions, provisions of the contract
bestimmungs|gemäß *adj* in accordance with the terms; **B.zweck** *m* intended use
bestrafen *v/t* 1. to punish/penalize; 2. *(StR)* to sentence
Bestrafung *f* punishment; **von einer B. absehen** to refrain for punishment; **sich der B. aussetzen** to be liable to punishment
Bestreben *nt* endeavour; **in dem B.** desiring
Bestrebung *f* endeavour; **staatsfeindliche B.en** subversive activities
bestreitbar *adj* challengeable, contestable
bestreiten *v/t* 1. to challenge/contest/deny/dispute/repudiate; 2. *(Kosten)* to defray
Bestreiten *nt* challenge, denial, repudiation, traverse; **B. der Echtheit einer Urkunde** impeachment of a document;

~ **Identität** plea of diversity; **B. einzelner Klagebehauptungen** special denial; **B. auf Grund von Nichtwissen** plea of ignorance; **B. der Schlüssigkeit** plea in demurrer; ~ **Schuldverpflichtung** plea of onerari no *(lat.)*
allgemeines Bestreiten general denial/traverse; **formelles B.** negative averment; **substantiiertes B.** special traverse
Bestreitung *f (Kosten)* defrayal
Besucher *m* visitor
Besuchs|erlaubnis *f* visitor's pass; **B.recht** *nt* 1. visiting rights; 2. *(Kinder)* (right of) access to the children; **B.verbot** *nt* ban on visits
Betätigung *f* occupation, activity
betäuben *v/t* to stun/narcotize
Betäubungsmittel *nt* narcotic (drug), narcotic agent; **B.gesetz (BtMG)** *nt* controlled substances act, drugs/narcotics act
beteiligen *v/t* to involve; **sich b.** *v/refl* 1. *(Vorgang)* to participate; 2. *(Kapital)* to acquire/take an interest
beteiligt *adj* involved; **b. sein** to participate, to be a party (to sth.)
Beteiligt|e(r) *f/m* participant, party involved; **die B.en** those involved
Beteiligung *f* 1. involvement, participation; 2. interest, share; **B. am Gewinn** profit-sharing, share in the profits; **B. zur Hälfte** half-share; **B. am Schaden(s)ersatz** champerty *[US]*; **B. erwerben** to acquire an interest
angemessene Beteiligung fair share; **beherrschende B.** controlling interest; **persönliche B.** personal participation; **stille B.** dormant partnership interest
Beteiligungs|kapital *nt* equity capital; **B.recht** *nt* right of participation
beteuern *v/t* to affirm/assert/protest
Beteuerung *f* affirmation, assertion, protestation; **B. unter Eid** assertory oath; **eidesstattliche B.** solemn affirmation
betiteln *v/t* to entitle
Betracht *m* consideration; **außer B.** not in consideration; **in B.** in consideration; ~ **ziehen** to consider, to take into consideration
betrachten *v/t* to consider; **b. als** to deem
beträchtlich *adj* considerable, substantial

Betrachtung *f* consideration

Betrag *m* amount, quantum *(lat.)*, sum; **B. des Schaden(s)ersatzes** quantum of damages; **B. angeben** to state the amount **anteiliger Betrag** pro-rata amount; **ausstehender B.** amount owing; **eingeklagter/strittiger B.** amount in dispute; **fälliger B.** amount due; **hinterlegter B.** deposited amount; **überfälliger B.** overdue amount; **vereinbarter B.** agreed amount, agreed qantum of damages

anfallende Beträge accruing amounts

betragen *v/i* to amount to, to add up to

Betragen *nt* conduct, behaviour; **ungebührliches B.** conduct unbecoming

betrauen *v/t* to entrust

Betreff *m* reference

betreffen *v/t* to concern, to pertain to; **b.d** *adj* concerning, with reference to

betreffs *prep* concerning, with reference to

betreiben *v/t* to conduct/operate/pursue

Betreiben *nt* operation; **auf B. von** at the instigation of

Betreiber *m* operator

betreten *v/t* to enter

Betreten *nt* entry, entering; **B. bei Strafe verboten** trespassers will be prosecuted; **B. verboten** no trespassing; **unbefugtes/widerrechtliches B.** trespass(ing)

betreu|en *v/t* to take care of; **B.ung** *f* care, maintenance, supervision

Betrieb *m* 1. *(Unternehmen)* business, enterprise, firm, company; 2. *(Betreiben)* operation; 3. *(Fabrik)* plant; **B. aufnehmen** to commence trading; **B. einstellen** to close down

aktiver Betrieb going concern; **gewerblicher B.** 1. commercial undertaking; 2. manufacturing facility/plant; **öffentlicher B.** public-sector enterprise; **selbstständiger B.** independent operation

Betriebsangehörig|e(r) *f/m* employee, staff member; **B.keit** *f* staff membership

Betriebs|ausgabe *f* operating expenditure/cost(s); **B.einnahme** *f* operating income/receipts; **B.erlaubnis** *f* operating licence; **B.kosten** *f* operating costs; **B.prüfung** *f* audit; **B.rat** *m* works council; **B.risiko** *nt* 1. *(technisch)* operational hazard; 2. *(wirtschaftlich)* business risk; **B.störung** *f* breakdown, stoppage; **B.übergang**; **B.übertragung** *m/f* transfer of a company/enterprise

betriebsunfähig *adj* inoperable, not in working order, **~ operating condition**; **B.keit** *f* inoperability

Betriebs|unfall *m* industrial accident, accident at work; **B.vereinbarung** *f* work/shop agreement; **B.verfassung** *f* works constitution

Betriebsverfassungs|gesetz (BtVG) *nt* industrial constitution act, employee representation act; **B.recht** *nt* employee representation law

Betriebsvermögen *nt* company/business assets, business capital

betroffen *adj* affected, concerned; **nachteilig b.** adversely affected; **B.e(r)** *f/m* party concerned

Betrug *m* fraud, deceit; **B. begehen** to commit fraud

betrügen *v/t* to defraud/cheat *(coll)*

Betrüger|(in) *m/f* swindler; **b.erisch** *adj* fraudulent, deceptive

Betrugs|absicht *f* fraudulent intent; **B.handlung** *f* fraudulent act

betrunken *adj* drunk, intoxicated; **b. machen** to intoxicate; **B.e(r)** *f/m* drunk, intoxicated person

betteln *v/i* to beg; **B.** *nt* begging

Bettler *m* beggar

Beuge|haft *f* coercive detention; **B.mittel** *nt* means of coercion, coercive measure; **B.strafe** *f* coercive penalty

beurkunden *v/t* to authenticate/certify/(place on) record

beurkundet *adj* recorded; **notariell b.** recorded by a notary

Beurkundung *f* authentication, certification, recording; **B. des Vertrages** certification of a contract; **B. annehmen** to accept certification; **gerichtliche B.** judicial certification; **notarielle B.** notarization, notarial certification/recording

Beurkundungs|befugnis *f* power of certification; **B.gebühren** *pl* notary's fees

beurlaub|en *v/t* to grant leave, to suspend; **B.ung** *f* leave, suspension

beurteilen *v/t* to judge/assess/appraise; **falsch b.** to misjudge

Beurteilung *f* appraisal, assessment, opinion, judgment; **abweichende B.** dissenting judgment; **B.sspielraum** *m* scope, discretionary powers

Beute *f* loot; **B.recht** *nt* right of capture

bevollmächtigen *v/t* to authorize/empower

bevollmächtigt *adj* authorized; **nicht b.** unauthorized; **ordnungsgemäß b.** duly authorized

Bevollmächtigte(r) *f/m* authorized representative, attorney (in fact), proxy, (authorised) agent

Bevollmächtigung *f* authorization

bevorrechtig|en *v/t* to privilege; **b.t** *adj* privileged, preferential; **B.ung** *f* privilege

bevorzug|en *v/t* to prefer; **b.t** *adj* preferred, preferential, privileged; **B.ung** *f* preferential treatment

bewaffnet *adj* armed

bewahren *v/t* to keep

Bewährung *f* 1. *(Urteil)* suspended sentence; 2. *(Haftentlassung)* probation; **auf B. entlassen** to release on probation; **B. gewähren** to suspend a sentence; **unter B. stellen** to put on probation

Bewährungs|auflagen *pl* conditions of probation; **B.frist** *f* period of probation; **B.helfer** *m* probation officer *[GB]*, parole officer *[US]*; **B.hilfe** *f* probation service; **B.zeit** *f* period of probation

Beweggrund *m* motive; **niedere Beweggründe** base motives

beweglich *adj* movable, tangible; **b. Sache** chose in action; **~ S.n** chattels

Bewegung *f* movement; **B.sfreiheit** *f* freedom of movement

Beweis *m* 1. proof, evidence; 2. *(Aussage)* testimony, evidence; **mangels B.es** for lack of evidence, failing proof; **B. des ersten Anscheins** prima-facie evidence; **bis zum B. des Gegenteils** in the absence of proof to the contrary; **keine Spur eines B.es** not a shred of evidence; **zum B. dafür** in witness whereof

Beweis anbieten to offer to furnish evidence; **B. anführen** to adduce proof; **B. antreten** to furnish evidence/proof; **als B. beschlagnahmen** to confiscate as evidence; **B. erbringen** to furnish evidence/proof, to produce evidence, to prove one's case; **B. liefern** to supply proof, to furnish evidence

abgeleiteter Beweis intrinsic evidence; **ausreichender B.** sufficient evidence; **dokumentarischer B.** documentary evidence/proof; **durchschlagender B.** conclusive evidence; **eindeutiger B.** proof positive; **mittelbarer B.** circumstantial evidence; **mündlicher B.** oral testimony; **rechtserheblicher B.** material evidence; **sachdienlicher B.** relevant evidence; **schlüssiger B.** conclusive evidence; **schriftlicher B.** evidence/proof in writing; **stichhaltiger B.** conclusive evidence; **unmittelbarer B.** direct evidence; **unwiderlegbarer B.** incontrovertible/ irrefutable evidence; **unzulässiger B.** inadmissible evidence; **zugelassener B.** admissible evidence; **zwingender B.** conclusive evidence

Beweis|angebot *nt* offer to furnish evidence; **B.antrag** *m* motion to take evidence; **B.antritt** *m* submission of evidence; **B.anzeichen** *nt* piece of evidence

Beweisaufnahme *f* hearing of the evidence, taking of evidence; **in die B. eintreten** to start hearing the evidence; **B. schließen** to close the case; **B.protokoll** *nt* transcript of the testimony

beweisbar *adj* provable, verifiable

beweisen *v/t* to prove, to furnish evidence, to establish/demonstrate

Beweis|erhärtung *f* corroborating evidence; **B.erhebung** *f* hearing of (the) evidence; **B.ermittlungsverfahren** *nt* evidentiary procedure; **B.führung** *f* presentation of the evidence, marshalling/production of evidence; **B.führungslast** *f* burden/onus of proof; **B.gegenstand** *m* exhibit, piece of evidence, corpus delicti *(lat.)*; **B.kette** *f* chain of evidence; **B.kraft** *f* probative force/value

beweiskräftig *adj* conclusive, probative, evidential, evidentiary

Beweislage *f* body of evidence

Beweislast *f* burden/onus of proof, burden of evidence; **B. für Rechtsmängel** burden of proof for defects in title; **B. bei Unmöglichkeit** burden of proof for impossibility (of perfomance); **B. um-kehren** to shift the burden of proof; **B.umkehr** *f* reversal of the burden of proof, shifting (of) the burden of proof

Beweismangel *m* lack of evidence

Beweismaterial *nt* evidence; **B. sammeln** to collect/gather evidence; **B. sicherstellen** to secure evidence; **B. unterschieben** to plant evidence; **B. unterschlagen** to suppress evidence; **B. widerlegen** to refute evidence

erhärtendes Beweismaterial corroborating evidence; **schriftliches B.** written evidence; **umfangreiches B.** ample evidence; **unzulässiges B.** inadmissible evidence; **widersprüchliches B.** conflicting/contradictory evidence

Beweismittel *nt* evidence, proof; **als B. zulassen** to admit in evidence; **primäres B.** primary evidence; **zugelassenes B.** admissible evidence

Beweis|not *f* lack of evidence; **B.pflicht** *f* duty to furnish evidence; **B.protokoll** *nt* transcript of the evidence; **B.recht** *nt* law of evidence; **B.regeln** *pl* rules of evidence

beweissicher *adj* tamper-proof

Beweissicherung *f* preservation of evidence, recording/safeguarding of evidence; **zur B. beschlagnahmen** to seize as evidence; **B.santrag** *m* application for the preservation of evidence; **B.sverfahren** *nt* proceedings for the preservation of evidence, procedure concerning the preservation of evidence, preservation of evidence procedure

Beweisstück *nt* exhibit, corpus delicti *(lat.)*; **zugelassenes B.** admissibe evidence

Beweis|umkehrung *f* shifting the burden of proof; **B.unterschlagung** *f* concealing/suppression of evidence; **B.verfahren** *nt* hearing of (the) evidence; **B.wert** *m* probative value; **B.würdigung** *f* assessment/consideration of (the) evidence

Bewerb|er(in) *m/f* applicant; **B.ung** *f* application

bewert|bar *adj* assessable, appraisable; **b.en** *v/t* to assess/appraise

Bewertung *f* assessment, appraisal, valuation; **B. des Schadens** damage assess-

ment; **B.svorschriften** *pl* valuation rules

bewiesen *adj* proved, proven; **unwiderlegbar b.** proved beyond doubt

bewilligen *v/t* 1. to grant/allow; 2. *(Haushaltsmittel)* to appropriate

Bewilligung *f* 1. grant, allowance, award; 2. *(Haushaltsmittel)* appropriation; **B. des Armenrechts** granting (of) legal aid; **B.sbescheid** *m* decision on an application for grant-in-aid; **B.sverfahren** *nt* licensing procedure

bewirken *v/t* to effect

bewirten *v/t* to entertain

bewirtschaft|en *v/t* to manage/operate/run; **B.ung** *f* operation, management

Bewirtung *f* entertainment

bewohnbar *adj* habitable, fit for habitation; **B.keit** *f* fitness for habitation

bewohn|en *v/t* to inhabit/occupy; **B.er(in)** *m/f* inhabitant, resident, occupier, occupant

bewusst *adj* conscious, aware

bewusstlos *adj* unconscious; **B.igkeit** *f* unconsciousness

Bewusstsein *nt* awareness, consciousness; **im B. der Folgen** being fully aware of the consequences

Bewusstseins|lücke *f* blackout *(coll)*; **B.störung** *f* mental disturbanc; **B.trübung** *f* impaired awareness, confusion of the mind

bezahlen *v/t* to pay/defray; **sofort b.** to pay instantly

bezahlt *adj* paid(-up)

Bezahlung *f* payment, pay, remuneration, disbursement; **gegen B.** against payment; **B. nach Erfolg** payment by results; **~ Leistung** payment upon performance; **B. einer Schuld** satisfaction of a debt; **B. von Schulden** settlement of debts; **B. unter Vorbehalt** payment under protest; **sofortige B.** prompt payment; **vollständige B.** payment in full

bezeichnen *v/t* to denote; **b.d** *adj* significant

Bezeichnung *f* designation, description; **B. der Erfindung** designation of the invention; **geschützte B.** proprietary designation; **handelsübliche B.** trade description; **kurze B.** short title

bezeugen *v/t* to attest/testify/give testimony/witness

Bezeugung *f* witnessing, attestation; **zur B. dessen** in witness whereof
bezichtigen *v/t* to accuse; **sich selbst b.** *v/refl* to incriminate os.
Bezichtigung *f* accusation
beziehbar *adj* ready for ocupancy; **sofort b.** vacant possession
beziehen *v/t* to obtain; **sich b. auf** *v/refl* to refer to
Beziehung *f* relation(ship), connection; **außereheliche B.en** extramarital relations; **eheliche B.en** marital relations; **geschlechtliche B.en** sexual relations; **schuldrechtliche B.en** relations pursuant to the law of contract
beziehungsweise *adv* respectively
beziffern *v/t* to quantify
Bezirk *m* district; **B.sgericht** *nt* district court *[US]*
Bezogener *m* *(Wechsel)* drawee
Bezug *n* 1. reference; 2. *(Erwerb)* procurement; **in/unter B. auf** with reference to; **B. nehmen auf** to refer to; **B. von Sachen** procurement of goods
Bezüge *pl* emoluments, remuneration, earnings; **pfändbare B.** garnishable earnings
bezüglich *prep* in respect of
Bezugnahme *f* reference; **B. auf** reference to; **unter B. auf** with reference to; **B. auf die Eintragungsbewilligung** reference to the authorization for registration
Bezugs|größe *f* benchmark/reference figure; **B.recht** *nt* (stock) option, subscription right
bezweifeln *v/t* to doubt
BGB-Gesellschaft non-trading partnership
biet|en *v/t* 1. to offer; 2. *(Ausschreibung)* to bid; **B.er** *m* bidder; **B.ungsgarantie** *f* performance bond
Bigami|e *f* bigamy; **B.st** *m* bigamist
Bilanz *f* balance sheet, accounts; **B. fälschen** to cook the books *(coll)*; **B.delikt** *nt* balance sheet offence; **manipulierte B.en** forged accounts
Bilanz|prüfer *m* auditor; **B.prüfung** *f* audit; **B.recht** *nt* accounting law
Bild *nt* 1. picture, pictorial representation; 2. *(Vorstellung)* image
bilden *v/t* to form

Bildung *f* formation; **B. bewaffneter Gruppen** formation of armed gangs; **B. einer kriminellen Vereinigung** formation of a criminal association; **~ terroristischer Vereinigung** formation of a terrorist association
billig *adj* 1. *(Recht)* equitable; 2. *(Preis)* cheap
billigen *v/t* 1. to approve; 2. *(Parlament)* to ratify; **stillschweigend b.** to acquiesce (in)/condone
billigerweise *adv* equitably, in equity
Billigkeit *f* equity; **aus Gründen der B.** for reasons of equity
Billigkeits|anspruch *m* equitable/equity claim, claim in equity; **B.entscheidung** *f* equitable decision, decision ex aequo et bono *(lat.)*; **B.erwägungen** *pl* equitable considerations; **B.gründe** *pl* reasons of equity; **B.haftung** *f* liability in equity, equitable liability; **B.klage** *f* equity action
Billigkeitsrecht *nt* equity (law), law of equity; **auf dem B. beruhend** equitable; **nach B.** in equity
Billigkeits|verfahren *nt* equity proceedings; **B.verpflichtung** *f* equitable obligation
Billigung *f* approval, endorsement; **stillschweigende B.** tacit approval, acquiescence
binden *v/t* to bind/tie; **sich b.** *v/refl* to commit os.
bindend *adj* binding, firm; **nicht b.** not binding
Bindung *f* commitment; **rechtliche B.** legal commitment; **vertragliche B.** contractual commitment; **B.swirkung** *f* binding effect
binnen *prep* within, in
Binnenbeziehung *f* internal relationship
bisherig *adj* existing
Bitte *f* request; **letztwillige B.** dying request
bitten *v/t* to ask/request
Bitt|schrift *f* petition; **B.steller** *m* petitioner
Blankett *nt* blanket, specimen, blank; **B.gesetz** *nt* blanket/omnibus act, enabling statute; **B.vorschrift** *f* blanket/enabling/outline provision
blanko *adj* blank

Blanko|geschäft *nt* blank transaction; **B.indossament** *nt* blank endorsement; **B.vollmacht** *f* carte blanche *(frz.)*; **B.wechsel** *m* blank bill; **B.zession** *f* blank transfer

Blasphemie *f* blasphemy

Blatt *nt* sheet

Blitzschlag *m* (stroke of) lightning

Blut *nt* blood; **B.alkoholgehalt** *m* blood alcohol level; **B.fehde** *f* blood feud; **B.probe** *f* blood sample; **B.rache** *f* vendetta; **B.schande** *f* incest; **B.schuld** *f* blood guilt

blutsverwandt *adj* related by blood, consanguineous, **B.e** *f* blood relations; **B.schaft** *f* blood relationship, consanguinity

Bluttat *f* bloody deed

Boden *m* soil, land, ground; **B.bewirtschaftung** *f* cultivation; **B.ertrag** *m* crop yield; **B.erzeugnisse; B.früchte** *pl* produce of the soil, fructus naturales *(lat.)*; **B.kredit** *m* mortgage loan, loan secured on land; **B.nutzung** *f* use of the soil; **B.recht** *nt* land law; **B.rente** *f* ground rent; **B.schätze** *pl* natural resources; **B.verkehr** *m* land transactions; **B.verunreinigung** *f* pollution of the soil; **B.wert** *m* land value

bona fides *(lat.)* good faith

Bonifikation *f* bonus, allowance

bonifizieren *v/t* to grant a bonus

Bonität *f* creditworthiness, credit/financial standing

Bonus *m* bonus

Bordarrest *m* arrest on board ship

Bordell *nt* brothel; **B.bezirk** *m* red light district

Bordkonossement *nt* on-board bill of lading

Börse *f* stock exchange

Börsen|gang *m* going public, initial public offering (IPO); **B.gesetz** *nt* stock exchange act; **B.preis** *m* stock exchange price; **B.recht** *nt* stock exchange law

bösgläubig *adj* mala fide *(lat.)*, in bad faith; **B.keit** *f* bad faith, mala fides *(lat.)*

böswillig *adj* fraudulent, malicious; **B.keit** *f* malice

Boykott *m* boycott; **b.ieren** *v/t* to boycott

Brachialgewalt *f* brute force

Branche *f* line of business, industry

Brand *m* fire, conflagration; **B.diebstahl** *m* theft committed during a fire; **B.gefahr** *f* fire risk; **B.schaden** *m* fire damage/loss; **B.stifter** *m* incendiary, fire raiser

Brandstiftung *f* arson; **B. mit Todesfolge** arson resulting in death; **einfache B.** simple arson; **fahrlässige B.** arson caused by negligence, negligent arson; **(besonders) schwere B.** aggravated arson

Brandursache *f* cause of the fire

Brauch *m* usage, custom

Brauchbarkeit *f* usefulness; **B. beeinträchtigen** to impair the usefulness

Brennholzrecht *nt* estovers

brevi manu traditio *(lat.)* transfer of title by constructive delivery

Brief *m* letter; **eingeschriebener B.** registered letter

Brief|geheimnis *nt* secrecy of correspondence; **B.grundschuld** *f* certified land charge; **B.hypothek** *f* certified/registered mortgage; **B.sperre** *f* stoppage of mail; **B.verkehr** *m* correspondence; **B.wechsel** *m* correspondence, exchange of letters; **B.zensur** *f* postal censorhip

Bringschuld *f* debt lying in render, debt payable to the creditor

Bruch *m* 1. *(Schaden)* breakage; 2. breach, violation, infringement; **B. des Amtsgeheimnisses; B. der Amtsverschwiegenheit** breach of official secrecy

Bruchteil *m* fraction, fractional part

Bruchteils|eigentum *nt* fractional ownership; **B.eigentümer** *m* part-owner; **B.gemeinschaft** *f* community of part-owners

Bruder *m* brother; **leiblicher B.** full brother; **B.mord** *m* fratricide

brutto *adj* gross; **B.einkommen** *nt* gross income/receipts

Buch *nt* book, ledger; **B. führen** to keep accounts

Buch|belastung *f* encumbrance; **B.eigentum** *nt* registered ownership; **B.einsicht** *f* inspection of books

buchen *v/t* to book

Buch|ersitzung *f* acquisition by prescription; **B.forderung** *f* outstanding account, account receivable; **B.forderungen** *pl* receivables, accounts receivable

Buchführung *f* bookkeeping, accounting, accountancy; **B.spflicht** f duty to keep accounts; **B.vorschriften** pl accounting rules

Buch|geld nt book money; **B.gewinn** m book profit; **B.gläubiger** m book creditor; **B.grundschuld** f registered land charge; **B.halter** m accountant, bookkeeper; **B.haltung** f accounting, accountancy, bookkeeping; **B.hypothek** f registered mortgage; **B.prüfer** m auditor; **B.prüfung** f audit; **B.schuld** f stated liabilities

Buchstabe m letter; **B. des Gesetzes** letter of the law

buchstäblich adj literal

Buch|verlust m accounting loss; **B.wert** m book value

Budget nt budget; **B.recht** nt budget law

Bund m 1. association, federation; 2. (Bundesregierung) federal government

Bundes|amt nt federal agency/department; **B.anstalt** f federal agency; **B.anwaltschaft** f federal prosecution department; **B.anzeiger** m federal gazette, gazette of the federal ministry of justice; **B.arbeitsgericht** nt federal labour court

Bundesaufsicht f federal supervision; **B.samt** nt federal supervisory office, ~ regulator's office

Bundes|baugesetz nt federal building act; **B.behörde** f federal authority

Bundesdisziplinar|hof m federal disciplinary tribunal; **B.recht** nt federal disciplinary law

Bundes|finanzhof (BFH) m federal fiscal court; **B.gebiet** nt federal territory

Bundesgericht nt federal court; **oberstes B.** supreme federal court; **B.shof (BGH)** m federal high court of justice

Bundesgesetz nt federal act/law; **B.blatt** nt federal law gazette, law gazette of the federal ministry of justice

Bundesgesetzgebung f federal legislation; **konkurrierende B.** concurrent legislative jurisdiction of Bund and Länder

Bundes|justizministerium (BJM) nt federal ministry of justice, Justice Department [US]; **B.kartellamt** nt federal cartel office, federal office of fair trading; **B.kriminalamt (BKA)** nt federal bureau of investigation, ~ criminal investi-

gation department; **B.land** nt land, federal state; **B.minister der Justiz** 1. federal minister of justice; 2. (Amt) federal ministry of justice

Bundesnotar|kammer f federal association/chamber of notaries; **B.ordnung** f federal regulations for notaries

Bundes|organ nt federal organ; **B.patentgericht** nt federal patent court; **B.personalausweis** m (federal) identity card; **B.präsident** m federal president; **B.recht** nt federal law

Bundesrechtsanwalts|kammer f federal bar association; **B.ordnung** f federal regulations for solicitors

Bundes|republik f federal republic; **B.richter(in)** m/f federal judge; **B.sozialgericht** nt federal social security tribunal; **B.staat** m federal state; **B.strafregister** nt federal criminal records register; **B.verwaltungsgericht** nt federal administrative court

Bundesverfassung f federal constitution; **B.gericht (BverfG)** nt federal constitutional court

Bundes|wehr f federal army; **B.zwang** m enforcing federal decisions on the Länder

Bürge m surety, guarantor, bailor; **B.n stellen** to stand bail/security; **selbstschuldnerischer B.** primarily liable guarantor

bürgen v/i to guarantee, to stand bail/security, to vouch for

Bürger m citizen

Bürgerliches Gesetzbuch (BGB) nt German civil code

bürgerlich-rechtlich civil(–law)

Bürgermeister(in) m/f mayor(ess)

Bürger|pflicht f civic duty; **B.rechte** pl civil rights

Bürgschaft bond, guarantee, security, surety(ship); **B. leisten** to stand security; **selbstschuldnerische B.** absolute gurantee/suretyship; **solidarische B.** joint and several suretyship

Bürgschafts|erklärung f surety bond, declaration of guarantee/suretyship; **B.leistung** f provision of security, bail; **B.nehmer** m bailee; **B.schein** m surety bond; **B.schuld** f secured debt; **B.vertrag** m surety contract

Buße *f* 1. penance; 2. *(Geldstrafe)* penalty, fine

Bußgeld *nt* penalty, fine; **B.bescheid** *m* penalty notice, notice of a fine; **B.katalog** *m* list of penalties; **B.sache** *f* summary offence; **B.stelle** *f* fixed-penalty office; **B.verfahren** *nt* penalty/summary proceedings

C

Campingfahrzeug *nt* recreational vehicle
causa *(lat.)* cause
cessio *(lat.)* assignment; **c. legis** *(lat.)* assignment by operation of the law
charter|n *v/t* to charter; **C.vertrag** *m* charter party
clausula rebus sic stantibus *(lat.)* as things stand clause
Computer *m* computer; **C.betrug** *m* computer fraud; **C.sabotage** *f* computer sabotage
contra against, versus *(lat.)*; **c. legem** *(lat.)* against the law
corpus delicti *(lat.)* corpus delicti
culpa in contrahendo *(lat.)* negligence in contracting

D

dadurch *adj* thereby
Dafürhalten *nt* opinion, view
Damnationslegat *nt* civil-law legacy
Damnum *nt* *(lat.)* discount, loss
darin *adj* therein
darlegen *v/t* 1. *(erklären)* to explain/set forth/demonstrate; 2. *(sagen)* to state/submit; 3. *(behaupten)* to allege
Darlegung *f* 1. explanation; 2. statement, submission; **D. der Ansprüche des Klägers** statement of the claimant's case; **D. des Falls** statement of the case; **unter D. der Tatsachen** setting forth the facts, **kurze D.** summary statement
Darlegungs|last *f* onus of presentation;

D.pflicht *f* obligation to present the case to the court

Darlehen *nt* loan; **D. und Hypotheken** loans and mortgages; **D. mit einer Laufzeit von** loan with a term of; **D. gegen Pfandbestellung** loan against collateral

Darlehen absichern to collateralize/securitize a loan; **D. aufnehmen** to raise a loan; **D. geben** to grant a loan; **D. kündigen** to cancel a loan; **D. tilgen** to redeem a loan

abgeschriebenes Darlehen amortized loan; **befristetes D.** term loan; **besichertes D.** collateralized/securitized loan; **eingefrorenes D.** frozen loan; **gesichertes D.** secured loan; **hypothekarisches D.** mortgage loan; **kündbares D.** loan subject to notice; **nachrangiges D.** junior loan; **tilgungsfreies D.** interest-only loan; **unbefristetes D.** undated loan; **ungesichertes D.** unsecured loan; **unkündbares D.** irredeemable loan; **unverzinsliches D.** interest-free loan; **vertragliches D.** contractual loan; **verzinsliches D.** interest-bearing loan

Darlehens|antrag *m* loan application; **D.bedingungen** *pl* loan terms; **D.besicherung** *f* collateralization, securitization; **D.betrag** *m* principal; **D.bürgschaft** *f* loan guarantee; **D.geber** *m* lender; **D.geschäft** *nt* lending (transaction); **D.gewährung** *f* granting a loan; **D.hypothek** *f* mortgage loan; **D.nehmer(in)** *m/f* borrower; **D.schuld** *f* debt under a loan; **D.summe** *f* principal; **D.vereinbarung** *f* loan agreement; **D.versprechen; D.zusage** *nt/f* promise to grant a loan; **D.vertrag** *m* loan contract; **D.zinsen** *pl* credit interest

Darleiher *m* lender

darstellen *v/t* to constitute/represent; **falsch d.** to misrepresent, to give a false account of

Darstellung *f* 1. representation, description; 2. *(Aussage)* statement; **D. des Sachverhalts** brief, statement of the case; **~ Tatbestands; D. der Tatsachen** statement of the facts; **falsche/unrichtige D.** misrepresentation; **umfassende D.** comprehensive description

dartun *v/t* to show

darüber hinaus *adv* over and above that, beyond that

das heißt i. e. (id est), to wit

Daseins|mittelpunkt *m* centre of one's/so.'s existence; **D.vorsorge** f provision for one's/so.'s livelihood

Daten *pl* data; **D. abrufen** to retrieve data; **D. erfassen** to collect data; **D. löschen** to erase data; **D. über Einzelpersonen unterhalten** to maintain data on individuals; **D. übertragen** to transmit data; **personenbezogene D.** personal data

Daten|abgleich *m* collation/comparison of data; **D.abruf** *m* data/information retrieval; **D.bank** f database; **D.erfassung** f data collection; **D.geheimnis** *nt* data secrecy; **D.missbrauch** *m* misuse of data; **D.nutzung** f use of data; **missbräuchliche ~** improper use of data

Datenschutz *m* data protection; **D.aufsichtsbehörde** f data protection authority; **D.beauftragte(r)** f/m 1. data protection officer; 2. (Bund) federal commissioner for data protection

Datenschützer(in) *m/f* data watchdog (coll)

Datenschutzgesetz *nt* Data Protection Act [GB], Privacy Act [US]

Daten|träger *m* data carrier; **D.veränderung** f change of data; **D.verarbeitung** f data processing; **elektronische ~ (EDV)** electonic data processing (EDP); **D.verkehr** *m* data flow/transmission(s); **grenzüberschreitender ~** transborder data flow; **D.verlust** *m* data loss; **unerklärlicher ~** line gremlin (coll); **D.zugriff** *m* data retrieval

datier|en *v/t* to date; **nicht d.t** *adj* undated

bis dato *adv* to date

Datum *nt* date; **D. des Inkrafttretens** (Gesetz) effective date; **angegebenes D.** stated date; **gleichen D.s** of the same date; **nach dem heutigen D.** after today's date

Datums|angabe f date; **D.stempel** *m* date stamp

Dauer f 1. length of time, duration, term; 2. (Fortbestehen) continuance; **D. der Freiheitsstrafe** length of custodial sentence; **~ Haftung** indemnity period; **~ Jugendstrafe** length of juvenile sentence; **D. eines Miet-/Pachtverhältnisses** tenancy; **~ Mietvertrages** duration/term of lease; **D. des Patents** duration of the patent; **während der ~ Prozesses** pendente lite (lat.), pending the action [GB]/lawsuit [US]; **D. der Unterbringung** (z.B. Psychatrie) length of commitment; **D. des Verfahrens** duration of proceedings; **D. der Verpflichtung** duration of the commitment

Dauer|arbeitslosigkeit f long-term unemployment; **D.arrest** *m* custody for an indefinite time; **D.auftrag** *m* (Bank) standing order; **D.belästigung** f ongoing nuisance; **D.beschäftigung** f lifetime employment; **D.delikt** *nt* offence of a continuing nature

dauerhaft *adj* 1. lasting; 2. (Güter) durable

Dauer|invalidität f permanent disability; **D.lehen** *nt* permanent lease; **D.mandat** *nt* (Anwalt) permanent power of attorney; **D.miete** f permanent tenancy; **D.mieter(in)** *m/f* lifetime tenant

dauernd *adj* permanent

Dauer|nutzungsrecht *nt* 1. (Pacht) (registered) perpetual lease; 2. (Nießbrauch) permanent right of use/usufruct; **D.pflegschaft** f permanent curatorship; **D.regelung** f permanent arrangement/settlement; **D.schaden** *m* 1. long-term/permanent damage; 2. (Person) permanent disability/injury

Dauerschuld f permanent debt; **D.verhältnis** *nt* continuous obligation

Dauer|straftat f continuing crime/offence; **D.treuhand** f permanent trust; **D.verfügung** f permanent injunction; **D.vertrag** *m* 1. continuing agreement; 2. lifetime contract; **D.vollmacht** f permanent power of attorney; **D.wirkung** f long-term effect; **D.wohnberechtigte(r)** f/m person entitled to permanent residence; **D.wohnrecht** *nt* right of permanent residence, permanent dwelling right, lifetime right of residence; **D.wohnsitz** *m* permanent residence; **D.zustand** *m* permanent state of affairs

davon *adj* thereof

davonkommen *v/i* to get off; **glimpflich d.** to get off lightly

dazu *adj* thereto

de facto *(lat.)* in fact
de jure *(lat.)* in law
Debet *nt* debit
Debitor *m* debtor
debitum *(lat.)* debit
Deckadresse *f* accommodation/assumed
   address
decken *v/t* 1. to cover; 2. *(Schaden)* to
   make good
Deckname *m* assumed name, alias, pseudonym
Deckung *f* (insurance) cover *[GB]*/cov-
   erage *[US]*; **D.** ablehnen to disclaim liability; **ausreichende D.** sufficient cov-
   er(age); **keine D.** *(Konto)* no funds
   (N/F); **ungenügende D.** insufficient
   funds (I/F); **vorläufige D.** provisional
   cover(age)
deckungsgleich *adj* *(übereinstimmend)*
   concurring, concurrent
Deckungs|handlung *f* *(Verheimlichung)*
   cover-up; **D.klausel** *f* cover(age) clause;
   D.schutz *m* cover(age); **~ gewähren** to
   provide cover(age); **D.summe** *f* sum insured; **vorläufige D.zusage** cover(age)
   note
defekt *adj* defective, faulty; **D.** *m* defect,
   flaw
defini|eren *v/t* to define; **D.tion** *f* defini-
   tion; **d.torisch** *adj* by definition
Defizit *nt* deficit, shortfall
Defraudant *m* defrauder, embezzler
De-jure-Anerkennung *f* de jure recognition
deklatorisch *adj* declarative
Dekret *nt* decree, order; **d.ieren** *v/t* to de-
   cree/order
Delegation *f* delegation
delegier|en *v/t* to delegate; **D.te(r)** *f/m*
   delegate
Delegierung *f* delegation; **D. der Gesetzgebungsgewalt** delegation of legislative power(s)
Delikt *nt* 1. offence, wrong; 2. *(StR)*
   crime, criminal offence; 3. *(ZR)* tort, civil
   wrong, tortious act; **D. begehen** to commit an offence; **erfolgsqualifiziertes D.**
   crime aggravated by a subsequent
   event; **geringfügiges D.** petty offence;
   schweres D. serious crime; **zivilrechtliches D.** actionable tort
Delikt|anspruch *m* claim in tort; **d.fähig**
   adj capable of tortious liability; **D.fä-**

higkeit *f* responsibility for torts, criminal capacity, capacity for tortious liability; **D.haftung** *f* liability in tort, tortious liability
deliktisch *adj* in tort, tortious
Delikt|klage *f* tort action; **D.recht** *n* law
   of torts; **D.statut** *nt* torts act;
   D.täter(in) *m/f* tortfeasor
Delinquent(in) *m/f* offender, delinquent
Dementi *nt* denial, disclaimer
dementieren *v/t* to deny; **d. lassen** to
   issue a denial
dementsprechend *adj* corresponding
Demenz *f* dementia
Demonstrant(in) *m/f* demonstrator
Demonstration *f* demonstration; **D. zerstreuen** to disperse a demonstration;
   D.srecht *nt* right to demonstrate
demonstrieren *v/ti* to demonstrate
demütigen *v/t* to humiliate; **d.d** *adj*
   humiliating
Demütigung *f* humiliation
demzufolge *adv* 1. *(auf Grund dessen)*
   owing to which; 2. *(laut dem)* according
   to which
Denaturalis|ation *f* denaturalization;
   d.ieren *v/t* to denaturalize
denkbar *adj* conceivable
Denunz|iant(in) *m/f* informer, denuncia-
   tor *[US]*; **D.iation** *f* informing, denunciation; **d.ieren** *v/t* to inform against/on,
   to denounce
deponier|en *v/t* to deposit; **D.ung** *f* lodge-
   ment, deposition
Deputat *nt* allowance in kind
deregulier|en *v/t* to deregulate; **D.ung** *f*
   deregulation
Dereliktion *f* dereliction
derelinquieren *v/t* to abandon ownership
Derivat *nt* derivate; **D.iv** *adj* derivative
Derog|ation *f* derogation; **d.ieren** *v/t* to
   annul in parts
derzeit present, current
Design|ation *f* designation; **d.ieren** *v/t* to
   designate; **d.iert** *adj* designate
Desinformation *f* disinformation
detaillieren *v/t* to state particulars
Detektei *f* detective agency, firm of (private) investigators
Detektiv(in) *m/f* 1. detective, private investigator; 2. *(Zivilfahnder)* plain-
   clothes policeman

deuten *v/t* to construe/interpret
Deutung *f* construction, interpretation
Devisen *f* foreign currency
Dezern|at *nt* 1. department, division, section; 2. *(Polizei)* squad; **D.ent(in)** *m/f* head of department
Dictum *nt* *(beiläufige Äußerung)* obiter dictum *(lat.)*
Dieb *m* thief; **die kleinen D. hängt man, die großen lässt man laufen** *(prov.)* little thieves are hanged, but great ones escape; **als D. verurteilt werden** to be convicted as a thief; **kleiner D.** petty thief
Diebes|falle *f* thieves' snare; **D.gut** *nt* stolen goods/property, loot; **d.sicher** *adj* thief-proof, theft-proof, burglar-proof
Diebstahl *m* theft, larceny *[US]*, robbery; **D. geistigen Eigentums** plagiarism; **D. einer Erfindung** piracy of an invention; **D. geringwertiger Sachen** pilferage; **D. im Wiederholungsfall** repeat theft
gemeinschaftlich begangener Diebstahl jointly committed theft; **bewaffneter D.** armed robbery; **einfacher D.** petty larceny/theft, simple larceny; **geistiger D.** plagiarism, piracy; **qualifizierter D.** aggravated theft; **räuberischer D.** theft accompanied by the use/threat of force; **schwerer D.** aggravated/grand theft, aggravated robbery, grand larceny
wegen Diebstahls angeklagt sein to be indicted for theft; **jdn des D.s beschuldigen** to charge so. with theft
Diebstahl|sdelikt *nt* larceny (offence); **D.sicherung** *f (Kfz)* anti-theft device; **D.svorsatz** *m* intent to commit theft; **D.versicherung** *f* insurance against theft, burglary insurance; **D.vorsatz** *m* animus furandi *(lat.)*
dien|en *v/i* to serve; **D.er(in)** *m/f* servant; **d.lich** *adj* useful, conducive
Dienst *m* 1. service; 2. *(Beruf)* duty; **jdm einen D. erweisen** to do so. a favour; **D. leisten** to render a service; **sich zum D. melden** to report for duty, **entgangener D.** service (hours) lost; **öffentlicher D.** public service; **D.- oder Arbeitsverhältnis** *nt* service or employment contract
dienst|älter *adj* senior; **D.alter** *nt* length of service

Dienstaufsicht; D.sbehörde *f* supervisory authority; **D.sbeschwerde** *f* complaint against a public official, disciplinary complaint; **D.sverfahren** *nt* disciplinary proceedings
Dienstbarkeit *f* servitude, easement; **D. ausüben** to execise one's right of easement; **negative D.** negative easement; **persönliche D.** personal servitude
Dienstberechtigte(r) *f/m* person entitled to service(s)
Dienst|bezüge *pl* pay, emoluments; **D.eid** *m* official oath; **D.erfindung** *f* employee invention; **D.erfüllung** *f* performance of service; **D.gebrauch** *m* official use; **D.geheimnis** *nt* official secret; **D.grad** *m* rank; **höherer ~** higher rank; **D.handlung** *f* official act; **pflichtwidrige ~** official act in breach of duty; **D.herr(in)** *m/f* principal, master, employer; **D.leister(in)** *m/f* service provider/renderer
Dienstleistung *f* service; **D. erbringen** to render a service; **persönliche D.en** personal services
Dienstleistungs|abkommen *nt* service agreement; **D.betrieb** *m* service-rendering enterprise; **D.pflicht** *f* duty to render a service; **D.unternehmen** *nt* service company; **D.vertrag** *m* contract for services, service agreement
dienstlich *adj* official
Dienst|ordnung *f* service regulations; **D.pflicht** *f* official duty; **D.pflichtverletzung** *f* infringement of official duties; **D.recht** *nt* civil service law; **D.sache** *f* official business; **D.siegel** *nt* seal of office, official seal; **D.stelle** *f* agency; **D.stellung** *f* official position; **D.strafe** *f* disciplinary penalty; **D.strafgericht** *nt* disciplinary tribunal
dienstunfähig *adj* unfit for service; **D.keit** *f* unfitness for service
Dienst|unfall *m* accident sustained on duty, industrial accident; **D.vereinbarung** *f* works agreement; **D.vergehen** *nt* 1. neglect of duty; 2. disciplinary offence, malfeasance; **D.verhältnis** *nt* employment; **~ eingehen** to enter into a contract of service; **D.verhinderung** *f* prevention from work; **D.versäumnis** *nt* neglect of duty; **D.verschaffungs-**

vertrag *m* contract for the procurement of services; **D.verschwiegenheit** *f* official secrecy

Dienstvertrag *m* service contract, contract of service; **D.srecht** *nt* service contract law; **D.verletzung** *f* breach of contract of service

Dienst|vorgesetzte(r) *f/m* superior; **D.vorschrift** *f* service regulation; **D.vorschriften** *pl* official regulations

Dienstweg *m* official channels; **auf dem D.** through official channels; **D. einhalten** to go through channels

dienstwidrig *adj* contrary to regulations; **D.keit** *f* irregularity

Dienst|zeit *f* 1. hours of service; 2. years of service; **D.zeugnis** *nt* testimonial

Dietrich *m* skeleton key, picklock

diffamieren *v/t* to defame/calumniate; **jdn d.** to blacken so.'s name; **d.d** *adj* 1. defamatory, injurious; 2. *(mündlich)* slanderous; 3. *(schriftlich)* libellous

Diffamierung *f* defamation, calumny, slander, libel

Differenz *f* difference; **d.ieren** *v/t* to differentiate; **D.ierung** *f* differentiation

Digest digest

dilatorisch *adj* dilatory

diligentia quam in suis *(lat.)* due diligence

Ding *nt* thing; **krumme D.er machen/ drehen** *coll* to do sth. dodgy *(coll)*

dingen *v/t* to hire

dingfest *adj* behind bars; **jdn d. machen** to put so. behind bars, to arrest so., to take so. into custody

dinglich *adj* real, in rem *(lat.)*

Diplomat *m* diplomat; **d.isch** *adj* diplomatic

Diplom|dolmetscher(in) *m/f* certified interpreter; **D.übersetzer(in)** *m/f* certified translator

Direktion *f* management; **D.srecht** *nt* right to issue instructions

Direktive *f* directive

Direktor *m* manager, director; **geschäftsführender D.** chief executive officer (CEO), managing director; **stellvertretender D.** deputy manager

Direktorat; Direktorium *nt* directorate, executive board, board of management

Dirne *f* prostitute

Diskont *m* discount; **d.ieren** *v/t* to discount

diskreditieren *v/t* to discredit

diskret *adj* 1. *(unauffällig)* discreet; 2. *(vertraulich)* confidential

Diskretion *f* discretion; **strengste D. wahren** to exercise strict discretion

diskriminieren *v/t* to discriminate; **d.d** *adj* discriminatory; **nicht d.** non-discriminatory

Diskriminierung *f* discrimination; **positive D.** positive discriminiation *[GB]*, affirmative action *[US]*; **D.sverbot** *nt* discrimination ban

Dispens *m* exemption, dispensation; **d.ieren** *v/t* to dispense/excuse; **jdn von etw. ~** to excuse so. from sth.

Disposition *f* 1. *(Veranlagung)* disposition; 2. arrangement; 3. *(Verfügung)* disposal; **jdn/etw. zu seiner D. haben** to have so./sth. at one's disposal; **zur D. stehen** to be available

Dispositions|befugnis *f* power of control; **D.grundsatz** *m* principle of party disposition; **D.maxime** *f* maxim of party dispositon

dispositiv *adj* non-mandatory, optional; **D.normen** *pl* optional rules

Disqualifikation *f* disqualification; **D. wegen Missachtung der Regeln** disqualification for disregarding the rules

disqualifizieren *v/t* to disqualify

Disput *m* dispute

Dissens *m* dissent, dispute

Distanzdelikt *nt* offence committed under a different jurisdiction

Disziplin *f* discipline

Disziplinar|ausschuss *m* disciplinary board/committee; **D.befugnis** *f* disciplinary power(s); **D.behörde** *f* disciplinary authority; **D.gericht** *nt* disciplinary court/tribunal; **D.gerichtsbarkeit** *f* disciplinary jurisdiction; **D.gewalt** *f* disciplinary authority/power(s)

disziplinarisch *adj* disciplinary

Disziplinar|kammer *f* disciplinary division; **D.maßnahme** *f* disciplinary action/measure; **D.ordnung** *f* disciplinary code; **D.recht** *nt* disciplinary law; **D.sache** *f* disciplinary case; **D.strafe** *f* disciplinary punishment; **D.untersu-**

chung *f* disciplinary investigation; **D.verfahren** *nt* disciplinary hearing/ proceedings, departmental trial *[US]*; **~ einleiten** to institute disciplinary proceedings; **D.vergehen** *nt* disciplinary offence; **D.vorgesetzte(r)** *f/m* superior

disziplinlos *adj* undisciplined, disorderly, unruly

DNA-Analyse *f* genetic fingerprinting, DNA analysis; **DNA-Identitätsfeststellung** *f* establishment of identity through DNA testing

Doktor der Rechte Doctor of Laws (LL.D.)

Dokument *nt* document, instrument; **d.arisch** *adj* documentary; **D.ation** *f* documentation; **d.ieren** *v/t* to document

Dolchstoß *m* stab (wound)

Dolmetscher(in) *m/f* interpreter; **vereidigte(r) D.** sworn interpreter

dolos *adj* malicious; *adv* with criminal intent

Dolus *m* *(lat.)* 1. *(Arglist)* malice; 2. *(Vorsatz)* intent; **D. eventualis** *m* contingent intent

Domäne *f* domain

Domizil *nt* domicile; **D.land** *nt* country of domicile

Doppel|besteuerung *f* double taxaxtion; **D.ehe** *f* bigamy, bigamous marriage; **D.staatler(in)** *m/f* dual national; **D.staatsangehörigkeit** *f* dual nationality; **D.verfolgungsverbot** *nt* prohibition of double jeopardy; **D.wohnsitz** *m* dual residence; **D.zuständigkeit** *f* double competence/jurisdiction

Dossier *nt* dossier, file

Dot|ation *f* *(regelmäßiges Einkommen)* endowment; **d.ieren** *v/t* to endow; **D.ierung** *f* endowment

drakonisch *adj* draconian, harsh

drangsalieren *v/t* to plague/harass

drastisch *adj* drastic

Drauf|gabe *f* deposit, earnest; **D.geld** *nt* premium, earnest money

Drei|monatseinrede *f* three months' plea; **D.teilung der Straftaten** *f* triple classification of offences

dringlich *adj* urgent; **D.keit** *f* urgency

Dringlichkeits|antrag *m* urgency motion; **D.fall** *m* urgent case; **D.klausel** *f*; urgency clause; **D.stufe** *f* priority rating;

D.verfahren *nt* summary procedure/ proceedings

Dritt|anspruch *m* third-party claim; **D.begünstigte(r)** *f/m* third-party beneficiary; **D.eigentümer(in)** *m/f* third-party owner; **D.erwerber(in)** *m/f* third-party purchaser

Dritte(r) *f/m* third party; **gutgläubiger D.** innocent third party, third party acting in good faith; **unschuldiger D.** innocent bystander

Dritt|geschäft *nt* direct transaction; **D.gläubiger(in)** *m/f* third-party creditor; **D.haftung** *f* third-party liability; **D.klage** *f* action brought by a third party; **D.land** *nt* third country; **D.mittel** *pl* outside funding, third-party funds

Drittschaden *m* third-party damage; **D.sliquidation** *f* settlement of third-party damage

Dritt|schuldner(in) *m/f* garnishee; **D.schutz** *m* third-party cover(age); **D.staat** *m* third country; **D.vermögen** *nt* third-party assets; **D.verpfändung** *f* garnishment; **D.verwahrung** *f* escrow

Drittwiderspruch *m* third-party opposition; **D.sklage** *f* action in replevin, interpleader, third-party counterclaim proceedings

Drittwirkung *f* effect on a third party; **mittelbare D.** indirect effect on a third party

Droge *f* drug

Drogen|abhängige(r) *f/m* drug addict; **D.abhängigkeit** *f* drug addiction; **D.benutzer(in)** *m/f* drug user; **D.dezernat** *nt* *(Polizei)* drug squad; **D.fahnder(in)** *m/f* drug squad officer; **D.handel** *m* drug trafficking/trade; **D.händler** *m* drug trafficker; **D.konsum** *m* drug-taking; **D.missbrauch** *m* drug abuse; **D.sucht** *f* drug addiction; **D.süchtige(r)** *f/m* drug addict; **D.strich** *m* drug-related prostitution

Drohbrief *m* threatening letter

drohen *v/i* to threaten; **d.d** *adj* 1. *(Person)* threatening; 2. *(Gefahr)* impending, imminent

Drohgebärde *f* threatening gesture

Drohung *f* threat(s), menace(s); **als D.** in terrorem *(lat.)*; **D. für Leib und Leben** threat to life and limb; **gewaltsame/tät-**

liche D. assault; **versteckte D.** veiled threat

drosseln v/t to curb/restrict/reduce

Drucksache f printed matter

dubios adj dubious, doubtful

dulden v/t to suffer/tolerate; **stillschweigend d.** to acquiesce (in)/connive (at)

Duldung f toleration, acquiescence, sufferance; **D.einer rechtswidrigen Handlung** connivance

Duldungs|bescheid m sufferance note; **D.pflicht** f obligation to tolerate; **D.prokura** f agency by estoppel; **D.vollmacht** f authority by estoppel

Dunkelziffer f estimated number of undetected/unreported cases

Duplik f rejoinder

Durchfahrts|recht nt transit right, right of passage/way; **D.verbot** nt ban on through traffic

durchfechten v/t to fight sth. through (to the end)

Durchfuhr f transit

durchführbar adj feasible; **D.keit** f feasibility

durchführen v/t to carry out/implement; **d.d** adj implementary, executive

Durchführung f implementation, execution; **D. eines Gesetzes** implementation of a law; **zur D. kommen** to come into force

Durchführungs|abkommen nt implementing agreement; **D.anordnung** f implementing order; **D.befugnis** f implementing power(s); **D.bestimmungen** pl implementing provisions/regulations; **D.gesetz** nt implementing act; **D.verordnung** f executive decree/order; **D.vorschrift** f implementing/implementation rule

Durchgangs|recht nt (Wegerecht) right of way; **D.verkehr** m through traffic

Durchgriff m enforcement of liability; **D.shaftung** f direct liability

durchkalkulieren v/t to cost

durchkommen v/i (Antrag, Gesetz) to be carried/enacted/passed, to pass

Durchschrift f copy

durchsetzbar adj enforceable; **nicht d.** unenforceable; **D.barkeit** f enforceability

durchsetzen v/t to enforce/assert

Durchsetzung f enforcement; **D. eines Anspruchs** enforcement of a claim; **~ Rechts** enforcement of a right

Durchsicht f inspection; **zur D. vorlegen** to submit for inspection

durchsuchen v/t to search

Durchsuchung f search; **D. und Beschlagnahme** search and seizure; **körperliche D.** body search

Durchsuchungs|befehl m search warrant; **D.befugnis** f power(s) of search; **D.beschluss** m search order; **D.recht** nt right of search; **D.vollmacht** f power(s) of entry and search; **D.zeuge** m witness to a search

Dürftigkeitseinrede f plea of insufficient assets

E

echt adj authentic, genuine

Echtheit f authenticity, genuineness; **E. einer Unterschrift** authenticity of a signature; **~ Unterschrift nachprüfen** to ascertain the authenticity of a signature; **~ Urkunde** genuineness of a document; **E. feststellen** authenticate

Echtheits|beweis m proof of authenticity; **E.zeugnis** nt certificate of authenticity

Edikt nt edict

Effekt m effect, result, outcome; **E.en** pl (Wertpapiere) securities; **E.enliste** f list of personal items/belongings **e.iv** adj effective

Ehe f marriage, matrimony, wedlock; **E. aufheben/auflösen/scheiden** to annul/dissolve a marriage; **E. eingehen/schließen** to marry, to enter into a marriage

anfechtbare Ehe voidable marriage; **freie E.** common-law marriage; **nichtige E.** void marriage; **vollzogene E.** consummated marriage; **wilde E.** cohabitation; **zerrüttete E.** broken marriage; **unheilbar ~** marriage which has broken down irretrievably

eheähnlich adj living together as husband and wife

Ehe|aufgebot *nt* banns; **E.aufhebung** *f* annulment/dissolution of marriage; **E.aufhebungsgrund** *m* ground for the annulment of marriage; **E.auflösung** *f* dissolution of marriage; **E.berater** *m* marriage counsellor; **E.betrug** *m (Vortäuschen einer Ehe)* jactitation of marriage

ehebrechen *v/i* to commit adultery

Ehebrecher *m* adulterer; **E.in** *f* adulteress

ehebrecherisch *adj* adulterous

Ehe|bruch *m* adultery; **E.dauer** *f* duration of marriage; **E.dispens** *m (Befreiung von Eheverboten)* marriage licence

ehefähig *adj* marriageable

Ehefähigkeit *f* capacity for marriage; **E.szeugnis** *nt* certificate of no impediment; **~ für Ausländer** certificate of no impediment for aliens

Ehefrau *f* wife; **misshandelte ~** battered wife

Ehegatte *m* spouse, marital partner; **geschiedener E.** divorced spouse; **überlebender E.** surviving spouse

Ehegatten *pl* spouses, husband and wife; **E.erbvertrag** *m* contract of succession between spouses; **E.pflichtteil** *m* compulsory portion for spouses; **E.testament** *nt* mutual will of spouses

Ehe|gemeinschaft *f* conjugal community; **E.gesetz** *nt* marriage act; **E.güterrecht** *nt* marriage property law, matrimonial property regime; **E.herstellungsklage** *f* petition for restitution of conjugal rights

Ehehindernis *nt* impediment to marriage; **absolutes E.** absolute impediment; **gesetzliches E.** legal impediment; **unheilbares E.** diriment impediment

Eheleute *pl* spouses, husband and wife

ehelich *adj* 1. matrimonial, conjugal, marital; 2. *(in der Ehe gezeugt)* legitimate; **e.en** *v/t* to marry/wed; **E.erklärung** *f* declaration of legitimacy; **E.keit** *f* legitimacy; **E.keitsanfechtung** *f* denial of legitimacy

Ehe|mann *m* husband; **E.mündigkeit** *f* capacity to marry, marriageable age; **E.name** *m* married name; **E.nichtigkeit** *f* nullity of marriage; **E.nichtigkeitsgrund** *m* diriment impediment; **E.nichtigkeitsklage** *f* petition to annul a marriage; **E.nichtigkeitsurteil** *nt* decree of nullity; **E.partner** *m* spouse; **E.prozess** *m* matrimonial case; **E.recht** *nt* matrimonial law; **E.sache** *f* matrimonial cause

Ehescheidung *f* divorce; **E.santrag** *m* petition for a divorce; **E.sgesetz** *nt* Matrimonial Causes Act *[GB]*; **E.sgrund** *m* ground for divorce; **E.sklage** *f* petition for a divorce; **~ einleiten** to institute divorce proceedings

Ehe|schließung *f* marriage; **E.stand** *m* 1. matrimony, marital status, wedlock; 2. *(Frau)* coverture; **E.störung** *f (durch Dritte)* inference with a marital relationship; **E.streitigkeit** *f* matrimonial dispute; **E.verbot** *nt* restraint of marriage; **E.verfehlung** *f* matrimonial offence; **E.vermittlung** *f* marriage-broking; **E.versprechen** *nt* promise of marriage; **E.vertrag** *m* contract of marriage, marriage contract, matrimonial property agreement; **E.wohnung** *f* matrimonial home; **E.zeit** *f* period of marriage; **E.zerrüttung** *f* irretrievable breakdown

Ehrabschneider(in) *m/f* slanderer, calumniator

ehrenamtlich *adj* honorary; **e. tätig sein** to serve in an honorary capacity

Ehrengericht *nt (Ärzte, Rechtsanwälte etc.)* disciplinary tribunal

ehrenrührig *adj* defamatory

Ehrenwort *nt* 1. word of honour; 2. *(Gefangener)* parole; **E. brechen** to break one's parole

ehrlich *adj* honest; **E.keit** *f* honesty

Ehrverletzung *f* 1. insult, defamation; 2. *(schriftlich)* libel; 3. *(mündlich)* slander

Eichamt *nt* Office of Weights and Measures *[GB]*, Bureau of Standards *[US]*

eichen *v/t* to standardize/calibrate

Eid *m* oath; **den E. ersetzende Bekräftigung** affirmation in lieu of oath; **an E.es Statt** in lieu of an oath; **E. ablegen** to swear (to sth.), to take an oath; **jdm den E. abnehmen** to administer an oath to so.; **unter E. aussagen** to testify on oath, to depose; **durch E. bekräftigen** to affirm on oath; **E. brechen** to break an oath; **E. leisten/schwören** to swear (to sth.); **unter E. stehen** to be on (under) oath; **assertorischer E.** assertory oath; **fahrlässiger E.** oath by negligence

Eidbrüchige(r) *f/m* perjurer

Eides|abnahme *f* administration of an oath; **E.belehrung** *f* caution concerning an oath; **E.delikt** *nt* offence of false swearing; **e.fähig** *adj* eligible for taking an oath (before the court); **E.formel** *f* wording of the oath; **e.gleich** *adj* solemn; **E.leistende(r)** *f/m* oathmaker, affiant *[US]*; **E.leistung** *f* swearing/taking an oath; **E.pflicht** *f* duty to take the oath

eidesstattlich *adj* in lieu of an oath

Eidesverletzung *f* violation of an oath

eidlich *adj* on oath

eigen *adj* own

Eigen- oder Fremdkapital *nt* own or borrowed capital

Eigenart *f* peculiarity; **persönliche E.** idiosyncrasy

Eigenbedarf *m* personal needs/requirement(s); **E.sklage** *f* action for own use; **E.skündigung** *f* notice on the grounds of self-possession

Eigen|behalt *m* retention; **E.besitz** *m* possession as of right, exclusive/proprietary possession; **E.besitzer(in)** *m/f* owner-occupier; **E.betrieb** *m* owner-operated municipal enterprise; **E.gebrauch** *m* own/personal use; **unrechtmäßiger** ~ conversion; **E.gefahr** *f* personal/owner's risk; **E.geschäft** *nt* transaction on one's own account; **E.haftung** *f* owner's liability; **E.handel** *m* trading on one's own account

eigenhändig *adj (Unterschrift)* holographic, by one's hand, manu propria *(lat.)*

Eigen|händler *m* sole trader; **E.heim** *nt* owner-occupied house, privately owned house/residence; **E.kapital** *nt* equity capital; **E.macht** *f* inference with the possession of another; **verbotene** ~ unlawful interference with the possession of another, private nuisance; **e.mächtig** *adj* acting without proper authority; **E.name** *m* proper name; **E.nutz** *m* 1. own/personal profit; 2. self-interest

Eigenschaft *f* quality, attribute, capacity, property; **charakteristische E.en des Musters** *(Musterschutz)* design requirements; **in amtlicher E.** in an official capacity; **in seiner E. als** in his capacity of; **wesentliche E.** essential quality; **zugesicherte E.** warranted quality

Eigenschaftszusicherung *f* quality assurance, warranty of assured quality

eigen|sinnig *adj* wilful; **e.ständig** *adj* autonomous; **e.tlich** *adj* proper

Eigentum *nt* 1. ownership; 2. *(Objekt)* property; **E. nach Bruchteilen** tenancy in common; **E. an einem Grundstück** ownership of land, title to land; **E. zur gesamten Hand** joint tenancy/ownership; **E. der öffentlichen Hand** public property; **E. an der Sache** title to tangible property; ~ **beweglichen Sachen** personal property, chattels; ~ **unbeweglichen Sachen** title to real estate; **E. an der Ware** title to the goods

Eigentum erwerben to acquire title (to sth.); **E. übertragen** 1. to convey ownership; 2.*(Grundeigentum)* to convey title to land; **E. verletzen** to trespass upon so.'s property; **E. verschaffen** to procure title; **sich das E. vorbehalten** to reserve title (to sth.)

belastetes Eigentum encumbered property; **beschränktes E.** restricted ownership; **erbrechtlich** ~ fee tail, estate in tail; **fremdes E.** third-party property; **geistiges E.** intellectual property; **im gemeinsamen E.** jointly owned; **gemeinschaftliches E.** 1. communal property; 2. joint ownership; **gewerbliches E.** proprietary right; **lastenfreies E.** 1. unencumbered property; 2. clear title; **öffentliches E.** 1. public ownership; 2. public property; **rechtmäßiges E.** good title; **sichergestelltes E.** recovered property; **treuhänderisches E.** trust property; **unbeschränktes E.** absolute ownership; **volles E.** good title

Eigentümer *m* proprietor, owner; **E. zu Bruchteilen** tenant in common; **E. zur gesamten Hand** joint tenants; **E. im Innenverhältnis** equitable owner; **E. auf Lebenszeit** owner for life

alleiniger Eigentümer sole owner; **derzeitiger E.** present owner; **eingetragener E.** owner of record, registered owner; **gutgläubiger E.** bona-fide owner; **mutmaßlicher E.** putative owner; **rechtlicher E.** legal owner; **rechtmäßiger E.** lawful/rightful owner; **treuhänderischer E.** fiduciary owner; **unumschränkter E.** absolute owner;

verfügungsbefugter E. owner authorized to dispose; **vermutlicher E.** putative owner; **wirklicher E.** true owner
Eigentümer|-Besitzer-Verhältnis *nt* owner-possessor relationship; **E.grundschuld** *f* owner's land charge; **E.haftung** *f* owner's liability; **E.hypothek** *f* owner's mortgage

Eigentümer|in *f* proprietress; **E.nießbrauch** *m* owner's right of usufruct; **E.rechte** *pl* owner's rights; **E.teilhypothek** *f* partial mortgage for the benefit of the owner; **E.wechsel** *m* change of owner(ship)

Eigentums|anspruch *m* title to property, right of ownership; **E.aufgabe** *f* 1. abandonment of a property; 2. relinquishment of title; **E.beeinträchtigung** *f (Grundstück)* trespass; **E.beschränkung** *f* restriction on title; **E.delikt** *nt* property offence; **E.erwerb** *m* acquisition of title/property; **gutgläubiger ~** bona fide acquisition of title; **E.feststellungsklage** *f* title suit, action for a declaratory judgment on ownership; **E.feststellungsverfahren** *f* title proceedings; **E.fiktion** *f* fiction of title; **E.freiheitsklage** *f* action for abatement; **E.folge** *f* devolution of title; **E.herausgabeanspruch** *m* claim (by the owner) for the return of property; **E.kriminalität** *f* property crime; **E.nachweis** *m* 1. proof of ownership, title record; 2. *(Auszug)* abstract of title

Eigentumsrecht *nt* 1. title, proprietary right, fee simple; 2. *(ohne Rechtsmängel und Belastungen)* marketable title; **E. an Grundbesitz** title to land; **dingliches E.** absolute title; **verbrieftes E.** chartered title

Eigentums|schutz *m* protection of property; **E.störung** *f* actionable/private nuisance, trespass; **E.streitigkeit** *f* property dispute

Eigentumstitel *m* title; **abgeleiteter E.** derivative title; **fehlerhafter E.** imperfect title

Eigentumsübergang *m* transfer of ownership/title, devolution of ownership

Eigentumsübertragung *f* transfer of property/title, conveyance; **E.sverfahren** *nt* conveyancing

Eigentums|urkunde *f* document of title, title deed; **E.ursprung** *m* root of title; **E.vergehen** *nt* offence against property; **E.verletzung** *f* trespass, violation of property rights; **E.verlust** *m* loss of ownership; **E.vermutung** *f* presumption of ownership/title; **E.verzicht** *m* relinquishment of ownership/title

Eigentumsvorbehalt *m* reservation of ownership/title, retention of ownership *[US]*, ~ title; **unter E.** with reservation of title; **E.skauf** *m* conditional sale; **E.sklausel** *f* reservation/retention of title clause; **E.sregister** *nt* retention of title register

Eigentums|wechsel *m* change of ownership; **E.wohnung** *f* condominium (apartment) *[US]*, freehold flat *[GB]*, owner-occupied flat

eigenverantwortlich *adj* having sole responsibility; **E.keit** *f* sole responsibility

Eigen|verbrauch *m* own/personal consumption; **E.wechsel** *m* promissory note (P/N); **E.wert** *m* intrinsic value

sich eignen *v/refl* to lend itself (to sth.)

Eigner *m* owner, proprietor

Eignung *f* 1. *(Sache, Personen)* suitability; 2. *(Zweckdienlichkeit)* fitness (for the purpose); 3. *(Wählbarkeit)* eligibility; 4. *(Examen)* qualification; 5. *(Personen)* aptitude; **E. für Wohnzwecke** fitness for habitation; **fachliche E.** professional qualification(s); **E.sklausel** *f* eligibility clause; **E.sprüfung** *f* aptitude/fitness test

Eilverfahren *nt* summary proceedings

Einäscherung *f* cremation

Einbauten *pl* fixtures and fittings; **~ durch Mieter** tenant's improvements

einbegriffen *adj* included

einbehalt|en *v/t* 1. to retain, to keep back; 2. *(abziehen)* to deduct; 3. *(Steuer)* to withhold; **E.ung** *f* 1. retention; 2. deduction; 3. withholding

einberufen *v/t* 1. *(Versammlung)* to convene/convoke; 2. *(Militär)* to draft/conscript; **E.e(r)** *f/m* conscript, draftee *[US]*

Einberufung *f* 1. convocation; 2. draft; **E.sbescheid** *m* call-up/draft *[US]* order

einbezahl|en *v/t* to pay in; **e.t** *adj* paid-up

einbeziehen *v/t* to include/incorporate

Einbeziehung *f* inclusion; **unter E.** including, inclusive of; **stillschweigende E.** tacit inclusion

einbrechen *v/i* to break in(to), to break and enter/burgle

Einbrecher|(in) *m/f* burglar, housebreaker; **E.alarm** *m* burglar alarm

einbringen *v/t* 1. *(Geld)* to contribute; 2. *(Gesetzentwurf)* to introduce; 3. *(Rendite)* to yield; 4. *(Antrag)* to table/move

Einbringung *f* 1. contribution; 2. introduction; **E. eines Gesetzentwurfes** introduction of a bill

Einbruch *m* break-in, breaking and entering, burglary, housebreaking

Einbruchs|diebstahl *m* burglary; **E.dezernat** *nt* burglary squad, property crime unit; **E.serie** *f* spate of burglaries; **e.sicher** *adj* burglar-proof, tamper-proof; **E.sicherung** *m* burglar alarm; **E.versuch** *m* attempted burglary

einbürger|n *v/t* to naturalize; **E.ung** *f* naturalization; **E.ungsurkunde** *f* certificate of naturalization

Einbuße *f* impairment, loss

einbüßen *v/t* 1. to lose; 2. *(Recht)* to forfeit

Eindämmung *f* containment; **E.spolitik** *f* policy of containment

eindeutig *adj* unambiguous, clear, unequivocal

eindringen *v/i* 1. *(stören)* to intrude; 2. *(auch sexuell)* to penetrate; 3. *(mit Gewalt)* to enter by force

Eindringen *nt* 1. intrusion; 2. penetration; 3. entering; **E. in die Privatsphäre** invasion of privacy; **gewaltsames E.** forced entry

Eindringling *m* intruder, trespasser

Eindruck *m* impression

Einelternfamilie *f* single-parent family

einfach *adj* easy, simple

Einfahrt *f* 1. *(Grundstück)* entrance; 2. *(Einfahren)* entry

Einfall *m* *(Eindringen)* incursion, invasion

Einfamilienhaus *nt* single-family house, detached house *[GB]*

Einfluss *m* influence; **ungebührlicher E.** undue influence; **E.bereich** *m* sphere of influence

einfordern *v/t* to claim/demand

Einforderung *f* claim, demand; **E. von Zahlungen** demand for payment

einfried|en *v/t* *(Land)* to enclose; **E.ung** *f* enclosure

einfrieren *v/t* 1. to freeze; 2. *(Vertrag)* to suspend; 3. *(Projekt)* to shelve

einfügen *v/t* *(Klausel)* to insert/incorporate

Einfügung *f* insertion, incorporation

Einfuhr *f* → **Import** import(ation); **E.abgabe** *f* import duty/levy; **E.bescheinigung** *f* import certificate; **E.bestimmungen** *pl* import regulations

einführen *v/t* 1. to import; 2. to introduce/adopt

Einfuhr|genehmigung *f* import licence; **E.kontingent** *nt* import quota; **E.lizenz** *f* import licence

Einführung *f* introduction; **E.sgesetz** *nt* introductory act

Einfuhrzoll *m* import duty/levy

Eingabe *f* petition, application; **E.frist** *f* period for filing a petition

Eingang *m* 1. *(Erhalt)* receipt; 2. *(Zugang)* entrance; **E.sdatum** *nt* date of receipt; **E.sformel** *f* preamble; **E.skorb** *m* *(Büro)* in-tray; **E.sstempel** *m* date stamp; **E.svermerk** *m* notice of receipt

ein|gebürgert *adj* naturalized; **e.gedrückt** *adj* dented

eingehen *v/i* 1. *(Risiko)* to incur; 2. *(Verpflichtung)* to enter into/undertake

Eingehung der Ehe *f* contracting a marriage

ein|gemeinden *v/t* to incorporate within a municipality; **e.geschlossen** *adj* included; **e.geschränkt** *adj* restricted; **e.geschrieben** *adj* registered; **e.gestanden** *adj* admitted, self-confessed

Eingeständnis *nt* admission, confession

ein|gestehen *v/t* to admit/acknowledge; **e.getragen** *adj* registered; **nicht ~** unregistered

Eingeweihte(r) *f/m* insider

Eingewöhnungszeit *f* settling-in period

eingezahlt *adj* paid-up

eingreifen *v/i* 1. to interfere/intervene; 2. *(übergreifen)* to encroach (upon)

Eingreifen *nt* intervention, interference, action; **gerichtliches E.** judicial intervention; **sofortiges E. ist erforderlich** immediate action is required

Eingreiftruppe *f (Polizei)* flying/riot squad
Eingriff *m* 1. interference, intervention; 2. *(Übergriff)* encroachment, intrusion; **E. in die persönliche Freiheit** encroachment on (so.'s) personal liberty; ~ **Rechte anderer** encroachment on others' rights; **enteignender E.** expropriatory intervention; **enteignungsgleicher E.** inverse condemnation; **restriktiver E.** government interference
Eingriffe *pl* acts of intervention
Eingriffs|befugnisse *pl* powers of intervention; **E.ermächtigung** *f* power to intervene; **E.klausel** *f* intervention clause; **E.verwaltung** *f* executive administration
Einhalt *m* check; **E. gebieten** to put a stop (to sth.)
einhalten *v/t (befolgen)* to observe/comply with/abide by/adhere to/keep
Einhaltung *f (Befolgung)* observance, adherence (to), compliance (with); **E. eines Abkommens** adherence to an agreement, ~ a convention; **E. einer Bedingung** compliance with a condition; ~ **Frist** meeting a deadline; **E. der Kündigungsfrist** complying with the period of notice; **E. von Verpflichtungen** meeting (of) commitments; **E. eines Vertrages** adherence to a contract; **E. der Vorschriften erzwingen** to enforce compliance with the provisions
Einhegungsrecht *nt* right of enclosure
einheimisch *adj* domestic, indigenous, local
Einheit *f* 1. unit, entity; 2. *(Einheitlichkeit)* unity; **E. der Rechtsordnung** unity of the legal system; **wirtschaftliche E.** economic unit
einheitlich *adj* uniform, standard
Einheitlichkeit *f* uniformity; **E. der Rechtsanwendung** uniformity in the application of the law; ~ **Rechtsprechung** consistency of case law
Einheits|bedingungen *pl* standard conditions; **E.bewertung** *f* standard evaluation; **E.mietvertrag** *m* standard (form) lease; **E.privatrecht** *nt* harmonized private law; **E.satz** *m* flat/standard rate; **E.strafe** *f* standard penalty; **E.vertrag** *m* standard form contract; **E.wert** *m* rateable/taxable value

einig *adj* in agreement
sich einigen *v/refl* to agree, to reach agreement; ~ **außergerichtlich e.** to settle out of court; ~ **gütlich e.** to settle amicably
Einigkeit *f* agreement
Einigung *f* 1. *(Übereinstimmung)* agreement, consensus 2. *(Regelung)* settlement; **außergerichtliche E.** out-of-court settlement; **dingliche E.** settlement in rem *(lat.)*; **gütliche E.** amicable settlement
Einigungs|angebot *nt* offer to settle; **E.mangel** *m* lack of agreement; **offener** ~ overt lack of agreement; **versteckter** ~ covert lack of agreement; **E.stelle** *f* conciliation committee/board; **E.verfahren** *nt* conciliation proceedings; **E.vertrag** *m* Unification Treaty
einklagbar *adj* actionable, enforceable, suable *[US]*; **nicht e.** non-actionable, unenforceable; **E.keit** *f* enforceability, suability *[US]*
einklagen *v/t* to sue for
Einklagung *f* action; **E. der Vertragserfüllung** action for performance of contract
einklammern *v/t* to bracket
Einklang *m* accord, agreement, harmony; **in E. bringen** to harmonize/reconcile
Einkommen *nt* 1. *(Lohn)* income; 2. *(Einnahmen)* revenue(s); **E. aus selbstständiger Arbeit** self-employed income; **E. mit Quellenbesteuerung** income which is taxed at source; **E. vor Abzug der Steuern** pre-tax income; **berufliches E.** earned income; **nicht erarbeitetes E.** unearned income; **steuerpflichtiges E.** taxable income
einkommens|abhängig *adj* 1. income-related; 2. *(Beihilfe)* means-tested; **E.einbuße** *f* loss of income/earnings; **E.gefälle** *nt* income/pay differential, disparity of incomes; **E.gruppe** *f* income bracket; **E.pfändung** *f* attachment of earnings
Einkommensteuer *f* income tax; **E.behörde** *f* Inland Revenue Department *[GB]*, Internal Revenue Service *[US]*; **E.bemessungsgrundlage** *f* income tax base; **E.bescheid** *m* income tax assess-

ment; **E.erklärung** *f* income tax return; **E.gesetz** *nt* Income Tax Act *[GB]*; **E.hinterziehung** *f* income tax evasion; **E.prüfer** *m* tax inspector

Einkommensstufe *f* income bracket

Einkünfte *pl* income, revenues, emoluments; **E. aus gewerbsmäßiger Unzucht** immoral earnings; **entgangene E.** loss of earnings; **unerwartete E.** windfall profits

Einlage *f* deposit, invested capital

sich einlassen *v/refl* 1. *(Zivilprozess)* to enter an appearance, to make a statement; 2. *(Strafprozess)* to defend a case, to plead (to a charge)

Einlassung *f* 1. *(Zivilprozess)* (entering an) appearance; 2. *(Strafprozess)* defence, pleading (to a charge); **E. zur Hauptsache** plea on the merits of the claim; **~ Sache** plea on the substance of a claim; **bedingte E.** conditional appearance; **bei nicht erfolgter E.** in case of default (of appearance); **E.sfrist** *f* period for filing a defence

einleg|en *v/t* 1. *(Beschwerde usw.)* to file/lodge; 2. *(Anlage)* to invest/deposit; **E.er** *m* investor, depositor

Einlegung *f* lodging, filing; **E. der Berufung** lodging an appeal; **E. eines Rechtsbehelfs** lodging a legal remedy; **E. einer Verfassungsbeschwerde** filing a constitutional complaint

einleiten *v/t* 1. to introduce; 2. to commence/initiate; 3. *(Verfahren)* to institute; **e.d** *adj* preliminary, opening

Einleitung *f* 1. introduction; 2. initiation; **E. eines Rechtsstreites** instituting (of) legal proceedings; **~ Strafverfahrens** instituting (of) criminal proceedings; **E. einer Untersuchung** opening of an investigation; **E.sbeschluss** *m* decision to institute proceedings; **E.sformel** *f (Urkunde)* caption, preamble

einliefern *v/t* to commit

Einlieferung *f* committal; **E. in das Gefängnis** committal to prison; **E.sbefehl** *m* committal order/warrant

einliegend *adj* enclosed

einlochen *v/t (coll)* to nick *(coll)*

einlösbar *adj* convertible, redeemable; **E.keit** *f* convertibility, redeemability

einlösen *v/t* to redeem/discharge

Einlösung *f* redemption, discharge; **E.sfrist** *f* redemption period; **E.sklausel** *f* redemption clause; **E.srecht** *nt* right of redemption

einmalig *adj* non-recurrent

Einmanngesellschaft *f* sole trader

sich einmischen *v/refl* to intervene/interfere

Einmischung *f* interference, intervention; **unbefugte E.** unauthorized intervention

Einmütigkeit *f* consensus ad idem *(lat.)*, unanimity

Einnahme(n) *f/pl* receipt(s), revenue(s)

einräumen *v/t* 1. *(zugestehen)* to acknowledge/admit/concede; 2. *(gewähren)* to allow/grant

Einräumung *f* concession, allowance; **E. eines Rechts** granting (of) a right

einrechn|en *v/t* to allow for/include; **E.ung** *f* inclusion

Einrede *f* plea, defence, demurrer, exception; **E. der mangelnden Aktivlegitimation** plea that the plaintiff is not the proper party; **~ Arglist** plea on the grounds of malice; **~ Erfüllung** plea in discharge; **~ mangelnden Geschäftsfähigkeit wegen Geisteskrankheit** plea of insanity; **E. ohne Leugnung des Klageanspruchs** confession and avoidance; **E. der mangelnden Passivlegitimation** plea that the defendant is not the proper party; **~ mangelnden Prozessfähigkeit** plea of lack of capacity to sue and be sued; **E. der pendente lite** plea of pendente lite *(lat.)*; **~ Rechtskraft** plea of res judicata *(lat.)*; **~ Unzulässigkeit** equitable estoppel; **~ Unzurechnungsfähigkeit** plea of insanity, ~ lack of capacity; **~ Unzuständigkeit** plea of want of jurisdiction; **~ Verjährung** plea that the claim is statute-barred; **~ Veröffentlichung** plea of prior publication; **E. des nicht erfüllten Vertrages** plea of non-performance, defence of lack of performance; **E. der Verurteilung in gleicher Sache** autrefois convict

Einrede erheben to enter a plea; **E. geltend machen** to put in a plea; **E. vorbringen** to plead in defence

absolute/peremptorische Einrede peremptory plea; **aufschiebende/dilatorische E.** dilatory plea; **begründete E.** good defence; **prozesshindernde E.** plea in bar of trial, (legal) objection/demurrer to an action; **rechtshindernde E.** plea in law; **unbegründete E.** unfounded plea; **unzulässige E.** improper plea

einredebehaftet *adj* subject to a plea/defence

einreich|en *v/t* to submit/present/file/ lodge; **E.er** *m* presenter

Einreichung *f* presentation, submission, filing; **E. eines Antrags** filing (of) an application; **E. einer Klage** filing (of) an action, institution of an action; **E. von Schriftsätzen** submission of pleadings **E. einer Strafanzeige** laying (of) an information, bringing (of) a criminal charge; **~ Urkunde** exhibition of a document

Einreichungs|datum *nt* filing date; **E.termin** *m* deadline for applications

Einreise *f* entry; **E.beschränkungen** *pl* measures restricting entry; **E.dokumente** *pl* entry documents; **E.erlaubnis** *f* entry permit; **E.karte** *f* landing card; **E.sichtvermerk; E.visum** *m/nt* entry visa

einrichten *v/t* to set up/establish

Einrichtung *f* 1. *(Institution)* establishment, institution, organization; 2. *(Wohnung)* (fittings and) furnishings; 3. *(Ausstattung)* fixtures and fittings; 4. *(Eröffnung)* opening; **gemeinnützige E.** non-profit-making institution; **überstaatliche E.** supranational institution; **zwischenstaatliche E.** international institution; **E.sgegenstände** *pl* fixtures and fittings

Einsatz *m* 1. *(Verwendung)* use, employment, deployment; 2. *(Aktion)* assignment, operation 3. *(Risiko)* risk; 4. *(Wette)* stake; **unter E. aller zur Verfügung stehenden Mittel** using all the available means; **verdeckter E.** undercover operation

Einsatz|besprechung *f* briefing; **e.fähig** *adj* 1. *(Maschinen)* operational, in (good) working condition; 2. *(Person)* fit for employment, able-bodied; **E.kommando** *nt* task force; **E.leiter** *m* head of operations; **mobiles E.kom-**

mando (MEK) mobile intervention squad; **schneller E.verband** rapid reaction force; **E.zentrale** *f (Polizei)* incident room

Einschaltung *f* recourse; **ohne E.** without recourse (to)

einschätzen *v/t* to assess/appraise/evaluate/estimate

Einschätzung *f* assessment, appraisal, evaluation, opinion

einschenken *v/t* to pour out; **zu wenig e.** to give short measure

sich einschiffen *v/refl* to embark

Einschiffung *f* embarkation; **E.shafen** *m* port of embarkation

einschlägig *adj* pertinent, relevant

einschleus|en *v/t* 1. to smuggle in; 2. to infiltrate; **E.ung** *f* smuggling in

einschließen *v/t* to include; **stillschweigend e.** to imply

einschließlich *prep* inclusive (of), including; **bis e.** until and including

Einschluss *m* inclusion; **mit E. von** including

sich einschmeicheln *v/refl* to ingratiate os. (with so.)

einschneidend *adj* drastic, far-reaching, profound, radical

einschränken *v/t* 1. *(reduzieren)* to reduce/ curtail/cut; 2. *(beschränken)* to curb/ limit/restrict; 3. *(Vorbehalt)* to qualify; **e.d** *adj* restrictive

Einschränkung *f* 1. *(Beschränkung)* limit, restraint, restriction; 2. *(Vorbehalt)* reservation; 3. *(Kürzung)* reduction; **ohne E.** without reservation; **E. der Freiheit** curtailment/restriction of freedom; **E. von Grundrechten** restriction of civil liberties; **E. des Wettbewerbs** restraint of trade

Einschreibebrief *m* registered letter; **E. mit Rückschein** recorded-delivery letter

sich einschreiben *v/refl* to register/enrol; **E.** *nt* registered letter; **~ mit Rückschein** recorded-delivery letter

Einschreibung *f* enrolment, registration

einschreiten *v/i* 1. to intervene; 2. *(gerichtlich)* to proceed, to take legal steps; 3. *(Maßnahmen ergreifen)* to take action; 4. *(unberechtigt)* to interfere; **E.** *nt* intervention

einschüchter|n *v/t* to intimidate; **E.ung** *f* intimidation; **E.ungsversuch** *m* attempt to intimidate

Einschuss *m* bullet hole, point of entry

einsehen *v/t* 1. *(Akten)* to inspect; 2. *(begreifen)* to understand/see/realize

einseitig *adj* unilateral; **E.keit** *f* onesidedness

einsend|en *v/t* to send in; **E.er** *m* sender

einsetzen *v/t* 1. *(ernennen)* to appoint; 2. *(einfügen)* to insert; 3. *(ins Leben rufen)* to set up/establish

Einsetzung *f* 1. appointment; 2. institution, establishment, setting up; **E. eines Ersatzerben** substitution of an heir; **E. der Geschworenen** empanelling (of) the jury; **E. eines Nacherben** nomination of a subsequent heir; **~ Testamentvollstreckers** appointment of an executor; **gegenseitige E.** mutual appointment

Einsicht *f* 1. inspection, examination; 2. *(Verständnis)* insight, understanding; **zur E. von** for the inspection of; **E. in die Akten** inspection of the files; **~ Bücher** inspection of the books; **zur E. ausliegen** to be open for inspection; **E. haben/nehmen** to inspect; **zur E. vorlegen** to submit for inspection; **mangelnde E.** lack of understanding

einsicht|ig *adj* understanding; **E.nahme** *f* inspection

Einsichts|fähigkeit *f* capacity to understand; **E.recht** *nt* right of inspection

einspar|en *v/t* to save; **E.ung** *f* savings

einsperren *v/t* to imprison, to take into custody, to put behind bars/incarcerate

einsprechen *v/t* to oppose

Einspruch *m* 1. objection, defence; 2. *(Patentrecht)* opposition; 3. *(Rechtsmittel)* appeal, motion *[US]*, demurrer; **E. des Freispruchs in gleicher Sache** autrefois acquit

Einspruch einlegen to enter a caveat, to object, to file/lodge an objection; **E. erheben** to oppose/object; **einem E. stattgeben** to allow an appeal; **dem E. wird nicht stattgegeben** objection overruled; **E. verwerfen** to overrule an objection; **E. zurücknehmen** to withdraw an objection; **E. zurückweisen** to dismiss an objection

begründeter Einspruch well-founded objection; **zulässiger E.** admissible opposition

Einspruchs|begründung *f* argument in support of an objection; **E.einlegung** *f* notice of opposition, lodging (of)/filing (of) an objection; **E.erhebende(r)** *f/m* objector; **E.erwiderung** *f* rejoinder to an objection, counterstatement in opposition proceedings; **E.frist** *f* deadline for filing an objection; **E.recht** *nt* veto, right to object; **E.verfahren** *nt* opposition proceedings

einspurig *adj* single-lane

Einstands|kosten *pl* prime cost(s); **E.wert** *m* value at cost

einstehen für *v/i* 1. *(ZR)* to be liable for; 2. *(StR)* to answer for

Einsteigedieb *m* *(Fassadenkletterer)* cat burglar

einstellen *v/i* 1. *(beschäftigen)* to engage/employ/hire/recruit; 2. *(beendigen)* to discontinue/cease/terminate; 3. *(aufgeben)* to abandon/drop; 4. *(schrittweise)* to phase out; 5. *(aussetzen)* to stay/suspend

Einstellung *f* 1. *(Anstellung)* hiring, employment; 2. *(Aussetzung)* stay, suspension; 3. *(Aufgabe)* abandonment; **E. unbegründeter Anzeigen** dropping of ill-founded charges; **E. des Ermittlungsverfahrens** nolle prosequi *(lat.)*; **~ Verfahrens** 1. *(Strafprozess)* dismissal of criminal proceedings, withdrawal of prosecution; 2. *(Zivilprozess)* stay of proceedings, abatement of action; **E. der Zwangsvollstreckung** stay of execution; **einstweilige E.** (provisional) stay of proceedings; **vorläufige E.** suspension

Einstellungs|bedingung *f* condition of employment; **E.bescheid** *m* stoppage order; **E.beschluss** *m* order to stay proceedings, decision to drop charges, dismissal of the charge, order to dismiss a case; **E.schreiben** *nt (Ernennung)* letter of appointment; **E.verfügung** *f* writ of supersedeas *(lat.)*, nolle prosequi *(lat.)*; **E.vertrag** *m* contract of employment

Einstiegsdroge *f* (soft) precursor drug

einstimmig *adj* unanimous; **E.keit** *f* unanimity

einstuf|en v/t to classify; **E.ung** f classification, categorization

einstweilig adj temporary, provisional, interim, interlocutory

Eintausch m exchange, barter, swap; **im E. gegen etw.** in exchange/return for sth.; **E.wert** m trade-in value

Eintrag m 1. (Buch usw.) entry; 2. (Führerschein) endorsement; **e.en** v/t to enter/register, to make an entry

einträglich adj remunerative, lucrative, profitable

Eintragung f registration, entry, entering, recording; **E. einer Belastung** (Grundbuch) registration of a (land) charge; **E. im Grundbuch** entry in the land (charges) register; **~ Handelsregister** entry in the register of companies, company registration; **E. einer Hypothek** registration of a mortgage; **E. in ein Register** registration **E. des Urteils** entry of judgment

der Eintragung bedürfen to require registration; **E. berichtigen** to correct an entry; **E. löschen** to delete an entry; **nachträgliche E.** subsequent entry; **unrichtige E.** false entry

Eintragungs|antrag m application for registration; **E.beschluss** m registration order; **E.bewilligung** f authorization for registration; **E.buch** m register; **E.fähigkeit** f registrability; **E.gebühr** f registration fee; **E.hindernis** nt bar to registration; **E.nummer** f registration number

eintragungspflichtig adj subject to registration

Eintragungs|verfahren nt registration procedure; **E.voraussetzungen** pl registration requirements; **E.zwang** m compulsory registration

eintreib|bar adj collectible, recoverable; **E.barkeit** f recoverability; **e.en** v/t to collect/recover; **E.ung** f collection, recovery

eintreten v/i 1. (entstehen) to arise, 2. (Haftung) to occur; 3. (ereignen) to occur; **e. für** to advocate; **E.** nt 1. (Ereignis) occurrence, incidence, event; 2. (Befürwortung) advocacy; 3. admission, entry

Eintritt verboten m no entry; **E. der Be-**dingung occurrence of the event; **nach dem E. des Erbfalles** after the death of the testator; **E. des schädigenden Ereignisses** occurrence of loss; **~ die Klage begründenden Ereignisses** occurrence of the cause of action; **bei E. der Fälligkeit** at maturity; **E. in Rechte** subrogation; **E. der Rechtsfolgen** occurrence of the legal consequences; **~ Rechtshängigkeit** occurrence of pendency; **nach ~ Rechtshängigkeit** on occurrence of pendency; **~ Rechtskraft** (Entscheidung) date on which a decision becomes final; **E. des Schadensfalls** occurrence of loss; **~ Unfalls** occurrence of the accident; **E. der Verjährung** commencement of the limitation period; **E. des Versicherungsfalls** occurrence of the event insured, **~** contingency; **~ Verzuges** occurrence of default; **bei E. der Volljährigkeit** on reaching majority, **~** coming of age

Eintritts|alter nt age at entry; **E.dingungen** pl entry terms; **E.recht** nt right of entry

Einvernahme f interrogation, questioning

Einvernehmen nt understanding, agreement; **im beiderseitigen/gegenseitigen E.** by mutual consent; **geheimes E.** collusion

einvernehmlich adj amicable; adv by mutual consent

einverstanden adj agreed; **e. sein** to agree (to)

Einverständnis nt accord, agreement, consent, approval; **im E. mit** in agreement/consultation with; **beiderseitiges E.** mutual agreement; **geheimes E.** collusion, secret agreement; **in geheimem E. mit jdm handeln** to collude with so.; **mündliches E.** oral consent; **schriftliches E.** written consent; **stillschweigendes E.** tacit agreement/consent

Einwand m objection, defence, plea, demurrer; **ohne E.** without demur; **E. der Arglist** defence of malice; **~ Nichtigkeit** plea of nullity; **~ unzulässigen Rechtsausübung** plea of estoppel; **~ Rechtskraftwirkung** plea of res judicata (lat.); **~ mangelnden Schlüssigkeit** demurrer

Einwand entkräften to refute an objection; **E. erheben/machen** to raise an objection, to demur; **E. vorbringen** to file an objection; **berechtigter E.** good defence; **rechtshemmender E.** estoppel; **schikanöser E.** vexatious plea

Einwander|er *m* immigrant; **e.n** *v/i* to immigrate

Einwanderung *f* immigration; **E.sbeschränkungen** *pl* immigration restrictions; **E.sgesetze** *pl* immigration laws; **E.ssperre; E.sverbot** *f/nt* ban on immigration

einwandfrei *adj* faultless; **juristisch e.** legally correct/watertight

Einweg|flasche *f* disposable bottle; **E.spritze** *f* disposable syringe

einweisen *v/t* 1. *(Anstalt)* to commit; 2. *(Unterweisung)* to instruct/brief

Einweisung *f* 1. committal; 2. instruction, briefing; **E.sbeschluss; E.sverfügung** *m/f* committal order

einwenden *v/t* to object/plead

Einwendung *f* exception, objection, defence, plea; **E. der Nichtigkeit** plea of nullity; **~ mangelnden Schlüssigkeit** demurrer

rechtliche Einwendung objection on a point of law; **rechtshemmende E.** estoppel, plea by way of traverse; **rechtsvernichtende E.** plea in bar, plea by way of confession and avoidance; **unzulässige E.** inadmissible objection; **verzögernde E.** dilatory plea

Einwendungen erheben/vorbringen to raise objections

einwilligen *v/t* to consent/agree

Einwilligung *f* consent, agreement; **mit E.** with so.'s consent; **ohne E.** without consent

Einwilligung des Ehegatten consent of the spouse; **E. der Eltern des Kindes** parental consent; **E. des Kindes** consent of the child; **~ gesetzlichen Vertreters** consent of the legal representative; **E. einholen** to obtain consent; **E. verweigern** to withhold consent

ausdrückliche Einwilligung express approval; **elterliche E.** parental consent; **fehlende E.** absent consent; **mutmaßliche E.** presumed consent; **stillschweigende E.** acquiescence, implied/tacit consent

Einwilligungs|alter *nt (Ehe, Sexualverkehr)* age of consent; **E.erklärung** *f* declaration of consent; **E.pflicht** *f* duty to consent; **E.vorbehalt** *m* reservation of consent

einwirken *v/i* to influence/affect

Einwirkung *f* influence; **E. Dritter** influence of third parties

Einwohner(in) *m/f* inhabitant, resident; **E.meldeamt** *nt* residents' registration office

Einwurf *m* objection

einzahl|en *v/t* to pay in/deposit; **E.er** *m* depositor; **E.ung** *f* inpayment, deposit

Einzel|abrede *f* special agreement; **E.anspruch** *m* individual claim; **E.befugnis** *f* individual authority; **E.besitzverhältnis** *nt* several tenancy; **E.ermächtigung** *f* individual authorization **E.fall** *m* special case; **E.fallentscheidung** *f* individual decision; **E.fallprüfung** *f* individual case study; **E.fallrecht** *nt* case law; **E.firma** *f* sole trader, single proprietorship; **E.gänger(in)** *m/f* loner; **E.haft** *f* solitary confinement; **E.haftung** *f* personal liability

Einzelhandel *m* retail trade; **E.sgeschäft** *f* retail/outlet/shop/store

Einzelhändler *m* retailer

Einzel|heit *f* detail; **E.en** *pl* particulars; **~ der Schriftsätze** particulars of the pleadings

Einzelkaufmann *m* sole trader, single proprietor

einzeln *adj* single, individual, separate

Einzel|person *f* individual; **E.prokura** *f* sole power of attorney; **E.rechtsnachfolge** *f* single succession

Einzelrichter(in) *m/f* judge sitting alone; **E. ohne Öffentlichkeit** judge in chambers

Einzelschuld *f* single/several debt; **E.ner** *m* several/sole debtor; **E.verhältnis** *nt* single/several debt

Einzel|teil *nt* part; **E.treuhänder** *m* sole trustee; **E.unternehmen; E.unternehmung** *nt/f* sole trader; **E.vermächtnis** *nt* specific legacy; **E.vermächtnisnehmer(in)** *m/f* sole legatee; **E.vertrag** *m* sole agreement; **E.vertretung; E.vertretungsmacht** *f* sole agency; **E.vollmacht** *f* sole power of attorney, ~ authority; **E.vormund** *m* sole guardian; **E.zelle** *f* one-man cell; **E.zwangsvollstreckung** *f* individual enforcement/execution

einziehbar *adj* 1. *(beitreibbar)* collectible, recoverable; 2. *(konfiszierbar)* seizable

einziehen *v/t* 1. *(Gelder)* to collect/recover; 2. *(beschlagnahmen)* to seize; 3. *(Nachlassgut)* to escheat

Einziehung *f* 1. collection, recovery; 2. seizure; **E. von Außenständen** collection of accounts receivable; **E. des Besitzes** dispossession; ~ **Erbscheins** revocation of the probate; **E. von Forderungen** collection of receivables, ~ accounts receivable; **E. des Führerscheins** forfeiture of the driving licence; ~ **Vermögens** confiscation of property

Einziehungs|beschluss *m* collection order; **E.ermächtigung** *f* authority to collect; **E.recht** *nt* right of recovery; **E.verfahren** *nt* collection procedure; **E.verfügung** *f* confiscation/sequestration order; **E.vollmacht** *f* power of collection

Einzug *m* collection; **E.sgebiet** *nt* catchment area; **E.sverfahren** *nt* direct debit(ing)

einzwängen *v/t* to constrain/constrict

Elementarereignis *nt* act of God

Elend *nt* hardship

elterlich *adj* parental

Eltern *f* parents; **an E. Statt** in loco parentis *(lat.)*; **getrennt lebende E.** parents living a part

Eltern|mord *m* parenticide; **E.pflicht** *f* parental duty; **E.pflichtteil** *m* compulsory portion of a parent; **E.recht** *nt* parents' right

Elternteil *m* parent; **alleinerziehender E.** single parent; **nicht sorgeberechtigter E.** parent not having the care and custody of a child; **unterhaltpflichtiger E.** parent obliged to provide maintenance

Elternvermögen *nt* parents' assets

Emanzipation *f* emancipation

Embargo *nt* embargo; **E. aufheben** to lift an embargo; **E. verhängen** to impose an embargo

Emigrant(in) *m/f* emigrant

Emigr|ation *f* emigration; **e.ieren** *v/i* to emigrate

Emission *f* 1. *(Dokument)* issuance; 2. *(Wertpapier)* issue; 3. *(Umwelt)* emission; **E. von Schuldverschreibungen** issue of debentures; **E.szertifikat** *nt* waste emissions certificate

Empfang *m* receipt, reception; **zahlbar bei E.** payable on receipt; **E. bestätigen** to acknowledge receipt; **in E. nehmen** to accept; **E. quittieren** to receipt

empfangen *v/t* to receive

Empfänger(in) *m/f* recipient, receiver, transferee; **E. einer Jahresrente** annuitant

Empfangnahme *f* receipt, acceptance

Empfängnis *f* conception

Empfangs|anzeige *f* notice of receipt; **E.bekenntnis** *nt* acknowledgement of receipt

empfangsberechtigt *adj* authorized to receive; **E.e(r)** *f/m* beneficiary, authorized recipient

Empfangs|berechtigung *f* authorization to receive; **E.bescheinigung; E.bestätigung** *f* acknowledgement of service, receipt; **E.bevollmächtigte(r)** *f/m* authorized recipient; **E.datum** *nt* date of receipt; **E.schein** *m* receipt; **E.zuständigkeit** *f* competence to receive

empfehl|en *v/t* to recommend; **E.ung** *f* recommendation

End|alter *nt* *(Lebensvers.)* age of maturity; **E.bescheid** *m* final decision; **E.betrag** *m* (grand) total

Ende *nt* termination; **E. des Mietverhältnisses** termination of tenancy; **E. und Verlängerung der Pacht** termination and renewal of lease

end|en *v/i* to terminate; **e.gültig** *adj* final; **e.igen** *v/ti* to cease

End|termin *m* deadline; **E.urteil** *nt* definitive/final decision; **E.verbraucher(in)** *m/f* end user

Energie *f* energy; **E.haftungsrecht** *nt* energy liability law; **E.lieferungsvertrag** *m* energy supply contract; **E.recht** *nt* energy law; **E.versorgungsunternehmen** *nt* energy-supply company, public utility; **elektrische E.** electrical energy

Engpass *m* bottleneck

Enklave *f* enclave

sich entäußern *v/refl* to alienate

Entäußerung *f* alienation

entbehrlich *adj* dispensable, unnecessary

entbind|en *v/t* to discharge/release/relieve; **E.ung** *f* discharge, release, dispensation

entdeck|en *v/t* *(aufdecken)* to detect; **E.ung** *f* detection

enteignen *v/t* to expropriate/condemn *[US]*

Enteignung *f* 1. expropriation, condemnation *[US]*; 2. *(Grundbesitz)* compulsory purchase; **E.sanordnung; E.sverfügung** *f* compulsory purchase order; **E.sbescheid** *m* notice of expropriation; **E.sbeschluss** *m* 1. expropriation/condemnation *[US]* order; 2. *(gegen Entschädigung)* compulsory purchase order; **E.sgesetz** *nt* Compulsory Purchase Act *[GB]*; **E.srecht** *nt* right of expropriation, eminent domain

enterb|en *v/t* to disinherit; **E.ung** *f* disinheritance

entfällt *v/i* *(Formular)* not applicable

entfalten *v/t* to develop

Entfaltung *f* development; **E. seiner Persönlichkeit** development of one's personality

entfernen *v/t* to remove/oust ; **unerlaubtes E. vom Unfallort** hit-and-run offence, failure to stop after an accident

Entfernung *f* 1. distance; 2. removal, ouster; **E. aus dem Amt** removal from office, dismissal; **aus kurzer E.** at close range; **unerlaubte E.** absence without leave (AWOL)

Entfremdung *f* 1. estrangement; 2. *(Eherecht)* alienation of affections

entführ|en *v/t* to abduct/kidnap/hijack; **E.er(in)** *m/f* abductor, kidnapper, hijacker

Entführung *f* abduction, kidnapping, hijack(ing); **E. Minderjähriger** abduction of minors

entgangen *adj* *(Gewinn)* lost

entgegen|gesetzt *adj* counter-, opposite, reverse; **e.halten** *v/t* to reply

Entgegen|haltung *f* reply, rejoinder; **E.nahme** *f* receipt, acceptance

entgegen|nehmen *v/t* to accept; **e.ste-**

hend *adj* adverse; **e.wirken** *v/i* to counteract/thwart

entgegnen *v/t* to reply/retort

Entgegnung *f* 1. replication; 2. *(Duplik)* rejoinder

Entgelt *nt* consideration, compensation, remuneration; **als E. für** as consideration for; **E. für Leistungen** remuneration for services rendered; **~ Schaden** compensation for damage; **übliches E.** standard/usual remuneration; **vereinbartes E.** agreed consideration

entgelten *v/t* to remunerate/compensate

entgeltlich *adj* for (valuable) consideration

enthaft|en *v/t* to release (so.) from liability; **E.ung** *f* release from liability

sich enthalten *v/refl* to abstain

Enthaltsamkeit *f* abstinence

Enthaltung *f* abstention

enthaupt|en *v/t* to behead/decapitate; **E.ung** *f* 1. beheading, execution; 2. *(Unfall)* decapitation

entheben *v/t* to relieve

enthüllen *v/t* to disclose/divulge/reveal/expose

Enthüllung *f* disclosure, revelation, exposure; **E. vertraulicher Informationen** disclosure of confidential information; **E.sjournalismus** *m* investigative journalism

Entkommen *nt* escape; **e.** *v/i* to escape

entkräft|en *v/t* to invalidate/refute; **E.ung** *f* invalidation, refutation

entkriminalisier|en *v/t* to decriminalize; **E.ung** *f* decriminalization

entlarv|en *v/t* to reveal; **E.ung** *f* detection

entlassen *v/t* 1. *(Stellung)* to dismiss/sack *(coll)*; 2. *(Haft)* to release; 3. *(Verantwortung)* to discharge/release; **fristlos e.** to dismiss (so.) without notice

Entlassung *f* 1. dismissal, sacking *(coll)*; 2. release; 3. discharge, removal, **E. aus dem Amt** removal from office; **~ der Haft** release from custody; **~ der Haftung** release from liability; **~ einer Verbindlichkeit** discharge from an obligation; **E. des Vormunds** discharge of the guardian

bedingte Entlassung conditional release; **fristlose E.** dismissal without notice, instant dismissal; **gerechtfertigte E.** fair dismissal; **unbeschränkte E.** absolute discharge; **(sozial) ungerechtfertigte E.** unfair dismissal; **vorläufige E.** suspension; **ohne vorzeitige E.** *(StR)* without parole

Entlassungs|abfindung *f* severance/redundancy pay(ment); **E.beschluss** *m* order of dismissal; **E.entschädigung** *f* compensation for dismissal; **E.geld** *nt* redundancy/severance pay; **E.grund** *m* cause/ground/reason for dismissal; **E.schein** *m* certificate of discharge; **E.verfahren** *nt* dismissal procedure(s)

entlasten *v/t* to discharge/relieve/exonerate; **sich e.** *v/refl* to clear/exonerate os.

Entlastung *f* 1. *(Verdacht)* exoneration; 2. *(Entlasten)* relief; 3. discharge; 4. *(Freisprechen)* exculpation; **E.santrag** *m* petition of discharge; **E.sbeweis** *m* exonerating evidence; **E.szeuge** *m* defence witness, witness for the defence

entlegen *adj* remote; **E.heit** *f* remoteness

entleih|en *v/t* to borrow; **E.er(in)** *f/m* borrower

entlohnen *v/t* to remunerate/pay

Entlohnung *f* remuneration, pay(ment); **E. von Dienstleistungen** remuneration for services rendered

entmündigen *v/t* to place (so.) under the control of a guardian, ~ guardianship; **jdn e.** to declare a person legally incapable

Entmündigte(r) *f/m* person deprived of legal capacity, ~ under guardianship

Entmündigung *f* legal incapacitation, deprivation of legal capacity; **E.santrag** *m* petition in lunacy; **E.sbeschluss** *m* order certifying so. legally incapable, ~ of guardianship; **E.sverfahren** *nt* lunacy proceedings

Entnahme *f* withdrawal, drawings; **E. von Körperorganen** removal of organs (of the body); **E.recht** *nt (Teilhaber)* drawing right

entnehmen *v/t* to withdraw

jdn entrechten *v/t* to deprive so. of his rights

Entrechtung *f* deprivation of rights

entricht|en *v/t* to pay/defray; **E.ung** *f* payment, defrayal

entschädigen *v/t* 1. to indemnify/compensate; 2. *(rückerstatten)* to reimburse

Entschädigung *f* 1. compensation, damages, indemnification, restitution, indemnity; 2. reimbursement; **E. in Geld** pecuniary compensation; **E. für Rechtsverlust** compensation for loss of a right, ~ **immateriellen Schaden** solace; ~ **Verdienstausfall** compensation for loss of earnings; **E. beanspruchen** to claim compensation; **E. zuerkennen/zusprechen** to award compensation

angemessene Entschädigung fair and reasonable compensation; **billige E.** fair compensation; **einmalige E.** lump-sum compensation; **freiwillige E.** ex-gratia payment; **vertraglich vereinbarte E.** liquidated damages; **volle E.** full compensation

Entschädigungs|anspruch *m* claim for compensation/damages; **E.antrag** *m* petition for compensation; **e.berechtigt** *adj* eligible for compensation; **E.fonds** *m* compensation fund; **E.gericht** *nt* claims tribunal; **E.last** *f* indemnification charges; **E.leistung** *f* indemnification, compensation; **E.pflicht** *f* duty to pay compensation, liability for compensation; **e.pflichtig** *adj* liable for compensation; **E.recht** *nt* right to compensation; **E.stelle** *f* claims department; **E.summe** *f* damages, quantum (of damages); **E.vereinbarung** *f* compensation agreement; **E.verfahren** *nt* compensation proceedings; **E.zahlung** *f* compensation/compensatory payment

Entscheid *m* decision, ruling

entscheiden *v/t* 1. to decide/hold/rule; 2. *(ZR)* to adjudicate/(ad)judge; **schiedsrichterlich e.** to arbitrate; **e.d** *adj* decisive, crucial, conclusive

Entscheidung *f* 1. decision, ruling; 2. adjudication; **E. nach Aktenlage** decision on the records; ~ **Gutdünken** discretionary decision; **E. über die Kosten** decision on costs; **E. durch den Richter** judicial decision/ruling; **E. des Vormundschaftsgerichts** decision by the guardianship court

Entscheidung der unteren Instanz abändern to modify/reverse the decision of the lower court; **E. anfechten** to challenge a decision; **E. aufheben** to quash a decision; **E. aufrechterhalten** to uphold a decision; **E. begründen** to substantiate a decision; **E. fällen/treffen** to make a decision, to rule/decide; **E. verkünden** to pronounce a judgment; **E. mit Gründen versehen** to state the reasons for the decision; **E. vertagen** to postpone a decision; **zur E. vorlegen** to submit for decision **abschließende Entscheidung** final decision; **abweichende E.** dissenting decision; **abweisende E.** dismissal; **angefochtene E.** decision appealed against; **aufgehobene E.** decision set aside; **beschwerdefähige E.** appealable decision; **bindende E.** binding decision; **einschlägige E.** *(Präzedenzfall)* precedent; **~, aber nicht bindende E.** persuasive authority; **nicht in der Sache selbst ergehende E.** non-substantive decision; **erstinstanzliche E.** decision at first instance; **freie E.** discretion; **gerichtliche E.** judgment, order, ruling, court/judicial decision; **~ überprüfen** to reconsider a decision; **maßgebliche E.** (binding) precedent, ruling case; **nachträgliche E.** subsequent decision; **rechtskräftige E.** final decision; **richterliche E.** judicial decision; **sachliche E.** objective decision; **schiedsgerichtliche E.** arbitration award; **schriftliche E.** decision in chambers; **mit Gründen versehene E.** reasoned decision; **vorläufige E.** interlocutory decision

Entscheidungs|befugnis *f* jurisdiction, authority to adjudicate; **E.begründung** *f* reasons/grounds for a decision; **e.erheblich** *adj* relevant; **E.erheblichkeit** *f* relevance; **E.findung** *f* decision-making process; **richterliche ~** judicial decision-making process; **E.freiheit** *f* discretion, freedom of decision; **E.gewalt** *f* decision-making power(s); **E.grund** *m* *(Urteil)* ratio decidendi *(lat)*; **E.prozess** *m* decision-making process; **E.recht** *nt* right to make a decision, jurisdiction; **E.sammlung** *f* casebook, law reports; **kommentierte ~** casebook **entschieden** *adj* decided, determined; **noch nicht e.** pending **sich entschließen** *v/refl* to decide/resolve **Entschließung** *f* decision, resolution; **E.santrag** *f* motion

Entschluss *m* decision, determination, resolution **entschuldbar** *adj* excusable, pardonable; **E.keit** *f* excusability **entschulden** *v/t* *(Grundbesitz)* to disencumber **entschuldigen** *v/t* to excuse/condone; **sich e.** *v/refl* to apologize **Entschuldigung** *f* apology, excuse; **E.sgrund** *m* excuse; **E.sschreiben** *nt* letter of apology **Entschuldung** *f* disencumbrance, debt relief, remission of debt(s) **entsend|en** *v/t* to despatch; **E.estaat** *m* sending state **entsiegel|n** *v/t* to unseal, to break the seal; **E.ung** *f* unsealing **Entsorgung** *f* disposal; **E. von Schmutzwasser** disposal of waste water; **E.snachweis** *m* disposal document; **E.spflicht** *f* disposal requirement; **E.svertrag** *m* disposal agreement **entsprechen** *v/i* 1. to conform (to); 2. *(gleichkommen)* to match; 3. *(nachkommen)* to comply (with); 4. *(übereinstimmen)* to correspond (to), to be in accordance with; **e.d** *adv* accordingly; *adj* corresponding, analogous; *prep (übereinstimmend, gemäß)* in conformity/ compliance with, pursuant to **Entsprechendes gilt** *nt* this shall apply analogously **Entsprechung** *f* analogy, correspondence **entstammen** to descend (from) **Entstehen** *nt* origin **entstehen** *v/i* 1. to come into being, to emerge/originate; 2. *(Kosten, Verluste, Schäden)* to be incurred; 3. *(auftreten)* to arise (from); 4. *(erwachsen)* to accrue **Entstehung** *f* 1. emergence, coming into existence; 2. *(Anspruch, Recht)* accrual; **E. eines Anspruchs** accrual of a claim; **E. des Klageanspruchs** accrual of the cause of action; **E. eines Rechts** accrual of a right; **E. des Schadens** occurrence of loss **entstellen** *v/t* to distort/disfigure/deface **Entstellung** *f* distortion; **E. von Tatsachen** misrepresentation of facts; **E. der Wahrheit** distortion of the truth; **körperliche E.** disfigurement

Entstrickung f release from attachment
enttarn|en v/t to expose/uncover, to reveal the identity of; **E.ung** f uncovering
entwaffn|en v/t to disarm; **E.ung** f disarmament
entweichen v/i to escape
entweih|en v/t to profane/desecrate; **E.ung** f profanation, desecration
entwenden v/t to steal/purloin/pilfer/misappropriate
Entwendung f theft, pilferage; **E.sschaden** m theft
entwerfen v/t to draft/outline
Entwicklung f development
entwidm|en v/t to withdraw from public use; **E.ung** f withdrawal from public use
Entwöhnung f weaning, curing; **E.sbehandlung**; **E.skur** f withdrawal cure, anti-addiction course/treatment
Entwürdigung f humiliation
Entwurf m draft, outline; **im E.** in draft form; **E. eines Abkommens** draft convention
entziehen v/t to deprive/divest/withdraw; **sich** ~ v/refl (Flucht) to abscond
Entziehung f deprivation, divestment, revocation, withdrawal; **E. des Besitzes** dispossession; **E. der bürgerlichen Ehrenrechte** deprivation of civil rights; **E. elektrischer Energie** abstraction of electricity; **E. der Fahrerlaubnis** suspension/withdrawal of the driving licence, disqualification from driving; **E. des Grundbesitzes** dispossession; **E. der Rechtsfähigkeit** deprivation of legal capacity; **E. einer Sache** withdrawal of a thing; **E. der Staatsangehörigkeit** deprivation of citizenship; **E. eines Vermächtnisses** ademption; **E. der Vertretungsmacht** revocation of agency, ~ **power of attorney**; ~ **Vollmacht** withdrawal of authority, revocation of the power of attorney; **E. des Wahlrechts** disenfranchisement
Entziehungs|anstalt f (drug) rehabilitation centre, withdrawal clinic; **E.kur** f withdrawal cure, revocation
entziffern v/t to decipher
Entzug m withdrawal; **E. der Fahrerlaubnis** disqualification from driving; **E.serscheinung** f withdrawal symptom

erachten to hold/deem; **E. nt** view, opinion
Erb|abfindung f settlement of an inheritance; **E.anfall** m accrual of an inheritance; **E.anspruch** m claim to an inheritance; **E.anteil** m share in the estate, portion of the inheritance
Erban|wärter m expectant heir; **E.wärterin** f expectant heiress; **E.wartschaft** f estate in expectancy
Erb|auseinandersetzung f distribution of the estate; **E.ausschlagung** f disclaimer of an estate; **E.aussicht** f expectancy
Erbbau m building on leasehold property; **E.berechtigte(r)** f/m leasehold tenant; **E.recht** nt leasehold law; **E.zins** m ground rent
erbberechtig|t adj entitled to inherit; **E.te(r)** f/m person entitled to inherit; **E.ung** f title to an estate
Erbbesitz m hereditament
Erbe m heir, inheritor, beneficiary, devisee; nt inheritance, legacy, estate; **E. des restlichen Grundbesitzes**; ~ **Restnachlasses** residuary devisee/legatee; **E. mütterlicherseits** heir in the maternal line; **E. und Rechtsnachfolger** heirs and assigns
Erbe antreten to enter upon an inheritance; **E.n einsetzen** to appoint an heir; **kein E. hinterlassen** to die intestate; **auf ein Erbe verzichten** to renounce an inheritance
alleiniger Erbe sole heir; **eingesetzter E.** appointed heir; **gesetzlicher E.** statutory heir, heir at law; **leiblicher E.** heir of the body; **mutmaßlicher E.** heir presumptive; **rechtmäßiger E.** rightful heir; **testamentarischer E.** testamentary heir
Erbeinsetzung f appointment of an heir
erben v/t to inherit
Erben|gemeinschaft f community of heirs, joint heirs; **E.haftung** liability of heirs; **unbeschränkte** ~ unlimited liability of heirs; **E.mehrheit** f plurality of heirs
Erb|erschleichung f legacy hunting; **E.fähigkeit** f capacity to inherit; **E.fall** m succession
Erbfolge f descent; **E. nach Stimmen**

succession per stirpes *(lat.)*; **gesetzliche E.** intestate/statutory succession; **gewillkürte E.** wilful succession; **testamentarische E.** testamentary succession; **vorweggenommene E.** anticipated succession

Erb|folgerecht *nt* right of succession; **E.gang** *m* succession; **E.gut** *nt* heriditament, inherited property

sich erbieten *v/refl* to offer

Erbin *f* heiress, inheritrix

erbitten *v/t* to seek

Erb|krankheit *f* hereditary disease; **E.lasser** *m* testator, decedent; **E.lasserin** *f* testatrix; **e.lich** *adj* hereditary; **E.linie** *f* line of succession; **E.masse** *f* estate; **E.nachweis** *m* proof of inheritance; **E.pacht** *f* leasehold, copyhold, hereditary tenancy; **E.pächter** *m* leaseholder; **E.pachtrecht** *nt* leasehold law; **E.pachtvertrag** *m* leasehold contract; **E.pachtzins** *m* ground rent

Erbrecht *nt* law of succession; **gesetzliches E.** law of intestate succession; **testamentarisches E.** law of testamentary succession, **E.sklage** *f* action on a claim to succession

erbringen *v/t* 1. *(Nachweis)* to adduce/render; 2. *(Leistung)* to perform; 3. *(Rendite)* to yield; **E. von Dienstleistungen** *nt* rendering of services, **E. des Nachweises** production/rendition of proof

Erbringer von Dienstleistungen *m* service provider/renderer

Erbringung *f* performance; **E. einer Dienstleistung** rendering of a service; **~ Handlung** performance of an action; **~ Leistung** rendering (of) a service

Erbschaft *f* inheritance, estate; **E. antreten** to enter upon an inheritance; **E. ausschlagen** to renounce one's interest in an estate; **E. erschleichen** to obtain an inheritance by fraud; **angefallene E.** accrued inheritance

Erbschafts|anfall *m* accrual of an inheritance; **E.angelegenheit** *f* inheritance case; **E.annahme** *f* acceptance of an inheritance; **E.anspruch** *m* claim to an estate; **E.anteil** *m* share of the estate; **E.antritt** *m* entry upon an inheritance; **E.anwärter** *m* expectant heir; **E.aus-schlagung** *f* refusal to accept an inheritance, renunciation of inheritance; **E.besitzer(in)** *m/f* person possessing part or all of deceased's estate (under a claim of title as heir); **E.erwerber(in)** *m/f* purchaser of an inheritance as a whole; **E.gegenstand** *m* item of the deceased's estate; **E.gläubiger** *m* creditor of the estate; **E.kauf** *m* purchase of an accrued inheritance; **E.klage** *f* inheritance (recovery) action/suit, action for recovery of an inheritance; **E.masse** *f* estate

Erbschaftssache *f* *(Anfechtung des Testaments)* probate (case); **E.n** *pl* probate matters

Erbschafts|steuer *f* death/estate duty, inheritance tax; **E.streit** *m* litigation about an inheritance; **E.teilung** *f* partition of the estate; **E.übergang** *m* devolution of the estate; **E.verfahren** *nt* probate proceedings; **E.vermögen** *nt* estate, inherited assets; **E.verwalter** *m* executor, administrator of an estate; **E.verwalterin** *f* administratrix; **E.verwaltung** *f* administration of an estate

Erb|schein *m* (grant of) probate, certificate of inheritance; **E.schleicher** *m* legacy hunter; **E.stück** *nt* heirloom

Erbteil *nt* share of the estate; **angewachsener E.** accrued share of the estate; **gesetzlicher E.** legal portion, share under an intestacy, intestate share; **E.serhöhung** *f* increase in the portion of an estate

Erb|teilung *f* partition of an estate; **E.unfähigkeit** *f* incapacity to inherit; **e.unwürdig** *adj* unworthy of inheriting; **E.unwürdigkeit** *f* unworthiness to inherit; **E.vergleich** *m* inheritance settlement; **E.vermutung** *f* presumption of inheritance; **E.vertrag** *m* contract of inheritance/succession

Erbverzicht *m* relinquishment/renunciation of an inheritance, waiver of hereditary titles, release of an expectancy *[US]*; **E.vertrag** *m* agreement by which an inheritance is renounced

Erb|zins *m* ground rent; **E.zuwachs** *m* accretion by inheritance

erdrossel|n *v/t* to strangle; **E.ung** *f* strangulation

sich ereignen *v/refl* to occur

Ereignis *nt* occurrence, event; **E. mit überholender Kausalität** supervening cause/event; **besonderes E.** special event; **unabwendbares/zufälliges E.** fortuitous event; **ungewisses E.** contingency; **unvorhergesehenes E.** unforeseen event; **versichertes E.** insured event

ererbt *adj* hereditary

erfahr|en *adj* experienced; **E.ung** *f* experience

erfass|en *v/t* to cover; **E.ung** *f* coverage, registration, inclusion

erfind|en *v/t* to invent; **E.er(in)** *m/f* inventor

Erfindung *f* invention; **E. zum Patent anmelden** to apply for a patent on an invention

Erfolg *m* success; **keinen E. haben** to fail

erfolg|en *v/i* to be effected; **e.los** *adj* unsuccessful

Erfolgs|abwendungspflicht *f* duty to prevent the effect; **E.anteil** *m* share in the success; **E.delikt** *nt* objective crime, offence connected by causation to a previous offence; **E.eintritt** *m* event of success; **ungewisser ~** uncertain event of success; **E.haftung** *f* strict liability; **E.honorar** *nt* contingency/contingent/ success fee, champerty *[US]*; **E.ort** *m* place of performance

erforderlich *adj* required, requisite; **e. machen** to entail; **E.keit** *f* necessity

erfordern *v/t* to require/necessitate

Erfordernis *nt* requirement, necessity; **unbedingtes E.** absolute necessity; **verfassungsmäßiges E.** constitutional requirement

erfüllen *v/t* 1. *(Auflage)* to comply with/discharge/execute; 2. *(Anspruch)* to satisfy/meet; 3. *(Pflicht)* to perform/ fulfil

Erfüllung *f* 1. fulfilment, discharge, compliance, execution; 2. satisfaction; 3. performance; **E. eines Abkommens** implementation of an agreement; **~ Anspruchs** satisfaction of a claim; **E. der Bedingungen** compliance with the terms (and conditions); **E. einer Bedingung** satisfaction of a condition, compliance with a condition; **~ Forderung** satisfaction of a claim; **~ Garantiepflicht** performance of a guarantee obligation; **~ Pflicht** discharge of a duty; **~ Verpflichtung** discharge of an obligation; **E. des Vertrags** performance of the contract; **E. Zug um Zug** simultaneous performance

auf Erfüllung klagen to sue for specific performance

im Wesentlichen dem Vertrag entsprechende E. substantial performance; **mangelhafte E.** defective performance; **restlose E.** full performance; **späte E.** delayed performance; **teilweise E.** part(ial) performance; **unterbliebene E.** failure to perform; **vergleichsweise E.** accord and satisfaction; **vertragsgemäße/vertragsgetreue E.** specific performance, performance pursuant to the contract

Erfüllungs|angebot *nt* tender of performance; **E.annahme** *f* acceptance of performance; **E.anspruch** *m* claim to performance; **E.betrug** *m* fraud in the performance; **E.frist** *f* time for performance; **E.gehilfe** *m* vicarious agent; **E.geschäft** *nt* transaction to perform a contract; **e.halber** *adv* in performance of; **E.hindernis** *nt* impediment to performance; **E.klage** *f* action for (specific) performance; **E.ort** *m* 1. *(Leistungsort)* place of performance; 2. *(Lieferort)* place of delivery; 3. *(Zahlungsort)* place of payment; **E.tag** *m* date of performance, completion date; **E.übernahme** *f* vicarious performance; **E.vereitelung** *f* frustration of contract; **E.verweigerung** *f* refusal to discharge a performance, repudiation (of a contract)

ergänzen *v/t* 1. to complement/supplement; 2. *(Gesetz)* to amend; **e.d** *adj* 1. supplemental, supplementary; 2. *(untergeordnet)* auxiliary

Ergänzung *f* 1. supplement; 2. *(Gesetz)* amendment; **in E. von** supplementary to; **E. eines Urteils** amendment of a judgment

Ergänzungs|abgabe *f* special/supplementary levy; **E.bescheid** *m* supplementary ruling; **E.bestimmungen** *pl* supplementary provisions; **E.eid** *m* suppletory oath; **E.gesetz** *nt* amending act;

E.pfleger *m* special curator/guardian; **E.pflegschaft** *f* special curatorship; **E.recht** *nt* amending law; **E.richter** *m* substitute judge; **E.urteil** *nt* supplementary ruling; **E.vorlage** *f* amending bill
sich ergeben *v/refl (folgen)* to ensue/result (from), to be a consequence of
Ergebnis *nt* result, outcome
ergehen *v/i (Urteil)* to be rendered
ergo *adv (lat.)* therefore
ergreifen *v/t* 1. *(Person)* to apprehend/capture; 2. *(Besitz)* to seize
Ergreifung *f* 1. apprehension, capture; 2. seizure; **E. des Besitzes** taking possession; **E.sort** *m* place of apprehension
Erhalt *m* receipt; **e.en** *v/t* to obtain/receive
Erhaltung *f* conservation, preservation, maintenance; **E.sauflage** *f (Gebäude)* preservation order; **E.saufwand; E.skosten** *m/pl* maintenance costs/expense; **E.smaßnahme** *f* conservation measure; **E.spflicht** *f* preservation duty; **E.szustand** *m* state of repair
erhängen *v/i* to hang; **E.** *nt* hanging
erhärten *v/t* to confirm/corroborate; **e.d** *adj* corroborative
Erhärtung *f* confirmation, corroboration
erheben *v/t* to impose
erheblich *adj* 1. relevant, considerable, substantial; 2. *(wesentlich)* material
Erhebung *f* 1. *(Ermittlung)* collection, survey; 2. *(Abgaben)* levying; **E. einer Beschwerde** lodging (of) a complaint; **E. der Klage** instituting (of) proceedings; **E. einer Steuer** levying a tax; **E.sverfahren** *m* collection method; **E.szeitraum** *m* collection period
erhöh|en *v/t* to increase/raise; **E.ung** *f* increase, rise
Erholungs|gebiet *nt* recreation area; **E.heim** *nt* rest/convalescent home
erinnern *v/t* to remind; **sich e.** *v/refl* to remember/recollect
Erinnerung *f* 1. memory; 2. *(Mahnung)* reminder; **E.slücke** *f* partial amnesia; **E.sverlust** *m* amnesia; **E.swert** *m* sentimental value
erkannt *adj (Urteil)* held, ruled
erkennbar *adj* discernible, noticeable
erkennen *v/t* 1. to realize/recognize/perceive; 2. *(Urteil)* to hold/find/adjudicate

Erkenntnis *f* 1. realization; 2. decision, finding; **E. des Gerichts** findings of the court
Erkenntnis|stand *m* status of the investigation; **E.verfahren** *nt* contentious proceedings; **E.vermögen** *nt* cognitive faculty; **E.wert** *m* evidentiary value
Erkennung auf Buße *f* award of an administrative fine
Erkennungsdienst *m* (police) records department, identification service; **E.beamter** *m* forensic officer
erklären *v/t* 1. to declare/state; 2. to explain; **eidlich e.** to declare on oath; **etw. für rechtmäßig e.** to legitimize sth.; **sich für (nicht) schuldig e.** to plead (not) guilty; **für ungültig e.** to declare void; **~ unwirksam e.** to set aside; **e.d** *adj* explanatory
Erklärung *f* 1. declaration, statement, pronouncement; 2. explanation; 3. *(schriftl. unter Eid)* affidavit; **E. auf dem Sterbebett** dying declaration **E. abfassen** to draft a declaration; **E. abgeben** to make a declaration/statement **amtliche Erklärung** official declaration/statement; **begründete E.** reasoned statement; **belastende E.** incriminating statement; **eidesstattliche E.** declaration in lieu of oath, affirmation; **eidliche E.** affidavit, sworn declaration, statement on oath; **freiwillige E.** voluntary statement; **mündliche E.** parol statement; **rechtsgeschäftliche E.** act in law; **schriftliche E.** declaration in writing, written statement; **~ abgeben** to depose
erklärungs|bedürftig *adj* requiring further explanation; **E.empfänger** *m* addressee; **E.irrtum** *m* mistake in the utterance; **E.pflicht** *f* duty to make a declaration; **E.termin** *m* deadline for making a declaration
erkrank|en *v/i* to fall ill, to become sick; **E.ung** *f* illness, sickness
sich erkundigen *v/refl* to inquire, to make inquiries
Erkundigung *f* inquiry
erlangen *v/t (erwerben)* to acquire/obtain/gain
Erlangung *f* gain, recovery; **E. des Besitzes** obtaining (of) possession; **E. durch Betrug** obtaining through fraud;

E. der Kenntnis obtaining (of) knowledge; **E. von Schaden(s)ersatz** recovery of damages

Erlass *m* 1. act, edict; 2. *(amtl. Verfügung)* decree, order; 3. *(Erlassen)* issuance; 4. *(Entbindung von einer Verpflichtung)* waiver, abatement, release; 5. *(Schulden)* remission; **E. eines Gesetzes** enactment/promulgation of a law, issuance of a law *[US]*; **E. der Haftung** waiver of liability; **~ Reststrafe** remission of the remaining sentence; **~ Schuld** waiver of a debt; **~ Strafe** remission of the sentence; **E. des Urteils** entry of judgment; **E. einer Verfügung** issue of a writ; **~ einstweiligen Verfügung** grant of an injunction

Erlass herausgeben to issue a decree; **amtlicher E.** official decree

erlassen *v/t* 1. to issue/render/order; 2. *(befreien)* to release (from), to dispense (from), to let off/remit; 3. *(Gesetz)* to pass/enact

Erlassung *f* remission, waiving

Erlass|vergleich *m* composition by waiver; **E.vertrag** *m* release agreement

erlauben *v/t* 1. to permit/allow; 2. *(zulassen)* to admit

Erlaubnis *f* 1. authority, leave, permission, licence; 2. *(schriftlich)* permit; **die E. erlischt** the permit shall expire; **E. erwirken** to obtain permission; **E. verweigern** to refuse permission; **elterliche E.** parental consent; **gerichtliche E.** leave of court

Erlaubnis|antrag *m* application for a permit; **E.pflicht** *f* statutory permission; **e.pflichtig** *adj* subject to licensing; **E.schein** *(Führerschein)* permit; **E.scheininhaber(in)** *m/f* permit holder; **E.vorbehalt** *m* reservation with regard to granting permission

erlaubt *adj* permitted, permissible, allowable, lawful

erläutern *v/t* to explain; **e.d** *adj* explanatory

Erläuterung *f* explanation, gloss; **E.swerk** *nt* commentary

Erlebensfallversicherung *f* endowment insurance

erledigen *v/t* to dispose of, to settle/arrange

Erledigung *f* disposal, discharge, handling; **E. einer Beschwerde** adjustment of a complaint; **E. von Formalitäten** compliance with formalities; **E. eines Rechtsstreites** settlement of a legal dispute; **außergerichtliche E.** out-of-court settlement; **gütliche E.** amicable settlement; **vollständige E.** final settlement

Erleichterung *f* relief, easing; **E. der Bedingungen** easing of terms; **E. gewähren** to grant relief

erleiden *v/t* to suffer/sustain

Erlös *m* proceeds (of a sale), profit, gain; **E.abführungsverpflichtung** *f* obligation to transfer proceeds

erloschen *adj* *(z. B. Anspruch)* extinct

erlöschen *v/i* to expire/lapse

Erlöschen *nt* discharge, expiration, expiry, lapse, extinction; **E. eines Anspruchs** lapse of a claim; **E. der Dienstbarkeit** extinguishment of the servitude; **~ Forderung** discharge of the debt; **E. einer Grunddienstbarkeit** extinguishment of an easement; **~ Hypothek** discharge of a mortgage; **E. eines Patents** expiry/lapse of a patent; **~ Pfandrechts** discharge of a lien; **~ Schuldverhältnisses** discharge of a debt; **~ Urheberrechts** lapse of copyright; **E. von Verbindlichkeiten** discharge of liabilities; **E. eines Vertrags** lapse of a contract; **E. der Vollmacht** expiry of the power of attorney

erlösen *v/t* to redeem

ermächtig|en *v/t* to enable/authorize/empower; **e.t** *adj* authorized

Ermächtigung *f* authorization, power; **E. erteilen** to confer powers (on so.); **allgemeine E.** blanket authority, **besondere E.** special authority; **gesetzliche E.** statutory power(s); **richterliche E.** judicial authority; **uneingeschränkte E.** full authority

Ermächtigungs|gesetz *nt* enabling act/statute; **E.schreiben** *nt* letter of authority

ermahn|en *v/t* to admonish/caution/warn/reprimand; **E.ung** *f* admonition, warning, reprimand

ermangeln *v/t* to lack

Ermangelung *f* lack; **in E. von** for

lack/want of, failing, in the absence of; ~ **des Gegenbeweises** in the absence of proof to the contrary

ermäßig|en *v/t* to reduce; **E.ung** *f* reduction

Ermessen *nt* discretion; **dem E. überlassen; in das E. gestellt** discretionary; **in jds E.** at the discretion of so.; **im E. des Gerichts** at the discretion of the court; **eigenes E. ausüben** to exercise one's discretion; **nach eigenem E. für richtig halten** to think fit; ~ **handeln** to exercise/use one's discretion; **im E. liegen von** to lie within so.'s discretion; **in jds E. stellen** to leave it to so.'s discretion **billiges Ermessen** equitable discretion; **freies E.** discretion; **gerichtliches E.** discretion of the court; **nach billigem E.** as appears just; ~ **freiem E.** at one's (own) discretion; ~ **pflichtgemäßem E.** according to one's best judgment; **pflichtgemäßes E.** due assessment of the circumstances; **rechtliches E.** legal discretion; **richterliches E.** judicial discretion; **uneingeschränktes E.** absolute discretion

Ermessens|akt *m* act of discretion; **E.ausübung** *f* exercise of discretion; **E.befugnis** *f* (Ermessensfreiheit) discretionary power(s); **E.bereich** *m* scope of discretion; **E.entscheidung** *f* discretionary decision; **E.fehler** *m* abuse of discretion; **E.frage** *f* question of discretion; **E.freiheit** *f* discretionary powers, discretion; **E.handlung** *f* act of discretion; **E.missbrauch** *m* abuse of discretion; **E.recht** *nt* discretionary power(s); **E.spielraum** *m* scope of discretion; **E.überschreitung** *f* exceeding one's discretionary powers; **E.vorschrift** *f* discretionary rule

ermitteln *v/t* 1. to inquire/investigate; 2. *(feststellen)* to establish/ascertain; 3. *(berechnen)* to calculate

Ermittlung *f* inquiry, investigation; **E.(en)** criminal investigation; **polizeiliche E.** police investigation; **verdeckte E.** covert investigation

Ermittlungen von Amts wegen official investigations; **E. anstellen** to investigate; **E. einleiten** to institute investigations

Ermittlungs|akten *pl* files of the enquiry, investigation records; **E.beamter** *m* investigator, investigating officer; **E.befugnis** *f* power of investigation; **E.behörde** *f* investigating authority; **E.ergebnis** *nt* result of the investigation; **E.kommission** *f* fact-finding delegation; **E.maßnahmen** *pl* investigative measures; **E.pflicht** *f* duty to investigate; **E.richter** *m* examining magistrate *[GB]*; **E.tätigkeit** *f* investigation; **E.verfahren** *nt* committal/investigative/preliminary proceedings; ~ **einleiten** to initiate investigative proceedings

ermöglichen *v/t* to enable

ermord|en *v/t* to murder; **der E.ete** murdered person, murder victim; **E.ung** *f* murder

ermutigen *v/t* to encourage

ernannt *adj* appointed, designate; **E.e(r)** *f/m* appointee

ernennen *v/t* to appoint/nominate/designate

Ernennung *f* designation, appointment; **E.sbefugnis; E.srecht** *f/nt* power(s) of appointment; **E.surkunde** *f* letter of appointment

erneuern *v/t* to renew

Erneuerung *f* renewal; **E. eines Vertrags** renewal of a contract; **E.sschein** *m* (Vers.) renewal slip

erniedrigen *v/t* to humiliate; **e.d** *adj* humiliating

Erniedrigung *f* humiliation

ernst *adj* serious; **E.** *m* seriousness; **e.lich** *adj* serious

Ernte *f* 1. (Ertrag) crop; 2. (Vorgang) harvest; **e.n** *v/t* to harvest

eröffnen *v/t* 1. (mitteilen) to disclose; 2. (in die Wege leiten) to institute; 3. (Gebäude) to open/inaugurate

Eröffnung *f* 1. disclosure; 2. opening, inauguration; **E. durch ein anderes Gericht** institution of proceedings by another court; **E. des Insolvenzverfahrens** institution of insolvency proceedings; ~ **Hauptverfahrens** opening of the trial; ~ **Konkursverfahrens** institution of bankruptcy proceedings; ~ **Testaments durch das Nachlassgericht** probate; ~ **Verfahrens** institution of proceedings; ~ **Vergleichsverfah-**

rens institution of composition proceedings

Eröffnungs|antrag *m* petition to institute proceedings; **E.beschluss** *m* committal order, order committing so. for trial, committal for trial; **E.bilanz** *f* opening balance; **E.gebot** *nt* opening bid; **E.protokoll** *nt (Erbschaft)* probate proceedings; **E.sitzung** *f* opening session; **E.verfahren** *nt* committal proceedings

erörter|n *v/t* to debate/discuss; **E.ung** *f* discussion, interlocutory matter

erpressen *v/t* to blackmail/extort, to hold to ransom

Erpresser|(in) *m/f* extortionist, blackmailer; **E.brief** *m* blackmail letter; **e.isch** *adj* extortionate

Erpressung *f* blackmail, extortion, demanding with menaces; **E. im Amt** extortion by a public official; **E. einer Aussage** extortion of a statement; **E. eines Geständnisses** extraction of a confession under duress; **räuberische E.** demanding with menaces, blackmail with violence; **schwere E.** aggravated extortion; **E.sversuch** *m* attempted blackmail

Erprobung *f* trial

Erregung *f* incitement, provocation; **E. eines öffentlichen Ärgernisses** causing a public nuisance, indecent exposure, disorderly conduct

erreich|en *v/t* to reach/achieve/attain; **E.ung** *f* attainment

errichten *v/t* to establish/form, to set up

Errichtung *f* formation, establishment, foundation; **E. einer Gesellschaft** company formation; **E. eines Testaments** making a will

error in persona *(lat.)* case of mistaken identity

Ersatz *m* 1. *(Mensch)* substitute; 2. *(Gegenstand)* replacement; 3. *(Tätigkeit)* substitution; 4. *(Entschädigung)* compensation, indemnification, indemnity; 5. *(Erstattung)* reimbursement, refund; **zum E. verpflichtet** liable to provide compensation/indemnity

Ersatz von Aufwendungen compensation for expenses; **E. des Schadens** indemnification; **E. einer Wertminderung** compensation for loss of value

Ersatz leisten to compensate; **E. liefern** to provide compensation; **E. verlangen** to demand damages

Ersatz|anspruch *m* claim for compensation/damages; **E.aufwand** *m* replacement expenditure; **e.berechtigt** *adj* entitled to compensation/damages; **E.berechtigte(r)** *f/m* person entitled to compensation/damages; **E.erbe** *m* substitute heir; **E.erbfolge** *f* reversionary succession; **e.fähig** *adj* replaceable; **E.forderung** *f* claim for compensation; **E.freiheitsstrafe** *f* imprisonment in lieu of a fine, ~ in default of payment; **E.geldstrafe** *f* fine in lieu of a custodial sentence; **E.geschworene(r)** *f/m* substitute juror; **E.haftung** *f* substitute liability; **E.leistung** *f* compensation, indemnification; **E.leistungspflicht** *f* duty to provide compensation; **E.lieferung** *f* substitute consignment; **E.mann** *m* substitute; **E.nacherbe** *m* substitute reversionary heir; **E.nacherbfolge** *f* substitute succession

Ersatzpflicht *f* duty to provide compensation, liability to pay damages; **e.ig** *adj* liable to indemnify, ~ to pay damages, ~ for damages; **E.ige(r)** *f/m* person liable to provide compensation

Ersatz|richter *m* substitute judge; **E.schöffe** *m* substitute lay assessor; **E.strafe** *f* substitute penalty; **E.summe** *f* amount of compensation; **E.testamentsvollstrecker** *m* substitute executor; **E.unterkunft** *f* alternative accommodation; **E.urkunde** *f* substitute document; **E.verbindlichkeit** *f* substitute liability; **E.vermächtnis** *nt* substitute legacy; **E.vornahme** *f* substitute performance; **e.weise** *adv* as a substitute

erscheinen *v/i* to appear

Erscheinen *nt* appearance, attendance; **E. vor Gericht** appearance in court, court attendance; **E. von Zeugen** attendance of witnesses; **persönliches E.** personal appearance

Erscheinung *f* appearance; **E.sbild** *nt* image

nicht erschienen *adj (Gericht)* defaulting

erschieß|en *v/t* to shoot; **E.ungskommando** *nt* firing squad

erschlagen *v/t* to slay

erschleichen *v/t* to obtain surreptitiously; **E.** *nt* obtaining surreptitiously, illegal acquisition; **~ von Leistungen** obtaining (of) services surreptitiously

erschließ|en *v/t* to develop; **E.ung** *f* development

erschöpfen *v/t* to exhaust

Erschöpfung *f* exhaustion; **E. des Rechtsweges** exhaustion of remedies; **E.**seinrede *f* plea of exhaustion of remedies

erschrecken *v/t* to scare/frighten

erschweren *v/t* to aggravate/compound; **e.d** *adj* aggravating

erschwert *adj* aggravated

Erschwerung *f* aggravation

erschwindeln *v/t* to obtain (sth.) by fraud

ersetzen *v/t* 1. to replace/substitute; 2. *(an die Stelle treten von)* to supersede; 3. *(entschädigen)* to compensate, to make amends (for loss or injury); 4. *(erstatten)* to reimburse/refund

Ersetzung *f* replacement; **E.**sbefugnis *f* right to offer alternative performance

ersichtlich *adj* apparent, evident

ersitzbar *adj* prescribable

ersitzen *v/t* to prescribe, to acquire by prescription, **~** adverse possession

Ersitzung *f* prescription, usucaption; **sich auf E. berufen** to plead prescription

Ersitzungs|besitz *m* adverse possession; **E.eigentum** *nt* title by prescription; **E.frist** *f* period of prescription; **E.recht** *nt* title by prescription

erstatten *v/t* to reimburse/refund/repay

Erstattung *f* refund, reimbursement, restitution; **E. einer Anzeige** laying an information; **E. von Kosten** refund

Erstattungs|anspruch *m* claim to restitution/reimbursement; **E.berechtigte(r)** *f/m* person entitled to a refund; **E.bescheid** *m* notice of restitution; **E.beschluss** *m* restitution order, order to refund; **E.betrag** *m* amount (to be) refunded

nicht erstattungsfähig *adj* non-refundable

Erstattungs|forderung *f* demand for restitution, **E.gesetz** *nt* Recovery of Public Funds Act *[GB]*; **E.pflicht** *f* duty to refund; **e.pflichtig** *adj* reimbursable;

E.verfahren *nt* reimbursement proceedings

Erst|ausfertigung *f* original; **E.begünstigte(r)** *f/m* primary beneficiary; **E.berechtigung** *f* first title; **E.bescheid** *m* first ruling; **E.beschwerde** *f* initial complaint; **E.delinquent(in)**; **E.täter(in)** *m/f* first-time offender; **E.verstoß** *m* first offence; **E.zulassung** *f* year of registration

ersteh|en *v/t* to buy; **E.er** *m* buyer

erstell|en *v/t* to make/produce; **E.ung** *f* 1. *(Anfertigung)* production; 2. *(Gebäude)* building, construction, erection

Ersterwerb *m* first-time acquisition; **E.er(in)** *m/f* first-time buyer

Erst|gebot *nt* first bid; **E.geburtsrecht** *nt* primogeniture; **E.gericht** *nt* court of the first instance; **E.hypothek** *f* first/senior mortgage; **E.instanz** *f* first instance; **e.instanzlich** *adj* at first instance

sich erstrecken *v/refl* to comprise/cover; **~ auf** to extend/apply to

Erstreckung *f* extension

erstreiten *v/t* to recover

Erst|richter *m* trial judge; **E.schrift** *f* original; **E.schuldner(in)** *m/f* primary debtor; **E.täter** *m* first offender; **E.verpflichtete(r)** *f/m* primarily liable party

ersuchen *v/t* to request; **E.** *nt* request; **auf jds E.** at so.'s request; **e.d** *adj* precatory

erteilen *v/t* to confer/grant

Erteilung *f* grant; **E. des Erbscheines** grant of probate; **E. einer Genehmigung** granting (of) a licence; **E. eines Patents** granting (of) a patent; **E. einer Prokura** granting (of) power of procuration; **E. des Schlussworts an den Angeklagten** allocution; **E. einer Vollmacht** conferring power of attorney; **E. eines Zeugnisses** issue of a certificate; **E.sverfahren** *nt (Patent)* granting procedure

Ertrag *m* 1. *(Gewinn)* earnings, return, yield; 2. *(Erlös)* proceeds; **e.reich** *adj* profitable; **E.swert** *m (Mietobjekt)* rental value

erwachsen *v/i* to accrue; **E.e(r)** *f/m* adult

erwägen *v/t* to consider/weigh

Erwägung *f* consideration; **nach wohlwollender E.** after due consideration

erwähnen *v/t* to mention

oben erwähnt above-mentioned (a/m); **unten e.** mentioned below; **zuvor e.** aforementioned

Erwähnung f mention(ing), reference

erwarten v/t to await/expect

Erwartung f expectation; **e.sgemäß** adv duly

sich erweisen v/refl to prove; **sich als wahr e.** to prove true

erweislich adj demonstrable

erweitern v/t to extend/enlarge

Erweiterung f extension, enlargement; **E. der Haftung** extension of liability

Erwerb m acquisition, purchase; **E. durch Ersitzung** acquisition by prescription; **E. eines Rechts** acquisition of a right

bedingter Erwerb conditional acquisition; **gutgläubiger/redlicher E.** acquisition in good faith, bona-fide acquisition; **originärer E.** original acquisition; **unentgeltlicher E.** gratuitous acquisition

erwerben v/t to acquire; **betrügerisch e.** to obtain by fraud

Erwerber(in) m/f acquiror, purchaser, alienee; **bösgläubiger E.** acquiror in bad faith; **gutgläubiger E.** acquiror in good faith

Erwerbs|berechtigte(r) f/m authorized acquiror; **E.betrieb** m commercial enterprise/undertaking; **E.geschäft** nt commercial transaction/undertaking; **E.gesellschaft** f trading company; **e.los** adj unemployed; **E.lose(r)** f/m unemployed person; **E.losigkeit** f unemployment; **E.preis** m purchase price; **e.tätig** adj gainfully employed

Erwerbstätigkeit f gainful employment/occupation; **angemessene E.** adequate employment; **selbstständige E.** self-employment

erwerbsunfähig adj disabled; **E.keit** f occupational disability

Erwerbs|unzucht f prostitution; **E.verhältnis** nt employment

Erwerbung f acquisition

erwidern v/t to answer/reply/retort

Erwiderung f reply, rejoinder; **E. des Beklagten** rejoinder (of/by the defendant); **~ Klägers** replication (of/by the plaintiff)

Erwiderungs|frist f time for reply; **E.recht** nt right of reply; **E.schrift** f answering brief

erwiesen adj proved, proven [US] [Scot.]; **als e. ansehen** to consider proved

erwirken v/t to obtain/secure/effect

erwürg|en v/t to choke/strangulate; **E.ung** f strangulation

erzeug|en v/t 1. to produce/manufacture; 2. (Elektrizität) to generate; 3. (verursachen) to cause; **E.er(in)** m/f 1. producer, manufacturer; 2. generator

Erzeugnis nt product; **einheimisches E.** indigenous product

Erzeugung f production

erziehen v/t to educate

Erzieher(in) m/f educator, parent

Erziehung f education

Erziehungs|beistand m educational supervisor; **E.berechtigte(r)** f/m parent; **E.geld** nt educational allowance; **E.gewalt** f parental authority/control; **E.heim** nt borstal [GB]; **E.hilfe** f tuition assistance; **E.kosten** f cost of upbringing; **E.maßregel** f disciplinary measure for juvenile delinquents; **E.pflicht** f educational duty; **E.recht** nt right of education, ~ care and custody; **elterliches ~** parental right of education; **E.urlaub** m parental leave, maternity/paternity leave

erziel|en v/t to attain; **E.ung** f attainment

erzwingbar adj enforceable

erzwingen v/t 1. to enforce, to obtain by force; 2. (Nötigung) to extort

Erzwingung f 1. enforcement; 2. extortion; **E. der Aussage** extortion of evidence

Erzwingungs|geld nt (Gericht) contempt fine; **E.haft** f coercive detention, confinement for contempt; **E.strafe** f contempt fine

es sei denn, dass conj unless

etwaig(e) adj any

Euro m euro

Europa nt Europe

europäisch adj European

Europäische Grundrechtscharta European Charter of Human Rights; **E. Kommission für Menschenrechte; E. Menschenrechtskommission** Europe-

an Human Rights Commission; **E. Menschenrechtskonvention** European Convention on Human Rights
Europäischer Gerichtshof European Court of Justice; **~ für Menschenrechte** European Court of Human Rights; **E. Wirtschaftsraum** European Economic Area (EEA)
Europäisches Rechtshilfeabkommen European Convention on Mutual Assistance in Criminal Matters
Europarecht *nt* European (Union) law
Euthanasie *f* euthanasia, mercy killing
evakuier|en *v/t* to evacuate; **E.ung** *f* evacuation
Eventual|anspruch *m* contingent claim; **E.antrag** *m* alternative petition; **E.aufrechnung** *f* cautionary setting-off; **E.forderung** *f* contingent claim; **E.haftung** *f* contingent liability
Eventualität *f* contingency
Eventual|verbindlichkeit; E.verpflichtung *f* contingent liability; **E.versicherung** *f* contingent policy; **E.vorsatz** *f* contingent intent
eventuell *adj* possible, contingent
evident *adj* evident
ex lege *(lat.)* by law
ex nunc *(lat.)* from now
ex tunc *(lat.)* from then
exceptio doli *(lat.)* plea of fraud
Exekution *f* execution; **E.skommando** *nt* firing squad; **E.srecht** *nt* right of execution
Exekutiv|e; E.gewalt *f* executive power; **E.order** *f* executive order; **E.organ** *nt* executive organ; **E.recht** *nt* executive right
exekutorisch by way of execution
Exhibitionis|mus *m* exhibitionism; **E.t** *m* exhibitionist
exhumier|en *v/t* to exhume/disinter; **E.ung** *f* exhumation
Exil *nt* exile
Existenz|minimum *nt* subsistence level/minimum; **E.mittel** *nt* means of subsistence
Exitus *m* exitus, death, demise
exklusiv *adj* exclusive; **E.recht** *nt* exclusive right; **E.vertrag** *m* exclusive contract
Exkulpation *f* exculpation; **E.sbeweis** *m* exculpatory/exonerating evidence

Experte *m* expert; **E.ngruppe** *f* panel of experts
Expertise *f* expert's report, expert opinion
explodieren *v/i* to explode
Explos|ion *f* explosion; **E.ivstoff** *m* explosive
Export *m* → **Ausfuhr** export(s)
Export|erstattung *f* export restitution; **E.genehmigung** *f* export permit; **E.handel** *m* export trade
exportieren *v/t* to export
Export|lizenz *f* export licence; **E.vertrag** *m* export contract
expressis verbis *(lat.)* express(ly)
exterritorial *adj* extraterritorial; **E.ität** *f* extraterritoriality
extrem *adj* extreme
Extrem|fall *m* extreme case; **E.ismus** *m* extremism; **E.ist(in)** *m/f* extremist; **e.istisch** *adj* extremist
Exzess *m* excess

F

Fabrik *f* factory, works, plant
Fabrikat *nt* product, manufacture
Fabrikations|fehler *m* manufacturing defect; **F.geheimnis** *nt* secret of manufacture; **F.nummer** *f* serial number
Fabrik|gelände *nt* factory site/premises; **F.verkauf** *m* factory outlet; **F.ordnung** *f* factory regulations
Fach *nt* subject, field
Fach|anwalt *m* specialized solicitor, lawyer specializing in ...; **F.arbeiter(in)** *m/f* skilled worker; **F.arzt** *m* specialist, consultant; **F.aufsicht** *f* specialist supervision; **F.ausdruck** *m* technical term; **f.gemäß** *adj* competent, workmanlike; **F.gutachten** *nt* expert opinion/report; **F.hochschule** *f* polytechnic, college; **F.kenntnis** *f* expert knowledge; **f.kundig** *adj* competent, informed, skilled; **F.mann** *m* expert; **f.männisch** *adj* professional; **F.richtung** *f* subject area; **F.übersetzer(in)** *m/f* specialized translator; **F.wissen** *nt* expertise
Factoring *nt* factoring; **F.vertrag** *m* factoring contract

fähig *adj* able, capable, competent
Fähigkeit *f* 1. ability, capability, competence; 2. eligibility; **F. zum Richteramt** eligibility to act as a judge; **berufliche F.** professional ability; **rechtliche F.** legal capacity; **verminderte geistige F.** impaired mental power
fahnden *v/i* to investigate/hunt/search
Fahnder(in) *m/f* investigator
Fahndung *f* investigation, hunt, search; **jd ist zur F. ausgeschrieben** a warrant for so.'s arrest has been issued; **F. auslösen nach** to put out an alert for
Fahndungs|aktion *f* search operation; **F.computer** *m* police computer; **F.datei** *f* wanted file, criminal names' index; **F.dienst** *m* CID *[GB]*; **F.ersuchen** *nt* request for information about wanted persons/items; **F.foto** *nt* mug-shot *(coll)*, photo of a wanted person; **F.kartei** *f* wanted persons file; **F.leiter(in)** *m/f* chief investigator; **F.liste** wanted (persons) list
Fahnen|eid *m* oath of allegiance; **F.flucht** *f* desertion; **F.flüchtiger** *m* deserter
Fahr|anfänger(in) *m/f* learner driver; **F.ausweis** *m* ticket
Fahrbahn *f* 1. carriageway, roadway 2. road surface 3. *(Fahrspur)* lane; **von der F. abkommen**; to come/run off the road; **plötzlich auf die F. laufen** to make a dash into the road; **einspurige F.** single-lane carriageway; **unebene F.** uneven/bumpy road; **verengte F.** narrow road
Fahrbahn|markierung *f* carriageway marking; **F.rand** *m* kerb; **F.schwelle** *f* speed bump, sleeping policeman *[GB]*
fahrbar *adj* movable, mobile
Fahrbereitschaft *f* motor pool
Fahren *nt* driving; **F. unter Alkoholeinfluss** driving under the influence of alcohol; **F. ohne Fahrerlaubnis** 1. driving without a licence; 2. *(nach Führerscheinentzug)* driving (a motor vehicle) while/when disqualified; **F. im Zustand der Trunkenheit** drunk driving, driving while intoxicated *[US]*; **grob fahrlässiges/rücksichtsloses F.** reckless driving; **zu schnelles F.** speeding; **unvorsichtiges F.** careless driving

fahren *v/i* 1. *(Fahrgast)* to go; 2. *(Fahrer)* to drive; 3. *(Zweirad)* to ride
fahren *v/t* 1. *(lenken)* to drive; 2. *(befördern/mitnehmen)* to take; **gegen etw. f.** to crash into sth.; **falsch f.** *(Geisterfahrer/in)* to drive against the traffic; **unfallfrei f.** to have a clean driving record; **ungleichmäßig f.** to drive erratically
Fahrer(in) *m/f* 1. driver; 2. *(Motorrad)* rider; **betrunkene(r) F.** drunk driver; **flüchtiger F.** hit-and-run driver; **rücksichtslose(r) F.** dangerous driver; **nicht versicherter F.** uninsured driver; **zweiter F.** co-driver
Fahrerflucht *f* hit-and-run offence; **F. begehen** to abscond after a traffic accident
Fahrerlaubnis *f* driving licence *[GB]*, driver's license *[US]*, permission to drive; **F. auf Probe** probationary driving licence; **F.vorläufig entziehen** to withdraw the driving licence for a limited period, to suspend the driving licence *[GB]*, ~ driver's license *[US]*; **F.entzug** *m* suspension of the driving licence
Fahrgeld *nt* fare; **F.hinterziehung** *f* fare dodging
Fahrgemeinschaft *f* car/motor pool, ride-sharing (agreement) *[US]*
Fahrgestellnummer *f* chassis number, vehicle identification number (VIN)
Fahrkarte *f* ticket; **ungültige F.** invalid ticket
Fahrkarten|automat *m* ticket machine; **F.betrug** *m* ticket fraud; **F.kontrolleur** *m* ticket inspector
Fahrkosten *pl* travelling expenses, travel costs; **F. erstatten** to reimburse travel costs; **F.zuschuss** *m* travelling allowance
fahrlässig *adj* negligent, careless; **grob f.** grossly negligent; **kriminell f.** criminally negligent; **leicht f.** careless
Fahrlässigkeit *f* 1. *(ZR)* negligence; 2. *(StR)* criminal negligence, recklessness; 3. *(Nachlässigkeit)* carelessness; **bewusste F.** wilful negligence; **gewöhnliche F.** ordinary negligence; **grobe F.** gross negligence, recklessness; **leichte F.** ordinary negligence; **medizinische F.** medical negligence; **mitursächliche F.** contributory negligence; **rechtserheb-**

liche F. actionable negligence; **schuldhafte F.** culpable negligence; **strafbare F.** criminal negligence; **zurechenbare F.** *(Haftung für fremdes Verschulden)* imputed negligence

Fahrlässigkeits|delikt *nt* negligence offence, tort of negligence, offence committed through negligence; **F.grad** *m* degree of negligence; **F.klausel** *f* negligence clause

Fahrnis *f* personal property, chattels, movables; **F.pfändung** *f* levy of execution

Fahrrad|diebstahl *m* bicycle theft; **F.helm** *m* bicycle helmet; **F.streife** *f* bicycle patrol

Fahrsicherheit *f* 1. road safety, safe driving; 2. *(Auto)* roadworthiness

Fahrstreifen *m* lane; **F. wechseln** to change lanes; **durchgehender F.** through lane; **verengter F.** narrow lane; **F.markierung** *f* lane marking; **F.wechsel** *m* lane change; **~ ohne Blinkzeichen** unsignalled lane change

Fahrt *f* 1. journey, ride, trip; 2. *(Schiff)* voyage; 3. *(Kfz)* drive

fahrtauglich *adj* 1. *(Person)* fit to drive; 2. *(Kfz)* roadworthy

Fahrtauglichkeit *f* 1. fitness to drive; 2. roadworthiness

Fahrtdauer *f* journey time

Fährte *f* trace, trail, track; **falsche F.** red herring *(coll)*; **jdn auf eine ~ locken** *(fig)* to throw so. off the scent *(fig)*; **auf der falschen F. sein** *(fig)* to be on the wrong track *(fig)*

Fahrten|buch *nt* logbook, driver's record book; **F.schreiber** *m* tachograph

Fahrtüchtigkeit *f* fitness to drive

Fahrtunterbrechung *f* break, interruption; **kurze F.** stopover

fahruntüchtig *adj* 1. *(Person)* unfit to drive; 2. *(Kfz)* not roadworthy

Fahruntüchtigkeit *f* unfitness to drive; **absolute F.** absolute unfitnes to drive; **relative F.** relative unfitness to drive

Fahrverbot *nt* driving ban, disqualification, loss of driving licence; **gegen jdn ein F. verhängen** to impose a driving ban on so., to disqualify so. from driving; **befristetes F.** suspension of a driving licence; **vorgesehenes F.** statutory disqualification

Fahrverhalten *nt* road behaviour; **aggressives F.** aggressive driving

Fahrvorschriften *pl* driving regulations

Fahrweise *f* driving; **gefährdende/gefährliche F.** dangerous driving

Fahrzeug *nt* vehicle; **F. beschlagnahmen** to confiscate a vehicle; **gewerblich genutztes F.** commercial vehicle; **liegen gebliebenes F.** stranded/broken-down vehicle; **unfallbeteiligtes F.** vehicle involved in an accident; **verdächtiges F.** suspicious vehicle; **nicht zugelassenes F.** unlicensed vehicle

Fahrzeug|abnahme *f* M.O.T. (Ministry of Transport) test *[GB]*; **F.brief** *m* vehicle title document; **F.diebstahl** *m* vehicle taking; **schwerer ~** aggravated vehicle taking; **F.führer(in)** *m/f* vehicle driver; **F.halter(in)** *m/f* vehicle/car owner, registered owner/keeper/user of a car, ~ of a motor vehicle; **~ ermitteln** to ascertain the vehicle owner

Fahrzeug|identifizierungsnummer *f* vehicle identification number (VIN); **F.kolonne** *f* convoy; **F.kontrolle** *f* vehicle check; **F.nummer** *f* vehicle registration number; **F.papiere** *pl* vehicle documents, registration papers; **F.sicherstellung** *f* securing a vehicle; **F.überprüfung** *f* M.O.T. (Ministry of Transport) test *[GB]*; **F.verkehr** *m* vehicular traffic; **F.versicherungspapiere** *pl* vehicle insurance papers; **F.zulassung** *f* *(Schein)* road licence

Faksimile *nt* facsimile; **F.unterschrift** *f* facsimile signature

Faktor *m* factor; **zusätzlicher F.** contributory factor; **F.entgelt** *nt* factor's compensation

Faktur|a *f* invoice, bill; **f.ieren** *v/t* to invoice/bill

Fakultät *f* faculty; **juristische F.** faculty of law, law school *[US]*

fakultativ *adj* optional

Fall *m* 1. *(Rechtssache)* case, matter; 2. *(Präzedenzfall)* precedent; 3. *(Angelegenheit, Umstand)* circumstance, instance, case; 4. *(Sturz)* fall; **für den F.** in the event of; **im F.e von** in case of; **~ vorliegenden F.** in the case at hand; **von F. zu F.** as the case may be

Fall von höherer Gewalt case of force of majeure; **im F.e der Kündigung** in case of notice; **~ des Todes** in the event of death; **F. von Trunkenheit am Steuer** drink-and-drive case

Fall abschließen to close a case; **F. absetzen** to strike off a case; **F. wieder aufrollen** to reopen a case/file; **F. bearbeiten** to handle a case, to work on a case; **von F. zu F. entscheiden** to decide each case as it arises; **F. erledigen** to dispose of a case; **F. gerichtlich geltend machen** to refer a case to a court; **ein F. tritt ein** a case arises; **F. übernehmen** to take on a case; **F. (vor Gericht) verhandeln** to hear/try a case; **seinen F. selbst verteidigen** *(Gericht)* to conduct one's own case; **F. vertreten** to conduct the case; **seinen F. vortragen** to plead one's case; **F. zusammenfassen** *(Richter)* to sum up the case

aufgeklärter Fall solved case; **betreffender/einschlägiger F.** case in point; **schwebender F.** pending case; **strittiger F.** case at issue, matter in dispute; **unerledigter F.** unsettled case; **ungeklärter F.** open case; **vorliegender F.** case at issue

Fallbeispiel *nt* case in point

Falle *f* trap; **F. stellen** to set a trap

fallen lassen *v/t (aufgeben)* to drop/give up/discontinue/abandon

fällen *v/t (Urteil)* to give/deliver/pass/ reach

Fall|frist *f* set period; **F.grube** *f* pit(fall)

fällig *adj* due, owing, payable; **f. werden** to fall due

Fälligkeit *f* maturity; **bei F.** at maturity; **vor F.** prior to maturity

Fälligkeits|anspruch *m* maturity claim; **F.datum** *nt* date of maturity, due date; **F.klausel** *f* acceleration clause; **F.tag** *m* date/day of maturity, accrual/expiry date; **F.termin** *m* (date of) maturity

Fall|recht *nt* case law, law of precedent; **F.sammlung** *f* casebook, list of cases; **F.studie** *f* case study

falsch *adj* 1. *(verkehrt)* wrong; 2. *(unzutreffend)* false; 3. *(hinterhältig)* two-faced; 4. *(unecht)* fake; 5. *(irrig)* erroneous; 6. *(unaufrichtig)* false

Falsch|anzeige; F.aussage *f* false accu-

sation/testimony; **uneidliche F.aussage** *(Zeugen, Sachverständige)* unsworn false statement; **jdn zur F.aussage verleiten** to persuade so. to give false evidence; **F.belehrung** *f* misdirection; **F.beurkundung** *f* false certification/ documentation; **F.bezeichnung** *f* misnomer; **~ von Waren** false trade description; **F.buchung** *f* false entry

Falschdarstellung *f* misrepresentation; **fahrlässige F.** negligent misrepresentation; **unwissentliche F.** innocent misrepresentation; **wissentliche F.** fraudulent misrepresentation

Falscheid *m* false oath

fälschen *v/t* 1. *(nachahmen)* to fake; 2. *(Abrechnung, Bilanz, Urkunde)* to falsify; 3. *(Bericht, Rechnungen, Testament)* to tamper with; 4. *(Münzen)* to counterfeit; 5. *(Unterschrift, Urkunde)* to forge; 6. *(Nahrungsmittel)* to adulterate

Fälschen und in Umlaufbringen *nt* forgery and uttering

Fälscher *m* forger, counterfeiter

Falsch|geld *nt* counterfeit/false money; **~ in Umlauf bringen** to put counterfeit money into circulation; **F.information** *f* false/wrong information

fälschlich *adj* falsely

Falsch|lieferung *f* mistaken delivery; **F.meldung** *f* hoax; **F.münze** *f* counterfeit coin; **f.münzen** *v/t* to counterfeit; **F.münzer** *m* counterfeiter; **F.münzerei** *f* counterfeiting; **F.parker(in)** *m/f* parking offender; **F.spieler** *m* card sharper

Fälschung *f* 1. *(Gegenstand)* forgery, counterfeit, fake; 2. *(Darstellung)* fabrication, falsification; **~ beweiserheblicher Daten** falsifying (of) relevant evidence; **~ von Urkunden** forgery of documents

Falschurkunde *f* forged document

falsus procurator *(lat.)* unauthorized agent

Faltblatt *nt* leaflet

Familie *f* family; **F. mit nur einem Elternteil** single-parent family

Familien|angehörige(r) *f/m* family member; **nächste(r) ~** next-of-kin; **F.angehörige** *pl (Kinder)* dependants; **F.angelegenheit** *f* family case; **F.beihilfe** *f* family allowance; **F.betrieb** *m* family firm; **F.buch** *nt* genealogical register, family record/register; **F.diebstahl** *m* theft by a member of the family; **F.für-sorge** *f* family welfare; **F.gericht** *nt* family division/court; **F.gesellschaft** *f* family concern/company; **F.gesetz** *nt* family act; **F.gesetzbuch** *nt* family code; **F.hilfe** *f* family allowance/ support; **F.leben** *nt* family life; **F.mitglied** *nt* member of the family; **F.name** *m* family name/surname; **F.pflege** *f* family welfare; **F.recht** *nt* family law, law of domestic relations *[US]*; **F.rechtler(in)** *m/f* lawyer specializing in family law; **f.rechtlich** *adj* family-law; **F.rechts-sache** *f* family case; **F.richter** *m* familiy court judge; **F.sache** *f* domestic cause; **F.stand** *m* marital status; **F.unterhalt** *m* family support; **F.unternehmen** *nt* family firm; **F.verhältnisse** *pl* domestic background; **zerrüttete** ~ breakdown of a family; **F.vorstand** *m* head of household, ~ the family; **F.wohnsitz** *m* family residence; **F.zusammenführung** *f* family reunion, reuniting divided families

Fang|frage *f* loaded question; **F.gründe** *pl* fishing grounds; **F.prämie** *f* bounty; **F.schaltung** *f* call tracing, interception circuit; **F.schuss** *m* coup de grace *(frz.)*

Farb|schmiererei *f* graffiti; **F.sprüher** *m* graffiti sprayer

Faser *f* fibre

Fassadenkletterer *m* cat burglar

fassen *v/t* 1. *(ergreifen)* to catch; 2. *(festnehmen)* to apprehend/seize; 3. *(enthalten)* to contain/hold

Fassung *f* 1. draft; 2. *(Abfassung)* drafting; 3. *(Gesetz)* version; 4. *(Ausdrucksweise)* wording; **die deutsche F. ist verbindlich** the German version shall be binding; **geltende/verbindliche F.** authoritative version; **vollständige F.** full version

Faust *f* fist; **die F. ballen** to clench one's fist; **mit der F. schlagen** to punch

Faust|feuerwaffe *f* handgun; **F.pfand** *nt* pawn/pledge; **F.pfandgläubiger** *m* pawnee/pledgee; **F.pfandrecht** *nt* law of pawn; **F.recht** *nt* law of the jungle; ~ **ausüben** to take the law into one's own hands; **F.regel** *f* rule of thumb

federführend *adj* leading, managing

Federführung *f* coordination, overall control; **unter der F. von** under the overall control of; **F. innehaben** to leadmanage

Fauxpas *m* gaffe, blunder; **F. begehen** to put one's foot in it *(coll)*

Fehde *f* feud

Fehl|alarm *m* false alarm; **F.anzeige** *f* 1. nil return; 2. *(Formular)* not applicable; **F.betrag** *m* deficiency, shortfall, deficit, missing sum; **F.beurteilung** *f* misjudgment; **F.darstellung** *f* misrepresentation; **schuldlose** ~ innocent misrepresentation

Fehlen *nt* 1. *(Person)* absence; 2. lack; **häufiges F. am Arbeitsplatz** absenteeism; **F. der Gegenleistung** absence of consideration; ~ **Geschäftsgrundlage** lack of the basis of a transaction; ~ **gesetzlichen Grundlage** lack of legal basis; **F. wegen Krankheit** sick leave; **F. der Vollendung** lack of completion; **unentschuldigtes F.** absence without leave (AWOL)

fehlen *v/i* to lack, to be absent; **f.d** *adj* missing, lacking, deficient

Fehlentscheidung *f* wrong decision

Fehler *m* 1. *(Irrtum)* error, mistake, slip-up *(coll)*; 2. *(Mangel)* defect, flaw; 3. *(schlechte Eigenschaft)* fault; **F. des Gerichts** judicial error; **F. im Rubrum** defect in title; **F. in der Sache** defect in rem; **mit F.n behaftet** defective; **F. arglistig verschweigen** to conceal a defect fraudulently; **innerer F.** inherent vice; **offenkundiger F.** patent defect; **verborgener F.** latent defect

fehlerhaft *adj* 1. imperfect; 2. *(Ware)* defective; 3. *(Besitz, Vertrag)* faulty; 4. *(unrichtig)* incorrect

Fehler|haftigkeit *f* 1. defectiveness; 2. faultiness; 3. incorrectness; **F.quote** *f* error rate

Fehl|gebrauch *m* wrong use; **F.geburt** *f* miscarriage; **F.gehen der Tat** *nt* failure of the criminal act; **F.konstruktion** *f* faulty construction; **F.leistung** *f* defective performance; **F.menge** *f* deficiency, shortfall; **F.schluss** *m* wrong conclusion; **F.schuss** *m* miss; **F.spruch** *m* judicial error; **F.urteil** *nt* 1. miscarriage of justice; 2. *(falsche Beurteilung)* misjudgment; **F.verhalten** *nt* misconduct, inappropriate behaviour, misdemeanour; **öffentliches ~** public misconduct

Feier *f* ceremony; **religiöse F.** religious ceremony

Feiertag *m* bank holiday; **gesetzlicher F.** public *[GB]*/legal *[US]* holiday; **kirchlicher F.** church holiday

feige *adj* cowardly

feilbieten; feilhalten *v/t* to offer for sale

Feind *m* enemy; **F.eshandlung** *f* hostile act; **f.selig** *(Zeuge)* hostile; **F.esstaat** *m* hostile state

Feld *nt* field; **F.beschädigung** *f* damage to crops; **F.diebstahl** *m* theft of crops; **F.jäger** *pl* military police

Feme|gericht *nt* kangaroo court, vehmic court; **F.mord** *m* secret murder, sectarian killing

Ferien *f* 1. holidays, vacation; 2. *(Gericht, Parlament)* recess; **F.kammer** *f (Gericht)* vacation *[GB]*/recess *[US]* court

fern *adj* remote; **F.bleiben** *nt* absence; **unentschuldigtes ~** 1. *(Dienst)* absence without leave (AWOL); 2. *(Schule)* truancy; **F.e** *f* remoteness; **f.er** *adv* further

Fernmelde|geheimnis *nt* secrecy of telecommunications; **F. recht** *nt* law governing telecommunications

Fern|schreiben *nt* telex; **f.schriftlich** *adj* by telex

Fernseh|recht *nt* television law; **F.überwachungsanlage** *f* closed-circuit television (CCTV)

Fern|sprecher *m* telephone; **F.sprechgeheimnis** *nt* secrecy of telecommunications

Fern|straße *f* trunk road; **F.wirkung** *f* remote effect

fertig *adj* ready

fertigen *v/t* to make/manufacture/produce

Fertigstellung *f* completion; **F.sanzeige** *f* notice of completion; **F.stermin** *m* date of completion

Fertigung *f* production, manufacture; **F.sfehler** *m* defect due to workmanship

fesseln *v/t* 1. *(Tau)* to bind/tie (up); 2. *(Handfesseln, Fußschellen)* to fetter/shackle; 3. *(Handschellen)* to handcuff;

4. *(Ketten)* to chain (up)

fest *adj* 1. firm, fixed; 2. *(unbeweglich)* stationary

festgefahren *adj* 1. *(Kfz)* stuck; 2. *(Situation)* deadlocked

Festgenommene(r) *f/m* arrested person, detainee

festgeschrieben *adj* fixed; **gesetzlich f.** fixed by law

festhalten *v/t* 1. to grab/seize; 2. *(gefangen halten)* to detain/hold

Festhalten *nt (Zurückhalten)* retention; **F. am Vertrag** abiding by the contract

festhalten an *v/i* to adhere to, to abide by

Festhalterecht *nt* citizen's arrest

festlegen *v/t* 1. *(aufstellen, formulieren)* to lay down; 2. *(bestimmen)* to set/fix/determine; 3. *(genau angeben)* to define/specify; 4. *(vertraglich)* to stipulate 5. *(vorschreiben)* to prescribe, to provide for; **anteilig f.** to allocate/allot; **etw. testamentarisch f.** to specify sth. in a will; **vertraglich f.** to stipulate by contract

Festlegung *f* determination;

Festnahme *f* arrest, apprehension; **F. auf Grund eines Haftbefehls** arrest under a warrant, execution of an arrest warrant; **F. wegen Nichtbezahlens eines Bußgeldes/Strafbefehls** arrest for default; **F. auf frischer Tat** apprehension in the act, **sich der F. entziehen** to abscond from justice; **~ widersetzen** to resist arrest

rechtlich abgesicherte Festnahme lawful arrest; **vorläufige F.** temporary/provisional detention, summary arrest; **wahllose F.** random detention; **widerrechtliche F.** unlawful detention

Festnahme|anordnung *f* warrant of arrest; **F.ersuchen** *nt* request for an arrest; **F.nachweis** *m* custody record; **F.recht für jedermann** *nt* citizen's arrest

festnehmen *v/t* to arrest/apprehend/detain; **jdn vorläufig f.** to take so. into (temporary) custody, to detain so.

festsetzen *v/t* 1. to fix/determine; 2. *(Vertrag)* to stipulate; 3. *(Datum)* to appoint; 4. *(Wert)* to evaluate; 5. *(Schaden)* to assess; 6. *(Vorschrift)* to prescribe

Festsetzung *f* 1. *(Vereinbarung)* stipulation; 2. *(Feststellung, Bestimmung)* determination; 3. *(Beiträge, Schadensbetrag)* assessment; **F. der Entschädigung** determination of damages; ~ **Prozesskosten** taxing of costs; **F. des Schadensersatzes** assessment of damages; **F. von Zwangsgeld** fixing an administrative fine; **gerichtliche F.** judicial determination

feststellbar *adj* ascertainable, determinable, identifiable

feststellen *v/t* 1. *(Identität, Tatbestand)* to establish/determine; 2. *(Aussage)* to declare/state; 3. *(ermitteln)* to ascertain, to find out; 4. to assess; 5. *(gerichtlich)* to find

Feststellung *f* 1. determination; 2. *(Aussage)* declaration, statement; 3. *(Tatsache)* establishment, ascertainment; **F. des Alkoholgehalts** determination of alcoholic content; **F. der Angemessenheit** ascertainment of reasonableness; **F. des Anspruchs** determination of a claim; **F. der Anwesenheit** record of attendance; **F. des Aufenthaltsorts** determination of so.'s address; **F. der Echtheit** authentication, verification; ~ **Nichteignung** disqualification (from); ~ **Personalien** identification; **F. des Rechtsanspruchs** proof of title; ~ **Sachverhalts** establishment/finding of the facts; ~ **Schadens** determination of loss; ~ **Tatbestandes** establishment of the facts; **F. der Vaterschaft** affiliation

rechtliche Feststellung legal finding; **rechtskräftige F.** final decision; **richterliche F.** judicial finding

Feststellungs|anspruch entitlement to a declaratory judgment; **F.beamter** *m* appraiser; **F.befund** *m* official findings; **F.bescheid** *m (Steuer)* assessment; **F.interesse** *nt* legal interest in obtaining a declaratory judment; **F.klage** *f* action for a declaratory judgment, declaratory action; **F.streit** *m* declaratory proceedings; **F.urteil** *nt* declaratory judgment; **F.verfahren** *nt* declaratory proceedings; **F.verjährung** *f* limitation of prescription; **F.widerklage** *f* declaratory cross-petition; **F.wirkung** *f* declaratory effect; **F.zeitpunkt** *m* time of determination; **F.zwischenurteil** *nt* declaratory interlocutory order

ins Fettnäpfchen treten *nt* to put one's foot in it

Feuer *nt* fire; **F. fangen** to catch fire; **F. legen** to set fire to; **F. löschen** to extinguish a fire, to put out a fire

Feuer|bestimmungen *pl* fire regulations; **f.fest** *adj* fireproof; **F.gefahr** *f* fire hazard/risk; **f.hemmend** *adj* fire-resistant **F.löscher** *m* fire extinguisher; **F.melder** *m* fire alarm; **F.schaden** *m* fire damage/loss, damage caused by fire; **F.schutz geben** *m* to provide cover; **F.schutzbestimmungen** *pl* fire regulations; **F.treppe** *f* fire escape; **F.versicherung** *f* fire insurance; **F.wehr** *f* fire brigade; **F.werk** *nt* (display of) fireworks; **F.werkskörper** *m* firecracker

Fideikommiss *nt* entail, estate in fee tail; **F. auflösen** to break an entail

Fiduziar *m* trustee, fiduciary; **f.isch** *adj* fiduciary

Figur *f (Person)* build, figure

Fiktion *f* fiction; **F. des Zugangs** fiction of accrual; **juristische F.** legal fiction; **F.stheorie** *f* theory of legal fiction

fiktiv *adj* fictitious

Filiale *f* branch

Filmrechte *pl* film rights

Final- final

Finanz|amt *nt* Inland Revenue (IR) *[GB]*, Internal Revenue Service (IRS) *[US]*; **F.anspruch** *m* financial claim; **F.gericht** *nt* financial/fiscal court, court of exchequer; **F.gerichtsbarkeit** *f* fiscal court jurisdiction; **F.gesetz** *nt* finance act

finanziell *adj* financial

finanzieren *v/t* fo finance/fund

Finanz|ordnung *f* financial regulations; **F.recht** *nt* fiscal law

Findelkind *nt* foundling

Finder *m* finder; **F.lohn** *m* finder's reward

Fingerabdruck *m* fingerprint; **F. nehmen** to fingerprint (so.); **genetischer F.** genetic fingerprint

fingier|en *v/t* 1. *(vortäuschen)* to feign/pretend, 2. *(fälschen, nachmahen)* to fake

fingiert *adj* bogus, fictitious

Firma *f* firm, company; **eingetragene F.** registered firm

Firmen|eintragung f company registration; **F.recht** nt company law; **F.register** nt register of companies; **F.siegel** nt company seal; **F.sitz** m registered/corporate office, company headquarters; **F.vermögen** nt company assets; **F.wert** m goodwill

firmieren v/i to trade under the firm of

Fischerei|abkommen nt fisheries agreement; **F.pachtvertrag** m fishing lease; **F.recht** nt fishing right

Fiskus m treasury, inland revenue, tax authorities

Fixerstube f shooting gallery (coll)

Fixum nt fixed amount/sum

Flächen|baunutzungsplan m zoning plan; **F.bombardement** nt (Völkerrecht) carpet bombing; **F.nutzungsgesetz** nt Town and Country Planning Act [GB]; **F.nutzungsgesetz** nt Zoning Law [US]; **F.nutzungsplan** m development/zoning plan; **F.stilllegung** f set-aside scheme; **F.tarifvertrag** m union agreement

Flagge f flag; **billige F.** flag of convenience (FOC); **F.nmissbrauch** m flag misuse, misuse of a flag; **F.nverunglimpfung** f defamation of a flag

in flagranti ertappt werden to be caught in the (very) act, ~ red-handed

flegelhaft adj loutish (coll)

Flucht f escape, flight; **auf der F.** on the run, at large

Flucht|auto nt getaway car; **F.fahrzeug** nt escape vehicle; **F.gefahr** f risk of flight, danger of absconding; **F.helfer(in)** m/f accomplice in an escape; **F.hilfe** f escape aid, aiding and abetting an escape

flüchtig adj fugitive, at large, escaped; **F.e(r)** f/m fugitive, absconder

Flüchtling m refugee, escapee; **F.slager** nt refugee camp

Fluchtlinie f building line

Flucht|mittel nt means of escape; **F.verdacht** m suspicion that so. might abscond, apprehension/suspicion of absconding; **F.versuch** m attempted escape, escape attempt; **F.weg** m escape route

Flug m flight; **F.blatt** nt pamphlet, flyer; **F.begleiter(in)** m/f flight attendant;

F.preis m air fare

Flur|bereinigung f land consolidation, reallocation of land; **F.schaden** m damage to agricultural land; **F.stück** nt plot

Folge f consequence, result; **F. leisten** to comply with; **F. sein von** to be consequent on; **direkte/unmittelbare F.** immediate consequence

Folge- consequential

Folge|ermittlungen pl follow-up inquiries/investigation (of crimes); **F.kosten** pl follow-up costs; **F.lasten** subsequent costs

folgen v/i 1. to follow; 2. to result

Folgenbeseitigungsanspruch m claim to remedial action, ~ nullify consequences

folgend adj ensuing, subsequent; **im F.en** nt hereinafter

Folge|prozess m follow-up trial; **F.recht** nt 1. right to follow the asset, droit de suite (frz.); 2. right of stoppage (in transit)

folgern v/t to conclude/deduce/infer/gather

Folgerung f conclusion, deduction, inference

Folge|sachen pl ancillary proceedings; **F.schaden** m consequential damage/loss; **F.schreiben** nt follow-up letter; **F.vertrag** m follow-up contract; **F.wirkung** f consequential effect

Folter f torture; **f.n** v/t to torture

Fonds m fund

förderlich adj conducive (to)

fordern v/t 1. (verlangen) to demand; 2. (beanspruchen, kosten) to claim

fördern v/t to encourage/support/sponsor

Förderung f sponsorship; **F. sexueller Handlungen Minderjähriger** encouraging (of) sexual acts of minors; **F. der Prostitution** encouraging (of) prostitution

Forderung f 1. (Wunsch) demand; 2. (Anspruch) claim, debt; **F. in unbestimmter Höhe** unliquidated claim; **F.en** pl (Bilanz) accounts receivable; **~ aus Lieferungen und Leistungen** trade accounts receivable

Forderung abgelten to discharge a debt; **F.en abschreiben** to write off debts; **zweifelhafte F. abschreiben** to write off a doubtful claim; **F. abtreten** to assign a claim; **F. nicht anerkennen** to disallow a claim; **F. anmelden** to file a claim; **F. aufrechterhalten** to insist on a claim; **F. belegen** to prove/support a claim; **F. bestreiten** to contest a claim; **F. durchsetzen** to enforce a claim; **F. einklagen** to sue for a debt, to litigate a claim; **F. beim Konkursverwalter einreichen** to lodge a proof of debt with the official receiver; **F. eintreiben/einziehen** to collect a debt; **einer F. entgegentreten** to refute a claim; **F. erfüllen** to meet a claim; **F. erlassen/fallen lassen** to abandon/relinquish/remit/waive a claim; **F. geltend machen** to file a claim; **F. gerichtlich geltend machen** to prosecute a claim; **von einer F. Abstand nehmen** to abandon/relinquish/waive a claim; **F. pfänden** to arrest a claim; **F. regulieren** to settle a claim; **F. in Abrede stellen** to repudiate a claim; **F. verrechnen** to offset a claim; **F. stunden** to defer a claim; **F. übertragen** to assign a claim; **F. verbriefen** to confirm a claim in writing; **auf eine F. verzichten** to waive/relinquish a claim; **F. zurückweisen** to repudiate/turn down a claim

abgetretene Forderung assigned debt; **abtretbare F.** assignable claim; **ältere F.** anterior claim; **anerkannte F.** recognized claim; **im Feststellungsverfahren ~; ausgeklagte F.** judgment debt; **aussonderungsfähige F.** claim of exemption; **bedingte F.** contingent claim; **begründete F.** legitimate claim; **beitreibbare F.** recoverable/enforceable claim; **berechtigte F.** justified/equitable claim; **bestrittene F.** disputed claim; **betagte F.** stale claim; **bevorrechtigte F.** 1. *(Nachlass)* privileged debt; 2. *(Konkurs)* preferential claim; **einklagbare F.** enforceable claim; **fällige F.** due debt, matured claim; **faule F.en** bad debts; **fingierte F.** bogus claim; **gegenwärtige und zukünftige F.en** debts owing and accruing; **geldwerte F.** monetary/pecuniary claim; **gepfändete F.** garnished debt; **gesicherte F.** secured claim; **dinglich gesicherte F.** debt secured in rem; **hypothekarisch gesicherte F.** mortgage debt; **gesperrte**

F. barred debt; **nicht nachweisbare F.** nonprovable claim; **offene F.** outstanding claim; **rückständige F.** debt in arrears; **schuldrechtliche F.** contractual claim; **strittige F.** litigious claim; **titulierte F.** enforceable claim, judgment debt; **unbedingte F.** noncontingent claim; **unberechtigte/unbegründete F.** unfounded/unsubstantiated claim; **uneinbringliche F.en** bad debts, uncollectibles; **unpfändbare F.en** ungarnishable debts; **unverzinsliche F.** passive debt; **verbriefte F.** bonded claim/debt; **verjährte F.** statute-barred claim; **verzinsliche F.** interest-bearing debt, active debt; **vollstreckbare F.** enforceable claim; **vorrangige F.** preferential claim; **zivilrechtliche F.** civil claim

Forderungs|abtretung *f* assignment of a claim; **~ in stiller Form vornehmen** to operate on a non-notification basis; **F.anerkennung** *f* recognition of a claim; **F.anmeldung** *f* filing (of) a claim; **F.arrest** *m* order of attachment for debts; **F.befriedigung** *f* settlement of a claim; **vergleichsweise ~** compounding of claims; **f.berechtigt** *adj* eligible; **F.berechtigte(r)** *f/m* obligee, rightful claimant; **F.einziehung** *f* debt collection; **F.erlass** *f* relinquishment of a claim; **F.fälligkeit** *f* maturity of a claim; **F.gläubiger(in)** *m/f* garnisher; **F.inhaber(in)** *f* holder of a claim; **F.kauf** *f* purchase of accounts receivable; **F.klage** *f* action for recovery of a debt; **F.nachweis** *m* proof of claim

Forderungs|pfandgläubige(r) *f/m* garnisher; **F.pfandrecht** *nt* right of attachment; **F.pfändung** *f* (equitable) garnishment, attachment; **~ durchführen** to garnish; **F.pfändungsbeschluss** *f* garnishee order; **F.pfändungsverfahren** *nt* garnishee proceedings

Forderungs|recht *nt* right to claim; **F.sicherung** *f* securitization; **F.stundung** *f* respite; **F.surrogat** *f* substitute claim; **F.tilgung** *f* settlement of a claim, redemption; **F.übergang** *m* assignment by operation of the law, transmission of claims, subrogation; **gesetzlicher ~** statutory assignment of a claim; **F.überhang** *f* net receivables; **F.übernahme** *f* assumption of debt; **F.übernehmer(in)** *f* assign(ee); **F.übertragung** *f* assignment of a claim; **F.verkauf** *f* factoring; **F.verletzung** *f* breach of an obligation; **positive ~** breach of contract; **F.vermächtnis** *nt* bequest of a claim; **F.verzeichnis** *f (Konkurs)* schedule of a bankrupt's estate; **F.verzicht** *m* remission/ waiver of a claim; **F.verzichtsklausel** *f* waiver clause

forensisch *adj* forensic

fortaitier|en *v/t* to forfeit; **F.ung** *f* forfeiture

Form *f* 1. form; 2. formalities; **F. der Anfechtung** form of avoidance; **~ Geltendmachung** form of claim; **~ Klage** form of action; **in öffentlich beglaubigter F.** attested by a public notary; **~ gehöriger F.** in due form; **gesetzliche F.** statutory form; **notarielle F.** notarial form; **vorgeschriebene F.** prescribed form; **in schriftlicher F.** in writing

formal *adj* formal, technical

Formal|beleidigung *f* verbal insult; **F.delikt** *nt* technical offence; **F.einwand** *m* technical traverse, special exception, objection on a point of order

Formalie *f* formality; **F.n** *pl* formalities

Formalität *f* formality; **ohne F.en** summarily

formalrechtlich *adj* in accordance with the letter of the law

Formalvertrag *m* pro-forma/standard contract

Form|änderung *f* change of form; **F.blatt** *nt* form; **F.brief** *m* standard letter

Formel *f* formula

formell *adj* formal, procedural; **f. und materiell** in form and in fact, **~** adjective and substantive law

Form|erfordernis *nt* formal/technical requirement; **F.fehler** *m* defect of form, formal defect, procedural irregularity; **f.frei** *adj* informal; **F.freiheit** *f* informality, freedom of form; **f.gerecht** *adj* in due form; **f.gültig** *adj* valid as regards form; **F.kaufmann** *m* statutory trader, merchant by legal form

förmlich *adj* in due form; **F.keit** *f* formality

form|los *adj* informal; **F.mangel** *m* lack of legal form, insufficiency/deficiency

of form; **F.sache** *f* formality, technicality

Formular *nt* form; **F. ausfüllen** to fill in *[GB]*/out *[US]* a form; **F.buch** *nt* book of precedents; **F.vertrag** *m* proforma/standard(-form) contract

formulier|en *v/t* to word/phrase, to draw up; **F.ung** *f* wording, phrasing

Form|verletzung *f* non-compliance with the formalities; **F.vorschrift** *f* formal requirement; **F.wechsel** *m* change of form; **f.widrig** *adj* not in compliance with formalities, irregular, contrary to form; **F.zwang** *m* mandatory compliance with formalities

Forst|amt *nt* forest authority; **F.aufseher** *m* forest inspector; **F.aufsicht** *f* forest inspectorate; **F.behörde** *f* Forestry Commission *[GB]*; **F.recht** *nt* forest law; **F.schaden** *m* forest damage

fortan *adv* henceforth

Fort|bestand *m* continued existence; **f.bestehen** *v/i* to continue; **F.bestehen** *nt* continuation, continued existence; **~ des Rechtsverhältnisses** continuation of the legal relationship; **f.bestehend** *adj* continuing

Fort|bildung *f* further training; **F.bleiben** *nt* non-attendance; **F.dauer** *f* continuation; **f.fahren** *v/i* to proceed; **F.fall** *m* cessation; **f.führen** *v/t* to continue; **F.führung** *f* continuation; **F.gang** *m* continuance; **f.gelten** *v/i* to continue to be valid; **F.geltung** *f* continuing validity; **f.gesetzt** *adj* continued, continuing; **f.laufend** *adj* consecutive, continuous; **F.schaffen** *nt* 1. removal; 2. *(widerrechtlich)* asportation; **f.setzen** *v/t* to continue

Fortsetzung *f* continuation; **F. eines Rechtsstreits** continuation of a legal dispute; **~sklausel** *m* renewal clause; **~szusammenhang** *m* continuation of an offence

Fortwirken *nt* continual effect

Forum *nt* forum, panel

Foto *nt* photo(graph), shot; **F.montage** *f* photo montage

Fötus *m* foetus

Fracht *f* 1. *(Ladung)* cargo, freight, load; 2. *(Gebühr)* carriage, freight(age); **F. zahlt Empfänger** freight forward (frt. fwd.), carriage forward (carr. fwd., c/f);

F. bezahlt carriage paid (c/p, cge. paid); **F. vorausbezahlt** freight prepaid (frt. ppd.); **F. löschen** to discharge cargo; **F. umschlagen** to handle freight/cargo; **F. zusammenstellen** to consolidate shipments, to group freight

Fracht|abschluss *m* freight fixing; **F.anspruch** *m* freight claim; **F.aufschlag** *m* freight surcharge; **F.aufseher(in)** *m/f* cargo superintendent; **F.bedingungen** *pl* freight terms; **F.beförderung** *f* carriage of goods; **F.brief** *m* 1. waybill (WB), freight note; 2. *(Bahn)* railroad bill of lading, railroad waybill; **F.bündelung** *f* freight consolidation; **F.charter** *f* charter party (C/P); **F.dampfer** *m* cargo vessel; **zusätzliche F.deckungsklausel** institute cargo clause; **F.eigner** *m* cargo owner; **F.eingangsbenachrichtigung** *f* landing notice; **F.empfänger** *m* consignee; **F.empfangsbescheinigung** *f* freight receipt

Frachter *m* cargo vessel, freighter

Fracht|erstattung *f* refund of freight charges; **f.- und spesenfrei** *adj* freight and charges prepaid

Fracht|führer(in) *m/f* carrier, (vehicle) haulage contractor; **F.klausel** *f* carrier clause; **F.pfandrecht** *nt* cargo/carrier's lien

Fracht|garantie *f* freight guarantee; **F.gebühr** *f* freight/carriage (charge); **F.- und Liegegeld** *nt* freight and demurrage; **F.gewerbe** *nt* carrying trade; **F.gut** *nt* cargo; **F.gutsendung** *f* consignment; **F.inhaber** *m* cargo owner; **F.konsortium** *nt* cargo syndicate; **F.konto** *nt* carriage/freight *[US]* account; **F.kontrakt** *m* freight contract; **F.kontrolleur** *m* tally clerk

Frachtkosten *pl* freight (charges), freightage; **F. und Löschungskosten** *pl* freight and landing charges; **F.kostenausgleich** *m* equalization of freight rates

Fracht|liste *f* cargo list, tally; **F.lohn** *m* cartage; **F.makler(in)** *m/f* freight broker; **F.nachlass** *m* freight absorption, rebate of freight; **F.nachnahme** *f* carriage forward (carr. fwd., c/f); **F.papier** *nt* 1. shipping/transport document; 2. *(Konnossement)* bill of lading (B/L); **F.police** *f* cargo policy; **F.rabatt** *m* freight absorption/rebate; **F.recht** *nt* carriage of goods law; **F.schaden** *m* damage in transit; **F.schiff** *nt* cargo vessel; **F.sendung** *f* consignment; **F.spediteur** *m* cargo agent, (freight) forwarder; **F.stundung** *f* freight deferment, deferral of freight payments; **F.tarif** *m* freight rate; **~ mit ausgeschlossenem Risiko** *m* conditional rate; **F.umschlag** *m* freight handling; **F.unternehmen** *nt* haulage contractor, carrier, haulier, freight corporation *[US]*; **F.vergütung** *f* reimbursement of freight; **F.verkehr** *m* goods traffic; **F.vermerk** *m* freight clause

Fracht|versicherer *m* cargo underwriter; **F.versicherung** *f* freight/cargo insurance; **F.versicherungspolice** *f* cargo policy

Fracht|vertrag *m* freight contract, contract of carriage, charter party; **F.vorschuss** *m* freight prepaid (frt. ppd.); **F.zettel** *m* waybill; **F.zuschlag** *m (Güterstau)* congestion charge; **F.zustellung** *f* cartage

Frage *f* 1. *(Äußerung)* question; 2. *(Problem)* problem, issue, question; **F. aufwerfen** to raise a question; **in F. stellen** to challenge/question; **F. zulassen** to allow a question

entscheidungserhebliche Frage relevant issue; **juristische F.** legal question; **materiell-rechtliche F.** question of substantive law; **offene F.** moot point; **schwebende F.** pending question; **schwierige F.** vexed question; **strittige F.** question in point

fragen *v/t* to ask/inquire/question

Frage|bogen *m* questionnaire; **F.recht** *nt* right to ask questions; **F.steller(in)** *m/f* questioner

fraglich *adj* 1. *(fragwürdig)* questionable; 2. *(betreffend)* in question, concerned

fraglos *adv* unquestionably, indisputably

fragwürdig *adj* dubious, shady, questionable

Franchise *f* 1. *(Lizenz)* franchise; 2. *(Ausnahmegenehmigung)* exemption; **F.geber** *m* franchisor, franchiser; **F.klausel** *f* franchise clause; **F.nehmer** *m* franchisee; **F.vertrag** *m* franchise/franchising agreement

frankieren v/t to frank/prepay

Frau f woman; **alleinstehende F.** single woman; **berufstätige F.** working woman; **geschiedene F.** divorced woman, divorcee; **ledige F.** unmarried woman; **unverheiratete F.** unmarried woman; **F.enhandel** m trafficking in women; **F.enhaus** nt women's refuge, refuge for battered women

frei adj 1. free, unrestricted; 2. (verfügbar) available; 3. (kostenlos) free (of charge); 4. (Arbeit) off-duty; 5. (Platz) vacant; **f.beruflich** adj freelance

Freibetrag m personal tax allowance, tax-free allowance, exemption; **F. für niedriges Einkommen** small-income allowance; ~ **Einkünfte aus beruflicher Tätigkeit** earned-income allowance; ~ **ungewisse Forderungen** bad-debt reduction; ~ **Lebensversicherungen** life-insurance relief [GB]; **pauschaler F.** m flat exemption; **persönlicher F.** m personal allowance/exemption; **F.sgrenze** f deduction limit

Freibeweis m moral/informal evidence

freibleibend adj 1. (Änderungen vorbehalten) subject to alterations without notice; 2. (Angebot) without engagement/obligation, all rights reserved, subject to prior sale

Freibrief m (Urkunde) charter; **jdm einen F. für etw. ausstellen** to give so. carte blanche to do sth.

Freier m (coll) (Prostitution) punter (coll)

Freiflächen und Grünanlagen pl open-space areas

Freigabe f 1. (Veröffentlichung) release, declassification; 2. (Bewirtschaftung) decontrol, deregulation; 3. (gesperrte Gelder) unblocking; 4. (Pfandgegenstand) replevin; 5. (Wohnung) derequisition; 6. (Genehmigung) clearance; **F.verfügung** f replevin

Freigang m (Häftling) day-release (of a prisoner for work)

freigeben v/t 1. (Veröffentlichung) to release/declassify; 2. (Bewirtschaftung) to decontrol/deregulate; 3. (gesperrtes Konto) to unblock/deblock; 4. (Pfandgegenstand) to replevin; 5. (Wechselkurse) to float; 6. (Wohnung) to derequisition

Freigelassene(r) f/m released person

freihändig adv by private contract/treaty

Freiheit f freedom, liberty; **F. der Berufsausübung** freedom of occupation; ~ **Berufswahl** freedom to choose one's profession; **F. des Güterverkehrs** freedom of transport; **F. der Meere** freedom of the seas; ~ **Meinungsäußerung** freedom of speech; ~ **Person** personal freedom; **F. von Strafverfolgung** immunity from prosecution; **F. des Wettbewerbs** free competition; **F. der Willenserklärung** freedom in the development of an informed opinion; **F. des Zahlungsverkehrs** freedom of financial transaction; **bürgerliche Freiheit** civil liberty; **persönliche F.** personal freedom; **unternehmerische F.** free enterprise

Freiheits|beraubung f 1. false arrest/imprisonment, unlawful detention; 2. deprivation of liberty; **F.beschränkung** f restriction of freedom, restraint; **F.charta** f charter of liberties; **F.delikt** nt offence against personal liberty; **F.entziehung; F.entzug** f/m detention, imprisonment, arrest, incarceration

Freiheitsstrafe f custodial/prison sentence, imprisonment; **zur Bewährung ausgesetzte F.** suspended sentence; **F. verbüßen** to serve one's sentence; **kurze F.** short prison sentence; **lebenslange/ lebenslängliche F.** life sentence

Freijahr nt year of grace

freikaufen v/t to ransom

Freiland nt open land; ~ **haltung** f free-range farming; **F.hühner** pl free-range chickens

freilassen v/t to set free/release, to discharge (from prison)

Freilassung f release; **bedingte F.** conditional release; **unbedingte F.** unconditional release

Freiraumklausel f clear space clause

Freisetzen nt release

Freisprecheinrichtung f hands-free kit/ set

freisprechen v/t 1. to acquit; 2. (entlasten) to exonerate/discharge

Freisprechung f 1. acquittal, discharge; 2. (Entlastung) exoneration; 3. (Lehrling) release

Freispruch m (judgment of) acquittal,

verdict of not guilty; **F. aus Mangel an Beweisen** discharge for lack of evidence; **F. wegen erwiesener Unschuld** honourable acquittal; **auf F. plädieren** to plead for an acquittal

Freistätte *f (Zufluchtsort)* sanctuary

freistellen *v/t* 1. *(befreien)* to release (from); 2. *(ausnehmen)* to exempt (from)

Freistellung *f* 1. release; 2. exemption; **F. von der Arbeit** release from work; **F. eines Gemeinschuldners** discharge of a bankrupt; **F. von Haftung** exemption from liability

Freistellungs|anspruch *m* indemnity claim, right of indemnity/recourse; **F.bescheid** *m (Steuer)* notice of exemption, ~ non-liability for tax; **F.klausel** *f* exemption clause; **F.verfahren** *nt* exemption proceedings; **F.verfügung** *f* exemption order; **F.voraussetzung** *f* exemption requirement

Freitod *m* suicide

freiwillig *adj* voluntary

sich freizeichnen *v/refl* to exclude one's liability, to contract out, to stipulate an exemption

Freizeichnung *f* contracting out, agreed exemption from liability; **F.sgrenze** *f (Vers.)* free average, franchise; **F.sklausel** *f* 1. *(Garantie)* non-warranty clause; 2. *(Abrechnung)* saving errors and omissions (SEAO); 3. *(Vers.)* memorandum (excepted perils) clause; 4. *(Völkerrecht)* opt-out clause; 5. *(Havarie)* average clause

Freizeit *f* leisure (time); **F.arrest** *m* weekend arrest; **F.gestaltung** *f* leisure time activity

freizügig *adj* free to move, unrestricted; **F.keit** *f (Wahl des Wohnorts)* freedom of movement

fremd *adj* 1. foreign, alien; 2. third-party

Fremd|besitz *m* possession for another, possession as a bailee; **F.besitzer(in)** *m/f* possessor as a bailee; **F.e(r)** *f/m* alien; **F.einwirkung** *f* outside/external influence; **F.enfeindlichkeit** *f* xenophobia; **F.enpass** *m* aliens/Nansen passport, passport for stateless persons; **F.enpolizei** *f* aliens office/department; **F.enrecht** *nt* aliens law; **F.haftung** *f* third-

party liability; **F.kapital** *nt* outside capital; **F.land** *nt* foreign country; **F.leistung** *f* third-party performance; **F.schaden** *m* third-party damage; **F.verschulden** *nt* responsibility of a third party

Freudenhaus *nt* brothel

Freundschaftsvertrag *m* treaty of friendship

Frevel *m* 1. outrage; 2. *(Religion)* sacrilege

Freveltat *f* outrage; **F. begehen** to commit an outrage

Frieden *m* peace; **F. und Freiheit** peace and liberty; **öffentlicher F.** public peace

Friedens|bruch *m* breach of the peace; **f.gefährdend** endangering the peace; **F.pflicht** *f* obligation to keep the peace; **F.richter** *m* justice of the peace (JP); **F.vertrag** *m* peace treaty

Friedhof *m* cemetery, graveyard; **F.sschändung** *f* desecration of a cemetery

frisieren *v/t (coll)* to fiddle *(coll)*

Frist *f* 1. *(Zeitspanne)* (period of) time, time limit; 2. *(Zeitpunkt)* deadline; **F. zur Klageerhebung** time for commencement of action

Frist bestimmen to fix a deadline; **F. bewilligen** to grant a respite; **F. einhalten** to meet the deadline; **F. festsetzen** to fix a deadline; **F. gewähren** to grant a respite; **F. hemmen** to suspend the running of the period; **F. setzen** to fix a deadline; **F. verlängern** to extend the time limit; **F. versäumen** to fail to meet a deadline **F. wahren** to observe a deadline; **angemessene F.** reasonable time; **gesetzliche F.** statutory period/time; **präklusive F.** absolute deadline

Frist|ablauf *m* lapse/expiry of time; **F.beginn** *m* beginning of the period; **F.bestimmung** *f* suspension of the time limit; **F.bewilligung** *f* granting (of) a respite; **F.einhaltung** *f* meeting (of) the deadline; **F.ende** *nt* time limit; **f.gemäß; f.gerecht** *adv* in due time, within the period stipulated; **F.gesuch** *nt* application for a respite; **F.igkeit** *f* maturity; **f.los** *adj* instant, without notice; **f.mäßig** in due time; **F.setzung** *f* fixing (of) a time limit; **F.tag** *m* day of respite; **F.über-**

schreitung *f* exceeding (of) the deadline; **F.unterbrechung** *f* interruption of the period; **F.verlängerung** *f* extension (of time), respite; **F.verlängerungsantrag** *m* request for an extension; **F.versäumnis** *nt* failure to meet the deadline, default (in respect of time); **F.wahrung** *f* compliance with the deadline, ~ time limit

frontal *adj* head-on; **F.zusammenstoß** *m* head-on collision

Frucht *f* fruit

Früchte *pl* fruits, benefits; **F. einer Sache** fruits of a thing; **F.ziehung** *f* collecting the fruits and benefits

Frucht|genuss *m* enjoyment of fruits and benefits; **F.ziehung** *f* collecting the fruits and benefits

früher *adj* previous, former

frühestens *adv* no earlier than, at the earliest

führen *v/t* to conduct

Führen *nt* conduct; **F. eines Fahrzeugs** driving a vehicle; **F. einer nicht genehmigten Schusswaffe** carrying an unregistered weapon; **F. eines Titels** use of a title

Führerschein *m* driving licence *[GB]*, driver's license *[US]*; **F. beschlagnahmen** *(ohne Einverständnis des Betroffenen)* to confiscate the driving licence; **F. sicherstellen** *(mit Einverständnis des Betroffenen)* to secure the driving licence; **F.entzug** *m* disqualification from driving; **f.frei** *adj* exempt from the obligation to have a driving licence; **F.pflicht** *f* obligation to have and carry a driving licence

Führung *f* 1. management; 2. *(Benehmen)* conduct, behaviour; **F. der Geschäfte** management; **F. eines Namens** use of name; **F. des Prozesses** conduct of the case; **F. eines Rechtsstreits** conduct of a legal dispute; **F. von Waffen** carrying arms

Führungs|aufsicht *f* 1. supervision of conduct; 2. *(Bewährungsstrafe)* probationary supervision; **F.befugnis** *f* managerial authority; **F.zeugnis** *nt* certificate of good conduct; **polizeiliches ~** police clearance certificate

Fund *m* find, finding

Fund|büro *nt* lost-property office; **F.diebstahl** *m* larceny by finder; **F.eigentum** *nt* title by discovery; **F.recht** *nt* law concerning lost property; **F.sache** *f* 1. found object; 2. *(Fundbüro)* piece of lost property; **nicht abgeholte ~** unclaimed found property; **F.unterschlagung** *f* wrongful appropriation of something found, larceny by finder

fungibel *adj* fungible

Funktion *f* function; **amtliche F.** official capacity; **bestimmungsgemäße F.** intended function

Furcht *f* fear

fürchten *v/t* to fear

Fürsorge *f* 1. care; 2. assistance, relief; 3. social service(s), welfare; **von der F. leben** to live on social security; **F. treffen für** to make provision for

Fürsorge|bestimmungen *pl* welfare provisions; **F.kind** *nt* child in care; **F.pflicht** *f* 1. *(Arbeitgeber)* employer's duty of care; 2. duty to give (social and medical) assistance; **F.prinzip** *nt* welfare principle; **F.verfahren** *n* care proceedings

Fürsprache *f* plea, intercession

Fürsprech(er,erin) *m/f [CH]* → **Anwalt** *m* lawyer

Fürsprecher(in) *m/f* advocate

Fusion *f* merger; **F.skontrolle** *f* control of mergers; **F.sverbot** *nt* prohibition of mergers

Fuß *m* foot; **zu F.** on foot; **sich auf freiem F. befinden** *(Ausbrecher)* to be at large; **auf freien F. setzen** to release/discharge

Fuß|abdruck *m* footprint; **F.fesseln** *pl* shackles; **elektronische ~** electronic tags

Fußgänger|(in) *m/f* pedestrian; **F.ampel** *f* pedestrian traffic lights; **F.übergang** *m* pedestrian crossing; **F.überweg mit Ampfel** *m* pelican crossing; **F.zone** *f* pedestrian precinct *[GB]*/mall *[US]*

Fußstreife *f* 1. foot patrol, beat; 2. *(Person)* beat/foot officer; **F. gehen** to walk the beat

G

Gabe *f* donation, gift
Galgen *m* gallows; **G.frist** *f* 1. stay of execution, reprieve; 2. *(fig)* final respite; **jdm eine ~ einräumen** to grant so. a reprieve; **G.humor** *m* gallows humour
Gang *m* 1. *(Gangart)* walk, gait, way of walking, pace; 2. *(Verlauf)* course; 3. *(Ablauf)* process; 4. *(eingefriedeter Weg)* passageway; 4. *(Laden, Lager)* aisle; **G. der Rechtspflege** course of justice; **~ Verhandlung** course of trial; **in G. kommen** to get under way; **~ sein** to be under way; **im G.e sein** to be in progress; **g.bar** *adj* 1. *(begehbar)* passable; 2. *(Lösung, Weg)* practicable, feasible, viable
gängig *adj* 1. *(üblich)* common, prevalent; 2. *(Umlauf)* current; 3. *(gut verkäuflich)* in demand, popular, sal(e)able
Gangster *m* gangster; **G.bande** *f* gang/band of criminals; **G.boss** *m* gangland boss
Ganove *m* crook *(coll)*
ganz oder teilweise *adv* in whole or in part
Gänze *f* entirety; **in seiner/ihrer G.** in its entirety
Ganztagsarbeit *f* full-time work
Garageneinfahrt *f* drive(way)
Garant *m* 1. guarantor, warrantor; 2. *(Effekten, Vers.)* underwriter; 3. *(fremde Schuld)* surety; **G.enpflicht** *f* 1. guarantor's liability/obligation
Garantie *f* 1. guarantee, warranty; 2. *(Zusicherung)* undertaking; 3. *(Bürgschaft)* surety; **auf G.** under guarantee; **G. eines Bauunternehmers** construction bond; **G. der Herstellerfirma** manufacturer's guarantee; **G. für Rechtsmängel** warrnty of title; **G. auf Schadloshaltung** indemnity bond
Garantie aufheben to cancel a guarantee; **G. ausschließen** to exclude a warranty; **G. läuft aus** guarantee expires/runs out; **G. in Anspruch nehmen** to raise claims under a guarantee,

to enforce a g.; **G. übernehmen** to assume a guarantee; **G. für jdn übernehmen** to vouch for so.; **persönlich für etw. G. übernehmen** to enter into one's own recognizance; **für jds Verhalten G. übernehmen** to vouch for so.'s good conduct; **G. zurückziehen** to withdraw a guarantee
abgelaufene Garantie expired guarantee; **ausdrückliche G.** express warranty; **institutionelle G.** institutional guarantee; **staatliche G.** government guarantee; **stillschweigende G.** implied guarantee; **unbedingte G.** unconditional guarantee; **vertragliche G.** contractual guarantee/warranty
Garantie|abkommen *nt* guarantee agreement, covenant of warranty; **G.änderung** *f* variation of guarantee; **G.anspruch** *m* warranty claim; **seiner G.ansprüche verlustig gehen** to lose one's rights under a guarantee; **G.arbeiten** *pl* warranty work; **G.ausschluss** *m* exclusion of warranty; **G.bedingungen** *pl* terms of guarantee; **G.begünstige(r)** *f/m* beneficiary under a guarantee; **G.dauer** *f* duration of guarantee, guarantee period; **G.einschränkungen** *pl* *(Formular)* fine print; **G.empfänger(in)** *m/f* warrantee; **G.erklärung** *f* warranty, guarantee bond, letter of indemnity; **G.frist** *f* guarantee/warranty period; **G.geber** *m* 1. guarantor, warrantor; 2. underwriter; **G.gemeinschaft** *f* joint guarantors; **G.geschäft** *nt* guarantee/indemnity transaction; **G.gewährung** *f* granting (of) a guarantee; **G.haftung** *f* liability under a guarantee; **G.inanspruchnahme** *f* service under a guarantee; **G.inhaber(in)** *m/f* warrantee; **G.klausel** *f* guarantee/warranty clause; **G.konsortium** *nt* underwriting syndicate, underwriters; **G.leistung** *f* performance pursuant to a guarantee; **G.lohn** *m* guaranteed minimum wage; **G.nehmer(in)** *m/f* beneficiary under a guarantee; **einer G.pflicht nachkommen** *f* to implement a guarantee; **G.preis** *m* guaranteed price
garantieren *v/t* to guarantee/warrant/undertake
Garantie|rücklage *f* contingency reserve;

G.schein *m* certificate of guarantee/ warranty; **G.schreiben** *nt* letter of indemnity; **G.schuldner(in)** *m/f* guarantor; **G.sicherheit** *f* guarantee collateral; **G.umfang** *m* extent/scope of warranty; **G.vereinbarung** *f* indemnity contract, del credere agreement *[GB]*; **G.verletzung** *f* breach of guarantee/warranty

Garantieverpflichtung *f* obligation under a guarantee/warranty, indemnity/ surety bond; **eine ~ eingehen** to enter into a guarantee, **~ surety bond; aus einer ~ entlassen** to release from a guarantee; **einer ~ nachkommen** to implement/ honour a guarantee

Garantieversicherung *f* guarantee insurance, warranty policy, fidelity insurance *[US]*; **G.versprechen** *nt* warranty promise; **gegenseitiges ~** mutual guarantee; **G.vertrag** *m* contract of guarantee/indemnity; **G.vertreter(in)** *m/f (Kommissionär)* del credere agent; **G.verzicht** *m* disclaimer of warranty; **G.vorschrift** *f* warranty provision; **G.wartung** *f* maintenance under a warranty; **G.wechsel** *m* security bill; **G.zeit** *f* guarantee/warranty period; **G.zusage** *f* guarantee/warranty commitment; **betriebliche G.zusagen** factory guarantee policies; **G.- und Gewährleistungszusage** *f* warranty assurance

Gas *nt* gas; **G.anschluss** *m* gas mains; **schädliche G.ausströmung** emission of noxious gases; **G.austritt** *m* gas leak(age); **G.hahn** *m* gas tap; **G.leitung** *f* gas mains/pipe; **G.pedal** *nt* accelerator (pedal); **G.pistole** *f* gas pistol; **G.rechnung** *f* gas bill; **G.vergiftung** *f* gas poisoning; **G.zähler** *m* gas meter

Gasse *f* alley(-way)

Gast *m* guest, visitor; **G. in einer Stadt sein** to be a visitor to a city; **ungeladener G.** uninvited guest, gatecrasher *(coll)*

Gast|arbeiter(in) *m/f* guest/foreign/immigrant worker; **G.aufnahmevertrag** *m* contract of accommodation; **G.dozent(in)** *m/f* guest/visiting lecturer; **G.freundschaft** *f* hospitality; **G.geber(in)** *m/f* host, hostess; **G.land** *nt* host country; **G.recht** *nt* right to hospitality; **~ missbrauchen** to abuse so.'s right to hospitality

Gaststätte *f* public house, inn, tavern, restaurant; **brauereieigene G.** tied (public) house

Gaststätten|betrieb *m* catering establishment; **G.erlaubnis** *f* licence to operate a restaurant/public house/inn; **G.gesetz** *nt* Licensing Act *[GB]*; **G.gewerbe** *nt* catering trade; **G.- und Beherberungsgewerbe** *nt* hotel and catering trade; **G.inhaber(in)** *m/f* landlord, publican; **G.recht** *nt* catering law; **G.verbot** *nt* prohibition to enter licensed premises; **G.wesen** *nt* catering industry, hotels and restaurants

Gastwirt *m* publican, landlord, innkeeper; **G.in** *f* landlady; **auf Kosten des G.s** on the house; **konzessionierter G.** licensed victualler *[GB]*; **G.schaft** *f* public house, pub, inn, saloon *[US]*; **G.shaftung** *f* liability of the innkeeper, publican's liability

Gatte *m* husband, spouse; **Gattin** *f* wife, spouse; **überlebender G.** surviving spouse

Gattung *f* 1. *(Biologie)* species; 2. *(Literatur, Kunst)* genre; 3. *(Art, Sorte)* kind, type

Gattungs|begriff *m* generic term; **G.anspruch** *m* generic claim; **G.kauf** *m* purchase by description; **G.schenkung** *f* generic donation; **G.schuld** *f* 1. obligation in kind; 2. obligation to supply unascertained/generic goods; **G.vermächtnis** *nt* general/unspecified legacy; **beschränktes ~** demonstrative legacy; **G.ware(n)** *f/pl* unascertained/ fungible/generic goods

Gauner *m* crook, cheat, swindler; **G.ei** *f* racket, swindle

geächtet *adj* outlawed

Gebaren *nt* 1. behaviour, 2. practice

Gebäude *nt* building, edifice; **G. abreißen** to demolish a building; **G. errichten** to erect a building; **G. schätzen** to rate a building

baufälliges Gebäude dilapidated building; **gewerblich genutztes G.** commercial/industrial building; **schlüsselfertiges G.** turnkey building; **unter Denkmalschutz stehendes G.** listed building; **leer stehendes G.** vacant building

Gebäude|abnahme *f* final architect's certificate; **G.abschätzer** *m* building surveyor; **G.abschreibung** *f* depreciation of buildings; **G.besitzer(in)** *m/f* property owner; **G.bestand** *m* housing stock, stock of buildings; **G.bewirtschaftung** *f* housing/property management; **G.eigentum** *nt* property ownership; **G.eigentümer(in)** *m/f* property owner; **G.ertragswert** *m* annual value of buildings; **G.erweiterung** *f* extension; **G.haftung** *f* 1. property/house owner's liability; 2. occupier's liability; **G.kosten** *pl* building occupancy expenses; **G.modernisierung** *f* property redevelopment/refurbishment; **G.plan** *m* floor plan; **G.sanierung** *f* building renovation; **G.schaden** *m* damage to a building, structural/property damage; **G.steuer** *f* property tax; **G.übereignung** *f* conveyance/transfer of property; **G.unterhaltung** *f* maintenance (and upkeep) of a building; **G.veräußerung** *f* sale of property; **G.versicherung** *f* building insurance; **G.wert** *m* property value; **G.wertermittlung** *f* determination of the property value; **G.zustand** *m* condition/state of a building

Geber(in) *m/f* donor

Gebiet *nt* 1. territory, 2. *(fig.)* field

gebieten *v/t* 1. to command, 2. *(erfordern)* to require

Gebiets|ansässige(r) *f/m* resident; **G.anspruch** *m* territorial claim; **G.einheit** *f* territorial unit; **G.herrschaft; G.hoheit** *f* territorial sovereignty; **G.körperschaft** *f* 1. territorial entity; 2. territorial/ regional authority, regional corporation; **G.statut** *nt* lex territorialis *(lat.)*

geboren *adj* born; **g.e** née *(frz.)*

Gebot *nt* 1. command, order; 2. *(Angebot)* offer; 3. *(Anordnung)* precept; 4. *(Versteigerung)* bid; **gegen ein G. verstoßen** to break a rule

geboten *adj* due, appropriate

Gebotszeichen *nt* mandatory sign

Gebrauch *m* 1. use; 2. *(Gewohnheit)* usage, custom, practice; 3. *(Umgang)* handling; **außer G.** out of use; **~ kommen** to fall into disuse/desuetude; **G. machen von** to make use of, to avail os. of

bestimmungsgemäßer Gebrauch contractual/intended use; **bestimmungswidriger G.** misuse; **gemeinschaftlicher G.** joint use; **gewöhnlicher G.** ordinary use; **öffentlicher G.** public use; **rechtmäßiger G.** lawful use; **sachgemäßer G.** proper use; **üblicher G.** accepted usage; **unbefugter G.** unauthorized use; **~ (des Fahrzeugs)** taking without the owner's consent (twoc), joyriding; **unsachgemäßer G.** improper use; **vertragsmäßiger G.** contractual use; **widerrechtlicher G.** unlawful use

gebräuchlich *adj* 1. *(verbreitet)* common (practice); 2. *(gewöhnlich)* usual, customary

Gebrauchs|anmaßung *f* 1. unauthorized use, 2. *(gesetzwidrig)* illicit use; **G.anweisung** *f* instructions for use; **G.befugnis** *f* authority to use; **G.diebstahl; G.entwendung** *m/f* larceny/theft for temporary use; **G.entzug** *m* deprivation of use; **g.fähig** *adj* serviceable, in working order; **G.fähigkeit** *f* serviceability; **G.muster** *nt* utility patent; **G.musterschutz** *m* protection of registered designs; **G.überlassung** *f* transfer for use; **G.zweck** *m* intended use;

gebraucht *adj* 1. *(Besitzerwechsel)* second-hand; 2. used

Gebrechen *nt* ailment; **geistiges G.** mental illness; **körperliches G.** physical ailment

gebrechlich *adj* 1. ailing, 2. *(Alter)* infirm

Gebrechlichkeit *f* infirmity; **G.spflegschaft** *f* curatorship due to infirmity

Gebühr *f* fee, charge; **G. erheben** to levy a charge, to charge a fee

gebühren *v/i* to be due; **g.d** *adj* 1. due, proper; 2. *(passend)* fitting, appropriate

Gebühren|erhebung levying of charges; **G.erstattung** *f* refund of charges; **G.forderung** *f* demand for charges; **g.frei** *adj* free of charge, toll-free; **G.freiheit** *f* exemption from charges; **G.hinterziehung** *f* evasion of charges; **G.ordnung** *f* scale of charges, schedule of fees, tariff; **g.pflichtig** *adj* subject to charges, chargeable, subject to a fee; **G.rechnung** *f* bill of costs; **G.satz** *m* tariff; **G.tabelle** *f* table of charges; **G.überhebung** *f* excessive rates;

G.vereinbarung *f* agreement on fees; **G.verzeichnis** *nt* table of charges, schedule of fees; **G.vorschuss** *m (Anwaltshonorar)* retainer; **G.zahlung** *f* payment of charges

gebunden *adj* tied, bound; **vertraglich g. sein** to be bound by contract

Geburt *f* birth; **G.enbuch** *m* register of births

Geburts|datum *nt* date of birth; **G.land** *nt* native country; **G.name** *m* name at birth; **G.urkunde** *f* birth certificate

Gedächtnis *nt* memory; **G.fehler** *m* lapse of memory; **G.lücke** *f* gap in one's memory; **G.schwund** *m* loss of memory, amnesia; **G.störung** *f* partial amnesia

Gedanke *m* thought; **G.nfreiheit** *f* freedom of thought

gedeckt *adj (Vers.)* covered

Gedinge *nt* piecework, contract labour

geeignet *adj* eligible, suitable; **G.heit** *f* suitability

Gefahr *f* 1. danger, hazard; 2. *(Vers.)* peril, risk; **auf eigene G.** 1. at owner's risk; 2. at one's own risk/peril; **G. für Leib und Leben** danger to life and limb; **G. einer erneuten Verurteilung** double jeopardy; **G. im Verzug** imminent danger

Gefahr abwenden to avert a danger; **G. geht über** risk passes; **für die G. haften** to bear the risk; **G. laufen** to run the risk; **G. verschulden** to cause danger

akute Gefahr imminent danger; **drohende/gegenwärtige G.** imminent danger; **erkennbare G.** discernible risk; **gemeinsame G.** common danger; **persönliche G.** personal risk; **unabwendbare G.** unavoidable danger; **versicherte G.** insured risk

Gefahr|stoffe *pl* dangerous/hazardous substances; **G.tragung** *f (Vertrag)* bearing of the risk; **G.übergang** *m* transfer of risk

gefährden *v/t* to endanger/jeopardize/imperil

Gefährdung *f* endangerment, endangering; **G. des Gemeinwohls** public threat; **G. der öffentlichen Ordnung** endangering peace and public order; **~ Sicherheit** endangering security; **G. des Straßenverkehrs** endangering road

traffic; **abstrakte G.** abstract danger; **erhebliche G.** considerable danger

Gefährdungs|delikt *nt* 1. strict liability tort; 2. strict liability offence; **G.haftung** *f* strict/absolute liability

Gefahren *pl* perils; **G.abwehr; G.abwendung** *f* avoiding/averting a danger, accident prevention; **G.erhöhung** *f* increase of risk; **G.klasse** *f* risk category; **G.klausel** *f* perils clause; **G.quelle** *f* source of danger; **G.stelle** *f* danger spot; **G.übergang** *m* passing of risk; **G.übernahme** *f* assumption of risk; **G.verhütung** *f* accident prevention; **G.zone** *f* danger zone; **G.zulage** *f* danger money

gefahrgeneigt *adj* accident-prone

gefährlich *adj* dangerous

Gefälligkeit *f* 1. favour; 2. *(Entgegenkommen)* accommodation; 3. act of courtesy

Gefälligkeits|abrede *f* accommodation agreement; **G.adresse** *f* accommodation address; **G.akzept** *nt* accommodation acceptance; **G.girant** *m* accommodation endorser; **G.verhältnis** *nt* courtesy relationship; **G.vertrag** *m* accommodation agreement; **G.wechsel** *m* accommodation bill

gefangen *adj* 1. captured, caught; 2. imprisoned; **g. halten** to imprison

Gefangene(r) *f/m* 1. prisoner, prison inmate; 2. captive, 3. detainee

Gefangenen|anstalt *f* penitentiary *[US]*, prison; **G.arbeit** *f* convict labour; **G.aufseher** *m* prison guard; **G.aussage** *f* prisoner's statement/evidence; **G.austausch** *m* exchange of prisoners; **G.befreiung** *f* rescue of prisoners; **G.lager** *nt* prison camp; **G.meuterei** *f* prison mutiny

Gefangennahme *f* 1. *(Festnahme)* arrest; 2. *(Ergreifung)* apprehension, capture; 3. imprisonment

Gefangenschaft *f* 1. captivity; 2. *(Eingesperrtsein)* confinement

Gefängnis *nt* prison, jail, gaol, penitentiary *[US]*; **G.aufseher(in)** *m/f* prison warder; **G.ausbruch** *m* jailbreak; **G.direktor(in)** *m/f* prison governor *[UK]*/warden *[US]*; **G.insasse** *m* prisoner, prison inmate; **G.ordnung** *f* prison rules; **G.personal** *nt* prison staff;

G.revolte *f* prison mutiny; **G.strafe** *f* prison/jail/custodial sentence; imprisonment; **G.wärter(in)** *m/f* prison warder

gefügig *adj* 1. *(zugänglich)* amenable; 2. *(unterwürfig)* submissive

gegebenenfalls *adv* 1. as the case may be; 2. if need be; 3. where/if applicable; 4. where appropriate

Gegebenheiten *pl* facts, circumstances

gegen *prep* 1. *(Prozess)* versus (v.) *(lat.)*; 2. against

Gegen|abrede *f* mutual understanding; **G.angebot** *nt* counter-offer; **G.anklage** *f* counter-charge; **G.anspruch** *m* counterclaim; **G.antrag** *m* countermotion; **G.aussage** *f* counterstatement, testimony to the contrary; **G.beschuldigung** *f* recrimination; **G.beweis** *m* proof/evidence to the contrary, counter-evidence, evidence in rebuttal; **G.bürge** *m* counter-surety

Gegend *f* area; **die G nach dem Verbrecher absuchen** to search the area for the criminal

Gegen|darstellung *f* counter-statement, opponent's version of events; **G.demonstration** *f* counter-demonstration; **G.dienst** *m* reciprocal favour; **G.einrede;** **G.einwand** *f/m* counterplea; **G.erklärung** *f* rejoinder, counter-statement; **G.forderung** *f* counter-demand, counterclaim, cross-claim; **G.gutachten** *nt* counter-opinion; **G.klage** *f* 1. counter-charge; 2. cross-action, cross-suit, cross-petition; **G.kläger(in)** *m/f* 1. counterclaimant; 2. cross-petitioner; **G.leistung** *f* 1. consideration; 2. service in return; **geldwerte ~** valuable/pecuniary consideration; **G.maßnahme** *f* counter-measure; **Gegenpartei** *f* opposite/adverse party; **G.recht** *nt* adverse title; **G.seite** *f* 1. opposing party; 2. opposite side

gegenseitig *adj* mutual, reciprocal

Gegenseitigkeit *f* reciprocity, mutuality; **auf G.** mutual; **G. gewähren** to grant reciprocal treatment; **G. verbürgen** to guarantee reciprocity

Gegenseitigkeits|abkommen *nt* reciprocity agreement; **G.geschäft** *nt* reciprocal transaction; **G.gesellschaft** *f* mutual/friendly society; **G.klausel** *f* reciprocity clause; **G.versicherung** *f* mutual insurance; **G.vertrag** *m* reciprocal contract

Gegenspionage *f* counterespionage

Gegenstand *m* 1. thing, object; 2. article; 3. *(Thema)* subject (-matter); 4. res *(lat.);* **G. des öffentlichen Interesses** matter of public interest; **G. der Klage** subject of the action; **G. des Vertrages** subject of the contract; **geschuldeter G.** owed item; **haftender G.** liable item; **körperlicher G.** corporeal item; **versicherter G.** risk

immaterielle Gegenstände incorporeal things

gegenständlich *adj* concrete

gegenstands|los *adj* 1. immaterial; 2. nugatory; 3. irrelevant; 4. *(Anspruch)* unfounded; 5. *(Beschwerde)* groundless; **G.wert** *m* value of the item

Gegen|stimme *f* vote against; **G.stück** *nt* counterpart

Gegenteil *nt* 1. contrary; 2. opposite; **g.ig** *adj* opposite; **G.sbeweis** *m* evidence to the contrary

gegenüber *prep* vis-à-vis; **g.stellen** *v/t* to confront

Gegenüberstellung *f* 1. identification parade, 2. confrontation; **polizeiliche G.** identity parade, line-up *[US]*

Gegen|verkehr *m* oncoming traffic, **G.verpflichtung** *f* counter-obligation; **G.vorbringen** *nt* replication; **G.vormund** *m* supervisory co-guardian; **G.vorstellung** *f* remonstrance

Gegenwart *f* present; **in G. von** in the presence of; **in jds. G.** in so.'s presence; **G.swert** *m* present value

gegenwärtig *adj* current, present

Gegenwehr *f* resistance

Gegenwert *m* equivalent value, consideration; **entsprechender G.** adequate consideration; **gleicher G.** equivalent; **hinreichender G.** sufficient consideration

gegenzeichn|en *v/t* to countersign; **G.ung** *f* countersignature

Gegenzeug(e/in) *m/f* witness for the opposing party, **~ other side

Gegner(in) *m/f* 1. opponent; 2. opposing/adverse party; 3. adversary

gegnerisch *adj* 1. opposing; 2. opposite; 3. adversary

Gehalt *nt* salary; **G. beziehen** to draw a salary

Gehalts|abtretung *f* salary assignment; **G.abzug** *m* payroll deduction; **G.anspruch** *m* salary claim; **G.empfänger(in)** *m/f* salary earner; **G.exekution** *f* garnishment of salary claims; **G.forderung** *f* salary claim; **G.fortzahlung** *f* salary continuation; **G.liste** *f* payroll; **G.nachzahlung** *f* back pay; **G.pfändung** *f* salary attachment, attachment of earnings; **G.rückstände** *pl* 1. salary arrears; 2. accrued salary; **G.stufe** *f* salary bracket; **G.tarif** *m* salary/pay scale; **G.vorschuss** *m* salary advance; **G.zahlung** *f* salary payment; **G.zulage** *f* bonus

geheim *adj* 1. secret; 2. confidential; **streng g.** 1. top secret; 2. strictly confidential

Geheimabkommen *nt* secret agreement; **G.dienst** *m* secret service

Geheimhaltung *f* secrecy; **jdn zur G. verpflichten** to enjoin so. to secrecy; **G.spflicht** *f* 1. obligation to maintain secrecy; 2. employee's obligation of confidentiality

Geheimnis *nt* secret; **jdm ein G. anvertrauen** to confide a secret to so.; **G. verraten** to betray a secret; **illegales G.** illegal secret

Geheimnis|enthüllung *f* disclosure of secrets; **G.träger(in)** *m/f* official sworn to secrecy; **G.verletzung** *f* violation of secrecy; **G.verrat** *m* 1. treason; 2. offence under the Official Secrets Act *[GB]*

Geheim|polizei *f* secret police; **G.rat; G.rätin** *m/f* privy councillor; **G.wahl** *f* secret ballot

auf jds Geheiß *nt* at so.'s behest

gehemmt *adj* inhibited

Gehilfe *m* 1. *(Erfüllungsgehilfe)* vicarious agent; 2. assistant; 3. *(StR)* aider and abettor, accessory, accomplice

Gehör *nt* *(Anhörung)* hearing; **rechtliches G.** fair hearing; **richterliches G.** right to be heard in court

gehorchen *v/t* to obey; **nicht g.** to disobey

gehören zu *v/i* to adhere to

gehörig *adj* 1. due; 2. proper

gehorsam *adj* obedient

Gehorsam *m* obedience; **jdm G. schulden** to owe so. obedience; **G. verweigern** to refuse to obey; **absoluter G.** total obedience; **G.spflicht** *f* duty to obey; **G.sverweigerung** *f* insubordination, disobedience

Gehweg *m* 1. pavement, sidewalk *[US]*; 2. footpath

Geisel *f* hostage; **jdn als G. nehmen** to take so. hostage; **G.nahme** *f* hostage-taking

Geist des Gesetzes *m* spirit of the law; **nach dem ~, nicht nach seinem Buchstaben gehen** to go by the spirit rather than the letter of the law

Geisterfahrer(in) *m/f* ghost driver

geistesabwesend *adj* absent-minded

geistesgestört *adj* 1. *(leicht)* mentally disturbed; 2. *(stark)* mentally deranged, demented; **G.e(r)** *f/m* person of unsound mind, mentally disturbed/deranged person; **G.heit** *f* mental derangement, -dementia *(lat.)*

geisteskrank *adj* 1. mentally ill, of unsound mind; 2. *(wahnsinnig)* insane; **G.e(r)** *f/m* 1. mentally ill person; 2. lunatic, insane peson; **G.heit** *f* 1. mental illness; 2. insanity, lunacy; 3. dementia *(lat.)*

geistesschwach *adj* mentally deficient

Geistes|schwäche *f* 1. mental deficiency; 2. imbecility; **G.störung** *f* mental disorder, mental disturbance/derangement; **G.tätigkeit** *f* mental activity; **G.verfassung** *f* frame/state of mind; **G.zustand** *m* mental state/condition

geistlich *adj* 1. *(Beistand, Einstellung)* spiritual 2. *(Kirche)* ecclesiastical, clerical; 3. *(Amt)* religious; **G.er** *m* 1. clergyman, priest, chaplain, cleric

geladen werden *adj* *(Gericht)* to be summoned (to appear in court)

Geladene(r) *f/m* summoned person

Gelände *nt* 1. land, 2. *(Gebiet)* area; 3. *(Grundstück)* ground(s); 4. *(Bau)* site

gelangen *v/i* to reach, to come (in)to

Geld *nt* money; **in G. umsetzen** to convert into money; **anvertrautes G.** entrusted money; **bares G.** cash; **falsches G.** counterfeit money; **heißes G.** hot money; **verwendetes G.** used money

Geld|abfindung *f* pecuniary compensation; **G.automat** *m* cash machine/dispenser, automated teller machine (ATM), cashpoint; **G.beihilfe** *f* financial assistance; **G.bereitstellung** *f* appropriation of funds; **G.betrag** *m* sum/amount of money; **~ der Forderung** amount of the claim; **G.bewilligung** *f* allocation of funds; **G.börse** *f* purse; **G.buße** *f* penalty, fine; **G.einziehung** *f* collection of money; **G.entschädigung** *f* pecuniary compensation; **G.entwertung** *f* devaluation; **G.fälschung** *f* counterfeiting; **G.forderung** *f* pecuniary/money claim; **G.institut** *nt* financial institution; **G.leistung** *f* (Vers.) cash benefit

geldlich *adj* monetary, pecuniary
Geld|mangel *m* lack of funds; **G.mittel** *nt* funds; **G.quelle** *f* source of money; **G.rente** *f* annuity; **G.rückgabegarantie** *f* money-back guarantee; **G.schrank** *m* safe; **G.schrankknacker** *m* (coll) safeblower; **G.schuld** *f* monetary debt; **G.schuldner(in)** *m/f* person owing money; **G.sorte** *f* currency; **G.spende** *f* donation

Geldstrafe *f* fine, penalty; **G. auferlegen** to (impose a) fine; **mit einer G. belegen** to fine; **G. erlassen** to remit a fine; **G. festsetzen** to fix a fine; **G. verhängen** to (impose a) fine; **jdm zu einer G. verurteilen** to fine so.

Geld|übergabe *f* transfer of money; **G.unterschlagung** *f* peculation; **G.verleih** *m* moneylending; **G.verleiher** *m* moneylender; **wucherischer ~** *m* loan shark; **G.vermögen** *nt* financial assets; **G.wäsche** *f* money-laundering; **G.wäschegesetz** *nt* money-laundering act; **G.wert** *m* monetary/cash value; **g.wert** *adj* pecuniary; **G.zahlung** *f* payment of money; **G.zuwendung** *f* cash allowance

gelegen *adj* 1. situated, located; 2. (günstig) convenient; **G.heit** *f* 1. opportunity, 2. occasion; **G.heits-** occasional
Gelegenheits|arbeit *f* casual/occasional job; **G.arbeiter** *m* 1. casual worker; 2. odd-job man; **G.beschäftigung** *f* casual employment; **G.dieb(in)** *m/f* opportunist thief; **G.diebstahl** *m* occasional theft; **G.einkünfte** *pl* occasional income; **G.geschenk** *nt* occasional gift;

G.gesellschaft *f* 1. joint venture 2. ad-hoc company; **G.täter(in)**; **G.verbrecher(in)** *m/f* infrequent offender
Geleit *nt* escort; **freies/sicheres G.** safe conduct; **G.brief** *m* letter of safe conduct; **G.schutz** *m* (police) escort; **G.zug** *m* convoy
gelernt *adj* 1. trained; 2. (Arbeiter) skilled
gelesen und genehmigt *adj* read and approved
Geliebte(r) *f/m* lover
geliefert *adj* delivered
geloben *v/t* 1. to vow/pledge; 2. to promise
Gelöbnis *nt* 1. vow, pledge; 2. promise
gelten *v/i* 1. to apply; 2. to be valid; 3. to be in effect/force; 4. to be in operation; **entsprechend g.** to apply mutatis mutandis (lat.)
geltend *adj* 1. valid; 2. effective, in force; **g. machen** 1. to claim/assert; 2. to contend/submit; 3. to plead
Geltendmachung *f* 1. (Anspruch, Recht) claim, assertion; 2. enforcement; **G. eines Anspruchs** assertion of a claim; **gerichtliche ~** legal action to enforce a claim; **G. eines Rechts** assertion of a right; **G. des Zeugnisverweigerungsrechts** plea of privilege; **gerichtliche G.** judicial assertion
Geltung *f* 1. (Gültigkeit) validity; 2. (Gesetz) (legal) force; **G. haben** to be in force; **zur G. bringen** to assert
Geltungs|bereich *m* 1. scope, ambit; 2. purview, jurisdictional sphere; **~ des Gesetzes** purview of the act; **G.dauer** *f* time/period of validity; **G.gebiet** *nt* purview
Gelübde *nt* vow; **G. ablegen** to take a vow
Gemarkung *f* (local) district
gemäß *prep* 1. in accordance with; 2. pursuant to; 3. subject to; **g. § 216** pursuant to § 216
in Gemäßheit *f* in accordance with
gemein *adj* 1. common; 2. mean; 3. (pej.) nasty
Gemeinde *f* 1. (Bewohner) community; 2. municipality; 3. (Kirche) parish; 4. (Behörde) local authority/government; **G.abgaben** *pl* local rates; **G.beamter** *m* local government officer; **G.behörde** *f*

local authority; **G.betrieb** *m* municipal enterprise, local authority enterprise; **G.bezirk** *m* 1. borough; 2. local authority district; **G.eigentum** *nt* municipal property; **G.gericht** *nt* local court; **G.ordnung** *f* 1. municipal regulations; 2. local government code; **G.rat** *m* 1. *(Institution)* borough/local/district council; 2. *(Person)* district councillor; **G.rätin** *f* district councillor; **G.recht** *nt* local government law; **G.satzung** *f* municipal statutes; **G.steuer** *f* local/municipal tax; **G.verband** *m* local government association; **G.verfassung** *f* municipal constitution; **G.vermögen** *nt* municipal property; **G.verordnung** *f* municipal ordinance; **G.verwaltung** *f* local administration

Gemein|gebrauch *m* (unrestricted) public use/access; **G.gefahr** *f* common danger

gemeingefährlich *adj* dangerous to the public, constituting a public danger; **G.keit** *f* public danger

Gemein|gläubiger *m* common/general creditor; **G.gut** *nt* 1. common/public property; 2. public domain; **G.interesse** *nt* public interest; **G.kosten** *pl* overheads

gemeinnützig *adj* 1. non-profit(-making); 2. charitable; 3. in the public interest; **G.keit** *f* public interest

gemeinsam *adj* 1. common; 2. joint; **g. und einzeln** *adv* jointly and severally

gemeinschädlich *adj* detrimental to the public interest

Gemeinschaft *f* community, association; **eheliche G.** conjugal community; **G.er** *m* associate; **g.lich** *adj* 1. joint; 2. common; 3. *(Haftung)* joint and several

Gemeinschafts|aufgabe *f* public task; **G.besitz** *m* joint possession; **G.beteiligung** *f* joint interest; **G.einrichtung** *f* public facility; **G.gut** *nt* community property; **G.haft** *f* joint confinement; **G.organ** *nt* community organ; **G.recht** *nt* Community Law *[EU]*, European Union law; **G.unternehmen** *nt* joint venture; **G.vertrag** *m* joint contract; **G.wohnung** *f* shared flat

Gemeinschuldner *m* 1. common debtor; 2. undischarged bankrupt

Gemeinwohl *nt* 1. public welfare; 2. public interest

genehmigen *v/t* 1. to authorize, 2. to approve/permit, 3. *(erlauben)* to sanction; 4. *(amtlich)* to license; **amtlich g.** to license

genehmigt *adj* 1. approved; 2. authorized

Genehmigung *f* 1. approval, permission; 2. *(Einwilligung, Zustimmung)* consent; 3. *(Bewilligung, Ermächtigung)* authorization; 4. *(Zustimmung)* assent; **G. des Gerichts** leave of court; **G. einholen** to seek permission; **G. erteilen** to grant permission; **G. verweigern** to refuse permission; **zur G. vorlegen** to submit for approval; **G. widerrufen** to revoke permission

amtliche/behördliche Genehmigung official authorization; **ausdrückliche G.** express permission; **mit freundlicher G. von** by kind permission of; **gerichtliche G.** leave of court; **staatliche G.** government approval; **stillschweigende G.** tacit approval; **vorherige G.** prior approval

Genehmigungs|antrag *m* application for a permit; **g.bedürftig** *adj* subject to approval/permission, requiring official approval; **G.behörde** *f* authorizing body, licensing authority; **G.bescheid** *m* notice of approval; **G.erfordernis** *f* licensing requirement; **g.frei** *adj* not subject to licensing; **G.pflicht** *f* licensing requirement; **g.pflichtig** *adj* subject to approval; **G.schreiben** *nt* letter of approval; **G.stelle** licensing authority; **G.urkunde** *f* instrument of approval; **G.verfahren** *nt* licensing procedure, licensure *[US]*

Geneigtheit *f* *(Bereitwilligkeit)* inclination

General|abtretung *f* general assignment; **G.agentur** *f* general agency; **G.amnestie** *f* general amnesty; **G.anwalt** *m* solicitor general; **G.bevollmächtigte(r)** *f/m* general agent; **G.bundesanwalt** *m* federal attorney general; **G.klausel** *f* blanket/comprehensive/omnibus clause, catch-all provision; **G.konsul** *m* consul general; **G.konsulat** *nt* consulate general; **G.prävention** *f* general deterrence; **G.sekretär(in)** *m/f* secretary general;

G.staatsanwalt *m* Director of Public Prosecutions *[GB]*; **g.überholen** *v/t* to recondition/overhaul; **G.unternehmer** *m* general contractor; **G.verpfändung** *f* floating charge; **G.versammlung** *f* general meeting/assembly; **G.vertrag** blanket contract; **G.vertreter(in)** *m/f* general agent; **G.vertretung** *f* general/exclusive/sole agency; **G.vollmacht** *f* general/full power of attorney

Genesung *f* convalescence, recovery; **G.surlaub** *m* convalescent leave

Genfer Konvention Geneva Convention; **G. Welturheberrechtsabkommen** World Copyright Convention

genießen *v/t* to enjoy

Genosse *m* member

Genossenschaft *f* cooperative society, co-op; **eingetragene G. (e. G.)** registered cooperative society

Genossenschafts|bank *f* cooperative bank; **G.gesetz** *nt* cooperative societies act; **G.recht** *nt* law of cooperative societies; **G.verband** *m* association of cooperative societies; **G.versammlung** *f* general meeting of cooperative society members; **G.vertrag** *m* articles/deed of association

Genozid *m* genocide

Gentechnik *f* genetic engineering

genügen *v/t* to suffice; **g.d** *adj* sufficient

Genugtuung *f* 1. satisfaction; 2. amends; 3. redress; **für etwas G. leisten** to make amends for sth.

Genus *m* *(lat.)* kind, type; **G.kauf** *m* sale of unascertained goods, ~ by description; **G.sachen** *pl* 1. fungibles; 2. unascertained goods; **G.schuld** *f* unascertained debt

Genuss *f* 1. use; 2. enjoyment; 3. consumption; **in den G. von etw. kommen** 1. *(Rente, Prämie)* to be in receipt of; 2. *(Nutznießung)* to enjoy sth., to benefit from sth.; **ungestörter G.** undisturbed enjoyment

Genussrecht *nt* right of enjoyment; **G.schein** *m* option warrant, participating certificate

genutzt *adj* used

gepfändet *adj* 1. attached; 2. distrained; **fruchtlos g.** 1. nulla bona *(lat.)*; 2. not satisfied

Gepflogenheit *f* 1. *(Verfahrensweise)* (standard) practice; 2. *(Gewohnheit)* habit; 3. *(Brauch, Sitte)* custom, tradition, usage

geprüft *adj* 1. tested; 2. examined

Gerätschaft *f* equipment

Geräusch *nt* noise

gerecht *adj* equitable, just, fair

gerechtfertigt *adj* justifiable; **sittlich g.** morally justifiable

Gerechtigkeit *f* 1. justice; 2. fairness; **G. in der Sache selbst** substantive justice; **jdn der G. ausliefern** to bring so. to justice; **jdm G. widerfahren lassen** to do so. justice; **ausgleichende G.** compensatory justice; **materielle G.** substantive justice; **G.ssinn** *m* sense of justice

geregelt *adj* 1. settled, 2. arranged

Gericht *nt* 1. court (of law), law court, court of justice; 2. tribunal; 3. bench; **bei G.** in court; **bei G. anhängig** pending; **vor G.** before the court; **G. für Bagatellsachen** small claims court; **G. erster Instanz** court of first instance; **G. zweiter Instanz** court of appeal, appellate court; **G. der belegenen Sache** forum rei sitae *(lat.)*; **G. für Strafsachen höherer Ordnung** Crown Court *[GB]*; **~ seerechtliche Streitigkeiten** admiralty court; **~ Wettbewerbsbeschränkungen** Restrictive Practices Court *[GB]*; **G. mit Zuständigkeit für Geldansprüche aus Vertrag/Delikt bis zu bestimmter Grenze (zw. $ 200 und $ 1000)** small claims court *[US]*

das Gericht entscheidet über den Antrag the court decides the motion; **~ gab dem Antrag statt** the court sustained the motion; **~ hält eine Sitzung ab** the court is sitting; **~ hat entschieden** the court has decided; **~ ist von der Entscheidung abgewichen** the decision is overruled; **~ ist überzeugt** the court is satisfied

Gericht anrufen 1. to go to law; 2. to have recourse to the court; **vor G. anwesend sein** to attend court; **~ auftreten** to appear in court; **~ aussagen** to testify in court, to give evidence; **jdn ~ bringen** 1. to take so. to court, 2. *(StR)* to bring so. to trial; **~ erscheinen** to appear before the court, ~ in court; **~ gehen** to go to court; ~ **geltend machen** to assert in court; ~ **klagen** to sue; **jdn** ~ **laden** to summon so. to appear before the court; ~ **plädieren** to plead in court; **zu G. sitzen** to sit in judg(e)ment; **vor G. stehen** to be on trial; **wegen etw.** ~ **stehen** to be on trial for sth.; ~ **stellen** to put on trial; **sich** ~ **verantworten müssen** to stand trial; **jdn** ~ **verklagen** to sue so.; **jdn** ~ **vertreten** to represent so. in court; **etw. an ein anderes G. verweisen** to refer sth. to another court; **dem G. vortragen** to submit to the court

höheres Gericht superior court; **innerstaatliches G.** domestic court; **nachgeordnetes G.** subordinate court; **niedriges G.** magistrates'/sheriff *[Scot]* court; **ordentliches G.** court of general jurisdiction, ordinary court; **zuständiges G.** competent court

gerichtet auf *adj* directed at

gerichtlich *adj* 1. judicial; 2. legal; 3. forensic; 4. per curiam *(lat.)*; **g. und außergerichtlich** judicial and extrajudicial

Gerichts- legal; **G.akten** *pl* court files/record; **G.assessor(in)** *m/f* junior judicial officer

Gerichtsbarkeit *f* jurisdiction; **ausschließliche G.** exclusive jurisdiction; **freiwillige G.** non-contentious jurisdiction; **ordentliche G.** ordinary jurisdiction; **streitige G.** contentious jurisdiction, jurisdiction over litigated matters

Gerichts|befehl *m* 1. court order; 2. writ; 3. mandate; **g.bekannt** *adj* known to the court; **G.bekanntmachung** *f* court notice(s); **G.beschluss** *m* court order, order of the court, judicial order/decree, court decision; **G.bezirk** *m* 1. circuit; 2. jurisdiction; 3. judicial district; **G.diener** *m* bailiff *[US]*, court usher *[GB]*; **G.dolmetscher(in)** *m/f* court interpreter; **G.entscheidung** *f* court/judicial decision; **angefochtene** ~ decision appealed; **G.ferien** *pl* court recess; **G.gebrauch** *m* judicial custom; **g.hängig** *adj* pending (in court); **G.hof** *m* law court, court of justice; **G.hoheit** *f* jurisdiction; **G.instanz** *f* instance; **G.kanzlei** *f* court registry; **G.kasse** *f* court cashier; **G.kosten** *pl* 1. court fees, costs; **G. kostengesetz** *nt* costs act; **G.kostenvorschuss** *m*

advance on costs; **g.kundig** *adj* 1. known to the court; 2. notorious; **G.medizin** *f* forensic medicine; **G.mediziner(in)** *m/f* 1. forensic scientist; 2. *(Tod)* coroner; **g.medizinisch** *adj* forensic; **g.notorisch** *adj* 1. notorius; 2. known to the court; **G.ordnung** *f* 1. rules of the court; 2. system of judicature; **G.organisation** *f* court organisation; **G.ort** *m* venue; **G.periode** *f* law term, session; **G.polizei** *f* court police; **G.präsident(in)** *m/f* presiding judge; **G.praxis** *f* judicial custom; **G.protokoll** *nt* court stenographer's transcript; **G.referendar(in)** *m/f* judicial trainee; **G.saal** *m* courtroom; **G.sachverständiger** *m* court-appointed expert; **G.schranke** *f* bar; **G.schreiber** *m* 1. court-stenographer; 2. clerk of the court; **G.sitzung** *f* 1. court session; 2. court hearing; **G.sprache** *f* language of proceedings; **G.sprengel** *m* jurisdictional district; **G.spruch** *m* judg(e)ment

Gerichtsstand *m* venue, place of jurisdiction, forum; **G. des Begehungsortes** jurisdiction based on the place where the offence was committed; **G. im Inland** domestic venue; **ausschließlicher G.** exclusive venue; **dinglicher G.** forum rei sitae *(lat.)*; **vereinbarter G.** stipulated venue; **G.sklausel** *f* venue clause; **G.reporter** *m* legal correspondent

Gerichts|tafel *f* court notice board; **G.tag** *m* day of hearing; **G.termin** *m* 1. day/date of the trial; 2. *(ZR)* day/date of hearing; **G.urkunde** *f* court document; **G.urteil** *nt* 1. judg(e)ment; 2. *(StR)* sentence; 3. *(ZR)* court award; **G.verfahren** *nt* 1. judicial/legal/court proceedings, 2. *(StR)* trial; **ein** ~ **gegen jdn einleiten** 1. to institute legal proceedings against so.; 2. *(ZR.)* to litigate against so.; **G.verfassung** *f* judicature; **G.verhandlung** *f* 1. proceeding *[US]*/proceedings *[GB]*, 2. *(ZR)* hearing; 3. *(StR)* trial; **der** ~ **beiwohnen** to attend court; **G.verwaltung** *f* court administration; **g.verwertbar** *adj* relevant; **G.vollzieher(in)** *m/f* bailiff, officer of the court, sheriff's officer; **G.vorsitzende(r)** *f/m* presiding judge; **auf dem G.weg** through the courts;

G.wesen *nt* judiciary, judicial system; **G.zuständigkeit** *f* jurisdiction
geringfügig *adj* 1. negligible, insignificant; 2. minor, slight; 3. *(Bagatelle)* petty; **G.keit** *f* insignificance
Geruch *m* smell; **übler/unangenehmer G.** nauseating/offensive smell; **G.sbelästigung** *f* olfactory nuisance
Gerücht *nt* rumour; **~en zufolge** rumour has it that …
gesamt *adj* entire
Gesamt|akt *m* total act; **G.ausgleich** *m* settlement in full; **G.betrag** *m* sum total; **G.bürgschaft** *f* joint guarantee; **G.entschädigung** *f* total compensation; **G.erbe** *m* 1. sole heir; 2. universal heir; **G.gewicht** *nt* total load; **G.gläubiger(in)** *m/f* joint (and several) creditor; **G.gläubigerschaft** *f* joint and several creditors; **G.grundschuld** *f* total land charge; **G.gut** *nt* 1. joint (marital) property; 2. common property; **G.haftung** *f* joint (and several) liability; **G.hand** *f* joint title; **G.händer** *pl* joint holders
gesamthänderisch *adj* joint
Gesamthands|besitz *m* joint possession; **G.eigentum** *nt* joint ownership; **G.eigentümer** *pl* joint owner; **G.gemeinschaft** *f* community of joint owners; **G.vermögen** *nt* joint assets
Gesamt|heit *f* entirety; **G.hypothek** *f* blanket mortgage; **G.masse** *f* total estate; **G.nachfolge** *f* universal succession; **G.nachfolger(in)** *m/f* universal successor; **G.nachlass** *m* total estate; **G.nutzung** *f* joint use; **G.preis** *m* total price; **G.prokura** *f* blanket power of procuration
Gesamtrechts|nachfolge *f* universal succession; **G.nachfolger(in)** *m/f* universal sussessor
Gesamtschuld *f* 1. joint obligation; 2. joint (and several) debts; **G.ner** *pl* joint (and several) debtors; **G.ner(in)** *m/f* joint debtor; **g.nerisch** *adj* jointly and severally liable
Gesamtstrafe *f* 1. compound/cumulative sentence; 2. concurrent sentence; **G.nbildung** *f* cumulation of sentences
Gesamt|summe *f* sum total; **G.verantwortung** *f* overall responsibility; **G.verbindlichkeit** *f* joint liabilities;

G.verlust *m* total loss; **G.vermächtnis** *nt* total legacy; **G.vermächtnisnehmer(in)** *m/f* universal legatee; **G.vermögen** *nt* total assets; **G.vertrag** *m* joint contract; **G.vertretung** *f* comprehensive agency; **G.vollmacht** *f* comprehensive power of attorney; **G.vollstreckung** *f* comprehensive execution; **G.vollstreckungsverfahren** *nt* comprehensive execution proceedings; **G.vorsatz** *m* overall intent; **G.wert** *m* total value; **G.würdigung** *f* overall consideration
geschädigt *adj* 1. aggrieved; 2. injured
Geschädigte(r) *f/m* 1. aggrieved party; 2. injured party
Geschäft *nt* 1. *(allgemein)* business; 2. *(Vorgang)* transaction; **G. abschließen** to enter into a transaction; **G. abwickeln** to wind up a business; **G. aufgeben** to close down *[GB]*/out *[US]*; **G. ausüben** to carry on a trade; **G. besorgen** to effect a transaction; **G. betreiben** to run/conduct a business, to carry on a trade; **G. eingehen** to enter into a transaction; **G. wiederaufnehmen/wiedereröffnen** to resume business
auf Treu und Glauben abgeschlossenes Geschäft bona-fide *(lat.)* transaction; **bedingungsfeindliches G.** absolute/unconditional transaction; **schwebendes G.** pending transaction; **sittenwidriges G.** transaction contra bonos mores *(lat.)*; **sonstige G.e** other transactions; **unerlaubtes/verbotenes G.** illicit/illegal transaction/business; **wucherähnliches G.** usurious transaction
geschäftlich *adj* commercial, mercantile
Geschäfts- und Verfahrensordnung *f* rules of order and procedure
Geschäfts|abschluss *m* business contract; **G.adresse** *f* business address; **G.anteil** *m* interest; **G.aufgabe** *f* abandonment of a business; **G.bedingung(en)** *f/pl* terms and conditions; **allgemeine ~** (general) terms and conditions; **G.befugnis** *f* managerial authority; **G.beginn** *m* commencement of trading; **G.bericht** *m* report; **G.besorgung** *f* agency; **entgeltliche ~** agency effected for a consideration; **G.besorgungsvertrag** *m* agency contract, con-

tract of agency; **G.betreiber(in)** *m/f* operator; **G.betrieb** *m* commercial operation; **G.bezeichnung** *f* trade name; **G.briefe** *pl* commercial correspondence; **G.bücher** *pl* books (of account); **G.einstellung** *f* closing-down, closure

geschäftsfähig *adj* legally capable, competent; **G.e(r)** *f/m* (legally) capable person; **beschränkt ~** person of limited (legal) capacity

Geschäftsfähigkeit *f* 1. legal/contractual capacity; 2. competence; **beschränkte G.** Minderjähriger limited capacity to contract of minors, limited contractual capacity of minors; **in der G. beschränkt sein** to have limited capacity

Geschäftsfrau *f* feme sole (trader)

Geschäftsführer(in) *m/f* manager(ess); **~ ohne Auftrag** manager without mandate

Geschäfts|führung *f* management; **~ ohne Auftrag** management without mandate; **G.gang** *m* course of business; **ordentlicher ~** ordinary course of business

Geschäftsgebaren *nt* business practices; **betrügerisches ~** fraudulent practices; **unlauteres ~** dishonest practices

Geschäfts|geheimnis *nt* trade secret; **G.gewinn** *m* operating profit; **G.grundlage** *f* basis of a transaction; **G.guthaben** *nt* business assets; **G.herr(in)** *m/f* principal; **G.jahr** *nt* financial/business year; **G.kapital** *nt* capital; **G.kosten** *pl* operating costs; **G.leiter(in)** *m/f* manager(ess); **G.leitung** *f* management; **G.mann** *m* trader; **G.ordnung** *f* 1. rules of procedure; 2. standing rules/orders; 3. rules and regulations; **zur ~** on a point of order; **G.partner(in)** *m/f* business partner; **G.praktiken** *pl* business practices; **G.praxis** *f* commercial practice; **G.prüfung** *f* audit; **G.räume** *pl* business premises; **G.raummiete** *f* rent for business premises; **G.risiko** *nt* commercial risk; **G.schädigung** *f* 1. trade libel; 2. conduct injurious to the interests of a company; **G.schulden** *pl* trade debts; **G.sitz** *m* place of business; **G.stelle** *f* 1. *(Gericht)* administrative office; 2. agency; 3. *(Amt, Dienststelle)* bureau; **G.tätigkeit** *f* business activity; **G.unfähi-**

ge(r) *f/m* incapable person; **G.unfähigkeit** *f* incapacity to contract; **G.unterbrechung** *f* interruption of business; **G.unterlagen** *pl* business records; **G.unternehmung** *f* 1. commercial undertaking; 2. *(Firma)* commercial enterprise; **G.veräußerung** *f* sale of a business; **G.verfahren** *nt* trade process; **G.verhältnis** *nt* commercial relationship; **G.verkehr** *m* commercial transactions; **elektronischer ~** electronic transaction(s); **G.verlauf** *m* course of business; **G.verlust** *m* (trading) loss; **G.vermögen** *nt* business assets; **G.verpflichtungen** *pl* business commitments; **G.verteilung** *f* *(Gericht)* assignment of actions; **(immaterieller) G.wert** goodwill

geschäftsfähig *adj* 1. legally capable, 2. capable of contracting; **beschränkt/ nicht voll g.** of limited capacity

geschäftsführend *adj* managing

geschäftsunfähig *adj* incapable of contracting, legallly incapable

geschehen *v/i* to happen/occur

Geschenk *nt* present, gift

geschieden *adj* divorced; **G.e(r)** *f/m* divorcee

Geschlecht *nt* 1. sex; 2. gender; **G.skrankheit** *f* venereal disease (VD); **G.steile** *pl* genitals, private parts; **G.sverkehr** *m* sexual intercourse

Geschmack *m* taste

Geschmacksmuster *nt* registered design; **G.eintragung** *f* registration of a design; **G.rolle** *f* register of designs; **G.schutz** *m* protection of registered designs

Geschoss *nt* 1. *(Kugel)* bullet; 2. *(Wurfgeschoss)* missile; **G.bahn** *f* trajectory; **G.hagel** *m* hail of bullets

geschuldet *adj* owed

geschützt *adj* *(Marken)* proprietary

Geschwindigkeit *f* speed; **überhöhte G.** excessive speed; **zulässige G.** permissible speed

Geschwindigkeits|begrenzung; G.beschränkung *f* speed limit; **G.kontrolle** *f* speed check; **G.übertretung** *f* exceeding the speed limit; **G.vorschriften** *pl* speed restrictions

Geschwister *pl* sisters and brothers

Geschworene *pl* jury; **G.(r)** *f/m* juror, member of the jury

Geschworenen|ablehnung *f* objection to the jury, challenging the jury; **G.bank** *f* jury box; **G.beeinflussung** *f* tampering with jurors; **G.bestechung** *f* bribing jurors; **G.gericht** *nt* jury trial; **G.liste** *f* 1. jury list/panel; **die ~ aufstellen** to empanel a jury; **G.prozess** *m* jury trial, trial by jury; **G.spruch**; **G.urteil** *m/nt* *(StR)* verdict; **G.verfahren** *nt* trial by jury

gesehen *adj* seen; **wie g.** as seen

Gesellschaft *f* 1. society; 2. company, corporation *[US]*; **G. auf Gegenseitigkeit** mutual society; **G. mit beschränkter Haftung (GmbH)** private limited company (Ltd) *[GB]*, close(d) corporation *[US]*; **G. bürgerlichen Rechts (GbR)** civil-law/non-trading partnership; **G. öffentlichen Rechts** statutory company/corporation; **G. auf Widerruf** revocable partnership

Gesellschaft auflösen to wind up a company; **G. ausgliedern** to hive off a company; **G. errichten/gründen** to form a company

abhängige Gesellschaft dependent company; **angegliederte G.** affiliated company; **beherrschende G.** controlling company; **beteiligte G.** participating company; **börsennotierte G.** quoted *[GB]*/listed *[US]* company; **gemeinnützige G.** friendly society; **konzessionierte G.** chartered company; **kündbare G.** partnership at will; **öffentlichrechtliche G.** corporation under public law; **nicht rechtsfähige g.** unincorporated society; **stille G.** dormant partnership

Gesellschafter(in) *m/f* 1. partner; 2. shareholder; **G. kraft Rechtsscheins** partner by estoppel; **ausscheidender G.** withdrawing/outgoing partner; **geschäftsführender G.** managing partner; **neu eintretender G.** incoming partner; **persönlich haftender G.** fully liable partner; **stiller G.** dormant partner; **vorgeblicher G.** ostensible partner

Gesellschafter|anteil *m* partner's interest; **G.beschluss** *m* partners's resolution; **G.versammlung** *f* 1. partners' meeting; 2. shareholders' meeting

Gesellschafts|anteil *m* partnership interest; **G.eigentum** *nt* company property; **G.firma** *f* corporate name; **G.gewinn** *m* company/corporate *[US]* profit(s); **G.gründer** *m* company promoter; **G.gründung** *f* company formation; **G.kapital** *nt* 1. corporate capital; 2. capital stock; **G.konkurs** *m* involuntary liquidation; **G.mittel** *pl* company/corporate *[US]* funds; **G.recht** *nt* company law; **G.register** *nt* register of companies (and partnerships); **G.satzung** *f* company/corporate statutes *[US]*; **G.schuld** *f* company/corporate *[US]* debts; **G.sitz** *m* registered office *[GB]*, domicile of the corporation *[US]*; **G.verbindlichkeiten** *pl* 1. company/corporate *[US]* liabilities; **G.vermögen** *nt* 1. company/corporate *[US]* assets; 2. partnership property; **G.versammlung** *f* 1. (annual) general meeting; 2. partners' meeting; **G.vertrag** *m* 1. articles of partnership; 2. memorandum of association; **G.zweck** *m* objects of the company

Gesetz *nt* 1. law; 2. *(Gesetzbuch)* statute book; 3. *(Vorlage)* bill; 4. *(nach Verabschiedung)* statute, act; 5. *(Regel, Satzung)* rule; **G. und Recht** law and order; **kraft G.es** by operation of the law; **nach G. und Recht** in accordance with the law; **im Sinne des G.es** in the sense of the law

Gesetz ändern to amend an act; **G. annehmen** to pass a law; **G. anwenden** to apply the law; **G. aufheben** to repeal an act, **~ a law;** **G. auslegen/deuten** to construe a law; **G. beachten** to comply with a law; **G. zur Durchführung bringen** to enforce a law; **G. einbringen** to introduce/table a bill; **G. einhalten** to comply with a law; **zum G. erklären** to enact; **G. erlassen** to enact a law; **G. novellieren** to amend a law; **G. außer Kraft setzen** to rescind a law; **G. in Kraft setzen** to put a law into force; **G. übertreten** to contravene a law; **G. umgehen** to circumvent a law; **G. verabschieden** to pass a bill/law; **G. verkünden** to promulgate a law; **gegen ein G. verstoßen** to infringe a law, to be in breach of a law; **G. werden** to be enacted, to become law

aufhebendes Gesetz repealing act; **befristetes G.** temporary statue; **bestehendes G.** existing law; **geltendes G.** law in force; **rückwirkendes G.** retroactive law; **ungeschriebenes G.** unwritten law; **zwingendes G.** mandatory statute, binding law

Gesetzblatt nt law/legal gazette

Gesetzbuch nt statute book; **bürgerliches ~ (BGB)** civil code

Gesetzentwurf m bill; **der G. ging durch** the bill was passed; **G. ändern** to amend a bill

Gesetzes|analogie f legal analogy; **G.änderung** f amendment; **G.anwendung** f application of a law; **G.aufhebung** f repeal of a law; **G.auslegung** f interpretation of a statute; **G.beschluss** m legislation act; **G.bestimmung** f provision of a law, legal provision; **G.bruch** m infringement/breach of the law; **G.fiktion** f legal fiction; **G.form** f statutory form; **G.formel** f enacting clause; **G.initiative** f legislative initiative; **G.kodex** m code of law; **G.kollision** f conflict of laws; **G.kommentar** m legal commentary; **G.konkurrenz** f concurrence/overlapping of laws; **G.korrektur** f amendment; **G.kraft** f force of law, legal force; **G.lücke** f loophole in the law; **G.novelle** f amendment; **G.novellierung** f amendment; **G.recht** nt enacted/statute/statutory law; **G.sammlung** f statute book *[GB]*, statutes at large *[US]*; **G.text** m text of the act; **G.titel** m title of the act; **G.treue** f compliance with the law; **G.übertretung** f infringement of the law; **G.umgehung** f evasion of the law; **G.verabschiedung** f enactment (of a bill); **G.verkündung** f promulgation of a law; **G.verletzung** f infringement/violation of a law; **G.verordnung** f ordinance; **G.verstoß** m offence in law; **G.vollzug** m law enforcement; **G.vorbehalt** m legal reservation/proviso; **G.vorlage** f bill, draft (of a law); **G.vorschrift** f statutory provision; **G.werk** nt code of law; **G.wortlaut** n wording of the act

Gesetzgeber m legislator, legislature

Gesetzgebung f legislation, lawmaking; **G. des Bundes** federal legislation; **arbeitsrechtliche G.** industrial legislation; **ausschließliche G.** exclusive legislation; **delegierte G.** delegated legislation; **inländische/innerstaatliche G.** domestic legislation; **konkurrierende G.** concurrent legislation; **rückwirkende G.** retroactive legislation

Gesetzgebungs|akt m legislative act, act of legislation; **G.befugnis** f legislative authority/power; **G.funktion** f legislative function; **G.kompetenz** f legislative authority/competence; **G.notstand** m legislative state of emergency; **G.organ** nt legislative organ; **G.recht** nt legislative authority; **G.verfahren** nt legislative procedure/process; **G.zuständigkeit** m legislative competence

gesetzeswidrig adj 1. illegal; 2. *(unrechtmäßig)* unlawful; **G.keit** f 1. illegality; 2. unlawfulness

gesetz|gebend; g.geberisch adj legislative

gesetzlich adj 1. statutory; 2. legal; 3. *(rechtmäßig)* lawful, legitimate

Gesetzlichkeit f legality; **G.sprinzip** nt legality principle

gesetzlos adj lawless; **G.e(r)** f/m outlaw; **G.igkeit** f lawlessness

gesetzmäßig adj 1. legal; 2. *(rechtmäßig)* lawful, legitimate, in accordance with the law; **G.keit** f 1. legality; 2. lawfulness

Gesetznovellierung f amendment

gesetzwidrig adj 1. illegal, illicit; 2. unlawful, contrary to the law; **G.keit** f 1. illegality; 2. unlawfulness

gesichert adj secured; **dinglich g.** secured in rem *(lat.)*

Gesichtspunkt m 1. aspect; 2. point of view

Gesinnung f (basic) conviction(s); **G.stat** f crime of conviction; **G.stäter** m perpetrator for ideological reasons

gesondert adj separate

Gespräch nt talk, conversation; **G.snotiz** f memo

gestalten v/t 1. to shape/form; 2. to arrange/organize/structure

Gestaltung f 1. formation; 2. arrangement, structure; **G. von Rechtsverhältnissen** arrangement of legal relations

Gestaltungs|klage f 1. action for a change

of legal relationships; 2. action for the modification of rights; **G.recht** *nt* dispositive right; **G.urteil** *nt* judgment altering a legal relationship

geständig *adj* (self-)confessed

Geständnis *nt* 1. *(Strafprozess)* confession; 2. *(Zivilprozess)* admission; **G. ablegen** to make a confession; **G. erpressen** to extort a confession; **G. widerrufen** to retract a confession; **erzwungenes Geständnis** forced confession; **gerichtliches G.** confession in court; **qualifiziertes G.** qualified confession; **umfassendes G.** full confession

Geständniserpressung *f* extortion of a confession

gestatten *v/t* to permit/allow

Gestattung *f* 1. permission; 2. licence; **G. verweigern** to refuse permission; **G.svertrag** *m* licensing agreement

gestehen *v/t* 1. *(StR)* to confess, to own up; 2. *(ZR)* to admit

Gestehungs|kosten *pl* prime/production cost(s); **G.preis** *m* cost price

Gestellung *f* provision

gestohlen *adj* stolen

gestorben *adj* deceased

gestört *adj* disturbed; **psychisch g.** psychologically/mentally disturbed, ~ unbalanced

Gesuch *nt* 1. petition; 2. request; 3. *(Gericht)* application; **G. ablehnen** 1. to refuse a petition; 2. to refuse an application; **G. befürworten** to support a petition; **G. bewilligen** to grant an application; **G. einreichen** to present a petition

gesucht *adj* wanted; **steckbrieflich g.** wanted by the police

Gesuchte(r) *f/m* wanted person

gesund *adj* healthy

Gesundheit *f* health; **G. verletzen** to injure so.'s health

Gesundheits|amt *nt* local health authority; **G.attest** *nt* health certificate; **G.behörde** *f* public health authority; **G.gefährdung** *f* health hazard/risk; **g.gefährdend** *adj* harmful; **G.pass** *m* health certificate; **G.schaden; G.schädigung** *m/f* damage to so.'s health; **G.störung** *f* ill health; **G.vorschriften**

pl health/sanitary regulations; **G.zeugnis** *nt* health certificate; **G.zustand** *m* state of health

Getränk *nt* beverage, drink; **alkoholisches G.** alcoholic drink; **geistiges G.** intoxicating liquor

Getränkeausschank *m* sale of beverages; **G. genehmigung** *f* liquor licence, licence to sell ales, beers, wines, spirits and intoxicating liquors *[GB]*

getrennt *adj* separate (and apart)

Getrenntleben *nt* living (separate and) apart; **gerichtlich gestaltetes G.** judicial separation

Gewähr *f* guarantee, warranty; **mit G.** warranted; **ohne G.** without recourse, sans recours *(frz.)*; **G. übernehmen** to warrant; **stillschweigende G.** implied warranty

gewähren *v/t* 1. to allow/grant, 2. to accord

Gewährfrist *f* guarantee/warranty period

gewährleisten *v/t* to guarantee/warrant

Gewährleistende(r) *f/m* guarantor, warrantor

Gewährleistung *f* warranty, guarantee; **G. durchschnittlicher Qualität** warranty of merchantability, ~ merchantable quality; **G. für Rechtsmängel** warranty of title

Gewährleistung ausschließen to exclude a warranty; **G. übernehmen** to warrant; **ausdrückliche oder stillschweigende G.** warranty express or implied; **gesetzliche G.** statutory warranty; **stillschweigende G.** implied warranty

Gewährleistungs|anspruch *m* warranty claim; **G.ausschluss** *m* warranty exclusion, caveat emptor *(lat.)*; **G.frist** *f* warranty period; **G.klage** *f* action under a warranty; **G.klausel** *f* warranty clause; **G.pflicht** *f* obligation under a warranty; **G.regel** *f* warranty rule; **G.vertrag** *m* warranty contract

Gewahrsam *m* 1. *(Verwahrung)* safekeeping; 2. *(Person)* custody, detention; **im G. haben** to have custody (of sth.); **in G. nehmen** to take into custody, to detain; **amtlicher G.** official custody; **polizeilicher G.** police custody; **vorläufiger G.** preventive detention

Gewahrsams|bruch *m* breach of custody;

G.inhaber *m* 1. custodian; 2. occupier, occupant; **G.zelle** *f* detention cell
Gewährs|mangel *m* defect covered by a warranty; **G.mann** *m* 1. informant; 2. warrantor; **G.pflicht** *f* warranty; **G.träger** *m* warrantor
Gewährung *f* grant(ing); **G. eines Anspruchs** granting (of) a claim; **G des Unterhalts** granting of maintenance
Gewährvertrag *m* contract of indemnity
Gewalt *f* 1. *(Macht)* power; 2. *(Gewaltanwendung)* violence; 3. *(Zwang)* force; **G. anwenden** to use/apply force; **G. innehaben** to hold power
ausführende Gewalt executive power; **elterliche G.** parental power; **gesetzgebende G.** legislative power; **höhere G.** act of God, force majeure *(frz.)*, vis major *(lat.)*; **körperliche G.** physical force; **nackte G.** brute force; **oberste G.** supreme authority; **öffentliche G.** public authority; **rechtsprechende/richterliche G.** judicial power; **sexuelle G.** sexual violence; **tätsächliche G.** actual force; **unwiderstehliche G.** irresistible force; **väterliche G.** parental authority; **verfassungsmäßige G.** constitutional authority; **vollziehende G.** executive power
Gewalt|androhung *f* threat of violence; **G.anwendung** *f* use of force; **angemessene ~** reasonable force; **G.darstellung** representation of violence; **G.delikt** *nt* violent crime; **G.enteilung**; **G.entrennung** *f* separation of powers; **g.los** *adj* non-violent; **g.sam** *adj* violent; **G.tat** *f* act of violence; **G.täter** *m* violent criminal; **g.tätig** *adj* violent; **G.tätigkeit** *f* (act of) violence; **G.verbrechen** *nt* violent crime, crime of violence; **G.video** *nt* violent video, video nasty *(coll)*
Gewässer *nt* waters; **G.verunreinigung** *f* pollution of waters
Gewehr *nt* gun, rifle
Gewerbe *nt* 1. trade; 2. business; 3. industry; **G. ausüben/betreiben** to carry on a trade; **ambulantes G.** itinerant trade; **anmeldepflichtiges G.** trade subject to compulsory registration; **dienstleistendes G.** service; **konzessioniertes G.** licensed trade
Gewerbe|anmeldung *f* registration of a

business; **G.aufsicht** *f* 1. industrial/factory inspection; 2. trade inspection; **G.befugnis**; **G.berechtigung** *f* licence to trade, trading licence; **G.betrieb** *m* business enterprise, commercial undertaking; **G.erlaubnis** *f* licence to trade; **G.ertrag** *m* business income, income from commercial operations; **G.freiheit** *f* freedom to set up in business, ~ of trade; **G.gericht** *nt* industrial court; **G.kapital** *nt* business capital; **G.konzession** *f* trading licence, licence to trade; **G.ordnung** *f* trade regulations; **G.recht** *nt* law on trade and industry; **G.schein** *m* trading licence; **G.steuer** *f* 1. commercial rates; 2. trade tax; **G.tätigkeit** *f* commercial activity; **G.treibende** *pl* tradespeople; **G.treibende(r)** *f/m* businessman, businesswoman, trader; **G.zulassung** *f* licence to trade; **G.zweig** *m* 1. branch of industry; 2. trade
gewerblich *adj* 1. commercial; 2. industrial
gewerbs|mäßig *adj* 1. commercial, on a commercial basis; 2. professional; **G.unzucht** *f* prostitution
Gewerkschaft *f* trade union *[GB]*, labor union *[US]*
Gewerkschafts|mitglied *nt* union member; **G.recht** *nt* trade union law; **G.vertreter** *m* union representative
Gewicht *nt* weight; **g.en** *v/t* to weight; **G.ung** *f* weighting
gewillkürt *adj* by choice
Gewinn *m* 1. *(Ertrag)* profit(s); 2. *(Zugewinn)* gain; 3. *(Invesstition)* return; 4. *(Bezüge)* earnings, emoluments; 5. *(Vorteil)* benefit; **G. aus der Veräußerung von Vermögen** capital gain; **G. vor Steuern** earnings before tax; **G.und Verlustrechnung** *f* profit and loss account
Gewinn abwerfen to yield a profit; **am G. beteiligt sein** to (have a) share in the profit(s); **G. erzielen** to make a profit; **mit G. verkaufen** to sell at a profit
ausgeschütteter Gewinn distributed profit; **ausgewiesener G.** declared/posted profit; **buchmäßiger G.** book profit; **einbehaltener/thesaurierter G.** retained earnings; **entgangener G.** loss of earnings; **steuerpflichtiger G.** taxable

earnings; **unerlaubter G.** illicit profit(s); **wucherischer G.** usurious profit
Gewinnabführung *f* profit transfer; **G.svertrag** *m* profit transfer agreement
Gewinn|abschöpfung *f* skimming off (of) profits; **G.anspruch** *m* claim to a share in the profit(s); **G.anteil** *m* profit share; **g.anteilberechtigt** *adj* entitled to a share in the profit(s); **G.anteilschein** *m* dividend warrant; **G.aufschlag** *m* mark-up; **G.ausfall** *m* loss of profits; **G.ausschüttung** *f* distribution of profits, profit distribution; **G.berechtigung** *f* 1. participating rights; 2. entitlement to a share in the profit(s); **g.berechtigt** *adj* entitled to a share in the profit(s); **g.beteiligt** *adj* participating, profit-sharing; **G.beteiligung** *f* profit-sharing; **~ des Anwalts** champerty *[US]*; **g.bezogen** *adj* profit-related; **G.bezugsrecht** *nt* right to share in the profits; **g.bringend** *adj* 1. remunerative; 2. profit-sharing; **G.einbehaltung** *f* retention of earnings; **G.entgang** *m* loss of profits; **G.entnahme** *f* withdrawal of profits; **G.ergebnis** *nt* result(s); **G.ermittlung** *f* determination of profits; **G.erzielung** *f* profit-making (objective); **G.herausgabe** *f* surrender of profits; **G.marge** *f* profit margin, margin of profit; **G.rechnung** *f* profit and loss account; **G.schwelle** *f* break-even point; **G.spanne** *f* → **G.marge**; **G.streben** *nt* pursuit of profits; **G.teilung** *f* profit-sharing; **G.überschuss** *m* surplus; **G.verschleierung** *f* concealment of profits; **G.verteilung** *f* profit distribution, distribution of profits; **G.verwendung** *f* profit appropriation, appropriation of profits; **gesetzliche ~** statutory profit appropriation; **G.vortrag** *m* surplus brought forward; **G.zurechnung** *f* allocation of profits
Gewinnung *f* 1. production; 2. *(Rohstoff)* extraction; **G. von Bodenbestandteilen** production of minerals; **G.skosten** *f* production costs
Gewissen *nt* conscience; **G.sbisse** *pl* pangs of conscience; **G.sentscheidung** *f* decision made on the grounds of conscience; **G.sfreiheit** *f* freedom of conscience; **aus G.sgründen** on the grounds of conscience; **G.skonflikt** *m*

inner conflict; **G.snot; G.snotstand** *f/m* moral dilemma; **G.spflicht** *f* moral duty; **G.ssache** *f* matter of conscience; **G.szwang** *m* moral constraint
Gewissheit *f* certainty; **sich G. verschaffen** *(Richter)* to satisfy os.
gewogen *adj* weighted
Gewohnheit *f* 1. *(Tradition)* custom, usage; 2. *(individuell)* habit; 3. *(Verfahrensweise)* practice
Gewohnheits|dieb *m* habitual thief; **g.mäßig** *adj* habitual; **G.recht** *nt* 1. *(Einzelfall)* established/customary right; 2. *(Rechtssystem)* common/customary law; **g.rechtlich** *adj* common-law, according to customary law; **G.rechtssatz** *m* customary rule of law; **G.täter** *m* habitual offender; **G.trinker** *m* habitual drunkard; **G.verbrecher(in)** *m/f* persistent/habitual offender, ~ criminal
gewöhnlich *adj* usual, customary
gewünscht *adj* desired
gezahlt *adj* paid
gezeichnet *adj* 1. signed; 2. *(Spuren)* marked; 3. *(Wertpapier)* subscribed
gezwungen *adj* forced
Gier *f* greed
Gift *nt* poison; **G. beibringen** to administer poison; **G.beibringung** *f* administering (of) poison; **G.mord** *m* murder by poisoning
Gilde *f* guild, corporation
Girant *m* endorser; **G. aus Gefälligkeit** accommodation endorser
Giratar *m* endorsee
girier|bar *adj* endorsable, negotiable; **g.en** *v/t* to endorse/negotiate; **G.ung** *f* negotiation, endorsement
Giro *nt* endorsement
Glaube *m* faith, belief; **böser G.** 1. bad faith, mala fides *(lat.)*; 2. malice; **guter G.** good faith, bona fides *(lat.)*; **~ des Nießbrauchers** usufructuary's good faith
glauben *v/t* to believe
Glaubens- und Gewissensfreiheit *f* freedom of conscience and belief
Glaubens|freiheit *f* freedom of belief/faith/religion; **G.gemeinschaft** *f* 1. *(Gruppe)* religious community; 2. *(Konfession)* religious denomination
glaubhaft *adj* credible; **g. machen** to substantiate (by prima facie evidence)

Glaubhaftigkeit *f* credibility

Glaubhaftmachung *f* substantiation (by prima facie evidence), preliminary proof; **G. eines Anspruchs** substantiation of a claim

Gläubiger(in) *m/f* creditor; **G. befriedigen** to satisfy a creditor; **G. hinhalten** to put off creditors; **bevorrechtigter G.** preferred creditor; **unbekannter G.** unknown creditor

Gläubiger|abfindung *f* settlement with one's creditors; **G.anfechtung** *f* challenging (of) creditors; **G.antrag** *m* creditors' petition; **G.aufgebot; G.aufruf** *nt/m* public notice to all creditors; **G.befriedigung** *f* satisfaction of creditors; **G.begünstigung; G.bevorzugung** *f* preferential treatment of creditors; **G.ermittlung** *f* identification of creditors; **G.gemeinschaft** *f* community of creditors; **G.rang** *m* ranking of creditors; **G.recht** *nt* creditors' right; **G.schädigung** *f* prejudicial treatment of creditors; **G.schutz** *m* protection from creditors; **auf ~ klagen** to file for protection from creditors; **G.vergleich** *m* composition in bankruptcy, arrangement with creditors; **G.versammlung** *f* meeting of creditors; **G.vertreter** *m* creditors' representative; **G.verzeichnis** *nt* schedule of creditors; **G.verzug** *m* creditors' default

Gläubigerin *f* creditress

glaubwürdig *adj* credible; **G.keit** *f* credibility

gleich *adj* equal; **g. bleibend** *adj* constant; **g. lautend** *adj* of the same tenor

gleichartig *adj* 1. similar; 2. analogous; **G.keit** *f* similarity

gleichbedeutend *adj* equivalent

Gleichbehandlung *f* equal treatment; **G.sprinzip** *nt* principle of equal treatment; **G.srichtlinie** *f* equal treatment guideline

gleichberechtigt *adj* having equal rights

Gleichberechtigung *f* equal rights, equality; **G.sgesetz** *nt* equality act

gleichbleibend *adj* unchanging, constant

Gleiche(r) *f/m* peer

gleichgestellt *adj* 1. equal-ranking; 2. *(rechtlich)* equal before the law

Gleichgewicht *nt* 1. balance; 2. equilibrium; **g.ig** *adj* balanced

Gleichheit *f* equality; **G. vor dem Gesetz** equality before the law; **G.sgrundsatz** *m* principle of equality

gleichmachen *v/t* to level

gleichmäßig *adj* 1. uniform; 2. regular, even; **G.keit** *f* uniformity

gleichordnen *v/t* to coordinate

gleichrangig *adj* equal-ranking, equal in rank

gleichschalt|en *v/t* to bring into line; **G.ung** *f* enforced conformity

Gleichschrift *f* copy, duplicate

gleich|setzen *v/t* to equate; **g.stehen** *v/i* to rank equal; **g.stellen** *v/t* to put on a par

gleichwertig *adj* 1. equivalent; 2. of equal value; **G.keit** *f* equivalence

gleichzeitig *adj* 1. simultaneous; 2. contemporaneous; **G.keit** *f* 1. simultaneity; 2. contemporaneity

Gleitklausel *f* escalator clause

Glied *nt* 1. limb; 2. member

gliedern *v/t* 1. to arrange/structure; 2. to classify

Gliederung *f* 1. arrangement, structure; 2. classification

Gliederverlust *m* loss of limbs

global *adj* 1. global; 2. comprehensive; **G.abkommen** *nt* omnibus agreement; **G.deckung** *f (Vers.)* comprehensive cover(age); **G.entschädigung** *f* lump-sum indemnification; **G.genehmigung** *f* general/comprehensive permit; **G.zession** *f* general/blanket assignment

Glücksspiel *nt* 1. *(allgemein)* gambling; 2. gamble; **G. betreiben** to gamble; **unerlaubtes/verbotenes G.** illicit gambling

GmbH → **Gesellschaft mit beschränkter Haftung**

GmbH-Recht *nt* law of private limited companies

Gnade *f* 1. *(Nachsicht)* mercy, clemency; 2. pardon; **G. vor dem Recht ergehen lassen** to temper justice with mercy

Gnaden|akt *m* 1. act of mercy/clemency; **G.erweis** *m* pardon; **G.frist** *f* days of grace, grace period, period of grace, (temporary) reprieve; **G.gesuch** *nt* plea/petition/appeal for clemency; **G.instanz** *f* board of pardons; **G.recht** *nt* prerogative of mercy; **G.stoß** *m* coup de grace *(frz.)*; **auf dem G.weg** by pardon

Gold *nt* gold; **G.- und Silbersachen** *pl* gold and silver items

Gotteslästerung *f* blasphemy

Grab *nt* grave; **G.schändung** *f* desecration/defilement of a grave

Grad *m* degree; **G. der Fahrlässigkeit** degree of negligence; **~ Verwandtschaft** degree of relationship; **G. des Verschuldens** degree of fault; **akademischer G.** academic degree

Grafschaftsgericht *nt* County Court *[GB]*

Gratifikation *f* gratuity, bonus, ex gratia *(lat.)* payment

gratis *adj* free of charge, gratuitous

Gräueltat *f* atrocity, outrage

grausam *adj* cruel; **G.keit** *f* (act of) cruelty; **seelische ~** mental cruelty

gravamen *nt* *(lat.)* complaint

gravierend *adj* 1. grave, serious; 2. severe

greifen *v/i* 1. *(ergreifen)* to grab/grip; 2. *(Maßnahme)* to take effect; 3. *(Gesetz, Vorschrift)* to apply; **g. zu** *(fig.)* to resort to; **zu etw. g.** *(Pistole)* to reach for

Gremium *nt* body; **beratendes G.** advisory body; **beschlussfähiges G.** quorum

Grenze *f* 1 border, frontier; 2. *(Grundstück)* boundary; **obere G.** ceiling

grenzen an *v/prep* to border on, to be adjacent to

Grenz|fall *m* borderline case; **G.feststellungsklage** *f* action to establish a boundary line; **G.linie** *f* boundary line; **G.situation** *f* borderline situation; **G.stein** *m* boundary stone; **G.streitigkeit** *f* boundary dispute; **g.überschreitend** *adj* cross-border, transborder; **G.überschreitung** *f* crossing (of) the border; **G.verkehr** *m* cross-border traffic; **G.verletzung** *f* violation of the frontier; **G.wert** *m* limit; **G.zeichen** *nt* boundary mark

Griff *m* 1. grip, hold; 2. *(Knauf)* handle; 3. *(Pistole)* butt; **G. nach der Droge** turning/taking to drugs; **etw. in den G. bekommen** *(fig.)* to gain control of sth., **~ the** upper hand of sth.; **etw. im G. haben** to have sth. under control

grob *adj* gross

gröblich *adj* gross

Größe *f* size; **vorschriftsmäßige G.** prescribed size

Groß|einsatz *m* large-scale operation; **G.fahndung** *f* large-scale manhunt; **G.händler** *m* wholesaler; **G.handel** *m* wholesale trade

Grund *m* 1. *(Veranlassung)* reason, ground; 2. *(Ursache)* cause; **auf G. von** because of, by reason of, on the grounds of; **aus wichtigem G.** for a major reason; **~ gekündigt** dismissed for a good reason; **im G.e** to all intents and purposes; **dem G.e nach** on the merits

Grund zur Annahme reason to assume/believe; **~ Beschwerde** cause for complaint; **~ Besorgnis** cause for concern **G. und Boden** real estate, realty *[US]*, land; **eigener ~** freehold property; **~ und alles, was damit verbunden ist** land and permanent attachments thereto; **zu G.e legen** to base

ausreichender Grund sufficient reason; **ausschlaggebender G.** decisive reason; **gewichtiger G.** good reason; **hinreichender G.** sufficient reason; **stichhaltiger G.** good reason; **triftiger G.** good cause; **überzeugender G.** convincing reason; **verfahrenstechnischer G.** procedural reason; **wichtiger G.** good cause; **zwingender G.** compelling reason

Grund|abtretung *f* surrender of land; **G.akte** *f* master file; **G.arbeitszeit** *f* basic work(ing) hours; **G.bedarf; G.bedürfnisse** *m/pl* basic needs/requirements; **G.bedingung** *f* fundamental/ main condition, main prerequisite; **G.begriff** *m* basic concept

Gundbesitz *m* real estate, realty *[US]*, property; **G. belasten** to encumber an estate; **G. entschulden** to disencumber an estate; **G. parzellieren** to break up an estate; **belasteter G.** encumbered estate; **freier G.** freehold (property); **gepachteter G.** leasehold property; **öffentlicher G.** common land; **g.end** *adj* landowning

Grundbesitzer(in) *m/f* landowner, property owner; **abwesender/nicht ortsansässiger G.** absentee landlord

Grundbuch *nt* land (charges) register, register of titles; **im G. eingetragen** registered in the land charges register; **etw. in das G. eintragen** to enter sth. in the land charges register

Grundbuch|abschrift *f* abstract from the land (charges) register, ~ of title; **G.amt** *nt* land registry (office); **G.auszug** *m* abstract of title, ~ from the land (charges) register; **G.berichtigung** *f* rectification of the land (charges) register; **G.bescheinigung** *f* land certificate; **G.blatt** *nt* land (charges) register folio; **G.einsicht** *f* inspection of the land (charges) register; **G.eintragung** *f* entry in the land (charges) register; **G.löschung** *f* cancellation/deletion of an entry in the land (charges) register; **G.ordnung** *f* land charges registration act; **G.recht** *nt* law of real estate, property law; **G.register** *nt* land charges register; **G.registerkosten** *f* land charges register costs; **G.umschreibung** *f* transfer of title in the land (charges) register

Grunddienstbarkeit *f* easement, landed/ real servitude; **G. bestellen** to grant an easement

Gründe *pl* reasons; **aus datentechnischen G.n** for reasons of data protection; **unter Angabe der G.** stating reasons; **G. vorbringen** to advance reasons; **schwerwiegende G.** grave reasons

Grundeigentum *nt* real estate, realty *[US]*, property; **G. und bewegliche Sachen** land and chattels

Grundeigentümer *m* property owner, landed proprietor

Grundeigentumsurkunde *f* land certificate

gründen *v/t* 1. to establish/form/found/ set up; 2. *(jurist. Person)* to incorporate

Gründer *m* 1. founder; 2. *(durch Unterstützung)* promoter; 3. *(jurist. Person)* incorporator

Grunderwerb *m* acquisition of land/ property; **G.ssteuer** *f* land purchase tax; **G.ssteuergesetz** *nt* land purchase tax act

Grund|freiheit *f* 1. basic freedom; 2. civil liberty; **G.gesetz** *nt* 1. (federal) constitution, Basic Law; **G.kapital** *nt* starting capital; **G.lage** *f* basis; **G.last** *f* land charge, encumbrance; **G.leistung** *f (Vers.)* flat-rate/standard benefit; **G.lohn** *m* basic wage; **G.miete** *f* ground rent; **G.ordnung** *f* constitution; **G.pacht** *f* 1. land lease; 2. ground rent; **G.pächter** *m* leaseholder

Grundpfand *nt* (real estate) mortgage; **G.besteller** *m* mortgagor; **G.brief** *m* mortgage bond; **G.forderung** *f* mortgage claim; **G.gläubiger** *m* mortgagee; **G.recht** *nt* 1. lien on property, 2. mortgage; **G.schuld** *f* mortgage debt; **G.schuldner** *m* mortgagor; **G.sicherheit** *f* mortgage security

Grundprinzip *nt* basic principle

Grundrecht *nt* constitutional right; **G.skatalog** *m* list of civil rights; **G.sverletzung** *f* violation of civil liberties

Grundrechte *pl* civil rights/liberties

Grundrente *f (Bodenrente)* ground rent

Grundriss *m* ground/floor plan

Grundsatz *m* principle, maxim, tenet; **G. der Gegenseitigkeit** reciprocity principle; **G.entscheidung; G.urteil** *f/nt* leading decision

Grundsätze *pl* principles; **billigkeitsrechtliche G.** principles of equity; **moralische G.** ethical principles

grundsätzlich *adj* basic

Grundschuld *f* land charge, charge on land, encumbrance, mortgage; **G. bestellen** to take out a mortgage; **G. löschen** to extinguish a land charge; **G.bestellungsurkunde** *f* mortgage deed; **G.brief** *m* land charge certificate; **G.forderung** *f* claim arising from a land charge

Grundsteuer *f* property tax

Grundstück *nt* 1. plot/piece of land; 2. property; **G. des Berechtigten** dominant tenement; **dinglich mit dem G. verbunden** running with the land

Grundstück abschätzen to value land; **G. auflassen** to convey a property; **G. belasten** to encumber a property; **G. freigeben** to disencumber a property; **G. übereignen** to transfer a property; **G.e vereinigen** to join properties

angrenzendes Grundstück adjoining/ adjacent property; **befriedetes G.** enclosed property; **belastetes G.** encumbered property; **mit einer Grunddienstbarkeit ~** servient tenement; **hypothekarisch ~ G.** mortgaged property; **dienendes G.** servient tenement; **eigengenutztes G.** owner-occupied property; **eingefriedetes G.** enclosed property; **fremdes G.** property of another; **gemeinschaftliches G.** joint property; **herrenloses G.** property in abeyance; **herrschendes G.** dominant tenement; **landwirtschaftliches G.** agricultural property; **verlassenes G.** vacant possession

Grundstücks|anlieger *m* abutter; **G.auflassung** *f* conveyance (of property), transfer of ownership; **G.belastung** *f* encumbrance (on land/real property *[US]*); **G.besitz** *m* possession of real estate; **G.besitzer** *m* occupier of property; **G.eigentum** *nt* 1. freehold estate; 2. property/land ownership; 3. title to land; **G.eigentümer(in)** *m/f* 1. property/land owner, owner of real estate; **G.eigentumsurkunde** *f* title deed; **G.erwerb** *m* acquisition of property; **G.geschäft** *nt* property transaction; **G.größe** *f* size of the property; **G.kauf** *m* purchase of property; **G.kaufvertrag** *m* contract/agreement for the sale of property; **G.klage** *f* property suit; **G.last** *f* encumbrance; **G.miteigentümer(in)** *m/f* co-owner of real property; **~ nach Bruchteilen** tenant(s) in common; **G.nießbrauch** *m* usufruct of land; **G.nutzung** *f* use of land; **G.pacht** *f* land lease; **G.parzelle** *f* plot/parcel of land; **G.räumungsklage** *f* action for (re)possession; **G.recht** *nt* 1. property law, law of property; 2. land law; **G.rechte** *pl* interest in land; **G.teilung** *f* partition of land; **G.überlassung** *f* surrender of property; **G.übertragung** *f* transfer of property/title; **G.unterlagen** *pl* title deeds; **G.veräußerung** *f* alienation/sale of property; **G.verkehr** *m* property transactions; **G.vermessung** *f* surveying a property; **G.verpfändung** *f* mortgaging of property; **G.wert** *m* property value; **G.zubehör** *nt* fixture(s), appurtenances (to land); **G.zusammenlegung** *f* consolidation of two or more plots of land

Gründung *f* 1. foundation, formation; 2. *(durch Unterstützung)* promotion; 3. *(jurist. Person)* incorporation; **G.sfreiheit** *f* freedom to form a company; **G.konsortium** *nt* foundation syndicate; **G.schwindel** *f (Scheingründung)* fictitious foundation (of a company); **G.surkunde** *f* 1. foundation charter; 2. *(Kapitalgesellschaft)* memorandum of association *[GB]*, deed/certificate of incorporation *[US]*; **G.sversammlung** *f* promoters' meeting; **G.svertrag** *m* memorandum of association

Grundvermögen *nt* real estate, realty *[US]*, landed property

Gruppe *f* group; **G.nvergewaltigung** *f* gang rape; **G.nklage** *f* class action

gültig *adj* effective, valid, in force; **allgemein g.** of general validity; **g. ab** effective from; **g. bleiben** to remain in force

Gültigkeit *f* validity, legal force; **rückwirkend G. erlangen** to attain legal force with retroactive effect; **G. verlängern** to extend/renew the validity; **G. verlieren** to expire, to become invalid, to cease to be effective, ~ in force; **G.sbereich** *m* scope (of application); **G.sdauer** *f* period of validity; **~ eines Patents** life of a patent; **~ Vertrags** life/term of a contract; **G.serklärung** *f* validation; **G.svermutung** *f* presumption of validity

Gunst *f* 1. favour; 2. benefit; **zu G.en von** in favour of; **zu seinen G.en** in his favour; **im Zweifel zu jds G.en entscheiden** to give so. the benefit of the doubt

Gut *nt* 1. *(Vermögensgegenstände)* property, assets, effects; 2. *(Landgut)* (agricultural) estate, farm; **eingebrachtes G.** *(Ehe)* dowry; **heimgefallenes G.** escheat; **herrenloses G.** derelict property; **öffentliches G.** public property

Gutachten *nt* expert opinion, expertise; **G. einholen** to seek/request an opinion; **G. erstatten** to furnish an opinion; **ablehnendes G.** adverse opinion; **ärztliches/medizinisches G.** medical opinion; **schiedsrichterliches G.** arbitrament

Gutachter(in) *m/f* 1. expert; 2. *(Wert)* assessor; 3. *(Haus)* surveyor; **G. heranziehen** to consult an expert

Gutdünken nt discretion; **nach G.** discretionary; **nach G. des …** at the discretion of …

Güte f 1. quality, grade; 2. amicableness, kindness; **handelsübliche G. und Beschaffenheit** merchantable quality (and condition); **minderwertige G.** inferior quality; **G.antrag** m petition for an amicable settlement

Güter pl 1. goods, commodities; 2. assets; **G.abwägung** f weighing of (the) pros and cons; **G.austausch** m exchange of goods; **G.beförderung** f transport(ation) of goods; **G.beförderungsvertrag** m contract for the carriage of goods

Gütergemeinschaft f community of goods, joint marital property; **eheliche G.** (conjugal/marital) community of interests

Güter|kraftverkehr m road haulage; **G.pflegschaft** f property curatorship

Güterrecht nt property law, law of property; **eheliches/gesetzliches G.** (statutory) law of matrimonial property; **immaterielles G.** intangible property right; **vertragliches G.** matrimonial property regime; **G.sregister** nt matrimonial property register; **G.svereinbarung** f matrimonial property agreement; **G.sverhältnis** nt matrimonial property relation

Güter|schutz m protection of goods; **G.stand** m property regime; **ehelicher/gesetzlicher ~** matrimonial property regime; **G.trennung** f separation of property

Güte|stelle f conciliation board; **G.verfahren** nt conciliatory proceedings; **G.verhandlung** f conciliatory hearing

Gutglaubenserwerb m acquisition in good faith, bona-fide acquisition

gutgläubig adj bona fide (lat.), in good faith, innocent

Guthaben nt 1. assets; 2. (Konto) credit (balance); **gesperrtes G.** frozen assets

gutheißen v/t to approve of, to sanction

gütlich adj amicable, out-of-court

gut|machen v/t to make good, to indemnify; **g.sagen** v/t to stand bail/security

Gutschein m voucher, coupon

gutschreiben v/t to credit

Gutschrift f 1. (Konto) credit entry/item; 2. (Gutschriftanzeige) credit note

Gutsherr m landlord

H

Haager Internationaler Gerichtshof Hague Tribunal, International Court of Justice; **H. Konventionen** Hague Conventions; **H. Landkriegsordnung (HLKO)** Hague Land Warfare Convention; **H. Regeln** Hague rules

Haarspalterei f hair-splitting

Hab und Gut nt goods and chattels, (personal) belongings

Habe f property, belongings, possessions, effects; **bewegliche H.** movables, chattels; **persönliche H.** personal effects; **keine pfändbare H.** nulla bona (lat.); **unbewegliche H.** real estate, realty [US]

Habeaskorpusakte f Habeas Corpus Act [GB]

Haben nt 1. (Konto) credit; 2. (Bilanz) assets; **H.anzeige** f credit advice; **H.buchung** f credit entry; **H.zins** m credit interest

Habgier f greed, covetousness, cupidity

Habseligkeiten pl personal belongings

Hader m quarrel

Hafen m port, harbour; **H.abgaben** pl port charges; **H.amt** nt port authority; **H.konnossement** nt port bill of lading

Haft f detention, imprisonment, arrest, custody, confinement; **in H.** under arrest; **H. anordnen** to remand so. in custody; **H. antreten** to begin to serve a prison sentence; **jdn aus der H. entlassen** to release so. from prison; **in H. nehmen** to take so. into custody; **in die H. zurückgesandt werden** to be remanded in custody

Haft|anordnung f committal/arrest warrant, remand order; **verlängerte H.anordnung** detainer; **H.anstalt** f detention centre, prison; **H.antrag** f application for custody; **H.aufhebung** f release from custody; **H.aufschub** m postponement of a prison sentence, stay of imprisonment; **H.aussetzung** *f* parole, suspended prison sentence

haftbar *adj* liable; **beschränkt h. sein** to have limited liability; **einzeln h.** severally liable; **gemeinsam h.** jointly liable; **gesamtschuldnerisch/gesamtverbindlich h.** jointly and severally liable; **jdn h. machen** to hold so. liable; **für etwas h. sein** to be liable for sth.; **persönlich ~** to be personally liable; **primär h.** liable in the first degree; **solidarisch h.** jointly and severally liable; **strafrechtlich h.** criminally liable; **subsidiär h.** liable in the second degree; **unmittelbar h.** directly liable

Haftbarkeit *f* liability

Haftbefehl *m* arrest warrant, justice's/ bench/detention warrant, order/warrant of arrest, warrant to arrest so., bench warrant; **H. für Person, die Geldstrafe nicht bezahlt hat** commitment warrant **Haftbefehl ausfertigen/erlassen** to issue an arrest warrant; **jdn mit H. suchen** to have a warrant out for so.'s arrest; **H. vollstrecken** to execute an arrest warrant; **gültiger H.** valid warrant; **unerledigter H.** unexecuted warrant; **H.santrag** *m* application for a warrant of arrest

Haftbeschwerde *f* complaint against an order for arrest, complaint of wrongful arrest, appeal against remand in custody, writ of habeas corpus *(lat.)*

Haftdauer *f* 1. term of imprisonment; 2. time of detention

haften *v/i* to be liable (for), to incur a liability; **bedingt h.** to be contingently liable; **einzeln h.** to be severally liable; **persönlich h.** to be personally liable; **solidarisch h.** to be jointly and severally liable; **selbstschuldnerisch h.** to be liable as principal debtor; **unbeschränkt h.** to be fully liable

haftend *adj* liable, answerable

Haftende(r) *f/m* liable party/person, obligor; **beschränkt H.** *(KG)* limited partner; **persönlich H.** personally liable person; **selbstschuldnerisch H.** directly suable debtor; **unbeschränkt H.** *(KG)* general partner

Haftentlassung *f* discharge from prison, release from custody; **H. gegen Sicherheitsleistung** release on bail; **H.sbe-**

schluss *m* order for release from custody

Haftentschädigung *f* compensation for wrongful imprisonment

haftfähig *adj* fit for a custodial sentence

Haft|fähigkeit *f* fitness for a custodial sentence; **H.fortdauer** *f* extended remand, remand in custody; **H.freistellung** *f* indemnity; **H.grund** *m* reason/ground(s) for so's arrest; **H.kaution** *f* bail

Häftling *m* 1. detainee, prisoner; 2. prison inmate; **H. auf der Anklagebank** prisoner at the bar; **H.sverlegung** *f* transfer of prisoners

Haftpflicht *f* (legal) liability; **H. des Arbeitgebers** employer's liability; **~ Besitzers eines Grundstücks** occupier's liability; **H. für Fahrlässigkeit** liability in tort for negligence; **H. des Frachtführers** carrier's liability; **~ Herstellers** manufacturer's liability; **~ Verursachers** civil liability of the polluter; **von einer H. befreien** to discharge (so.) of a liability; **sich gegen eine H. versichern** to insure (sth.) against third-party risks; **allgemeine Haftpflicht** public/general liability; **beiderseitige H.** cross liability; **beschränkte H.** limited liability; **gesetzliche H.** statutory/public liability; **mittelbare H.** secondary liability; **solidarische H.** joint and several liability; **unbeschränkte H.** unlimited liability; **vertragliche H.** contractual liability; **wechselseitige H.** cross liability

Haftpflicht|anerkenntnis *f* liability bond; **H.anspruch** *m* liability claim; **H.anteil** *m* proportion of liability; **H.ausschluss** *m* non-liability; **H.gesetz** *nt* Public Liability Act *[GB]*

haftpfichtig *adj* to be liable/accountable (for); **jdn h. machen** to hold so. liable; **H.e(r)** *f/m* liable party/person

Haftpflicht|klage *f* third-party complaint; **H.mindestgrenze** *f* minimum liability; **H.police** *f* third-party policy; **H.prozess** *m* liability case; **H.risiko** *nt* third-party risk; **H.umfang** *m* liability cover(age); **H.verbindlichkeiten** *pl* liabilities for third-party risks; **H.versicherer** *m* liability/third-party insurer

haftpflichtversichert *adj* covered by liability insurance, insured against third-party risks

Haftpflichtversicherung *f* 1. (personal) liability insurance; 2. third-party insurance; **H. der freien Berufe** malpractice insurance, professional liability insurance; **H. mit Vollkaskoversicherung** fully comprehensive insurance; **gesetzliche H.** statutory third-party insurance; **öffentlich-rechtliche H.** public liability insurance

Haftprüfung *f* writ of habeas corpus *(lat.)*, judicial review of remand (in custody), ~ an arrest; **H.sgericht** *nt* remand court; **H.stermin** *m* date of review of the remand order; **H.sverfahren** *nt* habeas corpus *(lat.)* proceedings, remand proceedings, review of a pretrial order for committal to custody; **im ~ vorgeführt werden** to appear on remand

Haft|recht *nt* law of arrest; **H.richter(in)** *m/f* committing magistrate; **H.sache** *f* arrest case; **H.strafe** *f* custodial sentence; **~ verbüßen** to serve a custodial sentence; **H.summe** *f* guaranteed amount; **h.unfähig** *adj* unfit for a custodial sentence; **H.unfähigkeit; H.untauglichkeit** *f* unfitness to be kept in prison on health grounds, ~ serve a prison sentence

Haftung *f* 1. *(ZR)* liability, accountability; 2. *(StR)* responsibility; **H. ablehnen** 1. to deny responsibility; 2. to disclaim/repudiate liability; **H. einer Aktiengesellschaft** corporate liability; **H. des Arbeitgebers** employer's liability; **H. für Arbeitsunfälle** liability for industrial accidents; **H. des Besitzers** occupier's liability; **~ redlichen Besitzers** liability of the bona fide *(lat.)* holder; **H. für Dritte** vicarious liability; **H. gegenüber Dritten** third-party liability; **H. der Eltern** parental liability; **H. des Erben** heir's liability; **H. für den Erfüllungsgehilfen** vicarious liability; **~ Fahrlässigkeit des Erfüllungsgehilfen** sole actor doctrine; **H. des Gastwirtes** publican's liability; **H. für vertragsgemäßen Gebrauch** warranty of fitness for contractual use; **~ den Gehilfen** vicarious liability; **H. der Gesellschafter** partners' liability; **H. des**

Grundstückseigentümers occupier's liability; liability in tort; **H. des Herstellers** manufacturer's liability; **beschränkte ~ Käufers** seller's limited liability; **H. für Mängel** liability for defects; **H. bei Mitverschulden** liability for contributory negligence; **H. des Nießbrauchers** usufructuary's liability; **H. gegenüber der Öffentlichkeit** public liability; **H. des Prüfers** auditor's liability; **H. bei Personen- und Sachschaden** liability for personal injury and property damage; **H. für Rechtsmängel** liability for defects in law; **~ Sachmängel** liability for detects in rem *(lat.)*; **~ Schaden** liability for loss; **~ Schaden(s)ersatz** liability for damages; **H. des Schenkers** donor's liability; **~ Spediteurs** carrier's liability; **~ Verkäufers** seller's liability; **H. für Verkehrssicherheit** occupier's liability; **~ den Verrichtungsgehilfen** vicarious liability, respondeat superior *(lat.)*; **H. bei Verschulden** liability for culpable negligence; **H. ohne Verschulden** strict liability; **H. für eigenes Verschulden** liability for own fault; **~ fremdes Verschulden** vicarious liability; **H. aus dem Vertrag** contractual liability; **H. des Vormundes** guardian's liability, **~ Wiederverkäufers** reseller's liability; **H. für Zahlungsfähigkeit** liability for insolvency

Haftung ablehnen 1. to deny responsibility; 2. to disclaim/repudiate liability; **H. ausschließen** to exclude liability; **von der H. befreien** to exempt from liability; **H. beschränken** to limit liability; **H. erlassen** to disclaim liability; **H. erweitern** to extend liability; **H. nachweisen** to establish liability; **H. setzt ein Verschulden voraus** liability is based on fault; **H. übernehmen** to accept/assume liability; **H. gemeinsam übernehmen** to assume a liability jointly

arbeitsrechtliche Haftung industrial liability; **außervertragliche H.** non-contractual liability; **beschränkte H.** limited liability; **deliktische H.** liability in tort, tortious liability; **dingliche H.** liability in rem *(lat.)*; **erweiterte H.** extended liability; **gesamtschuldneri-**

sche H. joint and several liability; **gesetzliche H.** statutory/public liability; **persönliche H.** personal liability; **solidarische H.** joint and several liability; **stellvertretende H.** vicarious liability; **strafrechtliche H.** criminal responsibility; **strenge H.** strict liability; **subsidiäre H.** liability in the second degree; **unbedingte H.** strict lability; **unbeschränkte H.** unlimited liability; **verschuldensunabhängige H.** liability without fault, strict liability; **vertragliche H.** contractual liability; **vorvertragliche H.** pre-contractual liability; **weitergehende H.** extended liability; **zivilrechtliche H.** civil liability
Haftungs|sabgrenzung f demarcation of liability; **H.ablehnung** f denial of liability; **H.ablehnungserklärung** f disclaimer of liability; **H.anspruch** m liability claim; **H.ansprüche Dritter** pl third-party liability claims; **H.anteil** m share in the liability; **H.ausschlie-ßungsklausel** f disclaimer clause
Haftungsausschluss m disclaimer/exclusion of liability, exemption from liability; **~ für leicht verderbliche Waren** memorandum clause; **H.klausel** f disclaimer clause, non-liability clause
Haftungs|befreiung f exemption from liability; **H.begrenzungsklausel** f clause restricting liability; **H.bescheid** m notice of liability; **H.beschränkung** f limitation of liability; **H.beschränkungsklausel** f exemption clause; **H.bestimmungen** f liability provisions; **H.dauer** f indemnity period; **H.durchgriff** m 1. enforcement of liability; 2. (Kapitalgesellschaft) piercing the corporate veil [US]; **H.erweiterung** f extension of liability; **H.fähigkeit** f liability; **H.folge** f ranking of liabilities; **H.freistellung** f indemnity (against liability), exemption from liability; **H.freistellungsklausel** f indemnity clause; **H.freizeichnung** f contracting out of liability; **H.freizeichnungsklausel** f warranty disclaimer, non-liability clause; **H.frist** f liability period; **H.grenze** f limitation of liability; **H.grundsätze** pl principles of liability; **H.höchstbetrag** m maximum liability;

H.kapital nt equity capital; **H.klage** f liability action; **H.klausel** f liability clause; **H.minderung** f reduction of liability; **H.obergrenze** f aggregate limit of liability; **H.obligo** nt commitment under a liability; **H.ordnung** f liability ranking; **H.pflicht** f statutory liability; **H.privileg** nt liability privilege; **H.quote** f liable quota; **H.recht** nt law of liability; **H.risiko** nt liability, third-party risk; **H.schaden** m liability loss; **H.schuldner(in)** m/f indemnitor, person held liable; **H.summe** f 1. amount guaranteed; 2. (Vers.) liability cover(age); **H.system** nt liability system; **H.träger(in)** m/f liable party; **H.übergang** f transfer of liability; **H.übernahme** f assumption of liability; **H.übernahmevertrag** m assumption of liability agreement; **H.umfang** m extent of liability; **H.verbindlichkeiten** pl (contingent) liabilities; **wechselseitiges H.verhältnis** cross liability; **H.verzicht** m waiver of liability; **H.zeitraum** m liability period
Haft|urlaub m parole; **H.verkürzung** f reduced sentence; **H.verschonung** f conditional discharge, exemption from imprisonment, refraining from enforcement of arrest; **~ gegen Sicherheitsleistung** granting (of) bail; **H.vollzug** m execution of a prison sentence; **H.voraussetzung** f grounds for arrest; **H.zeit** f 1. term of imprisonment, 2. time of detention
halb adj half; **h.amtlich** adj semi-official; **H.bruder** m half-brother; **H.schwester** f half-sister; **H.erzeugnisse** pl semi-finished goods, semi-manufactured goods; **H.geschwister** pl half-brothers and sisters; **H.tagskraft** f part-time worker, part-timer
Halde f dump, stockpile; **auf H. nehmen** to stockpile
Hälfte f half
haltbar adj 1. tenable; 2. durable, hardwearing, lasting, non-perishable
Haltbarkeit f 1. (Lagerfähigkeit) shelf life; 2. (Lebensdauer) durability
Halten nt 1. stopping; 2. (Tiere) keeping
halten v/t to hold/keep; **h. für** to deem; **für angemessen h.** to deem fit and proper; **~ tunlich h.** to think fit

sich **halten an** v/refl to adhere to, to abide by; ~ **an jdn h.** *(Schadenersatz)* to have recourse to so.

Halter(in) m/f holder, registered user/owner, owner; **H. eines Kfz** registered vehicle owner; **H.haftung** f liability of the (registered) owner/user

Halteverbot nt no stopping; **absolutes H.** no-stopping zone; **eingeschränktes H.** no-waiting zone

Haltung f 1. *(Benehmen)* behaviour; 2. *(Einstellung)* attitude; **abwartende H.** policy of wait and see; **feindliche H.** hostile attitude; **unnachgiebige H.** unyielding attitude

Hand f hand; **an H. von** on the basis of; **aus erster H.** (at) first hand; ~ **zweiter H.** (at) second hand; **unter der H. verkaufen** to sell privately, ~ by private treaty; **zu Händen von** attention of (attn.), care of (c/o); **zur gesamten H.** jointly (and severally); **in andere Hände fallen** to fall into so.'s hands; **freie H. haben** to have a free hand; **in andere Hände übergeben** to change hands; **jdm freie H. lassen** to leave it to so.'s discretion; **öffentliche H.** state, public sector, central government, local government; **in öffentlicher H.** in public ownership; **tote H.** dead hand, mortmain; **unter der H.** privately, unofficially, secretly; **in andere Hände übergehen** to change hands

Hand|akte f reference file; **H.buch** nt manual handbook

Handel m trade, commerce; **illegaler H. mit illegalen Einwanderern** illegal trade in immigrants; **in den H. kommen** to be put on the market, to come on the market; **H. rückgängig machen** to call off a bargain, to rescind a contract; **H. treiben** to trade

ambulanter Handel itinerant trade; **amtlicher H.** official trading; **erlaubter H.** lawful trade; **lauterer H.** fair trading; **rechtswidriger H.** illicit trade; **unerlaubter H.** unlawful trade

handelbar adj negotiable, marketable; **H.keit** f negotiability

Handeln nt action, acting; **H. auf Befehl** acting under orders; ~ **eigene Gefahr** acting at one's own risk; **H. für einen**

anderen acting for another (party); **fahrlässiges H.** acting negligently; **grob fahrlässiges H.** gross negligence; **gemeinsames H.** common/concerted/joint action; **gutgläubiges H.** acting in good faith; **rechtswidriges H.** acting unlawfully; **vorausschauendes H.** acting with foresight

handeln v/i 1. to act; 2. to trade; **rechtswidrig h.** to act unlawfully; **vorsätzlich h.** to act wilfully

Handelsabkommen nt trade agreement; **H. abschließen** to conclude a trade agreement

Handels|agent m commercial agent; **H.berechtigung** f licence to trade; **H.beschränkungen** pl 1. trade restrictions; 2. *(Wettbewerbsbeschränkungen)* restraint of trade; **H.betrieb** m trading firm/company; **H.bezeichnung** f trade name; **H.brauch** m commercial/trade/mercantile custom, trade usage; **H.bücher** pl books of account; **h.einig** adj in agreement; **H.erlaubnis** f trading licence; **H.firma** f trading firm; **H.frau** f businesswoman, female sole trader; **H.freiheit** f freedom of trade; **H.gebrauch; H.gepflogenheit** m/f → **Handelsbrauch; H.genossenschaft** f trading cooperative

Handels|gericht nt commercial court; **H.gerichtsbarkeit** f commercial jurisdiction; **H.geschäft** nt 1. commercial transaction; 2. trading enterprise; **H.gesellschaft** f trading company; **offene H.gesellschaft (OHG)** general partnership; **H.gesetzbuch** nt commercial code, code of commercial law; **H.gewerbe** nt trade; ~ **betreiben** to trade; **H.gewinn** m trading profit; **H.innung** f corporation of traders; **H.kammer** f chamber of commerce; **H.kauf** m commercial sale; **H.konzession** f trading licence, licence to trade; **H.makler(in)** m/f broker; **H.marine** merchant navy; **H.marke** f trademark, brand; **H.name** m trade name; **H.papier** nt negotiable instrument; **H.praktiken** pl trade practices; **H.rechnung** f commercial invoice; **H.recht** nt commercial/mercantile law, law merchant; **H.register** nt commercial/companies register, Registrar of Companies *[GB]*; **ins ~ eintragen** to register/incorporate; **H.richter** *m* commercial judge; **H.sache** *f* commercial case; **H.schifffahrtsgesetz** *nt* Merchant Shipping Act *[GB]*; **H.schuld** *f* commercial debt; **H.sitte** *f* commercial/trade/mercantile custom, trade usage; **H.spanne** *f* margin of profit; **h.üblich** *adj* customary (in the trade), usual in commercial practice, in accordance with trade usage; **H.unternehmen** *nt* trading enterprise; **H.verkehr** *m* trade, commerce; **H.vertrag** *m* commercial treaty; **H.vertreter(in)** *m/f* commercial representative/agent; **H.vertretervertrag** *m* agency contract; **H.vollmacht** *f* commercial power; **H.vorschriften** *pl* commercial regulations; **H.ware** *f* merchandise; **H.wechsel** *m* trade acceptance; **H.wert** *m* commercial/trade value

handeltreibend *adj* trading

Hand|fesseln *pl* manacles; **H.feuerwaffe** *f* handgun; **H.geld** *nt* earnest money; **h.geschrieben** *adj* hand-written

handgreiflich *adj* violent; **h. werden** to become violent; **H.keit** *f* scuffle, violence

Handhabe *f* tangible/hard-and-fast evidence

handhaben *v/t* 1. to handle; 2. to manage/operate

Handhabung *f* handling, administration, manipulation, management; **H. der Rechtsprechung** administration of justice; **unsachgemäße H.** improper handling/application/use

Handlanger *m* 1. helper, assistant; 2. *(Hilfsarbeiter)* handyman, labourer

Händler(in) *m/f* trader, dealer; **H.haftung** *f* trader's/seller's liability

Handlung *f* act, action, deed, transaction; **H. begehen/vornehmen** to commit an act; **sich einer H. enthalten**; **H. unterlassen** to refrain from committing an act; **betrügerische Handlung** fraudulent act; **böswillige H.** malicious act; **einseitige H.** unilateral act; **fahrlässige H.** negligent act; **feindliche H.** hostile act; **gerichtliche H.** judicial act; **konkludente H.** implied act; **kriegerische H.** act of war; **offenkundige H.** overt act; **rechtsgestaltende H.** operative act, **richterli-**

che **H.** judicial act; **schädigende H.** injurious/damaging act; **schuldhafte H.** culpable act; **sexuelle H.** sexual act; **strafbare H.** criminal offence, punishable act; **unerlaubte H.** tort, tortious act; **unzüchtige H.** act of indecency; **verbotene H.** forbidden act; **widerrechtliche H.** unlawful act; **willkürliche H.** arbitrary act

Handlungen *pl* acts; **H. und Unterlassungen** acts and omissions/forbearances; **H. vornehmen** to perform acts; **grob anstößige und belästigende H.** acts of gross indecency; **exhibitionistische H.** exhibitionist acts; **unzüchtige H.** illicit sexual acts, obscene acts

Handlungs|bevollmächtigte(r) *f/m* authorized agent; **H.ermessen** *nt* discretion (to act); **h.fähig** *adj* capable of acting; **H.fähigkeit** *f* capacity to act; **H.freiheit** *f* freedom of action; **volle ~ haben** to have full discretion (to act); **H.gehilfe** *m* 1. commercial assistant, 2. agent; **H.haftung** *f* strict liability for acts endangering public safety; **H.lehre** *f* doctrine of criminal responsibility; **H.pflicht** *f* duty to act; **h.unfähig** *adj* incapable of acting; **H.unfähigkeit** *f* incapacity to act; **H.vollmacht** *f* power to act, power of attorney, proxy; **H.weise** *f* conduct; **rechtswidrige ~** unlawful conduct

Handschellen *pl* handcuffs; **jdm H. anlegen** to handcuff so.; **mit H. gefesselt** handcuffed

Hand|schein *m* promissory note (P/N); **H.schenkung** *f* donation by manual delivery, spontaneous manual gift; **H.schlag** *m* handshake; **H.schreiben** *nt* handwritten letter; **H.schrift** *f* handwriting; **h.schriftlich** *adj* handwritten; **H.schuhehe** *f* proxy marriage; **H.taschenraub** *m* handbag snatching; **H.verkauf** *m* executed sale; **H.waffe** *f* handgun

Handwerk *nt* (handi)craft, trade; **H. betreiben** to ply a trade; **H.er** *m* craftsman

Handwerks|betrieb *m* handicraft business; **H.innung** *f* craft guild; **H.kammer** *f* chamber of handicrafts; **H.ordnung** *f* handicrafts code; **H.rolle** *f* register of craftsmen

Handzeichen *nt* 1. *(Abstimmung)* show of hands; 2. hand sign

Hang *m* disposition, propensity; **H.täter** *m* habitual criminal

harmonisieren *v/t* to harmonize

Harmonisierung *f* harmonization; **H. der Steuern** fiscal harmonization

hart *adj (Strafe)* stiff, harsh

Härte *f* hardship, severity; **soziale H.** social hardship; **unbillige/ungebührliche H.** undue hardship; **unzumutbare H.** unreasonable hardship; **~ darstellen** to constitute unreasonable hardship

Härte|ausgleich; H.beihilfe *m/f* hardship allowance, financial equalization in case of hardship; **H.fall** *m* hardship case; **H.fonds** *m* hardship fund/relief; **H.klausel** *f* hardship clause; **H.regelung** *f* settlement of hardship cases; **H.zulage** *f* hardship allowance

Hass *m* hatred, hate; **tief verwurzelter H.** ingrained hate; **rassistische H.post** racist hate mail; **H.verbrechen** *nt* hate crime

Häufung von Vergehen *f* plurality of offences

Haupt *nt* head; **H.agentur** *f* general agency; **h.amtlich** *adj* full-time; **H.anklagepunkt** *m* main charge; **H.anliegen** *nt* main concern; **H.anmeldung** *f (Patentrecht)* main/parent application; **H.anspruch** *m* main claim; **H.auftragnehmer** *m* general contractor; **H.belastungszeuge** *m* principal witness for the prosecution; **H.beruf** *m* regular profession; **h.beruflich** *adj (Richter)* stipendiary; **H.beschäftigung** *f* chief occupation; **H.buch** *nt* ledger; **H.erbe** *m* principal heir; **H.forderung** *f* main/principal claim; **H.geschäftsführer(in)** *m/f* chief executive (officer) (CEO), general manager; **H.gesellschafter(in)** *m/f* chief partner; **H.gläubiger(in)** *m/f* chief creditor; **H.inhalt** *m* gist; **H.kläger(in)** *m/f* chief plaintiff; **H.kommissar** *m (Polizei)* chief inspector/superintendent; **H.last tragen** *f* to bear the brunt; **H.mangel** *m* chief defect; **H.nahrungsmittel** *nt* staple food; **H.patent** *nt* original patent; **H.pflicht** *f* primary obligation; **H.prozess** *m* main trial; **H.prüfer** *f (Patentrecht)* chief exam-

iner; **H.punkt** *m* head; **H.punkte eines Vertrages** heads of (an) agreement; **H.recht** *nt* prevailing right

Haupt|sache *f* main issue, cause of action; **in der H. entscheiden** to decide on the merits of a case; **zur ~ verhandeln** to try a case on its merits; **H.klage** *f* main hearing; **H.schöffe** *m* jury foreman; **H.schuld** *f* primary obligation; **H.schule** *f* secondary modern school; **H.schuldner(in)** *m/f* principal debtor; **H.sitz** *m* head office, headquarters

Haupttäter(in) *m* principal offender/culprit, principal (in the first degree), ring leader; **H. und Mittäter** principal and his accomplice(s)

Haupt|unternehmer *m* general contractor; **H.ursache** *f* main cause; **H.veranlagung** *f (Steuer)* general assessment; **H.verantwortung** *f* chief responsibility; **H.verdächtige(r)** *m/f* prime suspect; **H.verfahren** *nt* 1. principal hearing; 2. *(Strafprozess)* main trial/proceedings; **H.verhandlung** *f* main hearing, trial

Hauptversammlung *f* (annual) general meeting (AGM); **H.sbeschluss** *m* resolution of the annual general meeting

Haupt|vertrag *m* original contract; **H.verwaltung** *f* headquarters, head office; **H.wache** *f* main police station; **H.wohnsitz** *m* main domicile, ~ place of residence; **H.zeuge** *m* key witness; **H.zweck** *m* primary purpose

Haus *nt* 1. house. 2. *(Gebäude)* building, 3. *(mit Nebengebäuden)* premises; **bewohntes H.** occupied house; **frei stehendes H.** detached house; **leer stehendes H.** vacant house; **H. durchsuchen** to search a house

Haus|anbau *m* extension; **H.apparat** *m (Telefon)* extension; **H.arbeit** *f* household work; **H.arrest** *m* 1.house arrest; 2. *(Kinder)* grounding; **~ haben** to be under house arrest; **H.arzt** *m* family doctor

Haus|besetzer *m* squatter; **H.besetzerszene** *f* squatting fraternity *(coll)*; **H.besetzung** *f* squatting

Haus|besitzbrief *m* title deed(s); **H.besitzer(in)** *m/f* home-owner, occupier of a house; **H.besitzerhaftpflicht** *f* occupier's liability

Haus|bewohner(in) *m/f* 1. occupant of a

house; 2. *(Mieter)* tenant; **H.detektiv(in)** *m/f* store detective; **H.diebstahl** *m* burglary, stealing from premises; **H.durchsuchung** *f* search of a house, house search; **H.durchsuchungsbefehl** *m* search warrant; **H.eigentum** *nt* home ownership

Häusermakler(in) *m/f* estate agent *[GB]*, real estate agent *[US]*, realtor *[US]*

Haus|erwerb *m* house purchase; **H.frau** *f* housewife

Hausfrieden *m* domestic peace; **H. stören** to disturb the domestic peace; **H.sbruch** *m* unlawful entry, trespass(ing)

Haus|gebrauch *m* domestic use; **H.gemeinschaft** *f* occupants of a house, community of residents, household; **H.genosse** *m* fellow-tenant

Haushalt *m* 1. household; 2. budget; **H.genehmigen** to approve the budget; **getrennten H.** **führen** to maintain separate households; **abgesonderter/getrennter H.** separate household/housekeeping

Haushalts|angehörige(r) *f/m* member of the household; **H.befugnisse** *pl* budgetary powers; **H.besteuerung** *f* taxation of households; **H.bewilligung** *f* budget appropriation; **H.einkommen** *nt* household income; **H.führung** *f* housekeeping; **doppelte ~** running two households; **H.gegenstand** *m* household item; **H.gegenstände** *pl* household effects, household articles; **H.geräte** *pl* domestic appliances; **H.gesetz** *nt* Finance Act *[GB]*; **H.kosten** *pl* household costs; **H.mittel** *pl* budget funds, appropriations; **~ bewilligen** to grant appropriations; **H.plan** *m* budget; **H.recht** *nt* budget law; **H.trennung** *f* separation of households; **H.versicherung** *f* household insurance; **H.vorstand** *m* head of the household; **H.zugehörigkeit** *f* membership of a household

hausieren *v/i* to hawk/peddle; **H.** *nt* peddling; **H. verboten!** no hawkers!

Hausierer(in) *m/f* peddler *[GB]*, pedlar *[US]*, hawker, doorstep salesman/saleswoman

Hausierschein *m* peddler's licence *[GB]*, pedlar's license *[US]*

Hausjurist *m* company lawyer/secretary

häuslich *adj* domestic

Hausmüll *m* domestic/residential waste

Hausordnung *f* rules of the house, house rules

Hausrat *m* household effects, home/household contents; **H.versicherung** *f* home/household contents insurance *[GB]*, home owner's insurance *[US]*

Haus|recht *nt* domiciliary rights, domestic authority; **H. verletzen** to trespass; **H.stand** *m* household; **H.strafe** *f* internal penalty; **H.streit** *m* domestic brawl/dispute/disturbance; **H.türgeschäft** *nt* doorstep sale; **H.türwiderruf** *m* cancellation of a doorstep sale; **H.verbot** *nt* ban on entering a house; **H.verwalter** *m* caretaker, property manager; **H.verwaltung** *f* property management, management of a tenement; **H.wand beschmieren** *f* to daub the wall of a house; **H.wirt** *m* landlord; **H.wirtin** *f* landlady

Haut *f* skin; **H.abschürfung** *f* graze; **H.farbe** *f* skin colour; **H.kontakt** *m* physical contact

Havarie *f* average, loss at sea; **frei von H.** free from average; **große H.** general average; **kleine H.** particular average

Havarie|agent *m* average adjuster; **H.attest** *nt* certificate of average; **H.bestimmungen** *pl* rules for average; **H.gutachten** *nt* damage survey; **H.klausel** *f* average clause; **H.regelung** *f* average adjustment; **H.sachverständiger** *m* average adjuster; **H.schadensaufstellung** *f* statement of average

havariert *adj* sea-damaged

Havariezertifikat *nt* certificate of average

Hebe|gebühr *f* collection fee; **H.recht** *nt* right to levy tax(es); **H.satz** *m* collection rate

Heckenschütze *m* sniper *(pej.)*

Hehler(in) *m/f* 1. receiver/handler of stolen goods, fence *(pej.)*; 2. *(Personenhehlerei)* accessory after the fact; **der H. ist schlimmer als der Stehler** *(prov.)* the fence is worse than the thief *(prov.)*

Hehlerei *f* handling/receiving (of) stolen goods; **gewerbsmäßige H.** receiving of stolen goods for gain

Hehlerware *f* stolen goods
heil *adj* whole, intact, uninjured
Heilbehandlung *f* medical/therapeutic treatment
heilen *v/t* to cure/remedy
Heilfürsorge *f* medical care; **H.verfahren** *nt* medical/therapeutic treatment
Heilung *f* cure; **H. von Formfehlern; H. des Formmangels** curing of formal defects; **H. der Nichtigkeit** curing (of) nullity; **H. fehlerhafter Rechtsgeschäfte** rectification of faulty transactions; **H. von Rechtsmängeln** curing of defects of title
Heim *nt* home, institution, hostel
Heimarbeit *f* teleworking; **H.er(in)** *m/f* teleworker, outworker; **H.sschutz** *m* protection of homeworkers
heimatlos *adj* homeless, expatriate
Heimat|recht *nt* right of domicile; **H.schein** *m* certificate of nationality; **H.staat** *m* state of origin, native country; **H.vertriebene** *pl* displaced persons
Heimbewohner(in) *m/f* resident (in a home)
Heimfall *m* escheat, reversion, devolution; **H. durch Erbschaft** devolution; **H. an den Staat** escheat
heimfallen *v/i* to revert
Heimfalls|anspruch reversionary claim; **H.klage** *f* writ of escheat; **H.klausel** *f* reversion clause; **H.recht** *nt* right of reversion/escheat, reversionary right
Heim|fürsorge *f* residential care; **H.gegangene(r)** *f/m* the deceased; **H.kinder** *pl* children in care
heimlich *adj* 1. secret, hidden, surreptitious, covert, clandestine; 2. *(unerlaubt)* collusive; **H.keit** *f* secrecy, stealth
Heimschaffung *f* repatriation
Heimtück|e *f* perfidy; **h.isch** *adj* malicious, perfidious, insidious
Heirat *f* marriage; **h.en** *v/t* to marry
Heirats|abfindung *f* marriage settlement; **H.alter** *nt* 1. *(zulässiges Alter)* marriageable age; 2. age at marriage; **H.antrag** *m* proposal, offer of marriage; **H.erlaubnis** *f* marriage licence, licence/permission to marry; **h.fähig** *adj (Frau)* nubile; **H.fähigkeit** *f* marriageable age; **H.gut** *nt (Frau)* dowry, (marriage) portion; **H.mindestalter** *nt* minimum age

for marriage; **H.register** *nt* register of marriages, **H.schein** *m* marriage certificate; **H.schwindler** *m* marriage impostor; **H.urkunde** *f* marriage certificate; **H.vermittler(in)** *m/f* marriage broker; **H.vermittlung** *f* marriage brokerage; **H.vertrag** *m* marriage contract; **H.zuschuss** *m* marriage allowance
heißen *v/ti* 1. to be called; 2. to call; 3. to order
helfen *v/i* to help/assist,/aid (and abet)
Helfer(in) *m/f* assistant, helper
Helfershelfer(in) *m/f* 1. accessory, aider and abettor, accessory before the fact; 2. accessory after the fact, accomplice
hemmen *v/t* 1. *(behindern)* to hinder/obstruct/impede/inhibit; 2. *(zeitweilig)* to suspend
Hemmnis *f* impediment, hindrance
Hemmschwelle *f* inhibition level
Hemmung *f* 1. inhibition, restraint; 2. *(Bedenken)* scruple; **H. der Ersitzung** suspension of the period of prescription; **H. des Laufes einer Frist** suspension of the running of time; **H. der Verjährung** suspension of the statute of limitation; **H.gründe** *pl (Verjährung)* impediments
hemmungslos *adj (skrupellos)* unscrupulous
Henker *m* hangman, executioner; **H.smahlzeit** *f* last meal
herablassend *adj* condescending, patronizing
herabsetzen *v/t* 1. to reduce/decrease; 2. *(Strafe)* to commute/decrease; 3. *(verächtlich machen)* to disparage/detract
Herabsetzung *f* 1. reduction, abatement; 2. commutation; 3. *(Verunglimpfung)* disparagement, defamation; **H. des Kaufpreises** reduction of the purchase price; **H. von Mitbewerbern** disparagement of competitors; **H. des Schaden(s)ersatzes** reduction of damages; **H. der Strafe** reduction/commutation of the sentence; **~ Ware eines Konkurrenten** slander of goods
herabstufen *v/t* to demote/downgrade
Heranwachsende(r) *f/m* adolescent
heranzieh|en *v/t* to enlist; **H.ung** *f* enlistment
herausfordern *v/t (provozieren)* to provoke

Herausgabe *f* 1. *(Besitzübertragung)* surrender, restitution; 2. *(Rückgabe)* return, restoration; 3. *(Aushändigung)* delivery; **H. eines Gegenstandes** restitution of an item; **H. eines Kindes** surrender of a child; **H. der Sache** restitution of the item concerned; **H. beschlagnahmter Sachen** restitution of confiscated items; **vorläufige H. gepfändeter Sachen an den Eigentümer** replevin; **H. von Urkunden** delivery of documents; **H. der Ware** surrender of the goods

auf Herausgabe klagen to replevin, to bring on action of detinue; **H. verlangen** to claim possession

Herausgabe|anspruch *m* right to possession, claim for restitution/return/surrender; **~ bei Zahlungsverzug** claim for restitution in the event of default; **H.klage** *f* action to recover possession, replevin, action in detinue, ~ for possession, ~ the recovery of goods, ~ the return of property; **H.pflicht** *f* obligation to surrender possession; **H.schuldner** *m* person liable to surrender; **H.verweigerung** *f* refusal to surrender

herausgeben *v/t* 1. *(Besitz übertragen)* to surrender/restitute; 2. *(aushändigen)* deliver; 3. *(zurückgeben)* to return/restore

Herausgeber(in) *m/f* *(Publikation)* editor

heraus|pressen; h.quetschen *v/t* *(Informationen)* to extract *(coll)*; **sich h.reden** *v/refl* to talk one's way out of it; **mit etw. h.rücken** *v/i (coll)* to come out with sth.; **H.setzung** *f* *(Mieter)* eviction; **sich h.stellen** *v/refl* to appear/emerge/transpire; **h.verlangen** *v/t* to reclaim, to claim back; **sich h.winden** *v/refl* to wriggle out (of sth.)

herbeiführen *v/t* *(nach sich ziehen)* to entail/cause, to bring about; **H.führung** *f* causation, initiation; **~ einer Straftat** initiation of a crime

herein|legen *v/t* to take in; **H.nahme** *f* taking in; **h.nehmen** *v/t* to take in; **H.nehmer(in)** *m/f* taker, acceptor

Hergang *m* course of events

hergestellt *adj* produced, manufactured

Herkommen *nt* ancestry, descent

herkömmlich *adj* traditional, customary

Herkunft *f* origin

Herkunfts|bescheinigung *f* certificate of origin; **H.bezeichnung** *f* mark of origin; **H.nachweis** *m* proof of origin; **H.ort** *m* place of origin; **H.zeugnis** *nt* certificate of origin

herleiten *v/t* to derive

Herleitung *f* derivation; **H. eines Anspruchs** derivation of a claim

herrenlos *adj* unclaimed, ownerless, abandoned, derelict

Herrschaft *f* domination, power, control

Herrschafts|ausübung *f* exercise of control; **H.bereich**; **H.gebiet** *m/nt* sovereign territory; **H.gewalt** *f* power of control; **H.- und Verfügungsgewalt** power of control and disposition; **H.recht** *nt* right of ownership; **H.vertrag** *m* *(Unternehmen)* contract of control

herrschen *v/i* 1. to control/dominate/rule; 2. to prevail; **h.d** *adj* 1. dominant; 2. *(vorherrschend)* prevailing

Herrscher *m* ruler

her|rühren *v/i* to come from; **h.stammen** *v/i* to come/originate from; **h.stellen** *v/t* to manufacture/produce/make; **H.stellen** *nt* production

Hersteller(in) *m/f* producer, manufacturer; **H.garantie** *f* manufacturer's warranty; **H.haftung** *f* product/manufacturer's liability

Herstellung *f* production, manufacture, manufacturing; **H. von Falschgeld** production of counterfeit money

Herstellungs|fehler *m* manufacturing/manufacturer's fault; **H.gemeinkosten** *pl* manufacturing overheads; **H.klage** *f* action for specific performance; **H.kosten** *pl* manufacturing/production costs; **H.lizenz** *f* manufacturing licence; **H.recht** *nt* manufacturing right(s); **H.vertrag** *m* production contract, contract of manufacture

Herumstehen *nt* loitering (with intent)

sich herumtreiben *v/refl* to loiter

heruntersetz|en *v/t* to reduce; **H.ung** *f* reduction

herunter|stufen *v/t* 1. *(niedriger einstufen)* to downgrade; 2. *(Personal)* to demote; **h.gekommen** *adj* run-down; **h.wirtschaften** *v/t* to run down

hervorrufen *v/t* to give rise to
Hetze *f* incitement, instigation
gegen jdn hetzen *v/t* to stir up hatred against so.
Hetzer|ei *f* malicious agitation, rabble-rousing; **h.isch** *adj* inflammatory, slanderous
Hetz|jagd; **H.kampagne** *f* 1. *(Minderheiten)* hate campaign; 2. *(Rufschädigung)* smear campaign; **H.rede** *f* inflammatory speech
Heuer *f* pay, wages; **H.vertrag** *m* ship's articles
HGB (Handelsgesetzbuch) *nt* German commercial code
Hieb *m* *(Schlag)* blow;
hieb- und stichfest *adj* conclusive, irrefutable
Hieb- und Stoßwaffen *pl* cutting and thrust weapons, side arms
jdm einen Hieb versetzen to deal so. a blow, to punch so.
Hierarchie *f* hierarchy
hierauf *adv* hereon
hierdurch *adv* hereby, herewith; **h. wird bekannt gemacht** notice is hereby given; **~ bescheinigt** this is to certify
hiermit *adv* herewith, hereby
hiesig *adj* local
Hilfe *f* help, aid, assistance; **H. zur Erziehung** educational assistance, tuition assistance *[US]*; **H. anbieten** to offer assistance; **H. leisten** to render assistance; **um H. rufen** to call for help; **finanzielle H.** financial assistance; **gebundene H.** tied aid; **juristische H.** legal assistance
Hilfeleistung *f* help, assistance; **unterlassene H.** failure to come to the rescue, **~ render assistance (in an emergency), ~ to come to so.'s aid
Hilfestellung *f* assistance
hilflos *adj* helpless; **jdm h. ausgeliefert sein** to be at the mercy of so.
Hilflosigkeit *f* helplessness
Hilfs|anspruch *m* *(Patentrecht)* alternative claim, **H.antrag** *m* 1. motion for relief, precautionary motion, pleading in the alternative, alternative pleading *[US]*; 2. *(ZP)* subsidiary motion; **h.bedürftig** *adj* helpless, in need of assistance; **H.bedürftiger** *m* indigent person;

H.bedürftigkeit *f* helplessness; **H.beweismittel** *nt* auxiliary evidence; **H.einwendung** *f* substitute plea; **H.geschworene(r)** *f/m* deputy juror; **H.gutachten** *nt* second opinion; **H.leistung** *f* assistance; **H.maßnahme** *f* remedial/relief measure; **H.richter(in)** *m/f* assistant judge; **H.schöffe** *m* deputy/reserve juror, deputy lay judge; **H.tatsache** *f* accessory fact; **H.vorbringen** *nt* alternative submission(s); **H.werk** *nt* relief organisation; **H.widerklage** *f* precautionary cross-petition
Himmel *m* sky; **unter freiem H.** open-air
hinaufsetzen *v/t* to increase, to mark up
hinaus|laufen *v/t* to amount to; **h.schieben** *v/t* to postpone/defer/delay; **H.schiebung** *f* postponement, deferment; **H.weisung** *f* eviction; **h.werfen** *v/t* to dismiss/throw out/sack *(coll)*; **H.wurf** *m* dismissal, sack *(coll)*
im Hinblick auf *m* in view of, with regard to
hindern *v/t* 1. to hinder/impede/obstruct/hamper; 2. *(abhalten)* to prevent/stop
Hindernis *nt* 1. hindrance, impediment, obstacle, bar; 2. *(Straßenverkehr)* obstruction; **gesetzliches H.** statutory impediment/bar; **rechtliches H.** legal impediment
Hinderung *f* impediment, hindrance, estoppel
jdn hineinziehen *v/t* to implicate/involve so. (in sth.)
hinfällig *adj* 1. *(unwirksam)* invalid; 2. *(Klausel)* void
Hingabe *f* surrender, delivery; **H. an Erfüllungs Statt** accord and satisfaction, delivery in full discharge, transfer in lieu of performance
hinhalten *v/t* to delay, to put off; **h.d** *adj* dilatory
Hinhaltetaktik *f* delaying action/tactics
hinlänglich *adj* sufficient, adequate
Hinnahme *f* acceptance; **stillschweigende H.** acquiescence
hinnehmen *v/t* 1. to put up with; 2. *(stillschweigend)* to acquiesce (in)/condone; **als selbstverständlich h.** to take for granted

hinreichend *adj* sufficient, adequate

hinrichten *v/t* to execute, to put to death

Hinrichtung *f* execution; **H.sbefehl** *m* death warrant

Hinsicht *f* respect, regard; **in jeder H.** to all intents and purposes; **~ materieller H.** on the merits of the case; **~ rechtlicher und tatsächlicher H.** in fact and in law; **h.lich** *prep* concerning, with respect/regard to, regarding, in terms of

Hintansetzung *f* disregard

hinter *prep* behind

Hinterbliebene(r) *f/m* (surviving) dependant, survivor

Hinterbliebenen|bezüge *pl* surviving dependants' benefits; **H.rente** *f* survivor's pension; **H.versicherung** *f* insurance for surviving dependants; **H.versorgung** *f* provision for surviving dependants

Hintergedanke *m* ulterior motive

hintergehen *v/t* 1. to be unfaithful, to deceive; 2. *(Gesetz)* to circumvent

Hinterhalt *m* ambush; **in einen H. geraten** to be ambushed

hinterhältig *adj* underhand, devious, shifty *(coll)*

hinterlassen *v/t* to leave/bequeath; **H.schaft** estate, inheritance

Hinterlassung *f* bequest

hinterlegen *v/t* to deposit/lodge, to place in escrow

Hinterleger *m* depositor, bailor

Hinterlegung *f* deposit, bailment, **H. bei Gericht** lodgment; **H. von Wertpapieren** deposit of securities; **gerichtliche H.** deposit in court

Hinterlegungs|gelder *pl* monies paid in escrow; **H.gericht** *nt* depositary court; **H.ordnung** *f* court deposit regulations; **H.ort** *m* place of deposit; **H.pflicht** *f* obligatory deposit; **H.schein** *m* certificate of deposit (C/D); **H.stelle** *f* place of deposit, depository; **H.summe** *f* *(Gericht)* sum paid into court; **h.fähig** *adj* eligible to serve as collateral; **h.unfähig** *adj* not depositable, **~** suitable for deposit; **H.urkunde** *f* certificate of deposit; **H.verfügung** *f* lodgment order; **H.vertrag** *m* contract of deposit; **H.zeit** *f* term/period of bailment

Hinterlieger(in) *m/f* owner of rear property

Hinterlist *f* deceit, duplicity; **h.ig** *adj* deceitful, insidious

Hintermann *m* 1. *(Wechsel)* subsequent endorser; 2. person pulling the strings *(coll)*, brains (behind an operation), person acting behind the scenes, ringleader

Hintertürchen *nt* *(fig)* loophole

hinterziehen *v/t* 1. to defraud/embezzle; 2. *(Steuern)* to evade

Hinterziehung *f* 1. defraudation, embezzlement; 2. *(Steuern)* evasion; **H. von Steuern** evasion of taxes

hinweg|sehen *v/i* to overlook/ignore; **sich über etw. h.setzen** *v/refl* to disregard

Hinweis *m* hint, indication, clue, lead; **kein H. auf Gefahrgut und dessen Bezeichnung** no reference to hazardous cargo and its designation; **jdm einen H. geben** to tip so. off

hinweisen *v/i* to indicate, to point out (to); **h. auf** to refer (to)

Hinweis|pflicht *f* duty to warn; **H.schild** *nt* sign

hinziehen *v/t* *(verzögern)* to protract

hinzu|fügen *v/t* to add; **H.fügung** *f* addition; **h.rechnen** *v/t* to add/include; **H.rechnung** *f* addition, inclusion; **h.ziehen** *v/t* to consult

Hinzuziehung *f* consultation; **unter H. einer Person** after consulting a person; **H.sklausel** *f* consultation clause

Hoch- und Tiefbau *m* structural and civil engineering

Hochachtung *f* esteem

Hochhaus *nt* high-rise building, tower block

hochjubeln *v/t* to hype (up)

Hochschulabsolvent(in) *m/f* university graduate

Hochschule *f* university, college; **H.gesetz** *nt* university and college act; **H.rahmengesetz** *nt* basic university act; **H.recht** *nt* law of academic institutions; **H.reife** *f* qualification for university

Hochsee *f* high seas, ocean; **H.fischerei** *f* deep-sea fishing

Hochsicherheitsgefängnis *nt* high-security prison

Hochstap|elei *f* swindle, confidence trick; **H.ler(in)** *m/f* con-man, confidence trickster, swindler

Höchst|alter nt maximum age; **H.betrag** m maximum amount; **H.betragshypothek** f maximum mortgage; **H.dauer** f maximum duration; **H.freibetrag** m maximum allowance; **H.geschwindigkeit** f maximum speed; **zulässige ~** speed limit; **h.persönlich** adv personally; **H.preis** m maximum price; **H.stimmrecht** nt maximum voting right; **H.strafe** f maximum penalty

Hochverrat m (high) treason; **wegen H.s anklagen** to impeach

Hochverräter m traitor; **h.isch** adj treasonable

Hochverratsprozess m trial for treason

Hochwasser|schaden m flood damage; **H.versicherung** f flood insurance

Höflichkeit f politeness, courtesy; **H.sbesuch** m courtesy call; **H.sformel** f (Brief) complimentary close

Höhe f amount, extent; **in voller H.** to the full amount; **H. der Gefängnisstrafe** term of imprisonment; **~ Geldbuße** amount of fine; **H. des Schadens** amount of loss, extent of damage; **~ (zugesprochenen) Schadenersatz** quantum/amount of damages; **H. der Strafe** level of punishment; **H. des Streitwertes** amount in controversy, value of the matter in dispute

Hoheit f 1. sovereignty; 2. supreme authority; **h.lich** adj sovereign

Hoheits|akt m act of state, sovereign act; **H.befugnis** f sovereign power; **H.bereich** m jurisdiction; **H.gebiet** nt (sovereign) territory; **im ~ eines Staates** within the territory of a state; **H.gewalt** f sovereign power, sovereignty; **H.gewässer** nt territorial waters; **außerhalb der ~** outside territorial waters; **H.handlung** f sovereign act, act of state; **H.recht** nt sovereign right; **H.träger** m organ of sovereign power; **H.verletzung** f violation of sovereign rights; **H.zeichen** nt national emblem

Höhergruppierung f upgrading

höher|rangig adj supreme; **h.stehend** adj higher-ranking, superior

holografisch adj holographic

Holschuld f debt lying in prender

Holz nt wood, timber, lumber [US]; **H.entnahmerecht** nt estovers

Homosexu|alität f homosexuality; **h.ell** adj homosexual

Honorar nt 1. fee, charge, remuneration; 2. (Autor) royalty; **H. liquidieren** to charge a fee; **ärztliches H.** medical fee; **erfolgsbezogenes H.** (Anwalt) contingent fee [US]

Honorar|abrede; H.vereinbarung f agreement on fees, fee arrangement; **H.festsetzung** f determination of fees; **H.vertrag** m fee contract; **H.vorschuss** m 1. fee paid in advance; 2. (Anwalt) retaining fee, retainer

honorieren v/t to honour

Hörensagen n hearsay; **vom H.** by hearsay

hörig adj dependent

horten v/t to hoard

Hotel nt hotel; **H.aufnahmevertrag** m hotel accommodation contract; **H.ordnung** f hotel regulations

humanitär adj humanitarian

Hund m dog; **H. ausführen** to walk the dog; **H. auf jdn hetzen** to set a dog on so.; **angeleinter H.** dog on a lead; **herrenloser H.** stray dog

Hunde|besitzer(in) m/f dog owner; **H.haftpflichtversicherung** f dog owner's liability insurance; **H.halter(in)** m/f keeper of a dog, dog owner; **H.halteerlaubnis** f dog licence; **H.hütte** f kennel; **H.leine** f dog lead/leash; **H.rasse** f breed of dog; **H.steuer** f dog licence

Hungerstreik m hunger strike

Hürde f barrier, obstacle

Hure f whore, prostitute

sich hüten v/refl to beware of

Hüter(in) m/f keeper, guardian; **H. des Gesetzes** guardian/custodian of the law

Hypothek f mortgage, hypothec (Scot.), encumbrance; **frei von H.en** unencumbered, free from encumbrances

Hypothek ablösen to redeem a mortgage; **H. aufnehmen** to mortgage; **etw. mit einer H. belasten** to encumber/mortgage sth.; **mit einer H. belastbar** mortgageable; **H. bestellen** to create a mortgage; **H. eintragen** to register a mortgage; **H. löschen** to cancel a mortgage; **H. im Grundbuch löschen lassen** to cancel a mortgage in the land register; **H. tilgen** to redeem a mortgage

eingetragene Hypothek registered *[GB]*/recorded *[US]* mortgage; **erstrangige H.** senior mortgage; **nachrangige H.** junior mortgage; **tilgungsfreie H.** interest-only mortgage; **überfällige H.** defaulted mortgage; **variable H.** variable mortgage
Hypothekar|darlehen; H.kredit *nt/m* mortgage loan; **h.isch** *adj* by way of mortgage
Hypotheken|ablösung *f* redemption of a mortgage, **H.anleihe** *f* mortgage loan; **H.belastung** *f* mortgage charge, encumbrance (by mortgage); **H.bestellung** *f* creation of a mortgage; **H.bestellungsurkunde** *f* mortgage deed; **H.bewilligung** *f* grant of mortgage; **H.brief** *m* mortgage bond; ~ **erteilen** to issue a mortgage bond; **H.darlehen** *nt* mortgage loan; **H.forderung** *f* mortgage debt; **h.frei** *adj* unencumbered; **H.gläubiger(in)** *m/f* mortgagee, mortgage creditor, chargee; **H.klage** *f* foreclosure action; **H.kredit** *m* mortgage loan; **H.löschung** *f* cancellation of the mortgage; **H.pfandbrief** *m* mortgage bond/debenture; **H.rang** *m* ranking of mortgages; **H.register** *nt* Land Charges Register *[GB]*; **H.schuld** *f* mortgage debt, encumbrance; **H.schuldner(in)** *m/f* mortgagor; **H.schuldverschreibung** *f* mortgage bond; **H.tilgung** *f* mortgage redemption, redemption of a mortgage; **H.übernahme** *f* acceptance of a mortgage; **H.urkunde** *f* mortgage deed; **H.zinsen** *pl* mortgage interest; **H.zwangsvollstreckung** *f* foreclosure

I

Ideal|konkurrenz *f (Tateinheit)* concurrence of offences (in one act); **I.verein** *m* non-trading society
ideell *adj* notional
Identifikationsausweis *m* ID card
identifizier|bar *adj* identifiable; **i.en** *v/t* to identify, to establish the identity of; **I.ung** *f* identification
Identität *f* identity; **I. nachweisen** to

establish so.'s identity; **seine I. offenbaren** to reveal one's identity; ~ **verheimlichen** to conceal one's identity
Identitäts|feststellung *f* identification; **I.irrtum** *m* case of mistaken identity; **I.nachweis** *m* proof of identity; **I.papier** *nt* ID card; **I.täuschung** *f* impersonation, imposture
ignorieren *v/t* to ignore
illegal *adj* illegal, illicit, unlawful, contrary to the law; **I.ität** *f* 1. *(Gesetzwidrigkeit)* illegality; 2. unlawfulness
illegitim *adj* 1. *(unehelich)* illegitimate; 2. *(unrechtmäßig)* unlawful; 3. *(nicht berechtigt)* wrongful; **I.ität** *f* illegitimacy
Illiquidität *f* illiquidity, shortage of liquid assets
Image *nt* image; **I. eines anderen beschädigen** to damage so.'s image
Imitation *f* 1. imitation; 2. *(Fälschung)* counterfeit
immanent *adj* inherent
Immaterial|gut *nt* incorporeal good; **I.güter** *pl* intangible assets, intangibles, incorporeal things; **I.güterrecht** *nt* intangible property rights, law of incorporeal things; **I.schaden** *m* nominal damage
immateriell *adj* intangible, immaterial, incorporeal
Immatrikul|ation *f* enrolment, registration; **sich i.eren** *v/refl* to enrol/register
Immigrant *m* immigrant
Immissionen *pl* noxious substances, nuisance
Immissionsschutz *m* protection against noxious substances
Immobiliar|arrest *m* attachment of property; **I.klage** *f* action concerning property, ~ real estate; **I.kredit** *m* loan secured by property; **I.schaden** *m* property damage; **I.sicherheit** *f* security backed by real estate; **I.vermögen** *nt* real estate, realty *[US]*; **I.(zwangs)vollstreckung** *f* execution on real estate
Immobilie *f* property; **I.n** *pl* real estate, realty *[US]*, immovables, real property
immun *adj* immune
Immunität *f* immunity, privilege; **unter die I. fallend** privileged
Immunität der Beisitzer/Richter judicial immunity; **I. von der Gerichtsbarkeit** immunity from jurisdiction; **I. auf-**

heben to lift so.'s immunity; **I. genießen** to enjoy immunity; **I. gegen gerichtliche Verfolgung genießen** to be immune from legal proceedings; **I. gewähren** to grant immunity

absolute Immunität absolute immunity; **diplomatische I.** diplomatic immunity/ privilege; **~ genießen** to enjoy diplomatic immunity; **gerichtliche I.** immunity from prosecution; **parlamentarische I.** parliamentary immunity; **strafrechtliche I.** immunity from criminal jurisdiction; **zivilrechtliche I.** immunity from civil jurisdiction

Immunitäts|gesetz nt immunity statute; **I.klausel** f immunity clause; **I.verletzung** f breach of immunity/privilege

Impfpass m vaccination card

Impfpflicht f compulsory vaccination, **i.ig** adj liable to vaccination

Impf|schaden m adverse effect of vaccination; **I.schein** m certificate of vaccination; **I.stoff** m vaccine

Impfung f vaccination, inoculation

Imponderabilien pl imponderables, imponderabilia (lat.)

Import m → **Einfuhr** 1. import, importation; 2. (Menge) imports

Import|abgabe f import duty; **I.eur** m importer; **I.genehmigung** f import licence; **I.stopp; I.verbot** m/nt import ban, ban on imports; **I.zoll** m import duty

Impressum nt imprint

Impugnationsklage f action to oppose enforcement

Impuls m impulse

in dubio pro reo (lat.) giving the accused the benefit of the doubt

in flagranti (lat.) in the act, red-handed, flagrante delicto (lat.)

in natura (lat.) in kind

Inangriffnahme f tackling sth.

Inanspruchnahme f 1. utilization; 2. (Verwendung) use; 3. (Zuflucht) recourse, resort; **I. der Gerichte** recourse to the courts of law; **I. einer Garantie** claiming (sth.) under a guarantee/warranty

Inaugenscheinnahme f inspection, examination; **richterliche I.** judicial survey

Inbegriff m essence, embodiment; **i.en** adj 1. included, inclusive; 2. (stillschweigend) implicit, implied

Inbesitzhalten nt (Miet- oder Pachtvertrag) holding over

Inbesitznahme f 1. (taking) possession, repossession, occupation; 2. (Beschlagnahme) seizure, distress; 3. appropriation; **unerlaubte I.** unlawful occupation

Inbetriebsetzung f putting into operation

Inbrandsetzen nt arson, setting fire (to sth.)

Incoterms pl incoterms (international commercial terms)

Indemnität f indemnity, exemption from criminal responsibility: **I.sbrief** m letter of indemnity

Index m index; **gewichteter I.** weighted index; **I.klausel** f escalator clause; **I.rente** f index-linked pension

Indiskretion f indiscretion

Individual|abrede f private agreement; **I.anspruch** m private claim; **I.beschwerde** f individual application; **I.eigentum** nt 1. (Prinzip) private ownership; 2. (Objekt) private property; **I.haftung** f several liability; **I.haftung** f personal liability; **I.recht** nt personal right; **I.schutz** m personal protection; **I.vertrag** m contract between individuals

Individuum nt private person; **verdächtiges I.** suspicious individual

Indiz nt indicator, pointer

Indizien|beweis m circumstantial/presumptive/inferential evidence; **I.kette** f chain of circumstantial evidence; **I.prozess** m case based on circumstantial evidence, presumptive case

Indiztatsache f evidentiary fact

indossabel adj endorsable, negotiable

Indossament nt endorsement; **I. ohne Gewähr/Haftung/Obligo** endorsement without recourse; **I. nach Protest** endorsement supra protest; **beschränktes I.** restricted endorsement

Indossamentshaftung f endorser's liability

Indossant m endorser; **nachfolgender I.** subsequent endorser; **vorgehender I.** previous endorser

Indossatar m endorsee

indossier|bar adj endorsable; **i.en** v/t to endorse

Indossier|er m endorser; **I.ung** f endorsement

Industrie f (branch of) industry; **I.- und Handelskammer (IHK)** chamber of industry and commerce

Industrie|abwässer pl industrial effluents, ~ waste water; **I.gebiet** nt industrial estate

industriell adj industrial

Industriepraktiken pl industrial practices; **I.spionage** f industrial espionage; **I.unternehmen** nt industrial company

infam adj infamous, vicious; **I.ie** f infamy

Informant(in) m/f informant, informer, grass (coll)

Information f information; **I.(en) preisgeben** to disclose information; **falsche I.** wrong information, misinformation; **sachdienliche I.** pertinent/relevant information; **unbestätigte I.** unconfirmed information

Informationen pl information; **I. abgleichen** to collate information; **sich I. beschaffen** to gather information; **~ verdeckt beschaffen** to gather information covertly; **personenbezogene I.** person-related information; **überzeugende I.** compelling intelligence

Informations|beschaffung f obtaining (of) information; **I.freiheit** f freedom of information; **I.gebot; I.pflicht** nt/f duty to furnish information, disclosure duty/requirement; **I.quelle** f source of information/intelligence; **I.recht** nt right to make inquiries, ~ be informed, ~ obtain information

informieren v/t to inform/brief

unbefugte Ingebrauchnahme taking without the owner's consent (TWOC)

Ingerenz f legal duty to intervene and remove a source of injury or damage

Ingewahrsamnahme f detention

Inhaber(in) m/f 1. (Besitzer) possessor; 2. (Eigentümer) owner, proprietor; 3. (Wohnung) occupant, occupier; 4. (Wechsel, Vollmacht) holder; 5. (Scheck) bearer; **an den I. zahlbar** payable to bearer; **I. des Grundpfandrechts** mortgagee; **I. eines Rechts** holder of a right; **I. einer Vollmacht** holder of a power of attorney, proxyholder; **I. eines Warenzeichens** proprietor of a trademark; **~ Wechsels** holder of a bill of exchange

bösgläubiger Inhaber holder in bad faith, mala-fide holder; **eingetragener I.** registered proprietor; **faktischer I.** de-facto holder; **gegenwärtiger I.** current holder; **gutgläubiger I.** holder in good faith, bona-fide holder; **legitimer/rechtmäßiger I.** lawful holder, holder in due course; **nachfolgender I.** subsequent holder

Inhaber|grundschuld f land charge; **I.klausel** f bearer clause; **I.marke** f proprietary brand; **I.papier** nt negotiable instrument; **I.police** f bearer policy; **I.scheck** m bearer cheque; **I.schuldverschreibung** f bearer bond; **I.wechsel** m promissory note (P/N); **I.zertifikat** nt bearer warrant

inhaftieren v/t 1. (in Haft nehmen) to take into custody, to imprison/jail; 2. (in Haft halten) to hold in custody, to detain

inhaftiert sein adj to be in custody; **I.e(r)** f/m detainee

Inhaftierung f 1. imprisonment, incarceration, confinement; 2. detention, custody; 3. (Einweisung) committal; **vorbeugende I.** preventive detention; **vorläufige I.** (temporary) detention

Inhalt m 1. content(s); 2. (Text) tenor; **mit dem I., dass ...** to the effect that ...; **wesentlicher I.** tenor, gist; **falsche I.sangabe** incorrect description of contents, misdescription; **i.sgleich** adj of the same tenor

Initialien pl initials

Initiative f initiative

Initiativ|gesetzesvorlage f private member's bill [GB]; **I.recht** nt right to initiate legislation

Inkasso nt collection; **I.agent** m collecting agent; **I.akzept** nt acceptance for collection; **I.auftrag** m order for collection; **I.beauftragte(r)** f/m debt collector, (authorized) collecting agent; **I.büro** nt collection agency; **I.dienst** m collection service; **Inkassogebühr** f collection charge; **I.mandat** nt authority to collect; **I.spesen** pl collection charges; **I.vollmacht** f collecting power(s)

Inkaufnahme f acceptance

inkognito adv anonymous

inkompatib|el adj incompatible; **I.ilität** f incompatibility

inkompet|ent *adj* incompetent; **I.enz** *f* incompetence

inkonsequ|ent *adj* inconsistent; **I.enz** *f* inconsistency

Inkorpor|ation *f* incorporation; **i.ieren** *v/t* to incorporate

Inkraft|bleiben *nt* remaining in force; **I.setzen; I.setzung** *nt/f* enactment, putting into force, implementation; **I.treten** *nt* coming into force/effect; **I.tretungsklausel** *f* enacting clause

inkriminieren *v/t* to incriminate

Inlands- domestic

Inländer *pl* national, resident; **I.diskriminierung** *f* discrimination of residents; **I.privilegierung** *f* preferential treatment of residents

inländisch *adj* domestic

Inlands|tat *f* crime committed within the domestic jurisdiction; **I.wechsel** *m* domestic bill of exchange

inliegend *adj* enclosed, attached

innehaben *v/t* 1. to possess; 2. *(Wohnung)* to occupy; 3. *(Amt)* to hold; **I.** *nt* 1. possession; 2. occupancy, occupation; 3. *(Amt, Grundbesitz)* tenure

Innengesellschaft *f* undisclosed partnership

Innen|minister *m* minister of the interior, Home Secretary *[GB]*, Secretary of the Interior *[US]*; **I.ministerium** *nt* Home Office *[GB]*

Innenverhältnis *nt* internal relationship

inner|betrieblich *adj* internal, in-house; **i.europäisch** *adj* *(EU)* intra-European; **i.gemeinschaftlich** *adj* *(EU)* intra-Community

inner|halb *prep* within; **i.orts** *adv* in a built-up area; **i.staatlich** *adj* domestic, national, internal

innewohnend *adj* intrinsic, inherent

Innung *f* craft guild

inoffiziell *adj* inofficial, unofficial, off the record

Inquisition *f* inquisition; **I.sverfahren** *nt* inquisitional proceedings/procedure

Inrechnungstellung *f* invoicing, billing

Insasse *m* 1. occupant; 2. *(Fahrgast)* passenger; 3. *(Anstalt)* inmate; 4. *(Heimbewohner)* resident; **I.nunfallschutz** *m* passenger accident cover(age); **I.nunfallversicherung** *f* passenger accident insurance; **I.nversicherung** *f* passenger insurance

insbesondere *adv* especially, in particular

Inser|at *nt* advertisement; **I.ent** *m* advertiser; **i.ieren** *v/t* to advertise

Insich|geschäft *nt* acting as principal and agent, self-contracting, self-dealing; **I.prozess** *m* inter-se proceedings

Insider|handel *m* insider dealing; **I.recht** *nt* law on insider dealings

Insinu|ation *f* insinuation; **i.ieren** *v/t* to insinuate

insolvent *adj* insolvent

Insolvenz *f* 1. *(früher: Konkurs)* bankruptcy; 2. insolvency; **i.anfällig** *adj* insolvency-prone; **I.betrug** *m* *(früher: Konkursbetrug)* bankruptcy fraud; **I.delikt** *nt* insolvency offence; **I.gericht** *nt* insolvency court; **I.gesetz** *nt* insolvency act; **I.gläubiger** *m* insolvency creditor; **I.masse** *f* insolvency assets; **I.ordnung** *f* insolvency rules; **I.plan** *m* insolvency scheme; **I.recht** *nt* insolvency law; **I.verfahren** *nt* insolvency proceedings; **I.verfahrenseröffnung** *f* commencement of insolvency proceedings; **I.verwalter(in)** *m/f* *(früher: Konkursverwalter(in))* receiver; **I.verwaltung** *f* *(früher: Konkursverwaltung)* receivership

insoweit *adv* insofar as

Inspekteur *m* inspector

Inspektion *f* 1. inspection; 2. *(Auto)* service (check); **I. durchführen** to service (a car)

Inspektor *m* inspector

inspizieren *v/t* to inspect/check/examine

Installationen und Einbauten *pl* fixtures and fittings

instand halten *adj* to maintain; **i. setzen** to repair

Instandhaltung *f* maintenance, upkeep; **I.skosten** *pl* maintenance costs; **I.svertrag** *m* maintenance contract

Instandsetzung *f* 1. repair; 2. renovation, restoration; 3. reconditioning; **I.sarbeiten** *pl* repairs; **I.skosten** *pl* repair costs; **I.svertrag** *m* repair contract

Instanz *f* 1. agency, authority; 2. *(Gericht)* instance; **I.en überspringen** to leapfrog; **erste I.** court of first instance;

höchste/letzte I. court of last instance/resort; **höhere I.** higher court
Instanzen|weg *m* 1. *(Dienstweg)* official channels; 2. *(Gericht)* stages of appeal; **I.zug** *m* stages of appeal
Institut *nt* institute; **gerichtsmedizinisches I.** *nt* forensic/crime *[US]* lab(oratory)
Institution *f* institution; **öffentliche I.** public institution; **staatliche I.** government institution; **i.ell** *adj* institutional
instruieren *v/t* 1. to instruct; 2. *(Anwalt)* to brief
Instruktion *f* 1. instruction, direction; 2. brief(ing)
Instrument *nt* instrument; **I.arium** *nt* set of instruments
Insubordination *f* insubordination
Integr|ation *f* integration; **i.ieren** *v/t* to integrate
Integrität *f* integrity; **körperliche I.** physical integrity
Intensivstation *f* intensive care unit
Interaktion *f* interaction
Interesse *nt* 1. interest; 2. concern; **I. der Allgemeinheit** public interest; **im I. des Mandanten** in the client's interest; **jds. I.n beeinträchtigen** to impair so.'s interests; **I.n wahren** to safeguard interests; **jds I.n wahrnehmen** to represent so.'s interests
allgemeines Interesse public interest; **rechtlich anerkanntes I.** legal interest; **berechtigtes I.** justifiable/legitimate interest; **gemeinsames I.** common interest; **lebenswichtige I.n** vital interests **im öffentlichen I.** in the public interest, for the public benefit, ~ common good; **öffentliches I.** public interest; **positives I.** positive interest; **rechtliches I.** legal/ lawful interest; **überwiegendes I.** overriding interest; **versicherbares I.** insurable interest; **wesentliches I.** substantial interest; **widerstreitende I.n** conflicting interests; **wirtschaftliches I.** economic interest
Interessen|abwägung *f* weighing of interests; **gemeinsame I.beziehung** *(Vertrag)* privity; **I.gemeinschaft** *f* community of interests; **I.gruppe** *f* interest/pressure group; **I.kollision;** **I.konflikt** *m/f* conflict of interests; **I.sphäre** *f* sphere of interest

Interessent *m* interested party
Interessenverband *m* pressure group; **I.verknüpfung** *f* joining of interests; **I.wahrnehmung** *f* safeguarding of interests
Interimsabkommen *nt* interim agreement
international *adj* international
Internationale Handelskammer International Chamber of Commerce
Internationaler Gerichtshof International Court of Justice (ICJ); **I. Militärgerichtshof** International Military Tribunal; **I. Verband zum Schutz gewerblichen Eigentums** International Union for the Protection of Industrial Property
Internationales Büro für geistiges Eigentum International Bureau of Intellectual Property; **I. Institut für Vereinheitlichung des Privatrechts** International Institute for the Unification of Private Law
internationalisieren *v/t* to internationalize
intern|ieren *v/t* to detain/intern; **I.ierte(r)** *f/m* detainee, internee; **I.ierung** *f* detention, internment
interpell|ieren *v/i* to interpellate; **I.ant** *m* interpellator
Interpellation *f* interpellation; **I.srecht** *nt* right of interpellation
Interpret|ation *f* interpretation, construction; **i.ieren** *v/t* to interpret/construe
Interven|ient *m* intervening party, intervener; **i.ieren** *v/i* to intervene/intercede
Intervention *f* 1. intervention, intercession; 2. *(Einmischung)* interference; **I.sklage** *f* action of replevin/intervention; **I.srecht** *nt* right of intervention
Interzession *f* intercession, pledge for the debt of another person; **I.sverbot** *nt* exclusion of suretyship
Intestat *nt* intestacy
Intestats|erbe *nt* heir by intestate succession; intestate successor, heir-at-law; **I.erbfolge** *f* intestate succession; **I.nachlass** *m* intestate estate
Intim|bereich *m* private parts; **I.sphäre** *f* privacy; **I.verkehr** *m* sexual intercourse
Intrig|ant(in) *m/f* schemer; **I.e** *f* intrigue, (secret) plotting; **i.ieren** *v/i* to plot

Invalide *m* disabled person; **I.nrente** *f* disability pension

Invalidität *f* disability, disablement, invalidity; **dauernde I.** permanent disablement; **vollständige I.** total disablement; **vorzeitige I.** premature disablement; **I.sgrad** *m* degree of disablement; **I.srente** *f* disablement/disability pension; **I.versicherung** *f* disability insurance

Inventar *nt* inventory, stock(s); **lebendes I.** livestock; **totes I.** dead stock, fixtures and fittings; **I.verzeichnis** *nt* inventory

Inventur *f* stock-taking, inventory-taking

Inverkehrbringen *nt* putting into circulation; **I. von Falschgeld** uttering (of) counterfeit money

Inverzugsetzung *f* demand for overdue payment/performance, giving notice of default

investier|en *v/t* to invest; **I.ung** *f* investment

Investigationsrecht *nt* right of investigation

Investition *f* investment; **I.sgüter** *pl* capital goods; **I.shaushalt** *m* capital budget; **I.skredit** *m* investment loan; **I.srechnung** *f* capital expenditure account; **I.szuschuss** *m* capital grant

Investment *nt* investment; **I.gesellschaft** *f* investment company

invitatio ad offerendum *(lat.)* invitation to tender

Inzest *m* incest

ipso jure *(lat.)* by act of law

irreführen *v/t* 1. to mislead; 2. *(täuschen)* to deceive; 3. *(unrichtig angeben)* to misrepresent; **i.d** *adj* 1. misleading; 2. deceptive

Irreführung *f* deceit, deception; **I. über die Herkunft der Waren** fraudulent passing off (of) the merchandise; **I. durch Vorspiegelung falscher Tatsachen** *(Vertragsrecht)* fraudulent misrepresentation

irreleiten *v/t* to lead astray, to mislead

irrelev|ant *adj* irrelevant, immaterial; **I.anz** *f* irrelevance

irren *v/i* to err; **I.anstalt** *f* mental home/hospital/institution, lunatic asylum

irreversibel *adj* non-reversible, irreversible

irrig *adj* erroneous, mistaken

Irr|läufer *m* *(Urkunde)* misrouted document, **I.sinn** *m* insanity

Irrtum *m* mistake, error; **I. über die Person** error in personam *(lat.)*, mistaken identity; **~ die Strafbarkeit** error concerning the punishability of the act; **~ eine Tatsache** factual error; **sich im I. befinden** to labour under a misapprehension, to be mistaken; **I. richtig stellen** to rectify an error

Irrtümer vorbehalten saving errors, errors excepted; **I. und Auslassungen vorbehalten** saving errors and omissions; errors and omissions excepted (E.O.E.)

gemeinsamer Irrtum *(Vertrag)* common mistake; **offenbarer I.** apparent error; **rechtlicher I.** error/mistake in law; **relevanter I.** relevant error; **sachlicher I.** factual error; **wesentlicher I.** major error

irrtümlich *adj* erroneous, mistaken; *adv* in error, by mistake; **jdn i. halten für** to mistake so. for

Irrtums|anfechtung *f* avoidance on account of a mistake; **I.vorbehalt** *m* proviso concerning errors, clause reserving errors

Isolationshaft *f* solitary confinement

isolier|en *v/t* to isolate; **I.haft** *f* solitary confinement

Ist|einnahmen *pl* actual receipts; **I.stunden** *pl* actual manhours

iura *(lat.)* laws

ius *(lat.)* law; **i. civile** *(lat.)* civil law; **i. dispositivum** *(lat.)* dispositve law; **i. gentium** *(lat.)* law of nations, public international law; **i. privatum** *(lat.)* private law; **i. publicum** *(lat.)* public law; **i. sanguinis** *(lat.)* law of the blood; **i. soli** *(lat.)* law of the soil

iustitia *(lat.)* justice

iustitium *(lat.)* act of justice

J

Ja yes; **mit J.** antworten to answer in the affirmative; **J.stimme** *f (Parlament)* aye *[GB]*; **J.wort** *nt* consent
Jagd *f* 1. *(Verfolgung)* chase, pursuit; 2. hunt(ing); **J.** pachten to rent a hunting ground; **J.** verpachten to let a hunting ground; **hohe J.** big-game hunting; **niedere J.** small-game hunting
Jagdausübung *f* hunting; **J.sberechtigte(r)** *f/m* holder of a hunting licence/permit; **J.sberechtigung** *f* hunting licence
jagd|bar *adj* in season; **J.behörde** *f* hunting authority
jagdberechtig|t *adj* licensed to hunt; **J.te(r)** *f/m* holder of a hunting licence/permit; **J.ung** *f* hunting licence/permit, permission/hunt, authorization to hunt
Jagd|beschränkung *f* hunting restriction; **J.bezirk** *m* hunting district; **J.erlaubnis** *f* hunting licence/permit, permission to hunt; **J.erlaubnisschein** *m* hunting licence/permit; **J.frevel** *m* poaching; **J.gehege** *nt* game preserve; **J.gesetz** *nt* game/hunting law; **J.haftpflichtversicherung** *f* hunting liability insurance; **J.inhaber(in)** *m/f* hunt proprietor; **J.ordnung** *f* hunting regulations; **J.pacht** *f* lease of a hunting ground, game tenancy; **J.pächter(in)** *m/f* game tenant; **J.recht** *nt* hunting/game law; **J.revier** *nt* hunting ground, hunt; **J.schaden** *m* damage caused by hunters/hunting; **J.schein** *m* hunting licence/permit, game licence, **sich einen ~ beschaffen** to take out a game licence; **J.schonzeit** *f* closed season (for game); **J.steuer** *f* tax on hunting; **J.unfallversicherung** *f* insurance against hunting accidents; **J.verbot** *nt* ban on hunting; **J.vergehen** *nt* game trespass; **J.vorschriften** *pl* hunting regulations; **J.wild** *nt* game; **J.wilderei** *f* poaching; **~ begehen** to poach; **J.zeit** *f* hunting/open season

Jahr *nt* year; **J. und Tag** year and a day; **pro J.** per year, per annum *(lat.)*
Jahres|abonnement *nt* annual subscription; **J.abrechnung**; **J.abschluss** *f/m* annual accounts/statement; **J.abschlussprüfung** *f* annual audit; **J.arbeitsverdienst** *nt* gross annual earnings; **J.ausgleich** *m* annual wage-tax adjustment; **J.beitrag** *m* annual contribution; **J.bericht** *m* annual report; **J.betrag** *m* annual amount/sum; **J.bilanz** *f* annual balance sheet; **J.einkommen** *nt* annual income; **J.frist** *f* one-year period; **binnen ~** within one year; **J.gebühr** *f* annual fee/charge; **J.gehalt** *nt* annual salary; **J.gewinn** *m* profit for the year; **J.gewinn** *m* annual profit(s); **J.hauptversammlung** *f* annual general meeting (AGM); **J.miete** *f* annual rent; **J.prämie** *f (Vers.)* annual premium, **J.rate** *f* annual instalment; **J.rente** *f* annuity; **J.rentenempfänger(in)** *m/f* annuitant; **J.schluss** *m* close of the year; **J.überschuss** *m* annual surplus; **J.urlaub** *m* annual leave/holiday(s); **J.zeit** *f* season; **j.zeitlich** *adj* seasonal; **J.zins** *m* annual interest, interest per annum; **J.zuschuss** *m* annual grant
Jahrgang *m* age group/cohort
jährlich *adj* annual
je nachdem as the case may be
jeweilig *adj* respective
jeweils *adv* at the time
jetzt *adv* now; **von j. ab** from now on, henceforth
Journal *nt* journal, ledger
Journalist(in) *m/f* journalist; **freier J.** freelance journalist
Jubiläum *nt* anniversary, jubilee; **J.szuwendung** *f* anniversary bonus
judikatorisch *adj* judicial
Judikatur *f* judicature, case law
judizieren *v/t* to adjudicate, to administer/dispense justice
Jugend *f* youth, juveniles
Jugend|amt *nt* youth welfare office, ~ department; **J.arbeitsschutz** *m* protection of minors in employment, ~ at work; **J.arbeitsschutzgesetz** *nt* youth employment act; **J.arrest** *m* detention of juvenile delinquents, juvenile custody/detention; **J.arrestanstalt** *f* community

home *[GB]*, (youth) attendance centre; **J.fürsorge** *f* youth welfare; **j.gefährdend** *adj* (morally) harmful to juveniles/minors; **J.gefängnis** *nt* prison for juvenile delinquents

Jugendgericht *nt* juvenile court; **J.sgesetz** *nt* Juvenile Court Act *[GB]*; **J.sverfahren** *nt* juvenile court proceedings

Jugendhilfe *f* youth welfare; **J.kammer** *f* juvenile division/court; **J.kriminalität** *f* juvenile delinquency, **J.liche(r)** *f/m* juvenile, adolescent, young person; **J.pflege** *f* youth welfare, **J.recht** *nt* law on juveniles and adolescents, **J.richter(in)** *m/f* juvenile court judge, judge/ magistrate of a juvenile court *[GB]*; **J.sachen** *pl* cases before the juvenile courts; **J.schöffe** *m* juror in a juvenile case; **J.schöffengericht** *nt* juvenile court with lay assessors; **J.schutz** *m* protection of children and adolescents, ~ children and young persons; **J.schutzgesetz** *nt* Protection of Young Persons Act *[GB]*; **J.staatsanwalt** *m* prosecutor in a juvenile court; **J.strafanstalt** *f* remand centre/home, community home (for young offenders) *[GB]*, reformatory *[US]*, house of correction *[US]*, young offenders' institution *[GB]*, institution for youthful offenders *[US]*, borstal, prison for juvenile offenders

Jugend|strafe *f* sentence for juvenile delinquents; **J.strafkammer** *f* criminal division for juvenile delinquents; **J.strafrecht** *f* juvenile penal law; **J.straftäter(in)** *m/f* young offender; **J.straftaten** *pl* juvenile delinquency; **J.strafverfahren** *nt* proceedings in a juvenile court; **J.strafvollzug** *m* execution of a sentence passed by a juvenile court, ~ juvenile court sentences, penal detention of young persons

Jugendwohlfahrt *f* youth welfare

Junktim *n* mutual condition; **J.klausel** *f* reciprocal clause, package deal clause

Jura *pl* law(s); **J.student(in)** *m/f* law student; **J.studium** *nt* law course/studies

juridisch *adj* juridical

Jurisdiktion *f* jurisdiction

Jurisprudenz *f* jurisprudence

Jurist(in) *m/f* counsel, lawyer, legal expert

Juristen|ausbildung *f* legal training; **J.jargon** *m* legal jargon, legalese *(coll)*; **J.laufbahn** *f* legal career; **J.sprache** *f* language of the law, legal language, legalese *(coll)*

Juristerei *f* jurisprudence

Juristin *f* female lawyer

juristisch *adj* juridical, legal; **sich j. beraten lassen** to take legal advice

Jury *f* jury, panel of jurors; **nicht entscheidungsfähige J.** hung jury

justiziab|el *adj* capable of being adjudicated, litigable, justiciable, actionable; **J.ilität** *f* capacity of being adjudicated

Justiziar *m* company/in-house lawyer, legal adviser

Justitium *nt* suspension of the administration of justice

Justiz *f* 1. *(Gerichtsbarkeit)* justice; 2. *(Gerichtswesen)* judicature, judiciary; 3. *(Justizverwaltung)* administration of justice; **der J. überstellen** to commit so. for trial; **J.angestellte(r)** *f/m* court employee/clerk; **J.apparat** *m* legal machinery, machinery of justice; **J.ausbildung** *f* legal training; **J.ausschuss** *m* legal committee; **J.beamte(r)** *m* judicial officer, officer of the court, court clerk; **J.behörde** *f* judicial authority; **J.beitreibungsordnung** *f* court-fee collection ordinance; **J.gewährungsanspruch** *m* right of recourse to a court, ~ to have justice administered; **J.gewalt** *f* judicial power; **J.irrtum** *m* miscarriage of justice; **J.konflikt** *m* conflict of laws; **J.minister(in)** *m/f* Lord Chancellor *[GB]*, minister of justice, Attorney General *[US]*; **J.ministerium** *nt* Lord Chancellor's Department *[GB]*, Department of Justice *[US]*; **J.mord** *m* judicial murder; **J.personal** *nt* legal personnel; **J.pflege** *f* administration of justice; **J.pfleger(in)** *m/f* paralegal; **J.reform** *f* legal/judicial reform; **J.senator** *f* *(Berlin, Hamburg, Bremen)* minister of justice; **J.skandal** *m* travesty of justice; **J.verwaltung** *f* judicial authority; **J.verwaltung** *f* court administration; **J.verweigerung** *f* denial of justice; **J.vollzugsanstalt (JVA)** *f* prison, jail, correctional/penal institution, penitentiary *[US]*; **J.vollzugsbeamter**

f/m prison officer; **J.wachtmeister** *m* tipstaff, court officer, bailiff, court sergeant

K

Kadi *m* *(coll)* judge; **zum K. gehen** to go to court

kaduzieren *v/t* to declare forfeited

Kaduzierung *f* forfeiture, cancellation; **K. von Aktien** forfeiture of shares; **K.sverfahren** *nt* procedure for the forfeiture of shares

kahl pfänden *adj* to seize all assets by execution

Kahlpfändung *f* seizure of all the debtor's goods, attachment and sale of all goods

Kalamität *f* 1. *(Schwierigkeit)* predicament; 2. *(Unglück)* calamity; **jdn in K.en bringen** to get so. into trouble

Kalender *m* calendar; **K.jahr** *nt* calendar year; **K.monat** *m* calendar month; **K.tag** *m* calendar day

Kalkulation *f* 1. estimate, calculation; 2. *(Kostenrechnung)* costing, cost-accounting

Kalkulations|fehler; K.irrtum *m* miscalculation; **K.zeitraum** *m* accounting period; **K.zuschlag** *m* mark-up

kaltblütig *adj* cold-blooded, in cold blood

jdn kaltmachen *v/t (coll)* to bump so. off *(coll)*, to do so. in *(coll)*

Kalt|miete *f* rent exclusive of heating; **k.schnäuzig** *adj* callous; **K.wetterzuschlag** *m* cold weather allowance

Kammer *f* 1. *(Gericht)* division, chamber; 2. professional association; **K. für Handelssachen** commercial chamber; **mit der Rechtssache befasste K.** chamber hearing the case

Kämmer|erei *f* treasurer's/budget office; **K.er** *m* treasurer, finance officer

Kammer|jäger(in) *m/f* pest controller; **K.vorsitzende(r)** *f/m* presiding judge; **K.zugehörigkeit** *f* chamber of commerce membership

Kampf|handlungen *pl* hostilities;

K.hund *m* fighting dog; **K.richter** *m* referee, umpire; **K.sportarten** *pl* martial arts

Kanalisation *f* *(Abwässerbeseitigung)* sew(er)age

Kandidat|(in) *m/f* 1. candidate; 2. *(Bewerber)* applicant; **K.en aufstellen** to nominate a candidate; **K.enliste** *f* list of candidates; **K.ur** *f* 1. candidacy; 2. application

kandidieren *v/i* to stand/run (for sth.)

Kann|bestimmung *f* permissive/optional provision; **K.kaufmann** *m* optionally registrable trader; **K.leistung** *f* *(Vers.)* discretionary benefit; **K.vorschrift** *f* discretionary regulation/provision/clause, optional/permissive provision

kanon|isch *adj* canonical; **K.ist** *m* canonist, canon lawyer

Kanzlei *f* 1. *(Anwalt)* firm of lawyers, law firm; 2. *(Kanzlei)* lawyers' office, chambers; 3. *(Gericht)* court office

Kapazität *f* 1. *(Fachgröße)* (leading) authority, expert; 2. capacity; **mit voller K. arbeiten** to operate at full capacity; **unausgelastete K.** idle capacity; **K.sauslastung** *f* capacity utilization

kapern *v/t* to capture/seize

Kapital *nt* 1. capital; 2. *(Kredit)* principal; 3. *(Vermögen)* assets; **K. aufbringen; K. beschaffen** to provide/raise capital; **K. einbringen** to contribute capital; **K. erhöhen** to increase the capital stock; **K. aus etw. schlagen** to capitalize on sth.

amortisiertes Kapital redeemed capital; **angelegtes K.** invested capital; **eingezahltes K.** paid-up capital; **genehmigtes K.** authorized capital; **gezeichnetes K.** subscribed capital; **haftendes K.** risk capital; **totes K.** idle capital; **gesetzlich vorgeschriebenes K.** statutory capital

Kapital|abfindung *f* financial indemnity; **K.abgabe** *f* capital levy; **K.ablösung** *f* capital redemption

Kapitalanlage *f* capital investment; **K.betrug** *m* investment fraud; **K.gesellschaft** *f* investment company/trust, mutual fund *[US]*, unit trust *[GB]*; **K.vertrag** *m* investment contract

Kapital|anleger *m* investor; **K.anteil** *m*

share; **K.anteilsschein** *m* share
[GB]/stock *[US]* certificate; **K.auf-
bringer** *m* provider of capital, investor;
K.aufbringung *f* provision of capital;
K.aufwand; K.aufwendungen *m/pl*
capital expenditure(s); **K.ausstattung** *f*
capitalization

Kapital|basis *f* capital base; **K.bedarf** *m*
capital requirements; **K.bereitstellung;
K.beschaffung** *f* provision of capital;
K.berichtigung *f* capital adjustment;
K.besitz *m* capital holding; **K.beteili-
gung** *f* equity participation; **K.betrag** *m*
capital sum, principal; **K.bilanz** *f* balance on capital account; **K.dienst** *m*
capital service; **K.einbringung** *f* capital
contribution; **K.einkünfte** *pl* invest-
ment/unearned income; **K.einlage** *f* capital investment; **K.einschuss** *m* capital
injection; **K.einzahlung** *f* capital input;
K.entnahme *f* withdrawal of capital;
K.ertrag *m* investment income, return
on investment; **K.geber** *m* investor

Kapitalgesellschaft *f* 1. (joint-)stock
company *[GB]*, corporation *[US]*; 2.
(GmbH) (private) limited company
(Ltd) [GB], close(d) corporation *[US]*;
3. (AG) public limited company (plc)
[GB], open corporation *[US]*

Kapital|gewinn *m* capital gain; **K.güter**
pl capital goods; **k.isieren** *v/t* to capitalize; **K.isierung** *f* capitalization; **K.kos-
ten** *f* cost of capital; **K.lebensversiche-
rung** *f* endowment insurance; **K.markt**
m capital market; **K.mehrheit** *f* majority of shares; **K.rendite** *f* return on equity
(ROE), ~ capital employed; **K.sammel-
stelle** *f* deposit-taking institution;
K.schutzvertrag *m* capital protection
agreement; **K.steuer** *f* capital levy;
K.transfer *m* capital transfer; **K.veräu-
ßerungsgewinn** *m* capital gain; **K.ver-
bindlichkeit** *f* capital liability

Kapitalverbrechen *nt* capital crime,
felony *[US]*

Kapitalverkehr *m* capital transactions;
K.ssteuer *f* capital transfer tax

Kapital|vermögen *nt* capital assets;
K.verwendung *f* capital appropriation;
K.verzinsung *f* interest on capital employed, return on investment; **K.zeich-
nung** *f* subscription of capital; **K.zu-**

wachs *m* capital gain; **K.zuwachssteu-
er** *f* capital gains tax (CGT)

Kapitulation *f* capitulation, surrender;
bedingungslose K. unconditional surrender; **K.sbedingungen** *pl* surrender
terms

Kapsel *f* capsule

kaputt *adj* broken, out of order; **k. gehen**
to break down; **k. schlagen** to smash to
bits

Kapuze *f* hood

Karabiner *m* carbine

Karenz *f (Vers.)* qualifying/waiting period; **K.entschädigung** *f* waiting allowance; **K.urlaub** *m* leave without pay;
K.vereinbarung *f* restraint agreement;
K.zeit *f (Arbeitsrecht)* time of competitive restriction/restraint

kariert *adj* checked

karitativ *adj* charitable

Karte *f* map

Kartei *f* (card) index, file

Kartell *nt* 1. cartel, pool, trust; 2. restrictive agreement *[GB]*, agreement/com-
bination in restraint of trade *[US]*;
K.abkommen; K.absprache *nt/f* cartel
agreement; **K.amt; K.behörde** *nt/f*
cartel authority/office, Office of Fair
Trading (OFT) *[GB]*, Monopolies and
Mergers Commission (MMC) *[GB]*,
Antitrust Division *[US]*; **K.anmeldung**
f registration of a cartel; **K.aufsicht** *f*
supervision of cartels, cartel-super-
vising authority; **K.entflechtung** *f* de-
cartelization

Kartellgericht *nt* cartel court, Restrictive
Practices Court *[GB]*

Kartellgesetz *nt* cartel act, Restrictive
Trade Practices Act *[GB]*, Sherman Act
[US]; **K.e; K.gebung** *pl/f* legislation
against monopolies, antitrust laws
[GB]/legislation *[US]*

Kartell|klage *f* monopoly charge *[GB]*,
antitrust suit *[US]*; **K.recht** *nt* cartel
law; **k.rechtlich** *adj* in terms of cartel
law; **K.register** *nt* register of cartels;
K.senat *m* cartel division; **K.strafe** *f*
cartel penalty; **K.verbot** *nt* prohibition
of restraints of trade; **K.vereinbarung** *f*
price-fixing agreement, restrictive trade
agreement; **K.verfahren** *nt* monopoly
charge, antitrust proceedings/suit *[US]*;

K.verstoß *m* antitrust violation; **K.vertrag** *m* cartel agreement; **K.vorschriften** *pl* cartel regulations, antitrust provisions *[US]*

Karteninhaber(in) *m/f* card holder

Karzer *m* lockup

kaschieren *v/t* to conceal, to cover up

Kaserne *f* barracks; **K.narrest** *m* confinement to barracks

Kasko|police *f* 1. *(Kfz)* comprehensive insurance policy; 2. *(Flugzeug, Schiff)* hull policy; **K.versicherer** *f* hull underwriter; **K.versicherung** *f* 1. comprehensive insurance; 2. hull insurance

Kassation *f* quashing (of a decision), annulment, reversal; **K.sgericht** *nt* court of appeal

Kasse *f* 1. *(Barmittel)* cash (on hand); 2. *(Ladenkasse)* till, checkout, cashpoint; **netto K.** net cash; **K. gegen Dokumente** cash against documents (CAD); ~ **Faktura** cash against invoice; ~ **Kasse** for cash; ~ **Verladungsdokumente** cash against shipping documents; **öffentliche K.** treasury

Kassen|arzt; K.ärztin *m/f* panel/registered doctor; **als K. zugelassen sein** to be admitted to the register

Kassen|aufnahme *f* cash audit; **K.ausgangsbuch** *nt* cash disbursement journal; **K.automat** *m* cash dispenser; **K.beamter** *m* teller, cashier; **K.beleg** *m* sales slip, cash voucher; **K.bericht** *m* 1. cash statement; 2. treasurer's report; **K.bestand** *m* cash in hand, cash balance; **K.bilanz** *f* cash account(s); **K.bon** *m* receipt, sales slip; **K.buch** *nt* cash journal; **K.defizit** *nt* cash deficit; **K.eingänge** *pl* cash receipts; **K.fehlbetrag** *m* cash deficit/short *[US]*; **K.führer** *m* 1. treasurer; 2. cashier; **K.gebarung** *f* cash management; **K.geschäft** *nt* cash transaction; **K.guthaben** *nt* cash balance; **K.kredit** *m* cash advance; **K.lage** *f* cash position; **K.leistung** *f* *(Vers.)* (medical) benefits; **K.kontrolle** *f* cash audit; **K.mittel** *nt* cash funds

Kassenpatient(in) *m/f* health service patient *[GB]*, Medicare/Medicaid patient *[US]*

Kassen|pfändung *f* levying upon cash funds; **K.prüfer** *m* auditor; **K.quittung** *f* receipt; **K.rabatt** *m* cash discount; **K.raub** *m* bank robbery/raid; **K.revision** *f* cash audit; **K.revisor** *m* cash auditor; **K.saldo** *m* cash balance; **K.scheck** *m* bank cheque; **K.schein** *m* 1. certificate of deposit; 2. *(Schatzanweisung)* treasury bill/note; **K.schlager** *m* money-spinner; **K.stelle** *f* cashier's office; **K.sturz machen** *(coll)* to cash/tally up; **K.überschuss** *m* cash surplus; **K.verkehr** *m* cash transaction; **K.vorschuss** *m* cash advance; **K.wart** *m (Verein)* treasurer; **K.zettel** *m* sales slip

Kassiber *m* (smuggled) prison message

kassier|en *v/t* 1. *(Urteil)* to reverse/quash, to set aside; 2. *(Geld)* to cash/collect; **K.er** *m* 1. cashier, teller; 2. *(Verein)* treasurer

Kasuist|ik *f* 1. case law; 2. casuistry; **k.isch** *adj* casuistic

Katalog *m* catalog *[US]*, catalogue *[GB]*

Kataster *m/nt* 1. *(Grundbuch)* land register; 2. (cadastral) survey; **K.amt** *nt* land registry; **K.auszug** *m* abstract from the cadastral survey, cadastral abstract; **K.buch** *nt* cadastral register, land survey register, lot book; **K.plan** *m* cadastral survey; **K.wert** *m* property value

Katastrophe *f* catastrophe, disaster

Katastrophen|deckung *f* *(Vers.)* calamity cover(age); **K.einsatz** *m* emergency mission; **K.gebiet** *nt* disaster area; **k.geschädigt** *adj* disaster-stricken; **K.hilfe** *f* disaster/calamity relief; **K.risiko** *nt* disaster/catastrophe hazard; **K.rückversicherung** *f* catastrophe reinsurance; **K.schutz** *m* disaster/emergency services; **K.versicherung** *f* catastrophic hazard insurance

Katzenauge *nt* reflector, cat's eye

Kauf *m* 1. purchase; 2. sale; 3. *(günstig)* bargain; **K. auf Abzahlung** hire purchase *[GB]*, purchase on deferred terms *[US]*; **K. unter Ausschluss jeglicher Gewährleistungsansprüche** sale with all faults; **K. nach Beschreibung** sale by description; **K. unter Eigentumsvorbehalt** conditional sale; **K. gegen Kasse** cash purchase; ~ **Kredit** credit purchase, purchase on account; **K. nach Muster/Probe** sale by sample; **K. auf Probe** sale or return, memorandum sale,

sale on approval; **~ Raten** hire purchase *[GB]*, purchase on deferred terms *[US]*; **~ eigene Rechnung** purchase for own account; **~ fremde Rechnung** purchase on third account; **Kauf mit Rückgaberecht/Umtauschrecht** 1. sale or return; 2. *(Kommissionsverkauf)* memorandum sale; **K. mit Vorbehalt** conditional sale; **K. auf Zeit** forward purchase; **~ Ziel** credit sale

Kauf bricht nicht Miete sale subject to existing tenancies; **K., wie es steht und liegt** sale with all faults

Kauf abschließen to complete/effect a purchase/sale; **K. rückgängig machen** to cancel/repudiate/rescind a purchase, **~** sale, to withdraw from a purchase/ sale; **etwas billigend in K. nehmen** to connive at sth.

Kauf|abschluss *m* conclusion of a sale/bargain; **K.absicht** *f* intention to buy; **k.ähnlich** *adj* quasi-purchase; **K.angebot** *nt* offer to buy; **K.anwärter(in)** *m/f* prospective buyer; **K.anwartschaft** *f* option; **K.anreiz** *m* incentive to buy; **K.auftrag** *m* purchase order; **~ mit Preisbegrenzung** *m* stop order; **K.brief** *m* contract/bill/deed of purchase, **~** sale; **K.datum** *nt* purchase date

kaufen *v/t* to buy/purchase; **gutgläubig k.** to buy in good faith; **spontan k.** to buy on impulse; **unbesehen kaufen** to buy (sight) unseen

Kaufen *nt* buying; **spontanes K.** impulse buying

Kaufentgelt *nt* purchase consideration

Käufer(in) *m/f* buyer, purchaser, vendee; **K. trägt die Gefahr** sale at buyer's risk; **bösgläubige(r) K.** male-fide *(lat.)* buyer; **gutgläubige(r) K.** bona-fide *(lat.)* buyer; **mittelbare(r) K.** *(Produzentenhaftung)* subpurchaser; **umsichtige(r) K.** discriminating buyer; **ungenannte(r) K.** undisclosed buyer; **K.pflicht** *f* buyer's duty

Kauf|frau *f* businesswoman; **K.gegenstand** *m* item purchased; **K.geld** *nt* purchase money; **K.geschäft** *nt* sale

Kaufgesetz *nt* Sale of Goods Act *[GB]*

Kaufhaus *nt* department store; **K.detektiv(in)** *m/f* store detective; **K.konzern** *m* (department/retail) stores group

Kauf|kraft *f* purchasing/spending power; **K.kurs** *m* buying rate

käuflich *adj* 1. for sale; 2. *(bestechlich)* bribable, corrupt, venal; **K.keit** corruptibility, venality

Kaufmann *m* trader, merchant, businessman; **selbstständiger K.** sole/self-employed trader

kaufmännisch *adj* commercial, mercantile

Kaufmanns|eigenschaft *f* merchant status; **K.gericht** *nt* commercial court; **K.stand** *m* business community

Kauf|miete *f* hire purchase; **K.option** *f* buyer's option; **K.preis** *m* purchase/ sales price; **~ entrichten** to pay the purchase price; **K.recht** *nt* 1. *(Kaufrechtsanspruch)* right of purchase, purchase option; 2. *(Kaufrechtsordnung)* law on sales, sales law; **K.sache** *f* item purchased; **K.steuer** *f* purchase/sales tax; **K.urkunde** *f* deed of sale; **K.vereinbarung** *f* purchase agreement

Kaufvertrag *m* bill/contract of sale, purchase/sales agreement; **K. ohne Eigentumsvorbehalt** unconditional sale; **K. unter Eigentumsvorbehalt** conditional sale; **K. abschließen** to conclude a contract of sale; **vom K. zurücktreten** to rescind a sale, **~** a contract of sale; **zu erfüllender K.** executory sale; **erfüllter K.** executed sale

Kaufzwang *m* obligation to buy; **kein/ohne K.** no obligation to buy

kausal *adj* causal, causative; **k. bedingt** consequential; **K.haftung** *f* liability for the consequences

Kausalität *f* causality, causation; **überholende K.** intervening causation; **K.svermutung** *f* presumption of causation

Kausal|itätskette *f* chain of causation; **K.zusammenhang** *m* chain of causation, causal connection; **den ~ unterbrechen** to break the chain of causation

Kautel *f* proviso

Kaution *f* 1. *(Sicherheitsleistung)* guarantee, security, surety; 2. *(StR)* bail; 3. *(Haftungsversprechen)* bond; 4. *(hinterlegte Sicherheit)* (security) deposit; **gegen K.** 1. against security; 2. on bail

Kaution einbüßen to forfeit a security; **jdn gegen K. freilassen** to release so. on bail; **K. stellen** to put up/provide/stand bail; **K. verfallen lassen** *(bei Nichterscheinen vor Gericht)* to forfeit/jump bail

Kautions|erklärung *f* surety bond; **k.fähig** *adj* eligible to stand bail; **K.leistung;** **K.stellung** *f* providing/provision of bail, ~ security; **K.verpflichtung** *f* *(Vers.)* fidelity guarantee/bond

Kavaliersdelikt *nt* trivial/petty offence

etwas im Keim ersticken *m* to nip sth. in the bud

Kennkarte *f* identity card

kenntlich *adj* identifiable; **K.machung** *f* identification

Kenntnis *f* 1. *(allg.)* knowledge; 2. *(Gericht)* cognizance; 3. *(Kenntnisnahme)* notice; **in K.** cognizant (of); **nach meiner K.** to the best of my knowledge

Kenntnis des Gerichts judicial cognizance, knowledge of the court, judicial notice; **K. der Nichtigkeit** cognizance of nullity; ~ **Sachlage** knowledge of the facts

Kenntnis erlangen 1. to learn/hear, to become aware (of); 2. to become cognizant (of); **zur K. bringen** 1. to bring to the notice of; 2. *(offiziell)* to notify; **K. geben** to notify; **zur K. nehmen** 1. to take notice (of sth.); 2. *(Gericht)* to take cognizance (of); **K.se preisgeben** to disclose information; **in K. setzen** to notify

tatsächliche Kenntnis *(Rechte Dritter)* actual notice; **unterstellte K.** imputed knowledge; **gesetzlich ~ ; vermutete K.** constructive notice; **vermutliche K.** presumptive knowledge; **zurechenbare K.** *(Rechte Dritter)* imputed knowledge, constructive/imputed notice

Kenntnisnahme (des Gerichts) *f* cognizance, taking of (judicial) notice; **zu Ihrer K.** for your information

Kennzeichen *nt* 1. (distinguishing) feature, characteristic; 2. *(Kfz)* numberplate *[GB]*, registration plate, license plate *[US]*; 3. *(Gütezeichen)* hallmark; 4. logo, label, brand; 5. *(Merkmal)* mark; **amtliches K.** license plate (number), numberplate, registration/licence number; **be-**

sonderes K. distinctive/identifying mark; **persönliches K.** *(Kfz)* personalized registration number;

Kennzeichen|diebstahl *m* theft of numberplates; **K.missbrauch** *m* using false or forged numberplates

kennzeichnen *v/t* to mark; **k.d** *adj* distinctive

Kennzeichnung *f* identification; **K.spflicht** *f* labelling requirement; **K.srecht** *nt* labelling law; **K.svorschriften** *pl* labelling provisions

Kerker *m* dungeon

Kern *m* core; **K.energie** *f* nuclear energy; **k.technisch** nuclear

Kette *f* chain

Ketten|arbeitsvertrag *m* contract for several consecutive periods of employment; **K.brief** *m* chain letter; **K.vertrag** *m* automatically renewable contract

Keule *f* club, cudgel

Kfz *nt* motor vehicle, car; **K. aufbrechen** to break into a car

Kfz-Brief *m* title document, certificate of title/ownership *[US]*; **K.-Dieb** *m* car thief; **K.-Diebstahl** *m* vehicle taking, auto theft *[US]*, vehicle larceny *[US]*; **K.-Haftpflichtversicherung** *f* third-party (motor) vehicle insurance; **K.-Halter(in)** *m/f* registered car owner; **K.-Schein** *m* vehicle registration document/licence; **K.-Steuer** *f* motor (vehicle) tax, road tax, vehicle excise duty; **K.-Verschiebung** *f* vehicle trafficking; **K.-Versicherung** *f* auto/vehicle insurance, motor (car) insurance; **K.-Verwahrort für abgeschleppte Fahrzeuge** *m* car pound; **Kfz-Zulassungsstelle** *f* vehicle registration office (VRO) *[GB]*, motor vehicle license bureau *[US]*

Kiesgrube *f* gravel pit

Kilometergeld *nt* mileage allowance

Kind *nt* 1. child; 2. *(Kleinkind)* infant; **K. annehmen** to adopt a child; **K. betreuen** to look after a child

angenommenes Kind adopted child; **eheliches K.** legitimate child; **gemeinschaftliches K.** joint child; **nichteheliches K.** illegitimate child; **unterhaltsberechtigtes K.** child entitled to maintenance

kindbezogen *nt* child-related
Kinder *pl* children; **K. des Erblassers** testator's children
Kinder|anwalt *m* counsel for the child/children; **K.aussagen** *pl* children's depositions; **K.beihilfe** *f* child benefit; **K.betreuung** *f* child care; **K.bett** *nt* cot, crib *[US]*; **K.geld** *nt* child benefit; **K.handel** *m* trade in children; **k.los** *adj* childless; **K.mord** *m* infanticide; **K.mörder(in)** *m/f* child murderer/murderess; **K.raub** *m* kidnapping of children; **K.schutz** *m* child protection; **K.schutzverfahren** *nt* child protection proceedings; **K.schänder** *m* child molester, p(a)edophile; **K.zulage** *f* child benefit
Kindes|alter *nt* childhood, infancy; **K.annahme** *f* adoption; **K.aussetzung** *f* abandoning (of) a child; **K.entführung**; **K.entziehung** *f* abduction of a child, child abduction, kidnapping; **K.interessen** *pl* child's interests; **~ berücksichtigen** to consider the child's interests; **K.misshandlung** *f* child abuse; **K.mord** *m* infanticide; **K.raub** *m* kidnapping, child snatching; **K.tötung** *f* infanticide; **K.unterhaltsgesetz** *nt* Child Maintenance Act *[GB]*; **K.unterschiebung** *f* substitution of a child; **K.vermögen** *nt* child's assets, children's property; **K.wohl** *nt* child's welfare
kindgemäß *adj* suitable for children
Kindschaft *f* parent and child relation; **K.srecht** *nt* law of parent and child; **K.ssache** *f* parent and child case; **K.ssachen** *pl* child custody cases, actions involving parent-child relationships
Kindstod *m* infant death; **plötzlicher K.** *(Krippentod)* sudden infant death syndrome, cot death
Kinnhaken *m* knock on the chin
Kirche f church
Kirchen|diebstahl *m* theft from a church; **K.recht** *nt* canon law; **K.schändung** *f* desecration/profanation of a church, sacrilege; **K.steuer** *f* church tax; **K.vertrag** *m* concordat
klagbar *adj* actionable, suable, enforceable, recoverable; **K.keit** *f* actionability, suability
Klage *f* (legal) action; **K. auf Anerken-**

nung der Vaterschaft paternity suit; **~ Aufhebung der Ehe** petition for annulment of marriage; **~ Aufhebung des Vertrags** petition for rescission of contract; **~ Besitzeinräumung** claim for possession; **K. wegen Besitzstörung** trespass action; **K. aus Eigentum** action based on ownership; **K. auf Eigentumsverschaffung** action to gain title; **~ Herausgabe** action for restitution/possession; **~ Naturalerfüllung** action for specific performance; **K. in Prozessstandschaft** representative action; **K. auf Rückgabe** claim for restitution; **~ Schaden(s)ersatz** action for damages, damages suit; **~ Unterhalt** maintenance suit; **~ Unterlassung** prohibitory action; **K. wegen Ursprungstäuschung**; **~ Warenzeichenmissbrauchs** passing-off action; **K. auf Vertragserfüllung** action for specific perfomance; **K. wegen Vertragsverletzung** action for breach of contract; **K. auf Wandelung** redhibitory action; **K. wegen unlauteren Wettbewerbs** action for unfair competition; **K. auf Wiedereinräumung des Besitzes** action for replevin; **~ Wiederherstellung der ehelichen Gemeinschaft** petition for the restitution of the conjugal community; **~ Zahlung** action for the recovery of money
von einer Klage absehen to refrain from taking legal action; **K. abweisen** to dismiss an action, **~** a case; **K. kostenpflichtig abweisen** to dismiss a case with costs; **K. als unbegründet abweisen** to dismiss a case as being unfounded; **~ unzulässig abweisen** to dismiss an action, **~** a case, to set aside a claim; **K. anerkennen** to admit a claim; **K. anfechten** to contest an action; **K. anstrengen** to institute (legal) proceedings; **K. beantragen** to file a suit; **K. begründen** to substantiate a claim; **sich bei einer K. beteiligen** to be party to a suit; **mit einer K. drohen** to threaten to take legal action; **mit seiner K. durchkommen** to succeed in an action; **sich auf die K. einlassen** to defend a case; **K. einreichen/erheben (gegen)** to bring an action (against), to file/lodge a

claim/suit (against), to institute proceedings; **K. fallen lassen** to drop an action; **K. ist gegeben; ~ zulässig** the action lies; **~ unzulässig** the action does not lie; **einer K. stattgeben** to find against the defendant, to allow the complaint, to uphold a suit; **K. stützen auf** to base a claim on; **K. substantiieren** to substantiate a claim; **K. unterlassen** to refrain from taking action, ~ legal steps; **auf eine K. verzichten** to waive the right to take legal action; **K. nicht zulassen** to nonsuit; **K. zurücknehmen** to withdraw a suit, to drop an action; **K.n zusammenfassen** to consolidate actions; **K. zustellen** to serve a writ **anhängige Klage** pending action; **deliktische K.** tort action; **dingliche K.** action in rem *(lat.)*; **frivole/mutwillige/ schikanöse K.** vexatious litigation/action; **hypothekarische K.** foreclosure suit; **negatorische K.** action for an injunction; **öffentliche K.** criminal charge; **petitorische K.** petitory action; **possessivische K.** possessory action; **schuldrechtliche K.** action in personam *(lat.)*, **~ ex contractu** *(lat.)*; **unzulässige K.** inadmissible action; **zivilrechtliche K.** civil action; **zusätzliche K.** supplementary action

Klage|abweisung *f* dismissal of (an) action, judgment against the plaintiff, nonsuit; **~ auf Grund einer Sachentscheidung** dismissal (of action) on the merits; **K.änderung** *f* 1. amendment of action/claim; 2. *(Schriftsatz)* amendment of pleadings; **K.androhung** *f* threat of legal action/proceedings; **K.ankündigung** *f* notice of action **Klageanspruch** *m* cause of action, claim; **K. ist begründet** the action lies; **K. entsteht** the right of action accrues **Klage|anstrengung** *f* bringing/instituting (of) an action; **K.antrag** *m* plaintiff's application, motion in court (for judgment), petition, demand for relief; **unbezifferter ~** unliquidated claim for relief; **K.antwort** *f* defendant's plea; **K.beantwortung** *f* statement of defence, defence answer, answer to a complaint *[US]*; **~ bestreiten** to join issue upon the defence; **K.befugnis** *nt* right to sue,

right of action; **(nicht) privilegierte ~** (non-)privileged right of action **Klagebegehren** *nt* (plaintiff's) claim, prayer for relief, relief sought; **dem K. entsprechen** to find for the plaintiff **Klage|begründung** *f* particulars of a claim, statement/substantiation of claim; **K.behauptung** *f* assertion, allegation (of a claim/right); **k.berechtigt** *adj* entitled to sue; **K.berechtigung** *f* entitlement to sue; **K.betrag** *m* amount in controversy; **K.einlassung** *f* (entering of) appearance; **K.einreichung** *f* filing (of) a claim, ~ an action; **K.ergänzung** *f* supplemental complaint; **K.erhebung** *f* filing/commencement of an action, institution of (legal) proceedings; **K.erweiterung** *f* extension of the (plaintiff's) claim; **K.erwiderung** *f* defendant's plea, statement of defence; **K.erzeugungsverfahren** *nt* enforcement of public prosecution proceedings **klagefähig** *adj* suable **Klagefrist** *f* period for bringing an action, ~ filing a claim **Klagegegenstand** *m* cause/subject matter of the action; **vorgebrachter ~** alleged cause of action **Klagegrund** *m* 1. cause/ground of (an) action; 2. grievance; **berechtigter ~** clear/ good title **Klagen** *nt* taking legal action **klagen** *v/i* to take legal action, to sue/proceed, to go to court, to institute proceedings; **auf etwas k.** to sue for sth.; **k. und verklagt werden** to sue and be sued **Klagenhäufung** *f* joinder/consolidation of actions, composite claim; **objektive K.** joinder of causes of action; **subjektive K.** joinder of parties **Klagepartei; Klägerpartei** *f* *(Zivilprozess)* plaintiff **Klagepunkt** *m* particular of a complaint **Kläger(in)** *m* 1. plaintiff, suitor *[US]*, pursuer *[Scot.]*; 2. *(Schiedsverfahren)* claimant; 3. *(Ehescheidung)* petitioner; **K. nach Armenrecht** plaintiff entitled to legal aid, party suing in forma pauperis *(lat.)*; **K. in Prozessstandschaft** nominal plaintiff; **~ für einen Minderjährigen** *(Prozesspfleger)* next friend

wo kein Kläger ist, ist auch kein Richter *(prov.)* without complaint, there is no redress

Kläger|(in) abweisen to nonsuit a plaintiff; **als K. auftreten** to appear as plaintiff; **zugunsten des K.s entscheiden** to find for the plaintiff; **für den K. erscheinen** to appear for the plaintiff

Klagerecht *nt* right to bring an action/suit, ~ sue

Klägergerichtsstand *m* plaintiff's venue

Klage|rubrum *nt* title of an action; **K.rücknahme** *f* withdrawal of an action, discontinuance (of action), abandonment of action; **K.sache** *f* action

Klageschrift *f* statement of claim, bill of complaint, (com)plaint; **K. einreichen/zustellen** to file/serve a complaint

Klage|veranlassung *f* cause of action; **K.verbindung** *f* joinder of actions; **unzulässige ~** misjoinder of actions; **K.verfahren** *nt* litigation, proceedings; **K.verjährung** *f* limitation of action; **K.verzicht** *m* waiver of action, plaintiff's waiver; **K.voraussetzungen** *pl* prerequisites for taking legal action; **K.vorbringen** *nt* allegation of facts, pleading

Klageweg *m* litigation, recourse to law; **auf dem K.** by way of legal action, by instituting legal proceedings; **K. beschreiten** to take legal action, to resort to litigation

Klage|zulassung *f* allocatur *(lat)*; **K.zurücknahme** *f* withdrawal of an action; **K.zurückweisung** *f* dismissal of an action, nonsuit; **K.zustellung** *f* service of (the) action/writ

klären *v/t* to clear up/clarify

Klarierung *f* clearance

Klarstellung *f* clarification

Klärung *f* 1. clarification; 2. inquiry; **bis zur weiteren K. der Sache** pending further inquiries

Klasse *f* 1. *(Waren)* class, grade; 2. category, order; 3. *(Gehalt, Steuer)* bracket; **anwendungsbezogene K.** *(Patentrecht)* utility-oriented class; **K.njustiz** *f* class justice

Klassifikation *f* classification

klassifizier|bar *adj* classifiable; **k.en** *v/t* to classify/group; **K.ung** *f* classification

klauen *v/t (coll)* to pilfer/pinch/swipe/filch/nick *(coll)*

Klausel *f* 1. clause, provision, stipulation; 2. *(Vorbehalt)* proviso; 3. *(Bedingung)* condition; **K. hinsichtlich des Gerichtsstands** jurisdictional/venue clause; **K. über die Haftung für versteckte Mängel** latent-defect(s) clause; **K. frei von besonderer Havarie** free-of-particular average clause; **K. über Kollisionen bei beiderseitigem Verschulden** both-to-blame collision clause; **K. hinsichtlich der Schiedsgerichtsbarkeit** arbitration clause; **K. für Seeschadensversicherung** institute cargo clause; **K. über den Selbstbehalt** co-insurance clause; **K. eines Vertrages** contract clause

Klausel auslegen to construe a clause; **K. einsetzen** to insert a clause

bedingte Klausel conditional clause; **in Arglist eingefügte K.** fraudulent clause; **einschränkende K.** restrictive clause; **handelsübliche K.** customary clause; **salvatorische K.** escape clause; **zwingende K.** mandatory clause/provision

Klebstoff *m* glue

Kleiderordnung *f* dress code

Klein|arbeit *f* painstaking work; **K.betrieb** *m* small enterprise; **K.- und Mittelbetriebe** *pl* small and medium-sized enterprises (SMEs); **K.bus** *m* minibus; **K.darlehen** *nt* personal loan; **K.diebstahl** *m* petty theft, pilferage; **K.gedrucktes** *nt* fine *[US]*/small *[GB]* print; **K.geld** *nt* (small) change; **K.gewerbe** *nt* small–scale trade; **K.händler(in)** *m/f* retailer; **K.kaufleute** *pl* small traders; **K.kredit** *m* personal loan; **K.kriminalität** *f* petty/low-level crime; **K.schaden** *m* minor damage/loss; **K.taxi** *nt* minicab; **K.transporter** *m* van, pickup; **K.unternehmen** *nt* small business/enterprise; **K.verdiener(in)** *m/f* low-income earner

Kleptoman|e *m* kleptomaniac; **K.ie** *f* kleptomania

Klient(in) *m/f* client; **K.el** *nt* clientele

Knast *m (coll)* jail, prison, clink *(coll)*; **K.bruder** *m (coll)* jailbird *(coll)*

Knebel *m* gag; **k.n** *v/t (Presse)* to gag; **K.ungsvertrag** *m* tying/onerous contract

Kneipenschlägerei *f* pub brawl
Kniescheibe *f* kneecap; **K. durchschie-ßen** to kneecap (so.)
Knöllchen *nt (coll)* (parking) ticket
Knüppel *m* 1. club, cudgel; 2. *(Polizei)* truncheon
Koalition *f* 1. *(Arbeitsrecht)* association; 2. *(Politik)* coalition; **K.sfreiheit** *f* freedom of association
Kodex *m* (moral) code
Kodifikation *f* codification
kodifizier|en *v/t* codify; **K.ung** *f* codification
Kodizill *nt* codicil
Kognat *m* cognate
Kognition *f* cognition
kollationieren *v/t* to collate/compare
Kollege *m* colleague, fellow employee/worker
kollegial *adj* cooperative
Kollegial|behörde *f* board, authority; **K.gericht** *nt* panel of judges, divisional court; **K.organ** *nt* collegial board/organ
Kollektiv *nt* collective; **K.beleidigung** *f* collective defamation/libel, defamation of a particular group; **K.besitz** *m* joint ownership; **K.delikt** *nt* crime committed by a group, collective crime; **K.eigentum** *nt* joint/public ownership; **K.frachtbrief** *m* blanket waybill; **K.geldstrafe** *f* combined fine; **K.haftung** *f* collective/joint liability; **K.handlungsvollmacht**; **K.prokura** *f* joint power of attorney; **K.klage** *f* class/joint action; **K.klagerecht** *nt* law of group action; **K.lebensversicherung** *f* group life insurance; **K.marke** *f* collective mark; **K.schuld** *f* collective guilt; **K.strafe** *f* collective punishment; **K.unfallversicherung** *f* collective accident insurance; **K.verantwortung** *f* collective/joint responsibility; **K.verhandlungen** *pl (Arbeitsrecht)* collective bargaining; **K.vertrag** *m* collective bargaining agreement; **K.versicherung** *f* blanket/group insurance; **K.vollmacht** *f* joint power of attorney
kollidieren (mit) *v/i* 1. to collide (with); 2. to conflict (with), to be in conflict (with); 3. to crash (into); 4. *(störend einwirken)* to interfere (with); **k.d** *adj* conflicting

Kollision *f* 1. collision, crash; 2. *(Patentrecht)* interference; 3. conflict; **K. zwischen zwei Rechten** conflict between two laws
Kollisions|klausel *f* collision clause; **K.normen** *pl* conflict/choice of law rules, conflicting rules; **K.ort** *m* crash site; **K.patent** *nt* interfering/collision patent; **K.recht** *nt* law of conflict of laws; **K.regeln** *pl* conflict/collision rules; **K.risiko** *nt* collision risk
Kollusion *f* collusion
Kolonne *f (Polizei usw.)* convoy (of vehicles)
Kommandit|aktionär(in) *m/f* limited liability shareholder; **K.beteiligung** *f* participation in a limited partnership; **K.gesellschaft (KG)** *f* limited partnership
Kommandit|ist(in) *m/f* limited partner, partner with limited liability; **K.kapital** *nt* limited liability capital
Kommentar *m* 1. *(Stellungnahme)* opinion, statement, comment; 2. *(Text)* commentary
kommerzialisier|en *v/t* to commercialize; **K.ung** *f* commercialization
kommerziell *adj* commercial
Kommissar *m* commissioner; **K.iat** *nt (Polizei)* 1. *(Amt)* superintendent's office; 2. *(Amtsbereich)* superintendent's department
kommissarisch *adj* 1. *(beauftragt)* on commission; 2. *(einstweilig)* temporary
Kommission *f* commission, consignment; **auf K.** on consignment, sale or return; **K. einsetzen** to set up/appoint a commission; **in K. geben** to consign; **~ liefern** to supply sth. on a sale or return basis; **~ nehmen** to take sth. on a commission basis; **~ verkaufen** to sell on a commission/consignment basis
Kommissionär *m* 1. commission agent; 2. *(Verkaufsagent)* factor; 3. *(Empfänger)* consignee; **K.spfandrecht** *nt* factor's lien
Kommissions|basis *f* consignment basis; **auf ~** on a consignment basis; **K.geschäft** *nt* transaction on a consignment basis; **K.gut** *nt* consignment goods; **K.kauf** *m* purchase on commission; **K.verkauf** *m* sale on a consignment

basis; **K.vertrag** *m* consignment contract; **K.ware** *pl* consignment goods

Kommittent *m* consignor, principal

Kommorient *m* person dying at the same time as another

kommunal *adj* municipal, local

Kommunal|abgaben *pl* local/municipal rates, ~ taxes; **K.aufsicht** *f* supervision of local authorities (by the state); **K.beamter** *m* local government officer; **K.behörde** *f* local (government) authority; **K.gesetz** *nt* local government statute, bylaw; **K.obligation** *f* local government stock/bond; **K.recht** *nt* local government law, municipal law; **K.verfassung** *f* local government statutes; **K.verwaltung** *f* local government (administration); **K.wahlrecht** *nt* local government election law

Kommune *f* local authority/government, municipality

Kommunikations|freiheit *f* freedom of communication; **K.weg** *m* channel of communication

Kompensation *f* compensation, indemnification, trade-off

Kompensations|anspruch *m* compensation/indemnification claim; **K.einrede** *f* plea of retorsion; **K.geschäft** *nt* barter transaction; **K.privileg** *nt* offset privilege; **K.zahlung** *f* compensation payment

kompensieren *v/t* 1. *(entschädigen)* to compensate (for sth.), to indemnify (so.); 2. *(ausgleichen)* to set off/offset/counterbalance

kompetent *adj* competent

Kompetenz *f* 1. *(Befähigung)* competence; 2. *(Zuständigkeit)* jurisdiction, competence; 3. *(Befugnis)* authority, responsibility; **K. zum Abschluss von Verträgen** *(Völkerrecht)* treaty-making powers; **seine K.en überschreiten** to exceed one's powers, to commit an ultra vires act

Kompetenz|abgrenzung *f* delimitation of powers; **K.artikel** *m* objects clause; **K.bereich** *m* sphere of jurisdiction/responsibility; **K.delegation** *f* delegation of authority/responsibility; **K.kompetenz** *f* competence for jurisdictional allocation; **K.konflikt; K.streitigkeit** *m/f*

jurisdictional conflict, conflict of competence; **K.norm** *f* jurisdictional norm; **K.überschreitung** *f* acting ultra vires *(lat.)*, exceeding one's competence/powers; **K.übertragung** *f* transfer of competence; **K.verteilung** *f* allocation of competences

Komplementär *m* general partner; **K.anteil** *m* general partner's interest; **K.güter** *pl* complementary goods

Komplize *m* accomplice, joint offender

Komplott *nt* plot, conspiracy; **K. schmieden** to plot/conspire, to hatch a plot; **K. vereiteln** to foil a plot

Komponente *f* component, element, part

Kompositversicherer *m* composite insurer

Kompromiss *m* compromise; **K. schließen** to reach a compromise; **k.bereit** *adj* willing to compromise; **k.los** *adj* 1. uncompromising; 2. *(uneingeschränkt)* unqualified, unconditional; **K.losigkeit** *f* intransigence; **K.vorschlag** *m* compromise proposal

jdn kompromittieren *v/t* to compromise so., to expose so.'s reputation to risk; **sich k.** *v/refl* to compromise os., to put os. in a compromising position; **k.d** *adj* compromising

Kondiktion *f* action for restitution

Kondition *f* condition; **K.en** *pl* conditions, terms (and conditions); **zu den üblichen ~** on the usual terms; **~ erfüllen** to comply with conditions; **~ festsetzen** to stipulate terms; **K.skauf** qualified sale

Kondolenz *f* condolence; **K.brief** *m* letter of condolence/sympathy

jdm kondolieren *v/i* to pay one's condolences to so., to offer so. one's sympathies

Kondominium *nt* joint sovereignty

Konferenz *f* conference; **K. einberufen** to convene a conference

Konfession *f* faith, (religious) belief, denomination

Konfiskation *f* confiscation, seizure, sequestration; **K.sverfügung** *f* confiscation/sequestration order

konfiszier|en *v/t* to confiscate/seize/sequestrate; **K.ung** *f* confiscation, seizure, sequestration

Konflikt *m* conflict; **K.begrenzung** *f* conflict containment; **K.beilegung** *f* conflict resolution/settlement; **K.beratung** *f* conflict counselling; **K.bereinigungsgespräch** *nt* conciliatory talk; **K.herd** *m* focus of conflict; **K.lage** *f* conflict situation; **K.kommission** *f* grievance committee; **K.parteien** *pl* parties to a conflict; **K.regelung** *f* conflict resolution, settlement of a conflict; **K.stoff** *m* cause of conflict; **K.vermeidung** *f* conflict prevention

Konföderation *f* confederation

konform *adj* in conformity with

Konfront|ation *f* confrontation; **k.ieren** *v/t* to confront

Konfusion *f* 1. *(Verwirrung)* confusion; 2. *(Schuldrecht)* merger/confusion of rights

Kongress *m* congress

konkludent *adj* implied, conclusive

Konklusion *f* conclusion

Konkordat *nt* concordat

konkret *adj* concrete, real, tangible

konkretisier|en *v/t* *(Güter)* to appropriate; **K.ung** *f* appropriation; **~ der Ware** appropriation of the (contract) goods

Konkubinat *nt* cohabitation

Konkurrent|(in) *m/f* competitor, rival; **K.enklage** *f* action taken by a competitor

Konkurrenz *f* 1. *(Gesetz)* concurrence, conflict; 2. *(Wettbewerb)* competition; **K. von Straftaten** relationship between several offences committed by one act or a series of acts; **unlautere K.** unfair competition; **K.erzeugnis** *f* competing product

konkurrenzfähig *adj* competitive

Konkurrenz|firma *f* competing/rival firm; **K.kampf** *m* competition; **K.klausel** *f* non-competitive clause, restrictive covenant, covenant in restraint of trade, restraint of competition clause; **K.tätigkeit** *f* competitive activity; **K.unternehmen** *nt* competing enterprise; **K.verbot** *nt* prohibition of competition, ban on competition, agreement in restraint of trade; **K.vereinbarung** *f* restrictive covenant

konkurrieren *v/i* to compete/rival; **k.d** *adj* 1. *(Ansprüche usw.)* concurrent,

concurring; 2. *(Gesetze)* conflicting; 3. competitive, competing

Konkurs *m* bankruptcy; **K. abwenden** to avoid bankruptcy; **K. anmelden** to declare os. bankrupt, to file a petition in bankruptcy; **in K. gehen/geraten; K. machen** to go bankrupt

betrügerischer Konkurs fraudulent bankruptcy; **freiwilliger K.** voluntary bankruptcy; **zwangsweiser K.** involuntary bankruptcy

Konkurs|abwendung *f* avoidance of bankruptcy; **K.abwickler(in)** *m/f* liquidation/administration of a bankrupt's estate; **K.androhung** *f* bankruptcy notice; **~ mit Zahlungsaufforderung** judgment summons; **K.anfechtung** *f* rescission of bankruptcy; **K.anmeldung** *f* filing (of) a bankruptcy petition, **~ a** petition in bankruptcy; **K.antrag** *m* bankruptcy petition, petition in bankruptcy; **K.aufhebung** *f* discharge in bankruptcy, annulment of an adjudication of bankruptcy; **K.ausfallgeld** *nt* substitute insolvency pay; **K.beendigung** *f* termination of bankruptcy proceedings; **K.beschluss** *m* receiving order; **gerichtlichen ~ fassen** to make a receiving order; **K.delikt** *nt* bankruptcy offence, (act of) fraudulent bankruptcy; **K.einstellung** *f* stay of bankruptcy proceedings; **K.erklärung** *f* bankruptcy notice, declaration of bankruptcy; **jdm die ~ zustellen** to serve so. a bankruptcy notice

Konkurseröffnung *f* adjudication of bankruptcy, receiving order, commencement of bankruptcy proceedings; **K. beantragen** to file a petition in bankruptcy

Konkurseröffnungs|antrag *m* bankruptcy petition, petition in bankruptcy; **~ der Gläubiger** creditors' petition; **K.beschluss** *m* winding up/adjudication/receiving *[GB]* order, order in bankruptcy

Konkursforderung *f* claim in bankruptcy, **~** against a bankrupt's estate, provable claim; **K. anmelden** to lodge/file a proof of debt (in bankruptcy), **~** bankruptcy claim; **bevorrechtigte K.** preferential debt; **nachrangige K.** deferred debt; **gewöhnliche K.** ordinary debt

Konkursgericht *nt* bankruptcy court
Konkursgläubige(r) *f/m* creditor in bankruptcy, ~ of a bankrupt; **bevorrechtigte(r) K.** preferential creditor; **nicht ~** ordinary creditor (in bankruptcy)
Konkurs|grund *m* reason for opening bankruptcy proceedings; **K.handlung** *f* act of bankruptcy; **K.masse** *f* bankrupt's estate; **K.ordnung** *f* bankruptcy regulations, Bankruptcy Act *[GB]*, Chandler Act *[US]*; **K.quote** *f* bankruptcy dividend; **K.recht** *nt* bankruptcy law, law of bankruptcy; **K.richter(in)** *m/f* bankruptcy court judge, judge in a bankruptcy court, registrar*[GB]*/referee *[US]* in bankruptcy; **K.sache** *f* bankruptcy case; **K.schuld** *f* debt owing from a bankrupt's assets; **K.schuldner(in)** *m/f* (adjudicated) bankrupt, bankruptcy debtor; **K.straftat** *f* bankruptcy offence; **K.tabelle** *f* schedule of (the bankrupt's) creditors, list of creditors' claims
Konkursverfahren *nt* bankruptcy proceedings, proceedings in bankruptcy; **K. aufheben** to discharge a bankrupt; **gegen jdn ein K. einleiten** to institute bankruptcy proceedings against so., to have a receiving order made against so.; **K. einstellen** to discontinue bankruptcy proceedings; **K. eröffnen** to institute bankruptcy proceedings, to grant a receiving order
Konkurs|vergehen *nt* bankruptcy offence; **K.vergleich** *m* composition in bankruptcy; **K.verkauf** *m* sale of goods from the bankrupt's assets; **K.verschleppung** *f* (criminal) delay in filing a bankruptcy petition
Konkursverwalter(in) *m/f* official receiver *[GB]*, receiver *[US]*, administrator in bankruptcy proceedings; **endgültige(r) K.** trustee in bankruptcy *[GB]*
Konkursverwaltung *f* receivership, administration of a bankrupt's estate; **K.vorrechte** *pl* rights giving a prior claim to satisfaction
Konnivenz *f* connivance
Konnossement *nt* bill of lading (B/L); **K. ohne Vorbehalt** clean bill of lading; **laut K.** as per bill of lading; **K. ausstellen** to make out a bill of lading; **echtes**

K. clean bill of lading; **reines K.** clean bill of lading; **unreines K.** dirty/foul bill of lading
Konossments|bedingungen *pl* terms of the bill of lading; **K.garantie** *f* letter of indemnity; **K.klausel** *f* bill of lading clause
Konsens *m* consensus, unanimity; **K. ist herbeigeführt** a consensus was reached; **k.pflichtig** *adj* subject to approval; **K.prinzip** *nt* principle of unanimity
Konsensualvertrag *m* consensual agreement
Konservierungsstoffe *pl* preservatives
Konsign|ator *m* consignor; **K.ation** *f* consignment
Konsignations|verkauf *m* sale on a consignment basis, consignment sale; **K.vertrag** *m* contract of consignment; **K.ware** *pl* consignment goods
Konsolidation *f* 1. consolidation; 2. *(Sachenrecht)* merger of rights in one hand
konsolidier|en *v/t* to consolidate/fund; **K.ung** *f* consolidation
Konsorte *m* associate, syndicate member
Konsortial|anteil; **K.beteiligung** *m/f* share (in a syndicate); **K.führer(in)** *m/f* lead-manager (of a consortium); **K.geschäft** *nt* underwriting, (syndicate) transaction; **K.kredit** *m* syndicated credit; **K.mitglied** *nt* syndicate member; **K.provison** *f* underwriter's commission; **K.system** *nt* (*Vers.*) syndicate system; **K.verpflichtung** *f* underwriting commitment; **K.vertrag** *m* consortium/underwriting agreement; **k.iter** *adv* by way of syndicate, jointly
Konsortium *nt* consortium, syndicate
Konspir|ation *f* conspiracy, plot; **k.ativ** *adj* clandestine; **k.ieren** *v/i* to conspire/plot
konstatieren *v/t* to state
sich konstituieren *v/refl* to constitute os.; **k.d** *adj* constituent
konstituiert *adj* constituted; **ordnungsgemäß k.** duly constituted
Konstitution *f* constitution; **K.alismus** *m* constitutionalism
konstitutiv *adj* constitutive; **K.wirkung** *f* legal effect of a judgment in creating rights and duties
konstruieren *v/t* to design/construct

Konstruktion *f* construction, design; **K.sfehler** *m* constructional flaw; **K.smerkmal** *nt* design feature
Konsul *m* consul
Konsular|abkommen *nt* consular treaty/agreement; **K.beamter** *m* consular official; **K.gericht** *nt* consular court/tribunal; **k.isch** *adj* consular; **K.recht** *nt* consular law; **K.vertrag** *m* consular treaty/convention; **K.vertreter** *m* consular representative; **K.vertretung** *f* consular representation
Konsulat *nt* consulate; **K.ssichtvermerk** *m* consular visa; **K.svertrag** *m* consular treaty
Konsultation *f* consultation; **K.spflicht** *f* mandatory consultation; **K.sverfahren** *nt* consultation proceedings/procedure
konsultieren *v/t* to consult
Konsum *m* consumption; **K.ent(in)** *m/f* consumer; **K.gewohnheiten** *pl* consumer habits; **K.güter** *pl* consumer goods
Kontakt *m* contact; **K.aufnahme** *f* establishment of contact, entering into contact; **K.mann** *m* contact; **K.pflege** *f* maintenance of good relations; **K.sperre** *f* incommunicado confinement, ban on visits and letters
Kontamination *f* contamination
Konten|bereinigung *f* adjustment of accounts; **K.inhaber(in)** *m/f* account holder; **K.saldo** *m* balance; **K.sperre** *f* freezing of accounts
Konterbande *f* contraband
Kontiguitätszone *f* contiguous zone
Kontingent *nt* 1. quota; 2 *(Gruppe)* contingent; **k.ieren** *v/t* to fix a quota; **k.iert** *adj* subject to a quota
Kontingents|menge *f* quota volume; **K.zuweisung** *f* allocation of a quota
Konto *nt* account; **K. anlegen** to open an account; **K. auflösen** to close an account; **K. belasten** to debit an account; **auf ein K. einzahlen** to pay into an account; **K. pfänden** to attach an account; **K. prüfen** to audit an audit; **K. sperren** to freeze an account; **auf einem K. verbuchen** to enter in an account
gemeinsames Konto joint account; **gesperrtes K.** frozen account; **laufendes K.** current account; **überzogenes K.** overdrawn account; **umsatzloses K.** inactive account; **zweckgebundenes K.** earmarked account
Konto|abtretung *f* assignment of an account; **K.auszug** *m* statement of account, account statement; **K.bewegung** *f* account movement/transaction; **k.führend** *adj* account-keeping; **K.gebühren** *pl* account-keeping charges; **K.gutschrift** *f* credit (to an account); **K.inhaber(in)** *m/f* account holder; **K.korrent** *m* current account; **K.korrentvorbehalt** *m* current account reservation; **K.pfändung** *f* garnishment/attachment of an account; **K.spesen** *pl* bank charges; **K.überziehung** *f* overdraft; **K.vertrag** *m* account contract
kontradiktorisch *adj* contentious
Kontrahent(in) *m/f* 1. opposing/adversary party; 2. contractor, contracting party
kontrahieren *v/t* to contract; **mit sich selbst k.** to contract with os.
Kontrahierung *f* entering into a contract; **K.sfreiheit** *f* freedom to contract, **K.szwang** *m* obligation to (enter into a) contract
Kontrakt *m* contract; **k.bestimmt** *adj* contractual; **k.brüchig** *adj* in breach of contract; **k.gebunden** *adj* bound by contract; **K.frist** *f* period of contract
Kontrasignatur *f* counter-signature
Kontroll|abschnitt *m* counterfoil, control slip; **K.ausschuss** *m* supervisory committee; **K.befugnisse** *pl* supervisory powers; **K.behörde** *f* supervisory authority
Kontrolle *f* 1. surveillance, control; 2. *(Buchführung)* audit; 3. *(Überprüfung)* check, inspection, supervision; 4. *(Überwachung)* monitoring; **außer K.** out of control; **unter K.** under control; **K. von Unternehmenszusammenschlüssen** merger control; **etw. unter K. bringen** to get a grip on sth.; **K.n durchführen** to carry out checks; **unter K. halten** to hold in check; **K. verlieren** to lose control; **intensive K.** in-depth check
Kontrollgang *m* 1. round; 2.*(Polizei)* patrol
kontrollieren *v/t* 1. to control; 2. to check/inspect; 3. *(überwachen)* to supervise/monitor

Kontroll|instanz; K.organ *f/nt* monitoring/control body; **k.pflichtig** *adj* subject to control; **K.recht** *nt* right of control; **~ der Gesellschafter** right of control of shareholders/partners; **K.schein** *m (LKW)* check certificate

Kontroverse *f* controversy; **K. beilegen** to settle a controversy

Kontumaz *f* contumacy, default, failure to appear in court

kontumazial *adj* contumacious; **K.urteil** *nt* default judgment; **K.verfahren** *nt* 1. default proceedings, proceedings in the absence of the defendant; 2. *(StR)* trial in the absence of the accused

Konvaleszenz *f* convalescence

Konvent *m (Versammlung)* convention

Konvention *f* convention, treaty; **K. zum Schutz der Menschenrechte** Convention for the Protection of Human Rights (and Fundamental Freedoms)

Konventional|scheidung *f* divorce by mutual consent; **K.strafe** *f* (contractual/ fixed) penalty, penalty for breach of contract; **K.zinsen** *pl* stipulated interest

Konvergenz *f* convergence

Konversion *f* conversion

Konversions|anleihe *f* conversion loan; **K.guthaben** *nt* conversion balance; **K.recht** *nt* right of conversion

Konvertibilität *f* convertibility

konvertier|bar *adj* convertible; **nicht k.** non-convertible; **k.en** *v/t* to convert; **K.ung** *f* conversion; **K.ungsrisiko** *nt* conversion risk

konzedieren *v/t* to concede

Konzentration *f* 1. concentration; 2. *(Unternehmenszusammenschluss)* merger; **K.skontrolle** *f* merger control

Konzept *nt* concept, draft

Konzern *m* group, trust *[US]*, concern; **K.geschäftsbericht** *m* consolidated report; **K.gesellschaft** *f* company of the same group; **K.gewinn- und Verlustrechnung** *f* consolidated profit and loss statement; **K.recht** *nt* company law relating to groups; **K.vereinbarung** *f* group agreement

Konzertierungsverfahren *nt* conciliation procedure

Konzession *f* charter, concession, franchise *[US]*, licence (to operate); **K. be-**

antragen to apply for a licence; **K. entziehen** to disenfranchise, to withdraw a licence; **K. erhalten** to obtain a licence; **K. erteilen** to grant a licence

Konzessionär *m* concessionaire

Konzession|ensystem *nt* franchise system; **k.ieren** *v/t* to license, to grant a concession, to franchise *[US]*; **K.ierung** *f* licensing, licensure *[US]*

Konzessions|abgabe *f* royalty; **K.einnahmen** *pl* royalties; **K.entziehung; K.entzug** *f/m* cancellation/revocation/withdrawal of a licence; **K.erteilung** *f* granting (of) a licence, licensing, licensure *[US]*, franchising *[US]*; **um ~ bitten** to apply for a licence; **K.gebühr** *f* licence/concession fee; **K.gesuch** *nt* application for a concession/licence; **K.inhaber(in)** *m/f* concessionaire, franchisee, holder of a concession/licence, licensee, franchise owner *[US]*; **K.pflicht** *f* obligation to obtain a licence; **K.system** *nt* licensing/franchising system; **K.urkunde** *f* charter; **K.vergabe** *f* licensing, licensure *[US]*; **K.verlängerung** *f* renewal of a licence; **K.vertrag** *m* licensing agreement/contract

konzipieren *v/t* to draft

Kooperation *f* cooperation; **K.sabkommen; K.svereinbarung** *nt/f* cooperation agreement

kooptieren *v/t* to co-opt

Kopf *m* 1. head; 2. *(Überschrift)* head; **auf dem K.** upside down; **pro K.** per head, per capita *(lat.)*; **~-Einkommen** income per head of population, per capita income; **führender K.** mastermind

Kopf|geld *nt* reward paid for the capture of a criminal; **K.geldjäger** *m* bounty hunter; **K.steuer** *f* capitation/poll tax; **K.stütze** *f* headrest, head restraint; **K.verletzung** *f* head injury

Kopie *f* copy; **K. für sich behalten** to retain one copy; **beglaubigte K.** certified copy; **k.ren** *v/t* to copy

Koppelungs|geschäft *nt* tie-in transaction; **K.verkauf** *m* tie-in sale; **K.vertrag** *m* tie-in agreement

Körper *m* body; **K. verletzen** to cause physical injury, to cause/inflict bodily harm; **k.behindert** *adj* (physically) disabled; **K.behinderte(r)** *f/m* disabled person; **K.behinderung** *f* disability; **K.beschädigung** *f* physical injury; **k.lich** *adj* physical, corporeal; **K.schaden** *m* personal injury; **lebenslänglicher ~** permanent disability

Körperschaft *f* body corporate, corporation; **K. des öffentlichen Rechts; öffentlich-rechtliche K.** public(-law) corporation, statutory body, corporation under public law; **K. im Rechtssinn** de-jure corporation; **privatrechtliche K.** private-law corporation, corporation under private law; **K. ohne Erwerbscharakter** non-profit-making corporate body

Körperschaftssteuer *f* corporation tax; **K.befreiung** *f* exemption from corporation tax; **K.erklärung** *f* corporation tax return

Körperverletzung *f* bodily/personal/ physical injury/harm, assault (and battery), battery; **K. im Amt** bodily harm/injury caused by an officer of the law; **K. mit Todesfolge** assault resulting in death; **K. durch Unfall** accidental injury

Körperverletzung begehen to cause injury; **K. erleiden** to sustain an injury; **wegen K. klagen** to sue for personal injury; **K. zufügen** to occasion actual bodily harm

einfache Körperverletzung actual bodily harm (ABH); **fahrlässige K.** (bodily) injury/harm caused by negligence, negligently caused bodily harm; **gefährliche/schwere K.** grievous/serious bodily harm *[GB]*, serious bodily injury *[US]*; **vorsätzliche K.** criminal assault; **~ schwere K.** maliciously inflicted grievous bodily harm, assault with intent to cause grievous bodily harm/injury; **K.sdelikt** *nt* offence against the person

Korporation *f* corporation

korrespektiv *adj* reciprocal

Korrespondenz *f* correspondence; **K.anwalt** *m* lawyer acting as agent (for another lawyer); **K.geheimnis** *nt* secrecy/ privacy of correspondence

korrigieren *v/t* to correct

korrumpieren *v/t* to corrupt

Korruption *f* corruption, bribery

Kost *f* food, board; **K. und Logis** board and lodging

kostbar *adj* valuable, precious; **K.keit** *f* precious object

Kosten *pl* 1. expense(s), cost(s); 2. *(Belastung)* charges; **auf K. von** at the expense of; **ohne K.** free of charge; **K. und Gefahren** costs and risks; **K. des Haushalts** household cost(s); **K. des Hinterlegung** deposit cost(s); **K. des Rechtsstreits** cost(s) of litigation; **K. der Rechtsverfolgung** legal costs; **K. des Verfahrens** cost(s) of the proceedings; **~ vor dem Prozessgericht** cost(s) of the trial; **K. der Versteigerung** auction costs; **~ Verwaltung** administrative cost(s)

Kosten ermitteln to ascertain the costs; **K. ersetzen/erstatten** to refund/reimburse costs; **K. festsetzen** *(Gerichtskosten)* to tax (the) costs; **K. niederschlagen** to waive cost(s); **K. tragen** to bear the cost(s); **K. ganz oder teilweise tragen** to defray all or part of the cost(s); **K. sind von der unterlegenen Partei zu tragen** costs are to be defrayed by the losing party; **K. übernehmen** to take over the cost(s), to defray costs; **K. umlegen auf** to apportion expenses to; **jdn zu den K. verurteilen** to order so. to pay (the) costs; **K. vorschießen** to advance costs

abzüglich Kosten less charges; **angefallene K.** accrued costs; **anfallende K.** accruing costs; **anteilige K.** prorated costs; **außergerichtliche K.** extra-judicial costs; **einmalige K.** non-recurring costs; **eintreibbare/erstattungsfähige K.** recoverable costs; **vom Prozessgegner zu erstattende K.** costs recoverable from the unsuccessful party; **mit großen K.** at great expense; **laufende K.** current costs; **veranschlagte K.** estimated costs; **verschiedene K.** sundry expenses

Kosten|anordnung *f* order concerning costs; **K.anschlag** *m* estimate; **K.auferlegung** *f* order to pay costs; **K.aufgliederung** *f* breakdown of costs; **K.aufteilung** *f* allocation of costs; **K.aufwand** *m* expenditure(s); **K.beamter** *m* taxing officer; **K.belastung** *f* cost burden; **K.de-**

ckungsprinzip *nt* principle of cost recovery; **K.degression** *f* economies of scale; **K.eintreibung** *f* collection of costs; **K.entscheidung** *f* decision concerning costs, costs order, court order as to costs; **K.erlass** *m* waiver of costs; **K.erstattung** *f* cost refund, refund/reimbursement (of costs); **K.sanspruch** *f (Prozesspartei)* entitlement to costs, claim of a party to payment of his/her costs (of the proceedings); **K.festsetzung** *f (Gericht)* taxation/taxing of costs; **K.sbeschluss** *m* order for costs, cost award; **K.freiheit** *f* exemption from costs; **K.gesetz** *nt* court costs act; **K.haftung** *f* liability for costs

kostenlos *adj* free of charge

Kosten|miete *f* economic rent, cost-covering rent; **K.niederschlagung** *f* waiver of costs; **K.ordnung** *f* court costs rules, scale of costs; **K.pauschale** *f* all-inclusive costs; **K.pflicht** *f* liability to pay the costs; **k.pflichtig** *adj* liable to pay the costs, with costs; **K.preis** *m* cost price; **K.rechnung** *f* bill of costs, ex parte costs; **K.recht** *nt* law on costs; **K.schuldner(in)** *m/f* party liable to pay costs; **K.spezifizierung** *f* breakdown of costs; **K.teilungsvertrag** *f* shared-cost contract; **K.titel** *m* cost taxation order; **K.träger** *m* 1. cost unit; 2. funding body; **K.tragung** *f* taking over of costs; **K.tragungspflicht** *f* duty to pay costs; **K.übernahme** *f* assumption of costs, agreement to cover costs; **K.umlage** *f* apportionment of costs, cost allocation; **K.urteil** *nt* judgment concerning costs; **K.verfahren** *nt* cost proceedings; **K.verzeichnis** *nt* bill of costs; **K.voranschlag** *m* estimate (of costs); **verbindlicher ~** firm estimate (of costs); **K.vorschuss** *m* 1. advance; 2. *(Anwalt)* retainer

Kost|geld *m* board; **K.gänger**; **K.nehmer** *m* paying guest/boarder; **K.geber** *m* person offering board and lodging

Kotflügel *m* mudguard, fender *[US]*

Kraft *f* force; **in K. bleiben** to remain in force; **außer K. (gesetzt)** in abeyance; **in K. sein** *(gelten)* to be in force; **zeitweilig außer K. sein** to be in abeyance; **außer K. setzen** 1. to repeal/abrogate/overrule; 2. *(zeitweilig)* to suspend/re-

scind; **in K. setzen** to put into effect; **wieder ~** to reinstate; **außer K. treten** to become ineffective, to cease to be in force, to expire/terminate; **in K. treten** to come into force, to take effect; **rückwirkende K.** retroactive effect

kraft *prep* by virtue/operation of

Kraftfahrer(in) *m/f* driver, motorist

Kraftfahrzeug *nt* motorcar, motor vehicle; **K. abmelden** to deregister a motor vehicle; **K. anmelden** to register a motor vehicle; **K. führen** to drive a motor vehicle

Kraftfahrzeug|anmeldung *f* motor vehicle registration; **K.brief** certificate of title to a motor vehicle, motor vehicle registration book *[GB]*; **K.eigentümer(in)** *m/f* vehicle owner; **K.führer(in)** *m/f* driver; **K.haftpflicht** *f* motor vehicle third-party liability; **K.haftpflichtversicherung** *f* third-party insurance; **K.halter(in)** *m/f* registered vehicle owner/user; **K.papiere** *f* motor vehicle documents; **K.schein** *m* motor vehicle (registration) certificate; **K.steuer** *f* motor vehicle excise duty; **K.unfall** *m* motor vehicle accident; **K.verkehr** *m* traffic; **K.versicherung** *f* car insurance, motor vehicle insurance; **~ mit Schadenfreiheitsrabatt** motor insurance with a no-claim(s) bonus; **K.zulassung** *f* motor vehicle licensing, car *[GB]*/automobile *[US]* registration; **K.zulassungsstelle** *f* motor vehicle licensing office

kraftlos *adj (ungültig)* invalid, void; **für k. erklären** to declare invalid

Kraftloserklärung *f* invalidation, forfeiture, declaration of nullity, cancellation; **K. der Vollmachtsurkunde** invalidation of a document conferring authority

Kraftlosigkeit *f* nullity

Kraft|rad *nt* motorcycle, motorbike; **K.verkehr** *m* road traffic

Kralle *f (Falschparker)* clamp; **K. anbringen** to clamp

krank *adj* sick; **k. feiern** *(blaumachen)* to fake/feign illness, to skive off work *(coll)*; **sich k. melden** to report sick; **jdn k. schreiben** to issue so. with a sick note, to put so. on the sick list; **psychisch k.** mentally ill

Kranke(r) *f/m* sick person
Kranken|behandlung *f* medical treatment; **K.fürsorge** *f* patient care; **K.geld** *nt* sickness benefit/pay
Krankenhaus *nt* hospital; **ins K. kommen** to be taken to hospital; **geschlossenes K.** secure hospital; **K.aufnahme** *f* admission to a hospital; **K.einweisung** *f* committal to a hospital, hospitalization
Kranken|kasse *f* health insurance (scheme); **K.pflegepersonal** *nt* nursing staff; **K.schein** *m* health insurance certificate/card; **K.schwester** *f* nurse; **staatlich geprüfte ~** state-registered nurse; **K.urlaub** *m* sick leave
Krankenversicherung *f* health insurance (scheme); **gesetzliche K.** statutory health insurance (scheme)
Krankenwagen *m* ambulance; **K. anfordern** to send for/call an ambulance
Krankheit *f* sickness, illness, disease; **wegen K. beurlaubt sein** to be on sick leave; **angeborene K.** congenital disease; **ansteckende K.** contagious disease; **meldepflichtige K.** notifiable disease; **psychische K.** mental illness
Krankheits|attest *nt* medical certificate; **K.fall** *m* case of sickness; **K.urlaub** *m* sick leave
Krankmeldung *f* reporting sick, sick note
Kranksein vortäuschen *nt* to malinger
Kranzgeld *nt* breach of promise award
Kratz|spur *f* scratch mark; **K.wunde** *f* scratch
Krawall *m* riot, civil commotion
Kredit *m* 1. credit, loan; 2. *(Vorschuss)* advance; **K. aufnehmen** to raise a credit/ loan; **K. gewähren** to grant a credit/ loan; **auf K. kaufen** to buy on credit; **~ verkaufen** to sell on credit; **gebundener K.** tied loan; **ungedeckter K.** unsecured credit/loan
Kredit|abkommen *nt* credit agreement; **K.antrag** *m* credit/loan application; **K.aufnahme** *f* borrowing; **K.auftrag** *m* mandate to provide credit for a third-party; **K.auskunft** *f* credit information, status inquiry, trade reference; **K.auskunftei** *f* credit rating/inquiry agency; **K.bedingungen** *pl* credit terms; **K.betrag** *m* principal; **K.betrug** *m* credit

fraud; **K.brief** *m* letter of credit (L/C); **K.bürgschaft** *nt* credit guarantee
kreditfähig *adj* creditworthy
Kredit|geber(in) *m/f* lender; **K.gewährung** *f* lending; **K.institut** *nt* credit institution
kreditieren *v/t* to credit
Kredit|karte *f* credit card; **K.kartenbetrug** *m* credit card fraud; **K.kauf** *m* credit sale; **K.konditionen** *pl* credit terms; **K.laufzeit** *f* duration of credit; **K.nehmer(in)** *m/f* borrower
Kreditoren *pl* creditors
Kredit|risikoabsicherung *f* factoring, non-recourse financing; **K.sicherheit** *f* credit security, collateral *[US]*; **K.sicherung** *f* securitization/collateralization (of a credit); **K.status** *m* credit standing; **K.tilgung** *f* loan repayment; **K.verein** *m* loan society; **K.verkauf** *m* credit sale; **K.vermittler** *m* money broker; **K.vermittlung** *f* arranging a credit; **K.vermittlungsvertrag** *m* money brokerage agreement; **K.verpflichtung** *f* lending obligation; **K.vertrag** *m* loan contract/agreement; **K.wucher** *m* usury; **k.würdig** *adj* creditworthy; **K.würdigkeit** *f* creditworthiness; **K.zinsen** *pl* credit interest
Kreis *m* district, county; **K.gericht** *nt* district court; **K.verkehr** *m* roundabout, rotary *[US]*
Kreuzung *f* crossroads, crossing, junction
Kreuzverhör *nt* cross-examination; **jdn ins K. nehmen** to cross-examine so.
Kriechspur *f* crawler lane
Krieg *m* war
Kriegsdienst *m* military service; **K.verweigerer** *m* conscientious objector; **K.verweigerung** *f* conscientious objection
Kriegs|entschädigung *f* war indemnity; **K.ereignisse** *pl* events of war; **K.erklärung** *f* declaration of war; **K.fall** *m* casus belli *(lat.)*; **K.gefangener** *m* prisoner of war; **K.gericht** *nt* court martial; **jdn vor ein ~ stellen** to court-martial so.; **K.opfer** *nt* war victim; **K.recht** *nt* martial law; **K.schaden** *m* war damage; **K.straftat; K.verbrechen** *f/nt* war crime; **K.verbrecher** *m* war criminal; **K.zustand** *m* state of war

Kriminal|aktenhaltung *f* Criminal Record Office *[GB]*; **K.beamte(r)** *f/m* CID officer *[GB]*
Kriminalistik *f* criminology
Kriminalität *f* crime, delinquency; **K. in den Innenstädten** inner-city crime; **grenzüberschreitende K.** cross-border crime; **organisierte K.** organized crime; **schwere K.** serious crime
Kriminalitäts|brennpunkt *m* crime hot-spot; **K.vorbeugung** *f* crime prevention
Kriminal|kommissariat *nt* CID unit *[GB]*; **K.polizei** *f* Federal Bureau of Investigation (FBI) *[US]*, Criminal Investigation Department (CID) *[GB]*, crime squad; **K.sache** *f* criminal case; **K.statistik** *f* crime figures; **K.strafe** *f* sentence (for a crime); **K.technik** *f* forensic science; **k.technisch** *adj* forensic
kriminell *adj* criminal
Kriminologie *f* criminology
Krise *f* crises; **k.nanfällig** *adj* prone to crises
Kritik *f* criticism; **abfällige K.** adverse criticism
Kronanwalt *m* attorney/solicitor general, Queen's Counsel (QC) *[GB]*; **K. werden** to take silk *[GB]*
Kronrat *m* Privy Council (PC) *[GB]*
Kronzeuge *m* King's/Queen's evidence; **als K. auftreten** to turn King's/Queen's evidence; **K.nregelung** *f* regulation concerning persons who turn King's/Queen's evidence
kulant *adj* accommodating
Kulanz *f* courtesy, ex gratia *(lat.)*; **K.leistung** *f* gesture of goodwill; **K.regulierung** *f* *(Vers.)* ex gratia/settlement payment; **K.zahlung** *f* courtesy payment
Kulturerbe *nt* cultural heritage
Kumulation *f* accumulation; **K.sprinzip** *nt* accumulation principle
kumul|ativ *adj* cumulative; **k.ieren** *v/t* to accumulate
Kumulierung *f* accumulation; **K. von Ämtern** accumulation of offices
kündbar *adj* terminable, redeemable, subject to notice; **jederzeit k.** terminable at will; **K.keit** *f* 1. terminability; 2. *(Anleihe)* redeemability
Kunde *m* customer, client
Kunden|beschwerde *f* customer com-

plaint; **K.gelder** *pl* clients' moneys/funds; **K.kreis** *m* 1. clientele; 2. *(Geschäftswert)* goodwill; **K.stamm** *m* established clientele; **K.werbung** *f* canvassing, soliciting of customers
Kundgebung *f* demonstration
kundig *adj* skilful
kündigen *v/ti* to give (so.) notice (of termination), to terminate/cancel; **fristlos k.** to terminate without notice; **ordnungsgemäß k.** to give due notice; **schriftlich k.** to give notice in writing
Kündigung *f* 1. notice (of termination); 2. *(durch Vermieter)* notice to quit, termination; 3. *(Entlassung)* dismissal; 4. *(Kraftloserklärung)* cancellation; 5. *(Völkerrecht)* denunciation; 6. *(Kapital, Kredit)* calling in, recall; **im Falle der K.** if notice is given; **nach Eingang der K.** on receipt of notice
Kündigung bei Berufsunfähigkeit termination due to disability; **K. durch Gesellschafter** termination of the partnership by a partner; **K. wegen höherer Gewalt** cancellation on the grounds of force majeure *(frz.)*; **K. aus wichtigem Grund** termination for a valid reason; **K. einer Hypothek** 1. *(durch Gläubiger)* calling in the mortgage debt; 2. *(durch Schuldner)* (giving) notice of redemption of the mortgage debt; **K. des Mietvertrags** cancellation of the tenancy; **K. durch Pfändungspfandgläubiger** termination by execution creditor; **~ den Vermieter** (landlord's) notice to quit; **K. eines Vertrages** notice to terminate a contract, cancellation/rescission of a contract; **K. erhalten** to be given notice, ~ the sack *(coll)*
außerordentliche Kündigung exceptional dismissal; **fristlose K.** 1. instant/summary dismissal; 2. termination without notice; **ordentliche K.** due notice; **(sozial) ungerechtfertigte K.** unfair dismissal; **vertragsgemäße K.** notice as per contract; **vierteljährliche K.** three months' notice; **vorzeitige K.** premature dismissal; **~ einseitige K. des Vertrages** premature unilateral termination of the contract; **willkürliche K.** arbitrary dismissal
Kündigungs|einspruch *m* protest against

dismissal, complaint of unfair dismissal *[GB]*; **K.entschädigung** *f* compensation for loss of employment

Kündigungsfrist *f* period/term of notice; **K. bei Grundstücken** period of notice to terminate a lease (of land); **K. einhalten** to observe the period of notice; **angemessene K.** reasonable period of notice; **gesetzliche K.** statutory period of notice

Kündigungs|grund *m* reason(s) for termination/dismissal, ground for giving notice, ~ for dismissal; **K.klausel** *f* 1. termination clause; 2. *(Völkerrecht)* denunciation clause; **K.pflicht** *f* duty to give notice of termination; **~ des Gläubigers** creditor's right of cancellation

Kündigungsrecht *nt* right to give notice, ~ of notice, ~ to terminate (a contract), ~ of cancellation; **K. des Bestellers** customer's right of cancellation; **K. und Kündigungsschutz des Mieters** tenant's right of notice and protection against eviction

Kündigungsschreiben *nt (Arbeitgeber)* letter of dismissal, notice of termination of employment

Kündigungsschutz *m* 1. *(Arbeitnehmer)* protection against unfair dismissal, ~ (unlawful) dismissal, security of tenure; 2. *(Mieter)* protection against eviction; **unter K. stehende(r) Mieter(in)** statutory tenant; **K.gesetz** *nt* termination of employment act

Kündigungsverbot *nt* prohibition of dismissal

Kund|machung *f* notice; **K.schaft** *f* customers, clientele; **k.tun** *v/t* to make manifest

künftig *adv* henceforth

Kunstfehler *m* (case of) malpractice; **ärztlicher K.** medical malpractice/error

Kupon *m* coupon

Kuppelei *f* procuration, procuring, pandering; **K. betreiben** to procure

Kuppler *m* pander, procurer; **K.in** *f* procuress, panderess

Kuratel *f* tutelage, trusteeship, guardianship

Kurator *m* curator, trustee, administrator

Kuratorium *nt* board of trustees/governors

Kurs *m* 1. *(Devisen)* rate of exchange; 2. *(Fahrtrichtung)* course; **K.abweichung** *f* deviation from the course; **K.treiberei** *f (Börse)* market rigging

Kurve *f* curve; **scharfe K.** sharp curve/turn; **unübersichtliche K.** blind corner

kurz *adj* brief, short; **bis vor k.em** until recently

Kurzarbeit *f* short-time work(ing); **K.er(in)** *m/f* short-time worker; **K.arrest** *m* (short-term) detention

Kürze *f* conciseness; **in K.** in the near future

kürzen *v/t* to reduce/curtail/abridge

Kurz|fassung *f* abridged version, summary; **k.fristig** *adj* at short notice, short-term; **k.lebig** *adj* short-lived; **K.parker(in)** *m/f* short-stay parker; **K.schrift** *f* shorthand

Kürzung *f* 1. *(Etat, Gehalt)* cut; 2. *(Bericht, Buch)* abridgement; 3. *(Arbeitszeit, Gehalt)* reduction

Küste *f* coast, shore; **außerhalb der K.** offshore

Küsten|gewässer *nt* coastal waters; **K.polizei** *f* coastguard; **K.schutz** *m* coastal protection; **K.verschmutzung** *f* coastal pollution; **K.wachschiff** *nt* coastguard vessel

Kustos *m* guardian, custodian, curator

L

labil *adj (psychisch)* unstable

Lackschaden *m* paint damage

Ladehemmung *f* jam

laden *v/t (vorladen)* to summon/cite, to serve a summons

Laden *m* shop, store; **L.dieb** *m* shoplifter; **L.diebstahl** *m* shoplifting; **~ begehen** to shoplift; **L.einbruch** *m* smash-and-grab raid; **L.geschäft** *nt* retail outlet; **L.inhaber(in)** *m/f* shopkeeper; **L.kasse** *f* till; **L.lokal** *nt* shop premises

Ladenschluss *m* shop closing time; **L.gesetz** *nt* shop closing act, hours of trading act; **L.zeit** *f* closing time; **L.zeiten** *pl* shop closing hours

Lade|schein *m* manifest; **L.verzeichnis** *nt* cargo list, manifest

lädieren v/t to injure/hurt

Ladung f 1. cargo, freight; 2. *(Vorladung)* summons (to appear), writ of process; 3. *(Klageschrift mit Prozessladung)* writ of summons; 4. *(Munition)* round; **L. zur mündlichen Verhandlung** notice of hearing; **L. unter Strafandrohung** *(Gericht)* subpoena *[US]*; **L. zum Termin** notice of trial; **L. von Zeugen** summoning of witnesses; **L. durch öffentliche Zustellung** public citation, summons by publication

Ladung ergehen lassen to issue a summons; **trotz L. nicht erscheinen** to fail to answer a summons, to be in contempt of court; **~ erschienen** contumacious; **einer L. Folge leisten** to answer a summons; **L. zustellen** to serve a summons

Ladungs|buch nt cause book; **L.diebstahl** m stealing goods from vehicles; **L.frist** f 1. period of summons; 2. notice of appearance; **L.gesuch** nt request for summons; **L.manifest** nt manifest; **L.papiere** pl cargo documents; **L.pfandrecht** nt cargo lien, lien on cargo; **L.schreiben** nt writ of summons; **L.verzeichnis** nt (cargo) manifest; **L.zustellung** f service of (a writ of) summons

Lage f position, situation; **nach L. des Falles** on the merits of the case, as the case may be; **L. bereinigen** to remedy the situation; **nach L. der Akten entscheiden** to decide on the records; **in der L. sein** to be in the position; **L. stabilisieren** to stabilize the situation; **rechtliche L.** legal position

Lage|besprechung f briefing; **L.meldung** f situation report; **L.plan** m survey map

Lager nt 1.warehouse; 2. stock(s); 3. (prison) camp, detention camp; **geheimes L.** stash; **L.geschäft** nt warehousing (operation); **L.halter(in)** m/f warehouse keeper; **L.halterpfandrecht** nt warehouseman's lien; **L.ort** m place of storage; **L.pfandschein** m warehouse warrant; **L.schaden** m damage to cargo; **L.schein** m warehouse warrant

Lagerung f storage, storing, warehousing

Lagervertrag m contract of storage

Lagezentrale f control room/centre

lahm legen v/t 1. to paralyze; 2. *(Verkehr)* to bring to a standstill

Laie m *(Nichtfachmann)* layman

Laien|beisitzer(in) m/f lay assessor; **L.richter(in)** m/f lay judge *[US]*/magistrate *[GB]*

lallend adj *(Sprache)* slurring

Land nt 1. land; 2. *(Boden)* soil; **des L.es verweisen** to deport; **kriegführendes L.** belligerent country

Land|abfindung f compensation for land; **L.beschaffung** f land procurement; **L.beschaffungsverfahren** nt land procurement proceedings; **L.besitz** m 1. possession/holding of land; 2. *(Eigentum)* land ownership; **L.besitzer(in)** m/f 1. occupier of land; 2. *(Eigentümer)* landowner

Landeerlaubnis f landing permission

Landes|amt nt state office; **L.arbeitsgericht** nt employment appeal court, regional industrial tribunal; **L.bauordnung** f state building code; **L.behörde** f state authority; **L.ebene** f state level; **L.fahndung** f statewide search; **L.gesetz** nt state statute; **L.gesetzgebung** f state legislation; **L.hoheit** f state autonomy; **L.justizverwaltung** f state administration of justice; **L.kriminalamt** nt state bureau of criminal investigation; **L.polizei** f state police force; **L.recht** nt state law; **L.sozialgericht** nt state social security tribunal, regional social insurance appeals tribunal; **l.üblich** adj customary in a country; **L.verfassung** f state constitution; **L.verfassungsgericht** nt state constitutional court; **L.verordnung** f state ordinance; **L.verrat** m treason; **L.verräter** m traitor; **L.verwaltungsgericht (LVG)** nt state administrative court; **L.verweisung** f expulsion (of an alien); **l.weit** adj nationwide, statewide

Land|frachtvertrag m contract of carriage by land; **L.frieden** m public peace; **L.friedensbruch** m breach of the public peace, civil disorder; **L.gang** m shore leave; **L.gericht (LG)** nt district/regional court; **L.gut** nt landed estate; **L.kreis** m rural district, county; **L.krieg** m land warfare

Landpacht f land tenure, agricultural

lease; **L.gesetz** *nt* farm tenancies act; **L.vertrag** *m* farm lease, agricultural tenancy agreement

Land|parzelle *f* parcel of land; **L.recht** *nt* common law, law of the land

Landschafts|pflege *f* landscape conservation; **L.planung** *f* town and country planning; **L.schutz** *m* rural conservation; **L.schützer(in)** *m/f* conservationist; **L.schutzgebiet** *nt* conservation area, nature reserve

Land|schenkung *f* grant of land; **L.straße** *f* country road, highway; **L.streicher(in)** *m/f* vagabond, vagrant, tramp; **L.streicherei** *f* vagrancy; **L.tag** *m* state parliament; **L.vermessung** *f* land survey

Landwirtschaft *f* agriculture, farming; **l.lich** *adj* agricultural

Landwirtschafts|gericht *nt* agricultural tribunal; **L.kammer** *f* chamber of agriculture; **L.recht** *nt* farm law

Langfinger *m* *(coll)* pickpocket

lang|fristig *adj* long-term, on a long-term basis; **l.jährig** *adj* long-standing; **l.wierig** *adj* protracted, dilatory

Langzeit|arbeitslose(r) *f/m* long-term unemployed person; **L.auswirkung** *f* long-term effect

Lärm *m* noise; **ruhestörender L.** noise disturbance

lärm|beeinträchtigt *adj* disturbed by noise; **L.beeinträchtigung** *f* noise disturbance; **L.bekämpfung** *f* noise abatement; **L.belästigung** *f* noise pollution; **l.dämpfend** *adj* noise-reducing; **l.empfindlich** *adj* sensitive to noise; **L.entstehung** *f* generation of noise; **L.kulisse** *f* background noise; **L.pegel** *m* noise level

Lärmschutz|bereich *m* low-noise area; **L.wall** *m* noise-abating embankment; **L. wand** *f* noise barrier

Last *f* 1. *(Belastung)* burden, onus; 2. *(Hypothek)* charge, encumbrance; 3. *(Ladung)* load; **jdm etw. zur L. legen** to accuse so. of sth., to charge so. with sth.

Lasten *pl* charges, encumbrances; **zu L.** at the expense of; **~ jds L. gehen** to be chargeable to so.; **öffentliche L.** public charges

Lastenausgleich *m* equalization of burdens; **L.sabgabe** *f* equalization of burdens levy

lasten|frei *adj* *(unbelastet)* unencumbered; **L.übergang** *m* transfer of encumbrances

Laster *nt* vice; **L.höhle** *f* den of iniquity *(coll)*

läster|n *v/i* to slander/defame; **L.ung** *f* slander, defamation, calumny

lästig *adj* annoying, onerous, burdensome

Lastschrift *f* debit (entry), debit advice; **L.anzeige** *f* debit note; **L.verfahren** *nt* direct debiting

latent *adj* latent

auf der Lauer liegen *f* to lie in wait

Lauf *m* course; **L. der Frist** running of the period/term; **~ Frist hemmen** to suspend the running of the period; **~ Gerechtigkeit** course of justice; **L.bahn** *f* career

Laufzeit *f* 1. *(Vers.)* term, life; 2. duration, period of validity; **L. eines Abkommens** duration of an agreement; **~ Darlehens** maturity of a loan; **L. der Hypothek** term of the mortgage; **L. des Mietvertrages** term of the tenancy; **L. der Versicherung** life of the policy; **L. des Vertrags** life of the contract; **L. eines Wechsels** term of a bill

Lausch|angriff *m* wiretapping/bugging operation; **l.en** *v/i* to eavesdrop (on so.)

laut *prep* per, pursuant/according to, in accordance with

lauten *v/i* to read; **wie folgt l.** to read as follows

Lauterkeit *f* honesty; **L. im Wettbewerb** fair competition, **L.sregeln** *pl* standards of fair trading

Lautstärke *f* volume

Leasing *nt* leasing; **L.geber(in)** *m/f* lessor; **L.nehmer(in)** *m/f* lessee; **L.vertrag** *m* contract of lease

Leben *nt* life; **jdm nach dem L. trachten** to be out to kill so.; **öffentliches L.** public life

getrennt leben *v/i* to live apart

Lebend|e(r) *f/m* living person; **unter L.en** inter vivos *(lat.)*; **L.gewicht** *nt* live weight; **l.ig** *adj* alive

Lebens|alter *nt* age; **L.bedarf; L.bedürfnisse** *m/pl* essential needs, necessities of life; **~ gefährden** to endanger the necessities of life; **L.bereich** *m* personal sphere; **persönlicher ~** private sphere; **L.dauer** *f* 1. duration, life; 2. *(Nutzungsdauer)* useful life; **L.erfahrung** *f* knowledge of life, (life) experience; **L.erwartung** *f* expectation of life; **mittlere ~** average expectation of life; **l.fähig** *adj* viable; **L.fremdversicherungsvertrag** *m* contract on the life of a third party; **L.führung** *f* conduct; **L.führungsschuld** *f* criminal conduct

Lebensgefahr *f* danger to life and limb; **unter L.** at the risk of one's life; **in L. sein** *(Patient)* to be in a critical condition

lebensgefährlich *adj* life-threatening, critical

Lebensgefährt|e *m* partner, common-law husband, cohabitee; **L.in** *f* cohabitee, common-law wife

Lebensgemeinschaft *f* conjugal life, partnership; **eheliche L.** marital cohabitation, conjugal community; **~ wiederherstellen** to resume marital cohabitation

Lebens|grundlage *f* basis of existence, **L.haltung** *f* standard of living; **L.haltungskosten** *pl* cost of living; **L.hilfe** *f* counselling; **L.jahr** *nt* age; **~ vollenden** to reach the age of …; **L.lage** *f* situation (in life); **l.lang** *adj* for life, lifelong; **l.länglich** *adj* life(time), lifelong, for life; **L.längliche(r)** *f/m* lifer *(coll)*, prisoner for life; **L.lauf** *m* curriculum vitae (CV) *(lat.)*, resumé *[US]*

Lebensmittel *pl* food(s), foodstuffs; **L.fälschung** *f* adulteration of food; **L.gesetz** *nt* food/foodstuffs act; **L.kennzeichnung** *f* food labelling

Lebensmittelpunkt *m* centre of life

Lebensmittel|recht *nt* law relating to foodstuffs, **~** to food processing and distribution; **L.überwachung** *f* control of food hygiene; **L.verfälschung** *f* adulteration of food; **L.vergiftung** *f* food poisoning; **L.verkauf** *m* sale of foodstuffs; **L.zusatzstoff** *m* food additive

lebens|müde *adj* weary of life; **L.partner(in)** *m/f* partner, common-law spouse; **L.recht** *nt* right to life; **L.rente** *f* life annuity; **L.risiko** *nt* risk to life; **L.stan-**

dard *m* standard of living; **L.stellung** *f* tenure (for life); **L.umstände** *pl* personal circumstances

Lebensunterhalt *m* livelihood, living; **seinen L. verdienen** to earn one's livelihood

eheliche Lebensverhältnisse marital/ conjugal life

Lebensvermutung *f* presumption of life

Lebensversicherung *f* life insurance; **L. auf Gegenseitigkeit** mutual life insurance; **~ den Todesfall** whole-life insurance, ordinary life insurance *[US]*; **abgekürzte L.** *(auf Todes- und Erlebensfall)* combined life and endowment insurance; **L.sprämie** *f* life insurance premium; **L.svertrag** *m* life insurance policy/contract; **~ abschließen** to take out a life insurance policy

Lebenswandel *m* conduct, (way of) life; **ehrloser L.** dishonourable (way of) life; **unsittlicher L.** immoral (way of) life

Lebensweg *m* career

Lebenszeit *f* lifetime; **auf L.** for life; **~ ernannt** appointed for life; **zu L.en von** during the life of

ledig *adj* single, unmarried; **L.e** *f* unmarried woman, feme sole

leer stehend *adj* vacant

legal *adj* legal, lawful; **L.definition** *f* statutory definition; **L.enteignung** *f* compulsory purchase (by operation of law)

Legalis|ation *f* legalization, authentication; **l.ieren** *v/t* to legalize/authenticate

Legalität *f* legality, lawfulness; **außerhalb der L.** outside the law; **L.skontrolle** *f* legality check; **L.sprinzip** *nt* principle of mandatory prosecution

Legal|servitut *f* easement, (statutory) servitude; **L.zession** *f* assignment by operation of law

Legat *nt* legacy, bequest, devise; **L. aussetzen** to grant a legacy

Legats|aussetzung *f* granting (of) a legacy; **l.berechtigt** *adj* beneficially entitled; **L.entziehung** *f* ademption, revocation of a legacy; **L.verfall** *m* lapsing of a legacy

Legatar *m* legatee, devisee

legis actio *(lat.)* action of the law

legislativ *adj* legislative; **L.e** *f* legislative body, legislature

Legislaturperiode *f* legislative period/term
legitim *adj* legitimate
Legitimation *f* 1. *(Ehelichkeitserklärung)* legitimation; 2. identification; **L. durch nachfolgende Ehe** legitimation by subsequent marriage; **L. nichtehelicher Kinder** legitimation of illegitimate children
Legitimations|papier *nt* promissory note payable to bearer, non-negotiable document of title; **L.übertragung** *f* proxy statement; **L.urkunde** *f* document of title
legitimieren *v/t* to legitimate/authorize; **sich l.** *v/refl* to show proof of identity, to identify os.
legitimiert *adj* authorized, entitled; **aktiv l.** entitled to sue; **passiv l.** capable of being sued
Legitim|ierung *f* legitimation, proof of identity; **L.ität** *f* legitimacy
Lehr|befähigung *f* teaching qualification; **L.berechtigung** *f* authorization to teach
Lehre *f* 1. doctrine; 2. *(Erfahrung)* lesson; **herrschende L.** prevailing doctrine
Lehr|freiheit *f* freedom of teaching; **L.herr** *m* master (of an apprentice); **L.ling** *m* apprentice, trainee; **L.tätigkeit** *f* teaching; **L.verpflichtung** *f* obligation to teach; **L.vertrag** *m* training/apprenticeship contract, contract of apprenticeship, indenture (of apprenticeship)
Leib *m* body
Leibes|erben *pl* heirs of the body; **L.frucht** *f* foetus, unborn child; **L.strafe** *f* corporal punishment; **L.visitation** *f* body search; **sich einer ~ unterziehen müssen** to have to undergo a body search
Leib|gedinge *nt* life endowment; **l.lich** *adj* natural; **L.rente** *f* (life) annuity; **L.rentenvertrag** *m* annuity contract; **L.wächter(in)** *m/f* bodyguard
Leiche *f* (dead) body, corpse; **L. im Keller haben** *(fig)* to have a skeleton in the closet *(fig)*
Leichen|ausgrabung *f* exhumation; **L.beschauer(in)** *m/f* coroner, medical examiner *[US]*; **L.bestatter** *m* undertaker; **L.diebstahl**; **L.entwendung** *m/f* body snatching; **L.fledderei** *f* stealing from the dead; **L.fund** *m* discovery of a dead body; **L.halle** *f* mortuary, morgue; **L.öffnung** *f* post-mortem (examination), autopsy; **L.raub** *m* body snatching; **L.sack** *m* bodybag; **L.schändung** *f* desecration of a dead body, ~ corpse, necrophilia; **L.schau** *f* 1. coroner's inquest, post-mortem (examination); 2. *(innere)* autopsy; **L.schauhaus** *nt* mortuary, morgue; **L.starre** *f* rigor mortis *(lat.)*; **L.teile** *pl* body parts; **L.tuch** *nt* pall; **L.verbrennung** *f* cremation; **L.wagen** *m* hearse; **L.zug** *m* funeral procession
leicht *adj* minor, petty; **l.fertig** *adj* careless, frivolous, thoughtless, negligent; **L.fertigkeit** *f* recklessness, frivolity, negligence; **l.gläubig** *adj* credulous; **L.gläubigkeit** *f* credulity; **L.sinn** *m* imprudence; **L.verletzte(r)** *f/m* slightly injured person
Leiharbeit *f* subcontracted labour; **L.er(in)**; **L.nehmer(in)** *m/f* agency/subcontracted worker, temp *(coll)*; **L.sfirma** *f* temporary employment agency; **L.sverhältnis** *nt* temporary employment
Leihe *f* loan; **l.n** *v/t* 1. to lend/loan; 2. *(Geld)* to advance
Leih|frist *f* lending period; **L.gabe** *f* loan; **L.gebühr** *f* hiring/rental charge; **L.haus** *nt* pawnshop, pawnbroker's shop; **L.mutter** *f* surrogate mother; **L.schein** *m* pawn ticket; **L.schwangerschaft** *f* surrogate pregnancy; **L.vertrag** *m* loan/hire contract; **L.wagen** *m* hire(d)/rental car; **L.wagenunternehmen** *nt* car rental firm/company; **l.weise** *adv* on loan; **L.zeit** *f* lending period; **L.zins** *m* interest on loans
Leim *m* glue
Leine *f* *(Hund)* lead, leash
leisten *v/t* to effect/render/perform/accomplish/achieve
Leistung *f* 1. performance, service; 2. *(Vers.)* benefit; 3. accomplishment, achievement; **L. durch einen Dritten** performance by a third party; **L. an Erfüllungs Statt** performance in lieu of

payment; **L. und Gegenleistung** performance and counter-performance; **L. des vertraglich Geschuldeten** specific performance; **L. nach Todesfall** benefit(s) after death; **L. Zug um Zug** simultaneous performance

Leistung bewirken; L. erbringen to effect performance; **L. beziehen** to draw a benefit; **L. fordern** to demand performance; **sich der L. entziehen** to evade performance; **L. stunden** to owe a service; **L. verlangen** to demand performance; **L. versprechen** to promise performance; **L. verweigern** to refuse performance; **L. zusichern** to assure performance

gebührende Leistung due performance; **geldwerte L.** cash benefit; **geschuldete L.** performance owed; **vertraglich ~** contractual performance; **unentgeltliche L.** gratuitous performance; **unmögliche L.** impossible performance; **vereinbarte L.** agreed performance; **versprochene L.** promised performance; **vertragsgemäße L.** contractual performance; **wiederkehrende L.** recurrent performance

Leistungen *pl* *(Vers.)* benefits; **L. im Krankheitsfall** sickness allowance *[US]*/benefits *[GB]*; **zu erbringende L.** services to be provided; **kindbezogene L.** child benefits

Leistungs|anspruch *m* benefit claim, entitlement to benefits; **L.anstalt** *f* provider of benefits, funding body; **L.aufforderung** *f* notice to complete; **L.austausch** *m* exchange of goods and services; **L.berechtigung** *f* entitlement to benefits, eligibility for benefits; **L.bereich** *m* scope of benefits; **L.bescheid** *m* benefit notice; **L.beurteilung; L.bewertung** *f* performance assessment/rating; **L.bezug** *m* receipt of benefits; **L.empfänger(in)** *m/f* beneficiary, recipient of benefits; **L.entgelt** *nt* consideration, compensation (for services rendered); **L.erfüllung** *f* discharge by performance; **L.erschleichung** *f* obtaining benefits by artifice; **l.fähig** *adj* *(Gerät)* high-performance; **L.fähigkeit** *f* capacity, ability to pay; **L.fall** *m* benefit case; **L.fähigkeit** *f* *(Mensch)* capability; **L.freiheit** *f* exemption from performance; **L.frist** *f* period for performance; **L.garantie** *f* performance guarantee/warranty; **L.gefahr** *f* performance risk; **L.gegenstand** *m* object of performance; **L.hindernis** *nt* disincentive; **~ bei Vertragserfüllung** frustration of contract; **L.klage** *f* action for performance, **~ an** affirmative judgment/satisfaction; **L.kondition** *f* condition of performance; **L.kontrolle** *f* efficiency check; **L.kürzung** *f* cut in benefits; **L.missbrauch** *m* benefit abuse; **L.nachweis** *m* proof of payment; **L.ort** *m* place of performance

Leistungspflicht *f* obligation to pay, **~** perform a contract; **L. nur gegen Aushändigung** duty to perform only upon delivery; **vertragliche L.** contractual duty to perform; **l.ig** *adj* liable to perform

Leistungs|schuldner(in) *m/f* obligor; **L.schutzrecht** *nt (Urheberrecht)* ancillary copyright; **L.störung** *f* defective/impaired performance (of a contract), impairment of performance; **L.träger** *m* 1. service renderer; 2. funding body; **L.umfang** *m* scope of benefits; **L.unterlassung** *f* failure to render performance; **L.urteil** *nt* affirmative judgment imposing an obligation, judgment granting affirmative relief; **L.versprechen** *nt* promise to render performance

Leistungsverweigerung *f* refusal to perform; **L. und Aufwendungsersatz** refusal to perform and compensation for expenses; **L. wegen grober Unbilligkeit** refusal to perform due to gross inequity; **L.srecht** *nt* right to refuse to perform, **~** withhold performance

Leistungs|verzögerung; L.verzug *f/m* delay in performance; **L.wettbewerb** *m (Ausschreibung)* competition; **L.zeit** *f* (agreed) time for performance; **L.zulage** *f* performance bonus

leiten *v/t* to conduct; **l.d** *adj* managerial, leading, in charge

Leitfall *m* test/leading case

Leiter *m* head, director, manager; **L. einer Nachbarschaftshilfe** neighbourhood warden; **L. der Verkehrsabteilung** head of the traffic section

Leit|linie *f* 1. guideline; 2. *(Fahrbahn-rand)* side-of-pavement line; **L.satz** *m* basic/guiding principle

Leitung *f* 1. *(Betrieb)* management; 2. *(Organisationen)* running; 3. *(Schule)* headship; 4. *(Gas, Wasser)* main, pipe; **L.smast** *m* pylon; **L.snetz** *nt (Strom)* grid; **L.swasser** *nt* tap/mains water

lenken *v/t* to steer/guide

Lenker *m* handlebar

Lenkrad *nt* steering wheel; **L.sperre** *f* steering lock

Lenkung *f* 1. *(Auto)* steering; 2. guidance; **L.sverwaltung** *f* administrative planning

Lenkzeit *f* driving time; **gesetzlich vorgeschriebene L.** statutory driving time

Lesart *f* reading, interpretation

leserlich *adj* legible

Lesung *f* reading; **L. eines Gesetzentwurfes** reading of a bill; **erste L.** first reading

Letzt|begünstigte(r) *f/m* ultimate beneficiary; **L.entscheidungsrecht** *nt* right of ultimate decision; **l.genannt** *adj* last-named; **l.instanzlich** *adj* of last instance; **l.willig** *adj* testamentary, by testament/will

leugnen *v/t* to deny/repudiate; **L.** *nt* denial

Leumund *m* repute, reputation; **einwandfreier L.** good repute; **schlechter L.** ill repute

Leumunds|beweis *m* character evidence; **L.zeuge** *m* character witness; **L.zeugnis** *nt* certificate of good conduct, character reference, attestation of good character

lex *(lat.)* law

liberalisier|en *v/t* to liberalize/deregulate; **L.ung** *f* liberalization, deregulation

Licht *nt* light; **L.recht** *nt* right to light; **L.verhältnisse** *pl* lighting conditions

Liebesgabe *f* charitable gift

Liebhaber *m* lover, admirer; **L.wert** *m* sentimental/collector's value

Lieferant *m* supplier

Liefer|anweisung *f* delivery order; **L.bedingungen** *pl* terms of delivery, delivery terms; **L.datum** *nt* date of delivery; **L.fähigkeit** *f* ability to deliver; **~ vorbehalten** delivery subject to the availability of goods; **L.frist** *f* delivery deadline/period; **~ verlängern** to extend the

delivery period; **L.garantie** *f* guarantee of supply; **L.kaution** *f* delivery bond; **L.klausel** *f* delivery clause

liefern *v/t* 1. *(beliefern)* to supply; 2. *(zustellen)* to deliver

Liefer|preis *m* contract price; **L.schein** *m* delivery note; **L.umfang** *m* scope of supply

Lieferung *f* 1. supply, purveyance; 2. delivery; 3. *(Ladung)* consignment; **bei L. zu bezahlen** payable on delivery

Lieferungen *pl* supplies

Lieferungsannahme *f* acceptance of delivery

Liefer|vertrag *m* 1. sales contract; 2. supply contract, 3. contract to deliver; **L.verzug** *m* default/delay in delivery; **L.zeit** *f* time of delivery, delivery time; **L.zusage** *f* promise to deliver

Liegenschaft *f* real estate, realty *[US]*, (real) property; **L.srecht** *nt* law on real estate, land law; **L.sverwaltung** *f* estate agency

Liegezeit *f* *(Schiff)* lay days

Linderung *f* easing, relief; **L. der Not** relief of distress

Linie *f* line; **gelbe L.** *(Baustelle)* flat traffic delineator

Linienflug *m* scheduled flight; **L.verkehr** *m* scheduled air services

links *adj* left; **L.abbiegespur** *f* left-turn lane; **L.kurve** *f* left-hand turn

Lippenbekenntnis *nt* lip-service; **L. ablegen** to pay lip-service

Liquidation *f* winding up, liquidation; **L. durch Gerichtsbeschluss** winding-up by court order; **in L. gehen** to go into liquidation; **freiwillige L.** voluntary liquidation

Liquidations|antrag *m* petition for liquidation, winding-up petition; **L.beschluss** *m* 1. winding-up resolution; 2. *(Gericht)* winding-up order; **L.erlös** *m* winding-up proceeds; **L.forderung** *f* claim in winding-up proceedings; **L.masse** *f* assets of a company in the process of liquidation; **L.quote** *f* liquidating dividend; **L.verfahren** *nt* liquidation proceedings; **L.verkauf** *m* sale of bankruptcy assets; **L.vorschriften** *pl* winding-up rules; **L.wert** *m* liquidation value

Liquidator *m* liquidator, receiver; **gerichtlich bestellter L.** official receiver

liquid|e *adj* liquid, solvent; **l.ieren** *v/t (Firma)* to liquidate, to wind up; **L.ität** *f* liquidity, solvency

List *f* cunning

Liste *f* list, roll; **lange L. von Vorstrafen** lengthy criminal record; **von der L. streichen** to strike off the list; **L.npreis** *m* list price

Literatur *f* literature; **unzüchtige L.** obscene literature

lizensier|en *v/t* to license/franchise; **L.ung** *f* licensing, franchising, licensure *[US]*

Lizenz *f* licence, franchise; **L. an einem Patent** licence under a patent; **L. erteilen** to license/franchise, to grant a licence; **einfache L.** non-exclusive licence; **unentgeltliche L.** royalty-free licence

Lizenz|abgabe *f* licence fee, royalty; **L.abkommen** *nt* licensing agreement; **~ auf Gegenseitigkeit** cross-licence agreement; **L.bau** *m* construction under licence; **L.bewilligung; L.einräumung** *f* licensing, licensure *[US]*; **L.einnahmen** *pl* royalties; **L.entziehung; L.entzug** *f/m* revocation of a licence; **L.fertigung** *f* manufacture under licence; **L.geber(in)** *m/f* licensor, franchisor; **L.gebühr** *f* licence fee, royalty; **L.gewährung; L.vergabe** *f* licensing, licensure *[US]*; **L.inhaber(in); L.nehmer(in)** *m/f* licensee, franchisee; **l.pflichtig** *adj* subject to licence; **L.verlängerung** *f* renewal of a licence; **L.verwertung** *f* exploitation of a licence; **L.vorschrift** *f* licensing requirement

lockern *v/t* to relax

Lockerung *f* relaxation; **L. des Verbots** relaxing (of) the ban; **L.smaßnahmen** *pl* measures easing restrictions

Lock|spitzel *m* agent provocateur *(frz.)*; **L.vogel** *m* decoy

Lohn *m* 1. wage(s), pay; 2. *(Verdienst)* earnings; 3. *(Vergütung)* remuneration; **ortsüblicher L.** local wage(s)

Lohn|abkommen *nt* wage agreement; **L.abrechnung** *f* wage statement; **L.abtretung** *f* wage assignment, assignment of wages; **L.abzug** *m* payroll deduction; **L.anspruch** *m* wage claim; **L.auftrag** *m* commission order; **L.ausfall** *m* loss of earnings/wages; **L.entschädigung** *f* compensation for lost earnings; **L.einbehaltung** *f* withholding of wages; **L.empfänger(in)** *m/f* wage earner; **L.erhöhung** *f* wage increase; **L.forderung** *f* wage claim/demand; **L.fortzahlung (im Krankheitsfall)** *f* wage continuation; **L.gleitklausel** *f* escalator clause; **L.klasse** *f* wage bracket; **L.liste** *f* payroll; **L.nebenkosten** *pl* ancillary wage costs, wage incidentals

Lohnpfändung *f* attachment/garnishment of earnings; **L.sbeschluss** *m* attachment of earnings order, garnishment of wages order

Lohnschlichtung *f* wage arbitration

Lohnsteuer *f* income tax; **L.haftung** *f* liability for income tax; **L.ausgleich** *m* annual adjustment of income tax; **l.pflichtig** *adj* liable for wage tax

Lohn|tarif *m* wage/pay scale; **L.unterschiede** *pl* wage differentials; **L.veredelung** *f* contract processing; **L.vereinbarung** *f* wage agreement; **L.zahlung** *f* wage payment

Lokal *nt* premises

Lokal|behörde *f* local authority; **L.termin** *m* 1. viewing the scene (of the crime), court visit to the scene of a crime; 2. court visit to the location of a dispute

Lokogeschäft *nt* spot transaction

Lombardkredit *m* collateral loan

Los *nt* lot

löschen *v/t* 1. to extinguish/obliterate, to strike out; 2. *(tilgen)* to delete/erase/cancel/expunge

Löschen *nt* 1. deletion, cancellation; 2. *(Bankkonto)* closing; 3. *(Eintragung)* deletion; 4. *(Firma)* striking off; 5. *(Schulden)* repayment

Löschung *f* 1. *(Tilgung)* deletion, cancellation; 2. obliteration, extinguishment; **L. einer Dienstbarkeit** cancellation of an easement; **~ Eintragung** cancellation of an entry; **~ Grundschuld** cancellation of a land charge; **~ Hypothek** cancellation of a mortgage; **~ Marke** cancellation of a trademark

Löschungs|anrecht *nt* *(Grundbuch)* cancellation privilege; **L.anspruch** *m* right of cancellation, **~ to have an entry ex-**

punged from a register; **L.antrag** *m* 1. *(Grundbucheintrag)* memorandum of satisfaction; 2. *(Patent)* application for revocation; **L.anzeige** *f* notice of cancellation; **L.bewilligung** *f* 1. approval of cancellation; 2. *(Grundbucheintrag)* satisfaction/release *[US]* of a mortgage; **L.klage** *f* petition to cancel an entry, action for cancellation; **L.vermerk** *m* cancellation note, ~ entry in the land register, notice of cancellation; **L.vormerkung** *f* cautionary entry to ensure future cancellation; **L.vorschriften** *pl* cancellation provisions

Lösegeld *nt* ransom (money); **jdn gegen L. festhalten** to hold so. to ransom; **L.forderung** *f* ransom demand

loskaufen *v/t* to ransom

sich von etw. lossagen *v/refl* to renounce sth.

Lösung *f* 1. *(Problem)* solution; 2. cancellation; **L. vom Vertrag** cancellation/termination of the contract

Lösungsmittel *nt* solvent; **L.missbrauch** *m* solvent abuse

Lotterie *f* lottery; **unerlaubte L.** illegal lottery

Lotterleben *nt* slovenly lifestyle

Lotto *nt* lottery, numbers game

loyal *adj* loyal; **L.itätseid** *m* oath of allegiance

Lücke *f* 1. gap; 2. *(Auslassung)* omission; 3. *(Formular)* blank; **L. im Gesetz** loophole in the law

lückenlos *adj* 1. complete, 2. *(Alibi)* castiron

Luft *f* air; **L.fahrt** *f* aviation; **L.fahrzeug** *nt* aircraft; **L.hoheit** *f* air sovereignty, sovereignty over air space; **L.pirat** *m* hijacker; **L.piraterie** *f* hijacking; **L.raum** *m* air space; **L.raumüberwachung** *f* air traffic control; **L.recht** *nt* air (traffic) law

Luftverkehr *m* air traffic

Luftverkehrs|abkommen *nt* air transport agreement; **L.gesetz** *nt* air traffic act; **L.verwaltung** *f* Civil Aeronautics Board (CAB) *[US]*, Civil Aviation Authority (CAA) *[GB]*

Luft|verschmutzer *m* air polluter; **L.verunreinigung** *f* air pollution

Lüge *f* lie

lügen *v/i* to lie; **jdn L.n strafen** to give so. the lie

Lügen|detektor *m* lie detector, polygraph; **L.geschichte** *f* made-up story, concoction; **l.haft** *adj* fabricated

Lügner|(in) *m/f* liar; **l.isch** *adj* mendacious

Lumpengesindel *nt* *(pej.)* riffraff *(pej.)*

Lunte riechen *f* *(coll)* to smell a rat *(coll)*

Lust *f* pleasure, delight, joy; **L.mord** *m* sex murder, sexually motivated murder; **L.mörder** *m* sex killer/murderer

lynch|en *v/t* to lynch; **L.justiz** *f* lynch/mob law

M

M&S-Reifen *m* M&S/winter tyre, mud/slush and snow tyre

Machenschaften *pl* practices, machinations; **betrügerische M.** fraudulent practices; **etw. durch ~ erwirken** to obtain sth. by fraudulent practices; **dunkle M.** sinister machinations; **üble M.** evil machinations; **unlautere M.** sharp practices; **verbrecherische M.** criminal practices

Macht *f* power; **M. geht vor Recht** *(prov.)* power is a law unto itself *(prov.)*, might is right *(prov.)*; **M. ausüben** to exercise power; **M. ergreifen** to seize power; **kriegführende M.** belligerent power; **vertragschließende M.** signatory power

Macht|ausübung *f* exercise of power; **M.befugnis** *f* power, authority; **M.bereich** *m* jurisdiction; **M.missbrauch** *m* abuse of power

Mädchen|handel *m* white slave trade; **M.name** *m* maiden name

Magistrat *m* *(Stadtverwaltung)* municipal council

Mahn|antrag *m* application for an order for payment of a debt; **M.bescheid** *m* default summons, writ for payment, judgment note; **~ erlassen** to issue a default summons; **M.brief; M.schreiben** *m/nt* warning/collection/dunning letter, reminder

mahnen *v/t* to remind/warn

Mahn|frist *f* deadline for payment; **M.gebühr** *f* dunning charge; **M.mal** *nt* memorial; **M.ung** *f* 1. *(Zahlungserinnerung)* reminder; 2. *(Zahlungsaufforderung)* demand/request for payment; 3. *(Ermahnung, Abmahnung)* warning; **M.verfahren** *nt* default action/proceedings; **auf dem Wege des M.verfahrens** by judgment note; **M.wesen** *nt* dunning

Makel *m* blemish, stigma; **jdm haftet ein M. an** so.'s reputation is tarnished; **m.los** *adj* unblemished, untarnished

Makler(in) *m/f* broker; **M.abschluss** *m* brokerage contract; **M.gebühr;** **M.lohn; Mäklerlohn; M.provision** *f/m/f* brokerage, broker's commission; **M.vertrag** *m* brokerage agreement/contract

Mammutverfahren *nt* mammoth trial

Mandant(in) *m/f* client

Mandat *nt* 1. *(Anwalt)* brief; 2. mandate; **M. niederlegen** to cease to act for a client, to withdraw from a case; **M.ar** *m* mandatory

Mandats|ausübung *f* exercise of a mandate; **M.entzug** *m* termination of a mandate; **M.niederlegung** *f* withdrawal from a case; **M.verlust** *m* loss of a client

mandier|en *v/t* to brief; **M.ung** *f* retaining (of) a lawyer

Mangel *m* 1. *(Fehler)* fault, defect, flaw; 2. *(Fehlen)* lack; 3. *(Unzulänglichkeit)* shortcoming; **aus M. an** for lack of; **M. an Beweisen** lack of proof/evidence; **mit allen Mängeln** with all faults

Mangel der Gegenleistung failure of consideration; **M. an Geld** lack of money; **M. im Recht** defect of title; **Mängel der Sache** defects; **M. an Sorgfalt** want of diligence, lack of (proper) care; **M. der Vertretungsmacht/Vollmacht** lack of authority (to represent); **M. des Willens** absence of intention

einem Mangel abhelfen; M. beheben to remedy a defect; **M. anzeigen** to notify a defect; **Mängel beseitigen** to remedy/eradicate defects; **~ geltend machen** to assert defects; **M. heilen** to remedy a defect

anhaftender Mangel inherent defect; **baulicher M.** structural defect; **behebbarer M.** remediable defect; **zur Wandelung berechtigender M.** redhibitory defect; **erkennbarer M.** patent defect; **festgestellter M.** discovered defect; **geheimer M.** hidden/invisible/latent defect; **innerer M.** intrinsic defect; **offener M.** apparent/patent defect; **verborgener/versteckter M.** latent defect; **vorhandener M.** existing defect

Mängel|anzeige *f* notice of defect; **M.ausschluss** *m* caveat emptor *(lat.)*; **M.beseitigung** *f (Werkvertrag)* removal/remedying of defects; **M.einrede** *f* plea that the goods are defective

Mangel|folgeschaden *m* consequential harm caused by a defect; **m.frei** *adj* free of defect(s), flawless

Mängelgarantie *f* warranty for defects

Mängelgewähr *f* express warranty; **ohne M.** with all faults; **M.leistung** *m* warranty (for defects)

mangelhaft *adj* 1. defective, faulty, imperfect; 2. *(unzureichend)* insufficient

Mängelhaftung *f* seller's warranty, liability for defects; **stillschweigende M.** implied warranty

Mangelhaftigkeit *f* defectiveness

Mängel|heilung *f* remedying (of) a defect; **M.klage** *f* action for breach of contract

mangeln *v/i* to lack

Mängelrüge *f* complaint, notice of a defect; **M. geltend machen** to lodge/file a complaint; **unverzügliche M.** immediate notice of defect

mangels *prep* for want/lack of, in the absence of

Mangelschaden *m* deficiency loss

Mängelvermutung *f* presumption of defects

Manifest *nt* 1. *(Liste)* manifest; 2. *(Programm)* manifesto

Manipulation *f* manipulation

Manko *nt* shortage, deficiency; **M.haftung** *f* liability for deficiencies/shortages

Mantel|abtretung *f* blanket assignment; **M.gesetz** *nt* omnibus act; **M.kauf** *m* purchase of goodwill; **M.police** *f* comprehensive policy; **M.tarifvertrag** *m*

industry-wide/skeleton wage agreement; **M.vertrag** *m* skeleton agreement

Marihuana *nt* marijuana

Marke *f* 1. *(Produkt)* brand, label, trademark; 2. *(Zeichen)* mark; **M. und Aussehen** type and appearance; **eingetragene/geschützte M.** registered trademark; **weiße M.** no-name brand, white product

Marken|abkommen *nt* trademark agreement; **M.artikel;** **M.erzeugnis** *m/nt* proprietary/branded article; **M.eintragung** *f* trademark registration; **M.gesetz** *nt* trademarks act; **M.inhaber(in)** *m/f* trademark proprietor/owner; **M.kennzeichnung** *f* branding; **M.piraterie** *f* brand name piracy, trademark piracy; **M.recht** *nt* 1. trademark law, law on trademarks; 2. title to a trademark; **M.schutz** *m* protection of trademarks; **M.verletzung** *f* infringement/misappropriation *[US]* of a trademark; **M.ware** *f* branded/proprietary goods; **M.zeichen** *nt* trademark

markieren *v/t* to mark

Markierung *f* marking; **M. von Fahrstreifen** traffic lane marking; **M. überfahren** *(Verkehr)* to cross the marking

Markt *m* market; **M. beherrschen** to dominate the market; **M. bringen** 1. *(einführen)* to launch; 2. *(vermarkten)* to market

Markt|absprache *f* market-sharing agreement; **M.aufteilung** *f* market sharing; **M.aufteilungsabsprache** *f* market-sharing agreement; **M.beherrschung** *f* market domination; **M.beherrschungsvermutung** *f* presumption of a dominant market position; **M.missbrauch** *m* market abuse; **M.missbrauchsverbot** *nt* prohibition of market abuse; **M.monopol** *nt* market monopoly; **M.ordnung** *f* market regime; **M.preis** *m* market price; **M.recht** *nt* law concerning markets; **M.stand** *m* market stall; **m.üblich** *adj* customary; **M.verbot** *nt* prohibition to sell; **M.wirtschaft** *f* market economy

Martinshorn *nt* police siren

Maschendraht *m* wire mesh; **M.zaun** *m* wire-netting fence

Maschinen|park *m* machinery; **M.schaden** *m* machine failure

Maske *f* 1. *(ganzer Kopf)* hood; 2. *(Gesicht)* mask

maskiert *adj* masked, disguised

Maß *nt* measure, degree

Masse *f* 1. mass; 2. *(Menge)* bulk; 3. *(Menschenmenge)* crowd; 4. *(Vermögen)* estate, assets; **mangels M.** 1. no funds, for lack of assets; 2. *(nach Konkursanmeldung)* return unsatisfied

Masse|anspruch *m* *(Konkursrecht)* preferential claim; **M.forderung** *f* claim on the estate; **M.gläubiger(in)** *m/f* ordinary/ unsecured creditor, creditor entitled to a claim on the estate

Massen|auffahrunfall *m* pile-up; **M.ausbruch** *m* mass jailbreak; **M.grab** *nt* mass grave; **M.kriminalität** *f* mass crime; **M.ladung** *f* bulk cargo; **M.mord** *m* mass murder; **M.mörder** *m* mass murderer, serial killer; **M.mörderin** *f* mass murderess; **M.schlägerei** *f* brawl; **M.tierhaltung** *f* battery farming, intensive livestock farming; **M.unfall** *m* multiple smash-up, pile-up; **M.verfolgung** *f* mass persecution; **M.verhaftungen** *pl* mass arrests; **M.verhalten** *nt* crowd behaviour; **M.vernichtungswaffen** *pl* weapons of mass destruction (WMD); **M.versammlung** *f* rally, mass meeting

Masse|schulden *pl* *(Konkurs)* preferential debts (of the estate); **M.verwalter(in)** *m/f* administrator (of an estate), receiver; **M.verwaltung** *f* administration of the bankrupt's estate, receivership

nach Maßgabe von *f* in accordance with, pursuant/subject to

maßgeblich *adj* 1. *(Recht)* governing; 2. *(verbindlich)* authoritative; 3. *(wesentlich)* major

Mäßigkeit *f* moderation, restraint

Maßnahme *f* 1. measure, move; 2. *(Schritt)* step; **M. zur Erhaltung der Mietsache** measure to maintain the leased/rented property; **~ Gefahrenabwehr** preventive measure

behördliche Maßnahme administrative measure; **diskriminierende M.** discriminatory measure; **einstweilige M.**

interim measure; **entwürdigende M.** degrading measure; **geeignete M.n** appropriate measures/steps; **gesetzgeberische M.** legislative measure; **notwendige M.** necessary measure; **polizeiliche M.** police action; **verdeckte M.** covert measure; **vorbeugende M.** preventive measure; **vorläufige M.** provisional measure; **vorsorgliche M.** precautionary measure

Maßnahmen pl measures, steps; **M. ergreifen** to take measures/steps/action; **disziplinarische ~** to take disciplinary measures; **M. unterlassen** to fail to take action

gerichtliche Maßnahmen court action; **~ ergreifen** to take legal actions; **hoheitliche M.** acts of state; **vorbeugende M.** precautionary measures, preventive steps; **vorsorgliche M. für Minderjährige** precautionary measures for minors; **wettbewerbsbeschränkende M.** restrictive practices

Maßregel f rule, regulation

maßregeln v/t to reprimand/discipline

Maßregeln der Besserung und Sicherung pl measures of rehabilitation and security, ~ for the prevention of crime and reformation of offenders

Maßregelung f reprimand, disciplinary measure; **M.sklausel** f stipulation prohibiting company penalties after strikes; **M.sverbot** nt prohibition of company penalties

Material nt 1. material; 2. *(Unterlagen)* documents; 3. *(Beweis)* evidence; **anstößiges M.** offensive material; **entlastendes M.** exonerating evidence; **neues M.** fresh evidence; **rassistisches M.** racially offensive material; **rollendes M.** *(Bahn)* rolling stock

Material|anforderung f material(s) requisition; **M.ermüdung** f material fatigue; **M.fehler** m defect(s) in material

Materie f subject matter

materiell adj substantive; **m.-rechtlich** adj substantive, on its merits

Mauer f wall; **gemeinsame (Grenz)M.** party wall

Maulkorb m muzzle; **M.erlass** m decree muzzling freedom of speech; **M.gesetz** m law muzzling freedom of speech

Maut f toll; **M.brücke** f toll bridge; **M.recht** nt tollage; **M.stelle** f toll booth; **M.stelle** f tollgate; **M.straße** f toll road

Maximal|forderung f maximum claim; **M.schaden** m maximum damage

maximieren v/t to maximize

Medien pl media; **M.freiheit** f freedom of the media; **M.recht** nt media law

Medikament nt drug; **rezeptfreies M.** over-the-counter drug; **verschreibungspflichtiges M.** prescription-only drug; **M.eneinnahme** f taking of drugs; **M.enmissbrauch** m abuse of pharmaceutical drugs

gerichtliche Medizin forensic medicine

Meer nt sea, high seas

Meeres|boden m seabed, ocean floor; **M.freiheit** f freedom of the seas; **M.ökologie** f marine ecology; **M.verschmutzung** f marine pollution; **M.völkerrecht** nt international maritime law

Megafon nt loudhailer

Mehr|anspruch m additional claim; **M.arbeit** f additional work; **M.aufwand; M.aufwendung(en)** m/f additional expenditure(s); **M.ausgabe** f extra expense; **M.belastung** f additional charge/burden; **m.deutig** adj ambiguous; **M.deutigkeit** f ambiguity; **M.ehe** f polygamous marriage; **M.erlös** m additional receipts; **M.ertrag** m surplus; **m.fach** adj multiple

Mehrfach|besteuerung f multiple taxation; **M.stichprobe** f multiple random sample; **M.stichprobenprüfung** f multiple sampling inspection; **M.täter(in)** m/f multiple offender

Mehrfamilienhaus nt multiple dwelling

Mehrgebot nt *(Auktion)* higher bid

Mehrheit f majority, plurality; **M. der Erben** plurality of heirs; **M. von Forderungen** plurality of claims; **~ Gläubigern** plurality of creditors; **M. der Stimmen** majority/plurality of votes; **arbeitsfähige M.** working majority; **knappe M.** narrow majority; **qualifizierte M.** qualified majority

Mehrheits|beschluss m majority decision; **durch ~** by majority vote; **M.beteiligung** f majority interest; **M.entscheid** m majority decision; **M.entscheidung** f *(Geschworene)* majority verdict; **M.grundsatz** *m* principle of majority rule; **M.votum** *nt* majority opinion

Mehr|kosten *pl* additional costs; **m.malig** *adj* repeated; **m.spurig** *adj (Verkehr)* multi-lane; **M.staatler** *m* multiple national; **M.täterschaft** *f* perpetration of an offence by several offenders

Mehrweg|flasche *f* returnable/reusable bottle; **M.verpackung** *f* reusable packaging

Mehrwert *m* added value

Mehrwertsteuer *f* value-added tax (VAT); **m.befreit;** **m.frei** *adj* exempt(ed) from VAT, zero-rated; **M.befreiung** *f* zero rating, exemption from value-added tax; **M.bemessungsgrundlage** *f* VAT base; **M.richtlinie** *f (EU)* VAT Directive; **M.rückvergütung** *f* value-added tax rebate; **M.veranlagung** *f* value-added tax assessment

Mehrzahl *f* majority

meid|en *v/t* to avoid; **M.ung** *f* avoidance

Meineid *m* perjury; **auf M. steht Gefängnis** perjury is punishable by imprisonment; **jdn zum M. anstiften/verleiten** to suborn so. to commit perjury; **M. leisten/schwören** to perjure os.; **M.ige(r)** *f/m* perjurer

Meinung *f* opinion; **nach M. des Gerichts** in the opinion of the court; **M. abgeben** to render an opinion; **anderer M. sein** to differ

abweichende Meinung *(Richterkollegium)* dissenting opinion; **einstimmige M.** unanimous opinion; **herrschende M.** prevailing view; **öffentliche M.** public opinion; **übereinstimmende M.** consensus of opinion

Meinungsäußerung *f* expression of opinion; **freie M.** free expression of opinion

Meinungs|freiheit *f* freedom of opinion/speech; **M.monopol** *nt* institutional monopoly; **M.streit** *m* controversy; **M.verschiedenheit** *f* disagreement; **M.verschiedenheiten** differences of opinion; **~ gütlich beilegen** to settle disputes amicably

Meist|begünstigungsklausel *f* most-favoured nation clause; **M.gebot** *nt* highest bid; **m.gesucht** *adj* most wanted

Meister *m* 1. master (craftsman); 2. champion

Melde|amt; M.behörde *nt/f* registration office/authority; **M.bestimmungen** *pl* registration rules; **M.formular** *nt* registration form; **M.frist** *f* deadline/time for registration; **M.geheimnis** *nt* confidentiality of registration office data; **M.gesetz** *nt* registration act

melden *v/t* to report; **sich m.** *v/refl* to report/register; **sich arbeitslos m.** to sign on at the labour exchange

Meldepflicht *f* compulsory/mandatory registration; **polizeiliche M.** obligation to register with the police; **m.ig** *adj* notifiable

Melde|register *nt* register of residents; **M.schein** *m* certificate of registration; **M.schluss** *m* closing date, deadline; **M.stelle** *f* registration office

Meldung *f* 1. *(Benachrichtigung)* notification; 2. *(Bericht)* report; 3. *(Nachricht)* message; **M. machen über** to report about; **dienstliche M.** official report/notification; **polizeiliche M.** police report; **unterlassene M.** failure to report

Meldungen und Auskünfte reports and disclosures

Menge *f* quantity

Mensch *m* human being

Menschen *pl* people; **M.ansammlung** *f* (riotous) assembly, gathering; **M.handel** *m* slave trade, trafficking in human beings; **M.kette** *f* human chain; **M.leben** *nt* human life; **M.menge** *f* gathering; **aufgebrachte ~** mob; **M.raub** *m* kidnapping; **erpresserischer ~** kidnapping for ransom; **M.recht** *nt* human right(s)

Menschenrechts|erklärung *f* declaration of human rights; **M.kommission** *f* Human Rights Convention; **M.verletzung(en)** *f/pl* human rights abuse, violation of human rights

menschen|unwürdig *adj (Behausung)* unfit for human habitation; **M.verstand** *m* human understanding; **gesunder ~** common sense; **M.würde** *f* human dignity

Menschlichkeitsverbrechen *nt* crime against humanity

mental *adj* mental; **M.reservation** *f* mental reservation

merkantil *adj* mercantile

Merk|blatt *nt* (explanatory) leaflet; **m.lich** *adj* noticeable

Merkmal *nt* feature; **besonderes M.** distinctive/identifying mark, ~ feature; **charakteristisches M.** characteristic feature; **persönliches M.** individual characteristic

Messer *nt* knife; **jdn mit einem M. bedrohen** to hold so. at knife-point; **für ihn wird schon das M. gewetzt** the knives are out for him *(coll)*; **M. ziehen** to draw a knife; **M.stecher(in)** *m/f* knifer *(coll)*; **M.stecherei** *f* knifing; **M.stich** *m* 1. stab; 2. *(Wunde)* stab wound

Metageschäft *nt* joint venture

Methode *f* method; **M.nlehre** *f* methodology

Meuchel|mord *m* (cowardly) assassination, insidious murder; **M.mörder** *m* assassin

Meuter|ei *f* *(Gefängnis)* prison riot/mutiny; **M.er** *m* mutineer; **m.n** *v/t* to mutineer

Miene *f* (facial) expression; **gute M. zum bösen Spiel machen** *(prov.)* to grin and bear it *(prov.)*

Miet- und Pachtverhältnis *nt* tenancy

Miet|ablösung *f* 1. money; 2. commutation of rent; **M.abtretung** *f* assignment of rent/lease; **M.anpassung** *f* rent review; **M.anpassungsklausel** *f* rent escalator clause; **M.aufhebung** *f* termination of tenancy; **M.aufkündigung** *f* notice to quit; **M.ausfall** *m* loss of rent; **M.ausfallwagnis** *nt* risk of loss of rent; **M.bedingungen** *pl* 1. *(Gegenstand)* terms of hire; 2. *(Wohnung)* terms of tenancy; **M.besitz** *m* tenancy, leasehold; **M.bindung** *f* rent restriction; **M.dauer** *f* 1. term of tenancy; 2. rental period

Miete *f* 1. *(Betrag)* rent; 2. *(Mietverhältnis)* tenancy; 3. *(bewegliche Sachen)* hire; **zur M.** on hire; **M. schuldig bleiben** to be in arrears with one's rent; **M. stunden** to grant a rent respite; **zur M. wohnen** to live in rented accommodation

angemessene Miete fair rent; **aufgelaufene M.** accrued rent; **fällige M.** rent arrears/due, delinquent rent *[US]*; **freie M.** uncontrolled rent; **gebundene M.** controlled rent; **ortsübliche M.** local rent; **rückständige M.** rent arrears; **überhöhte M.** exorbitant rent; **vereinbarte M.** agreed rent; **zu zahlende M.** rent due

Miet|einnahmen *pl* rental receipts; **M.einzug** *m* rent collection

mieten *v/t* to hire/rent/charter

Mieter(in) *m/f* 1. *(Wohnung)* tenant; 2. *(Kfz)* hirer; 3. *(Pacht)* leaseholder; 4. *(Leasing)* lessee; 5. charterer; **M. hinauswerfen** to evict a tenant; **M. kündigen** to give a tenant notice (to quit); **alleinige(r) M.** sole tenant; **ausziehende(r) M.** outgoing tenant, **einziehende(r)/neue(r) M.** incoming tenant

Mieter|belästigung *f* harassment of a tenant; **M.bund** *f* tenants' association; **M.haftpflichtversicherung** *f* tenant's liability insurance; **M.haftung** *f* tenant's liability

Miet|erhöhung *f* rent increase; **M.ermäßigung** *f* remission of rent

Mieter|rechte *pl* tenant's rights; **M.schutz** *m* 1. protection of tenants; 2. security of tenure; 3. *(Mietpreisbindung)* rent restriction *[GB]*; **M.schutzgesetz** *nt* Landlord and Tenant Act *[GB]*

Miet|erstattung *f* rent rebate; **M.ertrag** *m* rental income; **M.ertragswert** *m* rental value

Mietervereinigung *f* tenants' association

Miet|festschreibung *f* rent freeze; **M.freigabe** *f* deregulation of rents; **M.gebühren** *pl* *(bewegliche Sache)* rental fees, hire charges; **M.gegenstand** *m* leased/rented property, ~ item; **M.geld** *nt* rent; **M.grundstück** *nt* leasehold plot; **M.höhe** *f* amount of rent; **M.inkasso** *nt* collection of rents; **M.kauf** *n* hire purchase; **M.kaufvertrag** *m* hire purchase agreement; **M.kaution** *f* rent deposit, security for rent, key money *[GB]*; **M.kostenzuschuss** *m* rent allowance; **M.kündigung** *f* notice to quit, ~ of termination of tenancy; **M.laufzeit** *f* term of tenancy/lease; **M.nachlass** *m* rent rebate; **M.partei** *f* tenant

Mietpreis *m* rent; **M.bindung** *f* rent control; **M.erhöhung** *f* rent increase; **M.stopp** *m* rent freeze

Miet|räume *pl* rented premises; **M.recht** *nt* law of tenancy, ~ landlord and tenant; **M.richtsatz** *m* reference rent; **M.rückstand** *m* rent arrears *[GB]*, delinquent rent *[US]*; **M.sache** *f* 1. leased property; 2. rented item; 3. *(Gericht)* landlord and tenant case; **M.schuld** *f* rent arrears; **M.shaus** *nt* tenement, apartment house *[US]*; **M.sicherheit** *f* security of tenure; **M.spiegel** *m* rental table, representative list of rents; **M.streitigkeit** *f* tenancy/rent dispute, landlord-tenant dispute; **M.vereinbarung** *f* tenancy agreement

Mietverhältnis *nt* 1. tenancy; 2. lease; **bedingtes M.** contingent tenancy; **befristetes M.** fixed-term/limited tenancy; **jederzeit kündbares M.** tenancy at will; **dem Mieterschutz unterliegendes M.** protected tenancy; **stillschweigend verlängertes M.** tenancy at sufferance

Mietverlängerung *f* renewal of a tenancy

Mietvertrag *m* 1. contract of tenancy, tenancy agreement, lease; 2. *(bewegliche Sache)* rental agreement; 3. *(gewerblich genutzte Räume)* commercial lease; **gemeinsamer M. von Ehegatten** joint tenancy of spouses; **M. abschließen** to sign a lease; **jederzeit kündbarer M.** tenancy at sufferance

Miet|vorauszahlung *f* advance on the rent; **M.wagen** *m* hired/rented car; **M.wert** *m* rental/letting value; **M.wohngrundstück** *nt* leasehold residential property; **M.wohnung** *f* rented flat/apartment *[US]*; **M.wucher** *m* usurious/rack rent, rackrenting; **M.zeit** *f* term/period of tenancy/lease, tenancy; **M.zins** *m* rent; **vereinbarter ~** agreed rent; **M.zuschuss** *m* rent subsidy

verstecktes Mikrofon bug

mild *adj* *(Strafe)* lenient

Milde *f* clemency; **M. walten lassen** to be lenient

mildern *v/t* to mitigate/extenuate; **m.d** *adj* mitigating, extenuating

Milderung *f* mitigation, extenuation; **M. der Strafe** mitigation of punishment; **M. eines Urteils** moderation of a judgment; **M.sgrund** *m* ground for mitigation/clemency, mitigating circumstance

mildtätig *adj* charitable; **M.keit** *f* charity

Milieu *nt* scene; **in einem M. verkehren** to move in certain circles; **m.geschädigt** *adj* maladjusted

Militär *nt* military, armed forces; **M.behörde** *f* military authority; **M.dienst** *m* military service; **M.gefängnis** *nt* military prison; **M.gericht** *nt* court martial; **vor ein ~ gestellt werden** to be court-martialled; **M.gerichtsbarkeit** *f* military jurisdiction; **M.gesetzbuch** *nt* military code

militärisch *adj* military

Militär|kennzeichen *nt* military registration plate; **M.polizei** *f* military police; **M.richter** *m* court martial judge; **M.staatsanwalt** *m* judge advocate; **M.strafgesetzbuch** *nt* military penal code; **M.strafrecht** *nt* military penal law; **M.verwaltung** *f* military administration

Millionenschaden *m* damage running into millions

Milzbrand *m* anthrax

minder *adj* minor; **m.bemittelt** *adj* poor, less well-off

Minderheit *f* minority; **M.enrechte** *pl* rights of minorities, minority rights **M.enschutz** *m* protection of minorities

minderjährig *adj* minor, underage; **m. sein** to be underage

Minder|jährige(r) *f/m* minor, underage person; **M.jährigkeit** *f* infancy, minority; **M.kaufmann** *m* non-registrable merchant

mindern *v/t* 1. to reduce/lessen/diminish; 2. *(Wert)* to depreciate

Minderung *f* 1. reduction, deduction; 2. *(Beeinträchtigung, Schaden)* impairment; **M. der Erwerbsfähigkeit** impairment of earning capacity; **M. des Kaufpreises** reduction of the purchase price; **M.sklage** *f* action to reduce the price, redhibitory action

minderwertig *adj* inferior; **M.keit** *f* inferiority

Minderwertigkeits|gefühl *nt* feeling of inferiority; **M.komplex** *m* inferiority complex

Mindest|abstand *m* minimum distance; **M.anforderungen; M.erfordernisse** *pl* minimum requirements; **M.bedingungen** *pl* minimum conditions; **M.be-**

trag *m* minimum amount; **M.einkommen** *nt* minimum income
mindestens *adv* at least
Mindest|gebot *nt* reserve bid; **M.geschwindigkeit** *f* minimum speed; **M.information** *f* minimum information; **M.lohn** *m* minimum wage; **M.maß an Gewalt** *nt* minimum use of force; **M.mitglieder(zahl)** *pl/f* minimum membership; **M.preis** *m* minimum price; **M.rentenalter** *nt* minimum retiring age; **M.strafe** *f* minimum sentence; **M.stundenlohn** *m* minimum hourly rate of pay; **M.trennungsdauer** *f* minimum length/period of separation; **M.urlaub** *m* minimum holiday; **gesetzlicher ~** statutory minimum holiday; **M.zahl** *f* minimum number; **beschlussfähige ~** quorum
Ministerium *nt* ministry, department
Misch- composite; **M.ehe** *f* mixed marriage; **M.ling** *m* half-breed; **M.verwaltung** *f* administration by interlocking authorities
missachten *v/t* 1. *(ignorieren)* to disregard; 2. *(Gesetz, Regel)* to flout
Missachtung *f* 1. *(ignorieren)* disregard; 2. *(Ungebühr)* contempt; 3. *(Nichtbefolgung)* non-compliance; **M. des Gerichts** contempt of court; **M. eines Verbots** disregard of a prohibition; **M. einer gerichtlichen Verfügung** breach of a court order
missbillig|en *v/t* to disapprove of, to object to; **M.ung** *f* disapproval
Missbrauch *m* 1. abuse; 2. *(falsche Anwendung)* misuse, improper use; **M. von Alkohol** alcohol abuse; **M. im Amt**; **M. der Amtsgewalt** abuse of official powers, **~** authority, misfeasance; **M. von Ausweispapieren** misuse of identity papers; **M. im Beruf** professional malpractice; **M. der Disziplinargewalt** abuse of disciplinary authority; **M. des Ermessens**; **~ der Ermessensfreiheit** abuse of discretion, **~** discretionary powers; **M. von Macht** abuse of power; **~ Notrufen** causing false alarms; **M. eines Rechts** abuse of a right **M. von Scheck- und Kreditkarten** misuse of cheque and credit cards; **~ Schutzbefohlenen** abuse of charges; **~ Titeln,**

Berufsbezeichnungen und Abzeichen misuse of titles, professional names and symbols; **M. der Vertretungsmacht** abuse of authority (to represent another)
sexueller Missbrauch sexual abuse; **~ von Jugendlichen** sexual abuse of juveniles; **~ von Kindern** sexual abuse of children, indecent acts with children; **~ von Kindern mit Todesfolge** sexual abuse of children resulting in death; **~ von Schutzbefohlenen** sexual abuse of charges; **~ widerstandsunfähiger Personen** sexual abuse of persons unable to resist
missbrauchen *v/t* 1. to abuse; 2. *(missbräuchlich anwenden)* to misuse
missbräuchlich *adj* abusive, improper
Missbrauchs|aufsicht *f* supervision to prevent abuse, control of abusive practices; **M.prinzip** *nt (Kartellrecht)* principle of abuse; **M.regelung** *f* regulation to prevent abuse; **M.verbot** *nt* prohibition of restrictive practices; **M.verfahren** *nt (Kartellrecht)* abuse proceedings; **M.verfügung** *f* decree on abusive practices
miss|deuten *v/t* to misinterpret/misconstrue; **M.deutung** *f* misinterpretation, misconstruction
Misse|tat *f* misdeed, wrongful act, misdemeanour; **M.täter(in)** *m/f* wrongdoer
Miss|fallen *nt* disapproval; **M.geschick** *nt* misadventure; **m.handeln** *v/t* 1. to abuse/maltreat; 2. to misuse; **m.handelt** *adj (Person)* battered
Misshandlung *f* abuse, maltreatment, illtreatment; **M. der Ehefrau** wife-battering; **M. des Ehegatten** ill-treatment of a spouse; **M. von Kindern** child abuse; **~ Schutzbefohlenen** ill-treatment of charges; **körperliche M.** physical abuse, battering; **vorsätzliche ~** premeditated physical abuse; **M.sverbot** *nt* prohibition of (child) abuse
Misskredit *m* disrepute; **in M. bringen** to discredit
Missstand *m* grievance, nuisance; **einem M. abhelfen** to redress a grievance; **M. abstellen/beseitigen** to remedy a grievance, to abate a nuisance
Misstrauen *nt* distrust; **m.** *v/i* to mistrust/distrust

misstrauisch *adj* suspicious, distrustful, mistrustful

Miss|verhalten *nt* misconduct; **M.verhältnis** *nt* disproportion; **m.verständlich** *adj* ambiguous, misleading; **M.verständnis** *nt* misunderstanding; **m.verstehen** *v/t* to misunderstand/mistake

Mitangeklagte(r) *f/m* co-accused, co-defendant

Mitarbeit *f* collaboration, cooperation

Mitarbeiter(in) *m/f* colleague, contributor; **freier M.** freelance; **leitender M.** executive

Mit|autor *m* co-author; **M.beklagte(r)** *f/m* co-defendant; **m.benutzen** *v/t* to use jointly, to share (the use of); **M.benutzer** *pl* joint users; **M.benutzung** *f* joint use; **m.berechtigt** *adj* jointly entitled; **M.berechtigung** *f* joint entitlement; **M.beschuldigte(r)** *f/m* co-defendant; **M.besitz** *m* joint possession/tenancy; **m.besitzen** *v/t* to possess jointly; **M.besitzer(in)** *m/f* joint holder

Mitbestimmung *f* co-determination; **betriebliche M.** worker participation; **paritätische M.** equal representation; **M.sgesetz** *nt* codetermination act, worker participation act; **M.srecht** *nt* right of co-determination

mitbestraft *adj* subsumed in another sentence

Mit|beteiligte(r) *f/m* 1. *(Komplize)* accomplice; 2. interested party; **M.beteiligung** *f* participation; **M.bewerber(in)** *m/f* fellow-applicant; **M.bewohner(in)** *m/f* 1. fellow occupant/resident; 2. *(Wohngemeinschaft)* flatmate *[GB]*; **M.bürge** *m* joint guarantor; **M.bürger(in)** *m/f* fellow citizen; **M.bürgschaft** *f* co-suretyship, joint guarantee; **M.eigentum** *nt* co-ownership, ownership in common, joint ownership; **~ nach Bruchteilen** (co-)ownership in fractional shares; **M.eigentümer(in)** *m/f* co-owner, joint owner

Miterbe *m* joint heir; **pflichtteilsberechtigter M.** co-heir entitled to a compulsory portion; **M.ngemeinschaft** *f* joint heirs, community of heirs

Mitfahrer(in) *m/f* passenger; **M.parkplatz** *m* commuter car park

Mitfahrgelegenheit *f* lift, ride *[US]*

mitführen *v/t* *(Papiere, Waffen)* to carry

Mit|garant *m* fellow guarantor/underwriter; **M.gefangene(r)** *f/m* fellow prisoner; **M.gefühl** *nt* sympathy; **sein ~ ausdrücken** to express one's sympathy **etw. mitgehen lassen** *v/i* *(coll)* to pinch sth. *(coll)*, to walk off with sth. *(coll)*

Mit|gesellschafter *m* fellow partner; **M.gift** *f* dowry, marriage portion; **M.gläubiger(in)** *m/f* fellow creditor

Mitglied *nt* member; **M. kraft Amtes** ex officio member; **M. auf Lebenszeit** life member; **M. einer Nachbarschaftshilfe** neighbourhood warden; **beratendes M.** advisory member; **zahlendes M.** paying member

Mitglieder *pl* members; **nur für M.** members only; **erschienene M.** members present; **M.haftung** *f* members' liability; **M.rechte** *pl* members' rights; **M.versammlung** *f* members' meeting; **M.zahl** *f* number of members, membership

Mitgliedsbeitrag *m* membership dues/subscription

Mitgliedschaft *f* membership; **M.srechte** *pl* members'/membership rights; **M.szwang** *m* compulsory membership

mithaft|en *v/t* to be jointly liable; **M.tung** *f* secondary/joint liability

Mithilfe *f* assistance; **unter jds M.** with the aid/assistance of so.

mithören *v/t* 1. *(zufällig)* to overhear; 2. *(zweiter Telefonhörer)* to listen in

Mitinhaber(in) *m/f* co-proprietor, co-owner; **M. einer Lizenz** co-licensee; **M. eines Patents** co-patentee

Mitkläger(in) *m/f* 1. *(ZR)* joint plaintiff; 2. *(StR)* joint prosecuting party

mitmachen *v/i* 1. *(teilnehmen)* to join, to take part/follow; 2. *(erleiden)* to go through

Mitmieter(in) *m/f* joint tenant

Mitnahme *f* removal

mitnehmen *v/t* to take along; **jdn (im Kfz) m.** to give so. a lift

Mit|pächter *m* 1. co-tenant; 2. co-lessee; **M.reisende(r)** *f/m* fellow passenger

Mitschuld *f* 1. *(ZR)* contributory negligence; 2. *(StR)* complicity; 3. *(allg.)* share of the blame; **M.ige(r)** *f/m* 1.

(Komplize) accomplice; 2. *(Helfershelfer)* accessory; **M.ner(in)** *m/f* joint debtor, co-debtor; **einzelner M.ner** several debtor

Mitsprache *f* say (in the matter); **M.recht** *nt* right of codetermination

Mittag *m* noon, lunchtime, midday

Mittäter(in) *m/f* accomplice, accessory, joint offender/perpetrator, co-principal, principal in the second degree; **M.schaft** *f* joint commission of a crime, complicity; **~ abstreiten** to deny complicity

mitteilen *v/t* to inform/communicate/notify/advise

mitteilsam *adj* communicative, forthcoming

Mitteilung *f* notice, notification, advice; **M. der Unzustellbarkeit** return of nihil *(lat.)*; **M. zustellen** to serve a notice

amtliche Mitteilung official notice; **mündliche M.** oral notification, **öffentliche M.** public announcement; **sachdienliche M.** pertinent information; **schriftliche M.** notification in writing; **unbefugte M.** unauthorized disclosure; **vertrauliche M.** confidential information/communication

Mitteilungs|blatt *nt* (official) gazette; **m.freudig** *adj* forthcoming; **M.pflicht** *f* disclosure requirement, duty of disclosure, duty to report

Mittel *nt/pl* 1. *(Geld)* means, funds, resources; 2. *(Haushalt)* appropriations; 3. *(Hilfsmittel)* remedy; 4. *(Vorrichtung)* device, appliance; **M. und Wege** ways and means; **M. unterschlagen/zweckentfremden** to misappropriate/embezzle funds

anregendes Mittel stimulant; **berauschendes M.** drug, intoxicant; **bewährtes M.** proven remedy; **durch geeignete M.** by appropriate means; **letztes M.** last resort; **schmerzlinderndes M.** palliative; **schmerzstillendes M.** pain killer; **unzulässige M.** inadmissible means; **zweckgebundene M.** earmarked funds

mittel|bar *adj* mediate, indirect; **m.fristig** *adj* medium-term

mittellos *adj* destitute, impecunious; **M.igkeit** *f* 1. lack of funds/means; 2. *(Armut)* poverty, destitution

mittels *prep* by means of

Mittelsmann *m* middleman, intermediary

Mittel|streifen *m* central reservation *[GB]*, median *[US]*; **M.verwendung; M.zuweisung** *f* appropriation of funds

Mit|unternehmer *m* joint contractor; **m.unterschreiben** *v/t* to sign jointly; **M.unterschrift** *f* joint signature; **M.unterzeichner(in)** *m/f* co-signatory; **M.urheber** *m* co-author; **M.urheberschaft** *f* co-authorship; **Mitursache** *f* contributory factor, concurrent cause; **m.verantwortlich** *adj* jointly responsible; **M.verantwortung** *f* joint responsibility; **M.verfasser** *m* co-author; **m.verklagen** *v/t* to sue jointly; **M.vermächtnis** *nt* joint legacy

Mitverschulden *nt* 1. *(Unfall)* contributory *[GB]*/comparative *[US]* negligence; 2. partial blame; **M. des Geschädigten/Verletzten** contributory negligence

mit|versichern *v/t* to co-insure; **M.versicherer** *m* co-insurer; **M.versicherte(r)** *f/m* co-insured party; **M.versicherung** *f* co-insurance

Mitverteidiger(in) *m/f* additional defence counsel

mitverursach|end *adj* contributory; **M.ung** *f* contributory causation

Mit|verwaltung *f* joint administration; **M.vormund** *m* joint guardian

mitwirken *v/i* to cooperate/contribute; **m.d** *adj* contributory

Mitwirkung *f* participation, cooperation; **M. anderer Behörden** cooperation with other authorities; **M. des Bestellers** cooperation with the customer; **M. zur Einziehung** cooperation in the recovery of debts; **M. des Gegenvormundes** cooperation of the controlling/supervisory guardian; **M. verweigern** to refuse cooperation; **unterlassene M.** failure to cooperate

mitwirkungs|bedürftig in need of cooperation; **M.pflicht** *f* duty to cooperate; **~ beider Ehegatten** duty of both spouses to cooperate; **M.recht** *nt* right to participate, participatory right

Mitwissen *nt* privity, knowledge, having secret knowledge

Mitwisser(in) *m/f* 1. *(Beteiligter, Mitinteressent)* privy (person); 2. *(Vertrau-*

ter) confidant(e); 3. *(Mitschuldiger)* accessory; **M.schaft** *f* privity; **er wurde wegen ~ angeklagt** he was charged with being an accessory (to the crime)

Mit|zeichner *m* co-subscriber, co-underwriter; **M.zeichnung** *f* co-subscription, joint subscription; **M.zessionär** *m* co-assignee

Mobiliar *nt* 1. *(beweglich)* furnishings, furniture, chattels; 2. *(beweglich und unbeweglich)* fixtures and fittings; **M.eigentum; M.vermögen** *nt* personal effects/property; **M.erbe** *m* heir to a personal estate; **M.hypothek** *f* chattel mortgage; **M.klage** *f* action of replevin; **M.pfand** *nt* chattel pledge; **M.pfandrecht** *nt* lien on chattels; **M.pfändung** *f* seizure of chattels; **M.sicherheit** *f* chattel mortgage; **M.vollstreckung** *f* seizure and sale of movable property; **M.zwangsvollstreckung** *f* execution levied on movable goods

Mobilien *pl* (goods and) chattels, movables, movable property

möbliert *adj* furnished

Modalität *f* modality

Modellschutz *m* protection of registered designs

Möglichkeit *f* 1. *(Realisierbarkeit)* possibility; 2. *(Gelegenheit)* opportunity; 3. *(Ereignis)* contingency, eventuality

Mohn *m* poppy

Monopol *nt* monopoly; **M.missbrauch** *m* monopoly abuse

montieren *v/t* to mount/assemble/fit

Moral *f* 1. *(Ethik)* morals; 2. *(Disziplin)* morale; **keine M. haben** to have no morals

Moratorium *nt* moratorium

Mord *m* murder, (culpable) homicide *[US]*; **M. aus Eifersucht** jealousy killing; **wegen M. angeklagt** charged with murder; **aufgeklärte M.e** murder clear-ups; **geplanter/vorsätzlicher M.** premeditated/first-degree *[US]* murder; **ungelöster M.** unsolved murder

Mordanklage *f* murder charge; **M. erheben** to lay a murder charge (against so.); **unter M. stehen** to be charged with murder

Mordanschlag *m* 1. attempted murder, murder attempt; 2. *(Attentat)* assassination attempt; **einem M. entgehen** to escape an assassination attempt

Mord|dezernat *nt* homicide department, **M.drohung** *f* death threat, threat against so.'s life

morden *v/t* to murder

Mörder *m* 1. murderer, killer; 2. *(Attentäter)* assassin; **M. dingen** to hire a murderer; **gedungener M.** hired killer

Mord|kommission *f* murder squad, homicide squad/division *[US]*; **M.komplott** *m* conspiracy to murder; **M.lust** *f* bloodlust; **M.opfer** *nt* murder victim; **M.prozess** *m* murder trial; **M.serie** *f* string of murders, killing spree

Mordverdacht *m* suspicion of murder; **in M. geraten** to become a murder suspect; **unter M. stehen** to be under suspicion of murder, ~ suspected of murder

Mord|verdächtige(r) *f/m* murder suspect; **M.versuch** *m* 1. attempted murder; 2. *(Attentat)* assassination attempt; **M.vorsatz** *m* intention to murder; **M.waffe** *f* murder weapon

frühe Morgenstunden small hours

Motiv *nt* motive; **ohne erkennbares M.** without any apparent motive; **m.ieren** *v/t* to motivate/induce; **M.irrtum** *m* error in motivation

Motor *m* *(Kfz)* engine; **frisierter M.** souped-up engine; **M.haube** *f* bonnet, hood *[US]*

Müll *m* → **Abfall** waste, refuse, garbage *[US]*, trash *[US]*; **M. abladen verboten** *(Schild)* no tipping

Müll|abfuhr *f* waste/refuse/garbage collection; **M.entsorgung** *f* waste disposal; **M.kippe** *f* waste disposal site, refuse dump; **wilde ~** illegal disposal site; **M.verbrennung** *f* waste incineration

Mündel *nt* ward; **M. unter Aufsicht des Gerichts** ward of court; **M.geld** *nt* trust money, money held in trust (for a ward); **M.vermögen** *nt* ward's assets

mündig *adj* of age; **m. werden** to come of age; **M.keit** *f* full age, majority

mündlich *adj* oral, verbal, parol

Mündlichkeit *f* orality, oral presentation; **M.sgrundsatz; M.sprinzip** *m/nt* principle of orality

Mundraub *m* theft of food/foodstuffs (for personal consumption), petty theft

jdn mundtot machen *adj* to silence so.

Mund-zu-Mund-Beatmung *f* mouth-to-mouth resuscitation, kiss of life

Munition *f* ammunition; **scharfe M.** live ammunition; **M.sfund** *m* ammunition find

Münzdelikt *nt* coinage offence

Münze *f* coin; **in M.n** in specie *(lat.)*; **M.n fälschen** to counterfeit coins

Münz|fälschung *f* counterfeiting (of) coins; **M.verbrechen; M.vergehen** *nt* coinage offence, counterfeiting (of) coins

Mussbestimmung *f* mandatory provision

Muster *nt* pattern, sample, specimen; **M.klage** *f* class-action lawsuit; **M.mietvertrag** *m* standard tenancy agreement; **M.prozess** *m* test case; **M.schutz** *m* protection of registered designs; **M.unterschrift** *f* specimen signature; **M.vertrag** *m* standard contract; **M.vertragsbedingungen** *pl* standard terms of contract

mutmaß|en *v/t* to presume/conjecture/surmise; **m.lich** *adj* presumed, suspected, presumptive, putative; **M.ung** *f* presumption, speculation, conjecture

Mutter *f* mother; **M. und Tochter** *(Unternehmen)* parent and subsidiary; **werdende M.** expectant mother

Mutter|firma; M.gesellschaft *f* parent (company); **M.mal** *nt* birthmark, mole; **M.mord** *m* matricide; **M.schaft** *f* motherhood, maternity

Mutterschafts|beihilfe *f* 1. maternity allowance/benefit(s) *[GB]*; 2. *(einmalig)* maternity grant *[GB]*; **M.geld** *nt* maternity benefit(s); **M.urlaub** *m* maternity leave

Mutter|schutz *m* maternity protection; **M.sprache** *f* mother tongue

Mutwillen *m* malice, mischief; **aus reinem M.** out of pure malice

mutwillig *adj* 1. *(vorsätzlich)* wilful; 2. *(rücksichtslos)* wanton; 3. *(böswillig)* malicious; 3. *(übermütig)* mischievous

N

nach *prep* *(gemäß)* according/pursuant to, in accordance with

nachahmen *v/t* 1. to imitate/copy, 2. *(unerlaubt)* to pirate

Nachahmung *f* imitation, fake *(coll)*; **N. und Ausbeuten fremder Leistung** imitation and exploitation of third-party contributions; **N. eingetragener Warenzeichen** imitation of registered trademarks; **N.stäter(in)** *m/f* copycat offender/criminal

Nachanmeldung *f* 1. supplementary registration; 2. *(Patentrecht)* subsequent application

Nacharbeitungskosten *pl* rework costs

Nachbar *m/f* neighbour; **unmittelbarer N.** next-door neighbour; **N.eigentümer(in)** *m/f* adjacent owner; **N.grundstück** *nt* adjacent/neighbouring property; **N.recht** *nt* law concerning neighbours

Nachbarschaft *f* 1. neighbourhood; 2. *(Nähe)* vicinity; **gute N. pflegen** to keep up good neighbourly relations; **N.sklage** *f* (legal) action against a neighbour

Nachbar|staat *m* neighbouring state; **N.widerspruch** *m* opposition (lodged) by a neighbour; **N.zaun** *m* neighbour's fence

Nachbau *m* imitation, copy, reproduction; **unerlaubter N.** unlicensed reproduction; **n.en** *v/t* to imitate/copy/reproduce; **N.lizenz** *f* construction licence

nachbearbeiten *v/t* to rework

Nach|behandlung *f* follow-up treatment; **N.besitzer(in)** *m/f* subsequent owner

nachbessern *v/t* 1. to remedy a defect; 2. *(Vertrag)* to amend

Nachbesserung *f* 1. remedying (of) a defect; 2. subsequent improvement

Nachbesserungs|anspruch *m* liability to remedy a defect; **N.frist** *f* period for remedying defects; **N.kosten** *pl* rework costs; **N.pflicht** *f* 1. duty to remedy defects; 2. *(Werkvertrag)* contractor's obligation to remedy a defect

nachbestell|en *v/t* to reorder; **N.ung** *f* repeat/follow-up order

nachbezahlen *v/t* to pay arrears

nachbild|en *v/t* to copy/reproduce; **N.ung** *f* 1.copy, reproduction, replica; 2. *(Fälschung)* counterfeiting

Nachbürge; Nachbürgin *m/f* collateral surety/guarantor

Nachbürgschaft *m* collateral guarantee

nachdatieren *v/t* to postdate/backdate

Nachdruck *m* reprint, reproduction; **n.en** *v/t* to reprint/reproduce; **N.recht** *nt* copyright

Nacheid *m* oath (administered) after a statement

Nacheile *f (Polizeirecht)* pursuit; **N.recht** *nt* right of pursuit

nachentricht|en *v/t* to pay subsequently; **N.ung** *f* subsequent payment; **~ von Beiträgen** retroactive payment of contributions

Nacherbe; Nacherbin *m/f* reversionary heir; **N. und Ersatzerbe** reversionary heir and substitute heir; **N.neinsetzung** *f* appointment of a reversionary heir; **N.nrecht** *nt* right of a reversionary heir

Nacherb|folge *f* reversionary (testate) succession; **N.schaft** *f* 1. reversion; 2. estate of a reversionary heir, **~ in** expectancy

Nach|erfüllung *f* subsequent performance; **N.erhebung; N.feststellung** *f* additional/subsequent assessment; **N.erwerber** *m* subsequent acquiror

Nachfolge *f* succession; **n.berechtigt** *adj* entitled to succession; **N.firma** *f* successor firm; **N.gesellschaft** *f* successor company; **N.haftung** *f* secondary liability; **n.nd** *adj* following, subsequent; **N.recht** *nt* right of succession; **N.r(in)** *m/f* successor

nachfordern *v/t* to demand sth. in addition

Nachforderung *f* supplementary/additional claim, additional demand; **N.sbescheid** *m (Steuer)* notice of deficiency; **N.sklage** *f* action for further payment

nachforschen *v/t* to inquire

Nachforschung *f* 1. inquiry; 2. *(Polizei)* investigation; 3. *(Suche)* search (for); **N.en anstellen** to investigate, to make inquiries

Nachfrage *f* demand

Nachfrist *f* respite, extension, period of grace; **N. setzen** to grant an extension, **~** a respite; **N.setzung** *f* granting a respite

Nach|gebühr *f* surcharge, excess postage; **N.genehmigung** *f* subsequent permit; **n.geordnet** *adj (Behörde)* subordinate

nachgewiesen *adj* proven; **n.ermaßen** *adv* as has been proved/shown

nachgiebig *adj* compliant; **N.keit** *f* compliance

Nachhaftung *f* secondary/subsequent liability

nach|haken *v/i* to dig deeper *(coll)*; **n.haltig** *adj* lasting, sustained

im Nachhinein in retrospect

nach|hinken *v/i* to lag (behind); **n.holen** *v/t (aufholen)* to make up; **etw. ~** to catch up on sth.

Nach|indossament *nt* subsequent/post-maturity endorsement; **N.kaufgarantie** *f* availability guarantee

Nachkomme *m* descendant

Nachkommen *pl* offspring, issue; **ohne N.** without issue; **N.schaft** *f* offspring, issue

Nachkömmling *m* descendant

Nachlass *m* 1. (deceased's) estate, assets under a will, estate of the decedent, inheritance; 2. *(Rabatt)* discount; **N. abwickeln** to wind up the estate; **N. auseinandersetzen** to settle an estate; **N. geht über auf jdn** the estate devolves upon so. **N. gewähren** to grant a discount; **N. sichern** to preserve the estate; **N. teilen** to partition the estate; **N. verwalten** to administer an estate

beweglicher Nachlass personal estate; **herrenloser N.** vacant succession; **persönlicher N.** personal estate; **unbeweglicher N.** immovable estate

Nachlass|abwicklung *f* administration of an estate; **N.auseinandersetzung** *f* partition of an estate; **N.besitz** *m* possession of an estate

nachlassen *v/t* 1. *(vererben)* to bequeath/leave; 2. *(Schulden)* to remit

Nachlass|forderung *f* claim on behalf the estate; **N.gegenstand** *m* inherited item; **N.gegenstände** *pl* items constituting the estate; **N.gericht** *nt* probate court, principal probate registry *[GB]*, surrogate's court *[US]*; **N.gläubiger(in)** *m/f* creditor of the estate; **N.haftung** *f* liability of the estate

nachlässig *adj* negligent

Nachlässigkeit *f* negligence; **grobe N.** gross negligence; **sträfliche N.** criminal negligence

Nachlass|inventar *nt* inventory of an estate; **N.konkurs** *m* bankruptcy of the estate; **N.pfleger(in)** *m/f* administrator/curator (of the estate); **N.pflegschaft** *f* administration/curatorship of the estate; **N.recht** *nt* probate law; **N.richter** *m* probate judge; **N.sache** *f* probate case; **in der ~ ...** in the matter of the estate of ...; **N.sachen** *pl* probate cases/matters

Nachlassschuld *f* debt of the estate; **N. en** *pl* debts of the estate; **N.ner** *m* debtor of the estate

Nachlass|sicherung *f* measures to preserve the estate; **N.spaltung** *f* splitting of an inheritance, division of an estate; **N.steuer** *f* inheritance tax, estate duty; **N.teilung** *f* distribution of the estate; **N.verbindlichkeit** *f* liability arising from the estate; **N.verbindlichkeiten** *pl* liabilities of the estate, ~ arising from an inheritance; **N.verfahren** *nt* probate proceedings; **N.vermögen** *nt* estate assets; **N.verteilung** *f* distribution of the estate; **N.verwalter(in)** *m/f* administrator of the deceased's *[GB]*/decedent's *[US]* estate, estate executor; **N.verwaltung** *f* administration of the estate; **N.verzeichnis** *nt* inventory of the estate; **N.wert** *m* value of the estate

Nachleistung *f* subsequent performance

nachliefer|n *v/t* to supply subsequently; **N.ung** *f* subsequent supply

nachmachen *v/t* to copy/imitate

Nach|mann *m* *(Wechsel)* subsequent endorser; **N.mieter** *m* subsequent tenant

Nachnahme *f* cash *[GB]*/collect *[US]* on delivery (C.O.D.)

Nachname *m* surname, family/last *[US]* name

Nachpächter *m* new tenant

nachpfänd|en *v/t* to levy again; **N.ung** *f* second levy/distress

nachprüfbar *adj* verifiable; **N.keit** *f* verifiability

nachprüfen *v/t* 1. to (re-)examine/check; 2. *(gerichtl. Entscheidung)* to review; 3. *(Richtigkeit bestätigen)* to verify

Nachprüfung *f* 1. examination; 2. verification; 3. review; **N. der Unterlagen** check of the documents; **gerichtliche/richterliche N.** judicial review

Nachprüfungs|recht right of review; **N.verfahren** *nt* 1. review proceedings; 2. review procedure; 3. judicial review

nachrangig *adj* inferior

üble Nachrede slander, defamation, libel

nachreichen *v/t* to file subsequently

Nachricht *f* information, notice; **unterstellte/vermutete N.** constructive notice

Nachrichten|dienst *m* *(Geheimdienst)* intelligence service; **N.sperre** *f* news ban/blackout/embargo

Nach|schaden *m* consequential damage; **N.schau** *f* inspection

nachschieben *v/t* to submit later; **N.** *nt* subsequent submission; **~ von Gründen** subsequent submission of reasons

nachschießen *v/t* to pay later

Nachschlüssel *m* duplicate/skeleton key; **N.diebstahl** *m* theft by using false keys

jdm nachschnüffeln *v/i* to spy on so.

Nachschuss *m* subsequent/additional contribution, ~ payment; **N.haftung** *f* liability to make further contributions; **N.pflicht** *f* duty to make further contributions; **n.pflichtig** *adj* liable to make further contributions; **N.zahlung** *f* payment of subsequent contributions

Nachsend|eanschrift *f* forwarding address; **N.ung** *f* forwarding

Nachsicht *f* leniency; **N. gewähren** *(Steuerrecht)* to grant an extension of time; **n.ig** *adj* lenient

gerichtliches Nachspiel legal consequences

nächst *adj* next; **n.berechtigt** *adj* next entitled, ~ in order of entitlement

nachstehend *adj* hereinafter; **n. aufgeführt** shown below; **n. bezeichnet als** ... hereinafter referred to as ...

jdm nachstellen *v/i* to stalk so.

nachstellig *adj* *(Hypothek)* junior

nachsuchen *v/i* to ask for/request

Nacht *f* night; **N.- und Nebelaktion** *f*

cloak-and-dagger operation; **N.arbeit** *f* night work

Nachtat *f* subsequent offence

Nachtdienst *m* night duty

Nachteil *m* 1. disadvantage, detriment (to), drawback; 2. prejudice; **ohne N. für** without prejudice to; **zu jds N.** to so.'s detriment; **zum N. von** to the detriment of; **~ anrechnen** to count against; **n.ig** *adj* 1. *(schädlich)* prejudicial, detrimental, harmful, 2. *(ungünstig)* disadvantageous

Nachtfahrverbot *nt* ban on night driving

Nachtrag *m* 1. *(Gesetz)* amendment; 2. *(Anhang)* annex; 3. *(Ergänzung)* supplement; 4. *(Testament)* codicil; 5. *(Urkunde)* rider; 6. *(Zusatz)* addendum *(lat.)*; **N. zu einer Police** *(Vers.)* endorsement on a policy

nachtragen *v/t* to add/supplement

nachtragend *adj* unforgiving

nachträglich *adj* 1. later, subsequent; 2. *(verspätet)* belated; 3. *(zusätzlich)* supplementary

Nachtrags|anklage *f* supplementary charge; **N.gesetz** *nt* amendment, amending act; **N.klage** *f* supplementary action/complaint; **N.verfügung** *f* subsequent order

Nachtruhe *f* night's rest; **N. einhalten** to keep the night's rest; **N. stören** to disturb the night's rest

Nachtzeit *f* night-time

Nach|unternehmer(in) *m/f* subcontractor; **N.veranlagung** *f* subsequent assessment; **N.verfahren** *nt* ancillary proceedings; **N.vermächtnis** *nt* reversionary legacy; **N.vermächtnisnehmer** *m* reversionary legatee

nachversicher|n *v/t* to take out subsequent insurance; **N.ung** *f* subsequent insucrance

Nach|versteuerung *f* retrospective taxation; **N.wahl** *f* by-election

Nachweis *m* 1. evidence, proof; 2. *(nähere Begründung)* substantiation; **bis zum N. des Gegenteils** until there is evidence to the contrary; **mangels N.** in the absence of evidence/proof, failing proof; **zum N. von** in proof of; **N. der Bedürftigkeit** proof of need; **~ Echtheit** proof of authenticity; **N. des Eigentums-**

rechts proof of title; **N. einer Konkursforderung** proof in bankruptcy; **N. eines Rechts** proof of a right; **N. des Todes** proof of death; **N. benötigen** to require proof; **N. erbringen/führen** to prove, to furnish evidence; **der N. ist einwandfrei erbracht** satisfactory proof has been furnished

nachweisbar *adj* 1. *(Irrtum)* demonstrable; 2. *(Schuld)* provable; 3. *(urkundlich)* on record; **N.keit** *f* provability

nachweisen *v/t* 1. to prove/demonstrate, to furnish proof, to produce evidence; 2. *(näher begründen)* to substantiate; 3. *(Anspruch, Echtheit)* to establish

nachweislich *adj* provable

Nachweispflicht *f* duty to furnish evidence, **~** to produce supporting documents

Nachwirkung *f* after-effect

nachzahlen *v/t* 1. to pay retrospectively; 2. *(Rückstände)* to pay arrears; 3. *(Gehalt, Pension)* to make a back payment

Nachzahlung *f* 1. *(Rückstände)* payment of arrears; 2. subsequent payment; 3. *(rückwirkend)* retrospective payment; 4. *(Gehalt, Pension)* back payment

Nähe *f* vicinity, proximity; **aus nächster N.** at close range; **in der N. von** 1. in the vicinity/proximity of; 2. adjacent to

sich nähern *v/refl* to approach/advance

Nahrungsmittel *pl* foods, foodstuffs; **N. fälschen** to adulterate foods

Nahrungsverweigerung *f* hunger strike

Name *m* name; **im N.n des Gesetzes** in the name of the law; **~ von** on behalf of, in the name of; **unter falschem N.n** under a false name; **N. des Kindes** name of the child; **einen anderen N.n annehmen** to assume a new name; **~ guten N.n haben** to have a good reputation

angenommener Name assumed name; **falscher N.** 1. alias; 2. false identity; **gesetzlich geschützter N.** proprietary name; **vollständiger N.** full name; **n.nlos** *adj* anonymous

namens *prep* on behalf of

Namens|änderung *f* change of name; **N.führung** *f* use of a name; **falsche ~** using/bearing a false name; **N.missbrauch** *m* abuse of a name; **N.papier** *nt* registered instrument; **N.recht** *nt* right to use/bear a name; **N.schutz** *m* legal protection of names; **N.unterschrift** *f* full signature; **N.verzeichnis** *nt* list of names

namentlich *adj/adv* by name

namhaft machen *adj* to nominate; **N.machung** *f* identification, naming

nämlich *adv* id est (i. e.), that is to say, namely

Nämlichkeit *f* identity; **N. sichern** to ensure identification; **N.sbescheinigung; N.szeugnis** *f/nt* certificate of identification; **N.smittel** *pl* means of identification

Narbe *f* scar; **voller N.n** scarred

Narkotikum *nt* narcotic, drug

nasciturus *m (lat.)* unborn child

überfrorene Nässe black ice

National|feiertag *m* national holiday; **N.flagge** *f* national flag; **amerikanische ~** Stars and Stripes; **britische ~** Union Jack; **N.hymne** *f* national anthem

Natur *f* nature

Natural|ausgleich *m* compensation in kind; **N.entlohnung** *f* payment in kind; **N.erfüllung** *f* specific performance; **in N.ien bezahlen** to pay in kind

Natural|isation *f* naturalization; **n.isieren** *v/t* to naturalize; **N.isierung** *f* naturalization

Natural|leistung; N.lohn *f/m* payment in kind; **N.obligation** *f* imperfect obligation; **N.pacht** *f* share-cropping; **N.restitution** *f* 1. compensation/restitution in kind; 2. *(Vertragsbruch)* specific performance; **N.tausch** *m* barter; **N.vergütung** *f* payment in kind

Natur|erbe *nt* natural heritage; **N.ereignis** *nt (höhere Gewalt)* force majeure *(frz.)*, act of God; **N.katastrophe** *f* natural disaster

natürlich *adj* natural

Natur|recht *nt* 1. natural law; 2. law of nature; **N.schutz** *m* (nature) conservation, protection of nature, preservation of natural beauty; **N.schützer(in)** *m/f* conservationist; **N.schutzgebiet** *nt* nature reserve, conservation area

neben *prep* 1. next to; 2. apart from

Nebenabrede *f* collateral/subsidiary agreement; **N.n zu einem Vertrag** supplements to an agreement

nebenan *adv* adjoining, adjacent, next-door

Neben|anspruch *m* 1. secondary/accessory claim; 2. *(Patentrecht)* independent claim; **N.antrag** *m* secondary petition; **N.bemerkungen** *pl* obiter dicta *(lat.)*; **N.beruf; N.beschäftigung** *m/f* secondary occupation; **N.bestimmung** *f* incidental provision, collateral clause; **N.bezüge** *pl* fringe benefits; **N.bürge; N.bürgschaft** *m/f* collateral surety; **N.einkommen; N.einkünfte** *nt/pl* extra income; **N.erwerb** *m* secondary occupation; **N.folge** *f* incidental consequence; **N.folgen** *pl* 1. secondary consequences; 2. *(StR)* incidental (legal) consequences; **N.forderung** *f* subsidiary claim; **N.frage** *f* side/collateral issue; **N.gebäude** *nt* adjoining/adjacent building, annex, outhouse (adjoining a farm), outbuilding; **N.gesetz** *nt* supplementary statute; **N.intervenient** *m* intervening party; **N.intervention** *f* 1. third-party intervention, joinder of parties; 2. *(vom Beklagten geltend gemacht)* interpleader by counterclaim *[US]*; **N.klage** *f* accessory prosecution, civil action incidental to criminal proceedings; **N.kläger(in)** *m/f* private/accessory prosecutor, joint plaintiff; **N.kosten** *pl* ancillary costs, incidental expenses; **N.leistung** *f* 1. ancillary/collateral performance; 2. *(des Arbeitgebers)* fringe benefits; **N.linie** *f (Familie)* side-line, collateral line; **N.partei** *f* subsidiary party; **N.pflicht** *f* secondary obligation; **N.recht** *nt* subsidiary/ancillary right; **n.sächlich** *adj* negligible, immaterial, incidental; **N.sächlichkeit** *f* irrelevancy; **N.sicherheit** *f* secondary security; **N.schaden** *m (unbeabsichtigt)* collateral damage; **wie n.stehend** *adj* as per margin; **N.strafe** *f* secondary/additional/supplementary penalty; **N.straße** *f* side street; **N.täter(in)** *m/f* independent offender; **N.tätigkeit** *f* supplementary job; **N.umstand** *m* incidental circumstance; **N.umstände** *pl* collateral circumstances; **N.verdienst** *m* incidental/subsidiary earnings; **N.verfahren** *nt* 1. interlocutory proceedings; 2. *(außerhalb der Streitverhandlung)* collateral proceedings; **N.ver-**

pflichtung *f* subsidiary obligation; **N.vertrag** *m* 1. subsidiary/collateral contract, 2. *(Untervertrag)* subcontract; **N.vormund** *m* co-guardian; **N.wirkung** *f* side effect; **N.wohnsitz** *m* second home

negativ *adj* adverse, negative; **N.attest** *n* clearance certificate, negative certification, local authority certificate of clearance; **N.beweis** *m* negative evidence

negatorisch *adj* prohibitive

negieren to negate

negoziabel; negoziierbar negotiable, transferable

Negoziierung *f* negotiation, transfer

nehmen *v/t (Anwalt)* to consult

Nehmer *m* taker, buyer

neigen zu *v/i* to tend to, to be prone to

Neigung *f* inclination, propensity, disposition; **kriminelle N.** criminal disposition

Nenn|betrag *m* nominal amount; **N.kapital** *nt* nominal capital; **N.wert** *m* nominal/face value

Nepp *m* rip-off

nervös *adj* jumpy

netto *adv* net; **N.betrag** *m* net amount; **N.einnahmen** *pl* net receipts; **N.einkünfte** *pl* net earnings; **N.erlös** *m* net proceeds; **N.lohn** *m* net wage(s); **N.schaden** *m* net loss; **N.vermögen** *nt* net assets; **N.wert** *m* net value

neu *adj* 1. new; 2. *(Patentrecht)* novel; **n.fassen** *(Vertrag)* to redraft/revise

Neu|anschaffung *f* new acquisition; **N.bau** *m* 1. newly built house; 2. *(im Entstehen)* house under construction; **N.bausiedlung** *f* new housing estate; **N.bewertung** *f* revaluation, new valuation; **N.erwerb** *m* new acquisition; **N.fassung** *f* revised version; **N.festsetzung** *f* reassessment; **N.heit** *f* novelty

Neuheits|beweis *m* proof of novelty; **N.mangel** *m* lack of novelty; **n.schädlich** *adj* detrimental as to novelty; **N.wert** *m* novelty value

Neu|regelung *f* revision; **N.schnee** *m* fresh snow

neutral *adj* neutral; **N.ität** *f* neutrality; **N.itätsbruch** *m* breach of neutrality; **N.itätsverletzung** *f* violation of neutrality

Neu|veranlagung *f* new assessment; **N.verhandlung** *f (Gericht)* retrial; **N.verschuldung** *f* new borrowing; **N.vertrag** *m* new/revised contract; **N.wertversicherung** *f* replacement value insurance; **N.zulassung** *f* new registration

nicht|berechtigt *adj* ineligible; **n.ehelich** *adj* extra-marital; **n.gewerblich** *adj* non-commercial; **n.öffentlich** *adj* in camera *(lat.)*; **n.wirtschaftlich** *adj* non-economic

Nicht|abgabe *f* failure to submit; **N.abnahme** *f* refusal to take delivery; **N.achtung** *f* non-observance, non-compliance; **~ des Gerichts** contempt of court; **n.amtlich** *adj* inofficial; **N.anerkennung** *f* 1. *(Anspruch)* disallowance, disavowal; 2. *(Schuld)* repudiation; 3. *(Völkerrecht)* non-recognition; **~ einer Schuld** repudiation of a debt; **N.anlegen des Sicherheitsgurtes** *nt* seat belt offence; **N.annahme** *f* non-acceptance; **N.ansässige(r)** *f/m* non-resident (person); **N.anwendbarkeit** *f* non-applicability; **N.anwendung** *f* non-application; **N.anwesenheit** *f* absence; **N.anzeige** *f* failure to inform/report, non-disclosure; **~ von Hochverrat** misprision of treason; **~ von Straftaten** misprision; **N.ausführung** *f* non-execution; **N.auslieferung** *f* non-extradition; **N.aussage** *f* failure to give evidence; **N.ausübung** *f* failure to exercise, non-exercise; **N.beachten der Vorfahrt** *nt* failure to give way; **N.beachtung** *f* non-observance, non-compliance, failure to comply; **~ des Gesetzes** failure to observe the law; **N.beantwortung** *f* failure to answer/reply; **N.befolgung** *f* non-observance, non-compliance; **N.benutzung** *f* non-use

nichtberechtigt *adj* unauthorized, ineligible; **N.e(r)** *f/m* unauthorized person, non-entitled party

Nicht|berücksichtigung *f* disregard; **N.bestehen** *nt* non-existence; **N.bestreiten** *nt* non-denial, non-contention, admission; **N.bezahlen** *nt* non-payment; **N.ehelichkeit** *f* illegitimacy; **N.einhaltung** *f* non-compliance, non-observance; **~ einer vertraglichen Zu-**

sicherung breach of warranty; **N.einklagbarkeit** *f* non-enforceability; **N.einlassung** *f* non-appearance; **N.eintritt** *m* non-occurrence; **N.erbringung** *f (Leistung)* default

Nichterfüllung *f* 1. failure to perform, default, non-performance; 2. *(Vertrag)* breach of contract; **N. der Vertragspflichten** non-compliance with one's contractual obligations; **N. einer Pflicht** failure to perform a duty, nonfeasance, neglect of duty; **für N. haften** to be liable for non-performance; **teilweise N.** partial non-performance

Nichterscheinen *nt* failure to appear, non-attendance, non-appearance, default; **bei N.** in case of default; **N. vor Gericht** default of appearance; **vorsätzliches ~** contempt of court

Nicht|erwerbstätige *pl* persons not gainfully employed; **N.haftung** *f* exemption from liability, non-liability

nichtig *adj* void, null and void; **n. machen** to nullify; **für n. erklären** to declare void, to annul/nullify; **N.erklärung** *f* declaration of nullity, invalidation, annulment, avoidance; **~ einer Ehe** annulment of a marriage, decree of nullity *[GB]*

Nichtigkeit *f* nullity; **N. eines Vertrages** invalidity/voidness of a contract; **N. von Rechtsgeschäften** nullity of transactions

Nichtigkeits|abteilung *f* revocation division; **N.beschwerde** *f* 1. appeal on the grounds of nullity; 2. *(Patentrecht)* nullity appeal; **N.entscheidung** *f* decision on a plea of nullity; **N.erklärung** *f* 1. nullification, rescission, declaration of nullity; 2. *(Patentrecht)* revocation; 3. *(Urteil)* reversion of a sentence; **N.grund** *m* 1. ground for nullity; 2. *(Patentrecht)* ground for revocation; **N.klage** *f* 1. action for annulment; 2. *(Eherecht)* petition for nullity; 3. *(Patentrecht)* revocation action; **N.prozess** *m* nullity proceedings/suit; **N.senat** *m (EU Patentamt)* nullity board; **N.urteil** *nt (Eherecht)* decree of nullity; **N.verfahren** *nt* 1. nullity proceedings; 2. *(Patentrecht)* revocation proceedings

Nicht|jurist(in) *m/f* non-lawyer; **N.kaufmann** *m* non-trader; **N.kenntnis** *f* ignorance, lack of knowledge; **schuldhafte ~** constructive notice; **N.leistung** *f* failure to perform; **bei ~** on default; **N.schuldigerklärung** *f* plea of not guilty; **N.schuldvermutung** *f* presumption of innocence; **n.sdestoweniger** *adv* notwithstanding; **N.sesshafte(r)** *f/m* homeless person, person of no fixed abode; **N.übereinstimmung** *f* non-conformity; **~ mit dem Muster** non-conformity with the sample; **N.verfolgung** *f* non-prosecution; **N.vermögensschaden** *m* non-pecuniary damage; **N.vertragsgemäßheit** *f* non-conformity with the contract; **N.vertragsstaaten** *pl* non-contracting states; **N.vollstreckbarkeit** *f* non-enforceability; **N.vollziehung** *f (Ehe)* non-consummation; **N.vorhandensein** *nt* non-existence; **N.weitergabevertrag** *m* non-proliferation treaty; **N.widerspruch** *m* non-objection; **N.wissen** *nt* ignorance; **mit ~ bestreiten** to plead ignorance

Nichtzahlung *f* non-payment; **bei N.** upon default, in default of payment; **~ einer Geldstrafe** in default of payment of a fine

Nichtzulassung *f* non-admission; **N. als Nebenkläger** non-admission of a joint plaintiff; **N.sbeschwerde** *f* appeal against denial of leave to appeal

Nichtzurechenbarkeit eines Schadens *f* remoteness of damage

Nichtzuständigkeit *f* incompetence

Nichtzutreffendes streichen *nt (Formular)* delete as appropriate

sich niederlassen *v/ref* to establish o.s., to take up one's residence

Niederlassung *f* 1. (business) establishment; 2. place of business; 3. taking up of residence; **N. als Anwalt** setting up as a lawyer; **freie N.** freedom of establishment

Niederlassungs|abkommen *nt* treaty on business establishments; **N.beschränkung** *f* restriction on the establishment of a business; **N.bestimmungen** *pl* establishment provisions; **N.freiheit** *f* freedom of establishment; **N.ort** *m* place of establishment; **N.recht** *nt* right of establishment

niederlegen *v/t* 1. to lay down; 2. *(aufgeben)* to resign; 3. *(deponieren)* to deposit; **schriftlich n.** to put down in writing
Niederlegung der Arbeit *f* 1. cessation of work; 2. *(Streik)* industrial action; **N. eines Amtes** resigning an office
niederschießen *v/t* to gun down
niederschlagen *v/t* 1. *(einstellen)* to quash (the proceedings); 2. *(Gebühr)* to abate; **jdn n. (und berauben)** to mug so. *(coll)*
Niederschlagung *f* 1. suppression; 2. *(Erlassung)* quashing; 3. *(Verfahren)* quashing; **N. einer Gebühr** abatement of a fee; **N. von Strafverfahren** quashing of criminal proceedings
niederschreiben *v/t* to write down, to record (in writing)
Niederschrift *f* *(Protokoll)* record(s), minutes; **N. eines Vertrages** memorandum; **N. aufnehmen** to take minutes; **in die N. aufnehmen** to enter in the minutes; **gemeinsame N.** joint minutes; **gerichtliche N.** court record(s); **notarielle N.** notarial record(s); **wortgetreue N.** verbatim record
niederträchtig *adj* contemptible, despicable
niedrig *adj* *(Motiv)* base
Niemandsland *nt* no-man's land, terra nullius *(lat.)*
Nießbrauch *m* 1. usufruct; 2. *(lebenslänglich)* life interest; **N. an einer Erbschaft** usufruct of a deceased's estate; **N. auf Lebenszeit** lifetime usufruct; **N. an Rechten** usufruct in intangibles, ~ choses in action; **N. an Sachen** usufruct in intangible property; **N. an einem Vermögen** usufruct of an estate; **~ einer Versicherungsforderung** usufruct in an insurance claim; **mit einem N. belastetes Vermögen** property encumbered with a usufruct; **N. bestellen** to create a usufruct; **lebenslanger N.** lifetime usufruct
Nießbrauch|bestellung *f* grant of usufruct; **N.er(in)** *m/f* 1. beneficiary under a usufruct, usufructuary; 2. life tenant; **N.recht** *nt* right of usufruct, usufructuary right
nivellieren *v/t* to level, to even out
nominal *adj* nominal; **N.betrag** *m* nominal sum; **N.kapital** *nt* nominal capital;

N.lohn *m* money wage; **N.wert** *m* par/nominal/face value; **N.zins** *m* nominal interest
nominell *adj* nominal
nominier|en *v/t* to nominate; **N.te(r)** *f/m* nominee
Norm *f* 1. standard, norm; 2. *(Rechtsregel)* rule (of law); **anerkannte N.en** established standards; **zwingende N.** binding norm
normal *adj* normal
Normal|arbeitszeit *f* regular working hours; **N.lohn** *m* standard wage; **N.maß** *nt* standard measure; **N.preis** *m* standard price; **N.satz** *m* standard rate
normativ *adj* normative; **N.bedingungen** *pl* standard conditions; **N.bestimmungen** *pl* standard provisions
normen *v/t* to standardize
Normen festlegen *pl* to set standards
Normen|ausschuss *m* standards committee; **N.disrepanz** *f* discrepancy between rules; **N.häufung** *f* plurality of rules; **N.- und Typenkartell** *nt* standardization cartel, agreement on standards and types; **N.kollision** *f* collision between rules, conflict of laws; **N.kontrolle** *f* judicial review; **N.kontrollklage** *f* voidance petition; **N.kontrollverfahren** *nt* judicial review procedure; **N.prüfung** *f* judicial review of a legal norm
Normgröße *f* standard size
Normung *f* standardization
normwidrig *adj* non-standard
Not *f* 1. need, want, poverty, distress; 2. *(Notlage)* emergency; **aus N.** from necessity; **finanzielle N.** financial hardship
Notar|(in) *m/f* notary (public); **beglaubigender N.** attesting notary; **beurkundender N.** recording notary; **N.anderkonto** solicitor's trust account
Notariat *nt* 1. notariate; 2. *(Amt)* notaryship; 3. *(Kanzlei)* notary's office
Notariats|akt *m* notarial act; **N.gebühren** *pl* notarial fees; **N.protokoll** *nt* notarial record; **N.siegel** *nt* notary's seal; **N.urkunde** *f* notarial instrument; **N.vertrag** *m* notarial deed
notariell *adj* notarial
Notar|kammer *f* chamber of notaries; **N.siegel** *nt* notary's seal

Not|behelf *m* stopgap (measure), makeshift; **N.bestellung** *f* emergency appointment; **N.betrug** *m* petty fraud committed for reasons of distress, ~ on grounds of indigency; **N.bremse** *f* emergency brake; **N.dienst** *m* emergency service; **n.dürftig** *adj* makeshift, stopgap; **N.entwendung** *f* petty theft committed (for reasons of distress); **N.fall** *m* case of need, emergency; **N.flagge** *f* distress flag; **N.frist** *f* (statutory) deadline *[GB]*, peremptory term *[US]*; **N.fristzeugnis** *nt* certificate of absence of appeal; **n.gedrungen** *adv* of necessity; **N.gesetzgebung** *f* emergency legislation; **N.haltebucht** *f* emergency lay-by; **N.hilfe** *f* emergency relief; **N.hilfepflicht** *f* duty to render assistance in (times of) need

notieren *v/t* to note/record

Notifikation *f* notification, notice; **N.spflicht** *f* duty to notify

notifizier|en *v/t* to notify; **N.ungsbogen** *m* notification sheet

nötig *adj* necessary; **wenn n.** if need be

nötigen *v/t* to coerce/compel/force; **n.falls** *adv* if necessary, in case of need

Nötigung *f* 1. coercion, duress, undue influence; 2. *(Einschüchterung)* intimidation; **durch N.** under duress; **N. im Amt** coercion by a public official; **N. zur Unzucht** indecent assault

Not|lage *f* distress, emergency, plight, predicament, emergency situation; **n.leidend** *adj* needy, indigent, **N.lüge** *f* white lie; **N.maßnahme** *f* emergency measure

notorisch *adj* notorious

Not|recht *nt* emergency legislation; **N.ruf** *m* emergency call; **N.schlachtung** *f* emergency cull/slaughter; **N.signal** *nt* (*Schiff*) distress signal

Notstand *m* 1. necessity; 2. *(öffentliches Recht)* (state of) emergency; **N. erklären** to declare/proclaim a state of emergency; **innerer N.** national emergency; **öffentlicher N.** public emergency; **strafrechtlicher N.** necessity in criminal law

Notstands|bestimmungen *pl* emergency provisions; **N.gebiet** *nt* distressed/disaster area; **N.gesetz** *nt* emergency act, Emergency Powers Act *[GB]*; **N.geset-**ze; **N.gesetzgebung** *f* emergency legislation; **N.klausel** *f* emergency clause; **N.maßnahmen** *pl* emergency measures; **N.verfassung** *f* emergency constitution; **N.vorlage** *f* emergency bill

Not|testament *nt* emergency/nuncupative will; **N.verkauf** *m* emergency/forced sale; **N.verordnung** *f* emergency decree; **N.weg** *m* emergency exit

Notwehr *f* 1. justifiable defence, (right of) self-defence, privilege of self-defence; 2. *(StR)* plea of self-defence; **in N. handeln** to act in self-defence; **N.exzess; N.überschreitung** *m/f* excess of justifiable defence; **N.recht** *nt* right of self-defence

notwendig *adj* necessary, requisite; **n. machen** to necessitate/require

Notwendigkeit *f* necessity, need; **dringende N.** urgent need

Notzucht *f* rape; **N. mit Todesfolge** rape resulting in death; **N.versuch** *m* attempted rape

notzüchtigen *v/t* to rape

Notzuständigkeit *f* emergency jurisdiction

Novation *f* novation, substitution; **N.svertrag** *m* substituted contract

Novelle *f* amendment, amending law

novellier|en *v/t* (*Gesetz*) to amend; **N.ung** *f* amendment

nüchtern *adj* sober; **n. werden** to sober (up)

null und nichtig *adj* null and void

nulla poena sine lege *(lat.)* no punishment without law

Null|satz *m* *(Steuer)* zero rate of duty; **N.tarif** *m* (*öffentl. Verkehrsmittel*) free transport; **N.tarifierung** *f* zero-rating

nullum crimen *(lat.)* no crime

Nummer *f* number; **laufende N.** consecutive number

nummerieren *v/t* to number

Nummernschild *nt* (*Kfz*) numberplate *[GB]*, license plate *[US]*

Nurnotar *m* notary who does not practise advocacy

nuscheln *v/i* to mumble

Nutzanwendung *f* practical application

nutzbar *adj* useful; **N.keit** *f* usefulness; **N.machung** *f* utilization

nutzbringend *adj* useful, profitable

nutzen *v/t* to use; **etw. n.** to make use of sth.

Nutzen *m* 1. *(Nützlichkeit)* utility; 2. *(Vorteil)* benefit, advantage, profit; **zum N. von** for the benefit of; **~ allgemeinen N.** for the general benefit; **~ gemeinsamen N.** for the joint benefit; **von N. sein** to be of use; **N. ziehen aus** to derive a benefit from; **N.-Kosten-Analyse** *f* cost-benefit analysis

Nutzer *m* user

Nutz|fahrzeug *nt* commercial vehicle; **N.fläche** *f* usable floor space; **N.grenze** *f* break-even point; **N.last** *f* payload; **~ des Anhängers** trailer payload; **~ des Zugfahrzeugs** payload of the towing vehicle

nützlich *adj* useful, of use, beneficial; **N.keit** *f* usefulness

Nutznießer(in) *m/f* usufructuary, beneficiary

Nutznießung *f* use, usufruct; **N.srecht** *nt* beneficial/usufructuary right

Nutzschwelle *f* break-even point

Nutztiere *pl* farm animals

Nutzung *f* use, utilization; **N. des Eigentümers** beneficial use; **N. eines Grundstücks** use of (a plot of) land; **N. ziehen** to derive benefits; **~ aus** to benefit from; **alleinige Nutzung** sole use, exclusive use; **eigene N.** own use; **gemeinsame N.** joint use; **ungestörte N.** quiet enjoyment

Nutzungs|änderung *f* change of utilization/use; **N.anspruch** *m* beneficiary claim; **N.ausfall** *m* loss of use; **N.befugnis** *f* right of (beneficial) use, usufructuary right; **n.berechtigt** *adj* entitled to use; **N.berechtigte(r)** *f/m* person entitled to use; **N.berechtigung** *f* entitlement to use; **N.beschränkung** *f* restrictive covenant; **N.dauer** *f* useful life; **betriebsgewöhnliche ~** ordinary useful life; **N.entgang** *m* loss of use; **N.entgelt** *nt* consideration for use; **N.entschädigung** *f* compensation for (loss of) use; **N.interesse** *nt* beneficiary interest; **N.pfandrecht** *nt* Welsh mortgage

Nutzungsrecht *nt* 1. use, right of use/usufruct, usufructuary right; 2. *(Urheberrecht)* licence; **gemeinschaftliches N. an Grundbesitz** right of common; **N.**

an fremdem Grundstück profit à prendre *(frz.)*; **~ der Sache** usufructuary right in a thing; **~ unbeweglichem Vermögen** usufruct of immovable property

Nutzungs|überlassung *f* surrender of the use and benefit (of sth.); **N.untersagung** *f* restraint of use; **N.vergütung** *f* compensation for use; **N.verhältnis** *nt* owner-user relationship; **zeitlich begrenztes ~** periodic tenancy; **N.verlust** *m* loss of use; **N.vertrag** *m* contract for the transfer of use and enjoyment; **N.wert** *m* utility/useful value; **N.zeitraum** *m* period of use

Nutzwert *m* utility value

O

Obacht *f* attention, care

Obdach *nt* shelter, lodging

obdachlos *adj* vagrant; **O.e(r)** *f/m* homeless person, drifter, vagrant; **O.enasyl** *nt* refuge for homeless persons, night shelter; **O.enheim; O.enunterkunft** *nt/f* shelter/hostel for the homeless; **O.igkeit** *f* homelessness

Obduktion *f* post-mortem (examination), autopsy; **O. vornehmen** to conduct a post-mortem

obduzieren *v/t* to carry out a post-mortem (on), ~ an autopsy

oben *adv* above, hereinbefore; **o.erwähnt; o. genannt** *adj* above-mentioned, aforesaid

Ober|anspruch *m* overriding claim; **O.aufseher(in)** *m/f* 1. superintendent, supervisor; 2. *(Gefängnis)* head warden; **O.aufsicht** *f* supervision; **O.bundesanwalt; O.bundesanwältin** *m/f* chief public attorney; **O.gericht** *nt* higher court; **O.gesellschaft** *f* principal company; **O.grenze** *f* ceiling, upper limit; **O.hand** *f* upper hand; **~ behalten** to retain the upper hand; **O.haus** *nt* House of Lords *[GB]*; **O.herrschaft; O.hoheit** *f* sovereignty, supremacy; **O.inspektor(in)** *m/f* chief inspector; **O.körper** *m* trunk, upper part of the body

Oberlandesgericht (OLG) *nt* supreme

higher regional court, ~ state court, regional appeal court

Ober|lippenbart *m* moustache; **O.staatsanwalt; O.staatsanwältin** *m/f* attorney general *[US]*, Director of Public Prosecutions (DPP) *[GB]*, senior public prosecutor; **O.verwaltungsgericht** *nt* administrative appeals tribunal, higher administrative court

Obhut *f* 1. *(Fürsorge)* care, charge; 2. *(Verwahrung)* custody; **sich in jds O. befinden** to be in so.'s care/charge; **jdn bei jdm in O. geben** to place so. in so.'s care; **in O. nehmen** to take into custody; **O.shaftung** *f* custodial liability; **O.spflicht** *f* duty of care, ~ to exercise proper care

Objekt *nt* 1. object, thing; 2. *(Immobilie)* property; **o.iv** *adj* objective; **O.ivität** *f* objectivity; **O.schutz** *m* protection of buildings/property, facility security

obliegen *v/i* to lie on, to be the duty of

Obliegenheit *f* obligation, incumbency, responsibility, duty; **gesetzliche O.** statutory duty; **O.sverletzung** *f* infringement/breach of an obligation, neglect of duty

Obligation *f* 1. obligation; 2. *(Wertpapier)* bond, debenture; **nicht einklagbare O.** unenforceable obligation; **mündelsichere O.en** orphan and widow's stocks; **unkündbare O.** irredeemable bond; **O.enrecht** *nt* law of contract

obligatorisch *adj* compulsory, obligatory, mandatory

Obligo *nt* engagement, commitment, liability; **ohne O.** without recourse/prejudice

Obmann *m* 1. *(Geschworene)* foreman; 2. *(Betrieb)* shop steward

Obrigkeit *f* (public) authority, authorities

Observanz *f* observance

Observation *f* surveillance, stakeout; **grenzüberschreitende O.** cross-border observation; **offene O.** overt surveillance; **verdeckte O.** covert surveillance; **O.skräfte** *pl* surveillance personnel

observieren *v/t* to watch/tail, to work a stakeout; **jdn o. lassen** to put a tail on so., ~ so. under surveillance, to have so. observed

obsiegen *v/i* to prevail (over/against), to be successful

Obstruktion *f* obstruction

obszön *adj* obscene; **O.ität** *f* obscenity

obwalten *v/i* to prevail

Ödland *nt* wasteland

offen *adj* open; **o. lassen** *v/t* to leave in abeyance, ~ open; **o. legen** *v/t* to disclose/reveal/divulge; **o. stehend** *adj* *(Schuld)* outstanding, owing; **o.bar** *adj* apparent, evident

offenbaren *v/t* to disclose/reveal/manifest

Offenbarung *f* revelation, disclosure; **eidliche O.** disclosure on oath

Offenbarungs|eid *m* oath of disclosure/manifestation *[US]*, admission of bankruptcy; **~ leisten** to swear an oath of disclosure; **O.pflicht** *f* disclosure requirement, duty to disclose, ~ of disclosure; **O.verfahren** *nt* supplementary proceedings; **O.versicherung** *f* statutory declaration of disclosure

Offene Handelsgesellschaft (OHG) partnership

offenkundig *adj* 1. obvious, manifest, patent; 2. *(Vergehen)* flagrant; 3. *(Lüge)* blatant; **o. sein** to be common knowledge; **O.keit** *f* obviousness

Offenlegung *f* disclosure, revelation, discovery; **O. von Beteiligungen** declaration of interests; **~ Informationen** disclosure of information; **~ Patentakten** disclosure of patent documents; **O. des Schuldnervermögens** discovery of a debtor's property; **O. von Urkunden** disclosure of documents; **teilweise O.** partial disclosure; **O.sfrist** *f* disclosure period/requirement

offensichtlich *adj* obvious

Offensichtlichkeitsprüfung *f* *(Patentrecht)* examination for obvious deficiencies

öffentlich *adj* 1. public; 2. *(Gericht)* in open court; **nicht ö.** *(Gericht)* in camera *(lat.)*/chambers

Öffentlichkeit *f* (general) public; **nicht für die Ö. (bestimmt)** off the record; **Ö. der Rechtsprechung** administration of justice in open court

Öffentlichkeit ausschließen to exclude the public; **Ö. einer Versammlung herstellen** to make a meeting public; **Ö. scheuen** to shun publicity; **an die Ö.**

treten to come forward, to go public (with sth.); **Ö. wiederherstellen** to re-admit the public; **die breite Ö.** the general public, the public at large; **Ö.sgrundsatz; Ö.sprinzip** *m/nt* principle of public trial

öffentlich-rechtlich *adj* public-law, under public law

Offer|ent *m* offeror; **o.ieren** *v/t* to offer, to tender; **O.te** *f* offer, tender

Offizial|delikt *m*   indictable offence; **O.klage** *f* public prosecution; **O.maxime** *f* accusatory principle, principle of ex officio *(lat.)* proceedings; **O.verfahren** *nt* ex officio *(lat.)* proceedings; **O.verteidiger(in)** *m/f* court-appointed defence counsel, ~ counsel for the defence; **O.verteidigung** *f* official defence

offiziell *adj* official

Offizier *m* officer

offiziös *adj* semi-official

Öffnungszeiten *pl* opening hours, hours of business

öfter(s) *adv* on occasion, once in a while, now and then

Ohn|macht *f* faint(ing); **o.mächtig** *adj* unconscious; ~ **werden** to faint, to pass out

jdn übers Ohr hauen *nt (coll)* to rip so. off *(coll)*

ohrenbetäubend *adj*   deafening, ear-splitting

Ohrenzeuge *m* ear-witness, hearsay/auricular witness

Ohrfeige *f* smack, slap (in the face); **O. bekommen** to get a slap in the face; **jdm eine O. geben/verpassen** to slap so. in the face

ohrfeigen *v/t* to slap (so.) in the face

Okkup|ant *m*   occupant, occupier; **O.ation** *f* occupation; **o.ieren** *v/t* to occupy

Ökokriminelle(r) *f/m*   environmental vandal

ökologisch *adj* ecological

Öl *nt* oil; **Ö.lache** *f* oil spill; **Ö.pest** *f (Meer)* tanker spill; **Ö.verschmutzung** *f* oil pollution

Ombuds|frau *f* ombudswoman; **O.mann** *m* ombudsman

Omnibus *m* 1. *(Stadtverkehr)* bus; 2.

(Überlandverkehr) coach; **O.verkehr** *m* 1. bus service; 2. coach service

Onkelehe *f* cohabitation of an elderly couple

Operation *f* operation; **O. durchführen** to conduct an operation; **O.snarbe** *f* operation scar; **O.ssaal** *m* operating room *[US]*/theatre *[GB]*

operieren *v/ti* 1. to operate; 2. to proceed; **vorsichtig o.** to proceed carefully

Opfer *nt* victim; **O. der Gewalt** victim(s) of violence; **O. des Straßenverkehrs** road traffic victim, victim of a road accident; **O. einer Vergewaltigung** rape victim; ~ **Sache werden** to fall victim to sth.

Opfer|betreuung *f* victim care/support; **O.entschädigung** *f* crime victims compensation; **O.entschädigungsgesetz (OEG)** *nt* crime victims compensation act

opfern *v/t* to sacrifice

Opferschutz *m* protection of victims

Opium *nt* opium; **O.sucht** *f* addiction to opium

Oppon|ent *m* opponent; **o.ieren** *v/i* to oppose

Opportunitätsprinzip *nt*   principle of discretionary prosecution

Opposition *f* opposition

Optant *m* person exercising an option

optieren *v/i* to opt/elect; **für etw. o.** to opt for sth.

Option *f* option, right of first refusal; **O. ausüben** to exercise an option

Options|anleihe *f* option bond; **O.ausübung** *f* exercise of an option; **O.berechtigte(r)** *f/m* optionee; **O.frist** *f* option period; **O.klausel** *f* option clause; **O.nehmer(in)** *m/f* taker of an option; **O.recht** *nt* option, preemptive right; ~ **auf Kauf eines Grundstücks** option to purchase land; ~ **ausüben** to exercise an option; **O.vertrag** *m* option agreement; **O.zeit** *f* option period

ordentlich *adj* 1. ordinary, regular; 2. *(Mensch, Zimmer)* tidy, neat, orderly

Order *f* order; **zahlbar an O.** payable to order; **an O. lauten** to be made to order

Order|klausel *f* order clause; **O.papier** *nt* instrument to order; **O.scheck** *m* order check *[US]*/cheque *[GB]*

ordnen v/t 1. *(in Ordnung bringen)* to put sth. in order, to sort sth. out; 2. *(sortieren)* to arrange sth.

Ordner m *(Veranstaltung)* steward, marshal

Ordnung f order; **O. ist das halbe Leben** *(prov.)* tidiness is half the battle *(prov.)*; **öffentliche O.** public order

Ordnungs|amt nt health, safety and public order office; **O.behörde** f 1. regulatory authority; 2. police authority; **o.gemäß** adj due, proper, orderly, according to the rules; **O.haft** f confinement for contempt of court; **o.halber** adv as a matter of form, for the sake of form; **O.hüter** m law enforcement officer, custodian of the law; **O.mäßigkeit** f propriety, conformity with regulations; **O.maßnahme** f measure to maintain order; **O.recht** nt public order law; **O.ruf** m call to order; **~ bekommen** to be called to order; **O.strafe** f 1. administrative penalty/fine; 2. penalty for contempt of court; **O.vorschriften** pl administrative rules

ordnungswidrig adj disorderly, contrary to regulations, irregular; **O.widrigkeit (OWI)** f summary, minor offence, public order offence; **O.widrigkeitengesetz** nt public order offences act

Organ nt 1. organ; 2. body; **amtliches O.** official organ; **ausführendes O.** executive organ; **beratendes O.** consultative/advisory body; **gesetzgebendes O.** legislative organ; **nachgeordnetes O.** subordinate organ; **rechtssprechende O.e** judiciary; **staatliches O.** state/government agency

Organ|entnahme f organ removal; **O.freiheit** f *(Arbeitsrecht)* freedom of association; **O.gesellschaft** f subsidiary (of a group); **O.haftung** f liability of public bodies, ~ executive organs; **O.igramm** nt organizational chart

Organisation f organization; **O.sgewalt** f organizational power; **O.sklausel** f *(Gewerkschaftszwang)* closed shop clause, union membership clause; **O.srecht** nt law concerning organizations; **O.sverbrechen** nt crime committed by an organization

organisieren v/t 1. to organize; 2. *(Gewerkschaft)* to unionize

Organ|ismus m organism; **O.klage** f 1. action against a public body; 2. intra-company legal action; **O.schaft** f intercompany relations; **O.schaftsvertrag** m contract between group subsidiaries; **O.spende** f organ donation; **O.spender(in)** m/f organ donor; **O.streit** m litigation between two public bodies; **O.streitverfahren** nt court proceedings between administrative bodies

sich orientieren v/refl to orient(ate) os.

Orientierung f orientation; **zu Ihrer O.** for your guidance/information; **O. verlieren** to lose one's bearings; **O.spunkt** m landmark; **O.ssinn** m sense of direction

Original nt 1. original; 2. *(Dokument)* master copy; **O. oder beglaubigte Abschrift** original or certified copy; **O.ausführung** f original document; **O.testament** nt original will; **O.urkunde** f original document

originär adj original

Ort m 1. place, location, situs *(lat.)*; 2. *(Unfall, Verbrechen)* scene, site, spot; **vor O.** at the scene, on the spot; **O. des Aufpralls** point of impact; **O. der Erfüllung** place of performance; **~ Handlung** scene of the offence; **~ Leistung** place of performance; **~ Tat; O. des Verbrechens** scene of crime; **an den ~ zurückkehren** to return to the scene of the crime; **an O. und Stelle** 1. on the spot; 2. *(Gebäude)* on the premises; **am angegebenen O.** *(Buch)* loco citato (loc. cit.) *(lat.)*; **höheren O.es** higher up *(coll)*

orten v/t to locate

örtlich adj local; **Ö.keit** f locality; **mit den Ö.keiten vertraut sein** to be familiar with the area

genaue Ortsangabe exact location

ortsansässig adj local, resident; **O. e(r)** f/m (local) resident

Orts|ausgang m end of a built-up area; **O.behörde** f local authority; **O.besichtigung** f local inspection, inspection of the crime scene; **~ vornehmen** to visit the scene (of the crime)

Ortschaft f 1. place, locality; 2. village, town; **geschlossene O.** built-up/restricted area

Orts|eingang *m* beginning of a built-up area; **o.fremd** *adj* non-local; **O.frem-de(r)** *f/m* stranger; **O.gebrauch** *m* local custom/usage; **O.gericht** *nt* local court; **O.gesetz** *nt* local authority ordinance, bylaw *[GB]*; **O.polizei** *f* local police; **O.polizeibehörde** *f* local police authority; **O.recht** *nt* local law; **O.satzung** *f* local statutes; **O.schild** *nt* place name sign; **O.termin** *m* hearing at the site; **o.üblich** *adj* locally customary; **O.üb-lichkeit** *f* local custom; **O.verkehr** *m* local traffic; **O.verwaltung** *f* local administration; **O.wechsel** *m* change of locality; **O.zeit** *f* local time; **O.zuschlag** *m* local allowance/weighting

P

Pacht *f* 1. *(Pachtbesitz)* leasehold; 2. *(Pachtverhältnis)* lease, 3. (ground) rent; **P. auf Lebenszeit** lifetime lease; **in P. geben** to rent out; **etw. zur P. haben** to have sth. on lease; **in P. nehmen** to rent **Pacht|bedingungen** *pl* terms of lease; **P.besitz** *m* leasehold possession; **P.be-sitzer** *m* leaseholder; **P.dauer** *f* period of lease; **P.einnahmen** *pl* rental receipts **pachten** *v/t* to hire/rent **Pacht|gebiet** *nt* leasehold area; **P.gegen-stand** *m* leased property; **P.grundstück** *nt* leasehold/leased property **Pächter(in)** *m/f* 1. *(Immobilie)* leaseholder, tenant; 2. *(Gegenstand)* lessee; **le-benslänglicher P.** life tenant **Pacht|recht** *nt* 1. law of lease; 2. lessee's rights; **P.rückstände** *pl* rent arrears; **P.verhältnis** *nt* tenancy, lease, (land) tenure; **P.verlängerung** *f* renewal of the lease; **P.vertrag** *m* (contract of) lease, (leasehold) tenancy agreement; **P.wert** *m* rental value; **P.zahlung** *f* rent payment; **P.zeit** *f* time of lease; **P.zins** *m* rent; **P.zinserhöhung** *f* rent increase; **P.zinsforderung** *f* rent demand **Päckchen** *nt* package, packet, small parcel; **kleines P. mit Drogen** sachet, bindle **pactum** *(lat.)* treaty

Pädophiler *m* paedophile **Pandekten** *pl* pandects **Panne** *f* breakdown; **P. haben** to break down, to be stranded **panschen** *v/t (alkoholisches Getränk)* to adulterate **Panzerglass** *nt* bullet-proof glass **Panzerung** *f* armour **Papier** *nt* 1. paper; 2. document; **P.e** *pl* documents; **aufenthaltsrechtliche ~** residence documents **Paradebeispiel** *nt* case in point, prime example **Paragraf** *m* paragraph, clause, section, article **parallel** *adj* parallel **Paraph|e** *f* initials; **p.ieren** *v/t* to initial; **P.ierung** *f* initialling of a treaty **Parentel** *f* descendants **pari** *adv* par; **über p.** above par; **unter p.** below par; **zu p.** at par; **P.tät** *f* parity, equality; **p.tätisch** *adj* equal, on ~ terms **Park|ausweis** *m* parking permit; **P.be-schränkungen** *pl* parking restrictions; **P.bucht** *f* parking bay, lay-by; **P.en mit Parkscheibe** *nt* disk parking; **falsches P.en** illegal parking; **P.gebühr** *f* parking fee; **P.haus** *nt* multi-storey car park; **P.kralle** *f* wheel clamp, Denver boot *[US]*; **P.lücke** *f* gap between parked cars; **P.möglichkeiten** *pl* parking facilities; **P.platz** *m* parking lot, car park; **P.scheibe** *f* parking disk; **P.schein** *m* car park ticket; **P.streifen** *m* lay-by; **P.sün-der(in)** *m/f* parking offender; **P.uhr** *f* parking meter; **P.verbot** *nt* 1. no parking (zone); 2. parking ban; **im ~ stehen** to be parked illegally; **P.verstoß** *m* parking offence; **P.vorschriften** *pl* parking regulations **Parlament** *nt* parliament; **P.arier(in)** *m/f* parliamentarian; **p.arisch** *adj* parliamentary; **P.sanklage** *f* impeachment; **P.snötigung** *f* coercion of a legislative body **Partei** *f* party; **P. im Armenrecht** pauper, legally aided person; **P.en belehren** to caution the parties; **P. ergreifen** to take sides; **P. nehmen für/gegen jdn to** side with/against so. **abgewiesene Partei** dismissed/nonsuited party, unsuccessful plaintiff; **antrag-**

stellende P. applicant; **arme P.** pauper; **beklagte P.** defendant; **beschwerte P.** aggrieved party; **beteiligte P.** party involved; **betreibende P.** prosecuting party; **eigentliche P.** proper party; **erschienene P.** appearing party; **geladene P.** summoned party; **klägerische P.** suing party; **prozessführende P.** litigant; **säumige P.** defaulting party; **die streitenden P.en** the opposing parties; **unterlegene P.** unsuccessful party; **vertragsbrüchige P.** party in breach of contract; **vertragschließende P.** contracting party

Partei|abrede f agreement by the parties; **P.antrag** m ex-parte application; **P.behauptung** f allegation; **P.betrieb** m principle of party prosecution; **P.eid** m suppletory oath; **P.einvernahme** f hearing of a party; **P.enfinanzierung** f financing of political parties; **p.fähig** adj capable of being a party (to a dispute); **P.fähigkeit** f capacity of being a party (to a dispute), admissibility as a party in court; **P.handlung** f act of a party; **p.isch** adj partisan, partial, biased; **P.lichkeit** f bias; **P.vernehmung** f interrogation of the parties in court, ~ a party; **P.verbot** nt proscription of a party; **P.verrat** m prevarication, double-crossing; **P.vorbringen; P.vortrag** nt/m statement/submission by a party; **P.wechsel** m substitution of a party during court proceedings; **P.wille** m intention of a party; **P.zustellung** f service of documents by a party

Partialschaden m partial loss
Partie f parcel, lot
partiell adj partial
Partikularrecht nt special law
Partner(in) m/f partner
Partnerschaft f partnership; **gleichgeschlechtliche P.** homoerotic marriage; **P.sabkommen** nt partnership agreement; **P.svertrag** m partnership contract
Partnertausch m partner swapping
Parzelle f parcel (of land), plot (of land), lot, piece of land, (fractional) tract of land
parzellieren v/t to divide up into (separate) plots/lots, to parcel (out)
Pass m passport; **abgelaufener P.** expired passport

blinder Passagier stowaway
Passant(in) m/f passer-by
Pass|behörde f passport office; **P.besitzpflicht** f duty to carry a passport; **P.ersatz** m substitute/emergency passport; **P.fälschung** f passport forgery
Passierschein m pass, permit
Passinhaber(in) m/f passport holder
passiv adj passive; **P.a** pl (Bilanz) liabilities; **P.legitimation** f capacity to be sued, right to be a legitimate defendant, ~ answer a complaint as the competent party; **P.masse** f liabilities; **P.posten** m debit item
Pass|kontrollbeamter; P.kontrollbeamtin m/f immigration officer; **P.mitführungspflicht** f duty to carry a passport; **P.vergehen** nt passport offence
Pate m godfather, godparent; **P.nschaft** f sponsorship
Patent nt (letters) patent; **zum P. angemeldet** patent pending; **P. anmelden** to register a patent; **P. auf eine Erfindung anmelden** to apply for a patent on an invention; **P. erhalten** to take out a patent; **älteres P.** prior patent; **mangelhaftes P.** defective patent; **verfallenes P.** lapsed patent
Patent|amt nt Commissioner of Patents [US], Patent Office [GB]; **P.anmelder** m patent applicant; **P.anmeldung** f patent application, application for a patent; **P.anspruch** m patent claim; **P.antrag** m patent application; **P.anwalt; P.anwältin** m/f patent advocate/lawyer [GB]/attorney [US]/agent [GB]; **P.ausübung** f exercise of a patent; **P.begehren** nt patent claim; **P.bemühung** f arrogation of a patent; **P.besitzer(in)** m/f patentee; **P.dauer** f life of a patent; **P.einspruch** m opposition to a patent; **P.einspruchsverfahren** nt patent opposition proceedings; **P.entziehung** f revocation of a patent; **P.erschleichung** f obtaining a patent surreptitiously; **P.erteilung** f grant(ing) of a patent; **p.fähig** adj patentable, capable of being patented; **P.fähigkeit** f patentability; **P.gebühren** pl patent charges; **P.gericht** nt patents court; **P.gesetz** nt patent act
patentier|bar adj patentable; **p.en** v/t to patent

Patent|inhaber(in) *m/f* patentee, patent holder; **P.klage** *f* patent action; **P.lizenz** *f* patent licence; **P.löschung** *f* cancellation of a patent; **P.nichtigkeitsklage** *f* plea of nullity; **P.prozess** *m* patent proceedings; **P.recht** *nt* 1. patent law; 2. patent right; **P.rolle** *f* register of patents, patent register; **P.schrift** *f* patent specification; **P.schutz** *m* patent protection, protection by dint of patent registration; **P.urkunde** *f* letters patent; **P.verfahren** *nt* patent proceedings; **P.verletzung** *f* patent infringement; **P.versagung; P.verweigerung** *f* refusal of a patent; **P.verwertung** *f* exploitation of a patent

Patient(in) *m/f* patient

Patin *f* godmother, godparent

Patrimonialgericht *nt* patrimonial court; **P.sbarkeit** *f* patrimonial jurisdiction

Patrimonium *nt* patrimony

Patron(in) *m/f* patron, sponsor, protector; **P.at** *nt* patronage, sponsorship

Patrone *f* cartridge

pauschal *adj* overall; **P.abfindung** *f* lump-sum settlement/compensation; **P.betrag** *m* lump sum; **P.e** *f* 1. lump sum; 2. flat rate; **P.entgelt** *nt* lump-sum renumeration; **P.entschädigung** *f* lump-sum settlement/compensation; **P.preis** *m* (all-)inclusive price; **P.satz** *m* flat rate; **P.tarif** *m* flat rate; **P.versicherung** *f* blanket insurance; **P.vertrag** *m* all-inclusive contract; **P.wert** *m* overall value; **P.zahlung** *f* lump-sum payment

Penner *m* (*coll*) vagrant, tramp

Pension *f* (old-age) pension; **P.är(in)** *m/f* (old-age) pensioner, senior citizen, retiree [US]

pensionier|en *v/t* to pension off; **p.t** *adj* retired; **P.ung** *f* retirement; **~ aus gesundheitlichen Gründen** retirement on medical grounds

Pensions|alter *nt* retirement/pension age; **P.anspruch** *m* pension entitlement, right to a pension; **P.anwartschaft** *f* pension expectancy; **p.berechtigt** *adj* entitled to a pension; **P.berechtigung** *f* pension entitlement; **P.bezüge** *pl* retirement benefits; **p.fähig** *adj* pensionable; **P.versicherung** *f* retirement insurance

peremptorisch *adj* peremptory, strict

Person *f* 1. person; 2. party; **pro P.** per cap-

ita (*lat.*); **P., die einen Wagen für eine Spritztour benutzt hat** joyrider; **P. ohne festen Wohnsitz** person with/of no fixed abode; **jdn zur P. vernehmen** to question so. about his identity

abhängige Person dependant; **abzuschiebende P.** deportee; **ältere P.** elderly person; **amtsbekannte Person** old offender; **bedachte P.** beneficiary (under a will); **nachfolgend bezeichnete P.** person hereinafter referred to; **illegal eingereiste P.** illegal alien/immigrant; **geeignete P.** suitable person; **juristische P.** distinct legal entity, juristic/juridical/artificial person; **~ des öffentlichen Rechts** legal entity under public law; **natürliche P.** natural person; **unbekannte P.** unknown person; **unerwünschte P.** persona non grata (*lat.*); **verdächtige P.** suspect, suspicious person; **vermisste P.** missing person; **für die zuständige P.** (*Referenz*) to whom it may concern

persona non grata (*lat.*) persona non grata (*lat.*)

Personal *nt* staff, personnel, employees; **P.akte** *f* personal records/file/dossier; **P.aufwendungen** *pl* personnel costs; **P.ausweis** *m* identity card; **P.ausweispflicht** *f* duty to carry an identity card; **P.firma; P.gesellschaft** *f* partnership; **P.haft** *f* detention; **P.handelsgesellschaft** *f* partnership; **P.hoheit** *f* ultimate jurisdiction for appointments

Personalien *pl* personal data/details; **P. aufnehmen** to take down the particulars; **P. feststellen** to establish particulars; **jds. ~ to** establish so.'s identity

Personal|itätsprinzip *nt* principle of personality; **P.kredit** *m* personal/fiduciary loan; **P.rat** *m* staff council; **P.union** *f* personal union; **P.versammlung** *f* staff meeting; **P.vertretung** *f* staff representation, personnel committee

Personen|beförderung *f* carriage/conveyance of passengers, passenger transport(ation); **P.beförderungsentgelt** *nt* fare; **P.beförderungsgesetz** *nt* passenger transport act; **P.beförderungsrecht** *nt* law concerning passenger transport(ation); **P.beförderungsvertrag** *m* contract to carry passengers; **P.durch-**

suchung f frisking, search, patting-down; **P.feststellung** f identification; **P.feststellungsverfahren** nt identification procedure; **P.firma** f unincorporated enterprise; **P.gesellschaft** f unincorporated company; **rechtsfähige** ~ incorporated company; **P.gruppe** f group of persons; **P.handelsgesellschaft** f trading firm, trading partnership; **P.hehlerei** f harbouring a criminal; **P.kraftwagen** m passenger car; **P.kreis** m group of persons; **P.recht** nt law concerning persons; **P.schaden** m physical/ personal injury; **P.schutz** m protection of persons; **P.sorge** f care and custody; **P.stand** m civil/marital/family/ personal status

Personenstands|änderung f change of civil status; **P.buch; P.register** nt register of births, deaths and marriages [GB], ~ marriages and burials [US]; **P.fälschung** f fraudulent alteration of civil status; **P.gesetz** nt civil status act; **P.klage** f action concerning civil status; **P.urkunde** f certificate of civil status

Personen|tarif m passenger fare; **P.überprüfung** f vetting, screening, background check; **P.verband; P.zusammenschluss; P.vereinigung** m/f association (of persons); **P.verkehr** m passenger traffic; **P.versicherung** f personal insurance; **P.verwechslung** f mistaken identity

persönlich adj personal, private; **P.keit** f personality

Persönlichkeits|entwicklung f development of personality; **P.mangel** m personality defect; **P.recht** nt right of privacy/ personality; **P.schutz** m protection of personality; **P.verletzung** f violation of personal rights

pervers adj perverse

Petent m petitioner

Petition f petition; **P.sausschuss** m committee on public petitions; **P.srecht** nt right of petition

petitorisch adj petitionary

Petitum nt petition, prayer, request, demand

Pfand nt 1. pawn, pledge, security, collateral; 2. (Leergut) deposit; **P. auslösen/einlösen** to redeem a pawn; **ver-**

tragliches P. contractually agreed lien; **P.abstand** m return unsatisfied, certificate of nulla bona (lat.); **P.auslösung** f redemption of a pawn/pledge

pfändbar adj leviable, distrainable, attachable; **P.keit** f attachability

Pfand|besitzer m pawnee, pledgee; **P.besteller** m pawnor, pledgor; **P.bestellung** f pawning, pledging; **P.brief** m (mortgage) bond, debenture; **P.briefanstalt** f mortgage bond institution; **P.einlösung** f redemption of a pawn/pledge

pfänden v/t to levy/sequestrate/distrain/ seize/attach

Pfand|entstrickung f release from a lien, misappropriation of goods under attachment; **P.erstreckung** f extension of a lien; **P.flasche** f return(able) bottle; **P.forderung** f mortgage claim, claim secured by a pledge; **P.freigabe** f release from a lien; **P.geber(in)** m/f pawnor, pledgor; **P.gegenstand** m pledged item; **P.gläubiger(in); P.halter(in); P.inhaber(in)** m/f pledgee, pawnee, lienor, lienholder; **P.haft** f attachment; **P.haus** nt pawnshop; **P.herausgabe** f surrender of a pledge; **P.hinterlegung** f deposit of a pledged item; **P.kehr** f unlawful recovery of pledged items; **P.leihanstalt** f pawnshop; **P.leihe** f pawnbroking; **P.leiher** m pawnbroker; **P.missbrauch** m abuse of a pawn/pledge; **P.nehmer** m pledgee, pawnee

Pfandrecht nt (right of) lien; **P. des Frachtführers** carrier's lien; ~ **Gastwirtes** publican's lien; ~ **Vermieters** landlord's lien; **P. bestellen** to create a lien; **erweitertes P.** extended lien; **gesetzliches P.** statutory lien; **kaufmännisches P.** commercial lien; **nachrangiges P.** junior lien; **vertragliches P.** contractual lien; **P.sübergang** m transfer of lien

Pfand|reife f maturity of a chattel mortgage; **P.rückgabe** f return of a pledged item; **P.sache** f pledged item; **P.schein** m pawn ticket; **P.schuldner** m pawnor, pledgor; **P.siegel** nt bailiff's stamp/seal

Pfändung f levy of execution, distraint, seizure, attachment; **P.sversuch erfolglos** m; **fruchtlose P.** nulla bona (lat.), no goods

Pfändungs|anordnung *f* writ of fieri facias *(lat.)*; **P.anzeige** *f* notice of execution; **P.befehl; P.beschluss** *m* attachment/garnishee order, distress warrant; **P.gläubiger** *m* attaching/execution creditor; **P.pfand** *nt* distraint pledge; **P.schuldner** *m* distrainee, execution debtor; **P.schutz** *m* exemption from execution/distraint; **P.verfügung** *f* garnishee order, distress warrant; **P.verkauf** *m* execution/distress sale

Pfand|unterschlagung *f* conversion of a pledge for own use; **P.urkunde** *f* letter of hypothecation; **P.verfall** *m* forfeiture of pledged property, foreclosure; **P.verkauf** *m* distress sale; **P.verschleppung** *f* unlawful removal of a pledged/pawned item; **P.versteigerung** *f* auction of distrained goods; **P.verstrickung** *f* attachment under a lien; **P.verwahrung** *f* custody of pledged/pawned goods; **P.verwirkung** *f* forfeiture of pledged/pawned goods

Pflege *f* 1. care, nursing; 2. *(Kfz)* maintenance; **P.befohlener** *m* ward (of court); **P.eltern** *f* foster parents; **P.familie** *f* foster family; **P.kind** *nt* foster child; **P.mutter** *f* foster mother

pflegen *v/t* to take care of, to nurse, to look after

Pflege|r *m* 1. *(Vormund)* guardian; 2. *(Nachlass)* trustee; 3. *(Kustos)* curator; 4. *(Aufseher, Wächter)* custodian; 5. *(Krankenpfleger)* male nurse; **P.recht** *nt* law on nursing care; **P.vater** *m* foster father; **P.versicherung** *f* nursing-care insurance

Pflegling *m* ward (of court)

Pflegschaft *f* 1. *(Aufsicht, Obhut)* custody; 2. *(Vormundschaft)* guardianship, tutelage; 3. *(Nachlass)* trusteeship; 4. curatorship

Pflicht *f* duty, obligation; **P. erfüllen** to discharge a duty; **P.en übernehmen** to assume duties; **~ verletzen** to neglect one's duties

ausdrückliche Pflicht express obligation; **eheliche P.** conjugal/marital duty; **gesetzliche P.** statutory duty; **sittliche P.** moral duty; **stillschweigende P.** implied obligation; **vertragliche P.** contractual obligation

Pflicht|angabe *f* statutory declaration; **p.bewusst** *adj* conscientious

Pflichten *pl* obligations; **P.enkollision** *f* conflict of duties, clash of responsibilities

Pflichtexemplar *nt* statutory copy; **p.gemäß** *adj* in accordance with one's duties

Pflichtteil *m* statutory/compulsory portion; **P.ergänzungsanspruch** *m* right to augmentation of the compulsory/statutory portion; **P.sanspruch** *m* entitlement to a statutory portion; **P.sberechtigte(r)** *f/m* person entitled to a statutory portion; **P.sbeschränkung** *f* limitation of the statutory portion; **P.srecht** *nt* right to a statutory portion

Pflicht|verletzung *f* neglect/breach/dereliction of duty, misfeasance; **gröbliche ~** gross dereliction of duty; **P.versäumnis** *nt* neglect of duty; **P.versicherung** *f* statutory insurance; **P.verstoß** *m* violation of duty; **P.verteidiger(in)** *m/f* court-appointed counsel; **p.widrig** *adj* in breach of one's duties/duty; **P.widrigkeit** *f* breach of duty

Pfründe *f* sinecure

Phantomschmerz *m* phantom limb pain

Phantomzeichnung *f* identikit, photofit picture

Pirat *m* 1. pirate; 2. *(Flugzeug)* hijacker; **P.erie** *f* piracy

Pistole *f* pistol

plädieren *v/i* to plead, to sum up

Plädoyer *nt* plea, pleading(s), summing up

Plagi|at *nt* plagiarism; **P.ator** *m* plagiarist; **p.ieren** *v/t* to plagiarize

Plakette *f* badge

Plan *m* plan, scheme; **P.feststellung** *f* project approval; **P.feststellungsverfahren** *nt* planning procedure; **P.stelle** *f* established post

Planung *f* planning; **P.samt** *nt* planning department, **P.sbehörde** *f* planning authority; **P.srecht** *nt* planning law; **P.svorschriften** *pl* planning regulations

Plastikhandfessel *f* plastic handcuffs

Plazet *nt* approval, assent, consent

Platzgeschäft *nt* spot contract, local transaction

pleite *adj (coll)* bust *(coll)*; **P.** *f* failure, bankruptcy; **P.geier** *m (fig)* threat of bankruptcy

Plenum *nt* plenum, plenary session, general assembly

plombieren *v/t* to seal

Plünder|er *m* plunderer, pillager, looter; **p.n** *v/t* to loot/plunder; **P.ung** *f* looting, plundering

pönal|isieren *v/t* to penalize; **P.ie** *f* penalty

Police *f* (insurance) policy; **P.ninhaber** *m* policyholder

Politesse *f* traffic warden, meter maid *(coll) [US]*

Politik *f* 1. *(allg.)* politics; 2. *(spezielle Vorgehensweise)* policy

politisch *adj* political

Polizei *f* police (force); **jdn bei der P. anzeigen** to report so. to the police; **von der P. festgenommen werden** to be arrested by the police; **sich der P. stellen** to give os. up to the police; **jdn der P. übergeben** to give so. into the custody of the police; **von der P. verhört/vernommen werden** to be questioned by the police, to help the police with their inquiries

Polizei|anordnung *f* police order; **P.aufgebot** *nt* police detachment; **P.aufsicht** *f* police supervision; **unter ~ stehen** to have to report (regularly) to the police; **P.beamter** *m* police officer; **P.beamtin** *f* woman police officer; **P.behörde** *f* police authority; **P.gewahrsam** *m* police custody; **P.griff** *m* arm-lock, wristlock; **P.helfer** *m* auxiliary police officer; **P.kette** *f* police cordon; **P.knüppel** *m* truncheon; **P.kommissar(in)** *m/f* police inspector; **P.ordnung** *f* police regulations; **P.präsident(in)** *m/f* chief of police, chief constable; **P.präsidium** *nt* police headquarters; **P.razzia** *f* police raid; **P.recht** *nt* police law; **P.revier** *nt* police station; **P.schutz** *m* police protection; **unter ~ stellen** to place under police protection; **P.spitzel** *m* 1. police informer; 2. undercover agent; **P.staat** *m* police state; **P.streife** *f* police patrol; **P.stunde** *f* (statutory) closing time; **P.verfügung** *f* police order; **P.verordnung** *f* police ordinance; **P.verwaltung** *f* police administration; **P.verwaltungsgesetz** *nt* police administration act

Polizist *m* policeman, police officer, police constable; **P.in** *f* policewoman

Polygamie *f* polygamy

Popularklage *f* taxpayer's suit

Pornografie *f* pornography; **p.isch** *adj* pornographic

Porogation *f* prorogation

Position *f* position

positiv *adj* positive

possessorisch *adj* possessory

Post *f* 1. post office; 2. postal service, mail (service); **mit getrennter P.** under separate cover; **ausgehende P.** outgoing mail; **eingehende P.** incoming mail; **p.alisch** *adj* postal; **P.anschrift** *f* postal address; **P.anweisung** *f* money order; **P.diebstahl** *m* mail theft; **P.einlieferungsschein** *m* postal receipt

Posten *m* 1. *(Stelle)* post, position; 2. *(Bilanz)* item

Post|geheimnis *nt* secrecy of mail, postal secrecy; **P.gesetz** *nt* postal services act; **p.lagernd** *adv* poste restante *(frz.)*, to be called for, general delivery *[US]*; **P.leitzahl** *f* post code *[GB]*, zip code *[US]*; **P.ordnung** *f* postal regulations; **P.privileg** *nt* postal privilege; **P.sperre** *f* suspension of mail; **P.stempel** *m* postmark; **P.übersendung** *f* conveyance by mail/post

Postulat *nt* demand, postulate; **P.ionsfähigkeit** *f* right of audience, capacity to conduct a case in court

postulieren *v/t* to postulate/demand/claim

Post|vergehen *nt* postal offence; **P.vollmacht** *f* authority to accept mail; **p.wendend** *adv* by return of post/mail; **P.zensur** *f* postal censorship; **P.zustellung** *f* postal delivery; **P.zustellungsurkunde** *f* postal certificate of delivery

potenziell *adj* potential, possible

Potestativbedingung *f* potestative condition

Präambel *f* preliminaries, prelims *(coll)*, preamble

praescriptio *(lat.)* prescription

Prägesiegel *nt* embossed seal

Präjudiz *nt* (judicial) precedent, leading case, prejudice, preliminary judgment, prejudication; **P.ienrecht** *nt* case law, law of precedent

präjudizieren *v/t* to prejudge (a case), to pass a preliminary judgment (on sth.)

präkludieren *v/t* to preclude/bar/foreclose

Präklus|ion *f* bar, preclusion, foreclosure; **P.ivfrist** *f* deadline

Praktik *f* practice(s); **P.ant(in)** *m/f* trainee, intern; **P.en** *pl* practices; **missbräuchliche ~** abusive practices

praktizieren *v/t* to practise; **freiberuflich p.** to free-lance

Prälegat *nt* preferential legacy

Präliminarien *pl* preliminaries, prelims *(coll)*

Prämie *f* premium, bonus

Pranger *m* pillory; **jdn an den P. stellen** to pillory so.

Prärogativ *f* prerogative

präsid|ieren *v/t* to preside; **P.ium** *nt* presiding committee, executive board, presidium

Präsumption *f* presumption, assumption

Prätendent *m* pretender

Prävarikation *f* prevarication

Prävent|ion *f* prevention; **p.iv** *adj* preventive

Praxis *f* 1. practice; 2. *(Erfahrung)* practical experience

Präzedenz *f* precedence

Präzedenzfall *m* (judicial) precedent; leading case/decision; **sich über einen P. hinwegsetzen** to overrule a precedent; **P. schaffen** to set a precedent; **maßgeblicher P.** leading case

Präzedenzrecht *nt* case law

Preis *m* 1. *(Belohnung)* prize, award; 2. *(Kaufpreis)* price, cost, rate, tariff; **überhöhter P.** excessive price; **ungerechter P.** unjustified price

Preisabrede *f* price-fixing agreement; **P.angabe** *f* pricing; **P.ausschreiben** *nt* competition; **P.bindung** *f* control of prices, price fixing, price control, price maintenance; **~ der zweiten Hand** retail price maintenance; **P.empfehlung** *f* price recommendation; **unverbindliche ~** recommended price; **P.festsetzung** *f* price fixing

Preisgabe *f* disclosure, surrender, abandonment; **P. von Staatsgeheimnissen** disclosure of official secrets

preisgeben *v/t* 1. *(enthüllen)* to reveal/

disclose/divulge; 2. *(aufgeben)* to abandon/relinquish, to give up

Preis|gleitklausel *f* escalator clause; **P.kartell** *nt* price ring/cartel; **P.treiberei** *f* deliberate overcharging, forcing-up of prices; **P.verstoß** *m* pricing offence; **P.wucher** *m* profiteering

Prellung *f* bruise

Presse *f* press; **der P. mitteilen** to release to the press

Presse|delikt *nt* offence by press publication; **P.erklärung** *f* press release; **P.freiheit** *f* freedom of the press; **P.geheimnis** *nt* press privilege; **P.gesetz** *nt* press act; **P.knebelung** *f* gagging (of) the press; **P.mitteilung** *f* press release; **P.recht** *nt* press law; **P.stelle** *f* press office; **P.vergehen** *nt* press offence; **P.verlautbarung** *f* press release; **P.zensur** *f* press censorship

prima-facie-Beweis *m* prima-facie evidence

Primat *m* primacy

Prinzip *nt* principle, doctrine

Prinzipal *m* principal, employer

prinzipiell *adj* fundamental; *adv* 1. *(aus Prinzip)* on principle, 2. *(im Prinzip)* in principle

Prinzipien *pl* principles

Priorität *f* priority, precedence

Prioritäts|anspruch *m* prior/senior claim; **P.gläubiger** *m* preferential creditor; **P.prinzip** *nt* principle of priority; **P.recht** *nt* preference, senior right; **P.zession** *f* prior assignment

Prise *f* prize

privat *adj* private, personal; **P.angelegenheit** *f* private matter; **P.anschrift** *f* private address; **P.autonomie** *f* private autonomy; **P.besitz** *m* private property; **P.detektiv** *m* private detective; **P.eigentum** *nt* 1. private property; 2. private ownership; **P.entnahmen** *pl* private withdrawals; **P.geheimnis** *nt* personal secret; **P.gewässer** *nt* private waters

privatisieren *v/t* to privatize, to transfer to private ownership

Privatisierung *f* privatization, denationalization, transfer to private ownership

Privatklage *f* *(Strafverfahren)* private prosecution; **P. erheben** to bring a private prosecution; **P.delikt** *m* offence liable to private prosecution; **P.verfahren** *nt* private-law proceedings

Privatkläger(in) *m/f (Strafverfahren)* private prosecutor

Privatperson *f* private person

Privatrecht *nt* private law; **formelles P.** formal private/adjective law; **internationales P.** international private law; **materielles P.** material private law, substantive private law; **p.lich** *adj* private-law; **P.sordnung** *f* system of private law; **P.sweg** *m* recourse to civil courts

Privatsphäre *f* private life, privacy; **in jds P. eindringen** to invade so.'s privacy

Privat|stiftung *f* private foundation; **P.straße** *m* private road; **P.verfahren** *nt* private-law proceedings; **P.vermögen** *nt* personal/private assets; **P.versicherung** *f* private insurance; **P.versicherungsrecht** *nt* law on private insurance; **P.wohnung** *f* private dwelling

Privileg *nt* privilege, special right; **p.ieren** *v/t* to (grant a) privilege

Proband(in) *m/t* probationer

Probe *f* 1. *(Muster)* sample, specimen; 2. *(Prüfung)* test, trial; **auf P.** on approval; **P.fall** *m* test case; **P.kauf** *m* sale on approval; **P.nahme** *f* sampling; **P.vertrag** *m* tentative agreement; **P.zeit** *f* probation period

Problem *nt* problem; **juristisches P.** legal problem

Produkt *nt* product; **mangelhaftes P.** defective/faulty product; **P.haftung** *f* product liability; **P.haftungsfall** *m* product liability case; **P.haftungsgesetz** *nt* product liability act

Produktiv|kapital *nt* productive capital; **P.vermögen** *nt* earning/productive assets

Produkt|mängel *pl* product defects; **P.piraterie** *f* product piracy

Produzent *m* producer, manufacturer; **P.enhaftung** *f* product/producer's/manufacturer's liability

produzieren *v/t* to produce/manufacture

Prognose *f* prognosis, prediction

Proklam|ation *f* proclamation; **p.ieren** *v/t* to proclaim

Prokura *f* corporate power of attorney, procuration, proxy; **per P.** per pro, per

procurationem (p.p.) *(lat.)*; **P. erteilen** to confer power of procuration (on so.); **P.tor** *m* procurator, proctor

Prokurist(in) *m/f* authorized signatory

Prolongation *f* renewal, prolongation, extension; **P.srecht** *nt* right of renewal

prolongieren *v/t* to prolong/extend/renew

Promille *f* per mille; **P.grenze** *f* (legal) blood alcohol limit, per mil limit; **weit über der ~ liegen** to be way over the limit

Promo|tion *f* awarding (of) a doctorate; **p.vieren** *v/t* to obtain a doctorate

promulgieren *v/t* to promulgate

Propaganda *f* propadanda

Properhändler *m* trader on own account

Proponent *m* proposer

proportional *adj* proportional, proportionate, pro rata

Proporz *m* proportional representation (PR)

pro rata pro rata

Prorogation *f* prorogation (of jurisdiction)

Proskription *f* proscription

Prospekt *nt* prospectus; **P.haftung** *f* prospectus liability

Prostituierte *f* prostitute

Prostitution *f* prostitution; **P.sgesetz** *nt* prostitution act

Protektorat *nt* protectorate

Protest *m* protest; **P. mangels Annahme** protest for non-acceptance; **~ Zahlung** protest for non-payment; **P. demonstrieren/erheben** to protest; **P.anzeige** *f* notice of protest

protestieren *v/i* to protest/remonstrate/object

Protokoll *nt* 1. report; 2. *(Gerichtsverhandlung)* record/transcript (of proceedings); 3. *(Sitzung)* minutes; 4. *(Polizei)* statement; 5. *(Völkerrecht)* protocol; **für das P.** for the record; **ins P. aufnehmen** to put on record; **P. führen** to keep the minutes; **etw. zu P. geben** 1. *(Polizei)* to say sth. in a statement (to the police); 2. to have sth. recorded;; **~ im P. vermerken** to have sth. recorded in the minutes

Protokollant(in) *m/f* 1. *(Gerichtsverhandlung)* clerk of the court; 2. *(Sit-*

zung) keeper of the minutes; **P.führer** *m* recording clerk, recorder; **P.führung** *f (Gericht)* recording (of) the proceedings

protokollier|en *v/t* to take (down) the minutes/statements, to record/minute; **P.ung** *f* keeping (of) the minutes

Provision *f* commission, factorage, brokerage

provisorisch *adj* provisional, makeshift

Provo|kation *f* provocation; **p.zieren** *v/t* to provoke

Prozedur *f* procedure, process

Prozess *m* 1. *(StR)* trial; 2. *(ZR)* action; 3. *(Rechtsfall)* court case; 4. *(ziv. Rechtsstreit)* litigation; 5. *(Verfahren)* proceedings; 6. *(Klage)* (law)suit; 7. *(Vorgang)* process; 8. *(Vorgehensweise)* procedure; **P. anstrengen** to proceed/litigate; **P. gegen jdn anstrengen** to bring an action against so., to institute legal proceedings against so.; **P. betreiben** to litigate; **P. einleiten** to institute legal proceedings; **P. führen** to litigate; **P. verlieren** to lose a case; **P. verschleppen** to protract an action

anhängiger Prozess pending suit; **schikanöser P.** vexatious suit; **zivilrechtlicher P.** action

Prozess|akte *f* case record(s)/file(s); **P.akten** *pl* proceedings, files of the proceedings; **P.anwalt; P.anwältin** *m/f* trial lawyer, barrister *[GB]; f* barrister *[GB];* **P.befugnis** *f* entitlement to sue; **P.behauptung** *f* allegation, proposition; **P.beitritt** *m* intervention; **P.beteiligte(r)** *f/m* counsel, attorney; **P.betrug** *m* deceitful plea, malicious use of process, collusion; **P.bevollmächtigte(r)** *f/m* counsel, attorney of record *[US];* **P.dauer** *f* duration of proceedings/trial; **P.eid** *m* oath in litem *(lat.);* **P.eröffnungsbeschluss** *m* decision to proceed to the main trial; **p.fähig** *adj* capable of suing, fit to plead, entitled to plead/sue; **P.fähigkeit** *f* capacity to sue (and to be sued); **p.führend** *adj* litigant, conducting a case; **P.führende(r)** *f/m* litigant

Prozessführung *f* conduct of a trial/case, litigation; **P.sbefugnis** *f* standing to sue; **P.srecht** *nt* right to sue and be sued; **~**

für Aktivprozesse right to sue; **~ für Passivprozesse** right to be sued

Prozess|gebühr *f* general fee for court proceedings; **P.gegner** *m* adverse/opposing party; **P.gericht** *nt* trial court; **P.handlung** *f* procedural act of a party, step in the proceedings; **P.hilfe** *f* legal aid; **P.hindernis** *nt* impediment/bar to an action

prozessieren *v/i* to litigate/sue, to institute proceedings; **P.** *nt* litigation

Prozesskosten *pl* 1. legal costs/charges, cost of proceedings/litigation; 2. *(von unterliegender Partei an obsiegende Partei zu erstatten)* taxation fee; **P. festsetzen** to tax the costs; **P.hilfe** *f* legal aid, green form scheme *[GB];* **~ zubilligen** to allow legal aid

Prozess|lage *f* stage of proceedings; **P.mandat** *nt* brief; **P.ordnung** *f* rules of practice, court rules, code of procedure; **P.partei** *f* party (to a dispute), litigant party, party to the proceedings; **P.pfleger(in)** *m/f* guardian ad litem *(lat.);* **P.praxis** *f* court practice; **P.recht** *nt* adjective/procedural law, law of procedure; **P.sache** *f* cause, case; **P.schriftsätze** *pl* pleadings; **P.standschaft** *f* representative action, standing to sue; **P.sucht** *f* litigiousness; **p.süchtig** *adj* litigious; **P.termin** *m* date of hearing/trial; **P.trennung** *f* severance of action; **p.ual** *adj* procedural; **p.unfähig** *adj* incapable of suing, unfit to plead; **P.unfähigkeit** *f* procedural incapacity; **P.urteil** *nt* judgment on procedural grounds; **P.verbindung** *f* joinder of actions; **P.vergleich** *m* settlement of an action, consent judgment, court settlement; **P.verlauf** *m* course of proceedings; **P.verschleppung** *f* delaying (of) proceedings, protracting (of) a lawsuit, dilatory methods; **P.vertreter(in)** *m/f* counsel; **P.vertretung** *f* representation in court; **P.verzicht** *m* waiver of action; **P.vollmacht** *f* mandate, power of attorney (for legal proceedings); **P.voraussetzung** *f* procedural requirement; **P.vorbereitung** *f* preparation of a case

prüfen *v/t (Bilanz)* to audit/test/inspect/ review/investigate/examine/verify

Prüfer(in) *m/f* 1. tester; 2. inspector; 3. *(Bilanz)* auditor
Prüfgutachen *nt* auditor's opinion
Prüfling *m* candidate, examinee
Prüfung *f* 1. *(Bilanz)* audit; 2. examination; 3. check, inspection; 4. test, trial; **materielle P.** material examination
Prüfungs|ausschuss *m* board of examiners; **P.behörde** *f* examining authority; **P.bericht** *m* audit report, auditor's opinion; **P.ordnung** *f* examination regulations; **P.pflicht** *f* duty to inspect; **P.protokoll** *nt* inspection records; **P.recht** *nt* right of inspection; **richterliches ~** right of judicial review; **P.vermerk** *m (Bilanz)* auditor's opinion
prügel|n *v/t* to beat/whip/flog; **P.strafe** *f* corporal punishment, whipping
Pseudonym *nt* pseudonym
Psych|e *f* psyche, mind; **P.iatrie** *f* psychiatry, psychiatric hospital; **p.isch** *adj* psychic
Psychopath|(in) *m/f* psychopath; **P.ie** *f* psychopathy; **p.isch** *adj* psychopathic
Psychose *f* psychosis
publik *adj* public, generally known
Publikum *nt* audience, public; **P.sgesellschaft** *f* open corporation *[US]*, public limited company (plc) *[GB]*
Publizität *f* publicity, public disclosure; **negative P.** adverse publicity; **P.spflicht** *f* disclosure requirement; **P.sprinzip** *nt* principle of public disclosure
Puff *m (coll)* brothel, whorehouse
sich die Pulsader aufschneiden to slash one's wrists
Pumpgewehr *nt* pump-action gun
Punkt *m* 1. point, count; 2. *(Verkehrszentralregister)* penalty point; **strittiger P.** point at issue; **toter P.** *(Ermittlungen)* deadlock; **P.ation** *f* draft contract; **P.esystem** *nt* points system for traffic offences; **p.uell** *adj* selective
Pupille *f* pupil; **erweiterte P.** dilated pupil; **P.nreaktion** *f* pupillary response
putativ putative; **P.notstand** *m* imaginary necessity/emergency; **P.notwehr** *f* imaginary self-defence
Putsch *m* putsch, coup, coup d'état *(frz.)*
putschen *v/i* to carry out a putsch

Q

Qual *f (Martyrium)* ordeal
quäl|en *v/t* 1. *(jdm zusetzen)* to pester; 2. *(misshandeln)* to torture; 3. *(peinigen)* to torment; **q.end** *adj* agonizing; **Q.erei** *f* cruelty, torment, ordeal
Qualifikation *f* 1. qualification; 2. *(Eignung)* eligibility; **Q. für ein Amt** eligibility for (an) office; **berufliche Q.** professional/job qualification; **fachliche Q.** professional qualification
Qualifikations|freiheit *f* freedom to construe; **Q.nachweis** *m* proof/verification of qualification(s); **Q.profil** *nt (Arbeitnehmer)* qualification profile
qualifizier|en *v/t* to qualify; **etw. als etw. ~** *(klassifizieren)* to qualify sth. as sth.; **jdn für etw. ~** *(befähigen)* to qualify so. for sth.; **sich ~** *v/refl* to qualify, to become eligible(for); **q.t** *adj* 1. *(Arbeitskraft)* skilled; 2. *(Straftat)* aggravated; 3. *(Geständnis, Mehrheit)* qualified
Qualifizierung *f* qualification; **berufliche Q.** occupational qualification
Qualität *f* quality; **Q. laut Besicht** quality subject to approval; **~ Muster** quality as per sample
ausgesuchte Qualität choice quality; **erstklassige Q.** prime quality; **gute Q. und Beschaffenheit** good merchantable quality and condition; **handelsübliche Q.** merchantable/standard quality; **minderwertige Q.** inferior quality; **unzureichende Q.** unsatisfactory quality; **vereinbarte Q.** stipulated quality; **zugesicherte Q.** assured/warranted quality
Qualitäts|abweichung *f* deviation from quality; **Q.arbeit** *f* quality workmanship; **Q.beanstandung** *f* notice of defect in quality; **Q.bescheinigung** *f* certificate of quality; **Q.beurteilung** *f* quality rating/assessment; **Q.bezeichnung** *f* designation of quality; **Q.fehler** *m* defect of quality; **Q.klasse** *f* grade; **Q.kontrolle** *f* quality control; **Q.mangel** *m* defect of quality, defective qual-

ity; **Q.marke** *f* mark of quality; **Q.min-derung** *f* deterioration in quality, impairment of quality; **Q.niveau** *nt* quality level; **Q.norm** *f* quality standard; **Q.produkt** *nt* high-grade product; **Q.sicherung (QS)** *f* quality assurance (QA); **Q.siegel** *nt* seal of quality; **Q.überwachung** *f* quality control; **Q.vorschrift** *f* quality specification; **Q.zeichen** *nt* certification *[US]*/quality mark; **Q.zeugnis** *nt* certificate of quality; **Q.zusicherung** *f* quality assurance

quanti|fizierbar *adj* quantifiable; **q.fizieren** *v/t* to quantify; **etw.** ~ to put a figure to sth.; **q.tativ** *adv* in terms of quantity; **Q.tätsmangel** *m* defect as to quantity

Quarantäne *f* quarantine; **Q. aufheben** to lift the quarantine; **aus der Q. entlassen** to discharge from quarantine; **unter Q. stellen** to put in/under quarantine, to quarantine

Quarantäne|attest *nt* bill of health; **Q.bestimmungen** *pl* quarantine regulations; **Q.prüfung** *f* quarantine inspection; **Q.station** *f* quarantine ward; **Q.verletzung** *f* infringement/breach of quarantine regulations

Quartier *nt* quarters, accommodation

Quasi|delikt *nt* quasi-tort; **Q.geld** *nt* quasi-money; **q.gerichtlich** *adj* quasi-judicial; **Q.kontrakt** *m* quasi-contract; **q.öffentlich** *adj* quasi-public; **Q.splitting** *nt* splitting of spouses' future pension rights; **q.vertraglich** *adj* quasi-contractual

Queen's Counsel werden to take silk *[GB]*

Quelle *f* 1. source, origin; 2. *(Belegstelle)* authority; **aus amtlicher Q.** from an official source; ~ **guter Q.** on good authority

Quellenabzug *m* 1. withholding; 2. *(Steuer)* deduction at source; **Q.ssteuer** *f* withholding tax; ~ **erheben** to tax at source

Quellenabzugssteuerverfahren *nt* withholding scheme, pay-as-you-earn system (PAYE) *[GB]*, pay-as-you-go system *[US]*

Quellen|angabe *f* citing of sources; **Q.besteuerung** *f* taxation at source;

Q.staat *m* source country; **Q.steuer** *f* tax deducted at source, withholding tax

queng|elig *adj* whining, whinging; **Q.elei** *f* whining

Querele *f* argument

Querschnitt *m* cross-section

Querulant *m/f* 1. querulous/litigious person, troublemaker, griper *(coll)*; 2. *(Prozesshansel)* vexatious litigant

Querverweis *m* cross-reference

Quetsch|ung *f* crushing; **Q.wunde** *f* contusion

quittieren *v/t* 1. to receipt/acknowledge; 2. *(Dienst)* to quit

Quittung *f* receipt; **gegen Q.** against (a) receipt, on production of a receipt; **Q. aufheben** to retain a receipt; **Q. ausstellen** to make out a receipt; **Q. erteilen** to issue a receipt; **löschungsfähige Q.** 1. statutory receipt; 2. *(Grundbuch)* deed of release; **ordnungsgemäße Q.** proper receipt; **Q.sinhaber(in)** *m/f* receipt holder

Quorum *nt* quorum; **Q. bilden** to form a quorum

Quote *f* 1. *(Menge)* quota; 2. *(Zuteilung)* allocation; 3. *(Anteil)* proportion, rate; **verbindliche Q.** mandatory quota

Quoten|regelung *f* 1. quota system/regime; 2. *(Minderheiten, Frauen)* positive discrimination *[GB]*, affirmative action *[US]*; **Q.überprüfung** *f* quota review; **Q.vereinbarung** *f* quota agreement; **Q.verteilung** *f* distribution according to quotas; **Q.vorrecht** *nt* quota preference; **Q.zuteilung** *f* quota allocation, allocation of quotas

Quotient *m* quotient

quotier|en *v/t* to allocate/allot; **Q.ung** *f* quotation

R

Rabulist *m* hair-splitter, equivocator, pettifogger; **r.isch** *adj* hair-splitting, equivocating, pettifogging

Rache *f* revenge, vengeance; **R.akt** *m* act of revenge

Radar|falle *f* radar trap; **R.kamera** *f* radar/speed camera

Rädelsführer(in) *m/f* ringleader

radfahren *v/i* to cycle; **R.** *nt* cycling; **R. verboten** no cycling

Radikal|er *m* radical; **R.ismus** *m* radicalism

Radweg *m* cycle path

Radio *nt* wireless; **r.aktiv** *adj* radioactive

Raffgier *f* greed; **r.ig** *adj* money-grubbing

raffiniert *adj* sophisticated

Rahmen *m* scope, framework, outline; **im R. von** within the framework/scope of; **~ des Abkommens** under the agreement; **R. des Gesetzes** scope of the law; **rechtlicher R.** legal framework; **zeitlicher R.** time frame

Rahmen|abkommen *nt* umbrella/skeleton agreement; **R.bedingungen** *pl* outline conditions; **gesetzliche ~** legal framework; **R.gesetz** *nt* skeleton law, omnibus act *[US]*; **R.gesetzgebung** *f* framework/skeleton legislation; **R.kompetenz** *f* general jurisdiction; **R.police** *f* master policy; **R.recht** *nt* skeleton law; **R.richtlinie** *f* outline directive; **R.tarif** *m* *(Lohn)* skeleton wage agreement; **R.vertrag** *m* skeleton contract; **R.vorschriften** *pl* general/outline regulations, **~** provisions

rammen *v/t* to ram

Ramschverkauf *m* jumble *[GB]*/rummage *[US]* sale

Rand *m* margin

randalier|en *v/i* to go on the rampage; **R.er(in)** *m/f* rioter, hooligan

Rand|bemerkung *f* 1. marginal note; 2. *(Richter)* obiter dictum *(lat.)*; **R.bezirk** *m* outskirts; **R.gebiet** *nt* fringe area; **R.staat** *m* border state; **R.stein** *m* kerb *[GB]*, curb *[US]*; **R.streifen** *m* *(Autobahn)* (hard) shoulder

Rang *m* 1. *(Reihenfolge)* rank, order; 2. *(Sachenrecht)* priority; 3. *(Stellung)* rank, status, position; **R. einer Forderung** rank of a debt; **~ Hypothek** rank of a mortgage; **R. des Pfandrechts** rank of the lien

im Rang gleichstehen to be equalranking; **gleichen R. haben** to be equalranking; **im R. nachstehen** to rank after; **~ vorgehen** to have priority (over sth.)

rang|älter *adj* senior; **r.gleich** *adj* equalranking, of equal rank

älterer Rang prior rank

Rang|abzeichen *nt* badge of rank; **R.änderung** *f* change of rank/priority; **R.bestimmung** *f* ranking; **~ von Gläubigern** marshalling of creditors; **R.folge** *f* order of rank, sequence of priority; **~ der Gläubiger** ranking of creditors

Rang|ordnung *f* ranking, precedence; **~ von Pfandrechten** ranking of liens; **R.rücktritt** *m* *(Grundbuch)* postponement of priority; **R.rücktrittserklärung** *f* deed of postponement; **R.stelle** *f* rank; **R.stellenvermerk** *f* priority note; **R.unterschied** *m* difference in status; **R.verhältnis** *nt* priority; **~ von Grundstücksbelastungen** order of priorities of encumbrances; **R.vorbehalt** *m* reservation of rank/priority; **R.vormerkung** *f* *(Grundbuch)* priority caution

Ränke schmieden *pl* to intrigue

Rasse *f* race; **ohne Rücksicht auf die R.** irrespective of race

Rassen|diskriminierung racial discrimination; **R.frage** *f* race issue; **R.gesetzgebung** *f* racial legislation; **R.hass** *m* racial hatred; **R.hetze** *f* incitement to racial strife; **R.krawall** *m* race riot; **R.trennung** *f* racial segregation; **R.verfolgung** *f* racial persecution; **R.vorurteil** *nt* racial prejudice

Rassis|mus *m* racism; **r.tisch** *adj* racist

Rasterfahndung *f* computer search

Rat *m* 1. advice, counsel; 2. *(Versammlung)* council; **R. einholen** to seek advice; **juristischer R.** legal advice

Rate *f* 1. *(Anteil)* rate; 2. *(Teilbetrag)* instalment; **mit einer R. im Rückstand sein** to be in arrears with an instalment; **überfällige R.** past-due instalment; **vereinbarte R.n** agreed instalments

Raten|bedingungen *pl* hire purchase terms; **R.geschäft** *nt* hire purchase transaction; **R.kauf** *m* hire purchase, instalment buying; **R.kaufvereinbarung; R.kaufvertrag** *f/m* hire-purchase agreement

Ratenzahlung *f* instalment, payment in

instalments; **R.sgesetz** *nt* Hire Purchase Act *[GB]*

Ratgeber *m* advisor, counsellor

Ratifi|kation *f* ratification; **R.kationsurkunde** *f* *(Völkerrecht)* instrument of ratification; **r.zieren** *v/t* to ratify; **R.zierung** *f* ratification

rationalisieren *v/t* to rationalize/streamline

rationell *adj* efficient, economical

Rationierung *f* rationing

ratsam *adj* advisable, expedient

Rat|sausschuss *m* council committee; **R.schlag** *m* piece of advice; **R.sentscheidung** *f* *(EU)* council decision; **R.suchende(r)** *f/m* person seeking advice

Raub *m* robbery; **R. mit Todesfolge** robbery resulting in death; **schwerer R.** aggravated robbery; **R.bau** *m* wasteful exploitation; **R.druck** *m* pirated edition

rauben *v/t* to rob, to commit robbery; **jdm etw. ~** to rob so. of sth.

Räuber *m* robber; **r.isch** *adj* predatory

Raub|gut *nt* stolen goods, loot; **R.mord** *m* murder in conjunction with robbery; **R.mörder** *m* robber committing murder; **R.straftat** *f* robbery

Raubüberfall *m* 1. robbery, stick-up, mugging, hold-up, 2. *(Geldtransport)* raid; **bewaffneter ~** armed robbery, stick-up; **schwerer ~** aggravated robbery

Raubzug *m* raid

Rauch *m* smoke; **R.belästigung** *f* nuisance caused by smoke; **R.entwicklung** *f* build-up of smoke

Raucher|ecke *f* smokers' corner; **R.zone** *f* smoking area

Rauch|glocke *f* pall of smoke; **R.melder** *m* smoke alarm/detector; **R.verbot** *nt* ban on smoking **R.vergiftung** *f* smoke poisoning

Rauf|bold *m* thug; **R.erei** *f* brawl, scuffle; **R.handel** *m* affray, brawl

Raum *m* 1. space, room; 2. *(Gebiet)* region, area; 3. *(Inhalt)* volume, capacity; **r.sparend** *adj* space-saving; **gewerbliche Räume** commercial/industrial premises; **rechtsfreier R.** legal vacuum; **umbauter R.** enclosed/walled-in space; **R.aufteilung** *f* floor plan

räum|en *v/t* 1. to evict/dispossess; 2. *(ausräumen)* to clear; 3. *(verlassen)* to vacate/quit/leave; 4. *(vor Ablauf des Miet- oder Pachtvertrages)* to surrender; **R.lichkeiten** *pl* rooms, premises

Raummiete *f* rent

Raumordnung *f* regional planning/development, town and country planning; **R.sbehörde** *f* (regional) planning authority; **R.sgesetz** *nt* planning act; **R.spolitik** *f* regional planning policy; **R.sverfahren** *nt* planning procedure

Raumplanung *f* town and country planning

Räumpflicht *f* 1. duty to quit premises; 2. *(Schnee)* duty to clear the footpaths

Räumung *f* 1. eviction, dispossession; 2. *(Ausziehen)* vacation; 3. *(Lager)* clearance; 4. *(Stadt)* evacuation; 5. *(Zwangsräumung)* eviction, dispossession; **auf R. klagen** to sue for possession; **zur R. zwingen** to evict

Räumungs|anordnung *f* eviction/dispossession/repossession order; **R.anspruch** *m* right to have premises vacated, claim for vacation of premises, claim to possession; **R.aufschub** *m* stay of eviction; **R.befehl; R. beschluss** *m* eviction/repossession/dispossession order, order for possession *[GB]*; **R.frist** *f* deadline for vacating premises; **R.gläubiger** *m* ejector; **R.klage** *f* action for possession/ejectment *[US]*/eviction *[US]*, eviction/dispossession proceedings; **R.schuldner** *m* person to be evicted; **R.schutz** *m* protection against eviction; **R.titel** *m* eviction/dispossession/ repossession order; **R.urteil** *nt* judgment for dispossession/possession *[GB]*/eviction *[US]*; **R.verfahren** *nt* eviction/dispossession/ repossession proceedings; **R.verzug** *m* delay in vacating premises

Rausch *m* intoxication; **r.erzeugend** *adj* intoxicating

Rauschgift *nt* narcotic drug; **mit R. handeln** to traffic in drugs; **R.dezernat** *nt* drug/narcotics *[US]* squad; **R.entzug** *m* drug withdrawal; **R.fahnder(in)** *m/f* drug squad officer, narcotics agent *[US]*; **R.handel** *m* drug trafficking; **R.händler(in)** *m/f* drug trafficker/dealer/pedlar/pusher *(coll)*; **R.kriminali-**

tät *f* drug-related crime; **R.ring** *m* drugs ring; **~ sprengen** to break up a drugs ring; **R.schmuggel** *m* drug smuggling, smuggling of narcotics; **R.spürhund** *m* sniffer dog; **R.straftat** *f* offence committed under the influence of drugs; **R.sucht** *f* drug addiction; **r.süchtig** *adj* addicted to drugs; **R.süchtige(r)** *f/m* drug/narcotics *[US]* addict; **R.vergehen** *nt* drugs offence

Rausch|mittel *nt* intoxicant, intoxicating drug; **R.tat** *f* 1. offence committed in a state of intoxication; 2. offence of intoxication

Rausschmeißer *m* bouncer *(coll)*

Razzia *f* police raid, crackdown, swoop, roundup

reagieren *v/i* to react/respond

Reaktion *f* reaction, response; **R.szeit** *f* 1. reaction time; 2. *(Anhalteweg)* thinking distance; 3. *(Straßenverkehr)* reaction time

Reaktoranlagen *pl* reactor facilities

real *adv* in real terms

Real|akt *m* physical act; **R.einkommen** *nt* real income; **R.erlös** *m* net proceeds; **R.ien** *pl* real estate, realty; **R.injurie** *f* assault; **R.isationswert** *m* realization value; **r.isierbar** *adj* feasible, viable; **r.isieren** *v/t* to implement/realize, to put into practice; **R.kauf** *m* executed sale/purchase; **R.konkurrenz** *f* accumulation/concurrence of offences; **in ~ mit** in conjunction with; **R.kredit** *m* collateral loan; **R.last** *f* (permanent) land charge, encumbrance; **R.rechte** *pl* real estate rights, rights attached to land *[GB]*, **~** real property *[US]*; **R.statut** *nt* lex rei sitae *(lat.)*; **R.teilung** *f* division of land/property; **R.vermögen** *nt* realty; **R.vertrag** *m* executed contract; **R.wert** *m* real value

Rebellion *f* rebellion, revolt

Rechenfehler *m* mathematical error

Rechenschaft *f* account; **R. ablegen/geben über** to account for; **jdn (für etw.) zur R. ziehen** to call so. to account (for sth.); **R.sbericht** *m* 1. annual report; 2. *(Kontostand)* statement of account; **R.slegung** *f* rendering (of) an account; **R.slegungspflicht** *f* accountability; **r.spflichtig** *adj* accountable

recherchieren *v/t* to investigate

rechnen *v/i* to reckon/calculate; **falsch r.** to miscalculate; **mit etw. r.** to reckon with/expect sth.

Rechnung *f* 1. account, bill; 2. *(Waren)* invoice; 3. calculation; **auf R. von** on account of; **~ eigene R.** on one's own account/expense; **~ jds R. und Gefahr** on so.'s account and at so.'s risk

Rechnung nicht anerkennen to disallow an invoice; **R. ausstellen** to make out an invoice: **vorläufige ~** to make out a proforma invoice; **in R. stellen** to bill/invoice; **R. tragen** to consider

aufgeschlüsselte Rechnung itemized bill; **ausstehende R.** outstanding account; **detaillierte R.** itemized account/bill; **fällige R.** outstanding account; **fingierte R.** pro-forma account/invoice; **laufende R.** current account; **offene R.** outstanding/ unsettled account, unpaid invoice; **quittierte R.** receipted bill

Rechnungs|abschluss *m* accounts; **R.abteilung** *f* invoice department; **R.betrag** *m* amount invoiced; **R.betrug** *m* fraudulent billing; **R.einheit** *f* unit of account; **R.einzugsverfahren** *nt* direct debiting (system)

Rechnungslegung *f* accounting; **R.spflicht des Vormundes** *f* obligation of the guardian to deliver an account; **R.svorschriften** *pl* accounting rules

Rechnungs|posten *m* item of a bill; **R.preis** *m* invoice price

Rechnungsprüfer *m* auditor; **satzungsmäßiger R.** statutory auditor; **vereidigter R.** certified public accountant *[US]*

Rechnungsprüfung *f* audit(ing) (of accounts); **R. und Rechnungsabnahme** audit(ing) and acceptance; **innerbetriebliche R.** internal audit; **R.samt** *nt* audit office

Rechnungs|stelle *f* billing department; **R.stellung** *f* billing; **R.zeitraum** *m* accounting period

Recht *nt* 1. claim, title; 2. *(Anrecht)* interest (in); 3. *(objektiv)* law; 4. *(subjektiv)* right; **alle R. vorbehalten** all rights reserved; **aus eigenem R.** in one's own right, sui juris *(lat.)*; **kraft R.** as of right; **mit welchem R.?** by what right?; **von R.s wegen** by right/law; as of right

Recht zur Abtrennung right to sever; **R. auf Arbeit** right to work; ~ **Aufenthalt** right of residence; ~ **Auskunft** right to be informed; ~ **Auskunfterteilung** 1. right to be informed; 2. *(Prozessrecht)* right of discovery; ~ **vorzugsweise Befriedigung** right to preferential satisfaction; ~ **Benutzung** right to use; ~ **Besitz** possessive right, right/law of possession; **R. zum Besitz** possessory title; **R. zur Besitzaufgabe** right to abandon possession; **R. der Beweisführung** law of evidence; **R. auf Bildung** right to education
recht und billig *adj* equitable, just and equitable
Recht des Dritten third-party right; **R. auf Eheschließung** right to marry; ~ **Einsichtnahme** right to inspect; **R. des Erfüllungsortes** lex loci contractus *(lat)*; **R. auf etw.** right to sth.; **R. an einer Forderung** title to a claim; **R. auf Freizügigkeit** freedom of movement; **R. an einem Gegenstand** title to a thing; **R. auf (rechtliches) Gehör** right to be heard (in court); **R. des Gerichtsstandes** lex fori *(lat.)*; **R. und Gesetz;** ~ **Ordnung** law and order; **R. an einem Grundstück** title to a porperty; ~ **Grundbesitz** interest in land; **R. der unerlaubten Handlung** law of tort, tort law; **R. auf Hinzuziehung eines Verteidigers** right to counsel; **R. der Kapitalgesellschaften** company law; **R. auf Klageerhebung** right to sue; ~ **Leistung** title to performance; ~ **ungestörte Nutzung** right of quiet enjoyment; **R. an der Sache;** ~ **Sachen** right in rem *(lat)*; **R. der belegenen Sache** lex situs *(lat.)*; ~ **beweglichen Sachen** law of chattels; **R. auf Schadenersatz** right to recover damages; **R. der Schuldverhältnisse** law of obligations/contract; **R. auf Unterhalt** right of support; ~ **Verweigerung der Aussage** right to remain silent; **R. zum Verkauf** right to sell; **R. an der Ware** title to the goods; **R. des Widerrufs** right of revocation; **R. zur Wiedereinreise** right of re-entry; **R. des Wohnsitzes** law of domicile; **R. auf Zutritt** right of access
Recht abtreten to assign a right; **sich ein**

R. anmaßen to arrogate a right; **R. anmelden** to claim title (to sth.); **R. anwenden** to apply the law; **R. aufgeben** to abandon/surrender/waive/relinquish a right; **R. aufheben** to abolish a right; **R. ausschließen** to exclude/bar a right; **R. ausüben** to ẽxercise a right; **jds R.e beeinträchtigen** to encroach upon so.'s rights; **R. begründen** to substantiate a right; **auf einem R. beharren/bestehen** to insist on a right; **R. bekommen** to get one's rights; **R. beugen** to pervert the course of justice; **R. durchsetzen** to enforce the law
Recht einräumen to grant a right; **für R. erkennen** to adjudge/find/hold; **R. erwerben** to acquire a right; **R. geltend machen** to assert a right; **R. genießen** to enjoy a right; **R. haben** to be entitled (to); **R. handhaben** to handle the law; **R. herleiten** to derive a right; **zu seinem R. kommen** to get justice; **R. löschen** to extinguish a right; **R. missbrauchen** to abuse a right; **auf ein R. pochen** to insist on a right; **im R. sein** to be within one's rights; **R. sprechen** to adjudicate/judge, to mete out/dispense/administer justice; **jds R. streitig machen** to dispute so.'s claim/title
Recht übertragen to confer a right; **einem R. unterliegen** to be subject to a law; **R. verdrehen** to twist the law; **R. verleihen** to grant a right, to vest a right (in so.), to confer a right (upon so.); **R. verletzen** to infringe a right; **eines R.es verlustig gehen** to forfeit a right; **R. verwirken** to forfeit a right; **auf ein R. verzichten** to waive a right; **sich ein R. vorbehalten** to reserve a right; **R. wahrnehmen** to use a right
abdingbares Recht disposable right; **abgeleitetes R.** derived right; **absolutes R.** absolute right; **abstraktes R.** abstract right; **akzessorisches R.** accessory right; **alleiniges R.** sole right; **allgemeines R.** common law; **älteres R.** senior/prior right; **anwendbares R.** applicable law; **anzuwendendes R.** applicable law; **ausländisches R.** foreign law; **ausschließliches R.** exclusive right; **bedingtes R.** conditional right; **beschränktes R.** restricted right;

besonderes R. special right; **bestehendes R.** existing right; **bürgerliches R.** civil law; **nach deutschem R.** under German law; **dingliches R.** right in rem *(lat.)*, property right; **unbeschränktes ~** absolute right in rem *(lat.)*; **dispositives R.** flexible law

eheliches Recht conjugal/marital right; **einklagbares R.** enforceable right; **einschlägiges R.** pertinent law; **ersessenes R.** prescriptive right; **erworbenes R.** 1. acquired right; 2. *(Vers.)* accrued right; **europäisches R.** European law; **formelles R.** adjective law; **nach geltendem R.** under the law as it stands, **~ in force; geltendes R.** law in force, law of the land, established law; **gemeinsames R.** common law; **geschriebenes R.** statutory law; **gesetzliches/gesetztes R.** statutory law; **gleiches R. für alle** equal rights for all; **immaterielles R.** intangible right; **inländisches R.** domestic law; **institutionelles R.** institutional law; **internationales R.** international law; **kanonisches R.** canon law; **kodifiziertes R.** codified/ statute law

lebenslängliches Recht life interest; **nach materiellem R.** (up)on the merits (of the case); **materielles R.** substantive law; **nationales R.** national/domestic law; **natürliches R.** natural law; **objektives R.** objective right; **öffentliches R.** public law; **originäres R.** inherent right; **persönliches R.** private/personal law; **positives R.** positive law; **possessorisches R.** possessory right; **privates R.** private law; **relatives R.** relative right; **römisches R.** Roman law; **sachliches R.** substantive law; **staatliches R.** public law; **stärkeres R.** paramount title; **subjektives R.** subjective right; **subsidiäres R.** subsidiary right

übertragbares Recht transferable right; **unabdingbares R.** inalienable right; **unantastbares R.** indefeasible right/inviolable right; **uneingeschränktes R.** absolute right; **ungeschriebenes R.** unwritten law; **unveräußerliches R.** inalienable right; **unverjährbares R.** unprescriptible right; **unverletzliches R.** inviolable/indefeasible right; **unvoll-**

kommenes R. imperfect right; **veräußerliches R.** alienable right; **verbindliches R.** binding law; **verbrieftes R.** vested/chartered right; **verfassungsmäßiges R.** constitutional right; **verpfändetes R.** mortgaged right; **wohlerworbenes R.** duly acquired right, vested right; **zukünftiges R.** future right; **zwingendes R.** mandatory/binding law

Rechte *pl* rights; **R. Dritter** third-party rights; **R. des Käufers** buyer's/purchaser's rights; **R. und Pflichten** rights and duties/obligations; **~ aus dem Vertrag** contractual rights and obligations; **R. an Sachen** rights in rem *(lat.)*; **R. des Wohnungseigentümers** home owner's rights; **R. schützen** to safeguard rights

absolute Rechte absolute rights; **dingliche R.** rights in rem *(lat.)*; **gesetzliche R.** statutory rights; **gleiche R.e** equal rights; **politische R.** civil rights; **sämtliche R.e** all rights; **sonstige R.e** other rights; **soziale R.** social rights; **staatsbürgerliche R.e** civil rights; **wirtschaftliche R.** commercial rights

rechtens *adv* by rights, lawfully

rechtfertigen *v/t* 1. to justify; 2. *(begründen)* to warrant; 3. *(verteidigen)* to vindicate

Rechtfertigung *f* 1. justification; 2. vindication; **R.sgrund** *m* ground of justification; **absoluter ~** absolute privilege

Rechthaber|(in) *m/f* self-opinionated person, dogmatist; **r.isch** *adj* self-opinionated

rechtlich *adj* 1. legal, in law; 2. *(rechtmäßig)* lawful; **r. und tatsächlich** in law and in fact

rechtlos *adj* without any rights; **R.igkeit** *f* lawlessness

rechtmäßig *adj* legal, lawful, legitimate, rightful; **R.keit** *f* 1. legality, lawfulness; 2. *(Legitimität)* legitimacy

Rechts- legal

Rechts- und Sachmängelgewähr *f* warranty of title and quality

Rechts|abteilung *f* legal department; **R.abtretung** *f* assignment of a right; **R.akt; R.akte** *m/f* legal act; **R.analogie** *f* legal analogy; **R.änderung** *f* change of law; **R.angelegenheit** *f* legal matter; **R.angleichung** *f* harmonization of

laws/legislation; **R.**ansicht *f* legal opinion
Rechtsanspruch *m* legal claim, title (to); **R. gerichtlich durchsetzen** to assert a legal right through the courts; **aus etw. einen R. ableiten** to use sth. to establish a legal right
Rechtsanwalt *m* 1. solicitor, advocate, lawyer, attorney (at law) *[US]*; 2. *(vor höherem Gericht)* barrister *[GB]*; **R. des Angeklagten** counsel for the defendant; **~ Beklagten** counsel for the defendant; **R. vor höheren Gerichten** barrister *[GB]*; **R. des Klägers** counsel for the plaintiff
Rechtsanwalt beiordnen to assign a counsel; **R. mandieren** to retain a counsel; **sich durch einen R. vertreten lassen** to be represented by a lawyer; **plädierender R.** barrister-at-law *[GB]*, advocate *[Scot]*
Rechtsanwältin *f* lawyer, solicitor *[GB]*, attorney *[US]*; **R. vor höheren Gerichten** barristress *[GB]*, woman barrister *[GB]*
Rechtsanwalts|anderkonto *nt* solicitor's trust account *[GB]*; **R.chaft** *f* the legal profession; **R.gehilfe** *m* paralegal *[US]*; **R.kammer** *f* Law Society *[GB]*, Bar Council *[GB]*/Association *[US]*; **R.kanzlei** *f* law firm/partnership; **R.sozietät** *f* law firm/partnership, firm of solicitors *[GB]*, barristers' chambers *[GB]*
Rechts|anwendung *f* application of the law; **R.argument** *nt* point of law; **R.auffassung** *f* legal opinion, interpretation of the law; **R.aufsicht** *f* legal supervision; **R.ausführungen** *pl* legal arguments/submissions; **R.auskunft** *f* information on a point of law; **R.auslegung** *f* legal interpretation; **R.ausschuss** *m* judicial/legal committee; **R.ausübung** *f* exercise of a right; **missbräuchliche ~** abuse of a (legal) right; **R.basis** *f* legal basis; **R.begehren** *nt* petition; **R.begriff** *m* concept of law, legal concept
rechtsbegründend *adj* constitutive
Rechtsbehelf *m* recourse, remedy, appeal, legal remedy/redress; **R.e erschöpfen** to exhaust the remedies; **außergerichtlicher R.** extrajudicial re-

medy; **gerichtliche R.e** judicial remedies; **innerstaatliche R.e** domestic remedies; **R.sbelehrung** *f* advice on applicable (legal) remedies
Rechtsbeistand *m* 1. *(Anwalt)* counsel; 2. legal assistance
Rechtsbelehrung *f* 1. information on available legal remedies; 2. *(bei Festnahme)* caution; **R. der Geschworenen** directions; **~ Schöffen** *(durch Richter im Schwurgerichtsverfahren)* direction to a jury (on points of law) *[GB]*, charge to a jury *[US]*; **unrichtige ~** misdirection
Rechtsberat|er *m* legal adviser; **R.ung** *f* legal advice; **R.ungsstelle** *f* law centre, legal aid centre
Rechtsbeschwerde *f* appeal on a point of law; **R. in Bußgeldsachen** appeal against a fine; **R. einlegen** to appeal on a point of law; **R.frist** *f* deadline for appeals; **R.verfahren** *nt* appellate procedure, proceedings on appeals on points of law
Rechts|besitz *m* naked possession; **R.besitzer(in)** *m/f* holder of a title; **R.beständigkeit** *f (Patent)* validity; **R.beugung** *f* miscarriage/perversion of (the course of) justice; **~ begehen** to pervert the course of justice; **R.bewusstsein** *nt* sense of right and wrong; **R.beziehung** *f* 1. legal relationship; 2. *(Vertragsparteien)* privity of contract; **R.bindungswille** *m* intention to create legal relations; **R.brauch** *m* legal custom; **R.brecher(in)** *m/f* law-breaker; **R.bruch** *m* breach of (the) law, infringement
Recht|schaffenheit *f* uprightness; **R.schöpfung** *f* law-making
Rechts|denken *nt* legal thinking; **R.dezernat** *nt* legal department; **R.dogma** *f* legal dogma; **R.durchsetzung** *f* 1. *(Privatperson)* prosecution of a claim; 2. *(Staat)* law enforcement; **R.einheit** *f* legal uniformity; **R.eintritt** *m* subrogation of rights; **R.einwand** *m* objection, demurrer (at law); **~ erheben** to demur; **R.empfinden** *nt* sense of justice; **R.entscheid** *m* legal decision; **R.entwicklung** *f* legal development of the law
rechtserheblich *adj* material, relevant (to

the issue), legally relevant; **R.keit** *f* relevance in law

Rechtserwerb *m* acquisition of a right/title

Rechtsetzung *f* lawmaking; **R.sorgan** *nt* lawmaking organ

Rechtsexperte *m* legal expert

rechtsfähig *adj* (legally) capable, judicable, having legal capacity; **R.keit** *f* legal capacity; **~ entziehen** to deprive so. of his/her legal capacity; **~ erlangen** to acquire legal capacity

Rechts|fall *m* law case; **R.fehler** *m* error in law; **R.figur** *f* legal concept; **R.fiktion** *f* legal fiction; **R.findung** *f* legal finding, judicial ruling; **~ behindern** to obstruct the course of justice; **R.folge** *f* legal consequence; **R.folgerung** *f* legal conclusion; **R.form** *f* legal form/structure; **~ von Unternehmen** form of business organization; **R.fortbildung** *f* development of the law; **R.frage** *f* question/point of law, legal question; **R.frieden** *m* public peace; **R.früchte** *pl* usufruct of a right; **R.gang** *m* legal proceedings; **R.garantie** *f* legal guarantee, warranty of title; **R.gebiet** *nt* field of law; **R.gedanke** *m* legal concept; **R.gefühl** *nt* sense of justice; **R.gelehrte(r)** *f/m* lawyer, legal scholar, jurist; **R.gemeinschaft** *f* legal community; **R.genuss** *m* enjoyment of a right

Rechtsgeschäft *nt* (legal) transaction, act; **R. unter Lebenden** transaction inter vivos *(lat.)*; **R. von Todes wegen** transaction mortis causa *(lat.)*; **R. beurkunden** to authenticate a (legal) transaction; **R. vornehmen** to enter into a transaction

absolutes Rechtsgeschäft indefeasible legal transaction; **anfechtbares R.** (a)voidable transaction; **notariell beurkundetes R.** notarized transaction; **dingliches R.** transaction in rem *(lat.)*; **einseitiges R.** unilateral transaction; **fiduziarisches R.** fiduciary transaction; **nichtiges R.** void transaction; **schuldrechtliches R.** contractual transaction; **sittenwidriges R.** transaction contra bonos mores *(lat.)*, unethical transaction; **unerlaubtes R.** illicit transaction; **unwirksames R.** void (and voidable)

transaction; **unzulässiges R.** inadmissible transaction; **verdecktes R.** covert transaction; **r.lich** *adj* contractual

Rechts|geschichte *f* legal history; **r.gestaltend** *adj* constitutive; **R.gestaltung** *f* lawmaking; **R.gestaltungsklage** *f* action to change the legal status; **R.gewohnheit** *f* legal custom; **R.gleichheit** *f* equality before the law

Rechtsgrund *m* legal reason/ basis, cause in law, legal cause (of action)

Rechtsgründe *pl* legal reasons

Rechtsgrund|lage *f* legal/statutory basis; **R.satz** *m* legal maxim/principle, principle of law; **bestehender ~** established principle of law

rechtsgültig *adj* lawful, legally binding/valid, valid in law; **für r. erklären** to validate; **R.keit** *f* (legal) validity, validity in law

Rechtsgut *nt* object of legal protection, legally protected right; **R.achten** *nt* 1. legal opinion; 2. *(Rechtsanwalt)* counsel's opinion; **~ einholen** to seek/take a legal opinion; **R.sverletzung** *f* violation of a legally protected matter

Rechts|handlung *f* legal act; **r.hängig** *adj* pending, sub judice *(lat.)*; **R.hängigkeit** *f* pendency

Rechtshilfe *f* legal assistance, relief; **R. in Strafsachen** mutual assistance in criminal matters; **~ Zivilsachen** mutual assistance in civil matters; **im Wege der R. Zeugen vernehmen** to take evidence on commission

Rechtshilfe|abkommen *nt* agreement providing for mutual judicial assistance; **R.ersuchen** *nt* 1. *(an ausländische Gerichte)* letters of request; 2. *(im Inland)* request for judicial assistance; 3. *(StR)* request for mutual assistance, letters rogatory; **internationales ~** International Letter of Request (ILOR)

Rechts|hindernis *nt* legal impediment; **R.inhaber** *m* holder of a right; **R.inhaberschaft** *nt* proprietorship; **R.institut** *nt* legal institution; **R.irrtum** *m* error in law, judicial error, mistake of law

Rechtskraft *f* legal force; **R. des Urteils** legal force of a verdict; **R. erlangen** to come into force, to become final and absolute; **R. haben** to be final and absolute; **R. verleihen** to make final and absolute

rechtskräftig *adj* final (and conclusive), final and absolute, non-appealable; **r. werden** to come into force

Rechts|kraftzeugnis *nt* certificate of indefeasibility; **r.kundig** *adj* versed in law; **R.lage** *f* legal situation/position; **nach der (gegenwärtigen) ~** as the law stands; **aktuelle ~** current legal position; **R.lehre** *f* jurisprudence; **R.lücke** *f* gap in the law

Rechtsmangel *m* defect in title, bad title; **R. heilen** to cure a defect in title

mit Rechtsmängeln behaftetes Eigentum bad title

Rechtsmängel|gewähr; R.haftung *f* (liability arising) from warranty of title

Rechtsmedizin *f* forensic science/medicine; **R.er** *m* forensic scientist; **r.isch** *adj* forensic

Rechts|methodologie *f* legal methodology; **R.missbrauch** *m* 1. abuse of (legal) right; 2. abuse of the law

Rechtsmittel *nt* (right) of appeal, remedy; **ein R. betreffend** appellate; **R. sind erschöpft** remedies have been exhausted; **R. ist zulässig** an appeal lies

innerstaatliche Rechtsmittel ausschöpfen to exhaust local judicial remedies; **R. einlegen** to (lodge an) appeal; **R. gegen eine gerichtliche Entscheidung einlegen** to appeal against a court decision, to file an appeal against a judgment; **einem R. stattgeben** to allow/grant/uphold an appeal; **~ unterliegen** to be subject to an appeal; **R. verwerfen** to dismiss an appeal; **auf ein R. verzichten** to acquiesce in a decision; **R. zurücknehmen** to withdraw an appeal; **R. zurückweisen** to reject an appeal; **ordnungsgemäß eingelegtes R.** duly made appeal

Rechtsmittel|antrag *m* appellant's motion, application to institute appeal proceedings; **R.begründung** *f* grounds for appeal; **R.behörde** *f* board of appeal; **R.belehrung** *f* instructions about a person's right to appeal; **R.einlegung** *f* lodging (of) an appeal; **R.entscheidung** *f* decision on appeal; **r.fähig** *adj* appealable, reviewable; **R.frist** *f* period allowed for appeal, (filing an) appeal; **~ ist abgelaufen** the time for appeal has elapsed; **~ verlängern** to extend the time for appeal; **R.gebühr** *f* appeal fee; **R.gericht** *nt* court of appeal, appellate court; **R.instanz** *f* court of appeal, appellate court/instance; **~ sein für** to have appellate jurisdiction over; **R.kläger(in)** *m/f* appellant; **R.richtlinien** *pl* appeal rules; **R.schrift** *f* petition for review, notice of appeal; **R.verfahren** *nt* appeal/appellate proceedings/procedure, proceedings on appeal; **R.verzicht** *m* waiver of the right of appeal, ~ to file an appeal; **R.weg** *m* appellate procedure; **R.zulassung** *f* leave to appeal

Rechtsnach|folge *f* succession in title, legal succession; **R.folger(in)** *m/f* assignee, successor (in title); **R.teil** *m* prejudice, legal detriment/disadvantage/prejudice; **ohne ~** without prejudice to the rights (of)

Rechts|norm *f* legal norm/rule, rule of law; **geltende ~** law of the land; **R.ordnung** *f* legal system/order; **R.persönlichkeit** *f* legal person/personality, body corporate; **eigene ~** distinct legal personality; **volle ~ besitzen** to possess full juridical personality; **R.pflege** *f* administration of justice; **in den Gang der ~ eingreifen** to impede the course of justice; **R.pfleger(in)** *m/f* clerk of the court, magistrates' clerk, paralegal, registrar, judicial officer; **R.pflicht** *f* legal obligation/duty; **R.pflichtverletzung** *f* infringement of legal duties; **R.philosophie** *f* legal philosophy; **R.politik** *f* legal policy; **R.position** *f (rechtliche Stellung)* legal status; **R.positivismus** *m* legal positivism; **R.praxis** *f* legal practice; **R.reform** *f* legal reform; **R.sache** *f* legal matter; **R.satz** *m* legal provision/maxim

Rechtsschein *m* ostensible entitlement; **R.sanspruch** *m* colourable title; **R.svollmacht** *f* agency by estoppel

rechtsprechend *adj* judicial

Rechtsprechung *f* 1. administration/dispensation of justice; 2. *(Gerichtsbarkeit)* jurisdiction; 3. *(Gerichtsentscheidung)* judicial decision, (court) ruling; 4. *(Rechtsspruch)* adjudication; 5. *(Vor-*

entscheidung) legal precedent(s); **nach der R.** according to court rulings; **R.organ** *nt* court

Rechtsquellen *pl* sources of (the) law, legal sources, authorities

Rechtsreferendar|(in) *m/f* trainee lawyer; **seine R. zeit ableisten** to serve articles

Rechts|reform *f* law reform

Rechtssache *f* case, legal matter; **R. einer Kammer zuweisen** to assign a case to a court; **anhängige R.** pending case; **vorliegende R.** case before the court

Rechtssatz *m* rule of law, legal rule; **R.schein** *m* prima facie *(lat.)* entitlement/title, ostensible existence of a legal situation; **R.scheinvollmacht** *f* authority by estoppel; **R.schöpfung** *f* lawmaking

Rechtsschutz *m* legal protection/redress, judicial relief; **R. genießen** to be protected by law; **gerichtlicher R.** legal remedy/redress, relief; **vorläufiger R.** temporary relief; **R.begehren** *nt* petition for relief by the court; **R.versicherung** *f* legal protection/expenses insurance, litigation insurance

Rechts|setzung *f* lawmaking; **R.sicherheit** *f* certainty of justice/the law, certainty/security, law and order; **R.sprache** *f* language of the law, legalese; **R.sprichwort** *nt* legal proverb; **R.spruch** *m* award, ruling, adjudication

Rechtsstaat *m* state governed by the rule of law; **r.lich** *adj* constitutional, in accordance with the rule of law; **R.lichkeit** *f* due process, rule of law

Rechts|stand *m* legal status; **R.standpunkt** *m* legal viewpoint; **R.status** *m* legal status; **R.stellung** *f* legal position; **~ als Flüchtling** refugee status

Rechtsstreit *m* lawsuit, litigation, legal action/dispute; **R. führen** to litigate; **anhängiger R.** pending litigation/action/suit; **bürgerlicher R.** civil action

Rechtsstreitigkeiten *pl* lawsuits, litigation, legal disputes

Rechts|subjekt *nt* legal subject/personality; **R.system** *nt* legal system; **R.theorie** *f* legal theory

Rechtstitel *m* legal title; **sich ohne R. ansiedeln** to squat; **fehlerhafter R.** defec-

tive title; **hinreichender R.** good title; **mangelhafter R.** bad title; **ordentlicher R.** recourse to the courts of ordinary jurisdiction; **ruhender R.** dormant title; **zweifelhafter R.** doubtful title; **R.überprüfung** *f (Grundstück)* investigation of title *[GB]*, title search *[US]*

Rechts|träger *m* 1. holder of a right; 2. *(jurist. Person)* legal entity; **R.übergang** *m* transfer of a right, subrogation, devolution of title; **~ eines Patents** transfer of a patent; **R.übertragung** *f* assignment of a right, transfer of rights; **R.übertretung** *f* infringement of a right; **r.unerheblich** *adj* irrelevant, immaterial; **r.unfähig** *adj* incapacitated, (legally) incapable; **R.unfähigkeit** *f* legal incapacity; **r.ungültig** *adj* (legally) invalid, void; **R.unkenntnis** *f* ignorance of the law; **r.unkundig** *adj* ignorant of the law; **R.unsicherheit** *f* legal uncertainty

rechts|unwirksam *adj* invalid, void, ineffective, of no legal force; **r.verbindlich** *adj* binding in law, (legally) binding, with legally binding effect; **R.verbindlichkeit** *f* legal force; **R.verdreher(in)** *m/f* prevaricator, legal eagle *(coll)*, pettifogger, Philadelphia lawyer *[US]*; **R.verdrehung** *f* prevarication, pettifogging; **R.vereinheitlichung** *f* harmonization of laws; **R.verfahren** *nt* legal procedure; **in einem ordentlichen ~** by due process of law; **R.verfolgung** *f* 1. prosecution of an action; 2. *(StR)* prosecution; **R.verfolgungskosten** *pl* cost(s) of prosecution; **R.vergleichung** *f* comparative law

Rechtsverhältnis *nt* 1. *(allg.)* legal relationship/relations; 2. *(Vertrag)* privity; **R. begründen** to establish a legal relationship; **bestehendes R.** existing legal relations; **erloschenes R.** extinct legal relations; **vertragsähnliches R.** quasi-contractual relationship

Rechtsverkehr *m* legal relations; **im R.** for legal purposes; **internationaler R.** inernational legal relations

Rechtsverletz|er *m* wrongdoer; **R.ung** *f* 1. infringement of rights; 2. *(StR)* violation of the law

Rechtsverlust *m* loss/forfeiture of a right

Rechtsvermutung f legal presumption, presumption of law; **unwiderlegbare R.** irrebuttable presumption; **widerlegbare R.** rebuttable presumption

Rechts|verordnung f ordinance, regulation, statutory instrument *[GB]*/order, rule *[US]*, decree; **R.vertreter(in)** m/f legal representative; **R.verweigerung** f denial of justice; **R.verwirkung** f 1. forfeiture of a right; 2. estoppel; ~ **geltend machen** to estop; **R.verzicht** m waiver (of a right/title), disclaimer (of a right), (legal) proviso; **R.vorbehalt** m legal reservation, reservation of a right; **R.vorgänger** m predecessor in title, legal predecessor

Rechtsvorschrift|(en) f/pl legal provision(s); **R.en über Preise** pricing regulations

Rechts|vorteil m legal benefit; **R.wahl** f choice of law; **R.wahlklausel** f choice-of-law clause

Rechtsweg m legal process, recourse to the law/courts, litigation, course of law; **auf dem R.** by legal procedure, by recourse to legal action; **R. ausschließen** to oust the jurisdiction of a court; **R. beschreiten** to go to law, to resort to litigation, to have recourse to law; **ordentlicher/vorgeschriebener R.** due process of law; **R.entscheidung** f decision as to the course of justice; **R.garantie** f guarantee of access to the courts

rechtswidrig adj unlawful, illegal; **R.keit** f wrong, unlawfulness, illegality

rechtswirksam adj effective (in law), legally effective; **R.keit** f lawfulness, legal effect

Rechtswirkung f legal effect/consequence

Rechtswissenschaft f law, jurisprudence; **r.lich** adj juristic

Rechts|wirkung f legal effect; **R.wohltat** f legal benefit; ~ **des Zweifels** benefit of the doubt; **R.wörterbuch** nt law/legal dictionary; **R.zug** m stages of appeal, instances; **R.zustand** m legal state/situation; **R.zuständigkeit** f jurisdiction

rechtzeitig adj in due time

Rede f speech; **öffentliche R.** public address

Redefreiheit f freedom of speech

reden v/t 1. to speak; 2. *(ohne Vorbereitung)* to extemporize

redlich adj honest, straight *(coll)*; **R.keit** f honesty, integrity, good faith

Reduktion f reduction

Reeder|ei f shipping company; **R.haftung** f shipowner's liability

Referent(in) m/f 1. *(Berichterstatter/in)* reporter; 2. *(Sachbearbeiter/in)* head of section; **persönliche(r) R.** personal assistant

Referenz f reference, testimonial; **über jdn R.en einholen** to obtain references on so.; **R.anforderung** f request for a reference

referieren über v/t to report on

Reflexbewegung f reflex action

Reform f reform; **R.gesetz** nt reform act; **r.ieren** v/t to reform

Regel f rule; **in der R.** as a rule; **R. der Präjudizienbindung** stare-decisis *(lat.)* rule; **von einer R. abweichen** to deviate from a rule; **feststehende R.** standing rule

Regel|bedarf m regular demand; **R.betrag** m standard amount; **R.fall** m normal case; **r.mäßig** adj regular; **R.mäßigkeit** f regularity

regeln v/t 1. to put in order; 2. *(Gesetz)* to regulate; 3. *(Vergleich)* to adjust/settle/arrange; **einvernehmlich/gütlich r.** to settle amicably; **gesetzlich r.** to regulate by law; **neu r.** to revise; **vertraglich r.** to stipulate by contract

Regel|satz m *(Sozialhilfe)* standard rate; **R.strafe** f normal penalty

Regelung f 1. regulation; 2. *(Beilegung)* adjustment, settlement; **R. von Beschwerden** adjustmen/settlement of claims; **R. eines Rechtsstreites** settlement of a dispute, dispute settlement; **R. treffen** to make an arrangement

abweichende Regelung diverging provision; **außergerichtliche R.** out-of-court settlement; **befriedigende R.** satisfactory settlement; **ergänzende R.** supplementary provision; **fallweise R.** ad hoc *(lat.)* arrangement; **gerichtliche R.** court settlement; **gesetzliche R.** statutory provision; **gütliche R.** amicable settlement; **rechtliche R.** legal provision; **vergleichsweise R.** composition;

vertragliche R. settlement by contract; **vorläufige R.** provisional arrangement
Regelungen *pl* provisions; **gesetzliche R.** statutory provisions
Regel|unterhalt *m* standard maintenance payments; **r.widrig** *adj* irregular, against the rules; **R.widrigkeit** *f* irregularity
regennass *adj (Straße)* rain-slickened
Regie *f* control; **R.betrieb** *m* state-controlled enterprise
Regierung *f* government, administration *[US]*; **gegen eine R. hetzen** to agitate against a government; **rechtmäßige R.** legitimate government; **vertragschließende R.** contracting government
Regierungs|aufsicht *f* governmental supervision; **R.beamte(r)** *f/m* government official; **R.chef(in)** *m/f* head of government; **R.erlass** *m* government decree/ notice *[GB]*; **R.gewalt** *f* executive power; **R.handlung** *f* act of government; **R.organ** *m* government agency; **R.vereinbarung** *f* intergovernmental agreement; **R.vertreter** *m* government representative; **R.vorlage** *f* government bill *[GB]*
Region *f* region; **r.al** *adj* regional; **R.alplanung** *f* regional planning
Register *nt* register, registry; **R. für Grundstücksbelastungen** Land Charges Register *[GB]*; **etw. zum R. anmelden** to file sth. for registration; **R. einsehen** to inspect the register; **R. führen** to keep the register; **etw. im R. löschen** to delete sth. in the register, to deregister sth., to strike sth. off the register
Register|abschrift *f* copy from a register; **R.auszug** *m* abstract from a register; **R.einsicht** *f* inspection of a register; **R.eintragung** *f* entry in the register; **R.führer** *m* registrar, recorder; **R.gebühr** *f* registration fee; **R.gericht** *nt* court of registration, registration court; **R.pfandrecht** *nt* registered lien; **R.sache** *f* registry court case; **R.vorschrift** *f* registration rule
Registratur *f* registration department
registrier|en *v/t* to register/enter/record; **r.pflichtig** *adj* to be subject to registration; **r.t** *adj* registered, on record; **R.ung** *f* registration

reglementier|en *v/t* to regulate; **R.ung** *f* regulation
Regress *m* recourse, redress; **ohne R.** no/without recourse, sans recours *(frz.)*; **R. geltend machen; R. nehmen** to seek recourse/redress; **jdn in R. nehmen** to have recourse against so.
Regressanspruch *m* right of recourse, recourse claim, claim for compensation; **R. geltend machen** to seek redress; **R. gerichtlich geltend machen** to seek redress in court
Regress|forderung *f* recourse claim; **R.haftung** *f* liability to recourse; **R.klage** *f* recovery suit; **R.klage** *f* action for recourse; **r.los** *adj* non-recourse; **R.nehmer** *m* person seeking recourse; **R.pflicht** *f* liability to recourse/compensation; **r.pflichtig** *adj* liable to recourse; **R.recht** *nt* right of recourse; **R.schuldner** *m* indemnitor; **R.urteil** *nt* judgment over *[US]*; **R.verzicht** *m* waiver of recourse; **R.verzichtsvereinbarung** *f* knock-for-knock agreement
Regularien *pl* regulations
regulier|en *v/t* 1. to regulate; 2. *(Forderung)* to settle/adjust
Regulierung *f* regulation, settlement, adjustment; **R. eines Schadens** loss adjustment; **R. ohne Anerkennung einer Rechtspflicht** *(Vers.)* settlement without prejudice
Rehabilit|ation *f* 1. rehabilitation; 2. *(Ruf)* vindication; **r.ieren** *v/t* 1. to rehabilitate; 2. *(Urteil)* to overturn a conviction; **R.ierungsantrag** *m* application for discharge
reibungslos *adj* trouble-free, smooth
Reife *f* maturity
Reifen *m* tyre; **platter R.** flat tyre; **R.profil** *nt* (tyre) tread
Reihe *f* 1. series; 2.sequence, order, succession; **der R. nach** in turn, successively
Reihenfolge *f* sequence, order, succession, turn; **R. der Eintragungen** order of registration; **~ Forderungen** ranking of claims; **absteigende R.** descending order; **aufsteigende R.** ascending order; **umgekehrte R.** reverse order
Reihenhaus *nt* terraced *[GB]*/row *[US]* house

rein *adj* 1. pure; 2. *(unverfälscht)* unadulterated

Rein|einkommen *nt* net income; **R.erlös** *m* net proceeds; **R.ertrag; R. gewinn** *m* net profit; **R.fall** *m* failure, flop; **R.heitsgebot** *nt* beer purity law; **R.heitskriterien** *pl* purity criteria; **R.schrift** *f* fair copy; **R.verdienst** *m* net earnings; **R.vermächtnis** *nt* residuary gift; **R.vermögen** *nt* net assets

jdn von etw. reinwaschen *v/t* to clear so. of sth.

Reise *f* trip; **R.ausweis** *m* travel document; **R.beginn** *m* commencement of travel; **R.beschränkungen** *pl* travel restrictions; **R.bestimmungen** *pl* travel regulations; **R.entschädigung** *f* travel allowance; **R.gepäckversicherung** *f* baggage/luggage insurance; **R.geschwindigkeit** *f* *(Auto)* cruising speed; **R.gewerbe** *nt* itinerant trade; **R.gewerbetreibende(r)** *f/m* itinerant trader, peddler

Reisekosten *pl* travelling expenses; **R. erstatten** to reimburse travelling expenses; **R.abrechnung** *f* note of travelling expenses; **R.pauschale** *f* travelling allowance

Reise|papiere *pl* travel documents; **R.pass** *m* passport; **R.recht** *nt* travel law; **R.route** *f* itinerary; **R.unfallversicherung** *f* traveller's accident insurance; **R.veranstalter** *m* tour operator; **R.versicherung** *f* travel insurance; **R. vertrag** *m* travel contract; **R.vertragsrecht** *nt* travel contract law

Reißwolf *m* shredder

Reklamation *f* complaint, claim; **R. ablehnen** to reject a claim; **R. anerkennen** to recognize a claim; **berechtigte R.** legitimate complaint

reklamieren *v/t* 1. *(sich beschweren)* to complain; 2. *(zurückfordern)* to reclaim

Rekonstruktion *f* reconstruction

Rekta|indossament *nt* restrictive endorsement; **R.klausel** *f* non-negotiable clause; **R.papier** *nt* non-negotiable instrument

relevan|t *adj* relevant, pertinent, material; **R.z** *f* relevance

Religion *f* religion

Religions|ausübung *f* practice of religion; **R.freiheit** *f* freedom of belief/worship/religion, religious freedom; **R.gemeinschaft** *f* religious community; **R.recht** *nt* law of religious organization; **R.unterricht** *m* religious education/instruction; **R.zugehörigkeit** *f* religious affiliation

Rembours *m* documentary acceptance

Remittent *m* transferor

Rendite *f* return (on investment)

Rennwett- und Lotteriesteuer *f* betting and lottery tax

renovieren *v/t* to renovate/refurbish

Renovierung *f* renovation, refurbishment; **R.sarbeiten** *pl* renovation work; **R.skosten** *pl* cost(s) of renovation

rentabel *adj* profitable

Rentabilität *f* profitability; **R.sberechnung** *f* cost-benefit analysis; **R.sgrenze; R.sschwelle** *f* break-even point

Rente *f* 1. pension; 2. *(Leibrente)* annuity; **R. mit unbestimmter Laufzeit** contingent annuity; **R. auf den Überlebensfall** reversionary annuity; **~ verbundene Leben** annuity on joint lives

ablösbare Rente redeemable annuity; **dynamische R.** index-linked pension; **jährliche R.** annuity; **lebenslängliche R.** life annuity; **staatliche R.** state pension

Rentenablösung *f* commutation of a pension

Rentenalter *nt* retirement/pensionable age; **R. festsetzen** to determine the pensionable age; **gesetzliches R.** statutory pension age

Renten|anpassung *f* pension adjustment; **R.anspruch** *m* pension claim/entitlement; **R.anwartschaft** *f* pension expectancy; **R.bemessungsgrundlage** *f* pension computation base; **r.berechtigt** *adj* pensionable; **R.bescheid** *m* notice of pension; **R.empfänger(in)** *m/f* pensioner/annuitant; **R.fonds** *m* pension fund; **R.inhaber(in)** *m/f* *(Wertpapier)* bondholder; **R.nachzahlung** *f* payment of pension arrears; **r.pflichtig** *adj* pensionable; **R.recht** *m* law governing pensions; **R.schein** *m* bond certificate

Rentenversicherung *f* pension scheme *[GB]*, retirement *[US]*/pension insurance; **gesetzliche R.** statutory pension insurance; **private R.** private pension scheme; **R.sträger** *m* pension insurance scheme

Rentenzahlung *f* pension payment

Rentner(in) *m/f* pensioner

Reparationen *pl* reparations

Reparatur *f* repair; **gewöhnliche R.en** ordinary repairs; **größere R.en** major repairs; **R.auftrag** *m* repair contract; **r.bedürftig** *adj* in need of repair, in a state of disrepair; **R.gegenstand** *m* item (to be) repaired; **R.vertrag** *m* contract for repairs, repair contract

reparieren *v/t* to repair; **nicht mehr zu r. sein** to be beyond repair

Repetitor *m* coach; **R.ium** *nt* coaching

Replik *f* reply; **R. und Duplik** reply and rejoinder

Repräsentat|ion *f* representation; **R.ionsaufwand** *m* entertainment expense(s); **r.iv** *adj* representative

Repressalie *f* reprisal, retaliation

Repress|ion *f* repression; **r.iv** *adj* repressive

requi|rieren *v/t* to requisition; **R.sition** *f* requisitioning

reservatio mentalis *(lat.)* mental reservation

Reserve *f* reserve; **R.n angreifen** to draw on the reserves; **ausgewiesene R.n** *(Bilanz)* declared reserves

Resolution *f* resolution

Resonanz *f* resonance; **R.delikt** *nt* copycat offence/crime

resozialisier|en *v/t* to rehabilitate; **R.ung** *f* rehabilitation, social adjustment

Respekt *m* respect; **r.los** *adj* disrespectful; **R.tage** *f (Wechsel)* days of grace

Ressentiment *nt* resentment, prejudice

Ressort *nt* department, field of responsibility

Ressourcen *pl* resources

Rest *m* rest, remainder, residue; **der R. ist eine reine Formalität** the rest is a pure formality

Restant *m* defaulter, delinquent debtor

Restbetrag *m* remainder, balance (of an amount)

Reste *pl* 1. *(Überreste)* remains; 2. *(Restposten)* remnants

restitutio in integrum *(lat.)* restoration to the previous condition

Restitution *f* restitution; **R.sanspruch** *m* claim for restitution; **R.sklage** *f* action for restitution; **R.srecht** *nt* law of restitution

Rest|laufzeit *f* remaining life; **R.nachlass** *m* residual/residuary estate; **R.nutzungsdauer** *f* remaining useful life; **R.posten** *pl* remnants

restriktiv *adj* restrictive

Rest|saldo *nt* remaining balance; **R.schuld** *f* balance due, residual debt; **R.strafe** *f* remaining sentence, remainder of a sentence; **R.summe** *f* remainder, balance; **R.vermögen** *nt* residuary gift; **R.wert** *m* 1. residual/residuary value; 2. *(Schrottwert)* scrap value; **R.zahlung** *f* payment of the balance

Resüm|ee *nt* résumeé *(frz.)*; **r.ieren** *v/t* to sum up

Retentionsrecht *nt* right of retention

Retorsion *f* retaliation; **R.s-** retaliatory

Retrofizierung *f* retrofication; **R.sprozess** *m* retrofication proceedings

Retroze|dent *m* retrocedent; **r.dieren** *v/t* to retrocede; **R.ssion** *f* retrocession

Rettung *f* rescue, salvage

Rettungs|aktion *f* rescue operation; **R.dienst** *m* rescue service; **R.hubschrauber** *m* air ambulance; **R.kosten** *pl* salvage costs; **R.mannschaft** *f* rescue party; **R.sanitäter(in)** *m/f* paramedic; **finaler R. schuss** fatal shot fired (by the police) in an emergency situation; **R.wagen** *m* ambulance

Reue *f* repentance; **tätige R.** active repentance

Reu|geld *nt* forfeit money; **r.mütig** *adj* remorseful, repentant

Revalierung *f* indemnification; **R.sklage** *f* indemnity action

Revers *m* written undertaking

Revier *nt* police station/district *[US]*

Revindi|kation *f* revindication; **r.zieren** *v/t* to revindicate

revisibel *adj* liable to revision

Revision *f* 1. appeal (on a point of law), (judicial) review; 2. *(Bilanz)* audit(ing); **sich der R. anschließen** to lodge a cross-appeal; **R. einlegen; in die R. gehen** to appeal (on a point of law), to lodge an appeal; **einer R. stattgeben** to uphold an appeal; **die R. verwerfen;** ~

zurückweisen to dismiss the appeal; **R. für zulässig erklären; R. zulassen** to grant leave to appeal (on a point of law), to allow an appeal; **R. zurückweisen** to dismiss an appeal; **betriebsinterne R.** internal audit(ing)

Revisions|abteilung f auditing department; **R.antrag** m notice of appeal (on a point of law), notice for judgment in an appeal on a point of law; **R.begründung** f statement of grounds for appeal; **R.beklagte(r)** f/m respondent; **R.beschluss** m writ of certiorari (lat.); **R.einlegung** f lodging (of) an appeal; **R.entscheidung** f appellate decision (on a point of law); **R.frist** f time for lodging an appeal; **R.gericht** nt court of appeal, ~ last resort, appellate/appeal court; **R.grund** m ground for appeal, error; **absoluter** ~ fundamental/automatic error; **R.instanz** f appellate instance, court of last resort; **R.kläger(in)** m/f appellant (in a court of last resort); **R.klausel** f reopener clause; **R.schrift** f notice of appeal; **R.verfahren** nt appellate proceedings, proceedings on appeal; **R.vorlage** f case stated; **R.zulassung** f leave to appeal (on a point of law)

Rezept nt prescription; **R. ausstellen** to write out a prescription; **R.gebühren** pl prescription charges; **r.pflichtig** adj prescription-only, obtainable only on prescription; **nicht r. pflichtig** over-the-counter (OTC)

rezipro|k adj reciprocal; **R.zität** f reciprocity; **R.zitätsklausel** f reciprocity clause

richten v/t to judge/adjudicate/adjudge, to sit in judgment

Richter|(in) m/f judge, justice; **R.** pl judiciary; **R. und Anwälte** the Bench and the Bar; **R. eines** *County Court (ZR)* circuit judge *[GB]*; ~ *Crown Court (StR)* circuit judge *[GB]*; **R. auf Lebenszeit** judge for life; ~ *Probe* judge on probation

Richter ablehnen to challenge a judge; **zum R. ernannt werden** to be appointed judge

beisitzender Richter associate judge; **dienstältester R.** senior judge; **vorsitzender R.** presiding judge; **ehrenamt-**

licher **R.** lay judge, **einfacher R. am** *High Court (im Ggs. zum Lord Chancellor, Lord Chief Justice, President of Family Division)* puisne judge *[GB]*; **nebenamtlicher R. auf Zeit** recorder *[GB]*

Richter|ablehnung f challenging (of) a judge, rejection of a trial judge; **R.amt** nt 1. *(untere Gerichte)* magistracy *[GB]*; 2. judicial office, judgeship, justiceship; **R.amtsbefähigung** f eligibility to serve as a judge; **R.anklage** f impeachment of a judge; **R.bank** f the bench; **R.bestechung** f bribing (of) a judge; **R.kollegium** nt the bench; **r.lich** adj judicial; **R.privileg** nt judicial privilege; **R.recht** nt judge-made law; **R.schaft** f the bench; **R.spruch** m court ruling; **R.stand** m judiciary, the bench; **R.zimmer** nt judge's chambers

Richtgeschwindigkeit f recommended speed

richtig stellen v/t to rectify/correct

Richtigbefund m certificate of correctness; **nach R.** if verified

Richtigkeit f correctness, accuracy; **für die R. der Abschrift** copy certified correct; **R. und Vollständigkeit** accuracy and completeness; **R. einer Aussage bezweifeln** to challenge the accuracy of a statement

Richtlinie f 1. guideline; 2. *(Anweisung)* directive; **richterliche R. für polizeiliche Vernehmung und Anzeigenerstattung** Judges' Rules *[GB]*; **R. erlassen** to issue a directive; **R. in nationales Gesetz umsetzen** to incorporate a directive in national law; **europäische R.** European directive; **R.n** terms of reference

Richtpreis m recommended price

Richt|ung f direction, tendency, trend; **R.wert** m benchmark

handelsübliche Risiken customary risks

Risiko nt risk, peril, hazard; **auf eigenes R.** at one's own risk; **R. abwägen** to calculate a risk; **R. ausgleichen** to offset a risk; **sich am R. beteiligen** to share in the risk; **ein R. durch Versicherung decken** to cover a risk by insurance; **R. eingehen** to run a risk; **R. enthalten** to involve a risk; **R. tragen** to bear the risk

erhöhtes Risiko *(Vers.)* aggravated risk;

gefährliches R. *(Vers.)* substandard risk; **ungedecktes R.** uncovered risk; **versicherbares R.** insurable risk

Risiko|abwägung *f* risk evaluation; **R.aufschlag** *m* danger money; **R.bewertung** *f* risk assessment; **R.klausel** *f* perils clause; **R.lebensversicherung** *f* term insurance; **r.reich** *adj* risky; **R.träger** *m* risk bearer; **R.übernahme** *f* assumption of risk; **R.versicherung** *f* risk insurance, contingency policy; **R.verteilung** *f* spreading of risks

riskieren *v/t* to risk

Robe *f* *(Anwalt, Richter)* gown, robe

Rotlicht|bezirk *m* red-light district; **R.verstoß** *m* traffic light offence

Routine *f* routine; **R.überprüfung** *f* routine check

Rubrik *f* head

Rubrum *nt* *(lat.)* 1. heading; 2. *(Urteil)* caption, recitals, title reference

Rück|abtretung *f* retrocession, reassignment; **R.auflassung** *f* reconveyance; **R.bürge** *m* counter-surety; **R.bürgschaft** *f* counter-surety; **r.datieren** *v/t* 1. to antedate/backdate; 2. *(rückerstatten)* to repay/refund/reimburse

Rückerstattung *f* 1. reimbursement, refund, repayment; 2. *(Rückgabe)* return, restitution; **R. der Kosten** reimbursement of costs; **R. vorausbezahlter Miete** refund of prepaid rent; **R. von Vermögen** restitution of property

Rückerstattungs|anspruch *m* claim for reimbursement/restitution, restitution/refund claim; **R.beschluss** *m* restitution order; **R.garantie** *f* repayment guarantee; **R.pflicht** *f* duty to refund/restitute; **r.pflichtig** *adj* liable to make restitution; **R.verfahren** *nt* restitution proceedings

Rückfahrt *m* return journey/trip

Rückfall *m* *(StR)* recidivism, relapse; **bei R.** in case of recidivism, in the event of a second offence; **R. in das gleiche Delikt** relapse into the same type of crime; **R.delikt** *nt* recidivist offence; **~ begründen** to substantiate an offence involving relapse into crime; **R.diebstahl** *m* second offence of theft, recidivous theft; **R.kriminalität** *f* recidivism

rückfällig *adj* recidivist, re-offending, recidivous; **r. werden** to become recidivous, to relapse; **R.e(r)** *f/m* recidivist, previously convicted person; **R.keit** *f* recidivism

Rückfall|kriminalität *f* recidivism; **R.strafe** *f* penalty in case of recidivism; **R.tat** *f* repeated offence; **R.täter(in)** *m/f* recidivist, second offender

Rückforderung *f* reclamation, claim for the return; **R. der Kaufsache** reclamation of the goods sold; **R.sanspruch** *m* claim for the return; **R.srecht** *nt* right to reclaim (sth.); **~ des Hinterlegers** depositor's right to reclaim (sth.)

Rückfrage *f* further inquiry

Rückgabe *f* return, restitution, restoration; **R. der Geschenke** return of gifts; **~ der Mietsache** return of the rented item; **~ des Eigentums** restitution of property; **~ von Gegenständen** restitution of items

Rückgabe|ort *m* place of restitution; **R.pflicht** *f* duty of restitution; **~ des Nießbrauchers** usufructuary's duty of restitution; **R.recht** *nt* right to return goods

rückgängig machen *adj* 1. *(Auftrag)* to cancel; 2. *(Entscheidung)* to annul; 3. *(Vertrag)* to rescind

Rückgängigmachung *f* 1. annulment; 2. cancellation; 3. rescission; **R. des Vertrags** rescission of the contract; **R. wegen Gewährleistungsbruch** rescission for breach of warranty

Rückgewähr *f* return, restitution, repayment; **R.anspruch** *m* claim to restitution

Rückgewinnungsanlage *f* recycling plant

Rückgriff *m* recourse (to); **R. mangels Annahme** recourse for want of acceptance

Rückgriffs|anspruch *m* claim under a right of recourse; **R.forderung** *f* claim under a right of recourse; **R.forderung** *f* *(Wechselrecht)* recourse claim; **R.haftung** *f* liability on recourse; **R.recht** *nt* right of recourse

Rückhalt *m* support, backing

Rückkauf *m* 1. redemption, buy(ing) back, repurchase; 2. *(Lebensvers.)* surrender

Rückkaufs|berechtigung *m (Vers.)* surrender privilege; **R.recht** *nt* right of redemption/repurchase; **R.vereinbarung** *f* repurchase agreement; **R.wert** *m* 1. redemption value; 2. *(Vers.)* surrender value

Rücklage *f* 1. *(Ersparnisse)* savings; 2. *(Reserve)* reserve fund, reserve(s); **R. für Ersatzbeschaffung** reserves for replacements; **~ Wertminderung** reserves for depreciation; **in der Satzung festgelegte R.** reserves pursuant to the articles; **freie R.** uncommitted reserves; **gesetzliche R.** statutory reserves; **offene R.** open reserves; **stille R.** undisclosed reserves

Rücklagen *pl* reserves; **R. für Gewährleistungsansprüche** warranty reserves; **gesetzliche R.** statutory reserves; **zweckgebundene R.** appropriated reserves; **R.bildung** *f* creation of reserves

Rücknahme *f* 1. taking back; 2. *(Äußerung)* retraction; 3. *(Gesetz)* repeal; 4. *(Klage)* withdrawal; 5. *(Rückkauf)* repurchase; 6. *(Widerruf)* revocation; **R. der Anklage** withdrawal of the charge; **~ Berufung** withdrawal of the appeal; **~ Erlaubnis** revocation of the licence; **~ Klage** withdrawal/abandonment of the action; **~ Kündigung** withdrawal of notice; **~ eines Rechtsmittels** withdrawal of remedy; **R. und Widerruf** withdrawal and revocation; **R.anspruch** *m* revocatory claim; **R.recht** *nt* right to return (sth.)

Rückruf *m (Waren)* recall; **R.aktion** *f* recall action

Ruck|sack *m* rucksack, backpack *[US]*

Rück|schlag *m* setback, relapse; **R.schluss** *m* inference

Rücksicht *f* regard, consideration; **mit R. auf** having regard to, taking into account; **ohne R. auf** irrespective of, not taking into account; **R. nehmen** to consider; **R. nehmen auf** to take sth. into consideration, to make allowance for

Rücksicht|nahme *f* consideration; **r.slos** *adj* inconsiderate, reckless; **R.slosigkeit** *f* recklessness, lack of consideration

Rücksprache *f* consultation; **R. nehmen mit** to consult/confer/check (with)

Rückstand *m* arrears, backlog; **in R. kommen** to get into arrears

Rückständ|e *pl* 1. arrears; 2. *(Substanzen)* residues; **r.ig** *adj* in arrears

Rückstau *m* tailback

Rückstellungen *pl* provisions; **R. für Eventualverbindlichkeiten** provisions for contingent liabilities

Rückstrahler *m (Kfz)* reflector

Rückstufung *f (Gehalt)* downgrading

Rücktritt *m* 1. withdrawal; 2. *(Amt)* resignation, retirement; 3. rescission; **R. wegen Nichterfüllung** rescission on the grounds of non-performance; **R. vor Reisebeginn** cancellation prior to the date of travel; **R. vom Versuch** abandoning (of) an attempt, **~** of intent (to commit a crime), **~** the attempt to commit an offence; **~ Vertrag** cancellation/repudiation/rescission of contract; **R. anbieten** to tender one's resignation; **turnusmäßiger R.** retirement by rotation

Rücktritts|berechtigte(r) *f/m* party entitled to terminate a contract; **R.frist** *f* period allowed for cancellation; **R.gesuch** *nt* offer of resignation; **~ einreichen** to hand in one's resignation; **R.grund** *m (Vertrag)* ground for rescission; **R.klage** *f* rescissory action; **R.klausel** *f* escape/cancellation/opt-out clause

Rücktrittsrecht *nt* right of cancellation/rescission; **gesetzliches ~** statutory right of cancellation; **vereinbartes ~** stipulated right of cancellation

Rücktrittsvorbehalt *m* reservation of the right to cancel/rescind

rückübereign|en *v/t* to reconvey/retransfer/reassign; **R.ung** *f* reconveyance, retransfer, reassignment

rückvergüt|en *v/t* to refund/repay/reimburse; **R.ung** *f* refund, repayment, reimbursement

rückvermiet|en *v/t* to re-let; **R.ung** *f* re-letting

rückversicher|n *v/t* to reinsure; **R.ung** *f* reinsurance; **R.ungsvertrag** *m* contract of reinsurance

Rück|verweisung *f* recommittal; **r.wärts fahren** *adj* to reverse; **r.wirkend** *adj* retrospective, retroactive; **R.wirkung** *f* retroactive force/effect

rückzahlbar *adj* repayable
Rückzahlung *f* 1. repayment, refund; 2. *(Rückerstattung)* reimbursement; 3. *(Tilgung)* redemption; **R. einer Hypothek** redemption of a mortgage
Rückzahlungs|anspruch *m* repayment claim; **R.bedingungen** *pl* terms of repayment; **R.frist** *f* time for repayment; **R.klausel** *f* repayment clause; **R.pflicht** *f* obligation to reimburse/refund; **R.wert** *m* redemption value
Ruf *m* 1. name; 2. *(Ansehen)* reputation; 3. *(Leistung in der Vergangenheit)* record; 4. *(Firma)* standing; **jdn in schlechten R. bringen** to give so. a bad name
Ruf|bereitschaft *m* standby duty; **R.mord** *m* character assassination; **R.schädigung** *f* damage to so.'s reputation, defamation, injurious falsehood
Rüge *f* 1. rebuke; 2. *(Verweis)* reprimand; **R. der Unzuständigkeit** jurisdictional plea; **R.frist** *f* time-limit for a claim
rügen *v/t* to object/reprimand
Ruhe *f* peace, quiet; **R. und Ordnung** public peace; **R.gehalt** *nt* (retirement) pension; **~ bei Dienstunfähigkeit** disability pension; **R.gehaltsanspruch** *m* pension entitlement; **R.geld** *nt* (retirement) pension; **~ beziehen** to draw a pension
ruhen *v/i* to be in abeyance: **R.** *nt* suspension; **R. von Leistungen** *(Vers.)* suspension of benefits; **R. des Strafverfahrens** suspension of the prosecution; **~ Verfahrens** stay/suspension of proceedings; **R. der Verjährung** suspension of the (period of) limitation
Ruhepause *f* rest (period), break
Ruhestand *m* retirement; **im R. (i. R.)** retired; **vorzeitig in den R. treten** to take early retirement, to retire prematurely; **R.salter** *nt* retirement age; **R.sverhältnis** *nt* retirement
Ruhestör|er *m* rioter; **R.ung** *f* disturbance of the (public) peace, breach of the peace, disturbance; **nächtliche ~** (creating a) night-time disturbance; **öffentliche ~** disturbance of the peace
Ruhe|tag *m* day off; **R.zeit** *f* rest period; **~ für Kraftfahrzeugführer** rest period for drivers; **R.zone** *f* rest area

ruinös *adj* 1. ruinous; 2. *(Wettbewerb)* cutthroat
Rumpf *m (Körper)* trunk, dismembered body; **R.belegschaft** *f* core workforce
Rundbrief *m* 1. circular, newsletter; 2. *(Umlauf)* round robin
Runde machen *f (Polizei)* to be on one's beat
Runderlass *m* circular order
Rundfunk *m* radio; **R.durchsage** *f* radio announcement
Rundschreiben *nt* circular
Rüpel *m* lout, yob *(coll) [GB]*; **r.haft** *adj* loutish
Ruß *m* soot
Rüstung *f* armament(s); **R.skontrolle** *f* arms control
Rüttelschwelle *f* rumble strip *[GB]*, jiggle bar *[US]*

S

Sabotage *f* sabotage; **S. begehen** to sabotage, to perform an act of sabotage; **S. treiben** to practise sabotage; **S.akt**; **S.handlung** *m/f* act of sabotage; **S.tätigkeit** *f* sabotage
Sabot|eur *m* saboteur; **s.ieren** *v/t* to sabotage
Sach|antrag *m* substantive motion; **S.aufruf** *m* calling (of) the case; **S.bearbeiter(in)** *m/f (Behörde)* official in charge; **S.bereich** *m* field, sphere
Sachbeschädigung *f* property damage, criminal damage *[GB]*/mischief *[US]*, (criminal) damage to property, malicious damage *[US]*; **S. begehen** to commit an act of vandalism, to vandalize; **mutwillige S.** vandalism
Sach|bezüge *pl* remuneration in kind; **S.darstellung** *f* statement of the facts
sachdienlich *adj* relevant, pertinent; **S.keit** *f* expediency, pertinency
Sache *f* 1. thing, res *(lat.)*; 2. *(Fall)* case, cause; **in der S. selbst** (up)on the merits; **in der S. Kurz gegen Lang** in the case of/in re *(lat.)* Kurz versus Lang; **in eigener S.** on one's behalf; **zur S. gehörig** pertinent; **einer S. abträglich sein** to be

detrimental to sth.; **zur S. ausführen** to plead on the merits of the case; **sich zur S. äußern** to refer to the merits of the case; **S. herausgeben** to surrender a thing; **zur S. kommen** to come to the point; **S. verhandeln** to hear a case; **zur S. vernommen werden** to be questioned; **S. verweisen** to remit a case **anhängige Sache** pending case; **belegene S.** situated property; **beschlagnahmte S.** attached property; **bewegliche S.n** chattels, movables; **eingebrachte S.n** contributed items; **entschiedene S.** res judicata *(lat.)*; **fremde S.** third-party property; **gepfändete S.** sequestered item; **geringwertige S.** item of minor value; **geschuldete S.** owed item; **gestohlene S.** stolen item; **herrenlose S.** 1. ownerless item; 2. *(Immobilie)* derelict property; **öffentliche S.** public case; **streitbefangene S.** pending case; **nicht streitige S.** non-contentious case; **unbewegliche S.** immovable property; **unveräußerliche S.** inalienable property; **vermachte S.** bequeathed item; **vertretbare S.n** fungible goods; **vorliegende S.** case in hand
Sach|eigentum *nt* property ownership; **S.einlage** *f* investment in kind
Sachen *pl* things; **abhanden gekommene S.** lost articles/items
Sachenrecht *nt* real law, law of property
Sach|entscheidung *f* decision on the merits of the case; **S.frage** *f* question of merit; **S.gebiet** *nt* field, sphere; **s.gemäß** *adj* appropriate, proper; **S.güter** *pl* material goods; **(tatsächliche) S.herrschaft** possession; **rechtliche ~** ownership; **S.kapital** *nt* real capital; **S.kenntnis** *f* expert knowledge; **S.kunde** *f* expert knowledge, knowledge of the facts; **s.kundig** *adj* competent, skilled; **S.lage** *f* facts and circumstances, factual position; **nach ~ entscheiden** to decide on the merits of the case; **S.legitimation** *f* authority to claim/sue; **S.leistung** *f* payment/benefit(s)/performance in kind; **S.leistungsvertrag** *m* contract for the supply of goods and services; **s.lich** *adj* factual, objective; **S.mangel** *m* (material) defect, fault; **verborgene S.mängel** hidden defects; **S.mängelansprü-**

che *pl* claims based on defects; **S.mängelhaftung** *f* liability for defects; **S.schaden** *m* property damage; **S.schuld** *f* obligation in kind; **S.urteil** *nt* judgment on the merits of a case
Sachverhalt *m* facts and circumstances, statement of the facts, facts of the matter/case; **S. klären** to clarify matters
Sach|vermögen *nt* tangible assets; **S.versicherung** *f* non-life insurance; **S.verstand** *m* expert knowledge
sachverständig *adj* expert, competent
Sachverständig|e(r) *f/m* (technical) expert, specialist; **S.en beiziehen** to consult an expert; **amtlicher S.er** official expert; **beeidigter S.er** sworn expert; **gerichtlich bestellter S.er** court-appointed expert
Sachverständigen|aussage *f* expert testimony; **S.bericht** *m* expert opinion; **S.beweis** *m* evidence submitted by an expert; **S.eid** *m* oath sworn by an expert; **S.gebühr** *f* expert's fee; **S.gutachten** *nt* expertise, expert opinion/report; **S.urteil** *nt* judgment on the merits of the case; **S.vergütung** *f* expert's fee
Sach|verwalter *m* administrator, trustee; **S.vortrag** *m* submission(s), averment; **S.wert** *m* material value, value of an action/object; **S.zusammenhang** *m* factual connection; **S.zuwendung** *f* allowance of kind
Saison *f* season; **S.arbeitskräfte** *pl* seasonal workers; **s.bereinigt** *adj* seasonally adjusted; **S.kennzeichen** *nt* seasonal numberplate
Saldo *m* balance
Samen|bank *f* sperm bank; **S.spender** *m* sperm donor; **künstliche S.übertragung** artificial insemination
Sammel- composite; **S.einbürgerung** *f* group naturalization; **S.klage** *f* class/group action; **S.klausel** *f* omnibus clause; **S.vermögen** *nt* combined assets; **S.werk** *nt* compilation
im Sande verlaufen *m* to come to nothing
sanier|en *v/t* to rescue; **S.ung** *f* reorganization, redevelopment
Sanktion *f* sanction; **S.en verhängen** to impose sanctions; **s.ieren** *v/t* to sanction
Satz *m* *(Gebühren)* rate
Satzung *f* statutes, constitution, charter;

S. der Gesellschaft articles of association/incorporation *[US]*
Satzungs|änderung *f* amendment of the statutes; **S.autonomie** *f* freedom to make statutes; **S.befugnis** *f* statutory power(s); **S.berichtigung** *f* amendment of the statutes; **S.bestimmung** *f* statutory provision; **s.gemäß** *adj* statutory, according with the statutes/articles, in accordance with the articles (of association); **S.recht** *nt* statutory law, statute law (of corporations and local authorities); **S.verletzung** *f* infringement of the statutes
säumig *adj* dilatory, remiss, defaulting, in default; **S.keit** *f* dilatoriness
Säumnis *f* delay, default; **S.strafe** *f* default fine; **S.urteil** *nt* default judgment; **S.verfahren** *nt* default proceedings; **S.zuschlag** *m* default penalty
schaden *v/t* 1. to damage; 2. to harm
Schaden *m* 1. damage, loss; 2. harm; 3. prejudice; 4. *(Verletzung)* injury; **zum S. von** to the prejudice/detriment of; **S. stiftend** damaging
Schaden abdecken to cover a loss; **S. abfinden** to adjust/settle a claim; **S. abschätzen** to assess the loss/damage; **den ~ auf** to estimate/put the damage at; **S. abwenden** to avert/prevent a damage, ~ loss; **S. anmelden** to give notice of a claim; **S. bei der Versicherung anmelden** to file a claim with the insurance company; **S. erleiden** to suffer/sustain a loss; **S. ersetzen** to indemnify; **S. festsetzen** to assess the loss/damage; **S. feststellen** to ascertain the damage; **S. wieder gutmachen** to make good/remedy the damage; **S. nachweisen** to furnish evidence of damage/loss; **S. regulieren** to adjust a claim; **S. tragen** to bear the loss; **S. verursachen** to occasion a loss, to cause damage; **S. zufügen** to inflict damage/injury, to harm
absichtlich herbeigeführter Schaden wilful damage; **allgemeiner S.** general damages; **besonderer (oder konkreter) S.** special damages; **unmittelbar drohender S.** imminent damage; **eingetretener/entstandener S.** loss/damage incurred, ~ sustained; **einklagbarer S.** actionable loss; **erheblicher S.** major

loss; **erlittener S.** loss/damage sustained; **geringfügiger S.** minor loss; **nicht wieder gutzumachender S.** irreparable loss/damage; **ideeller S.** non-pecuniary damage; **immaterieller S.** immaterial loss, intangible damage; **materieller S.** actual loss; **mittelbarer S.** indirect loss/damage, consequential damage; **nachgewiesener S.** substantiated loss; **seelischer S.** mental anguish, nervous shock; **tatsächlicher S.** actual damage; **unmittelbarer S.** direct loss; **vermeidbarer S.** avoidable loss
Schaden|abteilung *f (Vers.)* claims department; **S.anzeige** *f (Vers.)* notice of claim
Schaden(s)ersatz *m* indemnification, (compensatory) damages, compensation (for damages); **S. wegen Nichterfüllung** damages for non-performance
Schaden(s)ersatz aberkennen to disallow compensation; **S. ausschließen** to exclude any claim for damages; **S. einklagen** to sue for damages; **S. erhalten** to recover damages; **auf S. erkennen** to award damages; **S. fordern/verlangen/geltend machen** to claim damages; **auf S. klagen** to sue for damages; **S. leisten** to indemnify; **jdn auf S. verklagen** to sue so. for damages; **S. zahlen** to pay damages; **S. zubilligen/zusprechen/zuerkennen** to award damages
ausgleichender Schaden(s)ersatz compensatory damages; **allgemeiner S.** general damages; **zivilrechtlicher S.** civil damages
Schaden(s)ersatzanspruch *m* claim for damages; **S. aus unerlaubter Handlung** claim in tort; **S. anerkennen** to admit a claim; **S. einklagen** to sue for damages; **deliktischer S.** claim in tort
Schaden(s)ersatz|berechtigter *m* indemnitee; **S.betrag** *m* quantum of damages; **S.jäger** *m* bounty hunter; **S.klage** *f* action for damages; **~ wegen Nichterfüllung** action for non-performance; **~ einreichen** to bring an action for damages; **S.leistung** *f* indemnity, indemnification; **~ gerichtlich anordnen** to make a compensation order
Schaden(s)ersatzpflicht *f* duty to pay damages, liability for damages; **~ des**

Hinterlegers depositor's duty to pay damages; **~ des Vermieters** landlord's duty to pay damages; **s.pflichtig** *adj* liable for damages

Schaden(s)ersatz|summe *f* amount/ quantum of damages; **S.urteil** *nt* (damage) award

Schaden|feststellung *f* assessment of damage; **S.freiheitsrabatt** *m* noclaim(s) bonus; **S.freude** *f* malicious joy, gloating

Schadens|abfindung; S.abgeltung *f* indemnification; **S.abwicklung** *f* claims adjustment; **S.anzeige** *f* notice of loss; **S.ausgleich** *m* statement of loss; **S.begrenzung** *f* damage limitation; **S.bemessung** *f* damage/loss assessment; **S.besichtigung** *f* damage survey; **S.eintritt** *m* incidence/occurrence of damage, **~** loss; **S.ereignis** *nt* damaging event; **S.ermittlung** *f* ascertainment of damage

Schadensfall *m* 1. case of damage; 2. *(Vers.)* claim; **im S.** in the event of damage; **S. melden** to report a loss/damage, to enter/file a claim

Schadens|feststellung *f* loss assessment; **S.haftung** *f* liability for a claim; **deliktische ~** liability in tort; **S.höhe** *f* amount of loss, quantum of (damages); **S.meldung** *f* notice of loss; **S.minderungspflicht** *f* duty to reduce the damage; **S.nachweis** *m* proof of loss/damage; **S.prüfung** *f* damage survey; **S.regulierer** *m* claims adjuster; **S.regulierung** *f* claims adjustment; **~ durch die Versicherung** claim adjustment by the insurance (company); **S.schätzung** *f* loss assessment/appraisal, appraisal of the damage/loss; **S.summe** *f* amount of loss; **S.umfang** *m* extent of loss; **S.versicherung** *f* insurance against loss; **S.verursachung** *f* perpetration of damage; **S.wiedergutmachung** *f* indemnification

schadhaft *adj* defective, faulty

schädige|n *v/t* 1. to damage/impair/harm/ injure; 2. to prejudice; **S.r** *m* damaging party, tortfeasor, wrongdoer

Schädigung *f* injury, damage, detriment, prejudice; **S. jds Interessen** injury to so.'s interests; **vorsätzliche S.** wilful

damage; **S.sabsicht** *f* intent to cause damage, actual malice

schädlich *adj* 1. injurious, damaging; 2. detrimental; 3. *(Substanz)* harmful, noxious

schadlos *adj* without damage, unharmed; **s. halten** to indemnify, to hold harmless; **S.bürgschaft** *f* indemnity; **S.haltung** *f* indemnity, recourse, indemnification, compensation; **S.haltungserklärung** *f* letter of indemnity; **S.stellung** *f* indemnification

Schadstoff *m* harmful/noxious substance; **S.belastung** *f* pollution; **S.e** *pl* pollutants

Schalldämpfer *m* silencer

Schamgefühl *nt* sense of shame

schänden *v/t* 1. *(entweihen)* to desecrate/ defile; 2. *(Kinder)* to abuse; 3. *(Ruf)* to dishonour; 4. *(verächtlich machen)* to discredit

Schandfleck *m* disgrace, blot (on the landscape)

schändlich *adj* *(niederträchtig)* disgraceful, shameful; **S.keit** *f* shameful/ ignominious deed

Schandtat *f* abomination, iniquity

Schändung *f* defilement, desecration

Schank|erlaubnis; S.konzession *f* liquor licence, licence to sell alcohol, publican's licence; **S.zeiten** *pl* licensing hours

Scharfschütze *m* marksman

Schatz *m* treasure

schätzen *v/t* to appraise/assess/estimate/ rate/value

Schatzfund *m* treasure trove

Schätzung *f* assessment, valuation, estimate, evaluation, appraisal; **gutachtliche S.** expert appraisal; **vorsichtige S.** conservative estimate

Schätzwert *m* assessed/estimated value

Schaufenstereinbruch *m* smash-and-grab raid

Schaulustiger *m* onlooker

Schauprozess *m* show trial

Scheck *m* check *[US]*, cheque *[GB]*; **S. sperren** to stop a cheque; **bestätigter S.** certified cheque; **gekreuzter S.** crossed cheque

Scheck|aussteller(in) *m/f* drawer/maker of a cheque; **S.betrug** *m* cheque fraud; **S.empfänger(in)** *m/f* payee; **S.fäl-**

schung *f* forging (of) a cheque, cheque forgery; **S.heft** *nt* cheque book; **S.inhaber(in)** *m/f* bearer (of a cheque); **S.karte** *f* cheque (guarantee) card; **S.kartenmissbrauch** *m* cheque card abuse; **S.nehmer(in)** *m/f* payee; **S.sperre** *f* stopping (of) a cheque

scheiden *v/t* to divorce; **sich s. lassen** to get a divorce

Scheidung *f* divorce, dissolution of marriage; **S. in beiderseitigem Einverständnis** divorce by mutual agreement

Scheidung beantragen to petition/sue *[US]* for a divorce; **S. begehren** to seek a divorce; **S. einreichen** to start divorce proceedings, to file a petition for divorce; **in eine S. einwilligen** to agree to a divorce; **auf S. erkennen** to grant a divorce; **~ klagen** to petition for a divorce; **in S. leben** to be divorced

Scheidungs|antrag; S.begehren *m/nt* petition for a divorce, divorce petition; **S.beklagte(r)** *f/m* respondent (in divorce proceedings); **S.grund** *m* ground(s) for divorce; **S.klage** *f* petition for a divorce, divorce petition; **~ einreichen** to file a divorce petition; **S.kläger(in)** *m/f* petitioner (for a divorce); **S.prozess** *m* divorce proceedings/suit; **S.recht** *nt* divorce law; **S.richter(in)** *m/f* divorce judge

Scheidungsurteil *nt* decree of divorce, divorce decree; **endgültiges/rechtskräftiges S.** decree absolute; **vorläufiges S.** decree nisi *(lat.)*

Scheidungs|vereinbarung *f* divorce settlement; **S.verfahren** *nt* divorce proceedings; **S.widerklage** *f* cross-petition for a divorce

Schein|argument *nt* spurious argument; **S.asylant(in)** *m/f* bogus asylum seeker; **S.ehe** *f* sham/fictitious marriage, marriage of convenience; **Scheinerbe** *m* presumptive heir; **S.firma** *f* dummy corporation *[US]*, fictitious firm; **S.forderung** *f* fictitious claim; **S.gebot** *nt* sham bid; **S.gefahr** *f* apparent danger; **S.geschäft** *nt* dummy/sham transaction; **S.gesellschaft** *f* dummy corporation; **S.gewinn** *m* fictitious profit; **S.grund** *m* specious reason; **S.handlung** *f* fictitious act; **S.heirat** *f* sham/fictitious marriage; **S.kauf** *m* simulated purchase; **S.pro-**

zess *m* mock trial; **S.sitz** *m* sham domicile; **S.tatbestand** *m* ostensible facts; **S.tod** *m* apparent death; **s.tot** *adj* apparently dead; **S.urteil** *nt* sham judgment; **S.vertrag** *m* fictitious contract; **S.vollmacht** *f* ostensible/apparent authority, ~ power of attorney

Scheinwerfer *pl* headlights

Scheitern *nt* failure; **S. der Ehe** irretrievable breakdown (of marriage)

scheitern *v/i* 1. to break down; 2. *(Prozess)* to fail

Schengener Durchführungsübereinkommen *nt* Schengen implementation agreement

schenk|en *v/t* to donate, to make a gift; **S.er(in)** *m/f* donor, giver

Schenkung *f* gift, donation; **S. unter Auflage** qualified donation; **S. unter Lebenden; S. zu Lebzeiten** lifetime gift, gift inter vivos *(lat.)*; **S. auf den Todesfall; S. von Todes wegen** gift mortis causa *(lat.)*, testamentary gift; **S. machen** to donate, to make a donation/gift; **S. widerrufen** to revoke a gift

bedingte Schenkung qualified donation; **bedingungslose/vorbehaltlose S.** outright gift; **letztwillige/testamentarische S.** testamentary gift

Schenkungs|absicht *f* intention to donate; **S.anfechtung** *f* avoidance of a gift; **S.annahme** *f* acceptance of a gift; **S.empfänger(in)** *m/f* donee; **S.geber(in)** *m/f* donor; **S.steuer** *f* gift tax, capital transfer tax *[GB]*; **S.verbot** *nt* prohibition to donate; **S.vermutung** *f* presumption of a donation; **S.versprechen** *nt* promise to make a gift; **S.vertrag** *m* contract of donation, covenant; **s.weise** *adv* by way of gift/donation

Schickschuld *f* obligation to be discharged by remittance

Schieber *f (Drogen, Waffen)* trafficker; **S.geschäft** *nt* racket

schiedlich *adv* by arbitration

Schieds|abkommen; S.abrede *nt/f* arbitration agreement/clause; **S.antrag** *m* request for arbitration

Schiedsgericht *nt* court of arbitration, (arbitration) tribunal, arbitration court; **S. für Mietstreitigkeiten** rent tribunal; **s.lich** *adj* arbitral, by arbitration

Schiedsgerichts|barkeit f arbitration, arbitral jurisdiction; **S.hof; S.instanz** m/f court of arbitration; **S.klausel** f arbitration clause; **S.ordnung** f rules of arbitration; **S.vereinbarung** f arbitration agreement; **S.verfahren** nt arbitration proceedings, arbitration

Schieds|gutachten nt arbitrator's award; **S.gutachter** m adjudicator; **S.hof** m court of arbitration, arbitration tribunal; **S.klausel** f arbitration clause; **S.kommission** f arbitration commission; **S.mann** m arbitrator; **S.ordnung** f rules of arbitration; **S.richter** m arbitrator, referee; **durch ~ entscheiden (lassen)** to arbitrate; **S.richtervergütung** f arbitrator's fee; **S.spruch** m (arbitrator's/arbitral) award, arbitrament, judgment; **~ aufheben** to set aside an award; **S.stelle** f board of arbitration, arbitration board; **~ anrufen** to have recourse to arbitration; **S.urteil** nt arbitrator's award; **S.vereinbarung** f arbitration agreement; **S.verfahren** nt arbitration proceedings; **S.verfahrensordnung** f code of arbitral procedure; **S.vergleich** m settlement in arbitration proceedings; **S.vertrag** m arbitration agreement

Schießerei f shooting incident, shooting

Schiff nt ship, vessel; **S. mit Beschlag belegen** to arrest a ship; **S.befrachtungsvertrag** m charter party, contract of affreightment

Schifffahrt f shipping, navigation

Schifffahrts|abkommen nt navigation treaty; **S.gericht** nt naval court; **S.gesetz** nt navigation act; **S.recht** nt navigation law; **S.vertrag** m navigation treaty

Schiffs|befrachter m charterer; **S.befrachtungsvertrag** m charter party; **S.brief** m ship's passport; **S.frachtbrief** m bill of lading (B/L); **S.gläubiger** m ship's creditor; **S.hypothek** f ship mortgage; **S.mietvertrag** m charter party; **S.pass** m ship's passport; **S.pfandbrief** m bottomry bond; **S.pfandrecht** nt maritime lien; **S.register** nt ships' register; **S.verkehr** m navigation; **S.zusammenstoß** m collision (at sea)

Schikan|e f chicanery, vexation; **s.ieren** v/t to victimize/harass; **s.ös** adj vexatious

schilder|n v/t to describe, to give an account of; **S.ung** f description, account

Schirmherr|(in) m/f sponsor, patron; **unter der S.schaft von** f under the patronage/auspices of, sponsored by

Schläfer m (Terrorismus) sleeper

Schlag m blow, punch

Schlagbaum m barrier

schlagen v/t to hit/knock

Schläger m thug; **S.bande** f gang of thugs; **S.ei** f brawl, affray, fight; **~ unter Betrunkenen** drunken brawl

Schlag|ring m knuckleduster; **S.stock** m truncheon

schlecht adj (Qualität) inferior, poor

Schlecht|erfüllung f defective performance; **S.erstellung** f discrimination; **S.leistung** f insufficient performance

Schleichhandel m illicit trade, smuggling

Schlepper m people smuggler, smuggler of illegal immigrants

Schleppnetzfahndung f police dragnet search

schlicht|en v/t to arbitrate/mediate, to settle amicably; **S.er(in)** m/f 1. conciliator, mediator; 2. (durch Schiedsspruch) arbitrator; **S.ung** f conciliation, arbitration, mediation, settlement

Schlichtungs|ausschuss m grievance committee; **S.kammer** m conciliation board; **S.stelle** f arbitration board; **S.vereinbarung** f conciliation agreement **S.verfahren** nt arbitration proceedings, conciliation procedure; **S.versuch** m attempt to reach an amicable settlement

schließen v/t (schlussfolgern) to infer from sth.

schließ|en v/t (Vertrag) to conclude; **S.ung** f closure; **~ einer Ehe** contraction of a marriage; **~ eines Vertrags** conclusion of a contract

Schloss nt lock; **hinter S. und Riegel setzen** to put under lock and key

Schlupfwinkel m hideout

Schluss m 1. termination, end, close; 2. (Schlussfolgerung) conclusion, inference; **S.akte** f final act; **S.antrag** m final submissions; **S.bericht** m final report; **S.bestimmung** f final provision; **S.folgerung** f inference, conclusion; **S.termin** m deadline

schlüssig *adj* conclusive; **S.keit** *f* conclusiveness
Schluss|klausel *f* concluding clause; **S.plädoyer** *nt* summation *[US]*, summing up *[GB]*; **S.urteil** *nt* final judgment; **S.verhandlung** *f* final hearing; **S.verteilung** *f* final distribution; **S.vortrag** *m* summation *[US]*, summing up *[GB]*
Schmäh|schrift *f* libellous publication; **S.ung** *f* calumny, vilification
schmäler|n *v/t* to reduce; **S.ung** *f* reduction
Schmerz *m* pain (and suffering); **seelischer S.** mental anguish
schmerzen *v/i* to be painful
Schmerzensgeld *nt* damages/compensation for pain and suffering, solatium *(lat.)*
Schmiergeld *nt* bribe (money); **S.fonds** *m* slush fund
Schmuggel *m* smuggling
schmuggeln *v/t* to smuggle
Schmuggelgut; S.ware *nt/f* contraband
Schnee *m* snow; **S.räumpflicht** *f* duty to remove snow; **S.verwehung** *f* snowdrift
Schnell|gericht *nt* police court, court of summary jurisdiction; **S.verfahren** *nt* summary proceedings
Schock *m* shock; **seelischer S.** psychological shock
Schöff|e *m* 1. juror, lay magistrate; 2. *(nur bei Strafsachen)* lay assessor; **S.en** *pl* jury; **S.engericht** *nt* magistrates' court; **S.enliste** *f* 1. list of jurors; 2. panel of lay assessors
Schonfrist *f* period of grace
Schranke *f* *(im Gerichtssaal)* bar
Schreckschuss *m* alarm shot; **S.pistole** *f* pistol for blanks
Schrecksekunde *f* moment of shock
Schreib|en *nt* writing, letter; **amtliches ~** official letter; **S.er** *m* writer, author; **S.fehler** *m* clerical error; **S.tischtäter(in)** *m/f* mastermind (behind a crime)
Schrift *f* writing, publication; **pornografische S.en** obscene writings; **S.form** *f* written form; **S.führer** *m* secretary; **S.gutachten** *nt* graphologist's opinion; **S.leiter** *m* editor; **s.lich** *adj* written, in writing; **S.lichkeit** *f* written form;

S.probe *f* handwriting specimen; **S.sachverständiger** *m* handwriting expert, graphologist; **S.satz** *m* written pleadings/statement of the case, brief *[US]*; **~ einreichen** to submit a written statement/brief, to file a pleading; **S.steller** *m* writer, author; **S.stück** *nt* written statement, document, bill; **S.verkehr** *m* correspondence
Schritt *m* step, measure; **einleitender S.** first step; **geeignete S.e** appropriate steps; **gerichtliche S.e** legal action; **~ ergreifen** to take legal steps, to institute (legal) proceedings
Schul|abgänger(in) *m/f* school-leaver; **S.aufsicht** *f* school inspectorate; **S.behörde** *f* education authority; **S.besuch** *m* school attendance
Schuld *f* 1. fault, guilt, blame; 2. liability, obligation; 3. debt; **S. anerkennen** to acknowledge a debt; **seine S. bekennen** to admit one's guilt; **S. begleichen** to pay a debt; **S. begründen** to create an obligation; **S. bezahlen** to pay a debt; **S. eingehen** to incur a debt; **S. eintreiben** to collect/recover a debt; **S. erlassen** to remit a debt; **jdm. die S. an einer Sache geben** to blame so. for sth.; **S. haben; s. sein** to be to blame, **~ at** fault; **S. übernehmen** to assume a debt; **S. zurückzahlen** to pay off a debt
ausstehende Schuld|en outstanding debts; **durch eigene S.** through one's own fault; **beitreibbare S.** recoverable debt; **nicht bezahlte S.** unpaid debt; **dingliche S.** real obligation; **fällige S.** due debt; **uneinbringliche S.en** bad debts; **verjährte S.** barred debt; **verwirkte S.en** stale debts; **zweifelhafte S.en** doubtful debts
Schuld|anerkenntnis *f* 1. certificate of indebtedness, IOU (I owe you); 2. admission of guilt, confession, plea of guilty; **S.arrest** *m* detention for debt; **S.aufhebungsgrund** *m* lawful excuse; **S.aufnahme** *f* borrowing; **S.ausschließungsgrund** *m* lawful excuse, reason for exoneration; **S.ausschluss** *m* exemption from liability; **S.beitreibung** *f* collection of debts; **S.bekenntnis** *nt* acknowledgment of guilt; **S.beweis** *m* proof of guilt, inculpatory

evidence; **S.bewusstsein** nt sense of guilt; **S.buch** nt land charges register

Schulden pl debts, liabilities; **in S. geraten** to run into debts; **S. machen** to run up/incur debts; **S. tilgen** to repay debts; **S. übernehmen** to take over debts

schulden v/t to owe

Schulden|abkommen nt arrangement with creditors; **S.ablösung** f redemption of debts; **S.aufnahme** f borrowing; **S.dienst** m debt service; **S.erlass** m remission of debts; **s.frei** adj unencumbered; **S.haftung** f liability for debts; **S.regulierung** f settlement of debts; **S.rückzahlung**; **S.tilgung** f repayment/ redemption of debts; **S.übernahme** f assumption of debts

Schuldersetzung f novation

schuldfähig adj criminally responsible; **S.keit** f criminal responsibility; **verminderte** ~ diminished responsibility

Schuld|frage f question of guilt; **S.geständnis** nt admission/plea of guilt; **s.haft** adj culpable

schuldig adj guilty; **nicht s.** not guilty; **s. befinden** to convict; **jdn für** ~ **to find so.** guilty; **sich s. bekennen/erklären** to plead guilty, to enter a plea of guilty; **s. sein** to be guilty; **jdm etw. s. sein** to owe so. sth.; **jdn s. sprechen** to find/pronounce so. guilty, to convict so.; ~ **wegen etw. s. sprechen** to convict so. of sth.

Schuldig|e(r) f/m culprit, guilty person/ party, party at fault; **S.erklärung** f guilty plea; **S.sprechung** f conviction

Schuldklage f action for recovering debts; **s.los** adj innocent, not guilty, blameless

Schuldner(in) m/f debtor, liable party, obligor; **gutgläubiger S.** bona-fide debtor; **säumiger S.** defaulting debtor; **zahlungsunfähiger S.** insolvent debtor; **S.verzeichnis** nt register of debtors; **S.verzug** m default (of the debtor)

Schuld|recht nt law of obligations/contract; **s.rechtlich** adj contractual

Schuldschein m promissory note (P/N), I. O. U. (I owe you); **S.spruch** m guilty verdict, conviction, verdict of guilty; **S.titel** m instrument of indebtedness; **S.übernahme** f assumption of debts;

S.umwandlung f debt conversion/rescheduling, conversion of a debt

schuldunfähig adj criminally incapable; **S.keit** f criminal incapacity; **verminderte** ~ diminished criminal incapacity

Schuld|urkunde f debt certificate; **S.verhältnis** nt obligation; **vertragliches** ~ contractual obligation; **S.vermutung** f presumption of guilt; **S.verpflichtung** f obligation; **S.verschreibung** f bond, debenture [GB], debenture bond [US]; ~ **auf den Inhaber** bearer bond; **S.versprechen** nt promise to pay; **S.vertrag** m contract for a debt; **S.zinsen** pl interest on debts

Schul|ordnung f school regulations; **S.pflicht** f compulsory education; **S.versäumnis** nt truancy; **S.zeugnis** nt school certificate

Schürfrecht nt mining right

Schuss|abgabe f discharge (of a shot); **S.waffe** f gun; **S.waffen** pl firearms; **S.waffengebrauch** m use of firearms

Schutz m protection; **zum eigenen S.** in self-defence; **S. des Eigentums** protection of property; **S. der Grundrechte** protection of constitutional rights; ~ **Intimsphäre** protection of privacy; **zum S. von Leib und Leben** for the protection of life and limb; **S. gewähren** to afford protection

schutz|bedürftig adj requiring protection; **S.befohlene(r)** f/m ward (of court), charge; **S.begehren** nt application for protection; **S.behauptung** f lie to cover oneself; **S.bereich** m scope of protection; **S.bestimmung** f protective clause/ provision

schützen v/t to protect/safeguard/guard (against); **patentrechtlich s.** to patent; **urheberrechtlich s.** to copyright

Schutz|frist f term of protection; **S.gebühr** f token fee; **S.geld** nt protection money; **S.gelderpressung** f protection/extortion racket; **S.geleit** nt safe conduct, escort; **S.gewahrsam**; **S.haft** m/f protective custody; **S.maßnahmen** pl safety/precautionary measures; **S.pflicht** f duty to protect; **S.recht** nt proprietary right

schwächen v/t to impair

schwanger adj pregnant

schwängern *v/t* to impregnate

Schwangerschaft *f* pregnancy; **S. abbrechen** to abort, to terminate a pregnancy; **S.sabbruch** *m* termination of pregnancy, abortion

Schwängerung *f* impregnation

Schwarz|arbeit *f* illicit work, moonlighting *(coll)*; **S.fahren** *nt (ohne Fahrschein)* fare-dodging *(coll)*; **S.fahrer(in)** *m/f* fare dodger *(coll)*; **S.geld** *nt* illegal earnings; **S.handel** *m* illicit trade; **S.händler** *m* black marketeer; **S.kauf** *m* illicit purchase

in der Schwebe *f* in abeyance

schwebe|n *v/i* to be in abeyance; **s.nd** *adj* pending; **S.zustand** *m* abeyance

Schweige|n *nt* silence; **s.n** *v/i* to remain silent; **S.geld** *nt* hush money; **S.pflicht** *f* duty of secrecy, professional discretion, confidentiality; **ärztliche ~** medical confidentiality; **S.recht** *nt* right of silence, ~ to remain silent

Schwelle *f* *(Fahrbahn)* hump, sleeping policeman *(coll.)*

schwer *adj* 1. heavy; 2. *(z. B. Straftat)* serious, grievous, severe, aggravated; **minder s.** less grave; **s.behindert; s.beschädigt** *adj* severely disabled; **S.behindertengesetz** *nt* Disabled Persons Act *[GB]*; **S.beschädigte(r)** *f/m* severely disabled person

Schwere *f* gravity; **S. der (Straf)Tat** gravity of the crime

Schwer|verbrecher *m* felon; **s.wiegend** *adj* grave

Schwester *f* sister; **S.gesellschaft** *f* affiliated company

Schwiegereltern *pl* parents-in-law

Schwindel *m* swindle; **S.firma** *f* bogus firm; **S.unternehmen** *nt* fraudulent undertaking, bogus company

Schwindler *m* crook, fraudster, confidence trickster

schwören *v/t* to swear, to take an oath; **s., die reine Wahrheit zu sagen, nichts zu verschweigen und nichts hinzuzufügen** to swear to tell the truth, the whole truth and nothing but the truth; **falsch s.** 1. to swear falsely; 2. *(Meineid)* to perjure os.

Schwund *m* *(Verlust)* waste, loss

Schwur *m* oath, vow; **vorsätzlich falscher S.** perjury

Schwurgericht *nt* crown court *[GB]*; **S.sverfahren** *nt* trial by jury

See *f* sea(s), ocean; **S.beförderungsvertrag** *m* ocean transport contract; **S.frachtvertrag** *m* ocean transport contract, charter party; **S.gericht** *nt* admiralty court

seelisch *adj* mental, emotional

See|pfandrecht *nt* maritime lien; **S.räuber** *m* pirate; **S.räuberei** *f* piracy; **S.recht** *nt* maritime law; **S.schaden** *m* average, loss at sea; **S.schiedsgericht** *nt* admiralty court; **S.schiff** *nt* ocean-going vessel; **S.testament** *nt* nautical will; **S.verkehr** *m* maritime traffic; **S.versicherer** *m* marine insurer; **S.versicherung** *f* marine insurance; **S.versicherungspolice** *f* marine policy

sehbehindert *adj* visually impaired

Seite *f* 1. side; 2. *(Buch)* page

Seiten|abstand *m* lateral distance/clearance; **S.linie** *f* sideline; **S.sprung** *m* extra-marital affair, fling *(coll)*; **S.verwandter** *m* collateral relative

Sektion *f* 1. *(Abschnitt)* section; 2. *(Medizin)* dissection, autopsy

Selbst|anklage *f* self-incrimination; **S.anzeige** *f* voluntary declaration; **~ erstatten** to come forward; **S.auskunft** *f* voluntary disclosure; **S.behalt** *m (Vers.)* retention, excess; **S.bekenntnis** *nt* self-confession; **S.beschränkung** *f* self-restraint; **S.bestimmung** *f* self-determination; **sexuelle ~** sexual self-determination; **S.bestimmungsrecht** *nt* right of self-determination; **S.beteiligung** *f (Vers.)* retention, excess; **S.bezichtigung** *f* self-incrimination; **S.fahrer** *m* owner-driver; **S.gefährdung** *f* self-endangering; **s.gerecht** *adj* self-righteous; **S.gerechtigkeit** *f* self-righteousness; **s.haftend** *adj* liable for os.; **S.hilfe** *f* self-redress, self-help; **zur ~ greifen** to take the law into one's own hands; **S.hilferecht** *nt* right of self-redress; **S.justiz** *f* taking the law into one's own hands, vigilantism; **S.kontrahent** *m* self-contracting party; **S.kontrahieren** *nt* acting as principal and agent; **S.kontrolle** *f* self-control; **S.kosten** *pl* own/prime cost(s)

Selbstmord *m* suicide; **S. begehen** to commit suicide

Selbstmörder *m* suicide; **s.isch** *adj* suicidal
Selbstmordversuch *m* attempted suicide
selbstschuldnerisch *adj* directly liable
selbstständig *adj* self-employed; **S.e(r)** *f/m* self-employed person; **S.keit** *f* self-employment
Selbst|tötung *f* suicide; **S.veranlagung** *f* (Steuer) self-assessment; **S.verantwortung** *f* own responsibility
Selbstverschuld|en *nt* own fault; **wenn S. vorliegt** if the claimant is at fault; **s.et** *adj* through one's own fault
Selbst|verstümmelung *f* self-mutilation; **S.verteidigung** *f* self-defence
Selbstverwaltung *f* autonomy; **S.skörperschaft** *f* autonomous corporation; **S.sorganisation der Anwälte** *f* Bar Assocition *[US]*/Council *[GB]*, Law Society *[GB]*
Selbstzweck *m* end in itself
selten *adj* rare; **S.heitswert** *m* scarcity value
Senat *m* senate, division, appellate court; **S.spräsident** *m* presiding judge
Sendung *f* 1. shipment, consignment; 2. *(Radio, Fernsehen)* broadcast, transmission
Sequest|er *m* sequestrator, official receiver; **S.ration** *f* sequestration, receivership; **s.rieren** *v/t* to sequestrate; **S.ervermögen** *nt* sequestrated property
Serie *f* series; **S.auffahrunfall** *m* multiple pile-up; **S.mörder(in)** *m/f* serial killer; **S.täter(in)** *m/f* serial offender
Servitut *nt* servitude, easement
sesshaft *adj* settled; **nicht s.** of no fixed abode
Sexual|delikt *nt* sexual offence; **S.strafrecht** *nt* criminal law on sexual offences; **S.verbrechen** *nt* sex crime, sexual offence; **S.verbrecher** *m* sex fiend
sexuell *adj* sexual
Sicherheit *f* 1. security; 2. *(physisch)* safety; **S. am Arbeitsplatz** safety at work; **S. im Straßenverkehr** road safety; **S. und Ordnung** law and order; **~ wiederherstellen** to restore law and order; **S. bestellen** to furnish security; **als S. dienen** to serve as security; **S. gefährden** to endanger the safety (of sth.); **S. gewähren** to secure; **S. leisten** to furnish security, to stand bail (for so.) **dingliche S.** security in rem *(lat.)*, real secu-

rity; **öffentliche S.** public safety; **~ und Ordnung** law and order; **persönliche S.** personal security
Sicherheits|abstand *m* safe distance; **S.alarm** *m* security alarm; **S.arrest** *m* preventive custody; **S.belange** *pl* security interests; **S.bescheid** *m* security clearance; **S.bestimmung** *f* safety regulation; **S.dienst** *m* intelligence service; **S.garantie** *f* security/safety guarantee; **S.gewahrsam** *m* preventive detention; **S.gurt** *m* seat/safety belt; **S.hinterlegung** *f* security deposit; **S.klausel** *f* escape clause; **S.kräfte** *pl* security (staff)
Sicherheitsleistung *f* 1. security deposit, bond; 2. *(StR)* bail; **gegen S.** by way of security, on bail; **S. bei Gericht** judicial bond; **S. für Prozesskosten** security for costs; **S. im Zivilprozess** civil bail
Sicherheitsleistung ablehnen to refuse bail; **S. anordnen** to grant bail; **gegen S. auf freien Fuß gesetzt werden** to be released on bail; **S. verfallen lassen** to abscond bail
Sicherheits|maßnahme *f* safety/security measure; **S.normen** *pl* safety standards; **S.organ** *nt* law enforcement agency; **S.verwahrung** *f* preventive custody; **S.vorkehrung** *f* security/safety precaution; **S.vorschriften** *pl* safety regulations; **S.wächter(in)** *m/f* security guard
sichern *v/t* 1. to secure, to furnish/provide security; 2. *(absichern)* to protect/safeguard; **dinglich s.** to securitize/ collateralize/mortgage
sicherstell|en *v/t* 1. *(absichern)* to secure; 2. *(beschlagnahmen)* to impound/seize; 3. *(garantieren)* to safeguard/guarantee; 4. *(sich vergewissern)* to ensure; 5. *(Diebesgut)* to recover; 6. *(in Gewahrsam nehmen)* to confiscate; **S.ung** *f* 1. safeguarding; 2. *(Beschlagnahme)* seizure, taking into custody
Sicherung *f* 1. *(Sicherheitsleistung)* provision of security; 2. *(Schutzvorrichtung)* safety catch; **S. der Ansprüche** securing of claims; **S. des Unfallortes** securing the scene of the accident
Sicherungs|abtretung *f* assignment by way of security, ~ for security; **S.beschlagnahme** *f* attachment by way of security; **S.eigentum** *nt* ownership by

way of security; **S.eigentümer** *m* owner of a collateral; **S.geber** *m* party furnishing security, mortgagor; **S.gegenstand** *m* collateral; **S.grundschuld** *f* collateral land charge; **S.gut** *nt* mortgaged property, property serving as security; **S.haft** *f* preventive detention, remand (in custody); **S.hypothek** *f* collateral mortgage; **~ des Bauunternehmers** contractor's collateral mortgage; **S.klausel** *f* safeguarding clause; **S.maßnahme** *f* safeguard; **S.nehmer** *m* secured party, mortgagee; **S.recht** *nt* right of protection, charging lien; **S.schein** *m* security note

sicherungsübereign|en *v/t* to assign as security; **s.et** *adj* pledged (as security); **S.ung** *f* collateral assignment, assignment by way of security; **~ aufheben** to release from trust; **S.ungsvertrag** *m* 1. *(Dokument)* bill of sale *[GB]*, trust receipt *[US]*; 2. *(Vereinbarung)* security agreement

Sicherungs|überprüfung *f* 1. security vetting; 2. *(physisch)* safety check; **S.verfahren** *nt* attachment/confinement proceedings; **S.verwahrung** *f* preventive detention/custody; **S.vollstreckung** *f* provisional attachment; **S.vorkehrungen** *pl* security provisions; **S.vorrichtung** *f* safety device; **S.zession** *f* fiduciary assignment

Sicht *f* sight; **bei S.** at sight; **auf kurze S.** in the short term; **~ lange S.** in the long run; **nach S.** after sight; **zahlbar bei S.** payable at sight

Sicht|behinderung *f* obstruction of visibility; **S.einlage** *f* sight/demand deposit; **S.tage** *pl* days of grace; **S.verhältnisse** *pl* visibility; **S.wechsel** *m* sight draft

Siegel *nt* seal; **S. anbringen** to affix a seal; **S. brechen** to break a seal

siegeln *v/t* to seal, to affix a seal

Siegel|abdruck *m* imprint of a seal; **S.abnahme** *f* removal of a seal; **S.bruch** *m* breaking (of) a seal; **S.ung** *f* sealing; **~ der Urkunde** sealing (of) the deed

Signatar *m* signatory; **S.staat** *m* signatory state

signieren *v/t* to sign

simultan *adj* simultaneous; **S.haftung** *f* simultaneous liability; **S.zulassung** *f* simultaneous admission

Sinn *m* sense, meaning; **S. des Gesetzes** spirit/meaning of the law; **im S.e des Gesetzes** within the meaning of the law, as defined by the act; **S.gehalt** *m* tenor; **s.gemäß** *adj* analogous, corresponding

Sippe *f* extended family

sistier|en *v/t* 1. *(festnehmen)* to detain/arrest; 2. *(Vollstreckung)* to suspend/stay; **S.ung** *f* stay (of execution), suspension

Sitte *f* custom, mores *(lat.)*; **gegen die guten S.** contra bonos mores *(lat.)*; **~ verstoßen** to be contra bonos mores *(lat.)*

Sitten|gesetz *nt* moral law; **S.losigkeit** *f* immorality; **S.polizei** *f* vice squad; **S.strolch** *m* *(obs.)* sex fiend; **S.verstoß** *m* infringement of ethical principles; **s.widrig** *adj* contra bonos mores *(lat.)*, unethical, immoral, contrary to public policy; **S.widrigkeit** *f* violation of bonos mores *(lat.)*

Sittlichkeit *f* decency; **wider die S.** immoral; **öffentliche S.** public decency; **S.sdelikt** *nt* indecent assault, sexual offence; **S.sverbrechen** *nt* sex crime; **S.sverbrecher** *m* sex fiend

Situation *f* situation

Sitz *m* 1. chair; 2. registered office; 3. *(Unternehmen)* headquarters, head office; **S. des Unternehmens** company headquarters, registered office; **eingetragener S.** *(Gesellschaft, Verein)* registered office; **juristischer S.** registered office; **S.streik** *m* sit-down strike

Sitzung *f* 1. meeting, sitting; 2. *(Gericht)* session, hearing; **in öffentlicher S.** in open court; **S. unter Ausschluss der Öffentlichkeit** hearing in camera; **die S. ist eröffnet** the court is in session

Sitzung abhalten to sit; **S. anberaumen** to fix a date for the hearing; **in geheimer S. beraten** to sit in camera *(lat.)*; **S. einberufen** to convene a meeting; **S. eröffnen** to open a meeting, **S. leiten** to preside; **S. unterbrechen** to adjourn the hearing

außerordentliche Sitzung extraordinary meeting; **öffentliche S. des Gerichtshofes** public sitting of the court

Sitzungs|bericht *m* *(Gerichtsverhandlung)* written proceedings; **S.geld** *nt* attendance fee; **S.niederschrift** *f* minutes of the meeting/proceedings; **S.pause** *f*

recess; **S.periode** *f* session; **S.protokoll** *nt* 1. minutes of the meeting; 2. *(Gerichtsverhandlung)* minutes of the proceedings; **S.saal** *m* courtroom; **S.schluss** *m* close of the meeting; **S.verlauf** *m* proceedings

Sklave *m* slave; **S.rei** *f* slavery

Skonto *m* discount

Skrupel *m* scruple; **s.los** *adj* unscrupulous

Sodomie *f* sodomy, buggery

Solawechsel *m* promissory note (P/N)

Solidar- joint and several; **S.bürgschaft** *f* joint und several guarantee; **S.haftung** *f* joint and several liability; **S.ität** *f* solidarity; **S.verbindlichkeit** *f* joint and several liability; **S.verpflichtung** *f* joint and several obligation

Soll *nt* debit (side); **S.kaufmann** *m* trader registrable by law; **S.vorschrift** *f* mandatory provision

solven|t *adj* solvent; **S.z** *f* solvency, ability to pay

Sonder|abgabe *f* special levy; **S.abmachung** *f* separate agreement; **S.angebot** *nt* special offer; **S.auftrag** *m* special order; **S.bedingungen** *pl* special terms; **S.bestimmung** *f* special provision; **S.ermächtigung** *f* special authorization; **S.fall** *m* special case; **S.genehmigung** *f* special permission/authorization; **S.gericht** *nt* special tribunal; **S.gerichtsbarkeit** *f* special jurisdiction; **S.gesetz** *nt* special statute; **S.gesetzgebung** *f* special legislation; **S.gut** *nt (bei Gütergemeinschaft)* separate property; **S.gutachten** *nt* minority report; **S.honorar** *nt* special fee; **~ für den Anwalt** refresher; **S.leistung** *f* additional performance; **S.müll** *m* hazardous waste; **S.(rechts)nachfolge** *f* subrogation; **S.(rechts)nachfolger** *m* subrogee; **S.nutzung** *f* special use; **S.recht** *nt* special right/privilege; **S.regelung** *f* special arrangement; **S.schutz** *m* special protection; **S.status** *m* special status; **S.statut** *nt* special statute; **S.vereinbarung** *f* special agreement; **S.verfahren** *nt* special proceedings; **S.vergütung** *f* bonus; **S.vermächtnis** *nt* specific legacy; **S.vermögen** *nt* special fund, separate assets; **S.vertrag** *m* special contract;

S.vollmacht *f* special authority; **S.vorschrift** *f* special provision; **S.vorteil** *m* special advantage; **S.zahlung** *f* special payment; **S.zulage** *f* special bonus; **S.zustellung** *f* special service

Sonntags|arbeit *f* Sunday work(ing); **S.arbeitsverbot** *nt* prohibition of Sunday work; **S.fahrverbot** *nt* prohibition of driving on Sunday

sonstig *adj* other

Sorge *f* custody, care, concern; **elterliche S.** parental care; **gemeinsame S.** joint custody; **s.berechtigt** *adj* entitled to custody; **~ sein** to have custody; **S.berechtigte(r)** *f/m* person entitled to custody, person having custody (of a child)

sorgen *v/i* to take care of, to provide (for)

Sorgepflicht *f* duty of care, custodial duty

Sorgerecht *nt* right to custody (of children), custody; **S. beantragen** to apply for custody; **S. für die Kinder erhalten** to be awarded custody of the children; **gemeinsames S.** joint custody; **S.sentscheidung** *f* custody order; **S.sverfahren** *nt* custody proceedings

Sorgfalt *f* prudence, diligence, care, circumspection; **mit der erforderlichen S.** with due care; **ohne die nötige S.** without due care; **S. eines ordentlichen Kaufmanns** due diligence; **S. üben** to take care

angemessene Sorgfalt due diligence, reasonable care; **ausreichende S.** sufficient care; **äußerste S.** utmost care; **besondere S.** special care; **erforderliche/ gebührende S.** due diligence; **mangelnde S.** insufficient care, want of care; **notwendige/verkehrsübliche S.** due diligence, due care and attention; **zumutbare S.** reasonable care

sorgfältig *adj* diligent, careful

Sorgfaltspflicht *f* duty of care; **vertragliche S.** contractual duty of care; **S.verletzung** *f* negligence

sorgfaltswidrig *adj* negligent, careless

souverän *adj* sovereign; **S.** *m* sovereign; **S.ität** *f* sovereignty; **S.itätsakt** *m* sovereign act, act of state; **S.itätsrecht** *nt* sovereign right

Sozial|abgaben; S.beiträge *pl* social security contributions/tax *[US]*; **S.amt** *nt* social service(s) department; **S.einrich-**

tung f welfare institution; **S.fürsorge** f welfare, public assistance; **S.gericht** nt social security tribunal; **S.gerichtsbarkeit** f jurisdiction concerning social security disputes; **S.gesetz** nt welfare act; **S.gesetzbuch** nt social security code; **S.gesetzgebung** f welfare legislation; **S.hilfe** f welfare, public assistance, supplementary benefit *[GB]*; **S.klausel** f hardship/protection clause (in favour of the tenant); **S.kontrakt** m social compact/contract

Sozialleistungen pl social security benefits; **freiwillige S.** fringe benefits; **gesetzliche S.** statutory social security benefits

Sozialleistungs|anspruch m benefit claim; **S.missbrauch** m benefit abuse

Sozial|mieter(in) m/f council house tenant *[GB]*, receiver of housing benefit *[GB]*, Section 8 tenant *[US]*, subsidized tenant *[US]*; **S.partner** pl employers and employees, management and labour; **S.plan** m redundancy *[GB]*/severance *[US]* scheme; **S.recht** nt welfare law, social security law, social legislation; **S.rente** f state pension *[GB]*, basic pension; **S.richter** m social security tribunal judge; **S.staat** m welfare state; **S.station** f health and advice centre; **S.verhalten** nt social behaviour

Sozialversicherung f national insurance (N.I.) *[GB]*

Sozialversicherungs|abgabe; S.beitrag f/m social security contribution, national insurance contribution *[GB]*; **S.anspruch** m social security claim; **S.ausweis** m National Insurance card *[GB]*; **S.gesetz** nt social security insurance act, National Insurance Act *[GB]*, Federal Insurance Contribution Act *[US]*; **S.leistung** f social security insurance benefit; **S.recht** nt social security law; **S.träger** m social security insurance scheme

Sozial|wohnung f council house/flat *[GB]*, (housing) project *[US]*; **S.zulage** f welfare bonus

Sozietät f partnership, association; **S.svertrag** m partnership agreement

Sozius m partner

Spanner m *(coll)* peeping Tom, voyeuristic prowler

Sparbuch nt passbook

spar|en v/t to save; **S.er** m saver

Spar|guthaben nt savings (deposit); **S.kasse** f savings bank; **S.konto** nt savings/deposit account; **S.vertrag** m savings agreement

Spedit|eur m forwarder; **S.ion** f forwarding company, forwarder; **S.ionsvertrag** m forwarding contract

Speichelprobe f saliva sample

speicher|n v/t to save; **S.ung** f storage; **~ von Daten** storage of data

Spende f donation, voluntary contribution

Sperrbezirk m prohibited/no-go area

Sperre f *(Polizei)* roadblock; **S. verhängen über** to place a ban on

sperren v/t 1. *(Scheck)* to stop; 2. *(Konto)* to freeze

Sperr|gebiet nt prohibited/no-go area; **S.klausel** f restrictive clause; **S.konto** nt blocked/frozen account; **S.stunde** f curfew; **S.ung** f 1. stoppage; 2. freezing

Spesen pl expenses; **S. absetzen** to deduct expenses; **S.rückerstattung** f reimbursement of expenses

Spezial|gebiet nt special field; **S.gesetz** nt special statute; **S.vollmacht** f special power(s); **S.wissen** nt expert knowledge

Spezies|kauf m sale of specific goods; **S.schuld** f specific obligation; **S.vermächtnis** nt specific legacy

Spezifi|kation f specification; **s.zieren** v/t to specify; **S.zierung** f specification

auf dem Spiel stehen nt to be at stake; **abgekartetes S.** put-up job *(coll)*

Spiel|hölle f gambling den; **S.schuld** f gambling debt(s); **S.- und Wettschulden** pl gaming and betting debts; **S.vertrag** m gambling contract; **S.zeug** nt toy; **S.zeugwaffe** f toy gun/weapon

Spion|(in) m/f spy; **S.age** f espionage; **S.ageabwehr** f counter-intelligence; **s.ageverdächtig** adj suspected of espionage

Spitzel m informer

spitzfindig adj over-subtle; **S.keit** f sophistry

Sprach|e f language; **einer S.e kundig sein** to be proficient in a language; **S.regelung** f official version

Sprechanlage f *(Haustür)* intercom

Sprecher *m*   spokesman, spokesperson; **S.in** *f* spokeswoman, spokesperson
Sprengel *m*   district
Sprengstoff *m*   explosive; **mit S.en umgehen** to handle explosives; **S.spürhund** *m* explosives-sniffing dog
Spritztour mit fremdem Kfz *f*   joyride, joyriding
Spruch *m*   award, verdict, ruling, judgment; **S.körper** *m* panel of judges; **S.richter(in)** *m/f* trial judge
Sprungrevision *f*   leapfrog(ging) appeal
Spur *f*   1. trace, track; 2. *(Fahrbahn)* lane; **in der S. bleiben** to stay in lane; **S. verfolgen** to follow a lead; **falsche ~** to be on the wrong track; **S. wechseln** *(Fahrbahn)* to change lanes; **heiße S.** hot trail **Spuren von Gewalteinwirkung** *pl* signs of violence; **S. sichern** to preserve traces; **S. verwischen** to remove traces; **S.sicherung** *f* 1. preserving traces, collecting/securing (of) evidence; 2. *(Dezernat)* forensic department
Spürhund *m*   sniffer/tracker dog
Staat   *m*   state; **ausländische S.en** foreign states; **S.enhaftung** *f* liability of states
staatenlos *adj*   stateless; **S.e(r)** *f/m* stateless person; **S.igkeit** *f* statelessness
staatlich *adj*   governmental, public
Staats|akt *m*   act of state; **S.amt** *nt* public office; **S.angehörige(r)** *f/m* 1. citizen, subject; 2. *(Inländer/in)* national; **britischer ~** national of the United Kingdom; **S.angehörigkeit** *f* citizenship, nationality; **doppelte ~** dual nationality; **S.anwalt; S.anwältin** *m/f* (public) prosecutor, prosecuting counsel, district attorney *[US]*; **oberster ~** Lord Advocate *[GB]*; **S.anwaltschaft** *f* prosecution (service), Crown Prosecution Service (CPS) *[GB]*, Director of Public Prosecutions (DPP) *[GB]*; **zuständige ~** prosecuting authority in charge; **S.aufsicht** *f* government supervision
Staatsbürger *m*   citizen; **S.schaft** *f* citizenship; **die deutsche ~ besitzen** to have German citizenship
staatseigen *adj*   state-owned; **S.tum** *nt* 1. government property; 2. public ownership
Staats|erbrecht *nt*   escheat; **S.gebiet** *nt*

state territory; **S.gefährdung** *f* endangering the state; **S.geheimnis** *nt* state/official secret; **S.gerichtshof** *m* constitutional senate; **S.gewalt** *f* governmental authority; **S.grenze** *f* state border; **S.haftung** *f* government liability; **S.hoheit** *f* sovereignty; **S.kasse** *f* public treasury, government's coffers, public purse, treasury; **auf S.kosten** at public expense; **S.macht** *f* state power; **S.notstand** *m* national emergency; **S.ordnung** *f* system of government; **S.organ** *nt* government organ; **aus Gründen der S.räson** for reasons of state; **S.recht** *nt* constitutional/public law; **S.siegel** *nt* state seal; **S.verbrechen** *nt* political crime; **S.vertrag** *m* treaty; **S.verwaltung** *f* public administration; **S.zugehörigkeit** *f* nationality
Stadt *f*   town, city, municipality
Städtebauförderungsgesetz *nt*   Town and Country Planning Act *[GB]*
Stadtgemeinde *f*   municipality, township *[US]*, borough *[GB]*
städtisch *adj*   municipal, urban
Stadt|rat *f*   city council; **S.recht** *nt* local government law; **S.streicherei** *f* loitering, vagrancy; **S.verwaltung** *f* borough council, city administration, local authority; **S.werke** *pl* municipal utility company
Staffelmiete *f*   staggered rent
Stammaktie *f*   ordinary share
stämmig *adj*   burly, sturdy, stocky
Stammkapital *nt*   equity capital
Stand der Technik *m*   state of the art
im Stande *m*   capable
Standes|amt *nt*   registry office *[GB]*, bureau of vital statistics *[US]*; **S.gericht** *nt* professional tribunal; **S.pflicht** *f* professional duty; **S.register** *nt* register of births, deaths and marriages; **s.widrig** *adj* unethical, unprofessional; **S.widrigkeit** *f* professional misconduct
Stand|recht *nt*   military law; **S.spur** *f* emergency lane
Station *f* *(Krankenhaus)* ward
statt|geben *v/i*   1. *(Ansprüche)* to allow/permit/grant; 2. *(bestätigen)* to sustain/uphold; **s.haft** *adj* permissible, admissible, allowable; **S.haftigkeit** *f* admissibility

statuieren *v/t* to establish
Statur *f (Person)* build, stature
Status *m* 1. *(Bilanz)* statement of assets and liabilities; 2. *(Ansehen)* standing; 3. *(Recht)* status; **ehelicher S.** marital status; **gesetzlicher S.** legal status; **S.klage** *f* action to determine so.'s personal status; **S.urteil** *nt* status judgment
Statut *nt* statute(s), constitution; **s.arisch** *adj* statutory; **S.enkollision** *f* conflict of laws; **S.enwechsel** *m* change of jurisdiction
Stau *m* congestion, traffic jam; **S.warnung** *f* congestion warning
Steckbrief *m* wanted poster, description of a wanted person, wanted list; **s.lich gesucht** *adj* to be on the wanted list
stehlen *v/t* 1. to steal/purloin/lift *(coll)*/pinch *(coll)*; 2. *(Laden)* to shoplift
Stelle *f* position; **an S. von** in lieu/place of; **~ die S. setzen von** to substitute for; **~ jds S. treten** to supersede so., to take the place of so.; **undichte S.** leak; **verantwortungsvolle S.** position of authority; **s.nweise** *adv* in places
Stellung *f* 1. *(Rang)* position; 2. *(Ansehen, Rang)* status, rank, standing; 3. *(Stelle)* post, situation, job; **S. des Antrags** filing (of) the application; **~ Kindes** status of the child; **S. nehmen** to express an opinion, to comment
grundbuchrechtliche Stellung status in the land register; **rechtliche S.** legal position; **~ des Kindes** status of the child; **unkündbare S.** tenure
Stellungnahme *f* opinion, comment; **abweichende ~** dissenting opinion; **schriftliche S.** written opinion; **mit Gründen versehene ~** reasoned opinion
stellvertretend *adj* vicarious, substitute, acting, deputy; representative
Stellvertreter(in) *m/f* 1. representative, (vicarious) agent, deputy; 2. *(auf Grund einer Vollmacht)* attorney-in-fact; 3. *(bei Stimmausübung)* proxy; 4. *(in jds Abwesenheit)* substitute; **mittelbare(r) ~** undisclosed agent
Stellvertretung *f* 1. agency, representation; 2. proxy; **gewillkürte S.** agency by private act; **indirekte/mittelbare S.** indirect agency; **verdeckte S.** undisclosed

agency; **S.svertrag** *m* agency agreement
Stempel *m* rupper stamp; **mit einem S. versehen** to endorse with a stamp
stempeln gehen *v/i (coll)* to be on the dole *(coll) [GB]*
Sterbe|alter *nt* age of death; **S.buch** *nt* register of deaths; **S.fall** *m* death, fatality; **S.fallversicherung** *f* insurance payable at death; **S.hilfe** *f* euthanasia
sterben *v/i* to die; **vor jdm s.** to predecease so.
Sterbe|register *nt* register of deaths; **S.urkunde** *f* death certificate
Sterili|sation *f* sterilization; **s.sieren** *v/t* to sterilize; **S.sierung** *f* sterilization
Steuer *f* tax; **S. eintreiben** to collect a tax; **S. hinterziehen** to evade tax; **S. umgehen** to avoid tax
am Steuer *nt* behind the wheel
Steuer|abkommen *nt* tax agreement; **S.abzug** *m* tax deduction (at source); **S.amnestie** *f* amnesty for tax offenders; **S.beamter; S.beamtin** *m/f* revenue officer, tax inspector; **s.befreit** *adj* tax-exempt; **S.befreiung** *f* tax exemption; **s.begünstigt** *adj* tax-privileged; **S.behörde** *f* tax authority; **S.beitreibung** *f* tax collection; **S.berechnungsgrundlage** *f* tax base; **S.bescheid** *m* tax assessment; **S.betrug** *m* tax fraud; **S.bevollmächtigter** *m* tax consultant; **S.delikt** *nt* tax/fiscal offence; **S.einspruch** *m* tax appeal; **S.einziehung; S.erhebung** *f* tax collection; **~ an der Quelle** deduction of tax at source
Steuererklärung *f* tax return; **S. einreichen** to file one's tax return; **gemeinsame S.** joint return
Steuer|erlass *m* remission of tax; **S.erleichterung** *f* tax relief; **S.ermittlung; S.fahndung** *f* tax investigation; **S.fahnder(in)** *m/f* tax investigator; **S.festsetzung** *f* tax assessment; **S.flucht** *f* tax evasion/dodging; **s.frei** *adj* tax-exempt, tax-free; **S.freibetrag** *m* personal/tax-free allowance; **S.freiheit** *f* exemption from taxation; **S.gegenstand** *m* taxable unit; **S.hehlerei** *f* tax evasion; **S.hinterzieher(in)** *m/f* tax evader; **S.hinterziehung** *f* tax evasion/fraud; **S.hoheit** *f* sovereignty in tax matters; **S.jahr** *nt*

tax/fiscal year; **S.jurist** *m* tax lawyer; **S.karte** *f* tax card; **S.klasse** *f* tax bracket/category
steuerlich *adj* fiscal; **s. absetzbar** tax-deductible
Steuer|marke *f* 1. revenue stamp; 2. *(Hund)* tax disc; **S.messwert** *m* 1. taxable value; 2. *(Kommunalsteuer)* rat(e)able value; **S.nachlass** *m* tax rebate/relief; **S.nachzahlung** *f* payment of tax arrears; **S.ordnungswidrigkeiten** *pl* offences against tax laws; **S.paradies** *nt* tax haven; **S.pauschale** *f* lump-sum taxation
Steuerpflicht *f* liability to pay tax, tax liability; **s.ig** *adj* 1. taxable, liable for tax; 2. *(Kommunalsteuer)* rat(e)able; **S.ige(r)** *f/m* taxpayer
Steuer|plakette *f (Kfz)* vehicle/tax disc, excise licence disc; **S.prozess** *m* tax litigation; **S.recht** *nt* tax/fiscal law; **S.rückvergütung** *f* tax rebate; **S.säumnis** *nt* tax delinquency; **S.schlupfloch** *nt* tax loophole; **S.schuld** *f* tax due/liability; **S.schuldner(in)** *m/f* taxpayer
Steuerstraf|e *f* penalty for tax offences; **S.recht** *nt* criminal law on tax matters; **S.tat** *f* tax/revenue/fiscal offence; **S.verfahren** *nt* criminal proceedings for tax offences
Steuer|sünder(in) *m/f* tax evader; **S.termin** *m* tax payment date; **S.trick** *m* tax ploy; **S.umgehung** *f* tax avoidance; **S.veranlagung** *f* tax assessment; **S.verbindlichkeiten** *pl* tax liabilities; **S.verfahren** *nt* tax proceedings; **S.vergehen** *nt* tax offence; **S.vergünstigung** *f* tax privilege/concession; **S.verkürzung** *f* tax evasion; **S.vorauszahlung** *f* prepayment of tax; **S.vorschriften** *pl* tax provisions/regulations; **S.wohnsitz** *m* residence for tax purposes; **S.zahler(in)** *m/f* taxpayer; **S.zahlung** *f* tax payment; **S.zuwiderhandlung** *f* tax offence
stibitzen *v/t (coll)* to pinch *(coll)*/swipe *(coll)*
Stich *m* stab
Stichelei *f* 1. *(ständiges Sticheln)* needling; 2. *(stichelnde Bemerkung)* jibe, cutting remark
stichhaltig *adj* sound, valid; **S.keit** *f* 1. *(Begründung)* soundness; 2. *(Beweis)* conclusiveness; 3. *(Argument)* validity

Stich|probe *f* random sample, spot check; **S.tag** *m* effective/fixed date
Stich|waffe *f* stabbing weapon; **S.wunde** *f* stab wound
Stief|bruder *m* step-brother; **S.eltern** *pl* step-parents; **S.kind** *nt* stepchild; **S.mutter** *f* step-mother; **S.schwester** *f* step-sister; **S.vater** *m* step-father
stift|en *v/t* 1. to found/endow; 2. to donate; **S.er** *m* founder
Stiftung *f* 1. foundation, trust, endowment; 2. *(Spende)* donation; **S. des bürgerlichen Rechts** incorporated foundation; **~ öffentlichen Rechts** foundation under public law; **~ privaten Rechts** foundation under private law; **S. von Todes wegen** donation mortis causa *(lat.)*; **S. für gemeinnützige Zwecke** charitable endowment, charitable trust; **öffentliche S.** public foundation; **öffentlich-rechtliche S.** public trust; **wohltätige S.** charitable foundation, charity
Stiftungs|aufsicht *f* supervision of a foundation; **S.fonds** *m* trust fund; **S.organ** *nt* organ of a foundation; **S.rat** *m* board of trustees; **S.recht** *nt* law of foundations; **S.satzung** *f* foundation charter; **S.treuhänder** *m* trustee; **S.urkunde** *f* foundation instrument, deed of covenant; **S.vermögen** *nt* foundation capital; **S.vertrag** *m* foundation contract
Stillhalte|abkommen *nt* 1. moratorium, standstill agreement; 2. *(Streik)* cooling-off agreement; **s.n** *v/i* to grant a moratorium; **S.vereinbarung** *f* moratorium
Stillliegekosten *pl* idle-plant costs
Stillschweigen *nt* silence; **S. bewahren** to maintain silence; **s.d** *adj* 1. tacit; 2. *(mit einbegriffen)* implicit, implied
Stillstand *m* 1. standstill; 2. *(Verhandlung)* deadlock, stalemate
stillstehend *adj* 1. inactive; 2. *(außer Betrieb)* idle; 3. *(Kfz)* stationary
Stimm|abgabe *f* vote, voting; **s.berechtigt** *adj* entitled to vote; **S.berechtigung** *f* right to vote
Stimme *f* vote; **ausschlaggebende S.** casting vote; **gültige S.** valid vote
stimmen *v/i* to vote; **S.mehrheit** *f* majority of votes
Stimm|enthaltung *f* abstention; **S.recht**

nt voting right, right to vote; **S.rechts-vollmacht** *f* proxy; **S.zettel** *m* ballot (paper)

Stipendium *nt* scholarship

stipul|atio *(lat.)* stipulation; **S.ieren** *nt* stipulation

Stoff *m* substance; **radioaktiver S.** radioactive substance; **giftige S.**e toxic substances; **umweltgefährdende S.**e environmentally hazardous substances, pollutants

stolpern *v/I* to stumble; **über etw. s.** to trip over sth.

stören *v/t* 1. to annoy; 2. *(beeinträchtigen)* to disturb, to interfere with 3. *(lästig sein)* to irritate; **s.d** *adj* 1. intrusive; 2. *(Lärm)* disturbing

Stör|er(in) *m/f* intruder, troublemaker; **S.faktor** *m* disruptive element; **S.geräusch** *nt* interference

stornier|en *v/t* to cancel/countermand; **S.ung** *f* cancellation

Storno *nt* cancellation

Störung *f* 1. disturbance, disruption, nuisance; 2. *(Besitz)* trespass; **S. der Allgemeinheit** public nuisance; **~ öffentlichen (Sicherheit und) Ordnung; S. des öffentlichen Friedens** disturbance of the public peace, public order offence, breach of the peace; **S. abstellen/beseitigen** to abate a nuisance; **rechtserhebliche S.** actionable nuisance

Straf|akte *f* case file, criminal record; **S.änderung** *f* commutation of a sentence, change of penalty; **S.androhung** *f* sanction, threat of punishment; **jdn unter ~ vorladen** to subpoena so.; **S.anstalt** *f* penal institution; **S.antrag** *m* demand for punishment, sentence demanded by the prosecution; **~ stellen** to institute criminal proceedings, to bring a charge; **~ zurücknehmen** to withdraw a charge; **S.antritt** *m* commencement of a custodial sentence

Strafanzeige *f* information, denunciation, charge; **S. gegen Unbekannt** charge against person(s) unknown; **~ jdn erstatten** to lay an information against so., to bring/prefer a (criminal) charge against so.

Straf|arrest *m* imprisonment; **S.aufhebungsgrund** *m* grounds for exemption

from punishment; **S.aufhebungsgründe** *pl* grounds for quashing a sentence; **S.aufschub** *m* stay of execution, suspension of a sentence, reprieve; **S.ausschließungsgrund** *m* (legal) reason for exemption from punishment; **S.aussetzung** *f* stay of execution, suspension of a sentence; **~ zur Bewährung** stay of execution on probation, suspension of sentence on probation; **S.ausstand** *m* unserved portion of a sentence

strafbar *adj* criminal, prosecutable, liable to prosecution, punishable; **sich s. machen** to commit a criminal offence; **S.keit** *f* punishability, criminal liability, culpability

Strafbefehl *m* order of summary punishment, summary sentence, verdict in a summary trial; **S.sverfahren** *nt* summary proceedings (without trial), **~ punishment**

Straf|befugnis *f* sentencing power(s); **S.bemessung** *f* assessment of punishment; **S.bescheid** *m* penalty notice; **S.bestimmung** *f* penal provision; **S.dauer** *f* length of sentence

Strafe *f* penalty, punishment, sentence; **bei S. von** on penalty of; **S. mit Bewährung** suspended sentence

Strafe abbüßen; seine S. absitzen to serve one's time/sentence; **S. zur Bewährung aussetzen** to suspend a sentence; **jdn mit einer S. belegen** to impose a penalty on so., to penalise so.; **auf S. erkennen** to award a sentence; **S. erlassen** to remit a punishment/sentence; **S. festsetzen** to determine a sentence; **S. umwandeln** to commute a sentence; **etwas bei S. verbieten** to make sth. a punishable offence; **S. verbüßen** to serve a sentence; **S. verhängen** to impose a sentence to; **S. vollstrecken** to execute a sentence; **S. zumessen** to mete out justice, to impose a sentence

angemessene Strafe adequate punishment; **gerechte S.** just punishment; **lebenslängliche S.** life sentence; **milde S.** lenient sentence; **strenge S.** severe punishment; **vorbehaltene S.** reserved sentence; **gesetzlich zulässige S.** lawful punishment

strafen *v/t* to punish/penalize

Straf|ende *nt* completion of sentence; **S.entlassene(r)** *f/m* ex-prisoner, ex-convict, discharged prisoner; **bedingt ~** prisoner released on parole; **S.entlassung** *f* discharge from prison; **S.erhöhungsmerkmal** *nt* aggravating feature; **S.erkenntnis** *f* sentence imposed; **S.erlass** *m* remission of a sentence; **S.ermäßigung** *f* reduction of sentence, abatement of a penalty; **s.erschwerend** *adj* aggravating; **S.erschwerungsgrund** *m* aggravating circumstance

straffällig *adj* delinquent, liable for punishment; **s. werden** to commit a criminal offence; **S.keit** *f* liability to punishment

Straffestsetzung *f* sentencing

straffrei *adj* not subject to prosecution, exempt from punishment; **s. ausgehen** to go unpunished; **s. bleiben** 1. to get off scot-free; 2. *(Kronzeuge)* to be immune from criminal prosecution; **jdn für s. erklären** to declare so. exempt from punishment; **S.heit** *f* immunity (from criminal prosecution); **jdm ~ zusichern** to guarantee so. exemption from punishment; **S.heitsgesetz** *nt* amnesty act

Straf|gebühr *f* penalty, surcharge; **S.gefangene(r)** *f/m* prisoner, convict; **S.gericht** *nt* criminal divison

Strafgerichtsbarkeit *f* criminal jurisdiction; **S. für Verbrechen** jurisdiction in major crimes; **~ Vergehen** jurisdiction in minor criminal offences

Strafgesetz *nt* penal/criminal law; **S.buch** *nt* penal/criminal code; **S.gebung** *f* penal legislation

Straf|gewalt *f* power of sentencing, sentencing powers; **S.haft** *f* imprisonment; **S.haftentschädigung** *f* compensation for wrongful imprisonment; **S.herabsetzung** *f* reduction of sentence; **S.höhe** *f* level of sentence; **~ festsetzen** to determine the sentence; **S.justiz** *f* penal jurisdiction, criminal justice; **S.kammer** *f* criminal divison; **S.klage** *f* penal action; **S.klageverbrauch** *m* (prohibition of) double jeopardy *[US]*; **S.klausel** *f* penal/penalty clause

sträflich *adj* criminal

straf|los *adj* unpunished, exempt from punishment, with impunity; **S.losigkeit** *f* immunity from punishment, impunity; **S.makel** *m* taint of a previous conviction; **S.mandat** *nt (Strafgebühr)* ticket, fine; **S.maß** *nt* sentence; **S.maßnahme** *f* sanction, punitive/penal measure

strafmilder|nd *adj* extenuating, mitigating; **S.ung** *f* mitigation/extenuation (of a sentence); **auf ~ plädieren** to plead in mitigation; **S.ungsgrund** *m* mitigating circumstance

strafmündig *adj* of criminally responsible age, **~ die** the age of criminal responsibility; **S.keit** *f* age of criminal responsibility

Straf|nachlass *m* reduction of a sentence; **S.norm** *f* penal provision

Strafprozess *m* criminal procedure/proceedings; **S.ordnung** *f* code of criminal procedure; **S.recht** *nt* law of criminal procedure

Straf|rahmen *m* range of punishment(s)/sentences; **gesetzlicher ~** statutory range of punishment

Strafrecht *nt* penal/criminal law; **S.ler(in)** *m/f* criminal lawyer, expert in criminal law, penologist; **s.lich** *adj* penal, criminal; **S.sänderung** *f* penal law amendment

Straf|register *nt* register of convictions, criminal record(s); **S.auszug** *m* except from the register of convictions

Straf|rest *m* remainder of a sentence; **S.richter** *m* judge in criminal proceedings; **S.sache** *f* criminal case/matter; **S.sanktion** *f* punitive sanction; **S.schaden(s)ersatz** *m* punitive damages; **S.senat** *m* criminal divison

Straftat *f* criminal offence, punishable act, crime; **S. unter Alkoholeinwirkung** drink-related offence; **die S. ist vollendet** the offence is completed

Straftat anzeigen to report an offence; **S. begehen** to commit an offence; **S. beweisen** to prove a crime; **einer S. überführen** to convict; **S. verüben** to commit an offence

beendete Straftat terminated offence; **fortgesetzte S.** continued offence; **geplante S.** intended crime; **nachfolgende S.** subsequent offence; **qualifizierte S.** qualified/aggravated offence; **summarisch verfolgbare leichte S.** summary offence; **unvollendete S.** inchoate offence; **vollendete S.** completed offence

Straftatbestand *m* facts constituting a(n) (criminal) offence, statutory constituents of a crime; **angenommener S.** construed offence

Straftaten von Ausländern *pl* crimes committed by aliens; **jdn öffentlich zu S. auffordern** to publicly incite so. to commit criminal offences

Straftäter *m* criminal, offender; **mutmaßlicher S.** alleged offender

Straf|tilgung *f* extinction in the criminal record, ~ of previous convictions; **S.umwandlung** *f* commutation of (a) sentence; **s.umündig** *adj* below/under the age of criminal responsibility, doli incapax *(lat.)*; **S.unmündigkeit** *f* criminal incapacity; **S.urteil** *nt* guilty verdict, sentence, conviction, conviction and sentence; **S.verbüßung** *f* serving a sentence, ~ term of imprisonment; **S.vereitelung** *f* obstructing the course of justice, obstruction of execution, aiding the perpetrator of an offence after the fact, prevention of punishment

Strafverfahren *nt* criminal procedure/ proceedings, trial, prosecution; **S. einleiten** to institute criminal proceedings; **S. einstellen** to drop a charge; **abgekürztes/beschleunigtes S.** summary trial; **anhängiges S.** pending criminal proceedings/case; **S.srecht** *nt* law of criminal procedure

Strafverfolger(in) *m/f* public prosecutor *[GB]*, district attorney *[US]*

Strafverfolgung *f* prosecution; **S. von Amts wegen** prosecution in the public interest; **S. einstellen** to discontinue/ drop the prosecution, to dismiss the case; **sich der S. entziehen** to evade justice; **S. niederschlagen** to quash proceedings; **S. veranlassen** to authorize prosecution

Strafverfolgungs|beamter; S.beamtin *m/f* law enforcement officer; **S.behörde** *f* Director of Public Prosecutions (DPP) *[GB]*, Crown Prosecution Service (CPS) *[GB]*, district attorney *[US]*, prosecuting authority/service, law enforcement agency

Straf|verhandlung *f* trial, hearing before

a criminal court; **S.verjährung** *f* limitation of criminal prosecution; **S.verkürzung** *f* reduction of a sentence; **S.verlangen** *nt* demand for punishment; **S.vermerk** *m* entry of a penalty

strafverschärf|end *adj* aggravating; **S.ung** *f* aggravation (of a sentece); **S.ungsgrund** *m* aggravating circumstance

Strafverteidig|er(in) *m/f* defence counsel, counsel for the defence; **S.ung** *f* defence

Strafvollstreckung *f* execution of a sentence; **S. aussetzen** to suspend the execution of a sentence

Strafvollzug *m* imprisonment, penal system; **S. sanstalt** *f* penal institution, prison; **S.sbehörde** *f* prison authority; **S.sordnung** *f* prison regulations; **S.srecht** *nt* law of prison administration

Straf|vorbehalt *m* reserved punishment; **S.vorschrift** *f* penal provision; **s.würdig** *adj* punishable; **S.würdigkeit** *f* punishability; **S.zeit** *f* term of imprisonment, prison term; **nach Ablauf der ~** after the (prison) sentence has been served

Strafzettel *m* ticket, citation *[US]*; **S. für falsches Parken** parking ticket, penalty charge notice

Straf|zumessung *f* 1. assessment of the severity of a sentence; 2. award of punishment; **S.zuständigkeit** *f* criminal jurisdiction

Strand *m* beach; **S.gut** *nt* stranded goods, flotsam; **S.recht** *nt* right of salvage; **S.vogt** *m* wreck commissioner

Strang *m* rope

Straße *f* 1. road; 2. street; 3. highway; **auf offener S.** in broad daylight; **S. mit zwei Fahrbahnen** dual carriageway; **öffentliche S.** public highway

Straßen|anlieger *m* frontager; **S.arbeiten** *pl* roadworks; **S.baustelle** *f* roadworks site; **S.behörde** *f* highway authority; **S.händler(in)** *m/f* street vendor, hawker, pedlar; **S.kreuzung** *f* road junction, intersection; **S.kriminalität** *f* street crime; **S.markierung** *f* road markings; **S.prostituierte** *f* streetwalker; **S.raub** *m* highway robbery, mugging; **S.räuber** *m* highway robber; **S.recht** *nt* road traffic law; **S.sperre** *f* roadblock; **s.tauglich** *adj* roadworthy; **S.verengung** *f* road bottleneck; **S.verkauf** *m* street vending; **S.verkehr** *m* road traffic **Straßenverkehrs|amt** *nt* Road Traffic Licensing Department *[GB]*, Department of Motor Vehicles *[US]*; **S.behörde** *f* road traffic authority; **S.delikt** *nt* road traffic offence; **S.gefährdung** *f* endangering road traffic; **S.gesetz (StVG); S.ordnung (StVO)** *nt/f* Highway Code *[GB]*, driving code *[US]*, road traffic regulations; **gegen die ~ verstoßen** to infringe the highway code; **S.recht** *nt* road traffic law; **S.regeln** *pl* rules of the road; **S.zulassungsordnung** *f* vehicle licensing statutes

streichen *v/t* 1. *(Liste)* to expunge, to strike off; 2. *(ausstreichen)* to delete; 3. *(zurückziehen)* to cancel/withdraw

Streichung *f* 1. deletion; 2. cancellation; **S. einer Eintragung** cancellation of an entry; **S. von der Anwaltsliste** *(solicitors)* striking off the roll, *(barristers)* disbarring

Streife *f* *(Polizei, Militär)* patrol; **auf S.** on patrol; **S. gehen** to walk the beat

Streifen|polizist *m* policeman, constable on the beat; **S.wagen** *m* patrol/panda car *[GB]*, cruiser *[US]*, prowler car *[US]*; **nachgestellter ~** fake patrol car

Streifschuss *m* graze

Streik *m* strike; **S. ausrufen** to call a strike; **in den S. treten** to go on strike; **widerrechtlicher s.** illegal strike; **wilder S.** wildcat strike

streiken *v/i* to strike, to go on strike

Streik|ender *m* striker; **S.partei** *f* party on strike; **S.posten** *m* picket; **S.recht** *nt* right to strike; **S.verbot** *nt* strike ban, prohibition of strikes

Streit *m* controversy, argument, dispute, quarrel, row; **ein S. entsteht** a dispute arises; **S. beilegen/schlichten** to settle a dispute; **S. haben** to have an argument; **S. verkünden** interplead

streitbefangen *adj* litigious; **S.heit** *f* pendency of a case

Streit|beilegung *f* settlement of a dispute; **S.betrag** *m* amount in litigation

streiten *v/i* 1. to dispute; 2. *(Gericht)* to litigate; **S.der** *m* litigant

Streit|fall *m* dispute, issue, conflict; **S.frage** *f* 1. issue; 2. *(im Prozess)* question at issue; **S.gegenstand** *m* subject of litigation, matter in controversy, subject matter of the proceedings; **S.gehilfe** *m* party supporting a litigant, party intervening on the side of a litigant

Streitgenoss|e; S.in *m/f* joint plaintiff/litigant; **S.enschaft** *f* joinder of parties

Streithelfer(in) *m/f* party supporting a litigant, intervener, intervening party

Streithilfe *f* intervention; **S.antrag** *m* application to intervene; **~ ablehnen** to dismiss an application to intervene; **S.schriftsatz** *m* statement in intervention

streitig *adj* in dispute, disputed, contentious, litigious; **s. sein** to be at issue; **nicht s.** non-contentious

Streitigkeit *f* dispute, quarrel; **S. beilegen** to settle a dispute; **arbeitsrechtliche S.** industrial dispute; **öffentlich-rechtliche S.** public-law dispute; **familiengerichtliche S.** dispute before the family court

Streit|objekt *nt* subject of litigation, matter in controversy; **S.partei** *f* litigant, party to the dispute/litigation; **S.punkt** *m* issue; **S.sache** *f* 1. action, matter at issue; 2. *(Rechtsstreit)* lawsuit, litigation; **S.schlichter** *m* arbitrator; **S.schlichtung** *f* arbitration; **s.süchtig** *adj* quarrelsome, argumentative; **S.summe** *f* sum in dispute; **S.verfahren** *nt* litigation, contentious proceedings; **S.verhältnis** *nt* relationship between plaintiff and defendant; **S.verkündigung** *f* notice of claim, third-party notice; **S.wert** *m* value/sum in dispute, amount in controversy, **S.wertfestsetzung** *f* assessment of the value in dispute

Strengbeweis *m* strict evidence

Strenge *f* severity; **S. des Gesetzes** rigour of the law

Streu|fahrzeug *nt* gritter; **S.gut** *nt* grit

streunen *v/i* *(Tier)* to stray

Streupflicht *f* duty to grit the footpath/road

Strich *m* *(coll)* street prostitution; **auf den S. gehen** to walk the streets

Strichcode *m* *(auf Waren)* bar code

strikt *adj* strict

strittig *adj* litigious, in dispute, contentious

Stroh|frau *f* front woman; **S.mann** *m* front/straw man

Strom *m* electricity, electric current; **S. abzapfen** to abstract electricity

Strumpfmaske *f* stocking mask

Stück *nt* piece, item; **aus freien S.en** of one's own free will; **S.preis** *m* price per item; **S.schuld** *f* obligation to supply a particular item

Stufenklage *f* action by stages, multistage proceedings

stumm *adj* dumb

stumpf *adj* blunt

stunden *v/t* to grant a respite, ~ an extension

Stundung *f* respite, extension, prolongation/deferment of payment; **S. gewähren** to grant a respite, ~ an extension; **S.sfrist** *f* period of extension/grace; **S.svertrag** *m* letter of respite, extension agreement

Sturzhelm *m* crash helmet

Subjekt *nt* subject; **s.iv** *adj* subjective

Submission *f* submission, tender, bid; **S.sangebot** *nt* tender, bid; **S.sbedingungen** *pl* tendering terms; **S.sverfahren** *nt* bidding procedure; **S.svergabe** *f* allocation of a contract, award (of a contract); **auf dem S.sweg** by way of tender

Submittent *m* tenderer, bidder

Subrogation *f* subrogation

subsidi|är *adj* subsidiary, subordinate; **S.arität** *f* subsidiarity

Subskri|bent *m* subscriber; **S.ption** *f* subscription

substantiier|en *v/t* to substantiate; **S.ung** *f* substantiation

Substanz *f* substance; **S.minderung;** **S.verzehr** *f/m* depletion

substitu|ieren *v/t* to substitute; **S.t** *nt* substitute; **S.tion** *f* substitution; **S.tionsmittel** *nt* surrogate

subsum|ieren *v/t* to subsume; **S.tion** *f* subsumption

Subunternehmer *m* sub-contractor

Subvention *f* subsidy; **S.sbetrug** *m* subsidy fraud

subversiv *adj* subversive

Suchanzeige *f* missing-person report

Suche *f* search; **S. nach Schulschwänzern** truancy sweep

suchen *v/t* to search, to look for

Such|gebiet *nt* search area; **S.trupp** *m* search party

Sucht *f* addiction; **S.stoff** *m* narcotic drug

süchtig *adj* addicted; **S.e(r)** *f/m* addict

Suggestivfrage *f* leading question

Sühne *f* atonement, expiation; **S.richter** *m* judge at a conciliation hearing; **S.termin;** **S.verhandlung** *m/f* conciliation hearing; **S.verfahren** *nt* conciliation proceedings; **S.versuch** *m* attempted conciliation

Suizid *m* suicide

Sukzess|ion *f* succession; **s.iv** *adj* successive

Summe *f* sum (total), amount; **S.zuwachs** *m (Vers.)* reversionary bonus

Surrogat *nt* substitute

Surrogation *f* surrogation, substitution; **S. kraft Gesetzes** substitution by operation of the law; **~ Vereinbarung** surrogation by contract; **dingliche S.** substitution in rem *(lat.)*

suspendier|en *v/t* to suspend/stay; **S.ung** *f* suspension, stay, reprieve

Suspensivbedingung *f* suspensive condition, condition precedent

Swapabschluss *m* swap contract

Sympathisant(in) *m/f* sympathizer

Syndikat *nt* syndicate

Syndikus *m* company lawyer, legal officer

T

tabell|arisch *adj* tabular; **T.e** *f* table, schedule, scale; **T.enform** *f* tabular form; **in ~** in tabular form

Tabu *nt* taboo

Tacho|graph *m* tachograph, spy in the cab *(coll)*; **~ manipulieren** to manipulate the tachograph; **T.meter** *m* speedometer; **T.meterstand** *m* mileage

Tadel *m* reprimand; **t.n** *v/t* to reprimand/rebuke; **t.nswert** *adj* reprehensible

Tag *m* day, date; **am helllichten T.** in broad daylight; **pro T.** per diem *(lat.)*; **T. des Eigentumsübergangs** vesting day; **~ Inkrafttretens** 1. date of commencement; 2. *(Gesetz)* effective date; **festge-**

setzter T. appointed day; **volle T.**e clear days; **T.egeld** *nt (Spesenpauschale)* daily allowance

tagen *v/i* 1. to be in session, to meet; 2. *(Gericht)* to sit

Tages|einbruch *m* daytime burglary; **T.licht** *nt* daylight; **bei ~** in daylight; **T.mutter** *f* childminder

Tagesordnung *f* agenda; **von der T. absetzen** to remove from the agenda; **T. annehmen** to adopt the agenda; **zum nächsten Punkt der T. übergehen** to proceed to the next item on the agenda; **T.spunkt** *m* item on the agenda

Tages|satz *m (Spesenpauschale)* daily/per-diem *(lat.)* allowance; **T.schicht** *f* day shift; **T.stempel** *m* date stamp

täglich *adj* daily, per diem *(lat.)*

Tagung *f* conference, convention, meeting; **T. einberufen** to convene a conference; **T.sort** *m* venue

Taktlosigkeit *f* tactlessness

Talar *m* robe, gown

TA-Lärm *f* technical directive on noise pollution control

TA-Luft *f* technical directive on air pollution control

Tanklaster; Tanklastzug *m* tanker

Tante-Emma-Laden *m* corner shop *[GB]*, pop-and-mom store *[US]*, old neighborhood store *[US]*

Tantieme *f (Autor/in)* royalty

Tapferkeit *f* bravery, courage

Tarif *m* 1. rate, scale (of charges); 2. *(festgesetzter Einheitspreis)* charge; 3. *(Preis)* rate, tariff; 4. *(Verkehrsmittel)* fare(s); **laut T.** as per tariff

Tarif|abkommen; T.abschluss *nt/m* wage agreement/settlement; **T.auseinandersetzung** *f* wage dispute; **T.autonomie** *f* (free) collective bargaining; **T.freiheit** *f* freedom of collective bargaining; **T.gefüge** *nt* wage bargaining structure; **T.gehalt** *nt* standard salary; **T.gruppe** *f* wage bracket; **T.konflikt** *m* pay dispute

tariflich *adj* negotiated

Tarif|lohn *m* standard wage (rate); **T.partner(in)** *m/f* 1. *pl* employers and employees; 2. *m/f* party to a wage agreement; **T.recht** *nt* collective bargaining law; **t.rechtlich** *adj* under collective bargaining law; **T.runde** *f* wage/pay

round; **T.streit(igkeit)** *m/f* wage dispute; **T.tabelle** *f* scale of charges/rates; **T.unterschied** *m* wage differential; **T.urlaub** *m* collectively agreed holiday; **T.vereinbarung** *f* wage agreement; **T.vertrag** *m* union agreement, collective (wage) agreement; **unternehmensspezifischer ~** house agreement; **T.vertragsrecht** *nt* law governing collective bargaining; **T.zone** *f* fare zone

Tarn|name *m* cover name; **T.organisation** *f* cover organization; **T.ung** *f* 1. camouflage, disguise; 2. *(Identität)* cover

Tasche *f* pocket

Taschendieb(in) *m/f* pickpocket; **T.geld** *nt* pocket money; **T.pfändung** *f* levying upon the debtor's purse

Tat *f* 1. *(Handlung)* act, deed; 2. *(Straftat)* crime, offence; **auf frischer T.** redhanded, in the act, flagrante delicto *(lat.)*; **jdn ~ ertappen** to catch so. in the very act, ~ red-handed; **rechtswidrige T.** unlawful act; **verhängnisvolle T.** fateful deed; **nach Begehung der T. Beteiligter** accessory after the fact; **vor Begehung der T. Beteiligter** accessory before the fact

Tatbegehung *f* commission of the act; **aktuelle T.** crime in progress

Tatbestand *m* 1. *(Sachlage)* facts of the matter; 2. *(StR)* actus reus *(lat.)*, (elements of an) offence/crime; 3. *(Verfahrensrecht)* facts of the case; 4. case; **T. erfüllen** to constitute an offence; **gesetzlicher T.** statutory definition of an offence; **objektiver T.** substance of a crime

Tatbestands|aufnahme *f* ascertainment of the facts, fact-finding; **T.element** *nt* constituent element; **T.fehler** *m* error in fact; **T.irrtum** *m* factual error/mistake; **T.merkmal** *nt* constituent/operative *[US]* fact (of an offence); **subjektives ~** mental element

Tat|beteiligte(r) *f/m* accomplice; **T.einheit** *f* concurrence of offences, coincidence; **in ~ mit** in conjunction with; **t.enlos** *adj* idle

Täter(in) *m/f* 1. perpetrator, wrongdoer; 2. *(Übertretung)* infringer; 3. *(Verbrechen)* criminal, delinquent; 4. *(Vergehen)* offender; **T. einer zivilrechtlich unerlaubten Handlung** tortfeasor

bewaffnete(r) Täter gunman; **jugendliche(r) T.** juvenile delinquent/offender; **mutmaßliche(r) T.** suspect; **rückfällige(r) T.** recidivist; **unbekannter T.** unknown culprit

Täter|mehrheit f joint offenders; **T.-Opfer-Ausgleich** m restorative justice; **T.schaft** f commission of the crime/offence, perpetration (of an offence); **mittelbare ~** perpetration of an offence using an innocent agent; **T.verbindung** f link between offenders

Tat|gehilfe m accessory; **T.hergang** m sequence of events; **T.hilfe** f aiding and abetting; **aktive ~** active participation in a crime; **passive ~** connivance

tätig adj active, engaged (in); **t. werden** to take action; **t.en** v/t to effect/transact

Tätigkeit f 1. activity, action; 2. (Amt) function; 3. (Beruf) job, occupation, employment; 4. (Arbeit) work; 5. (Betrieb) operation; **auf Erwerb gerichtete T.** gainful employment; **einer geregelten T. nachgehen** to have a regular occupation

abhängige Tätigkeit dependent employment; **anwaltliche T.** advocacy; **bisherige T.** previous career; **freiberufliche T.** freelance work; **gefahrgeneigte T.** hazardous occupation; **gewerbliche T.** commercial activity; **hauptberufliche T.** full-time job; **kaufmännische T.** commercial activity; **nebenberufliche T.** sideline (job); **selbstständige T.** self-employment; **schöpferische T.** creative work; **umstürzlerische T.** seditious activity

Tätigkeits|bereich m field/sphere of activity, **T.bericht** m progress report; **T.delikt** nt offence by commission; **T.nachweis** (performance) record; **T.vergütung** f consideration for labour

Tatirrtum m mistake of fact

tätlich adj violent; **T.keit** f assault (and battery), violence; **T.keiten** pl violent acts

Tat|mehrheit f joinder of offences, plurality of acts; **T.motiv** nt motive (for the act); **T.opfer** nt victim

Tatort m scene of the crime; **T.aufnahme** f crime scene processing; **T.besichtigung** f viewing the scene (of the crime)

Tatrekonstruktion f reconstruction of an incident

Tatsache f fact; **als T. hinstellen** to aver/present as fact; **T.n verdrehen** to distort the facts; **~ vortragen** to state the facts; **den ~ entsprechen** to be consistent with the facts

belastende Tatsache incriminating fact; **beweiserhebliche T.** evidentiary fact; **entscheidende T.** decisive fact; **entlastende T.** exculpatory fact; **feststehende T.** established fact; **nackte T.n** hard facts; **rechtshindernde T.** dispositive fact; **vollendete T.** accomplished fact; **wesentliche T.** material fact

Tatsachen|behauptung f allegation of fact, factual claim; **T.beweis** m factual evidence; **unwissentlich abgegebene T.erklärung** innocent misrepresentation; **falsche T.erklärung** misrepresentation; **T.feststellung** f conclusion of fact; **T.geständnis** nt admission; **T.instanz** f trial court; **T.irrtum** m error in fact, factual error; **T.verdrehung** f prevarication; **T.vermutung** f presumption of fact; **T.vortrag** m allegations

tatsächlich adj actual, real

Tat|umstand m (pertinent) circumstance, circumstance pertaining to an incident; **T.umstände** pl evidentiary facts, (set of) circumstances

Tatverdacht m suspicion; **es besteht T.** there are grounds for suspicion; **mangels T. freisprechen** to dismiss honourably; **unter dringendem T. stehen** to be under strong suspicion

ausreichender Tatverdacht reasonable grounds for suspicion; **dringender T.** strong suspicion (of an offence); **hinreichender T.** sufficient/reasonable suspicion (of an offence)

tatverdächtig adj suspected, under suspicion; **t. sein** to be a suspect, ~ suspected of having committed an offence; **T.e(r)** f/m suspect

Tat|waffe f 1. weapon used in a crime; 2. (Mord) murder weapon; **T.zeit** f 1. time of the crime/incident; 2. (StR) material time; **T.zeuge; T.zeugin** m/f witness to the crime/incident, incident witness

taub adj deaf; **t.stumm** deaf and dumb

Tauf|name m Christian name; **T.pate** m

godfather; **T.patin** *f* godmother; **T.register** *nt* baptismal register; **T.schein** *m* certificate of baptism

tauglich *adj* 1. capable, fit; 2. serviceable, suitable

Tauglichkeit *f* fitness (for use), suitability; **~ zum vertragsgemäßen Gebrauch** fitness for the intended use; **T.sgewährleistung** *f* warranty of fitness; **T.szeugnis** *nt* certificate of fitness

taumeln *v/i* to stagger

Tausch *m* exchange, swap, barter; **etw. in T. nehmen** to take sth. in exchange; **t.en** *v/t* to exchange/swap/barter

täuschen *v/t* to deceive/mislead/delude; **arglistig t.** to deceive wilfully, to defraud; **t.d** *adj* deceptive

Tausch|geschäft *nt* barter transaction; **T.handel** *m* barter

Täuschung *f* 1. deceit, deception, hoax, (fraudulent) misrepresentation; 2. *(Irrtum)* error, mistake; **T. über einen wesentlichen Umstand** material deceit; **durch T. erlangen** to obtain by means of deception; **T. verüben** to deceive; **absichtliche Täuschung** wilful deceit; **arglistige T.** fraud, fraudulent misinterpretation, malicious deception/deceit; **vorsätzliche T.** wilful deceit

Täuschungs|absicht *f* intent/intention to deceive; **T.gefahr** *f* threat of deception; **T.handlung** *f* act of deception; **T.manöver** *nt* ploy, ruse; **T.versuch** *m* attempt to deceive

Tausch|verfahren *nt* exchange procedure; **T.vertrag** *m* barter agreement; **T.verwahrung** *f* exchangeable custody

taxieren *v/t* to appraise/assess/value

Taxistand *m* taxi rank

Teil *m* 1. part; 2. *(Anteil)* portion, share; **gebührender T.** appropriate share; **zu gleichen T.en** in equal parts; **klagender T.** suing party; **schuldiger T.** guilty party; **der schuldige T.** the party at fault; **streitender T.** litigating party; **wesentlicher T.** substantive part

Teil|abschnitt *m* subsection; **T.abtretung** *f* partial assignment; **T.amortisationsvertrag** *m* partial amortization contract; **T.anmeldung** *f (Patentrecht)* divisional application; **T.annahme** *f* partial acceptance; **T.ansicht** *f* partial

view; **t.bar** *adj* divisible, separable, severable; **T.barkeit** *f* divisibility; **T.bescheid** *m* interim decision; **T.besitz** *m* part possession; **T.betrag** *m* partial amount; **T.beweis** *m* partial evidence; **T.chen** *nt* particle

Teileigen|tum *nt* part-ownership; **T.tümer(in)** *m/f* part-owner

teilen *v/t* to divide/separate

Teil|entschädigung *f* part-compensation; **T.erfüllung** *f* part-performance; **T.forderung** *f* part-claim

teilhaben *v/i* to participate, to have a share (in)

Teilhaber(in) *m/f* 1. associate, participant, participator; 2. *(OHG, KG)* partner; 3. *(GmbH)* shareholder; **T. abfinden** to buy out a partner; **geschäftsführende(r) T.** acting/managing partner; **stille(r) T.** dormant/silent/sleeping partner; **T.schaft** *f* partnership, participation; **T.schuld** *f* partner's debt

Teil|hafter(in) *m/f* limited partner; **T.haftung** *f* limited liability; **T.hypothek** *f* part-mortgage; **T.indossament** *nt* partial endorsement; **T.invalidität** *f* partial disability; **T.kaskoversicherung** *f* part-comprehensive insurance cover(age); **T.klage** *f* action for a part of the claim; **T.leistung** *f* part-performance; **T.lieferung** *f* part-delivery

Teilnahme *f* 1. *(allg.)* participation (in); 2. *(Veranstaltung)* attendance (at); 3. *(StR)* complicity; 4. *(Mitgefühl)* sympathy; **T. an einer Straftat** complicity in a criminal offence; **T.bedingung** *f* entry condition; **t.berechtigt** *adj* eligible; **T.berechtigung** *f* right to participate, eligibility; **T.bestätigung** *f* certificate of attendance

teilnahmslos *adj* apathetic, indifferent

teilnehm|en *v/i* to be a party (to sth.), to participate (in), to take part (in); **~ an** *v/i* 1. to share in; 2. to participate in; **T.er(in)** *m/f* 1. *(StR)* accessory, accomplice; 2. participant, participator

Teilnichtigkeit *f* partial nullity, severability; **T.sklausel** *f* severability clause

Teil|pacht *f* share tenancy; **T.pächter** *m* sharecropper

Teilrücktritt *m* partial cancellation/rescission; **T.schaden** *m* partial loss; **T.schuldner(in)** *m/f* joint debtor; **T.strecke** *f* section

Teilung *f* 1. division, partition, splitting; 2 *(Aufteilung)* sharing

Teilungs|anordnung *f* testator's instructions to apportion the estate; **T.auflassung** *f* deed of partition; **T.genehmigung** *f* permission for a partition (of land); **T.klage** *f (Grundstück)* action for partition; **T.masse** *f* estate to be apportioned; **T.plan** *m* scheme of partition; **T.sache** *f* partition case; **T.urkunde** *f* deed of partition; **T.vertrag** *m* deed of separation/partition

Teil|unmöglichkeit *f* partial impossibility; **T.urteil** *nt* part-judgment, partial verdict; **T.verlust** *m* partial loss; **T.verurteilung** *f* verdict on a part of the charge; **T.verweisung** *f* partial referral; **T.vollstreckung** *f* execution in parts

Teilzahlung *f* instalment, part-payment; **auf T. kaufen** to buy on hire-purchase *[GB]*/deferred *[US]* terms

Teilzahlungs|darlehen *nt* instalment loan; **T.kredit** *m* instalment loan; **T.verkauf** *m* deferred payment sale *[US]*; **T.verpflichtung** *f* hire-purchase commitment; **T.vertrag** *m* hire-purchase agreement

Teilzeit *f* part-time; **t.beschäftigt** *adj* employed part-time; **T.arbeit** *f* part-time work; **T.beschäftigung** *f* part-time employment; **T.kraft** *f* part-timer; **T.wohnrecht** *nt* time-share; **T.wohnrechtsgesetz** *nt* law on time-shares

Telefon *nt* telephone; **T.beantworter** *m* telephone answering-machine; **T.geheimnis** *nt* secrecy of telephone communications; **T.seelsorge** *f* The Samaritans *[GB]*; **T.überwachung** *f* telephone tapping/surveillance; **T.zelle** *f* phone booth/box

Telekommunikation *f* telecommunication(s)

Tempo *nt* speed; **T.limit** *nt* speed limit; **T.sünder(in)** *m/f* driver caught speeding, speed merchant *(coll)*

Tendenz *f* tendency

Tenor *m* tenor, substance; **T. eines Urteils** operative provisions of a judg(e)ment

Termin *m* 1. date, appointed time; 2. *(Fristende)* deadline; 3. *(verabredeter Zeitpunkt)* appointment; 4. *(Verhandlungstermin)* (date of) hearing, trial date

Termin anberaumen to fix a date/hearing; **zu einem bestimmten T. fällig werden** to mature on a particular date; **T. festsetzen** to fix a date; **T. überschreiten** to exceed the deadline; **T. vereinbaren** to arrange an appointment; **T. verlegen/verschieben** to adjourn/postpone

festgesetzter Termin appointed day; **letzter T.** deadline

Termin|ablauf *m (Fristende)* expiry of a deadline; **T.bestimmung** *f* fixing (of) a deadline; **t.gemäß; t.gerecht** *adj* in due time, on schedule; **T.planung** *f* scheduling; **T.verlängerung** *f* extension; **T.verlegung** *f* adjournment (of the trial); **T.versäumnis** *nt* non-appearance, failure to appear

Territorial|itätsprinzip *nt* principle of territoriality; **T.staat** *m* territorial state

Terror *m* terror; **T.angriff** *m* terrorist raid; **t.isieren** *v/t* 1. to terrorize; 2. *(einschüchtern)* to intimidate; 3. to mob

Terrorismus *m* terrorism; **dem T. abschwören** to renounce terrorism; **T.bekämpfung** *f* fight against terrorism

terroristisch *adj* terrorist

Testament *nt* will, last will and testament, testament; **sein T. ändern** to alter one's will; **T. aufsetzen** to draw up a will; **T. ausführen** to carry out the provisions of a will; **T. eröffnen** to open a will; **T. errichten/machen** to draw/make up a will; **ohne T. sterben** to die intestate; **T. umstoßen** to vitiate a will; **T. unterschlagen** to suppress a will; **durch T. vermachen** to bequeath; **T. vollstrecken** to execute a will; **T. widerrufen** to revoke a will

anfechtbares Testament voidable will; **außerordentliches T.** nuncupative will; **eigenhändiges/holographisches T.** holographic will; **gegenseitiges T.** mutual/reciprocal will (of spouses); **gemeinsames/gemeinschaftliches T.** joint will; **gültiges T.** valid will; **jüngeres T.** later will; **mündliches T.** nuncupative will; **öffentliches T.** notarial will;

reziprokes/wechselbezügliches T. reciprocal will; **widerrufliches T.** ambulatory will

testamentarisch *adj* testamentary **Testaments|anfechtung** *f* avoidance of/contesting a will; **T.auslegung** *f* construction/interpretation of a will; **T.ausschlagung** *f* disclaimer of a testamentary gift; **T.bestätigung** *f* probate; **formelle ~** probate; **T.bestimmung** *f* provision of a will; **T.erbe** *m* testamentary heir; **T.eröffnung** *f* opening/reading (of) the will; **T.errichtung** *f* making (of) a will; **T.hinterlegung** *f* deposit of a will; **T.nachtrag** *m* codicil; **T.recht** *nt* probate law; **T.sache** *f* probate case; **streitige T.sachen** contentious probate proceedings; **T.vollstrecker** *m* executor; **T.vollstreckerin** *f* executrix; **T.vollstreckung** *f* execution of a will; **T.widerruf** *m* revocation of a will; **T.zeuge** *m* witness to a will

Testat *nt* attestation, testimonial; **T.or** *m* testator; **T.orin** *f* testatrix

testier|en *v/i* 1. to attest/certify; 2. to make a will; **t.fähig** *adj* having testamentary capacity, testable, capable of making a will; **T.fähigkeit** *f* testamentary/disposing *[US]* capacity; **T.freiheit** *f* testamentary freedom; **T.unfähigkeit** *f* testamentary incapacity

Teuerungszuschlag *m* surcharge

Text *m* 1. text; 2. *(Wortlaut)* wording; 3. tenor; **maßgeblicher/verbindlicher T.** authoritative text; **T.änderung** *f* amendment of a text

Textilfaser *f* textile fibre

thesaurier|en *v/t* to retain; **T.ung** *f* retention

Tier *m* animal; **wilde T.e** wild animals

Tier|arzt;T.ärztin *m/f* veterinary surgeon, vet *(coll)*; **T.aufseher** *m* animal keeper; **T.halter(in)** *m/f* keeper of an animal; **T.halterhaftung** *f* liability for animals; **T.kauf** *m* purchase of an animal; **T.quälerei** *f* cruelty to animals; **T.schaden** *m* damage caused by animals; **T.schadenshaftung** *f* liability for damage caused by animals; **T.schutz** *m* protection of animals; **T.schutzgesetz** *nt* animal protection act; **T.schützer(in)** *m/f* animal rights activist; **T.seuchengesetz** *nt* Epizootic Diseases Act *[GB]*

tilg|bar *adj* repayable, redeemable, amortizable; **t.en** *v/t* to redeem/repay/amortize

Tilgung *f* 1. repayment, redemption, amortization; 2. *(Auslöschung)* extinction; **T. der Verpflichtungen** discharge of liabilities; **T.srecht** *nt* right of redemption; **T.stermin** *m* redemption date

Tipp *m* hint, tip-off

Titel *m* 1. heading; 2. *(Gesetzesbezeichnung)* title; 3. *(vollstreckbarer Rechtsanspruch)* title, enforceable instrument; **T. erwirken** to obtain judgment; **rechtskräftiger T.** valid title; **vollstreckbarer T.** enforceable title; **T.schutz** *m* copyright protection

tituliert *adj* legally emforceable

Tochtergesellschaft *f* subsidiary (company/firm)

Tod *m* death, demise; **von T.es wegen** mortis causa *(lat.)*; **T. eines Abkömmlings** death of a descendant; **T. oder Geschäftsunfähigkeit des Antragenden** death or incapacity of the applicant; **T. des Auftraggebers** death or incapacity of the principal; **~ Beauftragten** death of the agent; **~ Berechtigten** death of the entitled party; **T. eines Beteiligten** death or incapacity of a party involved; **~ überlebenden Ehegatten** death of the surviving spouse; **~ Elternteils** death of a parent; **T. durch Erfrieren** death from exposure/hypothermia; **~ Erschießen** execution by firing squad; **~ Ersticken** asphyxiation; **~ Ertrinken** death by drowning; **~ Fahrlässigkeit** negligent homicide; **T. eines Gesellschafters** death of a partner; **T. des Nießbrauchers** death of the usufructuary; **~ Pächters** death of the tenant; **T. im Polizeigewahrsam** death in custody; **T. durch den Strang** death by hanging; **~ Stromschlag** electrocution; **~ Unfall** accidental death; **~ Unterkühlung** death from exposure/hypothermia; **~ Vernachlässigung** death caused by negligence **jds Tod feststellen** to pronounce so. dead; **jdn zum T.e verurteilen** to sentence so. to death; **natürlicher T.** natural death; **t.bringend** *adj* lethal, deadly

Todes|anzeige *f* *(Zeitung)* obituary (notice); **T.beweis** *m* proof of death; **T.dro-hung** *f* death threat; **T.erklärung** *f* declaration of death; **T.ermittlungen** *pl* inquest

Todesfall *m* (case/event of) death; **im ~** in the event of death; **ungeklärter ~** unresolved case of death

Todes|gefahr *f* mortal danger; **T.kommando** *nt* death squad; **T.nachweis** *m* proof of death; **T.opfer** *nt* (fatal) casualty; **T.schuss** *m* fatal shot; **gezielter ~** shot to kill; **T.schütze** *m* person firing the fatal shot; **T.spritze** *f* lethal injection; **T.stoß** *m* deathblow; **jdm den ~ versetzen** to deal so. the deathblow; **T.strafe** *f* death sentence/penalty, capital punishment; **T.tag** *m* day/date of death; **T.trakt** *m* death row; **im ~ sitzen** to be on death row; **T.ursache** *f* cause of death; **T.urteil** *nt* death sentence; **T.vermutung** *f* presumption of death; **T.zeit** *f* time of death; **T.zeitfeststellung** *f* determination of the time of death

tod|geweiht *adj* doomed; **t.krank** *adj* terminally ill

tödlich *adj* deadly, fatal, lethal, mortal

Toleranzklausel *f* minor merger/deviation clause

Toll|wut *f* rabies; **t.wütig** *adj* rabid

Ton *m* sound; **T.aufnahme** *f* sound recording

tot *adj* dead; **t. geboren** stillborn; **jdn für t. erklären** to declare so. dead; **t. umfallen** to drop dead; **t. zusammenbrechen** to collapse and die

Total|schaden; **T.verlust** *m* total loss, write-off; **angenommener ~** constructive total loss

Tote(r) *f/m* 1. body, dead person; 2. *(Todesopfer)* fatality; **unbekannter T.** unknown dead person

töten *v/t* to kill; **T.** *nt* killing

Toten|bett *nt* deathbed; **T.schein** *m* death certificate; **T.starre** *f* rigor mortis *(lat.)*; **T.wache** *f* wake

Tot|geburt *f* stillbirth; **T.geglaubte(r)** *f/m* person presumed dead

Totschlag *m* manslaughter, homicide *[US]*; **~ im Affekt** unpremeditated homicide (upon provocation); **versuchter ~** attempted manslaughter

Totschläger *m* 1. blackjack *[US]*, cosh

[GB]; 2. person convicted of manslaughter; **etw. t.schweigen** *v/t* to hush sth. up; **jdn t. treten** *v/t* to trample so. to death

Tötung *f* killing, homicide, manslaughter; **T. als Folge eines Unglücksfalles** homicide by misadventure; **T. der Leibesfrucht** abortion, feticide; **T. aus Notwehr** killing in self-defence; **T. auf Verlangen** killing on demand, **~ so.** at his own request, assisted suicide

erlaubte Tötung justifiable homicide; **fahrlässige T.**; **unbeabsichtigte T.**; **zufällige T.** involuntary manslaughter/homicide, negligent homicide *[US]*; **vorsätzliche T.** wilful homicide, voluntary manslaughter

Tötungs|absicht *f* intent/intention to kill; **T.delikt** *nt* culpable homicide; **versuchtes ~**; **T.versuch** *nt/m* attempted manslaughter/homicide; **T.vorsatz** *m* intent to kill

toxisch *adj* toxic

Traditionspapier *nt* negotiable instrument

tragen *v/t* 1. *(Kleidung)* to wear; 2. *(Kosten)* to defray; 3. *(mit sich führen)* to carry (sth. on/with one); 4. *(Folgen, Kosten, Risiko)* to bear/take

Träger *m* 1. agency; 2. *(Inhaber)* bearer, holder; 3. *(Institution)* funding body; **T. öffentlicher Gewalt** agencies in whom state power is vested; **T. der Rentenversicherung** pension insurance scheme

Tragweite *f* significance; **T. einer Entscheidung** scope of a decision

Tränengas *nt* tear gas

Trans|aktion *f* transaction; **T.fer** *m* transfer

Transit *m* transit; **T.güter** *pl* goods in transit

trans|national *adj* transnational; **T.parent** *nt (Spruchband)* banner; **T.parenz** *f* transparency; **T.plantation** *f* transplant

Transport m transport *[GB]*, transportation *[US]*; **T.bedingungen** *pl* transport terms, terms and conditions of transport; **T.diebstahl** *m* pilfering during transit; **T.gefahr** *f* transport hazard/risk; **T.gefährdung** *f* endangering (of) transport; **T.haftung** *f* carrier's liability; **T.haftpflichtgesetz** *nt* carrier's liability act; **T.schaden** *m* damage in transit; **T.unternehmer** *m* haulage contractor; **T.unternehmerhaftung** *f* carrier's liability; **T.vertrag** *m* contract of carriage; **T.unternehmen** *nt* carrier, haulage company; **T.weg** *m* transport route; **auf dem ~** in transit

Trass|ant *m* drawer; **T.at** *m* drawee

Tratte *f* draft, bill of exchange

Trauer|anzeige *f* death notice; **T.fall** *f* bereavement; **T.feier** *f* funeral service

Trau|schein *m* marriage certificate; **T.ung** *f* marriage (ceremony), wedding

Treffpunkt *m* *(Gruppe)* hangout

Treib|gut *nt* flotsam and jetsam; **T.hauseffekt** *m* greenhouse effect

trennbar *adj* separable; **T.keit** *f* separability

trennen *v/t* to sever/separate; **sich t.** *v/refl* 1. to split up; 2. *(Eheleute)* to separate; **sich von etw. t.** to part with sth.; **~ jdm t.** to split up with so.

Trennung *f* separation, severance; **T. der Gewalten** separation of powers; **T. von Tisch und Bett** judicial separation, separation a mensa et thoro *(lat.)*; **einverständliche T.** separation by consent; **gerichtliche T.** judicial separation; **T.sentschädigung; T.szulage** *f* severance pay

Trennwand *m* partition (wall)

Tresorraum *m* strongroom, vault

treu *adj* loyal; **T. und Glauben** good faith; **auf ~** in good faith, on trust; **gegen ~** in breach of good faith; **nach ~** bona fide *(lat.)*; **T.bruch** *m* breach of faith

Treue *f* allegiance, fidelity, loyalty; **eheliche T.** conjugal fidelity; **T.eid** *m* oath of allegiance; **T.pflicht** *f* duty of allegiance; **~ des Arbeitnehmers** employee's duty of good faith; **T.verhältnis** *nt* fiduciary relation(ship)

Treu|geber *m* trustor, donor; **T.gut** *nt* trust property; **T.hand** *f* trust; **T.handeigentum** *nt* trust property

Treuhänder(in) *m/f* trustee, fiduciary; **T. bestellen/einstellen** to appoint a trustee; **richterlich bestellter T.** judicial trustee; **mutmaßlicher T.** constructive trustee

Treuhänder|eigenschaft *f* fiduciary capacity; **T.haftung** *f* trustee's liability

treuhänderisch *adj* fiduciary, on trust; **etw. t. verwalten** to hold sth. in escrow

Treuhand|gesellschaft *f* trust company; **T.konto** *nt* escrow account; **T.schaft** *f* trusteeship; **T.urkunde** *f* trust instrument; **T.verhältnis** *nt* fiduciary relationship; **T.vermögen** *nt* trust property; **T.vertrag** *m* trust agreement; **T.verwaltung** *f* trusteeship

Treupflicht *f* loyalty

Tribunal *nt* tribunal

Trick *m* trick; **T.betrüger(in)** *m/f* confidence trickster

Trieb *m* instinct; **T.täter(in)** *m/f* compulsive offender; **T.verlangen** *nt* instinctive urge

triftig *adj* cogent, conclusive, valid; **T.keit** *f* cogency, conclusiveness

Triplik *f* surrejoinder

Trost *m* comfort, consolation

trotz *prep* notwithstanding

Trotz *m* defiance

Trugschluss *m* fallacy, false conclusion

Trümmer *pl* 1. *(Schutt)* debris; 2. *(Wrackteile)* wreckage

Trunkenheit *f* drunkenness, inebriation, intoxication; **T. am Steuer; T. im Straßenverkehr** driving under the influence (of alcohol), drunken driving, driving while intoxicated (DWI), **~** under the influence of alcohol, drink-driving

Trunk|sucht *f* alcoholism; **T.süchtige(r)** *f/m* alcoholic

Tumult *m* disturbance, commotion, uproar; **T.schäden** *pl* riot damage

Tun *nt* action; **t.lich** *adj* expedient; **für ~ halten** to see/think fit

Turnus *m* turn, rota; **im T.** in rotation; **t.mäßig** *adj* in turn

TÜV (Technischer Überwachungsverein) *m* MOT *(Ministry of Transport test) [GB]*; **durch den T. kommen** to pass the MOT; **T.-Plakette** *f* MOT decal/certificate; **T.-Prüfung** *f* Ministry of Transport test (MOT) *[GB]*

Typengenehmigung *f* type approval

tyrannisieren *v/t* to tyrannize

U

u.a. (unter anderem) inter alia *(lat.)*

Übel *nt* wrong, evil; **Ü.tat** *f* misdeed, wrong; **Ü.täter(in)** *m/f* wrongdoer, malefactor

überantwort|en *v/t* 1. *(Sache)* to deliver up, to hand over; 2. *(der Polizei übergeben)* to surrender; **Ü.ung** *f* surrender

überarbeiten *v/t* to revise/rework; **sich ü.** *v/refl* to overwork os.

Überarbeitung *f* revision

Überbau *m* *(Grundstücksgrenze)* building over one's boundary, encroachment on adjoining land

überbauen *v/i* to build beyond one's boundary; **etw. mit etw. ü.** to build sth. over sth.

über|beanspruchen *v/t* to overstrain/overtax; **ü.bewerten** *v/t* to overvalue/overrate; **ü.bieten** *v/t* *(Angebot)* to outbid

Überbringer(in) *m/f* *(Scheck)* bearer; **Ü.klausel** *f* bearer clause

Überbrückungs|kredit *m* bridging loan; **Ü.maßnahmen** *pl* interim measures; **Ü.regelung** *f* interim arrangement

überdenken *v/t* to reconsider

übereignen *v/t* 1. to assign, to transfer title/ownership; 2. *(Grundbesitz)* to convey

Übereignung *f* 1. assignment, transfer of title/ownership; 2. conveyance; 3. *(Urkunde)* bill of sale; **Ü. eines Grundstücks** conveyance of a property; **Ü. im Todesfall** transfer on death; **Ü.surkunde** *f* 1. deed of assignment; 2. deed of conveyance; 3. bill of sale

übereinkommen *v/t* to agree

Übereinkommen *nt* 1. *(Übereinkunft)* understanding; 2. *(Vereinbarung, Übereinstimmung)* accord, agreement; 3. *(Abkommen)* convention, agreement; 4. *(Vertrag)* treaty; 5. *(Vergleich)* composition; **Ü. über den Zivilprozess** civil procedure agreement; **mit jdm ein Ü. treffen** to enter into an agreement with so.; **internationales Ü.** international

treaty; **stillschweigendes Ü.** implicit/tacit agreement

Übereinkunft *f* understanding, arrangement, agreement; **Ü. erzielen** to reach (an) agreement; **in gegenseitiger Ü.** by mutual agreement

übereinstimmen *v/i* 1. *(Meinung)* to agree/concur; 2. *(entsprechen)* to conform to, to accord/correspond with; 3. *(sich gleichen)* to match

übereinstimmend *adj* 1. *(Meinung, Vermutung)* concurrent, concurring; 2. *(vereinbar, entsprechend)* consistent (with); 3. *(gemäß)* in accordance (with); 4. *(sich gleichend)* matching; 5. *(einhellig)* unanimous

Übereinstimmung *f* 1. *(Meinung)* agreement, concurrence, consensus, accord; 2. *(Gleichheit)* conformity, correspondence; 3. *(Vereinbarkeit)* congruity; **in Ü. mit** in accordance/conformity with; **Ü. der Abschrift mit dem Original bestätigen** to certify the conformity of the copy with the original; **Ü. von Merkmalen** congruity of features; **mangelnde Ü.** disagreement

jdn überfahren *v/t* to run so. over, to knock so. down

Überfall *m* 1. *(auf der Straße)* mugging; 2. *(Bank)* raid, hold-up; 3. *(Raubüberfall)* robbery; **Ü. machen** to (carry out a) raid; **hinterlistiger Ü.** insidious attack, perfidious assault; **Ü.kommando** *nt* flying squad *[GB]*

überfallen *v/t* 1. to mug; 2. to raid

über|fällig *adj* overdue; **ü.flüssig** *adj* redundant, superfluous

jdn überführen *v/t* *(StR)* to prove so.'s guilt, to find so. guilty, to convict so.

Überführung *f* 1. *(StR)* conviction; 2. *(Immobilie)* conveyance; 3. *(Verkehr)* flyover *[GB]*, overpass *[US]*; 4. *(Transport)* transfer, transport; **Ü. in Gemeineigentum** nationalization; **Ü.sstück** *nt* exhibit, corpus delicti *(lat.)*

Übergabe *f* 1. *(Übergeben)* delivery (of possession); 2. *(Aushändigung)* handing over; 3. *(Vorlage)* submission; 4. *(Aufgabe)* surrender; 5. *(Übertragung)* transfer; **zahlbar bei Ü.** cash *[GB]*/collect *[US]* on delivery (c.o.d.)

Übergabe zu treuen Händen an einen

Dritten *(Urkunde)* delivery in escrow; Ü. **einer Sache** delivery of a thing; ~ **Schrift** surrender of a document; Ü. **als Sicherheit** delivery by way of security; Ü. **der Ware** delivery of the merchandise **bedingungslose Übergabe** unconditional surrender; **eigenhändige Ü.** personal delivery; **mittelbare Ü.** constructive delivery; **tatsächliche Ü.** actual delivery; **unmittelbare Ü.** delivery by hand; **Ü.klausel** *f* delivery clause; **Ü.protokoll** *nt* certificate/record of delivery

Übergang *m* 1. *(Recht)* transfer, devolution, transmission; 2. *(Heimfall)* reversion; 3. *(Verkehr)* crossing; **Ü. auf Dritte** devolution to third parties; **Ü. des Eigentums** transfer/devolution of title; **Ü. der Forderung** transfer of the claim; **Ü. von Forderungen** devolution of claims; **Ü. der Gefahr** passing/passage of risk; **Ü. von Todes wegen** transfer by death; ~ **Vermögen** transfer of property; **schienengleicher Ü.** *(Bahn)* grade *[US]*/level *[GB]* crossing

Übergangs|bestimmungen *pl* transitional provisions, provisional regulations; **Ü.entschädigung** *f* severance benefit; **Ü.gesetz** *nt* interim act, transitional statute; **Ü.maßnahmen** *pl* transitional measures; **Ü.recht** *nt* transitional law; ~ **für Verfahren** transitional law for procedures; **Ü.regelung** *f* transitional arrangement; **Ü.regierung** *f* caretaker/interim government; **Ü.stadium** *nt* state of transition; **Ü.vorschrift** *f* transitional provision; **Ü.zahlung** *f* interim payment; **Ü.zeit** *f* interim/transitional period; **Ü.zustand** *m* transitional stage

übergeben *v/t* 1. *(aushändigen)* to hand over; 2. *(der Polizei)* to surrender

Übergebot *nt* higher bid, outbidding

übergehen *v/t* 1. *(überwechseln)* to move (on to); 2. *(Rechte)* to devolve (upon); 3. *(Erbe)* to pass (to); 4. *(nicht berücksichtigen)* to ignore/neglect; 5. *(auslassen)* to omit/skip/pass (over); **zu etw. ü.** to proceed to (doing) sth.

Übergeh|en *nt* 1. *(Rechte)* devolution; **Ü.ung** *f* omission, passing over

übergesetzlich *adj* above statute law, extra-statutory

Übergriff *m* 1. *(Eingriff, Verletzung)* encroachment, infringement; 2. *(Eindringen)* incursion; 3. *(Verletzung, Störung)* trespass

Über|hang *m* surplus; **ü.hängen** *v/i (hinausragen)* to hang over

überhöht *adj (Preis)* exorbitant

überholen *v/t* 1. *(reparieren)* to overhaul/recondition; 2. *(Verkehr)* to overtake/pass

Überholen *nt* 1. *(Verkehr)* overtaking; **Ü. verboten** no overtaking *[GB]*/passing *[US]*; **falsches Ü.** incorrect overtaking

Überhol|manöver *nt* overtaking manoeuvre; **Ü.spur** *f* fast lane

überholt *adj* outdated, obsolete

überholungsbedürftig *adj* in need of overhaul

Überholverbot *nt* prohibition of overtaking

überlassen *v/t* 1. *(verzichten)* to relinquish; 2. *(abtreten, nachgeben)* to cede/yield; 3. *(preisgeben, aufgeben)* to abandon/surrender; 4. *(übertragen)* to transfer; 5. *(anvertrauen)* to commit/entrust; 6. *(in Obhut geben)* to leave; **entgeltlich ü.** to to sell for a consideration; **mietweise ü.** to let

Überlassung *f* 1. *(Abtretung, Verzicht)* cession, surrender, relinquishment; 2. *(Übertragung)* transfer; 3. *(Grundstück)* demise; 4. *(Eigentum)* delivery; **Ü. des Besitzes** surrender of possession; **Ü. an Dritte** delivery to third parties; **Ü.surkunde** *f* instrument of transfer; **Ü.svertrag** *m* agreement of transfer of possession

überleben *v/t* to survive; **Ü.** *nt* survival; **Ü.de(r)** *f/m* survivor

Überlebens|chance *f* chance of survival; **ü.fähig** *adj* able to survive; **im Ü.fall** *m* in case of survival; **Ü.vermutung** *f* presumption of survival

überleg|en *v/t* to consider; **ü.t** *adj* considered

Überlegung *f* consideration; **nach eingehender Ü.** on close examination; ~ **sorgfältiger Ü.** after careful deliberation; **Ü.sfrist** *f* 1. time for reflection, ~ to consider; 2. cooling-off period

überleit|en *v/t* to transfer; **Ü.ung** *f* transition

Überleitungs|gesetz *nt* transition(al) act; **Ü.vertrag** *m* treaty of transition; **Ü.vorschriften** *pl* transitional regulations

übermäßig *adj* excessive

Übermaßverbot *nt* rule of reasonableness, prohibition of excessive (re)action

übermitteln *v/t* to transmit

Übermittlung *f* transmission; **Ü.sirrtum** *m* error of transmission

Übernahme *f* 1. *(Besitznahme)* taking possession; 2. *(Unternehmen)* takeover; 3. *(Risiko, Verantwortung)* assumption; 4. *(Annahme)* acceptance, taking delivery; **Ü. einer Erbschaft** accession to an estate, coming into an inheritance; **~ Garantie** assumption of a warranty/guarantee; **Ü. der Ordnungsgewalt** assumption of police powers

Übernahme|beschluss *m* takeover resolution; **Ü.haftung** *f* taker's liability; **Ü.klage** *f* takeover action/suit; **Ü.konnossement** *nt* received-for-shipment bill of lading (B/L); **Ü.konsortium** *nt* *(Vers.)* underwriting syndicate; **Ü.pflicht** *f* duty to accept; **Ü.recht** *nt* law on takeovers; **Ü.vertrag** *m* 1. takeover agreement; 2. *(Vers.)* underwriting agreement

übernehmen *v/t* 1. *(Fall, Verteidigung)* to take on; 2. *(Aufgabe)* to undertake; 3. *(Verantwortung, Risiko)* to assume; 4. *(Schulden)* to incur; 5. *(Führung)* to take over

Übernehmer *m* transferee, assignee

überparteilich *adj* non-partisan

Überpfändung *f* excessive distraint

überprüfbar *adj* verifiable

überprüfen *v/t* 1. *(Person)* to screen/vet; 2. to examine/check/inspect; 3. *(erneut bedenken)* to reconsider/review

Überprüfung *f* 1. *(Entscheidung, Lage)* review; 2. examination, inspection; **Ü. von Gesetzen auf Verfassungsmäßigkeit** judicial review; **Ü. der Quoten** review of quotas; **Ü. durch die Rechtsmittelinstanz** review on appeal; **Ü. der Renten** review of pensions; **erneute Ü.** re-examination; **gerichtliche Ü.** judicial review

überprüfungs|pflichtig *adj* subject to inspection; **Ü.recht** *nt* right of review

unachtsames/verkehrswidriges Über-

queren der Straße careless crossing of the road, jaywalking *(coll)*

überrasch|end *adj* surprising; **Ü.ung** *f* surprise

überreden *v/t* to persuade

Überredung *f* persuasion; **Ü. zum Vertragsbruch** inducement to breach a contract

Überrest *m* remainder; **jds sterbliche Ü.e** so.'s (mortal) remains

überschätzen *v/t* to overestimate

Überschlag *m* *(Berechnung)* estimate

sich überschneid|en *v/refl* to overlap; **Ü.ung** *f* overlapping, collision

überschreib|en *v/t* to transfer in writing, **~ by deed**, to convey; **etw. auf jdn ü.en** to make/sign over sth. to so.; **Ü.ung** *f* conveyance

überschreiten *v/t* to exceed, to go beyond; **Ü. der zulässigen Fahrgeschwindigkeit/Höchstgeschwindigkeit** *nt* exceeding (of) the speed limit

Überschreitung *f* *(Verletzung)* transgression, exceeding; **Ü. der Amtsbefugnisse** exceeding (of) official powers; **~ Befugnisse** acting ultra vires *(lat.)*, exceeding one's authority/powers; **~ Notwehr** excess of justifiable self-defence; **~ Vollmacht** exceeding of powers

Überschrift *f* title, heading

überschuld|et *adj* overindebted; **Ü.ung** *f* overindebtedness, excessive debts

Überschuss *m* surplus; **Ü.bonus** *m* *(Vers.)* reversionary bonus

übersend|en *v/t* to forward; **Ü.ung** *f* forwarding; **Ü.ungsbericht** *m* prosecution's report upon criminal appeal

übersetzen *v/t* to translate

Übersetzer(in) *m/f* translator; **beeidigte(r)/vereidigte(r) Ü.** sworn translator; **freiberufliche(r) Ü.** freelance translator

Übersetzung *f* translation; **beglaubigte Ü.** certified translation; **maßgebliche Ü.** authoritative translation; **Ü.sfehler** *m* translation error; **Ü.srechte** *pl* translation rights

Übersicht *f* overview, survey

Überspringen *nt* *(Instanzen)* leapfrogging

überstaatlich *adj* supranational

überstehen *v/i* *(herausragen)* to project, to jut out

übersteigen *v/t* to exceed
überstell|en *v/t* 1. *(Haft)* to commit/remand; 2. to transfer; **Ü.ung** *f* 1. remand, commitment, committal; 2. transfer
überstimmen *v/t* 1. to overrule; 2. to outvote
Überstunden *pl* overtime; **Ü. machen** to work overtime; **Ü.zuschlag** *m* overtime allowance/bonus
etw. überstürzen *v/t* *(Entscheidung)* to rush sth.
überstürzt *adj* *(unbesonnen, voreilig)* rash
übertariflich *adj* above the agreed/union rate
jdn übertölpeln *v/t* to dupe so., to take so. in, to pull a fast one on so. *(coll)*
übertragbar *adj* 1. *(Rechte)* assignable, transferable, alienable, conveyable; 2. *(begebbar)* negotiable; 3. *(Krankheit)* contagious, infectious
Übertragbarkeit *f* 1. assignability, transferability; 2. contagiousness, infectiousness
übertragen *v/t* 1. *(Rechte, Forderungen)* to assign/transfer; 2. *(Grundbesitz)* to convey; 3. *(Grundstück auf Zeit)* to demise; 4. *(testamentarisch)* to devise; 5. *(Wechsel)* to negotiate; 6. *(Befugnis)* to confer; 7. *(Radio)* to broadcast
Übertragung *f* 1. assignment, transfer; 2. conveyance; 3. demise; 4. transmission, devolution; 5. conferral; **Ü. durch Abtretung** transfer by assignment; **Ü. von Befugnissen** delegation of powers; **Ü. durch Begebung** transfer by negotiation; **Ü. des Eigentums** transfer of ownership, property transfer; **Ü. einer Forderung** assignment of a claim; **Ü. von Grundbesitz** conveyance; **~ Grundeigentum** transfer of title to land; **~ Grundstücksrechten** conveyance; **Ü. einer Hypothek** transfer of a mortgage; **Ü. eines Patents** assignment of a patent; **~ Rechts; Ü. von Rechten** transfer of title; **Ü. von Todes wegen** passing of property upon death; **Ü. durch letztwillige Verfügung** disposition by will; **Ü. von Vermögen(sgegenständen)** transfer of assets; **Ü. der Zuständigkeit** transfer of jurisdiction; **Ü. von Zuständigkeiten** conferring of powers

einseitige Übertragung unilateral transfer; **gesetzliche Ü.** conveyance; **uneingeschränkte Ü.** absolute transfer; **unentgeltliche Ü.** gratuitous transfer; **unwiderrufliche Ü.** irrevocable assignment
Übertragungs|anzeige *f* notice of assignment; **Ü.bedingungen** *pl* terms of assignment; **Ü.datum** *nt* date of transfer; **Ü.empfänger(in)** *m/f* assignee, transferee; **Ü.erklärung** *f* deed of transfer; **Ü.urkunde** *f* 1. bill of sale, instrument of transfer, vesting deed, deed of assignment; 2. *(Grundbesitz)* deed of conveyance; **Ü.vermerk** *m* *(Wechsel)* endorsement; **Ü.vertrag** *m* contract of transfer
übertreten *v/t* 1. to infringe/contravene/violate/break/transgress; 2. *(unbefugt betreten)* to trespass
Übertretung *f* 1. *(Gesetz, Recht, Regel)* infringement, contravention, violation; 2. *(Eingriff)* trespass; 3. *(strafbare Handlung)* misdemeanour
übervorteil|en *v/t* to defraud/cheat *(coll)*; **Ü.ung** *f* defrauding/cheating *(coll)*
überwachen *v/t* 1. *(kontrollieren)* to supervise/control; 2. *(beobachten)* to observe; 3. *(Verdächtigen)* to keep under surveillance; **laufend ü.** to monitor
Überwachung *f* 1. supervision, control; 2. *(heimliches Kontrollieren)* surveillance; 3. *(Telefon)* bugging; **Ü. der Mieten** rent control; **Ü. des Rechnungswesens** internal auditing; **Ü. von Unternehmenszusammenschlüssen** merger control; **~ Waffenbesitz** gun control; **elektronische Ü.** electronic surveillance; **polizeiliche Ü.** police surveillance
Überwachungs|apparat *m* surveillance apparatus; **ü.bedürftig** *adj* requiring supervision; **Ü.befugnisse** *pl* supervisory powers; **Ü.kamera** *f* security camera; **Ü.maßnahme** *f* monitoring measure; **Ü.recht** *nt* right of inspection; **Ü.system** *nt* monitoring system; **Ü.verfahren** *nt* inspection procedure; **Ü.verfügung** *f* supervision order
jdn überwältig|en *v/t* to overpower so.; **Ü.ung** *f* overpowering
Überweg *m* pedestrian crossing

überweisen *v/t* 1. *(Geld)* to remit/transfer; 2. *(einweisen, überstellen)* to commit/remand/refer

Überweisung *f* 1. *(Geld)* remittance, transfer; 2. *(Einweisung, Überstellung, Verweisung)* remand, committal, referral; **Ü. aus dem Ausland** remittance from abroad; **Ü. ins Ausland** remittance abroad; **Ü. an einen Ausschuss** referral to a committee; **~ einen Facharzt** referral to a medical specialist, **~** consultant *[GB]*; **~ ein Schiedsgericht** referral to arbitration; **~ eine höhere Instanz zur Aburteilung** committal for sentence; **~ eine höhere Instanz zur Verhandlung** committal for trial in a higher court

Überweisungs|auftrag *m* remittance/transfer order; **Ü.beschluss** *m* transfer order; **Ü.empfänger(in)** *m/f* transferee, remittee; **Ü.träger** *m* remittance/transfer form, **~** slip; **Ü.verkehr** *m* transfer payments, transfers

überwiegen *v/i* to predominate/prevail

überzeugen *v/t* 1. to convince/persuade; 2. *(Gericht)* to satisfy; **ü.d** *adj* convincing, persuasive

Überzeugung *f* conviction; **zu der Ü. gelangen** to be satisfied; **Ü.skraft** *f* persuasive force/power; **Ü.stäter(in)** *m/f* offender by conviction

überzieh|en *v/t* *(Konto)* to overdraw; **Ü.ung** *f* overdraft; **Ü.ungsgrenze** *f* credit line; **Ü.ungskredit** *m* overdraft facility

üblich *adj* usual, customary

übrig *adj* remaining, residual

Uferanliegerrechte *pl* riparian rights

Ultimo *nt* end of month; **U.abwicklung** *f* monthly settlement

ultra-vires-Lehre *f* doctrine of ultra vires *(lat.)*

Umbau *m* 1. *(Einrichtung)* refurbishment, renovation; 2. *(Abänderung)* (structural) alteration; 3. *(neuer Zweck)* conversion; 4. renovated/converted building; 5. *(Organisation)* reorganization; **etw. mit etw. u.en** *v/t* to enclose sth. with sth.

umbenennen *v/t* to rename

umbild|en *v/t* to reorganize; **U.ung** *f* 1. reorganization; 2. *(Kabinett)* reshuffle

umbringen *v/t* to kill

umdeut|en *v/t* to reinterpret; **U.ung** *f* reinterpretation

Umfang *m* 1. *(Bereich, Rahmen)* scope; 2. *(Ausmaß)* extent; 3. size, volume; **U. eines Anspruchs** extent/amount of a claim; **U. der Haftung** extent of liability; **U. des Schaden(s)ersatzes** amount/quantum *(lat.)* of damages; **U. der Vollmacht** scope of the power (of attorney); **u.reich** *adj* extensive, large-scale

umfassen *v/t* to comprise/include; **u.nd** *adj* 1. comprehensive; 2. *(Bericht, Geständnis)* full

umformulieren *v/t* to rephrase

umfried|en *v/t* to fence in/enclose; **u.et** *adj* enclosed, fenced-in; **U.ung** *f* enclosure

Umgang *m* 1. contact; 2. handling; **unerlaubter U. mit gefährlichen Abfällen** illicit handling of hazardous waste; **~ gefährlichen Hunden** illicit handling of dangerous dogs; **~ radioaktiven Stoffen und anderen gefährlichen Stoffen und Gütern** illicit handling of radioactive substances and other hazardous substances; **U. mit jdm haben/pflegen** to have dealings with so., to associate with so.

umgänglich *adj* 1. sociable; 2. *(entgegenkommend)* obliging

Umgangsrecht *nt* *(Besuchsrecht)* right of access

jdn umgarnen *v/t* to ensnare so.

Umgebung *f* 1. *(Landschaft)* environment, surroundings; 2. *(Nachbarschaft)* vicinity, neighbourhood; 3. *(Stadt)* surrounding area, environs; **in unmittelbarer U.** in the immediate vicinity

Umgegend *f* surrounding area

umgehen *v/t* 1. to evade/avoid/circumvent; 2. *(Straße)* to bypass; **u.d** *adv* immediately, forthwith

Umgehung *f* 1. evasion, avoidance, circumvention; 2. bypass; **U. des Gesetzes** circumvention of the law; **U. von Steuern** evasion of taxes; **U.sgeschäft** *nt* avoiding transaction; **U.sstraße** *f* bypass

umgekehrt *adv* vice versa

umgestalten *v/t* 1. *(Gesetz, Verfassung)* to reform; 2. *(Anordnung)* to rearrange; 3. *(Haus, Mobiliar)* to refurbish; 4. *(Organisation)* to reorganize

Umgestaltung *f* 1. reform; 2. rearrangement; 3. refurbishment; 4. reorganization

umgrenz|en *v/t* to fence in/enclose; **U.ung** *f* enclosure

umgründ|en *v/t* to convert; **U.ung** *f* conversion

umherfahren *v/i* to drive around

sich umhören *v/refl* to ask around

Umkehr *f* reversal; **U. der Beweislast** reversal of the burden of proof

umkehrbar *adj* reversible; **nicht u.** irreversible

umkehr|en *v/i* to turn back; **U.schluss** *m* argumentum ex contrario *(lat.)*

Umkehrung *f* reversal; **U. der Beweislast** reversal of the burden of proof

im Umkreis von *m* in the vicinity of

Umlage *f* 1. levy, charge; 2. *(anteilig)* apportionment; **U. erheben** to impose a levy

Umlauf *m* circulation; **in U. bringen** 1. to circulate; 2. *(Falschgeld)* to utter; **~ sein** to be in circulation

umlauf|en *v/i* to circulate; **U.vermögen** *nt* current assets

umlegen (auf) *v/t* to apportion/allocate/prorate (among)

jdn umlegen *v/t (coll)* to bump so. off *(coll)*

Umlegung *f* apportionment; **U. der Kosten** apportionment of the expenses, allocation of costs

umleiten *v/t* 1. *(Post)* to redirect; 2. *(Sendung)* to re-route; 3. *(Verkehr)* to divert

Umleitung *f* diversion

Umleitungs|empfehlung *f* recommended diversion; **U.schild** *nt* diversion sign

umliegend *adj* surrounding

sich polizeilich ummelden *v/refl* to notify the police of a change of address

Ummeldung *f* registration of (one's) change of address

geistig umnachtet *adj* mentally deranged

umrechnen *v/t* to convert

Umrechnung *f* conversion; **U.skurs; U.satz** *m* exchange rate

Umsatz *m* turnover, sales; **steuerfreier U.** tax-exempt turnover

Umsatzsteuer *f* output/sales/purchase tax; **U.erklärung** *f* sales tax return;

u.pflichtig *adj* liable to sales tax; **U.prüfung** *f* sales tax audit

Umschlag *m* 1. envelope; 2. *(Handel)* transshipment; **verschlossener U.** sealed envelope

umschreib|en *v/t* to change an entry; **U.ung** *f* 1. change of registration; 2. change of ownership

umschuld|en *v/t* to refinance, to reschedule debts; **U.ung** *f* debt rescheduling

umschul|en *v/t* to retrain; **U.ung** *f* retraining (scheme)

Umschwung *m* reversal, swing

umseitig *adj/adv* overleaf

umsetzen *v/t* to implement

Umsetzung *f* 1. *(Plan)* implementation; 2. *(Verwirklichung)* realization; 3. *(Versetzung)* transfer (to a different position); **U. einer Richtlinie** implementation of a directive

Umsicht *f* prudence; **u.ig** *adj* circumspect, cautious, level-headed, prudent

Umstand *m* circumstance, factor

Umstände *pl* circumstances; **den U.n angemessen** appropriate under the circumstances; **~ entsprechend** in the circumstances, (as good) as can be expected under the circumstances; **jdm U. bereiten** to inconvenience so.

äußere Umstände external factors; **außergewöhnliche U.** exceptional circumstances; **begleitende U.** attendant circumstances; **belastende U.** incriminating/aggravating circumstances; **besondere U.** special circumstances; **mildernde U.** mitigating/extenuating circumstances; **nähere U.** particulars; **strafverschärfende U.** aggravating circumstances; **unvorhergesehene U.** unforeseen circumstances

umstellen *v/t* to convert; **etw. u.** to surround sth.; **sich auf etw. u.** *v/refl* to adapt/adjust to sth.

Umstellung *f* conversion

umstoßen *v/t (Entscheidung)* to reverse

umstritten *adj* controversial

umstrukturieren *v/t* to restructure/reorganize

Um|sturz *m* revolution; **u.stürzlerisch** *adj* subversive

Umtausch *m* exchange; **u.en** *v/t* to exchange; **U.recht** *nt* right exchange;

U.vorbehalt *m* exchange proviso

Umtriebe *pl* subversive activities

umverteilen *v/t* to redistribute

Umverteilung *f* redistribution, reallocation; **U. von Haushaltsmitteln** reappropriation of budgetary funds

umwandelbar *adj* 1. convertible; 2 *(Strafe)* commutable

Umwandelbarkeit *f* 1. convertibility; 2. *(Strafe)* commutability; **U. des Güterstandes** convertibility of the matrimonial property regime

umwandeln *v/t* 1. to convert/change/ transform; 2. *(Strafe)* to commute

Umwandlung *f* 1. conversion; 2. *(Strafe)* commutation; **U. einer Forderungsklage** reduction into possession; **U. von Schulden in Eigenkapital** debt-equity swap; **U. einer Strafe** commutation of a sentence; **U. von unbeweglichem in bewegliches Vermögen** conversion of realty into personalty

Umwandlungs|gebühr *f (Patentrecht)* conversion fee; **U.gesetz** *nt* conversion act; **U.klausel** *f* let-out clause; **U.recht** *nt (Anleihe)* right of conversion

Umwelt *f* environment; **berufliche U.** working environment; **verseuchte U.** contaminated environment

Umwelt|abgabe *f* environmental levy; **U.auflagen** *pl* environmental regulations; **U.auswirkungsabschätzung** *f* assessment of environmental effects

umweltbedingt *adj* environmental, due to environmental factors

Umwelt|bedingungen *pl* environmental conditions; **U.behörde** *f* environment agency, environmental protection agency

umweltbelast|end *adj* polluting, noxious, environmentally harmful, damaging/detrimental to the environment; **U.ung** *f* environmental damage, pollution

umweltbewusst *adj* environmentally/ ecologically aware; **U.sein** *nt* environmental consciousness/awareness

Umwelt|bilanz *f* environmental audit; **U.bundesamt** *nt* federal environmental agency; **U.dezernent(in)** *m/f* head of the environmental department; **U.einwirkung** *f* environmental impact; **U.entlastung** *f* ecological relief; **U.er**

haltung *f* conservation; **U.etikett** *nt* eco-label

umwelt|feindlich *adj* harmful to the environment; **u.freundlich** *adj* environmentally friendly, eco-friendly; **u.gefährdend** *adj* noxious, endangering the environment

Umweltgefährdung *f* danger to the environment, environmental threat

umweltgerecht *adj* environmentally compatible

Umwelt|gesetzgebung *f* environmental legislation; **U.haftung** *f* liability for causing pollution; **U.haftungsgesetz** *nt* environmental liability act; **U.katastrophe** *f* ecological disaster; **U.kriminalität** *f* environmental crime; **U.minister(in)** *m/f* Minister for the Environment *[GB]*, Environment Secretary *[US]*; **U.ministerium** *nt* Department of the Environment *[US]*

Umwelt|papier *nt* recycled paper; **U.nutzungsrecht** *nt* right of using environmental resources; **U.politik** *f* environment(al) policy; **U.recht** *nt* environmental law; **U.schaden** *m* environmental damage

umweltschädig|end *adj* noxious; **U.ung** *f* pollution, damage to the environment

umweltschonend *adj* environmentally friendly, non-polluting, eco-friendly *(coll)*

Umweltschutz *m* 1. protection ot the environment; 2. pollution control; **U.auflagen** *pl* environmental restrictions

Umweltschützer(in) *m/f* environmentalist, conservationist

Umweltschutzgesetz *nt* environment protection act; **U.gebung** *f* environmental legislation

Umwelt|sonderabgaben *pl* special environmental levy; **U.steuer** *f* ecology tax; **U.störer; U.sünder; U.verschmutzer** *m* polluter; **U.strafrecht** *nt* environmental penal law; **U.straftat** *f* environmental crime; **U.terrorismus** *m* environmental terrorism; **U.vergehen** *nt* environmental offence

umweltverschmutz|end *adj* polluting; **U.ung** *f* pollution (of the environment); **~ durch die Industrie** industrial pollution

Umweltverträglichkeit *f* environmental

compatibility/acceptability; **U.sprü-fung** f (UVT) environmental assessment (EA), environmental audit, ecotest; **U.szertifikat** nt environmental certificate

Umwelt|zeichen nt eco-label; **U.zerstörung** f destruction of the environment

Umzäunung f fence, fencing; **U.spatent** nt fencing-off patent

umziehen v/i to move (house)

Umzingelung f (Polizei) cordon

Umzug m 1. (Umziehen) move, removal, relocation; 2. change of address/residence; **U.skosten** pl removal costs [GB], moving expenses [US]

unabänderlich adj 1. (Entschluss) irrevocable, irreversible; 2. (Tatsache) well-established

unabdingbar adj mandatory, indispensable; **U.keit** f 1. indispensability; 2. prohibition to change legal provisions by agreement

unabhängig adj independent; **u. von** (ungeachtet) regardless/irrespective of

Unabhängigkeit f independence; **U. der Gerichte** independence of the courts; **~ Richter; richterliche U.** independence of the judiciary, judicial independence

unab|kömmlich adj unavailable; **u.lässig** adj 1. continual, unremitting; 2. (Lärm) incessant; **u.lösbar** adj irredeemable; **u.sehbar** adj 1. unforeseeable; 2. (unberechenbar) incalculable; **u.setzbar** adj (Steuer) non-deductible

unabsichtlich adj 1. unintentional; 2. (Beschädigung) accidental

unabtretbar adj non-assignable; **U.keit** f non-assignability

unabwendbar adj inevitable; **U.keit** f inevitability

unachtsam adj 1. inattentive; 2. (unaufmerksam, versehentlich) inadvertent; 3. (leichtsinnig, unvorsichtig) careless, thoughtless; **U.keit** f carelessness, inattentiveness

unanfechtbar adj 1. (nicht anfechtbar) non-appealeble; 2. (unbestreitbar) incontestable, indisputable; 3. (unwiderlegbar) irrefutable; **U.keit** f 1. non-appealability; 2. incontestability

unangebracht adj 1. inappropriate; 2. misplaced, uncalled-for

unangemessen adj 1. (Anspruch, Forderung) unreasonable, unfair; 2. (nicht angemessen) inappropriate; **U.heit** f 1. unreasonableness, unfairness; 2. inappropriateness

unangetastet adj 1. untouched; 2. (Recht) unviolated

unangreifbar adj 1. (Position) unassailable; 2. (Recht) indefeasible, incontestable

unannehmbar adj unacceptable

Unannehmlichkeit f trouble, inconvenience; **U.en bereiten** to cause inconvenience; **jdm ~** to inconvenience so.

unanständig adj indecent, obscene; **U.keit** f indecency, obscenity

unantastbar adj inviolable, sacrosanct

unauf|fällig adj 1. (unaufdringlich) unobtrusive; 2. (unmerklich) inconspicuous; **u.findbar** adj untraceable, missing; **u.gefordert** adj unsolicited; **u.hebbar** adj 1. non-appealable; 2. (unverletzlich) indefeasible; **u.hörlich** adj constant, incessant

Unauflös|barkeit; U.lichkeit f indissolubility; **u.lich** adj indissoluble

unaufmerksam adj 1. (unachtsam) inattentive; 2. (versehentlich) inadvertent; 3. (rücksichtslos) inconsiderate; **U.keit** f 1. inattentiveness; 2. inadvertence

unausführbar adj impracticable, not feasible

unausgefüllt adj blank; **u. lassen** (Formular) to leave blank

unausgeglichen adj unsettled, unbalanced

unausgenutzt adj unused, idle

unausgewogen adj unbalanced, biased; **U.heit** f imbalance, bias

unauslöslich adj indelible

unbarmherzig adj merciless

unbeabsichtigt adj 1. (nicht beabsichtigt) unintentional; 2. (versehentlich) accidental, inadvertent

unbeachtet adj overlooked, unnoticed

unbeaufsichtigt adj (Gepäck) unattended

unbebaut adj 1. (Grundstück) vacant; 2. (Land) undeveloped

unbedacht adj thoughtless, hasty, indiscreet; **U.samkeit** f indiscretion, thoughtlessness

unbedeckt *adj* bare
unbedenklich *adj* unobjectionable, harmless, acceptable, admissible
Unbedenklichkeit *f* harmlessness; **U.sbescheinigung** *f (Finanzamt)* clearance certificate, certificate of non-objection; **U.serklärung** *f* declaration of no impediment
unbedingt *adj* unconditional, absolute
unbeeidigt *adj* unsworn
unbefahrbar *adj* impassable
unbefangen *adj* impartial, unprejudiced, unbiased
unbefristet *adj* 1. for an indefinite period, unlimited; 2. *(Vertrag)* unlimited, undated; 3. *(Visum)* permanent
unbefugt *adj* unauthorized, ultra vires *(lat.)*; **U.e(r)** *f/m* trespasser, unauthorized person
unbe|gehbar *adj* inaccessible; **u.glichen** *adj* unsettled; **u.greiflich** *adj* incomprehensible; **u.grenzt** *adj* unlimited, indefinite
unbegründet *adj* 1. *(grundlos, nicht begründet)* unfounded, without merits, ~ just/sufficient cause; 2. *(Maßnahme)* unwarranted
unbe|helligt *adj* unmolested, undisturbed; **u.herrscht** *adj* uncontrolled, intemperate; **u.hoben** *adj* not remedied; **u.kannt** *adj* unknown
Unbekannte(r) *f/m* unknown/unidentified person, stranger
unbekleidet *adj* unclothed, naked
unbelastet *adj* 1. *(Grundstück)* unencumbered; 2. *(Haus)* unmortgaged; 3. *(politisch)* with a clean record
unbemerkt *adj* unnoticed
unbemittelt *adj* without means, impecunious
es bleibt Ihnen unbenommen *adj* you are free to …
unbenutzt *adj* 1. unused; 2. *(Gebäude)* vacant, unoccupied; 3. *(Kapital)* unemployed, dormant, idle
unberechenbar *adj* unpredictable; **U.keit** *f* unpredictability
unberechtigt *adj* 1. *(Vorwurf)* unjustified, unwarranted; 2. *(unbegründet)* unfounded; 3. *(unbefugt)* unauthorized; 4. *(rechtswidrig)* wrongful; 5. not entitled
unberührt *adj* 1. *(Rechte, Interessen)* unaffected; 2. *(nicht benutzt)* untouched; 3. *(Natur)* unspoiled; **u. bleiben** to remain unaffected
unbeschadet *prep* irrespective of, notwithstanding, without prejudice to, regardless of
unbeschädigt *adj* undamaged
unbescholten *adj* of irreproachable conduct, with no police record, upright, unblemished
unbeschränkt *adj* unlimited, unrestricted
unbesehen *adj (Kauf)* sight unseen
unbestätigt *adj* unconfirmed
unbestechlich *adj* incorruptible, not open to bribery
unbestimmbar *adj* 1. vague, uncertain, indefinite; 2. *(Menge)* unquantifiable, indeterminate
unbestimmt *adj* 1. vague, indefinite; 2. *(Menge)* indeterminate
unbestraft *adj* unpunished
un|bestreitbar *adj* undeniable, incontestable, indisputable; **u.bestritten** *adj* undisputed
unbeteiligt *adj* not invoved
unbewacht *adj* 1. unguarded; 2. *(Gepäck, Parkplatz)* unattended
unbewaffnet *adj* unarmed
unbeweglich *adj* 1. *(Sachen)* immovable; 2. stationary, fixed
unbewiesen *adj* unproven, not proven
unbewohn|bar *adj* uninhabitable; **u.t** *adj* unoccupied
unbewusst *adj (unwissentlich)* unwitting
unbezweifelbar *adj* undeniable, undisputable, irrefutable
unbillig *adj* 1. inequitable, unfair; 2. *(unangemessen)* unreasonable; 3. *(übertrieben)* undue
Unbilligkeit *f* inequity, unfairness, injustice; **grobe U.** gross inequity
unbrauchbar *adj* 1. useless; 2. *(Maschine)* unserviceable; **für u. erklären** *(Gebäude)* to condemn; **U.keit** *f* uselessness; **U.keitserklärung** *f (Gebäude)* condemnation; **U.machung** *f* rendering unserviceable
Undank *f* ingratitude; **grober U.** gross ingratitude; **u.bar** *adj* ungrateful
undatiert *adj* undated
undeklariert *adj* undeclared

undiszipliniert *adj* undisciplined
undurch|führbar *adj* not feasible, unfeasible, impracticable, unworkable; **u.setzbar** *adj* unenforceable; **u.sichtig** adj 1. *(zweifelhaft)* obscure; 2. *(zwielichtig)* devious; 3. opaque
unecht *adj* not genuine, fake, artificial
unehelich *adj* illegitimate, born out of wedlock; **U.keit** *f* illegitimacy
unehrenhaft *adj* dishonourable
unehrlich *adj* dishonest; **U.keit** *f* dishonesty
uneidlich *adj* unsworn
uneigennützig *adj* altruistic, unselfish
uneinbringlich *adj (Schulden)* uncollectible, irrecoverable, bad
uneingelöst *adj* unredeemed, dishonoured, uncollected
uneingeschränkt *adj* 1. unrestricted, unlimited; 2. unrestrained, unqualified; 3. unconditional, absolute
uneingeweiht *adj* 1. *(Plan)* uninitiated; 2. *(Beobachter)* uninformed
uneinheitlich *adj* inconsistent, irregular, varied
uneinig sein *adj* to disagree
unein|klagbar *adj* not actionable; **u.treibbar** *adj* uncollectible
unentgeltlich *adj* 1. free of charge; 2. *(Verfügung)* voluntary; 3. *(Vertrag)* gratuitous, without consideration
unentschieden *adj* 1. undecided; 2. *(schwebend)* pending
unentschuld|bar *adj* inexcusable; **u.igt** *adj* unexcused
unerfahren *adj* inexperienced; **U.heit** *f* lack of experience
uner|heblich *adj* 1. irrelevant, insignificant; 2. *(Schaden)* negligible, minor; 3. *(Entscheidung)* immaterial; **u.hört** *adj* outrageous; **u.kannt** *adj* unrecognized
unerlaubt *adj* 1. *(ungesetzlich)* illicit, illegal, unlawful; 2. *(Delikt)* tortious, wrongful; 3. *(nicht gestattet)* unauthorized; 4. *(Nachbau)* unlicensed
uner|lässlich *adj* imperative, essential; **u.ledigt** *adj* 1. unfinished; 2. *(Fall)* pending; **u.mittelt** *adj* unascertained
unersetzlich *adj* 1. indispensable; 2. *(Wertgegenstand)* irreplaceable; 3. *(Schaden)* irreparable
unerträglich *adj* unbearable, intolerable

unerwartet *adj* 1. unexpected, unforeseen; 2. *(Ausgaben)* contingent; 3. *(Gewinn)* windfall
unerwiesen *adj* not proven; **U.heit** *f* lack of evidence/proof
unfähig *adj* 1. *(rechtlich)* incompetent; 2. *(nicht imstande)* incapable; 3. *(untauglich)* unfit; 4. *(nicht in der Lage)* unable
Unfähigkeit *f* 1. incapacity, disability, incompetence; 2. incapability; 3. inability; 4. ineligibility
Unfall *m* 1. accident; 2. *(mit Todesfolge)* fatal accident; **U. ausgenommen** barring accidents; **U. außerhalb der Arbeitszeit** non-occupational accident, off-the-job accident; **U. innerhalb der Arbeitszeit** industrial accident; **U. mit Todesfolge** fatal accident; **nach einem U. Hilfe leisten** to render assistance after an accident; **in einen U. verwickelt sein** to be involved in an accident
Unfall|abteilung *f (Krankenhaus)* casualty ward; **U.anzeige** *f* reporting (of) an accident, accident report; **U.beteiligte(r)** *f/m* person involved in an accident; **U.entschädigung** *f* compensation for an accident
Unfall|flucht *f (mit Verletzten)* hit-and-run (driving); **U.flüchtige(r)** *f/m* hit-and-run driver
unfall|frei *adj* accident-free; **u.gefährdet** *adj* accident-prone
Unfall|gegner *m* opposite party in an accident case, driver of the other vehicle involved in the accident; **U.geschädigte(r)** *f/m* injured party
Unfallhaftpflicht *f* liability for accidents, accident liability; 2. *(Grundstück)* occupier's liability; **U.versicherung** *f* third-party accident insurance
Unfall|meldung *f* accident report; **U.ort; U.stelle** *m/f* scene/site of the accident; **typische(r)** **~** accident black spot; **U.rente** *f* accident pension; **U.sache** *f* (road) accident case; **U.schuldige(r)** *f/m* party at fault in an accident; **U.schwerpunkt** *m* accident black spot; **U.tod** *m* accidental death, death by misadventure, casualty
Unfalltote(r) *f/m* road casualty; **U.ursache** *f* cause of an accident
Unfallverhütung *f* accident prevention;

U.svorschriften *pl* safety regulations, regulations for the prevention of accidents

Unfall|versicherung *f* (personal) accident insurance; **U.wagen** *m* car involved in an accident; **U.zeuge; U.zeugin** *m/f* witness of an accident; **U.zwangsversicherung** *f* statutory accident insurance

unfertig *adj* *(unvollständig, unvollendet)* inchoate

unfreiwillig *adj* involuntary

Unfrieden *m* discord, conflict, strife, trouble *(coll);* **U. stiften** to cause trouble

Unfug *m* mischief, nuisance; **grober U.** public mischief/nuisance

ungeachtet *prep* notwithstanding, irrespective of

ungeahndet *adj* unpunished

un|gebräuchlich *adj* uncommon; **u.gebraucht** *adj* unused

Ungebühr *f* impropriety; **U. vor Gericht** contempt of court

ungebührlich *adj* 1. *(ungehörig)* improper, unseemly, disorderly, unreasonable; 2. *(über Gebühr)* undue, excessive

ungeeignet *adj* 1. unsuitable; 2. *(unfähig, untauglich)* unfit; 3. *(Stellung)* unsuited, ineligible; **U.heit** *f* 1. unsuitability; 2. unfitness

unge|fährlich *adj* 1. safe; 2. *(Tier, Medikament)* harmless; **u.hemmt** *adj* unrestrained, uninhibited

unge|heuerlich *adj* 1. monstrous, appalling; 2. *(Tat)* atrocious; 3. *(frevelhaft)* outrageous; **u.hindert** *adj* unimpeded, unhindered

ungehörig *adj* improper; **U.keit** *f* impropriety

ungehorsam *adj* disobedient; **U.** *m* disobedience; **ziviler U.** civil disobedience

ungelöst *adj* *(Fall)* open, unsolved

ungenannt *adj* 1. *(ohne Namen)* unnamed; 2. *(Auftraggeber, Informant)* undisclosed

ungerecht *adj* 1. *(Bereicherung, Urteil)* unjust; 2. *(Kündigung)* unfair

Ungerechtigkeit *f* injustice; **große U.** gross injustice

unge|rechtfertigt *adj* unjustified; **u.rührt** *adj* unmoved

etw. ungeschehen machen *adj* to undo sth.

ungesetzlich *adj* unlawful, illegal; **U.keit** *f* illegality

ungesichert *adj* unsecured

ungestört *adj* 1. undisturbed, uninterrupted; 2. *(Besitz, Genuss)* quiet

ungestraft *adj* unpunished; *adv* with impunity

ungewiss *adj* uncertain; **U.heit** *f* uncertainty

ungewollt *adj* unintentional, inadvertent

unglaubwürdig *adj* 1. *(Begebenheit)* incredible; 2. *(Zeuge)* unreliable; 3. *(Aussage, Dokument)* dubious; 4. *(Person)* untrustworthy; 5. implausible; **U.keit** *f* 1. unreliability; 2. implausibility

ungleich *adj* unequal; **U.behandlung** *f* unequal treatment, discrimination; **U.heit** *f* inequality, difference

Unglück *nt* 1. *(Katastrophe)* disaster; 2. *(Pech)* misfortune, mishap; **U.sfall** *m* 1. accident; 2. misadventure

ungültig *adj* 1. *(nicht gültig)* invalid; 2. *(unwirksam)* ineffective; 3. *(nichtig)* void; 4. *(Stimmzettel)* spoiled; **u. machen** 1. to invalidate; 2. to vitiate; 3. to spoil; **für u. erklären** to rescind/invalidate

Ungültigkeit *f* invalidity; **U.serklärung** *f* annulment, invalidation, rescission, vitiation

unhaltbar *adj* 1. *(unerträglich)* intolerable; 2. *(Theorie, Vorwurf)* untenable

Unheil *nt* disaster

Uniform *f* uniform; **U.verbot** *nt* prohibition against wearing a uniform

uninteressiert *adj* 1. *(neutral)* disinterested; 2. *(nicht interessiert)* uninterested

Universal|erbe *m* universal heir; **U.erbschaft** *f* universal legacy; **U.sukzession** *f* universal succession

unkenntlich *adj* unidentifiable; **u. machen** to deface; **bis zur U.keit** *f* beyond recognition; **U.machung** *f* obliteration, defacement

Unkenntnis *f* ignorance; **U. des Gesetzes** ignorance of the law; **sich auf ~ berufen** to plead ignorance (of the law); **~ schützt vor Strafe nicht** ignorance of the law is no excuse (for a crime); **fahrlässige U.** negligent ignorance; **schuldhafte U.** culpable/voluntary *[US]* ignorance

unklagbar *adj* not actionable

unklar *adj* unclear

Unklarheit *f* uncertainty, lack of clarity; **wegen U. nichtig** void for uncertainty; **U.enregel** *f* rule concerning uncertainty

unklug *adj* imprudent, unwise

unkontrolliert *adj* 1. unchecked, uncontrolled; 2. *(unbeaufsichtigt)* unsupervised

unkörperlich *adj* 1. incorporeal; 2. *(Rechtsgegenstand)* intangible

Unkosten *pl* expenses, costs; **U. bestreiten** to defray expenses; **U. umlegen** to apportion expenses; **U.beitrag** *m* contribution to(wards) costs/expenses

unkündbar *adj* 1. *(Stellung)* permanent, not subject to notice, tenured; 2. *(Vertrag)* not subject to termination, not terminable; 3. *(Anleihe)* irredeemable, non-redeemable; 4. *(Rente)* perpetual

unlauter *adj* 1. dishonest; 2. *(Wettbewerb)* unfair

unleserlich *adj* illegible

unleugbar *adj* undeniable

unmaßgeblich *adj* 1. *(Urteil)* not authoritative; 2. *(Äußerung)* inconsequential

unmissverständlich *adj* 1. unmistak(e)able, unambiguous, unequivocal; 2. *(unverblümt)* blunt

unmittelbar *adj* 1. *(Besitz, Folge, Schaden)* direct; 2. immediate; 3. *(Ursache)* proximate

Unmittelbarkeit *f* immediacy; **U.sgrundsatz** *m* principle of immediacy

unmöbliert *adj* unfurnished

unmöglich *adj* impossible

Unmöglichkeit *f* *(Leistung)* impossibility, frustration; **U. der Erfüllung** impossibility of performance; **~ Herausgabe** impossibility of surrender; **~ Leistung** impossibility of performance; **~ Leistung einwenden** to put in a plea of impossibility; **objektive ~ Vertragsleistung** frustration of contract; **~ Vollziehung** impossibility of execution; **anfängliche Unmöglichkeit** *(Leistung)* initial impossibility; **nachträgliche U.** *(Leistung)* supervening/subsequent impossibility; **objektive U.** objective impossibility; **subjektive U.** subjective impossibility; **teilweise U.** partial impossibility; **vorübergehende U.** temporary impossibility

unmoralisch *adj* immoral

unmotiviert *adj* 1. unmotivated; 2. unprovoked

unmündig *adj* underage; **U.e(r)** *f/m* minor

unnachgiebig *adj* intransigent, adamant; **U.keit** *f* intransigence

Unordnung *f* disorder, mess *(coll)*

unparteiisch *adj* impartial, non-partisan

unpfändbar *adj* 1. *(Sache)* non-attachable, unseizable; 2. *(Forderung)* ungarnishable; 3. non-leviable; 4. exempt from execution

Unpfändbarkeit *f* immunity/exemption from seizure, ~ execution/attachment; **U.sbescheinigung** *f* nulla bona *(lat.)*

Unrecht *nt* injustice, wrong; **zu U.** wrongly; **jdm ein U. antun** to do so. an injustice; **U. begehen/tun** to commit a wrong; **U. bekommen** to lose a case; **sich ins U. setzen** to put os. in the wrong; **jdn zu U. verdächtigen** to suspect so. wrongly

unrechtmäßig *adj* wrongful, unlawful, illegal

Unrechts|bewusstsein *nt* guilty knowledge, awareness of wrongdoing; **U.vereinbarung** *f* wrongful agreement

unredlich *adj* dishonest; **U.keit** *f* dishonesty

unregelmäßig *adj* irregular; **U.keit** *f* irregularity; **U.keiten feststellen** *pl* to uncover irregularities

unrichtig *adj* wrong, false, untrue, incorrect; **U.keit** *f* mistake, inaccuracy

Unruhe *f* disorder, unrest; **bürgerliche U.** civil commotion; **U.stifter(in)** *m/f* troublemaker

unrühmlich *adj* ignominious

unsach|gemäß *adj* improper; **u.lich** *adj* unobjective

unschädlich *adj* harmless; **U.keitszeugnis** *nt* clearance certificate

unscheinbar *adj* nondescript

unschlüssig *adj* inconclusive; **U.keit** *f* inconclusiveness

Unschuld *f* innocence; **jds U. annehmen** to presume so.'s innocence; **seine U. beteuern** to protest one's innocence; **erwiesene U.** proven innocence

unschuldig *adj* not guilty, innocent; **u., solange nicht rechtskräftig verurteilt** presumed innocent until proved guilty

Unschuld|ige(r) *f/m* innocent person; **U.sbeteuerung** *f* protestation of innocence; **U.svermutung** *f* presumption of innocence

unselbstständig *adj* dependent

unsicher *adj* 1. *(gefährlich)* unsafe; 2. *(psychisch)* insecure; 3. *(nicht verlässlich)* unreliable; 4. *(ungewiss)* uncertain; 5. *(Forderung)* doubtful

Unsinn *m* nonsense

unsittlich *adj* immoral, indecent; **U.keit** *f* immorality, indecency

Unständigkeit *f* excess of jurisdiction

unstatthaft *adj* 1. *(unzulässig)* inadmissible; 2. *(unpassend, unschicklich)* improper

Unstatthaftigkeit *f* 1. inadmissibility; 2. impropriety

Unstimmigkeit *f* 1. *(Abweichung)* discrepancy; 2. *(Streit)* disagreement

unstreitig *adj* 1. *(nicht streitbefangen)* non-litigious, non-contentious; 2. undisputed; 3. *(feststehend)* indisputable, incontestable

untadelig *adj* *(Verhalten)* irreproachable, impeccable

Untat *f* atrocity, atrocious deed

untätig *adj* inactive, idle

Untätigkeit *f* inaction, idleness; **U.sbeschwerde** *f* complaint about inaction, action on the grounds of failure to act

untauglich *adj* 1. *(Wehrdienst)* unfit; 2. *(ungeeignet)* unsuitable; **U.keit** *f* unfitness

unteilbar *adj* indivisible; **U.keit** *f* indivisibility

untenstehend *adj* hereunder; **im U.en** *nt* given below

Unter|absatz *m* sub-paragraph; **U.abschnitt** *m* sub-section

Unterauftrag *m* subcontract; **U. vergeben** to subcontract/outsource; **U.nehmer(in)** *m/f* subcontractor

Unterbevollmächtigte(r) *f/m* sub-agent

unterbind|en *v/t* to stop/prevent; **U.ung** *f* prevention

unterbleiben *v/i* to fail

unterbrechen *v/t* 1. *(Verjährung)* to interrupt; 2. *(Produktion)* to discontinue; 3. *(zeitweilig)* to suspend; 4. *(Schwangerschaft)* to terminate

Unterbrechung *f* 1. *(Verfahren)* interruption, stay; 2. *(Einstellung, Aufgabe)* discontinuance; 3. *(Beziehungen)* suspension; 4. *(Schwangerschaft)* termination; **U. der Ersitzung** interruption of the period of prescription; **~ Hauptverhandlung** adjournment of the trial; **U. des Kausalzusammenhangs** break in the chain of causation, novus actus interveniens *(lat.)*; **U. der Verjährung** interruption of the period of limitation; **U. des Strafvollzugs** stay of execution; **~ Verfahrens** stay of proceedings

unterbreiten *v/t* to submit

unterbringen *v/t* to accommodate

Unterbringung *f* 1. accommodation; 2. *(Anstalt)* commitment; **U. in einem psychiatrischen Krankenhaus** commitment to a mental hospital; **U.shaft** *f* custody in an institution; **U.shaftbefehl** *m* warrant to place so. in an institution

unterdrücken *v/t* 1. *(Informationen)* to suppress; 2. *(politisch)* to oppress

Unterdrückung *f* 1. suppression; 2. oppression, repression; 3. *(Fakten)* concealment, non-disclosure; **U. von Beweismaterial** suppression of evidence; **~ Tatsachen** concealment of facts; **U. wesentlicher Tatsachen** non-disclosure of material facts

unterfertig|en *v/t* to execute/sign; **U.er** *m* signatory, the undersigned; **U.ung** *f* execution

Unterführung *f* *(Fußgänger)* subway *[GB]*

Untergang *m* 1. *(Sachen)* loss; 2. *(Forderung, Pfand)* destruction, extinction; **U. eines Rechts** extinction of a right; **U. durch Vermischung** merger

Untergebene(r) *f/m* subordinate

untergeordnet *adj* inferior

Unterhalt *m* 1. *(für Kinder)* alimony; 2. maintenance

Unterhalt *m* 1. *(Instandhaltung)* maintenance, upkeep; 2. *(Lebensunterhalt)* subsistence, upkeep; 3. *(Unterhaltsgeld)* maintenance; **U. eines Ehegatten bei Getrenntleben** maintenance of a spouse during separation; **U. der Familie** upkeep of a family; **U. und Instandsetzung** maintenance and repair; **U. wegen Krankheit oder Gebrechen** maintenance for reasons of sickness or ailments; **U. während eines Prozesses** maintenance pending suit

Unterhalt fordern to claim maintenance; **U. gewähren/leisten** to provide maintenance; **auf U. klagen** to sue for maintenance; **U. sichern** to secure maintenance; **jdn. wegen U. verklagen** to sue so. for maintenance; **U. zahlen** to pay maintenance; **U. zuerkennen** to award maintenance

angemessener Unterhalt adequate maintenance; **laufender U.** current maintenance; **nachehelicher U.** postnuptial maintenance; **notdürftiger U.** maintenance at subsistence level

unterhalten *v/t* to maintain/support, to provide maintenance

Unterhalts|anspruch *m* maintenance claim, entitlement to maintenance, claim for support *[US]*; **U.bedürftiger** *m* dependant; **U.beihilfe** *f* maintenance grant, supplementary benefit *[GB]*, income support *[GB]*

unterhaltsberechtigt *adj* entitled to maintenance; **U.e(r)** *f/m* person entitled to maintenance, dependant

Unterhalts|berechtigung *f* entitlement to maintenance; **U.betrag** *m* maintenance, aliment *[Scot.]*; **rückständiger ~** arrears of maintenance; **U.entscheidung** *f* maintenance order; **U.forderung** *f* maintenance claim; **U.gewährung** *f* granting (of) maintenance

Unterhaltsklage *f* maintenance action/suit, action for maintenance; **U. erheben** 1. to institute maintenance proceedings *[GB]*, to file a suit for support *[US]*; 2. *(für uneheliches Kind)* to apply for an affiliation order *[GB]*, to file a suit for the support of an illegitimate child *[US]*

Unterhalts|kosten *pl* maintenance costs; **U.leistung** *f* provision of maintenance; **U.pflicht** *f* liability/duty to provide maintenance, maintenance obligation; **~ gegenüber dem nichtehelichen Kind** maintenance obligation towards an illegitimate child; **u.pflichtig** *adj* liable to provide maintenance; **U.pflichtiger** *m* person liable to provide maintenance; **U.pflichtverletzung** *f* violation of a maintenance obligation

Unterhalts|prozess *m* maintenance suit; **U.recht** *nt* maintenance law; **U.regelung** *f* ancillary relief; **U.rente** *f* basic pension; **U.sache** *f* 1. maintenance case; 2. *(Vaterschaft)* affiliation case; **U.streitigkeiten** *pl* disputes over maintenance; **U.urteil** *nt* maintenance order *[GB]*, judgment for support *[US]*; **U.vereinbarung** *f* maintenance agreement; **U.verfahren** *nt* 1. maintenance proceedings; 2. *(Vaterschaft)* affiliation proceedings; **U.verfügung** *f (Vaterschaft)* affiliation *[GB]*/bastardy *[US]* order; **U.verletzung** *f* failure to provide maintenance, breach of maintenance obligation; **U.verpflichteter** *m* person obliged to provide maintenance; **U.verpflichtung** *f* duty to provide maintenance; **U.vertrag** *m* maintenance contract; **U.zahlung** *f* maintenance payment; **U.zahlung(en)** *f/pl* alimony; **U.zuschuss** *m* subsistence allowance, maintenance grant

Unterhaltung *f* 1. *(Instandhaltung)* maintenance, upkeep; 2. *(Gespräch)* conversation, talk; **U.spflicht** *f* duty to provide maintenance; **U.szustand** *m* state of repair

Unterhaus *nt* House of Commons *[GB]*

Unterkühlung *f* hypothermia

Unterkunft und Verpflegung *f* board and lodging

Unterlage *f* document; **U.n zur Verfügung stellen** to furnish documents; **beigefügte U.n** appended documents

unterlassen *v/t* 1. *(versäumen)* to omit, to fail (to do); 2. *(bewusst)* to refrain/forbear/desist (from); 3. *(Wettbewerb)* to cease and desist *[US]*; 4. *(Trinken)* to abstain (from)

Unterlassung *f* 1. *(StR)* omission, failure to do sth., neglect; 2. *(ZR)* forbearance, default, non-performance; **U. der fristgerechten Einreichung des Schriftsatzes** default of pleading; **~ Hilfeleistung** failure to render assistance; **U. von Konkurrenztätigkeit** abstention from a competitive activity; **U. einer Mitteilung** non-disclosure; **auf U. klagen** to apply for an injunction

fahrlässige Unterlassung passive negligence *[US]*; **pflichtwidrige U.** nonfeasance, failure to perform a duty; **schuldhafte U.** nonfeasance

Unterlassungs|anordnung *f* prohibitive injunction *[GB]*, order to refrain *[GB]*, cease and desist order *[US]*; **U.anspruch** *m* right to a prohibitory injunction, claim to a forbearance; **U.befehl** *m* cease and desist order *[US]*; **U.delikt** *nt* default/crime by omission, default offence, failure to discharge a legal duty; **U.fall** *m* injunction proceedings; **im ~ in** case of default, by default

Unterlassungsklage *f* 1. action/application for injunction, injunction suit, action for a permanent injunction *[US]*; 2. *(Kartellrecht)* action to cease and desist *[US]*; **vorbeugende U.** prohibitory action/suit

Unterlassungspflicht *f* duty of forbearance

Unterlassungsurteil *nt* injunction; **endgültiges U.** final injunction; **vorbeugendes U.** preventive injunction

Unterlassungs|verfügung *f* cease and desist order *[US]*; **U.versprechen** *nt* negative covenant

unterlegen *adj (Prozesspartei)* unsuccessful

unterliegen *v/i* 1. to be subject to; 2. *(Prozess)* to be defeated

Unterlizenz *f* sub-licence

Unter|miete *f* subtenancy, sublease; **jdn in ~ nehmen** to take so. in as a lodger; **U.mieter(in)** *m/f* subtenant, sublessee; **U.mietverhältnis** *nt* subtenancy

Unternehmen *nt* 1. business, enterprise, undertaking; 2. *(Gesellschaft)* company, corporation *[US]*; 3. *(Firma)* firm; 4. *(Vorhaben)* activity, operation, venture; **U. der öffentlichen Hand** public-sector undertaking; **U. des privaten Rechts** private-law enterprise; **U. ohne eigene Rechtspersönlichkeit** unincorporated enterprise

Unternehmen gründen to start/form a company; **U. liquidieren** to wind up a company; **U. übernehmen** to take over a company

beherrschendes Unternehmen dominant enterprise; **gemeinnütziges U.** enterprise operating in the public interest, friendly society *[GB]*

Unternehmens|eigentümer *m* company owner; **U.ertrag** *m* company earnings/ profits; **U.form** *f* business organization; **U.gesetz** *nt* companies act; **U.gewinn** *m* company *[GB]*/corporate *[US]* earnings, ~ profits; **U.recht** *nt* company *[GB]*/corporate *[US]* law; **U.vertrag** *m* inter-company contract, contract between business enterprises; **U.zusammenschluss** *m* merger

Unternehmer *m* employer; **U.haftpflicht** *f* company liability; **U.haftpflichtversicherung** *f* employer's liability insurance; **U.haftung** *f* employer's liability; **u.isch** *adj* entrepreneurial; **U.pfandrecht** *nt* employer's/contractor's/mechanic's lien

unterord|nen *v/t* to subordinate; **U.nung** *f* subordination

Unterpacht *f* sublease

Unterricht *m* instruction; **u.en** *v/t* to instruct; **u.et** *adj (Gericht)* cognizant; **U.ung** *f* instruction

untersagen *v/t* 1. to prohibit/forbid; 2. to ban; **jdm etw. u.** to forbid so. to do sth., to prohibit so. from doing sth.

Untersagung *f* 1. *(Verbot)* prohibition, interdiction; 2. *(gerichtlich)* injunction; **U.sverfügung** *f* 1. prohibitive order; 2. negative injunction

unterscheiden *v/t* to distinguish

Unterscheidung *f* distinction, discrimination; **U.smerkmal** *nt* distinguishing feature

unterschieben *v/t* 1. *(Beweismaterial, Drogen)* to plant (sth. on so.); 2. *(unterstellen)* to insinuate; **jdm etw. u.** to attribute sth. falsely to so.; **U.** *nt* fraudulent substitution; **U. eines Kindes** foisting a child (on so.)

Unterschied *m* 1. difference; 2. *(Unterscheidung)* distinction

unterschiedlich *adj* 1. different; 2. *(Behandlung)* discriminatory; 3. *(veränderlich)* variable

unterschlagen *v/t* 1. *(Geld)* to misappropriate/embezzle/peculate; 2. *(abfangen)* to intercept; 3. *(verheimlichen)* to suppress; 4. *(zurückhalten)* to withhold

Unterschlagung *f* 1. *(Geld)* misappropriation, embezzlement; 2. *(öffentliche Gelder)* peculation; 3. *(Beweismaterial)*

suppression, withholding; **U. gering-wertiger Sachen** conversion of small items; **U. im Amt** embezzlement in office **Unterschlupf** *m* hideout; **jdm U. gewähren** to harbour so.

unterschreiben *adj* to (under)sign; **eigenhändig u.** to sign in one' own hand **unterschrieben und besiegelt** *adj* signed and sealed

Unterschrift *f* signature; **U. in Vollmacht** signature by procuration; **U. leisten** to affix one's signature, to sign on the dotted line; **die U. en stimmen überein** the signatures match; **amtliche U.** official signature; **gefälschte U.** forged signature

Unterschrifts|befugnis *f* power to sign; **U.beglaubigung** *f* attestation/certification of signature; **u.berechtigt** *adj* authorized to sign; **U.berechtigte(r)** *f/m* authorized signatory; **U.berechtigung** *f* power of signatory; **U.fälschung** *f* forged signature, forgery of a signature; **U.probe** *f* specimen (of one's) signature; **u.reif** *adj* ready for signature; **U.stempel** signatory stamp; **U.vollmacht** *f* power to sign; **U.zeuge** *m* attesting witness

unterschwellig *adj* *(Werbung)* subliminal

unterstellen *v/t* 1. *(annehmen, vermuten, bezichtigen)* to impute/presume/assume; 2. *(unterschieben)* to imply; 3. *(andeuten)* to insinuate; 4. *(unterordnen)* to subordinate

Unterstellung *f* 1. presumption, assumption, imputation; 2. implication; 3. insinuation, innuendo; 4. subordination; **U. der bösen Absicht** imputation of malice; **U. des Vorsatzes** imputation of malice

unterstützen *v/t* 1. to assist/support; 2. *(Antrag)* to second; 3. *(öffentl. Mittel)* to subsidize; 4. *(finanziell)* to sponsor

Unterstützung *f* assistance, support; **staatliche U. beziehen** to be on social security *[GB]*, ~ welfare *[US]*

Unterstützungs|berechtigung *f* entitlement to support; **U.empfänger(in)** *m/f* welfare recipient, person receiving benefit, ~ on welfare *[US]*; **U.fall** *m* welfare case; **U.fonds** *m* relief fund; **U.spflicht** *f*

duty to support; **U.zahlung** *f* relief payment

untersuchen *v/t* 1. *(prüfen)* to examine/inspect; 2. *(Vorfall)* to investigate/inquire; 3. *(genau überprüfen)* to scrutinize; 4. *(durchsuchen)* to search

Untersuchung *f* 1. examination, inspection; 2. investigation, inquiry; 3. scrutiny; 4. search; **U. der Unfallursache** investigation of the cause of the accident; **U. anordnen** to order an inquiry

ärztliche Untersuchung medical examination; **gerichtliche U.** judicial investigation/inquiry; **gründliche U.** in-depth investigation; **körperliche U.** physical examination; **psychiatrische U.** psychiatric examination; **zollamtliche U.** customs inspection

Untersuchungs|ausschuss *m* committee of inquiry, investigating committee; **U.beamter; U.beamtin** *m/f* investigator; **U.bericht** *m* report on the investigation; **U.ergebnis** *nt* findings; **U.frist** *f* period of inspection

Untersuchungs|gefangene(r) *f/m* remand prisoner, prisoner on remand, ~ awaiting trial; **U.gefängnis** *nt* remand prison

Untersuchungshaft *f* custody, remand, pre-trial confinement *[GB]*/detention *[US]*; **U. anordnen** to remand, to bind over *[US]*; **U. anrechnen** to make allowance for the pre-trial confinement; **jdn in U. einliefern** to take so. into custody; **~ gegen Kaution aus der U. entlassen** to remand so. on bail; **~ in U. nehmen** to remand so. in custody, to commit so. for trial; **in U. sein/sitzen** to be on remand

Untersuchungshaft|anstalt *f* remand prison; **U.befehl** *m* commitment order

Untersuchungs|häftling *m* remand prisoner, prisoner awaiting trial; **U.pflicht** *f* inspection duty

Untersuchungsrichter(in) *m/f* examining magistrate; **U. zur Klärung von gewaltsamen Todesursachen** coroner

Untersuchungszimmer *nt* examination room

untertauchen *v/i* *(fig)* to go into hiding, ~ underground

untervermiet|en *v/t* to sublet; **U.ung** *f* subletting

Unter|versicherung *f* underinsurance; **U.vertrag** *m* subcontract; **U.wanderung** *f* infiltration

unterweis|en *v/t* to instruct/brief; **U.ung** *f* instruction, briefing

Unterwerfung *f* submission

Unterwerfungs|erklärung *f* statement of confession, judgment note, warrant of attorney; **U.klausel** *f* confession of judgment clause

unterzeichnen *v/t* to sign

Unterzeichner|(in) *m/f* signatory; **U.staat** *m* signatory state

unterzeichnet *adj* signed; **von mir u.** given under my hand, witness my hand

Unterzeichneter *m* signatory, the undersigned

Unterzeichnung *f* signature

sich etw. unterziehen *v/refl* to undergo sth.

untilgbar *adj* irredeemable; **U.keit** *f* irredeemability

untreu *adj* 1. disloyal; 2. *(Ehe)* unfaithful

Untreue *f* 1. *(Veruntreung)* embezzlement, defalcation; 2. *(Ehe)* infidelity; 3. disloyalty, breach of trust; **schwere U.** aggravated embezzlement

untunlich *adj* inappropriate

unüber|brückbar *adj* irreconcilable; **u.legt** *adj* unpremeditated, imprudent

unübertragbar *adj* non-transferable, inalienable; **U.keit** *f* non-transferability, inalienability

unum|gänglich *adj* unavoidable, inevitable; **u.schränkt** *adj* unlimited, unrestricted; **u.stößlich** *adj* unalterable; **u.stritten** *adj* uncontested, uncontroversial

ununterbrochen *adj* uninterrupted

unver|antwortlich *adj* irresponsible; **u.äußerlich** *adj* 1. *(Recht)* inalienable; 2. *(Grundbesitz)* entailed; 3. *(Ware)* unsaleable; **u.bindlich** *adj* not binding; **u.brieft** *adj* non-bonded, unsecured; **u.bürgt** *adj* unauthenticated; **u.dächtig** *adj* unsuspicious; **u.dient** *adj* 1. unearned; 2. *(moralisch)* unmerited, undeserved

unvereinbar *adj* incompatible, inconsistent, irreconcilable; **miteinander ~ sein** to conflict with; **U.keit** *f* incompatibility

unvererblich *adj* not inheritable

unverfallbar *adj* non-forfeitable, not subject to expiry; **U.keit** *f (Lebensvers.)* non-forfeitability, non-forfeiture

unverfälscht *adj* unadulterated

unverfolgbar *adj* exempt from prosecution; **U.keit** *f* exemption from prosecution

unverfroren *adj* insolent, brazen

unverhältnismäßig *adj* disproportionate; **U.keit** *f* disproportion, disparity

unver|heiratet *adj* single, unmarried; **u.jährbar** *adj* not subject to the statute of limitations; **u.jährt** *adj* not statutebarred; **u.käuflich** *adj* 1. not for sale; 2. *(nicht absetzbar)* unsaleable; **u.kennbar** *adj* unmistakeable; **u.langt** *adj* unsolicited

unverletzlich *adj* *(Rechte, Grenze)* inviolable; **U.keit** *f* inviolability; **U. der Wohnung** inviolability of residence, ~ the home; **U. geltend machen** to claim inviolability/immunity

unverletzt *adj* 1. uninjured, unhurt, unharmed; 2. *(Siegel)* unbroken

unvermeid|bar; u.lich *adj* unavoidable, inevitable

Unvermeidlichkeit *f* unavoidability, inevitability; **U. eines Irrtums** unavoidability of error(s)

unvermindert *adj* unabated, undiminished

Unvermögen *nt* inability, incapacity; **U. des Schuldners** debtor's incapacity

uvermutet *adj* unforeseen, unexpected

unverschämt *adj* impertinent, impudent; **U.heit** *f* impertinence, impudence

unverschuldet *adj* 1. *(ohne Schuld)* without fault, through no fault of one's own, not (due to) so.'s fault; 2. *(ohne Tadel)* blameless; 3. *(ohne Schulden)* not in debt, free from debt; 4. *(Grundbesitz)* unencumbered

unversehrt *adj* 1. *(Person)* uninjured, unharmed, safe and sound, unscathed *(fig)*; 2. *(Sache)* undamaged, intact

Unversehrtheit *f* intactness; **körperliche U.** freedom from injury; **territoriale U.** *(Staat)* territorial integrity

unversöhnlich *adj* irreconcilable

Unverstand *m* lack of judgment; **grober U.** gross lack of judgment

unverzichtbar *adj* 1. *(Recht)* inalienable; 2. *(Anspruch)* undeniable, indisputable; 3. *(Bedingung, Bestandteil)* indispensable, essential

unverzinslich *adj* 1. *(Darlehen)* interest-free; 2. *(Wertpapier)* non-interest-bearing

unverzüglich *adj* immediate, prompt, instant; *adv* forthwith, without undue delay

unvoll|endet *adj* *(Straftat)* inchoate; **u.kommen** *adj* imperfect; **u.ständig** *adj* 1. *(Urkunde)* inchoate; 2. incomplete; **u.ziehbar; u.streckbar** *adj* unenforceable; **U.ziehbarkeit** *f* unenforceability

unvor|eingenommen *adj* unbiased, unprejudiced, impartial; **u.hergesehen** *adj* unforeseen

unvorhersehbar *adj* unforeseeable; **U.keit** *f* unforeseeability

unvorschriftsmäßig *adj* contrary to regulations, not in keeping with the regulations, improper

unvorsichtig *adj* careless

unwägbar *adj* unforeseeable, incalculable, imponderable

unwählbar *adj* ineligible

unwahr *adj* untrue; **U.heit** *f* untruth, falsehood, falsity; **~ einer Behauptung** falsity of a statement

unweigerlich *adj* inevitable, unavoidable

unwesentlich *adj* immaterial, irrelevant

unwider|legbar *adj* irrefutable, irrebuttable, incontrovertible; **u.legt** *adj* unchallenged; **u.ruflich** *adj* irrevocable, irreversible; **U.ruflichkeit** *f* irrevocability; **u.sprochen** *adj* undefended, unopposed, unchallenged, undisputed

unwiederbringlich *adj* irretrievable

unwirksam *adj* 1. ineffective, inoperative, not binding in law; 2. *(nichtig)* null and void; 3. *(verjährt)* stale; 3. *(nichtig, belanglos)* nugatory; **für u. erklären** to set aside; **u. werden** to cease to be effective, to become void, to lapse

Unwirksamkeit *f* 1. *(Nichtigkeit)* nullity, ineffectiveness, inoperativeness, voidness; 2. *(Ungültigkeit)* invalidity; **U. eines Rechtsgeschäfts** voidness of a transaction; **relative U.** relative nullity; **schwebende U.** pending nullity; **teilweise U.** partial nullity; **U.serklärung** *f*

declaration of nullity/ineffectiveness; **U.sklausel** *f* nullity/ineffectiveness clause

unwirtschaftlich *adj* uneconomic(al), inefficient

unwissend *adj* 1. ignorant; 2. *(ahnungslos)* unsuspecting

Unwissenheit *f* ignorance; **U. schützt vor Strafe nicht** ignorance (of the law) is no excuse

unwissentlich *adv* unknowingly, unwittingly

zur Unzeit *f* at an inopportune time

unziemlich *adj* improper, unseemly

Unzucht *f* sexual offence, indecency; **U. mit Abhängigen** indecency with dependants, illicit sexual acts/relations with dependants; **~ Kindern** p(a)edophilia; **~ Tieren** buggery; **~ jdm betreiben** to commit a sexual offence with so.; **gewerbsmäßige U.** prostitution; **schwere U.** gross indecency

unzüchtig *adj* 1. indecent; 2. *(Schriften)* obscene

unzugänglich *adj* 1. *(Gebäude usw.)* inaccessible; 2. *(Mensch)* unapproachable

unzulänglich *adj* 1. *(nicht ausreichend)* insufficient; 2. *(mangelhaft)* inadequate

Unzulänglichkeit *f* 1. insufficiency; 2. *(Mangelhaftigkeit)* inadequacy; **U.seinrede** *f* plea of insufficiency

unzulässig *adj* 1. *(Beweismittel, Lärm)* inadmissible, 2. *(Beeinflussung)* undue; 3. *(Belastung, Geschwindigkeit)* excessive; 4. *(Gebrauch, Maßnahme)* improper; 5. *(verboten)* prohibited, unlawful

Unzulässigkeit *f* inadmissibility

unzumutbar *adj* unreasonable; **U.keit** *f* unreasonableness

unzurechnungsfähig *adj* of unsound mind, mentally incapable, insane, doli incapax *(lat.)*, non compos mentis *(lat.)*; **U.keit** *f* unsoundness of mind, mental incapacity, insanity

unzureichend *adj* insufficient

unzuständig *adj* having no jurisdiction, not competent, incompetent; **U.keit** *f* lack/want of jurisdiction, incompetence; **sachliche ~** lack of jurisdiction

unzustellbar *adj* 1. service impossible; 2. *(Post)* undeliverable; **U.keit** *f* impossibility of service

unzutreffend *adj* 1. inapplicable, inappropriate; 2. *(unwahr)* incorrect; **U.es streichen** *nt* delete if inappropriate

unzuverlässig *adj* unreliable, untrustworthy

unzweckmäßig *adj* 1. *(ungeeignet)* inappropriate, unsuitable; 2. *(nicht ratsam)* inexpedient; **U.keit** *f* inappropriateness

unzweifelhaft *adj* beyond reasonable doubt

Urabstimmung *f* strike ballot

Urheber *m* author, originator; **U.persönlichkeitsrecht** *nt* copyright

Urheberrecht *nt* copyright, proprietary right; **U. erlischt** copyright expires; **gesetzliches U.** statutory copyright; **literarisches U.** literary copyright

urheberrechtlich *adj* copyright; *adv* by copyright

Urheberrechts|gesetz *nt* Copyright Act *[GB]*; **U.inhaber(in)** *m/f* copyright holder; **U.klage** *f* copyright action; **U.lizenzen** *pl* royalties; **U.schutz** *m* copyright protection; **U.streit** *m* copyright litigation; **U.übertragung** *f* transfer of copyright; **U.verlängerung** *f* renewal of copyright; **U.verletzung** *f* copyright infringement, infringement of (a) copyright; **U.vermutung** *f* presumption of copyright; **U.vertrag** *m* copyright contract

Urheber|rolle *f* register of copyrights; **U.schaft** *f* authorship

Urkunde *f* 1. document, instrument; 2. *(Kauf)* (title) deed; 3. *(Gründung)* charter; 4. *(Bescheinigung, Diplom)* certificate; 5. *(Verkauf)* bill; **zu U. dessen** in witness thereof

Urkunde aufsetzen to draw up a document; **U. ausstellen** to make out/issue a deed; **U. beglaubigen lassen** to have a document authenticated; **U. beibringen** to present/produce a document; **U. beglaubigen** to certify a document; **U. hinterlegen** to lodge a document, to place an instrument in escrow; **U. bei jdm hinterlegen** to lodge a document with so.; **U. legalisieren** to legalize a document; **U. siegeln** to seal a document; **U. unterdrücken** to suppress a document; **U. unterfertigen** to execute an instrument; **U. vorlegen** to produce/present a

document; **U. zustellen** to deliver a document

amtliche Urkunde official document; **begebbare U.** negotiable instrument; **beglaubigte U.** certified document; **öffentlich ~** officially authenticated document; **eingetragene U.** registered document; **notarielle U.** notarial document/deed/instrument; **privatschriftliche U.** private deed; **unvollständige U.** inchoate instrument; **vollstreckbare U.** enforceable instrument

Urkunden|anhang *m* rider; **U.ausfertigung** *f* engrossment; **U.auszug** *m* title abstract; **U.beweis** *m* written proof, documentary evidence; **U.einsicht** *f* inspection of documents; **U.fälschung** *f* forgery/falsification of a document, ~ an instrument; **U.kopf** *m* caption; **U.mahnbescheid** *m* default summons based on documents; **U.papier** *nt* engrossment paper; **U.prozess** *m* trial by record; **U.rolle** *f* notary's roll of documents, register of deeds; **U.steuer** *f* stamp duty; **U.unterdrückung** *f* suppression/concealment of documents, ~ a deed; **U.verlesung** *f* reading (of) a document; **U.vorlage; U.vorlegung** *f* production/submission/presentation of a document

urkundlich *adj* documentary; **u. dessen** in witness/testimony whereof

Urkunds|beamter; U. beamtin; U.person *m/f* registrar (of the court registry), authenticating/certifying official, ~ officer; **U.notar** *m* authenticating notary

Urlaub *m* 1. holiday, vacation; 2. *(Beurlaubung)* leave; 3. *(für besondere Zwecke)* leave of absence; **tariflicher U.** collectively agreed holiday

Urlaubs|abgeltung *f* payment in lieu of vacation; **U.anspruch** *m* holiday claim/entitlement; **U.dauer** *f* length of a holiday; **U.entgelt; U.geld; U.vergütung** *nt/f* holiday/vacation pay; **U.gesuch** *nt* application for a holiday; **U.sperre** *f* *(Militär)* ban on leave; **U.vertretung** *f* 1. temporary/holiday replacement; 2. *(Arzt, Apotheker)* locum *(lat.)*

Ursache *f* 1. cause; 2. *(Grund)* reason, ground(s); 3. *(Beweggrund)* motive; 4. *(Anlass)* occasion; **U. und Wirkung**

cause and effect; **entfernte U.** remote cause; **ungeklärte U.** unknown cause ; **aus ungeklärter U.** for reasons unknown; **unmittelbare U.** proximate cause

ursächlich *adj* causal, causative; **u. für etwas sein** to be the cause of sth.; **U.keit** *f* causality

Urschrift *f* original (text); **U. anfertigen** to make out the original; **u.lich** *adj* original

ursprünglich *adj* original

Ursprungs|land *nt* country of origin; **U.zeugnis** *nt* certificate of origin

Urteil *nt* 1. *(StR)* verdict, conviction; 2. *(Strafmaß)* sentence; 3. *(ZR)* judgment; 4. *(Entscheidung)* decision, ruling, adjudication; 5. *(Richterspruch)* judgment; 6. *(Schiedsspruch)* award; 7. *(Ehescheidung)* decree; 8. *(Verdikt, Feststellung)* finding

Urteil betreffend dingliche Ansprüche judgment in rem *(lat.)*; **~ obligatorische Ansprüche** judgment in personam *(lat.)*; **U. zu Gunsten des Beklagten** verdict for the defendant; **~ des Klägers** judgment for the plaintiff; **U. zur Feststellung der Vaterschaft** affiliation order; **U. auf Grund des materiellrechtlichen Tatbestandes** judgment on the merits; **U. auf Schadensersatz** compensation order

Urteil abändern to alter a judgment; **sich mit einem U. abfinden** to accept a judgment, to acquiesce in a judgment; **U. anfechten** to appeal against a judgment; **U. annehmen** to accept a verdict; **U. aufheben** 1. *(StR)* to quash a conviction; 2. to rescind/reverse a judgment; **U. bestätigen** 1. *(StR)* to uphold a sentence; 2. to confirm/uphold a judgment; **U. erlassen** to deliver/enter/pass/render a judgment; **U. erwirken** to obtain/secure a judgment; **U. fällen** 1. *(StR)* to return a verdict, to pass a sentence; 2. to adjudicate, to deliver/give a judgment; **zu einem U. gelangen** *(StR)* to reach a verdict; **U. kassieren/umstoßen** to quash a verdict/judgment; **U. sprechen** to deliver a judgment; **U. verkünden** 1. *(StR)* to return a verdict; 2. to pronounce/deliver a judgment; **aus einem U. vollstrecken**

to enforce a judgment, to execute a sentence/judgment; **U. zustellen** to serve judgment

abweichendes Urteil dissenting judgment; **angefochtenes U.** judgment on/under appeal, **~** appealed against; **bedingtes U.** conditional judgment; **bestätigendes U.** confirmatory decision; **endgültiges/letztinstanzliches U.** final judgment; **erstinstanzliches U.** judgment by the court of first instance; **klageabweisendes U.** judgment of dismissal; **mildes U.** lenient sentence; **rechtskräftiges U.** 1. valid/final judgment; 2. *(Scheidung)* decree absolute; **mit Gründen versehenes U.** reasoned judgment; **vollstreckbares U.** enforceable judgment; **vorläufiges U.** *(Scheidung)* decree nisi *(lat.)*

urteilen *v/i* to decide/rule/find

Urteils|aufhebung *f* quashing of a judgment; **U.ausfertigung** *f* judgment, court-sealed copy of a judgment; **U.auslegung** *f* construction of a sentence; **U.begründung** *f* grounds/reasons for a judgment, judicial opinion, opinion (of the court) *[US]*; **U.beratung** *f* deliberation; **geheime U.** deliberation in camera *(lat.)*; **U.berichtigungsbeschluss** *m* writ of error coram vobis *(lat.)*; **U.bildung** *f* formation of a judgment; **U.ergänzung** *f* supplementation of the judgment; **U.erschleichung** *f* subreption of a judgment

urteilsfähig *adj* able/competent to judge; **U.keit** *f* ability to judge

Urteils|findung *f* reaching a verdict; **U.forderung** *f* judgment debt/claim; **U.formel** *f* operative part of the judgment; summary of the judgment; **U.grund** *m* reason(s) for the verdict; **U.jury** *f* petty jury *[US]*; **U.kopf** *m* caption; **U.sammlung** *f* law reports *[GB]*, casebook; **U.schelte** *f* criticism of the court's ruling

Urteilsschuld *f* judgment debt; **U.ner** *m* judgment debtor

Urteilsspruch *m* 1. *(Strafgericht)* sentence; 2. judgment; 3. finding(s); 4. *(Geschworene)* verdict; 5. *(Schiedsgericht)* award; **U. fällen** *(StR)* to give/return a verdict

Urteils|summe *f* sum awarded; **U.tenor** *m* essence of the judgment; **U.verkündigung** *f* 1. pronouncement/delivering of a judgment; 2. *(StR)* pronouncement of a sentence; ~ **aussetzen** to suspend the sentence; **U.vermögen** *nt* faculty of judgment

Urteils|vollstreckung *f* 1. *(StR)* execution of a sentence; 2. *(ZR)* enforcement of a judgment; **U.zustellung** *f* service of (a) judgment

Usance *f* usage

V

vakan|t *adj* vacant; **V.z** *f* vacancy

Valut|a *f* foreign exchange; **V.averhältnis** *nt* exchange rate; **v.ieren** *v/t* to value

Vandal|e *m* vandal; **V.ismus** *m* vandalism

Vater *m* father; **V.mord** *m* parricide, patricide; **V.mörder(in)** *m/f* patricide

Vaterschaft *f* paternity; **V. anerkennen** to acknowledge paternity; **V. bestreiten/nicht anerkennen** to deny paternity; **jdm die V. eines Kindes zuschreiben** to affiliate a child to so.

Vaterschafts|anerkenntnis *f* acknowledgement of paternity; **V.anfechtung** *f* challenging (of) paternity; **V.feststellung** *f* paternity test, determination of paternity, affiliation; **V.gutachten** *nt* opinion on paternity; **V.klage** *f* paternity suit, action to determine paternity; **V.nachweis** *m* establishment/proof of paternity; **V.prozess** *m* affiliation case/ proceedings *[GB]*, paternity suit *[US]*; **V.urlaub** *m* paternity leave; **V.vermutung** *f* presumption of paternity

Vaterstadt *f* home town

verabreden *v/t* to agree; **sich v.** *v/refl* to conspire

Verabredung *f* 1. *(Komplott)* conspiracy; 2. *(Treffen)* appointment, date, meeting; 3. *(Vereinbarung)* agreement, arrangement; **V. zur Begehung einer Straftat;** ~ **eines Verbrechens** conspiracy to commit a crime, criminal conspiracy; **V. zum Mord** conspiracy to murder; **V.**

zur Rechtsbeugung conspiracy to pervert the course of justice

Verabredung absagen to cancel an appointment; **V. treffen** to come to an arrangement; **geheime V.** *(betrügerisch)* collusion; **V.sgefahr** *f* danger of conspiracy

jdm etw. verabreichen *v/t* to administer sth. to so.

Verabreichung *f* administration

verabsäumen *v/t* to neglect/fail (to do sth.)

verabscheuen *v/t* to detest/loathe

verabschieden *v/t* 1. to enact; 2. *(Gesetz)* to pass

Verabschiedung *f* enactment; **V. eines Gesetzes** passing/passage of a bill; **V. einer Richtlinie** adoption of a directive

verächtlich *adj* 1. contemptuous, scornful; 2. *(verabscheuungswürdig)* contemptible; **v. machen** to disparage

Verächtlichmachung *f* disparagement; **V. des Gerichts** contempt of court; **V. einer Person** defamation

jdn mit Verachtung strafen *f* to treat so. with contempt

Veralt|erung *f* obsolescence; **v.et** *adj* obsolete

verändern *v/t* 1. *(abändern)* to vary/ modify; 2. to change

Veränderung *f* 1. *(leicht)* alteration, modification; 2. *(Stellungswechsel)* change of job; 3. *(Wandel)* change; **bauliche V.en** structural alterations; **wesentliche V.** substantial change; **V.ssperre** *f* preservation order

verängstigen *v/t* to frighten/scare

verankern *v/t* *(Gesetz)* to embody

veranlagen *v/t* *(Steuer)* to assess; **sich gemeinsam v. lassen** to file joint returns; ~ **getrennt v. lassen** to file separate returns; **zusammen v.** to assess jointly

Veranlagung *f* 1. inclination; 2. *(Eigenschaft)* disposition; 3. *(Festsetzung)* assessment; **gemeinsame V.** joint assessment; **getrennte V.** separate assessment; **krankhafte V.** pathological disposition; **kriminelle V.** criminal disposition; **steuerliche V.** tax assessment; **verbrecherische V.** criminal disposition

Veranlagungs|bescheid *m* notice of assessment; **v.fähig** *adj* taxable, charge-able; **V.grundlage** *f* 1. basis of assessment; 2. *(Steuer)* tax base; **V.steuerbescheid** *m* tax assessment; **V.zeitraum** *m* assessment period

veranlassen *v/t* 1. to cause/occasion; 2. *(überreden)* to induce; **etw. v.** to arrange sth.; **jdn zu ~** to induce so. to do sth.

Veranlassung *f* inducement, instigation; **auf jds V.** at so.'s instigation; **~ V. von** so.'s behest; **zur weiteren V.** for further action; **jdm V. geben, etw. zu tun** to give so. cause to do sth.

veranschlagen *v/t* to assess/estimate/appraise

Veranstalt|er *m* operator; **V.ung** *f* event; **öffentliche ~** public function

verantworten *v/t* to account for; **etw. v.** to accept responsibility for sth.; **sich für etw. vor jdm v.** *v/refl* to answer to so. for sth.

verantwortlich *adj* 1. answerable; 2. *(haftbar)* liable; 3. *(rechenschaftspflichtig)* accountable; 4. *(schuldig)* responsible; **jdn v. machen für** to hold so. responsible for; **strafrechtlich v.** criminally responsible

Verantwortliche(r) *f/m* 1. responsible person; 2. *(für Negatives)* responsible party

Verantwortlichkeit *f* 1. responsibility; 2. *(Haftbarkeit)* liability; 3. *(Rechenschaftspflicht)* accountability; **V. delegieren** to delegate responsibility; **alleinige V.** sole responsibility; **strafrechtliche V.** criminal responsibility *[GB]*, penal liability *[US]*

Verantwortung *f* responsibility; **auf eigene V.** on one's own responsibility, at one's own risk; **V. liegt bei** responsibility lies with; **V. ablehnen** to decline responsibility; **V. ablehnen** to disclaim responsibility; **V. abwälzen** to shift responsibility; **sich aus der V. stehlen** to shirk/evade responsibility; **V. tragen** to bear responsibility; **V. übernehmen** to assume responsibility; **V. für etw. übernehmen** to take responsibility for sth.; **jdn zur V. ziehen** to hold so. responsible, to call so. to account (for sth.); **~ gerichtlich zur V. ziehen** to bring so. before the court; **strafrechtliche V.**

criminal responsibility; **zivilrechtliche V.** liability

Verantwortungs|bereich *m* sphere of responsibility; **v.bewusst** *adj* responsible; **V.bewusstsein** *nt* sense of responsibility; **v.los** *adj* irresponsible

verarbeit|en *v/t* 1. to process; 2. *(innerlich)* to come to terms (with sth.); **v.et** *adj* finished; **V.ung** *f* 1. processing; 2. *(Fertigungsqualität)* workmanship; **V.ungsvorschriften** *pl* processing instructions

Verärgerung *f* annoyance

verarm|t *adj* impoverished, poverty-stricken; **V.ung** *f* pauperization, impoverishment

jdn verarzten *v/t (behandeln)* to treat so., to patch so. up *(coll)*

verauslagt *adj (Betrag)* disbursed

veräußer|bar *adj* disposable, saleable; **V.er** *m* transferor, assignor, seller, alienor; **v.lich** *adj* alienable, disposable; **v.n** *v/t* to sell/alienate, to dispose of

Veräußerung *f* sale, alienation, disposal; **V. oder Belastung** sale or encumbrance; **V. und Belastung** sale and encumbrance; **V. beweglichen oder unbeweglichen Vermögens** alienation of movable or immovable property; **V. von Vermögensgegenständen/Vermögenswerten** sale of assets; **V. ohne Zustimmung** sale without consent; **V. durch Zwangsvollstreckung**; **V. im Wege der Zwangsvollstreckung** sale by judicial execution; **V. vornehmen** to sell

freihändige Veräußerung sale by private treaty; **rechtmäßige V.** lawful sale; **schenkungsweise V.** transfer by gift; **unentgeltliche V.** gratuitous transfer

Veräußerungs|befugnis *f* power to sell, dispositive power; **V.beschränkung** *f* selling restriction; **V.beschränkungen** *pl* sales restrictions; **V.erlös** *m* proceeds (of the sale); **V.gewinn** *m* capital gain; **V.recht** *nt* right of disposal; **V.sperre** *f* prohibition to sell; **V.verbot** *nt* prohibition to sell; **gesetzliches ~** statutory restraint on alienation; **V.vertrag** *m* contract of sale, selling agreement; **V.wert** *f* 1. *(Restwert)* salvage value; 2. disposal value

Verbal|beleidigung; V.injurie f gross insult, verbal abuse

Verband m 1. federation, association, confederation; 2. *(Bund)* association; 3. *(Fahrzeugkolonne)* convoy; 4. *(Medizin)* bandage, dressing; **V. gründen** to set up an association; **V.pflaster** nt first-aid plaster

Verbands|klage f group/representative action, legal action instituted/taken by an association; **V.recht** nt law of association; **V.stoff** m dressing; **V.übereinkunft** f association agreement; **V.zeug** nt dressing material

verbann|en v/t *(Exil)* to exile (so.); **V.te(r)** f/m exile

sich in etw. verbarrikadieren v/refl to barricade os. in sth.

verbauen v/t *(Bauwerk)* to block (sth.)

verbergen v/t to conceal/hide

verbesser|n v/t to improve/rectify; **V.ung** f improvement, bettering, correction

verbeulen v/t *(Auto)* to dent

verbieten v/t 1. to outlaw/prohibit/forbid; 2. *(offiziell)* to ban/ proscribe

verbinden v/t to combine/join/connect; **sich v. mit** v/refl to associate with

verbindlich adj 1. binding; 2. *(zwingend)* compulsory

Verbindlichkeit f 1. commitment; 2. *(Schuld)* liability, obligation; 3. *(Auskunft)* reliability; **V. von Tarifverträgen** binding force of collective agreements; **V. eingehen** enter into an obligation, to incur a liability; **V. erfüllen** to honour an obligation

Verbindlichkeiten pl *(Bilanz)* liabilities, debts; **V. und Forderungen** claims and liabilities; **V. begleichen** to discharge liabilities; **V. eingehen** to incur/assume obligations; **V. einhalten** to meet one's obligations; **aufgelaufene V.** accrued liabilities/debts

Verbindung f 1. combination, connection; 2. *(von Prozessen)* joinder; **in V. mit** in conjunction with; **~ enger V.** in close contact; **V. mit zuständigen Behörden** liaison with competent authorities; **V.sbeamter; V.sbeamtin; V.soffizier** m/f/m liaison oficer; **V.sbüro** nt liaison office; **V.sstrasse** f link road

Verbleib m whereabouts; **v.en** v/i to remain; **v.end** adj remaining; **V.erecht** nt right of continued residence

Verblichene(r) f/m the deceased

verbluten v/i to bleed to death

verborgen adj 1. hidden, concealed; 2. *(Mangel)* latent; **V.heit** f seclusion

Verböserung f deterioration

Verbot nt prohibition, ban, proscription, interdiction; **V. der Doppelbestrafung** double jeopardy clause; **V. einer Partei** prohibition of party; **V. des Einsatzes von Zwangsmitteln** ban on the use of force

Verbot aufheben/zurücknehmen to lift a ban; **V. aussprechen** to impose a ban; **unter ein V. fallen** to be subject to a ban; **gegen ein V. verstoßen** to violate a prohibition

gesetzliches Verbot statutory prohibition; **präventives V.** preventive ban; **repressives V.** repressive ban

verboten adj forbidden, illicit, prohibited; **streng v.** strictly forbidden

Verbots|bestimmung f prohibitory provision; **V.- und Beschränkungszeichen** pl *(Verkehr)* prohibitory and restrictive signs; **V.dauer** f duration of prohibition; **V.gesetz** nt prohibition act; **V.gesetzgebung** f proscriptive legislation; **V.irrtum** m error as to/concerning the prohibited nature of an act; **V.liste** f list of prohibited items; **V.prinzip** nt prohibition per se *(lat.)*, principle of proscription; **V.verfügung** f prohibitory/restrictive injunction; **V.zeichen** nt prohibitory sign; **V.zone** f prohibited zone

etw. verbrämen v/t to embellish sth.

Verbrauch m consumption; **v.bar** adj consumable; **v.en** v/t to consume

Verbraucher|(in) m/f consumer; **V.beratung** f *(Institution)* consumer advice centre; **V.darlehen; V.kredit** nt/m consumer loan; **V.klage** f consumer suit; **V.kreditgesetz (VerbrKG)** nt consumer credit act; **V.kreditkauf** m consumer credit purchase; **V.kreditvertrag** m consumer credit contract; **V.schutz** m consumer protection, fair trading; **V.schutzgesetz** nt consumer protection act; **V.schutzgesetzgebung** f consumer protection legislation; **V.vertrag** m consumer contract; **V.zentrale** *f* consumer advice centre

Verbrauchs|güter *pl* non-durable/consumer goods, consumer non-durables; **V.recht** *nt* right of consumption; **V.steuer** *f* excise duty, consumption tax

Verbrechen *nt* crime, criminal/indictable offence, felony *[US]*; **V. lohnt sich nicht** crime does not pay; **V. gegen die Menschlichkeit** crime against humanity; **V. und Vergehen** crimes and offences; **jdn. eines V.s beschuldigen** to accuse s.o. of a crime; **~ schuldig sprechen** to find so. guity of a crime; **~ V.s überführen** to convict so. of a crime; **V. verüben** to perpetrate/ commit a crime

häufig begangenes Verbrechen volume crime; **feiges V.** cowardly crime; **versuchtes V.** attempted crime; **vollendetes V.** accomplished crime

Verbrechens|aufklärung *f* crime clear-up rate; **V.bekämpfung** *f* fight against crime, combating crime; **V.datei** *f* crime file; **zentrale ~** National Criminal Intelligence Service (NCIS) *[GB]*; **V.flut** *f* tide of crime; **V.merkmal** *nt* crime feature; **V.quote**; **V.rate** *f* crime rate; **V.verhütung**; **V.vorbeugung** *f* crime prevention; **V.vorsatz** *m* criminal intent; **V.welle** *f* crime wave

Verbrecher|(in) *m/f* criminal, felon *[US]*; **V. verbergen** to harbour a criminal; **schwer fassbarer V.** elusive criminal; **rückfälliger V.** recidivist; **überführter V.** convicted criminal

Verbrecher|album *nt* rogues' gallery; **V.bande** *f* gang of criminals; **V.foto** *nt* mug shot; **V.isch** *adj* criminal, felonious *[US]*; **V.jagd** *f* hunting a criminal; **V.kartei** *f* criminal records

verbreiten *v/t* to disseminate/spread

Verbreitung *f* dissemination; **V. von Falschgeld** uttering of counterfeit money; **V. pornografischer Schriften** publication of obscene writings; **V. unzüchtiger Schriften** dissemination of obscence publications; **V.sbeschränkung** *f* restrictions on distribution; **V.srecht** *nt (Urheberrecht)* right of distribution

verbrenn|en *v/t* to burn; **sich v.** *v/refl* to

set fire to os.; **V.ung** *f* 1. *(Brandwunde)* burn; 2. *(Vorgang)* burning; 3. *(Müll)* incineration; **V.ungsanlage** *f* incinerator

verbrief|en *v/t* 1. to certify/authenticate/ guarantee/record; 2. *(Recht)* to charter; **v.t** *adj* confirmed in writing; **V.ung** *f* recording

verbring|en *v/t* to commit; **grenzüberschreitendes V.en von Abfall** *nt* cross-border transport of waste; **V.ung** *f* committal

verbuch|en *v/t* to book/enter/post; **V.ung** *f* entry, posting

Verbund *m* union; **v.en** *adj* connected, linked

verbündet *adj* allied

Verbund|klausel *f* association clause; **V.system** *nt (Versorgungsbetriebe)* compound system; **V.zuständigkeit** *f* joint responsibility

verbürgen *v/t* to guarantee/warrant, to stand security (for); **sich für etw. v.** *v/refl* to vouch for sth.

verbüß|en *v/t (Strafe)* to serve (a sentence); **V.ung** *f* serving (a sentence)

Verdacht *m* suspicion; **über jeden V. erhaben** above suspicion; **unter V.** under suspicion

Verdacht von sich ablenken to divert suspicion from oneself; **V. erhärten** to corroborate a suspicion; **V. erregen** to arouse suspicion; **in V. geraten** to be suspected; **V. auf jdn lenken** to cast suspicion on so.; **V. von sich auf jdn lenken** to deflect suspicion (away) from os. onto so. else; **V. schöpfen** suspect (so./sth.); **im V. stehen, etw. getan zu haben** to be suspected of having done sth.; **unter V. stehen** to be suspected; **V. zerstreuen** to dispel a suspicion

begründeter Verdacht justifiable suspicion; **dringender V.** strong suspicion, reasonable and probable cause; **geringer V.** faint suspicion; **grundloser/unbegründeter V.** unfounded suspicion; **hinreichender V.** reasonable suspicion

verdächtig *adj* suspect, suspected, suspicious; **v.en** *v/t* to suspect; **jdn ~ etw. getan zu haben** to suspect s.o. of (having done) s.th.; **V.en beschatten** *m* to tail a suspect; **~ festnehmen** to arrest/apprehend a suspect; **V.er** *m* suspect; **V.ter** *m* suspected offender; **V.ung** *f* suspecting (so.)

Verdachts|grund *m* grounds for suspicion; **V.moment** *m* suspicious circumstance

verdanken *v/i* to owe

verdeck|en *v/t* to hide/conceal/cover; **v.t** *adj* 1. *(geheim)* undercover; 2. *(verborgen)* hidden; **V.ungsabsicht** *f* intention to conceal

verderblich *adj* *(nicht haltbar)* perishable

sich verdichten *v/refl* *(Verdacht)* to grow/deepen

verdienen *v/t* to earn/deserve/merit

Verdienst *m* income, earnings; **V.ausfall** *m* loss of earnings; **V.ausfallentschädigung** *f* compensation for loss of earnings; **v.bezogen** *adj* earnings-related; **V.spanne** *f* margin of profit; **v.voll** *adj* commendable

verdient *adj* well-deserved

Verdikt *nt* verdict

verding|en *v/t* to contract out, to outsource; **V.ung** *f* hire, contracting out, outsourcing, placing of contracts by tender; **V.ungsordnung** *f* standard contract terms, regulations governing construction contracts; **~ für Bauleistungen (VOB)** contracting rules for the award of (public) works contracts; **V.ungsordnungen** *pl* contracting regulations

verdreh|en *v/t* 1. to pervert; 2. *(entstellen)* to distort; **V.ung** *f* 1. perversion; 2. distortion

verdunkeln *v/t* 1. *(verschleiern)* to obscure; 2. to camouflage

Verdunkelung *f* tampering with evidence, suppression of evidence, collusion, obfuscation, obscuration; **~ des Sachverhalts** collusion to conceal facts; **V.ungsgefahr** *f* danger of collusion, **~** suppression of evidence, **~** tampering with evidence

vereidig|en *v/t* to swear in; **v.t** *adj* sworn; **gerichtlich ~** certified before the court; **V.ung** *f* swearing-in, administration of an oath, administering an oath

Verein *m* club, association, society; **eingetragener V. (e. V)** registered society, incorporated association/society; **nicht ~** unincorporated/unregistered society;

gemeinnütziger V. charitable organization, non-profit-making society; **nicht rechtsfähiger V.** unincorporated association

vereinbar *adj* compatible (with), reconcilable

vereinbaren *v/t* 1. to enter into; 2. *(absprechen)* to agree; 3. *(ausbedingen)* to stipulate; **ausdrücklich v.** to stipulate expressly; **etw. mit etw. v.** *(in Einklang bringen)* to reconcile sth. with sth.; **etw. (vertraglich) v.** to covenant sth., to stipulate sth. (by contract); **schriftlich v.** to stipulate in writing; **vorher v.** to agree in advance

Vereinbarkeit *f* compatibility

vereinbart *adj* stipulated, agreed; **falls/soweit nicht anders v.** unless otherwise agreed; **genau v.** agreed in precise terms; **es gilt als v.** it is understood that; **(wie) vertraglich v.** (as) contractually agreed; **wie v.** as agreed

Vereinbarung *f* 1. contract, agreement, stipulation; 2. *(Völkerrecht)* memorandum of understanding; **mangels gegenseitiger V.** in the absence of any provision to the contrary; **nach voriger V.** by prior agreement; **vorbehaltlich einer abweichenden V.** unless otherwise agreed (by the parties); **V. ohne Gegenleistung** naked contract; **V. auf Gegenseitigkeit** reciprocal agreement; **V. über das Getrenntleben** separation agreement; **~ Gewerkschaftszwang** union membership agreement *[GB]*; **V. einer Konventionalstrafe** penalty clause; **V. auf Treu und Glauben** bonafide agreement; **V. einer Vertragsstrafe** penalty clause

Vereinbarung vertraglich abbedingen to contract out of an agreement; **sich an eine V. halten** to adhere to an agreement, to abide by an agreement; **V. nicht halten** to breach an agreement; **V. aufheben** to annul an agreement, to abrogate a stipulation; **V. schließen** to conclude an agreement; **V. außer Kraft setzen** to terminate an agreement; **V. treffen** to reach (an) agreement, to enter into an agreement

ausdrückliche Vereinbarung express/explicit agreement; **außergerichtliche**

V. out-of-court settlement; **bestehende V.** existing agreement; **einschränkende V.** *(Unterlassungspflichten in Verträgen)* restrictive covenant; **entgegenstehende V.** agreement to the contrary; **gegenseitige V.** mutual agreement; **mündliche V.** 1. oral agreement; 2. *(auf Treu und Glauben)* gentlemen's agreement; **stillschweigende V.** tacit agreement; **vertragliche V.** contractual agreement/provision/stipulation; **besondere ~** particular covenant; **völkerrechtliche V.** international treaty; **vorläufige V.** interim agreement; **wettbewerbsbeschränkende V.** agreement in restraint of trade, restrictive agreement; **abweichende V.en** diverging agreements; **v.sgemäß** *adj* as agreed; **V.streuhand** *f* joint trustee

vereinheitlich|en *v/t* to harmonize/standardize; **V.ung** *f* standardization, harmonization

vereinigen *v/t* to unite/combine

Vereinigung *f* association, federation; **V. von Hypotheken** consolidation of mortgages

kriminelle Vereinigung criminal association/organization; **rechtsfähige V.** incorporated association; **verbotene V.** proscribed association; **verfassungsfeindliche V.** anti-constitutional association; **widerrechtliche V.** unlawful association; **wohltätige V.** charitable association; **V.sfreiheit** *f* freedom of association

vereinnahm|en *v/t* to collect/receive; **V.ung** *f* collection, receipt

Vereins|auflösung *f* dissolution of an association; **V.beitrag** *m* club membership dues/fee; **V.freiheit** *f* freedom to form associations; **V.gesetz** *nt* association act; **V.haftung** *f* liability of the association; **V.mitglied** *nt* club member; **V.mitgliedschaft** *f* club membership; **V.organ** *nt* organ of the assosiation; **V.recht** *nt* law of association; **V.register** *nt* register of association; **V.satzung** *f* association statutes, club rules; **V.vermögen** *nt* association/society assets; **V.vorstand** *m* association executive board

Vereinte Nationen United Nations (UN)

vereist *adj* iced up

vereiteln *v/t* 1. to prevent/obstruct; 2. *(Anschlag)* to thwart; 3. *(Anspruch)* to defeat; 4. *(Pläne)* to frustrate

Vereitelung *f* thwarting, prevention, frustration; **V. eines Anschlags** thwarting a plot; **V. der Zwangsvollstreckung** obstructing the execution

vererb|bar *adj* hereditary; **(jdm etw.) v.en** *v/t* to bequeath/leave (so. sth.); **v.lich** *adj* inheritable, hereditary; **V.lichkeit** *f* inheritability; **V.ung** *f* inheritance

verfahren *v/i* *(vorgehen)* to proceed

Verfahren *nt* 1. *(System)* procedure; 2. proceeding *[US]*, proceedings *[GB]*; 3. *(StR)* trial; **solange ein gerichtliches V. anhängig ist** while court proceedings are pending; **V. eingestellt** case dismissed; **in einem schwebenden V.; während des V.s** pendente lite *(lat.)*; **V. der Beweisaufnahme** procedure for taking evidence; **V. in Ehesachen** marital proceedings; **~ Forderungspfändungen** garnishment proceedings; **V. mit Geschworenen** jury trial; **~ zulässiger Kautionsstellung** bailable action

Verfahren anstrengen to institute proceedings; **V. wieder aufnehmen** to re-open a case; **V. aussetzen** to suspend/stay proceedings; **V. beschleunigen** to expedite proceedings; **V. betreiben** to prosecute a case, to proceed; **V. (gegen jdn) einleiten** to institute proceedings (against so.); **V. einstellen** to quash proceedings, to dismiss a case; **V. eröffnen** to open proceedings; **V. niederschlagen** to quash proceedings; **V. unterbrechen** to interrupt proceedings

abgekürztes Verfahren summary proceedings; **anhängiges V.** pending case; **beschleunigtes V.** summary/accelerated proceedings; **dingliches V.** suit in rem *(lat.)*; **fehlerhaftes V.** irregular proceedings; **gerechtes V.** fair trial; **gerichtliches V.** court case/proceedings; **inquisitorisches V.** inquisitorial procedure; **konkursrechtliches V.** bankruptcy proceedings; **kontradiktorisches V.** contentious proceedings; **kostspieliges V.** costly proceedings; **kurzes V.** summary proceedings; **langwieriges V.**

lengthy proceedings; **mündliches V.** oral procedure; **nichtstreitiges V.** non-contentious proceedings; **objektives V.** in-rem *(lat.)* proceedings; **ordentliches V.** fair trial; **ordnungsmäßiges/rechtsstaatliches V.** due process of law; **schiedsrichterliches V.** arbitration (proceedings); **schriftliches V.** written proceedings/procedure; **schwebendes V.** pending proceedings; **strafrechtliches V.** criminal proceedings; **streitiges V.** litigation, litigious proceedings; **summarisches V.** summary proceedings; **allgemein übliches V.** common practice; **ungerechtes V.** unfair trial

Verfahrens|ablauf *m* procedure; **V.anmeldung** *f (Patentrecht)* process application; **V.antrag** *m* procedural motion, motion on a point of order; **V.anweisungen** *pl* procedural rules; **V.art** *f* mode of procedure; **V.beschleunigung** *f* speeding up of proceedings; **V.beschluss** *m* procedural order; **V.bestimmung** *f* procedural provision; **V.beteiligte(r)** *f/m* party to the proceedings; **V.dauer** *f* duration of proceedings; **V.einleitung** *f* institution of legal proceedings; **V.einstellung** *f* dismissal, cessation of proceedings; **einstweilige ~** suspension of proceedings; **V.einwand** *m* plea of exception; **V.erfordernis** *f* procedural requirement; **V.fehler** *m* procedural error; **V.- und Formvorschriften** *pl* rules of procedure and form; **V.frage** *f* point of order; **V.frist** *f* deadline for proceedings; **V.gang** *m* course of proceedings; **V.gebühren** *pl* procedural fees; **V.grundsatz** *m* procedural principle; **allgemeine V.grundsätze** general procedural principles; **V.hindernis** *nt* procedural bar; **V.kosten** *pl* cost(s) (of proceedings); **~ verteilen** to apportion the costs; **V.lizenz** *f* process licence; **V.mangel** *m* procedural error; **V.mängel** *pl* procedural defects/errors, (material) defects of legal proceedings; **v.mäßig** *adj* procedural, adjective; **V.missbrauch** *m* abuse of process, **~ the** process of the court; **V.norm** *f* rule of procedure, procedural norm, code of practice; **V.ordnung** *f* 1. rules of procedure; 2. *(Gericht)* rules of court; **V.ort** *nt*

place of (the) proceedings; **V.recht** *nt* adjective/procedural law; **v.rechtlich** *adj* procedural; **V.regel** *f* procedural rule, rule of procedure; **V.regeln des höchsten Gerichts** Rules of the Supreme Court *[US]*; **V.revision** *f* appeal on a point of law; **V.richtlinie** *f* rule of procedure; **V.rüge** *f* procedural objection; **V.schritt** *m* stage in the proceedings; **V.sprache** *f* language of proceedings; **V.trennung** *f* severance of an action; **V.verstoß** *m* breach of rules of procedure; **V.vorschriften** *pl* rules of procedure, procedural provisions, court rules; **V.weg; V.weise** *m/f* procedure

Verfall *m* 1. *(Gebäude)* dilapidation, expiration; 2. *(Niedergang)* decline; 3. *(Police)* lapse; 4. *(Ungültigwerden)* expiry; 5. *(Kaution)* forfeiture; 6. *(Scheck, Wechsel)* maturity; **V. historischer Gebäude** dilapidation of historical buildings; **v.en** *adj* 1. *(abgelaufen)* expired; 2. *(Gebäude)* dilapidated

verfallen *v/i* 1. *(Anspruch)* to forfeit; 2. *(Recht)* to lapse; 3. *(schwächer werden)* to deteriorate; 4. *(ungültig werden)* to expire; 5. *(zerfallen)* to decay, to fall into disrepair

gerichtliche Verfall|erklärung *f* 1. statement of forfeiture; 2. *(Hypothek)* foreclosure; **V.frist** *f* expiry period; **V.klausel** *f* cancellation/forfeiture/expiry clause; **V.mitteilung** *f (Vers.)* forfeiture notice

Verfalls|datum *nt* use-by/best-before/expiry date; **V.klausel** *f* cancellation/forfeiture/expiry clause; **V.tag** *m* maturity/expiry date, date of maturity; **V.vereinbarung** *f* forfeiture agreement

verfälsch|en *v/t* 1. to falsify/forge; 2. *(falsch darstellen)* to distort; 3. *(Qualität)* to adulterate; **V.ung** *f* 1. falsification, forgery; 2. distortion; 3. adulteration

verfass|en *v/t* 1. to write/prepare; 2. *(Gesetz, Urkunde)* to draw up; **V.er** *m* author, writer; **V.eranteil** *m* royalty

Verfassung *f* 1. *(Zustand)* condition, state (of health, mind etc.); 2. constitution

Verfassungs|änderung *f* constitutional amendment; **V.behörde** *f* constitutional authority; **V.beschwerde** *f* constitutional complaint, petition to the constitutional court, appeal on a constitutional issue; **~ einlegen** to file a petition with the constitutional court; **V.bruch** *m* infringement/violation of the constitution; **v.feindlich** *adj* anti-constitutional; **V.garantie** *f* constitutional guarantee; **v.gemäß** *adj* constitutional

Verfassungsgericht *nt*   constitutional court; **V.shof** *m* supreme constitutional court; **V.surteil** *nt* constitutional court ruling

Verfassungs|grundsatz *m* constitutional principle; **V.klage** *f* action in a constitutional court, complaint of unconstitutionality

verfassungsmäßig *adj*   constitutional; **V.keit** *f* constitutionality

Verfassungs|ordnung *f*   constitutional order; **V.organ** *nt* constitutional organ

Verfassungsrecht *nt*   constitutional law; **v.lich** *adj* constitutional

Verfassungs|reform *f*   constitutional reform; **V.richter(in)** *m/f* constitutional court judge; **V.schutz** *m* 1. protection of the constitution; 2. *(Amt)* office for the protection of the constitution; 3. *(Organisation)* intelligence service, Special Branch *[GB]*; **V.streit** *m* constitutional conflict; **V.treue** *f* loyalty to the constitution; **V.verrat** *m* treason against the constitution; **v.widrig** *adj* unconstitutional; **V.widrigkeit** *f* breach of the constitution, unconstitutional act; **V.zusatz** *m* constitutional amendment

verfecht|en *v/t* to advocate; **V.er(in)** *m/f* advocate, champion

verfehl|en *v/t* to fail; **v.t** *adj (unangebracht)* inappropriate; **V.ung** *f* offence, misconduct, misdemeanour; **grobe/ schwere ~** gross misconduct

sich mit jdm verfeinden *v/refl* to fall out with so.

verfemen *v/t* to ostracize/outlaw

Verflechtung *f* integration

verfolgbar *adj*   indictable, actionable, subject to prosecution; **gerichtlich v.** actionable; **strafrechtlich v.** indictable

verfolgen *v/t* 1. *(gerichtlich)* to prosecute; 2. *(politisch)* to persecute; 3. *(Laufbahn)* to pursue; 4. *(Spur, Weg)* to follow

Verfolg|er(in) *m/f*   pursuer; **V.te(r)** *f/m* victim of persecution

Verfolgung *f* 1. pursuit; 2. *(Bezweckung)* pursuance; 3. *(Gericht)* prosecution; 4. *(Politik)* persecution; **V. der Flüchtigen** pursuit of the fugitives; **V. eines Kfz** car chase; **V. von Menschenrechtsverletzungen** prosecution of human rights abuses; **V. auf frischer Tat** hot pursuit; **politische V.** political persecution; **strafrechtliche V.** criminal prosecution

Verfolgungs|fahrt; **V.jagd** *f*   pursuit, chase; **V.recht** *nt* 1. right of pursuit; 2. *(Konkursrecht)* right of stoppage in transit/ransitu *(lat.)*; **V.verjährung** *f* limitation of prosecution

Verfracht|er *m* shipper; **V.ung** *f* carriage of goods

verfügbar *adj*   available; **V.keit** *f* availability

verfügen *v/t* 1. to direct; 2. *(anordnen)* to order/decree; 3. *(zur Verfügung haben)* to dispose of; **über etw. v.** to have sth. at one's disposal, to dispose of sth.; **letztwillig/testamentarisch v.** to dispose by will

Verfügung *f* 1. *(behördlich/gerichtlich)* order; 2. *(Anordnung)* decree, instruction; 3. *(rechtsgeschäftlich)* disposition, disposal; 4. direction, decision, ruling, injunction; **V. der Federal Trade Commission (mit Zustimmung der Betroffenen im Vergleichswege)** consent order *[US]*; **V. unter Lebenden** disposition inter vivos *(lat.)*; **V. von Todes wegen** 1. disposition mortis causa *(lat.)*, testamentary disposition; 2. *(bewegl. Vermögen)* bequest; 3. *(Grundbesitz)* devise

Verfügung aufheben   to lift/reverse an injunction; **V. beantragen** to seek an injunction; **V. befolgen** to comply with an order; **V. erlassen** to make (out) an order, to issue a writ; **einstweilige V. erwirken** to obtain an injunction; **etw. zur V. haben** to have sth. at one's disposal; **~ V. halten** to keep sth. (at so.'s) disposal; **für ~ V. stehen** to be available for sth.; **jdm etwas zur V. stellen** to place sth. at so.'s disposal; **etw. kostenlos zur V. stellen** to offer sth. free of charge, to make sth. available free of charge; **V.**

vornehmen to impose an injunction; **V. widerrufen** to lift an injunction
amtliche Verfügung official order; **einstweilige V.** (temporary) injunction; **gerichtliche V.** injunction, order of the court, writ, court order; **~ an ein untergeordnetes Gericht** (order of) mandamus *(lat.)*; **~ einhalten** to comply with an order; **~ zur Einstellung des Verfahrens** (order of) supersedeas *(lat.)*
gesetzliche Verfügung statutory instrument; **letztwillige/testamentarische V.** testamentary disposition, devise, last will and testament; **nachträgliche V.** amending instruction; **polizeiliche V.** police order; **richterliche V.** court order, writ; **schriftliche V.** mandate; **unentgeltliche V.** gratuitous disposition; **prozessleitende V.** directions
Verfügungs|befugnis *f* dispositve power, power of disposition; **V.befugte(r);** **V.berechtigte(r)** *f/m* person entitled to dispose; **v.berechtigt** *adj* entitled to dispose; **V.berechtigung** *f* power of disposition, authority to dispose; **absolute ~** outright disposition; **V.bereitschaft** *f* standby; **V.beschränkung** *f* restraint on disposal; **V.freiheit** *f* discretionary power(s); **V.gewalt** *f* dispositive power(s), discretion, power(s) of disposal; **~ über ein Fahrzeug** custody of a vehicle; **V.macht** *f* dispositive power(s); **V.recht** *nt* right of disposition, dispositive right; **V.verbot** *nt* restraining/garnishee order, restraint on disposition
verführ|en *v/t* to seduce/mislead/entice; **V.ung** *f* seduction; **~ Minderjähriger** seduction of minors
Vergabe *f* 1. *(Auftrag)* award (of contract), 2. *(Mittel)* allocation (of funds); **V. öffentlicher Aufträge** awarding public contracts; **V. von Konzessionen** awarding of concessions; **V. im Submissionsweg** allocation by tender; **V. von Unteraufträgen** subcontracting, outsourcing;
Vergabe|bedingungen *pl* bidding conditions; **V.richtlinien** *pl* contract award regulations; **V.verfahren** *nt* (contract) awarding procedure
vergammelt *adj (coll)* scruffy *(coll)*, tatty *(coll)*

vergangen *adj* former, past; **V.heit** *f* past, record; **kriminelle ~** criminal record
vergeben *v/t* 1. *(in Auftrag geben)* to award; 2. *(zuteilen)* to allocate; **jdm etw. v.** to forgive so. sth.; **nach außerhalb v.** *(Auftrag)* to outsource;
vergebens *adv* in vain, to no avail
vergeblich *adj* futile; **V.keit** *f* futility
sich an jdm vergehen *v/refl* to assault so.
Vergehen *nt* offence, misdemeanour; **V. im Amt** offence committed by a public official; **anzeigepflichtiges V.** notifiable offence; **schweres V.** criminal offence; **sittenwidriges V.** offence against morality
vergelten *v/t* to retaliate
Vergeltung *f* reprisal, retaliation, retribution; **V. üben** to retaliate; **V.smaßnahme** *f* reprisal, retaliatory measure
vergewaltigen *v/t* to rape
Vergewaltigung *f* rape; **V. durch mehrere Täter** gang rape; **versuchte V.** attempted rape
sich vergewissern *v/refl* to satisfy os., to make sure
vergift|en *v/t* to poison; **V.ung** *f* 1. poisoning; 2. *(Verseuchung)* contamination, pollution
Vergleich *m* 1. comparison; 2. arrangement (with creditors), settlement, compromise, composition; **V. zur Abwendung des Konkurses** composition (to avoid bankruptcy); **V. mit Gläubigern** arrangement with creditors; **V. aufheben** to set aside a composition
außergerichtlicher Vergleich out-of-court settlement/arrangement (with creditors); **gütlicher V.** amicable settlement; **vollstreckbarer V.** enforceable composition
sich vergleichen *v/refl* to reach a compromise, to settle
Vergleichs|antrag *m* petition to institute composition proceedings; **V.arbeitsplatz** *m* benchmark job; **V.basis** *f* basis of comparison; **V.bedingungen** *pl* terms of settlement; **V.gericht** *nt* court for composition proceedings; **V.gläubiger(in)** *m/f* creditor in composition proceedings, **~ a settlement; **V.miete** *f* reference/comparative rent; **V.ordnung** *f* composition code; **V.plan** *m* scheme of

arrangement; **V.quote** *f* composition dividend; **V.regelung** *f (Konkurs)* scheme of arrangement; **V.schuldner** *m* debtor in composition proceedings; **V.termin** *m* hearing in composition proceedings; **V.verfahren** *nt* composition proceedings; **~ beantragen** to file for composition proceedings; **V.vertrag** *m* deed of arrangement; **V.verwalter** *m* administrator, receiver, trustee in composition proceedings; **V.vorschlag** *m* compromise proposal; **V.zahl** *f* benchmark figure

Vergünstigung *f* 1. benefit, allowance; 2. *(Behandlung)* preferential treatment; 3. *(Preisnachlass)* rebate; 4. *(Sonderrecht)* privilege; 5. *(Zugeständnis)* concession

vergüten *v/t* to remunerate/refund/reimburse

vergüten *v/t* to compensate

Vergütung *f* 1. refund; 2. *(Entgelt)* remuneration; 3. *(Entschädigung)* compensation; 4. *(Rückerstattung)* reimbursement; **angemessene V.** 1. fair reward, adequate compensation; 2. *(Teilleistung)* quantum meruit *(lat.)*; **V.sanspruch** *m* claim for compensation; **V.spflicht** *f* duty to compensate; **V.ssatz** *m* rate of compensation

verhaft|en *v/t* to apprehend/arrest, to take into custody; **V.ung** *f* apprehension, arrest; **~ auf frischer Tat** apprehension in the act; **~ ohne Haftbefehl** arrest without a warrant

sich verhalten *v/refl* to behave, to conduct os.; **sich ordnungswidrig v.** to behave improperly

Verhalten *nt* conduct, behaviour; **abweichendes V.** divergent behaviour; **aggressives V. im Straßenverkehr** road rage; **angemessenes V.** appropriate behaviour; **auffälliges V.** suspicious behaviour; **berufswidriges V.** unprofessional conduct; **betrügerisches V.** fraudulent conduct; **deliktisches V.** tortious conduct; **fahrlässiges V.** negligence; **gesetzwidriges V.** illegal conduct; **konkludentes V.** implied conduct; **ordnungswidriges V.** disorderly conduct; **rechtswidriges V.** illegal conduct; **schuldhaftes V.** culpable conduct;

standesgemäßes V. professional conduct; **standeswidriges V.** unprofessional conduct; **unbotmäßiges V.** disorderly conduct; **unsittliches V.** immoral condcut; **verdächtiges V.** suspicious behaviour; **vertragswidriges V.** acting in breach of contrct; **wettbewerbswidriges V.** anticompetitive conduct

Verhaltens|kodex *m* code of conduct; **V.maßregeln** *pl* rules of conduct

Verhältnis *nt* 1. relation, proportion; 2. *(Beziehung)* relationship; 3. *(Zahl)* ratio; **im V. zur Bedrohung** proportionate to the threat; **unter den gegebenen V.sen** in the circumstances; **eheänliches V.** quasi-marriage; **ehebrecherisches V.** adulterous relationship; **eheliches V.** material relationship; **rechtliches V.** legal relationship

verhältnismäßig *adj* 1. reasonable; 2. *(anteilig)* proportionate, pro rata *(lat.)*; 3. *(relativ)* comparative; **V.keit** *f* reasonableness, commensurability, appropriateness; **~ der Mittel** appropriateness of the means employed; **~ der Mittel bei Gewaltanwendung** appropriate use of force

Verhältnisse *pl* background; **persönliche V.** personal circumstances; **wirtschaftliche V.** economic circumstances

verhandelbar *adj* 1. *(StR)* triable; 2. *(ZR)* actionable

verhandeln *v/t* 1. to negotiate; 2. *(Schiedsrichter)* to arbitrate; 3. *(als Anwalt)* to plead; 4. *(Gericht)* to hear/try; **über eine Sache v.** *(Schiedsgericht)* to arbitrate a case; **mündlich v.** to plead in court; **neu v.** to retry

Verhandlung *f* 1. hearing; 2. *(Unterhandlung)* negotiation; 3. *(Gericht)* court hearing, trial; **V. unter Ausschluss der Öffentlichkeit** hearing in camera *(lat.)*, **~ in chambers**; **V. vor einem Gericht mit Schöffen** trial by jury; **V.en zwischen den Tarifpartnern** collective bargaining; **V. eines Falls** hearing of a case; **zur V. anstehen** to be set down for a hearing; **V. aussetzen** to suspend a hearing, to stay proceedings; **V. eröffnen** to open the hearing; **V. leiten** to conduct the hearing; **V. schließen** to

close the hearing; **V. vertagen** to adjourn the hearing
gerichtliche Verhandlung court hearing; **kontradiktorische V.** contentious hearing; **mündliche V.** oral proceedings, hearing; **nochmalige V.** re-hearing; **öffentliche V.** hearing in open court, public trial; **nicht öffentliche V.** trial in camera; **streitige V.** contentious hearing; **nichtstreitige V.** non-contentious hearing
Verhandlungs|angebot *nt* offer to negotiate; **V.akten** *pl* records of the trial; **V.bereitschaft** *f* readiness to negotiate; **V.eröffnung** *f* opening of the hearing; **v.fähig** *adj* capable of attending a hearing; **V.fähigkeit** *f* fitness to appear in court; **V.führung** *f (Gericht)* conduct of the proceedings; **V.gebühr** *f* sitting/hearing fee; **V.grundsatz** *m* 1. principle of party representation; 2. *(Zivilprozess)* adversarial system; **V.gruppe** *f (Geiselnahme)* hostage negotiation team; **V.leitung** *f* conduct of the hearing; **V.liste** *f* cause list; **V.niederschrift; V.protokoll** *f/nt* record of the proceedings; **V.sprache** *f* official language; **V.termin** *m* date of hearing; **v.unfähig** *adj* 1. incapable of attending a hearing; 2. *(Strafprozess)* unable to plead; 3. *(Zivilprozess)* unfit to plead; **V.unfähigkeit** *f* inability to attend a hearing; **V.vollmacht** *f* negotiating power(s)
verhäng|en *v/t* to impose/inflict; **V.ung** *f* imposition; **~ einer Strafe** imposition of a sentence
verharmlosen *v/t* to belittle, to play down
verheimlich|en *v/t* to conceal/suppress; **V.ung** *f* concealment, suppression
verheiratet *adj* married
verhinder|n *v/t* to prevent/hinder; **V.ung** *f* 1. *(Hindernis)* hindrance; 2. *(Gerichtsverhandlung)* inability to attend; 3. *(Verhütung)* prevention
Verhör *nt* examination, interrogation, questioning, grilling *(coll)*; **verschärftes V.** third-party practices; **v.en** *v/t* to interrogate/question; **V.richtlinien** *pl* Judges' Rules *[GB]*
verhüt|en *v/t* to prevent; **V.ung** *f* prevention
verifizier|en *v/t* to verify; **V.ung** *f* verification

sich verirren *v/refl* to lose one's way, to get lost
verjährbar *adj* prescriptable, subject to the statute of limitations; **V.keit** *f* unenforceability due to lapse of time, limitation of prosecution, prescriptibility
verjähr|en *v/i* to fall under the statute of limitations, to become statute-barred; **v.t** *adj* statute-barred, time-barred
Verjährung *f* 1. limitation of actions, prescription; 2. *(StR)* statutory limitation, limitation of time; **V. eines Anspruchs** prescription of a claim; **V. der Gewährleistungsansprüche** limitation of action for warranty claims; **V. von Rechtsbehelfen** limitation of remedy; **V. der Strafverfolgung** limitation of prosecution; **durch V. erworbenes Recht** prescriptive right
sich auf Verjährung berufen to plead the defence of limitation; **V. einwenden** to invoke the statute of limitation; **V. hemmen** to suspend the running of the period; **V. unterbrechen** to interrupt the running of the period; **der V. unterliegen** to become statute-barred
Verjährungs|beginn *m* commencement of the limitation period; **V.frist** *f* limitation period, period of prescription; **die ~ beginnt am** the limitation period runs from; **V.gesetz** *nt* limitation act, statute of limitations; **V.klausel** *f* limitation provision; **V.zeit** *f* period of limitation
Verkauf *m* sale; **zum V.** for sale; **V. gegen bar** cash sale; **V. in Bausch und Bogen** outright sale; **V. unter Eigentumsvorbehalt** conditional sale; **V. von Forderungen** factoring; **V. zur sofortigen Lieferung** sale for prompt delivery; **V. mit Rückkaufsrecht** sale with option to repurchase; **V. beweglicher Sachen** sale of goods; **V. auf Ziel** credit sale; **V. ohne Zwischenhändler** direct sale
Verkauf abschließen to conclude a sale; **freier/freihändiger V.** private sale, sale by private treaty; **~ von Orderpapieren** private sale of instruments to order; **gerichtlicher V.** judicial sale
verkaufen *v/t* to sell/vend; **zu v.** for sale; **meistbietend v.** to sell to the highest bidder; **weiter v.** to resell

Verkäuf|er(in) *m/f* seller, vendor; **v.lich** *adj* for sale

Verkaufs|abrechnung *f* sales account; **V.abschluss** *m* (conclusion of a) sale; **V.agentur** *f* sales agency; **V.androhung durch den Pfandgläubiger** *f* notice of sale by the pledgee; **V.auftrag** *m* selling order; **V.bedingungen** *pl* terms of sale; **V.berechtigung** *f* right to sell; **V.erlös** *m* sales proceeds; **V.fall** *m* sale; **V.genossenschaft** *f* marketing cooperative; **V.geschäft** *nt* sale; **V.gewinn** *m* sales profit; **V.kartell** *nt* marketing cartel; **V.kommission** *f* sales commission; **V.kommissionär** *m* consignment merchant; **V.leistung** *f* sales performance; **V.lizenz** *f* licence to sell; **V.monopol** *nt* sales monopoly; **V.niederlassung** *f* sales agency; **V.option** *f* seller's option; **V.personal** *nt* sales staff; **V.prämie** *f* sales premium; **V.preis** *m* selling price; **V.prospekt** *nt* sales prospectus; **V.provision** *f* sales commission; **V.recht** *nt* selling right, right to sell, ~ of disposal; **V.spanne** *f* sales margin; **V.urkunde** *f* bill of sale; **V.verbot** *nt* ban on sales; **V.vereinbarung** *f* sales agreement; **V.vollmacht** *f* power/authority to sell; **V.vorschriften** *pl* sales regulations; **V.wert** *m* market/sales value; **V.zwang** *m* obligation to sell

Verkehr *m* 1. transport *[GB]*, transportation *[US]*; 2. traffic; 3. *(Geschäft)* transaction; 4. *(Umgang)* intercourse; 5. *(Umlauf)* circulation; **außer V.** withdrawn from circulation; **V. mit Mandanten** contact with clients; **V. in beide Richtungen** two-way traffic; **V. behindern oder gefährden** to obstruct or endanger traffic; **in V. bringen; im V. sein** to circulate; **außer V. setzen** to withdraw from circulation; **V. umleiten** to divert traffic; **aus dem V. ziehen** 1. *(Geld)* to withdraw from circulation; 2. *(Kfz)* to take off the road

außerehelicher Verkehr extramarital intercourse; **ehebrecherischer V.** adulterous intercourse; **ehelicher V.** marital/conjugal intercourse; **freier V.** free circulation; **gewerblicher V.** commercial transport; **grenzüberschreitender V.** cross-border traffic; **inländischer V.** domestic transport; **öffentlicher V.** public transport; **persönlicher V. mit Kindern** access to the children; **zähfließender V.** slow-moving traffic, stop and go

verkehren *v/i* 1. to deal/associate with; 2. to have intercourse with

Verkehrs|abkommen *nt* traffic convention; **V.ampel** *f* traffic light(s); **V.anlagen** *pl* transport facitities; **V.aufkommen** *nt* volume of traffic; **V.behinderung** *f* obstructing (of) the traffic, traffic obstruction; **V.behörden** *pl* transport authorities; **v.beruhigt** *adj* traffic-calmed; **V.beruhigung** *f* traffic calming; **V.beschränkungen** *pl* traffic restrictions; **V.betrieb** *m* transport undertaking; **V.delikt** *nt* motoring/traffic offence; **V.einrichtungen** *pl* transport facilities; **V.erziehung** *f* road safety instruction; **v.fähig** *adj* marketable, saleable, negotiable; **V.fähigkeit** *f* marketability, saleability, negotiability; **V.fluss** *m* flow of traffic; **V.gefährdung** *f* endangering (of) traffic; **V.gericht** *nt* traffic court; **V.gesellschaft** *f* transport company; **V.gesetzgebung** *f* traffic legislation; **V.gewerbe** *nt* transport industry; **V.hindernis** *nt* obstruction (to road users); **V.hypothek** *f* ordinary mortgage; **V.insel** *f* traffic island; **V.kontrolle** *f* routine traffic check; **V.mittel** *nt* means of transport; **öffentliche ~** public transport; **V.opfer** *nt* road accident victim; **V.ordnung** *f* highway code, traffic regulations; **V.ordnungswidrigkeit** *f* (minor) traffic infraction, (minor) driving/traffic offence; **V.polizei** *f* *(außerhalb der Stadt)* highway patrol *[US]*; **V.recht** *nt* 1. road traffic law; 2. *(Besuchsberechtigung)* right of access, visiting right; **V.regeln** *pl* traffic regulations; **V.richter(in)** *m/f* traffic magistrate; **V.sache** *f* traffic case; **v.sicher** *adj (Fahrzeug)* roadworthy; **V.sicherheit** *f* roadworthiness; **V.sicherungspflicht** *f* legal duty to maintain safety, ~ safeguard traffic, duty of occupier to make land or premises safe for persons or vehicles; **V.sitte** *f* common usage; **V.strafrecht** *nt* criminal law on traffic offences; **V.strafsache** *f* motoring/traffic case; **V.streife** *f* highway patrol;

Verkehrssünder(in)

270

V.sünder(in) *m/f* traffic offender/violator *[US]*; **V.teilnehmer(in)** *m/f* road user; **v.tüchtig** *adj (Fahrzeug)* roadworthy; **V.tüchtigkeit** *f* roadworthiness; **V.übertretung** *f* traffic infringement; **v.üblich** *adj* customary

Verkehrsunfall *m* road traffic accident (RTA); **V. unter Alkoholeinwirkung** drink and drive accident, drink-related accident; **V. mit Todesfolge** fatal road accident; **V.flucht** *f* hit and run offence; **V.skizze** *f* sketch of the collision

Verkehrs|verbot *nt* traffic ban; **V.verletzung** *f* traffic violation; **V.verstoß** *m* motoring offence; **~ mit dem Fahrrad** cycling offence; **V.vorschriften** *pl* traffic regulations; **V.weg** *m* traffic route; **V.wert** *m* market value; **v.widrig** *adj* contrary to traffic rules/regulations; **V.widrigkeit** *f* traffic violation; **V.zeichen** *nt* traffic sign; **V.zentralregister** **(VZR)** *nt* central register of traffic offenders

verkenn|en *v/t* to misjudge; **V.ung** *f* misjudgment; **~ der Tatsachen** misjudgment of the facts

verklagbar *adj* suable

verklagen *v/t* to sue, to proceed (against), to institute proceedings, to take to court, to bring an action; **jdn v.** to take so. to court, to bring an action against so.; **~ auf Schadenersatz v.** to sue so. for damages

verklausulier|en *v/t* to express indirectly; **v.t** *adj* hedged in by clauses

verkörper|n *v/t* to represent/embody; **V.ung** *f* embodiment

verkünden *v/t* 1. to proclaim; 2. *(Gesetz veröffentlichen)* to promulgate; 3. *(Urteil bekannt geben)* to pronounce

Verkünd(ig)ung *f* 1. pronouncement, proclamation, publication; 2. *(Gesetz)* promulgation; **V. eines Urteils** pronouncing a judgment/sentence

verkuppel|n *v/t* to procure; **V.ung** *f* procuration

verkürzen *v/t* 1. *(Verfahren)* to shorten; 2. *(Text)* to abridge

Verlag *m* publisher(s), publishing house

Verlagerung *f* relocation, shift(ing)

Verlags|recht *nt* publishing law; **V.vertrag** *m* publishing contract

verlangen *v/t* to demand/claim; **V.** *nt* demand; **auf ~** on demand

verlängerbar *adj* extendable, renewable

verlängern *v/t* to renew/extend/prolong

Verlängerung *f* extension, renewal, prolongation; **V. der Frist** extension of the deadline; **~ Gültigkeit** extension of the validity; **V. des Mietverhältnisses** renewal of the lease; **~ Patents** renewal of the patent; **V. der Rechtsmittelfrist** extension of the time for appeal; **stillschweigende V.** tacit renewal, implied continuation

Verlängerungs|klausel *f* renewal clause; **V.recht** *nt* right to renew; **V.zeitraum** *m* extension of the period

verlassen *v/t* to desert/leave/abandon; **V.** *nt* desertion, abandonment

Verlassenschaft *f* deceased's estate, heritage

verlautbar|en *v/t* to announce officially; **V.ung** *f* official announement

verlegen *v/t* 1. to (re)move/transfer; 2. *(Arbeitskräfte)* to redeploy; 3. *(Betrieb)* to relocate; 4. *(Termin)* to postpone

Verleger *m* publisher

Verlegung *f* 1. *(Ort)* transfer; 2. *(Zeit)* postponement; **V. der Hauptverhandlung** postponement of the trial

Verleih *m* distribution; **v.en** *v/t* 1. to hire out, to lend; 2. *(Vollmacht)* to confer; **V.er** *m* lender, distributor; **V.ung** *f* conferment, bestowal, grant; **V.ungsurkunde** *f* charter, diploma

verleiten *v/t* 1. to induce/entice/incite; 2. *(Meineid)* to suborn; **V. zu einer rechtswidrigen Tat** *nt* incitement to commit a criminal offence

Verleitung *f* 1. incitement, inducement; 2. subornation; **V. zur Fahnenflucht** incitement to desertion; **~ Falschaussage** subornation to make a false testimony; **~ strafbaren Handlung** incitement to commit a crime; **V. zum Meineid** subornation to commit perjury; **V. zu einer Straftat** entrapment *[US]*; **V. zum Vertragsbruch** incitement to breach the contract

verles|en *v/t* to read out; **V.ung** *f* reading; **~ der Anklage** reading of the indictment

verletz|en *v/t* 1. to infringe/violate; 2. *(Person)* to injure; **V.te(r)** *f/m* 1. wronged/

injured/aggrieved party; 2. injured person

Verletzung *f* 1. *(Rechte, Vorschriften)* infringement, violation, infraction; 2. injury; **V. der Amtspflichten** breach of official duties; **~ Amtsverschwiegenheit** breach of official secrecy; **~ Anzeigepflicht** failure to disclose, non-disclosure; **~ Aufsichtspflicht** breach of duty of supervision; **V. des Berufsgeheimnisses** violation of professional secrecy; **~ Briefgeheimnisses** violation of secrecy of correspondence; **V. der Buchführungspflicht** false accounting; **~ Dienstpflicht** infringement of official duties; **V. des Eigentums** trespass; **V. der Formvorschriften** non-compliance with the formal requirements; **V. des Friedens** breach of the peace; **V. der Geheimhaltungspflicht** breach of confidence; **~ Gewährleistungspflicht** breach of warranty; **~ Intimsphäre** violation of privacy; **~ Offenbarungspflicht** non-disclosure; **V. des Pachtvertrages** breach of tenancy; **V. einer Person** personal injury; **V. des Personenstandes** violation of the personal status, infringement of civil status; **~ Persönlichkeitsrechts** invasion of personal privacy; **V. von Pflichten** breach of duty; **V. vertragswesentlicher Pflichten** infringement of major contractual duties; **V. des Postgeheimnisses** violation of postal confidentiality; **V. der Privatsphäre** violation/invasion of privacy; **~ öffentlichen Ruhe und Ordnung** violation of law and order; **V. des gewerblichen Schutzrechts** infringement of a property right; **V. der Schweigepflicht** breach of professional discretion; **~ (gesetzlichen) Sorgfaltspflicht** lack of proper care, negligence; **~ Unterhaltspflicht** non-support *[US]*, failure to provide maintenance; **V. des Urheberrechts** copyright infringement; **V. einer Verpflichtung** infringement of an obligation; **V. der Vertragspflicht** breach of contract; **~ Vertraulichkeit** 1. *(amtlich)* violation of secrecy; 2. *(privat)* infringement of privacy; **~ Vertraulichkeit des Wortes** breach of confidentiality; **V. des Wa-**renzeichens** trademark infringement; **V. einer vertraglichen Zusicherung** breach of warranty

Verletzung erleiden to suffer/sustain an injury

eklatante Verletzung flagrant violation; **innere V.** internal injury; **lebensgefährliche V.** critical injury; **schwere V.** 1. severe injury; 2. *(Rechte, Vorschriften)* gross violation; **tödliche V.** fatal injury; **unfallbedingte V.** accidental injury

Verletzungs|delikt *nt* criminal injury; **V.handlung** *f* 1. act of infringement; 2. injurious act; **V.klage** *f* infringement action/suit

verleugnen *v/t* to disown

verleumd|en *v/t* to slander/libel/defame/calumniate; **v.erisch** *adj* 1. defamatory; 2. *(dauerhaft, schriftlich)* libellous; 3. *(nicht dauerhaft, mündlich)* slanderous

Verleumdung *f* 1. calumny, vilification, defamation; 2. libel; 3. slander; **V.skampagne** *f* smear campaign; **V.sklage** *f* libel action, defamation suit

verlier|en *v/t* 1. to lose; 2. *(Anspruch)* to forfeit; **V.er** *m* unsuccessful party

sich verloben *v/refl* to become engaged

Verlöbnis *nt* engagement; **V.bruch** *m* breach of promise to marry

verlob|t *adj* engaged; **V.te** *f* fiancée; **V.ter** *m* fiancé; **V.ung** *f* engagement

verlock|en *v/t* to entice/lure; **V.ung** *f* enticement

verlos|en *v/t* to draw lots; **V.ung** *f* lottery

Verlust *m* 1. loss; 2. *(Recht)* forfeiture; **V. der bürgerlichen Ehrenrechte** loss of civic rights; **~ Erwerbsfähigkeit** loss of earning capacity; **V. von Geld** loss of money; **V. eines Rechts** forfeiture of a right; **V. des Sehvermögens** loss of sight; **V. der Staatsbürgerschaft** loss of nationality

Verlust ausgleichen to recoup/offset a loss; **V. erleiden** to suffer/sustain a loss; **V. tragen** to bear the loss

erlittener Verlust sustained loss; **finanzieller V.** pecuniary loss; **schwerer V.** heavy loss; **uneinbringlicher V.** irretrievable loss; **unersetzbarer V.** irreparable loss

Verlust|anzeige *f* report of a loss; **V.aus-**

gleich *m* compensation for loss; **V.nachweis** *m* proof of loss; **V.risiko** *nt* risk of loss; **V.übernahme** *f* assumption of loss(es); **V.verteilung** *f* allocation of losses; **V.vertrag** *m* loss brought forward

verlustig *adj* deprived; **V.erklärung** *f* declaration of forfeiture

vermach|bar *adj* devisable, bequeathable; **v.en** *v/t* 1. to dispose by will; 2. *(bewegl. Sachen, Geld)* to bequeath; 3. *(Grundbesitz)* to devise

Vermächtnis *nt* 1. testamentary gift; 2. (specific) legacy, bequest; 3. devise; **V. mit Auflagen** legacy subject to conditions; **V. annehmen** to accept a legacy; **V. ausschlagen** to refuse to accept a legacy, to disclaim a legacy; **V. aussetzen** to grant a legacy; **bedingtes V.** contingent/specific legacy; **V.anfall** *m* devolution of a legacy; **V.anspruch** *m* claim to a legacy; **V.ausschlagung** *f* refusal to accept a legacy; **V.geber** *m* legator; **V.nehmer** *m* legatee, beneficiary under a will; **V.vollstrecker** *m* executor

vermeidbar *adj* avoidable; **V.keit** *f* avoidability

vermeiden *v/t* to avoid

Vermeidung *f* prevention, avoidance; **V. von Härten** prevention of hardship; **bei ~ Strafen** on pain/penalty of

vermeintlich *adj* putative

Vermengung *f* comminglement, confusion

Vermerk *m* endorsement, note, entry, memorandum; **v.en** *v/t* 1. *(Rückseite einer Urkunde, Führerschein)* to endorse; 2. to note, to make an entry

Vermessung *f* *(Land)* survey(ing)

Vermessungs|amt *nt* 1. surveyor's office; 2. *(für Steuerzwecke)* cadastral office; **V.ingenieur(in)** *m/f* surveyor; **V.schein** *m* survey certificate

vermietbar *adj* tenantable, lettable, rentable *[US]*

vermieten *v/t* 1. *(bewegl. Sachen)* to hire out; 2. *(Immobilien)* to let/rent *[US]/* lease

Vermieter *m* 1. *(Immobilien)* landlord; 2. *(bewegl. Sachen)* lessor; **V.in** *f* *(Immobilien)* landlady; **V.haftpflicht** *f* landlord's liability; **V.pfandrecht** *nt* landlord's lien

Vermietung *f* letting, hiring out; **V. und Verpachtung** letting and leasing; **V. von Betriebsanlagen** plant leasing

verminder|n *v/t* to reduce/lessen; **V.ung** *f* reduction; **~ des Wertes** loss of value

vermisch|en *v/t* to commingle; **V.ung** *f* commingling, confusion

vermisst *adj* missing; **V.er** *m* missing person

vermittelbar *adj* employable, placeable

vermitteln *v/ti* 1. *(Schiedsrichter)* to arbitrate; 2. to arrange/place/mediate; **v.d** *adj* conciliatory, intermediary

Vermittler(in) *m/f* intermediary, gobetween, middleman, agent, broker, mediator, conciliator

Vermittlung *f* mediation, conciliation, agency

Vermittlungs|agent *m* mediator; **V.ausschuss** *m* mediation committee; **V.kosten** *f* brokerage costs; **V.provision** *f* agent's commission, brokerage; **V.stelle** *f* mediation agency; **V.verfahren** *nt* conciliation proceedings; **V.vertreter** *m* mediator

vermöge *prep* by virtue of

Vermögen *nt* wealth, property, assets; **V. der Gesellschaft** partnership/corporate assets; **V. der öffentlichen Hand** public property; **V. juristischer Personen** corporate assets

Vermögen aufteilen to divide assets; **V. beschlagnahmen** to seize aaasets/property; **V. besitzen** to own property; **mit seinem V. haften** to be liable with one's assets; **V. übertragen** to transfer assets; **V. verschwenden** to dissipate a fortune; **V. verwalten** to administrate property

ausländisches Vermögen foreign assets; **bares V.** liquid assets; **bewegliches V.** goods and chattels; **gemeinschaftliches V.** joint property; **haftendes V.** liable assets; **inländisches V.** domestic assets; **persönliches V.** personal assets; **pfändbares V.** distrainable assets; **steuerpflichtiges V.** taxable assets; **umlaufendes V.** current assets; **unbewegliches V.** real estate, realty *[US]*; **vererbliches V.** inheritable property; **verfügbares V.** disposable assets; **verwendbares V.** mortgageable property

vermögend *adj* wealthy
Vermögens|abgabe *f* property levy;
V.absonderung *f* segregation of property; **V.anfall** *m* accession of property; **V.anlage** *f* investment; **V.aufstellung;** **V.ausweis; V.bilanz** *f/m/f* statement of assets and liabilities; **V.belastung** *f* charge/encumbrance on property; **V.beschlagnahme** *f* sequestration of assets; **V.besitz** *m* property; **V.delikt** *nt* property offence, offence against property; **V.einkünfte** *pl* unearned income; **V.erwerb** *m* acquisition of property
Vermögensgegen|stand *m* asset; **unbeweglicher ~** real asset; **belastete V.stände** encumbered assets
Vermögens|güter *pl* assets, goods; **V.herausgabe** *f* surrender of property; **V.lage** *f* financial situation; **v.los** *adj* impecunious; **V.masse** *f* total assets; **V.nachteil** *m* pecuniary loss; **V.posten** *m* asset; **V.recht** *nt* law of property; **V.schaden** *m* 1. pecuniary loss; 2. property damage; **V.stand** *m* position of assets and liabilities; **V.steuer** *f* wealth tax; **V.übergang** *m* transfer/devolution of property; **V.übersicht** *f* statement of assets and liabilities; **V.übertragung** *f* conveyance of property; **V.veranlagung** *f (Sozialhilfe)* means test; **V.veräußerung** *f* alienation of assets; **~ zur Vollstreckungsvereitelung** fraudulent conveyance; **V.verhältnisse** *pl* financial circumstances, means; **V.verkehrssteuer** *f* capital transfer tax; **betrügerische V.verlagerung** asset-stripping *(coll)*; **V.verschiebung** *f* fraudulent transfer of assets; **V.verschleierung** *f* concealment of assets; **V.verwalter** *m* administrator; **V.verwaltung** *f* administration of property, ~ an estate, receivership, trust, asset management; **V.verzeichnis** *nt* schedule of property; **V.vorteil** *m* pecuniary advantage
Vermögenswert *m* property value; **immaterielle V.e** intangible assets; **materielle V.e** tangible assets; **verschleierte V.e** concealed assets
vermögens|wirksam *adj* asset-creating; **V.zuwachs** *m* capital gain
vermumm|t *adj* masked; **V.ung** *f* disguise; **V.ungsverbot** *nt* ban on wearing masks

vermut|en *v/t* to presume/assume; **v.lich** *adj* presumptive, putative
Vermutung *f* presumption, assumption; **V. des Überlebens** presumption of survival; **V. widerlegen** to rebut a presumption; **gesetzliche V.** statutory presumption; **unwiderlegbare V.** irrefutable presumption; **widerlegbare V.** rebuttable presumption
vernachlässigen *v/t* to neglect
Vernachlässigung *f* neglect; **V. der Aufsichtspflicht** neglect of supervisory duties; **V. von Schutzbefohlenen** failure to look afer persons in care; **V. der Unterhaltspflicht** failure to provide maintenance, non-support; **schuldhafte V.** culpable neglect
vernehmen *v/t* to hear/examine/interrogate/question; **eidlich V.** to examine on oath
Vernehmung *f* examination, interrogation, questioning, hearing; **V. des Angeklagten zur Sache** questioning (of) the defendant on the substance of the charge; **V. der Beteiligten** examining (of) the parties; **V. zur Person** examining (of) a person about his/her personal status; **~ Sache** examining (of) those involved in the case; **V. eines Sachverständigen** interrogation of an expert; **V. eines Zeugen** examination of a witness; **V. durchführen** 1. *(Gericht)* to examine; 2. *(Polizei)* to question
eidliche Vernehmung examination on oath; **öffentliche V.** public examination; **polizeiliche V.** police interrogation; **richterliche V.** judicial examination; **zeugenschaftliche V.** interviewing (of) a witness
Vernehmungs|beamter; V.beamtin *m/f* interrogator; **V.ersuchen** *nt* request to interrogate; **v.fähig** *adj* fit to be examined, capable of being questioned; **V.protokoll** *nt* record of interrogation; **V.richter** *m* examining magistrate; **V.richtlinien** *pl* Judges' Rules *[GB]*
vernein|en *v/t* to answer in the negative, to deny/negate; **V.ung** *f* negation
vernichten *v/t* to destroy
Vernichtung *f* destruction; **V. von Akten** destruction of files; **~ Beweismitteln** destroying (of) evidence; **V.sprotokoll** *nt* record of destruction (of files)

Vernunft *f*   reason; **V.recht** *nt* law of reason

vernünftig *adj* reasonable

veröffentlichen *v/t* 1. to publish/publicize; 2. *(Gesetz)* to promulgate

Veröffentlichung *f* 1. publication; 2. promulgation; **nicht zur V. bestimmt** off the record; **~ sein** to be off the record; **amtliche V.** official publication; **pornografische V.** obscene publication

Veröffentlichungs|blatt *nt* official gazette; **V.pflicht** *f* statutory public disclosure; **V.recht** *nt* right of publication; **V.vorschrift** *f* disclosure requirement

verordnen *v/t* to ordain/decree; **gesetzlich v.** to enact

Verordnung *f* 1. decree, order, ordinance, statutory instrument, executive order; 2. *(städtisch)* bye-law, municipal ordinance; **V. mit Gesetzeskraft** statutory instrument; **V. erlassen** to issue an ordinance; **städtische V.** bye-law, municipal ordinance; **V.sblatt** *nt* official gazette

verpachten *v/t* 1. to let on lease, to let/lease; 2. *(Grundbesitz)* to demise

Verpächter *m* lessor, landlord; **V.pfandrecht** *nt* lessor's lien

Verpachtung *f* lease, letting, demise

verpfändbar *adj* pawnable, pledgeable, mortgageable

verpfänd|en *v/t* to pledge/mortgage; **V.er** *m* pawnor, pledgor, mortgagor; **v.et** *adj* pawned, in pawn, pledged, mortgaged

Verpfändung *f* pawning, pledging, mortgaging, hypothecation; **V. einer Forderung** pledging of a claim; **V. beweglicher Sachen** chattel mortgage, pledging of chattels; **V. von Schulden** pledging (of) debts; **aus der V. auslösen** to take out of pawn; **formlose V.** equitable charge

Verpfändungs|urkunde *f* letter of hypothecation, mortgage deed; **V.vertrag** *m* contract of pledge

verpfeifen *v/t (coll)* to shop *(coll)*/squeal *(coll)*

verpflichten *v/t* to obligate/oblige/engage/commit/bind/engage; **sich v.** *v/refl* to commit os., to undertake; **sich vertraglich v.** to bind os. by contract; **v.d** *adj* obligatory; **einseitig ~** onerous

verpflichtet *adj* indebted, liable, obliged, committed; **jdm gegenüber v. sein** to be under an obligation to so.; **gesamtschuldnerisch v.** jointly and severally bound; **gesetzlich v.** bound by law; **vertraglich v.** bound by contract, liable under a contract

Verpflichteter *m* obligated party, obligee

Verpflichtung *f* liability, burden, commitment, engagement, obligation, onus *(lat)*, undertaking; **V. zum Ersatz** obligation to provide compensation; **~ Familienunterhalt** obligation to provide maintenance; **V. zur Vornahme einer Handlung** obligation to perform; **V. zum Schadenersatz** liability for damages

Verpflichtung abgelten to discharge an obligation; **V. auferlegen** to impose an obligation; **V. aufheben** to lift an obligation; **V. eingehen** to enter into a commitment; **V. einhalten/erfüllen** to honour/meet a commitment, ~ an obligation; **jdn von einer V. entbinden** to release so. from an obligation; **~ aus einer V. entlassen** to release so. from an obligation; **V. auf sich nehmen; V. übernehmen** to undertake/assume/incur an obligation, ~ a liability; **V. verletzen** to breach an obligation

abstrakte Verpflichtung independent covenant/obligation; **akzessorische V.** accessory obligation; **ausdrückliche V.** express obligation; **bedingte V.** conditional obligation; **dingliche V.** obligation in rem *(lat.)*; **einseitige V.** unilateral obligation; **entstandene V.en** accrued liabilities; **feierliche V.** solemn undertaking; **finanzielle V.** pecuniary obligation; **gegenseitige V.** mutual/joint obligation; **gemeinschaftliche vertragliche V.** joint contractual obligation; **gesamtverbindliche V.** joint and several obligation; **gesetzliche V.** statutory/legal obligation; **moralische V.** moral obligation; **obliegende V.** incumbent obligation; **jdm ~ V.** obligation incumbent on so.; **öffentlich-rechtliche V.** obligation under public law; **schuldrechtliche V.** contractual liabillity; **stillschweigende V.** implied obligation; **unbedingte V.** unconditional obligation;

vertragliche V. covenant; **eingegange-ne V.en** liabilities incurred
Verpflichtungs|eid *m* promissory oath; **V.erklärung** *f* formal obligation, undertaking, commitment; **V.geschäft** *nt* executory agreement/transaction; **V.-schein** *m* promissory note (P/N); **V.übernahme** *f* assumption of an obligation; **V.urteil** *nt* positive injunction, writ of mandamus *(lat.)*
verplomben *v/t* to seal
Verrat *m* treason, betrayal; **V. von Dienstgeheimnissen** infringement of official secrets; **v.en** *v/t* to betray
Verräter *m* trailor; **v.isch** *adj* treasonable
verrechnen *v/t* to set off, to offset; **etw. v. mit** to set sth. off against
Verrechnung *f* offsetting, clearing; **V. von Ansprüchen** offsetting of claims
Verrechnungs|abkommen *nt* clearing agreement; **V.einrede** *f* offset plea; **V.scheck** *m* crossed cheque; **V.schuld** *f* clearing debt; **V.tag** *m* settlement day
verrichten *v/t* to perform/effect
Verrichtung *f* performance, discharge; **V.sgehilfe; V.sgehilfin** *m/f* vicarious agent
Verruf *m* disrepute
versagen *v/ti* 1. to deny; 2. to fail; **V. der Justiz** *nt* miscarriage of justice; **menschliches V.** human error; **technisches V.** mechanical failure
Versager *m* 1. failure; 2. *(Munition)* dud
Versagung *f* refusal, denial; **V. der Erlaubnis** denial of permission; **~ Hilfe** refusal of assistance
sich versammeln *v/refl* to assemble/gather
Versammlung *f* assembly, gathering, meeting; **V. unter freiem Himmel** open-air meeting; **V. einberufen** to convene a meeting; **V. leiten** to preside over a meeting; **V. vertagen** to adjourn a meeting
außerordentliche Versammlung extraordinary meeting; **gesetzgebende V.** legislative assembly; **konstituierende V.** constituent assembly; **öffentliche V.** public meeting; **unerlaubte/verbotene V.** unlawful assembly; **unfriedliche V.** riotous assembly; **zulässige V.** lawful assembly

Versammlungs|erlaubnis *f* permission to hold a meeting; **V.freiheit** *f* freedom of assembly; **V.gesetz** *nt* law concerning assemblies and processions; **V.recht** *nt* 1. right of assembly; 2. law of assembly; **V.verbot** *nt* prohibition of assembly
Versand *m* shipment, dispatch, forwarding; **V.handel** *m* mail-order trade; **V.vorschriften** *pl* forwarding instructions; **V.anzeige** *f* forwarding advice
versäumen *v/t* 1. to fail to do sth.; 2. *(Veranstaltung)* to fail to attend; 3. *(unterlassen)* to omit; 4. *(vernachlässigen)* to neglect
Versäumnis *nt* 1. failure to do sth.; 2. failure to attend, non-attendance; 3. omission; 4. *(Zahlung)* default, failure; **V.gebühr** *f* default fine; **V.urteil** *nt* judgment by default; **~ aufheben** to set aside a judgment by default; **V.verfahren** *nt* default proceedings
Versäumung *f* default
verschaffen *v/t* to procure/obtain; **jdm etw. v.** to procure sth. for so.; **sich etw. v.** *v/refl* to obtain sth.; **V. von falschen amtlichen Ausweisen** *nt* procuring (of) forged (official) documents
Verschaffung *f* procurement; **V.svermächtnis** *nt* demonstrative legacy
verschärf|en *v/t* to aggravate/tighten up; **v.t** *adj* aggravated; **V.ung** *f* aggravation; **~ der Strafe** aggravation of the sentence
verscheiden *v/i* to decease
verschieben *v/t* 1. *(räumlich)* to shift/move; 2. *(zeitlich)* to postpone/defer, to put off
Verschiebung *f* 1. shift, displacement; 2. postponement, deferment; **V. von Kfz** vehicle smuggling
verschieden *adj* disparate; **V.es** *nt (Tagesordnung)* any other business (AOB), miscellaneous
verschiffen *v/t* to ship
Verschiffung *f* shipping, forwarding; **V.sdokumente** *pl* shipping documents
verschlechtern *v/t* to worsen
Verschlechterung *f* deterioration; **V.sverbot** *nt* prohibition to worsen the appellant's position
verschleier|n *v/t* to mask/conceal/disguise, to cover up; **V.ung** *f* concealment; **~ von Vermögenswerten** concealment of assets

Verschleiß *m* wear and tear; **V.erscheinung** *f* sign of wear

verschleppen *v/t* 1. *(verzögern)* to delay unduly, to protract/prolong/delay/filibuster *[US]*; 2. *(Person)* to abduct/kidnap

Verschleppung *f* 1. delay, protraction, procrastination, dilatory tactics; 2. abduction, kidnapping; **V. des Verfahrens** delaying (of) the proceedings; **V.staktik** *f* delaying tactics, filibustering *[US]*

ver|schließen *v/t* to lock; **v.schlossen** *adj* locked

verschlüsseln *v/t* to encode/encipher

Verschluss *m* 1. lock; 2. *(Plombe)* seal; **unter V.** under lock and key; **V.sache** *f* classified information/matter

Verschmelzungsvertrag *m* merger agreement

verschmutzen *v/t* to pollute

Verschmutzung *f* pollution, contamination

Verschmutzungs|grad *m* pollution level; **V.schäden** *pl* pollution damage; **V.zertifikat** *nt* pollution/emission permit

verschollen *adj* missing, presumed dead; **V.e(r)** *f/m* missing person; **V.heit** *f* disappearance; **V.heitsgesetz** *nt* missing persons act

verschreiben *v/t* to prescribe

Verschreibung *f* prescription; **V. durch einen Arzt** medical prescription; **V. eines Substitutionsmittel** presciption of a surrogate; **V. durch einen Tierarzt** veterinary prescription; **~ einen Zahnarzt** dental prescription

verschrott|en *v/t* to scrap; **V.ung** *f* scrapping

verschulden *v/t* 1. to be at fault, to be responsible; 2. *(herbeiführen)* to cause; **sich v.** *v/refl* to get into debt, to incur debts

Verschulden *nt* fault, blame, negligence; **ohne V.** without fault; **~ eigenes V.** through no fault of one's own; **~ jds V.** through no fault of so.'s own; **V. des Erfüllungsgehilfen** fault of the vicarious agent; **V. bei Vertragsabschluss** negligence in contracting, culpa in contrahendo *(lat.)*

beiderseitiges Verschulden (case of) both to blame, mutual fault; **beträcht-**liches V. major share of the blame, considerable fault; **eigenes V.** own fault; **fahrlässiges V.** negligence; **geringfügiges V.** slight fault; **grobes V.** gross fault; **konkurrierendes V.** contributory/concurrent negligence; **mitwirkendes V.** contributory negligence; **strafrechtliches V.** criminal negligence; **vermutetes V.** presumed fault

Verschuldens|beweis *m* proof of fault; **V.haftung** *f* liability in tort, tortious liability, liability for fault, ~ based on fault; **V.vermutung** *f* presumption of fault

verschuldet *adj* indebted; **stark v. sein** to be heavily indebted

Verschuldung *f* indebtedness; **V. der öffentlichen Hand** public-sector borrowing; **V.sgrad** *m* level of indebtedness; **V.grenze** *f* borrowing limit

verschwägert *adj* related by marriage

verschweigen *v/t* to conceal/suppress/withhold

Verschweigen *nt* withholding, non-disclosure, concealment, suppression; **V. von Tatsachen** concealment of facts; **V. rechtserheblicher Umstände** material non-disclosure; **V. eines wesentlichen Umstandes** *(Vers.)* material concealment; **arglistiges V.** fraudulent concealment, malicious non-disclosure; **~ eines Mangels** fraudulent concealment of a defect; **~ von Tatsachen** fraudulent concealment of facts

verschwend|en *v/t* to squander/waste; **V.ung** *f* waste

verschwiegen *adj* discreet

Verschwiegenheit *f* discretion, secrecy; **jdn zur V. verpflichten** to enjoin so. to secrecy; **strenge V. wahren** to observe strict secrecy; **V.spflicht** *f* 1. duty to observe secrecy; 2. *(Arbeitsrecht)* duty not to disclose confidential information

Verschwörung *f* conspiracy, plot

verschwunden *adj* missing

Versehen *nt* oversight, mistake, error; **aus V.** inadvertently, by mistake

Versehrt|enrente *f* injury benefit; **V.heit** *f* disability

versenden *v/t* to forward

Versendungskauf *m* mail-order purchase

versetzen *v/t* 1. *(pfänden)* to pawn/ pledge; 2. *(umsetzen)* to transfer; **jdn v.** to transfer so.

Versetzung *f* transfer; **V. in den Anklagestand** arraignment; **~ Ruhestand** pensioning; **V.santrag** *m* request for a transfer

versicherbar *adj* insurable

Versicherer *m* insurer, underwriter

versichern *v/t* 1. to affirm/aver; 2. *(Vers.)* to insure; 3. *(Seevers.)* to underwrite; **eidlich v.** to affirm on oath

versichert (gegen) *adj* insured (against); **V.e(r)** *f/m* insuree, the insured

Versicherung *f* 1. insurance; 2. *(Zusicherung)* assurance; **die V. wird fällig** the policy matures; **V. an Eides Statt** affirmation in lieu of an oath; **V. gegen Folgeschäden** consequential damage(s) insurance; **V. auf Gegenseitigkeit** mutual insurance; **V. gegen Haftpflichtschäden** third-party (liability) insurance; **~ Kunstfehler** malpractice insurance; **V. auf fremdes Leben** insurance on the life of a third party; **V. für Produzentenhaftung** product liability insurance; **V. auf den Todes- und Erlebensfall** endowment insurance; **~ den Todesfall** whole-life insurance

Versicherung abschließen *v/t* to take out an insurance

befristete Versicherung term insurance; **eidesstattliche V.** affirmation in lieu of oath; **eidliche V.** affirmation on oath; **feierliche V.** solemn assurance

Versicherungs|ablauf *m* expiration of policy; **V.anspruch** *m* insurance claim; **~ regulieren** to adjust a claim; **V.antrag** *m* proposal (form); **V.aufsicht(sbehörde)** *f* insurance regulator(s); **V.bedingungen** *pl* terms and conditions of insurance; **V.beginn** *m* commencement/ inception of insurance cover(age); **V.berechtigte(r)** *f/m* beneficiary (of insurance); **V.betrug** *m* insurance fraud; **~ begehen** to commit insurance fraud; **V.dauer** *f* term of insurance; **V.deckung** *f* insurance cover(age); **V.doppelkarte** *f (Kfz.-Vers.)* cover note; **v.fähig** *adj* insurable; **V.fall** *m* event insured; **V.gegenstand** *m* (insurable) interest; **V.gesellschaft** *f* insurance company;

V.hypothek *f* endowment mortgage; **V.leistung** *f* insurance benefit; **V.makler(in)** *m/f* insurance broker; **V.missbrauch** *m* insurance fraud; **V.nachtrag** *m* insurance endorsement; **V.nehmer(in)** *m/f* the insured, insuree *[US]*, insured person, policyholder; **V.objekt** *nt* insurable interest; **V.pflicht** *f* statutory cover(age)/insurance; **~ des Nießbrauchers** usufructuary's statutory insurance; **v.pflichtig** *adj* liable to insurance; **V.police** *f* insurance policy; **V.prämie** *f* insurance premium; **V.recht** *nt* insurance law; **V.regulierer(in)** *m/f* claims/loss adjuster; **V.sachverständige(r)** *f/m* appraiser; **V.schein** *m* insurance policy

Versicherungsschutz *m* insurance cover(age); **V. gewähren** to provide insurance cover(age); **pauschaler V.** comprehensive cover(age)

Versicherungs|summe *f* sum insured; **sich die ~ auszahlen lassen** to cash the policy; **v.technisch** *adj* actuarial; **V.träger** *m* insurer, underwriter; **V.urkunde** *f* insurance certificate; **V.verein** *m* insurance society; **~ auf Gegenseitigkeit** mutual insurance society; **V.verhältnis** *nt* contract of insurance; **V.vertrag** *m* 1. contract of insurance, insurance contract; 2. *(Dokument)* policy; **V.zeit** *f* period of insurance; **V.zwang** *m* compulsory insurance

versiegel|n *v/t* to seal; **V.ung** *f* sealing; **amtliche ~** official sealing

versilbern *v/t (coll)* to convert into cash, to flog off *(coll)*

Versitzung *f* negative/extinctive prescription

versöhn|en *v/t* to conciliate/reconcile; **V.ung** *f* reconciliation

versorgen *v/t* 1. to supply/provide; 2. *(sorgen für)* to take care of, to look after; **jdn mit etw. v.** to supply so. with sth.

Versorgung *f* 1. provision, supply; 2. *(Unterhalt)* maintenance; 3. pension

Versorgungs|abschlag *m* reduction in benefit; **V.anrecht; V.anspruch** *nt/m* pension entitlement; **V.anstalt** *f* pension fund; **V.anwartschaft** *f* pension expectancy; **V.ausfall** *m* loss of pension; **V.ausgleich** *m* statutory equalization of pensions; **schuldrechtlicher ~** contractual equalization of pensions; **v.berechtigt** *adj* entitled to a pension; **V.berechtigte(r)** *f/m* person entitled to public support; **(öffentlicher) V.betrieb; V.gesellschaft; V.unternehmen** *m/f/nt* public utility (company); **V.bezüge** *pl* superannuation benefits; **V.empfänger(in)** *m/f* pensioner, benefit recipient; **V.kasse; V.träger** *f/m* pension fund; **V.leistung** *f* pension payment; **V.recht** *nt* law of benefits; **V.vertrag** *m* supply agreement/contract

verspät|et *adj* late; **V.ung** *f* delay
versperr|en *v/t* to bar; **v.t** *adj* barred
versprechen *v/t* to promise/pledge
Versprechen *nt* 1. promise; 2. *(bindend)* undertaking; 3. *(feierlich)* pledge; 4. *(urkundlich)* covenant; **V. der Schadloshaltung** letter of indemnity; **(unentgeltliches) V. ohne Verpflichtung** gratuitous promise; **bindendes V.** binding promise; **unbedingtes V.** unconditional promise; **vertragliches V.** contractual undertaking; **V.sempfänger(in)** *m/f* promisee; **V.surkunde** *f* deed of covenant; **V.der** *m* promisor
verständigen *v/t* to advise; **sich v.** to reach an understanding
Verständigung *f* 1. *(Benachrichtigung)* notification, information; 2. *(Übereinkunft)* understanding, agreement; **zu einer V. gelangen** to come to an understanding; **schriftliche V.** written agreement
Versteck *nt* cache; **v.t** *adj* hidden
Versteigerer *m* auctioneer
versteigern *v/t* to auction (off), to sell by auction, to put up for auction; **meistbietend v.** to sell to the highest bidder; **öffentlich v.** to sell by public auction
Versteigerung *f* auction, (public) auction/sale, sale by auction; **gerichtliche V.** judicial sale; **öffentliche V.** public auction
Versteigerungs|bedingungen *pl* terms of auction; **V.erlös** *m* auction proceeds, proceeds of an auction; **V.gericht** *nt* court in charge of a public auction; **V.ort** *m* place of auction; **V.termin** *m* auction day, date of auction; **V.verfahren** *nt* auction proceedings

versteuerbar *adj* taxable
Versteuerung *f* 1. taxation; 2. payment of tax
verstorben *adj* deceased; **V.e(r)** *f/m* the deceased
Verstoß *m* 1. *(StR)* offence, violation, infraction; 2. *(ZR)* breach, infringement; **V. gegen straßenverkehrsrechtliche Bestimmungen** infringement of the highway code; **~ Bewährungsauflagen** parole violation; **~ Einreisegesetze** immigration abuse; **~ die Geschäftsordnung** breach of order; **~ Gesetz und gute Sitten** infringement of the law and against bonos mores *(lat.)*; **~ die öffentliche Ordnung** public order offence, offence against public order; **~ ein (persönliches) Recht** infringement of a right; **~ die guten Sitten** infringement of bonos mores *(lat.)*; **~ einen Vertrag** breach of contract; **~ das Waffengesetz** firearms violation; **geringfügiger V.** minor offence
verstoßen *v/i* to contravene/infringe/violate/offend/infract
verstreichen *v/i* to lapse/expire
verstricken *v/t* to entangle/inculpate
Verstrickung *f* entanglement, inculpation; **V.sbruch** *m* rescue of goods lawfully distrained, interference with attachment
verstümmel|n *v/t* to mutilate/maim; **V.ung** *f* mutilation
Versuch *m* 1. test, trial; 2. *(StR)* attempt; **V. der Anstiftung zur Falschaussage** attempted incitement to make a false statement; **~ Begehung einer Straftat** attempt to commit a crime; **V. einer strafbaren Handlung** attempt to commit a crime; **V. ist strafbar** the attempt shall be punishable; **vom V. zurücktreten** to abandon an attempt; **strafbarer V.** criminal attempt; **untauglicher V.** futile attempt
versuchen *v/t* to attempt
vertagen *v/t* 1. *(bereits begonnen)* to adjourn; 2. *(noch nicht begonnen)* to postpone
Vertagung *f* 1. adjournment; 2. postponement; **V. eines Verfahrens** adjournment/continuance *[US]* of proceedings; **V. auf unbestimmte Zeit**

adjournment sine die *(lat.)*; **V. beantragen** *(Gericht)* to apply for an adjournment

Vertauschen von Waren *nt (absichtlich)* substitution of goods

verteidigen *v/t* to defend; **sich v.** *v/refl* to defend os.

Verteidiger(in) *m/f* counsel/attorney *[US]* for the defence, defence counsel; **V. bestellen,** 1. to brief a defence counsel, to appoint a counsel for the defence; 2. *(durch das Gericht)* to assign a defence counsel; **bestellter V.** retained defence counsel; **gerichtlich ~** court-appointed counsel for the defence

Verteidigung *f* defence *[GB]*, defense *[US]*; **V. vor Gericht** defence in court; **V. der Rechtsordnung** defence of the rule of law; **V. niederlegen** to withdraw from the defence, to abandon the defence; **V. übernehmen** to take over/assume the defence; **zur V. vorbringen** to plead in defence

Verteidigungs|antrag *m* motion by the defence; **V.smittel** *nt* means of defence; **V.srede** *f* speech for the defence; **V.sschrift** *f* statement of defence

Verteidigungsvorbringen zurückweisen *nt* to strike out the defence; **unzulässiges V.** inadmissible defence

verteilen *v/t* 1. to distribute; 2. *(aufteilen)* to allocate/apportion; 3. *(streuen)* to spread

Verteiler *m* distributor; **V.schlüssel** *m* ratio of distribution

Verteilung *f* 1. distribution, allocation; 2. *(Aufgliederung)* breakdown; 3. *(Streuung)* spread; 4. *(verhältnismäßig)* apportionment; **V. der Früchte** distribution of fruits; **~ Lasten** allocation of burdens; **V. des Nachlasses** distribution of the estate; **~ Überschusses** distribution of the surplus; **V. der Zuständigkeiten** allocation of responsibilities

Verteilungs|beschluss *m* distribution order; **V.masse** *f* funds available for distribution; **V.quote** *f* distribution quota; **V.schlüssel** *m* ratio of distribution; **V.verfahren** *nt* distribution proceedings

Vertrag *m* 1. contract, agreement, covenant; 2. *(Völkerrecht)* treaty, convention; **aus einem V.** ex contractu *(lat.)*; **laut V.** as per contract; **mittels eines V.es** by (way of) contract; **kein V. ohne Gegenleistung** *(Voraussetzung bei schuldrechtl. Vertrag)* no contract without consideration; **V. zu Gunsten Dritter** contract/agreement for the benefit of a third party; **~ Lasten Dritter** contract imposing a burden on a third party; **durch konkludentes Handeln geschlossener V.** implied contract; **V. auf Lebenszeit** life contract; **durch Rechtsvermutung begründeter V.** contract implied in law; **~ Tatsachenauslegung festgestellter V.** contract implied in fact

Vertrag abschließen to enter into a contract, to conclude an agreement; **schriftlichen V. abschließen** to enter into a written agreement; **der V. wird auf die Dauer von drei Jahren abgeschlossen** the contract is entered into for a period of three years; **V. ändern** to amend/modify a contract; **V. anfechten** to avoid/rescind a contract; **V. annullieren** to annul a contract, to declare a contract null and void; **V. aufheben/auflösen** 1. to rescind a contract; 2. *(Völkerrecht)* to abrogate a treaty; **V. aufsetzen** to draw up a contract; **V. beendigen** to terminate a contract; **einem V. beitreten** to accede to a treaty; **auf ~ beruhen** to be based on a contract; **V. bestätigen** to confirm/uphold a contract; **im Folgenden bezeugt dieser V.** now this deed witnesses; **V. brechen** to breach/break a contract; **V. eingehen** to enter into a contract; **V. erfüllen** to honour/perform a contract; **durch V. gebunden sein** to be under contract; **der V. hat zum Gegenstand** the contract involves; **jdn unter V. nehmen** to contract so., to put so. under contract; **V. kündigen; V. rückgängig machen; sich vom V. lösen** to rescind/revoke a contract; **V. schließen** to enter into/conclude a contract; **V. unterzeichnen** to sign a contract; **V. verlängern** to renew a contract; **V. verletzen** to infringe a contract; **im V. ausdrücklich oder stillschweigend vorsehen** to provide expressly or implicitly in the contract; **von einem V. zurücktreten** to rescind a contract

aleatorischer Vertrag *m* aleatory contract; **anfechtbarer V.** avoidable agreement, voidable contract; **atypischer V.** innominate contract; **bedingter V.** conditional contract; **befristeter V.** fixedterm contract; **dinglicher V.** real contract, agreement in rem *(lat.)*; **entgeltlicher V.** onerous contract; **noch zu erfüllender V.** executory contract; **erfüllter V.** executed contract; **faktischer V.** de facto *(lat.)* contract; **fehlerhafter V.** vicious contract; **förmlicher V.** formal contract; **formbedürftiger V.** contract requiring a specific form; **formloser V.** informal agreement; **gegenseitiger V.** mutual/reciprocal agreement; **gemischter V.** mixed contract; **gesetzwidriger V.** illicit contract; **laufender V.** current contract; **mehrseitiger V.** multilateral agreement; **mündlicher V.** oral/verbal agreement; **nichtiger V.** void contract; **notarieller V.** notarial deed; **öffentlich-rechtlicher V.** contract under public law, contract governed by public law; **rechtsverbindlicher (und endgültiger) V.** binding contract; **rechtswidriger V.** illegal contract; **rechtswirksamer V.** effective contract; **schriftlicher V.** written agreement; **schuldrechtlicher V.** contractual agreement; **selbstständiger V.** independent contract; **sittenwidriger V.** agreement contra bonos mores *(lat.)*; **stillschweigender V.** implied contract; **typischer V.** nominate contract; **unentgeltlicher V.**, gratuitous contract; **ungültiger V.** invalid contract; **vernichtbarer V.** voidable contract; **einseitig verpflichtender V.** unilateral contract; **völkerrechtlicher V.** international treaty; **widerrechtlicher V.** illegal/illicit contract; **zweiseitiger V.** bilateral contract

förmliche und einfache Verträge deeds and simple contracts

vertraglich *adj* ex contractu *(lat.)*, contractual; **v. gebunden sein an** *(Ausbildungsvertrag)* to be articled to; **v. verpflichtet sein** to be bound by contract

Vertrags|ablauf *m* expiration of (a) contract; **V.abrede** *f* binding agreement, contractual stipulation; **V.abschließende(r)** *f/m* contracting party

Vertragsabschluss *m* conclusion of a contract; **nach V.** on completion of contract

vertragsähnlich *adj* quasi-contractual

Vertrags|änderung *f* amendment/modification of a contract; **V.anfechtung** *f* avoidance/rescission of a contract; **V.annahme** *f* acceptance of a contract; **V.annullierung** *f* cancellation/rescission of a contract; **V.anspruch** *m* contractual claim

Vertragsaufhebung *f* cancellation/rescission of contract; **auf V. klagen** to bring an action for rescission; **V.sklage** *f* revocatory action; **V.srecht** *nt* right to cancel/rescind a contract

Vertrags|auflösung *f* termination of contract; **V.auslegung** *f* construction/interpretation of a contract; **V.bedingung** *f* contractual stipulation

Vertragsbedingungen *pl* (terms and) conditions of contract; **V. festlegen** to stipulate the conditions of a contract; **allgemeine V.** general terms of contract; **unzulässige V.** unfair contract terms; **vereinbarte V.** agreed terms

Vertragsbeendigung *f* termination/discharge of contract; **V. durch Vereitelung** discharge by frustration; **einverständliche V.** discharge by agreement

Vertrags|befugnis *f* power to contract; **V.beginn** *m* commencement of contract; **V.beitritt** *m* accession to a treaty; **V.bestandteil** *m* component of a contract

Vertragsbestimmung *f* contractual provision/stipulation, provision of a contract, stipulation

Vertragsbestimmungen *pl* provisions/stipulations of a contract; **nach den V.** *(Ausbildungsvertrag)* in accordance with the articles; **V. abändern** to vary the terms of the contract; **V. einhalten** to observe the terms of a contract; **wesentliche V.** essential conditions/terms of a contract

Vertrags|beteiligte *pl* parties to the contract; **V.beziehung** *f* contractual relationship

Vertragsbruch *m* 1. breach of contract; 2. *(Völkerrecht)* violation of a treaty; **sich auf V. berufen** to plead breach of contract; **antizipierter V.** anticipated breach of contract

vertragsbrüchig *adj* in breach of contract; **v. werden** to commit a breach of contract

vertragschließend *adj* contracting

Vertrags|schließende(r) *f/m* contracting party, contractor; **V.dauer** *f* contract period, duration/term of (a) contract; **V.durchführungsgarantie** *f* contract implementation guarantee; **V.entwurf** *m* draft (of a) contract; **V.erbe(in)** *m/f* heir conventional; **V.erfordernis** *f* essentials of a contract; **V.erfüllung** *f* performance of contract; ∼ **ist unmöglich geworden** the contract has become frustrated; **genaue** ∼ specific performance; **V.ergänzung** *f* rider, endorsement; **V.erneuerung** *f* renewal of (a) contract

vertragsfähig *adj* capable of entering into a contract

Vertrags|freiheit *f* freedom of/to contract; **V.garantie** *f* contractual guarantee; **V.gebiet** *nt* contract area; **V.gegenstand** *m* subject (matter) of a contract

vertragsgemäß *adj* according to contract, as agreed (upon); **V.heit** *f* conformity with the contract

Vertrags|gemeinschaft *f* contract association; **V.gericht** *nt* contractual venue; **V.gestaltung** *f* preparation of a contract; **V.grundlage** *f* basis of a contract; **V.haftung** *f* contractual liability; **V.händler(in)** *m/f* authorized/appointed dealer; **V.inhalt** *m* contents/subject of the contract; **V.interesse** *nt* interest in the performance of a contract; **V.klage** *f* action ex contractu *(lat.)*; **V.klausel** *f* contract clause, stipulation; **V.kosten** *f* cost of contract; **V.laufzeit** *f* term of a contract; **V.lücke** *f* loophole in a contract

vertragsmäßig *adj* contractual

Vertrags|muster *nt* specimen contract; **V.niederschrift** *f* memorandum of the agreement; **V.partei; V.partner(in)** *f/m* party to the contract, contracting party; **V.partnerwechsel** *m* change of contracting party; **V.pflicht** *f* obligation under a contract, contractual obligation; **V.prämie** *f (Vers.)* stipulated premium; **V.preis** *m* contract price; **V.prinzip** *nt* privity of contract; **V.produkt** *m* con-

tract product; **V.punkte** *pl* articles of agreement; **V.recht** *nt* law of contract; **V.rechte** *pl* contractual rights

vertragsrechtlich *adj* contractual

Vertrags|regelung *f* contractual arrangement; **die V.regierungen** *pl* the contracting governments; **V.revision** *f* revision of contract

Vertragsschließungs|kompetenz *f* power to contract; **V.verfahren** *nt* contracting procedure

Vertragsschluss *m* conclusion of a contract; **bei V.** at the time of reaching agreement

Vertragsschuld *f* contract debt; **V.ner(in)** *m/f* debtor under an agreement; **V.recht** *nt* law of contract

Vertrags|schutzklausel *f* protective covenant; **V.staat** *m* contracting state; **V.staaten eines Abkommens** treaty states

Vertragsstrafe *f* 1. (contractual) penalty; 2. *(pauschalierter Schadenersatz)* liquidated damages; **V. vereinbaren** to stipulate a penalty; **unzulässige V.** inadmissible penalty

Vertragsstrafen|klausel *f* penalty clause; **V.vereinbarung** *f* penalty agreement; **V.vorbehalt** *m* penalty reservation

Vertrags|streitigkeiten *pl* disputes arising from a contract; **V.teil** *nt* party to the contract; **V.text** *m* wording of a contract; **V.treue** *f* compliance with a contract, contractual fidelity; **V.treuhänder(in)** *m/f* contract trustee; **V.typ** *m* type of contract; **V.übertragung** *f* transfer of contract; **V.umstände** *pl* circumstances governing the contract

vertragsunfähig *adj* contractually incapable

Vertrags|unterlagen *pl* contract documents; **V.unternehmen** *nt* contractor; **V.unterzeichnung** *f* signing of a contract; **V.urkunde** *f* (indent) deed, (contractual) instrument, indenture (deed), deed of covenant

Vertragsvereinbarung *f* contractual agreement; **ausdrückliche V.** express term of a contract

Vertragsverhältnis *nt* contractual relationship; **bestehendes V.** existing contractual relationship; **faktisches V. de facto** contract; **fehlerhaftes V.** flawed contract

Vertrags|verhandlungen *pl* contract negotiations; **V.verlängerung** *f* prolongation of a contract

Vertragsverletzung *f* 1. breach of (a) contract; 2. *(Völkerrecht)* violation of a treaty; **sich auf eine V. berufen** to plead a breach of contract; **positive V.** positive breach of contract

Vertrags|verpflichtung *f* contractual obligation; **V.vollmacht** *f* power to contract; **V.vorbehalt** *m* proviso, reservation; **V.werk** *nt* comprehensive contract; **internationale V.werke** international instruments; **V.werkstatt** *f* authorized garage; **V.wert** *m* contract value

vertrags|wesentlich *adj* material, substantial; **v.widrig** *adj* in breach of contract, contrary to the (terms of an) agreement

Vertrags|widrigkeit *f* breach of contract, lack of conformity with the contract; **V.zeit** *f* contract term, period of a contract; **V.ziel** *nt* contract objective; **V.zins** *m* contract rate of interest; **V.zusage** *f* contractual undertaking; **V.zweck** *m* object of the contract

vertrauen *v/i* to trust; **V.** *nt* confidence, reliance, trust

Vertrauens|antrag *m* motion for a vote of confidence; **V.anwalt** *m* counsel of choice; **V.arzt** *m* medical examiner/referee; **V.basis** *f* basis of trust

vertrauensbildend *adj* confidence-building

Vertrauens|bildung *f* confidence building; **V.bruch** *m* breach of confidence/faith/trust; **V.mann** *m* 1. confidential/police agent, informer; 2. *(Gewerkschaft)* shop steward; **V.missbrauch** *m* abuse of confidence; **V.person** *f* confidant(e); **V.prämie** *f* 1. *(Vers.)* stipulated premium; 2. loyalty bonus; **V.schaden** *m* damage caused by breach of trust; **V.schutz** *m* protection of bona-fide acts, fidelity clause; **V.stelle** *f* position of trust; **V.stellung** *f* position of trust, fiduciary position; **V.verhältnis** *nt* confidential relationship; relationship based on trust

vertrauenswürdig *adj* trustworthy, reliable; **V.keit** *f* trustworthiness, reliability

vertraulich *adj* confidential, private (and confidential); **streng v.** strictly confidential

vertreib|en *v/t* 1. *(Besitz)* to evict/dispossess/expel/oust; 2. *(verkaufen)* to market/sell

Vertreibung *f* 1. *(Besitz)* eviction, expulsion, dispossession, ouster

vertretbar *adj* defensible, justifiable, reasonable, tenable; **rechtlich v.** legally justifiable; **V.keit** *f* justifiability

vertreten *v/t* 1. to deputize/replace; 2. *(Mandant)* to represent; 3. *(rechtfertigen)* to justify/warrant; **jdn gerichtlich v.** to appear for so., to represent so. in court; **etw. nicht zu v. haben** not to be responsible for sth.; **sich selbst v.** to plead one's own case

Vertretener *m* principal

Vertreter *m* 1. representative; 2. *(Stellvertreter)* deputy; 3. *(ZR)* agent; **V. der Anklage** *m* counsel for the prosecution, prosecuting counsel; **V. vor Gericht** counsel; **V. für ein Rechtsgeschäft** special agent; **V. des Staatsanwalts** deputy prosecutor; **V. ohne Vertretungsmacht** unauthorized agent

Vetreter bestellen/bestimmen 1. to appoint a representative; 2. to appoint a deputy; **gesetzlicher Vertreter** *m* legal representative; **beschränkt geschäftsfähiger V.** agent with limited contractual capacity, ~ limited capacity to contract; **bevollmächtigter V.** authorized agent/representative; **gesetzlicher V.** statutory agent, legal representative, attorney *[US]*; **örtlicher V.** local agent; **rechtmäßiger V.** lawful agent; **ständiger V.** permanent representative

Vertreter|haftung *f* agent's liability; **V.provision** *f* agent's commission; **V.vertrag** *m* agency contract

Vertretung *f* 1. agency; 2. representation; **zur V. berechtigt** authorized to act an agent; **V. vor Gericht** legal representation; **V. kraft Rechtsschein** agency by estoppel; **V. ohne Vertretungsmacht** unauthorized representation

Vertretung ablehnen *f* to decline representation; **V. niederlegen** to resign representation; **V. übernehmen** to take over representation

amtliche Vertretung official representation; **angemessene V.** adequate representation; **anwaltliche V.** legal representation; **berufsständische V.** professional representation; **gesetzliche/rechtliche V.** 1. statutory agency; 2. legal representation

Vertretungsbefugnis *f* representative authority, power of attorney/representation, proxy; **außerhalb seiner V. handeln** to act ultra vires *(lat.)*

vertretungsberechtigt *adj* authorized to act an agent; **V.e(r)** *f/m* 1. authorized representative; 2. authorized agent

Vertretungs|berechtigung *f* authority to act an agent; **V.eigenschaft** *f* representative capacity; **V.macht** *f* power of agency; **~ kraft Rechtscheins** authority by estoppel; **V.organ** *nt* representative body; **V.verhältnis** *nt* agency; **V.vollmacht** *f* power of attorney, representative authority; **V.zwang** *m* compulsory representation

Vertrieb *m* distribution; **gewerbsmäßiger V.** commercial distribution

Vertriebs|abkommen *nt* marketing agreement; **V.bindung** *f* resale restriction, tying arrangement; **V.bindungsvertrag** *m* tying contract; **V.gebiet** *nt* distribution area; **V.gesellschaft** *f* distribution company; **V.kosten** *pl* distribution costs; **V.lizenz** *f* distribution licence; **V.recht** *nt* distribution rights; **V.verbot** *nt* prohibition to distribute; **V.vereinbarung** *f* marketing agreement; **V.vertrag** *m* marketing contract

etw vertusch|en *v/t* to hush sth. up; **V.ung** *f* cover-up

verüb|en *v/t* to commit/perpetrate; **V.ung** *f* commission, perpetration

verunglimpfen *v/t* to defame/detract/disparage; **jdn v.** to denigrate/disparage so., to cast a slur on so.

Verunglimpfung *f* defamation, denigration, detraction, disparagement, vilification; **V. des Andenkens Verstorbener** reviling the memory of the dead

verunglück|en *v/i* to have an accident; **V.te(r)** *f/m* accident victim

etw. verunreinigen *v/t* 1. to dirty sth.; 2.

(Hund) to foul sth.; 3. *(Umwelt)* to pollute sth.

verunstalt|en *v/t* to disfigure; **V.ung** *f* disfigurement

veruntreu|en *v/t* to embezzle/misappropriate/defalcate/peculate; **V.er** *m* embezzler, defalcator, peculator

Veruntreuung *f* embezzlement, misappropriation, defalcation, peculation, malversation, fraudulent conversion; **V. im Amt** misappropriation by a public official; **V. von Geldern** embezzlement of funds

verursach|en *v/t* to cause/effect; **V.er** *m* perpetrator; **~ ermitteln** to identify the guilty party; **V.erprinzip** *nt* polluter pays principle (PPP)

Verursachung *f* causation; **V.svermutung** *f* assumption of causes, presumption of causation

verurteilen *v/t* 1. *(StR)* to convict/condemn/sentence; 2. *(ZR)* to adjudge; **jdn lebenslänglich v.** to sentence so. to life imprisonment; **jdn zu etw. v.** to sentence so. to sth.

verurteilt *adj* 1. sentenced; 2. *(Todesstrafe)* condemned; **rechtskräftig v.** finally convicted; **V.e(r)** *f/m* convict, convicted person; **lebenslänglich ~** lifer *(coll)*

Verurteilung *f* 1. *(StR)* sentencing, conviction, 2. *(ZR)* judgment; **V. zu gemeinnütziger Arbeit** community service order; **V. mit Bewährung** suspended sentence; **V. zur Entschädigung** compensatoring award; **V. zum Jugendarrest** youth custody order; **V. zu den Kosten** order to pay costs; **V. zum Schaden(s)ersatz** judgment for damages; **V. im Schnellverfahren** summary conviction; **V. zur Strafe** sentence; **V. wegen einer Straftat** criminal conviction; **V. wegen eines Verkehrsdelikts** motoring conviction

kostenpflichtige Verurteilung judgment with costs

vervielfältigen *v/t* to reproduce

Vervielfältigung *f* reproduction; **V.srecht** *nt* copyright

verwahren *v/t* to keep in custody

Verwahrer *m* bailee, depositee; **V.pfandrecht** *nt* bailee's lien

etw. verwahrlosen lassen *v/t* to let sth. fall into disrepair, to neglect sth.

Verwahrlosung *f* 1. *(Gebäude, Grundstück)* dilapidation; 2. *(Mensch)* neglect

Verwahrung *f* 1. *(Person)* committal; 2. safe custody, safekeeping; **V. von Wertpapieren und Kostbarkeiten** safekeeping of securities and valuables; **in V. geben** to deposit, to place in custody; **jdn in V. nehmen** *(zwangsweise Unterbringung)* to take so. into custody; **etw. in gerichtliche V. nehmen** to impound sth.

amtliche Verwahrung official custody; **gerichtliche V.** 1. court/judicial custody; 2. impounding, safekeeping; **öffentlich-rechtliche V.** official custody; **unentgeltliche V.** naked deposit; **vorläufige V.** provisional committal

Verwahrungs|beschluss *m* committal order; **V.bruch** *m* breach of custody; **V.gesetz** *nt* committal act; **V.ort** *m* place of custody; **V.pflicht** *f* safekeeping duty; **V.recht** *nt* right of custody; **V.stelle** *f* depository; **V.vertrag** *m* 1. contract of deposit; 2. custody agreement, bailment contract

verwalten *v/t* to administer/manage; **treuhänderisch v.** to administer in a fiduciary capacity

Verwalter *m* 1. administrator, manager; 2. *(Treuhänder)* custodian; 3. *(Konkurs)* receiver; **V. bestellen** to appoint a receiver; **gerichtlicher V.** judicial receiver; **treuhänderischer V.** trustee

Verwalter|amt *nt* receivership; **V.in** *f* administratrix

Verwaltung *f* 1. adminstration, management; 2. receivership; **V. eines Nachlasses** administration of an estate; **V. führen** to manage

gerichtliche Verwaltung judicial administration; **öffentliche V.** public administration; **örtliche V.** local administration; **treuhänderische V.** trusteeship; **vorläufige V.** receivership

Verwaltungs|abkommen *nt* administrative agreement; **V.akt** *m* administrative act; **~ anfechten** to contest an administrative act; **V.anordnung** *f* administrative order; **V.ausgaben** *pl* administrative expenditures; **V.beamter** *m* 1. administrative official; 2. *(Gerichtstermine)* listing officer *[GB]*; **V.behörde** *f* administrative authority; **V.beschwerde** *f* appeal against an administrative decision; **V.bezirk** *m* administrative district; **V.einheit** *f* administrative unit; **V.ermessen** *nt* administrative discretion; **V.gebühr** *f* administrative fee/charge

Verwaltungsgericht *nt* administrative court/tribunal; **V.sbarkeit** *f* administrative jurisdiction; **V.shof** *m* administrative court/tribunal

Verwaltungs|gesellschaft *f* management company; **V.handlung** *f* administrative act; **V.hilfe** *f* administrative assistance; **V.klage** *f* administrative (court) action; **V.kompetenz** *f* jurisdiction for administration; **V.kosten** *pl* management costs; **V.organ** *nt* administrative organ; **V.prozess** *m* administrative dispute; **V.rat** *m* management board; **V.recht** *nt* administrative law; **V.richter** *m* administrative tribunal judge; **V.sitz** *m* head office; **V.strafe** *f* administrative fine; **V.verfahren** *nt* administrative proceedings/procedure; **V.verfügung** *f* administrative ruling; **V.vertrag** *m* management contract; **V.vorschrift** *f* administrative/regulatory provision, administrative rule; **V.weg** *m* administrative channel; **auf dem ~** through administrative channels

verwandt *adj* related

Verwandte(r) *f/m* relation, relative; **angeheiratete(r) V.** relative by marriage, in-law; **leibliche(r) V.** blood relative; **nächste(r) V.** next-of-kin

Verwandtschaft *f* relationship, kinship

Verwandtschafts|grad *m* degree of relationship; **V.verhältnis** *nt* degree of relationship; **V.verhältnisse** *pl* family relationships

verwarnen *v/t* to caution/warn/reprimand; **gebührenpflichtig v.** to fine

Verwarngeld *nt* warning fine

Verwarnung *f* warning, caution, reprimand; **V. für falsches Parken** parking fine; **V. mit Verwarngeld** citation *[US]*; **V. aussprechen** to issue a warning

gebührenfreie Verwarnung verbal warning, caution; **gebührenpflichtige V.** (warning) fine; **gerichtliche V.** injunction; **~ mit Strafvorbehalt** bind-over order; **mündliche V.** verbal caution; **polizeiliche V.** police caution; **schriftliche V.** written warning

Verwarnungsgebühr; Verwarnungsgeld *f/nt* exemplary/warning fine, ~ charge

verwechseln *v/t* to confuse

Verwechslung *f* 1. confusion; 2. *(Person)* mistaken identity, misidentification; 3. *(Sache)* mix-up

verwehren *v/t* to deny

verweigern *v/t* to deny/disallow/refuse

Verweigerung *f* denial, refusal; **V. der Annahme** non-acceptance; **V. des Rechtsschutzes** non-enforceability **V. der Zeugenaussage** refusal to testify/ to give evidence;

Verweis *m* reprimand, reference; **V. erteilen** to reprimand; **v.en** *v/t* to refer (to)

Verweisung *f* referral, remittal, transfer; **V. an ein höheres Gericht** referral to a higher court; **~ Schiedsgericht** referral to arbitration

Verweisungs|antrag *m* motion to remit a case to another court; **V.beschluss** *m* transfer order, order to transfer an action; **V.verfahren** *nt* committal proceedings

verwenden *v/t* to use/employ; **widerrechtlich v.** to misappropriate

Verwender *m* user

Verwendung *f* usage, use, employment, application; **eigennützige V.** own use; **gewerbliche V.** commercial application; **missbräuchliche V.** improper use

Verwendungs|anspruch *m* claim to use; **V.ersatz** *m* alternative use; **V.zweck** *m* intended use

verwerf|en *v/t* 1. to disallow/dismiss/reject; 2. *(Berufung, Revision)* to set aside; **v.lich** *adj* reprehensible

Verwerflichkeit *f* reprehensibility, moral turpitude

Verwerfung *f* dismissal, rejection; **V.skompetenz** *f* power to reject a remedy

verwert|bar *adj* useful; **v.en** *v/t* to exploit/use/utilize

Verwertung *f* application, exploitation, use, utilization; **gewerbsmäßige V.** commercial application

Verwertungs|befugnis *f* authority to ex-

ploit; **V.pflicht** *f* duty to exploit; **V.recht** *nt* right of exploitation; **V.rechte** *pl* utilization rights

verwickel|n *v/t* to entangle/involve; **v.t** *adj* complex, intricate

Verwicklung *f* entanglement, involvement

verwirken *v/t (Recht)* to forfeit

Verwirklichung *f* realization; **V. eines Anspruchs** realization of a claim

Verwirkung *f* forfeiture, loss, laches, equitable estoppel; **V. von Ansprüchen** forfeiture of claims; **V. des Lohnanspruchs** loss of wages claim; **V. eines Rechts** forfeiture of a right; **V. des Rücktrittsrechts** *(Vertrag)* forfeiture of the right of rescission; **V. der Vertragsstrafe** forfeiture of the contract penalty; **V.sklausel** *f* estoppel/forfeiture clause

verwischen *v/t (Spur)* to cover sth. up

verwitwet *adj* widowed

jdn verwund|en *v/t* to injure/wound so.; **v.et** *adj* injured, wounded

Verwund|ete(r) *f/m* wounded person; **V.ung** *f* injury, wound

Verwüstungen anrichten *pl* to cause devastation

Verzehr *m* consumption (of food); **für menschlichen V. ungeeignet** unfit for human consumption

verzeichnen *v/t* to record

Verzeichnis *nt* list, register; **amtliches V.** official register; **~ der Grundstücke** official land register

verzeih|en *v/t* to forgive; **v.lich** *adj* excusable, forgivable

Verzeihung *f* forgiveness

verzerr|en *v/t* to distort; **V.ung** *f* distortion

Verzicht *m* 1. disclaimer, renunciation, waiver; 2. *(Amt, Eigentum)* relinquishment; **V. eines Abkömmlings** disclaimer by a descendant; **V. auf die Erbschaft** disclaimer of an inheritance; **~ die Einrede der Vorausklage** waiver of the benefit of discussion; **~ Ersatzansprüche** waiver of claims for damages; **~ Pfändungsschutz** waiver of exemption; **ausdrücklicher V.** express waiver

verzichten *v/i* 1. *(Recht)* to waive/disclaim/relinquish; 2. *(allg.)* to dispense with, to go without

Verzicht(s)|erklärung *f*   waiver, disclaimer; **V.klausel** *f* disclaimer/waiver clause; **V.leistung** *f* disclaimer, waiver; **V.urteil** *nt* waiver judgment; **V.urkunde** *f* deed of renunciation

verzins|en *v/t*   to pay interest (on sth.); **v.lich** *adj* interest-bearing

Verzinsung *f* (rate of) interest

verzögern *v/t* to delay/protract

Verzögerung *f*   delay, protraction, time lag; **V. einkalkulieren** to allow for a delay; **schuldhafte V.** undue delay; **zeitliche V.** time lag

Verzögerungs|absicht *f* intention to delay proceedings; **V.schaden** *m* damage caused by delay; **V.taktik** *f* delaying tactics

verzoll|bar *adj* dutiable; **v.en** *v/t* to clear (through customs)

Verzollung *f* customs clearance; **V.sformalitäten** *pl* customs clearance formalities

Verzug *m*   1. (undue) delay; 2. *(Zahlung)* arrears, default; **bei V.** upon default; **im V.** in the event of delay; **V. der Annahme** delayed acceptance; **V. des Gläubigers** creditor's delay; **~ Schuldners** debtor's delay; **in V. gelangen/geraten** to default (on sth.); **mit etw. ~ geraten** to fall behind with sth.; **sich im V. befinden** to be in arrears

Verzugs|eintritt *m* occurrence of default; **V.entschädigung** *f* compensation for delay; **V.fall** *m* undue delay; **V.folge** *f* penalty for default; **V.gebühr** *f* late fee; **V.haftung** *f* liability for default; **V.schaden** *m* damage caused by default, ~ undue delay; **V.schaden(s)ersatz** *m* damages for delay; **V.strafe** *f* default fine; **V.tage** *pl* days of delay; **V.zinsen** *f* interest on arrears, interest for default, default/penal *[US]* interest

Verzweiflungstat *f* act of desperation

Veto *nt*   *(lat.)* veto; **V.recht** *nt* right of veto; **V. einlegen** to veto

Vetternwirtschaft *f* nepotism

Videoüberwachung *f*   video surveillance, monitoring by closed circuit TV (CCTV); **V.ssystem** *nt* closed-circuit surveillance system

Vieh *nt*   cattle, livestock; **V.bestand** *m* livestock; **V.haltung** *f* livestock farm-

ing; **V.händler(in)** *m/f* livestock dealer; **V.schaden** *m* damage caused by cattle

vielfältig *adj*   composite

Viertel *nt*   quarter

Vindikations|klage *f*   action of detinue, ~ to recover property; **V.legat** *nt* vindication legacy; **V.zession** *f* assignment of the right to claim the surrender of sth.

vindizieren *v/t* to claim ownership

Vinkul|ation; V.ierung *f*   restriction of transferability; **v.ieren** *v/t* to restrict transferability

Visitation *f* official inspection

vis maior *(lat.)* force majeure *(frz.)*

Visum *nt*   visa

vogelfrei *adj*   outlawed

Völker|mord *m*   genocide; **V.recht** *nt* law of nations, international (public) law; **v.rechtlich** *adj* in terms of public international law; **V.strafrecht** *nt* international criminal law

Volks|abstimmung; Volksbefragung *f*   referendum, plebiscite; **V.begehren** *nt* petition for a referendum; **V.eigentum** *nt* public property; **V.entscheid** *m* plebiscite, referendum; **V.justiz** *f* lynch law; **V.verhetzung** *f* incitement, sedition

Volleigen|tum *nt*   absolute ownership; **V.tümer(in)** *m/f* absoute owner

vollenden *v/t* to accomplish/complete

Voll|endung *f*   accomplishment, completion; **V.haftung** *f* full liability; **V.invalidität** *f* permanent/total disability; **v.jährig** *adj* of age; **~ werden** to come of age; **V.jährigkeit** *f* majority; **V.jurist(in)** *m/f* fully qualified lawyer

Vollkasko *nt*   comprehensive cover(age); **v.versichert** *adj* having comprehensive insurance; **V.versicherung** *f* fully comprehensive/no-fault insurance; **~ mit Selbstbeteiligung** deductible-clause collision insurance

Voll|kaufmann *m*   registered merchant; **V.mitgliedschaft** *f* full membership

Vollmacht *f* 1. *(Vertretung)* proxy; 2. *(Ermächtigung)* power, authority; 3. *(Schriftstück)* power of attorney; **außerhalb der V.** ultra vires *(lat.)*; **in V.** on behalf of; **V. zur Kreditaufnahme** borrowing powers

mit allen Vollmacht|en ausgestattet sein to be fully authorized; **V. ausstellen** to grant power of attorney; **V. erteilen** to authorize; **in jds V. handeln** to act on so.'s authority; **V. auf jdn übertragen** to vest authority in so.; **V. überschreiten** to exceed one's authority, to act ultra vires *(lat.)*; **V. vorlegen** to furnish/produce a power of attorney; **V. widerrufen** to revoke (a) power of attorney/proxy

ausdrückliche Vollmacht express authority; **außerordentliche V.** special powers; **stillschweigend erteilte V.** implied authority; **mangelnde V.** lack of authority; **notarielle V.** notarial power; **schriftliche V.** written authority; **unbegrenzte/unumschränkte V.** unlimited authority; **umfassende V.en** catch-all powers; **unwiderrufliche V.** irrevocable proxy

Vollmacht|geber(in) *m/f* principal, mandator; **V.geber(in) und –nehmer(in)** *m/f* principal and agent; **V.nehmer** *m* agent, mandatory, proxyholder

Vollmachts|beschränkung *f* limitation of authority; **V.besitzer(in)** *m/f* proxyholder; **V.entzug** *m* revocation of authority; **V.erteilung** *f* 1. delegation of authority; 2. *(Schriftstück)* grant(ing) of power of attorney; **V.indossament** *nt* procuration endorsement; **V.überschreitung** *f* acting ultra vires *(lat.)*; **V.übertragung** *f* delegation of powers; **V.umfang** *m* scope of authority; **V.urkunde** *f* letter(s) of attorney, written authority; **V.widerruf** *m* revocation of a power of attorney

Voll|rausch *m* intoxication, inebriation; **V.sitzung** *f* plenary session; **v.ständig** *adj* complete; **V.ständigkeitsklausel** *f* perfect attestation clause

vollstreckbar *adj* enforceable (by execution); **für v. erklären** to grant a writ of execution; **nicht v.** non-enforceable; **sofort v.** immediately enforceable; **vorläufig v.** provisionally enforceable

Vollstreckbarkeit *f* enforceability (by execution); **vorläufige V.** provisional enforceability

Vollstreckbarkeits|anordnung *f* writ of execution; **erneuter V.beschluss** writ of revivor *(lat.)*; **V.erklärung** *f* writ of execution; **V.verfahren** *nt* executory proceedings

vollstrecken *v/t* 1. *(Testament)* to execute; 2. *(Urteil)* to enforce, to carry out

Vollstrecker(in) *m/f* 1. executor; 2. *(Gerichtsvollzieher)* bailiff

Vollstreckung *f* enforcement, execution; **V. durch Gerichtsvollzieher** sequestration; **V. aus einem Grundpfandrecht** foreclosure (action); **V. durch Räumung** eviction, execution by writ of possession; **V. eines Testaments** execution of a will; **V. des Todesurteils** execution of the death sentence; **V. aus einem Urteil** execution under a judgment; **V. durch Versteigerung** execution sale; **V. einer Verfügung** enforcement of an order

Vollstreckung aussetzen to suspend execution; **V. betreiben** to effect execution; **V. einstellen** to stay execution; **V. des Urteils behindern** to bar execution of judgment; **sofortige V.** direct enforcement; **unzulässige V.** illegal enforcement

Vollstreckungs|abkommen *nt* enforcement agreement; **V.abwehr** *f* foreclosure suit, action against enforcement; **V.abwehrklage** *f* action to oppose enforcement, foreclosure suit; **V.anordnung** *f* writ of execution; **V.anspruch** *m* claim to have sth. enforced; **V.aufschub** *m* stay of execution, respite, reprieve; **V.auftrag** *m* order to levy execution, writ of execution; **V.aussetzung** *f* suspension/stay of execution; **V.beamter(in)** *m/f* law enforcement officer, bailiff; **V.befehl** *m* enforcement order, writ of execution, executory warrant; **V.befugnis** *f* executory authority; **V.behörde** *f* law enforcement agency/authority; **V.bescheid** *m* enforceable default summons; **V.beschluss** *m* writ of execution; **V.einstellung** *f* suspension/stay of execution; **V.ersuchen** *nt* application for enforcement; **V.forderung** *f* judgment claim; **V.gegenklage** *f* foreclosure suit, action to oppose execution; **V.gegenstand** *m* item subject to execution; **V.gericht** *nt* debtor's court; **V.gläubiger(in)** *m/f* judgment/enforcement creditor; **V.haft** *f* prison sentence; **V.haftbefehl** *m* arrest warrant; **V.hindernis** *nt* bar of execution; **V.kammer** *f* bankruptcy court; **V.klage** *f* enforcement suit; **V.klausel** *f* enforceability clause; **neue ~** writ of revivor *(lat.)*; **V.kosten** *pl* enforcement costs; **V.leiter(in)** *m/f* official in charge of enforcement; **V.maßnahme** *f* enforcement measure; **V.organ** *nt* enforcement agency; **V.pfandrecht** *nt* execution lien; **V.recht** *nt* law of enforcement; **V.schuld** *f* judgment debt; **V.schuldner(in)** *m/f* enforcement/judgment debtor; **V.schutz** *m* exemption from judicial execution; **V.titel** *m* writ of enforcement/execution; **V.übereinkommen** *nt* enforcement agreement; **V.unterwerfung** *f* submission to execution; **V.urteil** *nt* writ of execution; **V.vereitelung** *f* obstructing (of) execution; **V.verfahren** *nt* enforcement proceedings, executory process; **V.verjährung** *f* statute-barring of execution

Voll|trunkenheit *f* total intoxication, drunken stupor; **V.waise** *f* orphan

vollziehbar *adj* enforceable; **V.keit** *f* enforceability

vollziehen *v/t* 1. to execute, to carry out; 2. *(Urteil)* to enforce

Vollziehung *f* execution, enforcement; **V. der Ehe** consummation of marriage

Vollzug *m* execution, enforcement; **etw. außer V. setzen** to suspend the execution of sth.; **offener V.** open prison

Vollzugs|anordnung *f* executive order, implementing ordinance; **V.anstalt** *f* penal institution; **V.beamter(in)** *m/f* 1. law enforcement officer; 2. *(Gefängnis)* warder; **V.befugnis** *f* executory authority; **V.behörde** *f* enforcement agency; **kommunale ~** local government enforcement agency; **V.dienst** *m (Gefängnis)* prison service; **V.gewalt** *f* executory power; **V.organ** *nt* enforcement agency

Vorabentscheidung *f* preliminary decision/ruling, interlocutory decision; **V.sverfahren** *nt* preliminary decision proceedings

Vor|abzug *m* *(Steuer)* deduction at source; **V.ahnung** *f* premonition; **V.ankündigung** *f* advance notice; **V.anschlag** *m* estimate, quotation; **V.anzeige** *f* advance notice

Voraus|abtretung *f* anticipatory assignment; **V.abzug** *m* deduction at source

vorausbezahl|en *v/t* to prepay, to pay in advance; **v.t** *adj* prepaid (ppd)

Vorausbuchung *f* advance booking

vorausdatieren *v/t* to predate, to date forward

Voraus|empfang *m* advance receipt; **V.entrichtung** *f* prepayment; **v.gesetzt** *conj* provided, providing; **V.haftung** *f* primary liability; **V.klage** *f* preliminary injunction; **V.leistung** *f* 1. prepayment; 2. advance performance; **V.leistungspflicht** *f* advance performance obligation; **v.sehbar** *adj* foreseeable; **V.sehbarkeit** *f* foreseeability

voraussetzen *v/t* to presuppose

Voraussetzung *f* 1. *(Annahme)* assumption, premise; 2. *(Vorbedingung)* precondition, prerequisite, condition precedent; **V. für ein Amt** eligibility for office; **V. erfüllen** to meet the requirement; **zur V. haben** to presuppose

gesetzliche Voraussetzung statutory requirement; **rechtliche V.** legal requirement; **tatsächliche V.** de facto requirement; **unabdingbare V.** essential (prerequisite); **unbedingte V.** absolute prerequisite; **verfassungsmäßige V.** constitutional requirement; **verfahrensrechtliche V.** procedural requirement

Voraus|sicht *f* foresight; **V.verfügung** *f* anticipatory disposal; **V.vermächtnis** *nt* preferential legacy

vorauszahlen *v/t* to prepay, to pay sth. in advance

Vorauszahlung *f* advance payment, prepayment; **angemessene V.** adequate prepayment

vorauszusehen *adj* foreseeable

Vor|bedacht *m* premeditation; **mit ~** intentionally, deliberately, premeditated; **V.bedingung** *f* condition precedent, precondition

Vorbehalt *m* exception, proviso, reservation; **mit dem V.** always provided that; **ohne V.** unconditional; **unter V.** with reservations; **geheimer V.** mental reservation; **sich etw. v.en** *v/refl* to reserve the right to (do) sth.; **v.lich** *prep* subject to, conditional on; **v.los** *adj* unconditional

Vorbehalts|eigentümer(in) *m/f* conditional owner; **V.erklärung** *f* reservation, proviso; **V.kauf** *m* conditional sale; **V.klausel** *f* proviso (clause), reservation clause, salvo; **V.recht** *nt* reserved right; **V.urteil** *nt* conditional/provisional/reserved judgment

Vorbelastung *f* (*Grundstück*) prior encumbrance/charge; **V.sverbot** *nt* (*Grundstück*) prohibition of prior encumbrance

Vor|bemerkungen *pl* prelims; **v.benannt** *adj* aforesaid

Vorbenutzung *f* (*Patentrecht*) prior use; **V.shandlungen** *pl* acts of prior use; **V.srecht** *nt* right of prior use

vorbereiten *v/t* to prepare

Vorbereitung *f* preparation; **V. eines Angriffskrieges** preparing a war of aggression; **V. der mündlichen Verhandlung** pleadings

Vorbereitungs|haft *f* preparatory custody; **V.handlung** *f* preparatory act, act preparatory to the commisison of an offence

Vorbescheid *m* 1. interim/preliminary ruling; 2. (*Baurecht*) outline permission; 3. (*Patentrecht*) interim action

Vor|besitzer(in) *m/f* previous holder/occupant/owner; **V.besprechung** *f* briefing

vorbestellen *v/t* to reserve

Vorbestellung *f* advance booking/order

vorbestraft *adj* (previously) convicted; **einschlägig v.** previously convicted for the same offence; **v. sein** to have a criminal record, ~ previous conviction; **mehrfach** ~ to have several previous convictions; **nicht** ~ to have a clean record; **V.e(r)** *f/m* person with a previous conviction

Vorbeuge|haft *f* preventive detention; **v.n** *v/t* to preclude/prevent; **v.nd** *adj* precautionary, preventive

Vorbeugung *f* prevention; **V.smaßnahme** *f* preventive measure

Vorbild *nt* example; **jdm als V. dienen** to serve as an example for so.; **sich jdn zum V. nehmen** to model os. on so.; **schlechtes V.** poor example

Vorbild|funktion *f* exemplary function; **v.lich** *adj* exemplary, in an exemplary manner

Vorbildung *f* educational background

vorbringen *v/t* 1. (*Behauptung*) to allege; 2. (*geltend machen*) to assert/contend; 3. (*Anliegen*) to lay; 4. (*plädieren*) to plead; 5. (*einreichen*) to submit; 6. (*beteuern*) to aver

Vorbringen *nt* 1. allegation; 2. contention, assertion; 3. (*Gericht*) plea; 4. pleading; 5. submission; 6. averment; **V. neuer Beweise** production of fresh evidence; **V. von Beweismaterial** submission of evidence; **V. der Parteien** submission of the parties; **nachträgliches V.** subsequent pleadings; **rechtlich unzulässiges V.** (*Verteidigung*) inadmissible defence; **verspätetes V.** late submissions

vor|datieren *v/t* to antedate; **sich v.drängen** *v/refl* to jump the queue; **v.dringlich** *adj* urgent; **V.druck** *m* form; **v.ehelich** *adj* premarital; **V.eid** *m* promissory oath

voreingenommen *adj* biased, prejudiced; **V.heit** *f* bias, prejudice

Voreintragung *f* preceding entry; **V. im Grundbuch** preceding entry in the Land Register *[GB]*

vorenthalten *v/t* to withhold

Vorent|haltung *f* withholding, detinue; **V.scheidung** *f* precedent judgment, preliminary decision; **V.wurf** *m* preliminary draft

Vorerb|e *m* provisional heir; **V.schaft** *f* estate in tail, provisional succession; **befreite** ~ exempted provisional succession

Vorermittlungen *pl* preliminary investigations

vorerwähnt *adj* aforesaid

Vorfahre *m* ancestor

Vorfahrt *f* right of way; **V. haben** to have (the) right of way; **jdm die V. nehmen** to fail to give way to so.; **v.sberechtigt** *adj* having the right of way; ~ **sein** to have the right of way; **V.sschild** *nt* right of way sign

Vorfall *m* incident, occurrence

im Vorfeld von etw. *nt* in the run-up to sth.

Vorfinanzierung *f* prefinancing

Vorführbefehl *m* warrant to appear

vorführen *v/t* (*Gericht*) to bring before the judge

Vorführung f *(Zeuge)* production (of a witness); **V.sbefehl** m warrant to bring so. to court

Vorgabezeit f allowed time

Vorgang m course of events

Vorgänger(in) m/f predecessor; **V. im Amt** predecessor in office

vorgefasst adj preconceived

vorgeben v/t to pretend

vorgehen v/i 1. to take action, to proceed; 2. to take precedence, to rank before; **gegen jdn. gerichtlich v.** to proceed against so.

Vorgehen nt 1. *(Methode)* approach; 2. *(Einschreiten)* action; 3. *(Verfahrensweise)* course of action; **abgestimmtes V.** concerted action; **eigenmächtiges V.** arbitrary action; **gemeinschaftliches V.** concerted action

vorgelegt, genehmigt und unterschrieben adj read out, agreed to and signed; **v. und nicht eingelöst** *(Scheck)* refer to drawer (R/D)

vorgenannt adj aforesaid

Vorgeschichte f record, previous history

vorgeschrieben adj mandatory, prescribed, required, stipulated; **gesetzlich v.** required by law, statutory

vorgesehen adj envisaged, scheduled

Vorgesellschaft f predecessor company

Vorgesetzte(r) f/m superior, principal

vorgezogen adj brought forward

vorgreif|en v/I to anticipate; **v.lich** adj prejudicial; **V.lichkeit** f prejudicial effect

Vorgriff m anticipation; **v.sweise** adv in anticipation

Vorhaben nt project

Vorhaftung f prior liability

vorhalten v/t to rebuke/reproach

Vorhaltung f rebuke, remonstrance, reproach; **jdm V.en machen** to remonstrate with so.

Vorhand f first option

Vorhängeschloss nt padlock

vorher adv beforehand; **v. erwähnt** aforesaid; **v.ig** adj prior

vorherrschen v/i to predominate/prevail; **v.d** adj predominant, prevailing

vorherseh|bar adj foreseeable; **v.en** v/t to foresee

vorig adj *(vorausgegangen)* previous

Vor|instanz f lower court; **V.jahr** nt previous year; **V.kasse** f cash in advance, advance payment

Vorkauf m pre-emption

Vorkaufs|berechtigte(r) f/m pre-emptor; **V.berechtigung** f pre-emptive right, right of pre-emption, **V.recht** nt right of first refusal; **~ des Mieters** tenant's right of pre-emption; **durch ~ erwerben** to pre-empt; **gesetzliches ~** statutory right of pre-emption; **V.vertrag** m pre-emptive contract

Vorkehrung f precaution, precautionary measure; **V. treffen** to take precautions, to make provision for

Vorkenntnis f previous knowledge

Vorkommnis nt incident, occurrence

vorladen v/t 1. to summon; 2. *(unter Androhung von Strafe)* to subpoena *(lat.)*; 3. to cite; **jdn v.** 1. to serve a summons on so.; 2. *(unter Strafandrohung)* to subpoena so.; **jdn. v. lassen** to take out a summons against so.

Vorladung f 1. summons, citation, summoning, notification, warrant to appear; 2. *(unter Androhung von Strafe)* subpoena *(lat.)*; **V. unter Strafandrohung** writ of subpoena *(lat.)*; **V. zur Vernehmung** summons for questioning; **V. des Vollstreckungsschuldners** judgment summons

Vorladung ergehen lassen to issue a summons; **V. zustellen** to serve a summons; **gerichtliche V.** summons

Vorladungsbefehl m writ of summons

Vorlage f presentation, production, submission; **bei V.** *(Wechsel)* at sight; **~ von** on production of; **V. der Akten an ein höheres Gericht** certiorari *(lat.); **V. von Beweismaterial** submission of evidence; **~ Urkunden** submission of documents; **in V. treten** to advance (money)

Vorlage|beschluss m order to refer the matter to another court; **V.entscheidung** f decision on submitted evidence; **V.pflicht** f liability to make discovery

Vorlauf m run-up

vorläufig adj interim, interlocutory, preliminary, provisional, temporary

Vorleben nt record

vorlege|n v/t to adduce/furnish/present/ produce/submit; **V.pflicht** f duty to furnish evidence

Vorlegung *f* submission, production; **V. von Beweismitteln** production of evidence; **V. des Briefes** production of the letter; **V. der Urkunde** production of the deed

Vorlegungs|frist *f* time for presentation; **V.ort** *m* place of production; **V.pflicht** *f* requirement to produce (a document), obligation to present

Vorleistung *f* advance performance; **V.spflicht** *f* duty to render advance performance

vorlesen *v/t* to read out (aloud)

Vorlesung *f* reading; **V.spflicht** *f* duty to read (out) (the document)

vor|liegend *adj* 1. available; 2. instant, present; **v.malig** *adj* former

Vormann *m (Wechsel)* previous endorser

vormerken *v/t* to note

Vormerkung *f* registration, priority notice; **V. in das Grundbuch eintragen** to enter a priority notice in the Land Register *[GB]*

Vormieter(in) *m/f* previous tenant

Vormund *m* guardian; **V. bestellen** to appoint a guardian; **gerichtlicher/gesetzlicher V.** statutory guardian

Vormundschaft *f* custody, guardianship, tutelage, wardship; **V. bestellen** to appoint a guardian; **unter V. stehen** to be a ward of court, ~ under the care of a guardian; **befreite V.** exempted guardianship; **gerichtlich bestellte V.** legal custody

Vormundschafts|beschluss *m* guardianship order; **V.gericht** *nt* guardianship court; **V.recht** *nt* law of custody; **V.richter(in)** *m/f* judge at a guardinship court, ~ of a court of guardianship; **V.sache** *f* guardianship case; **V.sachen** *pl* wardship cases; **V.verhältnis** *nt* wardship

Vornahme *f* perpetration, undertaking; **V. einer Handlung** prepetration of an act; **~ Verfügung** execution of a writ; **V.klage** *f* action for specific performance

vornehmen *v/t* to do/effect

Vorpfändung *f* provisional garnishment, prior attachment

Vorprüfung *f* preliminary examination

Vorrang *m* priority, preference, precedence, prerogative; **V. für Fußgänger** pedestrian right of way; **V. des Gesetzes** precedence of statute law; **V. beimessen** to attach preference (to sth.); **V. haben** to take precedence; **V. vermerken** to enter a priority

vorrangig *adj* paramount

Vorrat *m* stock(s), supplies; **V.spfändung** *f* (collective) garnishment of future claims

Vorrecht *nt* preferential right, prerogative, privilege, **V.e, Befreiungen und Immunitätsrechte** privileges, exemptions and immunities; **jdm ein V. einräumen** to grant so. a privilege; **auf ein V. verzichten** to waive a privilege

Vorruhestand *m* early retirement; **V.sregelung** *f* early retirement scheme

Vorsatz *m* 1. premeditation; 2. *(Absicht)* intention, intent; **V. und Fahrlässigkeit** intent and negligence; **bedingter V.** contingent intent; **indirekter V.** indirect intent; **konkreter V.** specific intent; **strafrechtlicher V.** criminal intent; **verbrecherischer V.** malice aforethought; **vermuteter V.** constructive malice

Vorsatzdelikt *nt* premeditated offence

vorsätzlich *adj* deliberate, intentional, premeditated, wilful, malicious, with malice aforethought; **nicht v.** involuntary; **V.keit** *f* wilfulness

vor|schieben *v/t* to plead in excuse; **v.schießen** *v/t* to advance

Vorschlag *m* proposal, suggestion; **v.en** *v/t* to propose/suggest

vorschreiben *v/t* to prescribe/stipulate

Vorschrift *f* 1. rule; 2. *(Anweisung)* instruction(s), provision, regulation; **V. anwenden** to apply a rule; **nach V. arbeiten** to work to rule; **V. beachten** to comply with a rule; **V. sein** to be standard procedure; **V. verletzen** to infringe a rule

anwendbare Vorschrift applicable provision; **geltende V.** valid provision; **gesetzliche V.** statutory provision; **gültige V.** valid regulation; **zwingende V.** peremptory rule

Vorschriften *pl* rules and regulations; **V. des Gesetzes** provisions of the act; **den V. zuwider** contrary to regulations

allgemeine Vorschriften general provisions; **anwendbare/anzuwendende V.** applicable provisions/regulations; **ar-**

beitsrechtliche V. industrial regulations; **geltende V.** valid provisions; **gesetzliche V.** statutory provisions; **zwingende V.** binding provisions

vorschrifts|gemäß *adj* in accordance with regulations; **v.mäßig** *adj* proper, according to the regulations; **v.widrig** *adj* irregular, against/contrary to the regulations; **V.widrigkeit** *f* irregularity

Vorschub leisten *m* to aid and abet; **etw. V. leisten** to encourage sth.

Vorschuss *m* advance (payment); **V. leisten** to pay an advance

Vorschuss|leistung *f* advance (payment); **V.pflicht** *f* duty to pay an advance; **V.zahlung** *f* advance payment

vorschützen *v/t* to pretend

vorsehen *v/t* to provide for, to envisage

Vorsicht *f* care, caution; **V. ist besser als Nachsicht** *(prov.)* better (to be) safe than sorry *(prov.)*; **V., bissiger Hund!** beware of the dog!

vorsichtig *adj* careful, cautious

Vorsichts|maßnahme *f* precaution, precautionary measure; **V.maßregel** *f* precaution

Vorsitz *m* chair, chairmanship, presidency; **V. haben** to preside (over), to chair

vorsitzend *adj* *(Richter)* presiding; **V.e** *f* chairwoman

Vorsitzende(r) *f/m* 1. chairperson; 2. *(Richter)* presiding judge; 3. chairma; **V. des Gerichts** president of the court; **stellvertretender V.** deputy chairman/chairperson

Vorsorge *f* precaution, provision; **V. für etw. treffen** to make provision for sth.; **V.maßnahme** *f* precautionary measure

vorsorgen *v/i* to provide

Vorsorgepauschbetrag *m* blanket allowance, contingency sum

vorsorglich *adj* precautionary; *adv* as a precaution

vorspiegeln *v/t* to misrepresent/pretend

Vorspiegelung *f* misrepresentation, pretence; **unter V. von etw.** under the pretence of sth.; **V. falscher Tatsachen** fraudulent misrepresentation; **unter ~** under false pretences

Vorstadt *f* suburb

Vorstand *m* 1. (executive) board; management (board); 2. *(Gremium)* board of directors; 3. *(Partei)* executive; 4. *(Verein)* committee; 5. *(Vorstandsmitglied)* board member; **V. entlasten** to discharge the board

Vorstands|bericht *m* report of the directors; **V.beschluss** *m* resolution of the managing board; **V.mitglied** *nt* board member; **V.sitzung** *f* board meeting; **V.vorsitzende(r)** *f/m* chief executive officer (CEO), managing director

vorstehen *v/i* to preside (over); **v.d** *adj* aforementioned, hereinbefore; **V.es** *nt* the foregoing

Vorsteher *m* foreman, head

vorstell|ig werden *adj* to make representations; **V.ungen erheben** *pl* to remonstrate; **V.ungsgespräch** *nt* (job) interview

Vorsteuer *f* input tax

Vorstrafe *f* (previous) conviction; **gelöschte V.** spent conviction

Vorstrafen tilgen to wipe the slate clean *(fig.)*; **einschlägige V.** similar previous offences; **V.register** *nt* list of previous convictions, criminal record, slate *(fig.)*, rap sheet *(coll) [US]*

Vorstrafenverzeichnis *nt* criminal record

Vortat *f* prior offence

vortäuschen *v/t* to pretend/simulate

Vortäuschen *nt* feigning, pretence; **V. einer falschen Identität** impersonation; **~ Straftat** feigning commission of a crime, simulating a criminal offence

Vortäuschung *f* pretence; **V. der Ehe** jactitation of marriage *[GB]*; **V. von Tatsachen** misrepresentation of facts; **unter V. falscher Tatsachen** under false pretences

Vorteil *m* advantage, benefit; **V. bieten** to offer an advantage; **von V. sein** *(Bewerbung)* to be a plus; **V. ziehen aus** to benefit from; **geldwerter V.** pecuniary advantage; **rechtlicher V.** legal advantage

vorteilhaft *adj* advantageous, beneficial

Vorteils|annahme *f* bribe-taking; **V.gewährung** *f* granting of an undue advantage; **V.gewährung** *f* bribing; **V.nahme** *f* bribe-taking; **V.verschaffungsabsicht** *f* intention to bribe/corrupt

Vortrag *m* 1. pleadings, submission; 2. *(Bilanz)* carry-forward; **v.en** *v/t* 1. to plead/submit; 2. to carry forward; **V.srecht** *nt* right of public citation

Vortritt *m* precedence; **V. haben** to precede, to take precedence; **V.srecht** *nt* right of precedence

vorübergehend *adj* temporary

Voruntersuchung *f* preliminary examination/proceedings/hearing/investigation; **gerichtliche V.** committal proceedings

Vorurteil *nt* bias, prejudice; **v.sfrei; v.slos** *adj* unbiased, unprejudiced, impartial

Vorverfahren *nt* interlocutory/preliminary proceedings, pre-trial review

vorverlegen *v/t (Termin)* to bring forward

Vorverhandlung *f* preliminary proceedings

Vorverständnis *nt* advance knowledge

vorversterben *v/i* to predecease

Vorvertrag *m* 1. preliminary agreement/contract; 2. *(Vers.)* binder; **v.lich** *adj* precontractual

Vorwand *m* pretext; **unter falschem V.** under false pretences; **als V. dienen** to serve as a pretext

Vorweg|befriedigung *f* preferential satisfaction; **V.belastung** *f* prior charge; **v.genommen** *adj* anticipatory; **V.nahme** *f* anticipation; **v.nehmen** *v/t* to anticipate; **v.nehmend** *adj* anticipatory; **V.pfändung** *f* anticipated levy of execution

vor|weisen *v/t* to show; **v.werfen** *v/t* to accuse/blame/reproach

vorwiegend *adj* predominant

Vorwissen *nt* previous knowledge

Vorwurf *m* charge, rebuke, reproach; **sich zu dem V. äußern** to make a statement regarding the accusation; **über jeden V. erhaben sein** to be above reproach

vorzeig|en *v/t* to produce; **V.eobjekt** *nt* showpiece

vorzeitig *adj* premature

Vorzugs|aktie *f* preference share *[GB]*, preferred stock *[US]*; **V.behandlung** *f* preferential treatment; **V.fahrpreis** *m* concessionary fare; **V.klage** *f* action for preferential satisfaction; **V.recht** *nt* preferential right; **V.stimmrecht** *nt* preferential voting right; **V.tarif** *m* pref-

erential/preference tariff, preferential rate

Votum *(lat.)* vote, opinion

W

Wach|- und Schließgesellschaft *f* security (service) company; **W.dienst** *m* 1. security service; 2. guard duty; **W.e** *f (Polizeiwache)* police station; **~ haben** to be on guard duty; **W.habende(r)** *f/m* duty officer; **W.hund** *m* watchdog, guard-dog; **W.mann** *m* (security) guard; **w.sam** *adj* vigilant, watchful; **W.samkeit** *f* vigilance

wachsen *v/i* 1. to grow; 2. *(Spannung, Unruhe)* to mount

Wächter *m* (security) guard, watchman

Wacht|meister(in) *m/f* police officer, (police) constable *[GB]*; **W.posten** *m* guard

wackelig *adj* shaky, wobbly

Waffe *f* weapon; **mit vorgehaltener W.** at gunpoint; **W. tragen** to carry a gun; **gefährliche W.** dangerous/offensive weapon; **tödliche W.** deadly/lethal weapon

Waffen *pl* arms, firearms, weapons; **jdn nach W. durchsuchen** to search so. for weapons; **~ mit seinen eigenen W.n schlagen** *(fig)* to beat so. at his own game *(fig)*

Waffen|attrape *f* dummy gun; **W.besitz** *m* possession of firearms; **W.besitzkarte** *f* licence to possess firearms; **W.delikt** *nt* firearms offence; **W.diebstahl** *m* arms theft; **W.einsatz** *m* use of firearms; **W.embargo** *nt* arms embargo; **W.gebrauch** *m* use of firearms; **gerechtfertigter ~** lawful shooting; **W.gesetz** *nt* firearms act; **W.gewalt** *f* use of a weapon, armed force; **mit ~** by force of arms; **W.handel** *m* arms trade; **illegaler ~** gunrunning; **W.händler** *m* arms dealer; **W.kammer** *f* armoury; **W.lager** *nt* weapons depot; **W.narr** *m (coll)* gun freak *(coll);* **W.schein** *m* firearms certificate/licence/permit; **W.schmuggel** *m* arms traffic(king)/smuggling, gun-running; **W.stillstand** *m* armistice, cease-fire; **W.tragungsverbot** *nt* prohibition to carry firearms; **W.versteck** *nt* arms cache/dump

Wagen *m* automobile, car, vehicle; **firmeneigener W.** company car; **in Zahlung genommener W.** traded-in car; **W.park** *m (Fuhrpark)* vehicle fleet, fleet of cars

Wagnis *nt* risk

Wahl *f* 1. alternative, choice, option; 2. *(Auswahl)* selection; 3. *(Politik)* election; **nach seiner W.** at his option; **freie W. des Arbeitsplatzes** 1. free choice of employment; 2. *(EU)* free movement of labour; **W. ohne Gegenkandidaten** uncontested election; **W. durch Handaufheben** voting by show of hands; **nach W. des Käufers** at buyer's option; **W. in den Vorstand** election to the board; **W. durch Zuruf** voting by acclamation **in die engere Wahl einbeziehen** to shortlist; **zur W. gehen** to go to the polls; **keine W. haben** to have no option; **in die engere W. kommen** to be shortlisted, ~ on the short list; **sich bei einer W. vertreten lassen** to vote by proxy; **W. vornehmen** to conduct an election; **zur W. vorschlagen** to nominate

freie Wahl|en free elections, **nach jds freier W.** at so.'s option; **freie W. des Arbeitsplatzes** free choice of employment; **geheime W.** secret ballot

Wahl|alter *nt* voting age; **W.amtsleiter(in)** *m/f* returning officer *[GB]*; **W.anfechtung** *f* contesting an election; **W.ausschluss** *m* disqualification from voting; **W.ausschreibung** *f* writ for an election; **W.ausschuss** *m* election board/committee; caucus *[US]*

wählbar *adj* eligible; **W.keit** *f (passives Wahlrecht)* eligibility to stand for election

Wahl|behinderung *f* obstruction of polling, ~ an election; **W.benachrichtigung** *f* polling card; **W.beobachtung** *f* election monitoring; **w.berechtigt** *adj* eligible/entitled to vote; **W.berechtigte(r)** *f/m* person entitled to vote; **W.berechtigung** *f* right to vote; **W.betrug** *m* election fraud/rigging, ballot rigging; **W.bezirk** *m* ward; **W.einspruch** *m* ob-

jection to an election, election petition *[GB]*

wählen *v/t* to vote/elect; **willkürlich w.** to pick at random

Wahlenthaltung *f* abstention (from voting)

Wähler *m* 1. *(Gesamtheit der Wähler)* electorate; 2. elector, voter; **W.auftrag** *m* mandate; **W.bestechung** *f* bribing voters

Wahlergebnis *nt* election result; **W. anfechten** to challenge an election result; **W. fälschen** to rig the ballot

Wähler|kollegium *nt* electoral college *[US]*; **W.liste** *f* electoral list, register of voters/electors; **W.nötigung** *f* undue pressure on electors; **W.schaft** *f* 1. *(Wahlkreis)* constituents; 2. voters, electorate; **W.täuschung** *f* deception of voters; **W.verzeichnis** *nt* electoral roll

Wahl|fach *nt (Ausbildung)* optional subject; **passiv w.fähig** *adj* eligible, qualified to be elected; **W.fälschung** *f* ballot rigging, election fraud; **W.feststellung** *f* 1. alternative finding; 2. *(StR)* conviction in the alternative; **W.freiheit** *f* electoral freedom; **W.gang** *m* ballot; **im ersten ~** on the first ballot; **W.gegenüberstellung** *f* lineup, identity/identification parade; **~ per Video** video ID parade; **W.geheimnis** *nt* secrecy of election, ~ the ballot; **W.gerichtsstand** *m* court venue of choice, elective venue, forum of choice; **W.gesetz** *nt* 1. electoral law; 2. Representation of the People Act *[GB]*; **W.heimat** *f* adopted country; **W.kabine** *f* polling booth; **W.konsul** *m* honorary consul; **W.kreis** *m* constituency *[GB]*, electoral district *[US]*; **W.leiter(in)** *m/f* returning officer *[GB]*, election official *[US]*; **W.lokal** *nt* polling station *[GB]*/place *[US]*; **w.los** *adj* indiscriminate; **W.männergremium** *nt* electoral college; **W.möglichkeit** *f* option; **W.ordnung** *f* election regulations, electoral statute(s); **W.pflicht** *f* electoral duty; **W.pflichtfach** *nt (Schule, Universität)* compulsory subject of choice, ~ optional subject; **W.prüfer(in)** *m/f* scrutineer

Wahlprüfung *f* scrutiny (of votes), canvassing *[US]*, electoral scrutiny, scrutiny of the legitimacy of a ballot; **W.sbeschwerde** *f* complaint about electoral irregularities; **W.sgesetz** *nt* Review of Elections Act *[GB]*

Wahlrecht *nt* 1. electoral law; 2. right to vote, suffrage, franchise; **W. für die Entschädigungsform** settlement option; **W. ausüben** to exercise one's right to vote; **W. einräumen** to grant the right to vote; **W. entziehen** to dis(en)franchise; **W. verleihen** to enfranchise

aktives Wahlrecht right to vote; **allgemeines W.** universal suffrage; **passives W.** eligibility (to stand for election), right to stand for election

Wahl|rechtsgesetz *nt* Voting Rights Act *[US]*; **W.schein** *m* ballot paper; **W.schuld** *f* alternative obligation; **W.stimme** *f* vote; **um W.stimmen werben** to canvass for votes; **W.stimmenwerber** *m* canvasser; **W.unterlagen** *pl* election documents; **W.urne** *f* ballot box; **W.verfahren** *nt* electoral procedure; **W.vergehen** *nt* electoral misdemeanour; **W.vermächtnis** *nt* optional legacy; **W.versprechen** *nt* election promise/pledge; **W.verteidiger(in)** *m/f* counsel of one's choice, defence lawyer chosen by the defendant; **W.vorstand** *m* election committee; **~ des Betriebsrates** works council electoral committee; **w.weise** *adj* optional

Wahn *m* delusion; **W.sinn** *m* 1. *(allgemein)* madness; 2. *(Person)* insanity; **w.sinnig** *adj* 1. mad; 2. insane; 3. *(wahnwitzig)* crazy, **W.vorstellung** *f* hallucination, delusion

wahren *v/t* *(schützen)* to protect/safeguard

Wahrheit *f* truth, verity; **W. beweisen** to prove the truth (of sth.); **jdn zur W. ermahnen** to admonish so. to tell the truth; **W. ermitteln** to ascertain the truth; **mit der W. herausrücken** to come clean *(coll)*; **W. sagen** to tell the truth; **W. unterdrücken/verheimlichen** to suppress the truth; **W. verdrehen** to prevaricate

die halbe Wahrheit half the truth; **~ reine W.** the plain truth, nothing but the truth; **~ ungeschminkte W.** the plain/unvarnished truth; **ein Körnchen W.** a grain of truth

Wahrheits|beweis *m* 1. evidence of the truth; 2. *(Beleidigungsklage)* proof of the truth of the alleged facts as a defence; **~ antreten** to prove the truth of one's statement; **W.findung** *f* ascertaining (of) the truth, establishment of the truth; **W.gehalt** *m* veracity; **w.gemäß; w.getreu** *adj* truthful; **W.pflicht** *f* obligation to tell the truth; **w.widrig** *adj* false, not truthful, untruthful

wahrnehmbar *adj* perceptible

wahrnehmen *v/t* 1. to perceive/discern; 2. *(bemerken)* to notice; 3. *(sich für etw. einsetzen)* to look after/protect/safeguard; 4. *(Pflichten)* to perform

Wahrnehmung *f* 1. perception; 2. *(Pflichten)* attending, fulfilling; 3. *(Rechte)* exercising; 4. *(Geltendmachung)* assertion; 5. *(Vertretung)* looking after; 6. safeguarding; **W. von Aufgaben** discharge/performance of duties; **~ Interessen** safeguarding of interests; **~ jds Interessen** looking after/safeguarding so.'s interests; **W. berechtigter Interessen** exercising legitimate interests, justifiable self-defence, preservation of privileged interests, privilege by reason of occasion *[US]*, justification and privilege; **W. eines Rechts** assertion (of a right); **W. von Rechten** safeguarding/protection of rights; **W.sveränderung** *f* change of perception

wahrscheinlich *adj* likely, probable

Wahrscheinlichkeit *f* likelihood, probability; **aller W. nach** in all probability; **mit an Sicherheit grenzender W.** with virtual certainty, in all probability; **W.sbeweis** *m* probable evidence, proof of likelihood; **W.grad** *m* degree of probability

Wahrspruch *m* verdict

Wahrung *f* 1. *(Befolgung)* adherence, compliance, observance; 2. *(Sicherung, Wahrnehmung)* safeguarding, protection; 3. *(Erhaltung)* preservation; **W. des Bankgeheimnisses** preservation of banking secrets, safeguarding (of) banker's discretion; **W. gemeinschaftlicher Belange** safeguarding (of) the public interest; **W. von Betriebsgeheimnissen** preservation of trade secrets; **W. der Frist** compliance with the stipulated time, meeting (of) the deadline; **W. von Gläubigerinteressen** protection of creditors' claims; **~ Interessen** safeguarding (of) interests; **unter W. unserer Rechte** without prejudice to our rights

Währung f currency; **gesetzliche W.** legal tender *[GB]*, lawful/legal currency *[US]*

Währungs|abkommen nt monetary/currency agreement; **W.behörde** f monetary authority; **W.delikt** nt currency offence; **W.einheit** f currency unit; **W.gebiet** nt currency area; **W.gesetz** nt currency act; **W.hoheit** f monetary sovereignty; **W.recht** nt currency law; **W.schutzgesetz** nt currency protection act; **W.sicherungsklausel** f currency-safeguarding clause; **W.terminkontrakt** m currency (rate) futures contract; **W.union** f currency union; **W.vorschriften** pl currency regulations

Wahrzeichen nt landmark

Waise f orphan; **W.ngeld** nt orphan's pension; **W.nhaus** nt orphanage; **W.nkind** nt orphan; **W.nrente** f orphan's allowance/benefit

Wald m forest

Wandel m change; **W.anleihe** f convertible bond; **W.barkeit** f convertibility; **~ des Vertragsstatuts** convertibility of the contractual status

wandeln v/t to rescind a sale, **~ contract** for work and labour

Wandelschuldverschreibung f convertible bond

Wandelung f *(Rückgängigmachung)* cancellation, rescission, redhibition; **W.sklage** f redhibitory action, action to dissolve a contract

Wanderarbeitnehmer(in) m/f migrant worker

Wandergewerbe nt itinerant trade; **W.treibende(r)** f/m itinerant trader; **W.schein** m itinerant trade licence; **W.steuer** f itinerant trade tax

Wandlung f 1. cancellation of a contract for work, conversion; 2. *(Rücktritt vom Kaufvertrag)* redhibition, cancellation of (a contract for) sale; **zur W. berechtigen** to give rise to redhibition; **auf W.**

klagen 1. to institute a redhibitory action; 2. to sue for conversion

Wandlungs|bedingungen pl conversion terms; **W.erklärung** f notice of cancellation; **W.fehler** m redhibitory defect; **W.klage** f redhibitory action; **W.mitteilung** f conversion notice; **W.recht** nt conversion privilege, right of conversion; **W.tag** m conversion day; **W.verfahren** nt redhibitory action; **W.zeitraum** m conversion period

Wanze f *(Abhörgerät)* bug

Wappen nt coat of arms

Ware|(n) f goods, commodity, merchandise, product; **W.n und Dienstleistungen** products and services; **W.n des Grundbedarfs** staples; **W.(n) liefern** to supply goods; **~ pfänden** to distrain on goods; **~ übereignen** to assign goods

beanstandete Ware|(n) rejects; **beschlagnahmte W.(n)** seized goods; **gepfändete W.** goods seized in execution, distrained goods; **geschmuggelte W.** contraband; **kurzlebige W.(n)** non-durable goods; **nachgemachte W.(n)** counterfeit(ed) goods; **unverdächtige W.** innocent goods; **unverlangte W.** unsolicited goods; **verderbliche W.(n)** perishable goods; **zollpflichtige W.(n)** dutiable goods

Waren|abschluss m commodity contract; **W.absender(in)** m/f consignor; **W.akkreditiv** nt commercial letter of credit (L/C); **W.ausfuhr** f exports; **W.auslage** f window display; **W.austausch** m exchange of goods; **W.austauschabkommen** nt barter agreement; **W.austauschgeschäft** nt barter transaction; **W.automat** m vending machine; **W.beförderung** f carriage of goods; **~ unter Zollverschluss** carriage of goods under customs seal; **W.begleitschein** m docket, consignment note, waybill (WB); **W.beschreibungsgesetz** nt Trade Description Act *[GB]*; **W.bezeichnung** f trade description; **W.einfuhr** f imports; **W.eingangsbescheinigung** f receipt; **W.empfänger(in)** m/f consignee; **W.forderungen** pl *(Bilanz)* trade accounts receivable; **W.handel** m trade in goods; **W.hausdieb** m shoplifter; **W.hausdiebstahl** m shoplifting;

W.hersteller *m* manufacturer; **W.inhaber(in)** *m/f* holder of the goods

Warenkredit *m* trade credit; **W.betrüger(in)** *m/f* trade credit defrauder; **W.bürgschaft** *f* credit security for merchandise

Waren|lager *nt* warehouse; **W.lieferant** *m* 1. supplier of goods; 2. *(Großlieferant)* contractor; **W.lombard** *m* advance on goods; **W.nachnahme** *f* cash *[GB]*/collect *[US]* on delivery (c.o.d.); **W.nomenklatur** *f* nomenclature of goods; **W.papier** *nt* document of title (to goods); **W.pfändung** *f* distraint of goods; **W.preisklausel** *f* stable value clause; **W.sortiment** *nt* assortment of goods

Warentermin|börse *f* commodity futures exchange; **W.geschäft** *nt* commodity futures transaction; **W.kontrakt** *m* futures contract

Warenverkaufsgesetz *nt* Sale of Goods Act *[GB]*

Waren|verkehr *m* movement of goods; **W.- und Dienstleistungsverkehr** *m* movement of goods and services; **W.verkehrsbescheinigung** *f* movement certificate; **W.verkehrsfreiheit** *f* free movement of goods

Warenwert *m* value of the merchandise

Warenzeichen *nt* trademark; **W. ohne Unterscheidungskraft** non-distinctive trademark; **W. anmelden/eintragen** to register a trademark; **W. löschen** to cancel a trademark; **W. nachahmen** to pirate a trademark; **W. verletzen** to infringe a trademark

eingetragenes Warenzeichen registered trademark; **gefälschtes W.** forged trademark; **irreführendes W.** deceptive trademark; **unterscheidungskräftiges W.** distinctive trademark

Warenzeichen|eintragung *f* registration of a trademark; **W.fälschung** *f* trademark counterfeiting; **W.inhaber** *m* trademark proprietor; **W.lizenz** *f* trademark licence; **W.löschung** *f* cancellation of a trademark; **W.missbrauch** *m* passing off; **W.prozess** *m* trademark suit; **W.recht** *nt* trademark law; **W.register** *nt* trademark register; **W.schutz** *m* trademark protection; **W.verletzung** *f*

infringement of a trademark, trademark infringement; **W.verletzungsklage** *f* action for infringement of a trademark

Warenzustellung *f* delivery of goods

Wärme *f* heat; **W.bildkamera** *f* thermal image camera

Warmmiete *f* rent including heating

Warn|blinkanlage *f* hazard warning lights; **W.dreieck** *nt* hazard warning triangle

warnen *v/t* to warn/caution

Warn|hinweis *m* warning label; **W.ruf** *m* warning shout; **W.schild** *nt (Verkehrsschild)* warning sign; **W.schuss** *m* warning shot; **W.streik** *m* warning/token strike

Warnung *f* warning, caveat *(lat.)*; **ernste W. aussprechen** to sound a dire warning; **W. beachten** to heed a warning; **hinreichende W.** ample warning

Warnzeichen *nt* warning sign

Warte *f* observation point; **W.frist** *f* waiting time; **W.liste** *f* waiting list

warten *v/ti* 1. to wait; 2. *(Datei)* to maintain; 3. *(Kfz)* to service

Wartepflicht *f* 1. duty to wait; 2. *(nach Verkehrsunfall)* duty to remain at the scene of the accident

Wärter|(in) *m/f* 1. *(Gefängnis)* prison officer, warder *[GB]*; 2. *(Tierpfleger)* keeper; **W.in** *f* wardress

in den Wartestand versetzen *m* to put on half-pay

Wartezeit *f* 1. qualifying period; 2. *(Karenzzeit)* waiting period; 3. *(Streik)* cooling-off period; **betrieblich bedingte W.** *(Maschinenschaden)* idle time, downtime

Wartung *f* service, maintenance; **W. durch Fremdfirmen** third-party maintenance; **W. von Mietgegenständen** rental maintenance; **laufende W.** routine maintenance; **vorbeugende W.** planned/preventive maintenance

Wartungs|abkommen *nt* maintenance contract; **W.aufwand** *m* costs of maintenance; **w.frei** *adj* maintenance-free; **W.unternehmen** *nt* service contractor; **W.vereinbarung** *f*; **W.vertrag** *f* maintenance/service contract, ~ agreement

Wäsche *f* 1. *(Schmutzwäsche)* washing; 2. *(Unterwäsche)* underwear; **W. illegaler Gelder** laundering of stolen money

waschen v/t 1. to wash; 2. (fig) to launder
wasserdicht adj (Alibi) watertight
Wasser|haushaltsgesetz nt Water Resources Act [GB]; **W.leiche** f floater (coll); **W.nutzungsrecht** nt water rights; **W.recht** nt water right; **W.schaden** m water damage; **W.schutzgebiet** nt water protection area; **W.schutzpolizei** f river police; **W.straße** f waterway; **W.versorger** m water company; **W.verunreinigung** f water pollution; **W.werfer** m water cannon; **W.zähler** m water meter
Wechsel m 1. (Schuldurkunde) bill of exchange (B/E); 2. (Turnus) rotation; 3. (Wechseln) change; 4. (Tratte) draft; **auf W.** against a bill of exchange; **in bestimmtem W.** in a certain rotation; **W. des Gerichtsstandes** change of venue; **W. auf lange Sicht** long-dated bill
Wechsel einlösen to honour a bill (of exchange); **befristeter W.** sight draft; **eigener W.** promissory note (P/N); **gezogener W.** draft; **reiner W.** clean bill; **turnusmäßiger W.** rotation
Wechsel|aussteller(in) m/f drawer of a bill; **W.ausstellung** f issue of a bill; **W.bad der Gefühle** nt emotional rollercoaster; **W.begebung** f drawing a bill of exchange; **W.beziehung** f correlation, interrelation; **W.bezogene(r)** f/m drawee; **w.bezüglich** adj reciprocal; **W.bürgschaft** f bill guarantee, guarantee on a bill; **W.duplikat** nt duplicate of a bill; **W.fälle des Lebens** pl vicissitudes of life; **W.fälschung** f bill forgery; **W.forderung** f claim under a bill; **W.frist** f usance; **W.gelddiebstahl** m theft of small change
Wechselgesetz nt Bills of Exchange Act [GB], Negotiable Instruments Act [US]
Wechsel|giro nt endorsement; **W.gläubiger(in)** m/f bill creditor; **W.indossament** nt endorsement of a bill; **W.inhaber(in)** m/f bill holder/bearer; **W.inkasso** nt bill collection; **W.jahre** pl menopause; **W.klage** f action on a bill (of exchange); **~ einbringen/erheben** to sue on a bill; **W.kurs** m rate of exchange, exchange rate; **W.kursbindung** f exchange rate fixing; **W.laufzeit**

f currency/tenor/usance of a bill; **W.mahnantrag** m application for a default summons based on a bill of exchange; **W.mahnbescheid** m default summons based on a bill of exchange, order for payment of a bill of exchange
turnusmäßig wechsen v/t to rotate
Wechsel|nehmer(in) m/f acceptor; **W.obligo** nt liability on bills
Wechselprotest m protesting a bill of exchange; **W. einlegen** to protest a bill; **rechtzeitig erhobener W.** protest in due course
Wechsel|prozess m summary bill enforcement proceedings; **W.recht** nt law on bills of exchange; **W.regress** m recourse; **W.reiterei** f (coll) drawing and redrawing, kiteflying (coll); **W.schichtdienst** m shift work; **W.schuld** f bill debt(s); **W.schuldner(in)** m/f bill debtor; **w.seitig** adj mutual, reciprocal; **W.spiel** nt interplay; **W.steuer** f stamp duty, bill tax; **W.verjährung** f prescription of a bill; **W.wähler(in)** m/f floating voter; **w.weise** adv alternately; **W.wirkung** f interaction; **W.zahlungsbefehl** m order to pay a bill
wecken v/t (Verdacht) to arouse
Weg m 1. (Methode, Route, Strecke) way; 2. passage; 3. (Pfad) path; **auf friedlichem W.e** by peaceful means; **~ gerichtlichem W.e** by judicial means; **~ illegalem W.e** by illegal means; **vom rechten W. abkommen** to wander from the straight and narrow (coll); **den W. frei schießen** to shoot one's way out; **jdm den W. versperren** to block/bar so.'s way
Weg|bereiter(in) m/f forerunner, precursor; **W.biegung** f bend
wegbleiben v/i to stay away
Wege|geld nt travelling expenses; **W.lagerei** f highway robbery; **W.recht** nt right of passage/way; **W.unfälle** pl work-related (road) accidents; **W.zoll** m road toll
elektronische Wegfahrsperre immobilizer
Wegfall m 1. (Ablauf) expiry [GB], expiration [US], lapse; 2. (Aufhören) cessation; 3. (Auslassung) omission; **W. der Gegenleistung** failure of considera-

tion; ~ **Geschäftsgrundlage** frustration of contract; **W. eines Vermächtnisses** ademption, lapse of a legacy, ~ testamentary bequest
wegfallen v/i 1. to cease; 2. *(Bestimmung, Klausel)* to cease to apply
Weg|gang m departure; **W.guckmentalität** f look-the-other-way mentality; **W.kreuzung** f crossroads; **w.lassen** v/t to omit
Wegnahme f removal, seizure, taking away; **W. von Sachen** seizure of goods; **widerrechtliche W.** unlawful taking, illegal seizure; **W.recht** nt 1. right of seizure; 2. *(Immobilie)* right to repossess
weg|nehmen v/t to take away, to remove; **w.räumen** v/t *(z. B. Schnee)* to clear (away); **w.reißen** v/t to snatch away; **w.schaffen** v/t to carry away, to remove; **w.schauen; w.sehen** v/i to look the other way; **w.schleichen** v/i to creep away; **w.schleppen** v/t to drag away; **w.schließen** v/t to lock away; **w.tauchen** v/i to disappear
Wegweiser m signpost
Wegwerf|artikel m disposable/throwaway item; **W.flasche** f disposable/returnable bottle; **W.verpackung** f disposable/throwaway package
weg|wischen v/t to wipe away; **w.ziehen** v/i to move away
Wehrbeschwerdeordnung f Military Grievance Code *[GB]*
Wehrdienst m military/national *[GB]* service; **vom W. befreit** exempt from military service; **w.tauglich** adj fit for military service; **W.verhältnis** nt service status; **W.verweigerer** m conscientious objector; **W.verweigerung** f refusal to do military service
Wehr|ersatzdienst m alternative national service; **w.los** adj defenceless
Wehrpflicht f (compulsory) military service, conscription; **W.entziehung** f evading military service, draft dodging *[US]*; **W.iger** m person liable for military service, conscript, draftee *[US]*
Wehrstraf|gericht nt court martial; **W.gesetz (WStG)** nt court martial act
Weide f pasture; **W.recht** nt right of pasture, grazing right
sich weigern v/refl to refuse

Weigerung f refusal; **W. des Zeugen** witness' refusal (to testify); **W.srecht** nt right of refusal
Weihnachtsgeld nt Christmas bonus
Weise f manner; **in geeigneter W.** in an appropriate manner
Weißbuch nt White Paper *[GB]*
Weisung f directive, direction, instruction, order; **auf W. von** on orders from, ~ so.'s instructions; **an W.en gebunden** bound by instructions; **auf W. und für Rechnung von** by order and for the account of; **mangels W.** for lack of instruction; **vorbehaltlich anderer W.en** pending other instructions; **W.en einholen** to take instructions; ~ **erteilen** 1. to issue instructions, 2. *(Aufsichtsbehörde)* to issue directives; **einer W. zuwiderhandeln** to act contrary to an instruction
Weisungs|befugnis f authority to issue instructions/directives; **w.berechtigt** adj authorized to give instructions; **w.gebunden** adj bound by directives, subject to instructions; **W.gebundenheit** f duty to comply with instructions; **w.gemäß** adj according to instructions; **W.recht** nt right to issue instructions
weiter adj further
Weiter|beförderung f on-carriage; **W.benutzung** f *(Patentrecht)* continued use; **W.beschäftigung** f continued employment; **W.bestehen** nt continued existence, continuation; **W.bildung** f further education; **innerbetriebliche ~** on-the-job/in-house training; **W.entwicklung** f development; **stufenweise ~** incremental innovation
bis auf Weiteres until further notice, for the time being
Weitergabe f disclosure, dissemination, passing on, transmission; **W. von Arbeit** *(Werkvertrag)* subcontracting, outsourcing; ~ **Daten** disclosure of data; **W. eines Geschäftsgeheimnisses** disclosure of a trade secret
Weiter|geltung f continued validity; **W.geltungsklausel** f overreaching clause; **berufliches W.kommen** career advancement; **w.leiten** v/t to pass on, to transmit; **W.leitung** f transmission; **W.verarbeitungsbefugnis** f processing permit; **w.veräußern** v/t to resell;

W.veräußerung; W.verkauf *f/m* resale; **w.verkaufen** *v/t* to resell; **W.verkaufsrecht** *nt* right to resell; **w.vermieten** *v/t* to relet/sublet; **W.vermietung** *f* reletting; **w.verpachten** *v/t* to re-lease; **W.verpachtung** *f* sublease; **W.vertrieb** *m* resale; **W.verweisung** *f* referring the case to another court, renvoi *(frz.)*; **w.winken** *v/t* to wave on

weitgehend *adj* extensive; *adv* largely
Welt *f* world
Weltanschauung *f* ideology; **W.sgemeinschaft** *f* religious community; **W.svereinigung** *f* religious association
Welt|raumrecht *nt* space law; **W.recht** *nt* world law; **W.rechtspflegeprinzip** *nt* principle of international prosecution
Wend|en verboten *nt* *(Straßenverkehr)* no U turn; **W.ung zum Besseren** *f* turn for the better
Werbebestimmungen *pl* advertising regulations
werben *v/i* to advertise/solicit
Werbe|verbot *nt* advertising ban; **W.vertrag** *m* advertising contract; **W.vertragsrecht** *nt* adertising contract law
Werbung *f* advertising; **W. von Kunden** solicitation of customers; **herabsetzende W.** disparaging advertising; **irreführende W.** misleading advertising; **unterschwellige W.** subliminal advertising; **vergleichende W.** comparative advertising
Werdegang *m* background, career
Werk *nt* 1. *(Fabrik)* plant; 2. *(Literatur, Kunst)* work(s); **W.dienstwohnung** *f* company flat; **W.leitung** *f* company management; **W.lieferung** *f* sale under contract for goods and services; **W.lieferungsvertrag** *m* contract of works, labour and material
Werks|sarzt; W.ärztin *m/f* company doctor; **W.gelände** *nt* works/factory premises; **W.spionage** *f* industrial espionage; **W.tarifvertrag** *m* company wage contract
Werkstoff|ermüdung *f* material fatigue; **W.prüfung** *f* material(s) testing
Werksunfall *m* industrial accident
Werktag *m* working day
Werkunternehmer *m* contractor; **W.pfandrecht** nt contractor's lien

Werkvertrag *m* contract for services, ~ work and services; **W.srecht** *nt* law on contracts for work and services
Werkzeug *nt* tool
Wert *m* value, worth; **W. des Nachlasses** value of the estate; **W. bestimmen** to determine the value; **W. ersetzen** to refund the value; **im W. steigen** to rise in value
angemessener Wert fair value; **deklarierter W.** declared value; **fiktiver W.** fictitious value; **immaterieller W.** intangible value; **innerer W.** intrinsic value; **wirtschaftlicher W.** economic value
Wert|beeinträchtigung *f* impairment of value; **W.berechnung** *f* determination of value; **W.berichtigung** *f* valuation adjustment; **W.bestimmung** *f* valuation; **W.einbuße** *f* loss of value
werten *v/t* to appraise
Wert|ermittlung *f* appraisal; **W.ersatz** *m* compensation for loss of value
Werte|verfall *m* loss of moral standards; **W.wandel** *m* change of moral standards
wertfrei *adj* impartial, unbiased
Wert|gegenstände *pl* valuables; **W.minderung** *f* decrease in value, depreciation; **W.ordnung** *f* moral system
Wertpapier *nt* security, bond
Wertpapiere *pl* *(Effekten)* securities, stocks and shares; **W. als Sicherheit hinterlegen** to lodge securities as collateral; **begebbare W.** negotiable instruments; **beliehene/lombardierte W.** collateral securities; **mündelsichere W.** gilt-edged securities, widow's and orphan stocks
Wertpapier|börse *f* stock exchange; **W.darlehen** *nt* loan on collateral securities; **W.recht** *nt* negotiable instruments law
Wertsache *f* item of value; **W.n** *pl* valuables; **W.nversicherung** *f* insurance of valuables
Wertschöpfung *f* added value; **W.ssteuer** *f* value added tax
Wertsicherung *f* value guarantee; **W.sklausel** *f* stable value clause, escalator clause
Wertung *f* valuation, appraisal
Wert|unterschied *m* difference in value;

W.urteil *nt* value judgment; **W.vorstellung** *f* moral standard

Wertzeichen *nt* stamp; **W.fälschung** *f* forging of stamps

Wertzoll *m* ad-valorem *(lat.)* duty

Wertzuwachs *m* appreciation/increase in value; **W.steuer** *f* capital gains tax

Wesen *nt* essence; **w.tlich** *adj* material, essential, substantial

Weste *f* waistcoat; **kugelsichere W.** bulletproof vest; **saubere W.** *(fig)* clean slate *(fig)*

Wettannahme(stelle) *f* betting office

Wettbewerb *m* competition; **im W. stehen** to compete; **W. unterbinden** to curb competition; **den freien ~** to curb free competition; **W. verzerren** to distort competition

lauterer Wettbewerb fair competition; **ruinöser W.** cut-throat competition; **unlauterer W.** unfair competition; **unlauteren W. betreiben** to engage in unfair competition

Wettbewerber(in) *m/f* competitor

Wettbewerbs|abrede *f* agreement in restraint of trade, restrictive practices agreement; **W.aufsicht** *f* trade watchdog; **W.aufsichtsbehörde** *f* Director of Fair Trading *[GB]*; **W.behörden** *pl* competition authorities

wettbewerbs|beschränkend *adj* anticompetitive, restrictive; **W.beschränkung** *f* restraint of trade

Wettbewerbs|freiheit *f* freedom of competition; **unlautere W.handlungen** fraudulent trading/practices; **W.kartell** *nt* combination in restraint of competition/trade; **W.klausel** *f* anticompetitive clause, clause restricting competition; **W.ordnung** *f* competition code; **W.recht** *nt* competition law; **W.regeln** *pl* competiton rules, code of competition; **W.verbot** *nt* prohibition of competition, restraint of trade; **gesetzliches ~** statutory prohibition of competition; **W.verfälschung** *f* distortion of competition; **W.verstoß** *m* infringement of fair competition; **W.verzerrung** *f* distortion of competition; **w.widrig** *adj* anticompetitive

Wett|büro *nt* betting office, gambling shop; **W.e** *f* bet; **W.einsatz** *m* wager;

w.en *v/ti* to bet; **W.schein** m betting slip; **W.steuer** *f* betting duty

wichtig *adj* important

Wider|beklagter *m* defendant in a cross-petition; **W.klage** *f* cross-action, counter-claim, cross-complaint *[GB]*, cross-petition; **~ gegen jdn erheben** to cross-sue so.; **W.kläger** *m* cross-petitioner; **w.legbar** *adj* rebuttable; **w.legen** *v/t* to rebut/refute/disprove; **W.legung** *f* refutation, rebuttal; **w.natürlich** *adj* perverse

widerrechtlich *adj* unlawful; **W.keit** *f* unlawfulness

Widerruf *m* 1. revocation, retraction, countermand, recall; 2. *(Angebot)* cancellation; **bis auf W.**; **vorbehaltlich des W.s** subject to revocation, until revoked; **W. falscher Aussagen** retraction/withdrawal of false statements; **W. kraft Gesetzes** constructive revocation; **W. des Geständnisses** retraction of the confession; **W. der Schenkung** revocation of the gift; **~ Strafaussetzung** revocation of probation; **W. des Testaments** revocation of the will; **W. der Vertretung** revocation of agency; **~ Vollmacht** revocation of power of attorney; **W. einer Zeugenaussage** retraction of testimony

widerrufen *v/t* 1. to countermand; 2. *(Urteil)* to quash; 3. to revoke/cancel; 4. *(zurücknehmen)* to retract/withdraw

widerrufgültig *adj* valid until cancelled, revocable

widerruflich *adj* revocable; *adv* until revoked; **W.keit** *f* revocability; **~ der Einwilligung** revocability of consent

Widerrufs|erklärung *f* declaration of revocation; **W.klausel** *f* disclaimer, revocation clause; **W.recht** *nt* power of revocation; **W.vorbehalt** *m* proviso of cancellation

Widersacher(in) *m/f* adversary

sich widersetzen *v/refl* to oppose/object (to)

Widerspruch *m* 1. *(Abweichung)* discrepancy; 2. *(Einspruch)* opposition, objection, protest; 3. *(Gegensatz)* contradiction, inconsistency; **im W. zu** at variance with; **W. zur Geschäftsordnung** objection against the standing rules;

W. einlegen to object/protest/to make an objection, to appeal; **W. erheben** to object/protest, to raise objections; **im W. stehen (mit)** to be contrary (to), ~ **in** contradiction to, to conflict with, to be inconsistent with; **sich in Widersprüche verwickeln** to get caught in contradictions; **absoluter W.** *(Zeugenaussage)* positive discrepancy

widersprüchlich *adj* contradictory, inconsistent

Widerspruchs|bescheid *m* notice of opposition, ruling on an objection; **W.frist** *f* time for filing an objection, opposition period, time-limit for lodging an objection; ~ **verstreichen lassen** to allow the opposition period to lapse; **W.klage** *f* third-party action against execution, interpleader (by a third party on seizure); **W.recht** *nt* right to object, ~ of opposition, **W.verfahren** *nt* appellate procedure/proceedings; **W.verpflichtung** *f* obligation to file an opposition

Widerstand *m* resistance; **W. gegen die Staatsgewalt** obstructing an officer (in the execution of his duty), resistance to state authority; **W. gegen Vollstreckungsbeamte** resisting bailiffs; **W. leisten** to resist/obstruct; **bewaffneter W.** armed resistance; **passiver W.** passive resistance, civil disobedience

Widerstands|leistung bei der Festnahme *f* resisting arrest; **W.recht** *nt* right to resist

Wider|streit *m* conflict; **w.streitend** *adj* conflicting; **w.wärtig** *adj* offensive, repulsive; **W.wärtigkeit** *f* offensiveness, repulsiveness; **w.willig** *adj* reluctant; **W.worte** *pl* answering back

widm|en *v/t* 1. *(Werk)* to dedicate; 2. *(Zeit)* to devote; **W.ung** *f* dedication

widrig *adj* adverse; **w.enfalls** *prep* failing which, in default whereof

Wieder|abtretung *f* reassignment; **W.aufarbeitungsanlage** *f* 1. recycling plant; 2. *(Atommüll)* reprocessing plant; **W.aufbau** *m* reconstruction; **W.aufgreifen** *nt* resumption

Wiederaufleben *nt* *(Rechte)* revival; **W. des Unterhaltsanspruchs** revival of the maintenance claim; **W. erloschener Rechtsverhältnisse** revival of extinct

legal relations; **W.sklausel** *f* revival clause

Wiederaufnahme *f* 1. *(Wiederzulassung)* readmission; 2. *(Arbeit, Beziehungen, Verfahren, Verhandlungen)* resumption; **W. der Geschäftstätigkeit** resumption of business; ~ **Verhandlung** reopening of the trial; **W. des Verfahrens** reopening of the trial/case; **W.verfahren** *nt* retrial, new trial; ~ **beantragen** to file a motion for a new trial

wiederaufnehmen *v/t* to resume

jdn wiederbeleben to revive/resuscitate so.

Wiederbeschaffung *f* 1. *(Ersetzung)* replacement; 2. *(Wiederauffindung)* recovery; **W.skosten** *pl* replacement costs; **W.swert** *m* replacement value

Wieder|eingliederung *f* rehabilitation, reintegration; **W.einräumung des Besitzes** *f* restoration of possession

wiedereinsetzen *v/t* to reinstate

Wiedereinsetzung *f* reinstatement, restoration; **W. in den Besitz** restoration of possession; ~ **seine Rechte** restoration of one's rights; ~ **den vorherigen Stand** reinstatement, restitution to the previous condition

wiedereinstell|en *v/t* to reinstate; **W.ung** *f* 1. reappointment, re-employment; 2. *(nach ungerechtfertigter Entlassung)* reinstatement

Wiedererlangung *f* recapture

wiedererlang|bar *adj* recoverable; **w.en** *v/t* to recover; **W.ung** *f* 1. retrieval; 2. *(Eigentum)* recovery; 3. *(Freiheit)* regaining

Wiedereröffnung *f* reopening

wiedererstatten *v/t* to refund; **jdm etw. w.** to reimburse so. for sth.

Wieder|erwerb *m* reacquisition; **W.gabe** *f* *(Ton, Bild)* reproduction; **W.gewinnung** *f* recovery, retrieval

wiedergutmachen *v/t* to redress, to make good/amends

Wiedergutmachung *f* indemnification, compensation, amends; **W.sanspruch** *m* claim for compensation; **W.szahlungen** *pl* indemnification payments

Wiederheirat *f* re-marriage

wiederherstellen *v/t* to restore/reestablish/reinstate

Wiederherstellung *f* 1. restoration; 2. *(früherer Rechtszustand)* restitution; 3. *(Wiederinkraftsetzung)* reinstatement; **W. der ehelichen Lebensgemeinschaft** restitution of conjugal life; **~ öffentlichen Ordnung** restoring law and order; **W. des früheren Zustands** restitution of the original state

Wiederherstellungs|anspruch *m* claim of restitution, restitutory right; **W.klage** *f* restitution suit; **W.klausel** *f* replacement clause; **W.pflicht** *f* restitutory duty; **W.recht** *nt* restitutory right

wiederholt *adj* recurrent

Wiederholung *f* repetition, recurrence **im Wiederholungs|fall** *m* in the event of recurrence, ~ case of repetition; **W.gefahr** *f* danger of recurrence; **W.tat** *f* repeat offence; **W.täter(in)** *m/f* 1. repeat offender, re-offender; 2. recidivist; 3. *(mehr als zweimalig)* persistent offender

Wieder|inbesitznahme *f* repossession; **W.inkraftsetzung** *f* 1. revival, reinstatement; 2. *(Gesetz)* re-enactment

Wiederkauf *m* buy-back, redemption; **W.srecht** *nt* redemption right, right of repurchase

wieder|kehrend *adj* recurring, recurrent; **W.nutzbarmachung** *f* reutilization; **w. veräußern** *v/t* to resell; **W.veräußerung** *f* resale; **W.verheiratung** *f* re-marriage; **~ des überlebenden Ehegatten** re-marriage of the surviving spouse; **W.sklausel** *f* re-marriage clause

Wieder|verkauf *m* resale; **W.verkäufer** *m* reseller; **W.verkaufspreis** *m* resale price; **W.verkaufsrecht** *nt* right of resale; **gemeinsames ~** joint right of resale

wiedervermiet|en *v/t* to relet; **W.ung** *f* reletting

Wieder|vorlage *f* resubmission; **W.zulassung** *f* 1. readmission; 2. *(Kfz)* relicensing

Wild *nt* game; **jagdbares W.** fair game; **W.dieb; W.erer** *m* poacher; **W.erei** *f* poaching; **w.ern** *v/i* to poach; **W.schaden** *m* damage caused by game; **W.unfall** *m* accident involving game

Wille *m* 1. will, volition; 2. *(Absicht)* intent, intention; **gegen den W.n** against the will; **W. der Parteien** intention of the parties; **entgegenstehender W.** contrary intent; **freier W.** free will; **letzter W.** last will; **wirklicher W.** real intent; **w.ns** *adj* willing

Willens|äußerung *f* manifestation of will; **W.akt** *m* act of volition; **W.einigung** *f* meeting of minds, mutual consent, voluntary decision

Willenserklärung *f* declaration/expression of intent(ion); **W. abgeben** to express a declaration of intent; **rechtsgeschäftliche W.** legal act of a party; **schriftliche W.** letter of intent; **zweiseitige W.** bilateral act of the parties

Willens|freiheit *f* freedom of will; **W.handlung** *f* act of volition; **W.mangel** *m* lack/failure of intention, defect in a declaration of intent; **W.schwäche** *f* weakness of will; **W.theorie** *f* doctrine of real intent(ion)

Willkür *f* arbitrariness; **W.akt** *m* arbitrary act; **w.lich** *adj* random, arbitrary, wanton; **W.verbot** *nt* prohibition of arbitrary decision-making

toter Winkel blind spot

Winkeladvokat *m* pettifogger, shyster *[US]*

Winterschlussverkauf *m* winter clearance sale

wirk|en *v/i* to be effective; **w.lich** *adj* actual, real

wirksam *adj* effective, valid, operative; **ab sofort w.** effective immediately; **w. bleiben** to remain effective; **w. werden** to become operative

Wirksamkeit *f* effectiveness, validity; **W. des Vertrags** validity of the contract; **W. verlieren** to cease to be effective

Wirksamwerden *nt* coming into force/effect

Wirkung *f* effect; **mit W. von** effective from; **~ vom 1. April** with effect from April 1st; **~ gegen Dritte** effective against third parties

abschreckende Wirkung deterrent effect; **aufschiebende W.** suspensive/suspensory effect; **befreiende W.** discharging effect; **bindende W.** binding effect; **gesetzliche W.** legal effect; **nachteilige W.** detrimental effect; **rechtliche W.** legal effect; **rechtsbegründende W.** constitutive effect;

sofortige W. immediate effect; **mit sofortiger W.** with immediate effect

Wirkungs|bereich *m* scope; **W.kreis** *m* ambit, purview, scope; **w.los** *adj* ineffective; **W.losigkeit** *f* ineffectiveness

Wirtschaft *f* economy; **sparsam w.en** *v/i* to economize; **w.lich** *adj* 1. economic; 2. *(sparsam)* economical

Wirtschafts|abkommen *nt* trade agreement/convention, **W.anwalt** *m* company lawyer; **W.aufsicht** *f* regulatory body; **W.betrieb** *m* commercial undertaking; **W.flüchtling** *m* economic migrant/refugee; **W.gesetzgebung** *f* economic legislation; **W.gut** *nt* asset; **W.jahr** *nt* financial year; **W.jurist(in)** *m/f* commercial lawyer; **W.kammer** *f* chamber of commerce; **W.kriminalität** *f* white-collar crime; **W.kriminelle(r)** *f/m* white-collar criminal; **W.lage** *f* economic situation; **W.ordnung** *f* economic system; **W.plan** *m* management plan; **W.prüfer(in)** *m/f* chartered accountant *[GB]*, certified public accountant (CPA) *[US]*, auditor; **W.prüfung** *f* audit(ing); **W.recht** *nt* commercial law; **W.schädigung** *f* (*Rufschädigung*) malicious falsehood; **W.spionage** *f* industrial espionage

Wirtschaftsstraf|e *f* penalty; **W.gesetz** *(WiStG) nt* Statute of Fraud *[GB]*; **W.kammer** *f* court division for business offences; **W.recht** *nt* penal law concerning business matters

Wirtschafts|verbrechen *nt* economic/white-collar crime; **W.verfassungsrecht** *nt* commercial administration law; **W.vergehen** *nt* economic offence; **W.verkehr** *m* trade, commerce

wissen *v/t* to know, to be aware of

Wissen *nt* knowledge; **mit W. und Willen** with knowledge and consent; **wider besseres W.** against one's better knowledge, contrary to one's knowledge; **nach bestem W.** to the best of one's knowledge; **~ und Gewissen** (according) to the best of one's knowledge and belief; **ohne W.** unbeknownst; **~ jds W. und Willen** without so.'s knowledge and consent; **~ mein W.** without my knowledge, unbeknownst to me; **wissend** *adv* knowingly

Wissenschaft *f* science

wissentlich *adj* deliberate, intentional; *adv* knowingly

Witwe *f* widow; **W.n- und Waisenrente** *f* widows' and orphans' pension; **W.ngeld** *nt* widows' benefit(s); **W.nrente** *f* widow's pension; **W.r** *m* widower

Woche *f* week; **W.narbeitszeit** *f* weekly working hours; **W.nverdienst** *m* weekly earnings

wodurch *adv* whereby

Wohl *nt* welfare; **zum W. der Allgemeinheit** for the common good; **W. des Kindes** child welfare; **öffentliches W.** the public weal

wohlerworben *adj* vested

Wohlfahrt *f* welfare, social service(s)

Wohlfahrts|empfänger(in) *m/f* welfare recipient; **W.pflege** *f* publice welfare; **W.verband** *m* charitable association/institution, charity

Wohlstandsdelikt *nt* offence typical of the affluent society

Wohl|tat *f* benefit; **W.täter** *m* benefactor; **W.täterin** *f* benefactress; **W.tätigkeit** *f* charity; **W.tätigkeitsverein** *m* charitable society; **W.tätigkeitszweck** *m* charitable purpose

Wohlverhalten *nt* good behaviour/conduct; **W.sfrist** *f* period of good behaviour

Wohlwollen *nt* goodwill

Wohn|block *m* block of flats *[GB]*, apartment house *[US]*; **W.einheit** *f* accommodation/residential unit

wohnen *v/i* to dwell/live

Wohn|gebäude *nt* residential building; **W.gebiet** *nt* residential area; **W.geld** *nt* housing benefit; **W.geldberechtigte(r)** *f/m* person entitled to housing benefit; **W.gemeinschaft** *f* flat-share; **W.grundstück** *nt* residential property; **w.haft** *adj* resident; **W.heim** *nt* hostel, dormitory, rooming house *[US]*; **W.hochhaus** *nt* tower block, block of flats; **W.mobil** *nt* motor caravan, motorhome; **W.ort** *m* place of residence

Wohnraum *m* dwelling space; **W.kündigungsschutzgesetz** *nt* eviction protection act; **W.mietrecht** *nt* landlord and tenant law

Wohnrecht *nt* right of residence; **uneingeschränktes W.** permanent right of residence

Wohn|schlafzimmer *nt* bedsit(ter); **W.siedlung** *f* (housing) estate

Wohnsitz *m* domicile, (permanent) abode, residence; **W. begründen** to take up residence; **seinen W. haben in ...** to be resident in/at ...

dauernder Wohnsitz permanent residence; **ehelicher W.** conjugal domicile; **fester W.** fixed address/abode; **ohne festen W.** without fixed abode; **gewillkürter W.** domicile of will, elected domicile; **letzter W.** last address; **ständiger W.** permanent residence

Wohnsitz|erfordernis *f* residence requirement; **W.überprüfung** *f* residence check; **W.verlegung** *f* change of residence

Wohnung *f* apartment *[US]*, dwelling, flat, home; **W. mit separatem Eingang** self-contained flat; **W. räumen** to vacate a flat; **eheliche W.** conjugal dwelling; **freie W. und Verpflegung** free board and lodging; **leer stehende W.** vacant flat

Wohnungs|anschrift *f* residential address; **W.amt** *nt* housing department

Wohnungsbau *m* housing construction; **sozialer W.** council housing; **W.genossenschaft** *f* housing association; **W.gesetz** *nt* housing construction act

Wohnungs|besetzer(in) *m/f* squatter; **W.bindungsgesetz** *nt* Controlled Tenancies Act *[GB]*; **W.eigentum** *nt* residential property

Wohnungseigentümer(in) *m/f* home owner; **W.gemeinschaft** *f* condominium association; **W.versammlung** *f* home owners' meeting

Wohnungs|eigentumsgesetz (WEG) *nt* residential property act

Wohnungseinbruch *m* burglary; **W.diebstahl** *m* burglary

Wohnungs|einrichtung *f* furnishings; **W.grundbuch** *nt* condominium register; **W.makler** *m* letting agency; **W.nachweis** *m* accommodation register

Wohnungs|recht *nt* landlord and tenant law, law of tenancy, housing law; **W.tausch** *m* flat swapping; **W.wechsel** *m* change of residence

Wohn|verhältnisse *pl* housing conditions; **W.viertel** *nt* residential area; **W.wagen** *m* caravan, camper *[US]*, trailer *[US]*; **W.wert** *m* residential amenity; **W.zimmer** *nt* sitting room, lounge; **für W.zwecke** *pl* for residential purposes

wollen *adj* to intend

wo|nach *conj* whereby; **w.rauf** *conj* whereon; **w.raus** *conj* whereof; **w.rin** *conj* wherein

Wort *nt* word; **in W. und Tat** in word and deed; **beleidigende W.e** defamatory words, offensive language; **letztes W.** last word; **rechtsgestaltende W.e** operative words; **unzüchtige W.e** obscene words

wortbrüchig werden *adj* to renege (on sth.)

Wort|entziehung *f* order to relinquish the floor; **w.getreu** *adj* verbatim

Wortlaut *m* wording, term, tenor; **nach dem W. des Gesetzes** by the terms of the act; **W. auslegen** to construe, to put a construction (on s.th.); **genauer W.** exact terms; **~ einer Urkunde** tenor of a deed; **verbindlicher W.** authoritative text

wörtlich *adj* literal, verbatim, word-for-word

Wort|meldung *f* request for leave to speak; **W.verdreher** *m* prevaricator, **W.verdrehung** *f* prevarication; **W.wechsel** *m* argument, verbal exchange; **~ haben** to exchange words

Wrack *nt* wreck; **W. eines ausgebrannten Kfz** shell of a burnt-out car; **W.teile** *pl* wreckage

Wucher *m* extortion, profiteering, usury; **W.er** *m* usurer; **W.geschäft** *nt* usurious transaction; **W.gesetz** *nt* usury act; **w.isch** *adj* usurious; **W.miete** *f* extortionate/rack rent; **W.preis** *m* extortionate price; **W.tatbestand** *m* offence of usury; **W.vertrag** *m* usurious contract; **W.zins** *m* usurious interest

wühlen *v/i* to rummage

Wunde *f* wound

Wunsch *m* wish, request; **auf W.** on request; **nach W. verlaufen** to go according to plan; **w.gemäß** *adj* as requested; **W.kennzeichen** *nt* personalized registration/number plate

Würde f dignity; **die W. des Gerichts missachten** to be in contempt of court; **etw. mit W. tragen** to bear sth. with dignity; **W.nträger(in)** m/f dignitary

würdig|en v/t to appreciate; **W.ung** f appreciation

Wurfgeschoss nt missile

Würge|griff m stranglehold; **W.mal** nt strangling mark; **w.n** v/t to strangle

Wut f rage; **seine W. an jdm auslassen** to vent one's rage on so.; **in einem W.anfall** m in a rage; **W.ausbruch** m outburst of rage

X; Y

x-beinig adj knock-kneed
Xenophobie f xenophobia
Xerokopie f xerox copy
x-mal adv number of times, umpteen times *(coll)*

Yard m yard; **Y.maß; Y.stock** nt/m yardstick

Z

Zahl f number, figure; **z.bar** adj payable
zahlen v/t to pay; **bar z.** to pay cash; **im Voraus z.** to pay in advance; **z.mäßig** adj numerical
Zahler m payer; **pünktlicher ~** prompt payer; **säumiger Z.** defaulter, defaulting/slow payer
Zählerstand m meter reading
Zahlmeister(in) m/f purser
Zahlung f payment; **mangels Z.** for want of payment; **statt der Z.; an Z.s Statt in** lieu of payment
Zahlung gegen Dokumente cash *[GB]*/collect *[US]* against documents (C.A.D.); **Z. bei Eingang der Waren** payment on receipt of goods; **Z. bei Fälligkeit** payment when due; **Z. auf Grund eines Gerichtsurteils** satisfac-

tion of judgment; **Z. bei Lieferung** payment on delivery; **Z. gegen Nachnahme** cash *[GB]*/collect *[US]* on delivery (c.o.d.); **Z. der Rente** payment of the pension/annuity

jdn zur Zahlung auffordern to demand payment of so.; **Z. aussetzen** to suspend payment; **jdn zur Z. drängen** to press so. for payment, to dun so.; **Z. einklagen** to sue for payment; **Z. einstellen** to stop payment; **in Z. geben** to trade in, to give in part exchange; **etw. für etw. ~** to give sth. in part exchange for sth.; **Z. hinausschieben** to postpone payment; **auf Z. klagen** to sue for payment; **Z. leisten** to effect payment; **etw. in Z. nehmen** to take sth. in part exchange, to accept sth. as a trade-in; **Z. stunden** to grant a respite (for the payment of a debt); **Z. verlangen** to demand payment; **Z. versprechen** to promise payment; **zur Z. der Kosten verurteilen** to order to pay costs; **Z. wiederaufnehmen** to resume payment

anteilige Zahlung pro rata *(lat.)* payment; **einmalige Z.** non-recurring/one-off payment; **fällige Z.** due payment; **freiwillige Z.** voluntary/ex gratia *(lat.)* payment; **ordnungsmäßige Z.** payment in due course; **prompte Z.** prompt payment; **rückständige Z.** arrears; **sofortige Z.** prompt payment; **symbolische Z.** token payment

Zahlungs|abkommen nt monetary agreement; **Z.abwicklung** f settlement; **Z.adresse** f address for payment; **Z.anerbieten** nt tender of payment; **Z.ankündigung** f notice of payment; **Z.anordnung** f order to pay; **Z.anspruch** m claim for payment, pecuniary claim; **Z.anweisung** f order to pay; **Z.aufforderung** f demand/request for payment, notice to pay; **Z.aufschub** m respite; **~ einräumen** to grant a respite; **Z.auftrag** m order to pay; **Z.bedingungen** pl terms of payment; **Z.befehl** m order/notice to pay; **~ für Kommunalsteuern** precept; **Z.bereitschaft** f readiness to pay; **Z.bestätigung** f confirmation of payment; **Z.bürgschaft** f payment bond; **Z.eingang** m 1. receipt of payment; 2. *(Konto)* inpayment; **Z.einstellung** f cessation/suspension of payment; **Z.empfänger(in)** *m/f* payee; **Z.erinnerung** *f* reminder; **Z.erleichterungen** *pl* easy terms (of payment); **Z.ermächtigung** *f* authority to pay, payment appropriation; **z.fähig** *adj* solvent; **Z.fähigkeit** *f* solvency

Zahlungsfrist *f* term of payment, deadline; **Z. einhalten** to keep the term of payment; **Z. verlängern** to extend the term of payment

Zahlungs|gepflogenheiten *pl* payment habits; **Z.klage** *f* action for the recovery of money

Zahlungsmittel *nt* means of payment; **ausländische Z.** foreign currency; **gesetzliches Z.** legal tender *[GB]*/currency *[US]*, lawful money *[US]*

Zahlungs|modalität *f* mode of payment; **Z.moral** *f* paying habits; **Z.nachweis** *m* proof/record of payment; **Z.ort** *m* place of payment

Zahlungs|pflicht *f* duty/obligation to pay; **z.pflichtig** *adj* liable/obliged to pay; **Z.pflichtige(r)** *f/m* debtor, party liable to pay, ~ for payment; **Z.rückstand;** **Z.rückstände** *m/pl* arrears; **Z.sperre** *f (Scheck)* stoppage of payment(s); **Z.tag** *m* 1. date of payment; 2. *(Abrechnung)* settlement day; **Z.termin** *m* date of payment

zahlungsunfähig *adj* insolvent, unable to pay; **jdn für z. erklären** to declare so. insolvent; **Z. keit** *f* insolvency, inability to pay

zahlungsunwillig *adj* unwilling to pay

Zahlungsverbot *nt* 1. prohibition of payment; 2. *(Pfändung)* garnishee/garnishment order; **jdm Z. erteilen** to garnish so.; **Z. zukommen lassen** *(Drittschuldner)* to garnish, to serve a garnishee order (on so.); **endgültiges Z.** garnishee order absolute; **vorläufiges Z.** garnishee order nisi *(lat.)*

Zahlungs|verkehr *m* (monetary) transactions; **internationaler ~** international monetary transactions

Zahlungsverpflichtung *f* obligation to pay, financial obligation; **~ eingehen** to incur an obligation to pay, to enter into a financial obligation; **seinen Z.en nicht nachkommen** to default, to fail to honour one's financial commitments/obligations

Zahlungs|versäumnis *nt* default, failure to pay; **Z.versprechen** *nt* promise to pay; **Z.verweigerung** *f* refusal to pay

Zahlungsverzug *m* default (of payment), delay of payment, arrears; **in Z. geraten** to default

Zahlungs|weise *f* mode of payment; **Z.willigkeit** *f* willingness to pay; **Z.ziel** *f* time of payment, time allowed for payment, credit; **~ einräumen** 1. to allow time for payment; 2. to grant a credit; **offenes ~** open credit (terms); **Z.zusage** *f* undertaking to pay

jdm auf den Zahn fühlen *m (coll)* to grill so. *(coll)*

Zank|apfel *m* bone of contention; **z.en** *v/i* to quarrel; **z.süchtig** *adj* quarrelsome

Zapfsäule *f* gas *[US]*/petrol *[GB]* pump

etw. vom Zaun brechen *m* to provoke sth.

Zebrastreifen *m* pedestrian/zebra crossing

Zech|gelage *nt* booze-up *(coll);* **Z.preller** *m* bilker; **Z.prellerei** *f* bilking, walking out/leaving without paying the bill

Zed|ent *m* assignor, transferor, grantor; **z.ierbar** *adj* assignable; **z.ieren** *v/t* to cede/assign

Zeichen *nt* 1. sign; 2. *(Anzeichen)* symptom; 3. *(Beweis)* token; 4. *(Brief)* reference; 5. *(Kennzeichen)* mark; 6. *(Signal)* signal; 7. *(Warenzeichen)* trademark; **Z. der Wertschätzung** token of esteem; **Z. setzen** to set an example; **eingetragenes Z.** registered trademark; **untrügliches Z.** unmistakable sign

Zeichen|geld *nt* token money; **Z.recht** *nt* trademark law; **Z.rolle** *f (Warenzeichen)* register of trademarks; **Z.schutz** *m* protection of trademarks; **Z.verletzung** *f* trademark infringement

zeichnen *v/t* 1. *(mit Zeichen versehen)* to mark; 2. *(Aktien)* to subscribe; **etw. z.** *(schriftlich anerkennen)* to subscribe to sth.; **für etw. verantwortlich z.** to be responsible for sth.

Zeichnen *nt (schriftliches Anerkennen)* validation

Zeichner *m* 1. *(Wertpapier)* subscriber; 2. *(Garantie)* underwriter; **Z. im Gerichtssaal** courtroom artist

Zeichnung *f* 1. drawing, design; 2. *(Unterzeichnung)* signing; 3. *(Wertpapier)* subscription

Zeichnungs|angebot *nt* offer for subscription, subscription offer; **Z.bedingungen** *pl* subscription terms, terms of subscription; **Z.befugnis** *f* authority to sign; **z.berechtigt** *adj* authorized to sign; **Z.berechtigte(r)** *f/m* authorized signatory, person authorized to sign; **Z.berechtigung** *f* authority to sign; **Z.betrag** *m* amount subscribed; **Z.frist** *f* subscription period; **Z.grenze** *f (Vers.)* underwriting limit; **Z.recht** *nt* authority to sign; **Z.vertrag** *m* subscription contract; **Z.vollmacht** *f* authority/power to sign, signing authority

Zeigefinger *m* index finger

Zeile von Häusern *f* row of houses; **zwischen den Z.n lesen** to read between the lines; **Z.nabstand** *m* line spacing; **Z.nhonorar** *nt* payment per line

Zeit *f* time; **zur Z.** at present; **Z. der Handlung** time of the act; **~ Tat** time of the crime; **in absehbarer Z.** within the foreseeable future; **~ angemessener Z.** within a reasonable time; **zu einer bestimmten Z.** at a definite time; **seit einiger Z.** for some time; **zur festgesetzten Z.** at the stipulated/fixed time; **zu gegebener Z.; zur gegebenen Z.** in due time/course; **mit der Z.** in the course of time; **zur rechten Z.** in due course; **auf unabsehbare Z.** for an unforeseeable period; **~ unbestimmte Z.** for an indefinite period, sine die *(lat.)*

seine Zeit abdienen *(Lehre)* to serve one's time; **Z. bestimmen** to fix a time; **jdn auf Z. einstellen** to employ so. on a temporary basis; **feste Z.en haben** to have set times; **auf unbestimmte Z. vertagen** to adjourn sine die *(lat.)*

arbeitsfreie Zeit time off (duty); **festgesetzte Z.** appointed time; **fragliche Z.** time in question; **schadensfreie Z.** *(Vers.)* claim-free period

Zeit|ablauf *m (Frist)* expiration/lapse/ passage of time; **Z.abschnitt** *m* period (of time); **Z.abstand** *m* interval; **in regelmäßigen Z.abständen** at regular intervals, periodically

Zeitarbeit *f* 1. temporary work; 2. *(nach*

Zeit bezahlte Arbeit) time work; **Z.nehmer(in)** *m/f* temporary worker, temp *(coll)*; **Z.sfirma** *f* temporary employment agency, temping agency *(coll)*; **Z.skräfte** *pl* temporary workers

Zeit|aufwand *m* expenditure of time; **z.aufwändig** *adj* time-consuming; **Z.begrenzung** *f* time limit; **Z.bestimmung** *f* stipulation as to time; **z.bezogen** *adj* time-related; **Z.dauer** *f* duration, time-span; **Z.ersparnis** *f* saving of time; **Z.frachtvertrag** *m* time charter; **Z.karte** *f* season ticket; **Z.lohn** *m* time wage; **Z.mangel** *m* lack of time; **Z.pacht** *f* leasehold; **Z.pächter(in)** *m/f* leaseholder; **Z.plan** *m* timetable, schedule

Zeitpunkt *m* point of time, date; **zu diesem Z.** at this point in time, at this stage/ juncture; **Z. der Einlösung** redemption date; **~ Fälligkeit** date of maturity; **Z. des Inkrafttretens** *(Gesetz)* effective date; **~ Vertragsabschlusses** time of conclusion of the contract; **zum vereinbarten Z.** at the agreed date/time; **entscheidungserheblicher Z.** *(StR)* material time

Zeit|rahmen *m* timescale; **Z.raum** *m* period of time; **angemessener ~** reasonable time; **Z.strafe** *f* term of imprisonment, prison term; **z.versetzt; z.verteilt** *adj* staggered; **Z.vertrag** *m* (fixed-) term/temporary contract; **Z.vorgabe** *f* time allowance; **Z.wert** *m* current value; **Z.zuschlag** *m* time allowance

Zelle *f* (prison) cell; **in einer Z. eingesperrt sein** to be locked up/confined in a cell; **Z.ngenosse** *m* cellmate; **Z.nhaft** *f* confinement in a prison cell

zens|ieren *v/t* to censor; **Z.or** *m* censor

Zensur *f* 1. censorship; 2. *(Note)* mark, grade; **Z. aufheben** to lift censorship; **der Z. unterliegen** to be subject to censorship

Zensur|bestimmung *f* censorship provision; **z.pflichtig** *adj* subject to censorship; **Z.verbot** *nt* prohibition of censorship; **Z.vorschriften** *pl* censor's regulations

Zentral|archiv *nt* central records division; **Z.behörde** *f* central agency; **Z.register** *nt* central register; **Z.strafgericht** *nt* Central Criminal Court (The

Old Bailey) *[GB]*; **Z.verriegelung** *f* central (door) locking; **Z.zivilgericht** *nt* High Court of Justice *[GB]*

Zerfall *m* decay, ruin

zerlegen *v/t (Kosten)* to break down

Zerlegung *f* apportionment, dismantlement, dismantling; **Z.bescheid** *m* notice of apportionment; **Z.sverfahren** *nt* dismantlement procedure

Zermürbungskrieg *m* war of attrition

Zerrbild *nt* distorted picture, caricature

zerrütten *v/t (Ehe)* to wreck

Zerrüttung *f* 1. disruption; 2. *(Ehe)* irretrievable breakdown; **unheilbare Z. der Ehe** irretrievable breakdown of marriage, irreconcilable differences *[US]*; **Z.sprinzip** *nt* principle of irreconcilability *[US]*, ~ irretrievable breakdown; **Z.svermutung** *f* presumption of irretrievable breakdown

sich zersetz|en *v/refl* to decompose; **Z.ung** *f* 1. subversion, disintegration; 2. *(Leiche)* decomposition

Zer|sied(e)lung *f* urban sprawl, overdevelopment; **Z.splitterung** *f* fragmentation

zerstör|bar *adj* destructible; **z.en** *v/t* to destroy/ruin/wreck; **z.erisch** *adj* destructive

Zerstörung *f* 1. destruction; 2. *(Gebäude)* demolition; **mutwillige Z.** vandalism, wilful distruction; **Z.strieb** *m* destructive urge; **Z.swut** *f* destructive frenzy

zer|streuen *v/t* 1. *(auseinandertreiben)* to disperse; 2 *(Angst)* to allay/dispel; **z.stritten** *adj* 1. *(Ehe)* estranged; 2. not to be on speaking terms; **mit jdm ~ sein** to be estranged from so.

Zerstückelung *f* dismemberment, division

Zertifi|kat *nt* certificate; **z.zieren** *v/t* to certify; **Z.zierung** *f* certification

zer|trümmern *v/t* to demolish/smash; **Z.würfnis** *nt* disagreement, row

Zession *f* assignment, cession, transfer; **offene Z.** disclosed assignment; **stille Z.** undisclosed assignment; **Z.ar(in)** *m/f* assignee, transferee; **Z.arschuldner(in)** *m/f* assigned debtor; **Z.sklausel** *f* assignment clause; **Z.surkunde** *f* deed/instrument of assignment; **Z.svertrag** *m* contract of assignment

Zeuge *m* witness; **als Z. hiervon** as witness hereto; **unter Z.n** in front of witnesses; **Z. der Anklage** witness for the prosecution; **~ Gegenseite** adverse/hostile witness; **Z. bei der Unterschriftsleistung** attesting witness; **Z. der Verteidigung** defence witness

als Zeuge auftreten to appear as a witness; **~ beeidigt** sworn in as a witness

einen Zeuge|n ablehnen to object to a witness; **~ anhören**; to hear the evidence; **~ beeinflussen** to tamper/interfere with a witness; **~ benennen** to name/nominate a witness; **~ zur Wahrheit ermahnen** to admonish a witness to tell the truth; **Z.n gegenüberstellen** to confront witnesses; **als Z. vor Gericht geladen werden** to be called as a witness (before the court); **einen Z.n ins Kreuzverhör nehmen** to cross-examine a witness; **Z. einer Sache sein** to be witness to sth.; **Z. eines Unfalls sein** to witness an accident; **Z.n vernehmen** to question/interview a witness; **jdn als ~ vernehmen** to take so.'s evidence; **~ kommissarisch vernehmen** to examine a witness on commission; **~ verhören** to interrogate/question a witness; **~ zwangsweise vorführen** to compel a witness to appear in court; **als Z. wahrnehmen** to witness

abgelehnter Zeuge witness rejected by a party; **ausbleibender Z.** defaulting witness; **unentschuldigt ausgebliebener Z.** contumacious witness; **aussagepflichtiger Z.** compellable witness; **befangener Z.** biased witness; **eigener Z.** friendly witness; **nicht erschienener Z.** contumacious witness; **geeigneter Z.** competent witness; **glaubwürdiger Z.** credible/reliable witness; **parteiischer Z.** interested witness; **sachverständiger Z.** expert witness; **vereidigter Z.** sworn witness; **nicht ~** unsworn witness; **widersetzlicher Z.** unwilling witness; **(rechtlich) zulässiger Z.** competent witness

zeugen *v/t* to beget; **für jdn z.** to testify for so.

Zeugen|ablehnung *f* objection to a witness; **Z.aufruf** *m* calling of witnesses

Zeugenaussage *f* 1. testimony, (oral) evidence; 2. *(schriftlich)* deposition; **Z. an Eides Statt** evidence (given by a witness) under affirmation; **Z. machen** to give evidence, to make a statement; **Z. zu Protokoll nehmen** to record the testimony of a witness; **Z. verweigern** to refuse to testify; **Z. widerrufen** to retract/withdraw one's testimony; **die Z.n widersprechen sich** the witnesses differ

von einander abweichende Zeugenaussage|n divergent testimonies; **eidliche Z.***f* testimony under oath; **zu Protokoll gegebene Z.** deposition; **Z. machen** to testify on oath; **falsche Z.** false evidence/testimony; **gegenbeweisliche Z.** rebutting testimony; **uneidliche Z.** unsworn evidence/testimony; **sich widersprechende Z.n** conflicting evidence, conflicting/divergent testimonies

Zeugen|bank *f* witness box *[GB]*/stand *[US]*; **Z.beeinflussung** *f* tampering with witnesses, subornation of a witness; **Z.befragung** *f* questioning of witnesses; **Z.belehrung** *f* cautioning (of) the witness; **Z.bestechung** *f* bribing/subornation of witnesses; **Z.beweis** *m* testimonial evidence; **Z.eid** *m* oath taken by a witness; **Z.einvernahme** *f* examining (of) a witness; **Z.entschädigung** *f* compensation of witnesses, witness allowance; **Z.gebühren** *pl* witnesses' fees, conduct money *[GB]*; **Z.ladung** *f* summons of a witness, witness citation/summons; **~ unter Strafandrohung** subpoena (ad testificandum) *(lat.)*; **Z.nötigung** *f* coercion/intimidation of a witness; **Z.schutz** *m* witness protection; **Z.schutzprogramm** *nt* witness protection scheme

Zeugenstand *m* witness box *[GB]*/stand *[US]*; **in den Z. treten** to go into the witness box, to take the stand *[US]*; **jdn in den Z. rufen** to call a witness

Zeugen|testament *nt* ordinary will; **Z.vereidigung** *f* swearing in of witnesses, administering an oath to witnesses; **Z.verhör** *nt* questioning of the witness(es); **Z.vernehmung** *f* examination of a witness, hearing of evidence, taking (of) testimony; **~ findet statt** tes-

timony is taken; **Z.vorführung** *f* production of a witness; **Z.vorladung** *f* citation of a witness

Zeugin *f* female witness

Zeugnis *nt* 1. certificate; 2. *(Arbeit)* reference, testimonial; 3. *(Beweis)* evidence, 4. *(Aussage)* testimony; **falsches Z. ablegen** to bear false witness; **Z. ausstellen** to issue a certificate; **jdm ein ~ to** give so. a reference/testimonial; **Z. erteilen** to issue a certificate; **gute Z.se haben** to have good references; **ärztliches Z.** medical certificate; **falsches Z.** false evidence

Zeugnis|abschrift *f* copy of a certificate/testimonial; **Z.erteilung** *f* issue of a certificate/testimonial; **Z.fähigkeit** *f* competency of a witness; **Z.pflicht** *f* duty to give evidence, ~ testify

Zeugnisverweigerung *f* refusal to give evidence

Zeugnisverweigerungsrecht *nt* right to refuse to give evidence, right to remain silent; **Z. aus beruflichen Gründen** right to remain silent on the grounds of privilege; **~ persönlichen Gründen** right to remain silent on the grounds of privilege; **Z. haben** to be privileged from testifying; **auf sein Z. verzichten** to waive one's privilege

Zeugniszwang *m* enforcement of duty to testify

zeugungs|fähig *adj* 1. *(Frau)* fertile; 2. *(Mann)* potent; **Z.fähigkeit** *f* 1. fertility; 2. potency; **Z.unfähig** *adj* 1. sterile; 2. impotent; **Z.unfähigkeit** *f* 1. sterility; 2. impotence

nach sich ziehen *v/t* to entail/involve

Ziel *nt* 1. *(allg.)* goal, objective, 2. *(spezifisch)* target; **mit unbekanntem Z. abreisen** to leave for an unknown destination; **Z. erreichen** to achieve an objective; **Z. verfolgen** to pursue an objective; **auf Z. verkaufen** to sell on credit; **~ kaufen** to buy on credit; **z.bewusst** *adj* decisive, purposeful

auf jdn zielen *v/t* to point a gun at so.

Ziel|fahndung *f* manhunt for a high-profile criminal; **Z.fernrohr** *nt* telescopic sight; **Z.gebiet** *nt* target area; **z.gerichtet** *adj* targeted; **Z.person** *f* target person; **Z.setzung** *f* target(ing); **z.strebig**

adj determined; **Z.strebigkeit** *f* determination

Ziffer *f* 1. figure; 2. *(Vertrag)* section

Zigeuner *m* gypsy; **Z.lager** *nt* gypsy encampment; **Z.wagen** *m* gypsy caravan

Zimmer *nt* room; **Z.abbestellung** *f* room cancellation; **Z.bestellung** *f* room reservation; **Z.lautstärke** *f* low volume; **auf ~ stellen** *(Radio)* to turn down

zimperlich *adj* squeamish; **Z.keit** *f* squeamishness

Zins *m* (rate of) interest

Zins|bedingungen *pl* terms of interest; **Z.besteuerung** *f* taxation of interest; **Z.eszins(en)** *m/pl* compound interest

Zinsen *pl* interest; **abzüglich (der) Z.** less interest (accrued); **angefallene/ aufgelaufene Z.** accrued interest; **Z. bis auf den heutigen Tag** interest to date; **vereinbarte Z.** stipulated interest

Zins|ertrag *m* interest yield; **Z.fälligkeitstag** *m* interest due date; **Z.fälligkeitstermin** *m* date of interest due; **Z.gleitklausel** *f* interest escalator clause; **Z.hypothek** *f* interest-bearing mortgage; **z.los** *adj* free of interest; **Z.rückstände** *pl* interest arrears; **Z.satz** *m* rate of interest, interest rate; **Z.schuld** *f* interest due; **Z.verzicht** *m* waiver of interest; **Z.verzug** *m* default of interest; **Z.wucher** *m* usurious (rate of) interest, **Z.wucherer** *m* loan shark *(coll)*; **Z.- und Tilgungszahlungen leisten** *pl* to service debts

zitieren *v/t* 1. to quote; 2. *(Person)* to cite; **wörtlich z.** to quote literally/verbatim

zivil *adj* civilian; **in Z.** in civilian clothes; **Z.dienst** *m* civil/alternative service; **Z.dienstpflichtiger** *m* person performing substitute military service; **Z.ehe** *f* civil/registry marriage, register-office marriage; **Z.fahnder(in)** *m/f* plain-clothes policeman, **Z.fahrzeug der Polizei** *nt* unmarked police car/vehicle

Zivilgericht *nt* civil court; **Z. für Bagatellsachen** small claims court; **oberstes Z.** High Court of Justice *[GB]*; **Z.sbarkeit** *f* civil jurisdiction

Zivilgesetz *nt* civil statute; **Z.buch** *nt* civil code; **Z.gebung** *f* civil legislation

Zivil|haft *f* custody for non-criminal rea-

sons; **Z.ist(in)** *m/f* civilian; **Z.kammer** *f* civil chamber/division; **Z.klage** *f* civil action/suit; **Z.luftfahrtbehörde** *f* Civil Aviation Authority (CAA) *[GB]*, ~ Aeronautics Board (CAB) *[US]*; **Z.prozess** *m* civil action/case/proceedings; **Z.prozessordnung** *f* code of civil procedure, Civil Procedure Rules *[GB]*, ~ Practice Act *[US]*; **Z.prozessrecht** *nt* law of civil procedure

Zivilrecht|ler(in) *m/f* civil lawyer; **z.lich** *adj* civil-law; **Z.sstreit** *m* civil action; **Z.sverfahren** *nt* civil procedure/proceedings

Zivil|sache *f* civil(-law) case/matter; **Z.schutz** *m* civil defence; **Z.senat** *m* civil division; **Z.streife** *f* plain-clothes patrol; **Z.streitigkeiten** *pl* civil litigation; **Z.urteil** *nt* judgment in a civil case; **Z.verfahren** *nt* civil procedure/proceedings; **Z.verfahrensrecht** *nt* law of civil procedure

Zocker(in) *m/f* (compulsory) gambler

zögern *v/i* to hesitate; **Z.** *nt* hesitation; **schuldhaftes Z.** culpable delay; **ohne schuldhaftes Z.** without undue delay

Zoll *m* 1. customs duty; 2. *(Behörde)* customs (authorities); **Z.aufsicht** *f* customs supervision; **Z.beamter; Z.beamtin** *m/f* customs officer/official; **Z.behörde** *f* Her Majesty's (H.M.) Customs & Excise *[GB]*, Bureau of Customs *[US]*; **Z.bestimmungen** *pl* customs regulations; **Z.erklärung** *f* customs declaration; **Z.fahnder(in)** *m/f* customs investigator; **Z.fahndungsstelle** *f* customs investigating office, Investigation Division of the Board of Customs and Excise *[GB]*; **Z.freiheit** *f* exemption from customs duty; **Z.freizone** *f* duty-free zone; **Z.hinterziehung** *f* evasion of customs duty; **Z.inhaltserklärung** *f* customs declaration; **Z.lager** *nt* bonded warehouse; **z.meldepflichtig** *adj* declarable; **Z.ordnung** *f* customs regulations; **Z.ordnungswidrigkeit** *f* breach of customs regulations; **Z.passierschein** *m* carnet de passage *(frz.)*; **Z.plombe** *f* customs seal; **Z.recht** *nt* customs law; **Z.schuldner(in)** *m/f* customs debtor; **Z.straftat** *f* customs offence; **Z.tarifbestimmungen** *pl* tariff provisions; **Z.ta-**

rifrecht *nt* tariff law; **Z.unterschla-gung** *f* evasion of customs duty; **Z.ver-gehen** *nt* customs violation/offence; **Z.verschluss** *m* customs seal; **unter ~ in bond**; **Z.zuwiderhandlung** *f* infringement of customs regulations

Zone *f* zone; **angrenzende Z.** contiguous zone

Zubehör *nt* 1. attachments, fixtures and fittings; 2. *(bewegliche Sache)* accessories; 3. *(unbewegliche Sache)* appurtenance(s); **Z.stück**; **Z.teil** *nt* accessory

Zubilligung von Schaden(s)ersatz *f* award of damages

Zubringer *m* *(Zubringerstraße)* feeder (road)

Zuchthaus *nt* penitentiary

Züchtigung *f* corporal punishment; **Z.sverbot** *nt* ban on corporal punishment

sich etw. zueign|en *v/refl* to appropriate sth.; **~ rechtswidrig z.en** to appropriate sth. unlawfully; **Z.ung** *f* appropriation; **Z.ungsabsicht** *f* intention to appropriate

zuerkennen *v/t* to adjudicate/ adjudge/ award/grant

Zuerkennung *f* adjudication, award, grant; **Z. von Schadenersatz** award of damages

jdm etw. zuerteilen *v/t* to allot sth. to so.

Zufahrt *f* 1. access; 2. *(Gebäude)* drive(way); **jdm die Z. versperren** to block so.'s access; **Z.smöglichkeit** *f* vehicular access; **Z.sstraße** *f* 1. access road; 2. *(Autobahn)* approach road

Zufall *m* 1. accident, chance, contigency, coincidence; 2. *(Vers.)* fortuitous event; **etw. dem Z. überlassen** to leave sth. to chance

zufallen *v/i* to accrue

zufällig *adj* accidental, fortuitous; **z. oder absichtlich** *adv* by accident or design

Zufalls- random: **z.bedingt** *adj* aleatory; **Z.bekanntschaft** *f* chance acquaintance; **Z.einnahmen**; **Z.gewinn** *pl/m* windfall profits/receipts; **Z.erfindung** *f* accidental invention; **Z.haftung** *f* hazardous liability, liability for accidental/fortuitous events; **Z.stichprobe** *f* random sample

zufließen *v/i* *(Gewinn)* to accrue

Zuflucht *f* 1. refuge, shelter; 2. *(Mittel)* recourse; **Z. zu etw. nehmen** to have recourse to sth., to resort to sth.; **jds letzte Z. sein** to be so.'s last resort; **Z.sort** *m* place of refuge

jdm etw. zuflüstern *v/t* to whisper sth. to so.

zufrieden|stellen *v/t* to satisfy; **Z.stellung** *f* satisfaction

zufügen *v/t* *(Schaden)* to inflict

Zug *m* train

als Zugabe *f* into the bargain; **Z.artikel** *m* free gift, giveaway; **Z.verordnung** *f* regulation governing free gifts

Zugang *m* 1. *(Eintritt)* admission; 2. *(Geld)* accrual; 3. *(Zutritt)* admittance; 4. access; **Z. von Daten** access to records; **Z. zu den Gerichten** access to the courts of law; **Z. erlangen** to gain access; **Z. zu etw. haben** to have access to sth.; **rechtmäßigen Z. haben** to have right of access; **ungehinderter Z.** unimpeded access; **Z.srecht** *nt* right of access

allgemein zugänglich sein *adj* *(Patentrecht, Urheberrecht)* to be in the public domain

Zugänglickkeit *f* 1. *(Erreichbarkeit)* accessibility; 2. *(Verfügbarkeit)* availability

zu|geben *v/t* to admit; **z.gebenermaßen** *adv* admittedly; **z.gehen** *v/i* to be delivered

zugehörig *adj* accompanying, appurtenant; **Z.keit** *f* *(Verbundenheit)* affiliation

zugelassen *adj* 1. admitted, authorized, permitted; 2. *(Arzt, Kfz)* registered, licensed; **z. sein** to be licensed to practise

zügellos *adj* unrestrained; **Z.igkeit** *f* lack of restraint

etw. zügeln *v/t* to curb/restrain sth.

Zugest|ändnis *nt* admission, concession; **z.ehen** *v/t* to concede; **jdm etw. ~ to** grant so. sth.

Zugewinn *m* gain, surplus, accrual; **Z.ausgleich** *m* equalization of accrued gains; **Z.gemeinschaft** *f* community of goods, ~ accrued gains, matrimonial regime of separate possessions and accrued gains

auf etw. zugreifen *v/t* *(Daten)* to access sth.

Zugriff *m* 1. *(Daten)* access; 2. *(Beschlagnahme)* seizure; **Z. ermöglichen (auf)** to provide access (to); **nicht dem Z. der Gläubiger unterliegen** to be exempt from creditors' attachment; **Z.sberechtigung** *f* access authorization

Zug-um-Zug|-Bedingung *f* concurrent condition; **Z.-Erfüllung;** **Z.-Leistung** *f* contemporaneous performance; **Z.-Geschäft** transaction with simultaneous performance;

zu Gunsten *prep* for the benefit of, in favour of

jdm etw. zugute halten *v/t* to make allowances for (so.'s) sth.; **z. kommen** *v/i* to benefit

Zuhälter *m* pimp, procurer; **Z.ei** *f* pimping, procuration, pandering

Zuladung *f* payload; **maximale Z.** permissible payload

Zulage *f* allowance, bonus, extra pay

zulassen *v/t* to allow/permit; **etw. auf jdn z.** to register sth. in so.'s name

zulässig *adj* admissible, permissible; **gesetzlich z.** lawful, legitimate; **nicht z.** inadmissible; **Zulässigkeit** *f* admissibility, lawfulness; ~ **eines Beweises** admissibility of evidence; ~ **des Vorbringens (einer Klage)** *f* admissibility of pleading; **Z.keitskriterien** *pl* admissibility criteria

Zulassung *f* 1. admission, leave, authorization; 2. *(Dokument)* licence; 3. *(Vorgang)* licensing, registration; **Z. als Anwalt; Z. zur Anwaltschaft** admission/ call to the bar, ~ to practice as a lawyer, admission as a solicitor/an attorney *[US]*; **Z. als Arzt** registration as a doctor; **Z. der Revision** leave to appeal; **Z. zur Universität** admission to university; **Z. entziehen** to revoke so.'s licence; **abgelaufene Z.** expired licence

Zulassungs|antrag *m* application for admission; **Z.bedingungen** *pl* conditions of admission; **Z.behörde** *f* licensing authority; **z.berechtigt** *adj* admissible; **Z.bescheid** *m* notice of admission; **Z.bescheinigung** *f* licensing certificate; **Z.beschränkung** *f* restriction on admission(s); **Z.erfordernisse; Z.ordnung** *pl/f* licensing requirements; **Z.frist** *f* period of qualification; **Z.nummer** *f* registration number; **Z.papier** *nt* regis-

tration document; **Z.pflicht** *f (Kfz)* duty to have a vehicle registered; **Z.stelle** *f* licensing authority, Licensing Office *[GB]*; **Z.urkunde** *f* licence; **Z.verfahren** *nt* licensing procedure, licensure *[US]*; **Z.voraussetzungen** *pl* admission/eligibility/licensing requirements

Zuliefer|er *m* subcontractor, supplier; **Z.ervertrag** *m* supply contract; **Z.garantie** *f* supply guarantee

zumessen *v/t* 1. *(Strafe)* to mete out; 2. *(Schuld)* to attribute; 3. *(zusprechen)* to award

zumut|bar *adj* fair, reasonable; **Z.barkeit** *f* reasonableness; **z.en** *v/t* to expect; **Z.ung** *f* unreasonable demand

Zündschlüssel *m* ignition key

Zunft *f* guild; **Z.ordnung** *f* guild regulations

zuord|nen *v/t* to classify; **Z.nung** *f* classification

jdn zuparken *v/t* to box in another car

zurechenbar *adj* attributable; **Z.keit** *f* attributability

zurechn|en *v/t* 1. to attribute; 2. *(Schuld)* to impute; **Z.ung** *f* 1. attribution; 2. *(Schuld)* imputation; 3. allocation; **z.ungsfähig** *adj* 1. responsible for one's actions, civilly responsible; 2. *(deliktfähig)* to be responsible for torts; 3. *(schuldfähig)* criminally responsible

Zurechnungsfähigkeit *f* 1. *(StR)* (criminal) responsibility, soundness of mind, mens rea *(lat.)*; 2. *(ZR)* responsibility for torts, ~ civil wrongs; **verminderte Z.** diminished criminal responsibility

zurechtweis|en *v/t* to reprimand; **Z.ung** *f* reprimand, rebuke

jdn übel zurichten *v/t* to beat up so. badly

Zurschaustellung *f* exhibition; **sittenwidrige Z.** indecent exhibition

zurück *adv* back; **z.abtreten** *v/t* to retrocede

zurückbehalt|en *v/t* to retain/withhold; **Z.ung** *f* retention

Zurückbehaltungsrecht *nt* right of retention, right to withhold, retaining lien; **Z. des Anwalts** lawyer's retaining lien; ~ **Verkäufers** seller's lien; **Z. geltend machen** to enforce a lien; **allgemeines Z.** general lien; **kaufmännisches Z.** mercantile lien

zurück|datieren *v/t* to backdate/ante-date; **z.erhalten; z.erlangen** *v/t* to recover/recoup/retrieve; **z.erstatten** *v/t* to refund/reimburse; **an jdn z.fallen** *(Eigentum)* to revert to so.; **auf jdn ~** *(angelastet werden)* to reflect on so.; **z.fordern** *v/t* to reclaim, to claim back; **z.führen** *v/t (ins Heimatland)* to repatriate; **~ auf** to attribute to; **Z.gabe** *f* return; **z.geben** *v/t* to return; **z.geblieben** *adj (geistig)* retarded; **z.gewähren** *v/t* to return/refund; **in Z.gezogenheit leben** *f* to live in seclusion; **auf etw. z.greifen** *v/t* to fall back on sth.; **sich z.halten** *v/refl* to restrain os.

Zurückhalten *nt* suppression; **Z. von Beschwerden** *nt* suppression of complaints; **~ Beweismaterial** *nt* suppression of evidence; **z.d** *adj* cautious, guarded

Zurückhaltung *f* reserve; **Z.srecht** *nt* right of retention, retaining lien

zurückkaufen *v/t* to buy back, to repurchase

Zurücknahme *f* revocation, retraction, withdrawal; **Z. eines Angebots** revocation of an offer; **Z. einer Beschuldigung** retraction of an accusation; **~ Klage** withdrawal of an action; **Z. der Kündigung** withdrawal of one's notice; **Z. eines Rechtsmittels** withdrawal of an appeal; **~ Versprechens** retraction of a promise

zurück|nehmen *v/t* to revoke/retract/take back; **z.schieben** *v/t (illegal einreisende Person)* to deport; **Z.schiebung** *f* deportation/expulsion of illegal immigrants; **Z.sendung in die Untersuchungshaft** *f* remand; **z.stellen** *v/t* to defer/postpone; **bis auf weiteres ~** to defer until further notice

Zurückstellung *f* deferment, postponement; **Z. der Strafvollstreckung** stay of execution

zurück|stufen *v/t* to downgrade; **z.treten** *v/i* 1. *(Vertrag)* to rescind; 2. *(Amt, Posten)* to resign/retire; **z.übertragen** *v/t* to retransfer; **z.überweisen** *v/t* to retransfer; **etw. z.verfolgen** *v/t* to trace back sth.; **z.verlangen** *v/t* to re-claim

zurückverweis|en *v/t* to refer back, to remand; **Z.ung** *f* 1. remand; 2. *(Gesetzes-*

vorlage) recommitment; 3. *(Rechtssache)* remission *[GB]*, remanding *[US]*

zurückweisen *v/t* 1. *(Anspruch)* to repudiate/disallow/reject; 2. *(Klage)* to dismiss

Zurückweisung *f* 1. rebuttal, rejection; 2. *(ins Herkunftsland)* repatriation; 3. *(Anspruch)* repudiation; 4. *(Klage)* dismissal; **Z.srecht** *nt* right of rejection

zurückziehen *v/t* to revoke/withdraw

durch Zuruf gewählt *m* elected by acclamation

Zusage *f* assurance, promise, undertaking

zusammen *adv* together; **z. mit** *adv (Vergehen)* in conjunction with; **Z.arbeit** *f* cooperation, collaboration; **Z.bruch** *m* collapse; **z.fassen** *v/t* 1. to sum up; 2. *(Mittel)* to pool; 3. *(Text)* to summarize

Zusammenfassung *f* summary, résumé *[US]*; **Z. eines Falles** summing up *[GB]*, syllabus *[US]*; **Z. von Gesetzen** consolidation of statutes; **~ Hypotheken** tacking of mortgages; **~ Lizenzen** package licensing

Zusammen|führung *f* reuniting; **z.gesetzt** *adj* composite

Zusammenhang *m* connection; **in diesem Z.** in this connection/context; **etw. aus dem Z. reißen** to take sth. out of context; **in Z. stehen** to be connected; **ursächlicher Z.** causal connection/relationship

zusammen|hängen *v/i* to be connected; **z.hängend** *adj* coherent; **z.hanglos** *adj* incoherent

Zusammenkunft *f* meeting

Zusammenleben *nt* *(wie Eheleute)* cohabitation; **außereheliches Z.** cohabitation

Zusammenlegung *f* 1. amalgamation; 2. *(Firmen)* merger; 3. *(Grundstücke)* joining; 4. *(Häftlinge, Patienten)* putting together

sich zusammenrott|en *v/refl* to gang up; **Z.ung** *f* riotous assembly

Zusammenschluss *m* 1. association; 2. *(Fusion)* merger, consolidation; **Z. zur Beschränkung des Wettbewerbs** combination in restraint of trade

Zusammensetzung *f* composition; **Z. des Gerichts** constitution of the court

jdn zusammenstauchen *v/t (coll)* to give so. a dressing-down *(coll)*

Zusammenstoß *m* collision, crash; **frontal z.en** *v/i (Verkehr)* to collide head-on; **mit etw. z.en** to collide with sth.; **Z.klausel** *f* collision clause

zusammentragen *v/t* to collect/collate

Zusammentreffen *nt* concurrence; **Z. mehrerer Straftaten** concurrence of offences; **Z. von Pfandrecht und Eigentum** coincidence of pledge and ownership; **~ Straftat und Ordnungswidrigkeit** concurrence of criminal offence and public order offence

Zusammenveranlagung *f (Steuer)* joint assessment; **Z. von Ehegatten** joint assessment

zusammenwohnen *v/i* to cohabit; **Z.** *nt* cohabitation

Zusatz *m* 1. addendum *(lat.)*, addition, annex, appendix; 2. *(Gesetzentwurf)* rider; 3. *(Testament)* codicil; 4. *(Vertrag)* clause; 5. *(Zusatzklausel)* rider

Zusatz- supplementary

Zusatz|abkommen *nt* supplementary agreement; **Z.abrede** *f* ancillary agreement; **Z.antrag** *m* amendment; **~ stellen** to table an amendment; **Z.bedingung** *f* additional clause; **Z.bestimmung** *f* supplementary provision; **Z.klausel** *f* additional/further clause, rider; **Z.krankenversicherung** *f* supplementary health insurance; **Z.leistung** *f* additional benefit; **Z.leistungen** *pl* fringe benefits

zusätzlich *adj* additional, collateral, supplementary

Zusatz|paragraf *m* rider; **Z.police** *f* rider; **Z.protokoll** *nt (Völkerrecht)* additional protocol; **Z.strafe** *f* extra punishment; **Z.urlaub** *m* extra holiday; **Z.vereinbarung** *f* supplementary agreement; **Z.vergütung** *f* extra pay; **Z.verpflichtung** *f* accessory obligation

Zuschauer(in) *m/f* bystander, onlooker, spectator; **unbeteiligter Z.** innocent bystander

Zuschlag *m* 1. surcharge, supplement; 2. *(Urteil)* adjudication, award; 3. *(Auftrag)* award (of contract); **Z. erhalten** to be awarded the contract; **Z. erteilen** to award the contract; **jdm den Z. erteilen** to award so. the contract

zuschreib|en *v/t* to ascribe (to)/attribute (to); **jdm etw. z.en** 1. to attribute sth. to so.; 2. *(ungerecht)* to impute sth. to so.; **Z.ung** *f* imputation

Zuschuss *m* grant, subsidy; **z.berechtigt** *adj* eligible for a grant

zusenden *v/t* to send/forward

zusichern *v/t* to assure/warrant; **jdm etw. z.** to assure so. of sth.

Zusicherung *f* 1. assurance, warranty, promise; 2. *(Grundstücksgeschäft)* covenant; **Z. des ungestörten Besitzes; Z. der ungestörten Nutzung** warranty of/covenant for quiet enjoyment; **Z. einer Eigenschaft** warranty of a quality; **Z. handelsüblicher Qualität** warranty of merchantability; **Z. abbedingen** to disclaim a warranty; **Z. nicht einhalten** to break a warranty; **positive Z.** *(Vers.)* warranty; **stillschweigende Z.** warranty implied by law

Zusicherungs|abrede *f* warranty; **Z.empfänger(in)** *m/f* warrantee; **Z.geber(in)** *m/f* warrantor

zusprechen *v/t (Gericht)* to adjudge/award

Zustand *m* state, condition; **im betrunkenen Z.** while drunk; **in gutem Z.** 1. in good order and condition; 2. *(Gebäude)* in good repair; **~ handelsfähigem Z.** in merchantable condition; **~ makellosem Z.** in mint condition; **~ ordnungsgemäßem Z.** in good order and condition; **~ angetrunkenem Z. sein** to be under influence of alcohol

äußerlich guter Zustand; einwandfreier äußerer Z. apparent good order (and condition); **baulicher Z.** state of repair; **einsatzbereiter Z.** working order; **mangelfreier Z.** flawless state; **schlechter Z.** state of disrepair; **ursprünglicher Z.** original state; **vorheriger Z.** status quo ante *(lat.)*

zustandekommen *v/i* to materialize; **Z.** *nt* coming into existence

zuständig *adj* responsible, competent, cognizant, in charge; **z. sein (für)** to have jurisdiction (over); **ausschließlich ~** to have exclusive jurisdiction

Zuständigkeit *f* jurisdiction, cognizance, purview *[US]*, competence; **Z. des Amtsgerichts** jurisdiction of the local court; **Z. in Ehesachen** matrimonial jurisdiction; **außerhalb der Z. des Gerichts** outside the jurisdiction of the court; **Z. des Nachlassgerichts** jurisdiction of the probate court; **Z. in Kartellsachen** jurisdiction for cartel cases; ~ **der Rechtsmittelinstanz** appellate jurisdiction; ~ **Strafsachen** criminal jurisdiction; **Z. und Verfahren** jurisdiction and procedure; **Z. in Zivilsachen** civil jurisdiction

Zuständigkeit bestreiten to plead incompetence; **unter die Z. fallen von** to come under the jurisdiction of ; **zur Z. des Gerichts gehören** to be within the jurisdiction of the court; **fehlende Z. geltend machen** to plead want/lack of jurisdiction; **Z. überschreiten** to act ultra vires *(lat.)*; **der Z. eines Gerichts unterliegen** to come within the jurisdiction of a court

allgemeine Zuständigkeit general jurisdiction; **ausschließliche Z.** exclusive jurisdiction; **inländische Z.** domestic jurisdiction; **konkurrierende Z.** *(mehrerer Gerichte)* concurrent jurisdiction; **mangelnde Z.** lack of jurisdiction; **örtliche Z.** 1. *(Gerichtsstand)* local jurisdiction; 2. *(Strafprozess)* venue; **sachliche Z.** jurisdiction over the subject-matter; **übergeordnete Z.** overriding responsibility; **unmittelbare Z.** direct jurisdiction

Zuständigkeits|bereich *m* area of responsibility, competence jurisdiction, purview *[US]*; **Z.erschleichung** *f* subreption of authority; **Z.erweiterung** *f* extension of jurisdiction; **Z.frage** *f* jurisdictional question; **Z.gericht** *nt* court in charge; **Z.klausel** *f (Vertrag)* jurisdiction clause; **Z.streit** *m* jurisdictional dispute, conflict of jurisdiction; **Z.überschreitung** *f* acting ultra vires *(lat.)*; **Z.verweisung** *f* referral of jurisdiction; **Z.wechsel** *m* change of jurisdiction

zu|statten kommen *v/i* to benefit (so.); **jdm z.stehen** *v/i* to be entitled (to sth.)

zustellen *v/t* to deliver

Zustellung *f* 1. *(Klage)* service of process; 2. *(Aushändigung)* service, delivery; **Z. von Anwalt zu Anwalt** service between lawyers; **Z. zu Händen des Beklagten** personal service; **Z. der**

Klageschrift service of process; **Z. einer Ladung** service of summons, citation; **Z. einer gerichtlichen Verfügung** process server; **Z. annehmen** to accept service; **sich der Z. entziehen** to evade service; **öffentliche Z.** service by public notice, ~ publication *[US]*

Zustellungs|adresse *f* address for service; **Z.ersuchen** *nt* request for service; **Z.mangel** *m* irregularity in service; **Z.nachweis** *m* proof of service; **Z.ort** *m* place of service; **Z.urkunde** *f* certificate of service; **Z.urkunde** *f* writ of summons, notice of delivery; **Z.vermerk** *m* endorsement

zustimmen *v/i* to assent/consent/concur (with); **stillschweigend z.** *v/t* to acquiesce, to agree tacitly; **nicht z.d** *adj* dissenting

Zustimmung *f* 1. agreement, assent; 2. *(Billigung)* approval; 3. *(Einwilligung)* consent; **mit jds Z.** with so.'s consent; **nur mit Z.** subject to approval; **Z. des anderen Ehegatten** consent of/by the other spouse

Zustimmung erteilen to consent; **seine Z. zu etw. geben** to give one's assent to sth.; **Z. verweigern/vorenthalten** to withhold/refuse (one's) consent; **Z. widerrufen** to revoke consent

amtliche Zustimmung *f* official consent; **ausdrückliche Z.** express consent; **nachträgliche Z.** subsequent consent; **schriftliche Z.** written consent; **stillschweigende Z.** 1. tacit consent, acquiescence; 2. *(gesetzwidrige Handlung)* connivance; **vorherige Z.** prior consent

Zustimmungs|gesetz *nt* act of assent; **z.pflichtig** *adj* subject to approval; **Z.-vorbehalt** *m* (right of) veto, reservation of assent/consent

zutage treten *v/i* to come to light

zuteilen *v/t* 1. *(anteilmäßig)* to apportion; 2. *(Ration)* to ration; 3. *(Aktien)* to allot; 4. *(Darlehen)* to allocate

Zuteilung *f* 1. *(Aktien)* allotment; 2. *(Aufgaben)* assignment; 3. *(Darlehen)* allocation; 4. *(Mittel)* appropriation

Zuteilungs|anzeige *f* letter of allotment/allocation; **Z.empfänger(in)** *m/f* allottee

zuträglich *adj* beneficial

auf etw. zutreffen *v/i* to apply to sth.; **Z.des bitte ankreuzen** *nt* tick where applicable

Zutritt *m* *(Einlass)* admission, admittance, entry, access; **Z. verboten!** No admittance!, No entry!; **Z.srecht** *nt* right of access

zuverlässig *adj* reliable, dependable; **Z.keit** *f* reliability

zuvor *adv* theretofore; **etw. z.kommen** *v/i (verhindern)* to forestall/pre-empt sth.

Zuwachs *m* 1. increase; 2. *(autom. Steigerung)* increment; 3. *(Kapital)* accretion; 4. *(Erträge)* accrual

Zuwanderung *f* immigration; **Z.sgesetz** *nt* immigration act

zuweisen *v/t* to assign/allocate/grant

Zuweisung *f* 1. grant, allocation, assignment; 2. *(Haushaltsmittel)* appropriation; **Z. von (Geld)Mitteln** appropriation of funds; **Z.srecht** *nt* right of assignment

zuwenden *v/t* to bestow; **Z.de(r)** *f/m* donor

Zuwendung *f* 1. *(Schenkung)* bestowal, grant, gift, donation; 2. *(Testament)* bequest; **Z. machen** to donate; **bedingungslose Z.** outright gift; **letztwillige Z.** testamentary gift; **unentgeltliche Z.** gratuitous grant, (free) gift

zuwider *adv* contrary to; **z.handeln** *v/i* to contravene/infringe; **Z.handelnde(r)** *f/m* 1. offender, transgressor; 2. *(Unbefugte/r)* trespasser

Zuwider|handlung *f* 1. contravention, offence, violation, infringement; 2. *(Nichteinhalten)* non-compliance; **einer Sache z.laufen** *v/i* to run counter to sth., to go against sth.

Zuzahlung *f* extra payment

zuziehen *v/ti* to consult; **jdn z.** *(Gutachter)* to consult so.

Zuzugsgenehmigung *f* permission to take up residence

Zwang *m* coercion, compulsion, duress; **unter Z.** *(Geständnis)* under duress; **Z. auf jdn ausüben** to exert pressure on so.; **mittelbarer Z.** indirect pressure; **unmittelbarer Z.** direct pressure; **z.haft** *adj* compulsive, obsessive

Zwangs|abgabe *f* compulsory levy, statutory contribution; **Z.sabtretung** *f* compulsory assignment; **Z.sanwendung** *f* use of force; **unangemessene ~** improper/undue use of force; **Zwangsarbeit** *f* forced labour; **Z.auflösung** *f* compulsory winding-up; **Z.ausgleich** *m* compulsory settlement; **Z.beitreibung** *f* forcible collection; **Z.beurlaubung** *f* compulsory suspension from office; **Z.eintreibung** *f* forcible collection; **jdn z.einweisen** *v/t* to section so. (under the Mental Health Act) *[GB]*; **Z.einweisung** *f* compulsory hospitalization; **Z.enteignung** *f* (compulsory) expropriation; **z.ernähren** *v/t* to force-feed; **Z.ernährung** *f* force-feeding; **Z.geld** *nt* penalty payment, administrative fine; **Z.haft** *f* coercive detention; **Z.handlung** *f* compulsive act; **Z.jacke** *f* straitjacket; **Z.lage** *f* predicament; **z.läufig** *adj* inevitable; **Z.liquidation** *f* compulsory liquidation; **Z.maßnahme** *f* coercive measure; **Z.mitgliedschaft** *f* compulsory membership; **Z.mittel** *nt* means of coercion; **Z.pensionierung** *f* involuntary retirement; **Z.räumung** *f* eviction, ouster; **Z.veranlagung** *f* compulsory assessment; **Z.verfahren** *nt* coercive/compulsory proceedings; **Z.vergleich** *m* composition in bankruptcy; **Z.verkauf** *m* compulsory/forced/judicial sale; **z.versteigern** *v/t* to sell by public auction; **Z.versteigerung** *f* 1. compulsory/judicial sale, auction ordered by the court, sale by court order; 2. *(von Beschlagnahmtem)* distress sale; **Z.vertrag** *m* tying contract; **z.verwaltet** *adj* under receivership; **Z.verwaltung** *f* receivership, judicial sequestration; **unter ~ stehender Grundbesitz** sequestered real estate; **Z.verwaltungsverfügung** *f* receiving order; **z.vollstrecken** *v/t* 1. to execute; 2. *(Hypothek)* to foreclose on sth.

Zwangsvollstreckung *f* 1. enforcement/execution of a writ, distraint; 2. *(Hypothek)* foreclosure; **Z. aus einer Hypothek** foreclosure (on a mortgage); **Z. aussetzen** to suspend execution, to grant (a) stay of execution; **Z. betreiben** to levy a distress; **Z. aus einer Hypothek betreiben** to foreclose on a mortgage

Zwangsvollstreckungs|anordnung *f* *(Hypothek)* foreclosure decree; **Z.befehl** *m* writ of elegit *(lat.)*, warrant of attachment; **Z.klage** *f* foreclosure action; **Z.recht** *nt* right to foreclose; **Z.verfahren** *nt* foreclosure proceedings; **Z.verkauf** *m* distress sale

Zwangsvorführung *f* compulsory attendance in court, ~ appearance before a judge

Zweck *m* purpose, object; **zu diesem Z.** therefor; **der Z. heiligt die Mittel** *(prov.)* the end justifies the means *(prov.)*; **einem bestimmten Z. dienen** to serve a particular purpose; **dem Z. entsprechen** to answer to the purpose; **Z. verfolgen** to aim at sth.; **dem Z. des Gesetzes zuwiderlaufen** to contravene the intent of the law; **unzulässiger Z.** inadmissible purpose

Zweck|änderung *f* change of intended use; **Z.bestimmung** *f* intended use; **~ von Mitteln** earmarking of funds; **z.dienlich** *adj* appropriate, expedient, useful, relevant; **Z.dienlichkeit** *f* expedience, expediency, fitness for the purpose; **z.entfremden** *v/t* to misuse/misappropriate; **z.entfremdet** *adj* misappropriated, misused; **Z.entfremdung** *f* misuse, misappropriation; **z.entsprechend** *adj* appropriate; **Z.erreichung** *f* accomplishment of purpose; **z.gebunden** *adj* 1. for a specific purpose; 2. *(Mittel)* appropriated; **Z.gemeinschaft** *f* partnership of convenience; **z.mäßig** *adj* 1. suitable, appropriate; 2 *(ratsam)* advisable, expedient; **Z.mäßigkeit** *f* convenience, expedience, expediency, usefulness; **Z.mäßigkeitsprüfung** *f* evaluation of expediency; **Z.-Mittel-Beziehung** *f* means-end relation; **Z.verband** *f* joint venture; **Z.vermögen** *nt* special-purpose fund; **z.widrig** *adj* inappropriate; **Z.zuwendung** *f* specific-purpose transfer, earmarked gift

zweideutig *adj* ambiguous; **Z.keit** *f* ambiguity

Zweifel *m* 1. doubt; 2. *(Bedenken)* reservation; **im Z.** in (case of) doubt; **ohne jeden Z.** beyond all reasonable doubt; **im Z. für den Angeklagten sein** to give the accused the benefit of the doubt; **je-**den vernünftigen Z. ausschließend** beyond reasonable doubt; **ohne jeden Z. schuldig sein** to be guilty beyond any reasonable doubt; **außer Z. stehen** to be beyond (all) doubt; **jds Z. zerstreuen** to dispel so.s doubts; **begründeter vernünftiger Z.** reasonable doubt; **berechtigter Z.** reasonable/legitimate doubt

zweifel|haft *adj* doubtful; **z.los** *adv* undoubtedly; **z.n** *v/i* to doubt

Zweifels|fall *m* doubt; **im ~** in (case of) doubt; **z.sfrei** *adv* beyond reasonable doubt

Zweig; Z.niederlassung; Z.stelle *m/f* branch

zwei|jährig *adj* two-year; **z.seitig** *adj* bilateral; **z.stellig** *adj* double-digit; **z.stufig** *adj* two-stage, two-tier

Zweit|gutachten *nt* second opinion; **z.rangig** *adj* secondary; **Z.schlüssel** *m* duplicate/spare key; **Z.schrift** *f* copy; **Z.vertrag** *m* secondary contract; **Z.waffe** *f* back-up weapon; **Z.wohnung** *f* second home; **Z.wohnungssteuer** *f* tax on holiday homes

ins Zwielicht geraten *nt* to lay os. open to suspicion; **z.ig** *adj* dubious, shady *(coll)*

Zwietracht stiften *f* to sow discord

zwingen *v/t* to bind/compel/coerce/force; **z.d** *adj* binding, compulsory, mandatory

Zwinger *m* kennel

Zwischen- interim, interlocutory

Zwischen|benutzungsrechte *pl* *(PatR)* intervening rights; **Z.bescheid; Z.entscheidung** *m/f* 1. interim note, provisional notification; 2. *(Gericht)* interim/interlocutory decision; **Z.fall** *m* incident; **~ mit Waffe** shooting incident; **Z.feststellungsklage** *f* petition for an interlocutory decision/declaration; **Z.finanzierung** *f* bridging finance; **z.staatlich** *adj* international; **Z.stufe** *f* intermediate stage; **Z.summe** *f* subtotal; **Z.urteil** *nt* interlocutory decision/judgment; **Z.verfahren** *nt* interlocutory proceedings; **Z.verfügung** *f* interim order; **Z.verkauf** *m* prior sale; **~ vorbehalten** subject to prior sale; **Z.vertrag** *m* provisional agreement; **Z.wand** *f* dividing wall, partition; **Z.zahlung** *f* intermediate payment

zwischenzeitlich *adj* interim

Englisch – Deutsch

A

ab initio *(lat.)* von Anfang an, ex tunc *(lat.)*

abandon *v/t* 1. auf-, preisgeben, fallen lassen; 2. *(verzichten)* überlassen; 3. *(Kind/Tier)* aussetzen, verlassen; **a.ed** *adj* herrenlos

abandoning (of) an attempt *n* Rücktritt vom Versuch; **~ a child** Aussetzung eines Kindes, Kindesaussetzung *f*

abandonment *n* 1. Auf-, Preisgabe *f*; 2. Verlassen *nt*; **a. of an action** Rücknahme einer Klage; **~ the attempt to commit an offence** Rücktritt vom Versuch; **~ a business** Geschäftsaufgabe *f*; **~ a claim** Aufgabe eines Rechtsanspruchs; **~ intent (to commit a crime)** Rücktritt vom Versuch; **~ a property** Eigentumsaufgabe *f*; **a. clause** Abandonklausel *f*

abate *v/t* 1. *(Störung)* abstellen, beseitigen; 2. *(Gebühr)* niederschlagen

abatement *n* 1. Beseitigung *f*, Herabsetzung *f*; 2. *(Entbindung von einer Verpflichtung)* Erlass *m*; **a. of action** *(ZP)* Einstellung des Verfahrens; **~ a fee** Niederschlagung einer Gebühr; **~ a nuisance** Beseitigung einer Störung; **~ a penalty** Strafermäßigung *f*

abbreviat|e *v/t* *(Text)* (ab)kürzen; **a.ion** *n* (Ab)Kürzung *f*

abduct *v/t* entführen, verschleppen; **a.ion** *n* Entführung *f*; **~ of a child** Kindesentführung *f*; **~ of minors** Entführung Minderjähriger; **a.or** Entführer(in) *m/f*

abet *v/t* anstiften, begünstigen; **a.ting** *n* Begünstigung *f*; **a.tor** *n* Anstifter *m*, Begünstiger *m*

abeyance *n* 1. Außerkraftsetzung *f*; 2. Schwebezustand *m*; **in a.** 1. außer Kraft gesetzt; 2. in der Schwebe; **to be ~** zeitweilig außer Kraft sein, ruhen, schweben; **to leave ~** offen lassen

abide by *v/prep* 1. sich halten an, festhalten an; 2. befolgen, einhalten; **I ~ what I have said** ich bleibe bei meiner Aussage

abiding by the contract *n* Festhalten am Vertrag

ability *n* Fähigkeit *f*; **a. to deliver** Lieferfähigkeit *f*; **~ judge** Urteilsfähigkeit *f*; **~ pay** Zahlungsfähigkeit *f*, Solvenz *f*; **~ work** Arbeitsfähigkeit *f*; **to prejudice/ impair so.'s ~ work** jds Arbeitsfähigkeit beeinträchtigen; **professional a.** berufliche Fähigkeit

able *adj* fähig; **a. to drive** *(Person)* fahrtüchtig; **~ judge** urteilsfähig; **a.-bodied** *adj (Person)* einsatzfähig

abnormal *adj* abnorm, ungewöhnlich

abode *n* Aufenthalt(sort) *m*, Wohnsitz *m*; **of no/without fixed a.** ohne festen Wohnsitz/Aufenthalt, nicht sesshaft; **fixed/permanent a.** fester Wohnsitz; **usual a.** gewöhnlicher Aufenthalt

aboli|sh *v/t* abschaffen; **a.tion** Abschaffung *f*

abomination *n* Schandtat *f*

abort *v/t* abtreiben, Schwangerschaft abbrechen

abortion *n* Abtreibung *f*, Abbruch der Schwangerschaft, Schwangerschaftsabbruch *m*, Tötung der Leibesfrucht; **to have an a.** Kind abtreiben lassen

above *adv* oben; **a.-mentioned (a/m)** oben erwähnt/genannt

abridge *v/t* *(Text)* (ver)kürzen; **a.ment** *n* Kürzung *f*

abroad *adv* im/ins Ausland

abrogat|e *v/t* *(Gesetz)* aufheben, außer Kraft setzen; **a.ion** Abrogation *f*, Außerkraftsetzung *f*

abscond *v/i* 1. *(Gewahrsam)* sich (durch Flucht) entziehen, fliehen; **a.er** Flüchtige(r) *f/m*

absence *n* Abwesenheit *f*, Aus-, Fernbleiben *nt*, Fehlen *nt*, Nichtanwesenheit *f*; **in the a. of** mangels, in Ermangelung von; **~ proof to the contrary** in Ermangelung des Gegenbeweises; **~ any provision to the contrary** mangels gegenseitiger Vereinbarung; **a. of consideration** Fehlen der Gegenleistung; **~ intention** Mangel des Willens; **a. without (official) leave (AWOL)** unerlaubtes Fernbleiben vom Dienst, unerlaubte Entfernung, unentschuldigtes Fehlen/Fernbleiben, eigenmächtige Abwesenheit

absent *adj* abwesend; **to be a.** fehlen, ausbleiben; **a.ee** *n* Abwesende(r) *f/m*; **a.eeism** *n* häufige Abwesenheit

abstain (from) v/i sich enthalten, unterlassen, Abstand nehmen von

abstention n (Stimm)Enthaltung f; **a. from voting** Wahlenthaltung f; **~ competitive activity** Unterlassung von Konkurrenztätigkeit

abstract adj abstrakt

abstract from the land (charges) register n Grundbuchabschrift f, Grundbuchauszug m; **a. of record** Aktenauszug m; **a. from a register** Registerauszug m; **~ the cadastral survey** Katasterauszug m; **of title** (Grundbuch) Auszug m, Eigentumsnachweis m, Grundbuchabschrift f, Grundbuchauszug m

abstraction n Abstraktion f; **a. of electricity** Entziehung elektrischer Energie; **a. principle** (Vertragsrecht) Abstraktionsprinzip nt

abuse n 1. (Amt, Macht, Verfahren) Missbrauch m; 2. Misshandlung f, (Kinder) Missbrauch m, Schändung f; 3. Beschimpfung(en) f/pl

abuse of authority Amts-, Befehlsmissbrauch m, Missbrauch der Amtsgewalt, Verletzung der Amtspflichten; **~ to represent another** Missbrauch der Vertretungsmacht; **a. of disciplinary authority** Missbrauch der Disziplinargewalt; **~ charges** Missbrauch von Schutzbefohlenen; **~ confidence** Vertrauensmissbrauch m; **~ discretion** Ermessensfehler m, Ermessensmissbrauch m, Missbrauch des Ermessens; **~ pharmaceutical drugs** Medikamentenmissbrauch m; **~ a name** Namensmissbrauch m; **~ a pawn/pledge** Pfandmissbrauch m; **~ power** Machtmissbrauch m, Missbrauch von Macht; **~ discretionary powers** Missbrauch der Ermessensfreiheit; **~ official powers** Missbrauch der Amtsgewalt, Missbrauch im Amt; **~ process** Verfahrensmissbrauch m; **~ a right** Missbrauch eines Rechts, Rechtsmissbrauch m, missbräuchliche Rechtsausübung

physical abuse körperliche Misshandlung; **premeditated a.** vorsätzliche körperliche Misshandlung

sexual abuse sexueller Missbrauch; **~ of charges** sexueller Missbrauch von Schutzbefohlenen; **~ children result-**

ing in death sexueller Missbrauch von Kindern mit Todesfolge; **~ juveniles** sexueller Missbrauch von Jugendlichen; **~ persons unable to put up resistance; ~ persons unable to resist** sexueller Missbrauch widerstandsunfähiger Personen; **verbal a.** Verbalinjurie f

abuse v/t 1. missbrauchen; 2. misshandeln, schänden; 3. beschimpfen

abuse proceedings Missbrauchsverfahren nt

abusive adv 1. missbräuchlich; 2. beleidigend

abut (up)on v/prep grenzen an; **a.ter** n Angrenzer m, Anlieger m, Anrainer m

accede to v/prep 1. (Meinung) bei-, zustimmen; 2. (Abkommen) beitreten

accelerat|e v/ti (sich) beschleunigen; **a.ion** n Beschleunigung f; **~ clause** Fälligkeitsklausel f

accept v/t ab-, entgegennehmen, akzeptieren, in Empfang nehmen; **a.able** adj annehmbar

acceptance n 1. An-, Empfang-, Entgegennahme f; 2. Abnahme f; 3. (Wechsel) Akzept nt; 4. Inkaufnahme f; **a. of benefit** Vorteilsannahme f; **a. for collection** Inkassoakzept nt; **a. of a contract** Vertragsannahme f; **~ delivery** Lieferungsannahme f; **~ a gift** Schenkungsannahme f; **~ goods** Abnahme der Ware; **~ the inheritance** Erbschaftsannahme f, Annahme der Erbschaft; **~ a mortgage** Hypothekenübernahme f; **~ an offer** Annahme eines Angebotes; **~ an order** Auftragsannahme f, Annahme eines Auftrags; **~ performance** Erfüllungsannahme f, Annahme der Leistung; **a. in lieu of performance** Annahme an Erfüllungs Statt

to refuse acceptance Annahme ablehnen; **delayed a.** Verzug der Annahme; **documentary a.** Rembours m; **partial a.** Teilannahme f

acceptor n 1. Annehmende(r) f/m, Hereinnehmer(in) m/f; 2. Wechselnehmer(in) m/f, Akzeptant m

access n Zugang m, Zutritt m; **a. to the children** Besuchsrecht nt, persönlicher Verkehr mit Kindern; **~ the courts of law** Zugang zu den Gerichten; **~ the records** Akteneinsicht f, Zugang zu den

Daten; ~ **a solicitor** Recht auf einen Anwalt

to block so.'s access jdm die Zufahrt versperren; **to gain a.** Zugang erlangen; **to have a. to sth.** Zugang zu etw. haben; **to provide a. (to)** Zugriff ermöglichen (auf)

unimpeded access ungehinderter Zugang; **unrestricted public a.** Gemeingebrauch m; **vehicular a.** Zufahrtsmöglichkeit f

access sth. v/t *(Daten)* auf etw. zugreifen

access authorization Zugriffsberechtigung f; **a. road** Zufahrtsstraße f

accessibility n *(Erreichbarkeit)* Zugänglichkeit f

accession n 1. Akzession f; 2. Beitritt m; **a. of property** Vermögensanfall m; **a. to a treaty** Vertragsbeitritt m

accessories pl Zubehör nt

accessoriness n Akzessorietät f

accessory n 1. *(StR)* (Tat)Gehilfe m, Helfershelfer(in) m/f, Mitschuldige(r) f/m, Mittäter(in) m/f, Mitwisser(in) m/f; 2. Zubehörstück nt, Zubehörteil nt; 3. Teilnehmer(in) m/f; **a. after the fact** 1. Begünstiger(in) m/f; 2. *(Personenhehlerei)* Hehler(in) m/f; 3. Helfershelfer(in) m/f; 4. nach Begehung der Tat Beteiligter; **a. before the fact** 1. Helfershelfer(in) m/f; 2. vor Begehung der Tat Beteiligter

accident n 1. Unfall m, Unglücksfall m; 2. Zufall m; **by a. or by design** zufällig oder absichtlich; **a. sustained on duty** Dienstunfall m; **a. involving game** Wildunfall m; **a. at work** Arbeits-, Betriebsunfall m; **person involved in an a.** Unfallbeteiligte(r) f/m

to have an accident verunglücken; **to be involved in an a.** in einen Unfall verwickelt sein, verunglücken; **to report an a.** Unfall melden; **to witness an a.** Zeuge eines Unfalls sein

damage-only accident Unfall mit Sachschaden; **drink-related a.** Verkehrsunfall unter Alkoholeinwirkung; **hit-and-run a.** Verkehrsunfall mit Fahrerflucht, unerlaubtes Entfernen vom Unfallort; **industrial a.** Arbeits-, Betriebs-, Werksunfall m; **occupational a.** Arbeitsunfall m

accident black spot Unfallschwerpunkt m; **a. cover(age)** Insassenunfallschutz m;

(personal) **a. insurance** Unfallversicherung f; **third-party** ~ Unfallhaftpflichtversicherung f; **a. pension** Unfallrente f; **a. prevention** Gefahrenabwehr f, Gefahren-, Unfallverhütung f; **a. report** Unfallanzeige f, Unfallmeldung f; **a. scene/site** Unfallort m; **a. victim** Unfallopfer nt, Verunglückte(r) f/m

accidental adj 1. zufällig, akzidentiell; 2. unabsichtlich, versehentlich, unbeabsichtigt; 3. Unfall-

accident-free adj unfallfrei; **a.-prone** adj unfallgefährdet, gefahrgeneigt

elected by acclamation n durch Zuruf gewählt

accommodat|e v/t 1. beherbergen, unterbringen; 2. Platz haben für, enthalten; 3. dienen, entgegenkommen; **a.ing** adj entgegenkommend, kulant

accommodation n 1. Beherbergung f, Quartier nt, Unterbringung f; 2. Gefälligkeit f; **to live in rented a.** zur Miete wohnen

accommodation acceptance Gefälligkeitsakzept nt; **a. address** Deck-, Gefälligkeits-, Briefkastenadresse f; **a. agreement** Gefälligkeitsabrede f, Gefälligkeitsvertrag m; **a. bill** Gefälligkeitswechsel m; **a. contract** Beherbergungsvertrag m; **a. endorsement** Gefälligkeitsgiro nt; **a. fraud** Beherbergungsbetrug m; **a. register** Wohnungsnachweis m; **a. unit** Wohneinheit f

accompanying adj zugehörig, begleitend

accomplice 1. *(StR)* Gehilfe m, Helfershelfer(in) m/f, Komplize m, Mitbeteiligte(r) f/m, Mitschuldige(r) f/m, Mittäter(in) m/f, Tatbeteiligte(r) f/m; 2. Teilnehmer(in) m/f; **a. in an escape** Fluchthelfer(in) m/f

accomplish v/t leisten, vollenden; **a.ment** n Leistung f, Vollendung f; ~ **of purpose** Zweckerreichung f

accord n 1. Abrede f, Absprache f, Einverständnis nt, Übereinstimmung f, Einklang m; 2. Abkommen nt, Übereinkommen nt; **to be in a. with sth.** mit etw. im Einklang stehen; **a. and satisfaction** Abfindung f, vergleichsweise Erfüllung

accord v/t 1. einräumen, gewähren; 2. übereinstimmen

in accordance (with) *n* 1. *(sich gleichend)* übereinstimmend, in Übereinstimmung mit; 2. gemäß, in Gemäßheit, laut, nach Maßgabe (von); **to be ~** übereinstimmen, entsprechen

according to *prep* laut, nach; **a. to which** demzufolge, laut dem; **a.ly** *adv* entsprechend

account *n* 1. Konto *nt*; 2. Rechenschaft *f*; 3. Rechnung *f*; 4. Schilderung *f*; **taking into a.** unter Berücksichtigung von, mit Rücksicht auf; **not ~** ohne Rücksicht auf; **on a. of** wegen; **~ one's own a.** auf eigene Rechnung; **~ so.'s a. and at so.'s risk** auf jds Rechnung und Gefahr

to attach an account Konto pfänden; **to audit an a.** Konto prüfen; **to call so. to a. for sth.** jdn für etw. zur Rechenschaft/Verantwortung ziehen; **to close an a.** Konto auflösen; **to debit an a.** Konto belasten; **to enter in an a.** auf einem Konto verbuchen; **to freeze an a.** Konto sperren; **to give an a. of** schildern; **to keep a.s** Buch führen; **to open an a.** Konto anlegen; **to pay into an a.** auf ein Konto einzahlen; **to take into a.** anrechnen, berücksichtigen

blocked account Sperrkonto *nt*; **current a.** 1. Kontokorrent *m*, laufendes Konto; 2. laufende Rechnung; **~ reservation** Kontokorrentvorbehalt *m*; **earmarked a.** zweckgebundenes Konto; **fiduciary a.** Anderkonto *nt*; **forged a.s** manipulierte Bilanzen; **frozen a.** gesperrtes Konto, Sperrkonto *nt*; **inactive a.** umsatzloses Konto; **itemized a.** detaillierte Rechnung; **joint a.** gemeinsames Konto; **outstanding a.** Buchforderung *f*, ausstehende/fällige/offene Rechnung; **overdrawn a.** überzogenes Konto; **proforma a.** fingierte Rechnung, Proformarechnung *f*; **unsettled a.** offene Rechnung

account for *v/prep* 1. Rechenschaft ablegen/geben über, verantworten; 2. erklären; 3. ausmachen

account contract Kontovertrag *m*; **a. receivable** Buchforderung *f*; **a. holder** Kontoinhaber(in) *m/f*; **a. movement** Kontobewegung *f*; **a. statement** Kontoauszug *m*; **a. transaction** Kontobewegung *f*

accountab|ility *n* 1. Rechenschaftslegungs-, Rechenschaftspflicht *f*; 2. Verantwortlichkeit *f*; **a.le** *adj* 1. rechenschaftspflichtig; 2. verantwortlich

accountan|cy *n* Buchführung *f*, Buchhaltung *f*; **false ~** Bilanzfälschung *f*; **a.t** Buchhalter *m*; **certified public ~** *[US]* vereidigter Rechnungsprüfer; **chartered ~** Rechnungs-, Wirtschaftsprüfer(in) *m/f*

accounting *n* Buchführung *f*, Buchhaltung *f*; Rechnungslegung *f*; **a. law** Bilanzrecht *nt*; **a. loss** Buchverlust *m*; **a. period** Abrechnungs-, Bilanz-, Rechnungszeitraum *m*; **a. rules** Bilanzierungs-, Buchführungs-, Rechnungslegungsvorschriften

account-keeping *adj* kontoführend

accounts *pl* Bilanz *f*, Rechnungsabschluss *m*; **a. receivable** Außenstände, (Buch)Forderungen; **annual a.** Jahresabschluss *m*, Jahresabrechnung *f*

accredit *v/t (Völkerrecht)* akkreditieren; **a.ation** *n* Akkreditierung *f*

accretion *n* 1. Anwachsung *f*; 2. *(Kapital)* Zuwachs *m*; **a. by inheritance** Erbzuwachs *m*

accrual *n* 1. Anfall *m*, Anwachsung *f*, Auflaufen *nt*, Zugewinn *m*; 2. *(Geld)* Ansammlung *f*, Zugang *m*; 3. Aufkommen *nt*; 4. *(Anspruch, Recht)* Entstehung *f*; 5. *(Zins)* Zuwachs *m*; **a. of the cause of action** Entstehung des Klageanspruchs; **~ a claim** Entstehung eines Anspruchs; **~ an inheritance** Erbanfall *m*; **~ interest** Auflaufen von Zinsen; **~ a right** Anfall/Entstehung eines Rechts

accrual date Fälligkeitstag *m*

accru|e *v/i* 1. anfallen, anwachsen, aufkommen, auflaufen; 2. *(Haftung)* eintreten; 3. entstehen, erwachsen; 4. zufallen; 5. *(Gewinn)* zufließen; **a.ed** *adj* angewachsen; **a.ing** *adj* anfallend

accumulate *v/t* kumulieren

accumulation *n* Kumulation *f*, Kumulierung *f*; **a. of offences** Realkonkurrenz *f*; **~ offices** Kumulierung von Ämtern; **a. principle** Kumulationsprinzip *nt*

accuracy *n* Richtigkeit *f*; **a. and completeness** Richtigkeit und Vollständigkeit; **to challenge the a. of a statement** die Richtigkeit einer Aussage bezweifeln

accusation *n* 1. *(formlos)* Anklage *f*; 2. An-, Beschuldigung *f*, Bezichtigung *f*; **false a.** Falschanzeige *f*, falsche Anschuldigung/Beschuldigung; **unfounded a.** grundlose Beschuldigung
accusatory *adj* beschuldigend, anklagend
accuse *v/t* 1. anklagen; 2. beschuldigen, bezichtigen, vorwerfen; **a. so. of sth.** jdm etwas zur Last legen, jdn wegen etw anschuldigen; **to be a.d (of)** beschuldigt werden
the accused *n* Angeklagte(r) *f/m*; **~ after committal to trial** *[GB]* (*Eröffnung des Hauptverfahrens*) Angeklagte(r) *f/m*; **~ prior to committal** *[GB]* (*öffentliche Klageerhebung*) Angeschuldigte(r) *f/m*; **to acquit ~** den Angeklagten freisprechen; **to give ~ the benefit of the doubt** im Zweifel für den Angeklagten sein
achieve *v/t* erreichen, leisten; **a.ment** Leistung *f*
acknowledge *v/t* 1. anerkennen, eingestehen; 2. quittieren; **a.(e)ment** 1. Anerkenntnis *nt*, Anerkennung *f*; 2. Bestätigung *f*; **~ of guilt** Schuldbekenntnis *nt*; **~ liability** Anerkenntnis der Haftung; **~ paternity** Vaterschaftsanerkenntnis *f*; **~ service** Empfangsbestätigung *f*
acquiesce (in) *v/prep* 1. stillschweigend dulden/billigen, hinnehmen; 2. sich fügen; **a.nce** *n* 1. stillschweigende Zustimmung/Einwilligung/Billigung; 2. Duldung *f*; 3. Sichfügen *nt*, Nachgeben *nt*
acquire *v/t* 1. erwerben, erlangen; 2. *(Gewohnheit)* sich aneignen
acquiror *n* Erwerber(in) *m/f*; **a. in bad faith** bösgläubiger Erwerber; **~ good faith** gutgläubiger Erwerber; **authorized a.** Erwerbsberechtigte(r) *f/m*; **subsequent a.** Nacherwerber *m*
acquisition *n* Erwerb *m*, Erwerbung *f*, Anschaffung *f*; **a. in good faith** gutgläubiger Erwerb, Gutglaubenserwerb *m*; **a. of land** Grunderwerb *m*; **a. by prescription** Buchersitzung *f*, Erwerb durch Ersitzung; **a. of property** Eigentums-, Grund-, Grundstücks-, Vermögenserwerb *m*; **~ a right** Erwerb eines Rechts, Rechtserwerb *m*; **~ title** Eigentumserwerb *m*; **bona-fide ~ title** gutgläubiger Eigentumserwerb

bona-fide acquisition redlicher Erwerb, Gutglaubenserwerb *m*; **conditional a.** bedingter Erwerb; **first-time a.** Ersterwerb *m*; **gratuitous a.** unentgeltlicher Erwerb; **illegal a.** Erschleichung *f*; **new a.** Neuanschaffung *f*, Neuerwerb *m*; **original a.** originärer Erwerb; **a. costs** Anschaffungskosten
acquit *v/t* freisprechen; **a.tal** *n* Freispruch *m*, Freisprechung *f*; **to plead for an ~** auf Freispruch plädieren; **honourable ~** Freispruch wegen erwiesener Unschuld
act *n* 1. Akt *m*, Erlass *m*, Gesetz *nt*; 2. Handlung *f*, Tat(handlung) *f*; 3. Rechtsgeschäft *nt*; **as defined by the a.** im Sinne des Gesetzes; **in the a.** bei der Ausführung, auf frischer Tat, in flagranti *(lat.)*
act of aggression Angriffshandlung *f*; **~ assent** Zustimmungsgesetz *nt*; **~ bankruptcy** Konkurshandlung *f*; **~ fraudulent bankruptcy** Konkursdelikt *nt*; **~ clemency** Begnadigungs-, Gnadenakt *m*; **a. preparatory to the commission of an offence** Vorbereitungshandlung *f*; **~ courtesy** Gefälligkeit *f*; **~ desperation/despair** Verzweiflungstat *f*; **~ discretion** Ermessensakt *m*, Ermessenshandlung *f*; **~ God** Elementar-, Naturereignis *nt*, höhere Gewalt; **~ government** Regierungshandlung *f*; **a. committed in the heat of passion** Affekthandlung *f*; **~ indecency** unzüchtige Handlung; **~ gross indecency** grob anstößige und belästigende Handlung; **~ infringement** Verletzungshandlung *f*; **~ justice** Justitium *(lat.)*; **by a. of law** ipso jure *(lat.)*; **a. in law** rechtsgeschäftliche Willenserklärung; **a. of legislation** Gesetzgebungsakt *m*; **~ mercy** Gnadenakt *m*
act of a party Parteihandlung *f*; **bilateral ~ the parties** zweiseitige Willenserklärung; **procedural ~ a party** Prozesshandlung *f*
act of revenge Racheakt *m*; **~ sabotage** Sabotageakt *m*, Sabotagehandlung *f*; **~ sovereignty** Hoheitsakt *m*; **~ state** Staats-, Hoheitsakt *m*, Hoheitshandlung *f*; **~ violence** Gewalttat *f*, Gewalttätigkeit *f*; **~ volition** Willenshandlung *f*, Willensakt *m*; **~ war** kriegerische Handlung

to amend an act Gesetz ändern; **to be caught in the very a.** auf frischer Tat/in flagranti ertappt werden; **to commit an a.** Handlung begehen/vornehmen; ~ **ultra vires a.** seine Kompetenzen überschreiben; **to refrain from committing an a.** Handlung unterlassen; **to repeal an a.** Gesetz aufheben

administrative act Verwaltungsakt *m*, Verwaltungshandlung *f*; **to contest an** ~ Verwaltungsakt anfechten; **amending a.** Nachtragsgesetz *nt*; **arbitrary a.** Willkürakt *m*, willkürliche Handlung; **compulsive a.** Zwangshandlung *f*; **criminal a.** strafbare Handlung; **culpable a.** schuldhafte Handlung; **damaging a.** schädigende Handlung; **exhibitionist a.** exhibitionistische Handlung; **federal a.** Bundesgesetz *nt*; **fictitious a.** Scheinhandlung *f*; **final a.** Schlussakte *f*; **forbidden a.** verbotene Handlung; **fraudulent a.** Betrugshandlung *f*, betrügerische Handlung; **hostile a.** Feindeshandlung *f*, feindliche Handlung; **implied a.** konkludente Handlung; **indecent a.s with children** sexueller Missbrauch von Kindern; **injurious a.** schädigende Handlung, Verletzungshandlung *f*; **interim a.** Übergangsgesetz *nt*; **introductory a.** Einführungsgesetz *nt*; **judicial a.** gerichtliche/richterliche Handlung; **legal a.** Rechtsakt *m*, Rechtsakte *f*, Rechtshandlung *f*; ~ **of a party** rechtsgeschäftliche Willenserklärung; **legislative a.** Gesetzgebungsakt *m*; **malicious a.** böswillige Handlung; **negligent a.** fahrlässige Handlung; **notarial a.** Notariatsakt *m*; **official a.** Amts-, Diensthandlung *f*; **omnibus a.** Rahmen-, Mantelgesetz *nt*; **operative a.** rechtsgestaltende Handlung; **overt a.** offenkundige Handlung; **physical a.** Realakt *m*; **preparatory a.** Vorbereitungshandlung *f*; **punishable a.** Straftat *f*, strafbare Handlung; **repealing a.** aufhebendes Gesetz; **sexual a.** sexuelle Handlung; **sovereign a.** Hoheits-, Hoheitshandlung *f*, Souveränitätsakt *m*; **tortious a.** Delikt *nt*, unerlaubte Handlung; **total a.** Gesamtakt *m*; **transitional a.** Überleitungsgesetz *nt*; **unconstitutional a.** verfassungswidriges Gesetz; **unilateral a.** einseitige Hand-

lung; **unlawful a.** widerrechtliche/rechtswidrige Handlung, ~ Tat; **wrongful a.** Missetat *f*

act *v/i* 1. handeln; 2. amtieren; **a. ultra vires** *(lat.)* seine Befugnisse/Zuständigkeit/Vollmacht überschreiten, außerhalb seiner Vertretungsbefugnis handeln; **a. unlawfully** rechtswidrig handeln; **a. wilfully** vorsätzlich handeln

acting *n* Handeln *nt*; **a. in breach of contract** vertragswidriges Verhalten; ~ **good faith** gutgläubiges Handeln; **a. with foresight** vorausschauendes Handeln; **a. negligently** fahrlässiges Handeln; **a. under orders** Befehlsnotstand *m*, Handeln auf Befehl; **a. for another party** Handeln für einen anderen; **a. as principal and agent** Insichgeschäft *nt*; **a. at one's own risk** Handeln auf eigene Gefahr; **a. ultra vires** *(lat.)* Kompetenz-, Vollmachts-, Zuständigkeitsüberschreitung *f*, Überschreitung der Befugnisse; **a. unlawfully** rechtswidriges Handeln

acting *adj* stellvertretend; **a. without proper authority** eigenmächtig

action *n* 1. Eingreifen *nt*, Handeln *nt*, Handlung *f*, Tun *nt*; 2. Klage *f*, Klage-, Streitsache *f*, Rechtsstreit *m*; 3. (zivilrechtlicher) Prozess; 4. Einschreiten *nt*, Vorgehen *nt*; **for further a.** zur weiteren Veranlassung; **pending a.** anhängige Klage, anhängiger Rechtsstreit; ~ **the a.** *[GB]* während der Dauer des Prozesses; **immediate a. is required** sofortiges Eingreifen ist erforderlich; **the a. does not lie** die Klage ist unzulässig; ~ **lies** die Klage ist gegeben/zulässig

action for abatement Eigentumsfreiheitsklage *f*; ~ **annulment** Nichtigkeitsklage *f*; ~ **avoidance** *(Willenserklärung)* Anfechtungs-, Aufhebungsklage *f*; **to bring an** ~ **avoidance** Aufhebungsklage erheben; **a. on a bill (of exchange)** Wechselklage *f*; **a. against a public body** Organklage *f*; **a. to establish a boundary line** Grenzfeststellungsklage *f*; **a. for breach of contract** Klage wegen Vertragsverletzung, Mängelklage *f*; ~ **cancellation** Löschungsklage *f*; **a. to cease and desist** *[US]* Unterlassungsklage *f*; **a. on a claim to succession** Erbrechtsklage *f*; **a. to dissolve a**

contract Wandelungsklage *f*; **a. in a constitutional court** Verfassungsklage *f*; **a. for recovering debts** Schuldklage *f* **action for damages** Klage auf Schaden(s)ersatz, Schaden(s)ersatzklage *f*; **to bring an ~** eine Schaden(s)ersatzklage einreichen
action for defamation Beleidigungsklage *f*; **a. in/of detinue** Herausgabe-, Vindikationsklage *f*; **to bring an a. of detinue** auf Herausgabe klagen; **a. concerning real estate** Immobiliarklage *f*; **a. against enforcement; a. to oppose enforcement** Impugnations-, Vollstreckungsabwehrklage *f*; **a. for ejectment/eviction** *[US]* Besitzentziehungs-, Räumungsklage *f*; **~ unjust enrichment; a. on the grounds of unjust enrichment** Bereicherungsklage *f*; **a. ex contractu** *(lat.)* Vertragsklage *f*; **a. to oppose execution** Vollstreckungsgegenklage *f*; **a. on the grounds of failure to act** Untätigkeitsklage *f*; **a. to obtain information** Auskunftsklage *f*; **a. for infringement of a trademark** Warenzeichenverletzungsklage *f*; **~ recovery of an inheritance** Erbschaftsklage *f*
action for an injunction Unterlassungsklage *f*, negatorische Klage; **~ a permanent injunction** *[US]* Unterlassungsklage *f*
action of intervention Interventionsklage *f*
action for an affirmative judgment Leistungsklage *f*; **~ a declaratory judgment** Feststellungsklage *f*; **~ a declaratory judgment on ownership** Eigentumsfeststellungsklage *f*
action of the law legis actio *(lat.)*; **a. for maintenance** Unterhaltsklage *f*; **a. against a neighbour** Nachbarklage *f*; **a. for non-performance** Schaden(s)ersatzklage wegen Nichterfüllung; **~ nullification** *(Ehe)* Aufhebungsklage *f*; **a. based on ownership** Klage aus Eigentum; **a. involving a parent-child relationship** Kindschaftsache *f*; **a. on a part of the claim** Teilklage *f*; **a. for partition** *(Grundstück)* Teilungsklage *f*; **a. brought by a third party** Drittklage *f*; **a. to determine paternity** Vaterschafts-

klage *f*; **a. for further payment** Nachforderungsklage *f*; **~ (specific) performance** Leistungs-, Erfüllungs-, Herstellungs-, Vornahmeklage *f*, Klage auf Vertrags-, Naturalerfüllung; **a. in personam** *(lat.)* schuldrechtliche Klage; **a. for possession; a. to recover possession** Herausgabe-, Räumungsklage *f*, Klage auf Herausgabe; **a. to reduce the price** Minderungsklage *f*; **a. concerning property** Immobiliarklage *f*; **a. to recover property** Vindikationsklage *f*; **a. for recourse** Regressklage *f*; **~ recovery of a debt** Forderungsklage *f*; **~ the recovery of goods** *(bewegliche Sachen)* Herausgabeklage *f*; **~ a change of legal relationships** Gestaltungsklage *f*; **a. in rem** *(lat.)* dingliche Klage
action for replevin Klage auf Wiedereinräumung des Besitzes; **a. in replevin** Drittwiderspruchsklage *f*; **a. of replevin** Interventions-, Mobiliarklage *f*
action for repossession Grundstücksräumungsklage *f*; **~ restitution** Kondiktion *f*, Restitutionsklage *f*, Klage auf Herausgabe; **~ retrial of a case** Restitutionsklage *f*; **~ the return of property** *(unbewegliche Sachen)* Herausgabeklage *f*; **~ the modification of rights** Gestaltungsklage *f*; **~ satisfaction** Leistungsklage *f*; **~ preferential satisfaction** Vorzugsklage *f*; **a. to set aside** *(Urteil)* Anfechtungsklage *f*; **a. for a share in the distribution quota** Auseinandersetzungsklage *f*; **a. by stages** Stufenklage *f*
action for civil status Personenstandsklage *f*; **a. to change the legal status** Rechtsgestaltungsklage *f*; **~ determine so.'s personal status** Statusklage *f*
action to gain title Klage auf Eigentumsverschaffung; **a. of trespass** Besitzstörungsklage *f*; **a. for own use of possession** Eigenbedarfsklage *f*; **a. in violation of international law** völkerrechtswidrige Handlung; **a. under a warranty** Gewährleistungsklage *f*
to bring an action Klage einreichen, verklagen; **~ against so** jdn verklagen, gegen jdn Klage einreichen, ~ einen Prozess anstrengen; **~ for rescission** auf Vertragsaufhebung klagen; **to be**

responsible for one's a.s zurechnungsfähig sein; **to dismiss an a.** Klage abweisen; **to fail to take a.** untätig bleiben/sein, Maßnahmen unterlassen; **to protract an a.** Prozess verschleppen; **to refrain from taking a.** von einer Klage absehen; **to take a.** einschreiten, Maßnahmen ergreifen, tätig werden, vorgehen; ~ **against so.** gegen jdn Klage erheben, jdn verklagen
administrative action Verwaltungsklage *f*; **affirmative a.** *[US]* Antidiskriminierung *f*, positive Diskriminierung, Quotenregelung *f*; **appropriate a.** angemessenes Einschreiten/Handeln; **arbitrary a.** eigenmächtiges Vorgehen; **bailable a.** Verfahren mit zulässiger Kautionsstellung; **civil a.** Zivilklage *f*, Zivilprozess *m*, Zivilrechtsstreit *m*, bürgerlicher Rechtsstreit, bürgerliche Rechtsstreitigkeit; ~ **incidental to criminal proceedings** *(StR)* Nebenklage *f*; **cloak-anddagger a.** Nacht- und Nebelaktion *f*; **concerted/common a.** *(Kartellrecht)* Absprache *f*, abgestimmtes/gemeinschaftliches Vorgehen; **covert a.** verdeckte Ermittlung(en); **criminal a.** Strafverfahren *nt*; **declaratory a.** Feststellungsklage *f*; **disciplinary a.** Disziplinarmaßnahme *f*; **evasive a.** Ausweichmanöver *nt*; **impulsive a.** Kurzschlusshandlung *f*; **industrial a.** *(Streik)* Niederlegung der Arbeit
legal action Klage *f*, Rechtsstreit *m*, gerichtliche Schritte, Belangung *f*; **by (recourse to) l. a.** auf dem Rechtsweg; **intra-company l. a.** Organklage *f*; **l. a. against a neighbour** Nachbarklage *f*; ~ **instituted/taken by an association** Verbandsklage *f*; **to take ~** klagen, gerichtliche Maßnahmen ergreifen
penal action Strafklage *f*; **petitory a.** petitorische Klage; **possessory a.** Besitzklage *f*, possessivische Klage; **prohibitory a.** Klage auf Unterlassung, Unterlassungsklage *f*; **private a.** Zivilklage *f*; **redhibitory a.** Klage auf Wandelung, Minderungs-, Wandelungsklage *f*, Wandelungsverfahren *nt*; **to institute a ~** auf Wandelung klagen; **representative a.** (Klage in) Prozessstandschaft, Verbandsklage *f*; **rescis-**

sory a. Rücktrittsklage *f*; **revocatory a.** Vertragsaufhebungsklage *f*; **supplementary a.** zusätzliche Klage, Nachtragsklage *f*; **third-party a. against execution** Widerspruchsklage *f*; **vexatious a.** schikanöse Klage
actionability *n* Klagbarkeit *f*
actionable *adj* 1. belangbar, (ein)klagbar, (gerichtlich) verfolgbar; **not a.** un(ein)klagbar; **a. per se** *(lat.)* (ein)klagbar/gerichtlich verfolgbar ohne Schadensnachweis
active *adj* tätig
activity *n* Betätigung *f*, Tätigkeit *f*; **commercial a.** Gewerbebetätigung *f*, gewerbliche/kaufmännische Tätigkeit; **competitive a.** Konkurrenztätigkeit *f*; **mental a.** Geistestätigkeit *f*; **seditious a.** umstürzlerische Tätigkeit; **subversive a.** staatsfeindliche Bestrebung
acts *pl* Handlungen; **a. and forbearances/omissions** Handlungen und Unterlassungen; **a. committed abroad** Auslandstaten *f*; **a. of intervention** Eingriffe; **a. of prior use** Vorbenutzungshandlungen; ~ **state** hoheitliche Maßnahmen; **to perform a.** Handlungen vornehmen; **obscene a.** unzüchtige Handlungen; **illicit sexual a.** unzüchtige Handlungen; ~ **with dependants** Unzucht mit Abhängigen; **violent a.** Tätlichkeiten
actual *adj* tatsächlich, wirklich
actuarial *adj* versicherungstechnisch
actus reus *n (lat.)* Tatbestand *m*
adamant *adj* unnachgiebig, hartnäckig
adapt *v/t* anpassen; **a. to sth.** sich auf etw. umstellen; **a.ation** 1. Anpassung *f*; 2. Umstellung *f*; 3. Umbau *m*
add *v/t* 1. hinzufügen; 2. hinzurechnen; 3. nachtragen; **a. up to** betragen
addendum *n (lat.)* Nachtrag *m*, Zusatz *m*
addict *n* Süchtige(r) *f/m*; **a.ed** *adj* süchtig; **a.ion** *n* Sucht *f*; ~ **to opium** Opiumsucht *f*
addition *n* 1. Hinzufügung *f*, Zusatz *m*; 2. Hinzurechnung *f*; **to demand sth. in a.** nachfordern; **a.al** *adj* zusätzlich
additives *pl* Zusätze, Zusatzstoffe
address *n* Adresse *f*, Anschrift *f*; **a. for payment** Zahlungsadresse *f*; ~ **service** ladungsfähige Anschrift, Zustellungsadresse *f*

assumed address Deckadresse *f*; **final a.** dauernder Wohnsitz; **fixed a.** fester Wohnsitz; **last a.** letzter Aufenthalt/Wohnsitz; **postal a.** Postanschrift *f*; **private a.** Privatanschrift *f*; **public a.** öffentliche Rede; **registered a.** Meldeanschrift *f*; **residential a.** Wohnungsanschrift *f*

address *v/t* adressieren; **a.ee** *n* Adressat(in) *m/f*, Erklärungsempfänger(in) *m/f*

adduce *v/t* 1. anführen; 2. bei-, erbringen, vorlegen

ademption *n* 1. Entziehung eines Vermächtnisses, Legatsentziehung *f*; 2. Wegfall eines Vermächtnisses

adequate *adj* angemessen, hinlänglich, hinreichend

advertising contract law *n* Werbevertragsrecht *nt*

adhere to *v/prep* 1. befolgen, einhalten, sich halten an; 2. festhalten an; 3. gehören zu; **a.nce** Adhärenz *f*, Wahrung *f*; **~ (to)** Befolgung *f*, Einhaltung *f*; **~ to a contract** Einhaltung eines Vertrages; **~ to an agreement**; **~ to a convention** Einhaltung eines Abkommens

adhesion contract *n* Adhäsionsvertrag *m*

adjacent *adj* angrenzend, benachbart, nebenan; **a. to** in der Nähe von

adjective *adj* verfahrensmäßig, verfahrensrechtlich

adjoin *v/t* angrenzen; **a.ing** *adj* angrenzend, benachbart, nebenan

adjourn *v/ti* 1. (sich) vertagen, Termin verlegen, aufschieben; **a. sine die** *(lat.)* auf unbestimmte Zeit vertagen

adjournment *n* 1. Aussetzung *f*; 2. *(Verfahren)* Vertagung *f*; **a. of a hearing** Aussetzung eines Termins; **~ proceedings/trial** Vertagung eines Verfahrens, Unterbrechung der Hauptverhandlung; **a. sine die** *(lat.)* Vertagung auf unbestimmte Zeit; **to apply for an a.** *(Gericht)* Vertagung beantragen

adjudge *v/t* 1. befinden, entscheiden; 2. zuerkennen, zusprechen, für Recht erkennen, richten

adjudicate 1. adjudizieren, entscheiden; 2. *(Urteil)* erkennen, judizieren, zuerkennen, Recht sprechen, richten, Urteil fällen

adjudication *n* 1. Entscheidung *f*, Adjudikation *f*, Zuerkennung *f*; 2. *(Urteil)*

Zuschlag *m*, Urteil *nt*; 3. Rechtsprechung *f*, Rechtsspruch *m*; **a. of bankruptcy** Konkurseröffnung *f*; **a. order** Konkurseröffnungsbeschluss *m*

adjudicator *n* Schiedsgutachter *m*

adjust *v/t* 1. angleichen, anpassen, berichtigen, regeln; 2. *(Forderung)* regulieren; **a. to sth.** sich auf etw. umstellen; **seasonally a.ed** *adj* saisonbereinigt

adjustment *n* 1. Angleichung *f*, Anpassung *f*, Beilegung *f*, Berichtigung *f*; 2. Regelung *f*, Regulierung *f*; **a. of accounts** Kontenbereinigung *f*; **~ claims** Regulierung von Ansprüchen; **~ company/partnership debts** Berichtigung der Gesellschaftsschulden; **annual ~ income tax** Lohnsteuerjahresausgleich *m*; **social a.** Resozialisierung *f*; **a. aid** Anpassungsbeihilfe *f*

administer *v/t* 1. verwalten; 2. *(Gesetz)* ausführen, vollstrecken; 3. *(Strafe)* verhängen; 4. *(Medizin)* verabreichen; **a. sth. to so.** jdm etw. verabreichen; **a.ing (of) poison** *n* Giftbeibringung *f*; **~ an oath (to so.)** Vereidigung (von jdm); **~ an oath to witnesses** Zeugenvereidigung *f*

administration *n* 1. Verwaltung *f*; 2. Verabreichung *f*; 3. *[US]* Regierung *f*; **a. by interlocking authorities** Mischverwaltung *f*; **a. of a deceased's estate** Nachlasskonkurs *m*; **~ the bankrupt's estate** Masse-, Konkursverwaltung *f*; **~ an estate** Erbschafts-, Nachlass-, Vermögensverwaltung *f*, Nachlassabwicklung *f*, Verwaltung eines Nachlasses; **provisional ~ an estate** Nachlasspflegschaft *f*; **~ justice** Handhabung der Rechtsprechung, Justiz *f*, Justiz-, Rechtspflege *f*, Rechtsprechung *f*; **~ an oath** Beeidigung *f*, Eidesabnahme *f*, Vereidigung *f*; **~ property** Vermögensverwaltung *f*

joint administration Mitverwaltung *f*; **judicial a.** Justizverwaltung *f*; **local a.** Gemeinde-, Ortsverwaltung *f*, örtliche Verwaltung; **military a.** Militärverwaltung *f*; **public a.** öffentliche Verwaltung; **a. charge** Verwaltungsgebühr *f*

administrator *n* Verwalter *m*, Amts-, Sach-, Vergleichs-, Vermögensverwalter *m*, Kurator *m*; **a. in bankruptcy**

proceedings Konkursverwalter(in) *m/f*; **a. of an estate** 1. Nachlasspfleger(in) *m/f*, Masse-, Nachlass-, Erbschaftsverwalter(in) *m/f*; 2. Liegenschaftsverwalter(in) *m/f*; ~ **the deceased's** *[GB]/* **decedent's** *[US]* **estate** Nachlassverwalter(in) *m/f*

administratrix *n* (Nachlass)Verwalterin *f*

admiralty court/tribunal *n* Seegericht *nt*, Gericht für seerechtliche Streitigkeiten

admirer *n* Liebhaber *m*

admissibility *n* Zulässigkeit *f*, Statthaftigkeit *f*; **a. of evidence** Zulässigkeit eines Beweises; **a. as a party in court** Parteifähigkeit *f*; **a. of pleading** Zulässigkeit des Vorbringens (einer Klage); **a. criteria** Zulässigkeitskriterien

admissible *adj* 1. *(Person)* (zulassungs)-berechtigt; 2.zulässig, statthaft

admission *n* 1. Anerkennung *f*, Bekenntnis *nt*, Eingeständnis *nt*; 2. Eintritt *m*, Zugang *m*, Zutritt *m*, Aufnahme *f*; 3. (Tatsachen)Geständnis *nt*, Nichtbestreiten *nt*, Zugeständnis *nt*; 4. Zulassung *f*; **a. as attorney** *[US]* Zulassung zur Rechtsanwaltschaft; **a. of bankruptcy** Offenbarungseid *m*; **a. to the Bar** Zulassung als Anwalt vor höheren Gerichten; **a. of guilt** Schuldanerkenntnis *f*, Schuldgeständnis *nt*; **a. to a hospital** Krankenhausaufnahme *f*; **a. as a solicitor; a. to practise as a lawyer** Zulassung zur (Rechts)Anwaltschaft; **a. to university** Zulassung zur Universität; **simultaneous a.** Simultanzulassung *f*; **a. requirement** Zulassungsvoraussetzung *f*

admit *v/t* 1. anerkennen; 2. bekennen, zugeben, (ein)gestehen; 3. zulassen, erlauben, aufnehmen

admittance *n* Zugang *m*, Einlass, Zutritt *m*; **no a.** Zutritt verboten!

admitted *adj* 1. eingestanden; 2. zugelassen; **a.ly** *adv* zugegebenermaßen

admoni|sh *v/t* ermahnen; **a.tion** *n* Ermahnung *f*

adolescent *n* Heranwachsende(r) *f/m*, Jugendliche(r) *f/m*

adopt *v/t* 1. adoptieren; 2. an-, übernehmen

adoption *n* 1. Adoption *f*, Annahme als Kind, Kindesannahme *f*; 2. An-, Übernahme; **a. of a directive** Verabschiedung einer Richtlinie; **a. order** Adoptionsbeschluss *m*; **a. proceedings** Adoptionsverfahren *nt*

adoptive person *adj* Adoptierende(r) *f/m*

adult *n* Erwachsene(r) *f/m*

adulterat|e *v/t* 1. *(Nahrungsmittel)* verfälschen; 2. *(alkoholisches Getränk)* panschen; **a.ion** *n* Verfälschung *f*; ~ **of food** Lebensmittelverfälschung *f*

adulter|er *n* Ehebrecher *m*; **a.ess** Ehebrecherin *f*; **a.ous** *adj* ehebrecherisch

adultery *n* Ehebruch *m*; **to commit a.** ehebrechen, Ehebruch begehen

advance *v/ti* 1. *(Geld)* leihen, vorschießen, auslegen, in Vorlage treten; 2. sich nähern; 3. *(Projekt)* vorantreiben, förderlich sein für; 4. *(Gründe, Plan)* vorbringen

advance *n* (Kosten)Vorschuss, Kredit *m*; **a. on costs** Gerichtskostenvorschuss *m*; ~ **goods** Warenlombard *m*; ~ **an offer** Mehrgebot *nt*; ~ **the rent** Mietvorauszahlung *f*; **to pay an a.** Vorschuss leisten

advance booking Vorausbuchung *f*, Vorbestellung *f*; **a. notice** Vorankündigung *f*, Voranzeige *f*; **a. order** Vorbestellung *f*; **a. payment** Vorschuss(leistung) *m/f*, Vorkasse *f*, Voraus-, Vorschusszahlung *f*; **a. performance** Vor(aus)leistung *f*; ~ **obligation** Vorausleistungspflicht *f*; **a. warning** Vorwarnung *f*

advantage *n* Vorteil m, Nutzen *m*; **to offer an a.** Vorteil bieten; **legal a.** rechtlicher Vorteil; **pecuniary a** geldwerter Vorteil, Vermögensvorteil *m*; **special a.** Sondervorteil *m*

advantageous *adj* vorteilhaft

adversar|ial *adj* auf Gegensatz beruhend; **a.y** *n* Gegner(in) *m/f*, Widersacher(in) *m/f*

adverse *adj* entgegenstehend, negativ, widrig

advertise *v/t* werben, inserieren, ausschreiben; **a.ment** Inserat *nt*; **a.r** Inserent *m*

advertising *n* Werbung *f*; **comparative a.** vergleichende Werbung; **disparaging a.** herabsetzende Werbung; **misleading a.** irreführende Werbung; **subliminal a.** unterschwellige Werbung

advertising ban Werbeverbot *nt*; **a. contract** Werbevertrag *m*; **a. regulations** Werbebestimmungen

advice *n*   1. Rat *m*, Belehrung *f*; 2. Benachrichtigung *f*, Mitteilung *f*; **a. note** Anzeige *f*, Avis *nt*, Benachrichtigungsschreiben *nt*; **person seeking a.** Ratsuchende(r) *f/m*; **a. on applicable (legal) remedies** Rechtsbehelfsbelehrung *f*; **to seek a.** Rat einholen; **legal a.** juristischer Rat, Rechtsberatung *f*; **to take ~** sich anwaltschaftlich/juristisch beraten lassen

advisable *adj* zweckmäßig, ratsam

advise *v/t*   1. benachrichtigen, anzeigen, mitteilen, verständigen, avisieren; 2. belehren; 3. beraten; **a. against** abraten

adviser *n*   Berater *m*; **legal a.** 1. Beistand *m*; 2. juristischer Berater, Justitiar *m*, Rechtsberater *m*

advisor *n*   Ratgeber *m*; **a.y** *adj* beratend

advocacy *n*   1. Advokatur *f*, Anwaltstätigkeit *f*; 2. Eintreten *nt*, Fürsprache *f*; 3. *(Plan)* Befürwortung *f*

advocate *n*   1. Advokat *m*, (Rechts)Anwalt *m*; 2. *[Scot]* plädierender Rechtsanwalt; 3. Befürworter(in) *m/f*, Fürsprecher(in) *m/f*, Verfechter(in) *m/f*

advocate *v/t*   befürworten, eintreten für, verfechten

affair *n*   Angelegenheit *f*; **to attend to so.'s a.s** jds Angelegenheiten besorgen; **extra-marital a.** Seitensprung *m (coll)*

affect *v/t*   1. sich auswirken auf; 2. *(Gesundheit)* angreifen, schaden; 3. berühren; 4. betreffen; **a. adversely** beeinträchtigen; **a. prejudicially** sich nachteilig auswirken auf; **a.ed** betroffen; **adversely ~** benachteiligt, nachteilig betroffen

affidavit *n*   Affidavit *nt*, (schriftliche) eidliche Erklärung

affiliated *adj* angeschlossen

affiliation *n*   1. Zugehörigkeit *f*; 2. Feststellung der Vaterschaft, Vaterschaftsfeststellung *f*; **religious a.** Religionszugehörigkeit *f*; **a. case** Vaterschaftsprozess *m*, Unterhaltssache *f*; **a. order** 1. Alimentenbeschluss *m*, Unterhaltsverfügung *f*; 2. Urteil zur Feststellung der Vaterschaft; **to apply for an ~** Unterhaltsklage erheben; **a. proceedings** 1. Vaterschaftsprozess *m*; 2. Unterhaltsverfahren *nt*

affirm *v/t*   1. beteuern, versichern; 2. bestätigen

affirmation *n*   1. Abgabe einer Versicherung, Bekräftigung *f*, Beteuerung *f*; 2. eidesstattliche Erklärung; **a. in lieu of an oath; solemn a.** eidesstattliche Versicherung, Versicherung/Bekräftigung an Eides statt, den Eid ersetzende Bekräftigung; **a. on oath** Beeidigung *f*, eidliche Versicherung

affirmative *adj* affirmativ, bejahend; **to answer in the a.** bejahen, mit Ja antworten

affix *v/t*   1. anbringen, anfügen; 2. *(Siegel)* beidrücken; **a.ing a seal** *n* (Be)Siegelung *f*

affray *n*   Raufhandel *m*, Schlägerei *f*

aforementioned; aforesaid *adj* oben erwähnt/genannt, (vor)benannt, vorgenannt, vorerwähnt, vorher erwähnt

after-effect *n*   Nachwirkung *f*

against *prep*   gegen

age *n*   1. (Lebens)Alter *nt*; 2. Lebensjahr *nt*; 3. Lebensdauer *f*; **of a.** mündig, volljährig; **on coming of a.** bei Eintritt der Volljährigkeit; **under a.** minderjährig; **a. of consent** *(Ehe, Sexualverkehr)* Einwilligungsalter *nt*; **~ death** Sterbealter *nt*; **a. at entry** *(Lebensvers.)* Eintrittsalter *nt*; **~ marriage** Heiratsalter *nt*; **a. of maturity** *(Lebensvers.)* Endalter *nt*; **~ responsibility** zurechnungsfähiges Alter; **~ criminal responsibility** Strafmündigkeit *f*; **of the ~ criminal responsibility** strafmündig; **below ~ criminal responsibility** strafunmündig

to come of age mündig werden; **to reach the a. of …** das … Lebensjahr vollenden

employable age erwerbsfähiges Alter; **full a.** Mündigkeit *f*; **marriagable a.** heiratsfähiges Alter, Ehemündigkeit *f*, Heiratsalter *nt*, Heiratsfähigkeit *f*; **maximum a.** Höchstalter *nt*; **pensionable a.** Pensions-, Rentenalter *nt*; **to determine the ~** Rentenalter festsetzen; **of criminally responsible a.** strafmündig

age bracket Altersklasse *f*, Altersstufe *f*; **a. cohort/group** Jahrgang *m*; **a. limit** Altersgrenze *f*; **a. requirement** Alterserfordernis *f*

ageism *n*   Altersdiskriminierung *f*, Seniorenfeindlichkeit *f*

agencies in whom state power is vested *pl* Träger öffentlicher Gewalt

agency *n* 1. Agentur *f*, Geschäftsstelle *f*;
2. Vertretungsverhältnis *nt*, (Stell)Vertretung *f*; 3. Dienst-, Amtsstelle *f*, Behörde *f*; 4. Vermittlung *f*, Geschäftsbesorgung *f*; 5. Tätigkeit *f*, Wirksamkeit *f*;
6. Auftrag(sverhältnis) *m/nt*, Vollmacht *f*;
by the a. of mit Hilfe von, vermittels; **a. by private act** gewillkürte Stellvertretung; **~ estoppel** Rechtscheinsvollmacht *f*, Vertretung kraft Rechtsschein, Duldungsprokura *f*; **a. effected for a consideration** entgeltliche Geschäftsbesorgung; **a. of necessity** Geschäftsführung ohne Auftrag
central agency Zentralbehörde *f*; **comprehensive a.** Gesamtvertretung *f*; **exclusive a.** Alleinvertretung *f*; **federal a.** Bundesamt *nt*, Bundesanstalt *f*; **general a.** Generalagentur *f*, Generalvertretung *f*; **implied a.** stillschweigende Vollmacht; **indirect a.** indirekte/mittelbare Stellvertretung; **sole a.** 1. Allein-, Einzelvertretung *f*; 2. Einzelvertretungsmacht *f*, Generalvertretung *f*; **statutory a.** gesetzliche Vertretung; **undisclosed a.** verdeckte Stellvertretung
agency agreement 1. Agenturvertrag *m*;
2. Stellvertretungsvertrag *m*; **a. contract** Geschäftsbesorgungs-, Agenturvertrag *m*, (Handels)Vertretervertrag *m*; **a. worker** Leiharbeitnehmer(in) *m/f*
agenda *n* Tagesordnung *f*; **to adopt the a.** Tagesordnung annehmen; **to proceed to the next item on the a.** zum nächsten Punkt (auf) der Tagesordnung übergehen; **to remove sth. from the a.** etw. von der Tagesordnung absetzen
agent *n* 1. Agent *f*, Anweisungsempfänger *m*, Beauftragte(r) *f/m*, Bevollmächtigte(r) *f/m*, Vermittler *m*, Vertreter(in) *m/f*; 2. Wirkstoff *m, Mittel nt*; **authorized to act as an a.** zur Vertretung berechtigt, vertretungsberechtigt; **a. with limited capacity to contract; ~ contractual capacity** beschränkt geschäftsfähiger Vertreter
authorized agent (Handlungs)Bevollmächtigte(r), bevollmächtigter Vertreter; **commercial a.** Handelsagent *m*, Handelsvertreter(in) *m/f*; **confidential a.** Vertrauensmann *m*; **general a.** Generalbevollmächtigte(r) *f/m*, Generalver-

treter(in) *m/f*; **lawful a.** rechtsmäßiger Vertreter; **local a.** örtlicher Vertreter; **narcotic a.** Betäubungsmittel *nt*; **sole a.** Alleinvertreter *m*; **special a.** Vertreter für ein Rechtsgeschäft; **statutory a.** gesetzlicher Vertreter; **unauthorized a.** Vertreter ohne Vertretungsmacht, falsus procurator *(lat.)*; **undercover a.** Polizeispitzel *m*; **undisclosed a.** mittelbare(r) Stellvertreter(in); **vicarious a.** Erfüllungs-, Verrichtungsgehilfe *m*, Gehilfe *m*, Stellvertreter(in) *m/f*
agent provocateur *(frz.)* Lockspitzel *m*; **a.'s commission** Vermittlungs-, Vertreterprovision *f*; **~ liability** Vertreterhaftung *f*
aggravate *v/t* erschweren, verschärfen
aggravat|ed *adj* 1. erschwert, verschärft;
2. *(Straftat)* qualifiziert, schwer; **a.ing** *adj* (straf)erschwerend, strafverschärfend
aggravation *n* Erschwerung *f*, (Straf)-Verschärfung *f*; **a. of the sentence** Strafverschärfung *f*, Verschärfung der Strafe
aggression *n* Angriff *m*
aggrieved *adj* beschwert, geschädigt; **a. person** Geschädigte(r) *f/m*, Beschwerdeberechtigte(r) *f/m*
(malicious) agitation *n* Hetze *f*
agonizing *adj* quälend
agree *v/ti* 1. abmachen, sich einigen, einwilligen, übereinkommen, übereinstimmen, verabreden, akkordieren; 2. (absprechen) vereinbaren; **a. in advance** vorher vereinbaren; **a. tacitly** stillschweigend zustimmen; **a. to** einverstanden sein, zustimmen
agreed *adj* abgemacht, ausgemacht, einverstanden, vereinbart; **as a.** vereinbarungsgemäß, wie vereinbart; **contractually a.** vertraglich vereinbart, vertragsgemäß; **as ~** wie vertraglich vereinbart; **unless otherwise a.** falls/soweit nicht anders vereinbart
agreement *n* 1. Vertrag *m*, (vertragliche) Abmachung, Vereinbarung *f*; 2. Abkommen *nt*; 3. Abrede *f*, Absprache *f*; 4. Einwilligung *f*, Zustimmung *f*, Billigung *f*, Einverständnis *nt*; 5. Übereinstimmung *f*, Einvernehmen *nt*; 6. Einklang *m*, Einigkeit *f*, Eintracht *f*; **in a.** einig, handelseinig; **under the a.** im

Rahmen des Abkommens; **the present a. shall come into force on the date of signing** dieses Abkommen tritt am Tage seiner Unterzeichnung in Kraft; **by prior a.** nach voriger Vereinbarung; **contrary to the (terms of an) a.** vertragswidrig

agreement providing for mutual judicial assistance Rechtshilfeabkommen *nt*; **a. contra bonos mores** *(lat.)* sittenwidriger Vertrag; **a. to the contrary** entgegenstehende Vereinbarung; **a. on fees** Gebühren-, Honorarvereinbarung *f*, Honorarabrede *f*; **a. by which an inheritance is renounced** Erbverzichtsvertrag *m*; **a. by the parties** Parteiabrede *f*; **a. to transfer possession** Überlassungsvertrag *m*; **a. in rem** *(lat.)* dinglicher Vertrag; **~ restraint of trade** Konkurrenzverbot *nt*, Wettbewerbsabrede *f*, wettbewerbsbeschränkende Vereinbarung, Kartell *nt*; **a. on standards and types** Normen- und Typenkartell *nt*; **a. in favour of a third party** Vertrag zu Gunsten Dritter

to abide by/adhere to an agreement sich an eine Vereinbarung/einen Vertrag halten; **to annul an a.** Vereinbarung aufheben; **to breach an a.** Vertrag brechen, vertragsbrüchig werden; **to conclude an a.** Vereinbarung schließen, Vertrag abschließen; **to contract out of an a.** Vereinbarung vertraglich abbedingen; **to enter into an a.** Vereinbarung/Übereinkommen treffen; **~ a written a.** schriftlichen Vertrag abschließen; **to reach (an) a.** Übereinkunft erzielen, sich einigen, Verabredung/Vereinbarung treffen; **to renew an a.** Vertrag erneuern/verlängern; **to rescind/terminate an a.** Vertrag aufheben/kündigen, Vereinbarung außer Kraft setzen; **to satisfy an a.** Vertrag erfüllen; **to withdraw from an a.** von einem Vertrag zurücktreten

administrative agreement Verwaltungsabkommen *nt*; **amicable a.** gütliche Einigung; **ancillary a.** Zusatzabrede *f*; **anti-competitive a.** wettbewerbsschädigende Absprache; **avoidable a.** anfechtbarer Vertrag; **basic a.** Rahmenabkommen *nt*, Rahmenvertrag *m*; **binding**

a. Vertragsabrede *f*; **bona-fide a.** Vereinbarung auf Treu und Glauben; **collateral a.** Nebenabrede *f*; **collusive a.** geheime/heimliche Absprache; **consensual a.** Konsensualvertrag *m*; **consular a.** Konsularabkommen *nt*; **continuing a.** Dauervertrag *m*; **contractual a.** vertragliche Vereinbarung, schuldrechtlicher Vertrag, Vertragsvereinbarung *f*; **cooling-off a.** Stillhalteabkommen *nt*; **cross-licence a.** Lizenzabkommen auf Gegenseitigkeit; **diverging a.** abweichende Vereinbarung; **exclusive a.** Alleinvertretungsvereinbarung *f*; **executory a.** Verpflichtungsgeschäft *nt*; **existing a.** bestehende Vereinbarung; **explicit/express a.** ausdrückliche Vereinbarung; **follow-up a.** Anschlussvertrag *m*; **hire-purchase a.** Teilzahlungsvertrag *m*; **implicit a.** stillschweigendes Übereinkommen; **industrial a.** Tarifvertrag *m*; **informal a.** formloser Vertrag; **intergovernmental a.** Regierungsvereinbarung *f*; **interim a.** Interimsabkommen *nt*, vorläufige Vereinbarung; **knock-for-knock a.** *(Vers.)* Regressverzichtsvereinbarung *f*; **market-sharing a.** Marktabsprache *f*; **monetary a.** Zahlungs-, Währungsabkommen *nt*; **multilateral a.** mehrseitiger Vertrag; **mutual a.** 1. beiderseitiges Einverständnis; 2. gegenseitige Vereinbarung, gegenseitiger Vertrag; **by ~** im beiderseitigen Einvernehmen, in gegenseitiger Übereinkunft; **oppressive a.** Knebelungsvertrag *m*; **oral a.** mündliche Vereinbarung, mündlicher Vertrag; **outline a.** Rahmenabkommen *nt*, Rahmenvertrag *m*; **possessory a.** Besitzinstitut *nt*; **preliminary a.** Vorvertrag *m*; **price-fixing a.** Preisabrede *f*, Kartellvereinbarung *f*; **private a.** Individualabrede *f*; **provisional a.** Zwischenvertrag *m*; **reciprocal a.** Vereinbarung auf Gegenseitigkeit, gegenseitiger Vertrag; **restrictive a.** wettbewerbsbeschränkende Vereinbarung, Kartell *nt*; **secret a.** 1. Geheimabkommen *nt*; 2. geheimes Einverständnis; **separate a.** Sonderabmachung *f*; **sole/special a.** Einzelvertrag *m*, Einzelabrede *f*, Sondervereinbarung *f*; **subsidiary a.** Nebenabrede *f*;

supplementary a. Zusatzabkommen *nt*, Zusatzvereinbarung *f*; **tacit a.** 1. stillschweigendes Einverständnis; 2. stillschweigendes Übereinkommen, stillschweigende Vereinbarung; **tentative a.** Probevertrag *m*; **tie-in a.** Koppelungsvertrag *m*; **tying a.** Knebelungsvertrag *m*; **verbal a.** mündlicher Vertrag; **void a.** ungültige Vereinbarung; **written a.** schriftliche Verständigung, schriftlicher Vertrag; **wrongful a.** Unrechtsvereinbarung *f*

agricultur|al *adj* landwirtschaftlich; **a.e** *n* Landwirtschaft *f*

aid *n* Beihilfe *f*, Beistand *m*, Hilfe *f*; **administrative a.** Amtshilfe *f*; **civil a. certificate** *[GB]* *(Prozesskostenhilfe)* Armutszeugnis *nt*

legal aid Armenrecht *nt*, Prozess(kosten)-hilfe *f*; **to allow l. a.** Prozesskostenhilfe zubilligen; **l. a. centre** Rechtsberatungsstelle *f*; **~ certificate** Armenrechtszeugnis *nt*; **~ proceedings** Armenrechtsverfahren *nt*

aid (and abet) *v/t* helfen, begünstigen, Beihilfe/Vorschub leisten

aider and abettor *n* 1. *(StR)* Gehilfe *m*; 2. Helfershelfer(in) *m/f*

aiding and abetting *n* 1. *(StR)* Bei-, Tathilfe *f*, Mittäterschaft *f*; 2. *(nach der Straftat)* Begünstigung *f*; **~ an escape** Fluchthilfe *f*; **a. the perpetrator of an offence after the fact** Strafvereitelung *f*

ailing *adj* gebrechlich

ailment *n* Gebrechen *nt*; **physical a.** körperliches Gebrechen

aim at sth. *v/prep* Zweck verfolgen, auf etw. (ab)zielen, etw. bezwecken

air *n* Luft *f*; **a. ambulance** Rettungshubschrauber *m*; **a. fare** Flugpreis *m*; **a. law** Luftrecht *nt*; **a. polluter** Luftverschmutzer *m*; **a. pollution** Luftverunreinigung *f*; **a. scheduled a. services** Linienflugverkehr *m*; **a. sovereignty** Lufthoheit *f*; **a.space** *n* Luftraum *m*

air traffic Luftverkehr *m*; **a. t. act** Luftverkehrsgesetz *nt*; **a. t. control** Luftüberwachung *f*; **a. t. law** Luftverkehrsrecht *nt*

air transport Luftverkehr *m*; **a.t. agreement** Luftverkehrsabkommen *nt*; **scheduled a. t.** Linienflugverkehr *m*

aircraft *n* Luftfahrzeug *nt*

alarm *n* Alarm *m*; **a. shot** Schreckschuss *m*

alcohol *n* Alkohol *m*; **a. abuse** Missbrauch von Alkohol; **a.ic** Trunksüchtige(r) *f/m*; **a.ism** *n* Trunksucht *f*

aleatory *adj* aleatorisch, zufallsbedingt, Zufalls-

alert *n* Alarm *m*

alias *n* Alias *nt*, Deckname *m*, falscher Name

alibi *n* Alibi *nt*; **to contest an a.** ein Alibi anfechten; **to prove one's a.** Alibinachweis erbringen

alien *adj* ausländisch, fremd; *n* Ausländer *m*, Fremde(r) *f/m*; **illegal a.** illegal eingereiste Person; **resident a.** Ausländer mit Wohnsitz im Inland; **stateless a.** staatenloser Ausländer; **undesirable a.** unerwünschter Ausländer

alienable *adj* 1. *(Rechte)* übertragbar; 2. veräußerlich

alienate *v/t* 1. ent-, befremden; 2. veräußern, sich entäußern; 3. übertragen

alienation *n* 1. Entfremdung; 2. Ent-, Veräußerung *f*; 3. Übertragung *f*; **a. of affections** *(Eherecht)* Entfremdung *f*; **~ assets** Vermögensveräußerung *f*; **~ property** Grundstücksveräußerung *f*; **~ movable or immovable property** Veräußerung beweglichen oder unbeweglichen Vermögens

alien|ee *n* Erwerber(in) *m/f*; **a.or** *n* Veräußerer *m*

aliens act *n* Ausländergesetz *nt*; **a. department/office** Ausländerbehörde *f*, Fremdenpolizei *f*; **a. law** Fremdenrecht *nt*; **a. passport** Fremdenpass *m*

alignment *n* Angleichung *f*, Ausrichtung *f*

aliment *n* *[Scot.]* Unterhaltsbetrag *m*, Alimente *pl*

alimony *n* Alimente *pl*, Unterhaltszahlung(en) *f/pl*, Unterhalt *m*

alive *adj* 1. lebend; 2. lebendig

allay *v/t* *(Angst, Zweifel)* zerstreuen

allegation *n* 1. (unerwiesene) Behauptung; 2. Partei-, Prozessbehauptung *f*, (Partei)Vorbringen *nt*; 3. An-, Beschuldigung *f*; **a.s** Tatsachenvortrag *m*; **a. of fact** Tatsachenbehauptung *f*

allege *v/t* 1. behaupten; 2. darlegen, vorbringen, geltend machen; 3. an-, beschuldigen; **a.d** *adj* angeblich, mutmaßlich

allegiance *n* Treue *f*
allied *adj* verbündet
allocate *v/t* 1. *(Aktien, Darlehen, Gelder)* zuteilen, zuweisen; 2. *(Vermögen)* aufteilen; 3. anteilig festlegen, quotieren, kontingentieren; 4. *(Arbeit, Kompetenzen, Pflichten)* verteilen, zuweisen; 5. *(Aufgaben, Auftrag, Kapital, Mittel)* vergeben; 6. *(Gewinne)* zurechnen; **a. (to)** *(Kosten)* umlegen (auf)
allocation *n* 1. Zuteilung *f*, Zuweisung *f*; 2. Aufteilung *f*; 3. Quote *f*, Kontingent *nt*; 4. Verteilung *f*, Zuweisung *f*; 5. Vergabe; 6. Zurechnung *f*; **a. of burdens** Verteilung der Lasten; **~ competences** Kompetenzverteilung *f*; **~ a contract** Auftrags-, Submissionsvergabe *f*; **~ costs** Kostenaufteilung *f*, Umlegung von Kosten; **~ the estate** Aufteilung des Nachlasses/Vermögens; **~ funds** Vergabe von Mitteln; **~ losses** Verlustverteilung *f*; **~ profits** Gewinnzurechnung *f*; **~ a quota** Kontingentszuweisung *f*, Quotenzuteilung *f*; **~ responsibilities** Verteilung der Zuständigkeiten; **a. by tender** Vergabe im Submissionsweg
allocution *n* Erteilung des Schlussworts an den Angeklagten
allot *v/t* 1. anteilig festlegen, quotieren; 2. bewilligen, zuweisen; 3. *(Aktien)* zuteilen; **a. sth. to so.** jdm etw. zuteilen
allotment *n* 1. Zuwendung *f*; 2. Bewilligung *f*; 3. *(Aktien)* Zuteilung *f*; 4. Schrebergarten *m*; 5. *(Grundstücks)*Parzelle *f*; **a. of shares/stocks** Aktienzuteilung *f*; **a. holder** Schrebergärtner *m*
allottee *n* Zuteilungsempfänger(in) *m/f*
allow *v/t* 1. *(Antrag, Berufung, Klage)* anerkennen, stattgeben; 2. *(Anspruch, Forderung)* anerkennen; 3. erlauben, gestatten, bewilligen, zulassen; 4. einräumen; 5. *(Aufschub, Privileg, Zeit)* geben, gewähren; 6. *(Geldsumme)* anrechnen, ansetzen; **a. for** *(Irrtum, Kosten)* berücksichtigen, einkalkulieren, einrechnen; **a. sth.** etw. zulassen
allowable *adj* 1. *(Steuer)* absetzbar, abzugsfähig; 2. anrechenbar; 3. erlaubt, statthaft, zulässig, rechtmäßig
allowance *n* 1. *(Steuerrecht)* Abzug *m*; 2. Anerkennung *f*; 3. Beihilfe *f*, Bewilligung *f*, Einräumung *f*; 4. Beitrag *m*;

5. Bonifikaton *f*; 6. Zulage *f*; 7. Vergünstigung *f*; **a. of a claim** Anerkennung eines Anspruchs; **a. in kind** Sachzuwendung *f*, Deputat *nt*; **a. for wear and tear** Absetzung für Abnutzung; **to make a. for** berücksichtigen; **~ a.s for so.'s sth.** jdm etw. zugute halten
daily allowance *(Spesenpauschale)* Tagegeld *nt*, Tagessatz *m*; **educational a.** Erziehungsgeld *nt*; **free a.** Freibetrag *m*; **local a.** Ortszuschlag *m*; **married a.** Steuerfreibetrag für Verheiratete; **overtime a.** Überstundenvergütung *f*; **per diem** *(lat.)* **a.** *(Spesenpauschale)* Tagessatz *m*; **personal/tax-free a.** *[GB]* Steuerfreibetrag *m*
alms *pl* Almosen, milde Gabe; **to live on a.** von Almosen leben
alter *v/t* *(Dokument, Plan, Scheck)* (ab/ver)ändern
alteration *n* 1. (Ab)Änderung *f*; 2. (leichte) Veränderung; **subject to a.s** Änderungen vorbehalten; **a. in the articles of association** Satzungsänderung *f*; **a. of contract** Vertragsänderung *f*; **material ~ an instrument** (rechts)erhebliche Änderung einer Urkunde; **fraudulent ~ civil status** Personenstandsfälschung *f*
later alteration nachträgliche Änderung; **legal a.** Rechtsänderung *f*; **material a.** wesentliche Änderung; **prohibited a.s** Änderungsverbot *nt*; **structural a.** Umbau *m*, bauliche Veränderung
alternate *adj* abwechselnd; **a.ly** *adv* wechselweise, abwechselnd
alternative *n* Wahl *f*, Alternative *f*, Ausweg *m*; *adj* alternativ
altruistic *adj* uneigennützig
amalgamation *n* Zusammenlegung *f*, Zusammenschluss *m*; **a. agreement** Verschmelzungs-, Fusionierungsvertrag *m*
ambigu|ity *n* Mehr-, Zweideutigkeit *f*; **a.ous** *adj* mehr-, zweideutig, missverständlich
ambit *n* Geltungsbereich *m*, Wirkungskreis *m*; **to fall within the a. of an agreement** in den Bereich eines Abkommens fallen
ambulance *n* Ambulanz *f*, Kranken-, Rettungswagen *m*; **to send for/call an a.** Krankenwagen anfordern

ambush *n* Hinterhalt *m*; **to wait in a. for so.** jdm auflauern

amenable *adj* 1. gefügig, zugänglich; 2. *(Gerichtsbarkeit)* unterworfen; 3. verantwortlich

amend *v/t* 1. *(Gesetz)* (ab)ändern, novellieren; 2. ergänzen; 3. berichtigen; 4. *(Vertrag)* nachbessern

amending act *n* Ergänzungsgesetz *nt*; **a. law** Ergänzungsrecht *nt*

amendment *n* 1. (Ab)Änderung *f*, Gesetzesänderung *f*, Gesetz(es)novellierung *f*, Novellierung *f*; 2. Ergänzung *f*, Zusatzantrag *m*; 3. Novelle *f*, Nachtrag(sgesetz) *m*/*nt*; 4. Berichtigung *f*, Gesetzeskorrektur *f*; **a. of action** Klageänderung *f*; **~ a claim** Anspruchsänderung *f*; **the ~ the convention takes effect** die Abänderung des Abkommens tritt in Kraft; **~ a contract** Vertragsänderung *f*; **~ a judgment** Ergänzung eines Urteils; **a. to a patent** Änderung eines Patents; **a. of (the) pleadings** Änderung des Klagevorbringens, Klageänderung *f*; **~ a policy** *(Vers.)* Zusatz zu einer Police; **~ the statutes** Satzungsänderung *f*, Satzungsberichtigung *f*; **~ the terms** Änderung der Bedingungen; **~ a text** Textänderung *f*

to move/table an amendment Abänderungsantrag einbringen, Zusatzantrag stellen

constitutional amendment Verfassungsänderung *f*, Verfassungszusatz *m*; **proposed a.** Abänderungsantrag *m*

amends *pl* 1. Genugtuung *f*; 2. Wiedergutmachung *f*; **to make a.** wiedergutmachen, entschädigen, Schaden(s)ersatz leisten, ersetzen

amenity *n* 1. Annehmlichkeit *f*; 2. Freizeitanlage *f*; **public a.** öffentliche Einrichtung; **residential a.** Wohnanlage *f*; **a. value** *(Immobilien)* Annehmlichkeitswert *m*

amicable *adj* einvernehmlich, gütlich; **a.ness** *n* Güte *f*

ammunition *n* Munition *f*; **live a.** scharfe Munition; **a. find** Munitionsfund *m*

amnesia *n* Erinnerungsverlust *m*, Gedächtnisschwund *m*; **partial a.** Erinnerungslücke *f*, Gedächtnisstörung *f*

amnesty *n* Amnestie *f*; **a. for tax offenders** Steueramnestie *f*; **to grant an a.** am-

nestieren; **general a.** Generalamnestie *f*; **a. act** Straffreiheitsgesetz *nt*

to run amok *n* Amok laufen

amortiz|able *adj* tilgbar; **a.ation** *n* Amortisation *f*, Tilgung *f*; **partial ~ contract** Teilamortisationsvertrag *m*; **a.e** *v/t* amortisieren, (in Raten) tilgen

amount *n* 1. Betrag *m*, Summe *f*; 2. Höhe *f*; **a. of annuity** Ablösungssumme *f*; **~ the claim** Geldbetrag der Forderung; **~ compensation** Abfindungs-, Ersatzsumme *f*, Ausgleichungsbetrag *m*; **a. in controversy** Streitwert *m*, Klagebetrag *m*, Höhe des Streitwertes; **a. of damages** Umfang/Höhe des Schaden(s)ersatzes, Schaden(s)ersatzsumme *f*; **a. in dispute/ litigation** eingeklagter/strittiger Betrag, Streitbetrag *m*; **a. of fine** Höhe der Geldbuße; **~ indebtedness** Höhe der Verschuldung; **~ indemnification** Entschädigungssumme *f*; **~ loss** Höhe des Schadens, Schadenshöhe *f*, Schadenssumme *f*; **~ money** Geldbetrag *m*; **~ redemption** Ablösungssumme *f*; **~ rent** Miethöhe *f*

amount covered *(Vers.)* Deckungs-, Versicherungssumme *f*; **a. due** fälliger Betrag; **a. invoiced** Rechnungsbetrag *m*; **a. involved** Streitwert *m*; **a. insured** Versicherungssumme *f*; **a. owing** ausstehender/geschuldeter Betrag; **a. (to be) refunded** Erstattungsbetrag *m*; **a. subscribed** Zeichnungsbetrag *m*; **a. sued for** eingeklagter Betrag; **a. withheld** einbehaltener Betrag

to advance an amount Betrag vorschießen; **to prorate an a.** Betrag aufteilen; **to state the a.** Betrag angeben

accruing amount|s anfallende Beträge; **aggregate a.** Gesamtbetrag *m*; **agreed a.** vereinbarter Betrag; **annual a.** Jahresbetrag *m*; **deposited a.** hinterlegter Betrag; **fixed a.** Fixum *nt*; **guaranteed a.** Haftsumme *f*; **maximum a.** Höchstbetrag *m*; **missing a.** Fehlbetrag *m*; **net a.** Nettobetrag *m*; **nominal a.** Nennbetrag *m*; **outstanding a.** offener/ausstehender Betrag; **overdue a.** überfälliger Betrag; **partial a.** Teilbetrag *m*; **prorata a.** anteiliger Betrag; **remaining a.** Restbetrag *m*

amount to *v/prep* 1. betragen, sich belaufen/beziffern auf; 2. hinauslaufen auf, gleichkommen

analog|ous *adj* entsprechend, gleichartig, sinngemäß; **a.y** *n* Analogie *f*, Entsprechung *f*; **legal a.** Gesetzes-, Rechtsanalogie *f*

ancest|or *n* Vorfahr *m*; **a.ry** *n* Herkunft *f*, Abstammung *f*

anchorage *n* 1. Ankerplatz *m*; 2. Ankerrecht *nt*

ancillary *adj* 1. ergänzend, zusätzlich, Hilfs-; 2. untergeordnet, Neben-

anguish *n* Qual *f*, Schmerz *m*, Pein *f*; **mental a.** seelischer Schaden/Schmerz

animal *n* Tier *nt*; **a. breeding** Tier-, Viehzucht *f*; **a. keeper** 1. Tierhalter(in) *m/f*; 2. *(Zoo)* Aufseher *m*; **a. protection act** Tierschutzgesetz *nt*; **a. rights activist** (militanter) Tierschützer

animus furandi *n (lat.)* Diebstahlvorsatz *m*

annex *[US]*; **annexe** *[GB]* *n* 1. Annex *m*, Nebengebäude *nt*, Anbau *m*; 2. *(Vertrag)* Nachtrag *m*, Zusatz *m*, Anhang *m*

annex *v/t* 1. anhängen; 2. anbauen; **a.ation** *n* 1. Beifügung *f*; 2. Annexion *f*, Einverleibung *f*

anniversary *n* (Dienst)Jubiläum *nt*, Jahrestag *m*; **a. bonus** Jubiläumszuwendung *f*

announce *v/t* ankündigen, bekannt machen, mitteilen, anzeigen; **a. officially** offiziell bekannt geben

announcement *n* Ankündigung *f*, Bekanntgabe *f*, Bekanntmachung *f*; **official a.** amtliche Bekanntmachung, Verlautbarung *f*; **previous a.** Voranmeldung *f*, Voranzeige *f*; **public a.** öffentliche Bekanntmachung, amtliche/öffentliche Mitteilung

annoy *v/t* 1. (ver)ärgern; 2. stören; **a.ance** *n* 1. Verärgerung *f*, Belästigung *f*, Verdruss *m*; 2. Ärger(nis) *m/nt*, Störung *f*, Plage *f*; **a.ing** *adj* lästig, ärgerlich

annual *adj* jährlich, Jahres-

annuitant *n* Leib-, Jahresrentenempfänger(in) *m/f*

annuity *n* Geld-, Jahres-, Leibrente *f*, jährliche Rente; **a. on joint lives** Rente auf verbundene Leben; **contingent a.** Rente mit unbestimmter Laufzeit; **deferred a.** Anwartschaftsrente *f*; **joint and survivor a.** Rente an Ehegatten und Überlebende; **redeemable a.** ablösbare

Rente; **reversionary a.** Rente auf den Überlebensfall, Anwartschafts-, Heimfallrente *f*

annuity assurance/insurance private Rentenversicherung; **a. contract** Leibrentenvertrag *m*

annul *v/t* 1. annullieren, auflösen, für nichtig erklären; 2. *(Entscheidung)* rückgängig machen, widerrufen; **a. in parts** derogieren

annulment *n* 1. Annullierung *f*, Auflösung *f*, Kassation *f*, Nichtig-, Ungültigkeitserklärung *f*; 2. Rückgängigmachung *f*; **a. of an adjudication of bankruptcy** Konkursaufhebung *f*; **~ a contract** Auflösung eines Vertrags; **~ a judgment** Aufhebung eines Urteils; **~ (a) marriage** Nichtigerklärung/Aufhebung einer Ehe, Eheaufhebung *f*; **a. proceedings** Anfechtungsklage *f*

anomal|ous *adj* anomal, abnorm; **a.y** *n* Anomalie *f*, Abweichung *f*, Unregelmäßigkeit *f*

anonymous *adj* anonym, inkognito, namenlos

answer *n* 1. Antwort *f*, Beantwortung *f*; 2. Einlassung *f*, Stellungnahme *f*, Klageerwiderung *f*, Replik *f*; 3. Lösung *f*; **to file an a.** Klage beantworten; **affirmative a.** Ja, zustimmende Anwort; **preliminary a.** Vorbescheid *m*

answer *v/t* 1. (be)antworten, erwidern; 2. *(Vorladung)* Folge leisten; 3. *(Anspruch)* befriedigen; 4. *(Wechsel)* einlösen; 5. *(Beschreibung, Zweck)* entsprechen; **a. for sth.** für etw. einstehen/haften; **a. to so. for sth.** sich für etw. vor jdm verantworten

answerable *adj* haftbar, verantwortlich

answer back *v/i* widersprechen; **a.ing back** *n* Widerrede *pl*; **~ brief** Erwiderungsschrift *f*; **~ machine/phone** (Telefon)Anrufbeantworter *m*

antedate *v/t* vordatieren

national anthem *n* Nationalhymne *f*

anthrax *n* Milzbrand *m*

anticipat|e *v/t* 1. erwarten, erhoffen; 2. vorgreifen, vorwegnehmen, zuvorkommen, verhindern; **a.ion** *n* 1. Erwartung *f*; 2. Vorgriff *m*, Vorwegnahme *f*; **in ~** vorgriffsweise; **a.ory** *adj* vorweggenommen, vorwegnehmend

anti|-competitive *adj* wettbewerbswidrig, wettbewerbsbeschränkend; **a.-constitutional** *adj* verfassungsfeindlich, verfassungswidrig; **a.social** *adj* gemeinschaftsfeindlich, gesellschafts-, gemeinschaftsschädigend

any *adj* etwaig(e), irgendein(e), irgendwelche(r)

apart *adv* auseinander, einzeln, getrennt; **a. from** *prep* neben

apartment *n* *[US]* Wohnung *f*; **rented a.** Mietwohnung *f*; **a. block/building/house** 1. Wohnblock *m*; 2. Mietshaus *nt*

apathetic *adj* teilnahmslos, apathisch

apolog|ize *v/i* sich entschuldigen; **a.y** *n* Entschuldigung *f*

appalling *adj* entsetzlich

apparent *adj* 1. offenbar, scheinbar; 2. ersichtlich, augenscheinlich

appeal *n* 1. Berufung *f*, Rechtsmittel *nt*, Revision *f*, Rechtsbehelf *m*; 2. Einspruch *m*, Anfechtung *f*; 3. Beschwerde(einlegung) *f*; **an a. lies** Rechtsmittel ist zulässig; **duly made a.** ordnungsgemäß eingelegtes Rechtsmittel

appeal against the conviction Berufung gegen den Schuldspruch; **~ an administrative decision** Verwaltungsbeschwerde *f*; **~ denial of leave to appeal** Nichtzulassungsbeschwerde *f*; **a. on the grounds of nullity** Nichtigkeitsbeschwerde *f*; **~ a constitutional issue** Verfassungsbeschwerde *f*; **a. against a judgment** Rechtsmittel gegen eine gerichtliche Entscheidung; **~ an order** Anfechtung einer Anordnung; **a. on a point of law** Rechtsbeschwerde *f*, (Verfahrens)Revision *f*; **a. against remand in custody** Haftbeschwerde *f*; **~ a sentence** Berufung unter Beschränkung auf das Strafmaß

to allow an appeal Berufung zulassen, einem Einspruch/Rechtsmittel stattgeben, einer Revision stattgeben; **to be subject to an a.** einem Rechtsmittel unterliegen; **to dismiss an a.** Beschwerde/Berufung/Rechtsmittel/Revision verwerfen, Berufung/Revision zurückweisen; **to enter/file/lodge/prefer an a.** Berufung/Revision/Rechtsmittel einlegen, Beschwerde erheben; **to grant/uphold an a.** einem Rechtsmittel stattgeben; **to**

quash an a. Berufung verwerfen; **to reject an a.** Rechtsmittel/Berufung zurückweisen; **to withdraw an a.** Rechtsmittel zurücknehmen

immediate appeal sofortige Beschwerde; **ordinary a.** einfache Beschwerde

appeal *v/ti* anfechten, Berufung/Widerspruch/Rechtsmittel einlegen, Beschwerde führen, in die Revision gehen; **entitled to a.** anfechtungsberechtigt

appealable *adj* berufungs-, beschwerde-, rechtsmittelfähig

appeal court Berufungs-, Revisions-, Rechtsmittelgericht *nt*; **regional ~** Oberlandesgericht (OLG) *nt*; **a. fee** Rechtsmittelgebühr *f*; **a. period** Einspruchsfrist *f*; **a. procedure/proceedings** Beschwerde-, Rechtsmittelverfahren *nt*; **a. rules** Rechtsmittelrichtlinien

appear *v/i* 1. auftreten, erscheinen; 2. sich herausstellen; **a. against so.** gegen jdn vor Gericht auftreten; **a. for so.** jdn gerichtlich vertreten

appearance *n* 1. *[US]* (Klage)Einlassung *f*; 2. Erscheinen *nt*; 3. Erscheinung(sbild) *f/nt*, Aussehen *nt*; 4. Anschein *m*; **a. in court** Erscheinen vor Gericht; **to enter an a.** sich auf eine Klage einlassen; **to judge by a.s** nach dem Schein urteilen; **to keep up a.s** den Schein wahren

conditional appearance Einlassung unter Vorbehalt, bedingte (Klage)Einlassung; **general a.** vorbehaltlose Einlassung; **personal a.** persönliches Erscheinen

appease *v/t* 1. beschwichtigen, beruhigen, besänftigen; 2. mildern, beilegen

appellant *n* 1. Berufungskläger(in) *m/f*, Berufungsführer(in) *m/f*, Rechtsmittel-, Revisionskläger(in) *m/f*, Anfechtender *m*; 2. Beschwerdeführer(in) *m/f*, Beschwerdeberechtigte(r) *f/m*; **a. in a court of last resort** Revisionskläger(in) *m/f*; **a.'s motion** Rechtsmittelantrag *m*

appellate *adj* berufungsfähig, ein Rechtsmittel betreffend, Berufungs-

appellee *n* Berufungsbeklagte(r) *f/m*, Berufungs-, Beschwerdegegner *m*

append *v/t* anhängen, beifügen; **a.ix** *n* Anhang *m*, Anlage *f*, Zusatz *m*

appertain *v/i* (zu)gehören; **a.ing** *adj* zugehörig

appliance *n* Vorrichtung *f*, Gerät *nt*; **electrical a.** Elektrogerät *nt*
applicab|ility *n* 1. Anwendbarkeit *f*; 2. Verwendbarkeit *f*; **a.le** *adj* 1. anwendbar, anzuwenden; 2. geltend, zutreffend; **if a.** gegebenenfalls; **not a.** *(Formular)* entfällt; **where a.** gegebenenfalls
applicant *n* Anmelder *m*, Antragender *m*, Antragssteller(in) *m/f*, Bewerber(in) *m/f*, antragstellende Partei; **a. for a job** Stellenbewerber(in) *m/f*; ~ **a patent** Patentanmelder *m*
application *n* 1. Antrag *m*, Antragsstellung *f*, Beantragung *f*, Bewerbung *f*; 2. *(bei Gericht)* Eingabe *f*, Ersuchen *nt*, Gesuch *nt*; 3. *(Gesetz)* Anwendung *f*; 4. *(Patent)* Anmeldung *f*; 5. Verwendung *f*, Verwertung *f*; **(up)on a.** auf Antrag/Ersuchen/Wunsch; **entitled to file an a.** antragsberechtigt
application for admission Zulassungsantrag *m*; ~ **annulment** Aufhebungsantrag *m*; **a. to institute appeal proceedings** Rechtsmittelantrag *m*; **a. for an arrest warrant** Antrag auf Ausstellung eines Haftsbefehls, Haftbefehlsantrag *m*; ~ **asylum** Asylantrag *m*; ~ **a concession** Konzessionsgesuch *nt*; ~ **custody** Haftantrag *m*; ~ **default summons based on a bill of exchange** Wechselmahnantrag *m*; ~ **a decision in chambers** Antrag auf einen Beschluss im Büroweg; ~ **discharge** Rehabilitierungsantrag *m*; ~ **enforcement** Vollstreckungsersuchen *nt*; ~ **extradition** Auslieferungsantrag *m*; ~ **a holiday** Urlaubsgesuch *nt*; ~ **an injunction** Unterlassungsklage *f*; **a. to intervene** Streithilfeantrag *m*; **to dismiss an** ~ Streithilfeantrag ablehnen; **a. of a law** Anwendung eines Rechts, Gesetzes-, Rechtsanwendung *f*; **a. for a licence** Konzessionsgesuch *nt*; ~ **membership** Beitrittsgesuch *nt*, Aufnahmeantrag *m*; ~ **naturalization** Einbürgerungsgesuch *nt*; ~ **an order for payment of a debt** Mahnantrag *m*; ~ **a patent** Patentanmeldung *f*; ~ **a permit** Erlaubnis-, Genehmigungsantrag *m*; ~ **the preservation of evidence** Beweissicherungsantrag *m*; **a. to stay proceedings** Antrag auf Aussetzung des Verfahrens; **a. for protection** Schutz-

begehren *nt*; **a. of statutory provisions** Anwendung gesetzlicher Vorschriften; **a. for registration** Antrag auf Eintragung, Eintragungsantrag *m*; ~ **a respite** Fristgesuch *nt*; ~ **revocation** *(Patent)* Löschungsantrag *m*; ~ **a trial date** Antrag auf Anberaumung eines Termins; ~ **a variation of an order** *[GB]* Abänderungsklage *f*; ~ **a warrant of arrest** Antrag auf Ausstellung eines Haftbefehls, Haftbefehlsantrag *m*
to dismiss/refuse/reject an application Antrag/Gesuch ablehnen; **to file an a.** Antrag stellen, beantragen, Eingabe machen, Gesuch einreichen; **to grant an a.** Antrag/Gesuch bewilligen; **to make an a.** Antrag stellen, beantragen; **to substantiate an a.** Antrag begründen; **to withdraw an a.** Antrag zurückziehen
commercial application gewerbliche Verwendung, gewerbsmäßige Verwertung; **divisional a.** *(Patentrecht)* Teilanmeldung *f*; **ex-parte** *(lat.)* **a.** Antrag nur einer Partei, Parteiantrag *m*; **improper a.** unsachgemäße Handhabung; **individual a.** Individualbeschwerde *f*; **main/parent a.** *(Patentrecht)* Hauptanmeldung *f*; **pending a.** anhängige Anmeldung; **practical a.** Nutzanwendung *f*; **subsequent a.** *(Patentrecht)* Nachanmeldung *f*
application fee Anmeldegebühr *f*; **a. files** Bewerbungsakten; **a. form** Antragsformular *nt*, Antragsvordruck *m*; **a. requirement** Antragserfordernis *f*
as applied for *adj* antragsgemäß
apply *v/ti* 1. beantragen; 2. sich bewerben; 3. anwenden; 4. *(Bestimmungen)* gelten, Anwendung finden, betreffen; **a. analogously** analog anwenden; **not a.** keine Anwendung finden; **a. for** beantragen; **a.** to sich erstrecken auf; ~ **sth.** auf etw. zutreffen; **a. mutatis mutandis** *(lat.)* entsprechende Anwendung finden, entsprechend gelten
appoint *v/t* 1. an-, ein-, festsetzen, bestimmen; 2. beauftragen; 3. berufen, ernennen, bestellen; **a.ed** *adj* 1. bestimmt, ernannt; 2. angesetzt, festgelegt; **duly** ~ ordnungsgemäß bestellt; **permanently** ~ fest angestellt

appointee *n* 1. Ernannte(r) *f/m*; 2. Nutznießer(in) *m/f*

appointment *n* 1. *(Amt)* Berufung *f*, Bestellung *f*, Ernennung *f*, Einsetzung *f*; 2. Besetzung *f*, Bestallung *f*; 3. *(verabredeter Zeitpunkt)* Termin *m*; 4. *(Treffen)* Verabredung *f*; 5. *(Geldmittel)* Zweckbestimmung *f*; **a. of a defence counsel** Bestellung eines Verteidigers; **a. by a guardianship court** Bestellung durch ein Vormundschaftsgericht; **a. of an executor** Einsetzung eines Testamentvollstreckers; ∼ **a guardian** Bestellung eines Vormunds; ∼ **an heir** Erbeinsetzung *f*; ∼ **a reversionary heir** Nacherbeneinsetzung *f*; **a. for life** Anstellung auf Lebenszeit, Lebensstellung *f*; **a. of the management board** Bestellung des Vorstandes; ∼ **a receiver** Bestellung eines Konkursverwalters; ∼ **a referee** Bestellung eines Schiedsrichters

to arrange/make an appointment Termin vereinbaren; **to break an a.** Verabredung nicht einhalten; **to cancel an a.** Verabredung absagen; **to keep an a.** Termin wahrnehmen; **mutual a.** gegenseitige Einsetzung

apportion *v/t* 1. aufteilen, umlegen, verteilen; 2. (anteilmäßig) zuteilen; **a. (among)** umlegen (auf)

apportionment *n* 1. Aufteilung *f*, Zerlegung *f*, (anteilige) Umlage, Umlegung *f*, (verhältnismäßige) Verteilung; 2. Mittelzuweisung *f*; 3. Aufschlüsselung *f*; **a. of assets and liabilities** vermögensrechtliche Auseinandersetzung; ∼ **costs/expenses** Kostenumlage *f*, Umlegung der Kosten; **equitable a.** Aufteilung im Innenverhältnis; **pro-rata a.** anteilige Aufteilung; **a. formula** Verteilungs-, Umlageschlüssel *m*

appraisable *adj* bewertbar, abschätzbar

appraisal *n* 1. *(Schaden, Situation, Wert)* (Ab-/Ein)Schätzung *f*, Wertermittlung *f*, (Be)Wertung *f*; 2. *(Charakter, Fähigkeit)* Begutachtung *f*, Beurteilung *f*; **a. of the damage** Schadensschätzung *f*; ∼ **a situation** Einschätzung/Beurteilung einer Lage; **a. clause** *(Vers.)* Abschätzungsklausel *f*; **a. report** Beurteilung *f*; **a. value** Schätzwert *m*

appraise *v/t* 1. (ab/ein)schätzen, (be)werten; 2. begutachten, beurteilen, bewerten; 3. taxieren, veranschlagen; **a.r** *n* 1. Schätzer *m*, Gutachter *m*; 2. *(Vers.)* Schadensabschätzer *m*, Schadenssachverständige(r) *f/m*

appreciat|e *v/ti* 1. würdigen; 2. im Wert steigen; **a.ion** *n* (Ein)Schätzung *f*, Würdigung *f*, Anerkennung *f*; **a. in value** Wertzuwachs *m*

apprehend *v/t* 1. *(Person)* ergreifen, festnehmen, verhaften; 2. befürchten

apprehension *n* 1. Ergreifung *f*, Fest-, Gefangennahme *f*, Verhaftung *f*; 2. Besorgnis *f*, Befürchtung *f*; **a. of absconding** Fluchtverdacht *m*; **a. in the act** Festnahme/Verhaftung auf frischer Tat

apprentice *n* Lehrling *m*; **a.ship** *n* Ausbildung *f*; **to conclude one's** ∼ Lehre beenden, auslernen; ∼ **contract** Lehrvertrag *m*

approach *v/ti* 1. sich nähern; 2. *(Person)* ansprechen; 3. *(Problem)* (her)angehen, anpacken

approach *n* 1. Annäherung *f*, Heranrücken *nt*; 2. Herantreten *nt*, Ansprechen *nt*; 3. Vorgehen *nt*, Ansatz *m*, Methode *f*; 4. Auf-, Zufahrt *f*; **covert a.** *(Polizei)* verdeckte Annäherung; **holistic a.** ganzheitlicher Ansatz; **a. road** Zufahrtsstraße *f*

appropriate *adj* 1. angemessen, angebracht, gebührend; 2. zweckdienlich, zweckentsprechend, zweck-, sachgemäß; 3. zuständig; **to deem a.** für angemessen halten; **where a.** gegebenenfalls

appropriate *v/t* 1. sich aneignen, beschlagnahmen; 2. *(Haushaltsmittel)* bewilligen, bereitstellen; 3. zuteilen, zuweisen; **a. sth. unlawfully** sich etw. rechtswidrig aneignen/zueignen; **a.d** *(Mittel)* zweckgebunden

appropriateness *n* Angemessenheit *f*, Verhältnismäßigkeit *f*; **a. of the means employed** Verhältnismäßigkeit der Mittel

appropriation *n* 1. Inbesitznahme *f*, Besitzergreifung *f*, An-, Zueignung *f*; 2. *(Haushaltsmittel)* Bewilligung *f*; 3. *(Gattungsschuld)* Konkretisierung *f*; 4. *(Mittel)* Zuteilung *f*, Zuweisung *f*; **a. of funds** Mittelverwendung *f*, Mittelzuweisung *f*, Zuweisung von (Geld)Mitteln; ~ **the goods** *(Vertragsrecht)* Konkretisierung der Ware; ~ **profit** Gewinnverwendung *f*; **wrongful a. of something found** Funderschlagung *f*

appropriations *pl* (Haushalts)Mittel; **to grant a.** Haushaltsmittel bewilligen

approval 1. Befürwortung *f*, Billigung *f*, Einverständnis *nt*, Genehmigung *f*; 2. Zustimmung *f*, Plazet *nt*; **on a.** zur Ansicht, auf Probe; **subject to a.** genehmigungsbedürftig, genehmigungs-, konsens-, zustimmungspflichtig, nur mit Zustimmung; **a. of cancellation** Löschungsbewilligung *f*; **to submit for a.** zur Genehmigung vorlegen

conditional/qualified approval bedingte Zustimmung; **express a.** ausdrückliche Einwilligung; **official a.** amtliche Genehmigung; **requiring ~** genehmigungspflichtig; **tacit a.** stillschweigende Billigung

approve *v/t* 1. genehmigen; 2. billigen, gutheißen; 3. befürworten; 4. anerkennen, bestätigen; 5. empfehlen; **a.d** *adj* genehmigt, anerkannt

approximation *n* Angleichung *f*; **a. of legislation** Angleichung der Rechtsvorschriften

appurtenances *pl* *(unbewegliche Sache)* Zubehör *nt*, Grundstücksbestandteile

appurtenant *adj* *(Rechte)* zugehörig; ~ **(to)** anhaftend

aptitude *n* *(Personen)* Eignung *f*; **a. test** Eignungsprüfung *f*

arbitra|l *adj* schiedsgerichtlich; **a.ment** *n* Schiedsspruch *m*, schiedsrichterliches Gutachten

arbitrar|iness *n* Willkür *f*; **a.y** *adj* willkürlich

arbitrate *v/t* 1. schiedsrichterlich entscheiden, durch Schiedsrichter entscheiden (lassen), schlichten; 2. *(Schiedsrichter)* verhandeln, vermitteln

arbitration *n* 1. Schiedsgerichtsbarkeit *f*; 2. Schiedsgerichtsverfahren *nt*; 3. (Streit) Schlichtung *f*; **by a.** schiedlich, schiedsgerichtlich

arbitration agreement Schiedsabkommen *nt*, Schiedsabrede *f*, Schieds(gerichts)vereinbarung *f*, Schiedsvertrag *m*;

a. award Ausspruch im Schiedsverfahren, schiedsgerichtliche Entscheidung; **a. board** Schieds-, Schlichtungsstelle *f*; **a. clause** Schiedsabrede *f*, Schieds(gerichts)klausel *f*; **a. commission** Schiedskommission *f*; **a. court** Schiedsgericht *nt*; **a. proceedings** Schieds(gerichts)-, Schlichtungsverfahren *nt*, schiedsrichterliches Verfahren; **a. tribunal** Schiedsgericht *nt*, Schiedsstelle *f*

arbitrator *n* 1. Schiedsmann *m*, Schiedsrichter *m*; 2. *(Schiedsspruch)* (Streit)Schlichter(in) *m/f*; **a.'s award** Schiedsspruch *m*, Schiedsurteil *nt*; Schiedsgutachten *nt*; **a.'s fee** Schiedsrichtervergütung *f*

architect *n* Architekt *m*; **a.'s liability** Architektenhaftpflicht *f*

archives *pl* Archiv *nt*

area *n* 1. Gegend *f*; 2. Gebiet *nt*, Raum *m*, Region *f*; 3. Fläche *f*; **a. of jurisdiction** Gerichtsbezirk *m*, (räumlicher) Zuständigkeitsbereich; ~ **responsibility** Zuständigkeits-, Dienst-, Verantwortungsbereich *m*; **to be familiar with the a.** mit den Örtlichkeiten vertraut sein; **to comb/search the a. for the criminal** die Gegend nach dem Verbrecher absuchen

built-up area geschlossene Ortschaft; **distressed a.** Notstandsgebiet *nt*; **leasehold a.** Pachtgebiet *nt*; **low-noise a.** Lärmschutzbereich *m*; **no-go/prohibited a.** Sperrbezirk *m*, Sperrgebiet *nt*; **residential a.** Wohngebiet *nt*, Wohnviertel *nt*; **restricted a.** geschlossene Ortschaft; **surrounding a.** 1. Umgegend *f*; 2. *(Stadt)* Umgebung *f*

argument *n* 1. Argument *nt*; 2. Streit *m*, Wortwechsel *m*, Querele *f*; **a. in support of an objection** Einspruchsbegründung *f*; **to have an a.** Streit haben; **legal a.s** Rechtsausführungen; **spurious a.** Scheinargument *nt*; **tenable a.** vertretbare Begründung

argumentative *adj* streitsüchtig

argumentum e contrario *n* *(lat.)* Umkehrschluss *m*

aris|e *v/i* entstehen, eintreten; **a.ing of a claim** *n* Entstehen eines Anspruchs

armament *n* Rüstung *f*

armed *adj* bewaffnet

armistice *n* Waffenstillstand *m*
arm-lock *n* Polizeigriff *m*
armour *n* Panzerung *f*; **a.y** *n* Waffenkammer *f*
arms *pl* Waffen; **a. cache/dump** Waffenversteck *nt*; **a. control** Rüstungskontrolle *f*; **a. dealer** Waffenhändler *m*; **a. embargo** Waffenembargo *nt*; **a. smuggling/trafficking** Waffenschmuggel *m*; **a. theft** Waffendiebstahl *m*; **a. trade** Waffenhandel *m*
arouse *v/t (Verdacht)* wecken
arraign *v/t* unter Anklage stellen; **a.ment** *n* Versetzung in den Anklagestand, Anklageerhebung *f*
arrange *v/t* 1. verabreden, vereinbaren; 2. arrangieren, anordnen, gliedern; 3. erledigen, abwickeln, regeln; 4. *(Streit)* schlichten, vermitteln; **a.d** *adj* ausgemacht, geregelt
arrangement *n* 1. Vereinbarung *f*, Übereinkunft *f*, Verabredung *f*, Abmachung *f*; 2. (vergleichsweise) Abfindung, (Abfindungs)Vergleich *m*; 3. gütliche Einigung, Schlichtung *f*, Beilegung *f*; 4. Disposition *f*, Gestaltung *f*, Gliederung *f*, Anordnung *f*; **a. of claims** Rangfolge von Konkursforderungen; **a. with creditors** Vergleich mit Gläubigern, Abfindung von Gläubigern, Schuldenabkommen *nt*; **a. of legal relations** Gestaltung von Rechtsverhältnissen; **to come to/ make an a.** 1. Vergleich schließen; 2. Verabredung/Regelung treffen
ad hoc *(lat.)* **arrangement** fallweise Regelung; **contractual a.** Vertragsregelung *f*, vertragliche Vereinbarung; **interim a.** Überbrückungsregelung *f*; **out-of-court a.** außergerichtlicher Vergleich; **permanent a.** Dauerregelung *f*; **provisional a.** vorläufige Regelung; **special a.** Sonderregelung *f*; **transitional a.** Übergangsregelung *f*; **tying a.** Vertriebsbindung *f*
arrears *pl* (Zahlungs)Rückstand *m*, (Zahlungs)Verzug *m*, rückständige Zahlung; **in a.** rückständig, im Rückstand/Verzug; **a. of maintenance** rückständiger Unterhaltsbetrag; **to be in a.** sich im Verzug befinden; **~ with an instalment** mit einer Rate im Rückstand sein; **~ with one's rent** Miete schuldig bleiben;

to get into a. in Rückstand kommen; **to pay a.** (Rückstände) nachzahlen
arrest *n* 1. *(Verdächtiger)* Festnahme *f*; 2. *(Haftbefehl)* Verhaftung *f*, Inhaftierung *f*; 3. Arrest *m*, Haft *f*, Gefangenhaltung *f*; 4. *(Sachen)* Beschlagnahme *f*, Pfändung *f*; **a. on board ship** Bordarrest *m*; **a. for default** Festnahme wegen Nichtbezahlens eines Bußgeldes/Strafbefehls; **resisting a.** Widerstandsleistung bei der Festnahme; **a. under a warrant** Festnahme auf Grund eines Haftbefehls; **a. without a warrant** Verhaftung ohne Haftbefehl; **under a.** in Haft
false arrest Freiheitsberaubung *f*; **lawful a.** rechtlich abgesicherte Festnahme; **preventive a.** Schutzhaft *f*; **summary a.** vorläufige Festnahme
arrest case Haftsache *f*
arrest warrant Arrest-, Haftbefehl *m*, Haftanordnung *f*, Vollstreckungshaftbefehl *m*; **a. w. pending extradition** Auslieferungshaftbefehl *m*; **to execute an a. w.** Haftbefehl vollstrecken; **to issue an a. w.** Haftbefehl erlassen/ausfertigen
arrest *v/t* 1. festnehmen; 2. verhaften, in Haft nehmen, inhaftieren; 3. mit Beschlag belegen **a. so.** jdn dingfest machen
arrested person Festgenommene(r) *f/m*
arrogate *v/t* beanspruchen, fordern, verlangen; **a. sth. to os.** sich etw. anmaßen; **~** unrechtmäßig aneignen
arrogation *n* Anmaßung *f*; **a. of patents** Patentberühmung *f*
arson *n* Brandstiftung *f*, Inbrandsetzen *nt*; **a. resulting in death** Brandstiftung mit Todesfolge; **a. caused by negligence** fahrlässige Brandstiftung
aggravated arson (besonders) schwere Brandstiftung; **negligent a.** fahrlässige Brandstiftung; **simple a.** einfache Brandstiftung; **a. attack** Brandanschlag *m*; **a.ist** *n* Brandstifter(in) *m/f*
article *n* 1. Artikel *m*, Gegenstand *m*; 2. Paragraph *m*; **to be under a.s** (Rechts)Referendar sein; **~ a.d to so.** *adj (Ausbildungsvertrag)* vertraglich an jdn gebunden sein
articles of agreement *pl* Vertragspunkte; **~ association** Gründungs-, Genossenschaftsvertrag *m*, Satzung *f*; **in accordance**

with the **~; according to the ~** 1. satzungsgemäß; 2. *(Ausbildungsvertrag)* nach den Vertragsbestimmungen; **~ incorporation** *[US]* Satzung der Gesellschaft; **~ indenture** Ausbildungsvertrag *m*; **~ partnership** Gesellschaftsvertrag *m*; **to serve a.** seine Rechtsreferendarzeit ableisten

branded/proprietary article Markenartikel *m*, Markenerzeugnis *nt*; **lost a.s** abhanden gekommene Sachen

artificial *adj* unecht, künstlich

martial arts *pl* Kampfsportarten

as from 1 January *prep* ab 1. Januar

ascertain *v/t* ermitteln, feststellen; **a.able** *adj* bestimmbar, feststellbar; **a.ing the truth** *n* Wahrheitsfindung *f*

ascertainment *n* Feststellung *f*, Ermittlung *f*; **a. of damages** Schadensermittlung *f*; **~ the facts** Tatbestandsaufnahme *f*; **~ reasonableness** Feststellung der Angemessenheit; **~ a right** Feststellung eines Rechts

ascribe (to) *v/t* zuschreiben

ask *v/t* 1. fragen; 2. bitten; **a. around** sich umhören

aspect *n* Gesichtspunkt *m*

asphyxiation *n* Tod durch Ersticken

asportation *n* Fortschaffen *nt*

assail *v/t* angreifen; **a.ant** *n* Angreifer(in) *m/f*

assassin *n* *(politisch motiviert)* Attentäter *m*, (Meuchel)Mörder *m*, Todesschütze *m*

assassination *n* Attentat *nt*; **a. attempt** (Mord)Anschlag *m*, Attentatsversuch *m*, Mordversuch *m*; **to escape an ~** einem Mordanschlag entgehen; **to make an ~** (Mord)Anschlag verüben; **cowardly a.** Meuchelmord *m*

assault *n* Angriff *m*, gewaltsame Drohung, (versuchte) Gewaltanwendung, Überfall *m*, (tätliche) Beleidigung; **a. and battery** tätlicher Angriff, Körperverletzung *f*, Tätlichkeit *f*, Realinjurie *f*, schwere tätliche Beleidigung; **a. resulting in death** Körperverletzung mit Todesfolge; **a. with intent to cause grievous bodily harm/injury** vorsätzliche schwere Körperverletzung; **a. on privacy** Angriff auf die Privatsphäre; **bodily a. on a superior** tätlicher Angriff gegen einen Vorgesetzen

aggravated assault gefährliche Körperverletzung, schwere tätliche Beleidigung; **criminal a.** vorsätzliche Körperverletzung; **felonious a.** *[US]* (versuchte) Gewaltanwendung mit einer tödlichen Waffe; **indecent a.** *(Körperkontakt)* sexuelle Belästigung, Sittlichkeitsdelikt *nt*, Nötigung zur Unzucht

assault *v/t* (tätlich) angreifen, tätlich bedrohen, sich vergehen, an-, überfallen

assemble *v/ti* 1. sich versammeln; 2. montieren

assembly *n* 1. (Menschen)Ansammlung *f*, Versammlung *f*; 2. Zusammenbau *m*, Montage *f*; 3. *(Fakten)* Zusammentragen *nt*; **constituent a.** konstituierende Versammlung; **full/general a.** Plenum *nt*, Generalversammlung *f*; **lawful a.** zulässige Versammlung; **legislative a.** gesetzgebende Versammlung; **public a.** öffentliche Versammlung; **riotous a** unfriedliche Versammlung, Auflauf *m*, Zusammenrottung *f*; **unlawful a.** unerlaubte/verbotene Ansammlung, **~ Versammlung**

assent *n* Genehmigung *f*, Zustimmung *f*, Plazet *nt*; **to give one's a. to sth.** seine Zustimmung zu etw. geben; **royal a.** *[GB]* königliche Genehmigung *(König in unterschreibt Gesetz, womit es gültig wird)*

assent *v/i* zustimmen

assert *v/t* 1. behaupten; 2. beteuern, versichern; 3. vorbringen, geltend machen; 4. zur Geltung bringen, durchsetzen

assertion *n* 1. Behauptung *f*; 2. *(Unschuld)* Beteuerung *f*, Versicherung *f*; 3. *(Anspruch, Recht)* Geltendmachung *f*, Wahrnehmung eines Rechts; 4. Vorbringen *nt*; **a. of a claim** Geltendmachung eines Anspruchs; **~ right** Geltendmachung eines Rechts; **judicial a.** gerichtliche Geltendmachung

assess *v/t* 1. ab-, einschätzen, beurteilen, taxieren; 2. bemessen, bewerten; 3. *(Schaden)* festsetzen, feststellen; 4. schätzen, veranschlagen; 5. *(Steuer)* veranlagen; **a. jointly** zusammen veranlagen; **a.able** *adj* bewertbar

assessment *n* 1. *(Folgen, Gebäude, Schaden)* (Ab-/Ein)Schätzung *f*; 2. *(Anspruch)*

Bewertung *f*; 3. *(Geldstrafe, Wert)* Bemessung *f*, Berechnung *f*, Ermittlung *f*; 4. *(Beitrag, Schadensbetrag)* Festsetzung *f*; 5. *(Abgaben)* Umlage *f*; 6. *(Steuer)* Veranlagung *f*; 7. *(Lage, Personal)* Beurteilung *f*
due assessment of the circumstances pflichtgemäßes Ermessen; **a. of a claim** Bewertung eines Anspruchs; **~ damage** 1. Schadenfeststellung *f*; 2. Festsetzung des Schaden(s)ersatzes; **~ environmental effects** Umweltauswirkungsabschätzung *f*; **~ evidence** Beweiswürdigung *f*; **~ punishment** Strafbemessung *f*; **~ the severity of a sentence** Strafzumessung *f*; **~ value in dispute** Streitwertfestsetzung *f*
additional assessment Nacherhebung *f*; **compulsory a.** Zwangsveranlagung *f*; **environmental a. (EA)** Umweltverträglichkeitsprüfung (UVT) *f*; **general a.** *(Steuer)* Hauptveranlagung *f*; **joint a.** *(Steuer)* Zusammenveranlagung *f*, gemeinsame Veranlagung; **~ of husband and wife** Zusammenveranlagung von Ehegatten; **new a.** Neuveranlagung *f*; **separate a.** getrennte Veranlagung; **subsequent a.** Nachfeststellung *f*, Nachveranlagung *f*
assessment basis/base Bemessungsgrundlage *f*; **a. period** Veranlagungszeitraum *m*
assessor *n* 1. Gutachter *m*; 2. sachverständige(r) Beisitzer(in)
asset *n* (Wirtschafts)Gut *nt*, Vermögensgegenstand *m*, Vermögensposten *m*
assets *pl* 1. Vermögen *nt*, Vermögensgüter *pl*; 2. *(Bilanz)* Aktiva *pl*, Anlagevermögen *nt*; 3. Guthaben *nt*; 4. *(Vermögen)* Masse *f*; 5. Nachlass *m*; **for lack of a.** mangels Masse; **a. of a company in the process of liquidation** Liquidationsmasse *f*; **a. under a will** Nachlass *m*; **to be liable with one's a.** mit seinem Vermögen haften; **to divide a.** Vermögen aufteilen; **to seize all a. by execution** kahl pfänden; **to transfer a.** Vermögen übertragen
combined assets Gesamt-, Sammelvermögen *nt*; **concealed a.** verschleierte Vermögenswerte; **corporate a.** *[US]* Gesellschaftsvermögen *nt*, Vermögen

der Gesellschaft, **~** juristischer Personen; **current a.** Umlaufvermögen *nt*, umlaufendes Vermögen; **disposable a.** verfügbares Vermögen; **distrainable a.** pfändbares Vermögen; **domestic a.** inländisches Vermögen; **earning a.** Produktivvermögen *nt*; **encumbered a.** belastete Vermögensgegenstände; **financial a.** Geldvermögen *nt*; **fixed a.** Anlagegüter; **foreign a.** ausländisches Vermögen; **inherited a.** Erbschaftsvermögen *nt*; **intangible a.** Immaterialgüter, immaterielle Vermögenswerte; **joint a.** Gesamthandsvermögen *nt*; **liable a.** haftendes Vermögen; **liquid a.** bares Vermögen; **net a.** Netto-, Reinvermögen *nt*; **personal/private a.** Privatvermögen *nt*, persönliches Vermögen; **productive a.** Produktivvermögen *nt*; **real a.** Immobiliarvermögen *nt*; **separate a.** Sondervermögen *nt*; **tangible a.** Sachvermögen *nt*, materielle Vermögenswerte; **taxable a.** steuerpflichtiges Vermögen; **third-party a.** Drittvermögen *nt*; **total a.** Gesamtvermögen *nt*, Vermögensmasse *f*
asset-creating *adj* vermögenswirksam
asset management Vermögensverwaltung *f*; **a.-stripping** *n (coll)* betrügerische Vermögensverlagerung
assign *v/t* 1. abtreten, zedieren; 2. beiordnen, zuweisen; 3. *(Rechte, Forderungen)* übertragen, übereignen; **a.ability** *n* Übertragbarkeit *f*; **a.able** *adj* 1. abtretbar, zedierbar; 2. übertragbar
assignee *n* 1. Abtretungsempfänger(in) *m/f*, Abtretungsgläubiger(in) *m/f*, Zessionar(in) *m/f*; 2. Rechtsnachfolger(in) *m/f*; 3. (Forderungs)Übernehmer(in) *m/f*; **a. in bankruptcy** Konkursverwalter *m*
assignment *n* 1. *(Anspruch, Vertrag)* Abtretung *f*, Zession *f*; 2. *(Aufgaben)* Zuteilung *f*, Zuweisung *f*; 3. *(Forderungen, Rechte)* Übertragung *f*, Übereignung *f*; **a. of an account** Kontoabtretung *f*; **~ actions/business** *(Gericht)* Geschäftsverteilung *f*; **~ a claim** Anspruchs-, Forderungsabtretung *f*, Abtretung/Übertragung einer Forderung, **~** eines Anspruchs; **a. as counsel** Beiordnung *f*; **a. of a claim for damages** Abtretung eines Ersatzanspruches; **~ for restitu-**

tion/return/surrender Abtretung eines Herausgabeanspruchs; **a. of an interest** Anteilsübertragung *f*; ~ **(a) lease** Mietabtretung *f*; ~ **maintenance claims** Abtretung von Versorgungsansprüchen; **a. by operation of law** Legalzession *f*, Forderungsübergang *m*; **a. of a patent** Übertragung eines Patents; ~ **pension entitlements** Abtretung von Versorgungsansprüchen; ~ **rent** Mietabtretung *f*; ~ **a right** Rechtsabtretung *f*, Rechtsübertragung *f*; ~ **the right to claim (the) surrender of sth.** Vindikationszession *f*; ~ **salary claims** Abtretung von Gehaltsansprüchen; **a. for security; a. by way of security** Sicherungsabtretung *f*, Sicherungsübereignung *f*; **a. of tasks** Zuweisung von Aufgaben; ~ **wages** Lohnabtretung *f*

anticipatory assignment Vorausabtretung *f*; **collateral a.** Sicherungsübereignung *f*; **compulsory a.** Zwangsabtretung *f*; **disclosed a.** offene Zession; **equitable a.** Abtretung nach Billigkeitsrecht; **fiduciary a.** Sicherungszession *f*; **general a.** Generalabtretung *f*, Globalzession *f*; **partial a.** Teilabtretung *f*; **prior a.** Prioritätszession *f*; **statutory a.** gesetzlicher Forderungsübergang; **undisclosed a.** stille Zession

assignment clause Zessionsklausel *f*

assignor *n* 1. Abtretende(r) *f/m*, Zedent *m*; 2. Übertragende(r) *f/m*; 3. Veräußerer *m*

assist *v/t* helfen, unterstützen

assistance *n* 1. Hilfe(leistung) *f*, Hilfestellung *f*, Hilfsleistung *f*; 2. Beihilfe *f*, Fürsorge *f*, Unterstützung *f*; 3. Beistand(schaft) *m/f*; 4. Mithilfe *f*; **in need of a.** hilfsbedürftig; **a. by (way of) omission** Beihilfe durch Unterlassung

to afford/offer assistance Hilfe anbieten/gewähren; **to lend/render a.** Beistand/Hilfe leisten; ~ **after an accident** nach einem Unfall Hilfe leisten

administrative assistance Amts-, Verwaltungshilfe *f*; **to provide** ~ Amtshilfe leisten; **judicial/legal a.** Rechtsbeistand *m*, Rechtshilfe *f*, juristische Hilfe ~ **in civil matters** Rechtshilfe in Zivilsachen; ~ **in criminal matters** Rechtshilfe in Strafsachen; ~ **pact** Beistandspakt *m*; **official a.** Amtshilfe *f*; **mutual a.** gegenseitiger

Beistand; **public a.** Sozialfürsorge *f*, Sozialhilfe *f*

assistant *n* 1. *(Person)* Beistand *m*; 2. Gehilfe *m*, Handlanger *m*, Helfer(in) *m/f*; **commercial a.** Handlungsgehilfe *m*; **personal a.** persönlicher Referent

assisting in desertion *n* Beihilfe zur Fahnenflucht

associate *n* 1. Teilhaber(in) *m/f*, Gesellschafter(in) *m/f*; 2. Mitarbeiter(in) *m/f*; 3. Beigeordnete(r) *f/m*; 4. Komplize *m*, Komplizin *f*; 5. Kollege *m*, Kollegin *f*

associate *v/t* 1. assoziieren, verbinden, zusammenschließen; 2. in Zusammenhang bringen; **a. with** verkehren mit; ~ **so.** Umgang mit jdm haben/pflegen; **a.(d)** *adj* beigeordnet

association *n* 1. Sozietät *f*, Assoziation *f*, Personenvereinigung *f*, Zusammenschluss *m*; 2. Bund *m*, Verband *m*, Verein(igung) *m/f*; 3. *(Arbeitsrecht)* Koalition *f*; 4. Umgang *m*, Verkehr *m*; **a. of cooperative societies** Genossenschaftsverband *m*; ~ **persons** Personenverband *m*, Personenzusammenschluss *m*; **to set up an a.** Verband gründen

anti-constitutional association verfassungsfeindliche Vereinigung; **charitable a.** Wohlfahrtsverband *m*, wohltätige Vereinigung; **criminal a.** kriminelle Vereinigung; **incorporated a.** eingetragener Verein (e. V.), rechtsfähige Vereinigung; **municipal a.** Kommunalverband *m*; **professional a.** Berufsverband *m*, Kammer *f*; **proscribed a.** verbotene Vereinigung; **protective a.** Schutzgemeinschaft *f*; **religious a.** Religionsgemeinschaft *f*, Weltanschauungsvereinigung *f*; **unincorporated a.** nicht rechtsfähiger Verein; **unlawful a.** widerrechtliche Vereinigung

association act Vereinsgesetz *nt*; **a. agreement** Verbandsübereinkunft *f*; **a. assets** Vereinsvermögen *nt*; **a. clause** Verbundklausel *f*; **a. executive board** Vereinsvorstand *m*; **a. statutes** Vereinssatzung *f*

assume *v/t* 1. annehmen, vermuten; 2. übernehmen

assumption *n* 1. Annahme *f*, Vermutung *f*, Präsumtion *f*; 2. Voraussetzung *f*; 3. *(Risiko, Verantwortung)* Übernahme *f*;

4. Vortäuschung *f*; **false/fraudulent a. of authority** Amtsanmaßung *f*; **a. of causes** Verursachungsvermutung *f*; **~ debt(s)** Forderungs-, Schuld(en)übernahme *f*; **~ a guarantee** Übernahme einer Garantie; **~ liability** Haftungsübernahme *f*; **~ liability agreement** Haftungsübernahmevertrag *m*; **~ loss(es)** Verlustübernahme *f*; **~ office** Amtsübernahme *f*; **~ an obligation** Verpflichtungsübernahme *f*; **~ police powers** Übernahme der Ordnungsgewalt; **unauthorized ~ a right** Rechtsmissbrauch *m*; **~ risks** Gefahren-, Risikoübernahme *f*; **~ a warranty** Übernahme einer Garantie

erroneous assumption irrige/irrtümliche Annahme

assurance *n* Zusage *f*, Ver-, Zusicherung *f*, Beteuerung *f*; **a. payable at death** Sterbefallversicherung *f*; **solemn a.** feierliche Versicherung

assure *v/t* 1. zusichern; 2. *[GB] (Lebensvers.)* versichern; **a. so. of sth.** jdm etw. zusichern

asylum *n* Asyl *nt*; **to ask for a.** Asylantrag stellen; **to grant a.** Asyl gewähren; **lunatic a.** Irrenanstalt *f*; **a. authority** Asylbehörde *f*; **a. procedure/proceedings** Asylverfahren *nt*

asylum-seeker *n* Asylant(in) *m/f*, Asylsuchende(r) *f/m*; **bogus a.-s.** Scheinasylant(in) *m/f*; **failed a.-s.** abgelehnter Asylbewerber

atonement *n* Sühne *f*

atrocious *adj* ungeheuerlich; **a.ty** *n* Gräueltat *f*, Untat *f*

attach *v/t* 1. an-, beifügen, beilegen; 2. beschlagnahmen, pfänden; 3. anbringen; **a.ability** *n* Pfändbarkeit *f*; **a.able** *adj* beschlagnahmefähig, pfändbar; **a.ed** *adj* 1. gepfändet; 2. bei-, inliegend

attachment *n* 1. Beifügung *f*; 2. An-, Beilage *f*; 3. Beschlagnahme *f*, Forderungspfändung *f*, Pfandhaft *f*, Pfändung *f*; 4. (dinglicher) Arrest; **a. and execution** Beschlagnahme und Zwangsvollstreckung; **a. of an account** Kontopfändung *f*; **~ a claim** Arrestpfändung *f*; **~ debts** Beschlagnahme von Forderungen; **~ debts by garnishee order** Beschlagnahme durch Pfändungs- und

Überweisungsbeschluss; **a. of earnings** Gehalts-, Lohnpfändung *f*; **~ earnings order** Gehalts-, Lohnpfändungsbeschluss *m*; **a. under a lien** Pfandverstrickung *f*; **a. of property** Immobiliararrest *m*; **a. by way of security** Sicherungsbeschlagnahme *f*

to lift/set aside an attachment Arrest-/Beschlagnahme aufheben

joint attachment Mithaft *f*; **judicial a.** gerichtliche Beschlagnahme; **prior a.** Vorpfändung *f*; **provisional a.** Sicherungsvollstreckung *f*

attachment lien Arrestpfandrecht *nt*; **a. order** Pfändungs-, Beschlagnahmebeschluss *m*, Beschlagnahmeverfügung *f*; **a. proceedings** Arrest-, Pfändungs-, Sicherungsverfahren *nt*

attachments *pl* 1. Zubehör *nt*; 2. *(Dokumente)* Anhang *m*

attack *n* Angriff *m*; **to ward off an a.** Angriff abwehren; **feigned a.** Scheinangriff *m*; **insidious a.** hinterlistiger Überfall; **unprovoked a.** unprovozierter Angriff; **violent a.** gewaltsamer Angriff

attacker *n* Angreifer *m*

attain *v/t* erreichen, erzielen; **a.ment** *n* Erreichung *f*, Erzielung *f*

attempt *v/t* versuchen

attempt *n* *(StR)* Versuch *m*; **the a. shall be punishable** der Versuch ist strafbar; **a. to commit a crime** Versuch der Begehung einer Straftat, **~** einer strafbaren Handlung; **a. at conciliation** Sühneversuch *m*; **a. to deceive; a. at deception** Täuschungsversuch *m*; **a. to escape** Fluchtversuch *m*; **a. to reach an amicable settlement** Schlichtungsversuch *m*; **a. to resuscitate so.** Wiederbelebungsversuch *m*

to abandon the attempt vom Versuch zurücktreten; **criminal a.** strafbarer Versuch; **futile a.** untauglicher Versuch

attend *v/t* besuchen, anwesend/zugegen sein, beiwohnen, teilnehmen an; **a.ance** *n* Erscheinen *nt*, Teilnahme *f*; **~ at court** Anwesenheit vor Gericht; **compulsory ~ before a judge** Zwangsvorführung *f*; **~ of witnesses** Erscheinen von Zeugen; **~ centre** Jugendarrestanstalt *f*; **~ fee** Sitzungsgeld *nt*

attention *n* Aufmerksamkeit *f*, Obacht *f*;
a. of (**attn.**) zu Händen von (z. Hd. v.)
attest *v/t* 1. beglaubigen, bescheinigen; 2.
bezeugen, testieren
attestation *n* 1. Beglaubigung *f*, Bescheinigung *f*; 2. Bestätigungsvermerk *m*; 3.
Bezeugung *f*, Testat *nt*; **a. of good behaviour** polizeiliches Führungszeugnis; ~
good character Leumundszeugnis *nt*; ~
signature Unterschriftbeglaubigung *f*;
a. clause Beglaubigungsklausel *f*
attitude *n* 1. Einstellung *f*, Haltung *f*; 2.
Verhalten *nt*; **hostile a.** feindliche Haltung; **unyielding a.** unnachgiebige Haltung
attorney (at law) *[US]* (Rechts)Anwalt
m, (Rechts)Anwältin *f*, Bevollmächtig-
te(r) *f/m*, gesetzlicher Vertreter, Pro-
zessbeteiligte(r) *f/m*; **a. for the defense**
Verteidiger(in) *m/f*; **a. in fact** Bevoll-
mächtigte(r) *f/m*, *(Vollmacht)* Stellver-
treter(in) *m/f*; **a. general** *[US]* Oberstaatsanwalt *m*, Oberstaatsanwältin *f*; **A.
General** *[US]* Justizminister(in) *m/f*; **a.
of record** Prozessbevollmächtigte(r)
f/m, prozessbevollmächtigter Anwalt;
to retain an a. Anwalt beauftragen/
mandatieren
attributab|ility *n* Zurechenbarkeit *f*; **a.le**
adj zurechenbar
attribute *n* Eigenschaft *f*
attribute *v/t* *(Schuld)* zumessen, zurechnen; **a. to** zuschreiben, zurückführen
auf; **a. sth. to so.** jdm etw. zuschreiben;
~ **falsely to so.** jdm etw. unterschieben;
~ **to sth.** etw. auf etw. zurückführen
attribution *n* Zurechnung *f*, Zuschreibung *f*, Beimessung *f*
auction *n* Auktion *f*, Versteigerung *f*; **a.
ordered by the court; court-ordered a.**
Zwangsversteigerung *f*; **a. of distrained
goods** Pfandversteigerung *f*; **to put up
for a.; to sell by a.** auktionieren, versteigern; **public a.** öffentliche Versteigerung; **to sell by ~** 1, öffentlich versteigern; 2. zwangsversteigern
auction costs Kosten der Versteigerung;
a. day Versteigerungstermin *m*; **a. proceedings** Versteigerungsverfahren *nt*; **a.
proceeds** Versteigerungserlös *m*; **a. sale**
Versteigerung *f*
auction (off) *v/tprep* versteigern

auctioneer *n* 1. Auktionator *m*, Versteigerer *m*; 2. Ausbieter *m*
audience *n* Publikum *nt*
audit *n* 1. (Abschluss)Prüfung *f*; 2. Be-
triebs-, Bilanz-, Buch-, Geschäfts-,
Rechnungs-, Wirtschaftsprüfung *f*, Revision *f*; 3. *(Buchführung)* Kontrolle *f*; **a.
and acceptance** Rechnungsprüfung
und -abnahme *f*; **a. of accounts** Rechnungsprüfung *f*
annual audit Jahresabschlussprüfung *f*;
environmental a. Umweltbilanz *f*, Umweltverträglichkeitsprüfung (UVT) *f*;
external a. Außenprüfung *f*; **internal a.**
innerbetriebliche Rechnungsprüfung,
betriebsinterne Revision
audit *v/t* *(Bilanz)* prüfen
audit department Revisionsabteilung *f*;
a. office Rechnungsprüfungsamt *nt*
auditor *n* 1. Prüfer(in) *m/f*; 2. Abschluss-,
Bilanz-, Buch-, Kassen-, Rechnungs-,
Wirtschaftsprüfer(in) *m/f*; **statutory a.**
satzungsmäßiger Rechnungsprüfer; **a.'s
opinion** 1. *(Revison)* Beglaubigungs-
vermerk *m*; 2. *(Bilanz)* Bestätigungsvermerk *m*, Prüfgutachen *nt*, Prüfungsver-
merk *m*; **a.'s report** Prüfungsbericht *m*
under the auspices of *pl* unter der
Schirmherrschaft von
authentic *adj* echt
authenticate *v/t* 1. beglaubigen, beurkunden, Echtheit feststellen; 2. legalisieren, verbriefen; **a.d** *adj* beglaubigt
authentic|ation *n* 1. Beglaubigung *f*, Be-
urkundung *f*; 2. Legalisierung *f*; 3. Echt-
heitsbescheinigung *f*; **a.ity** *n* Echtheit *f*;
~ **of a signature** Echtheit einer Unterschrift; **to ascertain the ~ of a signature** Echtheit einer Unterschrift prüfen
author *n* Autor *m*, Verfasser *m*, Urheber *m*,
Schriftsteller *m*
authoritative *adj* verbindlich, maßgeblich
authorities *pl* 1. Obrigkeit *f*; 2. Rechtsquellen; **known to the a.** amtsbekannt;
to notify the a. of a change of address
sich ummelden; **to report so. to the a.**
gegen jdn Anzeige erstatten
authority *n* 1. (Macht)Befugnis *f*, Erlaubnis *f*; 2. Bestandskraft *f*; 3. Instanz *f*;
4. *(Fachgröße)* Kapazität *f*; 5 Kollegialbehörde *f*; 6. *(Belegstelle)* Quelle *f*; 7.

(Ermächtigung) Vollmacht *f*; **on good a.** aus guter Quelle
authority to accept mail Postvollmacht *f*; **~ act as an agent** Vertretungsberechtigung *f*; **~ adjudicate** Entscheidungsbefugnis *f*; **a. in charge** maßgebende/zuständige Behörde; **a. to claim** Sachlegitimation *f*; **~ collect** Einziehungsermächtigung *f*, Inkassomandat *nt*; **~ conclude a contract** Abschlussvollmacht *f*; **~ dispose** Verfügungsberechtigung *f*; **a. by estoppel** Duldungs-, Rechtsscheinvollmacht *f*, Vertretungsmacht kraft Rechtsscheins; **a. to issue directives/instructions** Weisungsbefugnis *f*; **~ exploit** Verwertungsbefugnis *f*; **~ pay** Zahlungsermächtigung *f*; **~ sell** Verkaufsvollmacht *f*; **~ sign** Zeichnungsbefugnis *f*, Zeichnungsberechtigung *f*, Zeichnungsrecht *nt*, Zeichnungsvollmacht *f*; **~ sue** Prozess-, Sachlegitimation *f*; **~ use** Gebrauchsbefugnis *f*
to act on so.'s authority in jds Vollmacht handeln; **to delegate one's a.** seine Befugnis delegieren; **to exceed one's a.** Vollmacht überschreiten; **to vest a. in so.** Vollmacht auf jdn übertragen
administrative authority Verwaltungsbehörde *f*; **apparent a.** Scheinvollmacht *f*; **appropriate a.** zuständige Behörde/Dienststelle; **constitutional a.** verfassungsgebende/verfassungsmäßige Gewalt; **disciplinary a.** 1. Disziplinarbehörde *f*; 2. Disziplinargewalt *f*; **domestic a.** Hausrecht *nt*; **examining a.** Prüfungsbehörde *f*; **exclusive a.** 1. Alleinberechtigung *f*; 2. Ausführungsbehörde *f*, durchführende/vollziehende Behörde; **executory a.** Vollstreckungs-, Vollzugsbefugnis *f*; **express a.** ausdrückliche Vollmacht; **federal a.** Bundesbehörde *f*; **fixed-penalty a.** Bußgeldstelle *f*; **full a.** uneingeschränkte Ermächtigung; **governmental a.** Staatsgewalt *f*; **implied a.** stillschweigend erteilte Vollmacht; **issuing a.** ausstellende Behörde; **judicial a.** 1. richterliche Ermächtigung; 2. Justizbehörde *f*, Justizverwaltung *f*; **leading a.** Kapazität *f*; **legislative a.** Gesetzgebungsbefugnis *f*, Gesetzgebungskompetenz *f*, Gesetzgebungsrecht *nt*; **licensing a.** Genehmi-

gungs-, Zulassungsbehörde *f*, Zulassungsstelle *f*
local authority Gemeinde *f*, Kommune *f*, Gemeinde-, Kommunal-, Lokal-, Ortsbehörde *f*; **~ district** Gemeindebezirk *m*; **~ enterprise** Gemeindebetrieb *m*; **~ ordinance** Ortsgesetz *nt*
managerial authority (Geschäfts)Führungsbefugnis *f*, Befugnis zur Geschäftsführung; **military a.** Militärbehörde *f*; **monetary a.** Währungsbehörde *f*; **ostensible a.** Anscheins-, Scheinvollmacht *f*; **parental a.** elterliche Gewalt; **persuasive a.** einschlägige, aber nicht bindende Entscheidung; **prosecuting a.** Strafverfolgungsbehörde *f*; **~ in charge** zuständige Staatsanwaltschaft; **public a.** Behörde *f*, öffentliche Gewalt, Obrigkeit *f*; **regional a.** Gebietskörperschaft *f*; **~ planning a.** Raumordnungsbehörde *f*; **regulatory a.** Aufsichts-, Ordnungsbehörde *f*; **representative a.** Vertretungsbefugnis *f*, Vertretungsvollmacht *f*; **sole a.** Einzelvollmacht *f*; **special a.** besondere Ermächtigung, Sondervollmacht *f*; **subordinate a.** unterstellte Behörde; **subsidiary a.** nachgeordnete Behörde; **supervisory a.** Dienstaufsicht(sbehörde) *f*, Kontrollbehörde *f*; **supreme a.** oberste Gewalt, Hoheit *f*; **territorial a.** Gebietskörperschaft *f*; **unlimited a.** unbegrenzte/unumschränkte Vollmacht; **written a.** schriftliche Vollmacht, Vollmachtsurkunde *f*
authorization *n* 1. Ermächtigung *f*, Bevollmächtigung *f*, Autorisierung *f*; 2. Genehmigung *f*, Zulassung *f*; **a. to hunt** Jagdberechtigung *f*; **~ receive** Empfangsberechtigung *f*; **a. for registration** Eintragungsbewilligung *f*; **a. to teach** Lehrberechtigung *f*
official authorization amtliche/behördliche Genehmigung; **special a.** Sonderermächtigung *f*, Sondergenehmigung *f*
authorize *v/t* 1. autorisieren, berechtigen, bevollmächtigen, ermächtigen, genehmigen, Vollmacht erteilen; 2. legitimieren; **a. so. to do sth.** jdm die Vollmacht für etw. erteilen
authorized *adj* 1. befugt, berechtigt, bevollmächtigt, ermächtigt; 2. genehmigt;

3. legitimiert, zugelassen; **a. to receive empfangsberechtigt**; **~ sign** zeichnungs-, unterschriftsberechtigt; **duly a.** ordnungsgemäß bevollmächtigt; **fully a.** mit allen Vollmachten ausgestattet

authorship n Urheberschaft f

auto theft n [US] Kfz-Diebstahl m

automobile registration n [US] Kraftfahrzeugzulassung f

autonom|ous adj autonom, eigenständig; **a.y** n Autonomie f, Selbstverwaltung f; **private ~** Privatautonomie f

autopsy n Autopsie f, Leichenöffnung f, (innere) Leichenschau, Obduktion f, Sektion f; **to carry out/perform an a.** obduzieren

autrefois acquit n (frz.) Einrede des Freispruchs in gleicher Sache; **a. convict** Einrede der Verurteilung in gleicher Sache

auxiliary adj 1. ergänzend, zusätzlich, Hilfs-; 2. mitwirkend

to no avail n vergebens

availability n Verfügbarkeit f; **a. guarantee** Nachkaufgarantie f

available adj 1. verfügbar, vorrätig, erhältlich; 2. vorliegend; **to be a.** zur Disposition stehen; **~ for sth.** für etw. zur Verfügung stehen; **to make sth. a. free of charge** etw. kostenlos zur Verfügung stellen

aver v/t 1. behaupten, als Tatsache hinstellen, vorbringen; 2. versichern

average n Havarie f, Seeschaden m; **free from a.** frei von Havarie; **general a.** große Havarie; **particular a.** kleine Havarie; **a. adjuster** Havarieagent m; **a. adjustment** Havarieregelung f; **a. clause** Havarieklausel f

averment n 1. Behauptung f; 2. (Prozess) Sachvortrag m, Vorbringen nt; **immaterial a.** unerhebliches Vorbringen; **negative a.** negative Behauptung, formelles Bestreiten

avert v/t abwehren, abwenden; **a.ing a danger** n Abwendung einer Gefahr, Gefahrenabwehr f; **~ threat** Abwendung der Gefährdung

aviation n Luftfahrt f

avoid v/t 1. (ver)meiden, umgehen; 2. anfechten; 3. annullieren, abwenden; **a.ability** n 1. Vermeidbarkeit f; 2. An-

fechtbarkeit f; **a.able** adj 1. vermeidbar; 2. anfechtbar

avoidance n 1. (Ver)Meidung f, Umgehung f, Abwendung f; 2. Anfechtung f; 3. Annullierung f, Nichtigerklärung f; **a. of a contract** Vertragsanfechtung f; **~ gift** Schenkungsanfechtung f; **a. on the grounds of error**; **~ a mistake** Anfechtung wegen Irrtums, Irrtumsanfechtung f; **a. of sale** Wandelung f; **a. of a will** Testamentsanfechtung f; **to sue for a.** auf Aufhebung klagen

avoiding a danger n Gefahrenabwendung f; **a. transaction** Umgehungsgeschäft nt

await v/t ab-, erwarten

award n 1. Belohnung f, Auszeichnung f, Preis m; 2. Rechts-, Schiedsspruch m, Urteil nt; 3. (Ausschreibung) Zuschlag m; 4. (Schadenersatz) Zuerkennung f, Zubilligung f, Zumessung f

award of contract (Auftrag) Zuschlag m, (Auftrags)Vergabe f, Submissionsvergabe f; **~ damages** Zubilligung/Zuerkennung von Schaden(s)ersatz; **~ an administrative fine** Erkennung auf Buße; **~ punishment** Strafzumessung f

to appeal against an award gegen einen Schiedsspruch Beschwerde einlegen; **to invoke an a. against a party** Schiedsspruch gegen eine Partei geltend machen; **to make/render an a.** Schiedsspruch fällen; **to set aside an a.** Schiedsspruch aufheben

arbitral award Schiedsspruch m; **compensatory a.** Verurteilung zur Entschädigung

award v/t 1. (Auftrag) vergeben; 2. zuerkennen, zumessen; 3. (gerichtlich) zusprechen

awarding of concessions n Vergebung von Konzessionen; **~ public contracts** Vergabe öffentlicher Aufträge; **~ a doctorate** Promotion f

aware adj bewusst; **being fully a. of the consequences** im Bewusstsein der Folgen; **to be a. of** sich bewusst sein; **to become a. of sth.** Kenntnis von etw. erlangen; **ecologically/environmentally a.** umweltbewusst

awareness n Bewusstsein nt; **a. of wrongdoing** Unrechtsbewusstsein nt; **impaired a.** Bewusstseinstrübung f

axiom *n* Axiom *nt*
aye *n* *[GB] (Parlament)* Jastimme *f*

B

back *n* Rückseite; *adv* zurück; **b. pay(ment)** (Gehalts)Nachzahlung *f*; **to make a ~** *(Gehalt, Pension)* nachzahlen
backdate *v/t* nach-, (zu)rückdatieren
background *n* 1. Hintergrund *m*; 2. Verhältnisse *pl*; 3. Werdegang *m*; **domestic b.** Familienverhältnisse *pl*; **educational b.** Vorbildung *f*; **b. check** Personenüberprüfung *f*; **b. noise** Lärmkulisse *f*
backing *n* Rückhalt *m*
back|log *n* Rückstand *m*; **b.pack** *n [US]* Rucksack *m*; **b.packer** *n* Rucksacktourist(in) *m/f*
bad *adj (Schulden)* uneinbringlich
badge *n* Abzeichen *nt*, Plakette *f*; **b. of rank** Rangabzeichen *nt*
baggage insurance *n* Reisegepäckversicherung *f*
bail *n* 1. *(ZR)* Bürgschaftsleistung *f*; 2. *(StR)* Sicherheitsleistung *f*, (Haft)Kaution *f*; **on b.** gegen eine Kaution/Sicherheitsleistung
to abscond bail Sicherheitsleistung verfallen lassen; **to forfeit one's b.** *(bei Nichterscheinen vor Gericht)* Kaution verfallen lassen; **to grant b.** Sicherheitsleistung anordnen; **to jump b.** *[US] (bei Nichterscheinen vor Gericht)* Kaution verfallen lassen; **to provide/put up b.** Kaution stellen; **to refuse b.** Sicherheitsleistung ablehnen; **to release so. on b.** jdn gegen Kaution freilassen; **to be released on b.** gegen Kaution auf freien Fuß gesetzt werden; **to remand so. on b.** jdn gegen Kaution aus der Untersuchungshaft entlassen; **to stand b.** Kaution stellen, bürgen, Sicherheit leisten; **eligible ~** kautionsfähig
civil bail Sicherheitsleistung im Zivilprozess
bailee *n* Bürgschaftsnehmer *m*, Verwahrer *m*; **b.'s lien** Verwahrerpfandrecht *nt*
bailiff *n* 1. Gerichtsvollzieher(in) *m/f*,

Vollstrecker(in) *m/f*, Vollstreckungsbeamter *m*; 2. *[US]* Justizwachtmeister *m*, Gerichtsdiener *m*; **b.'s stamp** Pfandsiegel *nt*
bailment *n* 1. Hinterlegung *f*, Verwahrung *f*; 2. Besitzmittlungsverhältnis *nt*; **b. contract** Verwahrungsvertrag *m*
bailor *n* 1. Hinterleger *m*; 2. Besitzmittler *m*; 3. Bürge *m*
balance *n* 1. Ausgewogenheit *f*, Gleichgewicht *nt*, Ausgleich *m*; 2. Ausgleichsbetrag *m*; 3. *(Konto)* Saldo *m*; 4. Restsumme *f*, Restbetrag *m*; **b. due** Restschuld *f*; **remaining b.** Restsaldo *nt*
balanced *adj* ausgewogen, gleichgewichtig
balance sheet *n* Bilanz *f*; **annual b. s.** Jahresbilanz *f*; **final b. s.** Auseinandersetzungsbilanz *f*, Auseinandersetzungsguthaben *nt*; **b. s. offence** Bilanzdelikt *nt*
ballot *n* Wahl(gang) *f/m*; **on the first b.** im ersten Wahlgang; **to rig the b.** Wahlergebnis fälschen; **secret b.** Geheimwahl *f*, geheime Wahl
ballot box Wahlurne *f*; **b. paper** Stimmzettel *m*, Wahlschein *m*; **b. rigging** Wahlbetrug *m*, Wahlfälschung *f*
ban *v/t* untersagen, (offiziell) verbieten
ban *n* Verbot *nt*; **b. on (child) abuse** Misshandlungsverbot *nt*; **~ alcohol** Alkoholverbot *nt*; **~ entering a house** Hausverbot *nt*; **~ hunting** Jagdverbot *nt*; **~ immigration** Einwanderungsverbot *nt*, Einwanderungssperre *f*, Aufnahmestopp *m*; **~ imports** Einfuhr-, Importverbot *nt*; **~ landing** Landeverbot *nt*; **~ leave** Urlaubssperre *f*; **~ wearing masks** Vermummungsverbot *nt*; **~ night driving** Nachtfahrverbot *nt*; **~ practising one's profession** Berufsverbot *nt*; **~ corporal punishment** Züchtigungsverbot *nt*; **~ sales** Verkaufsverbot *nt*; **~ smoking** Rauchverbot *nt*; **~ through traffic** Durchfahrtsverbot *nt*; **~ the use of force** Verbot des Einsatzes von Zwangsmitteln; **~ visits** Besuchsverbot *nt*; **~ visits and letters** Kontaktsperre *f*
to be subject to a ban unter ein Verbot fallen; **to impose a b.** Verbot aussprechen; **to lift a b.** Verbot aufheben/zurücknehmen; **to place a b. on** Sperre verhängen über

preventive ban präventives Verbot; **repressive b.** repressives Verbot

bank *n* Bank *f*; **cooperative b.** Genossenschaftsbank *f*

bank account Bankkonto *nt*; **b. charges** Kontoführungsgebühren, Kontospesen; **b. cheque** Kassenscheck *m*; **b. deposit** Bankeinlage *f*

banker's acceptance Bankakzept *nt*; **b.'s discretion** Bankgeheimnis *nt*

bank guarantee Bankbürgschaft *f*; **b. holiday** Feiertag *m*

banking law Bankrecht *nt*; **b. legislation** Bankgesetzgebung *f*; **b. secrecy** Bankgeheimnis *nt*

banknote *n* Banknote *f*

bank robbery Bank-, Kassenraub *m*

bankrupt *adj* bankrott, pleite *(coll)*; **to become/go b.** in Konkurs geraten, Pleite gehen; **to declare os. b.** Konkurs anmelden

bankrupt *n* Bankrotteur *m*, Konkursschuldner(in) *m/f*; **adjudicated b.** Gemeinschuldner(in) *m/f*; **undischarged b.** rehabilitierte(r) Gemeinschuldner(in) *m/f*

bankruptcy *n* Bankrott *m*, Insolvenz *f*, Konkurs *m*, Pleite *f (coll)*; **b. of the estate** Nachlasskonkurs *m*; **to avoid b.** Konkurs abwenden; **fraudulent b.** betrügerischer Bankrott/Konkurs

Bankruptcy Act *[GB]* Konkursordnung *f*; **b. court** Konkursgericht *nt*, Vollstreckungskammer *f*; **~ judge** Konkursrichter(in) *m/f*; **b. debtor** Konkursschuldner(in) *m/f*; **b. dividend** Konkursquote *f*; **b. fraud** Insolvenzbetrug *m (früher: Konkursbetrug)*; **b. law** Konkursrecht *nt*; **b. notice** Konkurserklärung *f*; **b. offence** Konkursdelikt *nt*, Konkursstraftat *f*, Konkursvergehen *nt*; **b. petition** Konkurs(eröffnungs)antrag *m*; **b. proceedings** Konkursverfahren *nt*, konkursrechtliches Verfahren; **to discontinue ~** Konkursverfahren einstellen; **to institute ~** Konkursverfahren eröffnen; **to institute ~ against so.** gegen jdn ein Konkursverfahren einleiten; **b. regulations** Konkursordnung *f*

bankrupt's estate *n* Konkursmasse *f*

banner *n* Spruchband *nt*, Transparent *nt*

banns *pl* Eheaufgebot *nt*

bar *v/t* 1. ausschließen; 2. präkludieren; 3. versperren

bar *n* 1. Gerichtsschranke *f*, 2. Hindernis *nt*; 3. Präklusion *f*; **the B.** Anwaltschaft *f*

bar to an action Prozesshindernis *nt*; **b. of execution** Vollstreckungshindernis *nt*; **~ trial** Prozesshindernis *nt*; **to be called to the B.** *[GB]* als Anwalt (vor höheren Gerichten) zugelassen werden

procedural bar Verfahrenshindernis *nt*; **statutory b.** gesetzliches Hindernis

bar association Anwaltschaft *f*, Anwaltskammer *f*; **B. Association** *[US]*/**Council** *[GB]* (Rechts)Anwaltskammer *f*, Selbstverwaltungsorganisation der Anwälte; **b. code** *(auf Waren)* Strichcode *m*

bare *adj* unbedeckt

bargain *n* Kaufabschluss *m*; **into the b.** als Zugabe

collective bargaining *n* Tarifautonomie *f*, Verhandlungen zwischen den Tarifpartnern; **~ agreement** Kollektivvertrag *m*; **~ law** Tarifrecht *nt*; **under ~ law** tarifrechtlich

barracks *n* Kaserne *f*

barratry *n* *[US]* Anstiftung zu grundloser Prozessführung

barred *adj* versperrt

barricade os. *v/refl* sich verbarrikadieren

barrier *n* Hürde *f*

barring of claims *n* Anspruchsverjährung *f*

barrister (at law) *n* *[GB]* (Prozess)Anwalt (vor höheren Gerichten) *m*, (Prozess)Anwältin (vor höheren Gerichten) *f*, plädierender Rechtsanwalt; **b.s' chambers** Rechtsanwaltssozietät *f*

behind bars *pl* dingfest; **to put so. ~** jdn einsperren, **~** dingfest machen

barter *n* (Natural)Tausch *m*; **b. agreement** Tauschvertrag *m*; **b. trade** Tauschhandel *m*; **b. transaction** (Aus)Tausch-, Kompensationsgeschäft *nt*

base *adj (Motiv)* niedrig; *v/t* zu Grunde legen; **to be b.d on** *adj* beruhen auf

basic *adj* grundsätzlich; **B. Law** Grundgesetz *nt*

basis *n* 1. Basis *f*, Grundlage *f*; 2. Begründung *f*; **on a long-term b.** langfristig; **~ the b. of** an Hand von

basis of assessment Veranlagungsgrundlage *f*; **~ claim** Anspruchsgrundlage *f*; **~ comparison** Vergleichsbasis *f*; **~ a contract** Vertragsgrundlage *f*; **~ existence**

Lebensgrundlage *f*; ~ **a transaction** Geschäftsgrundlage *f*; ~ **trust** Vertrauensbasis *f*

legal basis Rechtsbasis *f*, Rechtsgrund(lage) *m/f*; **statutory b.** gesetzliche Grundlage; **to employ so. on a temporary b.** jdn auf Zeit einstellen

bastardy order *n [US]* *(uneheliches Kind)* Unterhaltsverfügung *f*

batter|ed *adj* *(Person)* misshandelt; **b.ing** *n* (körperliche) Misshandlung; **b.y** *n* Körperverletzung *f*

beach *n* Strand *m*

bear *v/t* *(Folgen, Kosten, Risiko)* tragen

bearer *n* *(Scheck)* Überbringer(in) *m/f*, Inhaber(in) *m/f*; **payable to b.** an den Überbringer/Inhaber zahlbar

bearer bond *n* Inhaberschuldverschreibung *f*, Schuldverschreibung auf den Inhaber; **b. cheque** Inhaberscheck *m*; **b. clause** Inhaber-, Überbringerklausel *f*; **b. policy** Inhaberpolice *f*; **b. warrant** Inhaberzertifikat *nt*

bearing a false name *n* falsche Namensführung; **b. of the risk** *(Vertrag)* Gefahrtragung *f*

to lose one's bearings *pl* die Orientierung verlieren

beat *v/t* prügeln; **b. up so. badly** jdn übel zurichten

beat *n* *(Polizei)* Streifenbezirk *m*; **to be on one's b.; to walk the b.** Streife gehen, Runde machen

because of *prep* auf Grund von, wegen

bedsit(ter) *n* Wohnschlafzimmer *nt*

beforehand *adv* vorher

beg *v/i* betteln

beget *v/t* zeugen

begg|ar *n* Bettler *m*; **b.ing** *n* Betteln *nt*

begin *v/t* beginnen; **b.ning** *n* Beginn *m*; ~ **of a built-up area** Ortseingang *m*; ~ **of the period** Fristbeginn *m*

on behalf of *prep* im Auftrag/Namen von, namens, in Vollmacht; **on one's own b.** in eigener Sache

behave *v/i* sich verhalten; **b. improperly** sich ordnungswidrig verhalten

behaviour *n* Verhalten *nt*, Führung *f*, Benehmen *nt*, Betragen *nt*, Gebaren *nt*; **appropriate b.** angemessenes Verhalten; **disorderly b.** Landfriedensbruch *m*; **divergent b.** abweichendes Verhalten;

good b. Wohlverhalten *nt*; **inappropriate b.** Fehlverhalten *nt*; **social b.** Sozialverhalten *nt*; **suspicious b.** auffälliges/verdächtiges Verhalten

behead *v/t* enthaupten

at so.'s behest *n* auf jds Geheiß/Veranlassung

behind *prep* hinter

human being *n* Mensch *m*

belated *adj* verspätet, nachträglich

belief *n* Glaube *m*; **religious b.** Konfession *f*

believe *v/t* glauben

belittle *v/t* verharmlosen

belongings *pl* Habe *f*, Hab und Gut *nt*; **personal b.** Habseligkeiten

the bench *n* Richterbank *f*, Richterkollegium *nt*, Richterschaft *f*, Richterstand *m*; **the B. and the Bar** *[GB]* Richter und Anwälte; **b. warrant** Haftbefehl *m*

benchmark *n* Richtwert *m*; **b. figure** Bezugsgröße *f*, Vergleichszahl *f*; **b. job** Vergleichsarbeitsplatz *m*

bend *n* Kurve *f*, Wegbiegung *f*

benefact|or *n* Wohltäter *m*; **b.ress** Wohltäterin *f*

benefic|e *n* beneficium *nt* *(lat.)*; **b.ial** *adj* nützlich, vorteilhaft, zuträglich

beneficiary *n* 1. (Anspruchs-, Empfangs)Berechtigte(r) *f/m*, Leistungsempfänger(in) *m/f*; 2. Bedachte(r) *f/m*, Begünstigte(r) *f/m*, Erbe *m*, Erbin *f*; 3. Nutznießer(in) *m/f*; **b. under a guarantee** Garantienehmer(in) *m/f*; **b. of insurance** Versicherungsberechtigte(r) *f/m*; **b. under a usufruct** Nießbraucher(in) *m/f*; ~ **will** bedachte Person, testamentarisch Bedachte(r), Vermächtnisnehmer(in) *m/f*

primary beneficiary Erstbegünstigte(r) *f/m*; **third-party b.** Drittbegünstigte(r) *f/m*; **ultimate b.** Letztbegünstigte(r) *f/m*

benefit *v/t* begünstigen, zugute/zustatten kommen; **b. from** Nutzen/Vorteil ziehen aus

benefit *n* 1. Gewinn *m*; 2. Gunst *f*, Wohltat *f*; 3. *(Vers.)* Leistung *f*; 4. Nutzen *m*, Vergünstigung *f*, Vorteil *m*; **for the b. of** zum Nutzen von, zu Gunsten von; ~ **general b.** zum allgemeinen Nutzen; ~ **joint b.** zum gemeinsamen Nutzen; ~ **public b.** im öffentlichen Interesse

benefit(s) after death Leistung(en) nach Todesfall; **b. of the doubt** Rechtswohltat des Zweifels; **b.(s) in kind** Sachleistung(en) *f/pl*
to derive a benefit from Nutzen ziehen aus; **to draw a b.** Leistung beziehen
additional benefit Zusatzleistung *f*; **legal b.** Rechtsvorteil *m*; Rechtswohltat *f*; **supplementary b.** *[GB]* Sozialhilfe *f*
benefit abuse (Sozial)Leistungsmissbrauch *m*; **b. case** Sozial-, Leistungsfall *m*; **b. claim** (Sozial)Leistungsanspruch *m*; **b. clause** Begünstigungsklausel *f*; **b. notice** Leistungsbescheid *m*
benefits *pl* 1. Früchte; 2. *(*Versicherungs*)*Leistungen
bequeath *v/t (bewegliche Sachen, Geld)* hinterlassen, nachlassen, vererben, (durch Testament) vermachen; **b.able** *adj* vermachbar
bequest *n (bewegliche Sachen, Geld)* Hinterlassung *f*, Legat *nt*, Verfügung von Todes wegen, Vermächtnis *nt*, *(*testamentarische*)* Zuwendung; **b. of a claim** Forderungsvermächtnis *nt*
bereavement *n* Trauerfall *f*
Berne Convention Berner Übereinkunft
bestow *v/t* zuwenden; **b.al** *n* Verleihung *f*, Schenkung *f*, Zuwendung *f*
bet *n* Wette *f*; *v/t* wetten
betray *v/t* verraten
betrayal *n* Verrat *m*; **b. of secrecy** Geheimnisverrat *m*
better safe than sorry *adj (prov)* Vorsicht ist besser als Nachsicht *(prov)*
better|ing *n* Verbesserung *f*; **b.ment** *n* Besserung *f*
betting duty Wettsteuer *f*; **b. office** Wettannahme(stelle) *f*, Wettbüro *nt*; **b. slip** Wettschein *m*; **b. and lottery tax** *v* Rennwett- und Lotteriesteuer *f*
beverage *n* Getränk *nt*
beware of *v/prep* sich hüten vor
beyond that *adv* darüber hinaus
bias *n* Befangenheit *f*, Parteilichkeit *f*, Voreingenommenheit *f*, Vorurteil *nt*; **b.ed** *adj* befangen, parteiisch, voreingenommen
bid *v/t (Ausschreibung)* bieten
bid *n* 1. *(Versteigerung)* Gebot *nt*; 2. Submission(sangebot) *f/nt*; **to call for b.s** ausbieten

first bid *(Auktion)* Erstgebot *nt*; **higher b.** Mehr-, Übergebot *nt*; **highest b.** Meistgebot *nt*; **sham b.** Scheingebot *nt*
bidder *n* Bieter *m*, Submittent *m*; **to sell to the highest b.** meistbietend verkaufen/versteigern
bidding conditions *n* Vergabebedingungen; **b. procedure** Ausschreibungs-, Submissionsverfahren *nt*
bigam|ist *n* Bigamist *m*; **b.y** *n* Bigamie *f*, Doppelehe *f*
bilateral *adj* zweiseitig
bilk|er *n* Zechpreller *m*; **b.ing** *n* Zechprellerei *f*
bill *v/t* fakturieren, in Rechnung stellen
bill *n* 1. Antrag *m*; 2. Faktura *f*, Rechnung *f*; 3. Gesetz(es)entwurf *m*, Gesetzesvorlage *f*; 4. Schriftstück *nt*, Urkunde *f*; **b. of complaint** Klageschrift *f*; **~ costs** Gebührenrechnung *f*, Kostenrechnung *f*, Kostenverzeichnis *nt*
bill of exchange (B/E) Wechsel *m*; **against a b. of e.** auf Wechsel; **domestic b. of e.** Inlandswechsel *m*; **to honour a b. of e.** Wechsel einlösen; **B.s of E. Act** *[GB]* Wechselgesetz *nt*
bill of health Quarantäneattest *nt*; **~ indictment** Anklageschrift *f*
bill of lading (B/L) Konnossement *nt*, Schiffsfrachtbrief *m*; **as per b. of l.** laut Konnossement; **to make out a b. of l.** Konnossement ausstellen
clean bill of lading Konnossement ohne Vorbehalt, echtes/reines Konnossement; **dirty/foul b. of l.** unreines Konnossement; **on-board b. of l.** Bordkonnossement *nt*; **b. of l. clause** Konnossementsklausel *f*
bill of revivor *(lat.)* Antrag auf Wiederaufnahme eines ruhenden Verfahrens; **~ sale** 1. Kaufbrief *m*, Kaufvertrag *m*; 2. Übereignungs-, Übertragungs-, Verkaufsurkunde *f*; **conditional ~ sale** *[GB] (Dokument)* Sicherungsübereignungsvertrag *m*
to amend a bill Gesetzesentwurf ändern; **to introduce a b.** Gesetz einbringen; **to pass a b.** Gesetz verabschieden; **to protest a b.** Wechselprotest einlegen; **to sue on a b.** Wechselklage einbringen/erheben
blank bill Blankowechsel *m*; **clean b.** reiner Wechsel; **itemized b.** aufgeschlüs-

selte/detaillierte Rechnung; **long-dated b.** Wechsel auf lange Sicht; **receipted b.** quittierte Rechnung

bill bearer/holder Wechselinhaber(in) *m/f;* **b. collection** Wechselinkasso *nt;* **b. creditor** Wechselgläubiger(in) *m/f;* **b. debt(s)** Wechselschuld *f;* **b. debtor** Wechselschuldner(in) *m/f;* **summary b. enforcement proceedings** Wechselprozess *m;* **b. forgery** Wechselfälschung *f;* **b. guarantee** Wechselbürgschaft *f*

billing *n* (In)Rechnungsstellung *f;* **fraudulent b.** Rechnungsbetrug *m;* **b. department** Rechnungsstelle *f*

bind *v/t* binden, verpflichten, zwingen; **b. over** *v/t* Untersuchungshaft anordnen; **b.er** *n (Vers.)* Vorvertrag *m*

binding *adj* bindend, (rechts)verbindlich, zwingend; **legally b** rechtsgültig, rechtsverbindlich; **not b.** nicht bindend, unverbindlich

bindle *n* kleines Päckchen mit Drogen

birth *n* Geburt *f;* **b. certificate** Geburtsurkunde *f;* **b.mark** *n* Muttermal *nt*

blackjack *n [US]* Totschläger *m*

blackmail *v/t* erpressen; *n* Erpressung *f;* **attempted b.** Erpressungsversuch *m;* **b.er** *n* Erpresser(in) *m/f;* **b. letter** Erpresserbrief *m*

blackout *n (coll)* Bewusstseinslücke *f*

blame *v/t* beschuldigen, vorwerfen; **b. so. for sth.** jdm die Schuld an einer Sache geben; **to be to b.** Schuld haben, schuld sein; **~ partly to b.** Teilschuld haben

blame *n* Schuld *f,* Verschulden *nt;* **partial b.** Mitverschulden *nt*

blameless *adj* schuldlos, unverschuldet

blank *n* 1. Blankett *nt;* 2. *(Formular)* Lücke *f; adj* blanko, unausgefüllt

blanket *n* Blankett *nt;* **b. act** Blankettgesetz *nt;* **b. allowance** Vorsorgepauschbetrag *m;* **b. assignment** Globalzession *f,* Mantelabtretung *f;* **b. authority** allgemeine Ermächtigung; **b. clause** Generalklausel *f;* **b. insurance** Pauschalversicherung *f;* **b. mortgage** Gesamthypothek *f;* **b. power of procuration** Gesamtprokura *f;* **b. provision** Blankettvorschrift *f;* **b. refusal** glatte/totale Ablehnung

blasphemy *n* Blasphemie *f,* Gotteslästerung *f*

blemish *n* Makel *m*

block of flats *n [GB]* Wohnblock *m*

blood *n* Blut *nt;* **in cold b.** kaltblütig; **related by b.** blutsverwandt; **b. alcohol level** Blutalkoholgehalt *m;* **(legal) ~ limit** Promillegrenze *f;* **b. feud** Blutfehde *f;* **b. guilt** Blutschuld *f;* **b. relations** Blutsverwandte; **b. relationship** Blutsverwandtschaft *f;* **b. relative** leiblicher Verwandter; **b. sample** Blutprobe *f;* **b.lust** *n* Blutrünstigkeit *f*

blot (on the landscape) *n* Schandfleck *m*

blow *n* Schlag *m,* Hieb; **to deal so. a b.** jdm einen Hieb versetzen

blunt *adj* 1. *(Stichwaffe)* stumpf; 2. unmissverständlich

board *n* 1. Ausschuss *m,* Kollegialbehörde *f,* Vorstand *m;* 2. Kost *f;* **b. of appeal(s)** Rechtsmittelbehörde *f,* Berufungsstelle *f;* **~ arbitration** Schiedsstelle *f;* **~ directors** Aufsichtsrat *m,* Vorstand *m;* **~ examiners** Prüfungsausschuss *m;* **~ governors** Kuratorium *nt;* **b. and lodging** Kost und Logis, Unterkunft und Verpflegung; **free ~** freie Wohnung und Verpflegung; **b. of management** Direktorium *nt,* Vorstand *m;* **~ pardons** Gnadeninstanz *f;* **~ trustees** Aufsichts-, Stiftungsrat *m,* Kuratorium *nt*

to discharge the board Vorstand entlasten

advisory board Beirat *m,* Beratungsausschuss *m;* **collegial b.** Kollegialorgan *nt;* **disciplinary b.** Disziplinarausschuss *m;* **executive b.** Direktorium *nt,* Präsidium *nt,* Vorstand *m;* **supervisory b.** Aufsichtsrat *m*

board *v/t* einsteigen

boarder *n* Kostnehmer *m*

board meeting Aufsichtsrats-, Vorstandssitzung *f;* **b. member** Aufsichtsrats-, Vorstandsmitglied *nt*

body *n* 1. Gremium *nt,* Organ *nt;* 2. Körper *m,* Leib *m;* 3. Tote(r) *f/m;* **b. of evidence** Beweislage *f;* **upper part of the b.** Oberkörper *m*

advisory body beratendes Gremium/Organ; **authorizing b.** Genehmigungsbehörde *f;* **consultative b.** Beratungsorgan *nt,* beratendes Organ; **corporate body** Körperschaft *f;* **non-profit-making ~** Körperschaft ohne Erwerbscharakter;

dead b. Leiche *f;* **dismembered b.** *(Körper)* Rumpf *m;* **funding b.** Träger *m;* **legislative b.** Legislative *f;* **regulatory b.** Aufsichtsbehörde *f,* Wirtschaftsaufsicht *f;* **representative b.** Vertretungsorgan *nt;* **statutory b.** Körperschaft des öffentlichen Rechts, öffentlich-rechtliche Körperschaft; **supervisory b.** Aufsichts-, Kontrollorgan *nt*

body bag Leichensack *m;* **b. corporate** Körperschaft *f,* Rechtspersönlichkeit *f;* **b.guard** *n* Leibwächter(in) *m/f;* **b. parts** Leichenteile; **b. search** körperliche Durchsuchung, Leibesvisitation *f;* **to have to undergo a ~** sich einer Leibesvisitation unterziehen müssen; **b. snatching** Leichendiebstahl *m,* Leichenentwendung *f,* Leichenraub *m*

bogus *adj* fingiert

bona fide *adj (lat.)* gutgläubig, nach Treu und Glauben; **b. fides** *(lat.)* guter Glaube

bond *n* 1. Bürgschaft *f,* Sicherheitsleistung *f;* 2. *(Haftungsversprechen)* Kaution *f;* 3. Schuldverschreibung *f;* 4. *(Wertpapier)* Obligation *f,* Anleihe *f,* Pfandbrief *m;* **in b.** unter Zollverschluss; **convertible b.** Wandelschuldverschreibung *f;* **irredeemable b.** unkündbare Obligation; **judicial b.** Sicherheitsleistung bei Gericht

bond certificate Rentenschein *m;* **b.holder** *n* Renteninhaber(in) *m/f*

bone of contention *n* Zankapfel *m*

bonus *n* Bonifikation *f,* Bonus *m,* (Gehalts)Zulage *f,* Gratifikation *f,* Prämie *f,* Sondervergütung *f;* **to grant a b.** bonifizieren; **no-claim(s) b.** *(Vers.)* Schaden(s)freiheitsrabatt *m;* **reversionary b.** *(Vers.)* Summenzuwachs *m,* Überschussbonus *m;* **special b.** Sonderzulage *f*

book *n* Buch *nt;* **to bring so. to b.** jdn zur Rechenschaft ziehen; **b. of precedents** Formularbuch *nt*

book creditor Buchgläubiger *m;* **b. money** Buchgeld *nt;* **b. profit** Buchgewinn *m,* buchmäßiger Gewinn; **b. value** Buchwert *m*

book *v/t* 1. (ver)buchen; 2. *(Polizei)* mit einem Strafmandat belegen; **b.ing of a room** *n* Zimmerbestellung *f*

bookkeep|er *n* Buchhalter(in) *m/f;* **b.ing** *n* Buchführung *f,* Buchhaltung *f*

books of account *pl* Geschäfts-, Handelsbücher

bootlegger *n* *(coll)* Alkoholschmuggler *m*

booze-up *n* *(coll)* Zechgelage *nt*

border *n* Grenze *f;* **b.line case** *n* Grenzfall *m;* **b. state** Randstaat *m*

border on *v/prep* angrenzen

born *adj* geboren

borough *n* 1. Gemeindebezirk *m;* 2. *[GB]* Stadtgemeinde *f;* **b. council** Gemeinderat *m,* Stadtverwaltung *f*

borrow *v/t* entleihen, sich ausleihen

borrower *n* Kredit-, Darlehensnehmer(in) *m/f,* Entleiher(in) *m/f,* Beliehene(r) *f/m*

borrowing *n* Kredit-, Schuldenaufnahme *f,* Verschuldung *f;* **b. limit** Verschuldungsgrenze *f;* **new b.** Neuverschuldung *f;* **b. powers** Vollmacht zur Kreditaufnahme

borstal *n* *[GB]* Jugendstrafanstalt *f,* Erziehungsheim *nt*

both to blame *pron* beiderseitiges Verschulden

bother *v/t (lästig sein)* stören

disposable/returnable/reusable bottle *n* Mehrweg-, Pfand-, Wegwerfflasche *f*

bottleneck *n* Engpass *m*

bottomry bond *n* Schiffspfandbrief *m*

bouncer *n* *(coll)* Türsteher *m,* Rausschmeißer *m (coll)*

bound *adj* gebunden; **jointly and severally b.** gesamtschuldnerisch verpflichtet; **to feel b.** sich gebunden fühlen/sehen

boundary *n* Grenze *f;* **to build beyond one's b.** überbauen; **to mark the b.** abmarken

boundary line Grenzlinie *f;* **b. mark** Grenzzeichen *nt;* **b. stone** Grenzstein *m*

bounty hunter *n* 1. Kopfgeldjäger *m;* 2. Schaden(s)ersatzjäger *m*

box on the ears *n* Ohrfeige *f;* **to get a ~** Ohrfeige (verpasst) bekommen

boycott *n* Boykott *m; v/t* boykottieren

brains (behind an operation) *pl (fig)* Hintermann *m*

branch *n* Filiale *f,* Zweigniederlassung *f,* Zweigstelle *f;* **b. of industry** Gewerbezweig *m,* Industrie *f*

brand *n* (Handels)Marke *f;* **no-name b.** weiße Marke; **proprietary b.** Inhabermarke *f*; **b.ing** *n* Markenkennzeichnung *f*; **b. name** Markenname *m*; ~ **piracy** Markenpiraterie *f*

bravery *n* Tapferkeit *f*

brawl *n* Rauferei *f*, Raufhandel *m*, (Massen)Schlägerei *f*; **drunken b.** Schlägerei unter Betrunkenen

brazen *adj* unverfroren

breach *n* Bruch *m*, Verstoß *m*; **b. of confidence** Verletzung der Geheimhaltungspflicht, Vertrauensbruch *m*; ~ **confidentiality** Verletzung der Vertraulichkeit; ~ **the constitution** Verfassungswidrigkeit *f*

breach of (a) contract Vertragsverletzung *f*, positive Forderungsverletzung, Nichterfüllung *f*, Verletzung der Vertragspflicht, Verstoß gegen einen Vertrag, Vertragsbruch *m*, Vertragswidrigkeit *f*; **in ~** kontrakt-, vertragsbrüchig, vertragswidrig; ~ **of service** Dienstvertragsverletzung *f*

to commit a breach of contract vertragsbrüchig werden; **to rely on/plead a b. of c.** sich auf Vertragsbruch berufen; **anticipated b. of c.** antizipierter Vertragsbruch; **positive b. of c.** positive Vertragsverletzung

breach of a court order Missachtung einer gerichtlichen Verfügung; ~ **custody** Gewahrsams-, Verwahrungsbruch *m*; ~ **professional discretion** Verletzung der Schweigepflicht

breach of duty Pflichtverletzung *f*, Pflichtwidrigkeit *f*, Verletzung von Pflichten; **in ~ duty** pflichtwidrig; ~ **public duty** Amtspflichtverletzung *f*; ~ **the duty to report** Verletzung der Anzeigepflicht; ~ **the duty of supervision** Verletzung der Aufsichtspflicht

breach of faith Treue-, Vertrauensbruch *m*; **in ~ good faith** gegen Treu und Glauben; ~ **guarantee** Garantieverletzung *f*; ~ **immunity** Immunitätsverletzung *f*; ~ **law** Gesetzes-, Rechtsbruch *m*; ~ **maintenance obligation** Unterhaltsverletzung *f*; ~ **neutrality** Neutralitätsbruch *m*; ~ **an obligation** Forderungs-, Obliegenheitsverletzung *f*; ~ **order** Verstoß gegen die Geschäftsordnung; ~ **regulations;** ~ **an administrative rule** Ordnungswidrigkeit *f*; ~ **the peace** Frie-

densbruch *m*, (öffentliche) Ruhestörung, Störung der öffentlichen Sicherheit und Ordnung, Verletzung des Friedens; ~ **the public peace** Landfriedensbruch *m*; ~ **privilege** Immunitätsverletzung *f*; ~ **promise award** Kranzgeld *nt*; ~ **promise to marry** Verlöbnisbruch *m*; ~ **quarantine regulations** Quarantäneverletzung *f*; ~ **rules of procedure** Verfahrensverstoß *m*; ~ **official secrecy** Bruch/Verletzung der Amtsverschwiegenheit, ~ des Amtsgeheimnisses; ~ **tenancy** Verletzung des Pachtvertrages; ~ **trust** Vertrauensbruch *m*; ~ **warranty** Garantieverletzung *f*, Nichteinhaltung einer vertraglichen Zusicherung, Verletzung der Gewährleistungspflicht, ~ einer vertraglichen Zusicherung

break *n* 1. Bruch *m*; 2. Ruhepause *f*; **b. in the chain of causation** Unterbrechung des Kausalzusammenhangs

break *v/ti* 1. (zer)brechen; 2. übertreten; **b. down** 1. (*Kosten*) aufschlüsseln; 2. kaputt gehen, Panne haben; 3. (*Ehe, Verhandlungen*) scheitern; **b. in(to)** einbrechen; **b. off** abbrechen

breakage *n* (*Schaden*) Bruch *m*

breakdown *n* 1. Aufschlüsselung *f*, Aufgliederung *f*, Verteilung *f*; 2. (*Maschine*) Ausfall *m*, Panne *f*, Störung *f*; **b. of costs** Kostenaufgliederung *f*, Kostenspezifizierung *f*; ~ **family** zerrüttete Familienverhältnisse; **irretrievable b.** (Ehe)Zerrüttung *f*, Zerrüttungsprinzip *nt*, Scheitern der Ehe

break|-even (point) *n* Gewinnschwelle *f*; **b.-in** *n* Einbruch *m*; **b.ing (of) a seal** *n* Siegelbruch *m*; ~ **and entering** Einbruch *m*; ~ **off** Abbruch *m*

breath test *n* Alkoholtest *m*; **b.alyzer** *n* Alko(hol)testgerät *nt*

breed of dog *n* Hunderasse *f*

brib|able *adj* käuflich; **b.e** *v/t* bestechen

bribe *n* Bestechungs-, Schmiergeld *nt*; **to take a b.** sich bestechen lassen

bribery *n* Bestechung *f*, Korruption *f*; **open to b.** bestechlich; **not ~** unbestechlich; **attempted b.** Bestechungsversuch *m*

bribe-taking *n* passive Bestechung, Vorteils(an)nahme *f*

bribing *n* (aktive) Bestechung, Vorteilsgewährung *f*; **b. (of) an employee** Angestelltenbestechung *f*; **~ a judge** Richterbestechung *f*; **~ jurors** Geschworenenbestechung *f*; **~ witnesses** Zeugenbestechung *f*

bridging finance *n* Zwischenfinanzierung *f*; **b. loan** Überbrückungskredit *m*

brief *v/t* 1. anweisen, informieren, instruieren, unterweisen; 2. *(Anwalt)* beauftragen, bestellen

brief *adj* kurz

brief *n* 1. Auftrag *m*; 2. *[GB]* Beauftragung zur Vertretung vor Gericht, (Prozess)Mandat *nt*; 3. Darstellung des Sachverhalts; 4. *[US]* Schriftsatz *m*; **to submit a b.** Schriftsatz einreichen

briefing *n* 1. Beauftragung *f*; 2. Vor-, Einsatz-, Lagebesprechung *f*; 3. Instruktion *f*, Ein-, Unterweisung *f*

bring about *v/t* verursachen, herbeiführen; **b. forward** *(Termin)* vorverlegen; **b. in so.** *(Gericht)* jdn vorführen

bringing (of) an action *n* Klageanstrengung *f*; **~ a (criminal) charge** 1. Einreichung einer Strafanzeige; 2. Anklageerhebung *f*

broadcast *n* *(Radio)* Sendung *f*; *v/t* senden, übertragen

broken *adj* kaputt

broker *n* (Handels)Makler(in) *m/f*, Vermittler(in) *m/f*

brokerage *n* Maklergebühr *f*, Makler-, Mäklerlohn *m*, (Vermittlungs)Provision *f*; **b. agreement/contract** Maklerabschluss *m*, Maklervertrag *m*; **b. costs** Vermittlungskosten *f*

broker's commission Maklergebühr *f*, Maklerlohn *m*, Maklerprovision *f*

brothel *n* Bordell *nt*, Freudenhaus *nt*, Puff *m (coll)*

brother *n* Bruder *m*; **full b.** leiblicher Bruder

bruise *n* Prellung *f*

to nip sth. in the bud *n* *(fig)* etwas im Keim ersticken *(fig)*

budget *n* Haushalt(splan) *m*, Budget *nt*; **to approve the b.** Haushalt genehmigen; **b. appropriation** Haushaltsbewilligung *f*; **b. funds** Haushaltsmittel; **b. law** Budget-, Haushaltsrecht *nt*

bug *n* verstecktes Mikrofon, Abhörgerät *nt*, Wanze *f*; *v/t* abhören

buggery *n* Sodomie *f*, Unzucht mit Tieren

bugging *n* *(Telefon)*Überwachung *f*; **b. device** Abhörgerät *nt*; **b. operation** Lauschangriff *m*

build *v/t* bauen; **b. on** an-, bebauen; **b. sth. over** etw. mit etw. überbauen

build *n* *(Person)* Statur *f*

builder *n* Bauträger *m*; **b.'s liability** Bauhaftpflicht *f*

building *n* Bau *m*, Baulichkeit *f*, Gebäude *nt*, Haus *nt*; **b. on leasehold property** Erbbau *m*; **b. over one's boundary** *(Grundstücksgrenze)* Überbau *m*; **to erect a b.** Gebäude errichten

adjoining/adjacent/neighbouring building Nebengebäude *nt*, benachbartes Gebäude; **converted b.** Umbau *m*; **high-rise b.** Hochhaus *nt*; **renovated b.** Umbau *m*; **residential b.** Wohngebäude *nt*

building act Baugesetz *nt*; **b. authority** Baubehörde *f*; **b. by-law** örtliche Bauordnung; **b. code** *[US]* Bauordnung *f*; **b. (and planning) code** Baugesetzbuch *nt*; **b. contract** Bauvertrag *m*; **~ law** Bauvertragsrecht *nt*; **b. contractor** Bauunternehmer *m*; **b. control** Bauüberwachung *f*; **~ department** Bauaufsichtsbehörde *f*, Baupolizei *f*; **b. enterprise** 1. Bauunternehmer *m*; 2. Bauträger *m*; **b. inspection** Bauaufsicht *f*, Bauüberwachung *f*; **b. inspector** Bauaufsichtsbeamter *m*; **b. inspectorate** Bauaufsichtsbehörde *f*, Baupolizei *f*; **b. insurance** Gebäudeversicherung *f*; **b. land** Bauland *nt*; **~ case** Baulandsache *f*; **b. law** Bau(ordnungs)recht *nt*; **b. line** Bau-, Fluchtlinie *f*; **b. owner** Bauherr *m*; **b. regulation** Bauvorschrift *f*; **b. regulations** Bauordnung *f*; **b. restriction** Baugrenze *f*

building society *[GB]* Bausparkasse *f*; **~ contract** Bausparvertrag *m*; **b.s. loan** Bauspardarlehen *nt*; **b. s. savings agreement** Bausparvertrag *m*

building specifications Bauvorschriften; **b. trade** Baugewerbe *nt*; **b. use decree** Baunutzungsverordnung *f*; **b. work** Bauleistung *f*

build-up of smoke *n* Rauchentwicklung *f*

bulk *n* Menge *f*, Masse *f*; **b. cargo** Massengut *nt*, Massenladung *f*

bullet *n* *(Waffe)* Geschoss *nt*, Kugel *f*

bullion *n* ungemünztes Edelmetall, Gold-
und Silberbarren *pl*
bump so. off *v/t* *(coll)* jdn kalt-
machen/umlegen *(coll)*
burden *v/t* belasten
burden *n* 1. Last *f;* 2. Belastung *f;* 3. Verpflichtung *f,* Auflage *f;* **b. of evidence/
proof** Beweis(führungs)last *f;* **~ for defects in title** Beweislast für Rechtsmängel; **~ for impossibility (of perfomance)**
Beweislast bei Unmöglichkeit; **to shift
the ~** Beweislast umkehren
additional burden Mehrbelastung *f;* **unreasonable b.** unzumutbare Belastung
burden|ed *adj* belastet; **b.some** *adj* lästig
bureau *n* Geschäftsstelle *f;* **B. of Customs** *[US]* Zollbehörde *f;* **Federal ~ Investigation (FBI)** *[US]* Bundeskrimi-
nalamt (BKA) *nt;* **~ Standards** *[US]*
Eichamt *nt;* **b. of vital statistics** *[US]*
Standesamt *nt*
burglar *n* Einbrecher(in) *m/f;* **b. alarm**
Alarmanlage *f;* **b.-proof** *adj* diebessicher
burglary *n* Einbruch(diebstahl) *m,* Haus-
diebstahl *m,* Wohnungseinbruch *m;* **attempted b.** Einbruchsversuch *m;* **b. insurance** Diebstahlversicherung *f*
burgle *v/t* einbrechen
burial *n* Beerdigung *f*
burly *adj* stämmig
burn *v/i* verbrennen; **b. down** *v/t* abbrennen
burn *n* Brandwunde *f,* Verbrennung *f;*
b.ing *n (Vorgang)* Verbrennung *f*
bury *v/t* beerdigen, bestatten
bus *n (Stadtverkehr)* Omnibus *m;* **b. service** Omnibusverkehr *m*
business *n* 1. Angelegenheit *f;* 2. Betrieb *m,*
Geschäft *nt;* 3. Gewerbe *nt;* **to wind up
a b.** Geschäft abwickeln; **any other b.
(AOB)** *(Tagesordnung)* Verschiedenes *nt;*
official b. Amtssache *f,* Dienstsache *f*
business activity Geschäftstätigkeit *f;* **b.
address** Geschäftsadresse *f;* **b. assets/
capital** Betriebs- Geschäftsvermögen *nt,*
Geschäftsguthaben *nt;* **b. community**
Kaufmannsstand *m;* **b. contract** Ge-
schäftsabschluss *m;* **b. enterprise** Ge-
werbebetrieb *m;* **b. establishment**
Niederlassung *f;* **b. income** Gewerbeertrag *m;* **b.man** *n* Gewerbetreibender *m,*
Kaufmann *m;* **b. organization** Unter-

nehmensform *f;* **b. partner** Geschäfts-
partner(in) *m/f;* **b. practices** Geschäftsgebaren *nt,* Geschäftspraktiken; **b.
premises** Geschäftsräume; **b. records**
Geschäftsunterlagen; **consolidated b.
report** Konzerngeschäftsbericht *m;* **b.
risk** Betriebsrisiko *nt;* **b. secret** Geschäftsgeheimnis *nt;* **b.woman** *n* Gewerbetreibende *f,* Handels-, Kauffrau *f;*
b. year Geschäftsjahr *nt*
bust *adj (coll)* pleite *(coll)*
buy *v/t* (an)kaufen, erstehen; **b. back** zurückkaufen
buy(ing) back *n* Rück-, Wiederkauf *m*
buyer *n* (An)Käufer *m,* Ersteher *m,* Abnehmer *m,* Besteller(in) *m/f,* Nehmer *m;*
first-time b. Ersterwerber(in) *m/f;* **pro-
spective b.** Kaufanwärter(in) *m/f;* **undisclosed b.** ungenannter Käufer
buyer's duty Käuferpflicht *f;* **b.'s option**
Kaufoption *f;* **at ~** nach Wahl des Käufers; **b.'s rights** Rechte des Käufers
buying off *n (Partner, Erben)* Ausbezah-
lung *f;* **b. rate** Kaufkurs *m*
byelaw, by-law *n* *[GB]* Ortsgesetz *nt,*
(städtische) Verordnung
by-election *n* Nachwahl *f*
bypass *v/t* umgehen; *n* Umgehungsstraße *f*
bystander *n* Zuschauer(in) *m/f;* **innocent
b.** unbeteiligte(r) Zuschauer(in) *f/m,* zu-
fällige(r) Anwesende(r) *f/m,* unschuldi-
ge(r) Dritte(r) *f/m*

C

cache *n* Versteck *nt*
calculat|e *v/ti* (be)rechnen; **c.ed** *adj* be-
rechnet; **c.ion** *n* (Be)Rechnung *f,* Kalkulation *f*
calendar *n* Kalender *m;* **c. day** Kalender-
tag *m;* **c. month** Kalendermonat *m;* **c.
year** Kalenderjahr *nt*
calibrate *v/t* eichen
call *n* Ruf *m;* **c. to the bar** Zulassung als
Anwalt; **~ order** Ordnungsruf *m*
call in *v/prep* einfordern; **to be c.ed** heißen;
~ for postlagernd
calling in *n (Kapital, Kredit)* Kündigung *f;*
c. for bids Ausbietung *f;* **c. of the case**

Sachaufruf *m*; ~ **witnesses** Aufruf von Zeugen, Zeugenaufruf *m*
callous *adj* kaltschnäuzig
calumn|iate *v/t* diffamieren, verleumden; **c.y** *n* Diffamierung *f*, Schmähung *f*, Verleumdung *f*
camouflage *n* Tarnung *f*; *v/t* tarnen
camp *n* Lager *nt*; **c.er** *n [US]* Wohnwagen *m*
cancel *v/t* 1. annullieren; 2. tilgen, löschen; 3. *(Auftrag)* abbestellen, rückgängig machen, stornieren, streichen, widerrufen, kündigen
cancellation *n* 1. Abbestellung *f*, Absage *f*, Annullierung *f*; 2. Kaduzierung *f*, Kraftloserklärung *f*; 3. Kündigung *f*, Löschung *f*; 4. *(Auftrag)* Abbestellung *f*, Rückgängigmachung *f*, Stornierung *f*, Storno *nt*, Streichung *f*, Wandelung *f*; 5. *(Angebot)* Widerruf *m*
cancellation of a brand Löschung einer Marke
cancellation of a contract Kündigung eines Vertrages *f*, Vertragsaufhebung *f*, Wandelung *f*, Rücktritt/Lösung vom Vertrag; Vertragsannullierung *f*; ~ **of sale** Wandelung *f*; ~ **for work** Wandelung *f*; ~ **by mutual consent** Aufhebung eines Vertags
cancellation of a date Absetzung eines Termins *f*; **c. prior to the date of travel** Rücktritt vor Reisebeginn; ~ **an easement** Löschung einer Dienstbarkeit *f*; ~ **an entry** Löschung/Streichung einer Eintragung; ~ **an entry in the land (charges) register;** ~ **a land charge** Grundbuchlöschung *f*, Löschung einer Grundschuld; **c. on the grounds of force majeure** *(frz.)* Kündigung wegen höherer Gewalt; ~ **a licence** Konzessionsentziehung *f*; ~ **a mortgage** Löschung einer Hypothek *f*, Hypothekenlöschung *f*; ~ **a patent** Patentlöschung *f*; ~ **a doorstep sale** Haustürwiderruf *m*; ~ **the tenancy** Kündigung des Mietvertrags; ~ **a trademark** Warenzeichenlöschung *f*
cancellation clause Rücktritts-, Verfallsklausel *f*; **c. entry (in the land register);** **c. note** Löschungsvermerk *m*; **c. privilege** *(Grundbuch)* Löschungsanrecht *nt*; **c. proceedings** Löschungsvorschriften; **partial c.** Teilrücktritt *m*

candida|cy *n* Kandidatur *f*; **c.te** *n* Kandidat(in) *m/f*, Prüfling *m*; **to nominate a** ~ Kandidaten aufstellen
canon *adj* kanonisch; **c.ist** *n* Kanonist *m*
canvass|er *n* Wahlstimmenwerber *m*; **c.ing** *n* 1. Kundenwerbung *f*; 2. *[US]* Wahlprüfung *f*
capability *n* 1. Befähigung *f*; 2. *(Mensch)* (Leistungs)Fähigkeit *f*
capable *adj* 1. fähig, im Stande, tauglich; 2. rechtsfähig; **c. of acting** handlungsfähig; **c. of being adjudicated** justiziabel; ~ **a party (to a dispute)** parteifähig; ~ **patented** patentfähig; ~ **questioned** vernehmungsfähig; ~ **sued** passiv legitimiert; **c. of contracting** geschäftsfähig; ~ **suing** prozessfähig; **c. person** Geschäftsfähige(r) *f/m*; **legally c.** geschäfts-, rechtsfähig
capacity *n* 1. Eigenschaft *f*, Eignung *f*; 2. (Leistungs)Fähigkeit *f*; 3. Kapazität *f*; 4. *(Inhalt)* Raum *m*; **in s.er** in seiner Eigenschaft als; **c. to act** Handlungsfähigkeit *f*, **c. of being adjudicated** Justiziabilität *f*, **c. to conduct a case in court** Postulationsfähigkeit *f*, **c. to contract** Geschäftsfähigkeit *f*; **limited** ~ **of minors** eingeschränkte Geschäftsfähigkeit Minderjähriger; **c. to inherit** Erbfähigkeit *f*, **c. for tortious liability** Deliktfähigkeit *f*, ~ **marriage;** **c. to marry** Ehemündigkeit *f*, Ehefähigkeit *f*; **c. of being a party (to a dispute)** Parteifähigkeit *f*; **c. to sue** Aktivlegitimation *f*; ~ **and to be sued** Prozessfähigkeit *f*, ~ **be sued** Passivlegitimation *f*; **c. to understand** Einsichtsfähigkeit *f*
contractual capacity Geschäftsfähigkeit *f*; **criminal c.** Deliktfähigkeit *f*; **disposing c.** *[US]* Testierfähigkeit *f*; **fiduciary c.** Treuhändereigenschaft *f*; **to administer in a** ~ treuhänderisch verwalten; **to serve in an honorary c.** ehrenamtlich tätig sein
legal capacity Geschäfts-, Rechtsfähigkeit *f*; **to acquire** ~ Rechtsfähigkeit erlangen; **person deprived of** ~ Entmündigte(r) *f/m*; **to deprive so. of his/her** ~ Rechtsfähigkeit entziehen; **having** ~ rechtsfähig
limited capacity beschränkte Geschäftsfähigkeit; **of** ~ beschränkt geschäfts-

fähig, nicht voll geschäftsfähig; **to have** ~ in der Geschäftsfähigkeit beschränkt sein; **official c.** amtliche Funktion; **in an** ~ in amtlicher Eigenschaft; **to act in an** ~ amtieren; **representative c.** Vertretungseigenschaft *f*; **testamentary c.** Testierfähigkeit *f*; **having** ~ testierfähig

capital *n* Kapital *nt*; **to contribute c.** Kapital einbringen; **to provide c.** Kapital beschaffen; **to raise c.** Kapital aufbringen

authorized capital genehmigtes Kapital; **corporate c.** Gesellschaftskapital *nt*; **idle c.** totes Kapital; **invested c.** angelegtes Kapital; **nominal c.** Nenn-, Nominalkapital *nt*; **outside c.** Fremdkapital *nt*; **own or borrowed c.** Eigen- oder Fremdkapital *nt*; **paid-up c.** eingezahltes Kapital; **productive c.** Produktivkapital *nt*; **real c.** Sachkapital *nt*; **subscribed c.** gezeichnetes Kapital

capital adjustment Kapitalberichtigung *f*; **c. appropriation** Kapitalverwendung *f*; **c. assets** Kapitalvermögen *nt*; **c. base** Kapitalbasis *f*; **c. budget** Investitionshaushalt *m*; **c. contribution** Kapitaleinbringung *f*; **c. expenditure** Kapitalaufwand *m*; ~ **account** Investitionsrechnung *f*; **c. gain** 1. Kapital(veräußerungs)gewinn *m*, Veräußerungsgewinn *m*; 2. Kapital-, Vermögenszuwachs *m*; **c. gains tax (CGT)** Wert-, Kapitalzuwachssteuer *f*; **c. goods** Investitions-, Kapitalgüter; **c. grant** Investitionszuschuss *m*; **c. holding** Kapitalbesitz *m*; **c. injection** Kapitaleinschuss *m*; **c. input** Kapitaleinzahlung *f*; **c. investment** Kapitalanlage *f*; **c. levy** Kapitalabgabe *f*, Kapitalsteuer *f*; **c. liability** Kapitalverbindlichkeit *f*; **c. market** Kapitalmarkt *m*; **c. redemption** Kapitalablösung *f*; **c. requirements** Kapitalbedarf *m*; **c. service** Kapitaldienst *m*; **c. stock** Gesellschaftskapital *nt*; **to increase the** ~ Kapital erhöhen; **c. sum** Kapitalbetrag *m*; **c. transactions** Kapitalverkehr *m*; **c. transfer** Kapitaltransfer *m*; ~ **tax** Kapital-, Vermögensverkehrssteuer *f*, Schenkungssteuer *f*

capitalization *n* Kapitalausstattung *f*, Kapitalisierung *f*

capitalize *v/t* kapitalisieren; **c. on sth.** Kapital aus etw. schlagen

capitulation *n* Kapitulation *f*

capsule *n* Kapsel *f*

caption *n* *(Urteil)* Rubrum *nt*, Urteilskopf *m*

captiv|e *n* Gefangene(r) *f/m*; **c.ity** *n* Gefangenschaft *f*

capture *n* 1. Gefangennahme *f*; 2. Aufbringung *f*; *v/t* 1. gefangen nehmen; 2. aufbringen, erobern, kapern; **c.d** *adj* gefangen

car *n* Auto *nt*; **to box in another c.** jdn zuparken; **to service a c.** *(Auto)* Inspektion durchführen; **hired/rental/rented c.** Leih-, Mietwagen *m*; **traded-in c.** in Zahlung genommener Wagen

car chase Verfolgungsfahrt *f*; **c. driver** Autofahrer *m*; **c. insurance** Kraftfahrzeugversicherung *f*; **c. owner** Fahrzeughalter(in) *m/f*; **c. park** Parkplatz *m*; **multi-storey** ~ Parkhaus *nt*; ~ **ticket** Parkschein *m*; **c. pound** Verwahrort für abgeschleppte Fahrzeuge; **c. registration** *[GB]* Kraftfahrzeugzulassung *f*; **c. rental company/firm** Leihwagenunternehmen *nt*; **c. theft** Autodiebstahl *m*

caravan *n* Wohnwagen *m*

carbine *n* Karabiner *m*

green card *n* *[US]* Arbeitserlaubnis *f*; **c. index** *n* Kartei *f*; **c. sharper** *n* Falschspieler *m*

care *n* 1. Betreuung *f*, Fürsorge *f*, Obhut *f*, Pflege *f*, Sorge *f*; 2. Obacht *f*, Vorsicht *f*; 3. Sorgfalt *f*; **c. of (c/o)** zu Händen von (z. Hd. v.); **c. and custody** Personensorge *f*

to be in so.'s care sich in jds Obhut befinden; **to place so. in so.'s c.** jdn bei jdm in Obhut geben; **to take c.** 1. Sorgfalt üben; 2. betreuen, pflegen, (ver)sorgen

due care notwendige Sorgfalt; **with** ~ mit der erforderlichen Sorgfalt; **without** ~ ohne die nötige Sorgfalt; ~ **and attention** verkehrsübliche Sorgfalt; **insufficient c.** mangelnde Sorgfalt; **medical c.** Heilfürsorge *f*; **parental c.** elterliche Sorge; **reasonable c.** angemessene Sorgfalt; **special c.** besondere Sorgfalt; **sufficient c.** ausreichende Sorgfalt; **utmost c.** äußerste Sorgfalt

care order Anordnung öffentlicher Fürsorge; **c. proceedings** Fürsorgeverfahren *nt*

career *n* Laufbahn *f*, Lebensweg *m*, Werdegang *m*; **c. advancement** berufliches Weiterkommen; **legal c.** Juristenlaufbahn *f*; **previous c.** bisherige Tätigkeit

careful *adj* sorgfältig, vorsichtig

careless *adj* achtlos, fahrlässig, leichtfertig, sorgfaltswidrig, unachtsam, unvorsichtig; **c.ness** *n* Fahrlässigkeit *f*, Unachtsamkeit *f*

caretaker *n* 1. Besitzdiener *m*; 2. Hausverwalter *m*; **c. government** Übergangsregierung *f*

cargo *n* Frachtgut *nt*, Ladung *f*; **c. documents** Ladungspapiere *pl*; **c. lien** Ladungspfandrecht *nt*; **c. list** Ladeverzeichnis *nt*

caricature *n* Zerrbild *nt*

carnet de passage *n* *(frz.)* Zollpassierschein *m*

carpet bombing *n* *(Völkerrecht)* Flächenbombardement *nt*

carriage *n* Beförderung *f*; **c. of goods** Warenbeförderung *f*; **~ law** Frachtrecht *nt*; **~ under customs seal** Warenbeförderung unter Zollverschluss; **c. of passengers** Personenbeförderung *f*

carriageway *n* Fahrbahn *f*; **dual c.** Straße mit zwei Fahrbahnen; **c. marking** Fahrbahnmarkierung *f*

to be carried *v/t* *(Antrag, Gesetz)* durchkommen

carrier *n* 1. Beförderungs-, Transportunternehmen *nt*; 2. Frachtführer *m*; **c.'s liability** Haftpflicht des Frachtführers *f*, Transport(unternehmer)haftung *f*; **~ act** Transporthaftpflichtgesetz *nt*; **c.'s lien** Pfandrecht des Frachtführers

carry *v/t* 1. befördern, mitführen; 2. tragen; **c. away** wegschaffen; **c. forward** *(Bilanz)* vortragen; **c. out** 1. aus-, durchführen, vollziehen; 2. *(Urteil)* vollstrecken; **c.-forward** *n (Bilanz)* Vortrag *m*; **c.ing of arms** *n* Führung von Waffen

carte blanche *n* *(frz.)* Blankovollmacht *f*

cartel *n* Kartell *nt*; **c. act** Kartellgesetz *nt*; **c. agreement** Kartellabkommen *nt*, Kartellabsprache *f*; **c. authority** Kartellamt *nt*, Kartellbehörde *f*, Kartellgericht *nt*; **c. division** Kartellsenat *m*; **c. law** Kartellrecht *nt*; **in terms of ~** kartellrechtlich; **c. office** Kartellamt *nt*; **fed-**

eral ~ Bundeskartellamt *nt*; **c. penalty** Kartellstrafe *f*

cartridge *n* Patrone *f*

case *n* Angelegenheit *f*, Fall *m*, Prozess-, Rechts-, Streitsache *f*; **a c. arises** ein Fall tritt ein; **in c. of** im Falle von; **~ doubt** im Zweifelsfall; **~ notice** im Falle der Kündigung; **in the c. of Kurz versus Lang** in Sachen Kurz gegen Lang; **in urgent c.s** in dringenden Fällen; **as the c. may be** von Fall zu Fall, gegebenenfalls, je nachdem, je nach Lage des Falles; **c. dismissed** Verfahren eingestellt

no case to answer Antrag auf Verfahrenseinstellung; **c. on appeal** Berufungssache *f*; **c. before the court** vorliegende Rechtssache; **c.s before the juvenile courts** Jugendsachen; **c. of damage** Schadensfall *m*; **unresolved ~ death** ungeklärter Todesfall; **c.s of deceased's estate** Nachlasssachen; **c. based on circumstantial evidence** Indizienprozess *m*; **c. of force of majeure** Fall von höherer Gewalt; **c. in/at hand** vorliegende Sache; **in the ~** im vorliegenden Fall; **c. of hardship** Härtefall *m*; **~ mistaken identity** Identitätsirrtum *m*, error in personam *(lat.)*; **c. at issue** strittiger Fall; **c. of need** Notfall *m*; **c. in point** betreffender/einschlägiger Fall, Paradebeispiel *nt*; **c.s in a registry court** Registersachen; **c. of sickness** Krankheitsfall *m*

case book (kommentierte) Entscheidungs-, Fallsammlung; **c. file** Straf-, Prozessakte *f*; **c. law** (Einzel)Fallrecht *nt*, Kasuistik *f*, Präjudizien-, Präzedenzrecht *nt*; **c. record(s)** Prozessakte *f*; **c. stated** Revisionsvorlage *f*

to arbitrate a case *(Schiedsgericht)* über eine Sache verhandeln; **to assign a c. to a court** Rechtssache einer Kammer zuweisen; **to close the c.** Beweisaufnahme (ab)schließen; **to conduct a c.** Fall vertreten; **~ one's own c.** *(Gericht)* seinen Fall selbst verteidigen; **to decide each c. as it arises** von Fall zu Fall entscheiden; **to defend a c.** einlassen; **to dismiss a c.** Klage abweisen, Verfahren einstellen; **~ with costs** Klage kostenpflichtig abweisen; **to dispose of a c.** Fall erledigen; **to handle a c.** Fall bearbeiten; **to hear a c.** Fall/Sache verhandeln; **to lose a c.** Prozess verlieren; **to plead one's own c.** sich selbst vertreten; **to prejudge a c.** präjudizieren; **to prosecute a c.** Verfahren betreiben; **to prove one's c.** Beweis erbringen; **to refer a c.** to a court Fall gerichtlich geltend machen; **~ to the merits of the c.** sich zur Sache äußern; **to remit a c.** Sache verweisen; **to reopen a c.** Fall wieder aufrollen, Verfahren wieder aufnehmen; **to strike off a c.** Fall absetzen; **to sum up the c.** *(Richter)* Fall zusammenfassen; **to try a c.** Fall verhandeln; **~ on its merits** zur Hauptsache verhandeln; **to withdraw from a c.** Mandat niederlegen

civil case Zivilprozess *m*; **commercial c.** Handelssache *f*; **criminal c.** Kriminal-, Strafsache *f*; **pending ~** anhängiges Strafverfahren; **disciplinary c.** Disziplinarsache *f*; **exceptional c.** Ausnahmefall *m*; **extreme c.** Extremfall *m*; **leading c.** Leitfall *m*, Präjudiz *nt*, (maßgeblicher) Präzedenzfall; **matrimonial c.** Eheprozess *m*; **non-contentious c.** nicht streitige Sache; **normal c.** Regelfall *m*; **pending c.** anhängige (Rechts)Sache, streitbefangene Sache, anhängiges Verfahren; **petty c.** Bagatellsache *f*; **presumptive c.** Indizienprozess *m*; **public c.** öffentliche Sache; **ruling c.** maßgebliche Entscheidung; **special c.** Einzel-, Sonderfall *m*; **unsettled c.** unerledigter Fall; **urgent c.** Dringlichkeitsfall *m*

cash *adj* bar; *n* Bargeld *nt*, Kasse *f*; **for c.** Kasse gegen Kasse; **in c.** bar; **net c.** netto Kasse

cash in advance Vorkasse *f*; **c. on delivery (c.o.d.)** *[GB]* (Zahlung gegen) Nachnahme, zahlbar bei Übergabe, Warennachname *f*; **c. against documents (CAD)** *[GB]* Zahlung/Kasse gegen Dokumente; **~ against Verladungsdokumente;** **c. in hand** Kassenbestand *m*; **c. against invoice** Kasse gegen Faktura

to convert sth. into cash etw. versilbern *(coll)*; **to pay c.** bar zahlen

cash account(s) Kassenbilanz *f*; **c. advance** Kassenkredit *m*, Kassenvorschuss *m*; **c. audit** Kassenrevision *f*; **c. auditor** Kassenrevisor *m*; **c. balance**

Kassenguthaben *nt*, Kassensaldo *m*; **c. benefit** Bar-, Geldleistung *f*, geldwerte Leistung; **c. deficit** Kassendefizit *nt*; **c. discount** Kassenrabatt *m*; **c. dispenser** Bank-, Bargeldautomat *m*; **c. funds** Kassenmittel; **c. journal** Kassenbuch *nt*; **c. management** Kassengebarung *f*; **c. outlay** Barauslagen *pl*; **c. payment** Barzahlung *f*; **c. position** Kassenlage *f*; **c. price** Barzahlungspreis *m*; **c. purchase** Barkauf *m*; **c. receipts** Kasseneingänge; **c. redemption** Barablösung *f*; **c. sale** Verkauf gegen bar; **c. settlement** Barabgeltung *f*, Barausgleich *m*; **c. surplus** Kassenüberschuss *m*; **c. transaction** Kassengeschäft *nt*; **c. value** Bar-, Geldwert *m*

cashier *n* Kassierer *m*; **c.'s office** Kassenstelle *f*

cashpoint *n* Bankomat *m*, Bargeldautomat *m*

cast-iron *adj (Alibi)* lückenlos

casualty *n* (Unfall)Opfer *nt*; **fatal c.** (Unfall)Tote(r) *f/m*; **c. ward** *(Krankenhaus)* Unfallabteilung *f*, Unfallstation *f*

casuist|ic *adj* kasuistisch; **c.ry** *n* Kasuistik *f*

casus belli *n (lat.)* Kriegsfall *m*

cat burglar *n* Fassadenkletterer *m*

catalog *[US]***; catalogue** *[GB]* *n* Katalog *m*

catastrophe *n* Katastrophe *f*

catch *v/t* fassen; **c. so. red-handed** jdn auf frischer Tat ertappen; **c. up on sth.** etw. nachholen

catchment area *n* Einzugsgebiet *nt*

catering trade *n* Gaststättengewerbe *nt*

cat's eye *n* Katzenauge *nt*

cattle *n* Vieh *nt*

caucus *n [US]* Wahlausschuss *m*

caught *adj* gefangen; **to be c.** auffliegen *(coll)*

causal *adj* kausal, ursächlich; **c.ity** *n* Kausalität *f*, Ursächlichkeit *f*

causation *n* Herbeiführung *f*, Kausalität *f*, Verursachung *f*; **adequate c.** Adäquanz *f*; **contributory c.** Mitverursachung *f*; **intervening c.** überholende Kausalität

causative *adj* kausal, ursächlich

cause *n* 1. Grund *m*, Ursache *f*, Anlass *m*; 2. (Prozess)Sache *f*, causa *(lat.)*; **c. of the accident** Unfallursache *f*

cause of action Klagegrund *m*, Klagegegenstand *m*, Hauptsache *f*, klagbarer

Anspruch; **alleged c. of a.** vorgebrachter Klagegegenstand; **legal c. of a.** Rechtsgrund *m*

cause for complaint Beschwerdegegenstand *m*; **c. of death** Todesursache *f*; ~ **dismissal** Entlassungsgrund *m*; **c. and effect** Ursache und Wirkung; **c. of the fire** Brandursache *f*; **c. in law** Rechtsgrund *m*; **c. for rescission** Anfechtungsgrund *m*

to give so. cause to do sth. jdm Veranlassung geben, etw. zu tun

concurrent cause Mitursache *f*; **domestic c.** Familiensache *f*; **good c.** begründeter Anlass, triftiger/wichtiger Grund; **intervening c.** den Kausalzusammenhang unterbrechende Ursache; **main c.** Hauptursache *f*; **matrimonial c.** Ehesache *f*; **proximate c.** unmittelbare Ursache; **reasonable and probable c.** dringender Verdacht; **remote c.** entfernte Ursache; **without sufficient c.** unbegründet; **supervening c.** Ereignis mit überholender Kausalität; **unknown c.** ungeklärte Ursache

cause *v/t* verursachen, herbeiführen, verschulden, veranlassen, erzeugen

cause book Ladungsbuch *nt*; **c. list** Verhandlungsliste *f*

causing false alarms *n* Missbrauch von Notrufen; **c. danger during construction** Baugefährdung *f*; **c. a public nuisance** *n* Erregung eines öffentlichen Ärgernisses

caution *v/t* 1. *(Mitarbeiter)* abmahnen; 2. belehren, ermahnen, verwarnen; 3. warnen

caution *n* 1. Abmahnung *f*, Belehrung *f*, (gebührenfreie) Verwarnung; 2. *(Festnahme)* Rechtsbelehrung *f*; 3. Vorsicht *f*; **c. of conveyance** Auflassungsvormerkung *f*; **verbal c.** mündliche Verwarnung; **written c.** Abmahnungsschreiben *nt*

cautioning *n* Rechtsbehelfsbelehrung *f*, rechtliche Belehrung; **c. (of) the witness** Zeugenbelehrung *f*

cautious *adj* 1. umsichtig, vorsichtig; 2. zurückhaltend

caveat *n (lat.)* Warnung *f*; **to enter a c.** Einspruch einlegen; **c. emptor** *(lat.)* Ausschluss der Gewährleistung, Mängelausschluss *m*; **c.or** Einspruch Erhebender *m*

cease *v/ti* 1. einstellen, beenden; 2. *(Mandat)* niederlegen; 3. aufhören, wegfallen; **c. to apply** *(Bestimmung, Klausel)* wegfallen; **c. and desist order** Unterlassungsbefehl *m*, Unterlassungsverfügung *f*, Unterlassungsanordnung *f*; **c.-fire** *n* Waffenstillstand *m*

cede *v/t* überlassen, zedieren

ceiling *n* Obergrenze *f*

cell *n* Zelle *f*; **to be locked up/confined in a c.** in einer Zelle eingesperrt sein; **one-man c.** Einzelzelle *f*; **c.mate** *n* Zellengenosse *m*

cemetery *n* Friedhof *m*

censor *v/t* zensieren; *n* Zensor *m*; **c.'s regulations** Zensurvorschriften

censorship *n* Zensur *f*; **subject to c.** zensurpflichtig; **to be** ~ der Zensur unterliegen; **to lift c.** Zensur aufheben; **postal c.** Brief-, Postzensur *f*; **c. regulation** Zensurbestimmung *f*

Central Criminal Court (The Old Bailey) *[GB] n* Zentralstrafgericht *nt*

centre of life *n* Lebensmittelpunkt *m*; ~ **so.'s existence** Daseinsmittelpunkt *m*

ceremony *n* Feier *f*; **religious c.** religiöse Feier

certainty *n* Bestimmtheit *f*, Gewissheit *f*; **c. of justice;** ~ **the law; legal c.** Rechtssicherheit *f*, with **virtual c.** mit an Sicherheit grenzender Wahrscheinlichkeit

certificate *n* Attest *nt*, Bescheinigung *f*, Urkunde *f*, Zertifikat *nt*, Zeugnis *nt*; **c. of absence of appeal** Notfristzeugnis *nt*; ~ **acceptance** Bauleistungsabnahmebescheinigung *f*; ~ **attendance** Teilnahmebestätigung *f*; ~ **authenticity** Echtheitszeugnis *nt*; ~ **average** Havarieattest *nt*, Havariezertifikat *nt*; ~ **baptism** Taufschein *m*; ~ **charge** Hypothekenbrief *m*; **local authority** ~ **clearance** Negativattest *m*; ~ **good conduct** Führungs-, Leumundszeugnis *nt*; ~ **correctness** Richtigbefund *m*; ~ **death** Sterbeurkunde *f*; ~ **delivery** Übergabeprotokoll *nt*; **postal** ~ **delivery** Postzustellungsurkunde *f*; ~ **deposit (CD)** Hinterlegungsschein *m*, Hinterlegungsurkunde *f*; ~ **discharge** Entlassungsschein *m*; ~ **eligibility** Berechtigungsschein *m*; ~ **employment** Beschäftigungsnachweis *m*; ~ **entitlement to legal aid** Armutszeugnis *nt*;

~ **fitness** Tauglichkeitszeugnis *nt*; ~ **guarantee** Garantieschein *m*; ~ **identification/identity** Nämlichkeitszeugnis *nt*, Nämlichkeitsbescheinigung *f*; ~ **no impediment** Ehefähigkeitszeugnis *nt*; ~ **no impediment for aliens** Ehefähigkeitszeugnis für Ausländer; ~ **indebtedness** Schuldanerkenntnis *f*; ~ **indefeasibility** Rechtskraftzeugnis *nt*; ~ **inheritance** Erbschein *m*; ~ **inspection** Abnahmebescheinigung *f*, Abnahmeprotokoll *nt*; ~ **nationality** Staatsbürgerschaftsurkunde *f*, Staatsbürgerschaftsnachweis *m*; ~ **naturalization** Einbürgerungsurkunde *f*; ~ **nulla bona** *(lat.)* Pfandabstand *m*; ~ **origin** Herkunftsbescheinigung *f*, Herkunfts-, Ursprungszeugnis *nt*; ~ **proficiency/qualification** Befähigungsnachweis *m*; ~ **quality** Qualitätsbescheinigung *f*, Qualitätszeugnis *nt*; ~ **registration** Meldeschein *m*; ~ **service** Zustellungsurkunde *f*; ~ **civil status** Personenstandsurkunde *f*; ~ **title to a motor vehicle** Kraftfahrzeugbrief *m*; ~ **vaccination** Impfschein *m*; ~ **warranty** Garantieschein *m*
to issue a certificate Bescheinigung/Zeugnis ausstellen/erteilen; **to submit a c.** Bescheinigung/Zeugnis beibringen
interim certificate vorläufige Bescheinigung; **medical c.** ärztliches Attest/Zeugnis, Krankheitsattest *nt*; **official c.** amtliche Bescheinigung; **school-leaving c.** *[GB]* Abschlusszeugnis *nt*
certification *n (Vorgang)* Beglaubigung *f*, Bescheinigung *f*, Bestätigung *f*, Beurkundung *f*, Zertifizierung *f*; **c. of a contract** Beurkundung eines Vertrages; ~ **a copy** Beglaubigung einer Abschrift; ~ **a signature** Beglaubigung einer Unterschrift
to accept certification Beurkundung annehmen
false certification Falschbeurkundung *f*; **judicial c.** gerichtliche Beurkundung; **negative c.** Negativattest *m*; **notarial c.** notarielle Beglaubigung/Beurkundung
certification mark *n [US]* Qualitätszeichen *nt*
certified *adj* beglaubigt
certify *v/t* attestieren, beglaubigen, bescheinigen, bestätigen, beurkunden,

testieren, verbriefen, zertifizieren; **this is to c.** hierdurch wird bescheinigt/bestätigt
certiorari *n (lat.)* Aktenvorlage an ein höheres Gericht
cessation *n* 1. Fortfall *m*; 2. Wegfall *m*; **c. of payment** Zahlungseinstellung *f*; ~ **proceedings** Verfahrenseinstellung *f*; ~ **work** Niederlegung der Arbeit
cession *n* Abtretung *f*, Überlassung *f*, Zession *f*; **c. in lieu of payment** Abtretung an Zahlungs Statt
chain *n* Kette *f*; **c. of causation** Kausalkette *f*, Kausalzusammenhang *m*; **to break the ~** den Kausalzusammenhang unterbrechen; **c. of evidence** Beweiskette *f*; ~ **circumstantial evidence** Indizienkette *f*; **human c.** Menschenkette *f*; **c. letter** Kettenbrief *m*
chair *n* Vorsitz *m*; *v/t* Vorsitz haben; **c.man** *n* Vorsitzender *m*; ~ **of the board of directors** Aufsichtsratsvorsitzender *m*; **c.manship** *n* Vorsitz *m*; **c.person** *n* Vorsitzende(r) *f/m*; **c.woman** *n* Vorsitzende *f*
challenge *n* 1. Bestreiten *nt*; 2. *(Richter)* Ablehnung *f*; 3. *(Zeuge)* Anfechtung *f*; **c. (of a judge) on grounds of bias** Ablehnung (eines Richters) wegen Befangenheit; **c. for cause** Ablehnung unter Angabe von Gründen; **c. of a juror** Ablehnung eines Geschworenen
challenge *v/t* anfechten, bestreiten, in Frage stellen; **c.able** *adj* bestreitbar
challenging (of) creditors *n* Gläubigeranfechtung *f*; ~ **a judge** Richterablehnung *f*; ~ **the jury** Geschworenenablehnung *f*; ~ **paternity** Vaterschaftsanfechtung *f*
chamber *n* Kammer *f*; **c. of agriculture** Landwirtschaftskammer *f*; ~ **commerce** Handels-, Wirtschaftskammer *f*; ~ **handicrafts** Handwerkskammer *f*; ~ **industry and commerce** Industrie- und Handelskammer (IHK) *f*; ~ **notaries** Notarkammer *f*; **civil c.** Zivilkammer *f*; **commercial c.** Kammer für Handelssachen
chambers *pl* Anwaltsbüro *nt*, Kanzlei *f*; **in c.** *(Gericht)* nicht öffentlich
champerty *n [US]* Beteiligung am Schaden(s)ersatz, Erfolgshonorar *nt*, Gewinnbeteiligung des Anwalts
champion *n* 1. Meister *m*; 2. Verfechter(in) *m/f*

chance *n* Zufall *m*; **c. of survival** Überlebenschance *f*; **to leave sth. to c.** etw. dem Zufall überlassen; **c. acquaintance** Zufallsbekanntschaft *f*

chancery *n* 1. *(Gericht)* Kanzlei *f*; 2. *[US]* Gericht für billigkeitsrechtliche Fälle; **pending in c.** anhängig vor einem Gericht für billigkeitsrechtliche Fälle; **C. Division** *[GB]* Senat des höchsten Zivilgerichts

Chandler Act *n* *[US]* Konkursordnung *f*

change *n* 1. Änderung *f*, Wandel *m*; 2. Veränderung *f*; 3. Wechsel *m*; **subject to c.** Änderung(en) vorbehalten

change of address Umzug *m*; ~ **attorney** Anwaltswechsel *m*; ~ **civil status** Personenstandsänderung *f*; ~ **data** Datenveränderung *f*; ~ **form** Formänderung *f*, Formwechsel *m*; ~ **job** Stellungswechsel, berufliche Veränderung; ~ **jurisdiction** 1. Statutenwechsel *m*; 2. Zuständigkeitswechsel *m*; ~ **law** Rechtsänderung *f*; ~ **locality** Ortswechsel *m*; ~ **name** Namensänderung *f*; ~ **occupancy** Besitzveränderung *f*, Besitzwechsel *m*; ~ **owner(ship)** Eigentümer-, Eigentumswechsel *m*, Umschreibung *f*; ~ **contracting party** Vertragspartnerwechsel *m*; ~ **penalty** Strafänderung *f*; ~ **perception** Wahrnehmungsveränderung *f*; ~ **possession** Besitzübergang *m*, Besitzveränderung *f*, Besitzwechsel *m*; ~ **priority** Rangänderung *f*; ~ **rank** Rangänderung *f*; ~ **registration** Umschreibung *f*; ~ **residence** Änderung des Wohnsitzes, Wohnsitzverlegung *f*, Wohnungswechsel *m*; ~ **moral standards** Wertewandel *m*; ~ **use/utilization** Nutzungsänderung *f*; ~ **intended use** Zweckänderung *f*, Umwidmung; ~ **venue** Wechsel des Gerichtsstandes

material/substantial change wesentliche Änderung

change *v/t* ändern, umwandeln, verändern

administrative channel *n* Verwaltungsweg *m*; **through (official) c.s** auf dem Dienst-/Verwaltungsweg; **to go ~ den** Dienstweg einhalten

chapter *n* *(Gesetz, Vertrag)* Abschnitt *m*

character assassination *n* Rufmord *m*; **c. evidence** Leumundsbeweis *m*; **c. ref-**erence** Leumundszeugnis *nt*; **c. witness** Leumundszeuge *m*

individual characteristic *n* persönliches Merkmal

charge *n* 1. Anklage *f*; 2. Anklagepunkt *m*; 3. Anklageschrift *f*; 4. Anschuldigung *f*, Vorwurf *m*; 5. Strafantrag *m*, (Straf)Anzeige *f*; 6. Auflage *f*; 7. Belastung *f*; 8. Gebühr *f*, Honorar *nt*; 9. Last *f*; 10. *(Fürsorge)* Obhut *f*; 11. Schutzbefohlene(r) *f/m*; 12. *(festgesetzter Einheitspreis)* Tarif *m*; **in c.** leitend, zuständig; **encumbered with a c.** mit einer Auflage beschwert; **free of c.** gebührenfrei, ohne Kosten, kostenlos, unentgeltlich; **to offer/provide sth.** ~ etw. kostenlos zur Verfügung stellen; **the c. cannot stand** die Anklage kann nicht aufrechterhalten werden

charge of fraud Anklage wegen Betruges; **c. to a jury** *[US]* (Rechts)Belehrung der Schöffen; **c. of murder** Mordanklage *f*, Anklage wegen Mordes; **c. against person(s) unknown** Strafanzeige gegen Unbekannt; **c. on property** Vermögensbelastung *f*

to acquit so. of a charge jdn von einer Anklage freisprechen; **to answer a c.** sich wegen einer Anklage verantworten; **to be in c.** verantwortlich sein; ~ **in so.'s c.** sich in jds Obhut befinden

to bring a charge Strafantrag stellen; ~ **against so.** jdn anklagen, Strafanzeige gegen jdn erstatten; ~ **serious c.s against so.** schwere Anschuldigungen gegen jdn erheben

to defend so. against a charge jdn verteidigen; **to drop a c.** Strafverfahren einstellen, Anklage zurücknehmen, ~ fallen lassen; **to levy a c.** Gebühr erheben; **to press c.s against sb** gegen jdn Anzeige erstatten; **to throw out a c.** Anklage verwerfen; **to withdraw a c.** Strafantrag zurücknehmen

account-keeping charge|s Kontogebühren; **additional c.** Mehrbelastung *f*; **alternative c.** Alternativanklage *f*; **annual c.** Jahresgebühr *f*; **criminal c.** öffentliche Anklage; **to prefer a ~ against so.** Strafanzeige gegen jdn erstatten; **equitable c.** formlose Verpfändung; **ex-officio c.** Amtsanklage *f*; **floating c.** Generalverpfändung *f*; **main c.** Hauptanklage-

punkt *m*; **prior c.** Vor(weg)belastung *f*;
supplementary c. 1. Nachtragsanklage *f*;
2. Zuschlag *m*

charge *v/t* Anklage erheben, unter Anklage stellen, anklagen, zur Last legen, (strafrechtlich) belasten; **c. so. with** jdn anschuldigen/anklagen wegen

chargeable *adj* 1. anrechenbar; 2. gebührenpflichtig, veranlagungsfähig; **to be c. to so.** zu jds Lasten gehen

charged *adj* 1. angeklagt; 2. in Rechnung gestellt, berechnet; **to be c.** unter Anklage stehen; **~ with** angeklagt werden wegen

chargee *n* Hypothekengläubiger *m*

charges *pl* Kosten, Lasten; **less c.** abzüglich Kosten; **subject to c.** gebührenpflichtig; **to levy c.** Gebühren erheben; **to prefer c.** Anklage erheben; **legal c.** Prozesskosten; **public c.** öffentliche Lasten

charging lien *n* Sicherungsrecht *nt*

charitable *n* gemeinnützig, karitativ, mildtätig

charity *n* 1. Wohltätigkeit, Mildtätigkeit *f*; 2. wohltätige Stiftung, Wohlfahrtsverband *m*

organizational chart *n* Organigramm *nt*

charter *n* 1. Konzession *f*; 2. Konzessions-, Verleihungsurkunde *f*; 3. Satzung *f*; **c. of liberties** Freiheitscharta *f*

charter *v/t* 1. chartern, mieten; 2. *(Recht)* verbriefen

charter party *n* (Schiffs)Befrachtungs-, Chartervertrag *m*, Schiffsmietvertrag *m*

charterer *n* 1. Mieter(in) *m/f*; 2. Schiffsbefrachter *m*

chase *n* 1. Jagd *f*; 2. Verfolgungsfahrt *f*

chassis number *n* Fahrgestellnummer *f*

chattel mortgage *n* Mobiliarhypothek *f*, Mobiliarsicherheit *f*, Verpfändung beweglicher Sachen; **c. pledge** Mobiliarpfand *nt*

chattels *pl* Fahrnis *f*, Mobiliar *nt*, bewegliche Sachen

cheap *adj* billig

cheat *n* Gauner *m*; *v/t* beschwindeln, übervorteilen, betrügen; **c.ing** *n* Übervorteilung *f*

check *n* 1. Einhalt *m*; 2. Kontrolle *f*, (Über)Prüfung *f*; 3. *[US]* Scheck *m*; **c. of the documents** Nachprüfung der

Unterlagen; **to carry out c.s** Kontrollen durchführen; **to hold in c.** unter Kontrolle halten; **crossed c.** Verrechnungsscheck *m*; **cross-the-counter c.** Barscheck *m*; **in-depth c.** intensive Kontrolle

check *v/t* inspizieren, kontrollieren, nach-, überprüfen; **c. with** Rücksprache nehmen mit

cheque *[GB]* *n* Scheck *m*; **to stop a c.** Scheck sperren; **open c.** Barscheck *m*; **certified c.** bestätigter Scheck; **crossed c.** Verrechnungsscheck *m*

cheque book Scheckheft *nt*; **c. (guarantee) card** Scheckkarte *f*; **c. card abuse** Scheckkartenmissbrauch *m*; **c. forgery** Scheckfälschung *f*; **c. fraud** Scheckbetrug *m*

chief of police; **c. constable** *n* Polizeipräsident(in) *m/f*; **c. inspector** Oberinspektor(in) *m/f*

child *n* Kind *nt*; **c. in care** Fürsorgekind *nt*; **c. entitled to maintenance** unterhaltsberechtigtes Kind; **to adopt a c.** Kind annehmen; **to affiliate a c. on so.** jdm die Vaterschaft eines Kindes zuschreiben; **to look after a c.** Kind betreuen

adopted child angenommenes Kind; **illegitimate c.** nichteheliches Kind; **joint c.** gemeinschaftliches Kind; **legitimate c.** eheliches Kind; **unborn c.** Leibesfrucht *f*, Fötus *m*, nasciturus *(lat.)*

child abduction Kindesentführung *f*; **c. abuse** Kindesmisshandlung *f*, Misshandlung von Kindern; **c. benefit** Kinderbeihilfe *f*, Kindergeld *nt*, Kinderzulage *f*; **c. benefits** kindbezogene Leistungen; **c. care** Kindesbetreuung *f*; **c.hood** *n* Kindesalter *nt*; **c.less** *adj* kinderlos; **c.minder** *n* Tagesmutter *f*; **c. molester** Kinderschänder *m*; **c. murderer** Kindermörder(in) *m/f*; **c. protection** Kindesschutz *m*; **~ proceedings** Kindesschutzverfahren *nt*; **c.-related** *adj* kindbezogen; **c. snatching** Kindesraub *m*; **c. welfare** Wohl des Kindes

children *pl* Kinder; **c. in care** Heimkinder; **c.'s depositions** Kinderaussagen

child's assets Kindesvermögen *nt*; **c.'s interests** Kindesinteressen *pl*; **to consider the ~** Kindesinteressen berücksichtigen; **c.'s welfare** Kindeswohl *nt*

choice *n* Wahl *f*; **by c.** gewillkürt; **free c. of employment** freie Wahl des Arbeitsplatzes; **c. of law** Rechtswahl *f*; **c.-of-law clause** Rechtswahlklausel *f*; **c. of career/occupation** Berufswahl *f*; **c. quality** ausgesuchte Qualität

choke *v/t* würgen

chose in action *n* obligatorischer Anspruch

Christmas bonus *n* Weihnachtsgeld *nt*

church *n* Kirche *f*; **c. tax** Kirchensteuer *f*

CID (Criminal Investigation Department) *[GB]* *n* Kriminalpolizei *f*, Fahndungsdienst *m*; **CID officer** Kriminalbeamter *m*; **CID unit** Kriminalkommissariat *nt*

to move in certain circles *pl* in einem bestimmten Milieu verkehren

circuit *n* Gerichtsbezirk *m*; **c. judge** *[GB]* Richter an einem höheren Gericht

circular *n* Rundbrief *m*, Rundschreiben *nt*

circulate *v/ti* 1. in Umlauf/Verkehr bringen; 2. umlaufen, im Verkehr sein

circulation *n* Verkehr *m*, Umlauf *m*; **withdrawn from c.** außer Verkehr; **to be in c.** in Umlauf sein; **to withdraw from c.** 1. *(Geld)* aus dem Verkehr ziehen; 2. außer Verkehr setzen; **free c.** freier Verkehr

circumscribe *v/t* beschränken

circumspect *adj* umsichtig; **c.ion** *n* Sorgfalt *f*

circumstance *n* Umstand *m*; **(as good) as can be expected under the c.s** den Umständen entsprechend; **c. pertaining to an incident** Tatumstand *m*

aggravating circumstance Straferschwerungs-, Strafverschärfungsgrund *m*; **incidental c.** Nebenumstand *m*; **mitigating c.** Strafmilderungsgrund *m*; **pertinent c.** Tatumstand *m*; **suspicious c.** Verdachtsmoment *m*

circumstances *pl* Gegebenheiten, Umstände; **appropriate under the c.** den Umständen angemessen; **in the c.** den Umständen entsprechend, unter den gegebenen Verhältnissen; **c. governing the contract** Vertragsumstände

aggravating circumstances Straferschärfungsgründe, belastende/strafverschärfende Umstände; **attendant c.** Begleitumstände; **collateral c.** Nebenumstände; **economic c.** wirtschaftliche Verhältnisse; **exceptional c.** außerge-

wöhnliche Umstände; **extenuating c.** mildernde Umstände; **financial c.** Vermögensverhältnisse; **incriminating c.** belastende Umstände; **mitigating c.** mildernde Umstände; **personal c.** Lebensumstände, persönliche Verhältnisse; **special c.** besondere Umstände; **unforeseen c.** unvorhergesehene Umstände

circumvent *v/t* umgehen; **c.ion** *n* Umgehung *f*; **~ of the law** Umgehung des Gesetzes

citation *n* 1. Anführung *f*; 2. Aufgebot *nt*; 3. Vorladung *f*, Zustellung einer Ladung; 4. *[US]* Strafzettel *m* *(coll)*, Verwarnung mit Verwarngeld; **c. of a witness** Zeugenvorladung *f*; **public c.** Ladung durch öffentliche Zustellung

cite *v/t* 1. anführen, sich berufen auf; 2. *(Person)* (vor)laden

citing of sources *n* Quellenangabe *f*

citizen *n* (Staats)Bürger *m*, Staatsangehörige(r) *f/m*; **senior c.** (Alters)Rentner(in) *m/f*, Pensionär(in) *m/f*; **c.ship** *n* Staatsangehörigkeit *f*, Staatsbürgerschaft *f*; **to have German ~** die deutsche Staatsbürgerschaft besitzen

city *n* Stadt *f*; **c. administration** Stadtverwaltung *f*; **c. council** Stadtrat *f*

civil-(law) *adj* bürgerlich-rechtlich, zivilrechtlich

Civil Aeronautics Board (CAB) *[US]*; **C. Aviation Authority (CAA)** *[GB]* Zivilluftfahrtbehörde *f*; **C. Practice Act** *[US]*; **C. Procedure Rules** *[GB]* Zivilprozessordnung (ZPO) *f*

civilian *adj* zivil; *n* Zivilist(in) *m/f*

claim *n* 1. Anspruch *m*, Klageanspruch *m*, Klagebegehren *nt*; 2. Behauptung *f*; 3. Einforderung *f*, Forderung *f*, Reklamation *f*; 4. Recht *nt*; 5. *(Vers.)* Schadensfall *m*; **the c. has become extinct** der Anspruch ist erloschen; **further c.s** weitergehende Ansprüche

claim under an act Anspruch auf Grund eines Gesetzes; **c. to remedial action** Folgenbeseitigungsanspruch *m*; **~ avoidance** Aufhebungsanspruch *m*; **c. against a bankrupt's estate; c. in bankruptcy** Konkursforderung *f*; **c. under a bill** Wechselforderung *f*; **c. for compensation/damages** Entschädigungs-, Ersatz-, Regress-, Vergütungs-, Wiedergutmachungsanspruch *m*, Ersatzforderung *f*, Anspruch auf Ersatz/Schaden(s)ersatz; **c. to nullify the consequences** Folgenbeseitigungsanspruch *m*; **c. under a contract** Anspruch aus einem Vertrag; **c. to change of contract** Anspruch auf Vertragsänderung; **c. arising out of the contract of insurance** Anspruch aus dem Versicherungsvertrag; **c. to a distribution quota** Auseinandersetzungsanspruch *m*; **~ have sth. enforced** Vollstreckungsanspruch *m*; **c. on account of unjust enrichment** Bereicherungsanspruch *m*; **c. in equity** Billigkeitsanspruch *m*

claim by the estate; c. on behalf of the estate Nachlassforderung *f*; **c. on the estate** Masseforderung *f*; **c. to an estate** Erbschaftsanspruch *m*; **c. arising out of an estate** Anspruch aus Vermächtnis

claim incurring fees gebührenpflichtiger Anspruch; **c. to a forbearance** Unterlassungsanspruch *m*; **~ grant of usufruct** Anspruch auf Einräumung des Nießbrauchs; **~ an inheritance** Erbanspruch *m*; **c. secured by a land charge** Grundschuldforderung *f*; **c. to a legacy** Vermächtnisanspruch *m*; **~ maintenance** Anspruch auf Unterhalt; **c. by the owner for the return of his property** Eigentumsherausgabeanspruch *m*; **c. of a party to payment of his/her costs of the proceedings** *(Prozesspartei)* Kostenerstattungsanspruch *m*; **c. for payment** Zahlungsaufforderung *f*; **c. to payment of a pension** Anspruch auf Rentenzahlung; **~ performance** Anspruch auf Erfüllung, Erfüllungsanspruch *m*; **c. secured by a pledge** Pfandforderung *f*; **c. for possession** Klage auf Besitzeinräumung; **c. to possession** Besitz-, Räumungsanspruch *m*; **c. for recovery from a bankrupt's estate** Aussonderungsanspruch *m*; **~ rectification** Berichtigungsanspruch *m*; **~ reimbursement** (Rück)Erstattungsanspruch *m*; **~ restitution** Herausgabe-, Restitutions-, Rückerstattungsanspruch *m*, Klage auf Rückgabe; **~ restitution in the event of default** Herausgabeanspruch bei Zahlungsverzug; **c. to restitution** Anspruch

auf Herausgabe, Erstattungs-, Rückgewähranspruch *m*; **c. for return** Rückforderung *f*, Rückforderungsanspruch *m*, Herausgabeanspruch *m*; **~ of property** Eigentumsherausgabeanspruch *m*; **c. under a right of recourse** 1. Rückgriffsanspruch *m*; 2. Rückgriffsforderung *f*; **c. to a share in the profits** Gewinnanspruch *m*; **c. for support** *[US]* Unterhaltsanspruch *m*; **~ surrender** Herausgabeanspruch *m*; **c. arising out of trespass; c. based on trespass** Besitzstörungsanspruch *m*; **c. in tort** Deliktanspruch *m*, Schaden(s)ersatzanspruch *m*, Anspruch aus unerlaubter Handlung, deliktischer Schaden(s)ersatzanspruch; **c. to use** Verwendungsanspruch *m*; **c. for vacation of premises** Räumungsanspruch *m*; **c. in winding-up proceedings** Liquidationsforderung *f*

to abandon a claim von einer Forderung Abstand nehmen, Forderung fallen lassen; **to adjust a c.** Schaden/Versicherungsanspruch regulieren; **to admit a c.** Klage/Schaden(s)ersatzanspruch anerkennen, einem Anspruch stattgeben; **~ on its merits** Anspruch dem Grunde nach anerkennen; **to advance a c.** Anspruch vorbringen; **to approve a c.** Reklamation anerkennen; **to assert a c.** Anspruch geltend machen **to assign a c.** Anspruch/Forderung abtreten, Forderung übertragen; **to base a c. on** Klage stützen auf; **to confirm a c. in writing** Forderung verbriefen; **to contest/deny so.'s c.** jds Anspruch bestreiten; **to derive a c.** Anspruch ableiten; **to dispute a c.** Anspruch anfechten; **~ so.'s c.** jds Recht streitig machen; **to drop a c.** Klage fallen lassen; **to enforce a c.** Anspruch durchsetzen; **to enter a c.** 1. Anspruch erheben; 2. Schadensfall melden; **to establish a c.** Anspruch glaubhaft machen; **to exclude a c.** Anspruch ausschließen; **~ any c. for damages** Schaden(s)ersatz ausschließen; **to file a c.** 1. Anspruch anmelden/erheben/anmelden, Forderung anmelden/geltend machen; 2. Klage einreichen; **~ with the insurance company** Schaden bei der Versicherung anmelden; **to lay c. to** Anspruch erheben auf; **to meet a c.** Forderung erfüllen; **to prefer a c.** Anspruch erheben; **to prosecute a c.** Forderung gerichtlich geltend machen; **to recognize a c.** Anspruch anerkennen; **to relinquish a c.** auf einen Anspruch verzichten; **to refute/repudiate a c.** Anspruch/Forderung abwehren; **to reject a c.** 1. Anspruch zurückweisen; 2. Reklamation ablehnen; ~ **as unfounded** Anspruch als ungegründet zurückweisen; **to satisfy a c.** Anspruch befriedigen; **to secure a c.** Anspruch sichern; **to set aside a c.** Klage (als unzulässig) abweisen; **to settle a c.** Schaden abfinden; **to substantiate a c.** 1. Anspruch begründen/nachweisen; 2. Klage begründen/substantiieren; **to sue upon a c.** Anspruch vor Gericht geltend machen; **to sustain/uphold a c.** Anspruch aufrechterhalten, einem Anspruch stattgeben; **to waive a c.** auf einen Anspruch/eine Forderung verzichten

accessory claim Nebenanspruch *m*; **additional c.** Mehranspruch *m*, Nachforderung *f*; **alternative c.** *(Patentrecht)* Hilfsanspruch *m*; **assignable c.** abtretbare Forderung; **beneficiary c.** Nutzungsanspruch *m*; **civil c.** zivilrechtlicher Anspruch, zivilrechtliche Forderung; **composite c.** Klagenhäufung *f*; **contingent c.** bedingter Anspruch, bedingte Forderung, Eventualanspruch *m*, Eventualforderung *f*; **contractual c.** Vertragsanspruch *m*; **to assert a ~** Anspruch aus einem Vertrag geltend machen; **dependent c.** abhängiger Anspruch; **disputed c.** bestrittene Forderung; **divisional c.** ausgeschiedener Anspruch; **doubtful c.** zweifelhafter Anspruch; **enforceable c.** vollstreckbarer Anspruch, einklagbare/titulierte/vollstreckbare Forderung; **equitable c.** billiger Anspruch, Billigkeitsanspruch *m*; **factual c.** Tatsachenbehauptung *f*; **fictitious c.** Scheinforderung *f*; **financial c.** Finanzanspruch *m*; **generic c.** mehrere Gattungen umfassender Anspruch; **independent c.** *(Patentrecht)* Nebenanspruch *m*; **individual c.** Einzelanspruch *m*; **justified c.** berechtigter Anspruch, berechtigte Forderung; **legal c.** Rechtsanspruch *m*; **main c.** Hauptanspruch *m*,

Hauptforderung *f*; **matured c.** fälliger Anspruch; **non-pecuniary c.** nicht vermögensrechtlicher Anspruch; **outstanding c.** offene Forderung; **overriding c.** Oberanspruch *m*; **pecuniary c.** 1. geldwerter Anspruch, Geldforderung *f*, Zahlungsanspruch *m*; 2. vermögensrechtlicher Anspruch; **possessory c.** possessorischer Anspruch, Besitzanspruch *m*; **preferential c.** 1. bevorrechtigte/vorrangige Forderung; 2. *(Konkursrecht)* Masseanspruch *m*; **principal c.** Hauptforderung *f*; **prior c.** älterer/vorgehender/vorrangiger Anspruch, Prioritätsanspruch *m*; ~ **to satisfaction** Anspruch auf bevorrechtigte Befriedigung; **private c.** Individualanspruch *m*; **provable c.** Konkursforderung *f*; **recognized c.** anerkannte Forderung; **reversionary c.** Heimfallanspruch *m*; **revocatory c.** Rücknahmeanspruch *m*; **secondary c.** Nebenanspruch *m*; **secured c.** gesicherte Forderung; **senior c.** Prioritätsanspruch *m*; **stale c.** verwirkter Anspruch; **statute-barred c.** verjährte Forderung; **statutory c.** gesetzlicher Anspruchr; **subsidiary c.** Nebenforderung *f*; **supplementary c.** Nachforderung *f*; **sustantiated c.** begründeter Anspruch; **territorial c.** Gebietsanspruch *m*; **third-party c.** Drittanspruch *m*; **tortious c.** deliktischer Anspruch; **unfounded c.** unbegründeter Anspruch; **unliquidated c.** Forderung in unbestimmter Höhe; **unproved c.** unbewiesene Behauptung; **valid c.** rechtsgültiger Anspruch; **vexatious c.** frivole/schikanöse Klage

claim *v/t* 1. beanspruchen, (ein)fordern, verlangen; 2. behaupten, postulieren; **c. back** herausverlangen, zurückfordern

claim(s) settlement Anspruchsregulierung *f*; **c. adjustment by the insurance (company)** Schadensregulierung durch die Versicherung

claimant *n* 1. (Anspruchs)Berechtigte(r) *f/m*; 2. Anspruchs-, Antragssteller(in) *m/f*; 3. Kläger(in) *m/f*; **rightful c.** Anspruchsberechtigte(r) *f/m*; **unknown c.** unbekannter Berechtigter

claiming *n* Geltendmachung *f*; **c. (sth.) under a guarantee/warranty** Inanspruchnahme einer Garantie

claims *pl* Ansprüche; **c. and liabilities** Verbindlichkeiten und Forderungen; **c. to compensation** Ansprüche auf Schaden(s)ersatz; **c. based on defects** Sachmängelansprüche; **small c.** Bagatellsachen; ~ **court** Gericht für Bagatellsachen, Gericht mit Zuständigkeit für Geldansprüche aus Vertrag/Delikt bis zu einer bestimmten Grenze *(zwischen $ 200 und $ 1000)*; **c. adjuster** Schadens-, Versicherungsregulierer *m*; **c. adjustment** Schadensabwicklung *f*, Schadensregulierung *f*; **c. department** 1. Entschädigungsstelle *f*; 2. *(Vers.)* Schaden(s)abteilung *f*; **c. tribunal** Entschädigungsgericht *nt*

clamp *n (Falschparker)* Kralle *f*; *v/t* Kralle anbringen

clandestine *adj* heimlich, konspirativ

clarification *n* Klarstellung *f*, Klärung *f*

clarify *v/t* klären

clash of responsibilities *n* Pflichtenkollision *f*

class *n* 1. Gattung *f*; 2. Klasse *f*; **c. action** *[US]* Sammelklage *f*; **c. justice** Klassenjustiz *f*

classif|liable *adj* klassifizierbar; **c.ication** *n* Einstufung *f*, Gliederung *f*, Klassifikation *f*, Klassifizierung *f*, Zuordnung *f*; **triple** ~ **of offences** Dreiteilung der Straftaten

classify *v/t* einstufen, gliedern, klassifizieren, zuordnen

clause *n* 1. Absatz *m*, Paragraf *m*; 2. Klausel *f*; 3. *(Vertrag)* Zusatz *m*; **hedged in by c.s** verklausuliert

clause restricting competition Wettbewerbsklausel *f*; **c. reserving errors** Irrtumsvorbehalt *m*

additional clause Zusatzklausel *f*; **anticompetitive/non-competitive c.** Konkurrenz-, Wettbewerbsklausel *f*; **collateral c.** Nebenbestimmung *f*; **comprehensive c.** Generalklausel *f*; **concluding c.** Schlussklausel *f*; **exclusive c.** Ausschließlichkeitsklausel *f*; **further c.** Zusatzklausel *f*; **let-out c.** Umwandlungsklausel *f*; **non-liability c.** Haftungsausschlussklausel *f*; **mandatory c.** zwingende Klausel; **non-negotiable c.** Rektaklausel *f*; **opt-out c.** Rücktrittsklausel *f*; **overreaching c.**

Weitergeltungsklausel *f*; **penal c.** Strafklausel *f*; **protective c.** Schutzbestimmung *f*; ~ **for tenants** Sozialklausel *f*; **reciprocal c.** Junktimklausel *f*; **restrictive c.** Sperrklausel *f*; **safeguarding c.** Sicherungsklausel *f*; **social c.** Sozialklausel *f*; **stable-value c.** Wertsicherungsklausel *f*

clear *adj* eindeutig

clear *v/t* 1. *(entfernen)* räumen; 2. verzollen; **c. os.** *v/refl* sich entlasten; **c. so. of sth.** jdn von etw. reinwaschen; **c. away** *(z. B. Schnee)* wegräumen; **c. up** aufklären

clearance *n* 1. Freigabe *f*; 2. *(Lager)* Räumung *f*; **lateral c.** Seitenabstand *m*; **c. certificate** 1. Führungszeugnis *nt*, Negativattest *nt*; 2. *(Finanzamt)* Unbedenklichkeitsbescheinigung *f*, Unschädlichkeitszeugnis *nt*

clearing *n* Verrechnung *f*; **c. agreement** Verrechnungsabkommen *nt*; **c. debt** Verrechnungsschuld *f*

clear-up rate *n* Aufklärungsquote *f*

clemency *n* Gnade *f*; Milde *f*

clergyman *n* Geistlicher *m*

cleric *n* Geistlicher *m*; **c.al** *adj* geistlich

clerk of the court *n* 1. Gerichtsschreiber *m*, Protokollant(in) *m/f*; 2. juristischer Beisitzer, Rechtspfleger *m*; **articled c.** Anwaltsreferendar *m*; **recording c.** Protokollführer(in) *m/f*

client *n* 1. Klient(in) *m/f*, Mandant(in) *m/f*; 2. Kunde *m*; **in the c.'s interest** im Interesse des Mandanten; **to cease to act for a c.** Mandat niederlegen; **c. account** Anderkonto *nt*; **c.s' funds/money** Kundengelder *pl*

clientele *n* Klientel *nt*, Kundenkreis *m*, Kundschaft *f*; **established c.** Kundenstamm *m*

clink *n (coll)* Knast *m (coll)*

clipboard *n* Klemmbrett *nt*

cloak-and-dagger action/operation *n* Nacht- und Nebelaktion *f*

close *n* Schluss *m*; **c. of the meeting** Sitzungsausschluss *m*; ~ **year** Jahresschluss *m*

close *v/t* abschließen; **c. down** 1. Betrieb einstellen; 2. Geschäft aufgeben; **c. out** *[US]* Geschäft aufgeben

closing *n (Bankkonto)* Schließung *f*, Lö-

schung *f*; **c. of title** Auflassung *f*; **c. date**
Meldeschluss *m*; **~ for applications** Anmeldeschluss *m*; **~ for tenders** Aus-
schreibungsschluss *m*; **c. time** 1. Laden-
schlusszeit *f*; 2. Polizeistunde *f*;
statutory ~ Polizeistunde *f*
closure *n* Schließung *f*
in civilian clothes *pl* in Zivil
club *n* 1. Verein *m*; 2. Keule *f*, Knüppel *m*;
c. law Faustrecht *nt*; **c. member** Vereins-
mitglied *nt*; **c. membership** Vereinmit-
gliedschaft *f*; **~ dues/fee(s)** Vereinsbei-
trag *m*; **c. rules** Vereinssatzung *f*
clue *n* Anhaltspunkt *m*, Hinweis *m*, Tat-
ortspur *f*
co-accused *n* Mitangeklagte(r) *f/m*
coach *n* 1. *(Überlandverkehr)* Omnibus *m*;
2. Repetitor *m*; **c. service** Omnibusverkehr *m*; **c.ing** *n* Repetitorium *nt*
coalition *n* *(Politik)* Koalition *f*
co-assignee *n* Mitzessionär *m*
coast *n* Küste *f*; **c.guard** *n* Küstenpolizei *f*;
~ vessel Küstenwachschiff *nt*
coat of arms *n* Wappen *nt*
co-author *n* Mitautor *m*, Miturheber *m*,
Mitverfasser *m*; **c.ship** *n* Miturheber-
schaft *f*
code *n* Kodex *m*; **c. of competition** Wettbewerbsregeln *pl*; **~ conduct** Verhal-
tenskodex *m*; **~ law** Gesetzeskodex *m*,
Gesetzeswerk *nt*; **~ commercial law**
Handelsgesetzbuch (HGB) *nt*; **~ practice** Verfahrensnorm *f*
code procedure Prozessordnung *f*; **~ arbitral procedure** Schiedsverfahrens-
ordnung *f*; **~ civil procedure** Zivilprozessordnung (ZPO) *f*; **~ criminal
procedure** Strafprozessordnung
(StPO) *f*
civil code Zivilgesetzbuch *nt*; **German ~**
Bürgerliches Gesetzbuch (BGB) *nt*;
commercial c. Handelsgesetzbuch
(HGB) *nt*; **criminal c.** Strafgesetzbuch *nt*;
disciplinary c. Disziplinarordnung *f*;
military c. Militärgesetzbuch *nt*; **~ penal c.** Militärstrafgesetzbuch *nt*; **penal
c.** Strafgesetzbuch *nt*; **postal c.** Postleitzahl (PLZ) *f*
co-debtor *n* Mitschuldner(in) *m/f*
co-defendant *n* 1. Mitangeklagte(r) *f/m*,
Mitbeschuldigte(r) *f/m*; 2. Mitbeklag-
te(r) *f/m*

codetermination *n* Mitbestimmung *f*; **c.
act** Mitbestimmungsgesetz *nt*
codicil *n* 1. Anhang *m*, Kodizill *nt*; 2. *(Testament)* Nachtrag *m*, Zusatz *m*
codif|ication *n* Kodifikation *f*, Kodifizie-
rung *f*; **c.y** *v/t* kodifizieren
coerce *v/t* 1. beugen; 2. nötigen, zwingen
coercion *n* Nötigung *f*, Zwang *m*; **c. of a
legislative body** Parlamentsnötigung *f*;
c. by public official Nötigung im Amt;
c. of a witness Zeugennötigung *f*
cogen|cy *n* Triftigkeit *f*; **c.t** *adj* triftig
cognate *n* Kognat *nt*
cognition *n* Kognition
cognizance *n* 1. Kenntnis (des Gerichts) *f*,
Kenntnisnahme (des Gerichts) *f*; 2. Zuständigkeit *f*; **c. of nullity** Kenntnis der
Nichtigkeit; **to take c. (of)** *(Gericht)* zur
Kenntnis nehmen; **judicial c.** Kenntnis
des Gerichts
cognizant *adj* 1. *(Gericht)* unterrichtet; 2.
zuständig; **to become c. of** Kenntnis erlangen von
co-guardian *n* Nebenvormund *m*; **supervisory c.** Gegenvormund *m*
cohabit *v/t* beiwohnen, zusammenwohnen
cohabitation *n* Beiwohnung *f*, Konkubinat *nt*, (außereheliches) Zusammenleben, Zusammenwohnen *nt*; **c. of an elderly couple** Onkelehe *f*; **marital c.**
eheliche Lebensgemeinschaft; **to resume
~** die eheliche Lebensgemeinschaft
wiederherstellen
cohabit|ee *n* Lebensgefährte *m*, Lebensge-
fährtin *f*; **c.ing without being married** *n*
wilde Ehe
coherent *adj* zusammenhängend
co-heir entitled to a compulsory portion *n*
pflichtteilsberechtigter Miterbe
coin *n* Münze *f*; **to counterfeit c.s** Münzen fälschen; **c.age offence** *n* Münzdelikt *nt*, Münzvergehen *nt*
coincidence *n* 1. Tateinheit *f*; 2. Zufall *m*;
c. of pledge and ownership Zusammentreffen von Pfandrecht und Eigentum
coinsur|ance *n* Mitversicherung *f*; **c.e** *v/t*
mitversichern; **c.er** *n* Mitversicherer *m*
cold-blooded *adj* kaltblütig
co-lessee *n* Mitpächter *m*
co-licensee *n* Mitinhaber einer Lizenz
collaboration *n* Mitarbeit *f*, Zusammenarbeit *f*

collapse *n* 1. Einsturz *m*; 2. Zusammenbruch *m*; **c. of a building** Einsturz eines Gebäudes; **imminent c.** drohender Einsturz

collate *v/t* kollationieren, zusammentragen

collateral *adj* zusätzlich; *n* 1. Pfand *nt*, Sicherungsgegenstand *m*; 2. *[US]* (Kredit)Sicherheit *f*; **to serve as c.** als Sicherheit dienen

collateraliz|ation *n* *[US]* (Darlehens)Besicherung*f*, Bestellung einer Sicherheit; **c.e** dinglich sichern, besichern

colleague *n* Kollege *m*, Mitarbeiter(in) *m/f*

collect *v/t* 1. abholen; 2. bei-, eintreiben, einziehen, kassieren, vereinnahmen; 3. sammeln, zusammentragen; **c. on delivery (c.o.d.)** *[US]* Nachnahme *f*, zahlbar bei Übergabe; **c.ible** *adj* beitreib-, eintreib-, einziehbar

collecting (of) evidence *n* Spurensicherung *f*; **~ the fruits and benefits** Früchteziehung *f*; **c. agent** Inkassoagent *m*; **authorized ~** Inkassobeauftragte(r) *f/m*; **c. power(s)** Inkassovollmacht *f*

collection *n* Bei-, Eintreibung *f*, Einziehung *f*, Einzug *m*, Inkasso *nt*, Vereinnahmung *f*; **c. of accounts receivable** Einziehung von Außenständen/Forderungen; **~ costs** Kosteneintreibung *f*; **~ debts** Schuldbeitreibung *f*; **~ the goods** Abholung der Ware; **~ receivables** Einziehung von Forderungen; **~ rents** Mietinkasso *nt*; **forcible c.** Zwangsbeitreibung *f*, Zwangseintreibung *f*

collection agency Inkassobüro *nt*; **c. charge** Inkassogebühr *f*; **c. charges** 1. Abholgebühren; 2. Inkassospesen; **c. fee** Hebegebühr *f*; **c. letter** Mahnbrief *m*; **c. order** Einziehungsbeschluss *m*; **c. period** Erhebungszeitraum *m*; **c. procedure** Einziehungs-, Beitreibungsverfahren *nt*; **c. rate** Hebesatz *m*; **c. service** 1. Abholdienst *m*; 2. Inkassodienst *m*

collector's value *n* Liebhaberwert *m*

college *n* Hochschule *f*; **electoral c.** *[US]* Wählerkollegium *nt*, Wahlmännergremium *nt*

collide *v/i* zusammenstoßen, kollidieren; **c. head-on** frontal zusammenstoßen; **c. with sth.** mit etw. zusammenstoßen

collision *n* 1. Kollision *f*, Zusammenstoß *m*; 2. Überschneidung *f*; **c. at sea** Schiffszusammenstoß *m*; **c. between rules** Normenkollision *f*; **head-on c.** Frontalzusammenstoß *m*; **rear-end c.** Auffahrunfall *m*; **c. clause** Kollisions-, Zusammenstoßklausel *f*; **deductible-clause c. insurance** Vollkaskoversicherung mit Selbstbeteiligung

collude with so. *v/prep* in geheimem Einverständnis mit jdm handeln

collusion *n* Absprache *f*, geheimes Einvernehmen, Kollusion *f*, geheime Verabredung, Verdunkelung *f*; **c. to conceal facts** Verdunkelung des Sachverhalts

collusive *adj* 1. abgekartet; 2. heimlich

combating crime *n* Verbrechensbekämpfung *f*

combination *n* 1. Verbindung *f*; 2. *[US]* Konzern *m*; **c. in restraint of competition/trade** (Wettbewerbs)Kartell *nt*, Zusammenschluss zur Beschränkung des Wettbewerbs

combine *v/t* verbinden, vereinigen; *n* *[GB]* Konzern *m*

come into being *v/i* entstehen; **c. clean** *(coll)* mit der Wahrheit herausrücken *(coll)*; **c. forward** 1. an die Öffentlichkeit treten; 2. Selbstanzeige erstatten; **c. from** herrühren, herstammen; **c. to nothing** im Sande verlaufen *(fig)*; **c. out with sth.** mit etw. herausrücken *(coll)*

comfort *n* Trost *m*; **cold c.** schwacher Trost

coming into effect *n* Inkrafttreten *nt*; **c. into existence** Entstehung *f*, Zustandekommen *nt*; **c. into force** Inkrafttreten *nt*, Wirksamwerden *nt*

command *n* Befehl *m*, Gebot *nt*; *v/t* befehlen, gebieten

commence *v/t* 1. anfangen, beginnen; 2. einleiten

commencement *n* Anfang *m*, Beginn *m*; **c. of an action** Klageerhebung *f*; **~ bankruptcy proceedings** Konkurseröffnung *f*; **~ legal capacity** Beginn der Rechtsfähigkeit; **~ contract** Vertragsbeginn *m*; **~ insurance cover(age)** Versicherungsbeginn *m*; **~ the limitation period** Eintritt der Verjährung, Verjährungsbeginn *m*; **~ a custodial sentence** Strafantritt *m*; **~ trading** Aufnahme der Geschäftstätigkeit, Geschäftsbeginn *m*; **~ travel** Reisebeginn *m*,

~ the warranty period Beginn der Gewährfrist

commendable *adj* verdienstvoll

commensurability *n* Verhältnismäßigkeit *f*

comment *n* Kommentar *m*, Stellungnahme *f*; *v/t* Stellung nehmen

commentary *n* 1. Erläuterungswerk *nt*; 2. *(Text)* Kommentar *m*; **legal c.** Gesetzeskommentar *m*

commerce *n* Handel(sverkehr) *m*

commercial *adj* geschäftlich, gewerblich, gewerbsmäßig, kaufmännisch, kommerziell; **on a c. basis** gewerbsmäßig

commercializ|ation *n* Kommerzialisierung *f*; **c.e** *v/t* kommerzialisieren

commingl|e *v/t* vermischen; **c.ement; c.ing** *n* Vermischung *f*, Vermengung *f*

commission *n* 1. Begehung *f*, Begehen *nt*, Verübung *f*; 2. Auftrag *m*, Beauftragung *f*; 3. Ausschuss *m*, Kommission *f*; 4. Besorgung *f*; 5. Provision *f*; **on c.** kommissarisch (beauftragt); **c. of the act** Begehung der Handlung, Tatbegehung *f*; **~ a criminal act; ~ the crime/offence** Ausführung einer Straftat, Täterschaft *f*; **joint ~ a crime** Mittäterschaft *f*; **c. by omission** Begehen durch Unterlassen

to appoint a commission Kommission einsetzen

commission *v/t* 1. beauftragen; 2. bestellen

commission agent Kommissionär *m*; **to take sth. on a c. basis** etw. in Kommission nehmen; **c. order** Lohnauftrag *m*

commissioner *n* 1. Ausschussmitglied *nt*; 2. Kommissar *m*; **C. of Patents** *[US]* Patentamt *nt*

commit *v/t* 1. begehen, verüben; 2. binden, verpflichten; 3. einliefern, einweisen, überstellen, verbringen; **c. os.** *v/refl* sich verpflichten

commitment *n* 1. Bindung *f*, Obligo *nt*, Verpflichtung(serklärung) *f*, Verbindlichkeit *f*; 2. *(Anstalt)* Einlieferung *f*, Überstellung *f*, Unterbringung *f*; **c. to a mental hospital** Unterbringung in einem psychiatrischen Krankenhaus; **c. under a liability** Haftungsobligo *nt*

to enter into a commitment Verpflichtung eingehen; **to honour a c.** Verpflichtung einhalten; **contractual c.**

vertragliche Bindung; **financial c.** Zahlungsverpflichtung; **to fail to honour one's ~ c.s** seinen Zahlungsverpflichtungen nicht nachkommen; **to make a ~ c.** Zahlungsverpflichtung eingehen; **legal c.** rechtliche Bindung; **c. order** Untersuchungshaftbefehl *m*

committal *n* Einlieferung *f*, Einweisung *f*, Inhaftierung *f*, Überstellung *f*, Verbringung *f*, Verwahrung *f*; **c. to a hospital** Krankenhauseinweisung *f*; **~ an institution** Anstaltsunterbringung *f*; **c. for sentence** Überweisung an eine höhere Instanz zur Aburteilung; **~ trial** Eröffnungsbeschluss *m*; **~ trial in a higher court** Überweisung an eine höhere Instanz zur Verhandlung; **provisional c.** vorläufige Verwahrung

committal act Verwahrungsgesetz *nt*; **c. order** 1. Eröffnungsbeschluss *m*; 2. Einlieferungsbefehl *m*, Einweisungs-, Verwahrungsbeschluss *m*, Einweisungsverfügung *f*, Anordnung der Inhaftnahme; **c. proceedings** 1. Ermittlungsverfahren *nt*; 2. gerichtliche Voruntersuchung, Eröffnungsverfahren *nt*; 3. Verweisungsverfahren *nt*; **c. warrant** Einlieferungsbefehl *m*, Haftanordnung *f*

committed *adj* verpflichtet

committee *n* 1. Ausschuss *m*; 2. *(Verein)* Vorstand *m*; **c. of inquiry** Untersuchungsausschuss *m*; **c. on public petitions** Petitionsausschuss *m*

advisory committee Beirat *m*; **disciplinary c.** Disziplinarausschuss *m*; **judicial/legal c.** Rechts-, Justizausschuss *m*; **presiding c.** Präsidium *nt*; **supervisory c.** Kontrollausschuss *m*

commodity *n* 1. Rohstoff; 2. Ware *f*; **c. contract** Waren(termin)abschluss *m*; **c. futures exchange** Warenterminbörse *f*; **~ trading** Warenterminhandel *nt*

common *adj* gemein, gemeinsam, gemeinschaftlich; **in c.** gesamthänderisch

commotion *n* Tumult *m*; **civil c.** Krawall *m*, bürgerliche Unruhe

communicat|e *v/t* mitteilen; **confidential c.ion** *n* vertrauliche Mitteilung; **c.ive** *adj* mitteilsam

community *n* 1. Gemeinde *f*; 2. Gemeinschaft *f*; **c. of creditors** Gläubigerge-

meinschaft *f*; ~ **accrued gain** Zugewinngemeinschaft *f*; ~ **goods** Gütergemeinschaft *f*; ~ **heirs** (Mit)Erben-
gemeinschaft *f*; ~ **interests** 1.
Interessengemeinschaft *f*, 2. eheliche
Gütergemeinschaft; ~ **joint owners** Ge-
samthandsgemeinschaft *f*; ~ **part-own-
ers** Bruchteilsgemeinschaft *f*; ~ **residents** Hausgemeinschaft *f*
conjugal community Ehe-, Lebensgemeinschaft *f*, eheliche Gemeinschaft;
legal c. Rechtsgemeinschaft *f*; **religious
c.** Religions-, Weltanschauungsgemein-
schaft *f*
community home (for young offenders)
[GB] Jugendstrafanstalt *f*; **European C.
law** europäisches Gemeinschaftsrecht;
c. organ Gemeinschaftsorgan *nt*; **c. property** Gemeinschaftsgut *nt*; **c. service
order** Verurteilung zu gemeinnütziger
Arbeit
commutab|ility *n* *(Strafe)* Umwandel-
barkeit *f*; **c.le** umwandelbar
commutation *n* Herabsetzung *f*, Umwandlung *f*; **c. of a pension** Rentenablösung *f*; ~ **rent** Mietablösung *f*; ~ **a
sentence** Strafänderung *f*, Strafum-
wandlung *f*, Umwandlung einer Strafe
commute *v/t* 1. herabsetzen; 2. *(Strafe)*
umwandeln
commuter car park *n* Pendlerpark-
platz *m*
social compact *n* Sozialkontrakt *m*
companies act *n* 1. Unternehmensgesetz *nt*;
2. *[GB]* Aktiengesetz *nt*; **c. register**
Handelsregister *nt*
company *n* Gesellschaft *f*, Unternehmen
nt, Firma *f*; **to form a c.** Gesellschaft er-
richten/gründen; **to hive off a c.** Gesellschaft ausgliedern; **to wind up a c.**
Gesellschaft auflösen, Unternehmen liquidieren
ad-hoc company Gelegenheitsgesellschaft *f*; **affiliated c.** angegliederte Gesellschaft, Schwestergesellschaft *f*; **bogus c.** Schwindelunternehmen *nt*;
chartered c. konzessionierte Gesellschaft; **controlling c.** beherrschende
Gesellschaft; **dependent c.** abhängige
Gesellschaft; **incorporated c.** rechtsfähige Gesellschaft; **industrial c.** Indust-
rieunternehmen *nt*

limited company Kapitalgesellschaft *f*;
private l. c. (Ltd) *[GB]* Gesellschaft
mit beschränkter Haftung (GmbH);
public l. c. (plc) *[GB]* Aktien-, Publikumsgesellschaft *f*
listed/quoted company börsennotierte
Gesellschaft; **participating c.** beteiligte
Gesellschaft; **principal c.** Obergesell-
schaft *f*; **unincorporated c.** Personengesellschaft *f*
company assets Betriebs-, Firmen-, Gesellschaftsvermögen *nt*; **c. board**
(Unternehmens)Vorstand *m*; **c. car** Fir-
menwagen *m*, firmeneigener Wagen; **c.
debts** Gesellschaftsschulden; **c. doctor**
Werksarzt *m*, Werksärztin *f*; **c. earnings**
Unternehmensertrag *m*, Unternehmensgewinn *m*; **c. flat** Werkdienstwohnung *f*;
c. formation Errichtung einer Gesellschaft, Gesellschaftsgründung *f*; **c.
funds** Gesellschaftsmittel; **c. headquarters** Sitz des Unternehmens
company law Aktien-, Gesellschafts-,
Unternehmensrecht *nt*, Recht der Kapitalgesellschaften; ~ **relating to groups**
Konzernrecht *nt*; **c. lawyer** Hausjurist
m, Justitiar *m*, Syndikus *m*, Wirtschafts-
anwalt *m*
company liabilities Gesellschaftsverbindlichkeiten; **c. liability** Unterneh-
merhaftpflicht *f*; **c. management**
Werksleitung *f*; **c. owner** Unterneh-
menseigentümer *m*; **c. profit(s)** Gesell-
schafts-, Unternehmensgewinn *m*,
Unternehmensertrag *m*; **c. promoter**
Gesellschaftsgründer *m*; **c. property**
Gesellschaftseigentum *nt*; **c. registration** Eintragung in das Handelsregister,
Firmeneintragung *f*; **c. seal** Firmensie-
gel *nt*; **c. statutes** Gesellschaftssatzung *f*;
c. wage contract Werkstarifvertrag *m*
comparative *adj* verhältnismäßig
comparison *n* Vergleich *m*; **c. of data** Da-
tenabgleich *m*
compatib|ility *n* Vereinbarkeit *f*; **environ-
mental** ~ Umweltverträglichkeit *f*; **c.le
(with)** *adj* vereinbar
compel *v/t* nötigen, zwingen
compensate (for) *v/t* ausgleichen, entgelten, entschädigen, Ersatz leisten, ersetzen, kompensieren, vergüten
compensation *n* Ausgleich *m*, Entgelt *nt*,

Entschädigung(sleistung) *f*, Ersatz(leistung) *m/f*, Kompensation *f*, Leistungsentgelt *nt*, Schadloshaltung *f*, Vergütung *f*, Wiedergutmachung *f*; **eligible for c.; entitled to c.** ausgleichungs-, entschädigungs-, ersatzberechtigt; **liable for c.; liable to provide c.** ausgleichs-, entschädigungspflichtig, zum Ersatz verpflichtet

compensation for an accident Unfallentschädigung *f*; **~ damage** Entgelt für Schaden; **~ damages** Schaden(s)ersatz *m*; **~ delay** Verzugsentschädigung *f*; **~ dismissal** Entlassungsentschädigung *f*; **~ expenses** Ersatz von Aufwendungen; **~ wrongful imprisonment** (Straf)Haftentschädigung *f*; **c. in kind** Naturalausgleich *m*, Naturalrestitution *f*; **c. for land** Landabfindung *f*

compensation for loss Verlustausgleich *m*; **~ of earnings** Entschädigung für Verdienstausfall, Verdienst-, Lohnausfallentschädigung *f*; **~ of employment** Kündigungsentschädigung *f*; **~ of a right** Entschädigung für Rechtsverlust; **~ of use** Nutzungsentschädigung *f*; **~ of value** Ersatz einer Wertminderung, Wertersatz *m*

compensation for pain and suffering Schmerzensgeld *nt*; **~ services rendered** Leistungsentgelt *nt*; **~ use** Nutzungsentschädigung *f*, Nutzungsvergütung *f*; **~ witnesses** Zeugenentschädigung *f*

to award compensation Entschädigung zuerkennen/zusprechen; **to claim c.** Entschädigung beanspruchen; **to disallow c.** Schaden(s)ersatz aberkennen; **to provide c.** Ersatz liefern

adequate compensation angemessene Vergütung; **fair c.** billige Entschädigung; **~ and reasonable c.** angemessene Entschädigung; **full c.** volle Entschädigung; **lump-sum c.** Pauschalabfindung *f*, Pauschalentschädigung *f*; **pecuniary c.** Ausgleich/Entschädigung in Geld, Geldabfindung *f*, Geldentschädigung *f*; **reasonable c.** angemessener Ausgleich; **total c.** Gesamtentschädigung *f*

compensation agreement Entschädigungsvereinbarung *f*; **c. claim** Ausgleichsforderung *f*; **c. clause** Ausgleichsklausel *f*; **c. fund** Ausgleichs-,

Entschädigungsfonds *m*; **c. order** Urteil auf Schadensersatz; **to make a ~** Schaden(s)ersatzleistung gerichtlich anordnen; **c. payment** Entschädigungszahlung *f*; **c. proceedings** Entschädigungsverfahren *nt*

compensatory *adj* ausgleichend, Ausgleichs-

compete *v/i* konkurrieren, im Wettbewerb stehen

competence *n* 1. Geschäftsfähigkeit *f*; 2. Kompetenz *f*; 3. Zuständigkeit *f*; 4. Zuständigkeitsbereich *m*; **c. for jurisdictional allocation** Kompetenzkompetenz *f*; **c. to receive** Empfangszuständigkeit *f*; **c. of a witness** Zeugnisfähigkeit *f*; **double c.** Doppelzuständigkeit *f*; **legislative c.** Gesetzgebungskompetenz *f*, Gesetzgebungszuständigkeit *f*

competent *adj* 1. fachkundig, kompetent, sachkundig, sachverständig; 2. zuständig, berufen, fachgemäß

competition *n* 1. Wettbewerb *m*, Konkurrenz(kampf) *f/m*; 2. *(Ausschreibung)* (Leistungs)Wettbewerb *m*; 3. Preisausschreiben *nt*; **to curb (free) c.** (freien) Wettbewerb unterbinden; **to distort c.** Wettbewerb verzerren; **cut-throat c.** ruinöser Wettbewerb; **fair c.** Lauterkeit im Wettbewerb, lauterer Wettbewerb; **unfair c.** unlautere Konkurrenz, unlauterer Wettbewerb; **to engage in ~** unlauteren Wettbewerb betreiben

competition authorities Wettbewerbsbehörden; **c. code** Wettbewerbsordnung *f*; **c. law** Wettbewerbsrecht *nt*; **c. rules** Wettbewerbsregeln

competit|ive *adj* konkurrenzfähig; **c.or** *n* Konkurrent(in) *m/f*, Wettbewerber(in) *m/f*

compilation *n* Sammelwerk *nt*

complain *v/i* beanstanden, sich beschweren, Beschwerde erheben/führen; **c. about** *v/prep* 1. sich beschweren über; 2. reklamieren; **c. of** beanstanden

complainant *n* Beschwerdeführer(in) *m/f*, Beschwerdeberechtigte(r) *f/m*

complaint *n* 1. Beanstandung *f*, Beschwerde *f*, Mängelrüge *f*, Reklamation *f*, gravamen *(lat.)*; 2. *[US]* Anklageschrift *f*; **c. of wrongful arrest** Haftbeschwerde *f*; **~ unfair dismissal** *[GB]* Kündigungseinspruch *m*; **c. about inaction** Untätigkeitsbeschwerde *f*; **~ electoral irregularities** Wahlprüfungsbeschwerde *f*; **c. against a measure of execution** Vollstreckungserinnerung *f*; **~ a public official** Dienstaufsichtsbeschwerde *f*; **~ an order for arrest** Haftbeschwerde *f*; **c. of unconstitutionality** Verfassungsklage *f* **to file/lodge a complaint** 1. Beschwerde einlegen/erheben; 2. Mängelrüge geltend machen; 3. *[US]* Anzeige erstatten; **to submit a c.** Beschwerde vorlegen; **to suppress a c.** Beschwerde unterdrücken **anonymous complaint** anonyme Anzeige; **constitutional c.** Verfassungsbeschwerde *f*; **disciplinary c.** Dienstaufsichtsbeschwerde *f*; **initial c.** Erstbeschwerde *f*; **legitimate c.** berechtigte Reklamation; **supplemental c.** Klageergänzung *f*, Nachtragsklage *f*

complaints department Beschwerdestelle *f*; **c. procedure** Beschwerdeverfahren *nt*

complete *v/t (Ausbildung etc.)* abschließen, vollenden; *adj* lückenlos, vollständig

completion *n* Abschluss *m*, Fertigstellung *f*, Vollendung *f*; **c. of a contract** 1. Vertragserfüllung *f*; 2. Auftragserledigung *f*; **~ the crime** Beendigung der Tat; **~ sentence** Strafende *nt*; **c. date** Abschlusstermin *m*, Erfüllungstag *m*

complex *n* verwickelt

compliance *n* Beachtung *f*, Befolgung *f*, Einhaltung *f*, Erfüllung *f*, Nachgiebigkeit *f*, Wahrung *f*; **in c. with** *(übereinstimmend, gemäß)* entsprechend; **c. with a condition** Einhaltung/Erfüllung einer Bedingung; **~ a contract** Vertragstreue *f*; **~ the deadline** Fristwahrung *f*; **~ formalities** Erledigung von Formalitäten; **not in ~ formalities** formwidrig; **mandatory ~ formalities** Formzwang *m*; **~ the law** Gesetzestreue *f*; **~ the provisions** Einhaltung der Vorschriften; **to enforce ~ the provisions** Einhaltung der Vorschriften erzwingen; **~ the terms (and conditions)** Erfüllung der Bedingungen; **~ the stipulated time; ~ the time limit** Wahrung der Frist, Fristwahrung *f*

compliant *adj* nachgiebig

complicity *n* Mitschuld *f*, Mittäterschaft *f*; **c. in a criminal offence** Teilnahme an einer Straftat; **to deny c.** Mittäterschaft abstreiten

comply with *v/prep* nachkommen, entsprechen, beachten, befolgen, einhalten, erfüllen, Folge leisten; **c.ing with the period of notice** *n* Einhaltung der Kündigungsfrist

component *n* Bestandteil *m*, Komponente *f*; **c. of a contract** Vertragsbestandteil *m*

composite *adj* zusammengesetzt, Misch-, Sammel-

composition *n* 1. (Abfindungs)Vergleich *m*, Beilegung im Wege des Vergleichs, vergleichsweise Regelung; 2. Zusammensetzung *f*; **c. to avoid bankruptcy** Vergleich zur Abwendung des Konkurses; **c. in bankruptcy** Konkurs-, Zwangsvergleich *m*; **c. by waiver** Erlassvergleich *m*; **to set aside a c.** Vergleich aufheben; **compulsory c.** Zwangsvergleich *m*; **enforceable c.** vollstreckbarer Vergleich

composition code Vergleichsordnung *f*; **c. dividend** Vergleichsquote *f*; **c. proceedings** Vergleichsverfahren *nt*

compound *v/t* erschweren

comprehensible *adj* begreiflich

comprehensive *adj* umfassend, global

comprise *v/t* umfassen, beinhalten, sich erstrecken auf

compromise *n* Kompromiss *m*, Vergleich *m*; **to reach a c.** Kompromiss schließen, sich vergleichen

compromise *v/t* kompromittieren; **c. os.** *v/refl* sich kompromittieren; **willing to c.** kompromissbereit

compromise proposal Kompromiss-, Vergleichsvorschlag *m*

compuls|ion *n* Zwang *m*; **c.ive** *adj* zwanghaft; **c.ory** *adj* obligatorisch, verbindlich, zwingend

computation *n* Berechnung *f*

computer *n* Computer *m*; **c. fraud** Computerbetrug *m*; **c. sabotage** Computersabotage *f*; **c. search** Rasterfahndung *f*

conceal *v/t* verstecken, kaschieren, verbergen, verdecken, verheimlichen, verschleiern, verschweigen; **c.ed** *adj* verborgen; **c.ing (of) evidence** *n* Beweisunterschlagung *f*

concealment *n* Unterdrückung *f*, Verheimlichung *f*, Verschleierung *f*, Verschweigen *nt*; **c. of assets** Vermögensverschleierung *f*, Verschleierung von Vermögenswerten; **~ facts** Unterdrückung/Verschweigen von Tatsachen; **~ profits** Gewinnverschleierung *f*
fraudulent concealment arglistiges Verschweigen; **~ of a defect** arglistiges Verschweigen eines Mangels; **~ of facts** arglistiges Verschweigen von Tatsachen; **material c.** *(Vers.)* Verschweigen eines wesentlichen Umstandes
concede *v/t* einräumen, konzedieren, zugestehen
conceivable *adj* denkbar
concentration *n* Konzentration *f*
concept *n* Begriff *m*, Konzept *nt*; **c. of law** Rechtsbegriff *m*; **basic c.** Grundbegriff *m*; **legal c.** Rechtsbegriff *m*, Rechtsfigur *f*, Rechtsgedanke *m*
conception *n* Empfängnis *f*
conceptual *adj* begrifflich
concern *n* 1. Angelegenheit *f*, Belang *m*, Interesse *nt*; 2. Konzern *m*; 3. Sorge *f*; **going c.** aktiver Betrieb; **main c.** Hauptanliegen *nt*
concern *v/t* betreffen; **to whom it may c.** *(Referenz)* für die zuständige Person; **c.ed** *adj* betroffen, fraglich; **c.ing** *prep* betreffend, betreffs, hinsichtlich
concerted *adj* abgekartet
concession *n* 1. Zugeständnis *nt*; 2. Einräumung *f*, Vergünstigung *f*, 3. Konzession *f*, Lizenzvertrieb *m*; **to grant a c.** konzessionieren, **c. fee** Konzessionsgebühr *f*; **c.aire** *n* Konzessionsinhaber(in) *m/f*, Konzessionär *m*
conciliate *v/t* versöhnen
conciliation *n* Schlichtung *f*, Vermittlung *f*; **attempted c.** Einigungs-, Schlichtungs-, Vermittlungs-, Sühneversuch *m*
conciliation agreement Schlichtungsvereinbarung *f*; **c. board/committee** Einigungs-, Gütestelle *f*, Schlichtungskammer *f*; **c. hearing** Sühnetermin *m*, Sühneverhandlung *f*; **c. procedure/proceedings** Einigungs-, Sühne-, Schlichtungs-, Vermittlungsverfahren *nt*
conciliator *n* Schlichter(in) *m/f*, Vermittler(in) *m/f*; **c.y** *adj* versöhnlich
conciseness *n* Kürze *f*

conclude *v/t* 1. abschließen, beenden; 2. folgern; 3. *(Vertrag)* schließen
conclusion *n* 1. Schluss; 2. (Schluss)Folgerung *f*, Konklusion *f*; 3. Abschluss *m*; **c. of a contract** Abschluss eines Vertrages, Vertrags(ab)schluss *m*; **after ~ the contract** nach Abschluss des Vertrages; **~ fact** Tatsachenfeststellung *f*; **~ a sale**; **~ a sales contract** Kauf-, Verkaufsabschluss *m*; **false c.** Trugschluss *m*; **legal c.** Rechtsfolgerung *f*; **wrong c.** Fehlschluss *m*
conclusive *adj* beweiskräftig, entscheidend, hieb- und stichfest, schlüssig, triftig; **c.ness** *n* Schlüssigkeit *f*, Stichhaltigkeit *f*, Triftigkeit *f*
concoction *n* Lügengeschichte *f*
concordat *n* Kirchenvertrag *m*, Konkordat *nt*
concrete *adj* gegenständlich, konkret
concur *v/i* beipflichten, übereinstimmen, zustimmen; **c.rence** *n* 1. *(Gesetz)* Konkurrenz *f*; 2. Übereinstimmung *f*; 3. Zusammentreffen *nt*; **c. of claims** Anspruchskonkurrenz *f*; **~ laws** Gesetzeskonkurrenz *f*; **~ criminal offence and public order offence** Zusammentreffen von Straftat und Ordnungswidrigkeit; **~ offences** Realkonkurrenz *f*, Tateinheit *f*, Zusammentreffen mehrerer Straftaten; **~ offences in one act** *(Tateinheit)* Idealkonkurrenz *f*
concurr|ent; c.ing *adj* 1. übereinstimmend, deckungsgleich; 2. *(Ansprüche)* konkurrierend
condemn *v/t* verurteilen; **c.ation** *n* [US] Enteignung *f*; **~ order** 1. *(Gebäude)* Abriss-, Beseitigungsverfügung *f*; 2. [US] Enteignungsbeschluss *m*
condemned *adj* *(Todesstrafe)* verurteilt
condescending *adj* herablassend
condition *n* 1. Bedingung *f*, Auflage *f*, Kondition *f*; 2. Verfassung *f*, Zustand *m*; **not subject to a c.** bedingungsfeindlich; **subject to a resolutory c.** bedingt aufschiebend, auflösend bedingt; **c. contra bonos mores** *(lat.)* sittenwidrige Bedingung; **c. of discharge** Befreiungsvorbehalt *m*; **~ performance** Leistungskondition *f*; **~ punishability** Bedingung der Strafbarkeit; **to be in a critical c.** in Lebensgefahr sein; **to impose c.s** Auflagen machen; **to meet a c.** Auflage erfüllen

concurrent condition Zug-um-Zug-Bedingung *f*; **environmental c.s** Umweltbedingungen; **express c.** ausdrückliche Bedingung; **favourable c.** günstige Bedingung; **implied c.** stillschweigende Bedingung; **indispensable c.** zwingend notwendige Bedingung; **legal c.** rechtliche Bedingung; **mental c.** Geistesverfassung *f*; **in merchantable c.** in handelsfähigem Zustand; **mutual c.(s)** Junktim *nt*, gegenseitige Bedingungen; **potestative c.** Potestativbedingung *f*; **subsequent c.** auflösende Bedingung; **suspensive c.** aufschiebende Bedingung, Suspensivbedingung *f*

condition precedent Vor-, Suspensivbedingung *f*, Voraussetzung *f*; **c. sine qua non** *(lat.)* unerlässliche Bedingung

conditional *adj* vorbehaltlich; **c. on/ upon** abhängig von

conditions *pl* 1. Konditionen; 2. *[GB]* wesentliche Vertragsbestimmungen; **c. of admission** Zulassungsbedingungen; **~ carriage** Beförderungsbedingungen; **~ contract** Vertragsbedingungen; **to stipulate the ~ contract** Vertragsbedingungen festlegen; **~ employment/service** Anstellungs-, Arbeitsvertragsbedingungen; **~ probation** Bewährungsauflagen; **to meet the c.** Bedingungen erfüllen; **initial c.** Anfangsbedingungen

condolence *n* Kondolenz *f*

condominium (apartment) *n* *[US]* Eigentumswohnung *f*; **c. association** Wohnungseigentümergemeinschaft *f*; **c. register** Wohnungsgrundbuch *nt*

condone *v/t* stillschweigend billigen

conducive *adj* dienlich, förderlich

conduct *n* 1. Benehmen *nt*, Betragen *nt*, Handlungsweise *f*, (Lebens)Führung *f*, Lebenswandel *m*, Verhalten *nt*; 2. Leitung *f*, Führung *f*; **~ a case** Prozessführung *f*; **~ a legal dispute** Führung eines Rechtsstreits; **~ the hearing/proceedings** *(Gericht)* Verhandlungsleitung *f*, Verhandlungsführung *f*; **~ a trial** Prozessführung *f*

anticompetitive conduct wettbewerbswidriges Verhalten; **criminal c.** kriminelles Verhalten; **culpable c.** schuldhaftes Verhalten; **disorderly c.** Erregung eines öffentlichen Ärgernisses, ordnungswidriges/unbotmäßiges Verhalten; **fraudulent c.** betrügerisches Verhalten; **good c.** Wohlverhalten *nt*; **illegal c.** gesetz-/rechtswidriges Verhalten; **immoral c.** unsittliches Verhalten; **implied c.** konkludentes Verhalten; **of irreproachable c.** unbescholten; **professional c.** standesgemäßes Verhalten; **safe c.** freies Geleit, Schutzgeleit *nt*; **tortious c.** deliktisches Verhalten; **unlawful c.** rechtswidrige Handlungsweise; **unprofessional c.** berufs-/standeswidriges Verhalten

conducting a case *n* Prozessführung *f*

conduct money *[GB]* Zeugengebühren *pl*; **c. unbecoming** ungebührliches Benehmen/Betragen

conduct *v/t* 1. führen, leiten; 2. betreiben; **conduct os.** *v/refl* sich verhalten

confederation *n* Konföderation *f*, Verband *m*

confer *v/ti* 1. beraten; 2. verleihen, übertragen, erteilen; **c. with** Rücksprache nehmen mit

conference *n* Konferenz *f*, Tagung *f*; **to convene a c.** Konferenz/Tagung einberufen

conferment *n* Verleihung *f*; **c. of power of attorney** Erteilung einer Vollmacht

confess *v/t* bekennen, gestehen; **c.ed** *adj* geständig

confession *n* Bekenntnis *nt*, Geständnis *nt*, Schuldanerkenntnis *f*; **c. and avoidance** Einrede ohne Leugnung des Klageanspruchs; **c. in court** gerichtliches Geständnis; **c. of judgment clause** Unterwerfungsklausel *f*

to extort a confession Geständnis erpressen; **to make a c.** Geständnis ablegen; **to retract a c.** Geständnis widerrufen

forced confession erzwungenes Geständnis; **full c.** umfassendes Geständnis; **qualified c.** qualifiziertes Geständnis

confidant(e) *n* 1. Mitwisser(in) *m/f*; 2. Vertrauensperson *f*

confidence *n* Vertrauen *nt*; **c. building** Vertrauensbildung *f*; **c.-building** *adj* vertrauensbildend; **c. trick** Hochstapelei *f*; **c. trickster** Hochstapler(in) *m/f*, Schwindler *m*, Trickbetrüger(in) *m/f*

confidential *adj* 1. vertraulich, diskret; 2. geheim, vertraulich; **strictly c.** streng geheim/vertraulich

confidentiality *n* Schweigepflicht *f*; **c. of registration office data** Meldegeheimnis *nt*; **medical c.** ärztliche Schweigepflicht

confinement *n* Gefangenschaft *f*, Haft *f*, Inhaftierung *f*; **c. to barracks** Kasernenarrest *m*; **c. for contempt** Erzwingungshaft *f*; **~ of court** Ordnungshaft *f*; **c. in a prison cell** Zellenhaft *f*

incommunicado confinement Kontaktsperre *f*; **joint c.** Gemeinschaftshaft *f*; **pre-trial c.** Untersuchungshaft *f*; **solitary c.** Einzel-, Isolations-, Isolierhaft *f*; **c. proceedings** Sicherungsverfahren *nt*

confirm *v/t* betätigen, bekräftigen, erhärten; **c.able** *adj* bestätigungsfähig

confirmation *n* Bestätigung *f*, Erhärtung *f*; **c. of the judgment** Bestätigung des Urteils; **c. on oath** eidliche Bestätigung; **c. of an order** Auftragsbestätigung *f*; **~ payment** Zahlungsbestätigung *f*; **judicial c.** gerichtliche Bestätigung

confirmed in writing *adj* verbrieft

confiscate *v/t* in Beschlag/Gewahrsam nehmen, beschlagnahmen, konfiszieren, sicherstellen

confiscation *n* Beschlag(nahme) *m/f*, Konfiskation *f*, Konfiszierung *f*; **c. of property** Einziehung des Vermögens, ~ von Vermögen; **c. order** Einziehungsverfügung *f*

conflagration *n* Brand *m*

conflict *n* 1. Konflikt *m*, Streitfall *m*, Unfrieden *m*, Widerstreit *m*; 2. *(Gesetz)* Konkurrenz *f*, Kollision *f*; **c. of competence(s)** Kompetenzkonflikt *m*; **~ duties** Pflichtenkollision *f*; **~ interests** Interessenkollision *f*, Interessenkonflikt *m*; **~ jurisdiction** Zuständigkeitsstreit *m*; **~ laws** Gesetzes-, Normen-, Statutenkollision *f*, Justizkonflikt *m*; **~ laws rule** Kollisionsnorm *f*

conflict with *v/prep* unvereinbar sein mit, im Widerspruch stehen zu

constitutional conflict Verfassungsstreit *m*; **industrial c.** Arbeitskonflikt *m*; **inner c.** Gewissenskonflikt *m*; **jurisdictional c.** Kompetenzkonflikt *m*, Kompetenzstreitigkeit *f*

conflict containment Konfliktbegrenzung *f*; **c. counselling** Konfliktberatung *f*; **c. prevention** Konfliktvermeidung *f*; **c. rule(s)** Kollisionsregel *f*; **c. settlement** Konfliktbeilegung *f*; **c. situation** Konfliktlage *f*

conflicting *adj* widerstreitend

conform *v/i* entsprechen, übereinstimmen

conformity *n* Übereinstimmung *f*, **in c. with** entsprechend, konform, in Übereinstimmung mit; **c. with the contract** Vertragsgemäßheit *f*; **to certify the c. of the copy with the original** die Übereinstimmung der Abschrift mit dem Original bestätigen; **c. with regulations** Ordnungsmäßigkeit *f*; **enforced c.** Gleichschaltung *f*

confront *v/t* gegenüberstellen, konfrontieren; **c.ation** *n* Gegenüberstellung *f*, Konfrontation *f*

confuse *v/t* verwechseln

confusion *n* Konfusion *f*, Vermischung *f*, Verwechselung *f*; **c. of the mind** Bewusstseinstrübung *f*; **~ rights** *(Schuldrecht)* Konfusion *f*

congestion *n* Stau *m*; **c. warning** Stauwarnung *f*

congress *n* Kongress *m*

congruity of features *n* Übereinstimmung von Merkmalen

conject *v/t* mutmaßen; **c.ure** *n* Mutmaßung *f*

conjugal *adj* ehelich

in conjunction with *n* in Verbindung/Realkonkurrenz/Tateinheit mit, zusammen mit

con-man *n* Hochstapler(in) *m/f*

connect *v/t* verbinden; **c.ed** *adj* verbunden; **to be ~** in Zusammenhang stehen, zusammenhängen

connection *n* 1. Verbindung *f*, Beziehung *f*; 2. Zusammenhang *m*, 3. Anschluss *m*; **in this c.** in diesem Zusammenhang; **causal c.** Kausalzusammenhang *m*, ursächlicher Zusammenhang; **factual c.** Sachzusammenhang *m*

connivance *n* Duldung (einer rechtswidrigen Handlung), Konnivenz *f*, passive Tathilfe, stillschweigende Zustimmung; **c. by officials or a public body** Begünstigung im Amt

connive at v/prep stillschweigend dulden, billigend in Kauf nehmen
consanguin|ity n Blutsverwandtschaft f; **c.eous** adj blutsverwandt
conscien|ce n Gewissen nt; **c.tious** adj gewissenhaft, pflichtbewusst
conscious adj bewusst; **c.ness** n Bewusstsein nt; **environmental ~** Umweltbewusstsein nt
conscript n (Militär) Einberufener m, Wehrpflichtiger m; **c.ion** n Wehrpflicht f
consecutive adj fortlaufend, aufeinander folgend
consensus n Einigung f, Konsens m, Übereinstimmung f; **a c. was reached** Konsens ist herbeigeführt; **c. ad idem** (lat.) Einmütigkeit f; **c. of opinion** übereinstimmende Meinung
consent n Einverständnis nt, Einwilligung f, Genehmigung f, Jawort nt, Plazet nt, Zustimmung f; **with so.'s c.** mit jds Einwilligung/Zustimmung; **without c.** ohne Einwilligung
consent to cancellation (Grundbucheintrag) Löschungsbewilligung f; **c. of the child** Einwilligung des Kindes; **~ the legal representative** Einwilligung des gesetzlichen Vertreters; **~ the spouse** Einwilligung/Zustimmung des Ehegatten
to obtain consent Einwilligung einholen; **to refuse/withhold c.** Einwilligung/Zustimmung verweigern, **~** vorenthalten; **to revoke c.** Zustimmung widerrufen
absent consent fehlende Einwilligung; **express c.** ausdrückliche Zustimmung; **implied c.** stillschweigende Einwilligung; **mutual c.** Willenseinigung f; **by ~** im gegenseitigen Einvernehmen, einvernehmlich; **official c.** amtliche Zustimmung; **oral c.** mündliches Einverständnis; **parental c.** Einwilligung der Eltern des Kindes, elterliche Einwilligung; **presumed c.** mutmaßliche Einwilligung; **prior c.** vorherige Zustimmung; **subsequent c.** nachträgliche Zustimmung; **tacit c.** stillschweigendes Einverständnis, stillschweigende Einwilligung/Zustimmung; **written c.** schriftliches Einverständnis, schriftliche Zustimmung
consent v/i einwilligen, zustimmen, Zustimmung erteilen

consent judgment Prozessvergleich m; **c. order** 1. Beschluss auf Grund der Zustimmung der beschwerten Partei; 2. [US] Verfügung der Federal Trade Commission (mit Zustimmung der Betroffenen im Vergleichswege)
consequence n Konsequenz f, Folge f; **to be a c. of** sich ergeben aus; **immediate c.** direkte/unmittelbare Folge; **incidental/secondary c.** Nebenfolge f; **legal c.** Rechtsfolge f, Rechtswirkung f; **~ c.s** gerichtliches Nachspiel, Rechtsfolgen
to be consequent on adj die Folge sein von
consequential adj kausal bedingt, Folge-
conservation n Naturschutz m; **rural c.** Landschaftsschutz m; **c. area** Landschafts-, Naturschutzgebiet nt; **c.ist** n Landschafts-, Natur-, Umweltschützer(in) m/f
consider v/t 1. erwägen, abwägen, bedenken; 2. ansehen, betrachten, überlegen; 3. berücksichtigen, Rechnung tragen, in Betracht ziehen, Rücksicht nehmen; **c.able** adj beträchtlich, erheblich
consideration n 1. Abwägung f; 2. Rücksicht(nahme) f; 3. Überlegung f Berücksichtigung f, Betracht m, Betrachtung f, Erwägung f; 4. Gegenleistung f (Besonderheit des engl. Vertragsrechts aus dem Common Law: Leistungen aus formlosen Verträgen sind nur einklagbar, wenn sich der Kläger zu einer 'consideration' verpflichtet oder diese geleistet hat, die nicht angemessen zu sein braucht), (Leistungs)Entgelt nt; **as c. for** als Entgelt für; **for (valuable) c.** entgeltlich; **in c.** in Betracht; **not ~** außer Betracht
consideration of the evidence Beweiswürdigung f; **~ interests** Berücksichtigung der Interessen; **c. for labour** Tätigkeitsvergütung f; **~ use** Nutzungsentgelt nt
to take into consideration berücksichtigen; **~ sth. into c.** auf etw. Rücksicht nehmen
agreed consideration vereinbartes Entgelt; **due c.** gebührende Berücksichtigung; **after ~** nach wohlwollender Erwägung; **equitable c.s** Billigkeitserwägungen; **overall c.** Gesamtwürdigung f; **pecuni-**

ary/valuable c. geldwerte Gegenleistung

consider|ed *adj* überlegt; **c.ing** *prep* unter Berücksichtigung von; **~ that** in Anbetracht der Tatsache, dass

consign *v/t* 1. versenden; 2. in Kommission geben

consignee *n* Warenempfänger(in) *m/f*, Adressat(in) *m/f*

consignment *n* 1. Lieferung *f*, Sendung *f*; 2. Kommission *f*, Konsignation *f*; **substitute c.** Ersatzlieferung *f*

consignment basis Kommissionsbasis *f*; **on a ~** auf Kommissionsbasis; **c. contract** Kommissionsvertrag *m*; **c. goods** Kommissionsgut *nt*, Kommissions-, Konsignationsware *f*; **c. merchant** Verkaufskommissionär *m*; **c. note** Warenbegleitschein *m*; **c. sale** Konsignationsverkauf *m*

consignor *n* Warenabsender(in) *m/f*, Kommittent *m*, Konsignator *m*

consist of *v/prep* bestehen aus

consistency of case law *n* Einheitlichkeit der Rechtsprechung

consistent (with) *adj* übereinstimmend

consolation *n* Trost *m*

consolidate *v/t* konsolidieren

consolidation *n* Konsolidation *f*, Konsolidierung *f*, Zusammenschluss *m*; **c. of mortgages** Vereinigung von Hypotheken; **~ statutes** Zusammenfassung von Gesetzen

consortium *n* Konsortium *nt*; **c. agreement** Konsortialvertrag *m*

conspiracy *n* Verschwörung *f*, Komplott *nt*, Verabredung *f*, Konspiration *f*; **c. to commit a crime** Verabredung zur Begehung einer Straftat; **~ murder** Mordkomplott *m*, Verabredung zum Mord, **~ pervert the course of justice** Verabredung zur Rechtsbeugung; **criminal c.** Verabredung zur Begehung eines Verbrechens

conspire *v/i* Komplott schmieden, konspirieren, sich verabreden

constable *n* *[GB]* (Polizei)Wachtmeister(in) *m/f*; **c. on the beat** Streifenpolizist(in) *m/f*

constant *adj* gleich bleibend, unaufhörlich

constituency *n* Wahlkreis *m*

constituent *adj* konstituierend

constituents *pl* Wählerschaft *f*

constitute *v/t* 1. darstellen; 2. begründen, konstituieren; **c. os.** *v/refl* sich konstituieren; **c.d** *adj* ordnungsgemäß konstituiert; **duly ~** ordnungsgemäß konstituiert

constitution *n* Verfassung *f*, Grundordnung *f*, Konstitution *f*, Satzung *f*, Statut *nt*; **c. of the court** Zusammensetzung des Gerichts; **federal c.** Grundgesetz *nt*, Bundesverfassung *f*; **municipal c.** Gemeindeverfassung *f*

constitutional *adj* 1. rechtsstaatlich, verfassungsgemäß, verfassungsmäßig, verfassungsrechtlich; 2. satzungsgemäß; **c.ism** *n* Konstitutionalismus *m*; **c.ity** *n* Verfassungsmäßigkeit *f*

constitutive *adj* konstitutiv, rechtsbegründend, rechtsgestaltend

moral constraint *n* Gewissenszwang *m*

construct *v/t* konstruieren, bauen

construction *n* 1. Auslegung *f*, Deutung *f*, Interpretation *f*; 2. Bau *m*, Konstruktion *f*; **c. of a contract** Vertragsauslegung *f*; **~ law** Gesetzesauslegung *f*; **c. under licence** Lizenzbau *m*; **c. of a will** Testamentsauslegung *f*; **to put a c. on sth.** etw. auslegen; **purposive c.** zweckmäßige Auslegung

construction ban *n* Bauverbot *nt*; **c. case** Bauprozess *m*; **c. costs** Baukosten; **c. developing zone** Bauerschließungsgebiet *nt*; **c. law** Baurecht *nt*; **c. planning law** Bauplanungsrecht *nt*; **c. licence** Nachbaulizenz *f*; **c. regulations** Bauordnung *f*; **c. work** Bauleistung *f*, Bebauung *f*

construe *v/t* auslegen, interpretieren; **c. narrowly** eng auslegen

consul *n* Konsul *m*; **honorary c.** Wahlkonsul *m*; **c. general** Generalkonsul *m*; **c.ar** *adj* konsularisch; **c.ate** *n* Konsulat *nt*; **~ general** Generalkonsulat *nt*

consult *v/t* 1. hinzuziehen, konsultieren; 2. *(Anwalt)* nehmen; 3. *(Gutachter)* zuziehen; **c. with** Rücksprache nehmen mit; **c.ancy** *n* Beratungstätigkeit *f*; **~ contract** Berater-, Beratungsvertrag *m*; **c.ant** *n* Berater *m*

consultation *n* Hinzuziehung *f*, Konsultation *f*, Rücksprache *f*; **in c. with** im Benehmen mit; **mandatory c.** Konsultationspflicht *f*; **c. clause** Hinzuziehungsklausel *f*; **c. procedure** Konsultationsverfahren *nt*

consume *v/t* verbrauchen

consumer *n* Konsument(in) *m/f*, Verbraucher(in) *m/f*; **c. advice centre; C. Council** *[GB]* Verbraucherzentrale *f*; **c. contract** Verbrauchervertrag *m*

consumer credit Verbraucherkredit *m*; **~ act** Verbraucherkreditgesetz (VerbrKG) *nt*; **~ contract** Verbraucherkreditvertrag *m*; **~ purchase** Verbraucherkreditkauf *m*

consumer durables Konsum-, Gebrauchsgüter; **c. goods** Konsum-, Verbrauchsgüter; **c. habits** Konsumgewohnheiten; **c. loan** Verbraucherdarlehen *nt*, Verbraucherkredit *m*; **c. protection** Verbraucherschutz *m*; **~ act** Verbraucherschutzgesetz *nt*; **~ legislation** Verbraucherschutzgesetzgebung *f*; **c. suit** Verbraucherklage *f*

consummation of marriage *n* Vollziehung der Ehe

consumption *n* Konsum *m*, Verbrauch *m*, Verzehr *m*, Genuss *m*; **unfit for human c.** für menschlichen Verzehr ungeeignet; **own/personal c.** Eigenverbrauch *m*; **c. tax** Verbrauchssteuer *f*

contact *n* 1. Kontakt *m*, Umgang *m*; 2. Kontaktperson *f*; **in close c.** in enger Verbindung; **c. with clients** Verkehr mit Mandanten; **physical c.** Hautkontakt *m*

contagious *adj (Krankheit)* übertragbar

contain *v/t* 1. beinhalten; 2. aufweisen; **c.er** *n* Behältnis *nt*

contamination *n* Verseuchung *f*, Kontamination *f*, Vergiftung *f*, Verschmutzung *f*

contemporan|eity *n* Gleichzeitigkeit *f*; **c.eous** *adj* gleichzeitig

contempt *n* Missachtung *f*; **c. of court** Missachtung/Nichtachtung/Verächtlichmachung des Gerichts, vorsätzliches Nichterscheinen vor Gericht, Ungebühr vor Gericht; **to be in ~** 1. die Würde des Gerichts missachten; 2. trotz Ladung nicht erscheinen; **to treat so. with c.** jdn mit Verachtung strafen; **c. fine** *(Gericht)* Erzwingungsgeld *nt*, Erzwingungsstrafe *f*

contemptible *adj* 1. niederträchtig, verabscheuungswürdig; 2. verächtlich; **c.uous** *adv* verächtlich

contend *v/t* behaupten, geltend machen, vorbringen

content(s) *n* Inhalt *m*; **c. of the contract** Vertragsinhalt *m*

contention *n* Behauptung *f*, Vorbringen *f*

contentious *adj* streitig, strittig, kontradiktorisch

contest *v/t* 1. ab-, bestreiten; 2. *(Willenserklärung)* anfechten; **c.ability** *n* Anfechtbarkeit *f*; **c.able** *adj* 1. bestreitbar; 2. anfechtbar; **c.ing a will** *n* Testamentsanfechtung *f*; **~ an election** Wahlanfechtung *f*

in this context *n* in diesem Zusammenhang; **to take sth. out of c.** etw. aus dem Zusammenhang reißen

contingency *n* Zufall *m*, ungewisses Ereignis, Eventualität *f*; **c. fee** Erfolgshonorar *nt*; **c. sum** Vorsorgepauschbetrag *m*

contingent *adj* eventuell

contingent *n* Kontingent *nt*

continual *n* unablässig

continuance *n* Fortbestehen *nt*, Dauer *f*, Fortgang *m*; **c. of proceedings** *[US]* Vertagung des Verfahrens

continuation *n* 1. Fort-, Weiterbestehen *nt*, Fortdauer *f*; 2. Fortführung *f*, Fortsetzung *f*; **c. of a legal dispute** Fortsetzung eines Rechtsstreits; **~ an offence** Fortsetzungszusammenhang *m*; **~ the legal relationship** Fortbestehen des Rechtsverhältnisses; **implied c.** stillschweigende Verlängerung

continue *v/ti* 1. bestehen bleiben, fortbestehen; 2. fortführen, fortsetzen; **c. to be valid** fortgelten; **c.d** *adj* fortgesetzt

continu|ing *adj* anhaltend, fortbestehend, fortgesetzt; **c.ous** *adj* fortlaufend

contra bonos mores *(lat.)* gegen die guten Sitten, sittenwidrig; **to be ~** gegen die guten Sitten verstoßen

contraband *n* Schmuggelgut *nt*, Konterbande *f*, Schmuggel-, Bannware *f*, geschmuggelte Ware(n)

contract *n* 1. Vertrag *m*, Vereinbarung *f*, Kontrakt *m*; 2. Auftrag *m*; **according to c.; as per c.** laut Vertrag, vertragsgemäß; **by (way of) c.** mittels eines Vertrages; **~ private c.** freihändig; **liable under a c.** vertraglich verpflichtet; **secured by c.** vertraglich abgesichert

contract of accommodation Gastaufnahme-, Beherbergungsvertrag *m*; ~ **affreightment** (Schiff)Befrachtungsvertrag *m*; ~ **agency** Geschäftsbesorgungsvertrag *m*; ~ **apprenticeship** Lehrvertrag *m*; ~ **assignment** Abtretungs-, Zessionsvertrag *m*; **c. for the benefit of a third party** Vertrag zu Gunsten Dritter; ~ **the carriage of goods** Güterbeförderungsvertrag *m*; **c. of carriage** Beförderungs-, Fracht-, Transportvertrag *m*; ~ **by land** Landfrachtvertrag *m*; **c. to carry passengers** Personenbeförderungsvertrag *m*; **no c. without consideration** kein Vertrag ohne Gegenleistung *(grundsätzliche Voraussetzung bei schuldrechtl. Vertrag)*; **c. of consignment** Konsignationsvertrag *m*; ~ **control** *(Unternehmen)* Beherrschungs-, Herrschaftsvertrag *m*; **c. for a debt** Schuldvertrag *m*; **c. to deliver** Liefervertrag *m*; **c. of deposit** Hinterlegungs-, Verwahrungsvertrag *m*; ~ **donation** Schenkungsvertrag *m*; **c. of employment** Anstellungs-, Arbeits-, Einstellungsvertrag *m*, **fixed-term** ~ befristeter Arbeitsvertrag; **c. of guarantee/indemnity** Garantie-, Gewährvertrag *m*; **c. between individuals** Individualvertrag *m*; **c. of inheritance** Erbvertrag *m*; ~ **insurance** Versicherungsverhältnis *nt*, Versicherungsvertrag *m*; **c. under public law** öffentlich-rechtlicher Vertrag; **c. of lease** Leasing-, Pachtvertrag *m*; **c. on the life of a third party** Lebensfremdversicherungsvertrag *m*; **c. of manufacture** Herstellungsvertrag *m*; ~ **marriage** Ehevertrag *m*; **c. for several consecutive periods of employment** Kettenarbeitsvertrag *m*; **c. of pledge** Verpfändungsvertrag *m*; **c. for the procurement of services** Dienstverschaffungsvertrag *m*; **c. of reinsurance** Rückversicherungsvertrag *m*; **c. for repairs** Reparaturvertrag *m*; ~ **the sale of property** Grundstückskaufvertrag *m*

contract of sale Kauf-, Veräußerungsvertrag *m*; **to conclude a c. of s.** Kaufvertrag schließen; **to rescind the c. of s.** vom Kaufvertrag zurücktreten

contract for services Dienstleistungs-, Werkvertrag *m*; **c. of service** Arbeits-,

Dienstvertrag *m*; ~ **storage** Lagervertrag *m*; ~ **succession** Erbvertrag *m*; ~ **between spouses** Ehegattenerbvertrag *m*; **c. between group subsidiaries** Organschaftsvertrag *m*; **c. for the supply of goods and services** Sachleistungsvertrag *m*; **c. of tenancy** Mietvertrag *m*; **c. for the transfer of use and enjoyment** Nutzungsvertrag *m*; **c. of transfer** Übertragungsvertrag *m*; ~ **transport(ation)** Beförderungsvertrag *m*; **c. for work and services** Werkvertrag *m*; **c. of works, labour and material** Werklieferungsvertrag *m*

contract imposing a burden on a third party Vertrag zu Lasten Dritter; **c. implied in fact** durch Tatsachenauslegung festgestellter Vertrag; **c. requiring a specific form** formbedürftiger Vertrag; ~ **law** durch Rechtsvermutung begründeter Vertrag; **c. governed by public law** öffentlich-rechtlicher Vertrag; **the c. involves** der Vertrag hat zum Gegenstand

to amend a contract Vertrag ändern; **to annul a c.** Vertrag annullieren; **to avoid a c.** Vertrag anfechten/annullieren; **to award a c.** Auftrag vergeben, Zuschlag erteilen; **to be based on a c.** auf einem Vertrag beruhen; **to be bound by c.;** ~ **under c.** vertraglich gebunden/verpflichtet sein; **to bind os. by c.** sich vertraglich verpflichten; **to breach/break a c.** Vertrag brechen; **to complete a c.** 1. Vertrag erfüllen; 2. Auftrag erledigen; **to conclude a c.** Vertrag schließen; **to confirm a c.** Vertrag bestätigen; **to declare a c. null and void** einen Vertrag annullieren; **to draw up a c.** Vertrag aufsetzen; **to enter into a c.** Vertrag abschließen/eingehen; **capable of entering into a c.** vertragsfähig; **the c. is entered into for a period of 3 years** der Vertrag wird auf die Dauer von 3 Jahren abgeschlossen; ~ **has become frustated** die Vertragserfüllung ist unmöglich geworden; **to infringe a c.** Vertrag verletzen; **to modify a c.** Vertrag ändern; **to perform a c.** Vertrag erfüllen; **to provide expressly or implicitly in the c.** im Vertrag ausdrücklich oder stillschweigend vorsehen; **to put so. under c.** jdn unter Vertrag nehmen; **to renew a c.** Vertrag verlängern; **to rescind a c.** 1. Vertrag anfechten; 2. Vertrag aufheben/auflösen/kündigen/rückgängig machen, von einem Vertrag zurücktreten, sich ~ lösen; **to revoke a c.** Vertrag rückgängig machen; **to sign a c.** Vertrag unterzeichnen; **to stipulate by c.** vertraglich festlegen/vereinbaren/regeln; **to terminate a c.** Vertrag beendigen; **to uphold a c.** Vertrag bestätigen

aleatory contract aleatorischer Vertrag; **all-inclusive c.** Pauschalvertrag *m*; **beneficial c.** Begünstigungsvertrag *m*; **bilateral c.** zweiseitiger Vertrag; **binding c.** (rechts)verbindlicher (und endgültiger) Vertrag; **collateral c.** Nebenvertrag *m*; **comprehensive c.** Vertragswerk *nt*; **conditional c.** bedingter Vertrag; **current c.** laufender Vertrag; **de facto** *(lat.)* **c.** faktischer Vertrag, faktisches Vertragsverhältnis; **effective c.** rechtswirksamer Vertrag; **exclusive c.** Ausschließlichkeits-, Exklusivvertrag *m*; **executed c.** Realvertrag *m*, erfüllter Vertrag; **executory c.** noch zu erfüllender Vertrag; **fictitious c.** Scheinvertrag *m*; **fixed-term c.** befristeter Vertrag, Zeitvertrag *m*; **flawed c.** fehlerhaftes Vertragsverhältnis; **follow-up c.** Folgevertrag *m*; **formal c.** förmlicher Vertrag; **gratuitous c.** unentgeltlicher Vertrag; **illegal c.** rechtswidriger/widerrechtlicher Vertrag; **illicit c.** gesetzwidriger Vertrag; **implied c.** durch konkludentes Handeln geschlossener Vertrag, konkludent geschlossener Vertrag, stillschweigender Vertrag; **independent c.** selbstständiger Vertrag; **innominate c.** atypischer Vertrag; **inter-company c.** Unternehmensvertrag *m*; **invalid c.** ungültiger Vertrag; **joint c.** Gemeinschafts-, Gesamtvertrag *m*; **lifetime c.** Dauervertrag *m*; **mixed c.** gemischter Vertrag; **naked c.** Vereinbarung ohne Gegenleistung; **new c.** Neuvertrag *m*; **nominate c.** typischer Vertrag; **onerous c.** 1. Knebelvertrag *m*; 2. entgeltlicher Vertrag; **original c.** Hauptvertrag *m*; **pre-emptive c.** Vorkaufsvertrag *m*; **preliminary c.** Vorvertrag *m*; **pro-forma c.** Formular-, Formalvertrag *m*; **real c.**

dinglicher Vertrag; **reciprocal c.** Gegenseitigkeitsvertrag *m*; **automatically renewable c.** Kettenvertrag *m*; **revised c.** Neuvertrag *m*; **secondary c.** Zweitvertrag *m*; **shared-cost c.** Kostenteilungsvertrag *m*; **social c.** Sozialkontrakt *m*; **special c.** Sondervertrag *m*; **standard c.** Einheitsvertrag *m*; **subsidiary c.** Nebenvertrag *m*; **substituted c.** Novationsvertrag *m*; **temporary c.** Zeitvertrag *m*; **tying c.** 1. Knebelungsvertrag *m*, 2. Vertriebsbindungsvertrag *m*; 3. Zwangsvertrag *m*; **unilateral c.** einseitig verpflichtender Vertrag; **usurious c.** Wuchervertrag *m*; **vicious c.** fehlerhafter Vertrag; **void c.** nichtiger Vertrag; **voidable c.** anfechtbarer/vernichtbarer Vertrag

contract *v/t* kontrahieren; **c. out** sich freizeichnen, verdingen, abbedingen; **c. so.** jdn unter Vertrag nehmen; **c. with os.** mit sich selbst kontrahieren

contract area Vertragsgebiet *nt*; **c. association** Vertragsgemeinschaft *f*

contract award Auftragserteilung *f*, Zuschlag *m*; **~ regulations** Vergaberichtlinien *pl*; **c. awarding procedure** Vergabeverfahren *nt*

contract clause Vertragsklausel *f*; **c. debt** Vertragsschuld *f*; **c. documents** Vertragsunterlagen; **c. implementation guarantee** Vertragsdurchführungsgarantie *f*

contracting *adj* vertragschließend; **c. out** *n* Freizeichnung *f*, Verdingung *f*; **~ of liability** Haftungsfreizeichnung *f*; **c. a marriage** *n* Eingehen der Ehe; **c. regulations/rules** Verdingungsordnung *f*; **~ for the award of public works contracts** *n* Verdingungsordnung für Bauleistungen (VOB)

contract labour Gedinge *nt*; **c. negotiations** Vertragsverhandlungen; **c. object(ive)** Vertragsziel *nt*

contractor *n* 1. Auftragnehmer(in) *m/f*, Vertragsunternehmen *nt*, Werkunternehmer *m*, Groß-, Warenlieferant *m*; 2. Vertragschließende(r) *f/m*, Kontrahent(in) *m/f*; **c.'s lien** (Werk)Unternehmerpfandrecht *nt*; **~ collateral mortgage** Sicherungshypothek des Bauunternehmers; **~ obligation to rem-**

edy a defect *(Werkvertrag)* Nachbesserungspflicht *f*
general contractor General-, Hauptunternehmer *m*; **joint c.** Mitunternehmer *m*
contract period Vertragsdauer *f*; **c. price** 1. Lieferpreis *m*; 2. Vertragspreis *m*; **c. processing** Lohnveredelung *f*; **c. product** Vertragsprodukt *m*; **c. rate of interest** Vertragszins *m*; **c. term** Vertragszeit *f*
contract terms Vertragsbedingungen; **standard c. t.** Verdingungsordnung *f*; **unfair c. t.** unzulässige Vertragsbedingungen
contract trustee Vertragstreuhänder(in) *m/f*; **c. value** Auftragswert *m*; **c. work** Auftragsarbeit *f*; **c. year** Abschlussjahr *nt*
contractual *adj* vertraglich, vertrags-, schuldrechtlich, kontraktbestimmt, rechtsgeschäftlich, vertragsmäßig
contradict *v/t* widersprechen; **c.ion** *n* Widerspruch *m*; **in ~ to** im Widerspruch zu; **to get caught up in c.ions** sich in Widersprüche verwickeln; **c.ory** *adj* widersprüchlich
contrary *n* Gegenteil *nt*; **c. to** *adj* zuwider; **to be c. (to)** im Widerspruch stehen (zu)
contraven|e *v/t* übertreten, verstoßen, zuwiderhandeln; **c.tion** *n* Übertretung *f*, Zuwiderhandlung *f*
contribute *v/t* Beitrag leisten, beitragen, einbringen, mitwirken; **c. later** nachschießen
contribution *n* Beitrag(sleistung) *m/f*, Einbringung *f*; **liable to pay c.s** beitragspflichtig; **c. to(wards) costs/expenses** Unkostenbeitrag *m*
additional contribution Nachschuss *m*; **annual c.** Jahresbeitrag *m*; **statutory c.** Zwangsabgabe *f*; **subsequent c.** Nachschuss *m*; **voluntary c.** Spende *f*
contribution assessment ceiling Beitragsbemessungsgrenze *f*; **c. payment** Beitragszahlung *f*
contributor *n* 1. Beitragszahler(in) *m/f*; 2. Mitarbeiter(in) *m/f*
contributory *adj* 1. beitragspflichtig; 2. mitverursachend, mitwirkend
control *n* Beherrschung *f*, Herrschaft *f*, Kontrolle *f*, Regie *f*; **subject to c.** kontrollpflichtig; **c. of food hygiene** Lebensmittelüberwachung *f*; **~ mergers** Fusionskontrolle *f*; **~ abusive practices** Missbrauchsaufsicht *f*; **~ prices** Preisbindung *f*; **to lose c.** Kontrolle verlieren; **to place so. under the c. of a guardian** jdn entmündigen; **parental c.** Erziehungsgewalt *f*
control *v/t* 1. (be)herrschen; 2. kontrollieren, (nach)prüfen
control body Kontrollorgan *nt*; **c. centre** Lagezentrale *f*; **c. room** Lagezentrale *f*; **c. slip** Kontrollabschnitt *m*
Controlled Tenancies Act *[GB]* Mietbindungs-, Wohnungsbindungsgesetz *nt*
controvers|ial *adj* anfechtbar, umstritten; **c.y** *n* Kontroverse *f*, (Meinungs)Streit *m*; **to settle a c.** Kontroverse beilegen
contumac|ious *adj* trotz Ladung nicht erschienen, kontumazial; **c.y** *n* Kontumaz *f*
contusion *n* Quetschwunde *f*
convalescence *n* Konvaleszenz *f*
convene *v/t* einberufen
convenien|ce *n* Zweckmäßigkeit *f*; **c.t** *adj* tunlich, zweckmäßig
convention *n* 1. Abkommen *nt*, Konvention *f*, Übereinkommen *nt*, Vertrag *m*, Übereinkunft *f*; 2. Tagung *f*, Konvent *m*; **c. for the protection of human rights (and fundamental freedoms)** Konvention zum Schutz der Menschenrechte; **to be subject to a c.** unter ein Abkommen fallen; **consular c.** Konsularvertrag *m*
convergence *n* Konvergenz *f*
conversation *n* Gespräch *nt*
conversion *n* 1. Umwandlung *f*, Konversion *f*; 2. *(Umdeutung von nichtigen Rechtsgeschäften)* Konversion *f*, Wandlung *f*; 3. Umrechnung *f*, Konvertierung *f*; 4. Umbau *m*, Umgründung *f*, Umstellung *f*; **c. of a debt** Schuldumwandlung *f*; **~ a pledge for own use** Pfandunterschlagung *f*; **~ small items** Unterschlagung geringwertiger Sachen; **to sue for c.** auf Wandlung klagen; **fraudulent c.** Veruntreuung *f*
conversion act Umwandlungsgesetz *nt*; **c. balance** Konversionsguthaben *nt*; **c. bond/loan** Wandelanleihe *f*; **c. day** Wandlungstag *m*; **c. fee** *(Patentrecht)* Umwandlungsgebühr *f*; **c. notice** Wandlungsmitteilung *f*; **c. period** Wandlungszeitraum *m*; **c. privilege** Wand-

lungsrecht *nt*; **c. risk** Konvertierungsrisiko *nt*; **c. terms** Wandlungsbedingungen

convert *v/t* 1. umwandeln, umstellen, umgründen; 2. umrechnen, konvertieren

convertibility *n* 1. (Um)Wandelbarkeit *f*; 2. Einlösbarkeit *f*, Konvertibilität *f*; **c. of the matrimonial property regime** (Um)Wandelbarkeit des Güterstandes; **~ the contractual status** (Um)Wandelbarkeit des Vertragsstatuts

convertible *adj* 1. umwandelbar; 2. einlösbar, konvertierbar

convey *v/t* 1. befördern; 2. *(Grundbesitz)* übereignen, überschreiben, übertragen, auflassen; **c.able** *adj* übertragbar

conveyance *n* 1. Beförderung *f*; 2. (Eigentums)Übertragung *f*, Auflassung *f*, Übereignung *f*, Überschreibung *f*, Übertragung von Grundstücksrechten, gesetzliche Übertragung, Überführung *f*; **c. of land** Auflassung *f*; **c. by mail/post** Postversand *m*, Postübersendung *f*; **c. of passengers** Personenbeförderung *f*; **~ property** (Grundstücks)Auflassung *f*, Übereignung eines Grundstücks, Vermögensübertragung *f*; **fraudulent c.** Vermögensveräußerung zur Vollstreckungsvereitelung; **c. clause** Auflassungsklausel *f*

conveyancing *n* Auflassung *f*, Eigentumsübertragung(sverfahren) *f/nt*

convict *n* Strafgefangene(r) *f/m*, Verurteilte(r) *f/m*; *v/t* ver-, aburteilen, für schuldig befinden, schuldig sprechen, einer Straftat überführen

convicted *adj* (rechtskräftig) verurteilt, vorbestraft; **previously c.** vorbestraft; **~ for the same offence** einschlägig vorbestraft

conviction *n* 1. *(StR)* (Straf)Urteil *nt*, Verurteilung *f*, Schuldspruch *m*, Schuldigsprechung *f*, Aburteilung *f*; 2. *(StR)* Überführung *f*; 3. Überzeugung *f*, Gesinnung *f*; **c. and sentence** Strafurteil *nt*; **c. in the alternative** *(StR)* Wahlfeststellung *f*; **to overturn/quash a c.** *(StR)* Urteil aufheben, rehabilitieren

criminal conviction Verurteilung wegen einer Straftat; **previous c.** Vorstrafe *f*; **to have a ~ c.** vorbestraft sein; **~ several ~**

c.s mehrfach vorbestraft sein; **spent c.** abgesessene Vorstrafe; **summary c.** Verurteilung im Schnellverfahren; **c. labour** Gefangenenarbeit *f*

convinc|e *v/t* überzeugen; **c.ing** *adj* überzeugend

convocation *n* Einberufung *f*; **c. of the general meeting** Einberufung der Haupt-/Mitgliederversammlung

convoke *v/t* einberufen

convoy *n* (Fahrzeug)Kolonne *f*, Verband *m*

co-op *n* Genossenschaft *f*

cooperate *v/t* mitwirken

cooperation *n* Mitarbeit *f*, Zusammenarbeit *f*, Mitwirkung *f*, Kooperation *f*; **in need of c.** mitwirkungsbedürftig; **c. with other authorities** Mitwirkung anderer Behörden; **~ the customer** Mitwirkung des Bestellers; **c. of the controlling/supervisory guardian** Mitwirkung des Gegenvormundes; **c. in the recovery of debts** Mitwirkung zur Einziehung; **to refuse c.** Mitwirkung verweigern; **c. agreement** Kooperationsabkommen *nt*, Kooperationsvereinbarung *f*

cooperative *adj* kollegial

co-opt *v/t* kooptieren

coordinat|e *v/t* abstimmen, gleichordnen; **c.ion** *n* Federführung *f*

co-owner *n* Miteigentümer(in) *m/f*, Mitinhaber(in) *m/f*; **c.ship** *n* Miteigentum *nt*; **~ in fractional shares** Miteigentum nach Bruchteilen

co|-patentee *n* Mitinhaber eines Patents; **c.-principal** *n* Mittäter(in) *m/f*; **c.-proprietor** *n* Mitinhaber(in) *m/f*

copy *n* 1. Ab-, Durch-, Gleich-, Zweitschrift *f*, Ausfertigung *f*, Kopie *f*; 2. Nachbau *m*, Nachbildung *f*, Kopie *f*; **c. certified correct** für die Richtigkeit der Abschrift; **c. of a certificate; ~ testimonial** Zeugnisabschrift *f*; **~ deed** Abschrift einer Urkunde; **c. from a register** Registerabschrift *f*

to certify a copy eine Abschrift beglaubigen; **~ the conformity of the c. to the original** die Übereinstimmung der Abschrift mit dem Original bestätigen; **to make a c.** Abschrift anfertigen; **to retain one c.** eine Kopie für sich behalten

notarially attested copy notariell beglaubigte Abschrift; **certified c.** beglaubigte Abschrift/Kopie; **conformed c.** *[US]* gleichlautende Abschrift; **fair c.** Reinschrift *f*; **notarized c.** *[US]* notariell beglaubigte Abschrift; **official c.** amtliche Abschrift; **statutory c.** *(Publikation)* Pflichtexemplar *nt*; **true c.** gleichlautende Abschrift

copy *v/t* 1. abschreiben, kopieren; 2. nachahmen, nachbauen, nachbilden, nachmachen, kopieren

copycat crime/offence *n* Nachahmungs-, Resonanzdelikt *nt*; **c. offender** Nachahmungstäter(in) *m/f*

copyhold *n* Erbpacht *f*

copyright *n* Autoren-, Nachdruck-, Urheber(persönlichkeits)-, Vervielfältigungsrecht *nt*; **the c. expires** das Urheberrecht erlischt; **ancillary c.** *(Urheberrecht)* Leistungsschutzrecht *nt*; **literary c.** literarisches Urheberrecht; **statutory c.** gesetzliches Urheberrecht

copyright *v/t* urheberrechtlich schützen

copyright act Urheberrechtsgesetz *nt*; **c. action** Urheberrechtsklage *f*; **c. contract** Urheberrechtsvertrag *m*; **c. holder** Urheberrechtsinhaber(in) *m/f*; **c. infringement** Urheberrechtsverletzung *f*, Verletzung des Urheberrechts; **c. litigation** Urheberrechtsstreit *m*; **c. protection** Titel-, Urheberrechtsschutz *m*

cordon *n* *(Polizei)* Abriegelung *f*, Absperrung *f*; **c. off** *v/t* abriegeln, absperren; **c.ing off** *n* Abriegelung *f*, Absperrung *f*

core *n* Kern *m*; **c. workforce** Rumpfbelegschaft *f*

blind corner *n* unübersichtliche Kurve

corner shop *n* Tante-Emma-Laden *m*

coroner *n* *(Tod)* Gerichtsmediziner(in) *m/f*, Leichenbeschauer(in) *m/f*, Untersuchungsrichter zur Klärung von gewaltsamen Todesursachen; **c.'s inquest** Leichenschau *f*

corporal *adj* körperlich

corporation *n* 1. Körperschaft *f*, Korporation *f*, Gilde *f*; 2. *[US]* (Kapital)Gesellschaft *f*; **c. under private law** privatrechtliche Körperschaft; **~ public law** öffentlich-rechtliche Körperschaft

autonomous corporation Selbstverwaltungskörperschaft *f*; **de-jure c.** Körperschaft im Rechtssinn; **joint-stock c.** Ka-

pitalgesellschaft *f*; **open c.** *[US]* Aktiengesellschaft (AG) *f*, Publikumsgesellschaft *f*; **private-law c.** privatrechtliche Körperschaft; **public-law c.** öffentlich-rechtliche Körperschaft, Körperschaft des öffentlichen Rechts; **regional c.** Gebietskörperschaft *f*

corporation tax *n* Körperschaftssteuer *f*; **~ return** Körperschaftssteuererklärung *f*

corpse *n* Leiche *f*

corpus delicti *n* *(lat.)* Beweis-, Überführungsstück *nt*; corpus delicti *(lat.)*

correct *v/t* berichtigen, korrigieren, richtig stellen; **legally c.** *adj* juristisch einwandfrei; **c.ion** *n* Berichtigung *f*, Verbesserung *f*; **c.ness** *n* Richtigkeit *f*

correlation *n* Wechselbeziehung *f*

correspond to *v/prep* entsprechen, übereinstimmen

correspondence *n* 1. Brief-, Schriftverkehr *m*, Briefwechsel *m*, Korrespondenz *f*; 2. Entsprechung *f*; **commercial c.** Geschäftsbriefe *pl*, Handelskorrespondenz *f*

corresponding *adj* (dem)entsprechend, sinngemäß

corroborat|e *v/t* bekräftigen, bestätigen, erhärten; **c.ion** *n* Bekräftigung *f*, Bestätigung *f*, Erhärtung *f*; **~ of a witness** Bestätigung der Zeugenaussage; **c.ive** *adj* erhärtend

corrupt *adj* 1. bestechlich, käuflich; 2. korrupt; *v/t* 1. bestechen; 2. korrumpieren; **c.ibility** *n* Bestechlichkeit *f*, Käuflichkeit *f*; **c.ible** *adj* bestechlich; **c.ion** *n* 1. Bestechung *f*; 2. Korruption *f*

cosh *n* *[GB]* Totschläger *m*

co-signatory *n* Mitunterzeichner(in) *m/f*

cost *n* 1. Kosten *pl*, Aufwand *m*; 2. (Kauf)Preis *m*; **c. of capital** Kapitalkosten *pl*; **~ contract** Vertragskosten *pl*; **~ litigation** Kosten des Rechtsstreits; **~ living** Lebenshaltungskosten *pl*; **~ proceedings** Prozess-, Verfahrenskosten *pl*; **~ prosecution** Rechtsverfolgungskosten *pl*; **~ renovation** Renovierungskosten *pl*; **~ the trial** Kosten des Verfahrens vor dem Prozessgericht; **~ upbringing** Erziehungskosten *pl*

own/prime cost Einstands-, Selbstkosten *pl*

cost *v/t* durchkalkulieren

cost allocation Kostenumlage *f*; **c. award** Kostenfestsetzungsbeschluss *m*; **c.-benefit analysis** Nutzen-Kosten-Analyse *f*, Rentabilitätsberechnung *f*; **c. burden** Kostenbelastung *f*

costing *n* Kostenrechnung *f*, Kalkulation *f*

cost price Einstands-, Gestehungs-, Kostenpreis *m*; **c. proceedings** Kostenverfahren *n*; **c. refund** Kostenerstattung *f*; **c. taxation order** Kostentitel *m*

costs *pl* 1. Kosten; 2. Gerichtskosten; **with c.** kostenpflichtig; **c. are to be defrayed by the losing party** Kosten sind von der unterlegenen Partei zu tragen; **c. of litigation** Prozesskosten *pl*; **~ maintenance** Wartungsaufwand *m*; **c. recoverable from the unsuccessful party** vom Prozessgegner zu erstattende Kosten; **c. and risks** Kosten und Gefahren

to advance costs Kosten vorschießen; **to apportion the c.** Verfahrenskosten verteilen; **to ascertain the c.** Kosten ermitteln; **to bear the c.** Kosten tragen; **to defray c.** Kosten übernehmen; **~ all or part of the c.** Kosten ganz oder teilweise tragen; **to order so. to pay (the) c.** jdn zu den Kosten verurteilen; **~ to pay c.** zur Zahlung der Kosten verurteilen; **to refund/reimburse c.** Kosten erstatten/ersetzen; **to take over the c.** Kosten übernehmen; **to tax the c.** (Prozess) Kosten festsetzen; **to waive c.** Kosten niederschlagen

accrued costs angefallene Kosten; **accruing c.** anfallende Kosten; **additional c.** Mehrkosten; **administrative c.** Kosten der Verwaltung; **ancillary c.** Nebenkosten; **current c.** laufende Kosten; **estimated c.** veranschlagte Kosten; **ex-parte c.** Kostenrechnung *f*; **extrajudicial c.** außergerichtliche Kosten; **follow-up c.** Folgekosten; **idle-plant c.** Stillliegekosten; **legal c.** Kosten der Rechtsverfolgung, Prozesskosten; **nonrecurring c.** einmalige Kosten; **prime c.** Einstands-, Gestehungskosten; **prorated c.** anteilige Kosten; **recoverable c.** eintreibbare/erstattungsfähige Kosten; **subsequent c.** Folgekosten, Folgelasten

costs act Gerichtskostengesetz *nt*

co-subscri|ber *n* Mitzeichner *m*; **c.ption** *n* Mitzeichnung *f*

co-suretyship *n* Mitbürgschaft *f*

cot *n* Kinderbett *nt*; **c. death** Krippentod *m*, plötzlicher Kindstod

co-tenant *n* Mitpächter *m*

council *n* *(Versammlung)* Rat *m*; **local/municipal c.** Gemeinderat *m*, Magistrat *m*; **c. committee** Ratsausschuss *m*; **c. decision** Ratsentscheidung *f*; **c. flat/house** *[GB]* Sozialwohnung *f*; **c. housing** sozialer Wohnungsbau

co-underwriter *n* Mitzeichner *m*

counsel *n* Anwalt *m*, Prozessbeteiligte(r) *f/m*, Prozessbevollmächtigte(r) *f/m*, Prozessvertreter(in) *m/f*, (Rechts)Beistand *m*, Vertreter vor Gericht

counsel for the child/children Kinderanwalt *m*; **c. of (one's) choice** Wahlverteidiger *m*, Vertrauensanwalt *m*; **c. for the defence** (Straf)Verteidiger(in) *m/f*, Anwalt der Verteidigung; **court-appointed ~** gerichtlich bestellter Verteidiger; **to appoint a ~** Verteidiger bestellen; **c. for the defendant** 1. (Rechts)Anwalt des Beklagten; 2. Rechtsanwalt des Angeklagten; **~ party on legal aid** Armenanwalt *m*; **~ opposing party** Anwalt der Gegenpartei; **~ plaintiff** klägerischer Anwalt, Rechtsanwalt des Klägers; **~ prosecution** Anklagevertreter(in) *m/f*, Vertreter(in) der Anklage

to appear as counsel als Anwalt auftreten; **to appoint a c.** Beistand bestellen; **to assign a c.** (Rechts)Anwalt beiordnen; **to retain a c.** (Rechts)Anwalt mandieren

court-appointed counsel Pflichtverteidiger(in) *m/f*; **prosecuting c.** Anklagevertreter(in) *m/f*, Staatsanwalt *m*, Vertreter(in) der Anklage

counsel *v/t* beraten

counsel's opinion Anwalts-, Rechtsgutachten *nt*

counselling *n* 1. Beratung *f*; 2. Lebenshilfe *f*

counsellor *n* Ratgeber *m*

counsel retained prozessbevollmächtigter Anwalt

count *n* 1. Zählung *f*; 2. Punkt *m*; **c. of a charge**; **~ an indictment** Anklagepunkt *m*; **c. against** *v/t* zum Nachteil anrechnen/gereichen

counteract *v/t* entgegenwirken

counter-appeal *n* Anschlussberufung *f*

counterbalance *v/t* kompensieren

counter-charge *n* Gegen(an)klage *f*

counterclaim *n* Gegenanspruch *m*, Gegenantrag *m*, Gegenforderung *f*, Gegen-, Widerklage *f*; **third-party c. proceedings** Drittwiderspruchsklage *f*; **c.ant** *n* Gegenkläger(in) *m/f*

counter|-demand *n* Gegenforderung *f*; **c.-demonstration** *n* Gegendemonstration *f*; **c.espionage** *n* Gegenspionage *f*; **c.-evidence** *n* Gegenbeweis *m*

counterfeit *n* 1. Falschmünzer *m*; 2. *(Gegenstand)* Fälschung *f*, Imitation *f*; *v/t (Münzen)* fälschen, falschmünzen; **to utter c.** money Falschgeld in Umlauf bringen; **c. coin** Falschmünze *f*

counterfeiting *n* (Geld)Fälschung *f*, Nachbildung *f*; **c. (of) coins** Münzfälschung *f*, Münzvergehen *nt*, Falschmünzerei *f*

counterfoil *n* Kontrollabschnitt *m*

counter-intelligence *n* Spionageabwehr *f*

countermand *n* Widerruf *m*; *v/t* stornieren, widerrufen

counter|-measure *n* Gegenmaßnahme *f*; **c.motion** *n* Gegenantrag *m*; **c.-obligation** *n* Gegenverpflichtung *f*; **c.-offer** *n* Gegenangebot *nt*; **c.-opinion** *n* Gegengutachten *nt*; **c.part** *n* Gegenstück *nt*; **c.plea** *n* Gegeneinrede *f*, Gegeneinwand *m*

countersign *v/t* gegenzeichnen

counter|signature *n* Gegenzeichnung *f*, Kontrasignatur *f*; **c.statement** *n* Gegenaussage *f*, Gegendarstellung *f*, Gegenerklärung *f*; **c.-surety** *n* 1. Gegen-, Rückbürge *m*; 2. Rückbürgschaft *f*

country *n* 1. Land; 2. Staat; **customary in a c.** landesüblich; **c. of domicile** Domizilland *nt*; **~ origin** Ursprungsland *nt*

adopted country Wahlheimat *f*; **belligerent c.** kriegführendes Land; **foreign c.** Ausland *nt*; **native c.** Geburtsland *nt*; **third c.** Drittland *nt*, Drittstaat *m*; **c. road** Landstraße *f*

county *n* 1. *[GB]* Grafschaft *f*; 2. *[US]* (Land)Kreis *m*; **C. Court** *[GB]* *(ZR)* Grafschaftsgericht *nt*

coup *n* Putsch *m*; **c. d'état** *(frz.)* Staatsstreich *m*

coupon *n* Gutschein *m*, Kupon *m*

courage *n* Tapferkeit *f*

course *n* 1. *(Fahrtrichtung)* Kurs *m*; 2. Lauf *m*; 3. Lehrgang *m*, Kurs *m*; **in due c.** zu gegebener Zeit, zur rechten Zeit; **c. of action** *(Verfahrensweise)* Vorgehen *nt*; **c. of business** Geschäftsgang *m*, Geschäftsverlauf *m*; **ordinary ~** ordentlicher Geschäftsgang; **c. of events** Hergang *m*, Vorgang *m*

course of justice Lauf der Gerechtigkeit; **to impede the c. of j.** in den Gang der Rechtspflege eingreifen; **to obstruct the ~** Rechtsfindung behindern; **to pervert the c. of j.** Recht beugen, Rechtsbeugung begehen

course of law Rechtsweg *m*; **~ proceedings** Prozessverlauf *m*, Verfahrensgang *m*

court *n* Gericht(shof) *nt/m*, Rechtsprechungsorgan *nt*; **in c.** bei Gericht; **~ open c.** in öffentlicher Sitzung; **before the c.** vor Gericht; **certified ~** gerichtlich vereidigt; **out of c.** außergerichtlich; **known to the c.** gerichtsbekannt, gerichtskundig, gerichtsnotorisch

the court decides on the motion das Gericht entscheidet über den Antrag; **~ has decided** das Gericht hat entschieden; **as the c. may see fit** nach Belieben des Gerichts; **pending in c.** gerichtshängig; **the c. is satisfied** das Gericht ist überzeugt; **~ is in session** *(Gerichts-, Sitzungsperiode)* das Gericht tagt; **~ is sitting** das Gericht hält eine Sitzung ab; **~ sustained the motion** das Gericht gab dem Antrag statt

court of appeal Appellations-, Berufungs-, Kassations-, Rechtsmittel-, Revisionsgericht *nt*, Beschwerde-, Rechtsmittelinstanz *f*, Beschwerdekammer *f*, Gericht zweiter Instanz; **~ arbitration** Schiedsgericht(shof) *nt/m*, Schiedsgerichtsinstanz *f*, Schiedshof *m*; **~ chancery** *[US]* Gericht für billigkeitsrechtliche Fälle; **c. in charge** zuständiges Gericht, Zuständigkeitsgericht *nt*; **~ of a public auction** Versteigerungsgericht *nt*; **c. for composition proceedings** Vergleichsgericht *nt*; **c. of exchequer** Finanzgericht *nt*; **~ first instance** Gericht erster Instanz, erste Instanz, Erstgericht *nt*; **~ last instance** letzte/höchste

Instanz; ~ **general jurisdiction** ordentliches Gericht; ~ **summary jurisdiction** Schnellgericht *nt*; ~ **justice** Gericht *nt*, Gerichtshof *m*; ~ **of registration** Registergericht *nt*; ~ **last resort** letzte/höchste Instanz, Revisionsgericht *nt*, Revisionsinstanz *f*

to appear before the court vor Gericht erscheinen/auftreten; **to assert in c.** vor Gericht geltend machen; **to attend c.** vor Gericht anwesend sein, der Gerichtsverhandlung beiwohnen; **to bring so. before the c.** jdn gerichtlich zur Verantwortung ziehen; **to go to c.** klagen, zum Kadi gehen *(coll.)*; **to plead in c.** vor Gericht plädieren, mündlich verhandeln; **to refer sth. to another c.** etw. an ein anderes Gericht verweisen; **to represent so. in c.** jdn vor Gericht vertreten, ~ gerichtlich vertreten; **to settle out of c.** sich außergerichtlich einigen; **to submit to the c.** dem Gericht vortragen; **to summon so. to appear before the c.** jdn vor Gericht laden; **to take so. to c.** jdn verklagen, ~ vor Gericht bringen; **to testify in c.** vor Gericht aussagen

administrative court Verwaltungsgericht *nt*; ~ **action** Verwaltungsklage *f*; ~ **courts** Verwaltungsgerichtsbarkeit *f*; **higher ~ court** Oberverwaltungsgericht *nt*

appellate court Berufungs-, Beschwerde-, Rechtsmittel-, Revisionsgericht *nt*, Rechtsmittelinstanz *f*, Gericht zweiter Instanz; **civil c.** Zivilgericht *nt*; **commercial c.** Handels-, Kaufmannsgericht *nt*; **competent c.** zuständiges Gericht

constitutional court Verfassungsgericht *nt*; **c. c. judge** Verfassungsrichter(in) *m/f*; **c. c. ruling** Verfassungsgerichtsurteil *nt*; **supreme c. c.** Verfassungsgerichtshof *m*

consular court Konsulargericht *nt*; **depositary c.** Hinterlegungsgericht *nt*; **disciplinary c.** 1. Disziplinargericht *nt*; 2. *(Ärzte, Rechtsanwälte)* Ehrengericht *nt*; **divisional c.** Abteilungs-, Kollegialgericht *nt*; **domestic c.** innerstaatliches Gericht

federal court Bundesgericht *nt*, Bundesgerichtshof (BGH) *m*; **supreme ~** oberstes Bundesgericht

financial/fiscal court Finanzgericht *nt*; ~ **jurisdiction** Finanzgerichtsbarkeit *f*

higher court höhere Instanz, Obergericht *nt*; **industrial c.** Gewerbegericht *nt*

juvenile court Jugendgericht *nt*; ~ **with lay assessors** Jugendschöffengericht *nt*; ~ **judge** Jugendrichter(in) *m/f*; ~ **proceedings** Jugendgerichtsverfahren *nt*

local court Amts-, Gemeinde-, Ortsgericht *nt*; **lower c.** Vorinstanz *f*; **naval c.** Schifffahrtsgericht *nt*; **ordinary c.** ordentliches Gericht; **patrimonial c.** Patrimonialgericht *nt*; **regional c.** Landgericht (LG) *nt*; **higher/supreme ~** Oberlandesgericht (OLG) *nt*; **subordinate c.** nachgeordnetes Gericht; **superior c.** höheres Gericht; **vehmic c.** Femegericht *nt*

court action gerichtliche Schritte; **c. administration** Gerichts-, Justizverwaltung *f*; **c. award** *(ZR)* gerichtlicher Ausspruch, Gerichtsurteil *nt*; **c. case** Prozess *m*, gerichtliches Verfahren; **c. cashier** Gerichtskasse *f*; **c. certificate of enforceability** Vollstreckungsklausel *f*; **c. clerk** Justizangestellte(r) *f/m*, Justizbeamter *m*; **c. costs** Gerichts-, Verfahrenskosten; ~ **act** Kostengesetz *nt*; ~ **rules** Kostenordnung *f*

court custody gerichtliche Verwahrung

court decision gerichtliche Entscheidung, Gerichtsbeschluss *m*, Gerichtsentscheidung *f*; ~ **by vote (without an oral hearing)** Beschlussverfahren *nt*; **to appeal against a ~** Rechtsmittel gegen eine gerichtliche Entscheidung einlegen

court deposit regulations Hinterlegungsordnung *f*; **c. division for business offences** Wirtschaftsstrafkammer *f*; **c. document** Gerichtsurkunde *f*; **c. employee** Justizangestellte(r) *f/m*; **c. fees** Gerichtskosten; **c. files** Gerichtsakten; **c. hearing** Gerichtssitzung *f*, (Gerichts)Verhandlung *f*, gerichtliche Verhandlung; **c. interpreter** Gerichtsdolmetscher(in) *m/f*

court martial Kriegs-, Militär-, Wehrdienst-, Wehrstrafgericht *nt*; **c. m. so.** *v/t* jdn vor ein Kriegsgericht stellen; **c. m. act** Wehrstrafgesetz (WStG) *nt*; **c. m. judge** Militärrichter *m*

court notice gerichtliche Bekanntmachung; ~ **board** Gerichtstafel *f*; **c. officer** Justizwachtmeister *m*

court order gerichtliche Anordnung*f*, richterlicher Befehl, (gerichtlicher) Beschluss, Gerichtsbefehl *m*, Gerichtsbeschluss *m*, gerichtliche/richterliche Verfügung; ~ **as to costs** Kostenentscheidung*f*
court-ordered *adj* gerichtlich bestellt
court organisation Gerichtsorganisation*f*; **c. police** Gerichtspolizei *f*; **c. practice** Gerichts-, Prozesspraxis *f*; **c. proceedings** Gerichtsverfahren *nt*, gerichtliches Verfahren; ~ **between administrative bodies** Organstreitverfahren *nt*; **while ~ are pending** solange ein gerichtliches Verfahren anhängig ist; **c. recess** Gerichtsferien *pl*; **c. record(s)** gerichtliche Niederschrift, Gerichtsakten *pl*; **c. registry** Gerichtskanzlei *f*; **c.room** *n* Gerichts-, Sitzungssaal *m*; ~ **artist** Zeichner im Gerichtssaal; **c. rules** Prozessordnung*f*, Verfahrensvorschriften
court ruling Richterspruch *m*, Gerichtsentscheidung *f*, Rechtsprechung *f*; **according to ~** nach der Rechtsprechung
court sergeant Justizvollzugsbeamter *m*, Justizwachtmeister *m*; **c. session** Gerichtssitzung *f*; **c. settlement** Prozessvergleich *m*, gerichtliche Regelung; **c. stenographer** Gerichtsschreiber *m*; **~'s transcript** Gerichtsprotokoll *nt*; **c. usher** *[GB]* Gerichtsdiener *m*; **c. venue of choice** Wahlgerichtsstand *m*; **c. visit to the location of a dispute**; **~ to the scene of a crime** Lokaltermin *m*
courtesy *n* Kulanz*f*; **c. payment** Kulanzzahlung *f*; **c. relationship** Gefälligkeitsverhältnis *nt*
covenant *n* 1. Schenkungsvertrag *m*, vertragliche Verpflichtung, (urkundliches) Versprechen; 2. *(Grundstücksgeschäft)* Zusicherung *f*; **c. for quiet enjoyment** Zusicherung des ungestörten Besitzes; **c. in restraint of trade** Konkurrenzklausel *f*; **independent c.** abstrakte Verpflichtung; **negative c.** Unterlassungsversprechen *nt*; **particular c.** besondere vertragliche Vereinbarung; **protective c.** Vertragsschutzklausel *f*; **restrictive c.** Nutzungsbeschränkung *f*, *(Unterlassungspflichten in Verträgen)* einschränkende Vereinbarung
covenant sth. *v/t* etw. (vertraglich) vereinbaren/zusichern

cover *n* *[GB] (Vers.)* Deckung(sschutz)*f/m*; 2. *(Identität)* Tarnung*f*; **under separate c.** mit getrennter Post; **to provide c.** Deckungsschutz gewähren
comprehensive cover pauschaler Versicherungsschutz, Vollkasko *nt*; **part-comprehensive c.** Teilkasko(versicherung) *nt/f*; **provisional c.** vorläufige Deckung; **statutory c.** Versicherungspflicht*f*; **sufficient c.** ausreichende Deckung; **third-party c.** Drittschutz *m*
cover *v/t* 1. *(Risiko)* (ab)decken, absichern; 2. erfassen; 3. verdecken, verwischen; 4. sich erstrecken; **c. up** kaschieren, verschleiern
coverage *n* 1. Erfassung*f*; 2. *[US] (Vers.)* Deckung(sschutz) *f/m*; **to provide c.** Deckungsschutz gewähren; **comprehensive c.** pauschaler Versicherungsschutz, Vollkasko *nt*; **part-comprehensive c.** Teilkasko(versicherung) *nt/f*; **sufficient c.** ausreichende Deckung; **statutory c.** Versicherungspflicht*f*
cover clause Deckungsklausel *f*
covered *adj* *(Vers.)* gedeckt
cover name Tarnname *m*; **c. note** vorläufige Deckungszusage, Versicherungsdoppelkarte *f*; **c. organization** Tarnorganisation*f*
coverture *n* *(Frau)* Ehestand *m*
cover-up *n* Vertuschung*f*, Verheimlichung*f*
covetousness *n* Habgier *f*
crackdown *n* Razzia*f*
craft *n* Handwerk *nt*; **c. guild** (Handwerks)Innung*f*; **c.sman** *n* Handwerker *m*
crash *n* Kollision*f*, Zusammenstoß *m*; *v/t* kollidieren; **c. helmet** Sturzhelm *m*; **c. site** Kollisionsort *m*
crawler lane *n* Kriechspur *f*
crazy *adj* wahnsinnig, wahnwitzig
creating a night-time disturbance *n* nächtliche Ruhestörung
creation of a mortgage *n* Hypothekenbestellung *f*; **~ a title** Begründung eines Rechts; **~ reserves** Rücklagenbildung *f*
credentials *pl* Beglaubigungsschreiben *nt*
credib|ility *n* Glaubhaftigkeit *f*, Glaubwürdigkeit*f*; **c.le** *adj* glaubhaft, glaubwürdig
credit *n* 1. Kredit *m*; 2. *(Konto)* Gutschrift*f*, Haben *nt*; 3. Akkreditiv *nt*; **arranging for a c.** Kreditvermittlung *f*

to buy on credit auf Kredit/Ziel kaufen; **to grant a c.** Kredit gewähren, Zahlungsziel einräumen; **to open a c.** Akkreditiv eröffnen; **to raise a c.** Kredit aufnehmen; **to sell on c.** auf Kredit/Ziel verkaufen
unsecured credit ungedeckter Kredit; **syndicated c.** Konsortialkredit *m*
credit *v/t* gutschreiben, kreditieren
credit agency Auskunftei *f*; **c. agreement** Kreditabkommen *nt*; **c. application** Kreditantrag *m*; **c. balance** *(Konto)* Guthaben *nt*, Aktivsaldo *m*; **c. card** Kreditkarte *f*; **~ fraud** Kreditkartenbetrug *m*; **c. enquiry agency** Auskunftei *f*; **c. entry** *(Konto)* Gutschrift *f*; **c. fraud** Kreditbetrug *m*; **c. guarantee** Kreditbürgschaft *nt*; **c. information** Kreditauskunft *f*; **c. institution** Kreditinstitut *nt*; **c. interest** Darlehens-, Kreditzinsen *pl*; **c. item** *(Konto)* Gutschrift *f*; **c. note** Gutschrift *f*; **c. rating agency** Kreditauskuntei *f*; **c. sale** 1. Kauf auf Ziel, Kreditkauf *m*; 2. Kreditverkauf *m*, Verkauf auf Ziel; **~ agreement** Abzahlungsvertrag *m*; **c. security** Kreditsicherheit *f*; **~ for merchandise** Warenkreditbürgschaft *f*; **c. standing** Bonität *f*, Kreditstatus *m*, Kreditwürdigkeit *f*; **c. terms** Kreditbedingungen, Kreditkonditionen
creditor *n* Gläubiger(in) *m/f*; **c. of a bankrupt; c. in bankruptcy** Konkursgläubige(r) *f/m*; **~ composition proceedings** Vergleichsgläubiger(in) *m/f*; **c. entitled to a claim on the estate** Massegläubiger *m*; **c. of the estate** Erbschafts-, Nachlassgläubiger *m*; **c. entitled to recovery** Aussonderungsgläubiger *m*; **c. in a settlement** Vergleichsgläubiger(in) *m/f*
to defraud a creditor Gläubiger betrügen; **to satisfy a c.** Gläubiger befriedigen
attaching creditor Arrest-, Pfändungsgläubiger *m*; **chief c.** Hauptgläubiger(in) *m/f*; **common c.** Gemeingläubiger(in) *m/f*; **deferred c.** nachrangige(r) (Konkurs)Gläubiger(in); **joint (and several) c.** Gesamtgläubiger(in) *m/f*; **ordinary c. (in bankruptcy)** nicht bevorrechtigter Konkursgläubiger; **preferential/preferred c.** Absonderungs-,

Priroitätsgläubiger *m*, bevorrechtigter Konkursgläubiger; **secured c.** Absonderungsgläubiger *m*; **third-party c.** Drittgläubiger(in) *m/f*; **unknown c.** unbekannter Gläubiger
creditor|'s delay Verzug des Gläubigers; **c.'s right of cancellation** Kündigungsrecht des Gläubigers
creditors *pl* Kreditoren *pl*; **to put off c.** Gläubiger hinhalten; **joint and several c.** Gesamtgläubigerschaft *f*; **to be exempt from c.' attachment** nicht dem Zugriff der Gläubiger unterliegen; **c.' default** Gläubigerverzug *m*; **c.' petition** Konkurseröffnungsantrag der Gläubiger; **c.' representative** Gläubigervertreter *m*; **c.' right** Gläubigerrecht *nt*
creditress *n* Gläubigerin *f*
creditworth|iness *n* Bonität *f*; Kreditwürdigkeit *f*; **c.y** *adj* kreditfähig, kreditwürdig
credul|ity *n* Leichtgläubigkeit *f*; **c.ous** *adj* leichtgläubig
creep away *v/i* wegschleichen
crib *n* *[US]* Kinderbett *nt*; **c. death** Krippentod *m*, plötzlicher Kindstod
crime *n* 1. Verbrechen *nt*, (Straf)Tat *f*, Delikt *nt*; 2. Kriminalität *f*; **no c.** nullum crimen *(lat.)*; **c. does not pay** Verbrechen lohnt sich nicht; **c.s committed by aliens** Straftaten von Ausländern; **c. of conviction** Gesinnungstat *f*; **c. committed by a group** Kollektivdelikt *nt*; **c. against humanity** Menschlichkeitsverbrechen *nt*, Verbrechen gegen die Menschlichkeit; **c. committed within the domestic jurisdiction** Inlandstat *f*; **c.s and offences** Verbrechen und Vergehen; **c. by omission** Unterlassungsdelikt *nt*; **c. committed by an organization** Organisationsverbrechen *nt*; **c. in progress** aktuelle Tatbegehung; **c. of violence** Gewaltverbrechen *nt*
to accuse so. of a crime jdn eines Verbrechens beschuldigen; **to commit/perpetrate a c.** Verbrechen verüben; **to convict so. of a c.** jdn eines Verbrechens überführen; **to find so. guity of a c.** jdn eines Verbrechens schuldig sprechen; **to prove the c.** Vorliegen einer Staftat beweisen

accompanying crime Begleitkriminalität *f*; **accomplished c.** vollendetes Verbrechen; **attempted c.** versuchtes Verbrechen; **capital c.** Kapitalverbrechen *nt*; **continuing c.** Dauerstraftat *f*; **cowardly c.** feiges Verbrechen; **cross-border c.** grenzüberschreitende Kriminalität; **drug-related c.** Rauschgift-, Beschaffungskriminalität *f*; **economic c.** Wirtschaftsverbrechen *nt*; **environmental c.** 1. Umweltkriminalität *f*; 2. Umweltstraftat *f*; **inner-city c.** Kriminalität in den Innenstädten; **intended c.** geplante Straftat; **objective c.** Erfolgsdelikt *nt*; **organized c.** organisierte Kriminalität; **petty c.** Kleinkriminalität *f*; **political c.** politisch motiviertes Verbrechen; **serious c.** 1. schweres Delikt; 2. schwere Kriminalität; **sexual c.** Sittlichkeitsdelikt *nt*, Sittlichkeitsverbrechen *nt*; **violent c.** Gewaltdelikt *nt*, Gewaltverbrechen *nt*; **white-collar c.** 1. Wirtschaftskriminalität *f*; 2. Wirtschaftsverbrechen *nt*

crime clear-up rate Verbrechensaufklärungsquote *f*; **c. feature** Verbrechensmerkmal *nt*; **c. figures** Kriminalstatistik *f*; **c. file** Verbrechensdatei *f*; **c. hotspot** Kriminalitätsbrennpunkt *m*; **c. prevention** Verbrechensverhütung *f*, Verbrechens-, Kriminalitätsvorbeugung *f*; **c. rate** Verbrechensquote *f*, Verbrechensrate *f*; **c. scene** Tatort *m*; **~ processing** Tatortaufnahme *f*; **c. squad** Kriminalpolizei *f*; **c. victims compensation** Opferentschädigung *f*; **~ act** Opferentschädigungsgesetz (OEG) *nt*; **c. wave** Verbrechenswelle *f*

criminal *adj* 1. kriminell, verbrecherisch; 2. strafbar, sträflich; 3. strafrechtlich

criminal *n* (Straf)Täter(in) *m/f*, Verbrecher(in) *m/f*; **to harbour a c.** einem Verbrecher Unterschlupf gewähren

convicted criminal überführter Verbrecher; **copycat c.** Nachahmungstäter(in) *m/f*; **economic c.** Wirtschaftskriminelle(r) *f/m*; **elusive c.** schwer fassbarer Verbrecher; **habitual c.** Gewohnheitsverbrecher(in) *m/f*, Hangtäter *m*; **professional c.** Berufsverbrecher *m*; **violent c.** Gewalttäter *m*

criminal record(s) Strafregister *nt*; **C. R. Office** *[GB]* Kriminalaktenhaltung *f*

criminology *n* Kriminologie *f*

crisis *n* Krise *f*; **prone to crises** krisenanfällig

criticism *n* Kritik *f*; **~ of the court's ruling** Urteilsschelte *f*; **adverse ~** abfällige Kritik

criticize *v/t* kritisieren, bemängeln

crook *n* Gauner *m*, Schwindler *m*

cross-action *n* Gegen-, Widerklage *f*

cross-appeal *n* Anschlussberufung *f*, Anschlussrevision *f*; **to lodge a c.** sich der Revision anschließen

cross-appeal *v/t* sich der Berufung anschließen

cross-border *adj* grenzüberschreitend

cross-claim *n* Gegenforderung *f*

cross-complaint *n* *[GB]* Widerklage *f*

cross|-examination *n* Kreuzverhör *nt*; **c.-examine so.** *v/t* jdn ins Kreuzverhör nehmen

crossing *n* Kreuzung *f*; **c. (of) the border** Grenzüberschreitung *f*

cross-licensing *n* Austausch von Lizenzen

cross-petition *n* Gegen-, Widerklage *f*; **c. for a divorce** Scheidungswiderklage *f*; **declaratory c.** Feststellungswiderklage *f*; **precautionary c.** Hilfswiderklage *f*; **c.er** Gegen-, Widerkläger(in) *m/f*

cross-reference *n* Querverweis *m*

crossroads *n* (Weg)Kreuzung *f*

cross-section *n* Querschnitt *m*

cross|-sue so. *v/t* Gegen-/Widerklage gegen jdn erheben; **c.-suit** *n* Gegenklage *f*

crowd *n* Menschenmenge, Masse *f*; **c. behaviour** Massenverhalten *nt*

crown court *n* *[GB]* Gericht für Strafsachen höherer Ordnung, Schwurgericht *nt*; **C. Prosecution Service (CPS)** *[GB]* oberste Anklagebehörde, Strafverfolgungsbehörde *f*, Staatsanwaltschaft *f*

crucial *adj* entscheidend

cruel *adj* grausam; **c.ty** *n* Grausamkeit *f*, Quälerei *f*; **~ to animals** Tierquälerei *f*; **mental ~** seelische Grausamkeit

cruiser *n* *[US]* Streifenwagen *m*

cruising speed *n* *(Auto)* Reisegeschwindigkeit *f*

crushing *n* Quetschung *f*

cudgel *n* Keule *f*, Knüppel *m*

culpa in contrahendo *(lat.) n* Verschulden beim Vertragsschluss

culpab|ility *n* Strafbarkeit *f*; **c.le** *adj* schuldhaft

culprit *n* Schuldige(r) *f/m*; **principal c.** Haupttäter(in) *m/f*; **unknown c.** unbekannter Täter

cultivation *n* Bodenbewirtschaftung *f*

cumulation of sentences *n* Gesamtstrafenbildung *f*

cumulative *adj* kumulativ

cunning *n* List *f*

cupidity *n* Habgier *f*

curator *n* Kurator *m*, Kustos *m*, Pfleger *m*; **c. of the estate** Nachlasspfleger(in) *m/f*; **c. for an absent person** Abwesenheitspfleger(in) *m/f*; **special c.** Ergänzungspfleger *m*

curatorship *n* Pflegschaft *f*; **c. of the estate** Nachlasspflegschaft *f*; **c. due to infirmity** Gebrechlichkeitspflegschaft *f*; **c. for an absent person** Abwesenheitspflegschaft *f*; **ex officio c.** Amtspflegschaft *f*; **permanent c.** Dauerpflegschaft *f*; **special c.** Ergänzungspflegschaft *f*

curb *v/t* drosseln, zügeln

curb *n* [US] Randstein *m*; **c.-crawling** Autostrich *m (coll)*

cure *n (Beseitigung)* Heilung *f*

curfew *n* Ausgangssperre *f*, Ausgangs-, Ausgehverbot *nt*, Sperrstunde *f*

curing (of) nullity *n* Heilung der Nichtigkeit; **c. of defects of title** Heilung von Rechtsmängeln; **~ formal defects** Heilung von Formfehlern

currency *n* 1. Währung *f*, Geldsorte *f*; 2. Laufzeit; **c. of a bill** Wechsellaufzeit *f*; **foreign c.** Devisen *pl*, ausländische Zahlungsmittel; **lawful/legal c.** gesetzliches Zahlungsmittel

currency act Währungsgesetz *nt*; **c. agreement** Währungsabkommen *nt*; **c. area** Währungsgebiet *nt*; **c. law** Währungsrecht *nt*; **c. offence** Währungsdelikt *nt*; **c. protection act** Währungsschutzgesetz *nt*; **c. rate futures contract** Währungsterminkontrakt *m*; **c. regulations** Währungsvorschriften; **c.-safeguarding clause** Währungssicherungsklausel *f*; **c. swap** Währungsswap *nt*; **c. union** Währungsunion *f*; **c. unit** Währungseinheit *f*

current *adj* derzeit, gegenwärtig

electric current *n* Strom *m*

curriculum vitae (CV) *n (lat.)* Lebenslauf *m*

curtail *v/t* (ver)kürzen; **c.ment of freedom** *n* Einschränkung der Freiheit

curve *n* Kurve *f*; **sharp c.** scharfe Kurve

custodian *n* 1. Besitzdiener *m*, Gewahrsamsinhaber *m*, Pfleger *m*, Verwalter *m*, Kustos *m*; 2. Aufseher(in) *m/f*; **c. of the law** Hüter(in) des Gesetzes, Ordnungshüter *m*

custody *n* 1. Gewahrsam *m*, (Untersuchungs)Haft *f*, Inhaftierung *f*; 2. Verwahrung *f*, Obhut *f*; 3. Sorge(recht) *f/nt*, Pflegschaft *f*, Vormundschaft *f*; **c. of the child(ren)** Sorgerecht *nt*; **to be awarded ~** Sorgerecht für die Kinder erhalten; **c. in an institution** Unterbringungshaft *f*; **c. for non-criminal reasons** Zivilhaft *f*; **c. of pawned/pledged goods** Pfandverwahrung *f*; **c. for an indefinite time** Dauerarrest *m*; **c. of a vehicle** Verfügungsgewalt über ein Fahrzeug

to apply for custody Sorgerecht beantragen; **to be in c.** inhaftiert sein; **to give so. into the c. of the police** jdn der Polizei übergeben; **to have c.** sorgeberechtigt sein; **~ of sth.** etw. im Gewahrsam haben; **to hold in c.** in Haft halten, inhaftiert halten; **to keep in c.** verwahren; **to place in c.** in Verwahrung geben; **to remand so. in c.** jdn in Untersuchungshaft nehmen, Haft anordnen; **to be remanded in c.** in Untersuchungshaft bleiben; **to take into c.** einsperren, in Gewahrsam/(Untersuchungs)Haft/Obhut/Verwahrung nehmen, inhaftieren, verhaften, dingfest machen; **~ so. into temporary c.** jdn vorläufig festnehmen

entitled to custody sorgeberechtigt; **person having c. (of a child)** Sorgeberechtigte(r) *f/m*; **taken into c.** in Verwahrung genommen; **taking into c.** Beschlagnahme *f*, Sicherstellung *f*

exchangeable custody Tauschverwahrung *f*; **joint c.** gemeinsames Sorgerecht, gemeinsame Sorge; **judicial c.** gerichtliche Verwahrung; **juvenile c.** Jugendarrest *m*; **legal c.** gerichtlich bestellte Vormundschaft; **official c.** amtlicher Gewahrsam, amtliche/öffentlichrechtliche Verwahrung; **preparatory c.** Vorbereitungshaft *f*; **preventive c.** Si-

cherheitsarrest *m*, Sicherheits-, Sicherungsverwahrung *f*; **protective c.** Schutzgewahrsam *m*, Schutzhaft *f*; **safe c.** Verwahrung *f*; **sole c.** Alleinsorge *f*
custody act Verwahrungsgesetz *nt*; **c. agreement** Verwahrungsvertrag *m*; **c. order** Sorgerechtsentscheidung *f*; **c. proceedings** Sorgerechtsverfahren *nt*
custom *n* Brauch *m*, Gepflogenheit *f*, Gewohnheit *f*, Sitte *f*; **commercial c.** Handelsbrauch *m*, Handelssitte *f*; **judicial c.** Gerichtspraxis *f*; **legal c.** Gewohnheitsrecht *nt*, Rechtsbrauch *m*, Rechtsgewohnheit *f*; **local c.** Ortsgebrauch *m*, Ortsüblichkeit *f*; **mercantile c.** Handelsbrauch *m*, Handelssitte *f*
customary *adj* üblich, markt-, verkehrsüblich, herkömmlich; **c. in the trade** handelsüblich; **locally c.** ortsüblich
customer *n* Kunde *m*, Kundin *f*, Besteller(in) *m/f*; **c.s** Kundschaft *f*; **c. complaint** Kundenbeschwerde *f*; **c.'s right of cancellation** Kündigungsrecht *nt* des Bestellers
customs (authorities) *n* *(Behörde)* Zoll *m*; **to defraud the c.** Zoll hinterziehen; **to clear sth. through c.** etw. verzollen; **c. clearance** Verzollung *f*; **~ formalities** Verzollungsformalitäten; **c. debtor** Zollschuldner(in) *m/f*; **c. declaration** Zoll(inhalts)erklärung *f*; **c. duty** Zoll *m*; **c. evasion** Zollhinterziehung *f*; **c. investigating office** Zollfahndungsstelle *f*; **c. investigator** Zollfahnder(in) *m/f*; **c. law** Zollrecht *nt*; **c. offence** Zollstraftat *f*, Zollvergehen *nt*; **c. officer/official** Zollbeamter *m*, Zollbeamtin *f*; **c. regulations** Zollbestimmungen, Zollordnung *f*; **c. seal** Zollplombe *f*, Zollverschluss *m*; **c. supervision** Zollaufsicht *f*; **c. violation** Zollvergehen *nt*
cut *n* *(Etat, Gehälter)* Kürzung *f*; **c. in benefits** Leistungskürzung *f*
cutting and thrust weapons *pl* Hieb- und Stoßwaffen; **c. weapon** Hiebwaffe *f*
cycle *v/i* radfahren; **c. path** *n* Radweg *m*
cycling *n* Radfahren *nt*; **no c.** Radfahren verboten; **c. offence** Verkehrsverstoß mit dem Fahrrad

D

daily *adj* täglich
damage *n* Schaden *m*, (Be)Schädigung *f*; **without d.** schadlos; **d. caused by animals** Tierschaden *m*; **~ breach of trust** Vertrauensschaden *m*; **d. to cargo** Lagerschaden *m*; **d. caused by cattle** Viehschaden *m*; **d. to crops** Flurschaden *m*; **d. caused by default/(undue) delay** Verzugs-, Verzögerungsschaden *m*; **d. (caused) by fire** Brand-, Feuerschaden *m*; **~ game** Wildschaden *m*; **d. to so.'s health** Gesundheitsschaden *m*, Gesundheitsschädigung *f*; **d. caused by hunters/hunting** Jagdschaden *m*; **d. to agricultural land** Flurschaden *m*; **d. running into millions** Millionenschaden *m*; **d. to property** Sachbeschädigung *f*; **~ so.'s reputation** Rufschädigung *f*; **d. in transit** Transportschaden *m*
to ascertain the damage Schaden feststellen; **to assess the d.** Schaden abschätzen/festsetzen; **to avert d.** Schaden abwenden; **to cause d.** Schaden verursachen; **to estimate/put the d. at** den Schaden (ab)schätzen auf; **to inflict d.** Schaden zufügen; **to make good the d.**; **to remedy the d.** Schaden wieder gutmachen; **to report the d.** Schadensfall melden
accidental damage Unfallschaden *m*; **actual d.** tatsächlicher Schaden; **ascertained d.** festgestellter Schaden; **collateral d.** *(unbeabsichtigt)* Nebenschaden *m*; **consequential d.** Folge-, Nachschaden *m*, mittelbarer Schaden; **~ insurance** Versicherung gegen Folgeschäden; **criminal d.** *[GB]* Sachbeschädigung *f*; **direct d.** unmittelbarer Schaden; **environmental d.** Umweltbelastung *f*, Umweltschaden *m*; **extensive d.** beträchtlicher Schaden; **imminent d.** unmittelbar drohender Schaden; **indirect d.** mittelbarer Schaden; **intangible/non-material d.** immaterieller Schaden; **irreparable d.** nicht wieder gutzumachender Schaden; **long-term d.** Dauerschaden *m*; **mali-**

cious d. 1. böswillige Beschädigung; 2. *[US]* Sachbeschädigung; **minor d.** Bagatell-, Kleinschaden *m*; **nominal d.** Immaterialschaden *m*; **own d.** Eigenschaden *m*; **partial d.** Teilschaden *m*; **non-pecuniary d.** ideeller Schaden, Nichtvermögensschaden *m*; **permanent d.** Dauerschaden *m*; **personal d.** Personenschaden *m*; **proven d.** nachgewiesene Schäden; **resulting d.** Folgeschaden *m*; **serious d.** schwerer Schaden; **third-party d.** Drittschaden *m*; **wilful d.** vorsätzliche Beschädigung, absichtlich herbeigeführter Schaden

damage assessment Schadensbemessung *f*, Bewertung des Schadens; **d. containment/limitation** Schadensbegrenzung *f*; **d. incurred** entstandener Schaden; **d. sustained** erlittener Schaden; **d. survey** 1. Schadensbesichtigung *f*, Schadensprüfung *f*; 2. Havariegutachten *nt*

damage *v/t* 1. beschädigen, schädigen, schaden; 2. benachteiligen, beeinträchtigen, Abbruch tun; **d.d** *adj* beschädigt

damages *pl* Schaden(s)ersatz *m*, Entschädigung(ssumme) *f*; **liable for d.;** ~ **to pay d.** (schaden)ersatzpflichtig; **d. for delay** Verzugsschaden(s)ersatz *m*; ~ **non-performance** Schaden(s)ersatz wegen Nichterfüllung; ~ **pain and suffering** Schmerzensgeld *nt*

to award damages Schaden(s)ersatz zubilligen/zusprechen, auf ~ erkennen; **to claim d.** Schaden(s)ersatz fordern/geltend machen; **to demand d.** Ersatz verlangen; **to be entitled to d.** ersatzberechtigt sein; **to pay d.** Schaden(s)ersatz zahlen; **to recover d.** Schaden(s)ersatz erhalten; **to sue for d.** Schaden(s)ersatz einklagen, auf ~ klagen; **~ so. for d.** jdn auf Schaden(s)ersatz verklagen

aggravated damages erhöhter Schaden(s)ersatz; **civil d.** zivilrechtlicher Schaden(s)ersatz; **compensatory d.** (ausgleichender) Schaden(s)ersatz; **exemplary d.** verschärfter Schaden(s)ersatz; **general d.** allgemeiner Schaden(s)ersatz; **liquidated d.** bezifferter/pauschalierter Schaden(s)ersatz, vertraglich vereinbarte Entschädigung, Vertragsstrafe *f*; **nominal d.** nomineller Scha-

den(s)ersatz; **punitive d.** Strafschaden(s)ersatz *m*; **special d.** Schaden(s)ersatz für konkreten Schaden; **unliquidated d.** noch nicht bezifferter Schaden(s)ersatz

damages award Schaden(s)ersatzurteil *nt*

damaging *adj* Schaden stiftend, schädlich

damnify *v/t* schädigen, Schaden zufügen

damning *adj* 1. vernichtend; 2. *(Beweismaterial)* belastend, erdrückend

damp *adj* feucht; *n* Feuchtigkeit *f*; **d. course** Dämmschicht *f*

danger *n* Gefahr *f*, Risiko *nt*; **d. of absconding** Fluchtgefahr *f*; ~ **breakage** Bruchgefahr *f*; ~ **collusion** Verdunkelungsgefahr *f*; ~ **conspiracy** Verabredungsgefahr *f*; **d. to the environment** Umweltgefährdung *f*; ~ **life** Lebensgefahr *f*; ~ **life and limb** Gefahr für Leib und Leben, Lebensgefahr *f*; **d. of recurrence** Wiederholungsgefahr *f*; ~ **skidding** Schleudergefahr *f*; ~ **suppression of evidence;** ~ **tampering with evidence** Verdunkelungsgefahr *f*

to avert a danger Gefahr abwenden; **to cause d.** Gefahr verschulden

abstract danger abstrakte Gefährdung; **apparent d.** Scheingefahr *f*; **common d.** Gemeingefahr *f*; **considerable d.** erhebliche Gefährdung; **immediate d.** unmittelbare Gefahr; **imminent d.** Gefahr im Verzug, akute/drohende/gegenwärtige Gefahr; **lethal/mortal d.** Todesgefahr *f*; **prima facie** *(lat.)* **d.** Anscheinsgefahr *f*; **public d.** Gemeingefährlichkeit *f*; **constituting a ~** gemeingefährlich; **unavoidable d.** unabwendbare Gefahr

on/off the danger list in/außer Lebensgefahr; **d. money** Gefahrenzulage *f*, Risikoaufschlag *m*

dangerous *adj* gefährlich, gefahrenvoll

danger spot Gefahrenstelle *f*; **d. zone** Gefahrenzone *f*

data *pl* Daten, Infomationen, Kenndaten; **to collect d.** Daten erfassen; **to erase d.** Daten löschen; **to maintain d. on individuals** Daten über Einzelpersonen unterhalten; **to retrieve d.** Daten abrufen; **to transmit d.** Daten übertragen

personal data Angaben zur Person, personenbezogene Daten, Personalien;

raw d. Ausgangsdaten; **sensitive d.** geheime Daten

data acquisition/collection/gathering Datenerfassung *f*; **d. carrier** Datenträger *m*; **d. entry** Dateneingabe *f*; **d. exchange** Datenaustausch *m*; **d. flow** Datenfluss *m*, Datenverkehr *m*; **transborder ~** grenzüberschreitender Datenverkehr; **d. loss** Datenverlust *m*; **d. processing** Datenverarbeitung *f*; **electronic d. p. (EDP)** elektronische Datenverarbeitung (EDV)

data protection Datenschutz *m*; **D. P. Act** *[GB]* Datenschutzgesetz *nt*; **d. p. authority** Datenschutzaufsichtsbehörde *f*; **~ officer** Datenschutzbeauftragte(r) *f/m*; **for reasons of ~** aus datentechnischen Gründen

data retrieval Datenabruf *m*, Datenzugriff *m*; **d. secrecy** Datengeheimnis *nt*; **d. transmission(s)** Datenverkehr *m*; **d. watchdog** *(coll)* Datenschützer(in) *m/f*

database *n* Datenbank *f*

date *v/t* datieren; **d. back** zurückdatieren; **d. from** zurückgehen auf, zurückreichen bis, stammen aus; **d. forward** vorausdatieren

date *n* 1. Datum *nt*, Termin *m*, Tag *m*, Zeitpunkt *m*; 2. Datumsangabe *f*; 3. *(Treffen)* Verabredung *f*; **to d.** bis dato

date of agreement Vertragsdatum *nt*, Datum des Vertragsabschlusses; **~ application** Antrags-, Bewerbungsdatum *nt*; **closing d. for applications** Anmelde-, Bewerbungsschluss *m*; **d. of appointment** Ernennungsdatum; **~ assessment** Veranlagungstag *m*; **~ auction** Versteigerungstermin *m*; **~ a bill** Fälligkeit eines Wechsels; **~ birth** Geburtsdatum *nt*; **~ cancellation** Kündigungstermin *m*; **~ commencement** Tag des Inkrafttretens; **~ completion** Fertigstellungstermin *m*; **~ death** Todestag *m*; **~ delivery** Lieferdatum *nt*; **~ evidence** Beweistermin *m*; **~ expiration/expiry** 1. Fälligkeits-, Ablaufdatum *nt*; 2. Ablauf der Vertragszeit

date of hearing Gerichts-, Prozess-, Verhandlungs-, Anhörungstermin *m*; **~ interest due** Zinsfälligkeitstermin *m*; **~ issue** Ausstellungstag *m*, Ausgabedatum *nt*; **~ mailing** Absendetag *m*; **~ maturity** Fälligkeitsdatum *nt*, Fälligkeitstermin *m*,

Fälligkeits-, Verfallstag *m*; **~ notice** Kündigungstermin *m*; **~ payment** Zahlungstag *m*, Zahlungstermin *m*; **~ performance** Erfüllungstag *m*, Erfüllungszeitpunkt *m*; **~ receipt** Eingangs-, Empfangsdatum *nt*; **~ reconciliation hearing** Gütetermin *m*; **~ redemption** Tilgungs-, Einlösungstermin; **~ review of the remand order** Haftprüfungstermin *m*; **d. for tendering** Ausschreibungstermin *m*; **closing ~ tenders** Bietschluss *m*; **d. of transfer** Übertragungsdatum *nt*; **~ trial** Prozess-, Verhandlungstermin *m*

date on which a decision becomes final *(Entscheidung)* Eintritt der Rechtskraft

to change a date Termin verlegen, umdatieren; **to fix/set a d.** Termin anberaumen/festsetzen; **~ for the hearing** Sitzung anberaumen; **to mature on a particular d.** zu einem bestimmten Termin fällig werden

agreed date vereinbarter Termin; **on the ~** zu dem vereinbarten Zeitpunkt; **best-before/sell-by d.** Verfalls-, (Mindest)Haltbarkeitsdatum *nt*; **due d.** Fälligkeitsdatum *nt*; **effective d.** *(Gesetz)* Tag/Datum/Zeitpunkt des Inkrafttretens, Stichtag *m*; **of the same d.** gleichen Datums; **stated d.** angegebenes Datum; **after today's d.** nach dem heutigen Datum; **use-by d.** Verfallsdatum *nt*

date stamp Datums-, Tagesstempel *m*

day *n* Tag *m*; **d. off** Ruhetag *m*, freier Tag

day of appearance Gerichts-, Verhandlungstermin *m*; **~ death** Todestag *m*; **d.s of delay** Verzugstage; **~ grace** 1. Gnadenfrist *f*; 2. *(Wechsel)* Respekt-, Sichttage; **~ a of hearing** Gerichtstag *m*, Gerichtstermin *m*; **~ maturity** Fälligkeitstag *m*; **last d. for giving notice** Kündigungstermin *m*; **d. of respite** Fristtag *m*; **~ rest** Ruhetag *m*; **d. settlement** Vergleichstermin *m*

appointed day festgesetzter Tag/Termin; **on the ~** fristgerecht; **clear d.s** volle Tage; **fixed d.** Stichtag *m*; **unpaid d.** Karenztag *m*

day (care) centre (Kinder)Tagesstätte *f*; **d. release** 1. *(Häftling)* Freigang *m*; 2. *(Berufsschule)* Schultag *m*; **d. shift** Tagesschicht *f*; **d. training centre** Tagesausbildungsstätte *f*

daylight *n* Tageslicht *nt*; **by/in d.** bei Tageslicht; **in broad d.** auf offener Straße, am helllichten Tage; **d. robbery** *(coll)* Halsabschneiderei *f*, offener Diebstahl
daytime burglary *n* Tageseinbruch *m*
dead *adj* tot; **apparently d.** scheintot
deadline *n* Termin *m*, End-, Schlusstermin *m*, Meldeschluss *m*, letzter Termin, (Not)Frist *f*, Präklusiv-, Zahlungsfrist *f*; **d. for appeals** Rechtsbeschwerdefrist *f*; **~ applications** Einreichungstermin *m*, Antragsfrist *f*; **~ making a declaration** Erklärungstermin *m*; **~ filing** Abgabefrist *f*; **~ filing an objection** Einspruchsfrist *f*; **~ payment** Mahnfrist *f*; **~ vacating premises** Räumungsfrist *f*; **~ proceedings** Verfahrensfrist *f*; **~ registration** Anmeldeschluss *m*, Meldefrist *f*; **~ submission(s)** Beibringungsfrist *f*; **~ tenders** Ausschreibungsfrist *f*
to exceed the deadline Termin überschreiten; **to fix a d.** befristen, Frist bestimmen/(fest)setzen; **to meet the d.** Frist einhalten; **to fail ~** Frist versäumen; **to observe a d.** Frist wahren
absolute deadline präklusive Frist; **statutory d.** *[GB]* Notfrist *f*
deadlock *n* 1. *(Verhandlung)* Stillstand *m*; 2. *(Ermittlung)* toter Punkt; **to break the d.** aus der Sackgasse herauskommen; **to reach (a) d.** in eine Sackgasse geraten *(fig)*
deadly *adj* tödlich, todbringend
deaf *adj* taub; **d. and dumb** taubstumm; **d.ening** *adj* ohrenbetäubend
deal *n* Geschäft *n*, Handel *m*, Abschluss *m*, Abkommen *n*; **to call off a d.** Geschäft/Abkommen rückgängig machen
deal with *v/prep* 1. *(Fall)* sich befassen mit; 2. zuständig sein für; 3. fertig werden mit
dealer *n* Händler(in) *m/f*; **appointed/authorized d.** Vertragshändler(in) *m/f*
dealing *n* Handel *m*; **d.s** 1. Geschäfte; 2. Umgang *m*; **to have ~ with so.** 1. mit jdm Umgang haben; 2. mit jdm Geschäfte machen, **~** in Geschäftsbeziehungen stehen; **dishonest d.s** krumme Geschäfte; **square d.s** korrektes Geschäftsgebaren
death *n* Tod *m*, Todes-, Sterbefall *m*, Ableben *nt*, Exitus *m (lat.)*; **in the event of d.** im Todesfall

death of the agent Tod des Beauftragten; **d. or incapacity of the applicant** Tod oder Geschäftsunfähigkeit des Antragstellers/Antragenden; **d. in custody** Tod im Polizeigewahrsam; **d. of a descendant** Tod eines Abkömmlings; **d. by drowning** Tod durch Ertrinken; **d. of the entitled party** Tod des Berechtigten; **d. from exposure** Tod durch Erfrieren/Unterkühlung; **d. by hanging** Tod durch den Strang; **~ misadventure** Unfalltod *m*; **d. caused by negligence** Tod durch Fahrlässigkeit; **d. of a parent** Tod eines Elternteils; **~ a partner** Tod eines Gesellschafters; **~ or incapacity of a party involved** Tod oder Geschäftsunfähigkeit eines Beteiligten; **~ or incapacity of the principal** Tod oder Geschäftsunfähigkeit des Auftraggebers; **d. in service** Todesfall eines Betriebsangehörigen; **d. of the surviving spouse** Tod des überlebenden Ehegatten; **~ the tenant** Tod des Pächters; **after the ~ the testator** nach dem Eintritt des Erbfalles; **~ the usufructuary** Tod des Nießbrauchers
to bleed to death verbluten; **to be burned to d.** verbrennen; **to drink os. to d.** sich zu Tode trinken; **to freeze to d.** erfrieren; **to put to d.** hinrichten; **to sentence so. to d.** jdn zum Tode verurteilen; **to starve to d.** verhungern; **to trample so. to d.** jdn tottreten
accidental death Unfalltod *m*, Tod durch Unfall; **apparent d.** Scheintod *m*; **natural d.** natürlicher Tod
death|bed Totenbett *nt*; **d. benefit** 1. Versicherungsprämie im Todesfall, Sterbegeld *nt*; 2. Hinterbliebenenrente *f*; **d. cell** Todeszelle *f*; **d. certificate** Sterbeurkunde *f*, Totenschein *m*; **d. claim** Anspruch aus einer Sterbeversicherung; **d. duty** *[GB]*/**tax** *[US]* Erbschafts-, Nachlasssteuer *f*; **d. notice** Traueranzeige *f*; **d. penalty** Todesstrafe *f*; **d. rate** Sterbeziffer *f*; **d. rattle** Todesröcheln *nt*; **d. row** Todestrakt *m*; **to be on ~** im Todestrakt sitzen; **d. sentence** Todesurteil *nt*, Verurteilung zum Tode; **d. squad** Todeskommando *nt*; **d. threat** Morddrohung *f*; **d. toll** Zahl der Toten/Todesopfer; **d. warrant** Hinrichtungsbefehl *m*

deathblow *n* Todesstoß *m*; **to deal so. the d.** jdm den Todesstoß versetzen

debar so. (from) *v/t* jdn ausschließen (von)

debasement *n* 1. *(Person)* Erniedrigung *f*, Entwürdigung *f*; 2. *(Qualität, Wert)* Minderung *f*

debate *v/ti* erörtern, diskutieren, beraten, beratschlagen

debenture *[GB]* (ungesicherte) Schuldverschreibung, Pfandbrief *m*, Obligation *f*; **documented d.** verbriefte Schuld; **naked d.** ungesicherte Schuldverschreibung; **d. bond** *[US]* (festverzinsliche) Schuldverschreibung; **d. capital** Anleihekapital *nt*; **d. holder** Inhaber(in) einer Schuldverschreibung

debility *n* Schwäche *f*

debit *v/t* abbuchen, belasten

debit *n* 1. Abbuchung *f*; 2. Lastschrift *f*, Soll(posten) *nt/m*; **to the d. of** zu Lasten von; **d. advice/note** Lastschriftanzeige *f*; **d. entry** Lastschrift *f*; **d. interest** Sollzinsen *pl*; **d. item** Passivposten *m*; **d. side** Soll *nt*; **on the ~** im Soll

direct debit mandate Abbuchungs-, Einzugsermächtigung *f*; **~ d.ing (system)** *n* Lastschrift-, (Rechnungs)Einzugsverfahren *nt*

deblock *v/t* freigeben, entsperren

debrief *v/t* *(Teilnehmer)* befragen; **to be d.ed** Bericht erstatten

debris *n* Schutt *m*, Trümmer *pl*

debt *n* Schuld *f*, Forderung *f*; **deep in d.** überschuldet; **not in d.** schuldenfrei

debt owing from a bankrupt's assets Konkursschuld *f*; **d. payable to the creditor** Bringschuld *f*; **d. of the estate** Nachlassschuld *f*; **d. under a loan** Darlehensschuld *f*; **d. lying in prender** Holschuld *f*; **d. secured in rem** *(lat.)* dinglich gesicherte Forderung; **d. lying in render** Bringschuld *f*

to acknowledge a debt Schuld anerkennen; **to assume a d.** Schuld übernehmen; **to be heavily in d.** stark verschuldet sein; **to collect a d.** Forderung einziehen/eintreiben, Schuld eintreiben; **to contract d.s** Schulden machen, sich verschulden; **to convert a d.** umschulden; **to default on a d.** Schuld nicht bezahlen; **to discharge a d.** Forderung abgelten; **to forgive a d.** Forderung erlassen; **~ d.s** Schulden erlassen; **to get into/incur a d.** sich verschulden; **to incur a d.** Schuld eingehen; **to pay a d.** Schuld begleichen/bezahlen; **to pay off a d.** Schuld zurückzahlen; **to recover a d.** Schuld eintreiben; **to remit/release/waive a d.** Schuld erlassen; **to reschedule d.s** umschulden; **to run into d.s** in Schulden geraten; **~ up d.s** Schulden machen; **to service d.s** Schuldendienst leisten, Zins- und Tilgungszahlungen leisten; **to sue for a d.** Forderung einklagen; **to take over d.s** Schulden übernehmen

accrued debt|s aufgelaufene Schulden/Verbindlichkeiten; **assigned d.** abgetretene Forderung; **bad d.s** uneinbringliche Schulden, unsichere/nicht beitreibbare Außenstände; **to write off ~** uneinbringliche Forderungen abschreiben; **collateral d.** Lombardschuld *f*; **commercial d.** Handelsschuld *f*; **contingent d.s** ungewisse Schulden, zweifelhafte Forderungen, Dubiose; **corporate d.s** *[US]* Gesellschaftsschuld *f*; **deferred d.s** nachrangige Konkursforderungen; **discharged d.** getilgte Schuld; **doubtful d.s** zweifelhafte Schulden/Außenstände, Dubiose; **due d.** fällige Schuld/Forderung; **enforceable d.** einklagbare Schuld; **garnished d.** gepfändete Forderung; **good d.** sichere Forderung; **interest-bearing d.** verzinsliche Forderung; **irrecoverable d.s** uneinbringliche Forderungen, verlorene Außenstände, uneintreibbare Schulden; **to write off ~** uneinbringliche Forderungen abschreiben; **joint (and several) d.s** Gesamtschuld *f*; **liquidated d.** bezahlte Schuld; **matured d.** fällige Schuld; **monetary d.** Geldschuld *f*; **ordinary d.** gewöhnliche Konkursforderung; **outstanding d.s** ausstehende Schulden; **permanent d.** Dauerschuld *f*

preferential debt bevorrechtigte Konkursforderung; **p. d.s** Masseschulden; **~ of the estate** *(Konkursrecht)* Masseschulden

recoverable debt beitreibbare Schuld; **residual d.** Restschuld *f*; **secured d.** Bürgschaftsschuld *f*; **several /single d.**

Einzelschuld(verhältnis) *f/nt;* **statute-barred/stale d.** verjährte/verwirkte Schuld; **unascertained d.** Genusschuld*f;* **ungarnishable third-party d.s** unpfändbare Forderungen; **unpaid d.** nicht bezahlte Schuld

debt certificate Schuldurkunde *f;* **d. collection** Schulden-, Forderungseinziehung *f;* **d. collector** Inkassobeauftragte(r)*f/m;* **d. conversion** Umschuldung*f,* Schuldumwandlung *f;* **d. clearance** Entschuldung*f,* Schuldentilgung *m;* **d.-equity swap** Umwandlung von Schulden in Eigenkapital; **d. instrument** Schuldtitel *m,* Schuldurkunde *f;* **d. redemption** Schuldtilgung *f;* **d. relief** Schuldenerlass *m,* Entschuldung *f;* **d. rescheduling** Umschuldung *f,* Schuldumschaffung *f;* **d. service** Schuldendienst *m*

debtor *n* Schuldner(in) *m/f,* Zahlungspflichtige(r)*f/m,* Debitor*m;* **d. under an agreement** Vertragsschuldner(in) *m/f;* **d. in arrears/default** säumige(r) Schuldner(in); **~ composition proceedings** Vergleichsschuldner(in) *m/f;* **d. of the estate** Nachlassschuldner(in) *m/f* **absconding debtor** flüchtige(r) Schuldner(in) *m/f;* **assigned d.** Zessionarschuldner(in) *m/f;* **attached d.** gepfändete(r) Schuldner(in) *m/f;* **bona-fide d.** gutgläubige(r) Schuldner(in) *m/f;* **common d.** Gemeinschuldner(in) *m/f;* **defaulting d.** säumige(r) Schuldner(in); **delinquent d.** Restant *m;* **insolvent d.** zahlungsunfähige(r) Schuldner(in) *m/f;* **joint d.** Gesamt-, Mit-, Teilschuldner(in) *m/f;* **~ (and several) d.s** Gesamtschuldner *pl;* **primary d.** Erstschuldner(in) *m/f;* **principal d.** Hauptschuldner(in) *m/f;* **several d.** einzelne(r) Mitschuldner(in), Einzelschuldner(in) *m/f;* **sole d.** Allein-, Einzelschuldner(in) *m/f;* **directly suable d.** selbstschuldnerisch Haftende(r); **third-party d.** Drittschuldner(in) *m/f*

debtor|s' court Vollstreckungsgericht *nt;* **d.'s delay** Verzug des Schuldners; **~ incapacity** Unvermögen des Schuldners; **(poor) ~ oath** Offenbarungseid *m;* **~ summons** gerichtliche Zahlungsaufforderung

decapitat|e *v/t* enthaupten; **d.ion** *n* Enthauptung*f*

decay *v/i* ver-, zerfallen; *n* Zerfall *m;* **to fall into d.** verfallen, in Verfall geraten; **urban d.** Verfall der Innenstädte

decease *v/i* verscheiden; **d.d** *adj* ge-, verstorben

the deceased *n* Verstorbene(r)*f/m,* Heimgegangene(r) *f/m,* Verblichene(r) *f/m,* Erblasser(in) *m/f;* **d.'s estate** Hinterlassenschaft*f*

decedent *n* *[US]* Verstorbene(r) *f/m,* Erblasser(in) *m/f*

deceit *n* Täuschung*f,* Betrug *m,* Hinterlist*f,* Irreführung *f;* **malicious d.** arglistige Täuschung; **material d.** Täuschung über einen wesentlichen Umstand; **wilful d.** vorsätzliche/absichtliche Täuschung; **d.ful** *adj* hinterlistig

deceive *v/t* täuschen, irreführen, hintergehen; **d. wilfully** arglistig täuschen

decency *n* Anstand *m,* Sittlichkeit *f,* Schicklichkeit *f;* **public d.** öffentliche Sittlichkeit

deception *n* Täuschung *f,* Irreführung *f;* **d. of voters** Wählertäuschung*f;* **to obtain sth. by means of d.** etw. durch Täuschung erlangen; **malicious d.** arglistige Täuschung

deceptive *adj* täuschend, irreführend, betrügerisch

decide *v/ti* 1. (sich) entscheiden, beschließen, Entscheidung treffen, Beschluss fassen; 2. urteilen; **d. in favour of so.** zu jds Gunsten entscheiden; **d. unanimously** einstimmig beschließen

decided *adj* 1. entschieden; 2. *(Haltung)* entschlossen, bestimmt

decipher *v/t* entziffern

decision *n* 1. Entscheidung*f,* Entschluss *m;* 2. *(Zivilprozess)* Urteil *nt,* Entscheidung*f,* Verfügung *f;* 3. Bescheid *m;* **d. appealed against/from** angefochtene (Gerichts)Entscheidung; **d. as the case lies** Entscheidung nach Lage der Akten; **the d. is overruled** das Gericht ist von der Entscheidung abgewichen; **d. set aside** aufgehobene Entscheidung

decision ex aequo et bono *(lat.)* Billigkeitsentscheidung *f;* **d. on appeal** Beschwerde-, Rechtsmittelentscheidung*f;* **~ an application for grant-in-aid** Bewilligungsbescheid *m*; **d. in chambers** schriftliche Entscheidung; **d. to drop charges** Einstellungsbeschluss *m*; **d. made on the grounds of conscience** Gewissensentscheidung *f*; **d. on/concerning costs** Kostenentscheidung *f*, Entscheidung über die Kosten; **d. as to the course of justice** Rechtswegentscheidung *f*; **d. on submitted evidence** Vorlageentscheidung *f*; **d. by the guardianship court** Entscheidung des Vormundschaftsgerichts; **d. at first instance** erstinstanzliche Entscheidung; **d. on the merits of the case** Sachentscheidung *f*; ~ **a plea of nullity** Nichtigkeitsentscheidung *f*; **d. to institute proceedings** Einleitungsbeschluss *m*; **d. on the records** Entscheidung nach Aktenlage; **d. to proceed to the main trial** Prozesseröffnungsbeschluss *m*

adverse decision abschlägiger Bescheid; **amending d.** Änderungsbescheid *m*; **appealable d.** beschwerdefähige Entscheidung; **appellate d.** Berufungsentscheidung *f*; ~ **on a point of law** Revisionsentscheidung *f*; **arbitral d.** Schiedsspruch *m*; **binding d.** bindende Entscheidung; **declaratory d.** *(Steuer)* Feststellungsbescheid *m*; **definitive d.** Endurteil *nt*; **discretionary d.** Entscheidung nach Gutdünken, Ermessensentscheidung *f*; **dissenting d.** abweichende Entscheidung; **enforceable d.** vollstreckbarer Titel; **equitable d.** Billigkeitsentscheidung *f*; **executory d.** Ausführungsbeschluss *m*; **final d.** 1. Endurteil *nt*, abschließende/rechtskräftige Entscheidung; 2. endgültiger Bescheid, Endbescheid *m*; **individual d.** Einzelfallentscheidung *f*; **interim d.** Zwischenbescheid *m*, vorläufiger Bescheid; **interlocutory d.** *(Gericht)* vorläufige Entscheidung, Vorab-, Zwischenentscheidung *f*, Zwischenurteil *nt*; **judicial d.** Entscheidung durch den Richter, Richterspruch *m*, gerichtliche/richterliche Entscheidung, Gerichtsentscheidung *f*, Rechtsprechung *f*; **leading d.** Grundsatzentscheidung *f*, Grundsatzurteil *nt*, Präzedenzfall *m*; **legal d.** Rechtsentscheid *m*; **negative d.** abschlägiger Bescheid; **non-appeala-**

ble d. rechtskräftige Entscheidung; **non-substantive d.** nicht in der Sache selbst ergehende Entscheidung; **objective d.** sachliche Entscheidung; **preliminary d.** Vorabentscheid(ung) *m/f*, Vorentscheidung *f*; ~ **proceedings** Vorabentscheidungsverfahren *nt*; **provisional d.** vorläufiger Bescheid; **reasoned d.** mit Gründen versehene Entscheidung; **subsequent d.** nachträgliche Entscheidung; **unanimous d.** einstimmige Entscheidung, einstimmiger Beschluss; **wrong d.** Fehlentscheidung *f*

to acquiesce in a decision auf ein Rechtsmittel verzichten; **to appeal against/from a d.** Entscheidung anfechten, gegen eine ~ ein Rechtsmittel einlegen; **to cancel a d.** Beschluss aufheben; **to carry out d.s** Beschlüsse durchführen; **to challenge a d.** Entscheidung anfechten; **to give a d. on a case** eine Sache entscheiden; **to make a d.** Entscheidung fällen; **to modify the d. of the lower court** Entscheidung der unteren Instanz abändern; **to postpone/put off a d.** Entscheidung vertagen; **to quash/reverse/rescind a d.** Entscheidung aufheben; **to refer/submit for d.** zur Entscheidung vorlegen; **to reverse the d. of a lower court** die Entscheidung der unteren Instanz aufheben; **to review a d.** Entscheidung überprüfen; **to submit to a d.** sich mit einer Entscheidung abfinden; **to substantiate a d.** Entscheidung begründen; **to uphold a d.** Entscheidung aufrechterhalten/bestätigen

decision-making *n* Entscheidungsfindung *m*; ~ **process** Entscheidungsprozess *m*

decisive *adj* 1. entscheidend, *(Stimme)* ausschlaggebend; 2. bestimmt, entschlossen, zielbewusst

declar|able *adj* zollmeldepflichtig, verzollbar; **d.ant** *n* 1. Erklärende(r) *f/m*; 2. Zollanmelder *m*

declaration *n* 1. (offizielle) Erklärung, Feststellung *f*; 2. *(Konkurs)* Anmeldung *f*; 3. (Wert)Angabe *f*; 4. Zollerklärung *f*; 5. Bekanntgabe *f*; **d. of accession** Beitrittserklärung *f*; ~ **acceptance** Annahmeerklärung *f*; ~ **acknowledgment** Anerkennungserklärung *f*; ~ **assignment** Abtretungserklärung *f*, Abtretungsurkunde *f*; ~ **avoidance** Anfechtungserklärung *f*; ~ **bankruptcy** Konkurs-, Bankrotterklärung *f*; ~ **a claim** Feststellung eines Anspruchs; ~ **conformity** Konformitätserklärung *f*; ~ **consent** Einwilligungs-, Zustimmungserklärung *f*; ~ **damage** Schadensmeldung *f*; ~ **death** (gerichtliche) Todeserklärung *f*; **(statutory)** ~ **disclosure** Offenbarungseid *m*; ~ **forfeiture** Verlustigerklärung *f*; ~ **guarantee** Bürgschaftserklärung *f*; ~ **human rights** Menschenrechtserklärung *f*; ~ **inability to pay debts** *(Konkurs)* Offenbarungseid *m*, Erklärung der Zahlungseinstellung; ~ **ineffectiveness** Unwirksamkeitserklärung *f*; ~ **insolvency** Vergleichsanmeldung *f*; ~ **intent(ion)** Absichts-, Willenserklärung *f*; **to express a ~ intent(ion)** Willenserklärung abgeben

declaration of interest Interessenanmeldung *f*; ~ **interests** Offenlegung von Beteiligungen; ~ **invalidity** Nichtigkeits-, Kraftloserklärung *f*; ~ **legitimacy** Ehelich(keits)erklärung *f*; ~ **majority** Volljährigkeitserklärung *f*; ~ **membership** Beitrittserklärung *f*; ~ **no impediment;** ~ **non-objection** Unbedenklichkeitsbescheinigung *f*; ~ **nullity** Nichtig(keits)-, Kraftlos-, Unwirksamkeitserklärung *f*; **d. in lieu of oath** eidesstattliche Erklärung; **d. on oath** eidliche Erklärung; **d. of origin** Ursprungsangabe *f*; ~ **policy** Absichtspolice *f*; ~ **principle** Grundsatzerklärung *f*; ~ **property** Vermögensangabe *f*, Vermögensanmeldung *f*; ~ **reciprocity** Gegenseitigkeitserklärung *f*; ~ **renunciation** Verzichterklärung *f*; ~ **revocation** Widerrufserklärung *f*; ~ **solvency** Liquidationserklärung *f*; ~ **suretyship** Bürgschaftserklärung *f*; ~ **urgency** Dringlichkeitserklärung *f*; ~ **value** Wertanzeige *f*, Wertangabe *f*; ~ **voidance** Anfechtungserklärung *f*; ~ **war** Kriegserklärung *f*; **d. in writing** schriftliche Erklärung

to draft a declaration Erklärung abfassen; **to make a d.** Erklärung abgeben

official declaration amtliche Erklärung; **solemn d.** eidesstattliche Versicherung; **statutory d.** 1. Versicherung/Erklärung

an Eides Statt; 2. Pflichtangabe *f*; **making a false** ~ Abgabe einer falschen eidesstattlichen Versicherung; **sworn d.** eidliche Erklärung; **voluntary d.** Selbstanzeige *f*

declaratory *adj* deklaratorisch, feststellend, (rechts)erklärend

declare *v/t* 1. erklären, Erklärung abgeben, feststellen; 2. bekanntgeben, veröffentlichen; 3. *(Wert)* angeben; 4. *(Zoll)* anmelden; **d. so. bankrupt** jdn für zahlungsunfähig erklären; ~ **dead** jdn für tot erklären; **d. os. disqualified on the grounds of bias** sich für befangen erklären; **d. null and void** für null und nichtig erklären

declared *adj* erklärt

declassi|fication *n* *(Geheimmaterial)* Freigabe *f*; **d.fy** *v/t* freigeben

decline *n* 1. Unter-, Niedergang *m*, Verfall *m*; 2. Rückgang *m*, Abnahme *f*, Rückläufigkeit *f*

decline *v/ti* 1. ablehnen, ausschlagen; 2. zurückgehen, abnehmen, sich verschlechtern

decommission *v/t* *(Anlage)* stilllegen, außer Betrieb setzen, ausmustern

decompos|e *v/i* *(Leiche)* sich zersetzen; **d.ition** *n* Zersetzung *f*

deconcentration *n* (Konzern)Entflechtung *f*

decontaminate *v/t* entgiften, dekontaminieren, entseuchen

decontrol *v/t* freigeben, Kontrolle aufheben, liberalisieren

decoy *n* Lockvogel *m*, Köder *m*

decrease *n* Abnahme *f*, Rückgang *m*, Nachlassen *nt*; **d. in risk(s)** Gefahrminderung *f*; **without** ~ **pay** bei vollem Lohnausgleich; ~ **speed** Geschwindigkeitsverminderung *f*; ~ **value** Wertminderung *f*, Werteinbuße *f*

decrease *v/ti* 1. verringern, reduzieren; 2. abnehmen, zurückgehen, nachlassen, sinken

decree *n* 1. *(Gericht)* Verfügung *f*, Anordnung *f*; 2. (amtlicher) Erlass, Rechtsverordnung *f*; 3. *[Scot.]* *(ZR)* Urteil *nt*; 4. (Scheidungs)Urteil *nt*; **by royal d.** auf königlichen Erlass

decree in absence *[Scot.]* Versäumnisurteil *nt*; **d. of adoption** Adoptions-

beschluss *m*; **d. in bankruptcy** Konkurseröffnungsbeschluss *m*; **d. by consent** Anerkenntnisurteil *nt*; **d. of dissolution** Auflösungsbeschluss *m*; ~ **divorce** Scheidungsurteil *nt*; ~ **nullity** *(Eherecht)* Nichtigkeitsurteil *nt*, Nichtigerklärung *f*; **d. on abusive practices** Missbrauchsverfügung *f*; **d. of restitution of conjugal rights** Urteil auf Wiederherstellung der ehelichen Lebensgemeinschaft; ~ **seizure and assignment** Pfändungs- und Überweisungsbeschluss *m*
to issue a decree Erlass herausgeben, Verfügung erlassen; **to order by d.** durch Gerichtsbeschluss verfügen
administrative decree Verwaltungsverordnung *f*; **declaratory d.** Feststellungsurteil *nt*, Feststellungsbeschluss *m*; **executive d.** Durchführungsverordnung *f*; **executory d.** Vollstreckungsurteil *nt*; **final d.** rechtskräftiges Urteil; **interim d.** vorläufige Entscheidung; **interlocutory d.** Zwischenurteil *nt*; **judicial d.** Gerichtsbeschluss *m*; **ministerial d.** Ministerialerlass *m*; **official d.** amtlicher Erlass
decree absolute endgültiges/rechtskräftiges Scheidungsurteil; **d. arbitral** *[Scot.]* Schiedsspruch *m*; **d. conform** *[Scot.]* Urteilsbestätigung *f*; **d. nisi** *(lat.)* vorläufiges Scheidungsurteil
decree *v/t* 1. anordnen, verfügen, verordnen, erlassen; 2. *(Gericht)* entscheiden
decriminaliz|ation *n* Entkriminalisierung *f*; **d.e** *v/t* entkriminalisieren
dedicat|e *v/t* *(Werk)* widmen; **d.ion** *n* Widmung *f*
deduce *v/t* folgern, schließen
deduct *v/t* abziehen, einbehalten, absetzen; **d.ible** *adj* 1. *(Steuer)* absetzbar; 2. abziehbar
deduction *n* 1. Abziehen *nt*, Abzug *m*, Nachlass *m*, Einbehaltung *f*, Minderung *f*; 2. *(Steuer)* Freibetrag *m*; 3. Folgerung *f*; **after d. of** nach Abzug von
deduction of unaccrued interest Abzinsung *f*; **d. from the salary** Lohnabzug *m*; **d. (of tax) at source** Vor(aus)-, Quellenabzug *m*, Steuererhebung an der Quelle; **statutory d.** gesetzlich anerkannter Steuerfreibetrag; **d. limit** Freibetragsgrenze *f*

deed *n* 1. Tat *f*, Akt *m*, Handlung *f*; 2. (Vertrags)Urkunde *f*; **d.s and simple contracts** förmliche und einfache Verträge
deed of accession Schuldenregelungsvertrag *m*, Zustimmung des Gläubiger zu einem Schuldenregelungsplan; ~ **amalgamation** Fusionsvertrag *m*; ~ **appointment** Bestallungs-, Ernennungsurkunde *f*; ~ **apprenticeship** Lehrlingsvertrag *m*; ~ **arrangement** Vergleichsvertrag *m*, Vergleichsvereinbarung *f*; **D. of Arrangement Act (D.A.A.)** *[GB]* Gesetz über Vergleichsverfahren, Vergleichsordnung *f*; **d. of assignment** Übertragungs-, Übereignungs-, Abtretungs-, Zessionsurkunde *f*; ~ **assumption** Treuhandübernahmevertrag *m*; ~ **conveyance** Auflassungs-, Übereignungs-, Übertragungsurkunde *f*; ~ **covenant** Versprechens-, Vertragsurkunde *f*; ~ **donation/gift** Schenkungsurkunde *m*; ~ **foundation** Stiftungsurkunde *f*; **d.s of a house** Eigentumsurkunde eines Hauses; **d. of incorporation** Gründungsurkunde *f*; ~ **ownership** Eigentums-, Besitzurkunde *m*; ~ **partition** Teilungsauflassung *f*, Teilungsurkunde *f*; ~ **partnership** Gesellschaftsvertrag *m*; ~ **postponement** Rangrücktrittserklärung *f*; ~ **property** Vermögensübertragung *f*; ~ **purchase** Kaufbrief *m*; ~ **release** *(Grundbuch)* löschungsfähige Quittung; ~ **renunciation** Verzicht(s)urkunde *f*; ~ **sale** Kaufvertrag *m*, Kaufurkunde *f*; ~ **separation** Teilungs-, Trennungsvertrag *m*; ~ **settlement** Abfindungsvertrag *m*; ~ **transfer** Aktien-, Eigentumsübertragungsurkunde *f*; ~ **trust** 1. Treuhandvertrag *m*; 2. Sicherungsübereignung *f*
now this deed witnesses im Folgenden bezeugt dieser Vertrag
to draw up a deed Urkunde aufsetzen; **to execute a d.** aus einer Urkunde vollstrecken; **to issue/make out a d.** Urkunde ausstellen; **to transfer by d.** überschreiben
atrocious deed Gräueltat *f*; **bloody d.** Bluttat *f*; **collective d.** Sammelurkunde *f*; **executory d.** vollstreckbare Urkunde; **fateful d.** verhängnisvolle Tat; **by formal d.** urkundlich; **ignominious/**

shameful d. niederträchtige Tat, Schändlichkeit *f*; **notarial d.** Notariatsvertrag *m*, notarieller Vertrag, notarielle Urkunde; **valid d.** rechtsgültige Urkunde

deem *v/t* erachten, halten für, betrachten als; **d.ing provision** *n* Als-ob-Bestimmung *f*

deepen *v/i* *(Verdacht)* sich verdichten/verschärfen, zunehmen, größer werden

deface *v/t* entstellen, verunstalten, unkenntlich machen; **d.ment** *n* Verunstaltung *f*, Unkenntlichmachung *f*

defalcat|e *v/t* veruntreuen, unterschlagen; **d.ion** *n* Untreue *f*, Veruntreuung *f*, Unterschlagung *f*; **d.or** *n* Veruntreuer *m*

defamation *n* Verleumdung *f*, Verunglimpfung *f*, üble Nachrede, Diffamierung *f*, Herabsetzung *f*, Rufschädigung *f*, Ehrverletzung *f*, Verächtlichmachung, Lästerung *f*, Beleidigung *f*; **d. of a flag** Flaggenverunglimpfung *f*; **~ character** Rufmord *m*; **~ a particular group; collective d.** Kollektivbeleidigung *f*; **d. suit** Verleumdungsklage *f*

defamatory *adj* verleumderisch, diffamierend, beleidigend, ehrenrührig

defam|e *v/t* verleumden, diffamieren, verunglimpfen, lästern; **d.er** *n* Verleumder(in) *m/f*, Ehrabschneider(in) *m/f*

default *n* 1. (Ver)Säumnis *nt*, Versäumung *f*, Unterlassung *f*; 2. Zahlungsverzug *m*, Zahlungsversäumnis *nt*; 3. Zahlungsunfähigkeit *f*, Zahlungseinstellung *f*; 4. (Leistungs)Verzug *m*, Nichterfüllung *f*, Nichterbringung *f*; 5. *(Gericht)* Nichterscheinen *nt*; **by d.** im Unterlassungsfall; **in (the) case of d.** 1. im Unterlassungs-/Verzugsfall; 2. bei Nichterscheinen; **in d.** säumig; **~ whereof** widrigenfalls; **on d.** bei Nichtleistung/Verzug

default of acceptance; ~ the acceptor 1. Annahmeverzug *m*; 2. verweigerte Wechselannahme; **~ appearance** Nichterscheinen vor Gericht; **~ the debtor** Schuldnerverzug *m*; **in ~ defence** bei fehlender Klagebeantwortung; **d. in delivery** Lieferverzug *m*; **d. of interest** Zinsverzug *m*; **d. by omission** Unterlassungsdelikt *nt*

default of payment Zahlungsverzug *m*, Ausbleiben der Zahlung; **in ~** bei Nichtzahlung; **in ~ of a fine** im Falle der Nichtzahlung einer Geldstrafe

default of pleading Unterlassung der fristgerechten Einreichung des Schriftsatzes; **~ a term** Fristversäumnis *f*; **d. by a witness** Ausbleiben eines Zeugen

to cure a default Verzug wieder gutmachen; **to declare the party in d.** gegen die Partei ein Versäumnisurteil erlassen; **to make d.** einer Verpflichtung nicht nachkommen; **to put in d.** in Verzug setzen; **to be sentenced by d.** in Abwesenheit verurteilt werden

default action Mahnverfahren *nt*, Klage auf geschuldeten Geldbetrag; **d. fee** Säumnisgebühr *f*; **d. fine** Säumnis-, Verzugsstrafe *f*, Versäumnisgebühr *f*; **d. interest** Verzugszinsen *pl*; **d. judgment** Säumnis-, Kontumazialurteil *nt*; **d. offence** Unterlassungsdelikt *nt*; **d. penalty** Säumniszuschlag *m*; **d. proceedings** (Ver)Säumnis-, Kontumazialverfahren *nt*; **d. risk** Ausfallrisiko *nt*

default summons Mahnbescheid *m*, Zahlungsbefehl *m*, Vorladung bei Zahlungsverzug; **d. s. based on a bill of exchange** Wechselmahnbescheid *m*; **d. s. based on documents** Urkundenmahnbescheid *m*; **to issue a d. s.** Mahnbescheid erlassen; **enforceable d. s.** Vollstreckungsbescheid *m*

default *v/i* 1. säumig sein; 2. in (Zahlungs)Verzug gelangen/geraten; 3. zahlungsunfähig werden; 4. nicht erfüllen/einhalten; 5. nicht vor Gericht erscheinen

defaulter *n* 1. säumige(r) Zahler(in), Schuldner(in) im Verzug; 2. Nichterschienene(r) *f/m*, nicht erschienene Partei

defaulting *adj* 1. säumig, in/im Verzug; 2. nicht erschienen

defeasance *n* 1. Annullierung *f*; 2. Aufhebungs-, Verwirkungsklausel *f*

defeasi|bility *n* Anfechtbar-, Aufhebbarkeit *f*; **d.ble** *adj* anfechtbar, annullierbar, auflösend bedingt

defeat *n* 1. Niederlage *f*; 2. Vereitelung *f*; 3. Aufhebung *f*; **to suffer d. in an action** im Prozess unterliegen; **d. of a motion** Ablehnung eines Antrags

defeat *v/t* 1. besiegen, schlagen; 2. *(Anspruch, Plan, Zweck)* vereiteln; 3. *(An-*

trag, Gesetzesentwurf) zu Fall bringen; 4. aufheben, rückgängig machen; **to be d.ed** 1. *(Prozesspartei)* unterliegen; 2. *(Wahl)* überstimmt werden; **d.ing of a creditor** *n* 1. Vereitelung eines Gläubigeranspruchs; 2. Gläubigerbenachteiligung *f*

defect *n* Defekt *m*, Fehler *m*, (Sach)Mangel *m*; **d. of construction** Konstruktionsfehler *m*; **~ form** Formfehler *m*; **to cure a ~ form** Formmangel heilen; **~ law** Rechtsmangel *m*, Gesetzeslücke *f*; **d.(s) in material** Materialfehler *m*; **d. of proceedings** Verfahrensmangel *m*; **~ quality** Qualitätsfehler *m*, Qualitäts-, Sachmangel *m*; **d. as to quantity** Quantitätsmangel *m*; **d. in rem** *(lat.)* Fehler in der Sache; **d. in/of title** Rechtsmangel *m*, Mangel im Recht, Fehler im Rubrum; **to cure a ~** Rechtsmangel heilen; **d. covered by a warranty** Gewährsmangel *m*; **d. in/due to workmanship** Fertigungs-, Arbeitsfehler *m*

free of/from defect|s mangelfrei; **to be liable for d.s** für Mängel haften

to ascertain defect|s Mängel feststellen; **to assert d.s** Mängel geltend machen; **to conceal a d. fraudulently** Fehler arglistig verschweigen; **to eradicate a d.** Mangel beseitigen; **to notify a d.** Mangel anzeigen; **to mend/remedy a d.** Mangel/Fehler beheben/beseitigen/heilen, einem Mangel abhelfen, nachbessern; **to warrant for a d.** für einen Mangel haften

apparent defect offener Mangel; **ascertained d.** festgestellter Mangel; **chief d.** Hauptmangel *m*; **concealed/hidden d.** geheimer/verborgener Mangel; **existing d.s** vorhandene Mängel; **formal d.** Formfehler *m*; **inherent d.** anhaftender Mangel; **intrinsic d.** innerer Mangel; **invisible d.** nicht sichtbarer Mangel; **latent d.** geheimer/verborgener/versteckter Mangel; **material d.** Sachmangel *m*; **~ d.s of legal proceedings; procedural d.s** Verfahrensmängel; **obvious/patent d.** offenkundiger/offener/erkennbarer Mangel; **redhibitory d.** Wand(e)lungs-, Gewährleistungsfehler *m*, zur Wandelung berechtigender Mangel; **remediable d.** behebbarer Mangel; **structural d.** baulicher Mangel

defective *adj* 1. fehler-, mangel-, schadhaft, defekt, mit Fehlern behaftet; 2. *(Rechtstitel)* ungültig, unzulänglich; **d.ness** *n* Fehler-, Mangelhaftigkeit *f*

defence *n* 1. Verteidigung *f*, Abwehr *f*; 2. *(ZR)* Klagebeantwortung *f*, Klageerwiderung *f*, Einrede *f*, Einwendung *f*; 3. *(StR)* Verteidigung *f*, Einlassung *f*; 4. Rechtfertigung *f*; 5. (Straf)Verteidigung *f*

defence in a criminal case Strafverteidigung *f*; **~ court** Verteidigung vor Gericht; **d. of fraud** Einrede der Arglist; **~ lack of performance** Einrede des nicht erfüllten Vertrages; **to plead the ~ limitation** sich auf Verjährung berufen; **~ malice** Einwand der Arglist; **~ set-off** Aufrechnungseinrede *f*; **~ the rule of law** Verteidigung der Rechtsordnung

to abandon the defence Verteidigung niederlegen; **to assume the d.** Verteidigung übernehmen; **to conduct one's own d.** sich selbst verteidigen; **to deliver/file the d.** Klagebeantwortung/Klageerwiderung einreichen; **to plead in d.** Einrede vorbringen, zur Verteidigung vorbringen; **to put forward a d.** Einrede geltend machen; **to represent the d.** Verteidigung übernehmen; **to strike out the d.** Verteidigungsvorbringen zurückweisen; **to take over the d.** Verteidigung übernehmen; **to withdraw from the d.** Verteidigung niederlegen

civil defence Zivilschutz *m*; **court-assigned d.** Pflichtverteidigung *f*; **good d.** berechtigter Einwand, begründete Einrede, berechtigtes Verteidigungsvorbringen; **inadmissible d.** (rechtlich) unzulässiges Verteidigungsvorbringen; **justifiable d.** Notwehr *f*; **legal d.** Rechtsschutz *m*; **~ insurance** Rechtsschutzversicherung *f*; **necessary d.** Notwehr *f*; **official d.** Offizial-, Pflichtverteidigung *f*; **peremptory d.** peremptorische Einrede; **written d.** Verteidigungsschrift *f*

defence counsel 1. *(ZR)* Anwalt des/der Beklagten; 2. *(StR)* Anwalt der Verteidigung, (Straf)Verteidiger(in) *m/f*; **to assign a d. c.** *(durch das Gericht)* Verteidiger(in) bestellen; **to brief a d. c.** Verteidiger(in) bestellen; **additional d. c.** Mitverteidiger(in) *m/f*; **court-appointed d. c.** Offizialverteidiger(in) *m/f*;

retained d. c. bestellte(r) Verteidiger (in) *m/f*

defence lawyer Verteidiger *m*; **d. l. chosen by the defendant** Wahlverteidiger(in) *m/f*

defenceless *adj* wehrlos

defence witness Entlastungszeuge *m*, Zeuge der Verteidigung

defend *v/t* verteidigen; **d. os.** *v/refl* sich verteidigen

defendant *n* 1. *(ZR)* Beklagte(r) *f/m*, beklagte Partei; 2. *(StR)* Angeklagte(r) *f/m*, Beschuldigte(r) *f/m*; **d. in a cross-petition** Widerbeklagte(r) *f/m*; **d. after formal indictment** Angeklagte(r) *f/m*; **to find for the d.** 1. *(ZR)* zugunsten des Beklagten entscheiden/urteilen; 2. *(StR)* den Angeklagten/die Angeklagte freisprechen; **counterclaiming d.** Widerkläger(in) *m/f*; **d.'s plea** Klageantwort *f*, Klageerwiderung *f*

defender *n* *[Scot.]* *(ZR)* Beklagte(r) *f/m*, beklagte Partei

defense *n* *[US]* → **defence**; **d. attorney** *[US]* 1. Anwalt des Beklagten; 2. Verteidiger(in) *m/f*

defensible *adj* vertretbar, zu rechtfertigen

defer *v/t* 1. auf-, hinaus-, verschieben; 2. aussetzen; 3. zurückstellen

deferment *[GB]*; **deferral** *[US]* *n* 1. Aufschub *m*, Hinaus-, Verschiebung *f*; 2. Aussetzung *f*; 3. Zurückstellung *f*

deferment of the announcement of the judgment Aussetzung der Verkündigung des Urteils; **~ a date** Verschiebung eines Termins; **~ a deadline** Verlängerung einer Frist; **~ payment** Stundung *f*, Zahlungsaufschub *m*; **~ sentence** Aufschub der Urteilsverkündung; **to grant a d.** Aufschub gewähren

deferred *adj* 1. auf-, hinausgeschoben; 2. gestundet; 3. zurückgestellt

defiance *n* 1. Trotz *m*; 2. *(Anordnung, Gesetz)* Missachtung *f*; **in d. of** ungeachtet, trotz

deficiency *n* 1. Mangel *nt*, Unzulänglichkeit *f*; 2. Fehlbetrag *m*, Fehlmenge *f*, Manko *nt*; **d. in/of title** (Rechts)Mangel *m*; **mental d.** Geistesschwäche *f*

deficiency claim Mängelrüge *f*; **d. compensation** Ausfallentschädigung *f*; **d. guarantee** Ausfall-, Schadlosbürg-

schaft *f*; **d. goods** Mangelware *f*; **d. judgment** *[US]* Ausfallurteil *nt*; **d. loss** Mangelschaden *m*

deficient *adj* 1. mangelhaft, ungenügend; 2. fehlend; **mentally d.** geistesschwach

deficit *n* Defizit *nt*, Fehlbetrag *m*

defile *v/t* schänden, entehren

defilement *n* 1. Schändung *f*, Entehrung *f*, Entweihung *f*; 2. Verschmutzung *f*, Verunreinigung *f*; **d. of a grave** Grabschändung *f*

define *v/t* 1. definieren, erklären; 2. *(Bedingung, Grenze)* bestimmen, festlegen; 3. *(Vollmacht)* abgrenzen

definite *adj* bestimmt, festgesetzt, endgültig, definitiv; **to become d.** Rechtskraft erhalten/erlangen; **to render d.** Rechtskraft verleihen

definition *n* (Begriffs)Definition *f*, Begriffsbestimmung *f*; **by d.** definitorisch; **d. of powers** Kompetenzabgrenzung *f*; **statutory d.** Legaldefinition *f*; **~ of an offence** gesetzlicher Tatbestand

defraud *v/t* betrügen, beschwindeln, täuschen, unterschlagen, hinterziehen; **d.ation** *n* 1. Betrug *m*; 2. Unterschlagung *f*, Hinterziehung *f*; **d.er** Betrüger(in) *m/f*

defray *v/t* *(Kosten)* tragen, bestreiten, bezahlen, entrichten

defrayal *n* Bestreitung *f*, Entrichtung *f*; **d. of costs** Aufkommen für Kosten

degrade *v/t* 1. herab-, heruntersetzen; 2. *(fig)* erniedrigen, entehren, entwürdigen

degree *n* 1. Grad *m*, Maß *nt*; 2. Rang *m*, Stand *m*; 3. (akademischer) Grad; **d. of disablement** Invaliditätsgrad *m*; **~ fault** Grad des Verschuldens; **~ impairment** Beeinträchtigungsgrad *m*; **~ negligence** Fahrlässigkeitsgrad *m*; **~ the penalty** Höhe der Strafe; **~ priority/urgency** Dringlichkeitsgrad *m*; **~ probability** Wahrscheinlichkeitsgrad *m*; **~ relationship** Grad der Verwandtschaft, Verwandtschaftsgrad *m*, Verwandtschaftsverhältnis *nt*; **~ risk** Risiko-, Gefahrenumfang *m*

academic degree akademischer Grad; **first d. murder** *[US]* (vorsätzlicher) Mord; **liable in the ~** primär haftbar; **prohibited d.s** verbotene Verwandtschaftsgrade; **second d. murder** *[US]*

Totschlag *m*; **liable in the ~** subsidiär haftbar; **d. ceremony** *[GB]* Graduierungsfeier *f*; **d. course** *(erster akad. Abschluss)* Studiengang *m*, Universitätskurs *m*

delay *v/t* hinhalten, verzögern, verschleppen

delay *n* 1. Verzögerung *f*, Verspätung *f*, Verschleppung *f*, Aufschub *m*; 2. Verzug *m*, Säumnis *f*; **in the event of d.** im Verzug; **without d.** ohne Verzug, unverzüglich

delay in delivery Lieferverzug *m*; **d. of payment** Zahlungsverzug *m*; **d. in performance** Leistungsverzögerung *f*, Leistungsverzug *m*; **~ vacating premises** Räumungsverzug *m*; **d. of proceedings** Prozessverschleppung *f*

to allow for a delay Verzögerung einkalkulieren; **to grant a d.** Fristverlängerung zugestehen; **culpable/undue d.** schuldhafte Verzögerung; **without undue d.** ohne schuldhafte Verzögerung

delaying *adj* verzögernd, hinhaltend, Verzögerungs-; **d. action/tactics** Verschleppungs-, Verzögerungs-, Hinhaltetaktik *f*

delaying (of) proceedings *n* Prozessverschleppung *f*, Verschleppung des Verfahrens

del credere *n* Delkredere *nt*, Bürgschaft *f*; **~ liability** Delkredererehaftung *f*

delegate *n* Delegierte(r) *f/m*, Bevollmächtigte(r) *f/m*; *v/t* delegieren, bevollmächtigen, Vollmacht erteilen

delegation *n* 1. Delegation *f*; 2. Delegierung *f*, Übertragung *f*; **d. of authority** Vollmachtserteilung *f*; **~ powers** Übertragung von Befugnissen, Vollmachtsübertragung *f*; **~ legislative power** Delegierung der Gesetzgebungsgewalt; **~ responsibility** Übertragung von Verantwortung; **fact-finding d.** Ermittlungskommission *f*

delete *v/t* (aus)streichen, (aus)löschen, tilgen; **d. as/if appropriate** *(Formular)* Nicht-/Unzutreffendes streichen

deletion *n* (Aus)Streichung *f*, (Aus)Löschung *f*, Tilgung *f*; **d. of an entry in the land (charges) register** Grundbuchlöschung *f*

deliberate *v/ti* 1. nachdenken, sich beraten; 2. bedenken, überlegen, beraten

deliberate *adj* vorsätzlich, wissentlich, absichtlich; **d.ly** *adv* mit Vorbedacht, vorsätzlich

deliberation *n* 1. (Urteils)Beratung *f*, Besprechung *f*; 2. Überlegung *f*; **d. in camera** *(lat.)* geheime Urteilsberatung; **after careful d.** nach sorgfältiger Überlegung; **on mature d.** nach reiflicher Überlegung

delimitation *n* Abgrenzung *f*

delinquency *n* 1. Kriminalität *f*, Straffälligkeit *f*; 2. Zahlungsverzug *m*, (Ver-)Säumnis *f/nt*; 3. Pflichtverletzung *f*; **juvenile d.** Jugendkriminalität *f*, Jugendstraftaten *pl*; **d. charge** Säumniszuschlag *m*

delinquent *n* Täter(in) *m/f*, Delinquent (in) *m/f*; **juvenile d.** jugendlicher Täter

delinquent *adj* 1. straffällig; 2. säumig, überfällig, rückständig

deliver *v/t* 1. liefern, aus-, abliefern, zustellen; 2. *(Urkunde)* aushändigen, herausgeben; 3. *(Rede)* halten; 4. *(Urteil)* sprechen, verkünden, fällen; **d. up** *(Sache)* heraus-, aufgeben, überantworten; **d. os. up to the police** sich der Polizei stellen

delivering (of) a judgment *n* Urteilsverkündung *f*

delivery *n* 1. Lieferung *f*, Ab-, Auslieferung *f*, Zustellung *f*; 2. Aushändigung *f*, Heraus-, Übergabe *f*, Überlassung *f*; **(up)on d.** gegen Aushändigung; **payable on d.** bei Lieferung zahlbar

delivery subject to the availability of goods Lieferfähigkeit vorbehalten; **d. of a deed** Aushändigung einer Urkunde; **d. in full discharge** Hingabe an Erfüllungs Statt; **d. of documents** Herausgabe von Urkunden; **~ goods** Warenzustellung *f*; **d. by hand** unmittelbare Übergabe; **d. of a judgment** Erlass/Verkündigung eines Urteils; **~ the merchandise** Übergabe der Ware; **d. to third parties** Überlassung an Dritte; **d. of possession** Besitzübergabe *f*, Besitzübertragung *f*; **~ a prisoner** Einlieferung eines Gefangenen; **d. by way of security** Übergabe als Sicherheit; **d. of a thing** Übergabe einer Sache

delivery bond Lieferkaution *f*; **d. clause** Lieferklausel *f*; **d. deadline** Lieferfrist *f*;

d. item Liefergegenstand *m*; **d. note** Lieferschein *m*; **d. order** Lieferanweisung *f*; **d. period** Lieferfrist *f*; **to extend the ~** Lieferfrist verlängern; **d. terms** Lieferbedingungen; **d. time** Lieferzeit *f* **actual delivery** tatsächliche Übergabe; **constructive d.** mittelbare Übergabe; **general d.** *[US]* postlagernd; **mistaken d.** Falschlieferung *f*; **personal d.** eigenhändige Übergabe; **postal d.** Postzustellung *f*; **recorded d.** Einschreiben mit Rückschein

delude *v/t* täuschen, irreführen; **d. os.** *v/refl* sich etw. vormachen

delusion *n* Wahn(vorstellung) *m/f*

demand *n* 1. Forderung *f*, An-, Aufforderung *f*, Ersuchen *nt*, Verlangen *nt*, (Rechts)Anspruch *m*; 2. Nachfrage *f*, Bedarf *m*; **on d.** auf Anforderung/Verlangen; **payable ~** zahlbar bei Aufforderung

demand for charges Gebührenforderung *f*; **~ payment** Zahlungsaufforderung *f*, Mahnung *f*; **~ overdue payment** *(Zahlung)* Inverzugsetzung *f*; **~ overdue performance** *(Leistung)* Inverzugsetzung *f*; **~ punishment** Strafantrag *m*; **~ restitution** Erstattungsforderung *f*; **d. that sth. be applied** Anwendung fordern

additional demand Nachforderung *f*; **regular d.** Regelbedarf *m*; **unreasonable d.** Zumutung *f*

demand *v/t* fordern, an-, auffordern, postulieren, (ab)verlangen, beanspruchen; **d. deposit** Sichteinlage *f*

demand|ed *adj* geboten; **d.ing** *adj* anspruchsvoll; **~ with menaces** *n* (räuberische) Erpressung

demanning *n* Personal-, Stellenabbau *m*

demarcate *v/t* abgrenzen

demarcation *n* Abgrenzung *f*; **d. of liability** Haftungsabgrenzung *f*; **d. dispute** Kompetenz-, Abgrenzungsstreitigkeit *f*, Streit um den Zuständigkeitsbereich; **d. line** Demarkationslinie *f*

demean|ing *adj* erniedrigend; **d.our** *n* 1. Benehmen *nt*, Auftreten *nt*; 2. Haltung *f*

dement|ed *adj* geistesgestört; **d.ia** *n (lat.)* Geistesgestörtheit *f*, Geisteskrankheit *f*, Demenz *f*

demerge *v/t* entflechten; **d.r** *n* Entflechtung *f*

demise *n* 1. Tod *m*, Ableben *nt*, Exitus *m (lat.)*; 2. Verpachtung *f*, Vermietung *f*; *v/ti (Grundbesitz)* 1. verpachten, vermieten; 2. übergehen

demolish *v/t* 1. ab-, einreißen, abbrechen; 2. *(fig)* vernichten, zerstören

demolition *n* 1. *(Gebäude)* Abbruch *m*; 2. Zerstörung *f*; **d. order** Abbruchverfügung *f*; **d. work** Abbrucharbeiten

demonstrable *adj* *(Irrtum)* nachweis-, beweisbar

demonstrate *v/ti* 1. be-, nachweisen, zeigen, darlegen; 2. demonstrieren

demonstration *n* 1. Demonstration *f*, Kundgebung *f*; 2. Vorführung *f*; **to disperse a d.** Demonstration zerstreuen; **large-scale d.** Großdemonstration *f*; **violent d.** gewalttätige/unfriedliche Demonstration

demonstrator *n* Demonstrant(in) *m/f*

demot|e *v/t (Personal)* zurück-, herabstufen; **d.ion** Rückstufung *f*

demur *n* Einwand *m*, Einwendungen *pl*; **without d.** ohne Einwendungen

demur *v/i* 1. (Rechts)Einwand erheben, Bedenken haben, demurrieren; 2. *(ZR)* auf mangelnde Schlüssigkeit hinweisen

demurrer 1. *(Rechtsmittel)* Einspruch *m*, Einrede *f*; 2. *[US]* Abweisungsbegehren *nt*; 3. *(ZR)* Einwand/Einwendung der mangelnden Schlüssigkeit; **d. to an action** prozesshindernde Einrede; **~ evidence** Beweiseinrede *f*, Einrede des unzureichenden Beweises; **d. at law** Rechtseinwand *m* **den of iniquity** *n* *(coll)* Lasterhöhle *f*

denatural|ization *n* Denaturalisation *f*, Entziehung der Staatsangehörigkeit; **d.ize** *v/t* denaturalisieren, Staatsangehörigkeit entziehen

denial *n* 1. *(ZR)* Bestreiten (des Klagevorbringens); 2. Leugnen *nt*, Ableugnung *f*, Dementi *nt*; 3. Verweigerung *f*, Versagung *f*; 4. abschlägiger Bescheid, Absage *f*; **d. of justice** Justiz-, Rechtsverweigerung *f*, Rechtsversagung *f*; **~ legitimacy** Ehelichkeitsanfechtung *f*; **~ liability** Haftungsablehnung *f*; **d. by oath** Abschwörung *f*; **d. of permission** Versagung der Erlaubnis; **~ responsibility** Ablehnung der Verantwortung; **~ human rights** Nichtanerkennung der Menschenrechte

to issue a denial dementieren (lassen); **general d.** allgemeines Bestreiten; **special d.** Bestreiten einzelner Klagebehauptungen; **d. damage** Aufopferungsanspruch *m*

denigrat|e *v/t* verunglimpfen, anschwärzen, verleumden; **d.ion** *n* Verunglimpfung *f*, Anschwärzung *f*, Verleumdung *f*

denomination *n* 1. *(Religion)* Bekenntnis *nt*, Konfession *f*; 2. Benennung *f*, Bezeichnung *f*; 3. Nennwert *m*; **d. of goods** Warenbenennung *f*; **religious d.** Glaubensgemeinschaft *f*

denote *v/t* be-, kennzeichnen

denounce *v/t* 1. denunzieren, anprangern; 2. Strafanzeige erstatten; 3. *(Staatsvertrag)* kündigen

dent *n* Beule *f*, Delle *f*; *v/t (Auto, Hut)* verbeulen

denunciat|ion 1. Denunziation *f*, Anprangerung *f*, Brandmarkung *f*; 2. Strafanzeige *f*; 3. *(Völkerrecht)* Kündigung *f*; **d. clause** Kündigungsklausel *f*; **d.or** *n [US]* Denunziant(in) *m/f*

Denver boot *n [US]* Parkkralle *f*

deny *v/t* 1. (ab)leugnen, ab-, bestreiten; 2. *(Recht)* absprechen; 3. verwehren, versagen; 4. verneinen, dementieren; 5. *(Schuld)* abschwören

depart *v/i* 1. abreisen, abfahren; 2. abweichen

department *n* 1. Abteilung *f*; 2. Dezernat *nt*, Amt *nt*, Ressort *nt*; 3. Fakultät *f*, Seminar *nt*; 4. Ministerium *nt*

Department of Employment *[GB]* Arbeitsministerium *nt*; ~ **the Environment (DoE)** *[GB]* Umweltministerium *nt*; ~ **Health, Education and Welfare** *[US]* Ministerium für Gesundheit, Erziehung und Wohlfahrt; ~ **Health and Social Security (DHSS)** *[GB]* Ministerium für Gesundheit und soziale Sicherheit; ~ **Justice** *[US]* Justizministerium *nt*; ~ **Motor Vehicles** *[US]* Straßenverkehrsamt *nt*

antitrust department Kartellbehörde *f*; **federal d.** Bundesamt *nt*; **forensic d.** *(Dezernat)* Spurensicherung *f*; **legal d.** Rechtsabteilung *f*, Rechtsdezernat *nt*; **out-patient d.** *(Krankenhaus)* Ambulanz *f*

departure *n* 1. Abfahrt *f*, Abreise *f*; 2. Abgang *m*, Weggang *m*; 3. Abweichen *nt*, Abweichung *f*; 4. Klageänderung *f*, Klageabweichung *f*; **d. from the law** Rechtsbeugung *f*; ~ **the norm** Abweichen von der Norm; ~ **the truth** Abweichen von der Wahrheit

dependable *adj* zuverlässig, verlässlich

dependant *[GB]*; **dependent** *[US]* *n* Abhängige(r) *f/m*, abhängige Person, Angewiesene(r) *f/m*, Angehörige(r) *f/m*, Unterhaltsbedürftige(r) *f/m*, Unterhaltsberechtigte(r) *f/m*; **d.s** Abhängige; **surviving d.s** Hinterbliebene; ~ **d.s' benefits** Hinterbliebenenbezüge

dependence; dependency *n* Abhängigkeit *f*

dependent *adj* 1. abhängig, unselbstständig, angewiesen, hörig; 2. unterhaltsbedürftig, unterhaltsberechtigt

depletion *n* Erschöpfung *f*, Substanzminderung *f*, Substanzverzehr *m*; **d. of resources** Erschöpfung der Rohstoffvorräte

deplore *v/t* 1. bedauern, beklagen; 2. missbilligen

deployment *n* Einsatz *m*; **d. of labour** Einsatz der Arbeitskräfte

deport *v/t* abschieben, ausweisen, des Landes verweisen

deportation *n* Abschiebung *f*, Ausweisung *f*, Zwangsverschickung *f*; **d. of aliens** Abschiebung von Ausländern; ~ **illegal immigrants** Zurückschiebung *f*; **d. facility** Abschiebehaftanstalt *f*; **d. order** Ausweisungsbefehl *m*, Ausweisungsbeschluss *m*; **d. proceedings/procedure** Ausweisungs-, Abschiebeverfahren *nt*

deportee *n* abzuschiebende Person

depose *v/t* 1. absetzen, entthronen; 2. unter Eid aussagen, eidliche Aussage zu Protokoll geben, schriftliche (eidliche) Erklärung abgeben

deposit *n* 1. Anzahlung *f*, erste Rate; 2. Pfand(hinterlegung) *nt/f*, Kaution *f*, Flaschenpfand *nt*; 3. Verwahrung *f*, Aufbewahrung *f*; 4. (Geld)Einlage *f*

deposit in court gerichtliche Hinterlegung; **d. of a pledged item** Pfandhinterlegung *f*; ~ **a security** Hinterlegung einer Sicherheit; ~ **securities** Hinterlegung von Wertpapieren; ~ **title deeds** Hinterlegung von Eigentumsurkunden; ~ **a will** Testamentshinterlegung *f*

to forfeit a deposit Anzahlung einbüßen/ verwirken; **to leave/make/pay a d.** 1. anzahlen, Anzahlung leisten; 2. Kaution hinterlegen; **blocked d.** Sperrguthaben *nt*; **collective d.** Sammelvewahrung *f*; **gratuitous/naked d.** unentgeltliche Verwahrung; **minimum d.** Mindestanzahlung *f*; **non-resident d.s** Auslandsguthaben

deposit *v/t* 1. ein-, anzahlen; 2. hinterlegen, deponieren; 3. in Verwahrung geben

deposit|able *adj* hinterlegungsfähig; **d. account** Sparkonto *nt*; **d.ary** *n* 1. Pfandnehmer/in *m/f*; 2. Verwahrungsort *m*, Hinterlegungsstelle *f*; 3. Lagerhaus *nt*; **d. cost(s)** Kosten der Hinterlegung; **d.ee** *n* Verwahrer *m*

deposition *n* 1. Aussage unter Eid, Aussageprotokoll *nt*, zu Protokoll gegebene eidliche Zeugenaussage; 2. Deponierung *f*, Hinterlegung *f*; 3. Entthronung *f*, Absetzung *f*; **d. on oath** eidliche Aussage **to affirm a deposition** Aussage bekräftigen; **to make a d.** eidliche Erklärung abgeben; **to take d.s** eidliche Aussagen entgegennehmen

depositor *n* 1. Einzahler *m*, Einleger *m*; 2. Hinterleger *m*; **d.'s duty to pay damages** Schaden(s)ersatzpflicht des Hinterlegers; **~ right to reclaim (sth.)** Rückforderungsrecht des Hinterlegers

depository *n* Verwahrungs-, Hinterlegungsstelle *f*

depreciable *adj* abschreibbar, absetzbar

depreciate *v/ti* 1. *(Wert)* mindern, abwerten; 2. abschreiben, absetzen; 3. im Wert sinken

depreciation *n* 1. Wertminderung *f*; 2. Abschreibung *f*; **d. of fixed assets** Abschreibung auf Anlagevermögen; **~ plant and equipment** Abschreibung auf Betriebsanlagen; **~ replacement value** Abschreibung auf den Wiederbeschaffungswert; **unscheduled d.** außerplanmäßige Abschreibung

deprivation *n* 1. Entziehung *f*, Aberkennung *f*, Entzug *m*, Verlust *m*, Beraubung *f*; 2. Entbehrung *f*, Mangel *m*; **d. of citizenship** Entziehung der Staatsangehörigkeit; **~ civil rights** Aberkennung/Entziehung der bürgerlichen (Ehren)Rechte; **~ legal capacity** Entmündigung *f*, Entziehung der Rechtsfähigkeit; **~ (a**

person's) liberty Freiheitsberaubung *f*, Freiheitsentzug *m*; **~ possession** Besitzentziehung *f*; **~ rights** Entrechtung *f*; **~ use** Gebrauchsentzug *m*

deprive *v/t* entziehen, aberkennen; **d.d** *adj* benachteiligt, arm

deputize (for so.) *v/i* vertreten, Vertretung übernehmen

deputy *n* Stellvertreter(in) *m/f*, stellvertretende(r) Vorsitzende(r) *f/m*; *adj* stellvertretend; **to appoint a d.** Vertreter bestimmen

deputy juror Hilfsgeschworene(r) *f/m*; **d. judge** Hilfsrichter(in) *m/f*; **d. lay judge** Hilfsschöffe *m*, Hilfsschöffin *f*; **d. manager** stellvertretender Geschäftsführer; **d. prosecutor** Vertreter des Staatsanwalts; **d. sheriff** *[US]* Hilfspolizist(in) *m/f*

deranged *adj* ge-, verstört, verwirrt; **mentally d.** geistesgestört, geistig umnachtet

derating (of local taxes) *n* Grundsteuerbefreiung *f*

deregister *v/ti* 1. im (Handels)Register löschen; 2. sich abmelden; 3. *(Kfz)* abmelden

deregulate *v/t* deregulieren, liberalisieren, dem freien Wettbewerb überlassen

deregulation *n* Deregulierung *f*, Freigabe *f*, Liberalisierung *f*, Abbau von (staatlichen) Kontrollen; **d. of rents** Mietfreigabe *f*

derelict *n* 1. aufgegebenes Eigentum; 2. aufgegebenes Schiff, treibendes Wrack; 3. *(fig)* (menschliches) Wrack; *adj* 1. verlassen, aufgegeben, herrenlos; 2. *(Gebäude)* verfallen, baufällig, heruntergekommen; 3. *[US]* pflichtvergessen

dereliction *n* 1. Dereliktion *f*, Eigentumsaufgabe *f*; 2. (schuldhafte) Vernachlässigung; **d. of duty** Pflichtverletzung *f*, Pflichtversäumnis *nt*; **gross ~** gröbliche Pflichtverletzung; **d. of land** Landveroödung *f*

derequisition *n* Aufhebung der Beschlagnahme

derestriction *n* Lockerung von Beschränkungen, Freigabe von Bewirtschaftung

derivation *n* Ab-, Herleitung *f*, **d. of a claim** Herleitung eines Anspruchs

derivative adj *(Anspruch, Klage)* derivativ, abgeleitet

derive (from) v/ti 1. ab-, herleiten; 2. *(Nutzen)* ziehen (aus), gewinnen; 3. sich ab-/herleiten (von), beruhen (auf)

derogate (from) v/t 1. *(Gesetz)* teilweise aufheben, abändern; 2. *(Recht, Vereinbarung)* beeinträchtigen, schmälern, vermindern; 3. *(Sache)* Abbruch tun, schaden; 4. abweichen

derogation 1. (teilweise) Aufhebung, Abänderung f; 2. Beeinträchtigung f, Schmälerung f, 3. Abbruch f; 4. Abweichung f; **in d. of Art. 1** in Abweichung von Art. 1; **d. of responsibility** Ablehnung der Verantwortung

derogatory adj *(Bemerkung)* abfällig, abschätzig; **to be d. (to)** beeinträchtigen, schaden, zum Nachteil sein von

descend (from) v/i 1. ab-, entstammen; 2. *(Eigentum)* übergehen; 3. *(Rechte)* vererbt werden

descendant n Nachkomme m, Nach-, Abkömmling m; **d.s** Nachkommen(schaft) pl/f; ~ **in direct line** Abkömmlinge in gerader Linie; ~ **of the testator** Abkömmlinge des Erblassers; **third-party** ~ Abkömmlinge eines Dritten

descent n 1. Abstammung f, Abkunft f, Herkommen f; 2. Vererbung f, (gesetzliche) Erbfolge; 3. *(Grundbesitz)* Übergang; 4. *(fig)* Niedergang m, Abstieg m, Verfall m; 5. Gefälle nt; **collateral d.** Abstammung in der Seitenlinie; **legitimate d.** eheliche Abstammung; **lineal d.** Abstammung in gerader Linie

describe v/t beschreiben, schildern

description n 1. Beschreibung f, Schilderung f, Darstellung f; 2. Bezeichnung f; **by d.** laut Beschreibung; **false/incorrect d. of contents** falsche Inhaltsbeschreibung; ~ **duties** Aufgabenbeschreibung f; ~ **foodstuffs** Lebensmittelkennzeichnung f, ~ **the goods** Warenbezeichnung f, ~ **the missing person** Beschreibung des Vermissten; ~ **a wanted person** Steckbrief m; ~ **the lease** Beschreibung der Pacht-/Mietsache

comprehensive description umfassende Darstellung; **misleading d.** missverständliche Bezeichnung; **official d.** Amtsbezeichnung f

desecrate v/t schänden, entweihen

desecration n Schändung f, Entweihung f, Frevel m; **d. of a church** Kirchenschändung f; ~ **a corpse/dead body** Leichenschändung f; ~ **a grave** Grabschändung f

desequestration n Aufhebung der Zwangsverwaltung

desert v/ti 1. verlassen; 2. im Stich lassen; 3. desertieren, Fahnenflucht begehen; **d.er** n Fahnenflüchtiger m; **d.ion** n 1. *(Familie)* (böswilliges) Verlassen; 2. Fahnenflucht f

deserve v/t *(Lob, Strafe)* verdienen

design n 1. Absicht f, Vorhaben nt, Plan m; 2. (Geschmacks-/Gebrauchs)Muster; 3. Entwurf m, Zeichnung f; 4. Konstruktion f, Bauart f; **by d. rather than accident** absichtlich und nicht zufällig; **faulty d.** Konstruktionsfehler m; **patented d.** geschütztes Gebrauchsmuster; **protected d.** geschütztes Geschmacks-/Gebrauchsmuster; **registered d.** eingetragenes Geschmacks-/Gebrauchsmuster; **d. feature** Konstruktionsmerkmal nt; **d. patent** *[US]* geschütztes Geschmacksmuster; **d. requirements** *(Musterschutz)* charakteristische Eigenschaften des Musters

design v/t 1. planen, beabsichtigen; 2. entwerfen, zeichnen; 3. konstruieren

designate v/t 1. bezeichnen, kennzeichnen; 2. *(Erbe, Nachfolger, Verteidiger)* bestellen, ernennen, bestimmen, ausersehen, designieren; adj designiert, ernannt

designation n 1. Bezeichnung f, Benennung f; 2. Bestimmung f, Ernennung f; **d. as a beneficiary** Begünstigung f; **d. of origin** Ursprungsbezeichnung f; ~ **quality** Qualitätsbezeichnung f; ~ **the invention** Bezeichnung der Erfindung; **official d.** Amtsbezeichnung f; **proprietary d.** geschützte Bezeichnung

desire n Wunsch m, Verlangen nt, Anliegen nt, Begehren nt, Bitte f; v/t 1. wünschen, verlangen, begehren; 2. bitten, ersuchen; **d.d** adj gewünscht

desist (from) v/i Abstand nehmen (von), ablassen (von), unterlassen; **d.ence** n Abstand(nahme) m/f

desperate adj 1. verzweifelt; 2. zum Äußersten entschlossen; 3. dringend

desperation *n* Verzweiflung *f*
despicable *adj* niederträchtig, widerwärtig, verachtenswert
despoil *v/t (Umwelt)* verschandeln, ausplündern, zerstören
destination *n* Bestimmungs-, Zielort *m*; **to leave for an unknown d.** mit unbekanntem Ziel abreisen; **contractual d.** vereinbarter Bestimmungsort
destitut|e *adj* mittellos, unvermögend; **d.ion** *n* Mittellosigkeit *f*, Armut *f*
destroy *v/t* 1. vernichten, zerstören, zunichte machen; 2. *(Tier)* einschläfern; **d.ing (of) evidence** *n* Vernichtung von Beweismitteln
destruction *n* Vernichtung *f*, Zerstörung *f*; **d. of the environment** Umweltzerstörung *f*; **~ evidence** Beweisvernichtung *f*; **~ files/records** Vernichtung von Akten/Unterlagen; **~ jobs** Arbeitsplatzvernichtung *f*
destructive *adj* zerstörerisch
desuetude *n* Ungebräuchlichkeit *f*; **to fall into d.** außer Gebrauch kommen
detach *v/t* (ab)trennen, (ab)lösen, absondern; **d.ed** *adj* 1. *(Haus)* allein-, freistehend; 2. objektiv, unvoreingenommen, unparteiisch; 3. *(Person)* kühl, distanziert
detachment *n* 1. Abtrennung *f*, Loslösung *f*; 2. Objektivität *f*; 3. Distanziertheit *f*; 4. *(Militär)* Trupp *m*, Kommando *nt*; **d. of police** Polizeiaufgebot *nt*
detail *n* Einzelheit *f*, Detail *nt*; **in d.** ausführlich, detailliert; **personal d.s** Personalien, Angaben zur Person; **to give one's ~** Angaben zur Person machen; **relevant d.s** sachdienliche Angaben
detailed *adj* ausführlich
detain *v/t* 1. festnehmen, in Gewahrsam/Haft nehmen, sistieren; 2 festhalten, in Haft halten, gefangen halten; 3. *(Waren)* vorent-, einbehalten, zurückhalten; **to be d.ed at Her Majesty's pleasure** *[GB]* auf unbestimmte Zeit in Haft gehalten werden
detainee *n* Festgenommene(r) *f/m*, Gefangene(r) *f/m*, Häftling *m*, Inhaftierte(r) *f/m*
detainer *n* 1. Inhaftierung *f*; 2. (widerrechtliche) Vorenthaltung; 3. Haft(verlängerungs)befehl *m*, verlängerte Haft-

anordnung; **wrongful/forcible d.** *(Grundbesitz)* rechtswidrige Vorenthaltung
detect *v/t* auf-, entdecken, aufspüren, ermitteln, feststellen
detection *n* Auf-, Entdeckung *f*, Entlarvung *f*, Aufklärung *f*; **d. rate** Aufklärungsrate *f*
detective *n* 1. Detektiv(in) *m/f*; 2. Kriminalbeamter *m*; **private d.** Privatdetektiv *m*, privater Ermittler; **d. agency** Detektei *f*; **private ~** Auskunftei *f*; **d. department** 1. Kriminalpolizei *f*; 2. Kriminalabteilung *f*; **d. work** Ermittlungsarbeit *f*
detention *n* 1. Haft *f*, Arrest *m*, Gewahrsam *m*, Freiheitsentzug *m*, Inhaftierung *f*; 2. *(widerrechtlich)* Vorent-, Zurück-, Einbehaltung *f*, Beschlagnahme *f*; 3. Internierung *f*
detention for debt Schuldarrest *m*; **d. of juvenile delinquents** Jugendarrest *m*; **d. prior to deportation** Abschiebe-, Abschiebungshaft *f*; **~ to extradition** Auslieferungshaft *f*; **d. for a short time** Kurzarrest *m*
arbitrary detention willkürliche Festnahme; **coercive d.** Beuge-, Zwangs-, Erzwingungshaft *f*; **~ order** Erzwingungshaftbefehl *m*; **compulsory d.** *(Geisteskranke)* zwangsweise Unterbringung; **further d.** Haftfortdauer *f*; **juvenile d.** Jugendarrest *m*; **penal d. of young persons** Jugendstrafvollzug *m*; **pre-trial d.** *[US]* Untersuchungshaft *f*; **preventive d.** vorläufiger Gewahrsam, Vorbeuge-, Sicherungshaft *f*, Sicherungsverwahrung *f*, Sicherheitsgewahrsam *m*, vorbeugende Inhaftierung; **provisional d.** vorläufige Festnahme; **random d.** wahllose Festnahme; **short-term d.** Kurzarrest *m*; **temporary d.** vorläufige Festnahme/Inhaftierung; **unlawful/wrongful d.** widerrechtliche Festnahme, Freiheitsberaubung *f*
detention camp Lager *nt*; **d. cell** Gewahrsams-, Arrest-, Haftzelle *f*; **d. centre** *[GB]* (geschlossene) Aufnahmeeinrichtung für Asylbewerber; **juvenile ~** Jugendstrafanstalt *f* (JSA), Jugendarrestanstalt *f*; **d. facility** Haftanstalt *f*; **d. order** Haftbefehl *m*
deter *v/t* abschrecken, abhalten

deteriorate v/i sich verschlechtern
deterioration n 1. Verschlechterung f; 2.
Verderb m, Verschleiß m; 3. Verböserung f; **d. of goods** Warenverderb m; **d.
of professionalism** schwindende Be-
rufsethik; **d. in quality** Qualitätsminderung f, Qualitätsverschlechterung f
determinable adj 1. (Betrag) bestimmbar, feststellbar; 2. (Vertrag) befristet,
kündbar, auflösbar
determination n 1. (Ursache, Wert) Bestimmung f, Ermittlung f; 2. (Kosten,
Schadenersatz) Festsetzung f, Festlegung f; 3. (Person) Entschlossenheit f,
Entschluss m, Zielstrebigkeit f
determination of so.'s address Feststellung des Aufenthaltsorts; ~ **age** Alters-
bestimmung f; ~ **the cause of loss** Feststellung der Schadensursache; ~ **a claim**
Feststellung eines Anspruchs; ~ **alcoholic content** Feststellung des Alkoholgehalts; ~ **consideration** Festsetzung der
Gegenleistung; ~ **damages** Festsetzung
der Entschädigung; ~ **demand** Bedarfs-
ermittlung f; ~ **fees** Honorarfestsetzung f;
~ **(taxable) income** Einkommenser-
mittlung f; ~ **loss** Feststellung des Schadens; **d. by lot** Bestimmung durch Los;
d. of paternity Vaterschaftsfeststellung f;
d. by a third party Bestimmung durch
einen Dritten; **d. of possession** Besitz-
ermittlung f; ~ **profits** Gewinnermittlung f;
~ **residence** Aufenthaltsermittlung f; ~
the time of death Todeszeitfeststellung f;
~ **value** Bestimmung des Wertes, Wertbe-
rechnung f; ~ **weight** Gewichtsermittlung f;
judicial d. gerichtliche Festsetzung
determine v/t bestimmen, festlegen, feststellen
determined adj entschieden, zielstrebig
deterrence n Abschreckung f; **general d.**
Generalprävention f
deterrent adj abschreckend; n Abschre-
ckungsmittel nt; **to act as a d.** abschrecken
detest v/t verabscheuen
detinue n (Besitz) Vorenthaltung f
detour n Umleitung f, Umgehungsstraße f
detract v/i verunglimpfen, beeinträchtigen, schmälern; **d. from sth.** etw. beeinträchtigen, einer Sache Abbruch tun;
d.ion n Verunglimpfung f

detriment n Schädigung f, Beeinträchtigung f, Nachteil m; **to so.'s d.** zu jds
Nachteil; ~ **the d. of** zum Nachteil/
Schaden von; **without d. to** ohne Schaden für; ~ **to his claim** ohne Beeinträchtigung seines Anspruchs; **d. of rights**
Beeinträchtigung der Rechte; **legal d.**
Rechtsnachteil m
detrimental adj abträglich, nachteilig,
schädlich; **to be d. to sth.** einer Sache
abträglich sein
devaluation n Abwertung f, Geldentwer-
tung f; **d. clause** Abwertungsklausel f
devalue v/t abwerten
devastating adj verheerend, nieder-
schmetternd, vernichtend
devastation n Verwüstung f; **to cause d.**
Verwüstungen anrichten
develop v/t 1. (weiter)entwickeln; 2. entfalten, weiterbilden; 3. erschließen,
nutzbar machen; 4. fördern; **d.ed** adj
baureif, erschlossen
developer n Bauträger m
development n 1. Entwicklung f, Fort-
schritt m; 2. Entfaltung f, Bildung f; 3.
(Bauland)Erschließung f, Bauvorhaben nt,
Bebauung f; 4. Förderung f; **d. of energy
resources** Erschließung von Energie-
quellen; ~ **(one's) personality** Entfaltung
seiner Persönlichkeit, Persönlichkeits-
entwicklung f; ~ **the law** Rechtsfortbil-
dung f, Rechtsentwicklung f; **to authorize d.** Baubewilligung erteilen
clean development umweltverträgliche
Entwicklung; **further d.** Weiterent-
wicklung f; **professional d.** beruflicher
Werdegang; **regional d.** Regionalförde-
rung f, Raumordnung f; **sustainable d.**
nachhaltige/zukunftsverträgliche Entwicklung; **urban d.** Stadtentwicklung f
development area Entwicklungs-, Er-
schließungs-, Förderungs-, Sanierungs-
gebiet nt; **d. agency** Wirtschaftsförde-
rungsamt nt; **d. aid** Entwicklungshilfe f;
d. company *[GB]*/**corporation** *[US]* n
1. Bauträger m, (Wohnungs)Baugesell-
schaft f; 2. Wirtschaftsförderungsgesell-
schaft f; **d. land** Bauerwartungsland nt;
d. plan Flächennutzungs-, Bebauungs-,
Bauleit-, Erschließungsplan m; **d. tax**
Baulandsteuer f, Baulanderschließungs-
abgabe f

deviate v/i abweichen
deviation n Abweichung f; **d. from the course** Kursabweichung f; **d. on the grounds of equity** Abweichung aus Billigkeitsgründen; **d. from quality** Qualitätsabweichung f; **~ the terms of a contract** Abweichung von den Vertragsbedingungen; **(minor) d. clause** Toleranzklausel f

device n Mittel nt, Vorrichtung f, Einrichtung f; **anti-theft d.** (Kfz) Diebstahlsicherung f

devil n (coll) [GB] Anwaltsassessor(in) m/f, Anwaltsvertreter(in) m/f

devious adj 1. zwielichtig, undurchsichtig; 2. (pej) hinterhältig

devisable adj 1. vermachbar; 2. erdenklich

devise n (Grundbesitz) Vermächtnis nt, Legat nt, Verfügung von Todes wegen, letztwillige Verfügung; **contingent d.** bedingte letztwillige Verfügung über Grundbesitz; **lapsed d.** hinfällig gewordene letztwillige Verfügung; **specific d.** letztwillige Verfügung über bestimmten Grundbesitz

devise v/t 1. (Grundbesitz) vermachen, testamentarisch/letztwillig verfügen; 2. (Plan) ausdenken, planen

devisee n testamentarischer Erbe, Vermächtnisnehmer m, Legatar m; **residuary d.** Erbe des restlichen Grundbesitzes

devolution n 1. (Besitz, Recht) Übergang m, Übertragung f, Übergehen nt, Heimfall/Zufallen durch Erbschaft; 2. (Verantwortung, Vollmacht) Abwälzung f, Übertragung f; **d. of claims** Anspruchsübergang m, Übergang von Forderungen; **~ the estate** Erbschaftsübergang m; **~ a legacy** Vermächtnisanfall m; **d. to third parties** Übergang auf Dritte; **d. of property** Vermögensübergang m; **~ title (to)** (Erbschaft) Rechtsübergang (auf) m, Eigentumsfolge f

devolve v/i 1. (Eigentum, Pflicht) übergehen, anheim fallen; 2. übertragen; 3. (Verantwortung) abwälzen

devote v/t 1. (Zeit) widmen; 2. (Gebäude, Ressourcen) verwenden, bestimmen

dictate n Gebot nt, Vorschrift f; v/t diktieren; **d. to** (jdm) Vorschriften machen

dictum n (lat.) Spruch m, richterliche Meinung(säußerung)

differ v/i 1. sich unterscheiden, abweichen; 2. anderer Meinung sein, nicht übereinstimmen

difference n 1. Differenz f, Unterschied m; 2. Auseinandersetzung f; 3. Ungleichheit f; **d. of opinion** Meinungsverschiedenheit f; **d. in status** Rangunterschied m; **~ value** Wertunterschied m; **irreconcilable d.s** [US] unheilbare Zerrüttung der Ehe

different adj unterschiedlich, verschieden, anders

differentiat|e v/t differenzieren, einen Unterschied machen, unterscheiden; **d.ion** n Differenzierung f, Unterscheidung f

dig n 1. Stoß m, Puff m; 2. (fig) Seitenhieb m, Spitze f; v/t graben, ausheben; **d. deeper** (fig) nachhaken

digest n 1. Digest m, Auswahl f; 2. Fallsammlung (in Auszügen) f

dignitary n Würdenträger(in) m/f

dignity n Würde f; **to bear sth. with d.** etw. mit Würde tragen; **human d.** Menschenwürde f

dilapidated adj baufällig, abbruchreif, verfallen

dilapidation n (Gebäude, Grundstück) Verfall m, Verwahrlosung f, Baufälligkeit f; **d. of historic buildings** Verfall historischer Gebäude

dilatoriness n Säumigkeit f, Zögern nt

dilatory adj 1. (Person) langsam, säumig, (hinaus)zögernd; 2. (Einrede) aufschiebend, hinhaltend

dilemma n Dilemma nt, Verlegenheit f, Klemme f; **moral d.** Gewissensnot f, Gewissensnotstand m

diligence n 1. Sorgfalt f; 2. Eifer m, Fleiß m; **d. of a prudent businessman** Sorgfalt eines ordentlichen Kaufmanns; **due d.** (im Verkehr) erforderliche Sorgfalt, angemessene/gebührende/notwendige/verkehrsübliche Sorgfalt; **with ~** mit gebotener Sorgfalt; **ordinary d.** verkehrsübliche Sorgfalt; **d. requirement** Sicherheitsauflage f

diligent adj 1. sorgfältig, genau; 2. fleißig, eifrig

diminish v/ti 1. verringern, mindern; 2. abnehmen, sich verringern

diploma *n* Diplom *nt*, Verleihungsurkunde *f*
diplomat *n* Diplomat *m*; **d.ic** *adj* diplomatisch
direct *adj* direkt, gerade, unmittelbar
direct *v/t* 1. *(Brief, Gewalt)* richten; 2. leiten, lenken, regeln; 3. anweisen, anordnen; 4. belehren; **d.ed at** *adj* gerichtet auf/an
direction *n* 1. Richtung *f*, Verlauf *m*; 2. Leitung *f*, Führung *f*; 3. (An)Weisung *f*, Verfügung *f*; 4. Belehrung *f*; **according to d.s** vorschriftsmäßig; **by d.** of auf Anordnung/Veranlassung/Weisung von; **d. to a jury (on points of law)** *[GB] (Richter)* Rechtsbelehrung der Geschworenen/Schöffen; **d.s for use** Gebrauchsanweisung *f*; **(compulsory) d. to work** Dienstverpflichtung *f*
directive *n* 1. Verordnung *f*, (An)Weisung *f*; 2. *(EU)* Richtlinie *f*, Direktive *f*; **bound by d.s** weisungsgebunden; **d. by an authority** behördliche Anordnung; **to incorporate a d. into national law** Richtlinie in nationales Gesetz umsetzen; **to issue a d.** Richtlinie erlassen, Weisung erteilen; **authorized ~ d.s** weisungsbefugt; **European d.** europäische Richtlinie; **outline d.** Rahmenrichtlinie *f*; **technical d.** TA-Lärm *m*, TA-Luft *f*
director *n* 1. Direktor(in) *m/f*, Geschäftsführer(in) *m/f*; 2. Aufsichtsrats-, Vorstandsmitglied *nt*; **D. of Fair Trading** *[GB]* Kartell-, Wettbewerbsaufsichtsbehörde *f*; **~ Public Prosecutions (DPP)** *[GB]* Leiter der Anklagebehörde, Strafverfolgungsbehörde *f*, (General) Staatsanwalt *m*; **acting/managing d.** geschäftsführende(r) Direktor(in) *m/f*; **sole d.** Alleingeschäftsführer(in) *m/f*; **d.s' emoluments** Aufsichtsratstantiemen
directorate *n* Direktorat *nt*, Direktorium *nt*, Geschäftsleitung *f*, Vorstand *m*
dirt *n* Schmutz *m*; **d. allowance** Schmutzzulage *f*; **d.y** *adj* 1. schmutzig; 2. *(fig)* gemein; *v/t* verunreinigen
disability; disablement *n* 1. Behinderung *f*, Invalidität *f*, Versehrtheit *f*; 2. Geschäftsunfähigkeit *f*, Rechtsnachteil *m*; 3. Arbeits-, Dienst-, Erwerbsunfähigkeit *f*; **d. for service** Dienstunfähigkeit *f*; **d. to sue** Prozessunfähigkeit *f*; **to be under a d.** geschäftsunfähig/nicht rechtsfähig sein

legal disability Geschäfts-, Prozess-, Rechtsunfähigkeit *f*; **occupational d.** Berufs-, Erwerbsunfähigkeit *f*; **partial d.** Teilinvalidität *f*; **permanent d.** Dauerinvalidität *f*, Dauerschaden *m*, lebenslänglicher Körperschaden; **~ and total d.** Vollinvalidität *f*; **premature d.** vorzeitige Invalidität; **special d.** beschränkte Geschäftsunfähigkeit *f*; **temporary d.** vorübergehende Arbeitsunfähigkeit
disability allowance/benefit Invalidenunterstützung *f*, Invaliden-, Erwerbsunfähigkeitsrente *f*; **d. clause** *(Vers.)* Erwerbsunfähigkeitsklausel *f*; **d. insurance** Invaliditätsversicherung *f*; **d. pension** Invalidenrente *f*, Ruhegehalt bei Dienstunfähigkeit
disabled *adj* 1. behindert; 2. nicht rechtsfähig; **mentally d.** geistig behindert; **partially d.** leicht behindert, erwerbsbeschränkt; **permanently d.** erwerbsunfähig; **physically d.** körperbehindert; **severely d.** schwerbehindert, schwerbeschädigt
disadvantage *n* Nachteil *m*, Beeinträchtigung *f*, Schaden *m*; **to put so. at a d.** jdn benachteiligen, jds Chancen beeinträchtigen; **legal d.** Rechtsnachteil *m*
disadvantage *v/t* benachteiligen; **d.ous** *adj* nachteilig, unvorteilhaft
disagree *v/i* 1. *(Person, Meinung)* nicht übereinstimmen, nicht einverstanden/uneinig sein, Meinungsverschiedenheit haben; 2. *(Berichte, Zahlen)* nicht übereinstimmen
disagreement *n* 1. Meinungsverschiedenheit *f*, Unstimmigkeit *f*, mangelnde Übereinstimmung, Uneinigkeit *f*; 2. Diskrepanz *f*, Widerspruch *m*; **in d. from** abweichend von, zum Unterschied von; **to be in d.** nicht einig sein
disallow *v/t* 1. *(Beweis, Forderung)* nicht anerkennen, zurückweisen, nicht gelten lassen; 2. nicht erlauben/gestatten; 3. *(Plan)* ablehnen; 4. *(Recht)* absprechen
disallowance 1. Nichtanerkennung *f*, Zurückweisung *f*; 2. Ablehnung *f*
disappear *v/i* verschwinden, wegtauchen; **d.ance** *n* 1. Verschwinden *nt*; 2. Verschollenheit *f*
disappropriate *v/t* enteignen

disapproval *n* Missbilligung *f*, Missfallen *nt*, Ablehnung *f*

disapprove of *v/prep* missbilligen

disarm *v/t* entwaffnen; **d.ament** *n* 1. Entwaffnung *f*; 2. Abrüstung *f*

disarray *n* Unordnung *f*, Verwirrung *f*; **to be in d.** 1. in Unordnung/Auflösung sein; 2. *(Person)* aufgelöst sein

disassemble *v/t* ab-, demontieren, auseinander nehmen

disaster *n* 1. Katastrophe *f*, (plötzliches) Unglück; 2. Fiasko *nt*; 3. Unheil *nt*; **ecological d.** Umweltkatastrophe *f*; **natural d.** Naturkatastrophe *f*

disaster area Katastrophen-, Notstandsgebiet *nt*; **common d. clause** gleichzeitige Todesvermutung; **d. relief** Katastrophenhilfe *f*; **d. services** Katastrophenschutz *m*

disavow *v/t* 1. ab-, verleugnen, nicht wahr haben wollen, in Abrede stellen; 2. nicht anerkennen; 3. widerrufen, nicht genehmigen

disavowal *n* 1. (Ver)Leugnung *f*, Dementi *nt*; 2. *(Anspruch)* Nichtanerkennung *f*; 3. Widerruf *m*, Genehmigungsverweigerung *f*

disbar *v/t (barristers)* von der Anwaltsliste streichen; **d.ring; d.ment** *n* Streichung von der Anwaltsliste, Ausschluss aus der Anwaltschaft; **~ order** Verbot der Ausübung der Anwaltstätigkeit

disburse *v/t* 1. aus(be)zahlen, ausgeben; 2. auslegen, verauslagen; **d. so.'s full and entire part** jdm seinen Anteil voll auszahlen; **d.d** *adj (Betrag)* verauslagt

disbursement *n* 1. Aus-, Bezahlung *f*; 2. Auslage *f*, verauslagter Betrag; **to recover one's d.s** seine Auslagen zurückvergütet erhalten; **social d.s** soziale Aufwendungen

discern *v/t* 1. wahrnehmen; 2. erkennen, unterscheiden; **d. right from wrong** Recht von Unrecht unterscheiden; **d.ible** *adj* 1. wahrnehmbar; 2. erkennbar

discharge *n* 1. *(Gefangener, Mitarbeiter, Patient)* Entlassung *f*; 2. *(Angeklagter)* Freispruch *m*; 3. *(Schulden)* Begleichung *f*, Bezahlung *f*; 4. *(Aufgabe, Pflicht)* Erfüllung *f*, Ausübung *f*, Wahrnehmung *f*, Erledigung *f*, Verrichtung *f*; 5. *(Verpflichtungen)* Befreiung *f*; 6.

(Schuldner) Entlastung *f*; 7. *(Schuld, Verbindlichkeit)* Löschung *f*, Tilgung *f*; 8. *(Wechsel)* Einlösung *f*; 9. *(Flüssigkeit, Gas, Schadstoffe)* Ausfluss *m*, Ausströmen *nt*, Absonderung *f*, Ausstoß *m*, Emission *f*; 10. *(Waffe)* Abfeuern *nt*, Schussabgabe *f*; 11. *(Schiff)* Entladen *nt*, Löschen *nt*; **d. in full** vollständige Begleichung; **in d. of** zur Begleichung von **in (full) discharge of an account** zum Ausgleich eines Kontos; **d. by agreement** einverständliche Vertragsbeendigung; **d. of an attachment order** Aufhebung eines Pfändungsbeschlusses; **d. in bankruptcy** Konkursaufhebung *f*, Entlastung eines Konkursschuldners; **d. of a bill** Einlösung eines Wechsels; **in (full) ~ a bill** zum Ausgleich einer Rechnung; **~ cargo** Löschung der Ladung; **d. for cause** begründete Entlassung; **d. without cause** grundlose Entlassung; **d. of a claim** Erfüllung eines Anspruchs; **~ a contract** Vertragserfüllung *f*; **d. from custody** Entlassung aus der Haft; **d. of a debt** 1. Erlöschen einer Forderung; 2. Tilgung einer Schuld; **~ a debtor** Entlastung eines Schuldners; **~ a duty** Erfüllung einer Pflicht; **~ duties** Wahrnehmung von Aufgaben; **d. by frustration** Vertragsbeendigung durch Vereitelung; **d. of the guardian** Entlassung des Vormunds; **d. for lack of evidence** Freispruch aus Mangel an Beweisen; **d. of liability** Haftungsausschluss *m*; **~ liabilities** 1. Erlöschen von Verbindlichkeiten; 2. Tilgung der Verpflichtungen; **~ a lien** Erlöschen eines Pfandrechts; **~ a mortgage** 1. Löschung/Erlöschen einer Hypothek; 2. Tilgung einer Hypothek; **d. from an obligation** Entlassung aus einer Verbindlichkeit; **d. of an obligation** Erfüllung einer Verpflichtung; **d. from office** Amtsenthebung *f*; **d. by performance** Leistungserfüllung *f*; **d. from prison** Haft-, Strafentlassung *f*; **d. of noxious substances** Schadstoffausstoß *m*, Schadstoffemission *f*; **~ a trustee** Entlassung eines Treuhänders; **~ waste at sea** Einleitung von Abfällen ins Meer, Verklappung *f*

absolute discharge unbeschränkte Entlassung; **conditional d.** Strafaussetzung zur Bewährung, bedingte Entlassung, Haftverschonung *f*; **final d.** letzte Tilgungsrate; **unconditional d.** bedingungslose Entlassung

discharge *v/t* 1. entlassen; 2. freisprechen; 3. begleichen; 4. erfüllen, wahrnehmen; 5. befreien; 6. entlasten; 7. löschen, tilgen; 8. einlösen; 9. ausstoßen; 10. abfeuern; 11. entladen, löschen

disciplinary *adj* disziplinarisch

discipline *n* Disziplin *f*; *v/t* 1. disziplinieren, unter Kontrolle halten; 2. (disziplinarisch) bestrafen, maßregeln

disclaim *v/t* 1. *(Haftung, Verantwortung)* ablehnen, von sich weisen; 2. *(Erbschaft, Recht)* verzichten, Verzicht leisten, ausschlagen, Anspruch aufgeben; 3. abstreiten, in Abrede stellen

disclaimer *n* 1. Haftungsausschluss-, Freizeichnungsklausel *f*; 2. Aufgabe eines Anspruchs, Ausschlagung *f*, Verzicht(erklärung) *m/f*; 3. Dementi *nt*, Gegenerklärung *f*, Widerruf *m*, Widerrufsklausel *f*; **d. of an onerous bequest** Ausschlagung eines beschwerten Grundstücksvermächtnisses; **d. by a descendant** Verzicht eines Abkömmlings; **d. of an estate/inheritance** Erbausschlagung *f*, Verzicht auf eine Erbschaft; ~ **a testamentary gift** Testamentsausschlagung *f*; ~ **jurisdiction** Bestreiten der Zuständigkeit; ~ **a legacy** Ausschlagung eines Vermächtnisses; ~ **liability** Haftungsausschluss *m*, Haftungsablehnungserklärung *f*, Ablehnung der Haftung; ~ **a right** Rechtsverzicht *m*; **official** ~ **a statement** amtliches Dementi einer Behauptung; ~ **warranty** Garantieverzicht *m*

disclaimer clause Haftungsausschließungs-, Haftungsausschluss-, Verzicht(s)klausel *f*

disclose *v/t* 1. *(Geheimnis)* aufdecken, preisgeben, ans Licht bringen, enthüllen; 2. *(Absicht, Identität)* bekannt geben, eröffnen, offen legen, offenbaren

disclosure *n* 1. Aufdeckung *f*, Preisgabe *f*, Enthüllung *f*; 2. Bekanntgabe *f*, Mitteilung *f*, Eröffnung *f*, Offenbarung *f*, Offenlegung *f*; **d. of assets** Offenbarungseid *m*; ~ **data** Weitergabe von Daten; ~ **documents** Offenlegung von Urkunden; ~ **information** Offenlegung/Preisgabe von Informationen, ~ einer Informationsquelle; ~ **confidential information** Enthüllung vertraulicher Informationen; ~ **an interest** Bekanntgabe eines (Rechts)Interesses, ~ einer persönlichen Beteiligung; **d. on oath** eidliche Offenbarung; **d. of patent documents** Offenlegung von Patentakten; ~ **secrets** Geheimnisenthüllung *f*; ~ **official secrets** Preisgabe von Staatsgeheimnissen; ~ **a trade secret** Weitergabe eines Geschäftsgeheimnisses

disclosure act Publizitätsgesetz (PublG) *nt*; **d. duty** Publizitäts-, Informationspflicht *f*; **d. period** Offenlegungsfrist *f*; **d. provisions** Offenlegungsbestimmungen; **d. requirement** Auskunfts-, Anzeige-, Bekanntmachungs-, Informations-, Mitteilungs-, Offenbarungs-, Offenlegungs-, Publizitäts-, Veröffentlichungsvorschrift *f*

compulsory/mandatory/statutory (public) disclosure Publizitäts-, Veröffentlichungspflicht *f*; **partial d.** teilweise Offenlegung; **unauthorized d.** unbefugte Mitteilung; **voluntary d.** Selbstauskunft *f*

discontinuance; discontinuation *n* 1. Einstellung *f*, Aufgabe *f*; 2. Fortfall *m*; 3. *(Klage)* Zurückziehung *f*; **d. of a business** Geschäftsaufgabe *f*; ~ **execution** Einstellung der Zwangsvollstreckung; ~ **payments** Fortfall von Zahlungen; ~ **criminal proceedings** Einstellung des Strafverfahrens

discontinue *v/t* einstellen, aufgeben, fallen lassen

discord *n* Zwietracht *f*, Unfrieden *m*; **to sow d.** Zwietracht stiften

discount *n* 1. *(Artikel)* Rabatt *m*; 2. *(Barzahlung)* Skonto *nt*, Nachlass *m*; 3. Diskont *m*, Abschlag *m*; **subject to a d.** rabattfähig; **d. for resale** Wiederverkäuferrabatt *m*

to allow/grant a discount Skonto/Rabatt/Nachlass gewähren; **to deduct a d.** Skonto/Rabatt abziehen; **confidential d.** Vertrauensrabatt *m*; **no-claim(s) d.** *(Vers.)* Schaden(s)freiheitsrabatt *m*

discount instrument Abzinsungstitel *m*; **d. retailer** Diskonter *m*; **d. sale** Verkauf mit Preisnachlass; **d. terms** Diskont-, Rabattbedingungen; **d. travel** Billigreisen *pl*

discovery *n* 1. Ent-, Aufdeckung *f*; 2. Offenlegung *f*, Bekanntgabe *f*, Auskunftserteilung *f*; 3. *(Zivilprozess)* Er-, Ausforschung *f*; 4. *(Vers.)* Anzeige *f*; 5. Fund *m*; **d. of a dead body** Leichenfund *m*; **~ damage** Schadensfeststellung *f*; **~ a debtor's property** Offenlegung des Schuldnervermögens; **~ a defect** Entdeckung eines Mangels; **~ documents** Urkundenvorlegung *f (vor Prozess)*; **d. period** Anzeigefrist *f*

discredit *v/t* 1. diskreditieren, in Misskredit/Verruf bringen, verächtlich machen; 2. nicht glauben, keinen Glauben schenken, anzweifeln

discreet *adj* diskret, unauffällig, unaufdringlich, verschwiegen, taktvoll

discrepancy *n* Abweichung *f*, Unstimmigkeit *f*, Widerspruch *m*; **d. in the depositions of witnesses** voneinander abweichende Zeugenaussagen; **d. between rules** Normendiskrepanz *f*; **positive d.** *(Zeugenaussage)* absoluter Widerspruch

discretion 1. Ermessens-, Entscheidungsfreiheit *f*, (freies) Ermessen, Entscheidungsgewalt *f*, Gutdünken *nt*, Belieben *nt*; 2. Diskretion *f*, Takt *m*, Verschwiegenheit *f*, Geheimhaltung *f*; 3. Verfügungsgewalt *f*, Vollmacht *f*; 4. Umsicht *f*, Vorsicht *f*, Besonnenheit *f*; **at one's (own) d.** nach freiem Ermessen; **~ so.'s d.** in jds Belieben; **~ the d. of ...** nach Gutdünken des ...; **~ the d. of so.** nach jds Ermessen

discretion to act Handlungsermessen *nt*; **to have full ~** volle Handlungsfreiheit haben; **d. of the court** gerichtliches Ermessen; **at the ~** im Ermessen des Gerichts

to exercise one's discretion eigenes Ermessen ausüben, nach eigenem Ermessen handeln; **to ~ strict d.** strengste Diskretion wahren; **to leave sth. to so.'s d.** jdm in etw. freie Hand lassen, etw. in jds Ermessen stellen, jdm etwas anheim stellen; **to lie within so.'s d.** in jds Ermessen liegen; **to use one's d.** nach eigenem Ermessen handeln

absolute discretion uneingeschränktes Ermessen; **administrative d.** Verwaltungsermessen *nt*; **equitable d.** billiges Ermessen; **judicial d.** richterliches Ermessen; **legal d.** rechtliches Ermessen; **professional d.** Schweigepflicht *f*

discretionary *adj* nach Belieben, dem Ermessen überlassen, im Ermessen stehend, in das Ermessen gestellt, Ermessens-

discriminate *v/t* diskriminieren, unterschiedlich behandeln, benachteiligen

discrimination *n* 1. Diskriminierung *f*, ungleiche Behandlung, Vorzugs-, Ungleichbehandlung *f*, Benachteiligung *f*, Schlechterstellung *f*; 2. Unterscheidung *f*, Unterschied *m*; 3. Unterscheidungsvermögen *nt*, Scharfsinn *m*, Einsicht *f*; **d. of residents** Inländerdiskriminierung *f*; **positive d.** *[GB]* positive Diskriminierung, Quotenregelung *f*; **racial d.** Rassendiskriminierung *f*; **d. ban** Diskriminierungsverbot *nt*

discriminatory *adj* 1. diskriminierend, benachteiligend, nachteilig; 2. unterschiedlich, charakteristisch, unterscheidend

discuss *v/t* diskutieren, erörtern, besprechen

discussion *n* Diskussion *f*, Erörterung *f*, Besprechung *f*; **under d.** zur Diskussion stehend; **to close a d.** Diskussion/Debatte schließen; **preliminary d.** Vorbesprechung *f*

disease *n* Krankheit *f*; **congenital d.** angeborene Krankheit; **contagious d.** ansteckende Krankheit; **hereditary d.** Erbkrankheit *f*; **industrial/occupational d.** Berufskrankheit *f*; **notifiable d.** meldepflichtige Krankheit; **venereal d. (VD)** Geschlechtskrankheit *f*

disencumber *v/t* *(Grundbesitz)* entschulden, entlasten; **d.ment** *n* Entschuldung *f*

disenfranchise *v/t* 1. Konzession entziehen; 2. Wahlrecht entziehen; **d.ment** *n* 1. Entziehung der Konzession; 2. Entziehung des Wahlrechts

disentail *v/t* Erbfolge aufheben

disfigure *v/t* entstellen, verunstalten; **d.ment** *n* 1. (körperliche) Entstellung; 2. Verunstaltung *f*

disgrace *n* 1. Schande *f*, Unehre *f*, Schandfleck *m*; 2. Ungnade *f*; **to fall into d. with** in Ungnade fallen bei
disgraceful *adj* 1. schändlich, beschämend; 2. entwürdigend, entehrend
disguise *n* Tarnung *f*, Vermummung *f*; *v/t* 1. verkleiden, maskieren, verstellen; 2. *(fig)* verschleiern, bemänteln; **d.d** *adj* maskiert
dishonest *adj* unehrlich, unlauter, unredlich; **d.y** *n* Unehrlichkeit *f*, Unredlichkeit *f*
dishonour *n* 1. Schande *f*, Schmach *f*, Unehre *f*; 2. *(Wechsel)* Nichteinlösung *f*, Zahlungsverweigerung *f*
dishonour *v/t* 1. schänden, entehren; 2. beleidigen, verächtlich behandeln; 3. nicht honorieren/einlösen; **d.able** *adj* ehrenrührig, unehrenhaft
disincentive *n* Leistungshindernis *nt*, Abschreckung(smittel) *f/nt*
disinformation *n* Desinformation *f*
disingenuous *adj* unredlich, unaufrichtig, hinterlistig
disinherit *v/t* enterben; **d.ance** *n* Enterbung *f*
disintegration *n* Zersetzung *f*, Auflösung *f*, Trennung *f*
disinter *v/t* exhumieren
disk parking *n* Parken mit Parkscheibe
disloyal *adj* untreu; **d.ty** *n* Untreue *f*
dismantlement; dismantling *n* Zerlegung *f*, Demontage *f*, Abbau *m*; **d. procedure** Zerlegungsverfahren *nt*
dismemberment *n* 1. Zerstückelung *f*; 2. Vereinsausschluss *m*; **d. benefit** Versehrtenunterstützung bei Gliederverlust
dismiss *v/t* 1. *(Klage)* ab-, zurückweisen, verwerfen; 2. *(Amt)* entlassen, entheben, abberufen; 3. aufgeben, fallen lassen; **d. sth. with costs** etw. kostenpflichtig abweisen; **d. honourably** mangels Tatverdacht freisprechen; **d. without notice** fristlos entlassen; **d. sth. on a point of law** etw. als rechtlich unbegründet abweisen; **d. for a good reason** aus wichtigem Grund entlassen; **d.ing of the charge (by the judge)** *n* Einstellungsbeschluss *m*
dismissal *n* 1. *(Klage)* Abweisung *f*, Verfahrenseinstellung *f*, Verwerfung *f*, abweisende Entscheidung, Zurückwei-

sung *f*; 2. *(Amt, Dienst)* Entlassung *f*, Kündigung *f*, Absetzung *f*, Abberufung *f*, Hinauswurf *m*; 3. Abschaffung *f*, Auflösung *f*
dismissal of action Klageabweisung *f*; **to plead ~** Klageabweisung beantragen; **d. of appeal** Zurückweisung der Berufung; **~ the claim** Abweisung der Klage; **~ an indictment** Ablehnung der Eröffnung der Hauptverhandlung; **d. without notice** fristlose Entlassung; **d. from office/service** Amts-, Dienstentlassung *f*; **d. of criminal proceedings** Einstellung des Verfahrens
arbitrary dismissal willkürliche Kündigung; **exceptional d.** außerordentliche Kündigung; **fair d.** (sozial) gerechtfertigte Kündigung/Entlassung; **instant d.** fristlose Kündigung/Entlassung; **premature d.** vorzeitige Kündigung; **summary d.** fristlose Kündigung; **unfair d.** (sozial) ungerechtfertigte Kündigung/Entlassung
dismissal compensation Entlassungsentschädigung *f*, Entlassungsausgleich *m*; **d. pay** Entlassungsgeld *nt*; **d. procedure** Entlassungsverfahren *nt*
disobedience *n* Ungehorsam *m*, Gehorsamsverweigerung *f*; **civil d.** ziviler Ungehorsam, passiver Widerstand
disobedient *adj* ungehorsam
disobey *v/t* 1. nicht gehorchen, ungehorsam sein gegen; 2. *(Gesetz)* verletzen, übertreten, missachten, verstoßen gegen
disorder *n* 1. (Ruhe) Störung *f*; 2. Unordnung *f*, Durcheinander *f*; 3. Aufruhr *m*, Unruhe *f*; **d. by night** nächtliche Ruhestörung; **mental d.** Geistesstörung *f*; **public d.** öffentliche Unruhen
disorderly *adj* ordnungswidrig, öffentliches Ärgernis erregend, disziplinlos, ungebührlich
disown *v/t* 1. ab-, verleugnen; 2. verstoßen, ablehnen
disparage *v/t* anschwärzen, herabsetzen, verächtlich machen, verunglimpfen; **d.ment** *n* Herabsetzung *f*, Verächtlichmachung *f*, Verunglimpfung *f*; **~ of competitors** Herabsetzung von Mitbewerbern
dispar|ate *adj* verschieden, ungleichartig; **d.ity** *n* 1. Verschiedenheit *f*, Ungleichheit *f*; 2. Unverhältnismäßigkeit *f*

dispatch v/t ab-, entsenden, abschicken, befördern; n 1. Absendung f, Versand m; 2. Erledigung f, Ausführung f; **d. regulations** Versandvorschriften

dispel v/t (Angst, Gerücht, Zweifel) zerstreuen, vertreiben

dispensation n 1. Dispens m, Entbindung f, Erlassung f, Ausnahmebewilligung f; 2. Ver-, Austeilung f; **d. of justice** Rechtsprechung f

dispens|e v/t 1. dispensieren, entbinden, erlassen; 2. aus-, verteilen; 3. (Gesetz) anwenden; 4. (Medizin) verabreichen; **d. with** verzichten auf, auskommen ohne, absehen von, Abstand nehmen von; **d.able** adj entbehrlich

disperse v/t zerstreuen, vertreiben, auseinander treiben, auflösen

dispersion n (Zer)Streuung f, Verteilung f; **d. of ownership** Eigentumsstreuung f

displace v/t 1. verlagern, verschieben; 2. ersetzen, verdrängen; 3. entlassen, freisetzen; 4. verschleppen

displacement n 1. Verlagerung f, Verschiebung f; 2. Freisetzung f; 3. Verschleppung f; 4. Ersatz m, Ablösung f; **d. of labour/workers** Freisetzung von Arbeitskräften; **~ population** Umsiedlung f

disposable adj 1. veräußerbar, veräußerlich; 2. wegwerfbar, Wegwerf-, Einweg- ; 3. disponibel, verfügbar

disposal n 1. Veräußerung f, Verkauf m; 2. Beseitigung f, Wegschaffen nt; 3. Erledigung f, Regelung f; 4. Verfügung(srecht) f/nt; **at your d.** zu Ihrer Verfügung; **d. of property** Verfügung über Vermögen; **to have d. of** Verfügungsgewalt haben über; **~ sth. at one's d.** etw. zur Verfügung haben; **to keep sth. (at so.'s)** d. (für jdn) etw. zur Verfügung halten; **to place sth. at so.'s d.** jdm etw. zur Verfügung stellen; **improper/irregular d.** unsachgemäße Entsorgung; **d. requirement** Entsorgungspflicht f; **illegal d. site** wilde Müllkippe; **d. value** Veräußerungs-, Schrottwert m

dispose of v/prep 1. (Ware) veräußern, verkaufen, loswerden; 2. (Leiche, Müll) beseitigen, wegschaffen, entsorgen; 3. (Post) erledigen, regeln; 4. verfügen (über), Verfügung treffen

disposition n 1. Verfügung(sgewalt) f; 2. Neigung f, Anlage f, Hang m, Veranlagung f, Disposition f; 3. [Scot.] Übertragungsurkunde f; 4. Veräußerung f, Verkauf m; 5. Anordnung f, Ein-, Verteilung f; 6. Verwendung f

disposition of funds Mittelverwendung f; **d. mortis causa** (lat.) Verfügung von Todes wegen; **subject to d. by the parties** abdingbar; **d. of property** Verfügung über Sachwerte; **~ immovable property** Verfügung über unbewegliches Vermögen; **d. inter vivos** (lat.) Verfügung unter Lebenden; **d. by will** Übertragung durch letztwillige Verfügung; **to make a d.** Verfügung treffen

criminal disposition kriminelle Neigung, verbrecherische Veranlagung; **general d.** Allgemeinverfügung f; **gratuitous d.** unentgeltliche Verfügung; **hereditary/innate d.** Erbanlage f; **outright d.** absolute Verfügungsberechtigung; **pathological d.** krankhafte Veranlagung; **testamentary d.** testamentarische/letztwillige Verfügung, Verfügung von Todes wegen

dispossess v/t Räumungsverfahren durchführen, zur Räumung zwingen, Besitz entziehen, aus dem ~ vertreiben, enteignen, vertreiben

dispossession n Besitzentziehung f, Einziehung des Besitzes, Enteignung f, Entziehung des Grundbesitzes, (Zwangs-) Räumung f, Vertreibung f; **d. claim** Besitzentziehungsanspruch m; **d. order** Räumungsbefehl m, Räumungsanordnung f, Räumungstitel m; **d. proceedings** Räumungsklage f, Räumungsverfahren nt

disproof n Gegenbeweis m, Widerlegung f

disproportion n Missverhältnis nt, Unverhältnismäßigkeit f

disproportionate adj 1. unverhältnismäßig, unausgeglichen; 2. übertrieben; **to be d.** nicht im Verhältnis stehen zu

disprove v/t 1. (Behauptung) widerlegen; 2. Gegenteil beweisen, (etw.) als falsch nachweisen

dispute n Disput m, Auseinandersetzung f, Streit(fall) m, Streitigkeit f, Dissens m; **beyond d.** unstreitig; **in d.** streitig, strittig, bestritten; **a d. arises** ein Streit entsteht; **d. of competence** Kompetenzkonflikt *m*; **d.s arising from a contract** Vertragsstreitigkeiten; **~ involving the family court** familiengerichtliche Streitigkeiten; **~ over maintenance** Unterhaltsstreitigkeiten

to adjudicate/mediate in a dispute Disput schlichten; **to settle a d.** Streit beilegen/schlichten, Streitigkeit beilegen; **~ d.s amicably** Meinungsverschiedenheiten gütlich beilegen; **to submit a d. to a court** Streitfall vor ein Gericht bringen

administrative dispute Verwaltungsprozess *m*; **conjugal/matrimonial d.** Ehestreitigkeit *f*; **contractual d.** Vertragsstreit *m*; **industrial d.** Arbeitskampf *m*, Arbeits-, Tarifkonflikt *m*, arbeitsrechtliche Streitigkeit; **jurisdictional d.** Zuständigkeitsstreit *m*; **legal d.** Rechtsstreit(igkeit) *m/f*; **public-law d.** öffentlich-rechtliche Streitigkeit; **territorial d.** Gebietsstreitigkeit *f*

dispute panel Schlichtungs-, Vermittlungsausschuss *m*; **d.s procedure** Schlichtungsverfahren *nt*; **d. settlement** Beilegung einer Streitigkeit, Regelung eines Rechtsstreites, Schlichtung *f*

dispute *v/t* 1. ab-, bestreiten, in Abrede stellen, anfechten, streitig machen, absprechen; 2. sich streiten über; 3. erörtern, diskutieren; **d.ed** *adj* streitig, umstritten

disqualification *n* 1. Disqualifikation *f*, Feststellung der Nichteignung; 2. Untauglichkeit *f*, Unfähigkeit *f*; 3. Unfähigmachung *f*; 4. Ausschluss *m*, Ausschließung *f*; **d. on the grounds of bias** Ausschluss wegen Befangenheit; **d. from driving** Entziehung/Entzug der Fahrerlaubnis, Führerscheinentzug *m*; **~ office** Unfähigkeit zur Bekleidung eines Amtes; **d. for disregarding the rules** Disqualifikation wegen Missachtung der Regeln; **d. from succession** Erbunwürdigkeit *f*; **~ voting** Wahlausschluss *m*; **~ being a witness** Unfähigkeit, Zeuge zu sein

disqualify *v/t* 1. disqualifizieren, ausschließen, für untauglich erklären; 2. unbrauchbar/untauglich machen

disregard *n* 1. Missachtung *f*, Nichtachtung *f*; 2. Außerachtlassen *nt*, Nichtberücksichtigung *f*; 3. Geringschätzung *f*; **d. of the court** Nichtachtung des Gerichts; **~ the law** Nichtbefolgung des Gesetzes; **~ a prohibition** Missachtung eines Verbots

disregard *v/t* 1. missachten, nicht beachten; 2. nicht berücksichtigen, außer Acht lassen; 3. vernachlässigen, sich über etw. hinwegsetzen

disrepair *n* Baufälligkeit *f*, Verfall *m*; **in a state of d.** baufällig, reparaturbedürftig; **to fall into d.** verfallen, in Verfall geraten; **to let sth. fall into d.** etw. verwahrlosen lassen

disrepute *n* 1. Verruf *m*, schlechter Ruf; 2. Misskredit *m*; **to bring sth. into d.** etw. in Verruf bringen; **to fall into d.** in Verruf geraten

disrespect *n* Respektlosigkeit *f*; **d.ful** *adj* respektlos, geringschätzig

disrupt *v/t* 1. stören; 2. unterbrechen; 3. zerbrechen, sprengen; **d.ion** *n* 1. Störung *f*; 2. Unterbrechung *f*; 3. Bruch *m*, Zerrüttung *f*; **d.ive** *adj* 1. *(Schüler)* störend; 2. zerstörerisch

dissection *n* 1. Auf-, Zergliederung *f*, Zerlegung; 2. *(Medizin)* Sektion *f*; **judicial d.** Obduktion *f*

disseminat|e *v/t (Informationen)* verbreiten; **d.ion** Verbreitung *f*, Weitergabe *f*; **~ of obscence publications** Verbreitung unzüchtiger Schriften

dissent *n* 1. Dissens *m*, Meinungsverschiedenheit *f*; 2. abweichende Meinung; **agreed d.** vereinbarte Abweichung

dissent *v/i* anderer Meinung sein, differieren, abweichen; **d.ing** *adj (Stimme, Urteil)* abweichend, nicht zustimmend

disservice *n* schlechter Dienst, Nachteil *m*; **to do os. a d.** sich einen schlechten Dienst erweisen

dissimilar *adj* unterschiedlich, verschieden, ungleich

dissociat|e *v/ti* 1. trennen; 2. abrücken; **d. os. from so.** sich von jdm distanzieren/lossagen; **d.ion** *n* 1. Trennung *f*, Absonderung *f*; 2. Lossagung *f*

dissolution *n* 1. Auflösung *f*, Aufhebung *f*; 2. Löschung *f*; 3. Liquidation *f*; **d. of an**

assembly Auflösung einer Versammlung; **~ an association** Vereinsauflösung *f*, Auflösung eines Vereins, ~ einer Gesellschaft; **~ the engagement** Auflösung des Verlöbnisses; **~ marriage** Scheidung *f*, Eheaufhebung *f*, Eheauflösung *f*; **~ parliament** Auflösung des Parlaments; **d. order** Auflösungs-, Liquidationsbeschluss *m*; **d. sale** Liquidationsverkauf *m*

dissolve *v/ti* 1. *(Ehe, Verfügung)* auflösen, aufheben; 2. sich auflösen

distance *n* 1. Distanz *f*, Entfernung *f*, Abstand *m*; 2. Strecke *f*, Weg *m*; **lateral d.** Seitenabstand *m*; **safe d.** Sicherheitsabstand *m*

distinction *n* 1. Unterscheidung *f*, Unterschied *m*; 2. Auszeichnung *f*; 3. Bedeutung *f*, Rang *m*, Würde *f*; **without d. of person** ohne Ansehen/Ansehung der Person; **d. of rank** Rangunterschied *m*; **to receive a d.** eine Auszeichnung erhalten

distinctive *adj* 1. charakteristisch, be-, kennzeichnend; 2. unverwechselbar, unverkennbar

distinguish *v/t* 1. unterscheiden, Unterschied machen; 2. kennzeichnen, charakterisieren

distort *v/t* entstellen, verdrehen, verzerren, verfälschen

distortion *n* Entstellung *f*, Verdrehung *f*, Verzerrung *f*, Verfälschung *f*, verzerrte Darstellung; **d. of competition** Wettbewerbsverzerrung *f*, Wettbewerbsverfälschung *f*; **~ the truth** Entstellung der Wahrheit; **competitive d.s** Wettbewerbsverzerrungen

distrain *v/t* 1. beschlagnahmen, pfänden; 2. sich schadlos halten; **d.able** *adj* pfändbar; **d.ed** *adj* gepfändet; **d.ee** *n* Pfändungs-, Vollstreckungsschuldner *m*; **d.er** *n* Pfändungs-, Vollstreckungsgläubiger *m*

distraint *n* Beschlagnahme *f*, Inbesitznahme *f*, Pfändung *f*, (Zwangs)Vollstreckung *f*, dinglicher Arrest; **under d.** unter Eigentumsvorbehalt; **d. of goods** Warenpfändung *f*; **~ property** Vermögensbeschlagnahme *f*; **to levy a d.** Pfändung/Vollstreckung betreiben; **excessive d.** Überpfändung *f*; **d. order** Pfändungs-,

Vollstreckungsbeschluss *m*, Pfändungsverfügung *f*; **d. pledge** Pfändungspfand *nt*

distress *n* 1. Inbesitznahme *f*, Beschlagnahme *f*, Pfändung *f*; 2. in Beschlag genommene Sachen; 3. Not(lage) *f*, Bedürftigkeit *f*; 4. Kummer *m*, Sorge *f*, Leiden *nt*; **d. for (non-payment of) rent** Mietpfändung *f*, Inbesitznahme wegen rückständiger Miete/Pacht; **~ non-payment of tax** Steuerpfändung *f*; **to levy a d. on sth.** etw. mit Beschlag belegen, Zwangsvollstreckung betreiben; **second d.** Nachpfändung *f*

distress call Hilfe-, Notruf *m*; **d. flag** Notflagge *f*; **d. sale** Not-, Pfandverkauf *m*, Verkauf der beschlagnahmten Gegenstände, Zwangsversteigerung *f*, Zwangsvollstreckungsverkauf *m*; **d. signal** Notsignal *nt*; **d. warrant** Pfändungs-, Vollstreckungsbeschluss *m*, Pfändungsverfügung *f*, Pfändungsbefehl *m*

distribute *v/t* 1. verteilen; 2. *(Information)* verbreiten; 3. vertreiben, handeln mit; 4. *(Dividende)* ausschütten

distribution *n* 1. Auf-, Ver-, Zuteilung *f*; 2. Verbreitung *f*, 3. Vertrieb *m*, Absatz *m*; 4. Ausschüttung *f*; **d. of the bankrupt's estate** Verteilung der Konkursmasse, Schluss-, Masseverteilung *f*; **~ capital** Kapitalausschüttung *f*; **~ an estate** Nachlass(ver)teilung *f*, Verteilung eines Nachlasses, Erbteilung *f*, Erbauseinandersetzung *f*; **~ fruits** Verteilung der Früchte; **~ land** Landverteilung *f*; **d. and partition** Nachlassauseinandersetzung *f*; **d. of profits** Gewinnausschüttung *f* Gewinnverteilung *f*; **d. according to quotas** Quotenverteilung *f*; **d. of risk** Risikoverteilung *f*; **~ the surplus** Verteilung des Überschusses

commercial distribution gewerbsmäßiger Vertrieb; **final d.** Schlussverteilung *f*

distribution area Vertriebsgebiet *nt*; **d. agreement** 1. *(Kartellrecht)* Vertriebsabsprache *f*; 2. Absatzvereinbarung *f*; **d. company** Vertriebsgesellschaft *f*; **d. costs** Vertriebskosten; **d. licence** Vertriebslizenz *f*; **d. order** Verteilungsbeschluss *m*; **d. proceedings** Verteilungsverfahren *nt*; **d. quota** Verteilungsquote *f*; **d. rights** Vertriebsrechte

distributor *n* 1. Verteiler *m*; 2. Vertriebsunternehmen *nt*; 3. *(Film)* Verleiher *m*
district *n* Bezirk *m*, (Land)Kreis *m*; **administrative d.** Amts-, Verwaltungsbezirk *m*; **electoral d.** *[US]* Wahlkreis *m*; **judicial/jurisdictional d.** Gerichtsbezirk *m*, Gerichtssprengel *m*; **local d.** Gemarkung *f*; **red-light d.** Rotlichtbezirk *m*; **residential d.** Wohngebiet *nt*; **rural d.** Landkreis *m*; **urban d.** Stadtbezirk *m*
district attorney *[US]* Staatsanwalt *m*, Strafverfolger(in) *m/f*, Anklage-, Strafverfolgungsbehörde *f*; **d. council** Gemeinderat *m*; **d. councillor** Gemeinderat *m*, Gemeinderätin *f*; **d. court** 1. *[GB]* Kreis-, Landgericht (LG) *nt*; 2. *[US]* Bezirks-, Amtsgericht *nt*
distrust *n* Misstrauen *nt*; **d.ful** *adj* misstrauisch
disturb *v/t* stören, beeinträchtigen
disturbance *n* (Ruhe)Störung *f*, Tumult *m*, Störung der öffentlichen Sicherheit und Ordnung; **d. of the peace** Ruhestörung *f*; **~ the public peace** öffentliche Ruhestörung, Störung der öffentlichen Ordnung, ~ des öffentlichen Friedens; **domestic d.** Hausstreit *m*; **mental d.** Bewusstseinsstörung *f*; **night-time d.** nächtliche Ruhestörung
disturb|ed *adj* gestört; **mentally ~** geistesgestört; **psychologically ~** psychisch gestört; **d.er of the peace** *n* Ruhestörer(in) *m/f*; **d.ing** *adj (Lärm)* störend
diverge *v/i* abweichen; **d.nce** *n* Abweichung *f*
diversion *n* 1. Umleitung *f*; 2. Ablenkung *f*, Unterhaltung *f*; **recommended d.** Umleitungsempfehlung *f*; **d. sign** Umleitungsschild *nt*
divert *v/t* 1. *(Verkehr)* umleiten; 2. *(Schlag)* abwenden; 3. *(Geld, Mittel)* abzweigen
divest *v/t* berauben, entziehen; **d. os. of** *v/refl* sich trennen von, verzichten auf; **d. so. of sth.** jdm etw. (ab)nehmen/entziehen; **d.ment** *n* (Besitz)Entziehung *f*
divide *v/t* 1. (auf)teilen; 2. trennen; 3. *(Personen)* entzweien; **d. up into separate plots** *(Land)* parzellieren
dividend *n* 1. Dividende *f*, Gewinnanteil *m*, Ausschüttung *f*; **d. in bankruptcy** Konkursdividende *f*, Konkursquote *f*; de-

ferred **d.** Nachzugsdividende *f*; **liquidating d.** Liquidationsquote *f*; **preferred d.** Vorzugsdividende *f*; **d. claim/entitlement** Dividendenanspruch *m*; **d. warrant** Gewinnanteil-, Dividendenschein *m*
dividing wall *n* Zwischenwand *f*
divisib|ility *n* Teilbarkeit *f*; **d.le** *adj* teilbar
division *n* 1. Teilung *f*, Zerstückelung *f*; 2. Abteilung *f*, Dezernat *nt*; 3. *(Gericht)* Senat *m*, Kammer *f*; 4. Verwaltungsbezirk *m*; 5. *(Parlament)* Abstimmung (durch Hammelsprung) *f*; **d. of a juvenile court** Jugend(straf)kammer *f*; **~ an estate** Erbteilung *f*, Nachlassspaltung *f*, Erbauseinandersetzung *f*; **~ land/property** Realteilung *f*; **~ powers** Gewaltenteilung *f*; **~ responsibilities** Aufgabenverteilung *f*
appellate division Beschwerdegericht *nt*, Beschwerdekammer *f*, Revisionsinstanz *f*; **civil d.** Zivilkammer *f*, Zivilsenat *m*; **criminal d.** Strafgericht *nt*, Strafkammer *f*, Strafsenat *m*; **~ for juvenile delinquents** Jugend(straf)kammer *f*; **disciplinary d.** Disziplinarkammer *f*; **legal d.** Rechtsabteilung *f*
divorce *n* (Ehe)Scheidung *f*; **d. by mutual agreement/consent** Scheidung in beiderseitigem Einverständnis, Konventionalscheidung *f*
to agree to a divorce in eine Scheidung einwilligen; **to get a d.** sich scheiden lassen; **~ from so.** sich von jdm scheiden lassen; **to grant a d.** auf Scheidung erkennen; **to petition/sue for a d.** Scheidung beantragen, Scheidungsklage einreichen, auf Scheidung klagen; **to seek a d.** Scheidung begehren
divorce decree Scheidungsurteil *nt*; **d. judge** Scheidungsrichter(in) *m/f*; **d. law** Scheidungsrecht *nt*; **d. petition** Antrag auf Scheidung, Scheidungsantrag *m*; **to file a ~** Scheidungsklage einreichen; **d. proceedings** Scheidungsprozess *m*, Scheidungsverfahren *nt*; **to start ~** Scheidung einreichen; **d. settlement** Scheidungsvereinbarung *f*; **d. suit** Scheidungsprozess *m*
divorce *v/t* scheiden; **d.d** *adj* geschieden; **to be ~** in Scheidung leben
divorcee *n* Geschiedene(r) *f/m*, geschiedene Frau, geschiedener Mann

divulge *v/t* enthüllen, offen legen, preisgeben

DNA analysis *n* DNA-Analyse *f*

dock *n* Anklagebank *f*; **to be in the d.** auf der Anklagebank sitzen

dock *v/t (Lohn)* einbehalten

docket *n* 1. *(Urteil)* Auszug *m*, Urteilsregister *nt*; 2. *[US] (Gericht)* Prozessliste; 3. Warenbegleitschein *m*; **to clear the d.** *[US]* anhängige Gerichtsfälle erledigen

doctor in charge of treatment behandelnder Arzt; **D. of Laws (LL.D.)** Doktor der Rechte; **to consult a d.** Arzt hinzuziehen; **medical d.** Arzt *m*; **registered d.** *[GB]* zugelassener Arzt

doctrine *n* Lehre *f*, Prinzip *nt*; **d. of real intent(ion)** Willenstheorie *f*; **~ criminal responsibility** Handlungslehre *f*; **~ ultra vires** *(lat.)* ultra-vires-Lehre *f*; **prevailing d.** herrschende Lehre

document *n* Dokument *nt*, Schriftstück *nt*, Urkunde *f*, Unterlage *f*, Papier *nt*; **d. of title** Besitz-, Eigentums-, Legitimationsurkunde *f*; **~ to goods** Warenpapier *nt*; **non-negotiable ~** Legitimationspapier *nt*

to certify a document Urkunde beglaubigen; **to deliver a d.** Urkunde zustellen; **to draw up a d.** Urkunde aufsetzen; **to furnish d.s** Dokumente beibringen, Unterlagen zur Verfügung stellen; **to legalize a d.** Urkunde legalisieren; **to present a d.** Urkunde beibringen; **to produce a d.** Urkunde vorlegen; **to seal a d.** Urkunde siegeln; **to suppress a d.** Urkunde unterdrücken; **to surrender d.s** Unterlagen übergeben

accompanying document|s Begleitpapiere/ **appended d.s** beigefügte Unterlagen; **certified d.** beglaubigte Urkunde; **classified d.** Verschlusssache *f*; **enclosed d.** als Anlage beigefügte Urkunde; **forged d.** Falschurkunde *f*; **misrouted d.** *(Urkunde)* Irrläufer *m*; **notarial d.** notarielle Urkunde; **official d.** amtliche Urkunde; **original d.** Originalausführung *f*, Originalurkunde *f*; **registered d.** eingetragene Urkunde

document *v/t* dokumentieren, belegen; **d.ary** *adj* dokumentarisch, urkundlich

documentation *n* Dokumentation *f*; **false d.** Falschbeurkundung *f*

dodger *n* *(Steuer)* Schwindler(in) *m/f*

dodgy *adj (coll)* zweifelhaft, zwielichtig, unsicher; **to do sth. d.** krumme Dinger machen/drehen *(coll)*

dog *n* Hund *m*; **beware of the d.!** Vorsicht, bissiger Hund!; **to walk the d.** Hund ausführen; **drug-sniffing d.** Rauschgiftspürhund *m*; **explosives-sniffing d.** Sprengstoffspürhund *m*; **fighting d.** Kampfhund *m*

dog handler Hundeführer(in) *m/f*; **d. kennel** Hundzwinger *m*; **d. lead/leash** Hundeleine *f*; **d. licence** 1. Hundehalteerlaubnis *f*; 2. Hundesteuer *f*; **d. owner** Hundebesitzer(in) *m/f*, Hundehalter(in) *m/f*; **d. owner's liability insurance** Hundehaftpflichtversicherung *f*

dogma *n* Dogma *nt*; **legal d.** Rechtsdogma *nt*; **d.tist** *n* Rechthaber(in) *m/f*

dole *n (coll) [GB]* Arbeitslosenunterstützung *f*; **to be on the d.** stempeln gehen *(coll)*

dole (out) *v/t* aus-, verteilen, (Almosen) spenden

doli incapax *adj (lat.)* strafunmündig, unzurechnungsfähig

dolose *adj (StR)* dolos, mit böser Absicht

domain *n* Domäne *f*; **eminent d.** Enteignungsrecht *nt*; **public d.** Gemeingut *nt*, Staatseigentum *nt*; **to be in the ~** *(Patent-, Urheberrecht)* allgemein zugänglich sein

domestic *adj* 1. inländisch, innerstaatlich, Inlands-; 2. einheimisch, häuslich

domicile *n* Domizil *nt*, Wohnsitz *m*; **d. of the corporation** *[US]* Gesellschaftssitz *m*; **~ will** gewillkürter Wohnsitz

conjugal domicile ehelicher Wohnsitz; **elected d.** gewillkürter Wohnsitz; **legal d.** gesetzlicher Wohnsitz; **main d.** Hauptwohnsitz *m*; **natural d.** Geburtswohnsitz *m*; **sham d.** Schein(wohn)sitz *m*

dominant *adj* herrschend

dominate *v/t* (be)herrschen; **d.ion** *n* Herrschaft *f*, Beherrschung *f*

donate *v/t* 1. spenden, (be)schenken, Schenkung/Zuwendung machen; 2. stiften

donation *n* 1. (Geld)Spende *f*, Gabe *f*, Schenkung *f*, Zuwendung *f*; 2. Stiftung *f*; **by way of d.** schenkungsweise; **d. by manual delivery** Handschenkung *f*; **d. in kind** Sachspende *f*; **d. mortis causa** *(lat.)* Stiftung von Todes wegen

to make a donation Schenkung machen; **to revoke a d.** Schenkung widerrufen; **qualified d.** Schenkung unter Auflage, bedingte Schenkung
donee *n* Beschenkte(r) *f/m*, Schenkungsempfänger(in) *m/f*
donor *n* Geber(in) *m/f*, Schenker(in) *m/f*, Schenkungsgeber(in) *m/f*, Zuwendende(r) *f/m*, Treugeber(in) *m/f*; **d.'s liability** Haftung des Schenkers
doomed *adj* todgeweiht
door|man *n* Türsteher *m*; **d.step sale** *n* Haustürgeschäft *nt*
dormant *adj* (*Rechtsanspruch, Teilhaber)* still, verborgen, geheim, latent
dormitory *n* Wohnheim *nt*
dose *n* Dosis *f*; **fatal/lethal d.** tödliche Dosis
dossier *n* Dossier *nt*, Akte *f*; **personal d.** Personalakte *f*
double *n* Doppelgänger(in) *m/f*; **d.-crosser** *n* falscher Freund; **d.-crossing** *n* Parteiverrat *m*; **d.-dealer** *n* Betrüger(in) *m/f*
doubt *n* Zweifel(sfall) *m*; **in (case of) d.** im Zweifel(sfall); **proved beyond d.** unwiderlegbar bewiesen; **to dispel so.'s d.s** jds Zweifel zerstreuen
legitimate doubt berechtigter Zweifel; **reasonable d.** begründeter/vernünftiger/berechtigter Zweifel; **beyond (all) ~** jeden vernünftigen Zweifel ausschließend, ohne jeden Zweifel, unzweifelhaft, zweifelsfrei; **to be guilty beyond any ~** ohne jeden Zweifel schuldig sein
doubt *v/t* (an-/be)zweifeln
doubtful *adj* 1. zweifelhaft, dubios, fragwürdig; 2. ungewiss
downgrad|e *v/t* herab-, herunter-, zurückstufen; **d.ing** *n (Gehalt)* Rückstufung *f*
downtime *n* *(Maschine)* betrieblich bedingte Wartezeit, Ausfallzeit *f*
dowry *n* *(Ehe)* Aussteuer *f*, Mitgift *f*, eingebrachtes Gut, Heiratsgut *nt*
draconian *adj* drakonisch
draft *n* 1. Entwurf *m*, Fassung *f*, Konzept *nt*, Skizze *f*; 2. (gezogener) Wechsel, Tratte *f*; 3. *[US]* Musterung *f*, Wehrdienst *m*; **d. of a bill** Gesetzentwurf *m*, Gesetzesvorlage *f*; **d. (of a) contract** Vertragsentwurf *m*

to dishonour a draft Akzept/Tratte/Wechsel nicht einlösen; **to honour a d.** Akzept/Tratte/Wechsel einlösen; **to submit a d. for acceptance** Tratte zum Akzept vorlegen
amended draft abgeänderter Entwurf; **documentary d.** Dokumententratte *f*; **preliminary d.** Vorentwurf *m*
draft *v/t* entwerfen, konzipieren, ab-, verfassen, aufsetzen
draft call *[US]* Einberufungsbescheid *m*; **d. convention** Entwurf eines Abkommens; **d. dodging** *[US]* Wehrpflichtentziehung *f*
in draft form im Entwurf; **d. order** *[US]* Einberufungsbescheid *m*; **d. resolution** Entschließungsentwurf
draftee *n* *[US]* *(Militär)* Einberufene(r) *f/m*, Wehrpflichtige(r) *f/m*
drag away *v/t* wegschleppen, wegziehen
drastic *adj* drastisch, einschneidend
draw *n* Auslosung *f*, Ziehung *f*
draw *v/t* 1. *(Geld)* abheben; 2. *(Wechsel)* ziehen; 3. *(Gehalt)* beziehen; 4. zeichnen, ziehen; 5. aus-, verlosen; **d. up** ab-, verfassen, aufsetzen, formulieren
drawback *n* Nachteil *m*, Kehrseite *f*, Beeinträchtigung *f*, Hindernis *nt*
draw|ee *n* (Wechsel)Bezogene(r) *f/m*, Trassat *m*; **d.er** *n* Aussteller(in) *m/f*, Trassant *m*; **~ of a bill** Wechselaussteller(in) *m/f*; **~ of a cheque** Scheckaussteller(in) *m/f*; **refer to ~ (r/d)** zurück an den Aussteller, vorgelegt und nicht eingelöst
drawing *n* 1. *(Geld)* Entnahme *f*; 2. *(Scheck, Wechsel)* Ausstellung *f*; 3. Entwurf *m*, Zeichnung *f*; 4. Auslosung *f*, Ziehung *f*; **d. a bill of exchange** Wechselbegebung *f*; **d. and redrawing** Wechselreiterei *f (pej)*; **d. right** Entnahmerecht *nt*
dress code *n* Kleiderordnung *f*
dressing *n* *(Medizin)* Verband(sstoff) *m*
dressing-down *n (coll)* Standpauke *f (coll)*; **to give so. a d.** jdn zusammenstauchen *(coll)*
dressing material *n* Verbandszeug *nt*
drifter *n* Obdachlose(r) *f/m*, Gammler(in) *m/f*
drink *n* Getränk *nt*; **d. and drive accident** Verkehrsunfall unter Alkoholein-

alcoholic **drink**

wirkung; **alcoholic d.** alkoholisches Getränk; **d.-driving** *n* Trunkenheit am Steuer

drive(way) *n (Gebäude)* Zufahrt *f*

drive *v/ti* fahren; **d. around** umherfahren

driver *n* (Kraft)Fahrer(in) *m/f*, Kraftfahrzeugführer(in) *m/f*; **D. and Vehicle Licensing Agency (DVLA)** *[GB]* zentrale Führerschein- und Zulassungsstelle; **d. of the other vehicle involved in the accident** Unfallgegner *m*; **d. caught speeding** Temposünder(in) *m/f*

drunken driver Alkoholsünder am Steuer; **hit-and-run d.** flüchtige(r) Fahrer(in) *m/f*, Unfallflüchtige(r) *f/m*; **uninsured d.** (pflichtwidrig) nicht versicherte(r) Fahrer(in) *m/f*

driver|'s license *[US]* Fahrerlaubnis *f*, Führerschein *m*; **to suspend the ~** Fahrerlaubnis vorläufig entziehen; **d.'s log/record book** Fahrtenbuch *nt*

driving *n* Fahren *nt*; **d. under the influence (of alcohol); drunk(en) d.; d. whilst under the influence of alcohol; d. while intoxicated (DWI)** *[US]* Trunkenheit am Steuer, ~ im Straßenverkehr, Fahren unter Alkoholeinfluss, ~ im Zustand der Trunkenheit; **~ disqualified** Fahren trotz eingezogenen Führerscheins; **d. a vehicle** Führen eines Fahrzeugs

careless driving fahrlässiges Fahren; **hit-and-run d.** Fahrerflucht *f*, unerlaubtes Entfernen vom Unfallort; **reckless d.** grob fahrlässiges/verkehrsgefährdendes Fahren, rücksichtslose Fahrweise

driving ban Fahrverbot *nt*; **to impose a ~** Fahrverbot verhängen; **d. code** *[US]* Straßenverkehrsordnung (StVO) *f*; **d. licence** *[GB]* Fahrerlaubnis *f*, Führerschein *m*; **to withdraw the ~ for a limited period** Fahrerlaubnis vorläufig entziehen; **(minor) d. offence** Verkehrsordnungswidrigkeit *f*, Verkehrsdelikt *nt*, Verkehrsvergehen *nt*; **d. regulations** Fahrvorschriften *pl*

driving time Lenkzeit *f*; **statutory d. t.** gesetzlich vorgeschriebene Lenkzeit

drop *v/ti* fallen (lassen), aufgeben; **d. dead** tot umfallen; **d.ping of ill-founded charges** *n* Einstellung unbegründeter Anzeigen

drug *n* 1. Medikament, Arznei(mittel) *f/nt*; 2. Droge *f*, Betäubungsmittel *nt*, Rauschgift *nt*, Narkotikum *nt*; **to traffic in d.s** mit Rauschgift handeln; **addicted to d.s** rauschgiftsüchtig; **intoxicating d.** Rauschmittel *nt*; **narcotic d.** Betäubungsmittel *nt*, Rauschgift *nt*, Suchtstoff *m*; **over-the-counter d.** rezeptfreies Medikament; **pharmaceutical d.** Arzneimittel *nt*; **prescription-only d.** verschreibungspflichtiges Medikament; **soft d.** weiche Droge

drug abuse Drogenmissbrauch *m*; **d.s act** *n* Betäubungsmittelgesetz (BtMG) *nt*; **d. addict** Drogenabhängige(r) *f/m*, Drogen-, Rauschgiftsüchtige(r) *f/m*; **d. addiction** Drogenabhängigkeit *f*, Drogen-, Rauschgiftsucht *f*; **d. courier** Drogenkurier *m*; **d. dealer/pedlar/pusher/trafficker** Rauschgifthändler(in) *m/f*; **d. offence** Drogendelikt *nt*, Rauschgiftvergehen *nt*; **d. smuggling** Rauschgiftschmuggel *m*; **d. squad** *(Abteilung)* Drogenfahndung *f*, Rauschgiftdezernat *nt*, Drogenbehörde *f*; **~ officer** Drogen-, Rauschgiftfahnder(in) *m/f*; **d.(s) ring** Rauschgift-, Drogenring *m*; **to break up a ~** Rauschgiftring sprengen; **d.-taking** *n* Drogenkonsum *m*; **d. trafficking/trade** Drogen-, Rauschgifthandel *m*; **d. user** Drogenbenutzer(in) *m/f*; **d. withdrawal** Rauschgiftentzug *m*

drunk *adj* angetrunken, betrunken; **while d.** im betrunkenen Zustand; **d. and disorderly** betrunken und öffentliches Ärgernis erregend

drunk *n* Betrunkene(r) *f/m*

habitual drunkard *n* Gewohnheitstrinker *m*

drunkenness *n* Trunkenheit *f*

dubious *adj (Aussage)* unglaubwürdig, dubios, zwielichtig

due *adj* 1. *(Termin)* fällig; 2. *(Respekt, Sorgfalt, Verfahren)* gebührend, ordnungsgemäß, ordentlich, gehörig, nötig, hinreichend; 3. *(Geld)* aus-, zustehend; **to fall d.** fällig werden

duly *adv* 1. erwartungsgemäß; 2. ordnungsgemäß, vorschriftsmäßig

dumb *adj* 1. stumm, wortlos; 2. doof *(coll)*, dumm

dummy *n* 1. Attrappe *f*, Schaupackung *f*; 2. Schaufensterpuppe *f*; 3. *[GB]* Gesetzesvorlage in erster Lesung; **d. company/corporation** Scheingesellschaft *f*, Scheinfirma *f*; **d. gun** Waffenattrappe *f*

dump *n* 1. Abfallhaufen *m*; 2. Müllkippe *f*, Mülldeponie *f*, Schuttabladeplatz *m*, Halde *f*; *v/t* 1. abladen; 2. fallen lassen

dungeon *n* Verlies *nt*, Kerker *m*

dun *v/t* mahnen; **d.ning** *n* Mahnwesen *nt*; ~ **charge** Mahngebühr *f*; ~ **letter** Mahnbrief *m*, Mahnschreiben *nt*

dupe *v/t* betrügen, übertölpeln

duplicate *n* 1. Kopie *f*, Duplikat *nt*, Doppel *nt*, Zweitschrift *f*; 2. *(Urkunde)* zweite Ausfertigung; **in d.** in doppelter/zweifacher Ausfertigung; **d. of a bill** Wechselduplikat *nt*; **d. will** Testament in zwei Urschriften

duplicity *n* 1. Doppelspiel *nt*, Hinterlist *f*; 2. Häufung mehrerer Klagegründe in einer Klageschrift

durab|ility *n* 1. *(Güter)* Haltbarkeit *f*, Lebensdauer *f*, Strapazierfähigkeit *f*; 2. *(Beziehung)* Dauerhaftigkeit *f*; **d.le** *adj* 1. haltbar; 2. dauerhaft

duration *n* Dauer *f*, Lebens-, Zeitdauer *f*, Laufzeit *f*; **d. of an agreement** Laufzeit eines Abkommens; ~ **commitment** Dauer der Verpflichtung; ~ **contract** Vertragsdauer *f*; ~ **cover(age)** *(Vers.)* Garantiezeit *f*, Deckungsfrist *f*; ~ **credit** Kreditlaufzeit *f*; ~ **employment** Beschäftigungsdauer *f*; ~ **a lease** Dauer eines Miet-/Pachtvertrages; ~ **marriage** Ehedauer *f*; ~ **an offer** Gültigkeit eines Angebots; ~ **a policy** Laufzeit einer Versicherung; ~ **proceedings** Dauer des Verfahrens, Verfahrens-, Prozessdauer *f*; ~ **prohibition** Verbotsdauer *f*; ~ **the patent** Dauer des Patents; ~ **trial** Prozessdauer *f*; ~ **validity** Gültigkeitsdauer *f*; **maximum d.** Höchstdauer *f*

duress *n* *(Geständnis, Unterschrift)* Zwang *m*, Nötigung *f*; **under d.** durch Nötigung, unter Zwang; **mental d.** psychischer Zwang; **physical d.** physischer Zwang

dutiable *adj* verzollbar, abgabenpflichtig

duties *pl* 1. Abgaben; 2. Aufgabenbereich *m*; **d. of a guardian** Aufgaben des Vormunds; **d. and powers of the administrator** Aufgaben und Befugnisse des Verwalters; **to levy d.** Abgaben erheben

duty *n* 1. Pflicht *f*; 2. Aufgabe *f*, Obliegenheit *f*; 3. *(Beruf)* Dienst *m*; 4. *(Abgabe)* Steuer *f*, Zoll *m*; **to be the d. of** obliegen; **in accordance with one's d.** pflichtgemäß; **contrary to d.** pflichtwidrig; **exempt from d.** gebühren-, abgaben-, zollfrei; **liable/subject to d.** abgaben-, gebühren-, zoll-, steuerpflichtig; **to be off d.** nicht im Dienst sein, frei haben; ~ **on d.** im Dienst sein, Dienst haben; ~ **under a d.** verpflichtet sein

duty to accept Übernahmepflicht *f*; ~ **keep accounts** Buchführungspflicht *f*; ~ **render account** Rechnungslegungspflicht *f*; ~ **act** Handlungspflicht *f*; ~ **pay an advance** Vorschusspflicht *f*; **d. of allegiance** Treuepflicht *f*; **d. to appear** Pflicht zum Erscheinen; ~ **render assistance** Beistandspflicht *f*; ~ **render/provide (social and medical) assistance** *(Arbeitgeber)* Fürsorgepflicht *f*; ~ **render assistance in (time of) need** Nothilfepflicht *f*; **d. of care** Sorgfalts-, Obhuts-, Sorgepflicht *f*; **contractual** ~ vertragliche Sorgfaltspflicht; **d. to exercise proper care** Sorgfalts-, Obhutspflicht *f*; ~ **compensate;** ~ **pay/provide compensation** Vergütungs-, Ausgleichs-, Entschädigungspflicht *f*, Ersatz(leistungs)pflicht *f*; ~ **consent** Einwilligungspflicht *f*; **d. under a contract** Vertragspflicht *f*; ~ **make subsequent contributions** Nachschusspflicht *f*; ~ **cooperate** Mitwirkungspflicht *f*; ~ **pay costs** Kostentragungspflicht *f*; ~ **pay damages** Schaden(s)ersatzpflicht *f*; ~ **reduce the damage** Schadensminderungspflicht *f*; ~ **make a declaration** Erklärungspflicht *f*; ~ **remedy defects** Nachbesserungspflicht *f*; ~ **perform only upon delivery** Leistungspflicht nur gegen Aushändigung; ~ **disclose; d. of disclosure** Offenbarungs-, Mitteilungs-, Offenlegungspflicht *f*; **d. on donations inter vivos** *(lat.)* Schenkungssteuer *f*; **d. to prevent the effect** Erfolgsabwendungspflicht *f*; ~ **disclose everything** *(Gebrauchtwagen)* Pflicht, alles anzugeben; ~ **furnish evidence** Beweis-, Nachweis-, Vorlegepflicht *f*; ~ **give evidence** Aussage-, Zeugnispflicht *f*;

~ **exploit** Verwertungspflicht *f*; ~ **report finds** Anzeigepflicht bei Fund; **duty of forbearance** Unterlassungspflicht *f*; **d. to grit the footpath/road** Streupflicht *f*; ~ **price the goods displayed** (Preis-) Auszeichnungspflicht *f*; ~ **carry an identity card;** ~ **carry identity papers** Personalausweispflicht *f*; **d. not to disclose confidential information** *(Arbeitsrecht)* Verschwiegenheitspflicht *f*; ~ **furnish/provide information** Informations-, Auskunftspflicht *f*, Informationsgebot *nt*; **legal** ~ **intervene and remove a source of injury or damage** Ingerenz *f*; ~ **inspect** Prüfungspflicht *f*; ~ **comply with instructions** Weisungsgebundenheit *f*; ~ **investigate** Ermittlungspflicht *f*; ~ **provide maintenance** 1. Unterhaltspflicht *f*, Unterhaltsverpflichtung *f*; 2. Unterhaltungspflicht *f*; ~ **give notice** Anzeigepflicht *f*; ~ **give notice of termination** Kündigungspflicht *f*; ~ **notify** Anzeige-, Notifikationspflicht *f*; ~ **take the oath** Eidespflicht *f*; ~ **obey (orders)** Gehorsamspflicht *f*; **d. of the occupier to make land or premises safe for persons or vehicles** Verkehrssicherungspflicht *f*; **d. to carry a passport** Passbesitzpflicht *f*, Passmitführungspflicht *f*; ~ **have a passport** Pass(besitz)pflicht *f*; ~ **pay** Zahlungspflicht *f*; **contractual** ~ **perform** vertragliche Leistungspflicht; ~ **render advance performance** Vorleistungspflicht *f*; ~ **quit premises** Räumpflicht *f*; ~ **protect** Schutzpflicht *f*; ~ **read (out) (the document)** Vorlesungspflicht *f*; ~ **keep records** Aufzeichnungs-, Belegpflicht *f*; ~ **refund** (Rück)Erstattungspflicht *f*; ~ **register** Registrierungspflicht *f*; ~ **report** Mitteilungspflicht *f*; ~ **restitute; d. of restitution** Rückgabe-, Rückerstattungspflicht *f*; **legal d. to maintain safety** Verkehrssicherungspflicht *f*; **d. of secrecy; d. to observe secrecy** Schweige-, Verschwiegenheitspflicht *f*; ~ **render a service** Dienstleistungspflicht *f*; ~ **remove snow** Schneeräumpflicht *f*; **d. of both spouses to cooperate** Mitwirkungspflicht beider Ehegatten; **legal d. to supervise; d. of supervision** Aufsichtspflicht *f*; **d. to**

support Unterstützungspflicht *f*; ~ **testify** Zeugnispflicht *f*; ~ **safeguard traffic** Verkehrssicherungspflicht *f*; ~ **have a vehicle registered** *(Kfz)* Zulassungspflicht *f*; ~ **wait** Wartepflicht *f*; ~ **warn** Hinweispflicht *f*

to assume a duty Pflicht übernehmen; **to discharge one's d.** seine Pflicht/Aufgabe erfüllen; **to neglect one's d.** seine Pflicht verletzen; **to perform a d.** Pflicht erfüllen; **to report for d.** sich zum Dienst melden

ad-valorem duty *(lat.)* Wertzoll *m*; **civil d.** Bürgerpflicht *f*; **conjugal d.** eheliche Pflicht; **custodial d.** Sorgepflicht *f*; **educational d.** Erziehungspflicht *f*; **electoral d.** Wahlpflicht *f*; **legal d.** Rechtspflicht *f*; **marital d.** eheliche Pflicht; **moral d.** Anstands-, Gewissens-, Sittenpflicht *f*, sittliche Pflicht; **official d.** Amts-, Dienstpflicht *f*; **parental d.** Elternpflicht *f*; **professional d.** Standespflicht *f*; **prohibitive/protective d.** Schutzzoll *m*; **statutory d.** gesetzliche Pflicht/Obliegenheit; **supervisory d.** Aufsichtspflicht *f*

duty hours Dienststunden; **d. officer** Dienst-, Wachhabender *m*; **d. prosecutor** Bereitschaftsstaatsanwalt *m*; **d. roster** Dienst-, Einsatzplan *m*; **d. solicitor** Bereitschaftsanwalt *m*; **d. weapon** Dienstwaffe *f*

dwell *v/i* wohnen

dwelling *n* Wohnung *f*; **conjugal d.** eheliche Wohnung; **multiple d.** Mehrfamilienhaus *nt*; **private d.** Privatwohnung *f*; **d. house** Wohnhaus *nt*; **permanent d. right** Dauerwohnrecht *nt*; **d. space** Wohnraum *m*

dying declaration *n* Erklärung auf dem Sterbebett; **d. request** letztwillige Bitte

E

e. g. (exempli gratia) *(lat.)* zum Beispiel

legal eagle *n* *(coll)* Rechtsverdreher(in) *m/f*

to box so.'s ears *pl* jdn ohrfeigen

no earlier than; at the earliest *adv* frühestens

earmarking of funds *n* Zweckbestimmung von Mitteln

earn *v/t* verdienen

earnest (money) *n* Draufgabe *f*, Handgeld *nt*

earnings *pl* 1. Bezüge, Lohn *m*, Verdienst *m*; 2. Ertrag *m*, Gewinn *m*; **e. before tax** Gewinn vor Steuern; **annual e.** 1. Jahresarbeitsverdienst *nt*; 2 Jahresgewinn *m*; **garnishable e.** pfändbare Bezüge; **illegal e.** Schwarzgeld *nt*; **immoral e.** Einkünfte aus gewerbsmäßiger Unzucht; **incidental e.** Nebenverdienst *m*; **net e.** 1. Nettoeinkünfte, Reinverdienst *m*; 2. Nettogewinn *m*; **retained e.** einbehaltener/thesaurierter Gewinn; **subsidiary e.** Nebenverdienst *m*; **taxable e.** 1. steuerpflichtiges Einkommen; 2. steuerpflichtiger Gewinn; **weekly e.** Wochenverdienst *m*; **e.-related** *adj* einkommensbezogen

earshot *n* Hörweite *f*; **out of e.** außer Hörweite; **within e.** in Hörweite

ear|-splitting *adj* ohrenbetäubend; **e.-witness** *n* Ohrenzeuge *m*

easement *n* (Grund)Dienstbarkeit *f*, (Legal)Servitut *nt*; **to exercise one's (right of) e.** Dienstbarkeit ausüben, **negative e.** negative Dienstbarkeit

easing *n* Erleichterung *f*, Linderung *f*; **e. of terms** Erleichterung der Bedingungen

eavesdrop (on so.) *v/prep* lauschen

ecclesiastical *adj* geistlich

eco|-friendly *adj* umweltfreundlich, umweltschonend; **e.logical** *adj* ökologisch

ecology tax *n* Umweltsteuer *f*

economic *adj* wirtschaftlich; **e.al** *adj* sparsam, wirtschaftlich, rationell

economies of scale *pl* Kostendegression *f*

economize *v/i* (sparsam) wirtschaften

economy *n* Wirtschaft *f*

edge *n* Rand *m*; **e. of the kerb** Bordsteinkante *f*; **on the ~ town** am Stadtrand

edict *n* Edikt *nt*, Erlass *m*

edifice *n* Bauwerk *nt*, Gebäude *nt*

pirated edition *n* Raubdruck *m*

editor *n* Herausgeber(in) *m/f*, Schriftleiter(in) *m/f*

educate *v/t* erziehen

education *n* Erziehung *f*; **to complete one's e.** seine Ausbildung abschließen; **compulsory e.** Schulpflicht *f*; **further e.**

Weiterbildung *f*; **e. authority** Schulbehörde *f*

educator *n* Erzieher(in) *m/f*

effect *v/t* (be-/er)wirken, leisten, tätigen, verrichten, verursachen, vornehmen; **to be e.ed** erfolgen

effect *n* (Aus)Wirkung *f*, Effekt *m*, Folge *f*; **to the e. that** mit dem Inhalt, dass; **with e. from April 1st** mit Wirkung vom 1. April; **~ immediate e.** mit sofortiger Wirkung; **~ legally binding e.** rechtsverbindlich; **e. on a third party** Drittwirkung *f*; **indirect ~** mittelbare Drittwirkung; **adverse e. of vaccination** Impfschaden *m*

to be in effect gelten; **coming into e.** *n* Wirksamwerden *nt*; **to put into e.** in Kraft setzen; **to take e.** in Kraft treten; **taking e.** *n* Wirksamwerden *nt*

binding effect Bindungswirkung *f*, bindende Wirkung; **consequential e.** Folgewirkung *f*; **constitutive e.** rechtsbegründende Wirkung; **continual e.** Fortwirken *nt*; **declaratory e.** Feststellungswirkung *f*; **deterrent e.** abschreckende Wirkung; **detrimental e.** nachteilige Wirkung; **discharging e.** befreiende Wirkung; **immediate e.** sofortige Wirkung; **knock-on e.** Schneeballeffekt *m*; **legal e.** Rechtswirksamkeit *f*, Rechtswirkung *f*, gesetzliche/rechtliche Wirkung; **~ of a judgment in creating rights and duties** Konstitutivwirkung *f*; **long-lasting e.** Dauerwirkung *f*; **long-term e.** Langzeit(aus)wirkung *f*; **prejudicial e.** Vorgreiflichkeit *f*; **reciprocal e.** Wechselwirkung *f*; **remote e.** Fernwirkung *f*; **retroactive e.** rückwirkende Kraft, Rückwirkung *f*; **suspensive/suspensory e.** aufschiebende Wirkung

effective *adj* 1. effektiv, wirksam; 2. gültig, geltend, rechtswirksam; **e. from** mit Wirkung von; **e. immediately** ab sofort wirksam; **e. against third parties** mit Wirkung gegen Dritte

to be effective wirken; **to cease ~** unwirksam werden, Wirksamkeit verlieren; **to remain e.** wirksam bleiben; **legally e.** rechtswirksam

effectiveness *n* Wirksamkeit *f*

effects *pl* Habe *f*; **personal e.** bewegliche/persönliche Habe, Habseligkeiten

efficiency check *n* Leistungskontrolle *f*
efficient *adj* rationell, leistungsfähig, effizient
industrial effluents *pl* Industrieabwässer
effort *n* Bemühung *f*
eject *v/t* Besitz entziehen, aus dem ~ vertreiben
eject|ion; e.ment *n* Besitzentziehung *f*; **e.or** *n* Räumungsgläubiger *m*
elect *v/t* 1. optieren; 2. wählen
election *n* Wahl *f*; **e. to the board** Wahl in den Vorstand; **to conduct an e.** Wahl vornehmen; **free e.** freie Wahl; **uncontested e.** Wahl ohne Gegenkandidaten
election board/committee Wahlausschuss *m*, Wahlvorstand *m*; **e. documents** Wahlunterlagen; **e. fraud** Wahlbetrug *m*, Wahlfälschung *f*; **e. monitoring** Wahlbeobachtung *f*; **e. official** *[US]* Wahlleiter(in) *m/f*; **e. petition** *[GB]* Wahleinspruch *m*; **e. pledge/promise** Wahlversprechen *nt*; **e. regulations** Wahlordnung *f*; **e. result** Wahlergebnis *nt*; **to challenge an ~** Wahlergebnis anfechten; **e. rigging** Wahlbetrug *m*
elector *n* Wähler(in) *m/f*; **e.ate** *n* Wähler *pl*, Wählerschaft *f*
electricity *n* Strom *m*; **to abstract e.** Strom abzapfen
electrocut|e *v/t* durch Stromschlag töten; **e.ion** *n* Tod durch Stromschlag
element *n* Element *nt*, Komponente *f*; **e.s of an offence** *(StR)* Tatbestand *m*; **constituent e.** Tatbestandselement *nt*; **disruptive e.** Störfaktor *m*; **mental e.** subjektives Tatbestandsmerkmal
eligibility *n* 1. Befähigung *f*, Berechtigung *f*, Eignung *f*, Fähigkeit *f*; 2. Qualifikation *f*, Teilnahmeberechtigung *f*; 3. Voraussetzung *f*; 4. passives Wahlrecht, Wählbarkeit *f*; **e. for benefits** Leistungsberechtigung *f*; **e. of a claim** Anspruchsberechtigung *f*; **e. to act/serve as a judge** Fähigkeit zum Richteramt, Richteramtsbefähigung *f*; **e. for office** Amtsfähigkeit *f*, Voraussetzung/Qualifikation für ein Amt
eligibility requirement Berechtigungsnachweis *m*, Zulassungsvoraussetzung *f*
eligible *adj* 1. anspruchsberechtigt, (forderungs)berechtigt; 2. befähigt, geeignet; 3. teilnahmeberechtigt; 4. (passiv)

wählbar; **e. to serve as security** beleihbar; **~ vote** wahlberechtigt; **to become e. (for)** sich qualifizieren
eliminat|e *v/t* beseitigen; **e.ion** *n* Beseitigung *f*
elsewhere *adv* anderweitig
emancipation *n* Emanzipation *f*
embankment *n* Böschung *f*, Straßendamm *m*; **noise-abating e.** Lärmschutzwall *m*
embargo *n* Ausfuhrsperre *f*, Embargo *nt*; **to impose an e.** Embargo verhängen; **to lift an e.** Embargo aufheben
embark *v/i* sich einschiffen; **e.ation** *n* Einschiffung *f*
embellish sth. *v/t* etw. verbrämen
embezzle *v/t* 1. hinterziehen; 2. *(Geld)* unterschlagen, veruntreuen
embezzlement *n* 1. Hinterziehung *f*; 2. *(Geld)* Unterschlagung *f*, Untreue *f*, Veruntreuung *f*; **e. of funds** Veruntreuung von Geldern; **e. in office** Unterschlagung im Amt; **aggravated e.** Untreue in besonders schweren Fällen, schwere Untreue
embezzler *n* Veruntreuer(in) *m/f*, Defraudant(in) *m/f*
national emblem *n* Hoheitszeichen *nt*
embod|iment *n* Inbegriff *m*, Verkörperung *f*; **e.y** *v/t* 1. verkörpern; 2. *(im Gesetz)* verankern
emerge *v/i* entstehen; **e.nce** *n* Auftauchen *nt*, Entstehung *f*
emergency *n* 1. Notstand *m*, Not(lage) *f*, Ausnahmezustand *m*; 2. (plötzlicher) Notfall; **imaginary e.** Putativnotstand *m*; **national e.** innerer Notstand, Staatsnotstand *m*; **public e.** öffentlicher Notstand
emergency act Ausnahme-, Notstandsgesetz *nt*; **e. appointment** Notbestellung *f*; **e. bill** Notstandsvorlage *f*; **e. brake** Notbremse *f*; **e. call** Notruf *m*; **false ~** falscher Notruf; **e. clause** Notstandsklausel *f*; **e. constitution** Notstandsverfassung *f*; **e. cull** Notschlachtung *f*; **e. decree** Notverordnung *f*; **e. exit** Notausgang *m*, Notweg *m*; **e. jurisdiction** Notzuständigkeit *f*; **e. lane** Standspur *f*; **e. lay-by** Nothaltebucht *f*; **e. legislation** Notstandsgesetzgebung *f*, Notstandsrecht *nt*; **e. measure** Notmaßnahme *f*; **e. mission** Katastropheneinsatz *m*; **e.**

passport Passersatz *m*; **E. Powers Act** [GB] Notstandsgesetz *nt*; **e. provisions** Notstandsbestimmungen; **e. relief** Nothilfe *f*; **e. sale** Notverkauf *m*; **e. service** Notdienst *m*; **e. services** Katastrophenschutz *m*; **e. situation** Notlage *f*, Ernstfall *m*; **e. slaughter** Notschlachtung *f*; **e. surgery** Notoperation *f*; **e. ward** (*Krankenhaus*) Unfallstation *f*, Notaufnahme *f*; **e. will** Nottestament *nt*

emigr|ant *n* Emigrant(in) *m/f*; **e.ate** *v/i* auswandern, emigrieren; **e.ation** *n* Auswanderung *f*, Emigration *f*

emission *n* (*Umwelt*) Emission *f*; **noxious e.s** umweltschädigende Abgase; **e. permit** Verschmutzungszertifikat *nt*; **e. standard** Schadstoffgrenzwert *m*

emoluments *pl* Bezüge, Einkünfte; **official e.** Dienstbezüge

emotional *adj* seelisch

empanelling (of) the jury *n* Einsetzung der Geschworenen

employ *v/t* 1. an-, einstellen, beschäftigen; 2. verwenden; **e.able** *adj* arbeitsfähig, vermittelbar

employed *adj* angestellt, beschäftigt; **gainfully e.** erwerbstätig; **e. part-time** Teilzeit beschäftigt

employee *n* Arbeitnehmer(in) *m/f*, Bedienstete(r) *f/m*, Beschäftigte(r) *f/m*, Betriebsangehörige(r) *f/m*; **salaried e.** Angestellte(r) *f/m*

employee's duty of good faith Treuepflicht des Arbeitnehmers; **e. invention** Arbeitnehmer-, Diensterfindung *f*; **e.'s liability** Arbeitnehmerhaftung *f*; **~ obligation of confidentiality** Geheimhaltungspflicht *f*; **e. representation act** Betriebsverfassungsgesetz (BtVG) *nt*; **~ law** Betriebsverfassungsrecht *nt*; **e. theft** Diebstahl durch Personal

employees *pl* Personal *nt*

employer *n* 1. Arbeitgeber *m*, Dienstherr(in) *m/f*; 2. Unternehmer *m*; **e.'s duty of care** (*Arbeitgeber*) Fürsorgepflicht *f*; **e.s and employees** Sozial-, Tarifpartner; **e.'s liability** Haftpflicht des Arbeitgebers, Unternehmerhaftung *f*; **~ insurance** Arbeitgeber-, Unternehmerhaftpflichtversicherung *f*; **e.'s lien** Unternehmerpfandrecht *nt*; **~ reference** Arbeitszeugnis *nt*

employment *n* 1. Anstellung(sverhältnis) *f/nt*, Beschäftigung *f*, Beschäftigungs-, Dienst-, Erwerbsverhältnis *nt*, 2. Einstellung *f*; 3. Einsatz *m*, Tätigkeit *f*, Verwendung *f*; **fit for e.** (*Person*) einsatzfähig, vermittelbar

adequate employment angemessene Erwerbstätigkeit; **casual e.** Gelegenheitsbeschäftigung *f*; **continued e.** Weiterbeschäftigung *f*; **dependent e.** abhängige Tätigkeit; **gainful e.** Erwerbstätigkeit *f*, auf Erwerb gerichtete Tätigkeit; **illicit e.** illegale Beschäftigung; **lifetime e.** Dauerbeschäftigung *f*; **regular e.** feste Anstellung; **temporary e.** Leiharbeitsverhältnis *nt*, Arbeitnehmerüberlassung *f*; **~ agency** Leih-, Zeitarbeitsfirma *f*

employment appeal court Landesarbeitsgericht *nt*; **e. ban** Beschäftigungsverbot *nt*; **e. contract** Arbeitsvertrag *m*; **e. fraud** Anstellungsbetrug *m*; **e. papers** Arbeitspapiere; **e. promotion** Arbeitsförderung *f*

empower *v/t* bevollmächtigen, ermächtigen

enable *v/t* 1. befähigen, ermächtigen; 2. ermöglichen

enabling act/statute *n* Ermächtigungsgesetz *nt*

enact *v/t* (*Gesetz*) erlassen, verabschieden, zum Gesetz erklären, gesetzlich verordnen; **to be e.ed** Gesetz werden; **e.ing clause** *n* Inkrafttretungsklausel *f*, Gesetzesformel *f*

enactment *n* Verabschiedung *f*, Inkraftsetzen *nt*, Inkraftsetzung *f*, Erhebung zum Gesetz; **e. of a bill/law** Gesetzesverabschiedung *f*, Erlass eines Gesetzes

encipher *v/t* verschlüsseln

enclave *n* Enklave *f*

enclose *v/t* 1. beifügen; 2. (*Streit*) beilegen; 3. (*Land*) ein-, umfrieden, umgrenzen; **e.d** *adj* 1. bei-, ein-, inliegend; 2. umfriedet; **~ please find** anliegend erhalten Sie

enclosure *n* 1. Anlage *f*, Beifügung *f*, Beilage *f*; 2. Einfriedung *f*, Umfriedung *f*, Umgrenzung *f*

encode *v/t* verschlüsseln

encourag|e *v/t* 1. ermutigen; 2. fördern, Vorschub leisten; **e.ing (of) prostitution** *n* Förderung der Prostitution; **~ sex-**

ual acts of minors Förderung sexueller Handlungen Minderjähriger
encroach upon v/prep übergreifen, eingreifen
encroachment n Übergreifen nt, Übergriff m, Eingriff m; **e. beyond adjoining land** (Grundstücksgrenze) Überbau m; **e. on so.'s liberty** Eingriff in jds persönliche Freiheit; ~ **rights** Eingriff in die Rechte anderer
encumber v/t (mit einer Hypothek) belasten; **e.ed** adj belastet
encumbrance n (dingliche) Belastung, Buchbelastung f, Grund(stücks)last f, Grundschuld f, Grundstücks-, Hypothekenbelastung f, Hypothekenschuld f, Reallast f; **free from e.s** frei von Hypotheken; **e. by mortgage** hypothekarische Belastung, Hypothekenbelastung f; **e. on property** Vermögensbelastung f; **prior e.** (Grundstück) Vorbelastung f
end n 1. Ende nt, Schluss m; 2. Zweck m; **e. of a built-up area** Ortsausgang m; **e. in itself** Selbstzweck m; **the e. justifies the means** (prov.) der Zweck heiligt die Mittel (prov.); **e. of month** (Monats)Ultimo nt
end-user n Endverbraucher(in) m/f
endanger v/t gefährden
endangering n Gefährdung f; **e. (of) peace and public order** Gefährdung der öffentlichen Ordnung; ~ **road traffic** Gefährdung des Straßenverkehrs, Straßenverkehrsgefährdung f; ~ **security** Gefährdung der Sicherheit; ~ **traffic** Verkehrsgefährdung f; ~ **transport** Transportgefährdung f
endangerment n Gefährdung f; **e. of witnesses** Gefahr für Zeugen
endeavour n Bestreben nt, Bestrebung f
endorsable adj girierbar, indossabel, indossierbar
endorse v/t 1. befürworten; 2. bestätigen; 3. girieren, indossieren; 4. (Rückseite einer Urkunde) vermerken; 5. (Führerschein) vermerken
endorsee n Giratar m, Indossatar m
endorsement n 1. Billigung f; 2. (Wechsel)Giro nt, Indossament nt, Indossierung f, Girierung f; 3. Vermerk m, (rückseitige) Bestätigung f; 4. Zustellungsvermerk m; **e. of a bill** Wechselindossament nt; **e.**

on a policy (Vers.) Nachtrag zu einer Police; **e. supra protest** Indossament nach Protest; **e. without recourse** Indossament ohne Gewähr/Haftung/Obligo
blank endorsement Blankoindossament nt; **partial e.** Teilindossament nt; **post-maturity e.** Nachindossament nt; **restricted e.** beschränktes Indossament; **restrictive e.** Rektaindossament nt; **subsequent e.** Nachindossament nt
endorser n (Wechsel) Girant m, Indossant m, Indossierer m; **previous e.** vorgehender Indossant, Vormann m; **subsequent e.** Nach-, Hintermann m, nachfolgender Indossant
endorser's liability Indossamentshaftung f
endow v/t 1. ausstatten, dotieren; 2. stiften
endowment n 1. Ausstattung f, Dotation f, Dotierung f; 2. Stiftung f; **charitable e.** Stiftung für gemeinnützige Zwecke, gemeinnützige Stiftung
endowment assurance/insurance Kapitallebensversicherung f, Erlebensfallversicherung f, Versicherung auf den Todes- und Erlebensfall; **e. mortgage** Versicherungshypothek f
enemy n Feind m
energy n Energie f; **electric e.** elektrische Energie; **nuclear e.** Atom-, Kernenergie f
enforce v/t 1. durchsetzen, erzwingen; 2. (Urteil) vollstrecken, vollziehen
enforceability n Durchsetzbarkeit f, Einklagbarkeit f, Vollziehbarkeit f; **e. by execution** Vollstreckbarkeit f; **provisional e.** vorläufige Vollstreckbarkeit
enforceable adj durchsetzbar, einklagbar, erzwingbar, vollziehbar; **e. by execution** vollstreckbar; **immediately e.** sofort vollstreckbar; **legally e.** tituliert; **provisionally e.** vorläufig vollstreckbar
enforcement n 1. Durchsetzung f, Erzwingung f; 2. Geltendmachung f; 3. Vollstreckung f, Vollziehung f, Vollzug m; **e. of a claim** Anspruchsdurchsetzung f, Durchsetzung eines Anspruchs; ~ **duty to testify** Zeugniszwang m; ~ **a judgment** (ZR) Urteilsvollstreckung f; ~ **liability** (Haftungs)Durchgriff m; ~ **an order** Vollstreckung einer Verfügung; ~ **a**

right Durchsetzung eines Rechts; **~ a writ** Zwangsvollstreckung *f*
direct enforcement sofortige Vollstreckung; **illegal e.** unzulässige Vollstreckung
enforcement agency Vollzugs-, Vollstreckungsbehörde *f*, Vollzugs-, Vollstreckungsorgan *nt*; **e. action** Zwangsmaßnahme *f*; **e. agent** Ordnungshüter *m*; **e. agency** Vollstreckungsbehörde *f*; **e. agreement** Vollstreckungsabkommen *nt*, Vollstreckungsübereinkommen *nt*; **e. costs** Vollstreckungskosten; **e. creditor** Vollstreckungsgläubiger(in) *m/f*; **e. debtor** Vollstreckungsschuldner(in) *m/f*; **e. measure** Vollstreckungsmaßnahme *f*; **e. order** Vollstreckungsbefehl *m*; **e. proceedings** Vollstreckungsverfahren *nt*; **e. suit** Vollstreckungsklage *f*
enfranchise *v/t* Wahlrecht verleihen
engage *v/t* 1. einstellen; 2. verpflichten; **e.d** *adj* 1. tätig; 2. verlobt; **to become ~** sich verloben
engagement *n* 1. Beschäftigung *f*; 2. Verlöbnis *nt*, Verlobung *f*; 3. Obligo *nt*, Verpflichtung *f*; **without e.** ohne Gewähr, freibleibend, unverbindlich; **contractual e.** vertragliche Bindung; **unilateral e.** Selbstbindung *f*
engine *n* *(Kfz)* Motor *m*; **souped-up e.** frisierter Motor; **e. failure** Motordefekt *m*
genetic engineering *n* Gentechnik *f*; **structural and civil e.** Hoch- und Tiefbau *m*
engross *v/t* ausfertigen; **e.ment** *n* Ausfertigung *f*
enjoy *v/t* genießen
enjoyment *n* Genuss *m*; **e. of fruits and benefits** Fruchtgenuss *m*; **~ possession** Besitzgenuss *m*; **quiet ~ possession** ungestörter Besitz; **~ a right** Rechtsgenuss *m*; **quiet e.** ungestörte Nutzung; **undisturbed e.** ungestörter Genuss
enlarge *v/t* erweitern; **e.ment** *n* Erweiterung *f*
enlist *v/t* heranziehen; **e.ment** *n* Heranziehung *f*
enquiry *n* → **inquiry** 1. *(Auskunft)* Anfrage *f*; 2. Überprüfung *f*, Untersuchung *f*, Ermittlung *f*; **follow-up e. (of a crime)** Folgeermittlungen *pl*; **judicial e.** gerichtliche Untersuchung

enrich *v/t* bereichern
enrichment *n* Bereicherung *f*; **unjust/ unjustified e.** ungerechtfertigte Bereicherung
enrol 1. *v/t* einschreiben, eintragen; 2. *v/refl* sich einschreiben/immatrikulieren; **e.ment** *n* Einschreibung *f*, Immatrikulation *f*
ensnare so. *v/t* jdn umgarnen
ensu|e from *v/i* sich ergeben aus; **e.ing** *adj* folgend
ensure *v/t* sicherstellen, sich vergewissern
entail *v/t* 1. nach sich ziehen; 2. erforderlich machen; **e.ed** *adj* erbrechtlich beschränkt
entail *n* Fideikommiss *nt*; **to break off/ bar the e.** Erbfolge aufheben; **to break an e.** Fideikommiss auflösen
entangle *v/t* verstricken; **e.ment** *n* Verstrickung *f*, Verwicklung *f*
enter *v/t* 1. betreten; 2. eintragen, registrieren, verbuchen; **e. into** *(Vereinbarung)* abschließen, eingehen
entering *n* 1. Betreten *nt*, Eindringen *nt*; 2. Eintragung *f*; **e. into an agreement** Abschluss eines Vertrags; **e. an appearance** *(Zivilprozess)* Einlassung *f*; **e. into contact** Kontaktaufnahme *f*; **~ a contract** Kontrahierung *f*; **~ possession** Besitzantritt *m*, Besitzerlangung *f*
enterprise *n* Unternehmen *nt*, Betrieb *m*; **commercial e.** Erwerbsbetrieb *m*, Geschäftsunternehmung *f*; **competing e.** Konkurrenzunternehmen *nt*; **dominant e.** beherrschendes Unternehmen; **municipal e.** Gemeindebetrieb *m*; **private-law e.** Unternehmen des privaten Rechts; **public-sector e.** öffentlicher Betrieb; **service-rendering e.** Dienstleistungsbetrieb *m*; **small e.** Kleinbetrieb *m*; **state-controlled e.** Regiebetrieb *m*; **unincorporated e.** Personenfirma *f*, Unternehmen ohne eigene Rechtspersönlichkeit
entertain *v/t* bewirten; **e.ment** *n* Bewirtung *f*; **~ expense(s)** Bewirtungskosten, Repräsentationsaufwand *m*
entice *v/t* an-, verlocken, verführen, verleiten; **e.ment** *n* Verlockung *f*
entire gesamt; **e.ty** Gesamtheit *f*
entitle *v/t* 1. berechtigen; 2. betiteln

entitled *adj* (anspruchs)berechtigt, legitimiert; **to be e. to** Anrecht/Anspruch/ Recht haben auf, berechtigt sein zu; **e. in rem** *(lat.)* dinglich berechtigt; **e. to a share in the profits** gewinn(anteil)berechtigt; ~ **dispose** verfügungsberechtigt; ~ **plead** prozessfähig; ~ **sue** klageberechtigt, aktiv legitimiert, prozessfähig; ~ **vote** wahlberechtigt

beneficially entitled legatsberechtigt; **jointly e.** mitberechtigt

entitlement *n* Anrecht *nt*, Berechtigung *f*; **e. to benefits** Leistungsanspruch *m*, Leistungsberechtigung *f*; ~ **a claim** Anspruchsberechtigung *f*; ~ **damages** Anspruch auf Schaden(s)ersatz; ~ **a declaratory judgment** Feststellungsanspruch *m*; ~ **maintenance** Unterhaltsanspruch *m*, Unterhaltsberechtigung *f*; ~ **a statutory portion** Pflichtteilsanspruch *m*; ~ **a share in the profits** Gewinnanspruch *m*; ~ **sue** Klageberechtigung *f*, Prozessbefugnis *f*; ~ **use** Nutzungsberechtigung *f*

joint entitlement Mitberechtigung *f*; **ostensible e.** Rechtsschein *m*; **prima-facie** *(lat.)* **e.** Rechtsschein *m*

entity *n* Einheit *f*; **legal e.** Rechtsträger *m*; **distinct** ~ juristische Person; ~ **under public law** juristische Person des öffentlichen Rechts; **territorial e.** Gebietskörperschaft *f*

entrance *n* 1. Einfahrt *f*, Eingang *m*; 2. *(Vertrag)* Beginn *m*

entrant *n* Einreisende(r) *f/m*; **illegal e.** illegal Einreisende(r)

entrapment *n* *[US]* Verleitung zu einer Straftat

entrepreneurial *adj* unternehmerisch

entrust *v/t* anvertrauen, betrauen

entry *n* 1. Betreten *nt*; 2. Eintritt *m*, Einlass *m*, Zutritt *m*; 3. Einreise *f*; 4. Eintrag *m*, Eintragung *f*, Verbuchung *f*, Vermerk *m*; **no e.** Zutritt verboten!

entry of a claim Forderungsenteignung *f*; ~ **conveyance** Auflassungseintrag *m*; **e. into force** Inkrafttreten *nt*; **e. upon an inheritance** Erbschaftsantritt *m*; **e. of judgment** Eintragung/Erlass des Urteils; ~ **a penalty** Strafvermerk *m*; **e. in the register** Registereintragung *f*; ~ **the land (charges) register** Eintragung im

Grundbuch, Grundbucheintragung *f*; ~ **the register of companies** Eintragung im Handelsregister

to change an entry umschreiben; **to correct an e.** Eintragung berichtigen; **to delete an e.** Eintragung löschen; **to force e. into** sich gewaltsam Eintritt verschaffen; **to make an e.** eintragen, vermerken

cautionary entry to ensure future cancellation Löschungsvormerkung *f*; **false e.** 1. unrichtige Eintragung; 2. Falschbuchung *f*; **forced e.** gewaltsames Eindringen; **forcible e.** Hausfriedensbruch *m*; **illegal e.** illegale/unerlaubte Einreise; **preceding e.** Voreintragung *f*; ~ **in the Land Register** *[GB]* Voreintragung im Grundbuch; **subsequent e.** nachträgliche Eintragung; **unlawful e.** Hausfriedensbruch *m*

entry condition Teilnahmebedingung *f*; **e. documents** Einreisedokumente; **e. permit** Einreiseerlaubnis *f*; **e. terms** Eintrittsbedingungen; **e. visa** Einreise-(sicht)vermerk *m*, Einreisevisum *nt*; **e. wound** Eintrittswunde *f*

envelope *n* Umschlag *m*; **sealed e.** verschlossener Umschlag

environment *n* 1. Umgebung *f*; 2. Umwelt *f*; **damaging/detrimental to the e.** umweltbelastend; **endangering the e.** umweltgefährdend; **harmful to the e.** umweltfeindlich

environment agency Umweltbehörde *f*; **e. protection act** Umweltschutzgesetz *nt*

environmental *adj* umweltbedingt, Umwelt-; **e.ist** *n* Umweltschützer(in) *m/f*

environs *pl* *(Stadt)* Umgebung *f*

envisage *v/t* vorsehen

epidermis *n* Oberhaut *f*

Epizootic Diseases Act *[GB]* Tierseuchengesetz *nt*

equal *adj* gleich, paritätisch; **to rank e.** gleichstehen

equality *n* Gleichberechtigung *f*, Gleichheit *f*, Parität *f*; **e. before the law** Gleichheit vor dem Gesetz, Rechtsgleichheit *f*; **e. of opportunity** Chancengleichheit *f*; **e. act** Gleichberechtigungsgesetz *nt*

equalization *n* Ausgleich *m*; **e. of burdens** Lastenausgleich *m*; ~ **burdens levy** Lastenausgleichsabgabe *f*; ~ **accrued gains** Zugewinnausgleich *m*;

conctractual ～ **pensions** schuldrechtlicher Versorgungsausgleich; **statutory**
～ **pensions** Versorgungsausgleich *m*; **financial e. in case of hardship** Härteausgleich *m*; **e. charge** Ausgleichsan-
spruch *m*, Ausgleichsschuld *f*
equal-ranking *adj* gleichgestellt, gleichrangig, ranggleich; **to be e.-r.** gleichen
Rang haben, im Rang gleichstchen
equate *v/t* gleichsetzen
equilibrium *n* Ausgewogenheit *f*, Gleichgewicht *nt*
equipment *n* Gerätschaft *f*
equitabl|e *adj* (recht und) billig, gerecht,
auf dem Billigkeitsrecht beruhend; **e.y** *adv*
billigerweise
equity *n* 1. Billigkeit *f*; 2. Billigkeits-,
Equityrecht *nt*; 3. Eigenkapital *nt*; **in e.**
billigerweise, nach Billigkeitsrecht; **for
reasons of e.** aus Gründen der Billigkeit
equity action Billigkeitsklage *f*; **e. capital** Beteiligungs-, Eigen-, Haftungs-,
Stammkapital *nt*; **e. claim** Billigkeitsanspruch *m*; **e. law** Billigkeitsrecht *nt*; **e.
participation** Kapitalbeteiligung *f*; **e.
proceedings** Billigkeitsverfahren *nt*
equivalence *n* Äquivalenz *f*, Gleichwertig-
keit *f*; **e. principle** Äquivalenzprinzip *nt*;
e. theory Äquivalenztheorie *f*
equivalent *adj* 1. gleichwertig; 2. gleichbedeutend
equivocat|ion *n* Ausflucht *f*, doppeldeu-
tige Aussage; **e.or** *n* Rabulist *m*
erase *v/t* tilgen, löschen
ero|de *v/t* aushöhlen; **e.sion** *n* Aushöh-
lung *f*
err *v/i* sich irren; **e.oneous** *adj* irrig, irrtümlich, falsch
error *n* 1. Irrtum *m*, Versehen *nt*, Fehler *m*,
Täuschung *f*; 2. Revisionsgrund *m*, **in e.**
irrtümlich; **e. in fact** Tatbestandsfehler *m*,
Tatsachenirrtum *m*; ～ **law** rechtlicher
Irrtum, Rechtsfehler *m*, Rechtsirrtum *m*;
～ **motivation** Motivirrtum *m*; **e. as to/
concerning the prohibited nature of
an act** Verbotsirrtum *m*; ～ **the punishability of the act** Irrtum über die Strafbarkeit; **e. in personam** *(lat.)* Irrtum
über die Person; **e. of transmission**
Übermittlungsirrtum *m*
to rectify an error Irrtum richtig stellen,
～ korrigieren

apparent error offenbarer Irrtum; **auto-
matic e.** absoluter Revisionsgrund;
clerical e. Schreibfehler *m*; **factual e.**
sachlicher Irrtum, Tat(sachen)bestands-
irrtum *m*, Irrtum über eine Tatsache;
fundamental e. absoluter Revisionsgrund; **human e.** menschliches Versagen; **judicial e.** Rechtsirrtum *m*, Fehlspruch *m*, Fehler des Gerichts; **major e.**
wesentlicher Irrtum; **mathematical e.**
Rechenfehler *m*; **medical e.** Kunstfehler *m*;
procedural e. Verfahrensfehler *m*, Verfahrensmangel *m*; **relevant e.** relevanter
Irrtum
saving errors; e. excepted Irrtümer vorbehalten; ～ **and omissions** Irrtümer und
Auslassungen vorbehalten; **e. and omissions excepted (E.O.E.)** Irrtümer und
Auslassungen vorbehalten; **procedural
e.** Verfahrensmängel
error rate Fehlerquote *f*
escalator clause *n* Gleit-, Index-, Lohn-
gleit-, Preisgleit-, Wertsicherungsklausel *f*
escape *v/i* 1. (ent)fliehen, die Flucht ergreifen, entkommen, ausbrechen; 2.
(Gas, Substanz) entweichen
escape *n* Ausbruch *m*, Entkommen *nt*,
Flucht *f*; **attempted e.; e. attempt**
Fluchtversuch *m*; **e. aid** Fluchthilfe *f*; **e.
clause** salvatorische Klausel, Rück-
tritts-, Sicherheitsklausel *f*; **e. route**
Fluchtweg *m*; **e. vehicle** Fluchtfahrzeug *nt*
escape|d *adj* flüchtig; **e.e** *n* Flüchtige(r)
f/m, Flüchtling *m*
escheat *n* 1. heimgefallenes Gut, Heimfall *m*; 2. Heimfall an den Staat, Staats-
erbrecht *nt*, Anfall des Nachlasses an
den Staat; *v/ti* 1. anheim fallen; 2. *(als
Nachlassgut)* einziehen
escort *n* Geleit *nt*, Geleitschutz *m*, Schutzgeleit *nt*
escrow *n* 1. Drittverwahrung *f*; 2. treuhänderisch hinterlegte Vertragsurkunde; **to hold sth. in e.** etw. treuhänderisch
verwalten; **to place in e.** hinterlegen; **e.
account** 1. Treuhandkonto *nt*; 2. *(Notar)*
Anderkonto *nt*
especially *adv* insbesondere
espionage *n* Spionage *f*, Ausspähung *f*;
suspected of e. spionageverdächtig; **industrial e.** Industrie-, Werkspionage *f*;

treasonable e. landesverräterische Ausspähung
essence *n* Inbegriff *m*, Wesen *nt*; **e. of the
judgment** Urteilstenor *m*
essential *adj* wesentlich; *n* unabdingbare
Voraussetzung; **e.s of a contract** *pl* Ver-
tragserfordernis *f*
establish *v/t* 1. bestätigen, be-, nachweisen; 2. einrichten, errichten, gründen; 3.
einsetzen, statuieren; 4. *(Identität, Tatbestand)* ermitteln, feststellen; **e. os.** *v/refl*
sich niederlassen
establishment *n* 1. Anstalt *f*; 2. Ein-, Errichtung *f*, Einsetzung *f*; 3. Niederlassung *f*; 4. Feststellung *f*; **e. of contact**
Kontaktaufnahme *f*; **~ the facts** Feststellung des Tatbestandes/Sachverhalts;
~ identity through DNA testing DNA-
Identitätsfeststellung *f*; **~ paternity**
Vaterschaftsnachweis *m*; **~ the truth**
Wahrheitsfindung *f*
establishment provisions Niederlassungs-
bestimmungen
estate *n* 1. Besitztum *nt*; 2. Nachlass *m*,
Erbe *nt*, Erbschaft *f*, Erb(schafts)masse *f*,
Erbschaftsvermögen *nt*, Hinterlassenschaft *f*, *(Vermögen)* Masse *f*; 3. Sied-
lung *f*; **e. to be apportioned** Teilungs-
masse *f*; **e. of the deceased** *[GB]*/
decedent *[US]* Nachlass *m*; **e. in expectancy** Erbanwartschaft *f*, Nacherbschaft *f*; **e. in fee tail** Fideikommiss *nt*,
Vorerbschaft *f*; **e. of a reversionary
heir** Nacherbschaft *f*; **e. in tail** erbrechtlich beschränktes Eigentum
to administer an estate Nachlass verwalten; **the e. devolves upon so.** der
Nachlass geht über auf jdn; **to partition
the e.** Nachlass teilen; **to preserve the e.**
Nachlass sichern; **to settle the e.** Nachlass auseinandersetzen; **to wind up the
e.** Nachlass abwickeln
freehold estate Grundstückseigentum *nt*;
immovable e. unbeweglicher Nachlass;
industrial e. Gewerbe-, Industriegebiet *nt*;
intestate e. Intestatsnachlass *m*; **landed
e.** Landgut *nt*; **personal e.** persönlicher
Nachlass
real estate 1. Grundbesitz *m*, Grundeigentum *nt*, Grundvermögen *nt*; 2. unbewegliche Habe, Immobiliarvermögen *nt*,
Immobilien *pl*, Liegenschaft *f*, Realien *pl*,

unbewegliches Vermögen; **sequestered
~** unter Zwangsverwaltung stehender
Grundbesitz; **~ agent** Immobilien-,
Häusermakler(in) *m/f*; **~ mortgage**
Grundpfand *nt*; **~ rights** Realrechte
residual/residuary estate Restnachlass *m*;
total e. Gesamtmasse *f*, Gesamtnach-
lass *m*
estate agency Liegenschaftsverwaltung *f*;
e. agent Immobilien-, Häusermakler
(in) *m/f*; **e. assets** Nachlassvermögen *nt*;
e. duty Erbschaftssteuer *f*; **e. executor**
Nachlassverwalter(in) *m/f*
esteem *n* Hochachtung *f*
estimate *v/t* (ab)schätzen, veranschlagen
estimate *n* Schätzung *f*, Kosten(vor)an-
schlag *m*, Ansatz *m*, Kalkulation *f*, Überschlag *m*; **conservative e.** vorsichtige
Schätzung; **firm e. (of costs)** verbindlicher Kostenvoranschlag
estop *v/t* Rechtsverwirkung geltend machen
estoppel n rechtshemmender Einwand,
rechtshemmende Einwendung, Hinderung *f*, (Rechts)Verwirkung *f*; **equitable
e.** Einrede der Unzulässigkeit; **e. clause**
Verwirkungsklausel *f*
estovers *pl* (Brenn)Holzentnahmerecht *nt*
estrange|d *adj* entfremdet, zerstritten; **to
be e.** getrennt leben; **~ from so.** mit jdm
zerstritten sein; **e.ment** *n* Entfremdung *f*
EU Mutual Assistance Act *n* EU-Amts-
hilfegesetz *nt*
euro *n* Euro *m*
Europe *n* Europa *nt*
European *adj* europäisch; **E. Charter of
Human Rights** Europäische Grundrechtscharta; **E. Commission of Human Rights** Europäische Kommission
für Menschenrechte; **E. Convention on
Human Rights** Europäische Men-
schenrechtskonvention; **~ on Mutual
Assistance in Criminal Matters** Euro-
päisches Rechtshilfeabkommen; **E.
Court of Human Rights** Europäischer
Gerichtshof für Menschenrechte; **~ of
Justice** Europäischer Gerichtshof; **E.
Economic Area (EEA)** Europäischer
Wirtschaftsraum; **E. Human Rights
Commission** Europäische Menschen-
rechtskommission; **E. Union law** Euro-
pa-, Gemeinschaftsrecht *nt*

euthanasia *n* Euthanasie *f*, Sterbehilfe *f*

evacuat|e *v/t* evakuieren; **e.ion** *n* Evakuierung *f*, Räumung *f*

evade *v/t* 1. entgehen, umgehen; 2. *(Steuern)* hinterziehen

evaluate *v/t* 1. ab-, einschätzen; 2. auswerten; 3. berechnen; 4. *(Wert)* festsetzen

evaluation *n* 1. Auswertung *f*; 2. Berechnung *f*; 3. (Ein)Schätzung *f*; **e. of expediency** Zweckmäßigkeitsprüfung *f*

evasion *n* 1. Ausweichen *nt*, Umgehung *f*; 2. *(Steuern)* Hinterziehung *f*; **e. of charges** Gebührenhinterziehung *f*; **~ customs duty** Zollhinterziehung *f*, Zollunterschlagung *f*; **~ the law** Gesetzesumgehung *f*; **~ taxes** Hinterziehung von Steuern, Steuerhinterziehung *f*

evasive *adj* ausweichend

even *adj* gleichmäßig; **e. out** *v/prep* nivellieren

event *n* 1. Eintreten (des Ereignisses) *nt*; 2. Ereignis *nt*, Vorfall *m*; 3. Veranstaltung *f*; **in the e. of** für den Fall, im Falle; **~ damage** im Schadensfall; **e. insured against** Versicherungsfall *m*; **e. of death** Todesfall *m*; **in the ~ recurrence** im Wiederholungsfall; **~ success** Erfolgseintritt *m*; **uncertain ~ success** ungewisser Erfolgseintritt; **e.s of war** Kriegsereignisse

damaging event Schadensereignis *nt*; **fortuitous e.** unabwendbares/zufälliges Ereignis, Zufall *m*; **insured e.** versichertes Ereignis; **special e.** besonderes Ereignis; **unforeseen e.** unvorhergesehenes Ereignis

evict *v/t* *(Besitz)* vertreiben, (zwangs)räumen, zur Räumung zwingen

eviction *n* *(Besitz)* Vertreibung *f*, Heraussetzung *f*, Hinausweisung *f*, (Zwangs-)Räumung *f*, Vollstreckung durch Räumung; **e. order** Räumungsanordnung *f*, Räumungsbefehl *m*, Räumungsbeschluss *m*, Räumungstitel *m*; **e. proceedings** Räumungsklage *f*, Räumungsverfahren *nt*; **e. protection act** Wohnraumkündigungsschutzgesetz *nt*; **e. suit** Räumungsklage *f*

evidence *n* 1. (Zeugen)Aussage *f*, Zeugnis *nt*; 2. Ausweis *m*, Beleg *m*, Beweis *m*, Beweismaterial *nt*, Beweismittel *nt*, Nachweis *m*; **in the absence of e.; for lack of e.** mangels Nachweis/Beweises; **until there is e. to the contrary** bis zum Nachweis des Gegenteils; **e. submitted by an expert** Sachverständigenbeweis *m*; **e. in rebuttal** Gegenbeweis *m*; **not a shred of e.** keine Spur eines Beweises; **e. of the truth** Wahrheitsbeweis *m*; **e. given by a witness under affirmation** Zeugenaussage an Eides Statt; **e. in writing** schriftlicher Beweis

to admit in evidence als Beweismittel zulassen; **to collect e.** Beweismaterial sammeln; **to confiscate as e.** als Beweis beschlagnahmen; **to disprove e.** Beweis widerlegen; **to furnish e.** Nachweis erbringen/führen, Beleg vorlegen, Bescheinigung beibringen/erbringen, beweisen; **~ of damage/loss** Schaden nachweisen; **to offer ~** Beweis anbieten; **to gather e.** Beweismaterial sammeln

to give evidence (vor Gericht) aussagen, Zeugenaussage machen; **to refuse ~** Aussage verweigern; **to volunteer ~** freiwillige Aussage machen

to hear the evidence Zeugen anhören/vernehmen; **to plant e.** Beweismaterial unterschieben; **to produce e.** Beweis erbringen, nachweisen; **to refute e.** Beweismaterial widerlegen; **to secure e.** Beweismaterial sicherstellen; **to seize as e.** zur Beweissicherung beschlagnahmen; **to start hearing the e.** in die Beweisaufnahme eintreten; **to suppress e.** Beweismaterial unterschlagen; **to take e.** Beweis erheben, **~ so.'s e.** jdn als Zeugen vernehmen; **to tamper with e.** Beweismittel beiseite schaffen, Beweismaterial unterschlagen

admissibe evidence zugelassenes Beweisstück/Beweismittel, zugelassener Beweis; **ample e.** umfangreiches Beweismaterial; **auxiliary e.** Hilfsbeweismittel *nt*; **circumstantial e.** Indizienbeweis *m*, mittelbarer Beweis; **conclusive e.** durchschlagender/schlüssiger/stichhaltiger/zwingender Beweis; **conflicting/contradictory e.** widersprüchliches Beweismaterial, sich widersprechende Zeugenaussagen; **corroborating e.** erhärtendes Beweismaterial, Beweiserhärtung *f*; **direct e.** unmittelbarer Beweis; **documentary e.** Urkundenbeweis *m*, dokumentarische Beweise; **exculpatory/exonerating e.** Entlastungs-, Exkulpationsbeweis *m*, entlastendes Material; **exploratory e.** Ausforschungsbeweis *m*; **factual e.** Tatsachenbeweis *m*; **false e.** falsche Zeugenaussage, falsches Zeugnis; **to give ~** Falschaussage machen; **fresh e.** neues Beweismaterial; **hard-and-fast e.** Handhabe *f*; **inadmissible e.** unzulässiger Beweis, unzulässiges Beweismaterial; **incontrovertible e.** unwiderleglicher Beweis; **incriminating e.** Belastungsmaterial *nt*; **inculpatory e.** Schuldbeweis *m*; **inferential e.** Indizienbeweis *m*; **informal e.** Freibeweis *m*; **intrinsic e.** abgeleiteter Beweis; **irrefutable e.** unwiderlegbarer Beweis; **material e.** rechtserheblicher Beweis; **moral e.** Freibeweis *m*; **negative e.** Negativbeweis *m*; **ocular e.** Augenscheinsbeweis *m*; **partial e.** Teilbeweis *m*; **physical e.** Sachbeweis *m*; **presumptive e.** Indizienbeweis *m*; **prima facie** *(lat.)* **e.** Anscheinsbeweis *m*, Beweis des ersten Anscheins, prima-facie-Beweis *m*; **primary e.** primäres Beweismittel; **probable e.** Wahrscheinlichkeitsbeweis *m*; **relevant e.** sachdienlicher Beweis; **strict e.** Strengbeweis *m*; **sufficient e.** ausreichender/hinreichender Beweis; **tangible e.** Handhabe *f*; **testimonial e.** Zeugenbeweis *m*; **unsworn e.** uneidliche Zeugenaussage; **written e.** schriftliches Beweismaterial

evidence room Asservatenkammer *f*
as evidenced by *adj* ausweislich
evident *adj* ersichtlich, evident, offenbar; **e.ial; e.iary** *adj* belegbar, beweiskräftig
evil *n* Übel *nt*
ex *(lat.)* aus
ex contractu *(lat.)* aus dem Vertrag, vertraglich; **e. gratia** *(lat.)* Kulanz *f*; **e. officio** *(lat.)* von Amts wegen
exact *v/t* einfordern, eintreiben; **e.ion** *n* Eintreiben *nt*, Beitreibung *f*
examination *n* 1. Nachprüfung *f*, (Über)Prüfung *f*, Untersuchung *f*; 2. Verhör *nt*, Vernehmung *f*; 3. Besichtigung *f*, Einsicht *f*, Inaugenscheinnahme *f*; **on close e.** nach eingehender Prüfung; **e.**

for obvious deficiencies *(Patentrecht)* Offensichtlichkeitsprüfung *f*; **e. on oath** eidliche Vernehmung; **e. of a witness** Zeugenvernehmung *f*, Vernehmung eines Zeugen
judicial examination richterliche Vernehmung; **material e.** materielle Prüfung; **medical e.** ärztliche Untersuchung; **physical e.** körperliche Untersuchung; **preliminary e.** Vorprüfung *f*, Voruntersuchung *f*; **psychiatric e.** psychiatrische Untersuchung; **public e.** öffentliche Vernehmung; **school-leaving e.** Abschlussprüfung *f*
examination regulations Prüfungsordnung *f*; **e. room** Untersuchungszimmer *nt*
examine *v/t* 1. (nach-/über)prüfen, untersuchen; 2. verhören, vernehmen, Vernehmung durchführen; 3. begutachten, besichtigen, inspizieren
examinee *n* Prüfling *m*
examiner *n* Prüfer *m*, chief e. *(Patentrecht)* Hauptprüfer *f*; **medical e.** 1. Vertrauensarzt *m*; 2. *[US]* Leichenbeschauer(in) *m/f*, Gerichtsmediziner *m*
examining (of) a witness *n* Zeugeneinvernahme *f*; **~ the parties** Vernehmung der Beteiligten; **~ those involved in the case** Vernehmung zur Sache; **~ a person about his/her personal status** Vernehmung zur Person
example *n* Beispiel *nt*, Vorbild *nt*; **for e.** zum Beispiel; **to serve as an e. for so.** jdm als Vorbild dienen; **to set an e.** 1. Beispiel geben; 2. Zeichen setzen; **poor e.** schlechtes Vorbild; **prime e.** Paradebeispiel *nt*
exceed *v/t* überschreiten, übersteigen
exceeding *n* Überschreitung *f*; **e. (of) one's authority** Überschreitung der Befugnisse; **~ one's competence** Kompetenzüberschreitung *f*; **~ the deadline** Fristüberschreitung *f*; **~ powers** Kompetenzüberschreitung *f*, Überschreitung der Befugnisse/Vollmacht; **~ official powers** Überschreitung der Amtsbefugnisse; **~ the speed limit** Überschreiten der Höchstgeschwindigkeit, Geschwindigkeitsübertretung *f*
except (for) *prep* mit Ausnahme von, ausgenommen; **e.ed** *adj* ausgenommen
exceptio doli *n* *(lat.)* Arglisteinrede *f*

exception *n* 1. Ausnahme *f*; 2. Einrede *f*, Einwendung *f*; 3. Vorbehalt *m*; **e. to the written form** Ausnahme von der Schriftform; ~ **30-year limitation period** Ausnahmen von der dreißigjährigen Frist; ~ **rule** Ausnahme von der Regel; **to take e. to sth.** an etw. Anstoß nehmen

excerpt *n* Auszug *m*; **e. from the register of (previous) convictions** Strafregisterauszug *m*, Auszug aus dem Strafregister; ~ **the commercial register** Handelsregisterauszug *m*, Auszug aus dem Handelsregister

excess *n* 1. Exzess *m*; 2. *(Vers.)* Selbstbeteiligung *f*; **e. of jurisdiction** Unständigkeit *f*; ~ **justifiable (self-)defence** Notwehrexzess *m*, Überschreitung der Notwehr; **e. fare** Nachlösegebühr *f*

excessive *adj* übermäßig

exchange *v/t* (aus-/um)tauschen, auswechseln

exchange *n* (Aus-/Um)Tausch *m*, Auswechslung *f*; **e. of goods** Güter-, Warenaustausch *m*; ~ **goods and services** Leistungsaustausch *m*; ~ **letters** Briefwechsel *m*; ~ **prisoners** Gefangenenaustausch *m*; ~ **shots** Schusswechsel *m*; **to take sth. in e.** etw. in Tausch nehmen

foreign exchange Fremdwährung *f*, Valuta *f*; **verbal e.** Wortwechsel *m*

exchange procedure Tauschverfahren *nt*; **e. proviso** Umtauschvorbehalt *m*; **e. rate** Wechsel-, Umrechnungskurs *m*, Valutaverhältnis *nt*; ~ **fixing** Wechselkursbindung *f*

exchangeable *adj* austauschbar

excise duty *n* Verbrauchssteuer *f*; **e. licence disc** *[GB] (Kfz)* Steuerplakette *f*

exclude *v/t* ausschließen, ausgrenzen; **e.d** *adj* ausgeschlossen

excluding *adj* ausschließlich; **e. the public (from the courtroom)** *n* Ausschluss/Ausschließung der Öffentlichkeit

exclusion *n* 1. Ausschluss *m*, Ausschließung *f*; 2. Versicherungsbegrenzung *f*; **e. of unknown creditors** Ausschluss unbekannter Gläubiger; ~ **intent** Ausschluss des Vorsatzes; ~ **jurisdiction** Ausschluss des allgemeinen Gerichtsstandes; ~ **liability** Ausschluss der Haftung, Haftungsausschluss *m*; ~ **any lia-**

bility Ausschluss jeglicher Haftung; ~ **undisclosed/unknown obligees** Ausschluss unbekannter Berechtigter; ~ **a right** Ausschließung eines Rechts; ~ **suretyship** Interzessionsverbot *nt*; ~ **warranty** Ausschluss der Gewährleistung

exclusion clause Ausschlussklausel *f*

exclusiv|e *adj* ausschließlich, exklusiv; **e.eness; e.ity** *n* Ausschließlichkeit *f*

ex-convict *n* Strafentlassene(r) *f/m*

exculpation *n* Entlastung *f*, Exkulpation *f*

excusab|ility *n* Entschuldbarkeit *f*; **e.le** *adj* entschuldbar, verzeihlich

excuse *v/t* entschuldigen, dispensieren; **e. so. from sth.** jdn von etw. dispensieren

excuse *n* Entschuldigung(sgrund) *f/m*, Ausrede *f*; **to plead in e.** als Entschuldigung vorbringen, vorschieben; **lawful e.** Schuldaufhebungs-, Schuldausschließungsgrund *m*

execute *v/t* 1. *(Gerichtsbeschluss)* ausführen, (zwangs)vollstrecken, vollziehen, erfüllen; 2. *(Testament)* vollstrecken; 3. *(Dokument)* aus-, unterfertigen; 4. hinrichten; **e.d** *adj* ausgefertigt

execution *n* 1. Aus-, Durchführung *f*; 2. (Zwangs)Vollstreckung *f*, Vollzug *m*, Vollziehung *f*, Erfüllung *f*; 3. Aus-, Unterfertigung *f*; 4. Hinrichtung *f*, Exekution *f*; **by way of e.** exekutorisch; **exempt from e.** unpfändbar; **e. of an arrest warrant** Arrestvollziehung *f*, Festnahme auf Grund eines Haftbefehls; ~ **juvenile court sentences** Jugendstrafvollzug *m*; ~ **the death sentence** Vollstreckung des Todesurteils; ~ **a document** Ausstellung einer Urkunde; **e. (levied) on real estate** Immobiliarvollstreckung *f*; **e. by firing squad** Tod durch Erschießen; **e. (levied) on movable goods** Mobiliarzwangsvollstreckung *f*; **e. of/under a judgment** Urteilsvollstreckung *f*; **to bar** ~ Vollstreckung des Urteils behindern; **e. and registration of a mortgage** Bestellung einer Hypothek; **e. of an order** Auftragserledigung, Ausführung eines Auftrags; **e. in parts** Teilvollstreckung *f*; **e. of a prison sentence** Haftvollzug *m*; **e. (levied) on real property** Immobiliarzwangsvollstreckung *f*; **e. of the sale**

Ausführung des Verkaufs; **e. of a sentence** Straf-, Urteilsvollstreckung *f;* **~ passed by a juvenile court** Jugendstrafvollzug *m;* **e. of a will** Testamentsvollstreckung *f,* Vollstreckung eines Testaments; **~ a writ** Zwangsvollstreckung *f,* Vornahme einer Verfügung; **e. by writ of possession** Vollstreckung durch Räumung; **e. of work** Ausführung von Arbeiten

to effect execution Vollstreckung betreiben; **to suspend e.** (Zwangs)Vollstreckung aussetzen/einstellen; **~ the e. of a sentence** Strafvollstreckung/Strafvollzug aussetzen; **~ the e. of sth.** etw. außer Vollzug setzen

comprehensive execution Gesamtvollstreckung *f;* **~ proceedings** Gesamtvollstreckungsverfahren *nt;* **penal e.** Strafvollstreckung *f,* Strafvollzug *m*

execution creditor Pfändungsgläubiger *m;* **e. debtor** Pfändungsschuldner *m;* **e. lien** Vollstreckungspfandrecht *nt;* **e. sale** Vollstreckung durch Versteigerung, Pfändungsverkauf *m*

executioner *n* Henker *m*

executive *adj* 1. leitend, geschäftsführend; 2. durch-, ausführend

executive *n* 1. leitender Angestellter/Mitarbeiter; 2. Exekutive *f,* Vorstand *m;* **chief e.** Hauptgeschäftsführer *m,* Vorstandsvorsitzende(r) *f/m*

executor *n* (Erbschafts)Verwalter(in) *m/f,* (Testaments-/Vermächtnis)Vollstrecker (in) *m/f,* **substitute e.** Ersatztestamentsvollstrecker *m*

executrix *n* Testamentsvollstreckerin *f*

exemplary *adj* 1. vorbildlich; 2. *(Strafe)* abschreckend, exemplarisch

exempt *v/t* 1. ausnehmen; 2. befreien, freistellen; *adj* 1. ausgenommen; 2. befreit; **e.ing provision** *n* Ausnahmebestimmung *f*

exemption *n* 1. Ausnahme *f;* 2. Befreiung *f,* Dispens *m;* 3. Franchise *f (frz.),* Freistellung *f*

exemption from attachment Unpfändbarkeit *f;* **~ attachment and seizure** Beschlagnahmefreiheit *f;* **~ charges** Gebührenfreiheit *f;* **~ corporation tax** Körperschaftssteuerbefreiung *f;* **~ costs** Kostenfreiheit *f;* **~ customs (duty)** Zollfreiheit *f,* Zollfreistellung *f;* **~ dis-**

traint/execution Pfändungsschutz *m,* Unpfändbarkeit *f;* **~ judicial execution** Vollstreckungsschutz *m;* **e. from imprisonment** Haftverschonung *f;* **~ liability** Haftungsausschluss *m,* Haftungsbefreiung *f,* Haftungsfreistellung *f,* Nichthaftung *f,* Freistellung von Haftung, Schuldausschluss *m;* **agreed ~** Freizeichnung *f;* **e. from performance** Leistungsfreiheit *f;* **~ prosecution** Unverfolgbarkeit *f;* **~ punishment** Straffreiheit *f,* Absehen von Strafe; **legal reason for ~ punishment** Strafausschließungsgrund *m;* **~ criminal responsibility** Indemnität *f;* **~ seizure** Unpfändbarkeit *f;* **~ taxation** Steuerfreiheit *f*

to guarantee so. exemption jdm Straffreiheit zusichern; **to stipulate an e.** sich freizeichnen

exemption clause Freistellungs-, Freizeichnungsklausel *f,* Haftungsbeschränkungsklausel *f;* **e. permit** Ausnahmegenehmigung *f;* **e. proceedings** Freistellungsverfahren *nt;* **e. requirement** Freistellungsvoraussetzung *f*

exercise *v/t (Macht/Recht)* ausüben

exercise *n* Ausübung *f;* **e. of control** Herrschaftsausübung *f;* **~ parental custody** Ausübung der elterlichen Sorge; **~ discretion** Ausübung des Ermessens, ~ der Verfügungsgewalt, Ermessensausübung *f;* **~ jurisdiction** Ausübung der Gerichtsbarkeit; **~ a mandate** Mandatsausübung *f;* **~ an option** Optionsausübung *f;* **~ a patent** Patentausübung *f;* **~ power** Machtausübung *f;* **~ prohibited prostitution** Ausübung der verbotenen Prostitution; **~ a right** Ausübung eines Rechts, Rechtsausübung *f;* **~ the right to vote** Ausübung des Wahlrechts

authorized exercise Ausübungsermächtigung *f;* **prohibited e.** verbotene Ausübung

exercising *n (Rechte)* Wahrnehmung *f;* **(of) legitimate interests** Wahrnehmung berechtigter Interessen

exhaust *v/t* aus-, erschöpfen, aufbrauchen

exhaust *n* Auspuff *m;* **e. emission standard** Abgasnorm *f*

exhaustion *n* Aus-, Erschöpfung *f;* **e. of (legal) remedies** Erschöpfung des Rechtsweges

exhibit *n* Beweis-, Überführungsstück *nt*, Beweisgegenstand *m*, Asservat *nt*

exhibition *n* Zurschaustellung *f*; **e. of a document** Einreichung einer Urkunde; **indecent e.** sittenwidrige Zurschaustellung

exhibition|ist *n* Exhibitionist *m*; **e.ism** Exhibitionismus *m*

exhum|ation *n* Exhumierung *f*, Leichenausgrabung *f*; **e.e** *v/t* exhumieren

exile *n* Exil *nt*; *v/t* verbannen

exist *v/ti* bestehen

existence *n* Bestehen *nt*; **continued e.** Fortbestand *m*, Fort-, Weiterbestehen *nt*; **ostensible e. of a legal situation** Rechtsschein *m*

existing *adj* 1. bestehend; 2. bisherig

exit *n* 1. Ausgang *m*; 2. Ausreise *f*; **e. permit** Ausreisegenehmigung *f*; **e. visa** Ausreisevisum *nt*; **e. wound** Austrittswunde *f*

exitus *n* Exitus *m*

exonerat|e *v/t* entlasten, freisprechen; **e.ion** *n* Entlastung *f*, Freisprechung *f*

exorbitant *adj* *(Preis)* überhöht

expatriat|e *v/ti* ausbürgern; *adj* 1. heimatlos; 2. im Ausland lebend; **e.ion** *n* Ausbürgerung *f*

expect *v/t* 1. erwarten, (mit etw.) rechnen; 2. zumuten

expectancy *n* 1 Erwartung *f*; 2. Anwartschaft *f*, Erbaussicht *f*; **e. of life** Lebenserwartung *f*; **average ~** mittlere Lebenserwartung

expedience; expediency *n* Sach-, Zweckdienlichkeit *f*, Zweckmäßigkeit *f*

expedient *adj* ratsam, tunlich, zweckdienlich, zweckmäßig

expel *v/t* ausweisen, vertreiben

expend *v/t* aufwenden, ausgeben

expenditure|(s) *n/pl* (Kosten)Aufwand *m*, Ausgabe(n) *f*, Aufwendungen, Auslage *f*; **e of time** Zeitaufwand *m*; **additional e.(s)** Mehraufwand *m*, Mehraufwendung *f*; **administrative e.(s)** Verwaltungsausgaben; **current e.(s)** laufende Aufwendungen; **necessary e.(s)** notwendige Aufwendung; **unbudgeted e.(s)** außerplanmäßige Ausgaben; **e.(s) actually incurred** tatsächlich entstandene Auslagen

expense(s) *n/pl* Aufwendungen *pl*, Ausgabe(n) *f/pl*, Auslagen *pl*, Spesen *pl*, Aufwand *m*, (Un)Kosten *pl*; **at the e. of** zu Lasten, auf Kosten von; **at great e.** mit großen Kosten; **~ one's own e.** auf eigene Rechnung; **~ public e.** auf Staatskosten

to apportion expenses (Un)Kosten umlegen; **to deduct e.** Spesen absetzen; **to defray e.** Unkosten bestreiten; **to incur e.** Unkosten haben

allowable expenses abzugsfähige Ausgaben; **deductible e.** absetzbare Ausgaben; **extra e.** Mehrausgaben; **incidental e.** Nebenkosten; **incurred e.** entstandene Kosten; **legal e.** insurance Rechtsschutzversicherung *f*; **out-of-pocket e.** Barauslagen; **reimbursable e.** erstattungsfähige Auslagen; **sundry e.** verschiedene Kosten

expense allowance Aufwandsentschädigung *f*, Spesenpauschale *f*; **e. record/slip** Spesenabrechnung *f*; **e. voucher** Ausgabenbeleg *m*

experience *n* Erfahrung *f*; **practical e.** Praxis *f*

experienced *adj* erfahren

expert *n* Experte *m*, Fachmann *m*, Gutachter *m*, Sachverständige(r) *f/m*; **e. in criminal law** Strafrechtler(in) *m/f*; **to consult an e.** Sachverständigen beiziehen

court-appointed expert Gerichtssachverständiger *m*, gerichtlich bestellter Sachverständiger; **legal e.** Jurist(in) *m/f*, Rechtsexperte *m*; **official e.** amtlicher Sachverständiger; **sworn e.** beeidigter Sachverständiger; **technical e.** Sachverständige(r) *f/m*

expert *adj* gutachtlich, sachverständig

expert appraisal Gutachten *nt*; **e. knowledge** Fach-, Sachkenntnis *f*, Sachkunde *f*, Sachverstand *m*, Spezialwissen *nt*; **e. opinion/report** Expertise *f*, (Sachverständigen)Gutachten *nt*, Sachverständigenbericht *m*; **e. testimony** Sachverständigenaussage *f*, Aussage eines Sachverständigen; **e. witness** sachverständiger Zeuge

expertise *n* (Sachverständigen)Gutachten *nt*; **graphological e.** Schriftgutachten *nt*

expert's fee Sachverständigengebühr *f*, Sachverständigenvergütung *f*

expiation n Sühne f
expiration n [US] → **expiry** Ablauf m, Auslaufen nt, Erlöschen nt, Verfall m; **after (the) e. of** nach Ablauf von; **on e. of** bei Ablauf von; **e. of a contract** Vertragsablauf m; ~ **the period** Ablauf der Frist; ~ **a policy** Ablauf einer Police; ~ **the prison sentence** Ablauf der Strafzeit; ~ **time** Frist-, Zeitablauf m
expiration clause Verfallklausel f
expire v/i ab-, auslaufen, erlöschen, außer Kraft treten, verfallen
expiry n [GB] → **expiration** Erlöschen nt, Ungültigwerden nt, Verfall m, Ablauf m, Auslaufen nt; **not subject to e.** unverfallbar; **prior to e.** vor Ablauf; **e. of a deadline** Frist-, Terminablauf m; ~ **the lease** Ablauf der Pacht; ~ **limitation period** Ablauf der Verjährungsfrist; ~ **a patent** Erlöschen eines Patents; ~ **the period/time** Ablauf der Frist, Fristablauf m; ~ **a policy** Ablauf einer Police; ~ **the power of attorney** Erlöschen der Vollmacht
expiry clause Verfallsklausel f; **e. date** Ablauf-, Verfallsdatum nt, Fälligkeits-, Verfallstag m; **e. period** (Verfall)Frist f
explain v/t erklären, erläutern, darlegen
explanation n Erklärung f, Erläuterung f, Darlegung f; **requiring further e.** erklärungsbedürftig
explanatory adj erklärend, erläuternd
explicit adj ausdrücklich
explode v/i explodieren
exploit v/t 1. ausbeuten; 2. (aus)nutzen, verwerten
exploitation n 1. Ausbeutung f; 2. Ausnutzung f, Verwertung f; **e. of a dependent condition;** ~ **a state of dependence** Ausnutzung eines Abhängigkeitsverhältnisses; ~ **a licence** Lizenzverwertung f; ~ **minors** Ausbeutung von Minderjährigen; ~ **a patent** Patentverwertung f; ~ **an official position** Ausnutzung einer Amtsstellung; **wasteful e.** Raubbau m
explos|ion n Explosion f; **e.ive** n Explosiv-, Sprengstoff m
export v/t ausführen, exportieren
export n Ausfuhr f; **e. ban** Ausfuhrsperre f, Ausfuhrverbot nt; **e. certificate** Ausfuhrnachweis m; **e. contract** Exportauftrag m; **e. credit guarantee** Ausfuhr-

bürgschaft f; **e. embargo** Ausfuhrverbot nt; **e. licence** Ausfuhrbewilligung f, Ausfuhrerlaubnis f, Ausfuhr-, Exportlizenz f; **e. numberplate** Ausfuhrkennzeichen nt; **e. permit** Ausfuhrerlaubnis f, Ausfuhr-, Exportgenehmigung f; **e. prohibition** Ausfuhrverbot nt; **e. regulations** Ausfuhrbestimmungen; **e. restitution** Exporterstattung f; **e. trade** Exporthandel m
export(s); exportation n Export m, Ausfuhr f
expose v/t 1. aufdecken, enthüllen, entlarven, enttarnen; 2. (Körper) entblößen; 3. aussetzen
exposure n 1. Aufdeckung f, Enthüllung f, Entlarvung; 2. Entblößung f; 3. Ausgesetztsein nt; **e. to danger** Gefährdung f; **indecent e.** exhibitionistische Handlung, unsittliche Entblößung, Erregung eines öffentlichen Ärgernisses
express v/t ausdrücken, aussprechen; **e. indirectly** verklausulieren
express adj ausdrücklich; **e.ly** adv expressis verbis (lat.)
expression n 1. Ausdruck m; 2. Äußerung f; **e. of intent** Willenserklärung f; ~ **opinion** Meinungsäußerung f; **free ~ opinion** freie Meinungsäußerung; **facial e.** Miene f; **innocent e.** Unschuldsmiene f
ex-prisoner n Strafentlassene(r) f/m
expropriate v/t enteignen
expropriation n Enteignung f; **compulsory e.** Zwangsenteignung f; **e. order** Enteignungsbeschluss m
expulsion n 1. Ausschluss m; 2. Ausweisung f, Vertreibung f; **e. of an alien** Landesverweisung f; ~ **illegal immigrants** (Ausländer) Zurückschiebung f; ~ **a partner** Ausschluss eines Gesellschafters; ~ **troublemakers** Ausschluss von Störern; **e. order** Ausweisungsbefehl m; **to make an ~** einen Ausweisungsbefehl erlassen
expunge v/t (aus)löschen, tilgen, streichen
extemporize v/i frei reden
extend v/t 1. erweitern; 2. verlängern, prolongieren; **e. to** v/i sich erstrecken auf; **e.able** adj verlängerbar
extension n 1. (Gebäude) Anbau m; 2. Erweiterung f; 3. (Frist)Verlängerung f,

Nachfrist *f*, Prolongation *f*, Stundung *f*, Terminverlängerung *f*; 4. *(Telefon)* Durchwahl *f*, Nebenanschluss *m*, Hausapparat *m*; **e. of the claim** Klageerweiterung *f*; ~ **the deadline** Verlängerung der Frist; ~ **jurisdiction** Zuständigkeitserweiterung *f*; ~ **liability** Erweiterung der Haftung, Haftungserweiterung *f*, ~ **a lien** Pfänderstreckung *f*; ~ **the period/ time** Fristverlängerung *f*; **to grant an** ~ **the period/time** *(Steuerrecht)* Nachsicht gewähren; ~ **the time for appeal** Verlängerung der Rechtsmittelfrist; ~ **the validity** Verlängerung der Gültigkeit; **to grant an e.** Stundung gewähren, Nachfrist setzen, stunden

extension agreement Stundungsvertrag *m*; **e. number** Nebenanschluss *m*, Durchwahl *f*

extensive *adj* 1. ausgedehnt; 2. umfangreich, weitgehend

extent *n* Ausmaß *nt*, Höhe *f*, Umfang *m*; **e. of a claim** Umfang eines Anspruchs; ~ **liability** Haftungsumfang *m*, Umfang der Haftung; ~ **loss** Schadensumfang *m*

extenuat|e *v/t* mildern; **e.ing** *adj* (straf-) mildernd; **e.ion (of a sentence)** *n* (Straf)Milderung *f*

extinct *adj (Anspruch)* erloschen

extinction *n* 1. Erlöschen *nt*; 2. Tilgung *f*, Auslöschung *f*; **e. of previous convictions; e. in the criminal record** Straftilgung *f*; **e. of a right** Untergang eines Rechts; ~ **obligations** Erlöschen von Schuldverhältnissen

extinguish *v/t* löschen

extinguishment *n (Tilgung)* Löschung *f*; **e. of an easement** Aufhebung/Erlöschen einer (Grund)Dienstbarkeit; ~ **the servitude** Erlöschen der Dienstbarkeit

extort *v/t* erpressen, erzwingen, nötigen

extortion *n* 1. Erpressung *f*, Erzwingung *f*, Nötigung *f*; 2. Wucher *m*; **e. of a confession** Geständniserpressung *f*; ~ **evidence** Erzwingung der Aussage; **e. by a public official** Erpressung im Amt; **e. of a statement** Aussageerpressung *f*, Erpressung einer Aussage; **aggravated e.** schwere Erpressung; **e. racket** Schutzgelderpressung *f*

extortion|ate *adj* erpresserisch; **e.ist** *n* Erpresser(in) *m/f*

extract *n* Auszug *m*

extract *v/t (Informationen)* herauspressen, herausquetschen *(coll)*; **e.ion of a confession under duress** *n* Erpressung eines Geständnisses

extradite *v/t (Person)* ausliefern

extradition *n (Person)* Auslieferung *f*; **e. ban** Auslieferungsverbot *nt*; **e. proceedings** Auslieferungsverfahren *nt*; **e. request** Auslieferungsantrag *m*, Auslieferungsersuchen *nt*; **e. treaty** Auslieferungsvertrag *m*

extrajudicial *adj* außergerichtlich

extramarital *adj* außerehelich, nicht ehelich

extraordinary *adj* außerordentlich

extraterritorial *adj* exterritorial; **e.ity** *n* Exterritorialität *f*

extreme *adj* extrem

extrem|ism *n* Extremismus *m*; **e.ist** *n* Extremist(in) *m/f*; **e.ist** *adj* extremistisch

eyewitness *n* Augenzeuge *m*; **e. account/testimony** Augenzeugenbericht *m*; **e. identification** Identifizierung durch Augenzeugen

F

fabricat|e *v/t* erfinden, fälschen; **f.ed** *adj* lügenhaft; **f.ion** *n* Fälschung *f*; **f.or** *n* Schwindler *m*, Fälscher *m*

face *n* 1. Gesicht *nt*; 2. Vorderseite *f*; **to slap so.'s f.; ~ so. in the f.** jdm eine Ohrfeige geben, jdn ohrfeigen; **f.lift** *n (Auto, Haus)* Verschönerung *f*; **f. value** Nennbetrag *m*, Nominalwert *m*; **to take so. at** ~ *(fig)* jdm unbesehen glauben; **to take sth. at (its)** ~ *(fig)* etw. für bare Münze nehmen

face *v/t* 1. gegenüber sein/stehen/liegen; 2. *(Problem)* sich stellen

facilities *pl* 1. Einrichtungen, Anlagen; 2. Vergünstigungen, Erleichterungen; **f. for the disabled** Einrichtungen für Behinderte; **municipal f.** städtische Einrichtungen

facility *n* 1. Einrichtung *f*, Anlage *f*; 2. Möglichkeit *f*; **public f.** öffentliche Einrichtung; **f. security** Objektschutz *m*

facsimile *n* Faksimile *nt*; **f. signature** Faksimileunterschrift *f*

fact *n* Tatsache *f*; **in f.** de facto *(lat.)*, tatsächlich; **the f.s of the case/matter** *(Verfahrensrecht)* Tatbestand *m*; **f.s and circumstances** Sachlage *f*, Sachverhalt *m*, Gegebenheiten; **having considered all (the)** ~ unter Berücksichtigung aller Umstände; **in f. and in law** in rechtlicher und tatsächlicher Hinsicht; **f.s constituting a criminal offence** Straftatbestand *m*

to be consistent with the fact|s den Tatsachen entsprechen; **to distort the f.s** Tatsachen verdrehen; **to present as f.** als Tatsache hinstellen; **to state the f.s** Tatsachen vortragen

accessory fact Hilfstatsache *f*; **accomplished f.** vollendete Tatsache; **constituent f.**; ~ **of an offence** Tatbestandsmerkmal *nt*; **decisive f.** entscheidende Tatsache; **dispositive f.** rechtshindernde Tatsache; **established f.** feststehende Tatsache; **evidentiary f.** Indiztatsache *f*, beweiserhebliche Tatsache; **evidentiary f.s** Tatumstände; **exculpatory f.** entlastende Tatsache; **hard f.s** nackte Tatsachen; **incriminating f.** belastende Tatsache; **material f.** wesentliche Tatsache; **operative f.** *[US]* Tatbestandsmerkmal *nt*; **ostensible f.s** Scheintatbestand *m*; **f.-finding** *n* Tatbestandsaufnahme *f*, Tatsachenfeststellung *f*

factor *n* 1. Faktor *m*; 2. Umstand *m*; 3. Kommissionär *m*; **contributory f.** Mitursache *f*; **due to environmental f.s** umweltbedingt; **external f.s** äußere Umstände; **f.'s compensation** Faktorentgelt *nt*

factor *v/t* 1. Schulden aufkaufen; 2. auf Kommissionsbasis verkaufen

factorage *n* 1. Kommissionsgeschäft *nt*; 2. Provision *f*

factoring *n* Factoring(geschäft) *nt*, Kreditrisikoabsicherung *f*; **f. of receivables** Verkauf von Forderungen

factory *n* Fabrik *f*; **F. Act** *[GB]* Arbeitsschutzgesetz *nt*; **f. farming** 1. *(Tiere)* Intensivhaltung *f*, automatisierte Viehhaltung *f*; 2. *(Boden)* Intensivbewirtschaftung *f*; **f. inspection** Gewerbeaufsicht *f*; **f. inspector** Gewerbeaufsichtsbeamter *m*; **f. inspectorate** Gewerbeaufsichtsamt *nt*;

f. legislation Arbeiterschutzgesetzgebung *f*, Gewerbeordnung *f*; **f. premises** Werksgelände *nt*; **f. regulations** 1. Fabrikordnung *f*; 2. gewerbepolizeiliche Anordnungen; **f. safety** Betriebssicherheit *f*; **f. security** Werksschutz *m*

factual *adj* sachlich

faculty *n* 1. Fähigkeit *f*, Vermögen *nt*; 2. Fakultät *f*, Fachbereich *m*; **f. of judgment** Urteilsvermögen *nt*; ~ **law** juristische Fakultät; **cognitive f.** Erkenntnisvermögen *nt*

fail *v/ti* 1. *(Person)* versagen, scheitern, keinen Erfolg haben; 2. ver(ab)säumen, unterlassen; 3. *(Plan, Versuch)* fehlschlagen, missglücken; 4. *(Maschine)* ausfallen, versagen; 5. schwächer werden, nachlassen

fail to answer a summons trotz Ladung nicht erscheinen; ~ **appear** nicht erscheinen; ~ **attend** nicht teilnehmen; ~ **do sth.** etw. unterlassen/versäumen

failing *n* Schwachstelle *f*, Schwäche *f*

failing *adj* angeschlagen, angegriffen; *prep* in Ermangelung von; **f. which** *conj* widrigenfalls, ansonsten

failure *n* 1. Misserfolg *m*, Scheitern *nt*, Versagen *nt*; 2. Versäumnis *nt*, Unterlassung *f*; 3. Pleite *f*; 4. Versager *m*; **f. of the criminal act** Fehlgehen der Tat, aberratio ictus *(lat.)*; ~ **consideration** Mangel/Wegfall der Gegenleistung; ~ **intent(ion)** Willensmangel *m*; ~ **issue** Kinderlosigkeit *f*; ~ **memory** Gedächtnisschwäche *f*; ~ **performance** Nichterfüllung *f*, Erfüllungsmangel *m*; ~ **title** Rechtsmangel *m*

failure to act Unterlassung *f*; ~ **answer** Nichtbeantwortung *f*; ~ **appear** Ausbleiben *nt*, Nichterscheinen *nt*, Terminversäumnis *nt*; ~ **appear in court** Kontumaz *f*; ~ **attend** Versäumnis *nt*; ~ **come to so.'s aid/rescue** unterlassene Hilfeleistung *f*; ~ **comply (with)** Nichtbeachtung *f*, Nichteinhaltung *f*; ~ **cooperate** unterlassene Mitwirkung; ~ **discharge a legal duty** Unterlassungsdelikt *nt*; ~ **disclose** Verletzung der Anzeigepflicht, mangelnde Offenlegung; ~ **do sth.** Unterlassung *f*, Versäumnis *nt*; ~ **exercise** Nichtausübung *f*; ~ **give evidence** Nichtaussage *f*; ~ **give way**

Nichtbeachten der Vorfahrt; ~ **inform** Nichtanzeige f; ~ **look after persons in care** Vernachlässigung von Schutzbefohlenen; ~ **meet the deadline** Fristversäumnis *nt*, Fristversäumung f, Fristüberschreitung f; ~ **notify** unterbliebene Anzeige; ~ **obey** Gehorsamsverweigerung f; ~ **observe the law** Nichtbeachtung des Gesetzes; ~ **pay** Zahlungsversäumnis *nt*

failure to perform Nichterfüllung f, unterbliebene Erfüllung, Nichtleistung f; ~ **a duty** Nichterfüllung einer Pflicht, pflichtwidrige Unterlassung

failure to provide maintenance Unterhaltsverletzung f, Verletzung/Vernachlässigung der Unterhaltspflicht, ~ **render assistance (in an emergency)** unterlassene Hilfeleistung, Unterlassung der Hilfeleistung; ~ **render performance** Leistungsunterlassung f; ~ **reply** Nichtbeantwortung f; ~ **report** unterlassene Meldung, Nichtanzeige f; ~ **submit** Nichtabgabe f

human failure menschliches Versagen *m*; **mechanical f.** technisches Versagen; **f. cause** Ausfallursache f; **f. rate** Ausfallquote f

faint v/i ohnmächtig werden

faint(ing) n Ohnmacht f; **f. fit** Ohnmachtsanfall m

faint-hearted adj zaghaft

fair n Messe

fair adj 1. gerecht, billig; 2. berechtigt, zumutbar; 3. unparteiisch, fair; 4. (Warnung) rechtzeitig; 5. (Wettbewerb) frei, offen; **f. and equitable** gerecht; ~ **proper** recht und billig; ~ **reasonable** angemessen

fairness n 1. Gerechtigkeit f; 2. Angemessenheit f, Kulanz f

Fair Trading Act [GB] Kartellgesetz nt

faith n 1. Vertrauen nt; 2. Glaube m, Konfession f; **bad f.** böser Glaube, mala fides (lat.); **in ~** bösgläubig, arglistig, in böser Absicht, mala fide (lat.); **good f.** guter Glaube, Treu und Glauben, Redlichkeit f, bona fides (lat.); **in ~** auf Treu und Glauben, gutgläubig, in guter Absicht, bona fide (lat.)

faithful adj 1. treu; 2. ehrlich, glaubwürdig; 3. zuverlässig, genau; **f.ness** n 1.

Loyalität f; 2. Genauigkeit f; ~ **of a translation** Texttreue einer Übersetzung

fake n 1. Fälschung f, Nachahmung f; 2. Hochstapler(in) m/f; 3. Simulant m; **f. patrol car** nachgestellter Streifenwagen; **f. pistol** Pistolenimitation f

fake v/t 1. fälschen, nachahmen, imitieren; 2. fingieren; adj unecht, künstlich

fall n 1. Fall m, Sturz m; 2. Sinken nt, Nachlassen nt, Abnahme f

fall v/i 1. fallen, stürzen; 2. nachgeben, sinken; **f. back on sth.** auf etw. zurückgreifen; **f. behind with sth.** mit etw. in Verzug geraten; **f. ill** erkranken; **f. out with so.** sich mit jdm streiten; **f. under** gehören zu, gerechnet werden zu, fallen unter

fallacy n Trugschluss m

false adj 1. falsch, unwahr, unrichtig; 2. gefälscht; 3. künstlich

falsehood n Unwahrheit f; **injurious/malicious f.** Rufschädigung f

falsely adv fälschlich(erweise)

falsification (Ver)Fälschung f; **f. of the balance sheets** Bilanzfälschung f

falsify v/t (Bilanz, Urkunde) fälschen; **f.ing (of) relevant evidence** n Fälschung beweiserheblicher Daten

falsity n 1. Unrichtigkeit m; 2. (Anschuldigung, Forderung) Unhaltbarkeit f; **f. in pleadings** Prozessbetrug m; **f. of a statement** Unwahrheit einer Behauptung

family f Familie f; **extended f.** Großfamilie f, Sippe f

family act Familiengesetz nt; **f. allowance** Familienbeihilfe f, Kindergeld nt; **f. case** Familien(rechts)sache f, Familienangelegenheit f; **f. code** Familiengesetzbuch nt; **f. company/concern** Familiengesellschaft f; **f. court** Familiengericht nt; ~ **judge** Familienrichter m; **f. division** Familiengericht nt, Abteilung für Familien(gerichts)sachen; **f. doctor** Hausarzt m; **f. firm** Familienbetrieb m, Familienunternehmen nt; **f. law** Familienrecht nt; **f.-law** adj familienrechtlich

family life Familienleben nt; **f. member** Familienangehörige(r) f/m; **f. name** Nach-, Familienname m; **f. record/register** Familienbuch nt; **f. relationships**

Verwandtschaftsverhältnisse; **f. residence** Familienwohnsitz *m*; **f. reunion** 1. Familientreffen *nt*; 2. Familienzusammenführung *f*; **f. settlement** Erbauseinandersetzung *f*, Erbeinsetzungsvertrag *m*; **f. status** Personenstand *m*; **f. support** Familienhilfe *f*, Familienunterhalt *m*; **f. tree** (Familien)Stammbaum *m*; **f. welfare** Familienfürsorge *f*

fare *n* 1. Fahrpreis *m*; 2. Fahrgeld *nt*; 3. *(Taxi)* Fahrgast *m*; **concessionary f.** Vorzugsfahrpreis *m*; **excess f.** Nachlösegebühr *f*; **supplementary f.** Zuschlag *m*; **fare dodger** *(coll)* Schwarzfahrer(in) *m/f*; **f. dodging** Fahrgeldhinterziehung *f*, Schwarzfahren *nt*; **f. stage/zone** Tarifzone *f*

farm *n* Bauernhof *m*, landwirtschaftlicher Betrieb; **tenanted f.** ver-/gepachteter Bauernhof

farm animals Nutztiere; **f. law** Landwirtschaftsrecht *nt*; **f. lease** Landpachtvertrag *m*; **f. tenancies act** Landpachtgesetz *nt*

farm *v/t* 1. bewirtschaften; **f. out (to)** *v/prep* 1. verpachten; 2. *(Aufträge)* fremdvergeben, zur Erledigung weitergeben; 3. *(Kinder)* in (bezahlte) Pflege geben (bei)

farmer *n* Landwirt *m*, Bauer *m*; **organic f.** Bio-Bauer *m*; **f.s' union** *n* Bauernverband *m*

farming *n* Landwirtschaft *f*

fatal *adj* 1. tödlich; 2. *(Konsequenzen)* verhängnisvoll

fatality *n* 1. Todes-, Sterbefall *m*; 2. *(Unfall)* Tote(r) *f/m*

father *n* Vater *m*; **adoptive f.** Stiefvater *m*; **f.-in-law** *n* Schwiegervater *m*; **f.hood** *n* Vaterschaft *f*

fault *n* 1. Fehler *m*; 2. (Sach)Mangel *m*, Defekt *m*, Störung *f*; 3. Schuld *f*, Verschulden *nt*; **not so.'s f.; through no f. of one's own** unverschuldet, ohne eigenes Verschulden; **~ one's own f.** durch eigene Schuld, ~ eigenes Verschulden, selbstverschuldet; **with all f.s** mit allen Mängeln, ohne Mängelgewähr, unter Ausschluss jeder Sachmängelhaftung; **without f.** unverschuldet, ohne Verschulden

fault of the vicarious agent Verschulden des Erfüllungsgehilfen; **f. in design/construction** Konstruktionsfehler *m*; **if the claimant is at f.** wenn Selbstverschulden vorliegt; **the f. lies with him** er trägt die Schuld

to be at fault Schuld haben, verschulden; **to find f. with** bemängeln, beanstanden; **to ascribe/impute the f. to** Schuld beimessen/zuschreiben; **to remedy a f.** Störung abstellen, Mangel beheben

capital fault Kapitalfehler *m*; **considerable f.** beträchtliches Verschulden; **contributory f.** Mitverschulden *nt*; **gross f.** grobes Verschulden; **hidden/latent f.** heimlicher/versteckter Mangel; **main f.** Hauptschuld *f*; **mutual f.** beiderseitiges Verschulden; **own f.** Selbstverschulden *nt*, eigenes Verschulden; **presumed f.** vermutetes Verschulden; **slight f.** geringfügiges Verschulden; **sole f.** Alleinverschulden *nt*

fault *v/t* Fehler finden an, etw. auszusetzen haben an

faultiness *n* Fehlerhaftigkeit *f*

faultless *adj* fehler-, einwandfrei

faulty *adj* 1. *(Besitz, Vertrag)* fehler-, mangelhaft; 2. defekt, schadhaft

favour *n* 1. Gefälligkeit *f*; 2. Gunst *f*; **in f. of** zu Gunsten von; **~ his f.** zu seinen Gunsten; **to fall out of f.** in Ungnade fallen; **to plead in so.'s f.** für jdn eintreten; **reciprocal f.** Gegendienst *m*

favouritism *n* Vetternwirtschaft *f*

fear *n* Furcht *f*; **f. of partiality** Besorgnis der Befangenheit

fear *v/t* fürchten, Angst haben vor

feasibility *n* Aus-, Durchführbarkeit *f*; **f.le** *adj* durchführbar, ausführbar, realisierbar, machbar; **not ~** undurch-, unausführbar, unrealisierbar

feature *n* Merkmal *nt*; Kennzeichen *nt*; **aggravating f.** Straferhöhungsmerkmal *nt*; **characteristic f.** charakteristisches Merkmal; **distinctive/distinguishing f.** Unterscheidungsmerkmal *nt*; **special f.** Besonderheit *f*; **f.less** *adj* ohne besondere Merkmale

feign *v/t* 1. *(Krankheit)* vortäuschen, simulieren; 2. fingieren; 3. heucheln

feigning *n* Vortäuschen *nt*; **f. commission of a crime** Vortäuschen einer Straftat

fellow *n* 1. Mann *m*, Kerl *m*; 2. Kamerad *m*, Kumpel *m*; **f. citizen** Mitbürger(in) *m/f*;

f. countrymen Landsleute; **f. creditor** Mitgläubiger *m*; **f. feeling** Mitgefühl *nt*; **f. guarantor** Mitgarant *m*; **f. lodger/occupant** Mitbewohner(in) *m/f*; **f. partner** Mitgesellschafter *m*; **f. passenger** Mitreisende(r) *f/m*; **f. prisoner** Mitgefangene(r) *f/m*; **f. student** Kommilitone *m*, Kommilitonin *f*; **f. tenant** Hausgenosse *m*; **f. underwriter** Mitgarant *m*; **f. witness** Mitzeuge *m*; **f. employee/worker** (Arbeits)Kollege *m*

fellowship *n*   Kameradschaft *f*, Gesellschaft *f*

felon *m* *[US]* Schwerverbrecher(in) *m/f*; **f.ious** *adj* verbrecherisch; **f.y** *n* Kapitalverbrechen *nt*

feme covert *n*   Ehefrau *f*, verheiratete Frau; **f. discovert** *n* 1. geschiedene Frau; 2. Witwe *f*; **f. sole** Ledige *f*; **~ trader** Geschäfts-, Handelsfrau *f*

fence *n* 1. Zaun *m*, Umzäunung *f*; 2. Hindernis *nt*; 3. *(coll)* Hehler(in) *m/f*; **the f. is worse than the thief** *(prov.)* der Hehler ist schlimmer als der Stehler *(prov.)*

fence in *v/t* ein-, umzäunen; **f.d-in** *adj* umfriedet

fencing *n* Umzäunung *f*

fend off *v/t* abwehren, vertreiben

fender *n* *[US]* Kotflügel *m*; **f.-bender** *n* *(coll)* kleiner Blechschaden, Unfall mit Blechschaden

ferocious *adj* wild, scharf, erbittert, heftig

ferret out *v/prep (fig)* aufstöbern, aufspüren

fertil|e *adj* 1. fruchtbar; 2. *(Frau)* zeugungsfähig; **f.ize** *v/t* 1. befruchten; 2. düngen

feticide *n* (Ab)Tötung der Leibesfrucht, Abtreibung *f*

fetter *v/t* fesseln; **f.s** *pl* Fesseln

feud *n* Fehde *f*

fiancé *n* Verlobter *m*; **f.e** *n* Verlobte *f*

fibre *n* Faser *f*; **textile f.** Textilfaser *f*

fiction *n* Fiktion *f*; **f. of accrual** Fiktion des Zugangs; **~ title** Eigentumsfiktion *f*; **legal f.** juristische Fiktion, Gesetzes-, Rechtsfiktion *f*

fictitious *(Kauf, Prozess, Zahlung)* fiktiv, fingiert

fiddle *v/t (coll) (Bücher, Rechnungen)* frisieren *(coll)*, manipulieren; *n* Manipulation *f*, Schiebung *f (coll)*

fidelity *n* Treue *f*; **f. of a translation** Genauigkeit einer Übersetzung; **conjugal/marital f.** eheliche Treue; **contractual f.** Vertragstreue *f*; **f. bond** Kaution gegen Veruntreuung, Unterschlagungsversicherung *f*; **f. clause** Vertrauensschutzklausel *f*; **f. guarantee** *(Vers.)* Kautionsverpflichtung *f*; **official ~** Amtskaution *f*; **f. insurance** Vertrauensschadensversicherung *f*

fiduciary *n* Fiduziar *m*, Treuhänder(in) *m/f*; *adj* fiduziarisch, treuhänderisch

field *n* 1. Feld *nt*, Acker *m*, Wiese *f*; 2. *(Beruf)* (Sach)Gebiet *nt*, Fach *nt*; **f. of activity** Tätigkeitsbereich *m*; **~ application** Anwendungsgebiet *nt*; **~ law** Rechtsgebiet *nt*; **~ responsibility** Ressort *nt*, Kompetenzbereich *m*

special field   Spezialgebiet *nt*; **professional f.** Berufszweig *m*; **f. assembly** Außenmontage *f*; **f. damage** Flurschaden *m*

fight *v/ti* 1. *(Verbrechen)* bekämpfen; 2. kämpfen; 3. verfechten, verteidigen; **f. over sth.** sich um etw. streiten; **f. sth. through (to the end)** etw. durchfechten

fight *n* 1. Kampf *m*, Bekämpfung *f*; 2. Schlägerei *f*, Streit *m*; **to have a f. on one's hands** Ärger am Hals haben *(coll)*; **to put up a f. about sth.** sich gegen etw. wehren

fight against crime   Verbrechensbekämpfung *f*; **~ terrorism** Terrorismusbekämpfung *f*

figure *n* 1. Zahl *f*, Ziffer *f*; 2. Gestalt *f*, Figur *f*, Persönlichkeit *f*; **in f.s and words** in Ziffern und Worten; **f. of fun** Spott-, Witzfigur *f*; **to go over the f.s** durchrechnen; **to put a f. to sth.** etw. in Zahlen ausdrücken, etw. quantifizieren; **to work out the f.s.** Kalkulationen vornehmen

comparative figure   Vergleichszahl *f*; **odd f.** ungerade Zahl; **official f.s** amtliche Zahlen; **revised f.s** bereinigte Zahlen

filch *v/t (coll)* klauen *(coll)*

file *n* 1. Akte *f*, Dossier *nt*; 2. Datei *f*, Kartei *f*; **to ask for the f.s** Akten anfordern; **to inspect the f.s** Akten einsehen; **to lay the f.s open to inspection** Akteneinsicht gewähren

official file|s Amtsakten; **personal f.** Personalakte *f;* **supplementary f.** Beiakte *f*
files of the enquiry Ermittlungsakten*;* **~ the proceedings** Prozessakten
file access Dateizugriff *m;* **f. number** Aktenzeichen *nt;* **f. protection** Dateischutz *m;* **f. retention period** Aufbewahrungszeitraum *m*
file *v/t* 1. einlegen, einreichen, anmelden; 2. abheften; **f. subsequently** nachreichen; **to be f.d** zu den Akten
filibuster *v/ti* verzögern, verschleppen, Obstruktion betreiben; **f.ing** *n* Verschleppungstaktik *f*
filing *n* 1. Einreichung *f,* Einlegung *f,* Anmeldung *f;* 2. Ablage *f;* **f. (of) an action** Einreichung einer Klage, Klageerhebung *f;* **~ an application** Einreichung/Stellung eines Antrags; **~ a bankruptcy petition; ~ a petition in bankruptcy** Konkursanmeldung *f;* **~ a claim** 1. Anmeldung eines Anspruchs, Forderungsanmeldung *f;* 2. Klageeinreichung *f;* **~ a complaint** Beschwerdeeinlegung *f;* **~ a constitutional complaint** Einlegung einer Verfassungsbeschwerde; **~ an objection** Einspruchseinlegung *f;* **~ joint returns** gemeinsame Steuererklärung; **~ a right/title** Anmeldung eines Rechts
filing cabinet Aktenschrank *m;* **f. date** Anmelde-, Einreichungsdatum *nt;* **f. period** Anmeldefrist *f*
fill *v/t* 1. *(Stelle, Position)* besetzen; 2. (ab)füllen; **f. in** *[GB]/***out** *[US] v/prep* ausfüllen
film rights *pl* Filmrechte
final *adj* 1. *(Entscheidung, Urteil)* endgültig, rechtskräftig; 2. End-, Final-, Schluss-; 3. *(Mahnung)* letzte(r, s); **f. and absolute/conclusive** rechtskräftig; **to be ~** Rechtskraft haben; **to become ~** Rechtskraft erlangen; **to make ~** Rechtskraft verleihen
finalize *v/t* abschließen, beenden
finance *n* Finanz-, Geldwesen *nt;* **f.s** Finanzlage *f; v/t* finanzieren
Finance Act *[GB]* Haushaltsgesetz *nt;* **f. bill** Haushaltsgesetzentwurf *m;* **f. gap** Finanzierungslücke *f;* **f. loan** Finanzierungskredit *m;* **f. officer** Kämmerer *m*
financial *adj* finanziell, Finanz-
financing *n* Finanzierung *f;* **advance f.**

Vorfinanzierung *f,* **external/outside f.** Fremdfinanzierung *f;* **internal/own f.** Eigenfinanzierung *f;* **low-interest f.** zinsgünstige Finanzierung *f;* **non-recourse f.** Kreditrisikoabsicherung *f*
financing plan Finanzierungsplan *m;* **f. arrangements/terms** Finanzierungsmodalitäten
find *n* Fund *m*
find *v/t* 1. finden; 2. *(gerichtlich)* feststellen, für Recht erkennen; 3. befinden; **f. for/against the accused** Angeklagten freisprechen/verurteilen; **f. for the defendant** 1. *(ZR)* Klage abweisen; 2. *(StR)* Angeklagten freisprechen; **~ the plaintiff** zugunsten des Klägers entscheiden, der Klage stattgeben; **f. out** feststellen; **f. so. guilty** jdn für schuldig befinden, **~** überführen
finder *n* Finder *m;* **f.'s duty to notify** Anzeigepflicht des Finders; **f.'s reward** Finderlohn *m*
finding *n* 1. Urteil *nt;* 2. Befund *m;* 3. Erkenntnis *f;* **f. of the facts** Feststellung des Sachverhalts, Tatsachenfeststellung *f;* **alternative f.** Wahlfeststellung *f;* **interlocutory f.** Zwischenentscheidung *f;* **judicial f.** richterliche Feststellung, Richterspruch *m;* **legal f.** rechtliche Feststellung, Rechtsfindung *f*
findings *pl* 1. Befund *m;* 2. Urteilsspruch *m;* 3. Untersuchungsergebnis *nt;* 4. Ergebnisse; **f. of the court** Erkenntnis des Gerichts; **official f.** Feststellungsbefund *m*
fine *n* Bußgeld *m,* (Geld)Buße *f,* Geldstrafe *f,* gebührenpflichtige Verwarnung, Ordnungsstrafe *f,* Strafmandat *nt;* **f. in lieu of a custodial sentence** Ersatzgeldstrafe *f;* **f. for non-fulfilment of contract** Konventionalstrafe *f;* **on-the-spot f.** gebührenpflichtige Verwarnung
to appeal against a fine Rechtsbeschwerde in Bußgeldsachen einlegen; **to fix a f.** Bußgeld/Geldstrafe festsetzen; **to get off with a f.** mit einer Geldstrafe davonkommen; **to impose a f.** Geldstrafe verhängen; **to remit a f.** Geldstrafe erlassen
administrative fine Ordnungs-, Verwaltungsstrafe *f,* Zwangsgeld *nt;* **exemplary f.** Verwarnungsgeld *nt*
fine *v/t* gebührenpflichtig verwarnen,

Geldstrafe auferlegen, mit einer ~ belegen, zu einer ~ verurteilen

fingerprint *n* Fingerabdruck *m*; **genetic f.** genetischer Fingerabdruck; **~ f.ing** *n* DNA-Analyse *f*

fingerprint *v/t* Fingerabdruck nehmen; **f. so.** jdm die Fingerabdrücke abnehmen

fingertip search *n* Durchkämmungsaktion *f*

finish *v/ti* 1. beenden, abschließen, erledigen; 2. enden, aufhören; **f.ed** *adj* 1. fertig; 2. aufgebraucht; 3. zu Ende; 4. (fertig) bearbeitet

fire *n* Feuer *nt*, Brand *m*; **to open f. on so.** das Feuer auf jdn eröffnen; **to put out the f.** das Feuer löschen; **to set f. to os.** sich verbrennen; **~ sth.** etw. anzünden, ~ in Brand stecken

fire alarm Feuermelder *m*; **f. assessor** Brandschätzer *m*; **f. brigade** *[GB]* Feuerwehr *f*; **f. certificate** Brandschutzbescheinigung *f*; **f. damage** Brand-, Feuerschaden *m*; **f. door** Brandschutztür; **f. engine** Feuerwehrauto *nt*, Löschfahrzeug *nt*; **f. escape** Feuertreppe *f*; **f. exit** Notausgang *m*; **f.-extinguisher** *n* Feuerlöscher *m*; **f.-fighter** *n* Feuerwehrmann *m*; **f. hazard** Feuergefahr *f*; **f. insurance** Feuerversicherung *f*; **f. loss** Brand-, Feuerschaden *m*; **f. raiser** Brandstifter(in) *m/f*; **f. regulations** Feuer-, Brandschutzbestimmungen; **f. risk** Brand-, Feuergefahr *f*; **f. service** Feuerwehr; **f. station** Feuerwehrzentrale *f*; **f. wall** Brandmauer *f*

firearms *pl* Schusswaffen; **f. act** Waffengesetz *nt*; **f. certificate/licence/permit** Waffenschein *m*; **f. offence** Waffendelikt *nt*; **f. violation** Verstoß gegen das Waffengesetz

fireproof *adj* feuerfest

firing squad *n* Erschießungs-, Exekutionskommando *nt*

firm *n* 1. Firma *f*, Betrieb *m*, Unternehmen *nt*; 2. Personengesellschaft *f*; **f. of (private) investigators** Detektei *f*; **~ lawyers** Kanzlei *f*; **~ solicitors** *[GB]* (Rechts)Anwaltssozietät *f*; **to trade under the f. of** firmieren unter

bogus firm Schwindelfirma *f*; **competing f.** Konkurrenzfirma *f*; **fictitious f.** Scheinfirma *f*; **registered f.** eingetrage-

ne Firma; **subsidiary f.** Tochtergesellschaft *f*; **trading f.** (Personen)Handelsgesellschaft *f*

firm *adj* fest, bindend, sicher

fiscal *adj* steuerlich

fisheries agreement *pl* Fischereiabkommen *nt*

deep-sea fishing *n* Hochseefischerei *f*; **f. lease** *n* Fischereipachtvertrag *m*; **f. right** Fischereirecht *nt*

fit *adj* tauglich; **f. to be examined** vernehmungsfähig; **~ plead** prozessfähig

fitness *n* Tauglichkeit *f*, Eignung *f*; **f. to appear in court** Verhandlungsfähigkeit *f*; **~ drive** Fahrtüchtigkeit *f*; **f. for habitation** Bewohnbarkeit *f*, Eignung für Wohnzwecke; **~ the purpose** Zweckdienlichkeit *f*, Eignung *f*; **~ a custodial sentence** Haftfähigkeit *f*; **~ use** Tauglichkeit *f*; **~ the intended use** Tauglichkeit zum vortragsgemäßen Gebrauch; **~ work** Arbeitsfähigkeit *f*; **f. test** Eignungsprüfung *f*

fitting *adj* gebührend

fix *v/t* 1. festsetzen, festlegen, bestimmen; 2. *(Termin)* ansetzen, festlegen, anberaumen; **f.ed** *adj* bestimmt, fest(geschrieben)

fixing (of) a deadline; ~ a time limit Fristsetzung *f*, Bestimmung einer Frist, Terminbestimmung *f*

fixture *n* Grundstückszubehör *nt*; **f.s (and fittings)** *pl* Einbauten, Einrichtungsgegenstände, Installationen und Einbauten, Mobiliar *nt*, Zubehör *nt*, totes Inventar; **temporary f.** Scheinbestandteil *m*

flag *n* Flagge *f*; **f. of convenience (FOC)** billige Flagge; **national f.** Nationalflagge *f*; **f. misuse** Flaggenmissbrauch *m*

flagrant *adj* *(Vergehen)* offenkundig

flagrante delicto *adv (lat.)* auf frischer Tat, in flagranti *(lat.)*

flat *n* Wohnung *f*; **to vacate a f.** Wohnung räumen; **freehold f.** *[GB]* Eigentumswohnung *f*; **rented f.** Mietwohnung *f*; **self-contained f.** Wohnung mit separatem Eingang; **shared f.** Gemeinschaftswohnung *f*; **vacant f.** leer stehende Wohnung; **f.mate** *n* *[GB]* Mitbewohner(in) *m/f*; **f.-share** *n* Wohngemeinschaft *f*; **f. swapping** Wohnungstausch *m*

flaw *n* 1. Defekt *m*, Fehler *m*; 2. *(Vertrag)* Formfehler *m*; 3. *(fig)* Mangel *m*; **f. in title** Rechtsmangel *m*; **constructional f.** Konstruktionsfehler *m*; **hidden f.** versteckter Fehler; **f.less** *adj* 1. mängelfrei, fehlerlos; 2. tadellos, untadelig

flee *v/i* (ent)fliehen, entweichen

fleece *v/t(coll)* ausnehmen, schröpfen *(coll)*

fleet of cars *n* Fuhr-, Wagenpark *m*

flex(i)time *n* Gleitzeit *f*

flick-knife *n* Spring-, Schnappmesser *m*

flier *n* 1. Flieger *m*; 2. Flugblatt *nt*

flight 1. Flucht *f*; 2. Flug *m*; **f. from taxation** Steuerflucht *f*; **to take f.** fliehen, flüchten; **scheduled f.** Linienflug *m*

flimsy *adj* 1. wenig solide, instabil; 2. *(fig)* dürftig, fadenscheinig

flinch *v/i* 1. zurückzucken; 2. *(fig)* zurückschrecken, sich scheuen

fling *n (coll)* Seitensprung *m (coll)*

float *v/i* treiben, schweben; **f.er** *n (coll)* Wasserleiche *f*

flog *v/t* prügeln; **f.off** *(coll)* verscheuern *(coll)*, verkloppen *(coll)*, versilbern *(coll)*; **f.ging** *n* Prügel(strafe) *pl/f*

flood *n* 1. Flut *f*; 2. Flutlichtanlage *f*; **f. damage** Hochwasserschaden *m*; **to open the f.gates** *pl (fig)* Tür und Tor öffnen *(fig)*

floor *n* 1. (Fuß)Boden *m*; 2. Stock(werk) *nt*; **to be given the f.** das Wort erhalten; **f. plan** *n* Raumaufteilung *f*, *(Stockwerk)* Grundriss *m*; **(usable) f.space** *n* Nutzfläche *f*

flop *n (coll)* Reinfall *m*, Misserfolg *m*

flotsam *n* Treibgut *nt*; **f. and jetsam** (treibendes) Wrack- und Strandgut

flout *v/t* missachten, sich hinwegsetzen über, pfeifen auf *(coll)*

flow *n* Fluss *m*, Strom *m*; **f. of capital** Kapitalstrom *m*; **~ commodities/goods** Warenverkehr *m*, Warenstrom *m*; **~ and services** Leistungsstrom *m*; **~ traffic** Verkehrsfluss *m*; **f. chart** Flussdiagramm *nt*

fly|er *n* Flugblatt *nt*, Handzettel *m*; **f.ing squad** *n (Polizei)* schnelle Eingreiftruppe, Überfallkommando *nt*; **f.over** *n (Brücke)* Überführung; **f.posting** *n* illegales Plakatekleben; **f.-tipping** *n* illegales Müllabladen, ~ Deponieren von Müll und Bauschutt

focus of conflict *n* Konfliktherd *m*

foetus *n* Fötus *m*, Leibesfrucht *f*

foil *v/t (Plan)* durchkreuzen, vereiteln

foist *v/t* andrehen, unterschieben, aufdrängen; **f.ing a child (on so.)** *n* Unterschieben eines Kindes

follow *v/t* 1. folgen, sich ergeben; 2. *(Spur, Weg)* verfolgen; 3. *(Gewerbe, Beruf)* betreiben, ausüben; 4. *(Regel, Rat)* befolgen, sich richten nach; **f. me quietly** folgen Sie mir unauffällig

follower *n* 1. Folgender *m*, Verfolger *m*; 2. Nachfolger *m*; 3. Anhänger *m*, Schüler *m*

following *adj* 1. anschließend; 2. nachfolgend; *n* Anhänger-, Gefolgschaft *f*

follow-up *n* 1. Nachuntersuchung *f*, weitere Verfolgung; 2. Mahnung *f*; **f. of orders** Terminüberwachung *f*; **f. care** Nachbehandlung *f*; **f. operation** *(Polizei)* Nachfassoperation *f*; **f. order** Anschlussauftrag *m*, Nachbestellung *f*; **f. treatment** Nachbehandlung *f*

follow up *v/prep* 1. *(Hinweis, Angebot)* nachgehen, aufgreifen; 2. sich näher beschäftigen, weiterverfolgen

food *n* Nahrung *f*, Essen *nt*, Kost *f*; **f.s** Nahrungs-, Lebensmittel *pl*; **f., beverages and tobacco** Nahrungs- und Genussmittel *pl*; **~ industry** Nahrungs- und Genussmittelindustrie *f*; **to adulterate f.** Nahrungsmittel fälschen

canned/tinned food Lebensmittelkonserven *pl*; **genetically modified (GM) f.** gentechnisch veränderte Lebensmittel; **perishable f.** leicht verderbliche Lebensmittel; **preserved f.** Konserven *pl*; **staple f.** Grund-, Hauptnahrungsmittel *pl*

food|(stuffs) act Lebensmittelgesetz *nt*; **f. additive** Lebensmittelzusatz *m*; **f. additives** Lebensmittelzusatzstoffe; **f. adulteration** Lebensmittelfälschung *f*; **f. allowance** Nahrungsmittel-, Verpflegungszuschuss *m*; **f. contamination** Lebensmittelverseuchung *f*; **f. control/inspection** Lebensmittelüberwachung *f*; **f. and allied industries** Nahrungs- und Genussmittelindustrie *f*; **f. poisoning** Lebensmittelvergiftung *f*; **f. processing** Lebensmittelverarbeitung *f*; **natural f. production** biologische Anbaumethode; **f. retailer** Lebensmitteleinzelhändler(in) *m/f;* **f.stuff(s)** Nahrungs-, Lebensmittel *pl;* **f. supply** Lebensmittel-, Nahrungsmittelversorgung *f*

foot *n* Fuß *m;* **to put one's f. down** ein Machtwort sprechen; **~ f. in it** *(coll)* ins Fettnäpfchen treten *(coll),* einen Fauxpas begehen; **to have one f. in the grave** *(coll)* mit einem Bein im Grabe stehen *(coll)*

foot-and-mouth (disease) *n* Maul- und Klauenseuche *f*

football hooligan *n* Fußballrowdy *m,* Fußballhooligan *m;* **f. hooliganism** Fußballkrawalle *pl*

foothold *n* Halt *m,* sichere Stellung; **to gain a f.** *(fig)* Fuß fassen *(fig)*

footing *n* Stand *m,* Halt *m;* **to be on an equal f. with** ebenbürtig/gleich sein mit; **to place/put on the same f.** gleichstellen

footpath *n* Fußweg *m*

foray *n* (Raub)Überfall *m*

forbear from *v/prep (Klageerhebung)* unterlassen, verzichten auf

forbearance *n* 1. Abstandnahme *f,* Stundung *f,* Zahlungsaufschub *m;* 2. *(ZR)* Unterlassung *f;* 3. Nachsicht *f;* **f. to sue** Klageunterlassung *f*

forbearing *adj* nachsichtig, geduldig

forbid *v/t* verbieten; **f. so. to do sth.** jdm etw. untersagen

forbidden *adj* verboten; **f. by law** gesetzlich verboten; **strictly f.** streng verboten

forbidding *adj* 1. *(Person)* Furcht einflößend; 2. *(Ort)* unwirtlich; 3. *(Aufgabe)* überwältigend

force *n* 1. *(Gesetz)* Geltung *f;* 2. *(Kraftanwendung)* Gewalt *f;* 3. Kraft *f,* Wucht *f;* **to be in f.** gelten, Geltung haben, gültig sein, in Kraft sein; **to cease ~** außer Kraft treten

force of an agreement Gültigkeit eines Vertrages; **by ~ arms** mit Waffengewalt; **~ circumstances** Druck der Verhältnisse; **~ an administrative decision** Bestandskraft einer Verwaltungsentscheidung; **~ habit** Macht der Gewohnheit; **~ law** Gesetzeskraft *f;* **legal ~ a verdict** Rechtskraft des Urteils

to apply force Gewalt anwenden; **to come into f.** in Kraft treten, Rechtskraft erlangen, rechtskräftig werden, zur

Durchführung kommen; **to enter by f.** eindringen; **to obtain by f.** erzwingen; **to remain in f.** in Kraft bleiben; **~ in full f. and effect** voll wirksam/verbindlich bleiben; **to resort to f.** Gewalt anwenden; **to settle sth. by f.** etw. durch Gewalt beilegen; **to use f.** Gewalt anwenden; **to yield to f.** der Gewalt weichen

actual force tatsächliche Gewalt; **armed f.** Waffengewalt *f;* **~ f.s** Militär *nt;* **binding f.** bindende Kraft, Rechtskraft *f,* Rechtsgültigkeit *f,* Verbindlichkeit *f;* **brute f.** Brachialgewalt *f,* nackte Gewalt; **conclusive f.** Beweiskraft *f;* **excessive/unreasonable f.** übermäßige Gewalt; **irresistible f.** unwiderstehliche Gewalt; **legal f.** Geltung *f,* Gültigkeit *f,* Gesetzes-, Rechtskraft *f,* Rechtsverbindlichkeit *f,* Rechtswirksamkeit *f;* **of no ~** rechtsunwirksam; **to obtain ~** Rechtskraft erhalten; **persuasive f.** Überzeugungskraft *f;* **physical f.** körperliche Gewalt; **probative/probatory f.** Beweiskraft *f;* **reasonable f.** angemessene Gewaltanwendung; **retroactive f.** Rückwirkung *f,* rückwirkende Kraft; **standby f.s** Bereitschaftspolizei *f;* **unlawful f.** rechtswidrige Gewalt

force *v/t* nötigen, zwingen, erzwingen; **f. sth on so.** jdm etw. aufdrängen/aufzwingen

force majeure *n (frz.)* höhere Gewalt, Naturereignis *nt,* vis maior *(lat.);* **to bow to f. m.** sich höherer Gewalt beugen

forced *adj* gewaltsam, gezwungen, erzwungen, Zwangs-

force|-feed *v/t* zwangsernähren; **f.-feeding** *n* Zwangsernährung *f*

forceful *adj* 1. *(Ablehnung)* entschieden; 2. *(Rede)* eindringlich; 3. *(Person)* energisch

forcible *adj* gewaltsam, mit Gewalt

forcing-up of prices *n* Preistreiberei *f*

foreclosable *adj* vollstreckungsfähig, der Zwangsvollstreckung unterliegend

foreclose *v/t* 1. präkludieren; 2. aufkündigen, verfallen lassen; 3. *(Hypothek)* zwangsvollstrecken, Zwangsvollstreckung betreiben

foreclosure *n* 1. (Hypotheken)Zwangsvollstreckung *f;* 2. Pfandverfall *m,* gerichtliche Verfallerklärung; 3. Präklusion *f*; **f. on a mortgage** Zwangsvollstreckung aus einer Hypothek

foreclosure action Zwangsvollstreckungs-, Hypothekenklage *f*; Vollstreckung aus einem Grundpfandrecht; **f. decree** *(Hypothek)* Zwangsvollstreckungsanordnung *f*, Zwangsvollstreckungsbeschluss *m*; **f. order absolute** endgültige Verfallserklärung; **~ nisi** *(lat.)* vorläufige Verfallserklärung; **f. proceedings** Zwangsvollstreckungsverfahren *nt*; **f. sale** Zwangsversteigerung *f*; **f. suit** Vollstreckungsabwehr(klage) *f*, Vollstreckungsgegenklage *f*

forecourt *n* Vorhof *m*

forego *v/t* verzichten auf

foregone *adj* vorgefasst, von vornherein feststehend

the foregoing *n* Vorangehendes *nt*, Vorstehendes *nt*

forehead *n* Stirn *f*; **to tap one's f.** jdm den Vogel zeigen *(coll)*

foreign *adj* ausländisch, fremd; **f.er** *n* Ausländer *m*

foreknowledge *n* vorherige Kenntnis

foreman *n* 1. *(Geschworene)* Obmann *m*, Sprecher *m*; 2. Aufseher *m*, Vorsteher *m*; 3. Vorarbeiter *m*, Meister *m*

forensic *adj* gerichtsmedizinisch, kriminaltechnisch, forensisch

forerunner *n* Wegbereiter(in) *m/f*

foresee *v/t* vorhersehen

foreseeab|ility *f* Voraussehbarkeit *f*, Wahrscheinlichkeit (einer Rechtsverletzung) *f*; **~ test** *(Fahrlässigkeit)* Voraussehbarkeitsprüfung *f*; **f.le** *adj* ab-, vorher-, voraussehbar, vorauszusehen

foresight *n* 1. Voraussicht *f*, Vorhersehen *nt*, Weitblick *m*; 2. Vorbedacht *m*, Vorsorge *f*

forest *n* Wald *m*; **f. authority** *n* Forstamt *nt*, Forstbehörde *f*; **f. damage** *n* Wald-, Forstschaden *m*; **f. inspectorate** *n* Forstaufsicht *f*; **f. law** *n* Forstrecht *nt*

forestall *v/t* vorbeugen, unterbinden, zuvorkommen, abwenden, vorwegnehmen

forestry *n* Forstwirtschaft *m*; **f. act** Forstgesetz *nt*

forethought *n* Vorbedacht *m*

forfeit *v/t* 1. *(Anspruch, Recht)* verlieren, verwirken; 2. *(Kaution, Respekt)* einbü-

ßen; **to declare f.ed** *adj* kaduzieren

forfeit *n* Vertragsstrafe *f*, Reugeld *nt*; **f. clause** Verfalls-, Verwirkungsklausel *f*

forfeiture 1. Verwirkung *f*, Verlust *m*, Forfaitierung *f*, Kraftloserklärung *f*, Verfall *m*, Aberkennung *f*; 2. Kaduzierung *f*; **f. of a claim** Anspruchsverwirkung *f*; **~ claims** Verwirkung von Ansprüchen; **~ the bond** Verfall der Kaution; **~ the contract penalty** Verwirkung der Vertragsstrafe; **~ the driving licence** Einziehung des Führerscheins, ~ der Fahrerlaubnis, Führerscheinentzug *m*; **~ pawned/pledged goods** Pfandverwirkung *f*; **~ a lease** Pachtverfall *m*; **~ a patent** Patentlöschung *f*; **~ pension rights** Verwirkung/Verlust von Rentenansprüchen; **~ property** Vermögenseinziehung *f*; **~ pledged property** Pfandverfall *m*; **~ a right** Rechtsverlust *m*, Rechtsverwirkung *f*; **~ the right of rescission** *(Vertrag)* Verwirkung des Rücktrittsrechts; **~ shares** Kaduzierung von Aktien; **~ tenancy** Aufhebung des Mietverhältnisses

forfeiture agreement Verfallvereinbarung *f*; **f. clause** Verfall-, Verwirkungsklausel *f*; **f. money** Reugeld *nt*; **f. notice** *(Vers.)* Verfallmitteilung *f*

forge *v/t* *(Unterschrift, Urkunde)* fälschen, nachmachen; **f.r** *n* Fälscher *m*, Falschmünzer *m*

forgery *n* 1. *(Gegenstand)* (Ver)Fälschung *f*; 2. Falschmünzerei *f*; **f. of cheques** Scheckfälschung *f*; **~ documents** Fälschung von Urkunden; **~ an instrument** Urkundenfälschung *f*; **~ a passport** Passfälschung *f*; **~ a signature** Unterschriftsfälschung *f*; **~ stamps** Wertzeichenfälschung *f*; **attempted f.** Fälschungsversuch *m*

forgivable *adj* verzeihlich

forgive *v/t* 1. verzeihen; 2. *(Schulden)* erlassen; **f. so. sth.** jdm etw. vergeben; **f.ness** Verzeihung *f*

form *v/t* 1. bilden, gestalten, schaffen; 2. gründen, errichten

form *n* 1. Form *f*; 2. Formblatt *nt*, Formular *nt*, Vordruck *m*; 3. Schulklasse *f*; **contrary to f.; not in accordance with the f.** formwidrig; **in form and in fact** formell und materiell; **as a matter of f.; for the sake of f.** ordnungshalber, der Ordnung halber

form of action Form der Klage; ~ **avoidance** Form der Anfechtung; ~ **business organization** Rechtsform des Unternehmens, Unternehmensform *f*; ~ **claim** Form der Geltendmachung; ~ **oath** Eidesformel *f*; ~ **proxy** Vollmachtsformular *nt*; **to fill in *[GB]*/out *[US]* a f.** Formular ausfüllen

blank form Formular *nt*, Vordruck *m*; **corporate f.** Gesellschaftsform *f*; **due f.** vorgeschriebene Form; **in ~** in angemessener/gehöriger Form, formgerecht; **~ and time form-** und fristgerecht; **green f. scheme** *[GB]* Prozesskostenhilfe *f*; **legal f.** Rechtsform *f*; **notarial f.** notarielle Form; **prescribed f.** vorgeschriebene Form; **statutory f.** gesetzliche Form, Gesetzesform *f*; **written f.** Schriftform *f*, Schriftlichkeit *f*

formal *adj* 1. formal, formgerecht, in vorgeschriebener Form; 2. formell, förmlich; 3. offiziell

formalit|y *n* 1. Formalität *f*, Formalie *f*, Formsache *f*; 2. Förmlichkeit *f*; **the rest is a pure f.** der Rest ist eine reine Formalität; **f.ies** *pl* Formalien; **legal ~** gesetzliche Formvorschriften

formation *n* 1. Bildung *f*, Gestaltung *f*; 2. Gründung *f*, Begründung *f*, Errichtung *f*; **f. of armed gangs** Bildung bewaffneter Gruppen; ~ **assets** Vermögensbildung *f*; ~ **criminal associations** Bildung krimineller Vereinigungen; ~ **terrorist associations** Bildung terroristischer Vereinigungen; ~ **cartels** Kartellbildung *f*; ~ **a company** Firmen-, Unternehmensgründung *f*; ~ **a contract** Vertragsabschluss *m*, Zustandekommen eines Vertrages; ~ **gangs** Bandenbildung *f*; **bogus/fictitious f.** Scheingründung *f*; **f. deed** Gründungsurkunde *f*

former *adj* früher, vormalig, vergangen

formula *n* Formel *f*

forswear *v/t* abschwören

forthcoming *adj* 1. bevorstehend; 2. mitteilsam, mitteilungsfreudig

forthwith *adv* umgehend, unverzüglich

fortuitous *adj* zufällig

fortune *n* 1. Vermögen *nt*, Besitz *f*; 2. Schicksal *nt*, Zufall *m*; **to dissipate a f.** Vermögen verschwenden

forum *n (lat.)* 1. Forum *nt*; 2. Gerichtsstand *m*; **f. of choice** Wahlgerichtsstand *m*; **f. rei sitae** *(lat.)* Gericht der belegenen Sache, dinglicher Gerichtsstand

forward *v/t* ab-, über-, zusenden, weiterleiten

forwarder *n* Spediteur *m*, Spedition *f*; **f.'s bill of lading** Spediteurkonnossement *nt*

forwarding *n* Nach-, Übersendung *f*, Versand *m*; **f. of records** Aktenversendung *f*

forwarding address Nachsendeanschrift *f*, Nachsendeadresse *f*; **f. advice** Versandanzeige *f*; **f. agent** Spediteur *m*; **f. company** Spedition *f*; **f. contract** Speditionsvertrag *m*; **f. instructions** Beförderungs-, Versandvorschriften

foster *v/t* 1. pflegen, fördern; 2. *(Kind)* in Pflege nehmen; **f. child** Pflegekind *nt*; **f. family** Pflegefamilie *f*; **f. father** Pflegevater *m*; **f. home** Pflegeheim *nt*; **f. mother** Pflegemutter *f*; **f. parents** Pflegeeltern

foul *adj* unsauber; *v/t (Hund)* verunreinigen, verschmutzen

found *v/t* 1. gründen, errichten; 2. stiften

foundation *n* 1. Fundament *nt*; 2. Gründung *f*; 3. Stiftung *f*; **to be without any f.** jeder Grundlage entbehren; **f. under private law** Stiftung des privaten Rechts; ~ **public law** Stiftung des öffentlichen Rechts; **charitable f.** wohltätige Stiftung

incorporated foundation Stiftung des bürgerlichen Rechts; **private f.** Privatstiftung *f*; **public f.** öffentliche Stiftung

foundation capital Stiftungsvermögen *nt*; **f. charter/instrument** 1. Gründungsurkunde *f*; 2. Stiftungsurkunde; **f. contract** Stiftungsvertrag *m*; **f. syndicate** Gründungskonsortium *nt*

founder *n* 1. Gründer *m*; 2. Stifter *m*

foundling *n* Findelkind *nt*

fracas *n* Aufruhr *m*

fraction *n* Bruchteil *m*

fracture *n* (Knochen)Bruch *m*

fragmentation *n* Zersplitterung *f*

frame of mind *n* Geistesverfassung *f*

framework *n* Rahmen *m*; **within the f. of** im Rahmen von; **legal f.** rechtlicher Rahmen, gesetzliche Rahmenbedingungen; **f. legislation** Rahmengesetzgebung *f*

franchise *n* 1. Konzession(serteilung) *f*, Lizenz *f*, Franchise *f*; 2. Wahlrecht *nt*; **f. owner** Konzessionsinhaber(in) *m/f*; **f. system** Konzessionensystem *nt*

franchise *v/t* lizensieren, Lizenz erteilen, konzessionieren

franchisee *n* Lizenz-, Franchisenehmer(in) *m/f*, Lizenz-, Konzessionsinhaber(in) *m/f*

franchis|er; f.or *n* Lizenz-, Franchisegeber(in) *m/f*; **f.ing** *n* Lizensierung *f*; **~ agreement** Franchisevertrag *m*; **~ system** Franchise-, Konzessionssystem *nt*

frank *v/t* frankieren

fratricide *n* Brudermord *m*

fraud *n* 1. *(StR)* Betrug *m*, betrügerisches Verhalten; 2. *(ZR)* arglistige Täuschung, Irreführung *f*; **f. in the performance** Erfüllungsbetrug *m*; **f. on the grounds of distress/indigence** Notbetrug *m*; **to commit f.** Betrug begehen; **to obtain by f.** erschwindeln, betrügerisch erwerben

constructive fraud Betrug kraft gesetzlicher Vermutung; **fiscal f.** Steuerhinterziehung *f*; **petty f.** Notbetrug *m*; **~ committed by reason of distress** Notbetrug *m*; **f. squad** Betrugsdezernat *nt*

fraudster *n* Betrüger(in) *m/f*, Schwindler(in) *m/f*

fraudulent *adj* arglistig, betrügerisch, bösgläubig, böswillig, vorsätzlich

free *adj* frei; **you are f. to …** es bleibt Ihnen unbenommen …; **f. and unencumbered** hypothekenfrei, unbelastet; **f. of charge** gratis; **~ commission** provisionsfrei; **~ damage** frei von Beschädigung; **~ duty** zollfrei; **~ rent** mietfrei; **~ tax** steuerfrei

freedom *n* Freiheit *f*; **f. in the development of an informed opinion** Freiheit der Willensbildung; **f. of action** Handlungsfreiheit *f*; **~ assembly** Versammlungsfreiheit *f*; **~ association; f. to form associations** 1. Koalitionsfreiheit *f*; 2. *(Arbeitsrecht)* Organfreiheit *f*; 3. Vereinsfreiheit *f*; **f. of collective bargaining** Tarifautonomie *f*, Tariffreiheit *f*; **f. of belief** Glaubens-, Religionsfreiheit *f*; **f. to set up in business** Gewerbefreiheit *f*; **f. of communication** Kommunika-

tionsfreiheit *f*; **f. to form a company** Gründungsfreiheit *f*; **f. of competition** Wettbewerbsfreiheit *f*; **~ conscience** Gewissensfreiheit *f*; **~ conscience and belief** Glaubens- und Gewissensfreiheit *f*; **f. to construe** Qualifikationsfreiheit *f*; **f. of contract; f. to contract** Abschluss-, Kontrahierungs-, Vertragsfreiheit *f*; **f. of decision** Entscheidungsfreiheit *f*; **~ establishment** Niederlassungsfreiheit *f*; **~ faith** Glaubensfreiheit *f*; **~ information** Informationsfreiheit *f*; **f. from injury** körperliche Unversehrtheit; **f. of the media** Medienfreiheit *f*; **~ meeting** Versammlungsfreiheit *f*; **~ movement** (Recht auf) Freizügigkeit, Bewegungsfreiheit *f*; **~ occupation** Berufsfreiheit *f*, Freiheit der Berufsausübung; **~ occupational choice** Berufswahlfreiheit *f*; **~ opinion** Meinungsfreiheit *f*; **~ the press** Pressefreiheit *f*; **f. to choose a profession; ~ an occupation** Berufs(wahl)freiheit *f*, Freiheit der Berufswahl; **~ religion** Glaubens-, Religionsfreiheit *f*; **~ the seas** Freiheit der Meere; **f. to provide services** Dienstleistungsfreiheit *f*; **f. of speech (and writing)** Freiheit der Meinungsäußerung, Meinungs-, Redefreiheit *f*; **f. to make statutes** Satzungsautonomie *f*; **f. of teaching** Lehrfreiheit *f*; **~ testation** Testierfreiheit *f*; **~ thought** Gedankenfreiheit *f*, **~ trade** Gewerbe-, Handelsfreiheit *f*; **~ will** Willensfreiheit *f*; **~ worship** Religionsfreiheit *f*

basic freedom Grundfreiheit *f*; **electoral f.** Wahlfreiheit *f*; **personal f.** Freiheit der Person, persönliche Freiheit; **religious f.** Religionsfreiheit *f*; **testamentary f.** Testierfreiheit *f*

freehold *n* (zeitlich unbeschränktes) Eigentumsrecht an Grundbesitz, Grundeigentum *nt*; **f. flat** *[GB]* Eigentumswohnung *f*; **f. property** Grundeigentum *nt*; **f.er** Grundeigentümer *m*

freelance *adj* freiberuflich; *n* freie(r) Mitarbeiter(in), Freiberufler(in) *m/f*; *v/t* freiberuflich arbeiten/praktizieren

free-range *adj* *(Tiere)* frei laufend, aus Freilandhaltung, ~ artgerechter Haltung

freeze *v/t* 1. *(Guthaben, Schulden)* einfrieren; 2. *(Konto, Guthaben)* sperren, blockieren; 3. *(Löhne)* festlegen

freezing *n*   Sperrung *f*; **f. of accounts** Kontensperre *f*; **~ foreign property** Einfrierung ausländischer Guthaben; **~ payments** Stornierung von Zahlungen; **~ wages** Lohnstopp *m*

freight *n*   1. Fracht *f*, Ladung *f*; 2. Frachtgebühr *f*; **f. clause** Frachtklausel *f*; **f. contract** Beförderungs-, Frachtvertrag *m*; **f. industry** Transportgewerbe *nt*; **f. note/waybill** Frachtbrief *m*; **f. terms** Transport-, Frachtbedingungen

frenzy *n*   Raserei *f*; **to work os. up into a f.** sich in eine Raserei (hinein)steigern; **destructive f.** Zerstörungswut *f*; **jealous f.** Eifersuchtswahn *m*

friend *n*   Freund(in) *m/f*, Bekannte(r) *f/m*; **to be f.s with** befreundet sein mit; **next f.** Prozesspfleger *m*, Kläger in Prozessstandschaft für einen Minderjährigen; **environmentally f.ly** *adj* umweltfreundlich, umweltschonend

frighten *v/t*   verängstigen

fringe *n*   Rand(zone) *m/f*; **f. area** Randgebiet *nt*; **f. benefits** freiwillige Sozialleistungen, Nebenbezüge, Zusatzleistungen; **f. group** Randgruppe *f*

frisking *n*   Personendurchsuchung *f*, Abtasten *nt*

frivol|ity *n*   Leichtfertigkeit *f*; **f.ous** *adj (Klage, Beschwerde)* leichtfertig, grundlos

front man *n*   Strohmann *m*; **~ woman** Strohfrau *f*

frontage *n*   1. *(Gebäude)* Front *f*, Vorderseite *f*; 2. Grundstück/Gelände (vor einem Haus); **f.r** *n* (Straßen)Anlieger *m*

frontier *n*   Grenze *f*; **f. dispute** Grenzstreitigkeit *f*; **f. rectification** Grenzberichtigung *f*; **f. violation** Grenzverletzung *f*

frostbite *n*   Frostbeulen *pl*

fructus naturales *pl (lat.)*   Bodenfrüchte

fruit *n*   1. Frucht *f*; 2. Obst *nt*; **f.s** Früchte; **~ of a thing** Früchte einer Sache

frustrate *v/t (Pläne)*   vereiteln, verhindern, durchkreuzen

frustration   1. Vereitelung *f*, Zerschlagung *f*; 2. *(Vertrag)* Leistungsstörung *f*; **f. of contract** Weg-, Fortfall der Geschäftsgrundlage, Leistungshindernis bei Vertragserfüllung, Erfüllungsverei-

telung *f*; **~ purpose** Vereitelung des (vereinbarten) Zweckes; **existing/initial f.** anfängliche Unmöglichkeit (der Leistung); **subsequent/supervening f.** nachträgliche Unmöglichkeit (der Leistung)

fugitive *adj*   flüchtig; *n* Flüchtige(r) *f/m*, Flüchtling *m*, Ausreißer *m*; **f. from justice** *[US]* flüchtiger Straftäter

fulfil *v/t (Pflicht, Vertrag)*   erfüllen; **f.ling; f.ment** *n (Pflichten)* Wahrnehmung *f*, Erfüllung *f*

full *adj (Bericht, Geständnis)*   umfassend; **f.-time** *adj* hauptamtlich, hauptberuflich, ganztägig

fumes *pl*   Dämpfe; **noxious f.** umweltschädigende Dämpfe/Abgase; **poisonous/toxic f.** giftige Dämpfe/Abgase

fumigate *v/t*   ausräuchern

function *n*   1. Funktion *f*; 2. Tätigkeit *f*, Aufgabe *f*, Obliegenheit *f*; 3. Veranstaltung *f*; **outside one's official f.s** außerdienstlich; **f.s and powers** Aufgaben und Befugnisse; **to discharge f.s** Aufgaben erfüllen; **to perform f.s** Aufgaben wahrnehmen

advisory function   beratende Funktion; **exemplary f.** Vorbildfunktion *f*; **honorary f.** Ehrenamt *nt*; **intended f.** bestimmungsgemäße Funktion; **judicial f.** Richteramt *nt*; **~ f.s** richterliche Funktionen; **legislative f.** Gesetzgebungsfunktion *f*; **official f.** Amts-, Diensthandlung *f*; **public f.** 1. öffentliche Aufgabe; 2. öffentliche Veranstaltung; **f. room** Veranstaltungsraum *m*

fund *v/t*   1. finanzieren, aufbringen; 2. *(Schuld)* konsolidieren

fund *n*   Fonds *m*, Vermögen *nt*; **f.s** Gelder, Geldmittel; **f.s available for distribution** Verteilungsmasse *f*; **to be in f.s** zahlungsfähig sein, bei Kasse sein; **to be out of f.s** zahlungsunfähig sein, nicht bei Kasse sein

corporate fund|s *[US]*   Gesellschaftsmittel; **earmarked f.s** zweckgebundene Mittel; **insufficient f.s (I/F)** ungenügende Deckung; **mutual f.** *[US]* Kapitalanlagegesellschaft (KAG) *f*; **no f.s (N/F)** keine Deckung, mangels Masse; **special f.** Sondervermögen *nt*; **special-purpose f.** Zweckvermögen *nt*; **third-**

party f.s Drittmittel; **tied-up f.s** festlie-
gende Mittel
to advance funds Mittel vorschießen, in
Vorlage treten; **to allocate f.** Mittel be-
reitstellen/zuweisen; **to appropriate f.**
Mittel bewilligen; **to earmark f.** Gelder
zweckbestimmen; **to embezzle f.** Mittel
unterschlagen; **to misappropriate f.**
Mittel unterschlagen/zweckentfremden;
to procure f. Geldmittel beschaffen; **to
set aside f.** Geldmittel bereitstellen
fundamental *adj* grundlegend, wesentlich, prinzipiell
funding *n* Finanzierung *f*, Kapitalausstattung *f*; **outside/external f.** Drittmittel-,
Fremdmittelbeschaffung *f*; **own f.** Ei-
genbeteiligung *f*, Selbstfinanzierung *f*
funeral *n* Beerdigung *f*, Bestattung(sfeier) *f*;
f. expenses Beerdigungs-, Bestattungs-
kosten; **f. parlour** Leichenhalle *f*; **f.
procession** Leichenzug *m*; **f. service**
Trauergottesdienst *m*
fungib|ility *n* Vertretbarkeit *f*; **f.le** *adj* fun-
gibel, vertretbar; **f.les** *pl* Genus-, Gat-
tungssachen
furnish *v/t* 1. *(Beweise, Dokumente)* beibringen, vorlegen; 2. einrichten, möb-
lieren, ausrüsten, ausstatten; **f.ed** *adj*
möbliert; **f.ing a copy** *n* Abschrifterteilung *f*
furnishings *pl* Mobiliar *nt*, Wohnungs-
einrichtung *f*; **f. and fittings/fixtures**
Inventar *nt*; **with ~** voll eingerichtet
furniture *n* Möbel *pl*, Mobiliar *nt*; **f. re-
mover** Möbelspediteur *m*
further *adv* ferner, weiter
furtherance *nt* Förderung, Unterstützung; **in f. of** zur Förderung von
furtive *adj* unbemerkt, heimlich, verstohlen
fuse *n* 1. Sicherung *f*; 2. Zündschnur *f*;
blown f. durchgebrannte Sicherung; **f.
box** Sicherungskasten *m*
futil|e *adj* vergeblich, nutz-, sinnlos; **f.ity** *n*
Vergeblichkeit *f*, Nutz-, Sinnlosigkeit *f*
future *n* Zukunft *f*; **within the foreseeable f.** in absehbarer Zeit*;* **in the near f.**
in Kürze; **f.s** *(Börse)* Termingeschäfte; **~
contract** Warenterminkontrakt *m*

G

gaffe *n* Fauxpas *m*
gag *n* Knebel *m*; *v/t* 1. knebeln; 2. *(fig)*
zum Schweigen bringen, mundtot ma-
chen; **g.ging (of) the press** *n* Pressekne-
belung *f*; **g. law/rule** Maulkorbgesetz *nt*,
Maulkorberlass *m*
gain *n* 1. Erlangung *f*; 2. (Zu)Gewinn *m*;
for personal g. eigennützig
gain *v/t* erlangen; **g.ful** *adj* einträglich
gallows *pl* Galgen *m*
gamble *n* Glücksspiel *nt*; **illicit g.** uner-
laubtes/verbotenes Glücksspiel
gamble *v/i* Glücksspiel betreiben
gambler *n* Glücksspieler(in) *m/f*; **compulsive g.** Zocker(in) *m/f (coll)*
gambling *n* Glücksspiel *nt*; **illicit g.** unerlaubtes Glücksspiel; **g. contract**
Spielvertrag *m*; **g. debt(s)** Spielschuld *f*;
g. den Spielhölle *f*; **g. shop** Wettbüro *nt*
game *n* 1. Spiel *nt*; 2. (Jagd)Wild *nt*; **to
beat so. at his own g.** *(fig)* jdn mit seinen eigenen Waffen schlagen *(fig)*; **fair
g.** 1. jagdbares Wild; 2. *(fig)* leichte Beute
game law 1. Jagd(ausü-
bungs)recht *nt*; 2. Jagd(ausü-
bungs)recht *nt*; **g. licence** Jagdschein *m*;
to take out a ~ sich einen Jagdschein beschaffen; **g. preserve** Jagdgehege *nt*; **g.
tenancy** Jagdpacht *f*; **g. tenant** Jagd-
pächter(in) *m/f*; **g. trespass** Jagdverge-
hen *nt*, Jagdfrevel *m*
gaming *n* Glücksspiel *nt*
gang *n* Bande *f*; **g. of criminals** Verbre-
cherbande *f*; **~ thugs** Schlägerbande *f*,
gewaltbereite Gruppe
gang crime Bandenkriminalität *f*; **g.
feud/war(fare)** Bandenkrieg *m*; **g.land** *n*
Unterwelt *f*; **g. rape** Vergewaltigung
durch mehrere Täter, Gruppenverge-
waltigung *f*; **g. receiving (of stolen
goods)** Bandenhehlerei *f*; **g. robbery**
schwerer Bandendiebstahl; **g. theft**
Bandendiebstahl *m*
gang up *v/prep* sich zusammenrotten
gaol *n* Gefängnis *nt*; **g.er** *n [GB]* 1. Ge-
fängniswärter *m*; 2. Leiter der Haftanstalt

gap n Lücke f; **g. between parked cars** Parklücke f; **g. in the law** Rechtslücke f; **adequate g.** ausreichender Abstand; **safe g.** Sicherheitsabstand m

authorized garage n Vertragswerkstatt f, anerkannte Kundendienstwerkstätte

garbage n [US] Müll m; **g. collection** Müllabfuhr f; **g. disposal** Abfallentsorgung f; **g. dump** Mülldeponie f, Müllkippe f; **g. waybill** Abfallbegleitschein m

garnish v/t 1. Forderungspfändung durchführen; 2. (Drittschuldner) Zahlungsverbot zustellen/erteilen

garnishee n Drittschuldner(in) m/f; **g. order** 1. Pfändungsbeschluss m, Pfändungsverfügung f; 2. Verfügungs-, Zahlungsverbot nt; ~ **absolute** endgültiges Zahlungsverbot; ~ **nisi** (lat.) vorläufiges Zahlungsverbot; **to serve a ~ (on)** (Drittschuldner) Zahlungsverbot zustellen; **g. proceedings** Forderungspfändungsverfahren nt

garnisher n Forderungs(pfand)gläubiger m

garnishment n Forderungs-, (Direkt-) Schuldnerverpfändung f; **g. of an account** Kontopfändung f; ~ **future claims** Vorratspfändung f; **collective ~ future claims** Vorratspfändung f; ~ **salary claims** Gehaltspfändung f; ~ **wages** Lohnpfändung f; ~ **wages order** Lohnpfändungsbeschluss m

equitable garnishment Forderungspfändung f; **provisional g.** Vorpfändung f; **g. proceedings** Verfahren bei Forderungspfändungen; **g. order** Zahlungsverbot nt

gas pump n [US] Zapfsäule f; **g. station attendant** Tankwart m

gather v/ti 1. sammeln, zusammentragen; 2. sich versammeln; 3. folgern; **g. in** Menschenansammlung f, Menschenmenge f, Versammlung f, Ansammlung f; ~ **of information** n Informationsbeschaffung f

gazette n Amtsblatt nt; **legal g.** Gesetzblatt nt; **official g.** Amts-, Mitteilungs-, Veröffentlichungs-, Verordnungsblatt nt

gender n Geschlecht nt

generat|e v/t erzeugen; **g.ion of noise** n Lärmerzeugung f

Geneva Convention Genfer Konvention

genitals pl Geschlechtsteile, Genitalien

genocide n Genozid m, Völkermord m

gentlemen's agreement n mündliche Vereinbarung auf Treu und Glauben

genuine adj 1. echt; 2. ernsthaft, aufrichtig; **not g.** unecht; **g.ness** n Echtheit f; ~ **of a document** Echtheit einer Urkunde

gesture n Gebärde f, Geste f; **g. of goodwill** Kulanzleistung f; **threatening g.** Drohgebärde f

get lost v/i sich verirren

get off v/prep (ohne Anzeige) davonkommen; ~ **lightly** glimpflich davonkommen; ~ **scot-free** straffrei bleiben

getaway car n Fluchtauto nt

ghost driver n Geisterfahrer(in) m/f

gift n Gabe f, Geschenk nt, Schenkung f, (unentgeltliche) Zuwendung; **by way of g.** schenkungsweise; **g. inter vivos** (lat.) Schenkung unter Lebenden; ~ zu Lebzeiten; **to make a g.** schenken, Schenkung machen; **to revoke a g.** Schenkung widerrufen

charitable gift Liebesgabe f; **earmarked g.** Zweckzuwendung f; **lifetime g.** Schenkung unter Lebenden; **(spontaneous) manual g.** Handschenkung f; **occasional g.** Gelegenheitsgeschenk nt; **outright g.** bedingungslose/vorbehaltlose Schenkung, ~ Zuwendung; **residuary g.** Reinvermächtnis nt, Restvermögen nt; **testamentary g.** Vermächtnis nt, Schenkung von Todes wegen, letztwillige/testamentarische Schenkung, ~ Zuwendung

gift item Zugabeartikel m; **g. mortis causa** (lat.) Schenkung von Todes wegen, ~ auf den Todesfall; **g. tax** Schenkungssteuer f; **g. token/voucher** Geschenkgutschein m

gist n Hauptinhalt m, wesentlicher Inhalt

give up v/prep auf-, preisgeben, fallen lassen

giver n Schenker(in) m/f

giving notice of default n Inverzugsetzung f; ~ **redemption of the mortgage debt** (Schuldner) Kündigung einer Hypothek; **g. the accused the benefit of the doubt** im Zweifel für den Angeklagten, in dubio pro reo (lat.)

bullet-proof glass n Panzerglass nt

glimpse n flüchtiger/kurzer Blick; **to get a g. of sth.** etw. kurz zu Gesicht bekommen

gloating n Schadenfreude f

global *adj* global
gloss *n* 1. Erläuterung *f*; 2. Glanz *m*, Schein *m;* **g. over** *v/prep* 1. vertuschen; 2. beschönigen
glove *n* Handschuh *m*; **disposable g.s** Einmalhandschuhe; **protective g.s** Schutzhandschuhe
glue *n* Klebstoff *m*, Leim *m*; **g.-sniffing** *n* (Klebstoff)Schnüffeln *nt*
go against sth. *v/prep* einer Sache zuwiderlaufen; **g. beyond** überschreiten; **g. through** mitmachen, erleiden; **g. without** verzichten auf
goal *n* Ziel *nt*
go-between *n* Vermittler(in) *m/f*
god|father *n* (Tauf)Pate *m*; **g.mother** *n* (Tauf)Patin *f;* **g.parent** *n* Pate *m*, Patin *f*
going public *n* Börsengang *m*
gold *n* Gold *nt*; **g. and silver items** Gold- und Silbersachen
for the common good *n* im öffentlichen Interesse, zum Wohl der Allgemeinheit
incorporeal good Immaterialgut *nt*; **public g.** Allgemeinwohl *nt*
good *adj* 1. gut, solide; 2. rechtsgültig; **g. till cancelled/countermanded** bis auf Widerruf gültig; **to make g.** *adj* wiedergutmachen, ersetzen
goods *pl* Güter, Ware(n) *f/pl*; **no g.** Pfändungsversuch erfolglos; **g. and chattels** Mobilien, bewegliches Vermögen, Hab und Gut *nt*; **g. in transit** Transitgüter; **g. seized in execution** gepfändete Waren **to assign goods** Waren übereignen; **to distrain on g.** Waren pfänden; **to supply g.** Waren liefern
branded goods Markenware *f*; **complementary g.** Komplementärgüter; **counterfeited g.** nachgemachte Waren; **distrained g.** gepfändete Waren; **dutiable g.** zollpflichtige Waren; **fungible g.** vertretbare Sachen; **hot g.** Beute *f*, Diebesgut *nt*; **innocent g.** unverdächtige Waren; **material g.** Sachgüter; **non-durable g.** Verbrauchsgüter, kurzlebige Waren; **perishable g.** verderbliche Waren; **proprietary g.** Markenware *f*; **seized g.** beschlagnahmte Waren; **semi-finished/semi-manufactured g.** Halbfertigerzeugnisse; **smuggled g.** Schmuggelware *f*; **stolen g.** Diebes-, Raubgut *nt*, Hehlerware *f*; **to handle/re-**

ceive ~ hehlen; **stranded g.** Strandgut *nt*; **unascertained g.** Gattungsware(n) *f/pl*, Genussachen; **unsolicited g.** unverlangte Ware(n)
goodwill *n* 1. Firmen-, Geschäftswert *m*; 2. Kundenkreis *m*; 3. Wohlwollen *nt*
gossip *n* Klatsch *m*, Tratsch *m*
governing *adj* *(Recht)* maßgeblich
government *n* Regierung *f*; **to agitate against a g.** gegen eine Regierung hetzen; **contracting g.** vertragschließende Regierung; **the ~ g.s** die Vertragsregierungen; **federal g.** Bundesregierung *f*; **legitimate g.** rechtmäßige Regierung
local government Gemeinde-, Kommunalverwaltung *f*, Kommune *f*; **l. g. administration** Kommunalverwaltung *f*; **l. g. association** Gemeindeverband *m*; **l. g. authority** Kommunalbehörde *f*; **l. g. bond** Kommunalobligation *f*, Kommunalanleihe *f*; **l. g. code** Gemeindeordnung *f*; **l. g. election law** Kommunalwahlrecht *nt*; **l. g. enforcement agency** kommunale Vollzugsbehörde; **l. g. law** Gemeinde-, Kommunal-, Stadtrecht *nt*; **l. g. officer** Gemeinde-, Kommunalbeamter *m*; **l. g. statute** Kommunalgesetz *nt*; **l. g. statutes** Kommunalverfassung *f*; **l. g. stock** Kommunalobligation *f*, Kommunalanleihe *f*
government agency Behörde *f*, staatliches Organ, Regierungsorgan *nt*
governmental *adj* staatlich
government approval staatliche Genehmigung; **g. bill** *[GB]* Regierungsvorlage *f;* **g.'s coffers** Staatskasse *f*; **g. contract** öffentlicher Auftrag; **g. decree** Regierungserlass *m*; **g. function** hoheitsrechtliche Aufgabe; **g. liability** Staatshaftung *f*; **g. notice** *[GB]* Regierungserlass *m*; **g. official** Regierungsbeamter *m*; **g. organ** Staatsorgan *nt*; **g. property** Staatseigentum *nt*; **g. representative** Regierungsvertreter *m*; **g. supervision** Staatsaufsicht *f*
governor *n* Gouverneur *m*
gown *n* *(Anwalt, Richter)* Robe *f*
grace *n* *(Respekttage)* Aufschub *m*; **g. period** Gnaden-, Nachfrist *f*
grade *n* 1. Güte *f*, Qualitätsklasse *f*; 2. *(Note)* Zensur *f*; **g. crossing** *[US]* Bahnübergang *m*

graft n 1. Mauschelei f, Klüngel m, Filz m *(coll)*; 2. Bestechung f; **g.er** n korrupter Beamter

grant n Bewilligung f, Erteilung f, Gewährung f, Verleihung f, Zuerkennung f; 2. Zuschuss m, Zuweisung f, Zuwendung f; **eligible for a g.** zuschussberechtigt; **g. of delay** Stundung f; **~ land** Landschenkung f; **~ a mortgage** Hypothekenbewilligung f; **~ a patent** Patenterteilung f; **~ probate** Erteilung des Erbscheines; **~ usufruct** Nießbrauchbestellung f

annual grant Jahreszuschuss m; **gratuitous g.** unentgeltliche Zuwendung

grant v/t 1. *(Kaution)* zulassen; 2. *(Aufschub, Darlehen)* bewilligen; 3. *(Asyl, Einlass)* gewähren; 4. *(Erlaubnis, Konzession, Patent)* erteilen; 5. *(Kredit)* einräumen; 6. *(Haftbefehl)* erlassen; **g. so. sth.** jdm etw. zugestehen

grantee n Empfänger(in) m/f

grant-in-aid n Beihilfe f, Zuschuss m

granting (of) an undue advantage n Vorteilsgewährung f; **~ legal aid** Bewilligung des Armenrechts; **~ bail** Haftverschonung gegen Sicherheitsleistung; **~ a claim** Gewährung eines Anspruchs; **~ a legacy** Legatsaussetzung f; **~ a licence** Erteilung einer Genehmigung, Lizenz-, Konzessionserteilung f; **~ a loan** Darlehens-, Kreditgewährung f; **~ maintenance** Gewährung des Unterhalts, Unterhaltsgewährung f; **~ a patent** Patenterteilung f, Erteilung eines Patents; **~ possession** Besitzeinräumung f; **~ power of attorney** Vollmachtserteilung f; **~ power of procuration** Erteilung einer Prokura; **~ a respite** Fristbewilligung f; **~ an additional respite** Nachfristsetzung f; **~ a right** Einräumung eines Rechts

granting procedure n *(Patent)* Erteilungsverfahren nt

grantor n Zedent m

graphologist n Schriftsachverständiger m

grasp v/t 1. ergreifen, packen; 2. begreifen, erfassen

grass n *(coll)* Informant(in) m/f

gratuit|ous adj 1. gratis, unentgeltlich; 2. *(Verdacht)* grundlos; 3. mutwillig; 4. überflüssig, unnötig

gratuity n Gratifikation f, (Sonder)Zuwendung f

gravamen n *(lat.)* Beschwerde-, Klagegrund m

grave n Grab nt; **g. robber** Grabräuber m

grave adj schwerwiegend, gravierend; **less g.** minder schwer

gravel pit n Kiesgrube f

graveyard n Friedhof m

gravity n Schwere f; **g. of the crime** Schwere der Tat

graze n 1. Hautabschürfung f; 2. Streifschuss m

grazing right n Weiderecht nt

greed n Gier f, Hab-, Raffgier f

grief n Leid nt, Kummer m, Gram f, Schmerz m; **to come to g.** zu Schaden kommen

grievance n 1. Beschwerde(grund) m; 2. Missstand m; **to air one's g.s** sich beschweren, seine Beschwerden vorbringen; **to redress/remedy a g.** einem Missstand abhelfen, einer Beschwerde abhelfen, Missstand abstellen; **g. committee** Beschwerde-, Schlichtungsausschuss m; **g. procedure** Beschwerde-, Schlichtungsverfahren nt

grievous adj *(Straftat)* schwer(wiegend)

grill so. v/t *(coll)* jdm auf den Zahn fühlen *(coll)*; **g.ing** n strenges Verhör

grin and bear it v/i *(coll)* gute Miene zum bösen Spiel machen *(coll)*

griper n *(coll)* Querulant(in) m/f

grit n Streugut nt; **g.ter** n Streufahrzeug nt

gross adj 1. brutto; 2. grob, gröblich

ground n 1. Boden m; 2. Grund m; **g. for the annulment of marriage** Eheaufhebungsgrund m; **~ appeal** Revisionsgrund m; **~ avoidance** Anfechtungsgrund m; **~ clemency** Milderungsgrund m; **~ discharge** Entlassungsgrund m; **~ dismissal** *(Arbeitgeber)* Entlassungs-, Kündigungsgrund m; **~ divorce** (Ehe-)Scheidungsgrund m; **~ exclusion** Ausschließungsgrund m; **~ giving notice** *(Arbeitnehmer)* Kündigungsgrund m; **~ mitigation** Milderungsgrund m; **~ nullity** Nichtigkeitsgrund m; **~ rescission** *(Vertrag)* Rücktrittsgrund m; **~ revocation** *(Patentrecht)* Nichtigkeitsgrund m

ground rent n 1. Erbbau-, Erb(pacht)zins m; 2. Grundmiete f, Boden-, Grundrente f

grounding *n [US] (Kinder)* Hausarrest *m*
groundless *adj (Beschwerde)* gegenstandslos
grounds *pl* Begründung *f*; **on the g. of** auf
Grund von; **g. for appeal** Berufungs-
gründe, Rechtsmittelbegründung *f*; ~
arrest Haftgrund *m*, Haftvoraussetzung *f*;
on the g. of conscience aus Gewissens-
gründen, **g. for a decision** Entscheidungsbegründung *f*; ~ **exception** Be-
freiungsgründe; ~ **exemption from
punishment** Strafaufhebungsgründe; ~
a judgment Urteilsbegründung *f*, Begründung eines Urteils; ~ **priority notice** Begründung der Vormerkung; ~
quashing a sentence *(nach Urteil)*
Strafaufhebungsgründe; ~ **suspicion**
Verdachtsmomente, Anfangsverdacht *m*;
reasonable ~ suspicion hinreichender
(Tat)Verdacht
group *n* 1. Gruppe *f*; 2. Konzern *m*; **g. of
persons** Personengruppe *f*, Personen-
kreis *m*; **occupational/professional g.**
Berufsgruppe *f*; **g. action** Sammel-, Verbandsklage *f*; **g. agreement** Konzern-
vereinbarung *f*; **g. naturalization** Sam-
meleinbürgerung *f*
grow *v/i* 1. *(Verdacht)* sich verdichten; 2.
wachsen
guarantee *n* 1. Bürgschaft *f*; 2. Garantie *f*,
Gewähr(leistung) *f*; 3. Sicherheitsleistung *f*, Kaution *f*; **g. of access to the
courts** Rechtsweggarantie *f*; **g. on a bill**
Wechselbürgschaft *f*; **g. of supply** Lie-
fergarantie *f*; **to assume a g.** Garantie
übernehmen
absolute guarantee selbstschuldnerische
Bürgschaft; **collateral g.** Nachbürgschaft *f*; **constitutional g.** Verfassungs-
garantie *f*; **contractual g.** Vertragsga-
rantie *f*; **institutional g.** institutionelle
Garantie; **joint g.** Gesamt-, Mitbürgschaft *f*; ~ **and several g.** Solidarbürg-
schaft *f*; **legal g.** Rechtsgarantie *f*
guarantee *v/t* 1. (ver)bürgen; 2. garantieren, gewährleisten; 3. sicherstellen, verbriefen
guarantee agreement Garantievertrag *m*;
g. clause Garantieklausel *f*; **g. commitment** Garantiezusage *f*; **g. period** Ga-
rantie-, Gewährfrist *f*, Garantiezeit *f*; **g.
transaction** Garantiegeschäft *nt*

guarantor *n* Bürge *m*, Garant *m*, Garan-
tiegeber *m*, Gewährleistende(r) *f/m*; **absolute g.** selbstschuldnerischer Bürge;
collateral g. Nachbürge *m*, Nachbürgin *f*;
conditional g. Ausfallbürge *m*; **joint g.**
Mitbürge *m*; ~ **g.s** Garantiegemein-
schaft *f*; **primarily liable g.** selbstschuldnerischer Bürge; **g.'s duty**
Garantenpflicht *f*; ~ **liability** Garanten-
haftung *f*
guard *n* Aufseher(in) *m/f*, Wachtposten *m*;
to be on one's g. aufpassen; **under
heavy g.** schwerbewacht
guard *v/t* 1. bewachen; 2. schützen; **g.
dog** Wachhund *m*; **g. duty** Wachdienst *m*;
to be on ~ Wache haben
guarded *adj (Äußerung)* zurückhaltend, vorsichtig; **heavily g.** schwerbewacht
guardian *n* 1. Hüter(in) *m/f*, Kustos *m*; 2.
Pfleger *m*; 3. Vormund *m*; **g. of the law**
Hüter(in) des Gesetzes; **g. ad litem**
(lat.) Prozesspfleger(in) *m/f*; **to appoint
a g.** Vormund bestellen
interim guardian vorläufiger Vormund;
joint g. Mitvormund *m*; **official/public
g.** Amtsvormund *m*; **sole g.** Einzelvor-
mund *m*; **special g.** Ergänzungspfleger *m*;
statutory g. gerichtlicher/gesetzlicher
Vormund; **testamentary g.** testamentarisch bestellter Vormund; **g.'s liability**
Haftung des Vormundes
guardianship *n* 1. Kuratel *f*; 2. Pflegschaft *f*; 3. Vormundschaft *f*; **person under g.** Entmündigte(r) *f/m*; **to place so.
under g.** jdn entmündigen; **ex-officio**
(lat.) **g.** Amtsvormundschaft *f*; **exempted g.** befreite Vormundschaft
guardianship case Vormundschaftssache *f*; **g. court** Vormundschaftsgericht *nt*;
g. order Vormundschaftsbeschluss *m*
guess *n* Vermutung *f*, Mutmaßung *f*
guest *n* Gast *m*; **paying g.** Kostgänger *m*;
g. worker Gastarbeiter *m*
guidance *n* 1. Führung *f*, Leitung *f*, Lenkung *f*; 2. Anleitung *f*, Orientierung *f*,
Vorgabe *f*; **for your g.** zu Ihrer Orientierung
guide *v/t* lenken; **g. dog** Blindenhund *m*;
g.line *n* Leit-, Richtlinie *f*
guild *n* Gilde *f*, Zunft *f*; **g. regulations**
Zunftordnung *f*

guile *n* Betrug *m*, (Arg)List *f*; **g.less** *adj* arglos, ohne Hintergedanken

guilt *n* Schuld *f*; **g. by association** Strafbarkeit durch Verbindung zu einer schuldigen Person; **to admit one's g.** seine Schuld bekennen; **to prove so.'s g.** jdn überführen; **collective g.** Kollektivschuld *f*

guilty *adj* schuldig; **not g.** nicht schuldig, schuldlos; **to be g.** schuldig sein; **~ found g.** für schuldig befunden werden; **to find so. g.** jdn schuldig sprechen, **~** für schuldig befinden; **to plead g.** sich für schuldig erklären/bekennen

guilty plea Schuldigerklärung *f*, Schuldeingeständnis *nt*; **g. verdict** Schuldspruch *m*

gun *n* Gewehr *nt*, (Schuss)Waffe *f*; **to aim/point a g. at so.** Waffe auf jdn richten, auf jdn zielen; **to carry a g.** Waffe tragen; **to draw a g.** Waffe ziehen; **to threaten so. with a g.** jdn mit einer Waffe bedrohen

concealed gun verdeckt getragene Waffe; **with drawn g.** mit gezogener Waffe; **mock g.** nachgebildete Waffe; **pump-action g.** Pumpgewehr *nt*

gun down *v/t* niederschießen

gun control Überwachung von Waffenbesitz; **g. dealer** Waffenhändler *m*; **g. freak** *(coll)* Waffennarr *m (coll)*; **g.man** *n* bewaffneter Täter; **at g.point** *n* mit vorgehaltener (Schuss)Waffe; **g.-running** *n* illegaler Waffenhandel, Waffenschmuggel *m*; **g.shot** *n* Schuss *m*; **~ wound** Schussverletzung *f*

gypsy *n* Zigeuner *m*; **g. caravan** Zigeunerwagen *m*; **g. encampment** Zigeunerlager *nt*

H

habeas corpus *n (lat.)* Anordnung eines Haftprüfungstermins; **H. C. Act** *[GB]* Habeaskorpusakte *f*; **h. c. proceedings** Haftprüfungsverfahren *nt*

habendum clause *n (lat.)* Auflassungsklausel *f*

habit *n* Gepflogenheit *f*; Gewohnheit *f*; **h.able** *adj* bewohnbar; **fit for (human)** **h.ation** *n (Behausung)* bewohnbar; **unfit ~** menschenunwürdig; **h.ual** *adj* gewohnheitsmäßig, Gewohnheits-

Hague Conventions Haager Konventionen; **H. Land Warfare Convention** Haager Landkriegsordnung (HLKO); **H. rules** Hager Regeln; **H. Tribunal** Haager Internationaler Gerichtshof

hair|-splitter *n* Rabulist *m*; **h.-splitting** *n* Haarspalterei *f*; *adj* rabulistisch

half *adj* halb; *n* Hälfte *f*; **to put so. on h.-pay** *n* jdn in den Wartestand versetzen; **h.-breed** *n* Mischling *m*; **h.-brother** *n* Halbbruder *m*; **h.-brothers and sisters** *pl* Halbgeschwister; **h.-share** *n* Beteiligung zur Hälfte; **h.-sister** *n* Halbschwester *f*

hallucination *n* Wahnvorstellung *f*

hamper *v/t* (be)hindern

hand *n* Hand *f*; **by one's h.** eigenhändig; **(at) first h.** aus erster Hand; **given under my h.** von mir unterzeichnet; **(at) second h.** aus zweiter Hand; **to change h.s** den Besitzer wechseln; **to fall into so.'s h.s** in jds Hände fallen; **to have a free h.** freie Hand haben; **to sign in one's own h.** eigenhändig unterschreiben

dead hand tote Hand; **upper h.** Oberhand *f*; **to retain the ~** die Oberhand behalten

hand over *v/prep* aushändigen, ausfolgen, überantworten, übergeben; **h.ed over** *adj* ausgehändigt

hand|bag snatching *n* Handtaschenraub *m*; **h.book** *n* Handbuch *nt*

handcuff *v/t* (mit Handschellen) fesseln; **h. so.** jdm Handschellen anlegen; **h.ed** *adj* mit Handschellen gefesselt

handcuffs *pl* Handschellen; **plastic h.** Plastikhandfessel *f*

handgun *n* Hand(feuer)waffe *f*

handicap *n* Behinderung *f*; **h.ped** *adj* behindert; **mentally ~** geistig/seelisch behindert; **~ person** Behinderte(r) *f/m*

handicraft *n* Handwerk *nt*; **h. business** Handwerksbetrieb *m*; **h. code** Handwerksordnung *f*

handing over *n* Aushändigung *f*

handle *v/t* handhaben; **h.bar** *n* Lenker *m*; **h.r of stolen goods** *n* Hehler(in) *m/f*

handling *n* 1. Erledigung *f*; 2. Gebrauch *m*, Handhabung *f*, Umgang *m*; **h. of explo-**

sives Umgang mit Sprengstoffen; **illicit ~ dangerous dogs** unerlaubter Umgang mit gefährlichen Hunden; **~ stolen goods** Hehlerei *f*; **~ radioactive and other hazardous substances** Umgang mit radioaktiven und anderen gefährlichen Stoffen und Gütern; **~ hazardous waste** Umhang mit gefährlichen Abfällen, ~ Gefahrstoffen; **abnormal h.** bestimmungswidriger Gebrauch; **improper h.** unsachgemäßer Gebrauch, unsachgemäße Handhabung

handshake *n* Handschlag *m*

handwriting *n* Handschrift *f*; **h. expert** Schriftsachverständiger *m*; **h. specimen** Schriftprobe *f*

handwritten *adj* handschriftlich, handgeschrieben

hang over *v/prep* hinausragen, überhängen; **h.ing** *n* Erhängen *nt*; **h.man** *n* Henker *m*; **h.out** *n* *(Gruppe)* Treffpunkt *m*

happen *v/i* geschehen, sich ereignen

harass *v/t* belästigen, drangsalieren, schikanieren; **h.ment** *n* Belästigung *f*; **~ of a tenant** Mieterbelästigung *f*

harbour so. *v/t* jdm Unterschlupf gewähren; **h.ing a criminal** *n* Personenhehlerei *f*

hardship *n* Härte *f*; **financial h.** finanzielle Not; **social h.** soziale Not/Härte; **undue h.** unbillige/ungebührliche Härte; **unreasonable h.** unzumutbare Härte; **to constitute an ~** eine unzumutbare Härte darstellen

hardship allowance Härteausgleich *m*, Härtebeihilfe *f*; **h. case** Härtefall *m*; **h. clause** Härte-, Sozialklausel *f*; **h. fund** Härtefonds *m*

hard-wearing *adj* haltbar

harm *v/t* schaden, schädigen

harm *n* Schaden *m*; **to do so. h.** jdm Schaden zufügen

bodily harm Körperverletzung *f*; **b. h. resulting in death** Körperverletzung mit Todesfolge; **b. h. caused by negligence** fahrlässige Körperverletzung; **~ an officer of the law** Körperverletzung im Amt **to cause bodily harm** Körperverletzung verursachen; **to inflict/occasion b. h.** Körperverletzung zufügen

actual bodily harm (ABH) einfache Körperverletzung; **grievous b. h.** *[GB]* gefährliche/schwere Körperverletzung;

maliciously inflicted ~ vorsätzliche schwere Körperverletzung; **negligently caused b. h.** fahrlässige Körperverletzung; **serious b. h.** gefährliche/schwere Körperverletzung

consequential harm Folgeschaden *m*; **~ caused by a defect** Mangelfolgeschaden *m*; **delibrate h.** vorsätzlich zugefügter Schaden

harmful *adj* 1. gesundheitsgefährdend; 2. nachteilig, schädlich; **environmentally h.** umweltbelastend, umweltschädlich

harmless *adj* ungefährlich, unschädlich; **to hold h.** schadlos halten; **h.ness** *n* Unbedenklichkeit *f*

harmonization *n* Angleichung *f*, Harmonisierung *f*, Vereinheitlichung *f*; **h. of laws** Rechtsangleichung *f*, Rechtsvereinheitlichung *f*; **h. of legislation** Harmonisierung der Gesetze/Gesetzgebung; **fiscal h.** Harmonisierung der Steuern

harmonize *v/t* angleichen, harmonisieren, vereinheitlichen

harsh *adj* drakonisch

harvest *n* Ernte *f*; *v/t* ernten

hate campaign *n* *(Minderheiten)* Hetzjagd *f*

hatred *n* Hass *m*; **to stir up h. against so.** gegen jdn hetzen; **racial h.** Rassenhass *m*

haulage company *n* Transportunternehmen *nt*; **h. contractor** Frachtführer *m*, Transportunternehmer *m*

hawk *v/t* hausieren; **h.er** *n* Hausierer(in) *m/f*; **no ~** Hausieren verboten

hazard *n* Gefahr *f*, Risiko *nt*; **operational h.** Betriebsrisiko *nt*; **h. warning lights** Warnblinkanlage *f*; **~ triangle** Warndreieck *nt*

head *n* 1. Kopf *m*, Haupt *nt*; 2. Hauptpunkt *m*; 3. *(Überschrift)* Kopf *m*, Rubrum *nt* *(lat.)*; 4. Leiter *m*, Vorsteher *m*; **per h.** pro Kopf; **h.s of (an) agreement** Hauptpunkte eines Vertrages; **~ a department** Dezernent(in) *m/f*; **~ the environmental department** Umweltdezernent(in) *m/f*; **~ the family/household** Familien-, Haushaltsvorstand *m*; **~ government** Regierungschef(in) *m/f*; **~ section** Referent(in) *m/f*; **~ the traffic section** Leiter der Verkehrsabteilung

head injury Kopfverletzung *f*

head|ing *n* Rubrum *nt (lat.)*, Titel *m*, Überschrift *f*; **h.lights** *pl* Scheinwerfer; **h.-on** *adj* frontal; **h. office** *(Unternehmen)* Hauptsitz *m*, Hauptverwaltung *f*, (Verwaltungs)Sitz *m*; **h.quarters** *n* Hauptsitz *m*, Hauptverwaltung *f*, *(Unternehmen)* Sitz *m*; **h.rest** *n* Kopfstütze *f*; **h. restraint** Kopfstütze *f*; **h. warden** *(Gefängnis)* Oberaufseher(in) *m/f*

health *n* Gesundheit *f*; **to injure so.'s h.** jds Gesundheit verletzen; **ill h.** Gesundheitsstörung *f*

health authority Gesundheitsamt *nt*, Gesundheitsbehörde *f*; **h. and advice centre** Sozialstation *f*; **h. certificate** Gesundheitsattest *nt*, Gesundheitszeugnis *nt*; **public h. department** Gesundheitsamt *nt*; **h. hazard** Gesundheitsgefährdung *f*, Gesundheitsrisiko *nt*

health insurance Krankenversicherung *f*, Krankenkasse *f*; **h. i. card/certificate** Krankenschein *m*; **statutory h. i.** gesetzliche Krankenversicherung; **subject to ~** krankenversicherungspflichtig; **supplementary h. i.** Zusatzkrankenversicherung *f*

health regulations Gesundheitsvorschriften; **h., safety and public order office** Ordnungsamt *nt*; **h. service patient** *[GB]* Kassenpatient(in) *m/f*

healthy *adj* gesund

hear *v/t* 1. (an)hören; 2. *(vor Gericht)* verhandeln; 3. vernehmen

hearing *n* 1. Anhörung *f*, Gerichtsverhandlung *f*, Verhandlung(stermin) *f/m*, mündliche Verhandlung, (Gerichts)Sitzung *f*; 2. Vernehmung *f*; 3. Gehör *nt*; **capable of attending a h.** verhandlungsfähig; **incapable of attending a h.** verhandlungsunfähig; **h. in camera** *(lat.)*/**chambers** Sitzung/Verhandlung unter Ausschluss der Öffentlichkeit; **h. of a case** Verhandlung eines Falls; **h. before a criminal court** Strafverhandlung *f*; **h. in open court** öffentliche Verhandlung; **h. of the evidence** Beweisaufnahme *f*, Beweiserhebung *f*, Zeugenvernehmung *f*, Beweisverfahren *nt*; **~ experts** Anhörung von Sachverständigen; **~ a party** Parteieinvernahme *f*; **h. in composition proceedings** Vergleichstermin *m*; **h. at the site** Ortstermin *m*

to adjourn the hearing Anhörung/Verhandlung vertagen, Sitzung unterbrechen; **to close the h.** Verhandlung schließen; **to conduct the h.** Verhandlung leiten; **to fix a h.** Termin anberaumen; **to open the h.** Verhandlung eröffnen; **to be set down for a h.** zur Verhandlung anstehen; **to suspend a h.** Verhandlung aussetzen

appellate hearing Berufungsverhandlung *f*; **conciliatory h.** Güteverhandlung *f*; **contentious h.** kontradiktorische/streitige Verhandlung; **disciplinary h.** Disziplinarverfahren *nt*; **fair h.** rechtliches Gehör; **final h.** Schlussverhandlung *f*; **main h.** Hauptverhandlung *f*; **non-contentious h.** nichtstreitige Verhandlung; **preliminary h.** Voruntersuchung *f*; **principal h.** Hauptverfahren *nt*; **public h.** öffentliche Anhörung

hearing fee Verhandlungsgebühr *f*

hearsay *n* Hörensagen *nt*; **by h.** vom Hörensagen; **h. witness** Ohrenzeuge *m*

hearse *n* Leichenwagen *m*

heir *n* Erbe *m*; **h. of the body** leiblicher Erbe; **h. to a personal estate** Mobiliarerbe *m*; **h. at law**; **h. by intestate succession** gesetzlicher Erbe, Intestaterbe *m*; **h. in the maternal line** Erbe mütterlicherseits; **to appoint an h.** Erben einsetzen

appointed heir eingesetzter Erbe; **expectant h.** Erb(schafts)anwärter *m*; **joint h.** Miterbe *m*; **presumptive h.** mutmaßlicher Erbe; **principal h.** Haupterbe *m*; **prior h.** Vorerbe *m*; **~ h.'s duty to notify** Anzeigepflicht des Vorerben; **provisional h.** Vorerbe *m*; **reversionary h.** Nacherbe *m*; **~ and substitute h.** Nacherbe und Ersatzerbe; **substitute ~** Ersatznacherbe *m*; **rightful h.** rechtmäßiger Erbe; **sole h.** Allein-, Gesamterbe *m*, alleiniger Erbe; **statutory h.** gesetzlicher Erbe; **substitute h.** Ersatzerbe *m*; **testamentary h.** testamentarischer Erbe, Testamentserbe *m*; **universal h.** Gesamt-, Universalerbe *m*

heir conventional Vertragserbe *m*; **h.'s liability** Haftung des Erben; **h. presumptive** mutmaßlicher Erbe; **h.'s title to a copyright** Anrecht des Erben auf das Urheberrecht

heiress *n* Erbin *f*; **expectant h.** Erbanwärterin *f*
heirloom *n* Erbstück *nt*
heirs and assigns *pl* Erben und Rechtsnachfolger; **h. of the body** Leibeserben; **joint h.** Erbengemeinschaft *f*
held *adj (Urteil)* erkannt; **h. in camera** *(lat.)* nicht öffentlich
help *v/t* helfen
help *n* Hilfe(leistung) *f*; **to call for h.** um Hilfe rufen; **h.er** *n* Handlanger *m*, Helfer(in) *m/f*; **h.less** hilflos, hilfsbedürftig; **h.lessness** Hilflosigkeit *f*, Hilfsbedürftigkeit *f*
henceforth *adv* fortan, von jetzt ab, künftig
Her Majesty's (H.M.) Customs & Excise *n [GB]* Zollbehörde *f*
hereby *prep* hierdurch, hiermit
heredit|ament *n* Erbbesitz *m*, Erbgut *nt*; **h.ary** *adj* erblich, ererbt, vererbbar, vererblich
here|inafter *adv* im Folgenden, nachstehend; **h.inbefore** *adv* oben, vorstehend; **h.on** *adv* hierauf; **h.under** *adv* unten stehend; **h.with** *adv* 1. anbei; 2. hierdurch, hiermit
heritage *n* Erbe *nt*, Hinterlassenschaft *f*; **cultural h.** Kulturerbe *nt*; **natural h.** Naturerbe *nt*
hesitat|e *v/t* zögern; **h.ion** *n* Zögern *nt*
hidden *adj* heimlich, verborgen, verdeckt, versteckt
hid|e *v/t* verbergen, verdecken; **h.eout** *n* Schlupfwinkel *m*, Unterschlupf *m*; **to go into h.ing** *n* untertauchen *(fig)*
hierarchy *n* Hierarchie *f*
High Court of Justice *n [GB]* oberstes Zivilgericht
higher up *adj (coll)* höheren Ortes
high-performance *adj (Gerät)* leistungsfähig, Hochleistungs-
highway *n* (Land)Straße *f*; **public h.** öffentliche Straße; **h. authority** Straßenbehörde *f*; **h. code** *[GB]* (Straßen)Verkehrsordnung (StVO) *f*; **to infringe the ~** gegen die Straßenverkehrsordnung verstoßen; **h. patrol** *[US] (außerhalb der Stadt)* Verkehrspolizei *f*; **h. robber** Straßenräuber *m*; **h. robbery** 1. Straßenraub *m*; 2. *(fig)* Wegelagerei *f*
hijack *v/t* entführen; **h.(ing)** *n* 1. Entfüh

rung *f*; 2. Luftpiraterie *f*; **h.er** *n* 1. Entführer(in) *m/f*; 2. Luftpirat(in) *m/f*
hinder *v/t* (be)hindern, hemmen
hindrance *n* (Be)Hinderung *f*, Hemmnis *f*, Hindernis *nt*
hint *n* Anspielung *f*, Hinweis *m*, Tipp *m*; **big h.** Wink mit dem Zaunpfahl *(coll)*
hire *v/t* 1. anheuern, einstellen, dingen; 2. *(bewegliche Sachen)* mieten, pachten; **h. out** *v/prep* 1. verleihen; 2. *(bewegliche Sachen)* vermieten
hire *n* 1. Verdingung *f*; 2. Miete *f*; **on h.** zur Miete; **temporary h. of an employee** Arbeitnehmerüberlassung *f*; **h. car** Leihwagen *m*; **h. charges** *(bewegliche Sachen)* Mietgebühren; **h. contract** Miet-, Leihvertrag *m*
hire purchase *[GB]* Miet-, Ratenkauf *m*, Kaufmiete *f*; **to buy on ~** auf Teilzahlung kaufen; **~ act** Ab-, Ratenzahlungsgesetz *nt*; **~ agreement** Abzahlungs-, Ratenkauf-, Mietkaufvertrag *m*, Ratenkaufvereinbarung *f*; **~ commitment** Teilzahlungsverpflichtung *f*; **~ terms** Ratenbedingungen; **~ transaction** Ratengeschäft *nt*
hirer *n* Mieter(in) *m/f*
hiring *n* 1. Anheuerung *f*, Einstellung *f*; 2. Anmietung *f*; **h. out** Vermietung *f*; **h. charge** 1. Leihgebühr *f*; 2. Mietgebühr *f*
legal history *n* Rechtsgeschichte *f*; **previous h.** Vorgeschichte *f*
hit *v/t* schlagen; **h. and run offence** (Verkehrs)Unfallflucht *f*, unerlaubtes Entfernen vom Unfallort
hive off *v/prep* ausgliedern, ausgründen
hoard *v/t* horten, hamstern; **h.er** *n* Hamsterer *m*
hoax *n* Falschmeldung *f*, Täuschung *f*
hold *v/t* 1. (fest)halten; 2. *(Land, Pfand)* besitzen; 3. *(Sitzung, Untersuchung, Wahl)* abhalten; 4. *(Amt)* ausüben, innehaben; 5. *(Gericht)* beschließen, entscheiden; 6. *(Urteil)* erkennen; 7. erachten, glauben, der Meinung sein
holder *n* Besitzer(in) *m/f*, Halter(in) *m/f*, *(Vollmacht)* Inhaber(in) *m/f*, Träger *m*; **h. of a bill of exchange** Inhaber eines Wechsels; **~ a concession** Konzessionsinhaber(in) *m/f*; **h. in due course** legitimer/rechtmäßiger Inhaber; **~ fact** tatsächlicher Besitz; **~ bad faith** bös

gläubiger Besitzer/Inhaber; ~ **good faith** gutgläubiger Besitzer/Inhaber; **h. of the goods** Wareninhaber(in) *m/f*; ~ **a licence** Konzessionsinhaber(in) *m/f*; ~ **a hunting licence/permit** Jagd(ausübungs)berechtige(r) *f/m*; **h. for life** Besitzer auf Lebenszeit; **h. of a power of attorney** Inhaber einer Vollmacht; ~ **a right** Inhaber eines Rechts, Rechtsinhaber *m*, Rechtsträger *m*; **h. in trust** treuhänderischer Besitzer

bona-fide holder gutgläubiger Besitzer/Inhaber; **current h.** gegenwärtiger Inhaber; **de-facto h.** faktischer Inhaber; **direct h.** unmittelbarer Besitzer; **joint h.** Mitbesitzer(in) *m/f*, Mitinhaber(in) *m/f*; **lawful h.** rechtmäßiger Besitzer, legitimer Inhaber; **mala-fide h.** bösgläubiger Besitzer/Inhaber; **previous h.** Vorbesitzer(in) *m/f*; **sole h.** Alleininhaber *m*; **subsequent h.** Besitznachfolger *m*, nachfolgender Inhaber

holding *n* Innehaben *nt*; **h. over** *(Miet- oder Pachtvertrag)* Inbesitzhalten *nt*; **h. of land** Landbesitz *m*

holdings *pl* Bestand *m*

hold-up *n* (Raub)Überfall *m*

holiday(s) *n/pl* Urlaub *m*, Ferien *f*; **collectively agreed h.** Tarifurlaub *m*, tariflicher Urlaub; **annual h.**(s) Jahresurlaub *m*; **extra h.** Zusatzurlaub *m*; **legal** *[US]***/public** *[GB]* **h.** gesetzlicher Feiertag; **national h.** Nationalfeiertag *m*

holiday claim Urlaubsanspruch *m*; **h. pay** Urlaubsgeld *nt*; **h. replacement** Urlaubsvertretung *f*

holographic *adj* eigenhändig, holografisch

home *n* Heim *nt*, Wohnung *f*; **matrimonial h.** Ehewohnung *f*; **mental h.** Irrenanstalt *f*; **second h.** Nebenwohnsitz *m*, Zweitwohnung *f*; **h. contents insurance** Hausrat(s)versicherung *f*

homeless *adj* heimatlos; **h. person** Obdachlose(r) *f/m*, Nichtsesshafte(r) *f/m*; **h.ness** *n* Obdachlosigkeit *f*

Home Office *[GB]* Innenministerium *nt*; **h. owner** Wohnungseigentümer(in) *m/f*, Hausbesitzer(in) *m/f*; **~'s insurance** *[US]* Hausrat(s)versicherung *f*; **~s' meeting** Wohnungseigentümerversammlung *f*; **~'s rights** Rechte des Woh-

nungseigentümers; **h. ownership** Hauseigentum *nt*; **H. Secretary** *[GB]* Innenminister *m*; **h. town** Heimat-, Vaterstadt *f*

homicide *n* *[US]* Tötung *f*, Mord *m*, Totschlag *m*; **h. by misadventure** Tötung als Folge eines Unglücksfalles; **h. through culpable negligence** fahrlässige Tötung

attempted homicide Tötungsversuch *m*; **culpable h.** Mord *m*, Tötungsdelikt *nt*; **justifiable h.** erlaubte Tötung; **negligent h.** fahrlässige Tötung, Tod durch Fahrlässigkeit; **unpremeditated h.** Totschlag im Affekt; **wilful h.** vorsätzliche Tötung; **h. department/squad** *[US]* Morddezernat *nt*, Mordkommission *f*

homosexual *adj* homosexuell; **h.ity** *n* Homosexualität *f*

honest *adj* ehrlich, redlich; **h.y** *n* Ehrlichkeit *f*, Redlichkeit *f*, Lauterkeit *f*

honorary *adj* ehrenamtlich

honour *v/t* honorieren

hood *n* 1. Kapuze *f*, (Kopf)Maske *f*; 2. *[US]* Motorhaube *f*

hooligan *n* Randalierer(in) *m/f*

hospital *n* Krankenhaus *nt*; **to be taken to h.** ins Krankenhaus kommen; **mental h.** Irrenanstalt *f*; **psychiatric h.** Psychiatrie *f*; **secure h.** geschlossenes Krankenhaus

compulsory hospitalization *n* Zwangseinweisung *f*

host country *n* Gastland *nt*

hostage *n* Geisel *f*; **to take so. h.** jdn als Geisel nehmen; **h. negotiation team** *(Geiselnahme)* Verhandlungsgruppe *f*; **h.-taking** *n* Geiselnahme *f*

hostel *n* (Wohn)Heim *nt*; **h. for the homeless** Obdachlosenheim *nt*, Obdachlosenunterkunft *f*

hostile *adj* *(Zeuge)* feindselig

hostilities *pl* Kampfhandlungen

hotel *n* Hotel *nt*; **h. accommodation contract** Hotelaufnahmevertrag *m*; **h. regulations** Hotelordnung *f*

hours of business *pl* Öffnungszeiten; **~ service** Dienstzeit *f*; **~ trading act** Ladenschlussgesetz *nt*; **small h.** frühe Morgenstunden

house *n* Haus *nt*; **H. of Commons** *[GB]* Unterhaus *nt*; **h. under construction** *(im Entstehen)* Neubau *m*; **h. of correction** *[US]* Jugendstrafanstalt *f*; **H. of**

Lords *[GB]* Oberhaus *nt*; **to search a h.** Haus durchsuchen

newly built house Neubau *m*; **occupied h.** bewohntes Haus; **owner-** ~ Eigenheim *nt*; **terraced h.** *[GB]* Reihenhaus *nt*; **vacant h.** leer stehendes Haus

house agreement unternehmensspezifischer Tarifvertrag; **h. arrest** Hausarrest *m*; **to be under** ~ Hausarrest haben; **h.-breaker** *n* Einbrecher(in) *m/f*; **h.breaking** *n* Einbruch *m*

household *n* Haushalt *m*, Hausstand *m*, Hausgemeinschaft *f*; **separate h.** abgesonderter Haushalt; **to maintain** ~ **h.s** getrennten Haushalt führen; **h. articles** Haushaltsgegenstände; **h. contents** Hausrat *m*; ~ **insurance** *[GB]* Hausrat(s)versicherung *f*; **h. cost(s)** Haushaltskosten, Kosten des Haushalts; **h. effects** Hausrat *m*, Haushaltsgegenstände; **h. income** Haushaltseinkommen *nt*; **h. item** Haushaltsgegenstand *m*; **h. work** Hausarbeit *f*

housekeeping *n* Haushaltsführung *f*; **separate h.** getrennte Haushaltsführung

house purchase Hauserwerb *m*; **h. rules** Hausordnung *f*; **h. search** Haus(durch)suchung *f*; **h.wife** *n* Hausfrau *f*

housing association *n* Wohnungsbaugenossenschaft *f*; **h. benefit** Wohngeld *nt*; **h. conditions** Wohnverhältnisse; **h. construction** Wohnungsbau *m*; ~ **act** Wohnungsbaugesetz *nt*; **h. costs** Wohnungskosten; **h. department** Wohnungsamt *nt*; **h. estate** (Wohn)Siedlung; **new** ~ Neubausiedlung *f*; **h. law** Wohnungsrecht *nt*

hull insurance *n* *(Flugzeug, Schiff)* Kaskoversicherung *f*; **h. policy** Kaskopolice *f*; **h. underwriter** Kaskoversicherer *m*

humanitarian *adj* humanitär

Human Rights Convention Menschenrechtskonvention *f*

humiliat|e *v/t* demütigen, erniedrigen; **h.ing** *adj* demütigend, erniedrigend; **h.ion** *n* Demütigung *f*, Erniedrigung *f*

hump *n* (Fahrbahn)Schwelle *f*

hunger strike *n* Hungerstreik *m*, Nahrungsverweigerung *f*

hunt *n* 1. Jagd *f*; 2. Jagd(revier) *f/nt*; **h. for a criminal** Verbrecherjagd *f*; **h. proprietor** Jagdinhaber(in) *m/f*

hunting *n* Jagdausübung *f*; **big-game h.** hohe Jagd; **small-game h.** niedere Jagd

hunting authority Jagdbehörde *f*; **h. district** Jagdbezirk *m*; **h. ground** Jagdrevier *nt*; **to let a** ~ Jagd verpachten, **to rent a** ~ Jagd pachten; **h. law** 1. Jagdrecht *nt*; 2. Jagdgesetz *nt*; **h. licence/permit** Jagd(erlaubnis)schein *m*, Jagderlaubnis *f*, Jagd(ausübungs)berechtigung *f*; **h. liability insurance** Jagdhaftpflichtversicherung *f*; **h. regulations** Jagdordnung *f*, Jagdvorschriften; **h. restriction** Jagdbeschränkung *f*; **h. season** Jagdzeit *f*

hurt *v/t* verletzen, lädieren

husband *n* Ehemann *m*, Gatte *m*; **h. and wife** Ehegatten *pl*, Eheleute *pl*

hush money *n* Schweigegeld *nt*; **h. sth. up** *v/t* etw. totschweigen/vertuschen

hypothec *n* *[Scot.]* Hypothek *f*; **h.ate** *v/t* verpfänden; **h.ation** *n* Verpfändung *f*

hypothermia *n* Unterkühlung *f*

I

i. e. (id est) das heißt, nämlich

I. O. U. (I owe you) Schuldschein *m*

black ice *n* überfrorene Nässe; **i.d up** *adj* vereist

ID card *n* Personal-, Identifikationsausweis *m*, Identitätspapier *nt*

identifiable *adj* feststellbar, identifizierbar, kenntlich

identification *n* 1. Identifizierung *f*, Identitätsfeststellung *f*, Legitimation *f*, Namhaftmachung *f*, Personenfeststellung *f*, Feststellung der Personalien; 2. Kenntlichmachung *f*, Kennzeichnung *f*; **i. of creditors** Gläubigerermittlung *f*; **to ensure i.** Nämlichkeit sichern; **i. parade** (Wahl)Gegenüberstellung *f*; **i. procedure** Personenfeststellungsverfahren *nt*

identify os. *v/prep* sich ausweisen/legitimieren

identikit *n* Phantomzeichnung *f*

identity *n* Identität *f*, Nämlichkeit *f*; **to conceal so.'s i.** jds Identität verheimlichen; **to establish so.'s i.** jds Identität nachweisen, ~ Personalien feststellen, jdn identifizieren; **to question so. about**

his i. jdn zur Person vernehmen; **to reveal so.'s i.** jds Identität offenbaren, jdn enttarnen
false identity *n* falscher Name; **mistaken i.** Identitätsirrtum *m*, Irrtum über die Person, (Personen)Verwechslung *f*
identity card (Personal)Ausweis *m*, Kennkarte *f*; **i. check** Ausweiskontrolle *f*; **i. paper** Ausweispapier *nt*; **i. parade** polizeiliche Gegenüberstellung, Wahlgegenüberstellung *f*
ideology *n* Weltanschauung *f*
idiosyncrasy *n* persönliche Eigenart
idle *adj* 1. außer Betrieb, stillstehend; 2. tatenlos, untätig; **i.ness** *n* Untätigkeit *f*
ignition key *n* Zündschlüssel *m*
ignominious *adj* unrühmlich
ignorance *n* Nicht-, Unkenntnis *f*, Nichtwissen *nt*, Unwissenheit *f*; **i. of the law** Rechtsunkenntnis *f*, Unkenntnis des Gesetzes; **~ is no excuse (for a crime)** Unkenntnis des Gesetzes schützt vor Strafe nicht
to plead ignorance sich auf Unkenntnis berufen; **~ of the law** sich auf Unkenntnis des Gesetzes berufen
culpable/voluntary *[US]* **ignorance** schuldhafte Unkenntnis; **negligent i.** fahrlässige Unkenntnis
ignorant *adj* unwissend
ignore *v/t* hinwegsehen, ignorieren
mentally ill *adj* geisteskrank, psychisch krank; **terminally i.** todkrank
illegal *adj* 1. illegal, gesetz(es)-, rechtswidrig, unerlaubt, ungesetzlich, unrechtmäßig; 2. *(Verkehr)* ordnungswidrig
illegality *n* Illegalität *f*, Gesetz-, Rechtswidrigkeit *f*, Ungesetzlichkeit *f*
illegible *adj* unleserlich
illegitima|cy *n* Illegitimität *f*, Nicht-, Unehelichkeit *f*; **i.te** *adj* außerehelich, illegitim, unehelich
illicit *adj* gesetzwidrig, illegal, unerlaubt, verboten
illiquidity *n* Illiquidität *f*
illness *n* Erkrankung *f*, Krankheit *f*; **to feign i.** Krankheit vortäuschen; **mental i.** geistiges Gebrechen, Geisteskrankheit *f*, psychische Krankheit
ill-reputed *adj* anrüchig, übel beleumundet, berüchtigt

ill-treatment *n* Misshandlung *f*; **~ of charges** Misshandlung von Schutzbefohlenen; **~ of the spouse** Misshandlung des Ehegatten
image *n* (Erscheinungs)Bild *nt*, Image *nt*
imbalance *n* Unausgewogenheit *f*
imbecility *n* Geistesschwäche *f*
imitate *v/t* nachahmen, nachbauen, nachmachen
imitation *n* Imitation *f*, Nachahmung *f*, Nachbau *m*; **i. and exploitation of third-party contributions** Nachahmen und Ausbeuten fremder Leistungen; **i. of registered trademarks** Nachahmung eingetragener Warenzeichen
immaterial *adj* nicht von Belang, belang-, gegenstandslos, immateriell, irrelevant, nebensächlich, (rechtlich) unerheblich, unwesentlich
immediacy *n* Unmittelbarkeit *f*
immediate *adj* umgehend, unmittelbar, unverzüglich
immigrant *n* Einwanderer *m*, Immigrant *m*, **illegal i.** illegal eingereiste Person
immigrate *v/i* einwandern
immigration *n* 1. Ein-, Zuwanderung *f*; 2. Einreise *f*; **i. abuse** Verstoß gegen Einreisegesetze; **i. act** Zuwanderungsgesetz *nt*; **i. officer** Passkontrollbeamter *m*; **i. restrictions** Einreise-, Einwanderungsbeschränkungen *pl*
imminent *adj* drohend
immobilizer *n* elektronische Wegfahrsperre
immoral *adj* sittenwidrig, wider die Sittlichkeit, unmoralisch, unsittlich; **i.ity** *n* Sittenlosigkeit *f*, Unsittlichkeit *f*
immovables *pl* unbewegliche Habe, Immobilien
immune *adj* immun
immunity *n* Immunität *f*, Straffreiheit *f*; **i. from jurisdiction** Immunität von der Gerichtsbarkeit; **~ civil jurisdiction** zivilrechtliche Immunität; **~ criminal jurisdiction** strafrechtliche Immunität; **~ (criminal) prosecution** Freiheit von Strafverfolgung; **~ punishment** Straffreiheit *f*; **~ seizure** Unpfändbarkeit *f*
to enjoy immunity Immunität genießen; **to grant i.** Immunität gewähren; **to lift so.'s i.** jds Immunität aufheben
absolute immunity *n* absolute Immu-

nität; **diplomatic i.** diplomatische Immunität; **to enjoy ~** diplomatische Immunität; **judicial i.** Immunität der Beisitzer/Richter; **parliamentary i.** parlamentarische Immunität

immunity clause Immunitätsklausel *f*; **i. statute** Immunitätsgesetz *nt*

impact *n* Auswirkung *f*; **environmental i.** Umweltauswirkung *f*

impair *v/t* beeinträchtigen, schädigen, schwächen; **i.ed** *adj* beeinträchtigt; **visually ~** sehbehindert

impairment *n* Beeinträchtigung *f*, Einbuße *f*, Minderung *f*; **i. of the ability to work** Beeinträchtigung der Arbeitsfähigkeit; **~ earning capacity** Beeinträchtigung/Minderung der Erwerbsfähigkeit, **~ easement** Beeinträchtigung der Grunddienstbarkeit; **~ interests** Beeinträchtigung von Interessen; **~ performance** Leistungsstörung *f*; **~ quality** Qualitätsminderung *f*; **~ rights** Beeinträchtigung der Rechte; **~ value** Wertbeeinträchtigung *f*

permanent impairment dauernde Beeinträchtigung; **unlawful i.** rechtswidrige Beeinträchtigung

impartial *adj* unbefangen, unparteiisch, unvoreingenommen, vorurteilslos, wertfrei

impassable *adj* unbefahrbar

impeach *v/t* wegen Hochverrats anklagen

impeachment *n* Amtsenthebungsverfahren *nt*, Parlamentsanklage *f*; **i. of a document** Bestreiten der Echtheit einer Urkunde; **~ judge** Richteranklage *f*

impecunious *adj* vermögenslos

impede *v/t* (be)hindern, hemmen

impediment *n* Hindernis *nt*, (Be)Hinderung *f*, Erschwernis *f*, Hemmnis *f*; **i.s** *(Verjährung)* Hemmungsgründe; **i. to an action** Prozesshindernis *nt*; **~ employment** Beschäftigungshindernis *nt*; **~ marriage** Ehehindernis *nt*; **~ performance** Erfüllungshindernis *nt*

absolute impediment absolutes Ehehindernis; **diriment i.** unheilbares Ehehindernis, Ehenichtigkeitsgrund *m*; **legal i.** 1. gesetzliches Ehehindernis; 2. rechtliches Hindernis, Rechtshindernis *nt*; **statutory i.** gesetzliches Hindernis

impending *adj* drohend

imperfect *adj* fehler-, mangelhaft, unvollkommen

imperil *v/t* gefährden

impersonation *n* Identitätstäuschung *f*, Vortäuschen einer falschen Identität

impertinen|ce *n* Unverschämtheit *f*; **i.t** *adj* unverschämt

implausib|ility *n* Unglaubwürdigkeit *f*; **i.le** *adj* unglaubwürdig

implement *v/t* aus-, durchführen, zur Ausführung bringen, realisieren, umsetzen; **i.ary** *adj* durchführend

implementation *n* Aus-, Durchführung *f*, Inkraft-, Umsetzung *f*; **i. of an agreement** Erfüllung eines Abkommens; **~ directive** Umsetzung einer Richtlinie; **~ law** Durchführung eines Gesetzes; **i. order/rule** Durchführungsvorschrift *f*

implementing act *n* Aus-, Durchführungsgesetz *nt*; **i. agreement** Durchführungsabkommen *nt*; **i. instruction** Ausführungsanweisung *f*; **i. order** Aus-, Durchführungsanordnung *f*, Durchführungsverordnung *f*; **i. ordinance** Vollzugsanordnung *f*; **i. power(s)** Durchführungsbefugnis *f*; **i. provision** Aus-, Durchführungsbestimmung *f*, Aus-, Durchführungsvorschrift *f*; **i. regulation** Ausführungsverordnung *f*; **i. rule** Durchführungsvorschrift *f*

implicate so. in sth *v/t* jdn in etw hineinziehen

implicit; implied *adj* inbegriffen, konkludent, stillschweigend

imply *v/t* 1. beinhalten, stillschweigend einschließen; 2. unterstellen

imponderab|ilia, i.les *pl* Unwägbarkeiten, Imponderabilien

import *n* Einfuhr *f*, Import *m*; **i. ban** Einfuhr-, Importstopp *m*, Einfuhr-, Importverbot *nt*; **i. duty** Einfuhr-, Importzoll *m*, Einfuhr-, Importabgabe *f*; **i. levy** Einfuhr-, Importzoll *m*; **i. licence** Einfuhr-, Importgenehmigung *f*, Einfuhr-, Importlizenz *f*; **i. quota** Einfuhr-, Importkontingent *nt*

importan|ce *n* Bedeutung *f*, Belang *m*; **i.t** *adj* bedeutend, wichtig

importat|ion *n* Einfuhr *f*, Import *m*; **i.er** *n* Importeur *m*

imports *pl* Einfuhren, Importe

impose *v/t* auferlegen, verhängen, erheben, aufbrummen *(coll)*
imposition *n* Verhängung *f*, Auferlegung *f*; Auflage *f*; **i. of a sentence** Verhängung einer Strafe
impossibility *n* Unmöglichkeit *f*; **i. of execution** Unmöglichkeit der Vollziehung; **~ performance** Unmöglichkeit der Erfüllung/Leistung; **~ service** Unzustellbarkeit *f*; **~ surrender** Unmöglichkeit der Herausgabe
initial impossibility anfängliche Unmöglichkeit; **objective i.** objektive Unmöglichkeit; **partial i.** Teilunmöglichkeit *f*, teilweise Unmöglichkeit; **subjective i.** subjektive Unmöglichkeit; **subsequent/supervening i.** *(Leistung)* nachträgliche Unmöglichkeit; **temporary i.** vorübergehende Unmöglichkeit
impossible *adj* unmöglich
imposture *n* Identitätstäuschung *f*
impotence *n* *(Mann)* Zeugungsunfähigkeit *f*
impound *v/t* beschlagnahmen, sicherstellen, in gerichtliche Verwahrung nehmen; **i.ing** *n* gerichtliche Verwahrung
impoverish|ed *adj* verarmt; **i.ment** *n* Verarmung *f*
impracticable *adj* unausführbar
impregnat|e *v/t* schwängern; **i.ion** *n* Schwängerung *f*
impress *v/t* 1. beeindrucken; 2. *(Siegel)* beidrücken; **i.ion** *n* Eindruck *m*
imprint *n* Impressum *nt*; **i. of a seal** Siegelabdruck *m*
imprison *v/t* einsperren, inhaftieren; **i.ed** *adj* gefangen
imprisonment *n* 1. Gefangennahme *f*, Inhaftierung *f*, Strafarrest *m*, Freiheitsentzug *m*; 2. Freiheits-, Gefängnisstrafe *f*, (Straf)Haft *f*; 3. Strafvollzug *m*; **i. in lieu of a fine; ~ default of payment** Ersatzfreiheitsstrafe *f*; **i. in an open prison** offener Vollzug
false imprisonment *n* Freiheitsberaubung *f*, Freiheitsentziehung *f*
improper *adj* 1. missbräuchlich; 2. ungebührlich, ungehörig, unstatthaft, unziemlich
impropriety *n* Ungebühr *f*, Ungehörigkeit *f*, Unstatthaftigkeit *f*
improve *v/t* verbessern; **i.ment** *n* (Ver-)

Besserung *f*; **subsequent ~** Nachbesserung *f*
impruden|ce *n* Leichtsinn *m*; **i.nt** *adj* unklug, unüberlegt
impuden|ce *n* Unverschämtheit *f*; **i.t** *adj* unverschämt
impulse *n* Impuls *m*; **to act on i.** im Affekt handeln; **uncontrollable i.** Affekt *m*
impunity *n* Straflosigkeit *f*; **with i.** straflos, ungestraft
imputation *n* Unterstellung *f*, *(Schuld)* Zurechnung *f*, Zuschreibung *f*; **i. of malice** Unterstellung der bösen Absicht, **~** des Vorsatzes
impute *v/t* unterstellen, *(Schuld)* zurechnen, *(jdm etw.)* zuschreiben
in absentia *adv* *(lat.)* in Abwesenheit; **~ camera** *(lat.)* *(Gericht)* nicht öffentlich, unter Ausschluss der Öffentlichkeit; **~ esse** *(lat.)* bestehend; **~ re Kurz versus Lang** *(lat.)* in der Sache Kurz gegen Lang; **~ rem** *(lat.)* dinglich; **~ terrorem** *(lat.)* als Drohung
inability *n* Unfähigkeit *f*, Unvermögen *nt*; **i. to attend** Verhinderung *f*; **~ attend a hearing** Verhandlungsunfähigkeit *f*; **~ pay** Zahlungsunfähigkeit *f*; **~ work** Arbeitsunfähigkeit *f*
inaccessible *adj* nicht zugänglich
inaccuracy *n* Unrichtigkeit *f*
inact|ion *n* Untätigkeit *f*; **i.ive** adj stillstehend, untätig
inadequa|cy *n* Unzulänglichkeit *f*; **i.te** *adj* unzulänglich
inadmissib|ility *n* Unzulässigkeit *f*; **i.le** *adj* unstatthaft, unzulässig, nicht zulässig
inadverten|ce *n* Unaufmerksamkeit *f*; **i.t** *adj* unaufmerksam, unbeabsichtigt, ungewollt; **i.tly** *adv* aus Versehen
inalienab|ility *n* Unübertragbarkeit *f*; **i.le** *adj* unübertragbar, unveräußerlich
inappropriate *adj* 1. unangebracht, unangemessen, untunlich, verfehlt; 2. unzweckmäßig, zweckwidrig; **i.ness** *n* Unangemessenheit *f*, Unzweckmäßigkeit *f*
inattentive *adj* unachtsam, unaufmerksam; **i.ness** *n* Unachtsamkeit *f*, Unaufmerksamkeit *f*
inaugurat|e *v/t* eröffnen; **i.ion** *n* Eröffnung *f*
incalculable *adj* unabsehbar

incapability n Unfähigkeit f
incapable adj (rechts)unfähig; **i. of acting** handlungsunfähig; ~ **contracting** vertrags-, geschäftsunfähig; ~ **suing** prozessunfähig
contractually incapable vertragsunfähig; **criminally i.** schuldunfähig; **legally i.** geschäfts-, rechtsunfähig; **to declare a person** ~ jdn entmündigen; **mentally i.** unzurechnungsfähig; **i. person** Geschäftsunfähige(r) f/m
incapacit|ed adj 1. arbeitsunfähig; 2. rechtsunfähig; (legal) **i.ion** n Entmündigung f
incapacity n Unfähigkeit f, Unvermögen nt; **i. to act** Handlungsunfähigkeit f; ~ **contract** Vertrags-, Geschäftsunfähigkeit f; ~ **inherit** Erbunfähigkeit f
criminal incapacity Strafunmündigkeit f, Schuldunfähigkeit f; **diminished** ~ verminderte Schuldunfähigkeit; **legal i.** Rechtsunfähigkeit f; **mental i.** Unzurechnungsfähigkeit f; **procedural i.** Prozessunfähigkeit f; **testamentary i.** Testierunfähigkeit f
incarcerat|e v/t einsperren; **i.ion** n Freiheitsentzug m, Inhaftierung f
incendiary n Brandstifter m
incentive n Anreiz m
inception of insurance cover n Versicherungsbeginn m
incessant adj unablässig, unaufhörlich
incest n Blutschande f, Inzest m
inchoate adj 1. (Straftat) unvollendet; 2. (Urkunde) unvollständig
incidence n Anfall m, Eintreten nt; **i. of loss** Schadenseintritt m
incident n Vorfall m, Vorkommnis nt, Zwischenfall m; **i. room** (Polizei) Einsatzzentrale f; **i.al** adj nebensächlich; **i. witness** Tatzeugin f
incinerat|ion n (Müll) Verbrennung f; **i.or** n Verbrennungsanlage f
incite v/t 1. anstiften, verleiten; 2. aufhetzen, aufreizen, aufstacheln, aufwiegeln
incitement n 1. Anstiftung f, Verleitung f; 2. Aufhetzung f, Aufreizung f, Aufstachelung f, Aufwiegelung f; 3. Erregung f; 4. Hetze f, Volksverhetzung f; **i. to commit acts of violence** Aufforderung zu Gewalt; ~ **punishable acts** Aufforderung zu Straftaten; ~ **a crime** Anleitung zu einer Straftat, Aufforderung zur Begehung eines Verbrechens, Verleitung zu einer strafbaren Handlung
incitement to desertion n Verleitung zur Fahnenflucht; ~ **disaffection** 1. Aufforderung zum Ungehorsam; 2. Wehrkraftzersetzung f; ~ **infringe the contract** Verleitung zum Vertragsbruch; ~ **racial hatred;** ~ **racial strife** Anstiftung zum Völker-, Rassenhass, Rassenhetze f; ~ **commit a criminal offence** Verleitung zu einer rechtswidrigen Tat; ~ **sedition** Anstiftung zum Aufruhr; **attempted i. to make a false statement** Versuch der Anstiftung zur Falschaussage
inciter n Anstifter m
inclination n Neigung f, Veranlagung f
includ|e v/t 1. beinhalten; 2. einbeziehen, einrechnen, einschließen; 3. hinzurechnen; **i.ed** adj ein-, inbegriffen, eingeschlossen; **i.ing** prep unter Einbeziehung von, einschließlich, mit Einschluss von
inclusion n 1. Einbeziehung f, Einrechnung f, Einschluss m; 2. Erfassung f; 3. Hinzurechnung f
inclusive adj inbegriffen, einschließlich; **i. of** unter Einbeziehung von
incoherent adj zusammenhanglos
income n Einkommen nt, Einkünfte pl, Verdienst m; **i. from capital** Kapitalertrag m; ~ **commercial operations** Gewerbeertrag m; **i. per head of population** pro Kopf-Einkommen nt; **i. (which is) taxed at source** Einkommen mit Quellenbesteuerung
annual income Jahreseinkommen nt; **earned i.** Arbeitseinkommen nt, berufliches Einkommen; ~ **relief** Arbeitnehmerfreibetrag m
extra income Nebeneinkommen nt, Nebeneinkünfte pl; **gross i.** Bruttoeinkommen nt; **net i.** Nettoverdienst m, Reineinkommen nt; **occasional i.** Gelegenheitseinkünfte pl, Gelegenheitseinnahmen pl; **real i.** Realeinkommen nt; **unearned i.** Kapital-, Vermögenseinkünfte pl
income bracket n Einkommensstufe f; **i. tax** Einkommen(s)-, Lohnsteuer f; ~ **assessment** Einkommen(s)steuerbescheid m; ~ **return** Einkommen(s)steuererklärung f

incompatib|ility *n* Unvereinbarkeit *f*, Inkompatibilität *f*; **i.le** *adj* unvereinbar, inkompatibel
incompetence *n* 1. Unfähigkeit *f*, Inkompetenz *f*; 2. Nicht-, Unzuständigkeit *f*; **to plead i.** Zuständigkeit bestreiten
incompetent *adj* 1. inkompetent, 2. unzuständig
incomprehensible *adj* unbegreiflich
inconclusive *adj* unschlüssig; **i.ness** *n* Unschlüssigkeit *f*
inconsequential *adj* unmaßgeblich
inconsiderate *adj* rücksichtslos
inconsistency *n* Inkonsequenz *f*, Widerspruch *m*
inconsistent *adj* inkonsequent, widersprüchlich; **to be i. with** im Widerspruch stehen zu
inconspicuous *adj* unauffällig
incontestable *adj* unanfechtbar, unbestreitbar
inconvenience *n* Umstände *pl*, Unannehmlichkeiten *pl*; **to cause i.** Unannehmlichkeiten bereiten
incorporate *v/t* 1. einbeziehen; 2. *(Klausel)* einfügen; 3. *(Kapitalgesellschaft)* gründen
incorporat|ion *n* Gründung *f*, Inkorporation *f*; **i.or** *n* Gründer *m*
incorporeal *adj* immateriell, unkörperlich; **i. things** Immaterialgüter
incorrect *adj* unrichtig, fehlerhaft; **i.ness** *n* Fehlerhaftigkeit *f*
incorruptible *adj* unbestechlich
increase *v/ti* 1. erhöhen, hinaufsetzen; 2. (an)steigen
increase *n* 1. Erhöhung *f*; 2. Anstieg *m*, Zuwachs *m*; **i. in crime** Anstieg der Kriminalität; **~ the portion of an estate** Erbteilserhöhung *f*; **i. of risk** Gefahrenerhöhung *f*; **i. in value** Wertzuwachs *m*, Wertschöpfung *f*
incredible *adj* unglaubwürdig
increment *n* (automatische) Steigerung, Zuwachs *m*
incriminate *v/t* belasten, beschuldigen, inkriminieren; **i. os.** *v/refl* sich selbst belasten/bezichtigen
incriminating *adj* belastend
incriminat|ion *n* Belastung *f*; **i.ory** belastend, beschuldigend
inculpat|e *v/t* verstricken; **i.ion** *n* Verstrickung *f*; **i.ory** *adj* belastend

incumbency *n* Obliegenheit *f*
incumbent (on so.) *adj* obliegend; **to be i. on so.** jdm obliegen
incur *v/t* eingehen; **to be i.red** *(Kosten, Verluste, Schäden)* entstehen
incursion *n* Übergriff *m*
indebted *adj* verschuldet, verpflichtet; **i.ness** *n* Verschuldung *f*
indecency *n* Unanständigkeit *f*, Unsittlichkeit *f*, Unzucht *f*; **i. with dependants** Unzucht mit Abhängigen; **gross i.** schwere Unzucht
indecent *adj* anstößig, unanständig, unsittlich, unzüchtig
indefeasible *adj* *(Recht)* unangreifbar, unaufhebbar
indefinite *adj* unbestimmt
indelible *adj* 1. unauslöslich; 2. *(Tinte usw.)* nicht zu entfernen
indemnification *n* (Schadens)Wiedergutmachung *f*, Entschädigung(sleistung) *f*, Ersatz des Schadens, Kompensation *f*, (Schaden(s))Ersatz *m*, (Schaden(s))Ersatzleistung *f*, Schadensabfindung *f*, Schadensabgeltung *f*, Schadloshaltung *f*, Schadlosstellung *f*; **i. charges** Entschädigungslast *f*; **i. payments** Wiedergutmachungszahlungen
indemnify *v/t* entschädigen, Schaden ersetzen, Schaden(s)ersatz leisten, schadlos halten
indemnit|ee *n* Ausgleichs-, Schaden(s)ersatzberechtigter *m*; **i.or** *n* Haftungs-, Regressschuldner(in) *m/f*
indemnity *n* 1. Entschädigung *f*, Ersatz *m*, Schaden(s)ersatzleistung *f*; 2. Haftfreistellung *f*, Indemnität *f*; 3. Schadlosbürgschaft *f*, Schadloshaltung *f*; **i. against liability** Haftungsfreistellung *f*; **liable to provide i.** schaden(s)ersatzpflichtig, zum Ersatz verpflichtet; **financial i.** Kapitalabfindung *f*; **mutual i. risk association** Berufsgenossenschaft *f*; **professional i. insurance** Berufshaftpflichtversicherung *f*
indemnity action *n* Revalierungsklage *f*; **i. claim** Abfindungs-, Freistellungsanspruch *m*; **i. clause** Haftungsfreistellungsklausel *f*; **i. period** Haftungsdauer *f*; **i. transaction** Garantiegeschäft *nt*
indent deed *n* Vertragsurkunde *f*
indenture (deed) *n* Vertragsurkunde *f*; **i. of apprenticeship** Lehrvertrag *m*

independence *n* Unabhängigkeit *f*; **i. of the courts** Unabhängigkeit der Gerichte; **~ judiciary** Unabhängigkeit der Richter; **judicial i.** richterliche Unabhängigkeit

independent *adj* unabhängig

index *n* Index *m*, Kartei *f*; **weighted i.** gewichteter Index; **i. finger** Zeigefinger *m*

indicate *v/t* hinweisen auf

indication *n* Hinweis *m*; **i. of suspicion** Anhalt für den Verdacht

indicator *n* Indiz *nt*

indict *v/t* Anklage erheben, unter Anklage stellen, anklagen; **i.able** *adj* anklagbar, anklagefähig, (strafrechtlich) verfolgbar

indictment *n* Anklageschrift *f*; **to read the i.** Anklage verlesen

indigen|ce *n* Armut *f*, Bedürftigkeit *f*; **i.ous** *adj* einheimisch

indigent *adj* arm, bedürftig, notleidend; **i. person** (Hilfs)Bedürftige(r) *f/m*

indirect *adj* mittelbar

indiscreet *adj* unbedacht

indiscretion *n* Indiskretion *f*, Unbedachtsamkeit *f*

indiscriminate *adj* unkritisch, wahllos

indispensab|ility *n* Unabdingbarkeit *f*; **i.le** *adj* unabdingbar, unersetzlich, unverzichtbar

indisputabl|e *adj* unanfechtbar, unbestreitbar, unstreitig; **i.y** *adv* fraglos

indissolub|ility *n* Unauflösbarkeit *f*, Unauflöslichkeit *f*; **i.le** *adj* unauflöslich

individual *adj* einzeln; *n* Einzelperson *f*; **suspicious i.** verdächtiges Individuum

indivisib|ility *n* Unteilbarkeit *f*; **i.le** *adj* unteilbar

induce *v/t* verleiten, veranlassen, überreden, motivieren

inducement *n* Anreiz *m*, Veranlassung *f*, Verleitung *f*; **i. to breach/break a contract** Überredung zum Vertragsbruch

industrial *adj* gewerblich, industriell

industry *n* 1. Branche *f*, Gewerbe(zweig) *nt/m*; 2. Industrie *f*

inebriation *n* Trunkenheit *f*, (Voll-)Rausch *m*

ineffective *adj* (rechts)unwirksam, ungültig, wirkungslos; **to become i.** außer Kraft treten

ineffectiveness *n* Unwirksamkeit *f*, Wir-

kungslosigkeit *f*; **i. clause** Unwirksamkeitsklausel *f*

ineligible *adj* 1. nicht berechtigt; 2. ungeeignet; 3. unwählbar

inequality *n* Ungleichheit *f*

inequitable *adj* unbillig

inequity *n* Unbilligkeit *f*; **gross i.** grobe Unbilligkeit

inevitab|ility *n* Unabwendbarkeit *f*, Unvermeidlichkeit *f*; **i.le** *adj* unabwendbar, unumgänglich, unvermeidlich, unweigerlich, zwangsläufig

inexcusable *adj* unentschuldbar

inexperienced *adj* unerfahren

infam|ous *adj* infam; **i.y** *n* Infamie *f*

infancy *n* Kindesalter *nt*, Minderjährigkeit *f*

infant *n* Kind *nt*; **i.icide** *n* Kinder-, Kindesmord *m*, Kindestötung *f*

infer *v/t* folgern; **i. from sth.** aus etw. schließen

inference *n* (Schluss)Folgerung *f*, (Rück-)Schluss *m*

inferior *adj* 1. minderwertig, (Qualität) schlecht; 2. untergeordnet, nachrangig

inferiority *n* Minderwertigkeit *f*; **i. complex** Minderwertigkeitskomplex *m*

infidelity *n* (Ehe) Untreue *f*

infiltrat|e *v/t* unterwandern, (Spione) einschleusen; **i.ion** *n* Unterwanderung *f*

infirm *adj* (Alter) gebrechlich; **i.ity** *n* Gebrechlichkeit *f*

inflammatory *adj* 1. aufrührerisch, hetzerisch; 2. (med.) entzündlich

inflict *v/t* verhängen, (Schaden) zufügen

influence *v/t* beeinflussen, einwirken

influence *n* Beeinflussung *f*, Einfluss *m*, Einwirkung *f*; **i. of alcohol** Alkoholeinfluss *m*; **to be under the ~ alcohol** im angetrunkenen Zustand sein; **~ third parties** Einwirkung Dritter

improper influence sittenwidrige Beeinflussung; **inadmissible i.** unzulässige Beeinflussung; **external/outside i.** Fremdeinwirkung *f*; **undue i.** ungebührlicher Einfluss, Nötigung *f*

inform *v/t* 1. mitteilen, informieren; 2. anzeigen; **i. against/on so.** jdn denunzieren

informal *adj* formfrei, formlos

informality *n* Formfreiheit *f*, Formlosigkeit *f*

informant *n* Auskunfts-, Gewährs-, Kontaktperson *f*, Informant(in) *m/f*
information *n* Angaben *pl*, Auskunft *f*, Auskünfte *pl*, Information *f*; 2. Kenntnis *f*; 3. Benachrichtigung, Nachricht *f*, Verständigung *f*; 4. Strafanzeige *f*; **for your i.** zu Ihrer Kenntnisnahme/Orientierung; **i. on a point of law** Rechtsauskunft *f*; **~ available legal remedies** Rechtsbelehrung *f*
to disclose information Information(en)/Kenntnisse preisgeben; **to furnish/provide i.** Auskunft erteilen; **liable to ~** auskunftspflichtig; **to gather i.** Informationen sammeln; **to lay an i.** (Straf)Anzeige erstatten; **~ against so.** gegen jdn Anzeige erstatten
classified information Verschlusssache *f*; **confidential i.** vertrauliche Mitteilung; **false i.** unrichtige Angaben, Falschinformation *f*; **pertinent i.** sachdienliche Angaben; **wrong i.** Falschinformation *f*, falsche Information
information retrieval *n* Datenabruf *m*
informer *n* Denunziant(in) *m/f*, Informant(in) *m/f*, Spitzel *m*
infract *v/t* verstoßen; **i.ion** *n* Verletzung *f*, Verstoß *m*
infringe *v/t* übertreten, verletzen, verstoßen, zuwiderhandeln
infringement *n* 1. Ordnungswidrigkeit (OWI) *f*; 2. (Rechts)Bruch *m*; 3. Übergriff *m*, Übertretung *f*; 4. *(Rechte, Vorschriften)* Verletzung *f*, Verstoß *m*, Zuwiderhandlung *f*; **i. of fair competition** Wettbewerbsverstoß *m*; **~ the constitution** Verfassungsbruch *m*; **~ copyright** Urheberrechtsverletzung *f*; **~ customs regulations** Zollzuwiderhandlung *f*
infringement of legal duties Rechtspflichtverletzung *f*; **~ official duties** Dienstpflichtverletzung *f*, Verletzung der Dienstpflichten; **~ a major contractual duties** Verletzung vertragswesentlicher Pflichten
infringement of easement Beeinträchtigung der Grunddienstbarkeit; **~ the highway code** Verstoß gegen straßenverkehrsrechtliche Bestimmungen
infringement of a law Gesetzesverletzung *f*; **~ the law** Rechtsbruch *m*; **~ the law and against bonos mores** *(lat.)*

Verstoß gegen Gesetz oder gute Sitten; **~ bonos mores** *(lat.)* Verstoß gegen die guten Sitten; **~ an obligation** Obliegenheitsverletzung *f*, Verletzung einer Verpflichtung; **~ ethical principles** Sittenverstoß *m*; **~ privacy** Verletzung der Vertraulichkeit; **~ a right** Rechtsübertretung *f*, Verstoß gegen ein Recht; **~ a property right** Verletzung des gewerblichen Schutzrechts; **~ official secrets** Verrat von Dienstgeheimnissen; **~ civil status** Verletzung des Personenstandes; **~ the statutes** Satzungsverletzung *f*; **~ a trademark** Marken-, Warenzeichenverletzung *f*
infringement action/suit Verletzungsklage *f*
infringer *n* *(Übertretung)* Täter(in) *m/f*
gross ingratitude *n* grober Undank
inhabit *v/t* bewohnen; **i.ant** *n* Be-, Einwohner(in) *m/f*
inherent *adj* immanent, innewohnend
inherit *v/t* erben; **i. from** beerben; **entitled to i.** erbberechtigt
inheritability *n* Vererblichkeit *f*
inheritable *adj* vererblich; **not i.** *adj* unvererblich
inheritance *n* 1. Erbe *nt*, Erbschaft *f*, Hinterlassenschaft *f*, Nachlass *m*; 2. Vererbung *f*; **to disclaim an i.** auf ein Erbe verzichten; **to enter upon an i.** Erbe/Erbschaft antreten; **to obtain an i. by fraud** Erbschaft erschleichen; **accrued i.** angefallene Erbschaft
inheritance case *n* Erbschaftsangelegenheit *f*; **i. recovery action** Erbschaftsklage *f*; **i. settlement** Erbvergleich *m*; **i. tax** Erbschafts-, Nachlasssteuer *f*; **subject to ~** erbschaftspflichtig
inherit|or *n* Erbe *m*; **i.rix** *n* Erbin *f*
inhibit|ed *adj* gehemmt; **i.ion** *n* Hemmung *f*
in-house *adj* innerbetrieblich
initial *adj* Anfangs-; *v/t* paraphieren, abzeichnen; **i.ling of a treaty** *n* Paraphierung eines Vertrags
initials *pl* Initialien, Paraphe *f*
initiate *v/t* *(Prozess)* anstrengen, einleiten
initiation *n* 1. Einleitung *f*; 2. Herbeiführung *f*; **i. of a crime** Herbeiführung einer Straftat

initiative *n* Initiative *f*; **legislative i.** Gesetzesinitiative *f*
lethal injection *n* Todesspritze *f*
injunction *n* 1. Unterlassungsurteil *nt*; 2. Untersagung *f*; 3. (einstweilige/gerichtliche) Verfügung, gerichtliche Verwarnung; **to apply for an i.** 1. einstweilige Verfügung beantragen; 2. auf Unterlassung klagen; **to impose an i.** Verfügung vornehmen; **to lift an i.** Verfügung aufheben/widerrufen; **to obtain an i.** (einstweilige) Verfügung erwirken; **to reverse an i.** (einstweilige) Verfügung aufheben; **to seek an i.** (einstweilige) Verfügung beantragen; **to sue for an i.** auf Unterlassung klagen
final injunction endgültiges Unterlassungsurteil; **negative i.** Untersagungsverfügung *f*; **permanent i.** Dauerverfügung *f*; **positive i.** Verpflichtungsurteil *nt*; **preliminary i.** Vorausklage *f*; **preventive i.** vorbeugendes Unterlassungsurteil; **prohibitive/prohibitory i.** *[GB]* Unterlassungsanordnung *f*; **restrictive i.** Verbotsverfügung *f*; **temporary i.** einstweilige Verfügung
injunction proceedings Unterlassungsverfahren *nt*; **i. suit** Unterlassungsklage *f*
injure *v/t* 1. verletzen, lädieren; 2. schädigen
injured *adj* 1. verletzt; 2. geschädigt; **i. person** *n* Verletzte(r) *f/m*; **slightly ~** Leichtverletzte(r) *f/m*
injurious *adj* diffamierend, schädlich
injury *n* 1. Schaden *m*, Schädigung *f*; 2. Verletzung *f*, Verwundung *f*; **i. caused by negligence** fahrlässige Körperverletzung; **i. to so.'s interests** Schädigung von jds Interessen
to cause injury Körperverletzung begehen; **to inflict i.** Schaden zufügen; **to suffer/sustain an i.** (Körper)Verletzung erleiden
accidental injury *n* Körperverletzung durch Unfall, unfallbedingte Verletzung; **bodily i.** Körperverletzung *f*; **~ caused by an officer of the law** Körperverletzung im Amt; **serious ~** *[US]* schwere Körperverletzung; **criminal i.** Verletzungsdelikt *nt*; **critical i.** lebensgefährliche Verletzung; **fatal i.** tödliche Verletzung; **internal i.** innere Verlet-

zung; **permanent i.** *(Person)* Dauerschaden *m*; **personal i.** Körper-, Personenschaden *m*, Körperverletzung *f*; **to sue for ~** wegen Körperverletzung klagen; **physical i.** Körperbeschädigung *f*, Körperverletzung *f*, Personenschaden *m*
injury benefit *n* Versehrtenrente *f*
injustice *n* Ungerechtigkeit *f*, Unrecht *nt*; **to do so. an i.** jdm ein Unrecht antun; **gross i.** große Ungerechtigkeit
Inland Revenue *n* *[GB]* Fiskus *m*, Finanzamt *nt*
in-law *n* angeheiratete(r) Verwandte(r)
inmate *n* *(Anstalt)* Insasse *m*
inn *n* Gaststätte *f*, Gastwirtschaft *f*
innocence *n* Unschuld *f*; **to presume so's i.** jds Unschuld vermuten; **to protest one's i.** Unschuld beteuern; **proven i.** erwiesene Unschuld
innocent *adj* 1. unschuldig, schuldlos, unverschuldet; 2. arglos, gutgläubig; **presumed i. until proved guilty** unschuldig, solange nicht rechtskräftig verurteilt
Inns of Court *pl* *[GB]* *(barristers)* Anwaltskammer *f*
innuendo *n* Anspielung *f*, Unterstellung *f*
inoculation *n* Impfung *f*
inofficial *adj* inoffiziell, nichtamtlich
inoperab|ility *n* Betriebsunfähigkeit *f*; **i.le** *adj* betriebsunfähig
inoperative *adj* unwirksam; **i.ness** *n* Unwirksamkeit *f*
inpayment *n* Einzahlung *f*, Zahlungseingang *m*
input tax *n* Vorsteuer *f*
inquest *n* Untersuchung der Todesursache
inquire *v/i* 1. anfragen, sich erkundigen; 2. ermitteln, nachforschen; 3. untersuchen
inquiry *n* 1. Anfrage *f*, Erkundigung *f*; 2. Ermittlung *f*, Nachforschung *f*; 3. Untersuchung *f*; **in answer to your i.** auf Ihre Anfrage; **further i.** Rückfrage *f*; **pending ~ inquiries** bis zur weiteren Klärung der Sache; **to make inquiries** Nachforschungen anstellen; **to order an i.** Untersuchung anordnen
inquisit|ion *n* Inquisition *f*; **i.orial** *adj* inquisitorisch
insane *adj* geisteskrank, unzurechnungs-

fähig, wahnsinnig; **i. person** Geistes-kranke(r) *f/m*

insanity *n* Geisteskrankheit *f*, Irrsinn *m*, Unzurechnungsfähigkeit *f*, Wahnsinn *m*

insecure *adj (gefährdet)* unsicher

artificial insemination *n* künstliche Befruchtung

insert *v/t (Klausel)* einfügen, einsetzen

insertion *n* Einfügung *f*; **to submit for i. in the files** zu den Akten einreichen

insider *n* Eingeweihte(r) *f/m*; **i. dealing** Insiderhandel *m*

insidious *adj* heimtückisch, hinterlistig

insight *n* Einsicht *f*

insignific|ance *n* Geringfügigkeit *f*; **i.ant** *adj* geringfügig

insinuat|e *v/t* insinuieren, unterstellen; **i.ion** *n* Insinuation *f*, Unterstellung *f*

insofar as *conj* insoweit

insolent *adj* unverfroren

insolvency *n* Insolvenz *f*, Zahlungsunfähigkeit *f*, Bankrott *m*; **i. act** Insolvenzgesetz *nt*; **i. assets** Insolvenzmasse *f*; **i. court** Insolvenzgericht *nt*; **i. creditor** Insolvenzgläubiger *m*; **i. law** Insolvenzrecht *nt*; **i. offence** Insolvenzdelikt *nt*; **i. proceedings** Insolvenzverfahren *nt*; **i.-prone** *adj* insolvenzanfällig; **i. rules** Insolvenzordnung *f*; **i. scheme** Insolvenzplan *m*

insolvent *adj* insolvent, zahlungsunfähig

inspect *v/t* 1. inspizieren, kontrollieren, in Augenschein nehmen, (über)prüfen; 2. besichtigen; 3. *(Akten)* einsehen, Einsicht haben/nehmen

inspection *n* 1. Inspektion *f*, Abnahme *f*, Besicht *f*, Besichtigung *f*, Kontrolle *f*, Nachschau *f*, Prüfung *f*; 2. Augenschein *m*, (In)Augenscheinnahme *f*; 3. *(Akten)* Durchsicht *f*, Einsicht(nahme) *f*; **for the i. of** zur Einsicht von; **free i.** unverbindliche Besichtigung; **subject to i.** überprüfungspflichtig

inspection of books *n* Einsicht in die Bücher, Bucheinsicht *f*; **~ the crime scene** Ortsbesichtigung *f*; **~ the files** Akteneinsicht *f*, Einsicht in die Akten; **~ the land (charges) register** Grundbucheinsicht *f*; **~ records** Akteneinsicht *f*; **~ a register** Registereinsicht *f*

to be open for inspection zur Einsicht ausliegen; **to buy subject to i.** auf Besicht kaufen; **to submit for i.** zur Durch-/Einsicht vorlegen

industrial inspection *n* Gewerbeaufsicht *f*; **judicial i.** richterlicher Augenschein, gerichtliche Besichtigung; **local i.** Ortsbesichtigung *f*; **official i.** Visitation *f*

inspection duty *n* Untersuchungspflicht *f*; **i. procedure** Überwachungsverfahren *nt*; **i. records** Prüfungsprotokoll *nt*; **i. report** Besichtigungsbericht *m*

inspector *n* Inspekteur *m*, Inspektor *m*, Prüfer(in) *m/f*; **i. of weights and measures** Eichmeister *m*; **chief i.** Hauptkommissar *m*

inspectorate *n* Aufsichtsbehörde *f*

instalment *n* Rate *f*, Raten-, Teilzahlung *f*

agreed instalments vereinbarte Raten; **annual i.** Jahresrate *f*; **final i.** Abschlusszahlung *f*; **past-due i.** überfällige Rate

instalment business *n* Abzahlungsgeschäft *nt*; **i. buying** Ratenkauf *m*; **i. credit** Abzahlungskredit *m*; **i. debt** Abzahlungsschuld *f*; **i. loan** Teilzahlungsdarlehen *nt*, Teilzahlungskredit *m*; **i. plan** Abzahlungs-, Ratenplan *m*

instance *n* 1. Beispiel *nt*; 2. (Gerichts)Instanz *f*; **at first i.** erstinstanzlich; **~ the i. of** auf Antrag von; **for i.** zum Beispiel; **of last i.** letztinstanzlich

appellate instance Berufungs-, Beschwerde-, Rechtsmittel-, Revisionsinstanz *f*; **first i.** Erstinstanz *f*

instances *pl* Instanzen-, Rechtszug *m*

instant *adj* fristlos, unverzüglich

instigate *v/t* anstiften

instigation *n* 1. Anstiftung *f*, Hetze *f*; 2. Veranlassung *f*; **at so.'s i.** auf jds Veranlassung/Betreiben; **i. to commit a crime** Anstiftung zum Verbrechen

instigator *n* Anstifter *m*

instinct *n* Trieb *m*

institute *v/t* 1. *(Prozess)* anstrengen, einleiten; 2. einsetzen

instituting (of) legal proceedings *n (ZR)* Einleitung des Verfahrens, Einreichung der Klage

institution *n* 1. Einrichtung *f*, Institution *f*; 2. Anstalt *f*, Heim *nt*; 3. Einsetzung *f*; **i. of an action** Einreichung einer Klage; **~ bankruptcy proceedings** Eröffnung des Konkursverfahrens; **~ composition**

proceedings Eröffnung des Vergleichsverfahrens; ~ **insolvency proceedings** Eröffnung des Insolvenzverfahrens; **i. for youthful offenders** *[US]* Jugendstrafanstalt *f*; **i. of (legal) proceedings** Einleitung des Verfahrens, Klageerhebung *f*; ~ **proceedings by another court** Einleitung des Verfahrens durch ein anderes Gericht; ~ **criminal proceedings** Einleitung des Strafverfahrens

charitable institution Wohlfahrtsverband *m*; **deposit-taking i.** Kapitalsammelstelle *f*; **financial i.** Geldinstitut *nt*; **governmental i.** staatliche Institution; **international i.** zwischenstaatliche Einrichtung; **legal i.** Rechtsinstitut *nt*; **mental i.** Irrenanstalt *f*; **non-profit-making i.** gemeinnützige Einrichtung; **penal i.** (Justiz)Vollzugsanstalt *f*, Straf(vollzugs)anstalt *f*; **private i.** öffentliche Institution; **psychiatric i.** geschlossene Anstalt; **public-law i.** Anstalt des öffentlichen Rechts, öffentlich-rechtliche Anstalt; **supranational i.** überstaatliche Einrichtung

institutional *adj* institutionell

instruct *v/t* 1. an-, unterweisen, instruieren; 2. beauftragen; 3. belehren; 4. unterrichten

instruction *n* 1. Anleitung *f*, An-, Unterweisung *f*, Instruktion *f*; 2. *(behördliche Anordnung)* Weisung *f*, Verfügung *f*; 3. (rechtliche) Belehrung *f*; 4. Unterrichtung *f*; **according to i.s** weisungsgemäß; **bound by i.s** weisungsgebunden; **contrary to i.s** auftragswidrig; **for lack of i.s** mangels Weisung; **on so.'s i.s** auf jds Weisung; **pending other i.s** vorbehaltlich anderer Weisungen; **subject to i.s** weisungsgebunden

instructions concerning an appeal Beschwerdebelehrung *f*; **i. about a person's right to appeal** Rechtsmittelbelehrung *f*; **i. for use** Gebrauchsanweisung *f*

to act contrary to an instruction einer Weisung zuwiderhandeln; **to await i.s** auf Anweisungen warten; **to comply with an i.** einer Anordnung nachkommen; **to issue i.s** Weisungen erteilen; **authorized** ~ weisungsberechtigt; **to take i.s** Weisungen (des Mandanten) einholen

amending instruction *n* nachträgliche Verfügung; **religious i.** Religionsunterricht *m*

instructor *n* Ausbilder *m*

instrument *n* 1. Dokument *nt*, (Vertrags)Urkunde *f*; 2. Instrument *nt*; **i. of accession** Beitrittsurkunde *f*; ~ **approval** Genehmigungsurkunde *f*; ~ **assignment** Zessionsurkunde *f*; ~ **indebtedness** Schuldtitel *m*; **i. to order** Orderpapier *nt*; **i. of ratification** *(Völkerrecht)* Ratifikationsurkunde *f*; ~ **transfer** Übertragungsurkunde *f*

to execute an instrument Urkunde unterfertigen

contractual instrument *n* Vertragsurkunde *f*; **enforceable i.** vollstreckbarer Rechtsanspruch, Titel *m*, vollstreckbare Urkunde; **inchoate i.** unvollständige Urkunde; **international i.** internationales Vertragswerk; **negotiable i.** Inhaber-, Traditionspapier *nt*, begebbare Urkunde; **non-negotiable i.** Rektatpapier *nt*; **notarial i.** Notariatsurkunde *f*, notarielle Urkunde; **registered i.** Namenspapier *nt*; **statutory i.** *[GB]* Ausführungs-, Rechtsverordnung *f*, gesetzliche Verfügung, Verordnung *f* (mit Gesetzeskraft) *f*; **substitute i.** Ersatzurkunde *f*

insubordination *n* Gehorsamsverweigerung *f*, Insubordination *f*

insufficiency *n* Unzulänglichkeit *f*; **i. of form** Formmangel *m*

insufficient *adj* mangelhaft, unzulänglich, unzureichend

insult *v/t* beleidigen

insult *n* Beleidigung *f*, Ehrverletzung *f*; **i. by physical act** Realinjurie *f*; **gross i.** schwere Beleidigung, Verbalbeleidigung *f*, Verbalinjurie *f*; **reciprocal i.s** wechselseitig begangene Beleidigungen; **verbal i.** Formalbeleidigung *f*

insulting a public official *n* Beamtenbeleidigung *f*

insurable *adj* versicherbar, versicherungsfähig

insurance *n* Versicherung *f*; **i. payable at death** Sterbefallversicherung *f*; **i. for surviving dependants** Hinterbliebenenversicherung *f*; **i. against hunting accidents** Jagdunfallversicherung *f*; **i. on the life of a third party** Versiche-

rung auf fremdes Leben; **i. against loss** Schadensversicherung *f*; ~ **theft** Diebstahlversicherung *f*; **i. of valuables** Wertsachenversicherung *f*
to take out an insurance Versicherung abschließen
comprehensive insurance Vollkaskoversicherung *f*; **compulsory i.** Pflichtversicherung *f*, Versicherungszwang *m*; **legal i.** Rechtsschutzversicherung *f*; **marine i.** Seeversicherung *f*; **mutual i.** Gegenseitigkeitsversicherung *f*, Versicherung auf Gegenseitigkeit; ~ **society** Versicherungsverein auf Gegenseitigkeit (VVaG); **national i. (N.I.)** *[GB]* Sozialversicherung *f*; ~ **act** Sozialversicherungsgesetz *nt*; ~ **contribution** Sozialversicherungsbeitrag *m*; **no-fault i.** Vollkaskoversicherung *f*; **non-life i.** Sachversicherung *f*; **obligatory i.** Pflichtversicherung *f*; **personal i.** Personenversicherung *f*; **private i.** Privatversicherung *f*; **regional social i. appeals tribunal** Landessozialgericht *nt*; **social i. against accidents** Berufsgenossenschaft *f*; **statutory i.** Pflichtversicherung *f*; **subsequent i.** Nachversicherung *f*; **third-party (liability) i.** (Automobil)Haftpflichtversicherung *f*, Versicherung gegen Haftpflichtschäden, (Kraftfahrzeug)Haftpflichtversicherung *f*; **whole-life i.** Lebensversicherung auf den Todesfall
insurance benefit *n* Versicherungsleistung *f*; **i. broker** Versicherungsmakler(in) *m/f*; **i. certificate** Versicherungsschein *m*; **i. claim** Versicherungsanspruch *m*; **i. company** Versicherungsgesellschaft *f*; **i. contract** Versicherungsvertrag *m*; **i. cover(age)** Deckung *f*, Versicherungsschutz *m*; **to provide** ~ Versicherungsschutz gewähren; **i. endorsement** Versicherungsnachtrag *m*; **i. fraud** Versicherungsbetrug *m*, Versicherungsmissbrauch *m*; **to commit** ~ Versicherungsbetrug begehen; **i. law** Versicherungsrecht *nt*; **i. policy** (Versicherungs)Police *f*, Versicherungsschein *m*; **i. premium** Versicherungsprämie *f*; **i. regulator(s)** Versicherungsaufsicht (sbehörde) *f*; **i. society** Versicherungsverein *m*

insure *v/t* versichern
insured *adj* versichert; **i. against** versichert gegen; **the i.** *n* Versicherte(r) *f/m*, Versicherungsnehmer(in) *m/f*
insuree *n* *[US]* Versicherte(r) *f/m*, Versicherungsnehmer(in) *m/f*
insurer *n* Versicherer *m*, Versicherungsträger *m*; **composite i.** Kompositversicherer *m*; **marine i.** Seeversicherer *m*; **third-party risk i.** Haftpflichtversicherer *m*
insurgency *n* Aufstand *m*
insurgent *n* Aufständischer *m*; *adj* aufständisch
insurrection *n* Aufruhr *m*
intact *adj* heil; **i.ness** *n* Unversehrtheit *f*
intangible *adj* *(Rechtsgegenstand)* immateriell, unkörperlich; **i.s** *pl* Immaterialgüter
integrat|e *v/t* integrieren; **i.ion** *n* 1. Integration *f*; 2. Verflechtung *f*
integrity *n* Integrität *f*, Redlichkeit *f*; **physical i.** körperliche Integrität; **territorial i.** territoriale Unversehrtheit
intelligence operations *n* Agententätigkeit *f*; **i. service** Geheim-, Nachrichten-, Sicherheitsdienst *m*, Verfassungsschutz *m* *[D]*
intemperate *adj* unbeherrscht
intend *v/t* beabsichtigen, wollen
intent *n* Vorsatz *m*, Absicht *f*, Wille *m*, Dolus *m*; **i. and negligence** Vorsatz und Fahrlässigkeit; **to all i.s and purposes** im Grunde; **i. to cause damage** Schädigungsabsicht *f*; ~ **commit theft** Diebstahlsvorsatz *m*; ~ **deceive** Täuschungsabsicht *f*; **to act with** ~ **deceive** in betrügerischer Absicht handeln; ~ **kill** Tötungsabsicht *f*, Tötungsvorsatz *m*
to contravene the intent of the law dem Zweck des Gesetzes zuwiderlaufen
contingent intent Eventualvorsatz *f*, bedingter Vorsatz, dolus eventualis *(lat)*; **contrary i.** entgegenstehender Wille; **criminal i.** verbrecherische Absicht, Verbrechensvorsatz *m*, strafrechtlicher Vorsatz; **with** ~ vorsätzlich, dolos; **fraudulent i.** Betrugsabsicht *f*; **indirect i.** indirekter Vorsatz; **legislative i.** gesetzgeberische Absicht; **overall i.** Gesamtvorsatz *m*; **real i.** wirklicher Wille; **specific i.** konkreter Vorsatz

intention *n* Vorsatz *m*, Absicht *f*, Beabsichtigung *f*, Wille *m*; **i. to appropriate** Zueignungsabsicht *f*; ~ **bribe** Vorteilsverschaffungsabsicht *f*; ~ **conceal** Verdeckungsabsicht *f*; ~ **corrupt** Vorteilsverschaffungsabsicht *f*; ~ **deceive** Täuschungsabsicht *f*; ~ **donate** Schenkungsabsicht *f*; ~ **enrich os.** Bereicherungsabsicht *f*; ~ **kill** Tötungsabsicht *f*; ~ **murder** Mordvorsatz *m*; **i. of a party** *n* Parteiwille *m*; ~ **the parties** Wille der Parteien; **i. to possess** Besitzwille *m*; ~ **delay proceedings** *(Prozess)* Verzögerungsabsicht *f*; ~ **create legal relations** Rechtsbindungswille *m*

intentional *adj* absichtlich, vorsätzlich, wissentlich; **i.ly** *adv* mit Vorbedacht

inter alia *(lat.)* unter anderem (u.a.)

inter vivos *(lat.)* unter Lebenden

interaction *n* Interaktion *f*, Wechselwirkung *f*

intercede v/i intervenieren

intercept v/t *(Brief)* abfangen/unterschlagen; **i.ion** *n (Post)* Abfangen *nt*; ~ **circuit** Fangschaltung *f*

intercession *n* Fürsprache *f*, Intervention *f*, Interzession *f*

intercom *n (Haustür)* Sprechanlage *f*

intercourse *n* Umgang *m*, Verkehr *m*; **to have i. with** so mit jdm verkehren; **adulterous i.** ehebrecherischer Verkehr; **conjugal/ marital i.** ehelicher Verkehr; **extramarital i.** außerehelicher Beischlaf/Verkehr; **sexual i.** Beischlaf *m*, Geschlechts-, Intimverkehr *m*; ~ **between relatives** Beischlaf zwischen Verwandten

interdiction *n* Untersagung *f*, Verbot *nt*

interest n 1. Interesse *nt*; 2. Beteiligung *f*, (Geschäfts)Anteil *m*; 3. Verzinsung *f*, Zins *m*, Zinsen *pl*; 4. (An)Recht *nt*; **free of i.** zinslos; **less i. (accrued)** abzüglich der Zinsen; **i. per annum** *(lat.)* Jahreszins *m*; **i. on arrears** Verzugszinsen *f*; ~ **capital employed** Kapitalverzinsung *f*; **i. to date** Zinsen bis auf den heutigen Tag; **i. on debts** Schuldzinsen; **i. for default** Verzugszinsen; **i. in land** Grund-, Landbesitz *m*; **i. on loans** Leihzins *m*; **i. in the performance of a contract** Vertragsinteresse *nt*

to acquire an interest Beteiligung erwerben; **to impair so.'s i.s** jds Interessen beeinträchtigen; **to look after so.'s i.s** jds Interessen wahrnehmen; **to pay i. (on sth.)** verzinsen; **to renounce one's i. in an estate** Erbschaft ausschlagen; **to represent so.'s i.s** jds Interessen wahrnehmen; **to safeguard i.s** Interessen wahren; **to take an i.** sich beteiligen, Beteiligung erwerben

accrued interest angefallene/aufgelaufene Zinsen; **annual i.** Jahreszins *m*; **beneficiary i.** Nutzungsinteresse *nt*; **common i.** gemeinsames Interesse; **compound i.** Zinseszins(en) *m/pl*; **conflicting i.s** widerstreitende Interessen; **controlling i.** beherrschende Beteiligung; **economic i.** wirtschaftliches Interesse; **insurable i.** Versicherungsgegenstand *m*, Versicherungsobjekt *nt*, versicherbares Interesse; **joint i.** Gemeinschaftsbeteiligung *f*; **justifiable i.** berechtigtes Interesse; **lawful/legitimate i.** berechtigtes Interesse; **legal i.** rechtlich anerkanntes Interesse; ~ **in (obtaining) a declaratory judgment** Feststellungsinteresse *nt*; **nominal i.** Nominalzins *m*; **overriding i.** überwiegendes Interesse; **penal i.** *[US]* Verzugszinsen *pl*; **positive i.** positives Interesse; **public i.** Gemeininteresse *nt*, Gemeinnützigkeit *f*, Gemeinwohl *n*, Interesse der Allgemeinheit, allgemeines/öffentliches Interesse; **in the ~** im öffentlichen Interesse; **detrimental to the ~** gemeinschädlich; **stipulated i.** Konventionalzinsen *pl*, vereinbarte Zinsen; **substantial i.** wesentliches Interesse; **usurious i.** Wucherzins *m*, Zinswucher *m*; **vested i.** sicher begründetes Anrecht, Besitzstand *m*; **vital i.s** lebenswichtige Interessen

interest arrears Zinsrückstände; **interest-bearing** *adj* verzinslich; **i. due** Zinsschuld *f*; ~ **date** Zinsfälligkeitstag *m*; **i. escalator clause** *n* Zinsgleitklausel *f*; **i. group** Interessengruppe *f*; **i. rate** Zinssatz *m*; **i. yield** Zinsertrag *m*

interfere v/i eingreifen, einschreiten; **i. with** beeinträchtigen, stören

interference *n* 1. Eingreifen *nt*, Eingriff *m*, Einmischung *f*, Intervention *f*; 2. Störgeräusch *nt*; **i. with attachment** Verstrickungsbruch *m*; ~ **a marital relationship** Ehestörung *f*; **unlawful ~ the possession of another** verbotene Eigenmacht

interim *adj* einstweilig, vorläufig, zwischenzeitlich, Übergangs-

interlocutory *adj* einstweilig, vorläufig, zwischen-

intermediary *n* Mittelsmann *m*, Vermittler *m*; *adj* vermittelnd

intern *v/t* gefangen nehmen, internieren; *n* Praktikant(in) *m/f*

internal *adj* innerbetrieblich, innerstaatlich; **I. Revenue Service (IRS)** *[US]* Finanzamt *nt*, Fiskus *m*

international *adj* international, zwischenstaatlich

International Bureau of Intellectual Property Internationales Büro für geistiges Eigentum; **I. Chamber of Commerce** Internationale Handelskammer; **I. Court of Justice** (Haager) Internationaler Gerichtshof; **I. Institute for the Unification of Private Law** Internationales Institut für Vereinheitlichung des Privatrechts; **I. Letter of Request (ILOR)** internationales Rechtshilfeersuchen; **I. Military Tribunal** Internationaler Militärgerichtshof; **I. Union for the Protection of Industrial Property** Internationaler Verband zum Schutz gewerblichen Eigentums

internationalize *v/t* internationalisieren

intern|ee *n* Internierte(r) *f/m*; **i.ment** *n* Internierung *f*

interpellat|e *v/t* interpellieren; **i.ion** *n* Interpellation *f*; **i.or** n Interpellant(in) *m/f*

interplay *n* Wechselspiel *nt*

interplead *v/t* Streit verkünden

interpleader *n* (Dritt)Widerspruchsklage *f*; **i. by counterclaim** *[US]* (vom Beklagten geltend gemachte) Nebenintervention; **i. by a third party on seizure** Widerspruchsklage *f*

interpolat|e *v/t* einfügen; **i.ion** *n* Einfügung *f*

interpret *v/t* auslegen, interpretieren; **i. restrictively** eng auslegen

interpretation *n* Auslegung *f*, Interpretation *f*, Lesart *f*; **i. by analogy** sinngemäße Auslegung; **i. of a contract** Vertragsauslegung *f*; ~ **the law** Rechtsauffas-

sung *f*; ~ **a statute** Gesetzesauslegung *f*; ~ **a will** Testamentsauslegung *f*

broad interpretation *n* weite Auslegung; **legal i.** Rechtsauslegung *f*; **literal i.** wörtliche Auslegung; **normative i.** normative Auslegung; **restrictive i.** einschränkende Auslegung; **strict i.** strenge Auslegung; **valid i.** gültige Auslegung

interpretation clause *n* Auslegungsbestimmung *f*

interpreter *n* Dolmetscher(in) *m/f*; **certified i.** Diplomdolmetscher(in) *m/f*; **sworn i.** vereidigter Dolmetscher(in)

interrelation *n* Wechselbeziehung *f*

interrogate *v/t* aus-, befragen, verhören, vernehmen

interrogation *n* Befragung *f*, Einvernahme *f*, Verhör *nt*, Vernehmung *f*; **i. of an expert** Vernehmung eines Sachverständigen; ~ **a party (in court)** Parteivernehmung *f*

interrogator *n* Vernehmungsbeamter *m*, Vernehmungsbeamtin *f*

interrupt *v/t* unterbrechen

interruption *n* Unterbrechung *f*; **i. of business** Geschäftsunterbrechung *f*; ~ **the period** Fristunterbrechung *f*; ~ **limitation** Unterbrechung der Verjährung; ~ **prescription** Unterbrechung der Ersitzung

intersection *n* Straßenkreuzung *f*

interval *n* Zeitabstand *m*; **at regular i.s** in regelmäßigen Abständen

intervene *v/i* eingreifen, einschreiten, intervenieren; **i.r** *n* Intervenient *m*, Streithelfer(in) *m/f*

intervention *n* 1. Eingreifen *nt*, Eingriff *m*, Einschreiten *nt*, Intervention *f*; 2. Prozessbeitritt *m*; 3. Streithilfe *f*; **i. by a third party in support of a plaintiff; third-party i.** *(Zivilprozess)* Nebenintervention *f*; **judicial i.** gerichtliches Eingreifen; **unauthorized i.** unbefugte Einmischen

interview *n* Vorstellungsgespräch *nt*; **i.ing of a witness** *n* zeugenschaftliche Vernehmung

intestacy *n* Intestat *nt*

intimidate *v/t* einschüchtern, schikanieren, terrorisieren

intimidation *n* Einschüchterung *f*, Nötigung *f*; **i. of a witness** Zeugennötigung *f*

intolerable *adj* unerträglich, unhaltbar
intoxicant *n* berauschendes Mittel, Rauschmittel *nt*
intoxicat|e *v/i* berauschen, betrunken machen; **i.ed** *adj* betrunken; **i.ing** *adj* berauschend, rauscherzeugend
intoxication *n* Trunkenheit *f*, Rausch *m*; **total i.** Volltrunkenheit *f*, Vollrausch *m*
intra-Community *adj* *[EU]* innergemeinschaftlich; **i.-European** *adj* innereuropäisch
intransigent *adj* unnachgiebig
intricate *adj* verwickelt
intrigue *n* Intrige *f*; *v/t* intrigieren, Ränke schmieden
intrinsic *adj* innewohnend, intrinsisch
introduce *v/t* einbringen, einführen, einleiten
introduction *n* Einbringung *f*, Einführung *f*, Einleitung *f*; **i. of a bill** Einbringung eines Gesetzentwurfes
intrude *v/i* eindringen; **i.r** *n* Eindringling *m*, Störer(in) *m/f*
intrus|ion *n* Eingriff *m*; **i.ive** *adj* störend
invalid *adj* (rechts)ungültig, rechtsunwirksam, kraftlos, hinfällig; **to declare sth. i.** etw. für kraftlos erklären; **legally i.** rechtsungültig
invalidate *v/t* 1. für ungültig erklären, ungültig machen; 2. entkräften
invalidation *n* 1. Kraftlos-, Nichtig-, Ungültigkeitserklärung *f*; 2. Entkräftung *f*; **i. of a document conferring authority** Kraftloserklärung einer Vollmachtsurkunde
invalidity *n* 1. Ungültigkeit *f*, Unwirksamkeit *f*; 2. Invalidität *f*; **i. of a contract** Nichtigkeit eines Vertrages
invasion *n* Eindringen *nt*; **i. of personal liberty** Beeinträchtigung der persönlichen Freiheit; **~ (personal) privacy** Einbruch in die Privatsphäre, Verletzung der Privatsphäre, ~ des Persönlichkeitsrechts
invent *v/t* erfinden; **i.ion** *n* Erfindung *f*; **accidental ~** Zufallserfindung *f*; **i.or** *n* Erfinder(in) *m/f*
inventory *n* 1. Bestand *m*; 2. Bestandsaufnahme *f*; 3. Inventar(verzeichnis) *nt*; **i. of an estate** Nachlassinventar *nt*, Nachlassverzeichnis *nt*; **i. audit** Bestandsprüfung *f*; **i. list** Bestandsverzeichnis *nt*; **i.-taking** Inventur *f*

invest *v/t* anlegen, investieren
investigate *v/t* 1. ermitteln, Ermittlungen/Nachforschungen anstellen, untersuchen; 2. fahnden; 3. prüfen, recherchieren
investigation *n* Ermittlung(stätigkeit) *f*; 2. Fahndung *f*, Nachforschung *f*; 3. Überprüfung, Untersuchung *f*; **i. of the cause of the accident** Untersuchung der Unfallursache; **I. Division of the Board of Customs and Excise** *[GB]* Zollfahndungsstelle *f*; **i. of title** *[GB]* *(Grundstück)* Rechtstitelüberprüfung *f*
to commence investigations Ermittlungen einleiten
criminal investigation *n* Ermittlung(en) *f/pl*; **C.I.-Department (CID)** *[GB]* Kriminalpolizei *f*; **disciplinary i.** Disziplinaruntersuchung *f*; **judicial i.** gerichtliche Untersuchung; **official i.** Amtsermittlung *f*, Ermittlung(en) von Amts wegen; **preliminary i.** Voruntersuchung *f*, Vorermittlungen *pl*
investigation records Ermittlungsakten
investigator *n* Ermittlungs-, Untersuchungsbeamter(in) *m/f*, Fahnder(in) *m/f*; **private i.** Detektiv(in) *m/f*
investment *n* Investition *f*, (Vermögens)Anlage *f*; **i. in kind** Sacheinlage *f*; **i. company** Investment-, Kapitalanlagegesellschaft *f*; **i. contract** Kapitalanlagevertrag *m*; **i. fraud** Kapitalanlagebetrug *m*; **i. income** Kapitalertrag *m*; **i. loan** Investitionskredit *m*; **i. trust** Kapitalanlagegesellschaft *f*
investor *n* (Kapital)Anleger *m*, Kapitalgeber *m*, Kapitalaufbringer *m*, Einleger *m*
inviolability *n* Unverletzlichkeit *f*; **i. of residence** Unverletzlichkeit der Wohnung; **to claim i.** Unverletzlichkeit geltend machen
inviolable *adj* unantastbar, unverletzlich
invitation to tender *n* Ausschreibung *f*, invitatio ad offerendum *(lat.)*
invocation of papers *n* *[US]* Aktenanforderung *f*
invoice *n* (Waren)Rechnung *f*, Faktura *f*; **to disallow an i.** Rechnung nicht anerkennen; **commercial i.** Handelsrechnung *f*; **pro-forma i.** Proformarechnung *f*, vorläufige Rechnung; **to make out a ~**

vorläufige Rechnung ausstellen; **unpaid i.** offene Rechnung

invoice *v/t* fakturieren, in Rechnung stellen

invoice department Rechnungsabteilung *f*; **i. price** Rechnungspreis *m*

invoicing *n* Inrechnungstellung *f*

invoke *v/t* 1. anrufen; 2. sich berufen auf

involuntary *adj* unfreiwillig, nicht vorsätzlich

involve *v/t* beteiligen, verwickeln, nach sich ziehen; **i. so. in** jdn hineinziehen in

involved *adj* beteiligt, **those i.** die Beteiligten; **not i.** unbeteiligt

involvement *n* Beteiligung *f*, Verwicklung *f*

IOU (I owe you) Schuldschein *m*

irrebuttable *adj* unwiderlegbar

irreconcilable *adj* unüberbrückbar, unvereinbar, unversöhnlich

irrecoverable *adj* uneinbringlich

irredeemab|ility *n* Untilgbarkeit *f*; **i.le** *adj* unablösbar, unkündbar, untilgbar

irrefutable *adj* hieb- und stichfest, unanfechtbar, unbestreitbar, unwiderlegbar

irregular *adj* form-, ordnungs-, regel-, vorschriftswidrig, unregelmäßig

irregularity *n* Dienst-, Regel-, Vorschriftswidrigkeit *f*, Unregelmäßigkeit *f*; **i. in service** Zustellungsmangel *m*; **procedural i.** Formfehler *m*

irrelevance *n* Belanglosigkeit *f*, Irrelevanz *f*, Nebensächlichkeit *f*, Unerheblichkeit *f*

irrelevant *adj* belang-, gegenstands-, bedeutungslos, irrelevant, (rechts)unerheblich, unwesentlich, nicht von Belang

irreplaceable *adj* unersetzlich

irrespective of *prep* unbeschadet, ungeachtet, unabhängig von, ohne Rücksicht auf

irresponsible *adj* unverantwortlich, verantwortungslos

irretrievable *adj* unwiederbringlich

irreversible *adj* nicht umkehrbar, *(Entschluss)* unabänderlich, unwiderruflich, irreversibel

irrevocab|ility *n* Unwiderruflichkeit *f*; **i.le** *adj* unwiderruflich, *(Entschluss)* unabänderlich

irritate *v/t (lästig sein)* stören

isolate *v/t* isolieren

issuance *n* 1. *(Dokument)* Ausstellung *f*; 2. *[US]* Erlass *m*; **i. of a law** Erlass eines Gesetzes

issue *v/t* 1. ausfertigen, ausstellen; 2. erlassen

issue 1. *(Pass)* Ausfertigung *f*, Ausstellen *nt*, Ausstellung *f*; 2. Emission *f*; 3. (Streit-) Frage *f*, Streitfall *m*, Streitpunkt *m*; 4. Nachkommen(schaft) *pl/f*; **without i.** ohne Nachkommen; **i. of a bill** Wechselausstellung *f*; **~ a certificate/testimonial** Erteilung eines Zeugnisses, Zeugniserteilung *f*; **~ debentures** Ausgabe/Emission von Schuldverschreibungen

to be at issue streitig sein; **collateral i.** Nebenfrage *f*; **main i.** Hauptsache *f*; **relevant i.** entscheidungserhebliche Frage; **~ to the i.** rechtserheblich

issue price *n* Ausgabepreis *m*

issuer *n* Aussteller *m*

item *n* 1. Artikel *m*; 2. Stück *nt*; 3. *(Bilanz)* Posten *m*; **i. on the agenda** Tagesordnungspunkt *m*; **i. of a bill** Rechnungsposten *m*; **~ the deceased's estate** Erbschafts-, Nachlassgegenstand *m*; **i. subject to execution** Vollstreckungsgegenstand *m*; **i. ordered** Auftragsgegenstand *m*; **i. purchased** Kaufgegenstand *m*, Kaufsache *f*; **i. (to be) repaired** Reparaturgegenstand *m*; **i. of value** Wertsache *f*; **~ minor value** geringwertige Sache

bequeathed item vermachte Sache; **contributed i.s.** eingebrachte Sachen; **corporeal i.** körperlicher Gegenstand; **disposable i.** Wegwerfartikel *m*; **inherited i.** Nachlassgegenstand *m*; **leased i.** Mietgegenstand *m*; **liable i.** haftender Gegenstand; **owed i.** geschuldeter Gegenstand, geschuldete Sache; **ownerless i.** herrenlose Sache; **pledged i.** Pfandgegenstand *m*, Pfandsache *f*; **rented i.** Mietsache *f*; **sequestered i.** gepfändete Sache; **stolen i.** gestohlene Sache

itemiz|ation *n* Aufschlüsselung *f*; **i.e** *v/t* aufschlüsseln

itinerant *adj (Handel)* ambulant

itinerary *n* Reiseroute *f*

J

jactitation of marriage n *[GB]* Vortäuschung der Ehe, Ehebetrug *m*

jail v/t inhaftieren

jail n Gefängnis *nt*, Knast *m (coll)*; **j.break** n (Gefängnis)Ausbruch *m*; **j.bird** n *(coll)* Knastbruder *m (coll)*; **j. sentence** Gefängnisstrafe *f*

jam n Ladehemmung *f*

legal jargon n Juristenjargon *m*

jealousy killing n Mord aus Eifersucht

jeopardize v/t gefährden

double jeopardy n Gefahr einer erneuten Verurteilung; **~ clause** Verbot der Doppelbestrafung

jewel robbery n Juwelendiebstahl *m*

jibe n stichelnde Bemerkung, Stichelei *f*

job n 1. Beruf *m*; 2. Arbeitsplatz *m*, Stelle *f*, Stellung *f*, Posten *m*; **casual/occasional j.** Gelegenheitsarbeit *f*; **full-time j.** hauptberufliche Tätigkeit; **put-up j.** *(coll)* abgekartetes Spiel; **supplementary j.** Nebentätigkeit *f*

Job Centre n *[GB]* Arbeitsamt *nt*; **j. creation scheme** Arbeitsbeschaffungsmaßnahme *f*; **j. description** Arbeitsplatzbeschreibung *f*; **j. qualification** berufliche Qualifikation

jobless adj arbeitslos

job title n Berufsbezeichnung *f*

join v/t 1. beitreten, mitmachen; 2. verbinden

joinder n *(Verfahren)* Anschluss *m*, Verbindung *(von Prozessen)*; **j. of actions** Klagenhäufung *f*, Klagen-, Prozessverbindung *f*; **~ offences** Tatmehrheit *f*; **~ parties** Nebenintervention *f*, Streitgenossenschaft *f*

joining n 1. Verknüpfung; 2. *(Grundstücke)* Zusammenlegung *f*; **j. of interests** Interessenverknüpfung *f*

joint adj gemeinsam, gesamthänderisch; **j. and several** *(Haftung)* gemeinschaftlich, solidarisch, Solidar-; **j.ly** adv gemeinschaftlich, konsortialiter, zur gesamten Hand

journal n Journal *nt*; **official j.** Amtsblatt *nt*

journalist n Journalist(in) *m/f*; **freelance j.** freier Journalist

journey n Fahrt *f*

joy n Freude *f*, Lust *f*; **malicious j.** Schadenfreude *f*; **j.ride** n Spritztour mit fremdem Kfz; **j.rider** n Person, die einen Wagen für eine Spritztour benutzt; **j.riding** unbefugter Gebrauch eines Fahrzeugs, Spritztour mit fremdem Kfz

jubilee n Jubiläum *nt*

judge v/t 1. urteilen, entscheiden, Recht sprechen, richten; 2. beurteilen

judge n Richter(in) *m/f*, Kadi *m (coll)*; **j. at a bankruptcy court** Konkursrichter(in) *m/f*; **j. in chambers** Einzelrichter ohne Öffentlichkeit; **j. at a conciliation hearing** Sühnerichter *m*; **~ at a court of guardianship**; **~ a guardianship court** Vormundschaftsrichter(in) *m/f*; **~ a juvenile court** Jugendrichter(in) *m/f*; **j. assisting the presiding judge** Beisitzer(in) *m/f*; **j. for life** Richter auf Lebenszeit; **j. on probation** Richter auf Probe; **j. in criminal proceedings** Strafrichter *m*; **j. sitting alone** Einzelrichter *m*

to be appointed judge zum Richter ernannt werden; **to bring before the j.** vorführen; **to challenge a j.** Richter ablehnen

appellate judge n Berufungsrichter(in) *m/f*; **associate j.** Beisitzer(in) *m/f*, beisitzender Richter; **commercial j.** Handelsrichter *m*; **federal j.** Bundesrichter(in) *m/f*; **lay j.** ehrenamtlicher Richter; **presiding j.** Gerichtspräsident(in) *m/f*, Gerichts-, Kammervorsitzende(r) *f/m*, vorsitzender Richter; **Senatspräsident** *m*, Vorsitzende(r) *f/m*; **professional/salaried j.** Berufsrichter(in) *m/f*; **senior j.** dienstälterer Richter; **substitute j.** Ergänzungs-, Ersatzrichter *m*

judge advocate n Militärstaatsanwalt *m*; **j.'s chambers** Richterzimmer *nt*; **J.s' Rules** *[GB]* Verhör-, Vernehmungsrichtlinien, richterliche Richtlinien für polizeiliche Vernehmung und Anzeigenerstattung

judgeship n Richteramt *nt*

judg(e)ment n (Gerichts)Urteil *nt*, Urteilsspruch *m*, Beurteilung *f*, gerichtliche Entscheidung, Gerichts-, Schieds-

spruch *m*, Verurteilung *f*; **according to one's best j.** nach pflichtgemäßen Ermessen; **j. in absentia** *(lat.)* Abwesenheitsurteil *nt*; **j. of acquittal** Freispruch *m*; **j. on appeal** Berufungsurteil *nt*, angefochtenes Urteil; **j. in arrest proceedings** Arresturteil *nt*; **~ a civil case** Zivilurteil *nt*; **j. by confession** Anerkenntnisurteil *nt*; **j. concerning costs** Kostenurteil *nt*; **j. with costs** kostenpflichtige Verurteilung; **j. by the court of first instance** erstinstanzliches Urteil; **j. for damages** Verurteilung zum Schaden(s)ersatz; **j. by default** Versäumnisurteil *nt*; **to set aside a ~** Versäumnisurteil aufheben; **j. of dismissal** klageabweisendes Urteil; **j. for dispossession** Räumungsurteil *nt*; **~ eviction** Räumungsurteil *nt*; **j. on procedural grounds** Prozessurteil *nt*; **~ the merits** Urteil auf Grund des materiellrechtlichen Tatbestandes, Sach(verständigen)urteil *nt*; **j. over** *[US]* Regressurteil *nt*; **j. in personam** *(lat.)* Urteil betreffend obligatorische Ansprüche; **j. against the plaintiff** Klageabweisung *f*; **j. for possession** *[GB]* Räumungsurteil *nt*; **j. altering a legal relationship** Gestaltungsurteil *nt*; **j. granting affirmative relief** Leistungsurteil *nt*; **j. in rem** *(lat.)* Urteil betreffend dingliche Ansprüche; **j. for support** *[US]* Unterhaltsurteil *nt*
to acquiesce in a judgment sich mit einem Urteil abfinden; **to alter a j.** Urteil abändern; **to appeal against a j.** Urteil anfechten; **to confirm a j.** Urteil bestätigen; **to deliver a j.** Urteil erlassen/fällen/sprechen/verkünden; **to enforce/execute a j.** aus einem Urteil vollstrecken; **to enter a j.** Urteil erlassen; **to give a j.** Urteil fällen; **to obtain a j.** Urteil/Titel erwirken; **to pass j.** judizieren; **to pronounce a j.** Entscheidung/Urteil verkünden; **to rescind/reverse a j.** Urteil aufheben; **to sit in j.** zu Gericht sitzen, richten; **to uphold a j.** Urteil bestätigen
affirmative judgment imposing an obligation Leistungsurteil *nt*; **conditional j.** Vorbehaltsurteil *nt*, bedingtes Urteil; **declaratory j.** Feststellungsurteil *nt*; **dissenting j.** 1. abweichendes Urteil; 2. abweichende Beurteilung; **enforceable**

j. vollstreckbares Urteil; **exclusory j.** Ausschlussurteil *nt*; **false j.** Fehlurteil *nt*; **final j.** rechtskräftiges Urteil, Schlussurteil *nt*; **interlocutory j.** Zwischenurteil *nt*; **precedent j.** Vorentscheidung *f*; **preliminary j.** Präjudiz *nt*; **to pass a ~ on sth.** etw. präjudizieren; **provisional/ reserved j.** Vorbehaltsurteil *nt*; **reasoned j.** mit Gründen versehenes Urteil; **reserved j.** Vorbehaltsurteil *nt*; **reversing j.** Aufhebungsurteil *nt*; **sham j.** Scheinurteil *nt*; **valid j.** rechtskräftiges Urteil
judgment claim Urteils-, Vollstreckungsforderung *f*; **j. creditor** Vollstreckungsgläubiger(in) *m/f*; **j. debt** Urteils-, Vollstreckungsschuld *f*, Urteilsforderung *f*; **j. debtor** Urteils-, Vollstreckungsschuldner(in) *m/f*; **j. summons** Antrag auf Beugehaft gegen zahlungsunwilligen Vollstreckungsschuldner, Vorladung des Vollstreckungsschuldners; **j. note** Mahnbescheid *m*, Unterwerfungserklärung *f*; **by ~** auf dem Wege des Mahnverfahrens
judicable *adj* rechtsfähig
judicature *n* Gerichtsverfassung *f*, Judikatur *f*, Justiz *f*
judicial *adj* gerichtlich, judikatorisch, rechtsprechend, richterlich; **j. and extrajudicial** gerichtlich und außergerichtlich
judiciary *n* 1. Gerichtswesen *nt*, Justiz *f*; 2. rechtssprechendes Organ, Richter *pl*, Richterstand *m*
jumble sale *n* *[GB]* Ramschverkauf *m*
jumpy *adj* nervös
junction *n* Kreuzung *f*
junior *adj* nachstellig
juridical *adj* juridisch, juristisch
jurisdiction *n* 1. Jurisdiktion *f*, Rechtsprechung *f*, Gerichtsbarkeit *f*; 2. Amtsbereich *m*, Gerichtsbezirk *m*, Gerichtshoheit *f*, Gerichtsstand *m*, Gerichts-, Rechtszuständigkeit *f*, Zuständigkeits-, Hoheitsbereich *m*; 3. Entscheidungsbefugnis *f*, Entscheidungsrecht *nt*; 4. Kompetenz *f*, Machtbereich *m*; **j. for administration** Verwaltungskompetenz *f*; **~ cartel cases** Zuständigkeit in Kartellsachen
jurisdiction of the court *n* Zuständigkeit des Gerichts; **outside the ~** außerhalb

der Zuständigkeit des Gerichts; **to be within the** ~ zur Zuständigkeit des Gerichts gehören; **to come within** ~ der Zuständigkeit eines Gerichts unterliegen; **to oust the** ~ Rechtsweg ausschließen; **j. of the local court** Zuständigkeit des Amtsgerichts; ~ **the probate court** Zuständigkeit des Nachlassgerichts; **j. in major crimes** Strafgerichtsbarkeit für Verbrechen; ~ **litigated matters** streitige Gerichtsbarkeit; ~ **minor criminal offences** Strafgerichtsbarkeit für Vergehen; **j. based on the place where the offence was committed** Gerichtsstand des Begehungsortes; **j. and procedure** Zuständigkeit und Verfahren; **j. concerning social security disputes** Sozialgerichtsbarkeit *f*; **j. in the subject-matter** sachliche Zuständigkeit

to come under the jurisdiction of unter die Zuständigkeit fallen von; **to have j.** zuständig sein; **to plead lack/want of j.** fehlende Zuständigkeit geltend machen

administrative jurisdiction Verwaltungsgerichtsbarkeit *f*; **appellate j.** Berufungsgerichtsbarkeit *f*, Zuständigkeit in der Rechtsmittelinstanz; **arbitral j.** Schiedsgerichtsbarkeit *f*; **civil j.** Zivilgerichtsbarkeit *f*, Zuständigkeit in Zivilsachen; **comprehensive j.** Allzuständigkeit *f*; **concurrent j.** konkurrierende Zuständigkeit; **contentious j.** streitige Gerichtsbarkeit; **criminal j.** Strafgerichtsbarkeit *f*, Strafzuständigkeit *f*, Zuständigkeit in Strafsachen; **direct j.** unmittelbare Zuständigkeit; **disciplinary j.** Disziplinargerichtsbarkeit *f*; **domestic j.** inländische Zuständigkeit; **double j.** Doppelzuständigkeit *f*; **exclusive j.** ausschließliche Zuständigkeit; **to have** ~ ausschließlich zuständig sein; **general j.** Rahmenkompetenz *f*, allgemeine Zuständigkeit; **industrial j.** Arbeitsgerichtsbarkeit *f*; **local j.** örtliche Zuständigkeit; **matrimonial j.** Zuständigkeit in Ehesachen; **military j.** Militärgerichtsbarkeit *f*; **non-contentious j.** freiwillige Gerichtsbarkeit; **ordinary j.** ordentliche Gerichtsbarkeit; **patrimonial j.** Patrimonialgerichtsbarkeit *f*; **penal j.** Strafjustiz *f*; **special j.** Sondergerichtsbarkeit *f*

jurisdiction clause *(Vertrag)* Zuständigkeitsklausel *f*

jurisprudence *n* Jurisprudenz *f*, Juristerei *f*, Rechtslehre *f*, Rechtswissenschaft *f*

jurist *n* Rechtsgelehrte(r) *f/m*; **j.ic** *adj* rechtswissenschaftlich, juristisch

juror *n* Beisitzer(in) *m/f*, Geschworene(r) *f/m*, Schöffe *m*, Schöffin *f*; **j. in a juvenile case** Jugendschöffe *m*; **substitute j.** Ersatzgeschworene(r) *f/m*

jury *n* Geschworene *pl*, Jury *f*, Schöffen *pl*; **to empanel a j.** die Geschworenenliste aufstellen; **hung j.** nicht entscheidungsfähige Jury; **petty j.** *[US]* Urteilsjury *f*

jury box *n* Geschworenenbank *f*; **j. foreman** Hauptschöffe *m*; **j. list** Geschworenenliste *f*; **j. panel** Geschworenenliste *f*; **j. trial** Geschworenenprozess *m*, Verfahren mit Geschworenen

jus accrescendi *n* *(lat.)* Anwachsungsrecht *nt*; **j. deliberandi** *(lat.)* Ausschlagungsrecht *nt*

just *adj* gerecht; **as appears j.** nach billigem Ermessen; **j. and equitable** recht und billig

justice *n* 1. Gerechtigkeit *f*, justitia *(lat.)*; 2. Justiz *f*; 3. Richter(in) *m/f*; **j. of the peace (JP)** Friedensrichter *m*

to abscond from justice sich der Festnahme entziehen; **to administer/dispense j.** judizieren, Recht sprechen; **to do so. j.** jdm Gerechtigkeit widerfahren lassen; **to evade j.** sich der Strafverfolgung entziehen; **to get j.** zu seinem Recht kommen; **to mete out j.** Recht sprechen, Strafe zumessen; **to temper j. with mercy** Gnade vor Recht ergehen lassen

compensatory justice *n* ausgleichende Gerechtigkeit; **criminal j.** Strafjustiz *f*; **restorative j.** Täter-Opfer-Ausgleich *m*; **substantive j.** Gerechtigkeit in der Sache selbst, materielle Gerechtigkeit

Justice Department *n* *[US]* Bundesjustizministerium (BJM) *nt*; **j.ship** *n* Richteramt *nt*; **j.'s clerk** juristischer Berater des Amtsrichters; ~ **warrant** Haftbefehl *m*

justiciable *adj* justitiabel

justifiability *n* Vertretbarkeit *f*

justifiabl|e *adj* gerechtfertigt, vertretbar; **legally** ~ rechtlich vertretbar; **morally** ~

sittlich gerechtfertigt; **j.y** *adj* berechtigterweise

justification *n* Begründung *f*, Berechtigung *f*, Rechtfertigung *f*; **j. of a claim** Anspruchsbegründung *f*; **j. and privilege** Wahrnehmung berechtigter Interessen

justified *adj* begründet, berechtigt; **legally j.** rechtlich begründet

justify *v/t* begründen, rechtfertigen, vertreten

jut out *v/i* herausragen, überstehen

juvenile *n* Jugendliche(r) *f/m*; **J. Court Act** *[GB]* Jugendgerichtsgesetz *nt*

juveniles *pl* Jugend *f*; **harmful to j.** jugendgefährdend

K

kangaroo court *n [GB]* *(Gewerkschaft)* Femegericht *nt*

keep *v/t* 1. aufbewahren; 2. bewahren; 3. befolgen, einhalten; 4. *(Tier)* halten; **k. back** einbehalten; **k.ing (of) the minutes** *n* Protokollierung *f*

keeper *n* 1. Aufseher(in) *m/f*; 2. Hüter(in) *m/f*; 3. Tierpfleger *m*, Wärter(in) *m/f*; **k. of an animal** Tierhalter(in) *m/f*; **~ a car** Fahrzeughalter(in) *m/f*; **~ the minutes** *(Sitzung)* Protokollant(in) *m/f*; **~ a motor vehicle** Fahrzeughalter(in) *m/f*

kennel *n* Hundehütte *f*, Zwinger *m*

kerb *n* 1. Fahrbahnrand *m*; 2. *[GB]* Randstein *m*

key *n* Schlüssel *m*; **duplicate/spare k.** Nach-, Ersatz-, Zweitschlüssel *m*; **k. money** Mietablösung *f*, Mietkaution *f*; **k. witness** Hauptzeuge *m*

kidnap *v/t* entführen, verschleppen; **k.per** *n* Entführer(in) *m/f*; **k.ping** *n* Entführung *f*, Kindes-, Menschenraub *m*, Verschleppung *f*; **~ of children** Kindesraub *m*; **~ for ransom** erpresserischer Menschenraub

kill *v/t* töten, umbringen; **to be out to k. so.** jdm nach dem Leben trachten; **k.er** *n* Mörder *m*; **hired ~** Auftragsmörder *m*, gedungener Mörder; **serial ~** Serienmörder(in) *m/f*

killing *n* Töten *nt*, Tötung *f*; **k. on demand; k. so. at his/her own request** Tötung auf Verlangen; **k. in self-defence** Tötung aus Notwehr; **sectarian k.** Fememord *m*; **k. spree** Mordserie *f*

kind *n* Gattung *f*, Genus *m (lat.)*; **in k.** in natura *(lat.)*; **to pay ~** in Naturalien bezahlen

kindness *n* Güte *f*

King's evidence *n* Kronzeuge *m*; **to turn ~** als Kronzeuge auftreten

kinship *n* Verwandtschaft *f*

kiss of life *n* Mund-zu-Mund-Beatmung *f*

hands-free kit *n* Freisprecheinrichtung *f*

kiteflying *n (coll)* Wechselreiterei *f (coll)*

kleptomania *n* Kleptomanie *f*; **k.c** Kleptomane *m*

kneecap *n* Kniescheibe *f*; **k. so.** *v/t* jdm die Kniescheibe durchschießen

knife *n* Messer *nt*; **to draw a k.** Messer ziehen; **to hold so. at k.point** *n* jdn mit einem Messer bedrohen

knif|er *n* Messerstecher(in) *m/f*; **k.ing** *n* Messerstecherei *f*; **the knives are out for him** *(coll)* für ihn wird schon das Messer gewetzt *(coll)*

knock *v/t* schlagen; **k. so. down** jdn überfahren

knock on the chin *n* Kinnhaken *m*

know *v/t* wissen; **k.ingly** *adv* 1. absichtlich; 2. wissend, wissentlich

knowledge *n* Kenntnis *f*, Wissen *nt*; **to the best of my k.** nach meiner Kenntnis; **~ one's k. (and belief)** nach bestem Wissen (und Gewissen); **against one's better k.; contrary to one's better k.** wider besseres Wissen; **with so.'s k. and consent** mit jds Wissen und Willen; **without my k.** ohne mein Wissen; **~ so.'s k. and consent** ohne jds Wissen und Willen

knowledge of the court Kenntnis des Gerichts; **~ the facts** Kenntnis der Sachlage, Sachkunde *f*

to be common knowledge offenkundig sein; **to obtain k.** Kenntnis erlangen

advance knowledge Vorverständnis *nt*; **guilty k.** Unrechtsbewusstsein *nt*; **imputed k.** unterstellte/zurechenbare Kenntnis; **official k.** Amtskenntnis *f*; **presumptive k.** vermutliche Kenntnis; **previous k.** Vorkenntnis *f*, Vorwissen *nt*;

having secret k. of so.'s crime Mitwissen *nt*

known *adj* bekannt; **also k. as (aka)** alias; **generally k.** allgemein bekannt, publik

knuckleduster *n* Schlagring *m*

L

label *n* 1. (Schutz)Marke *f*; 2. Kennzeichen *nt*; **environmental l.** Umweltzeichen *nt*, Umweltengel *m*; **private l.** Hausmarke *f*

labelling *n* Etikettierung *f*, Kennzeichnung *f*; **l. provisions** Kennzeichnungsvorschriften; **l. requirement** Kennzeichnungspflicht *f*

lab(oratory) *n* Labor *nt*; **forensic l.** gerichtsmedizinisches Institut, kriminaltechnisches Labor

labor *[US]*; **labour** *[GB]* *n* 1. Arbeit *f*; 2. Arbeitskräfte *pl*, Arbeitnehmer *pl*; **l. and management** Tarifpartner *pl*, Tarifparteien *pl*; **forced l.** Zwangsarbeit *f*; **subcontracted l.** Leiharbeit *f*

labour court/tribunal *n* Arbeitsgericht *nt*; **l. exchange** *n* Arbeitsamt *nt*, Arbeitsvermittlung *f*; **to sign on at the ~** sich arbeitslos melden; **l. force** Belegschaft *f*, Arbeitskräfte *pl*; **l. regulations** arbeitsrechtliche Vorschriften; **labor union** *[US]* Gewerkschaft *f*

laches *pl* 1. Verwirkung *f*; 2. (schuldhafte) Unterlassung

lack *n* 1. Mangel *m*, Ermangelung *f*; 2. Fehlen *nt*; **for l. of** in Ermangelung von, aus Mangel an, mangels; **l. of agreement** Einigungsmangel *m*; **covert ~** versteckter Einigungsmangel; **overt ~** offener Einigungsmangel

lack of attention mangelnde Aufmerksamkeit; **~ authority** Mangel der Vollmacht, mangelnde Vollmacht; **~ legal basis** Fehlen der gesetzlichen Grundlage; **~ the basis of the transaction** Fehlen der Geschäftsgrundlage; **~ care** Mangel an Sorgfalt, Fahrlässigkeit *f*; **~ proper care** Verletzung der (gesetzlichen) Sorgfaltspflicht; **~ clarity** Un-

klarheit *f*; **~ completion** Fehlen der Vollendung; **~ conformity with the contract** Vertragswidrigkeit *f*; **~ consideration** 1. mangelnde Gegenleistung; 2. Rücksichtslosigkeit *f*; **~ evidence** Beweismangel *m*, Mangel an Beweisen, Beweisnot *f*, Unerwiesenheit *f*; **~ experience** Unerfahrenheit *f*; **~ legal form** Formmangel *m*; **~ funds** Geldmangel *m*, Mittellosigkeit *f*; **~ intention** Willensmangel *m*; **~ judgment** Unverstand *m*; **gross ~ judgment** grober Unverstand

lack of jurisdiction sachliche Unzuständigkeit, mangelnde Zuständigkeit; **~ knowledge** Nichtkenntnis *f*; **~ money** Geldmangel *m*, Mangel an Geld; **~ novelty** Neuheitsmangel *m*; **~ proof** Mangel an Beweisen, Unerwiesenheit *f*; **~ quorum** *(lat.)* Beschlussunfähigkeit *f*; **~ representation** Mangel der Vertretungsmacht; **~ restraint** Zügellosigkeit *f*; **~ time** Zeitmangel *m*; **~ title** mangelnder Rechtsanspruch/Rechtstitel; **~ understanding** mangelnde Einsicht

lack *v/t* (er)mangeln; **l.ing** *adj* fehlend

lag *n* Verzögerung *f*, Rückstand *m*, Zurückbleiben *nt*; *v/i* zurückbleiben; **l. behind** nach-, hinterherhinken

land *n* 1. (Grund und) Boden *m*, Gelände *nt*; 2. Bundesland *nt*; **to convey l.** Grundstück auflassen; **to develop l.** Bauland/Grundstück erschließen; **to mortgage l.** Grundstück (hypothekarisch) belasten; **to run with the l.** dinglich mit dem Grundstück verbunden sein; **to value l.** Grundstückswert (ab)schätzen

derelict/waste land Brachfläche *f*, Ödland *nt*; **freehold l.** Grundstück/Land ohne Eigentumsbeschränkung; **military l.** Militärgelände *nt*

land certificate Grundbuchauszug *m*, Grundbuchbescheinigung *f*, Grundeigentumsurkunde *f*

land charge (Inhaber)Grundschuld *f*, Grunddienstbarkeit *f*, Real-, Grund(stücks)last *f*; **to extinguish a l. c.** Grundschuld löschen; **certified/unregistered l. c.** Briefgrundschuld *f*; **collateral l. c.** Sicherungsgrundschuld *f*; **permanent l. c.** Reallast *f*; **registered l. c.** Buchgrundschuld *f*; **total l. c.** Gesamtgrundschuld *f*

land charges register *[GB]* Grundbuch (-register) *nt*, Hypothekenregister *nt*, Register für Grundstücksbelastungen, Schuldbuch *nt*; **to enter sth. into the ~** etw. in das Grundbuch eintragen; **registered in the ~** im Grundbuch eingetragen; **~ costs** Grundbuchregisterkosten; **l. c. registration act** Grundbuchordnung *f*

land consolidation Flurbereinigung *f*; **l. credit** Bodenkredit *m*

landfill (disposal site) *n* Müllhalde *f*, (Auffüll)Deponie *f*

landing card *m* Einreisekarte *f*; **l. permission** Landeerlaubnis *f*

landlady *n* 1. *(Immobilie)* Vermieterin *f*, Verpächterin *f*; 2. Wirtin *f*

land law Boden-, Grundstücks-, Liegenschaftsrecht *nt*; **l. lease** Grund-, Grundstückspacht *f*

land survey Landvermessung *f*; **~ register** Katasterbuch *nt*; **l. tenure** Landpacht *f*, Pachtverhältnis *nt*; **l. transactions** Boden-, Grundstücksverkehr *m*; **l. value** Bodenwert *m*; **l. warfare** Landkrieg *m*

landlord *n* 1. *(Immobilie)* Vermieter *m*, Verpächter *m*; 2. Grund-, Hauseigentümer *m*; 3. Gastwirt *m*; 4. Hauswirt *m*; **l. and tenant act** *n [GB]* Mieterschutzgesetz *nt*; **~ case** Mietsache *f*; **~ law** Miet-, Wohnungsrecht *nt*

landlord|'s duty to pay damages Schaden(s)ersatzpflicht des Vermieters; **l.'s liability** Vermieterhaftpflicht *f*; **~ lien** Pfandrecht des Vermieters, Vermieterpfandrecht *nt*; **~ notice to quit** Kündigung durch den Vermieter

landlord-tenant dispute *n* Mietstreitigkeit *f*

landmark *n* 1. Grenzstein *m*, Grenzlinie *f*; 2. Orientierungspunkt *m*; 3. *(fig)* Wahrzeichen *n*

landowner *n* Grund-, Landbesitzer(in) *m/f*, Grundstückeigentümer(in) *m/f*; **adjoining l.** Grundstücksnachbar *m*

land ownership Grund(stücks)eigentum *nt*, Grund-, Landbesitz *m*; **l. o. certificate** Grundbuchauszug *m*

land procurement Landbeschaffung *f*; **~ proceedings** Landbeschaffungsverfahren *nt*

land purchase tax Grunderwerbssteuer *f*; **~ act** Grunderwerbssteuergesetz *nt*

land register Grundbuch *nt*, Kataster *m/nt*; **official l. r.** amtliches Verzeichnis der Grundstücke; **l. r. folio** Grundbuchblatt *nt*

land registry (office) *[GB]* Grundbuch-, Katasteramt *nt*

landscape conservation *n* Landschaftspflege *f*; **l. protection** Landschaftsschutz *m*; **~ ordinance** Landschaftsschutzverordnung *f*

lane *n* Fahrbahn *f*, (Fahr)Spur *f*; **to change l.s** Spur/Fahrstreifen wechseln; **to stay in l.** in der Spur bleiben; **fast l.** Überholspur *f*; **left-turn l.** Linksabbiegespur *f*

language *n* Sprache *f*; **l. of proceedings** Verfahrens-, Gerichtssprache *f*; **~ the law** Rechts-, Juristensprache *f*; **to be proficient in a l.** Sprache beherrschen, einer ~ kundig sein

abusive language Beschimpfung *f*; **legal l.** Juristensprache *f*; **defamatory l.** beleidigende Ausdrücke; **offensive l.** Anstoß erregende Worte; **official l.** Amts-, Verkehrs-, Verhandlungssprache *f*; **strong l.** Kraftausdrücke *pl*

lapse *n* 1. *(Recht)* Verfall *m*, Heimfall *m*; 2. Erlöschen *nt*, Ablaufen *nt*; 3. Wegfall *m*; 4. Fehler *m*, Irrtum *m*; 5. Fehltritt *m*; 6. Zeitspanne *f*, Zeitraum *m*

lapse of a claim Erlöschen eines Anspruchs; **~ a contract** Ablauf eines Vertrages; **~ copyright** Erlöschen des Urheberrechts; **~ an heir** Wegfall eines Erben; **~ a legacy** Wegfall eines Vermächtnisses, Legatsverfall *m*; **~ a patent** Erlöschen eines Patents; **~ time** Frist-, Zeitablauf *m*, Verjährung *f*; **~ a title** Rechtsverlust *m*

lapse *v/i* ablaufen, erlöschen, verfallen, verstreichen; **l.d** *adj (Pass, Police)* abgelaufen, verfallen

larceny *n* *[US]* Diebstahl *m*; **l. by finder** Funddiebstahl *m*, Fundunterschlagung *f*; **l. for temporary use** Gebrauchsentwendung *f*; **aggravated/grand l.** schwerer Diebstahl; **petty/simple l.** einfacher Diebstahl, Bagatelldiebstahl *m*; **l. offence** Diebstahlsdelikt *nt*

at large *adj* *(Ausbrecher)* auf freiem Fuß, ~ der Flucht, flüchtig

large-scale *adj* umfangreich

lash *n* 1. Peitsche *f*; 2. (Peitschen)Schlag *m*;
    l. out *v/prep* (wild) um sich schlagen
lasting *adj* 1. dauerhaft; 2. haltbar; 3.
    nachhaltig
last-named *adj* letztgenannt
late *adj* 1. spät; 2. verspätet; 3. verstorben
latent *adj* 1. *(Mangel)* verborgen, latent;
    2. *(Reserven)* still
later *adj* 1. später; 2. nachträglich
launch *v/t* auf den Markt bringen
launder *v/t (fig)* waschen; **l.ing of stolen
    money** *n* Geldwäsche *f*
law *n* 1. Gesetz *nt*; 2. (objektives) Recht;
    3. Rechtswissenschaft *f*, Jura *pl*
    above the law über dem Gesetz (ste-
    hend); **in accordance with the l.** nach
    Gesetz und Recht, gesetzmäßig; **by l.**
    von Rechts wegen, ex lege *(lat.)*; **~ oper-
    ation of the l.** kraft Gesetzes; **contrary
    to the l.** gesetzwidrig, illegal; **in l.
    and/or in fact** rechtlich und/oder tat-
    sächlich; **outside the law** außerhalb des
    Gesetzes, ~ der Legalität, außergesetz-
    lich; **as the l. stands** nach der (gegen-
    wärtigen) Rechtslage; **to be subject to a
    l.** einem Gesetz unterliegen; **valid in l.**
    rechtsgültig; **versed in l.** rechtskundig;
    within the l. im Rahmen des Gesetzes
law of arrest Haftrecht *nt*; **~ assembly;
    law concerning/governing assemblies
    and processions** Versammlungsrecht *nt*;
    l. of association Vereins-, Verbands-,
    Gesellschaftsrecht *nt*; **~ asylum** Asyl-
    recht *nt*; **~ bankruptcy** Konkursrecht *nt*;
    l. concerning collective bargaining
    Tarifvertragsrecht *nt*; **l. of benefits** Ver-
    sorgungsrecht *nt*; **l. on bills of exchange**
    Wechselrecht *nt*; **l. of the blood** ius san-
    guinis *(lat.)*; **~ chattels** Recht der be-
    weglichen Sachen; **~ private limited
    companies** GmbH-Recht *nt*; **~ public
    limited companies** Aktienrecht *nt*; **~
    competition** Wettbewerbsrecht *nt*
law of contract Vertrags-, Schuldrecht *nt*,
    Recht der Schuldverhältnisse, Obliga-
    tionenrecht *nt*; **l. on contracts for work
    and services** Werkvertragsrecht *nt*
law on costs Kostenrecht *nt*; **l. of custo-
    dy** Vormundschaftsrecht *nt*; **~ domicile**
    Recht des Wohnsitzes; **~ employment**
    Arbeitsrecht *nt*; **~ enforcement** Voll-
    streckungsrecht *nt*; **~ equity** Billigkeits-

recht *nt*; **~ real estate** Grundbuch-, Lie-
    genschaftsrecht *nt*; **~ evidence** Beweis-
    recht *nt*, Recht der Beweisführung; **l. in
    force** geltendes Recht; **under the ~** nach
    geltendem Recht; **l. relating to food-
    stuffs/food processing and distribu-
    tion** Lebensmittelrecht *nt*; **l. of founda-
    tions** Stiftungsrecht *nt*; **l. relating to
    hazardous goods** Gefahrgutrecht *nt*; **~
    groups (of companies)** Konzernrecht *nt*;
    l. of hospitality Gastrecht *nt*; **l. on in-
    sider dealings** Insiderrecht *nt*; **l. of aca-
    demic institutions** Hochschulrecht *nt*;
    ~ private insurance Privatversiche-
    rungsrecht *nt*; **~ the jungle** Faustrecht *nt*;
    l. on juveniles and adolescents Ju-
    gendrecht *nt*; **l. of the land** geltendes
    Recht, geltende Rechtsnorm, Landrecht *nt*;
    ~ landlord and tenant Mietrecht *nt*; **~
    lease** Pachtrecht *nt*; **~ liability** Haftungs-
    recht *nt*; **~ mandate** Auftragsrecht *nt*; **l.
    concerning markets** Marktrecht *nt*
law of nations Völkerrecht *nt*, ius gen-
    tium *(lat.)*; **~ nature** Naturrecht *nt*; **~ neg-
    ligence** Recht der fahrlässigen Handlung;
    l. concerning neighbours Nachbar-
    recht; **l. on nursing care** Pflegerecht *nt*;
    l. of obligations Recht der Schuldver-
    hältnisse, Schuldrecht *nt*; **~ occupation**
    Besatzungsrecht *nt*
law and order Recht und Gesetz/Ord-
    nung, (öffentliche) Sicherheit und Ord-
    nung, öffentliche Ordnung; **to restore l.
    and o.** Sicherheit und Ordnung wieder-
    herstellen
law concerning organizations Organi-
    sationsrecht *nt*; **l. of religious organiza-
    tion** Religionsrecht *nt*; **~ parent and
    child** Kindschaftsrecht *nt*; **~ partner-
    ships and corporations** Gesellschafts-
    recht *nt*; **l. concerning passenger trans-
    port(ation)** Personenbeförderungsrecht
    nt; **l. concerning pensions** Rentenrecht *m*;
    ~ persons Personenrecht *nt*; **l. of posses-
    sion** Recht des Besitzes; **~ precedent**
    Fallrecht *nt*, Präjudizienrecht *nt*; **~ prison
    administration** Strafvollzugsrecht *nt*
law of procedure Verfahrens-, Prozess-
    recht *nt*; **~ civil procedure** Zivilpro-
    zessrecht *nt*, Zivilverfahrensrecht *nt*; **~
    criminal procedure** Strafprozessrecht *nt*,
    Strafverfahrensrecht *nt*

law of profession(s) Berufsrecht *nt*
law of property Eigentums-, Vermö-
gens-, Grundstücks-, Güter-, Sachenrecht *nt*; **l. concerning lost property**
Fundrecht *nt*; **l. of matrimonial property** eheliches Güterrecht; **statutory ~
matrimonial property** gesetzliches
Güterrecht
law of domestic relations *[US]* Familienrecht *nt*; **~ reason** Vernunftrecht *nt*; **l.s
and regulations** Gesetze und Verordnungen; **l. of restitution** Restitutions-
recht *nt*; **l. on sales** Kauf(vertrags)recht *nt*;
l. on timeshares Teilzeitwohnrecht *nt*; **l.
of cooperative societies** Genossen-
schaftsrecht *nt*; **~ the soil** ius soli *(lat.)*
law of succession Erbrecht *nt*; **~ intestate
succession** gesetzliches Erbrecht; **~ testamentary succession** testamentarisches Erbrecht
law on takeovers Übernahmerecht *nt*; **l.
concerning telecommunications** Fern-
melderecht *nt*; **l. of tenancy** Miet-, Wohnungsrecht *nt*; **~ incorporeal things** Immaterialgüterrecht *nt*; **~ tort(s)** Recht
der unerlaubten Handlung(en), Delikt-
recht *nt*; **l. on trade and industry** Ge-
werberecht *nt*; **~ trademarks** Markenrecht *nt*
binding in law rechtsverbindlich; **bound
by l.** gesetzlich verpflichtet; **effective in
l.** rechtswirksam; **fixed by l.** gesetzlich
festgeschrieben; **ignorant of the l.**
rechtsunkundig; **pending at l.** rechtshängig; **required by l.** gesetzlich vorgeschrieben, den gesetzlichen Bestimmungen gemäß
to abide by the law das Gesetz befolgen,
dem Gesetz Folge leisten; **to abolish/
abrogate a l.** Gesetz aufheben, **~** außer
Kraft setzen; **to apply a l.** Gesetz anwenden, **~** zur Durchführung bringen;
to be protected by l. Rechtsschutz genießen, gesetzlich geschützt sein; **to become l.** rechtskräftig/Gesetz werden; **to
bend the l.** Recht beugen; **to break the
l.** Gesetz brechen; **to circumvent a l.**
Gesetz umgehen; **to comply with the l.**
Gesetz einhalten/beachten; **to construe
a l.** Gesetz auslegen/deuten; **to contravene a l.** Gesetz übertreten; **to enact a l.**
Gesetz erlassen; **to enforce a l.** aus ei-

nem Gesetz klagen, einem Gesetz Geltung verschaffen, Gesetz zur Durchführung bringen; **to enforce the l.** Recht
durchsetzen; **to evade a l.** Gesetz umgehen; **to go to l.** vor Gericht gehen, Gericht anrufen, den Rechtsweg beschreiten; **to handle the l.** Recht handhaben;
to infringe a l. gegen ein Gesetz verstoßen; **to observe a l.** Gesetz befolgen; **to
pass a l.** Gesetz verabschieden/anneh-
men; **to practise l.** als Anwalt arbeiten,
Anwaltspraxis haben; **to promulgate a
l.** Gesetz verkünden; **to provide for by
l.** gesetzlich regeln; **to put a l. into force**
Gesetz in Kraft setzen
to read law *[GB]* Jura studieren; **to regulate by l.** gesetzlich regeln; **to repeal a l.**
Gesetz aufheben, **~** außer Kraft setzen;
to rescind a l. Gesetz außer Kraft setzen; **to sue under a l.** aus einem Gesetz
klagen; **~ so. at l.** jdn belangen/verkla-
gen; **to take the l. into one's own hands**
Selbstjustiz üben, zur Selbsthilfe greifen, Faustrecht ausüben, das Recht
selbst in die Hand nehmen; **to twist the
l.** Recht verdrehen; **to violate the l.** 1.
Gesetz brechen; 2. gegen geltendes
Recht verstoßen
adjective law Prozess-, Verfahrensrecht *nt*,
formelles Recht; **in ~ and substantive l.**
formell und materiell; **administrative l.**
Verwaltungsrecht *nt*; **agricultural l.**
Agrarrecht *nt*; **amending l.** (Gesetzes-)
Novelle *f*; **antitrust l.s** Kartellgesetze;
applicable l. anwendbares/anzuwen-
dendes Recht; **binding l.** verbindliches/
zwingendes Recht; **canon l.** Kirchen-
recht *nt*, kanonisches Recht; **civil l.** bürgerliches Recht, Zivilrecht *nt*, ius civile
(lat.); **commercial l.** Wirtschafts-, Handelsrecht *nt*; **common l.** allgemeines
Recht, Landrecht *nt*; **comparative l.**
Rechtsvergleichung *f*; **constitutional l.**
Verfassungs-, Staatsrecht *nt*; **consular l.**
Konsularrecht *nt*; **corporate l.** *[US]*
Unternehmensrecht *nt*
criminal law Strafrecht *nt*, **international
~** Völkerstrafrecht *nt*; **~ on sexual offences** Sexualstrafrecht *nt*; **~ on tax
matters** Steuerstrafrecht *nt*; **~ on traffic
offences** Verkehrsstrafrecht *nt*
customary law Gewohnheitsrecht *nt*; **ac-**

cording to ~ gewohnheitsrechtlich; **disciplinary l.** Disziplinarrecht *nt;* **dispositive/flexible l** dispositives Recht, ius dispositivum *(lat.);* **domestic l.** inländisches/nationales Recht
enacted law Gesetzesrecht *nt;* **environmental l.** Umweltrecht *nt;* **established l.** geltendes Recht; **European l.** Europarecht *nt,* europäisches Recht; **federal l.** Bundesrecht *nt;* **fiscal l.** Finanz-, Steuererrecht *nt;* **foreign l.** ausländisches Recht; **under German l.** nach deutschem Recht; **institutional l.** institutionelles Recht; **international l.** internationales Recht; **public ~** Völkerrecht *nt;* **judge-made l.** Richterrecht *nt;* **local l.** Ortsrecht *nt;* **mandatory l.** zwingendes Recht; **maritime l.** Seerecht *nt;* **martial l.** Kriegsrecht *nt;* **matrimonial l.** Eherecht *nt;* **medical l.** Arztrecht *nt;* **mercantile l.** Handelsrecht *nt;* **military l.** Standrecht *nt;* **moral l.** Sittengesetz *nt;* **municipal l.** Kommunalrecht *nt;* **national l.** nationales Recht; **natural l.** Naturrecht *nt,* natürliches Recht
penal law Strafrecht *nt;* 2. Strafgesetz *nt;* **p. l. concerning business matters** Wirtschaftsstrafrecht *nt;* **environmental p. l.** Umweltstrafrecht *nt;* **juvenile p. l.** Jugendstrafrecht *f;* **military p. l.** Militärstrafrecht *nt;* **p. l. amendment** Strafrechtsänderung *f*
peremptory law zwingendes/unabdingbares Recht; **pertinent l.** einschlägiges Recht; **positive l.** positives Recht
private law Privatrecht *nt,* privates/persönliches Recht, ius privatum *(lat.);* **formal p. l.** formelles Privatrecht; **international p. l.** internationales Privatrecht; **material p. l.** materielles Privatrecht; **substantive p. l.** materielles Privatrecht
procedural law Prozess-, Verfahrensrecht *nt;* **prohibitive l.** Verbotsgesetz *nt*
public law öffentliches/staatliches Recht, Staatsrecht *nt,* ius publicum *(lat.);* **under p. l.** öffentlich-rechtlich; **p. international l.** Völkerrecht *nt;* **in terms of p. l.** völkerrechtlich
real law Sachenrecht *nt;* **retroactive l.** rückwirkendes Recht; **Roman l.** römisches Recht; **special l.** Partikularrecht *nt;* **statutory l.** Gesetzesrecht *nt,* geschrie-

benes/kodifiziertes Recht, gesetzliches/gesetztes Recht; **substantive l.** materielles/sachliches Recht; **transitional l.** Übergangsrecht *nt;* ~ **for procedures** Übergangsrecht für Verfahren; **unwritten l.** ungeschriebenes Gesetz
law-abiding *adj* gesetzestreu
lawbreak|er *n* Gesetz-, Rechtsbrecher(in) *m/f,* Gesetzesübertreter *m;* **l.ing** *n* 1. Gesetzesübertretung *f;* 2. Rechtsverletzung *f*
law case Rechtsfall *m;* **l. centre** Rechtsberatungsstelle *f;* **l. course** Jurastudium *nt;* **l. court** 1. Gericht(shof) *nt/m;* 2. Justizgebäude *nt,* Justizpalast *m;* **l. dictionary** Rechtswörterbuch *nt*
law enforcement 1. Gesetzesvollzug *m,* Rechtsdurchsetzung *f;* 2. *(Polizei)* Strafverfolgung *f;* **l. e. agency** Vollstreckungs-, Strafverfolgungsbehörde *f,* Sicherheitsorgan *nt;* **l. e. officer/official** Vollzugs-, Vollstreckungsbeamter *m,* Vollstreckungsbeamtin *f,* Strafverfolgungsbeamter *m,* Strafverfolgungsbeamtin *f*
law faculty juristische Fakultät; **l. firm** (Rechtsanwalts)Kanzlei *f,* (Rechts)Anwaltssozietät *f*
lawful *adj* gesetz-, rechtmäßig, gesetzlich, legal, rechtsgültig, rechtens, erlaubt, zulässig; **l.ness** *n* Gesetz-, Rechtmäßigkeit *f,* Rechtswirksamkeit *f,* Legalität *f,* Zulässigkeit *f*
law gazette Gesetzblatt *nt*
lawless *adj* gesetzlos; **l.ness** Gesetz-, Rechtlosigkeit *f*
lawmaking *n* 1. Rechtsetzung *f,* Rechtsschöpfung *f,* Rechtsgestaltung *f;* 2. Gesetzgebung *f*
law merchant Handelsrecht *nt;* **l. office** (Anwalts)Kanzlei *f,* Anwaltsbüro *nt;* **l. partnership** (Rechts)Anwaltskanzlei *f,* (Rechts)Anwaltssozietät *f;* **l. practice** Anwaltspraxis *f;* **l. reform** Rechtsreform *f;* **l. reports** *[GB]* Urteils-, Entscheidungssammlung *f;* **l. school** 1. *[US]* juristische Fakultät; 2. *[GB]* Ausbildungsanstalt für Anwälte *(solicitors)*
Law Society *[GB]* Anwaltschaft *f,* (Rechts)Anwaltskammer *f,* Selbstverwaltungsorganisation der Anwälte *(solicitors)*

law student Jurastudent(in) *m/f*
lawsuit *n* (Zivil)Klage, (Zivil)Prozess *m*,
Klage(sache) *f*, Streitsache *f*, Rechts-
streit(igkeit) *m/f*; **pending the l.** während der Dauer des Prozesses
to abandon a lawsuit Klage zurückzie-
hen/fallen lassen; **to bring/institute a l.
against so.** gegen jdn einen Prozess anstrengen; **to stay a l.** Prozess unterbrechen; **class-action/group-action l.** Verbandsklage *f*
law session/term Gerichtsperiode *f*
lawyer *n* 1. (Rechts)Anwalt *m*, (Rechts-)
Anwältin *f*; 2. Jurist(in) *m/f*; 3. Rechts-
gelehrte(r) *f/m*; **l. acting as agent (for
another lawyer)** Korrespondenzanwalt
m; **l. specializing in ...** Fachanwalt *m*; ~
family law Familienrechtler(in) *m/f*; **to
appoint/mandate/retain a l.** (Rechts-)
Anwalt nehmen/mandieren
canon lawyer Kanonist *m*; **commercial
l.** Wirtschaftsjurist(in) *m/f*; **criminal l.**
Strafrechtler(in) *m/f*; **female l.** Juristin *f*;
in-house l. Justiziar(in) *m/f*; **fully qualified l.** Volljurist(in) *m/f*
lawyer|s' association Anwaltsverein *m*;
l.'s clerk Anwaltsgehilfe *m*; **l.s' congress** Anwaltstag *m*; **l.'s fees** Anwalts-
gebühren, Anwaltshonorar *nt*, Anwalts-
kosten; ~ **office** Anwaltsbüro *nt*,
Kanzlei *f*; ~ **retaining lien** Zurückbehaltungsrecht des Anwalts; ~ **robe** An-
waltsrobe *f*
lay *v/t* 1. legen; 2. auferlegen; 3. *(Beschwerde)* vorbringen; 4. *(Anzeige)* erstatten; 5. *(Anklage)* erheben
lay assessor Laienbeisitzer(in) *m/f*,
Schöffe *m*; **substitute l. a.** Ersatzschöf-
fe *m*
lay-by *n* 1. Halte-, Parkbucht *f*, Parkstrei-
fen *m*
lay down *v/prep* niederlegen, aufstellen,
festlegen
laying (of) an information *n* Einrei-
chung/Erstattung einer (Straf)Anzeige
lay judge *[US]*/**magistrate** *[GB]* Laien-
richter(in) *m/f*
layman *n* Laie *m*, Nichtfachmann *m*
lead *n* 1. Hinweis *m*, Anhaltspunkt *m*; 2.
(Hund) Leine *f*; 3. Spur *f*; **to follow a l.**
Spur verfolgen; **false l.** falsche Spur
lead astray *v/t* irreleiten

leading *adj* leitend, federführend
lead-manager (of a consortium) *n* Kon-
sortialführer(in) *m/f*
leaflet *n* 1. (Falt)Prospekt *m*; 2. Merkblatt *nt*;
3. Flugblatt *nt*
leak *n* undichte Stelle, Leck *nt*
leapfrog *v/i* (Instanzen) überspringen; **l.
appeal**; **l.ging** *n* Sprungrevision *f*
lease *v/t* vermieten, verpachten
lease *n* 1. Miet-, Pachtverhältnis *nt*, Miet-,
Pachtvertrag *m*; 2. Miete *f*, Pacht *f*; 3.
Verpachtung *f*; **l. of a hunting ground**
Jagdpacht *f*; **l. in perpetuity** Erbpacht *f*
to cancel/rescind a lease Miet-/Pacht-
vertrag aufheben; **to extend/renew a l.**
Miet-/Pachtvertrag verlängern; **to have
sth. on l.** etw. zur Pacht haben; **to let on
l.** verpachten; **to sign a l.** Mietvertrag
abschließen
agricultural lease Landpacht *f*; **commercial l.** Miet-/Pachtvertrag für gewerblich genutzte Räume; **lifetime l.**
Pacht auf Lebenszeit; **permanent/per-
petual l.** Dauerlehen *nt*, Dauernutzungsrecht *nt*; **standard-(form) l.** Ein-
heitsmietvertrag *m*
lease agreement Miet-, Pachtvertrag *m*,
Pacht-, Mietvereinbarung *f*; **l. deed**
Miet-, Pachturkunde *f*
leasehold *n* Mietbesitz *m*, Pacht(besitz) *f/m*,
Zeit-, Erbpacht *f*; **l. contract** Erbpacht-
vertrag *m*; **l. law** Erbbau-, Erbpachtrecht *nt*;
l. plot/property Miet-, Pachtgrundstück *nt*; **l. residential property** Miet-
wohngrundstück *nt*; **l. tenancy agreement** Pachtvertrag *m*
leaseholder *n* (Erb-, Grund-, Zeit)Päch-
ter(in) *m/f*, Pachtbesitzer *m*, Mieter(in)
m/f; **l. tenant** Erbbauberechtigte(r) *f/m*
lease tenure Pachtdauer *f*
leash *n* *[US]* *(Hund)* Leine *f*
leasing *n* 1. Vermietung *f*, Verpachtung *f*;
2. Leasing *nt*, Anmietung *f*, Anpachtung *f*
leave *v/t* 1. (be)lassen, überlassen; 2. hinterlassen, vermachen, vererben; 3. erlauben,
gestatten; 4. verlassen, räumen; 5. *(Posten)* aufgeben, ausscheiden; **l. blank**
(Formular) unausgefüllt lassen; **l. out**
auslassen; **l. so. to sth.** jdm etw. vererben
leave *n* 1. Genehmigung *f*, Erlaubnis *f*,
Zulassung *f*; 3. Beurlaubung *f*, Urlaub
m; **l. of absence** (genehmigter) Urlaub

leave to appeal Berufungs-, Rechtsmittelzulassung *f*, Zulassung der Revision; **to grant ~ (on a point of law)** Revision zulassen

leave of court gerichtliche Erlaubnis/Genehmigung, Genehmigung des Gerichts

annual leave Jahresurlaub *m*; **exceptional l.** Annahmebewilligung *f*; **prenatal l.** Schwangerschaftsurlaub *m*; **sick l.** Krankheitsurlaub *m*; **on ~** krankgeschrieben

ledger *n* 1. Haupt-, Geschäftsbuch *nt*; 2. Journal *nt*, Register *nt*

legacy *n* *(bewegliche Sachen, Geld)* Vermächtnis *nt*, Erbe *nt*, Legat *nt*, Hinterlassenschaft *f*; **l. subject to conditions** Vermächtnis mit Auflagen

to accept a legacy Vermächtnis annehmen; **to disclaim a l.** Vermächtnis ausschlagen; **to grant a l.** Vermächtnis/Legat aussetzen; **to leave a l.** to Vermächtnis/Legat aussetzen für; **to refuse (to accept) a l.** Vermächtnis ausschlagen

alternative legacy Alternativvermächtnis *nt*; **civil-law l.** Damnationslegat *nt*; **contingent l.** bedingtes Vermächtnis; **demonstrative l.** Verschaffungsvermächtnis *nt*; **general l.** Gattungsvermächtnis *nt*; **joint l.** Mitvermächtnis *nt*; **optional l.** Wahlvermächtnis *nt*; **preferential l.** Vorausvermächtnis *nt*, Prälegat *nt*; **reversionary l.** Nachvermächtnis *nt*; **specific l.** Einzel-, Sonder-, Speziesvermächtnis *nt*, bedingtes Vermächtnis; **substitute l.** Ersatzvermächtnis *nt*; **total l.** Gesamtvermächtnis *nt*; **universal l.** Gesamtvermächtnis *nt*; **unspecified l.** Gattungsvermächtnis *nt*

legacy hunter Erbschleicher *m*; **l. hunting** Erbschleichung *f*

legal *adj* 1. rechtlich, gesetzlich, gesetz-, rechtmäßig, rechtsgültig, legal; 2. juristisch, Rechts-, Gerichts-

legalese *n (coll)* Juristen-, Rechtssprache *f*, Juristenjargon *m*

legal|ism *n* 1. juristischer Dogmatismus, strikte Einhaltung der Gesetze; 2. Amtsschimmel *m (coll)*; **l.istic** *adj* legalistisch

legality *n* Gesetz-, Rechtmäßigkeit *f*, Gesetzlichkeit *f*, Legalität *f*; **l. check** Lega-

litätskontrolle *f*; **l. principle** Legalitätsprinzip *nt*

legalization *n* 1. Legalisierung *f*; 2. (amtliche/gerichtliche) Beglaubigung, ~ Beurkundung

legalize *v/t* 1. legalisieren; 2. (amtlich) beglaubigen

legatee *n* Vermächtnisnehmer *m*, Legatar *m*, Bedachter *m*; **residuary l.** Erbe des Restnachlasses; **reversionary l.** Nachvermächtnisnehmer *m*; **sole l.** Einzelvermächtnisnehmer(in) *m/f*; **universal l.** Gesamtvermächtnisnehmer(in) *m/f*

legator *n* 1. Vermächtnisgeber *m*; 2. Erblasser *m*

legible *adj* leserlich, lesbar

legislate *v/i* Gesetze erlassen/machen/verabschieden

legislation *n* Gesetzgebung *f*; **l. on competition** Wettbewerbsgesetze *pl*; **l. against monopolies** Kartellgesetze *pl*; **to initiate l.** Gesetze einbringen/vorschlagen

antitrust legislation *[US]* Kartellgesetzgebung *f*; **civil l.** Zivilgesetzgebung *f*; **concurrent l.** konkurrierende Gesetzgebung; **delegated l.** delegierte Gesetzgebung; **domestic l.** inländische/innerstaatliche Gesetzgebung; **economic l.** Wirtschaftsgesetzgebung *f*; **environmental l.** Umwelt(schutz)gesetzgebung *f*; **exclusive l.** ausschließliche Gesetzgebung; **federal l.** Bundesgesetzgebung *f*, Gesetzgebung des Bundes; **industrial l.** Arbeitsgesetzgebung *f*, arbeitsrechtliche Gesetzgebung; **penal l.** Strafgesetzgebung *f*; **proscriptive l.** Verbotsgesetzgebung *f*; **racial l.** Rassengesetzgebung *f*; **retroactive l.** rückwirkende Gesetzgebung; **social l.** Sozialgesetzgebung *f*, Sozialgesetze *pl*

legislative *n* Legislative *f*, gesetzgebende Gewalt; *adj* gesetzgebend, gesetzgeberisch, legislativ

legislator *n* Gesetzgeber *m*

legislature *n* 1. Gesetzgeber *m*, gesetzgebende Gewalt, Legislative *f*; 2. Gesetzgebungs-, Legislaturperiode *f*

legitimacy *n* 1. Legitimität *f*, Recht-, Gesetzmäßigkeit *f*; 2. Berechtigung *f*; 3. Ehelichkeit *f*

legitimate *adj* 1. rechtmäßig, legitim, gesetzlich zulässig; 2. berechtigt; 3. *(Kind)* ehelich

legitimate *v/t* legitimieren

legitimation *n* 1. Legitimierung *f*; 2. Legitimation *f*; 3. Ehelichkeitserklärung *f*; **l. of illegitimate children** Legitimation nichtehelicher Kinder; **l. by subsequent marriage** Legitimation durch nachfolgende Ehe

legitimize sth. etw. für rechtmäßig erklären

leisure (time) *n* Freizeit *f*; **l. (time) activity** Freizeitgestaltung *f*; ~ **pursuit** Freizeitbeschäftigung *f*

lend *v/t* (aus-/ver)leihen; **l. itself to** sich eignen für; **l. os. to sth.** sich für etw. hergeben

lender *n* 1. Darlehens-, Kreditgeber(in) *m/f*; 2. Ver-, Ausleiher *m*

lending Kreditgewährung *f*; **l. on goods** Warenbeleihung *f*; **l. without recourse** Kreditvergabe ohne Rückgriffsmöglichkeit auf den Schuldner; **l. against/on securities** Wertpapierbeleihung *f*, Effektenlombardierung *f*, Lombardgeschäft *nt*; **l. against security** Beleihung gegen Sicherheit

lending ceiling Beleihungsgrenze *f*; **l. commitment** Kreditzusage *f*; **l. obligation** Kreditverpflichtung *f*; **l. period** Leihfrist *f*, Leihzeit *f*; **base l. rate** Mindestzinssatz *m*; **l. right(s)** Verleihrecht *nt*; **l. terms** Kreditbedingungen, Zinskonditionen; **l. transaction** Darlehensgeschäft *nt*

length *n* Dauer *f*, Länge *f*; **l. of commitment** *(Psychiatrie)* Dauer der Unterbringung; ~ **a holiday** Urlaubsdauer *f*; ~ **life** Lebensdauer *f*, Lebenserwartung *f*; ~ **sentence** Strafdauer *f*; ~ **custodial sentence** Dauer der Freiheits-/Haftstrafe; ~ **juvenile sentence** Dauer der Jugendstrafe; ~ **service** 1. Dienstalter *nt*, Dienstzeit *f*; 2. Betriebs-, Firmenzugehörigkeit *f*; ~ **time** (Zeit)Dauer *f*

leniency *n* 1. Nachsicht *f*; 2. *(Richter)* Milde *f*; **to exercise l.** Milde/Nachsicht walten lassen

lenient *adj* 1. nachsichtig; 2. *(Strafe)* milde

less *adv/prep* 1. weniger; 2. abzüglich

lessee *n* Mieter(in) *m/f*, Pächter(in) *m/f*, Leasingnehmer(in) *m/f*; **l. rights** Pachtrechte

lessen *v/ti* 1. (ver)mindern, verringern; 2. abmildern, abschwächen, lindern; 3. nachlassen

lesson *n* 1. Lektion *f*, Unterrichtseinheit *f*; 2. *(Erfahrung)* Lehre *f*, Denkzettel *m*

lessor *n* Vermieter(in) *m/f*, Verpächter(in) *m/f*, Leasinggeber(in) *m/f*; **l.'s lien** Verpächterpfandrecht *nt*

let *v/t* 1. (zu)lassen; 2. vermieten, mietweise überlassen, verpachten

let off *v/prep* 1. (ohne Bestrafung) gehen lassen; 2. *(Strafe)* erlassen; **I'll l. you off this time** diesmal drücke ich noch ein Auge zu *(coll)*

without let or hindrance *n* ohne jede Beschränkung

lethal *adj* tödlich, todbringend

lettable *adj* vermietbar

letter *n* 1. Brief *m*, Schreiben *nt*; 2. Buchstabe *m*; **l. of acknowledgment** Bestätigungsschreiben *nt*; **l. before action** anwaltliches Anforderungsschreiben; **l. of allocation/allotment** Zuteilungsanzeige *f*; ~ **apology** Entschuldigungsschreiben *nt*; **l.(s) of appointment** Ernennungs-, Bestallungsurkunde *f*, Einstellungsschreiben *nt*; **l. of approval** Genehmigungsschreiben *nt*; ~ **attorney** Vollmachtsurkunde *f*; ~ **authority** Ermächtigungsschreiben *nt*; ~ **complaint** Beschwerdebrief *m*; ~ **condolence** Kondolenzbrief *m*; ~ **safe conduct** Geleitbrief *m*; ~ **confirmation** Bestätigungsschreiben *nt*, Bestätigungsbrief *m*

letter of credit (L/C) Akkreditiv *nt*, Kreditbrief *m*; **commercial l. of c.** Warenakkreditiv *nt*; **l. of dismissal** *(Arbeitgeber)* Kündigungsschreiben *nt*; ~ **hypothecation** Pfand-, Verpfändungsurkunde *f*

letter of indemnity 1. Indemnitätsbrief *m*, Ausfallbürgschaftserklärung *f*, Schadloshaltungserklärung *f*, Versprechen der Schadloshaltung, Garantieerklärung *f*; 2. Konnossementsgarantie *f*; ~ **intent** Absichtserklärung *f*, (schriftliche) Willenserklärung

letter of the law Buchstabe des Gesetzes; **in accordance with the** ~ formalrechtlich; **l.s of request** Rechtshilfeersuchen *nt* *(an ausländische Gerichte)*; **International L. of Request (ILOR)** internationales Rechtshilfeersuchen; **l. of resignation** *(Arbeitnehmer)* Kündigungsschreiben *nt*; ~ **respite** Stundungszusage *f*; ~ **sympathy** Kondolenzbrief *m*; ~ **understanding** Vorvertrag *m*; ~ **undertaking** Verpflichtungserklärung *f*; **(formal)** ~ **warning** Abmahnung *f*

circular letter Rundbrief *m*; **covering l.** Begleitschreiben *nt*, Begleitbrief *m*; **dunning l.** Mahnschreiben *nt*, Mahnung *f*; **follow-up l.** Folge-, Nachfass-, Erinnerungsschreiben *nt*; **handwritten l.** Handschreiben *nt*; **official l.** amtliches Schreiben; **recorded-delivery l.** Einschreiben/Einschreibebrief mit Rückschein; **registered l.** Einschreiben *nt*, Einschreibebrief *m*; **threatening l.** Drohbrief *m*

letters patent *pl* Patent(urkunde) *nt/f*; **l. rogatory** Amts-, Auskunfts-, Rechtshilfeersuchen *nt*

letting Vermietung *f*, Verpachtung *f*; **l. and leasing** Vermietung und Verpachtung; **l. agency** Wohnungsmakler *m*; **l. time** Mietdauer *f*; **l. value** Mietwert *m*

level *n* Stand *f*, Niveau *nt*, Höhe *f*; **l. of indebtedness** Verschuldungsgrad *m*; ~ **pollution** Schadstoffbelastung *f*; ~ **sentence** Strafhöhe *f*; ~ **training** Ausbildungsstand *m*

level crossing (Bahn)Übergang *m*; **l.-headed** *adj* ausgeglichen, ausgewogen, umsichtig

level *v/t* gleichmachen, nivellieren

leviable *adj* pfändbar

levy *n* 1. (Steuer)Abgabe *f*, Belastung *f*, Umlage *f*, Erhebung *f*; 2. Beschlagnahmung *f*, Pfändung *f*

compulsory levy Zwangsabgabe *f*; **countervailing l.** Ausgleichsabgabe *f*; **environmental l.** Umweltabgabe *f*; **special** ~ Umweltsonderabgabe *f*; **second l.** Nachpfändung *f*; **special l.** Sonderabgabe *f*; **supplementary l.** Ergänzungsabgabe *f*

levy *v/t* 1. *(Abgaben)* erheben; 2. beschlagnahmen, pfänden; **l. again** nachpfänden

levying upon cash funds *n* Kassenpfändung *f*; **l. of charges** Gebührenerhebung *f*; **l. upon the debtor's purse** Taschenpfändung *f*; **l. of execution** (Fahrnis-)Pfändung *f*; **anticipated** ~ Vorwegpfändung *f*; **l. of a tax** Erhebung einer Steuer

lex fori *n (lat.)* Recht des Gerichtsstandes; **l. loci contractus** *(lat.)* Recht des Erfüllungsortes; **l. rei sitae** *(lat.)* Realstatut *nt*; **l. situs** *(lat.)* Recht der belegenen Sache; **l. territorialis** *(lat.)* 1. Gebietsstatut *nt*; 2. *(Staatsbürgerschaft)* Recht der Herkunft

liabilities *pl* 1. (Haftungs)Verbindlichkeiten; 2. *(Bilanz)* Passiva, Passivmasse *f*; 3. Schulden; **accrued l.** aufgelaufene Verbindlichkeiten; **contingent l.** Haftungsverbindlichkeiten, Haftungsverhältnisse; **corporate l.** *[US]* Gesellschaftsverbindlichkeiten; **joint l.** Gesamtverbindlichkeit *f*; **stated l.** ausgewiesene Verbindlichkeiten, Buchschuld *f*; **l. incurred** eingegangene Verpflichtungen

liabilities of the estate (assets); l. arising from the estate Nachlassverbindlichkeit *f*

liability *n* 1. Haftung *f*, Haftbarkeit *f*, Haftpflicht *f*, Haftungsfähigkeit *f*; 2. Schuld *f*, Verbindlichkeit *f*; 3. Verantwortlichkeit *f*, (zivilrechtliche) Verantwortung

liability for accidents Unfallhaftpflicht *f*; ~ **industrial accidents** Haftung für Arbeitsunfälle; **strict** ~ **acts endangering public safety** Handlungshaftung *f*; ~ **animals** Tierhalterhaftung *f*; **l. of the association** Vereinshaftung *f*; **l. on bills** Wechselobligo *nt*; **l. for public bodies** Organhaftung *f*; **l. of the common carrier** Spediteurhaftung *f*; **l. for a claim** Schadenshaftung *f*; ~ **compensation** Ausgleichs-, Entschädigungs-, Regresspflicht *f*; ~ **the consequences** Kausalhaftung *f*; **l. to make subsequent contributions** Nachschusshaftung *f*; **l. for costs** Kostenhaftung *f*; ~ **damage caused by animals** Tierschadenshaftung *f*; ~ **damages** Schaden(s)ersatzpflicht *f*, Verpflichtung zum Schaden(s)ersatz; ~ **(contracted) debts** Schuldenhaftung *f*; ~ **default** Verzugshaftung *f*

liability for defects (Sach)Mängelhaftung *f*; ~ **in law** Haftung für Rechtsmängel; ~ **in rem** *(lat.)* Haftung für Sachmängel; **l. to remedy a defect** Nachbesserungsanspruch *m*

liability for deficiencies Mankohaftung *f*;

l. in the second degree subsidiäre Haftung; **l. to discover** Auskunftspflicht *f;* **~ make discovery** Vorlagepflicht *f;* **l. of the drug manufacturer** Arzneimittelhaftung *f;* **l. for endorsements** Wechselhaftung *f;* **l. in equity** Billigkeitshaftung *f*

liability for accidental/fortuitous events Zufallshaftung *f;* **~ fault; l. based on fault** Verschuldenshaftung *f;* **l. for own fault** Haftung für eigenes Verschulden; **l. is based on fault** Haftung setzt ein Verschulden voraus; **l. without fault** verschuldensunabhängige Haftung

liability under a guarantee Garantiehaftung *f;* **l. of heirs** Erbenhaftung *f;* **unlimited ~** unbeschränkte Erbenhaftung; **l. of the bona-fide holder** Haftung des redlichen Besitzers

liability for income tax Einkommensteuerhaftung *f;* **l. attaching to the inheritance** Nachlassverbindlichkeit *f;* **legal l. for injury** gesetzliche Schaden(s)ersatzpflicht *f;* **~ personal injury and property damage** Haftung bei Personen- und Sachschaden; **~ insolvency** Haftung für Zahlungsfähigkeit; **~ loss** Haftung für Schaden; **~ maintenance; l. to provide maintenance** Unterhaltspflicht *f;* **l. of members** Mitgliederhaftung *f*

liability for negligence Haftung für Fahrlässigkeit; **~ contributory negligence** Haftung bei Mitverschulden; **~ culpable negligence** Haftung bei Verschulden

liability of an official Amtshaftung *f;* **~ the owner** *(Kfz, Tiere)* Halterhaftung *f;* **~ the registered owner/user** Halterhaftung *f;* **l. to penalty** Strafbarkeit *f;* **l. for causing pollution** Umwelthaftung *f;* **l. to punishment** Straffälligkeit *f;* **l. on recourse** Rückgriffs-, Regresshaftung *f,* Regresspflicht *f;* **l. in rem** *(lat.)* dingliche Haftung; **l. of a civil servant** Beamtenhaftung *f;* **l. for a shortage** Mankohaftung *f;* **l. of states** Staatenhaftung *f;* **l. to be sued** Prozessfähigkeit *f,* Passivlegitimation *f;* **~ pay tax** Steuerpflicht *f;* **l. for third-party risks** Haftpflichtverbindlichkeit *f*

liability in tort Delikthaftung *f,* deliktische (Schadens)Haftung, Haftung aus

unerlaubter Handlung, Verschuldenshaftung *f;* **l. arising from warranty of title** Rechtsmängelhaftung *f*

to absolve/free so. from a liability jdn von einer Haftung/Haftpflicht befreien; **to accept/assume l. for** Verantwortung/ Haftung übernehmen für; **~ l. jointly** Haftung gemeinsam übernehmen; **to contract a l.** Haftung eingehen; **to disclaim l.** 1. Haftung ablehnen; 2. *(Vers.)* Deckung ablehnen; **to discharge a l.** 1. einer Verbindlichkeit nachkommen; 2. Verpflichtung erfüllen; **to establish l.** Haftung nachweisen; **to exclude l.** Haftung ausschließen; **~ one's l.** sich freizeichnen; **to be exonerated from l.** von der Haftung befreit werden; **to extend l.** Haftung erweitern; **to incur a l.** 1. haften; 2. Verbindlichkeit eingehen; 3. Verpflichtung eingehen/übernehmen/auf sich nehmen; **to limit l.** Haftung beschränken; **to meet one's l.** seiner Verpflichtung/Verbindlichkeit nachkommen; **to negate l.** Haftung/Haftpflicht ausschließen; **to release so. from l.** jdn enthaften, **~** von einer Haftung/Haftpflicht befreien; **to repudiate l.** Haftung ablehnen

absolute liability Gefährdungshaftung *f,* unbeschränkte Haftpflicht; **accidental l.** Unfallhaftung *f;* **civil l.** zivilrechtliche Haftung; **~ of the polluter** Haftpflicht des Verursachers; **collective l.** Kollektivhaftung *f;* **contingent l.** Ausfall-, Eventualhaftung *f,* Eventualverbindlichkeit *f,* Eventualverpflichtung *f;* **contractual l.** Haftpflicht *f,* vertragliche Haftung/Haftpflicht, Haftung aus Vertrag, schuldrechtliche Verpflichtung, Vertragshaftung *f;* **contributory l.** Ausgleichshaftung *f;* **criminal l.** Strafbarkeit *f;* **cross l.** wechselseitiges Haftungsverhältnis; **culpable l.** Haftung bei Verschulden; **custodial l.** Obhutshaftung *f;* **direct l.** Durchgriffshaftung *f;* **environmental l. act** Umwelthaftungsgesetz *nt;* **existing l.** Altverbindlichkeit *f;* **extended l.** erweiterte/weitergehende Haftung; **full l.** Vollhaftung *f;* **general l.** allgemeine Haftung; **hazardous l.** Zufallshaftung *f;* **industrial l.** arbeitsrechtliche Haftung

joint liability Kollektiv-, Mithaftung *f*; ~ **and several l.** Gesamt-, Solidarhaftung *f*, gesamtschuldnerische/solidarische Haftung, Solidarverbindlichkeit *f*; **legal l.** (gesetzliche) Haftpflicht; **limited l.** beschränkte Haftung/Haftpflicht, Beschränkung der Haftung; **to have ~** beschränkt haftbar sein; **maximum l.** Haftungshöchstbetrag *m*; **medical l.** Arzthaftung *f*; **non-contractual l.** außervertragliche Haftung; **original l.** ursprüngliches Schuldverhältnis; **parental l.** Haftung der Eltern; **partial l.** Teilhaftung *f*; **penal l.** *[US]* strafrechtliche Verantwortlichkeit; **personal l.** persönliche Haftung, Individualhaftung *f*; **pre-contractual l.** vorvertragliche Haftung; **pre-existing l.** bereits bestehende Haftung; **primary l.** Voraushaftung *f*; **prior l.** Vorhaftung *f*; **pubic l.** 1. allgemeine Haftpflicht, gesetzliche Haftung/Haftpflicht; 2. Amts-, Staatshaftung *f*

secondary liability Nach(folge)-, Mithaftung *f*; **several l.** Einzel-, Individualhaftung *f*; **simultaneous l.** Simultanhaftung *f*; **statutory l.** Haftpflicht, gesetzliche Haftung/Haftpflicht; **strict l.** strenge/unbedingte/verschuldensunabhängige Haftung, Gefährdungs-, Erfolgshaftung *f*; ~ **offence/tort** Gefährdungsdelikt *nt*; **subsequent l.** Nachhaftung *f*; **substitute l.** Ersatzhaftung *f*, Ersatzverbindlichkeit *f*; **third-party l.** Dritt-, Fremdhaftung *f*, Haftung gegenüber Dritten; **tortious l.** Delikt-, Verschuldenshaftung *f*, deliktische Haftung, Haftung aus unerlaubter Handlung; **capable of ~** deliktfähig; **unlimited l.** unbeschränkte Haftung/Haftpflicht; **vicarious l.** Haftung für den (Erfüllungs-/ Verrichtungs)Gehilfen, ~ Dritte, ~ fremdes Verschulden, stellvertretende Haftung

liability action Haftungsklage *f*; **l. case** Haftpflichtprozess *m*; **l. claim** Haftungsanspruch *m*, Schaden(s)ersatzforderung *f*; **l. clause** Haftungsklausel *f*; **l. cover(age)** Haftungssumme *f*; **l. insurance** Haftpflichtversicherung *f*; **covered by ~** haftpflichtversichert; **personal ~** (Privat)Haftpflichtversicherung *f*; **l.**

insurer Haftpflichtversicherer *m*; **l. period** Haftungsfrist *f*, Haftungszeitraum *m*; **l. privilege** Haftungsprivileg *nt*; **l. provisions** Haftungsbestimmungen; **l. ranking** Haftungsordnung *f*; **l. risk** Haftungsrisiko *nt*; **l. system** Haftungssystem *nt*

liable *adj* 1. haftbar, haftpflichtig, haftend; 2. verantwortlich, verpflichtet; **to be l. for** 1. haften/haftpflichtig sein für; 2. einstehen für; 3. unterworfen/ausgesetzt sein, unterliegen; **l. for os.** selbsthaftend

liable to pay alimony alimentenpflichtig; **l. to compensation** entschädigungspflichtig; ~ **make further contributions** nachschusspflichtig; ~ **disclose** auskunftspflichtig; ~ **indemnify** (schaden)ersatzpflichtig; **l. for insurance** versicherungspflichtig; **l. to pay** zahlungspflichtig; ~ **pay the costs** kostenpflichtig; ~ **prosecution** strafrechtlicher Verfolgung unterliegend; ~ **proceedings** belangbar; ~ **punishment** strafbar; ~ **recourse** regresspflichtig

to be contingently liable bedingt haften; **criminally l.** strafrechtlich haftbar; **directly l.** unmittelbar haftbar, selbstschuldnerisch; **to be fully l.** unbeschränkt haften; ~ **jointly l.** mithaften; **jointly and severally l.** gesamtschuldnerisch, gesamtschuldnerisch/gesamtverbindlich/solidarisch haftbar; **to be personally l.** persönlich haften; ~ **severally l.** einzeln haften, ~ haftbar sein; ~ **vicariously l.** für den Erfüllungsgehilfen haften; **to hold so. l.** jdn haftbar machen

liaison *n* Verbindung *f*, Zusammenarbeit *f*; **l. with competent authorities** Verbindung mit zuständigen Behörden; **l. office** Verbindungsbüro *nt*; **l. officer** Verbindungsbeamter *m*, Verbindungsbeamtin *f*, Verbindungsoffizier *f*

liar *n* Lügner(in) *m/f*

libel *n* *(dauerhaft, schriftlich)* Verleumdung *f*, üble Nachrede, Beleidigung *f*, Ehrverletzung *f*, ehrenrührige Behauptung, Diffamierung *f*, Anschwärzung *f*; **collective l.** Kollektivbeleidigung *f*

libel *v/t* diffamieren, verleumden; **l. action/suit** Verleumdungsklage *f*

libellous *adj* diffamierend, verleumderisch

liberaliz|ation *n* Liberalisierung *f*; **l.e** *v/t* liberalisieren

liberat|e *v/t* befreien; **l.ion** Befreiung *f*

civil liberties *pl* Grundrechte

liberty *n* Freiheit *f*; **to be at l. (to)** freie Hand haben, Erlaubnis haben, freistehen; **l. of conscience** Gewissensfreiheit *f*; **l. to come and go** Freizügigkeit *f*; **~ move** Bewegungsfreiheit *f*; **civil l.** Grundfreiheit *f*; **personal l.** Freizügigkeit *f*

licence *[GB]*; **license** *[US]* *n* Erlaubnis *f*, Lizenz *f*, Genehmigung *f*, Berechtigung *f*, Gestattung *f*; 2. *(Dokument)* Zulassung *f*; 3. *(Urheberrecht)* Nutzungsrecht *nt*; 4. Zulassungsurkunde *f*; **subject to a l.** lizenz-, konzessionspflichtig

licence to exploit Ausbeutungslizenz *f*; **~ possess firearms** Waffenbesitzkarte *f*; **~ kill** Freibrief zum Töten; **~ marry** Heiratserlaubnis *f*; **~ operate** Betriebsgenehmigung *f*, Konzession *f*; **l. under a patent** Lizenz an einem Patent; **l. to practise** Approbation *f*; **to revoke so.'s ~** jdm die Approbation entziehen; **l. to sell** Verkaufslizenz *f*; **~ alcohol** Schankerlaubnis *f*; **~ ales, beers, wines, spirits and intoxicating liquors** *[GB]* (Getränke)Ausschankgenehmigung *f*; **l. to trade** Gewerbeberechtigung *f*, Gewerbeerlaubnis *f*, Gewerbekonzession *f*, Gewerbezulassung *f*

to apply for a licence Konzession beantragen, um Konzessionserteilung bitten; **to grant a l.** Konzession/Lizenz erteilen; **to manufacture under l.** in Lizenz (nach)bauen; **to obtain a l.** Konzession erhalten; **to revoke/withdraw so.'s l.** jds Zulassung/Konzession entziehen

expired licence abgelaufene Zulassung; **non-exclusive l.** einfache Lizenz; **official l.** behördliche Genehmigung; **professional l.** Genehmigung zur Ausübung eines Berufs; **royalty-free l.** unentgeltliche Lizenz; **statutory l.** gesetzliche Lizenz

licence agreement Lizenzvertrag *m*, Lizenzabkommen *nt*; **l. award** Konzessions-, Lizenzvergabe *f*; **l. duty/fee** 1. Lizenzgebühr *f*, Konzessionsabgabe *f*; 2. Kfz-Steuer *f*; **l. holder** Lizenzinhaber(in) *m/f*, Lizenznehmer(in) *m/f*; **l. plate** *(Kfz)* amtliches Kennzeichen, Nummern-, Kennzeichenschild *nt*; **l. requirement** Genehmigungspflicht *f*; **l. tax** Lizenzgebühr *f*, Konzessionssteuer *f*

license *v/t* (amtlich) genehmigen, lizensieren, konzessionieren, Lizenz erteilen

licensed *adj* *(Arzt, Kfz)* zugelassen; **l. to hunt** jagdberechtigt; **~ practise (in)** sth. für etw. zugelassen sein

licensee *n* Konzessions-, Lizenzinhaber(in) *m/f*, Lizenznehmer(in) *m/f*

licensing *n* 1. Konzessionierung *f*, Konzessionserteilung *f*, Konzessionsvergabe *f*, Lizensierung *f*, Lizenzbewilligung *f*, Lizenzeinräumung *f*, Lizenzgewährung *f*, Lizenzvergabe *f*; 2. *(Vorgang)* Zulassung(serteilung) *f*; **not subject to l.** genehmigungsfrei; **subject to l.** erlaubnis-, genehmigungspflichtig

licensing act Gaststättengesetz *nt*; **l. agreement/contract** Gestattungs-, Konzessionsvertrag *m*, Lizenzabkommen *nt*; **l. authority** Zulassungs-, Genehmigungsbehörde *f*; **l. hours** (Aus)Schankzeiten; **L. Office** *[GB]* *(Kfz)* Zulassungsstelle *f*; **l. procedure** Bewilligungs-, Genehmigungs-, Zulassungsverfahren *nt*; **l. requirement** Lizenzvorschrift *f*; Genehmigungserfordernis *f*; **l. r.s** Zulassungserfordernisse, Zulassungsordnung *f*, Zulassungsvoraussetzungen; **l. system** Konzessionssystem *nt*

licensor *n* Lizenzgeber(in) *m/f*

licensure *n [US]* Zulassungsverfahren *nt*, Konzessionierung *f*, Konzessionserteilung *f*, Konzessionsvergabe *f*, Lizensierung *f*, Lizenzbewilligung *f*, Lizenzeinräumung *f*, Lizenzgewährung *f*, Lizenzvergabe *f*

lie *n* Lüge *f*; **l. to cover os.** Schutzbehauptung *f*; **to give so. the l.** jdn Lügen strafen; **white l.** Notlüge *f*; **l. detector** Lügendetektor *m*

lie *v/i* 1. lügen, Unwahrheit sagen; 2. liegen

lien *n* Pfand(recht) *nt*, Zurückbehaltungsrecht *nt*; **l. on cargo** Ladungspfandrecht *nt*; **~ chattels** Mobiliarpfandrecht *nt*; **~ property** Grundpfandrecht *nt*

to create a lien Pfandrecht bestellen; **to enforce a l.** Zurückbehaltungsrecht geltend machen

contractual/contractually agreed lien vertragliches Pfand(recht); **commercial/ mercantile l.** kaufmännisches Pfandrecht; **extended l.** erweitertes Pfandrecht; **general l.** allgemeines Zurückbehaltungsrecht; **junior l.** nachrangiges Pfandrecht; **maritime l.** Schiffs-, Seepfandrecht *nt*; **possessory l.** Besitzpfandrecht *nt*; **registered l.** Registerpfandrecht *nt*; **statutory l.** gesetzliches Pfandrecht

lienholder; lienor *n* Pfandgläubiger(in) *m/f*

in lieu of *prep* anstelle von, anstatt

life *n* 1. Leben(sdauer) *nt/f*; 2. *(Vers.)* Laufzeit *f*; **during the l. of** zu Lebzeiten von; **for l.** lebenslänglich, auf Lebenszeit; **appointed ~** auf Lebenszeit ernannt

life of the contract Vertragslaufzeit *f*, Laufzeit des Vertrags; **combined l. and endowment insurance** *(auf Todes- und Erlebensfall)* abgekürzte Lebensversicherung; **l. of a patent** Patentdauer *f*; **~ the policy** Laufzeit der Versicherung

conjugal/marital life Lebensgemeinschaft *f*, eheliche Lebensverhältnisse; **double l.** Doppelleben *nt*; **human l.** Menschenleben *nt*; **private l.** Privatleben *nt*, Privatsphäre *f*; **public l.** öffentliches Leben; **remaining l.** Restlaufzeit *f*; **useful l.** Lebens-, Nutzungsdauer *f*; **ordinary ~** betriebsgewöhnliche Nutzungsdauer; **remaining ~** Restnutzungsdauer *f*

life annuity Lebens-, Leibrente *f*, lebenslängliche Rente; **l. assurance** Lebensversicherung *f*; **~ contract** Lebensversicherungsvertrag *m*; **to take out a ~ contract** Lebensversicherungsvertrag abschließen; **l. contract** Vertrag auf Lebenszeit

life-endangering *adj* lebensgefährlich

life endowment Leibgedinge *nt*; **l. expectancy** Lebenserwartung *f*; **l. experience** Lebenserfahrung *f*; **to sentence so. to l. imprisonment** jdn lebenslänglich verurteilen; **~ zu einer lebenslänglichen (Haft)Strafe verurteilen**

life insurance Lebensversicherung *f*; **mutual l. i.** Lebensversicherung auf Gegenseitigkeit; **l. i. premium** Lebensversicherungsprämie *f*

the life insured *(Lebensvers.)* der/die Versicherte *m/f*

life interest lebenslänglicher Nießbrauch, lebenslängliches (Nutzungs)Recht; **l. member** Mitglied auf Lebenszeit; **l. sentence** lebenslange/lebenslängliche Freiheitsstrafe; **to receive a ~** zu lebenslänglicher Freiheitsstrafe verurteilt werden; **to serve a ~** eine lebenslängliche Freiheitsstrafe verbüßen; **l. tenant** Nießbraucher(in) *m/f*, lebenslänglicher Pächter; **l. tenure** lebenslängliche Anstellung, Anstellung auf Lebenszeit

lifelong *adj* lebenslang, lebenslänglich

lifer *n* *(coll)* Lebenslängliche(r) *f/m*, lebenslänglich Verurteilte(r) *f/m*

slovenly lifestyle *n* Lotterleben *nt*

life-threatening *adj* lebensgefährlich

lifetime *n* Lebenszeit *f*

lift *n* Mitfahrgelegenheit *f*; **to give so. a l.** jdn (im Kfz) mitnehmen

lift *v/t* 1. (auf-/an)heben; 2. *(Genehmigung, Verbot)* aufheben; 3. *(coll)* klauen, stehlen; 4. plagiieren, Plagiat begehen

lifting *n* 1. *(Bestimmung, Verbot, Zensur)* Aufhebung *f*; **l. of restrictions** Aufhebung/Beseitigung von Beschränkungen

light *n* 1. Licht *nt*; 2. Lampe *f*; 3. *(Zigarette)* Feuer *nt*; **to come to l.** zutage treten; **ancient l.s** *[GB]* Licht-, und Fensterrecht *nt*; **red l. district** Bordell-, Rotlichtbezirk *m*; **l.ing** *n* Beleuchtung; **~ conditions** Lichtverhältnisse

lightning *n* Blitzschlag *m*; **l. damage** Blitzschaden *m*

likelihood *n* Wahrscheinlichkeit *f*; **l. of confusion** *(Warenzeichen)* Verwechslungsgefahr *f*

likely *adj* wahrscheinlich

limb *n* Glied *nt*

limit *n* 1. Grenze *f*, Höchstbetrag *m*, Rahmen *m*; 2. Begrenzung *f*, Beschränkung *f*, Schranke *f*; 3. Grenzwert *m*

limit of authority Vollmachtsbeschränkung *f*; **~ indemnity** Haftungsgrenze *f*; **aggregate ~ liability** Haftungsobergrenze *f*; **to be way over the l.** weit über der Promillegrenze liegen; **prescribed l.** gesetzlicher Grenzwert; **prescriptive l.** Ersitzungsfrist *f*; **statutory l.** Pflichtgrenze *f*; **upper l.** Obergrenze *f*

limit *v/t* begrenzen, beschränken, einschränken, befristen
limitation *n* 1. Begrenzung *f*, Beschränkung *f*; 2. Einschränkung *f*; 3. Verjährung *f*; **l. of actions** Verjährung *f*; **~ action for warranty claims** Verjährung der Gewährleistungsansprüche; **~ authority** Vollmachtsbeschränkung *f*; **~ a claim** Ausschlussfrist *f*, Anspruchsverjährung *f*; **~ freedom to contract** Beschränkung der Vertragsfreiheit; **~ jurisdiction** Beschränkung der Zuständigkeit; **~ liability** Haftungsbeschränkung *f*, Beschränkung der Haftung, Haftungsgrenze *f*; **~ ownership** Begrenzung des Eigentums; **~ the statutory portion** Pflichtteilsbeschränkung *f*; **~ prescription** Feststellungsverjährung *f*; **~ (criminal) prosecution** (Straf)Verfolgungsverjährung *f*, Verjährung der Strafverfolgung, Verjährbarkeit *f*; **~ remedy** Verjährung von Rechtsbehelfen; **~ the right to …** Beschränkung des Rechts auf…; **~ sentence** Vollstreckungsverjährung *f*; **~ time** Verjährung *f*
contractual limitation vertraglich vereinbarte Haftungsbeschränkung; **statutory l.** Verjährung *f*
limitation act Verjährungsgesetz *nt*; **l. period** Verjährungsfrist *f*; **the ~ runs from …** die Verjährungsfrist beginnt am …; **l. provision** Verjährungsklausel *f*, Verjährungsbestimmung *f*
limited *adj* 1. *(Geschäftsfähigkeit, Haftung)* beschränkt, begrenzt; 2. *(Angebot, Garantie)* befristet; 3. *(Gesellschaft)* mit beschränkter Haftung
limiting *adj (Klausel)* be-, einschränkend
line *n* 1. Linie *f*, Strich *m*, Zeile *f*; 2. Verwandtschaftslinie *f*; 3. Leitung *f*, Verbindung *f*; 4. Arbeitsgebiet *nt*, Fach *nt*; 5. Art und Weise *f*
line of action Vorgehens-, Handlungsweise *f*; **~ argument** Beweisführung *f*, Argumentation *f*; **~ attack** Taktik *f*; **~ business** Branche *f*; **l.s of communication** Verbindungswege; **l. of inquiry** *(Polizei)* Richtung der Ermittlung; **~ succession** Erblinie *f*
to bring into line gleichschalten; **to hold the l.** *(Telefon)* am Apparat bleiben; **to read between the l.s** zwischen den Zeilen lesen; **to sign on the dotted l.** (auf der gepunkteten Linie) unterschreiben; **to take the l.** die Ansicht vertreten; **~ a strong l.** energisch vorgehen; **to toe the l.** sich einfügen/unterwerfen; **collateral l.** *(Familie)* Nebenlinie *f*; **side-of-pavement l.** *(Fahrbahnrand)* Leitlinie *f*; **guiding l.** Richtlinie *f*
line gremlin *(coll)* unerklärlicher Datenverlust; **l. spacing** Zeilenabstand *m*
lineal *adj (Abstammung)* direkt, in gerader Linie
line-up *n* 1. Gruppierung *f*; 2. Schlange *f*; 3. *[US]* polizeiliche Gegenüberstellung, Wahlgegenüberstellung *f*
link *n* 1. Verbindung(sstück) *f/nt*; 2. (Binde-/Ketten)Glied *nt*; **l. between offenders** Täterverbindung *f*
linked *adj* verbunden
link road (Autobahn)Zubringer *m*, Verbindungsstraße *f*
lip-service *n* Lippenbekenntnis *nt*; **to pay l.-s.** Lippenbekenntnis ablegen
liquid *adj* 1. liquide, flüssig; 2. *(Finanzen)* verfügbar, solvent, liquide, flüssig *(coll)*
liquidate *v/t* 1. *(Firma)* auflösen, abwickeln, liquidieren; 2. verflüssigen, flüssig machen
liquidation *n* 1. Auflösung *f*, Liquidation *f*; 2. Tilgung *f*; 3. Töten *nt*, Liquidieren *nt*, Beseitigen *nt*; **in l.** in Abwicklung/Liquidation; **to go into l.** in Liquidation gehen; **compulsory l.** Zwangsliquidation *f*, Zwangsauflösung *f*; **involuntary l.** Gesellschaftskonkurs *m*; **voluntary l.** freiwillige Liquidation
liquidation proceedings Liquidationsverfahren *nt*; **l. sale** Verkauf wegen Geschäftsaufgabe *f*; **l. value** Liquidations-, Veräußerungswert *m*
liquidator *n* Abwickler *m*, Liquidator *m*; **court-appointed l.** gerichtlich bestellter Abwickler
liquor *n* Alkohol *m*, Spirituosen *pl*; **intoxicating l.s** alkoholische/berauschende Getränke; **l. licence** Ausschanklizenz *f*, Schankerlaubnis *f*, Schankkonzession *f*, Getränkeausschankgenehmigung *f*
list *n* Liste *f*, Verzeichnis *nt*, Aufstellung *f*; **to be on the short list** in der engeren Wahl sein

to close a list Liste schließen; **to compile a l.** Liste zusammenstellen, Verzeichnis anlegen; **to delete from the l.** von der Liste streichen/löschen; **to enter in a l.** in eine Liste eintragen; **to strike off the l.** von der Liste streichen; **electoral l.** Wählerliste *f*, Wahlliste *f*; **'wanted' l.** Steckbrief *m*; **to be on the ~** steckbrieflich gesucht werden

list of assets Vermögensverzeichnis *nt*; **~ candidates** Kandidatenliste *f*; **~ cases** Fallsammlung *f*; **~ charges** Gebührenordnung *f*; **~ previous convictions** Vorstrafenregister *nt*; **~ creditors** Gläubigerverzeichnis *nt*; **~ creditors' claims** Konkurstabelle *f*; **~ prohibited items** Verbotsliste *f*; **~ names** Namensverzeichnis *nt*; **~ penalties** Bußgeldkatalog *m*; **representative ~ rents** Mietspiegel *m*; **~ civil rights** Grundrechtskatalog *m*; **~ solicitors** Anwaltsliste *f*

listen in *v/prep (zweiter Telefonhörer)* mithören

listed *adj* 1. *(Gebäude)* unter Denkmalschutz stehend; 2. *(Unternehmen)* an der Börse notiert, börsengängig; **officially l.** amtlich zugelassen

listing officer *n [GB]* Verwaltungsbeamter *m (für Listen, wann und wo die Verhandlungen stattfinden)*

list price Listenpreis *m*

literal *adj* buchstäblich, wörtlich

literature *n* Literatur *f*; **obscene l.** unzüchtige Literatur

litigable *adj* justitiabel

litigant *adj (ZR)* prozessführend; *n* prozessführende Partei, Prozessführende(r) *f/m*, Streitpartei *f*, Streitender *m*; **l. in person** Naturalpartei *f*; **joint l.** Streitgenosse *m*, Streitgenossin *f*; **successful l.** obsiegende Partei; **vexatious l.** Querulant(in) *m/f*, Prozesshansel *m (coll)*

litigate *v/i (ZR)* prozessieren, Prozess führen/anstrengen/betreiben, Rechtsstreit führen, Streit vor Gericht austragen

litigation *n* 1. *(ZR)* Prozess *m*, Rechtsstreit(igkeiten) *m/pl*, Streitsache *f*, Streitverfahren *nt*; 2. Prozessführung *f*, Prozessieren *nt*; 3. Rechts-, Klageweg *m*; **in l.** streitbefangen; **l. between two public bodies** Organstreit *m*; **l. about an inheritance** Erbschaftsstreit *m*; **l. with**

necessary representation by lawyers Anwaltsprozess *m*

to resort to litigation Klage erheben, Rechtsweg beschreiten; **to (seek to) recover by l.** ausklagen; **civil l.** Zivilprozess *m*; **pending l.** anhängiger Rechtsstreit; **vexatious l.** mutwillige/ schikanöse Klage

litigation costs Prozesskosten; **l. insurance** Rechtsschutzversicherung *f*

litigious *adj* 1. strittig, streitig, streitbefangen; 2. prozesssüchtig; **l.ness** Prozesssucht *f*

live *v/i* 1. leben; 2. wohnen; **l. apart** getrennt leben

livelihood *n* Lebensunterhalt *m*, Auskommen *nt*, Erwerbsgrundlage *f*; **to earn one's l.** seinen Lebensunterhalt verdienen

livery *n* 1. Besitzübergabe f, Besitzübertragung *f*; 2. Dienst-, Amtskleidung *f*; **l. of seisin** Besitzeinweisung *f*

livestock *n* Vieh(bestand) *nt/m*, lebendes Inventar; **l. dealer** Viehhändler(in) *m/f*; **l. farming** Viehhaltung *f*; **intensive ~** Massentierhaltung *f*

post-mortem lividity *n* Leichen-, Totenfleck *m*

living *n* Lebensunterhalt *m*, Existenz *f*, **l. (separate and) apart** Getrenntleben *nt*; **l. allowance** Unterhaltszuschuss *m*; **l. conditions** Wohnverhältnisse; **l. together as husband and wife** eheähnlich; **l. person** Lebende(r) *f/m*; **l. space** Wohn-, Lebensraum *m*; **l. standard** Lebensstandard *m*; **l. wage** Existenzminimum *nt*, ausreichender Lohn

load *n* 1. Last *f*; 2. (Zu)Ladung *f*; 3. Belastung *f*; **permissible/maximum/safe l.** Höchstbelastung *f*, Höchstlast *f*, zulässige Belastung; **total l.** Gesamtgewicht *nt*

loan *n* 1. Kredit *m*, Darlehen *nt*; 2. Leihe *f*, Leihgabe *f*; **on l.** 1. ausgeliehen; 2. leihweise

loan against collateral Darlehen gegen Pfandbestellung; **l. secured on land** Bodenkredit *m*; **l.s and mortgages** Darlehen und Hypotheken; **l. subject to notice** kündbares Darlehen; **l. secured by property** Immobiliarkredit *m*; **l. on collateral securities** Wertpapierdarlehen *nt*; **l. with a term of ...** Darlehen mit einer Laufzeit von ...

to cancel a loan Darlehen kündigen; **to collateralize a l.** Darlehen besichern; **to extend a l.** Kredit verlängern; **to grant a l.** Kredit gewähren, Darlehen geben; **to pay off/redeem a l.** Kredit/Darlehen zurückzahlen, ~ tilgen; **to raise a l.** Darlehen/Kredit aufnehmen; **to securitize a l.** Darlehen besichern

amortized loan abgeschriebenes Darlehen; **bridging l.** Überbrückungsdarlehen *nt*; **collateral l.** Lombard-, Realkredit *m*; **collateralized l.** besichertes Darlehen; **contractual l.** vertragliches Darlehen; **convertible l.** Wandelanleihe *f*; **fiduciary l.** Personalkredit *m*, ungesichertes Darlehen; **frozen l.** eingefrorenes Darlehen; **interest-bearing l.** verzinsliches Darlehen; **interest-free l.** unverzinsliches Darlehen; **interest-only l.** tilgungsfreies Darlehen; **irredeemable l.** unkündbares Darlehen; **junior l.** nachrangiges Darlehen; **non-performing l.** notleidender Kredit; **personal l.** Klein-, Personalkredit *m*; **redeemable l.** Tilgungsdarlehen *nt*; **residual l.** Restdarlehen *nt*; **secured l.** gesichertes Darlehen; **securitized l.** besichertes Darlehen; **small l.** Kleinkredit *m*; **tax-favoured l.** steuerbegünstigte Anleihe; **tied l.** (projekt)gebundener Kredit; **undated l.** unbefristetes Darlehen; **unsecured l.** ungesichertes Darlehen, ungedeckter Kredit

loan *v/t* (ver)leihen

loan agreement Darlehens-, Kreditvereinbarung *f*, Darlehens-, Kreditvertrag *m*; **l. application** Darlehens-, Kreditantrag *m*; **l. commitment/covenant** Darlehens-, Kreditzusage *f*; **l. contract** 1. Darlehens-, Kreditvertrag *m*; 2. Leihvertrag *m*; **l. facility** Kreditrahmen *m*; **l. guarantee** Darlehensbürgschaft *f*; **l. repayment** Darlehens-, Kredittilgung *f*; **l. shark** (coll) Kredithai *m* (coll), Zinswucherer *m*; **l. society** Kreditverein *m*; **l. terms** Darlehens-, Kreditbedingungen

loathe *v/t* verabscheuen

local *adj* örtlich, ortsansässig, hiesig; **l.ity** 1. Örtlichkeit *f*; 2. Ortschaft *f*

locate *v/t* ausfindig machen, orten

location *n* 1. (Stand)Ort *m*, Lage *f*, Position *f*, Platz *m*; 2. Auffinden *nt*, Posi-

tionsbestimmung *f*, Feststellung *f*; **exact/ precise l.** genaue Ortsangabe; **~ of the accident** genauer Unfallort; **residential l.** Wohnlage *f*

lock *n* Schloss *nt*, Verschluss *m*; **under l. and key** unter Verschluss, hinter Schloss und Riegel

lock *v/t* verschließen; **l. away** *v/t* wegschließen

locked *adj* verschlossen, abgeschlossen

lock out *v/prep* aussperren; **l. out** *n* Aussperrung *f*; **l. up** *v/prep* einsperren; **l.up** *n* Gewahrsamszelle *f*, Karzer *m* (coll)

loco citato (loc. cit.) *n* (lat.) (Buch) am angegebenen Ort (a.a.O.); **in l. parentis** *adj* (lat.) an Eltern Statt

locum *n* (lat.) (Arzt, Apotheker) Urlaubsvertretung *f*, Stellvertreter(in) *m/f*

locus rei sitae *n* (lat.) Belegenheit *f*

lodge *v/t* 1. (Antrag, Berufung, Beschwerde) einreichen; 2. (Geld) deponieren, einlegen; 3. (Gegenstand) hinterlegen; 4. unterbringen; **l.r** *n* Untermieter(in) *m/f*; **to take so. in as a l.** jdn in Untermiete nehmen

lodging *n* 1. Unterkunft f, Beherbergung *f*, Obdach *nt*; 2. Einlegung *f*, Erhebung *f*; **l. (of) an appeal** Einlegung der Berufung, Beschwerde-, Rechtsmittel-, Revisionseinlegung *f*; **~ a claim** Erhebung eines Anspruchs; **~ a complaint** Erhebung einer Beschwerde; **~ an objection** Einspruchseinlegung *f*; **~ legal remedy** Einlegung eines Rechtsbehelfs; **~ a security** Hinterlegung einer Sicherheit; **to live in l.s** möbliert wohnen

lodgment *n* Deponierung *f*, Hinterlegung bei Gericht; **l. order** Hinterlegungsverfügung *f*

loft *n* Speicher *m*, Dachgeschoss *nt*, Dachboden *m*

logbook *n* Fahrtenbuch *nt*

loiter *v/i* sich herumtreiben; **l.ing** Stadtstreicherei *f*; **~ with intent** Verdacht erregendes Herumstehen

loner *n* Einzelgänger(in) *m/f*

long-standing *adj* langjährig

long-term *adj* langfristig

look after *v/prep* 1. (Interessen) wahrnehmen; 2. sich kümmern um, pflegen, versorgen; 3. sich (für etw.) einsetzen; 4. aufpassen auf, beaufsichtigen; **l. for** *v/prep* suchen; **l. the other way** wegschauen, wegsehen

looking after *n* Wahrnehmung *f*, Vertretung *f*; **l. a. so.'s interests** Wahrnehmung von jds Interessen

lookout *n* Ausguck *m*; **to act as a l.** Schmiere stehen *(coll)*

loophole *n* Hintertürchen *nt*, Ausweg *m*; **l. in a contract** Vertragslücke *f*; **~ the law** Gesetzeslücke *f*, Lücke im Gesetz

loot *n* Beute *f*, Diebes-, Raubgut *nt*; *v/t* plündern; **l.er** *n* Plünderer *m*; **l.ing** *n* Plünderung *f*, Schaufenstereinbruch *m*

Lord of Appeal in Ordinary *n [GB]* richterliches Oberhausmitglied; **L. Advocate** *n* oberster Staatsanwalt, Generalstaatsanwalt *m*; **L. Chancellor** *n* Lordkanzler *m*; **L. Chancellor's Department** Justizministerium *nt*; **L. Chief Justice** *n* Lordoberrichter *m*; **L. Justice** *n* Lordrichter *m*, Richter des Court of Appeal

lose *v/t* verlieren, einbüßen

loss *n* 1. Verlust *m*, Abhandenkommen *nt*; 2. Schaden *m*; 3. Einbuße *f*, Schwund *m*; 4. *(Anspruch)* Verwirkung *f*; 5. *(Miete, Verdienst)* Ausfall *m*; 6. *(Schiff)* Untergang *m*; **in the event of l.** bei Eintritt des Schadensfalls

loss of business entgangene(s) Geschäft(e), Geschäftsverlust *m*; **~ a client** Mandantenverlust *m*l; **~ custom** Kundenschwund *m*; **l. or damage** Schaden jeder Art; **l. to so.'s detriment** Schaden zu jds Nachteil; **l. of driving licence** Fahrverbot *nt*; **~ earning capacity** Verlust der Erwerbsfähigkeit; **~ earnings** Lohn-, Verdienstausfall *m*, entgangener Gewinn, entgangene Einkünfte; **l. by fire** Feuerschaden *m*; **l. of income** Einkommensausfall *m*; **~ limb(s)** Gliederverlust *m*; **~ memory** Gedächtnisschwund *m*; **~ money** Verlust von Geld, Geldverlust *m*; **~ nationality** Verlust der Staatsbürgerschaft; **~ ownership** Eigentumsverlust *m*; **~ pension** entgangene Rente, Versorgungsausfall *m*; **~ possession** Besitzverlust *m*; **~ profits** Gewinnausfall *m*, Gewinnentgang *m*; **~ property** Besitzverlust *m*; **~ rent** Mietausfall *m*; **~ a right** Rechtsverlust *m*; **~ civic rights** Verlust der bürgerlichen Ehrenrechte; **l.**

at sea Havarie *f*, Seeschaden *m*; **l. of services of the spouse** Verlust der Arbeitskraft des Ehegatten; **~ sight** Verlust des Augenlichts/Sehvermögens; **~ moral standards** Werteverfall *m*; **l. in transit/transport** Transportverlust *m*, Transportschaden *m*; **l. of use** Nutzungsausfall *m*, Nutzungsentgang *m*; **~ value** Verminderung des Wertes, Werteinbuße *f*; **~ a wage claim** Verwirkung des Lohnanspruchs; **~ wages** Lohnausfall *m*; **~ weight** Gewichtsverlust *m*, Gewichtsschwund *m*; **~ working hours** Arbeits(zeit)ausfall *m*

loss brought forward Verlustvortrag *m*; **l. incurred** eingetretener/entstandener Schaden; **l. sustained** erlittener Schaden

to answer for a loss für einen Schaden eintreten; **to assess a. l.** Schaden abschätzen/festsetzen; **to bear a. l.** Schaden/Verlust tragen; **to cause/occasion a l.** Schaden verursachen; **to cover a l.** Schaden abdecken; **to cut one's l.es** Schaden begrenzen; **to incur a l.** Schaden/Verlust erleiden; **to inflict a l.** Schaden/Verlust zufügen; **to offset a l.** Verlust ausgleichen; **to prevent a l.** Schaden abwenden; **to recoup a l.** Verlust ausgleichen; **to report a l.** Schadensfall melden; **to suffer/sustain a l.** Schaden/Verlust erleiden, einbüßen

accidental loss Unfallschaden *m*; **actionable l.** einklagbarer Schaden; **actual l.** materieller Schaden; **avoidable l.** vermeidbarer Schaden; **consequential l.** Folgeschaden *m*; **direct l.** unmittelbarer Schaden; **heavy l.** schwerer Verlust; **immaterial/intangible l.** immaterieller/ ideeller Schaden; **indirect l.** mittelbarer Schaden; **irreparable l.** nicht wieder gutzumachender Schaden, unersetzbarer Verlust; **irretrievable l.** uneinbringlicher Verlust; **major l.** erheblicher Schaden; **minor/petty l.** geringfügiger Schaden, Bagatell-, Kleinschaden *m*; **net l.** Nettoschaden *m*; **non-recurring l.** einmaliger Verlust; **partial l.** Partial-, Teilschaden *m*, Teilverlust *m*; **pecuniary l.** finanzieller Verlust, Vermögensschaden *m*, Vermögensnachteil *m*, geldwerter Schaden; **recoverable l.** erstattungsfähiger Schaden; **reported l.**

ausgewiesener Verlust; **substantiated l.** nachgewiesener Schaden; **sustained l.** erlittener Verlust; **total l.** Gesamt-, Totalverlust *m*, Gesamt-, Totalschaden *m*; **constructive ~** angenommener Totalverlust

loss adjuster Schadens-, Versicherungsregulierer(in) *m/f*; **l. adjustment** Schadensregulierung *f*, Regulierung eines Schadens; **l. advice** Schadensanzeige *f*; **l. apportionment** Verlustumlage *f*; **l. assessment** Schadensbemessung *f*, Schadensfeststellung *f*, Schadensschätzung *f*; **l. prevention** Schadensverhütung *f*; **l. settlement** Schadensregulierung *f*

lost *adj* 1. verloren; 2. *(Gewinn)* entgangen; 3. verschollen

lot *n* 1. Los *nt*; 2. Parzelle *f*, Grundstück *nt*, (Bau)Platz *m*, Stück Land *nt*; 3. Anteil *m*, Partie *f*, Posten *m*; 4. Los *nt*, Schicksal *nt*, Geschick *nt*; 5. Menge *f*, Haufen *m*; **to decide by l.(s)** durch (das) Los entscheiden; **to divide into l.s** parzellieren; **to draw l.s** aus-, verlosen

lottery *n* Lotterie *f*, Lotto *nt*, Verlosung *f*; **illegal l.** unerlaubte Lotterie

loudhailer *n* Megafon *nt*, Flüstertüte *f (coll)*

lounge *n* Wohnzimmer *nt*

lout *n* Rüpel *m*, Flegel *m*; **l.ish** *adj* rüpel-, flegelhaft

love *n* Liebe f; **l. of justice** Gerechtigkeitsliebe *f*; **unrequited l.** unerwiderte/ verschmähte Liebe; **l.-hate relationship** Hassliebe *f*

lover *n* 1. Geliebte(r) *f/m*; 2. Liebhaber *m*

low *adj* niedrig, tief, gering; **l.-cost** *adj* 1. billig, preiswert; 2. wirtschaftlich, kostengünstig; **l.-emission** *adj* schadstoffarm; **l.-key** *adj* besonnen, unaufdringlich, reserviert; **l.-quality** *adj* minderwertig

loyal *adj* loyal, treu

loyalty *n* 1. Treue *f*, Treupflicht *f*; 2. Redlichkeit *f*; **l. to the constitution** Verfassungstreue *f*; **l. and good faith** Treu und Glauben; **conflicting loyalties** nicht zu vereinbarende Treuepflichten; **mutual l.** Treuepflicht *f*

loyalty arrangement Treuevertrag *m*; **l. bonus** Vertrauensprämie *f*; **l. clause** Loyalitätsklausel *f*; **l. rebate** Treuerabatt

lucrative *adj* einträglich, lukrativ, vorteilhaft

luggage *n* Gepäck *nt*; **l. insurance** Reisegepäckversicherung *f*; **l. locker** (Gepäck)Schließfach *nt*

lumber *n [US]* (Bau)Holz *nt*; **l.jack** *n* Holzfäller *m*; **l. room** Rumpelkammer *f*

lump *n* 1. Masse *f*, Menge *f*; 2. Klumpen *m*, Stück *nt*; 3. *(Medizin)* Geschwulst *f*, Knoten *m*; **l. together** *v/prep* in einen Topf werfen *(fig)*, über einen Kamm scheren *(fig)*

lump sum Pauschalbetrag *m*, Pauschale *f*; **l.-s. compensation/indemnity** einmalige Entschädigung, Pauschalentschädigung *f*; **~ payment** Pauschalzahlung *f*, einmalige Zahlung; **~ taxation** Steuerpauschale *f*

lunacy *n* Geisteskrankheit *f*, Geistesgestörtheit *f*, Wahnsinn *m*; **l. proceedings** Entmündigungsverfahren *nt*

lunatic *n* Geisteskranke(r) *f/m*

lunchtime *n* Mittag(spause) *m/f*

lure *n* Köder *m*, Lockvogel *m*, Lockmittel *nt*; *v/t* (an)locken

lynch *v/t* lynchen; **l. law** Lynch-, Volksjustiz *f*

M

M.O.T. (Ministry of Transport) test *[GB]* Fahrzeugabnahme *f*, Fahrzeugüberprüfung *f*, TÜV-Test *m*

machinations *pl* Machenschaften; **evil m.** üble Machenschaften; **sinister m.** dunkle Machenschaften

machine failure *n* Maschinenschaden *m*

machinery *n* Maschinenpark *m*; **m. of justice; legal m.** Justizapparat *m*

mad *adj* wahnsinnig; **m.ness** *n* Wahnsinn *m*

magistracy *n [GB]* *(Amtsgericht)* Richteramt *nt*

magistrate *n [GB]* Amtsrichter(in) *m/f*; **m. in a juvenile court** Jugendrichter(in) *m/f*; **committing m.** Haftrichter(in) *m/f*; **examining m.** Untersuchungs-, Vernehmungs-, Ermittlungsrichter(in) *m/f*; **lay m.** Schöffe *m*, Schöffin *f*; **stipendiary m.** Berufsrichter(in) *m/f*, besoldete(r) Amtsrichter(in)

magistrates' clerk juristischer Beisitzer, Rechtspfleger *m*; **m. court** Amts-, Schöffengericht *nt*

maiden name *n* Mädchenname *m*

mail *v/t* absenden

mail (service) *n* Post*f*; **incoming m.** eingehende Post; **outgoing m.** ausgehende Post; **m.-order company** Versandhaus *nt*; ~ **purchase** Versendungskauf *m*; ~ **trade** Versandhandel *m*; **m. theft** Postdiebstahl *m*

maim *v/t* verstümmeln

maintain *v/t* 1. aufrechterhalten, beibehalten; 2. behaupten; 3. warten, instand halten; 4. unterhalten; 5. (*Datei*) pflegen, warten

maintenance *n* 1. Aufrechterhaltung *f*, Beibehaltung *f*; 2. Alimente *pl*, Unterhalt *m*, Versorgung *f*; 3. Betreuung *f*; 4. Erhaltung *f*, Instandhaltung *f*, Pflege *f*, Wartung *f*; **entitled to m.** unterhaltsberechtigt; **m. for reasons of sickness or ailments** Unterhalt wegen Krankheit oder Gebrechen; **m. of good relations** Kontaktpflege *f*; ~ **a spouse** Unterhalt eines Ehegatten; **m. pending suit** Unterhalt während eines Prozesses; **m. at subsistence level** notdürftiger Unterhalt

to claim maintenance Unterhalt verlangen; **to pay m.** Unterhalt zahlen; **to provide m.** Unterhalt gewähren/leisten; **liable to** ~ unterhaltspflichtig; **to secure m.** Unterhalt sichern; **to sue so. for m.** jdn wegen Unterhalt verklagen

adequate maintenance angemessener Unterhalt; **current m.** laufender Unterhalt; **planned/preventive m.** vorbeugende Wartung; **post-nuptial m.** nachehelicher Unterhalt; **rental m.** Wartung von Mietgegenständen; **routine m.** laufende Wartung; **third-party m.** Wartung durch Fremdfirmen

maintenance action Unterhaltsklage *f*; **m. agreement** 1.Unterhaltsvereinbarung *f*; 2. Wartungsvertrag *m*, Wartungsvereinbarung *f*; **m. case** Unterhaltssache *f*; **m. claim** Unterhaltsanspruch *m*, Unterhaltsforderung *f*; **m. contract** Instandhaltungs-, Unterhalts-, Wartungsvertrag *m*; **m. costs** Erhaltungs-, Instandhaltungs-, Unterhaltskosten; **m. expense** Erhal-

tungsaufwand *m*; **m.-free** *adj* wartungsfrei; **m. grant** Unterhaltsbeihilfe *f*; **m. law** Unterhaltsrecht *nt*; **m. obligation** Unterhaltspflicht *f*; ~ **towards an illegitimate child** Unterhaltspflicht gegenüber einem nichtehelichen Kind; **m. order** *[GB]* Unterhaltsurteil *nt*; **m. payment** Unterhaltszahlung *f*; **standard m. payments (for a child)** Regelunterhalt *m*; **m. proceedings** Unterhaltsverfahren *nt*; **to institute** ~ Unterhaltsklage erheben; **m. suit** Unterhaltsprozess *m*

major *adj* wesentlich, maßgeblich

majority *n* 1. Mehrheit *f*, Mehrzahl *f*; 2. Mündigkeit *f*, Volljährigkeit *f*; **on reaching m.** bei Eintritt der Volljährigkeit; **m. of shares** Kapitalmehrheit *f*; ~ **votes** Mehrheit der Stimmen, Stimmenmehrheit *f*

narrow majority knappe Mehrheit; **qualified m.** qualifizierte Mehrheit

majority decision Mehrheitsbeschluss *m*, Mehrheitsentscheid *m*; **m. interest** Mehrheitsbeteiligung *f*; **m. opinion** Mehrheitsvotum *nt*; **m. verdict** (*Geschworene*) Mehrheitsentscheidung *f*; **m. vote** Mehrheitsbeschluss *m*; **by** ~ durch Mehrheitsbeschluss

make *v/t* 1. erstellen, fertigen, herstellen; 2. (*Anordnung*) erlassen; **m. certain** sich vergewissern; **m. good** 1. ausgleichen; 2. (*Schaden*) decken; **m. out** ausfertigen; **m. sth. over to so.** etw. auf jdn überschreiben; **m. up** auf-, nachholen

maker *n* Aussteller *m*; **m. of a cheque** Scheckaussteller(in) *m/f*

makeshift *n* (Not)Behelf *m*; *adj* notdürftig, provisorisch

making a declaration *n* Abgabe einer Erklärung; ~ **deposit** Hinterlegung einer Kaution; ~ **will** Errichtung eines Testaments, Testamentserrichtung *f*

mala fide *adj (lat.)* bösgläubig; **m. fides** *n* (*lat.*) Bösgläubigkeit *f*, böser Glaube

maladjusted *adj* milieugeschädigt

malefactor *n* Übeltäter(in) *m/f*

malfeasance (in office) *n* Dienst-, Amtsvergehen *nt*, Amts-, Dienstpflichtverletzung *f*

malice *n* Arglist *f*, Böswilligkeit *f*, Mutwillen *m*, Vorsatz *m*, Dolus *m (lat.)*; **out**

of pure m. aus reinem Mutwillen; **actual m.** Schädigungsabsicht *f*; **constructive m.** vermuteter Vorsatz; **express m.** ausdrückliche böse Absicht

malice aforethought böse Absicht, verbrecherischer Vorsatz; **with m. a.** arglistig, mit verbrecherischem Vorsatz, vorsätzlich

malicious *adj* in böser Absicht, arglistig, böswillig, heimtückisch, mutwillig, vorsätzlich, dolos

malinger *v/i* Kranksein vortäuschen

malpractice *n* Kunstfehler *m*; **m. in office** Amtspflichtverletzung *f*; **medical m.** (ärztlicher) Kunstfehler, medizinisch fehlerhafte Behandlung; **professional m.** Kunstfehler *m*; **m. insurance** Versicherung gegen Kunstfehler

maltreat *v/t* misshandeln; **m.ment** *n* Misshandlung *f*

malversation *n* Amtsunterschlagung *f*, Veruntreuung *f*

mammoth trial *n* Mammutverfahren *nt*

manacles *pl* Handfesseln

manage *v/t* 1. bewirtschaften; 2. verwalten, Verwaltung führen

management *n* 1. Bewirtschaftung *f*; 2. Direktion *f*, Führung der Geschäfte, (Geschäfts)Führung *f*, (Geschäfts)Leitung *f*, Verwaltung *f*; **m. and labour** Sozialpartner *pl*; **m. without mandate** Geschäftsführung ohne Auftrag; **m. of a tenement** Hausverwaltung *f*

management board Vorstand *m*, Verwaltungsrat *m*; **m. company** Verwaltungsgesellschaft *f*; **m. contract** Verwaltungsvertrag *m*; **m. costs** Verwaltungskosten; **m. plan** Wirtschaftsplan *m*

manager *n* 1. Direktor *m*; 2. Geschäftsführer(in) *m/f*, (Geschäfts)Leiter(in) *m/f*; 3. Verwalter *m*

manag|erial *adj* leitend; **m.ing** *adj* feder-, geschäftsführend

mandamus *n* (*lat.*) gerichtliche Verfügung an ein untergeordnetes Gericht

mandatary *n* Beauftragte(r) *f/m*, Mandatar *m*

mandate *v/t* beauftragen

mandate *n* 1. Anweisung *f*; 2. (Wähler)Auftrag *m*, Beauftragung *f*; 3. Gerichtsbefehl *m*; 4. Mandat *nt*, Prozessvollmacht *f*; 5. schriftliche Verfügung;

m. to provide credit for a third-party Kreditauftrag *m*

mandator *n* Vollmachtgeber(in) *m/f*

mandatory *n* Mandatar *m*, Vollmachtnehmer *m*; *adj* obligatorisch, unabdingbar, vorgeschrieben, zwingend; **not m.** abdingbar

actual manhours *pl* Iststunden

manhunt *n* (Ring)Fahndung *f*, Verbrecherjagd *f*; **m. for a high-profile criminal** Zielfahndung *f*; **to launch a m.** Ringfahndung einleiten; **large-scale m.** Großfahndung *f*

manifest *adj* augenscheinlich, offenkundig; **to make m.** kundtun, offenbaren

manifest *v/t* offenbaren

manifest *n* Ladeschein *m*, Lade-, Ladungsverzeichnis *nt*, (Ladungs)Manifest *nt*

manifestation of will *n* Willensäußerung *f*

manipulation *n* Handhabung *f*, Manipulation *f*

manner *n* Weise *f*; **in an exemplary m.** vorbildlich; **~ equitable m.** in angemessener Weise

manslaughter *n* Totschlag *m*, Tötung *f*; **attempted m.** versuchter Totschlag, versuchtes Tötungsdelikt; **culpable/involuntary m.** fahrlässige/unbeabsichtigte/zufällige Tötung; **voluntary/wilful m.** vorsätzliche Tötung

manu propria *n* (*lat.*) eigenhändig

manual *n* Handbuch *nt*

manufacture *v/t* erzeugen, fertigen, herstellen, produzieren

manufacture *n* 1. Fertigung *f*, Herstellung *f*; 2. Fabrikat *nt*, **m. under licence** Lizenzfertigung *f*

manufacturer *n* (Waren)Hersteller *m*, Produzent *m*; **m.'s liability** Haftpflicht des Herstellers, Hersteller-, Produzentenhaftung *f*

manufacturing *n* Herstellung *f*; **m. costs** Herstellungskosten; **m. defect** Fabrikationsfehler *m*; **m. facility/plant** Fabrik *f*, gewerblicher Betrieb; **m. licence** Herstellungslizenz *f*; **m. right(s)** Herstellungsrecht *nt*

map *n* Karte *f*

margin *n* Rand *m*; **as per m.** wie nebenstehend; **m. of profit** Gewinnmarge *f*, Handels-, Verdienstspanne *f*

marijuana *n* Marihuana *nt*
marital *adj* ehelich
mark *v/t* kennzeichnen, markieren, mit Zeichen versehen; **m. down** *(Preis)* senken; **m. up** heraufsetzen, erhöhen
mark *n* 1. *(Kenn)*Zeichen *nt*; 2. *(Note)* Zensur *f*; **m. of origin** Herkunftsbezeichnung *f*; ~ **quality** Qualitätsmarke *f*; **distinctive/identifying m.** besonderes Merkmal
marked *adj* 1. ausgezeichnet; 2. gezeichnet
market *n* Markt *m*; **to dominate the m.** Markt beherrschen; **to be put on the m.** in den Handel kommen;
market *v/t* auf den Markt bringen, verkaufen, vertreiben
marketab|ility *n* Verkehrsfähigkeit *f*; **m.le** *adj* handelbar, verkehrsfähig
market abuse Marktmissbrauch *m*; **m. domination** Marktbeherrschung *f*
marketing agreement Vertriebsabkommen *nt*, Vertriebsvereinbarung *f*; **m. cartel** Verkaufskartell *nt*; **m. contract** Vertriebsvertrag *m*; **m. cooperative** Verkaufsgenossenschaft *f*
market monopoly Marktmonopol *nt*; **m. price** Marktpreis *m*; **m. regime** Marktordnung *f*; **m. rigging** *(Börse)* Kurstreiberei *f*; **m. sharing** Marktaufteilung *f*; ~ **agreement** Marktaufteilungsabsprache *f*; **m. stall** Marktstand *m*; **m. value** Verkaufs-, Verkehrswert *m*
marking *n* Markierung *f*; **m. the boundary** Abmarkung *f*; **to cross the m.** *(Verkehr)* Markierung überfahren
marksman *n* *(Polizei)* Scharfschütze *m*
mark-up *n* Gewinnaufschlag *m*
marriage *n* Ehe *f*, Eheschließung *f*, Heirat *f*, Trauung *f*; **related by m.** angeheiratet, verschwägert; **m. which has broken down irretrievably** unheilbar zerrüttete Ehe; **m. on paper** Scheinehe *f*
to annul/dissolve a marriage Ehe aufheben/scheiden; **to contract a m.** Ehe schließen; **to enter into a m.** Ehe eingehen
bigamous marriage Doppelehe *f*; **broken m.** zerrüttete Ehe; **civil m.** Zivilehe *f*; **common-law m.** freie Ehe; **consummated m.** vollzogene Ehe; **fictitious m.** Scheinehe *f*; **homoerotic m.** gleichge-

schlechtliche Partnerschaft; **mixed m.** Mischehe *f*; **polygamous m.** Mehrehe *f*; **register-office m.** Zivilehe *f*; **sham m.** Scheinehe *f*; **void m.** nichtige Ehe; **voidable m.** anfechtbare Ehe
marriageable *adj* ehefähig
marriage act Ehegesetz *nt*; **m. allowance** Heiratszuschuss *m*; **m. broker** Heiratsvermittler(in) *m/f*; **m. brokerage/broking** Heiratsvermittlung *f*; **m. ceremony** Trauung *f*; **m. certificate** Trau-, Heiratsschein *m*, Heiratsurkunde *f*; **m. contract** Ehe-, Heiratsvertrag *m*; **m. counsellor** Eheberater(in) *m/f*; **m. impostor** Heiratsschwindler *m*; **m. licence** 1. Heiratserlaubnis *f*; 2. *(Befreiung von Eheverboten)* Ehedispens *m*; **m. portion** Mitgift *f*; **m. property law** Ehegüterrecht *nt*; **m. settlement** Heiratsabfindung *f*
married *adj* verheiratet
marry *v/ti* Ehe eingehen/schließen, ehelichen, heiraten
marshal *n* *(Veranstaltung)* Ordner *m*; **m.ling of creditors** *n* Rangbestimmung von Gläubigern; ~ **evidence** Beweisführung *f*
mask *n* *(Gesicht)* Maske *f*; *v/t* verschleiern; **m.ed** *adj* maskiert, vermummt
mass *n* Masse *f*; **m. arrests** Massenverhaftungen; **m. crime** Massenkriminalität *f*; **m. grave** Massengrab *nt*; **m. jailbreak** *(Gefängnis)* Massenausbruch *m*; **m. killer** Massenmörder(in) *m/f*; **m. meeting** Massenversammlung *f*; **m. murder** Massenmord *m*; **m. murderer** Massenmörder *m*; **m. murderess** Massenmörderin *f*; **m. persecution** Massenverfolgung *f*
master *n* Dienstherr *m*; **m. of an apprentice** Lehrherr *m*; **m. copy** *(Dokument)* Original *nt*; **m. craftsman** (Handwerks)Meister *m*; **m. file** Grundakte *f*; **m. policy** Rahmenpolice *f*
mastermind *n* führender Kopf; **m. behind a crime** Schreibtischtäter(in) *m/f*
match *v/t* *(gleichkommen)* entsprechen
material *adj* (vertrags)wesentlich, (rechts)erheblich, relevant
material *n* Material *nt*; **hazardous m.s** Gefahrstoffe; **offensive m.** anstößiges

Material; **racially** ~ rassistisches Material; **m. fatigue** Material-, Werkstoffermüdung *f*; **m.(s) testing** Werkstoffprüfung *f*

materialize *v/i* zustandekommen

maternity *n* Mutterschaft *f*; **m. allowance** *[GB]*/**benefit** Mutterschaftsbeihilfe *f*; **m. grant** *[GB] (einmalig)* Mutterschaftsbeihilfe *f*; **m. leave** Mutterschaftsurlaub *m*

matricide *n* Muttermord *m*

matrimon|ial *adj* ehelich; **m.y** *n* Ehe *f*, Ehestand *m*

matter *n* 1. Angelegenheit *f*; 2. Rechtssache *f*, Fall *m*; **m. of public concern** Angelegenheit von öffentlichem Belang; ~ **conscience** Gewissenssache *f*; **m. in controversy** Streitgegenstand *m*, Streitobjekt *nt*; ~ **dispute** strittiger Fall; **in the** ~ **the estate of** in der Nachlasssache von; **m. at issue** Streitsache *f*; **m. of public interest** Gegenstand des öffentlichen Interesses; ~ **interpretation** Auslegungssache *f*; ~ **opinion** Ansichtssache *f*

to clarify matter|s Sachverhalt klären; **to settle a m. amicably** Angelegenheit gütlich regeln

civil matter Zivilsache *f*; **classified m.** Verschlusssache *f*; **contentious m.** streitige Angelegenheit; **criminal m.** Strafsache *f*; **legal m.** Rechtsangelegenheit *f*, Rechtssache *f*; **private m.** Privatangelegenheit *f*, Privatsache *f*

matter *v/i* von Belang sein

maturity *n* 1. Fälligkeit(stermin) *f/m*, Fristigkeit *f*; 2. Laufzeit *f*; 3. Reife *f*; 4. *(Scheck, Wechsel)* Verfall *m*; **at m.** bei (Eintritt der) Fälligkeit; **prior to m.** vor Fälligkeit; **m. of a chattel mortgage** Pfandreife *f*; ~ **a loan** Laufzeit eines Darlehens; **m. date** Verfallstag *m*

maxim *n* Grundsatz *m*; **m. of party disposition** Dispositionsmaxime *f*; **legal m.** Rechts(grund)satz *m*

maximize *v/t* maximieren

maximum claim *n* Maximalforderung *f*; **m. damage** Höchst-, Maximalschaden *m*

mayor(ess) *n* Bürgermeister(in) *m/f*

last meal *n* Henkersmahlzeit *f*

mean *v/t* bedeuten

mean *adj* gemein

meaning *n* Bedeutung *f*, Sinn *m*; **m. of the law** Sinn des Gesetzes; **within the** ~ im Sinne des Gesetzes; **legal m.** rechtliche Bedeutung

means *n/pl* 1. Mittel *nt*; 2. Geldmittel *pl*, Vermögensverhältnisse *pl*; **by m. of** mittels; **without m.** unbemittelt; **m. of coercion** Beuge-, Zwangsmittel *nt*; ~ **defence** Verteidigungsmittel *nt*; ~ **identification** Nämlichkeitsmittel *nt*; ~ **payment** Zahlungsmittel *nt*; ~ **proof** Beweismittel *nt*; ~ **subsistence** Existenzmittel *nt*; ~ **transport** Verkehrsmittel *nt*

by appropriate means durch geeignete Mittel; ~ **illegal m.** auf illegalem Wege; **inadmissible m.** unzulässige Mittel; **by judicial m.** auf gerichtlichem Wege; ~ **peaceful m.** auf friedlichem Wege

means test *(Sozialhilfe)* Bedürfnisprüfung *f*, Vermögensveranlagung *f*

measure *n* 1. Maß *nt*; 2. Maßnahme *f*, Schritt *m*; **m. to maintain order** Ordnungsmaßnahme *f*; **m. for the prevention of crime and reformation of offenders** Maßregel der Besserung und Sicherung; **m. to maintain the leased/rented property** Maßnahme zur Erhaltung der Mietsache

administrative measure behördliche Maßnahme; **appropriate m.s** geeignete Maßnahmen; **coercive m.** Beugemittel *nt*, Zwangsmaßnahme *f*; **covert m.** verdeckte Maßnahme; **degrading m.** entwürdigende Maßnahme; **disciplinary m.** Disziplinarmaßnahme *f*, Maßregelung *f*; **to take** ~ **m.s** disziplinarische Maßnahmen ergreifen; **discriminatory m.** diskriminierende Maßnahme; **interim m.** einstweilige Maßnahme; **investigative m.s** Ermittlungsmaßnahmen; **legislative m.** gesetzgeberische Maßnahme; **necessary m.** notwendige Maßnahme; **penal m.** Strafmaßnahme *f*; **precautionary/preventive m.** vorsorgliche Maßnahme, Vorkehrung *f*, Vorsichts-, Vorsorgemaßnahme *f*; **provisional m.** vorläufige Maßnahme; **punitive m.** Strafmaßnahme *f*; **remedial m.** Hilfsmaßnahme *f*; **retaliatory m.** Vergeltungsmaßnahme *f*

measures *pl* Maßnahmen; **m. restricting**

entry Einreisebeschränkungen; **m. to preserve the estate** Nachlasssicherung *f*; **m. of rehabilitation and security** Maßregeln der Besserung und Sicherung; **m. easing restrictions** Lockerungsmaßnahmen
to take measures Maßnahmen ergreifen
interim measures Überbrückungsmaßnahmen; **precautionary m.** vorbeugende Maßnahmen, Schutzmaßnahmen; **~ for minors** vorsorgliche Maßnahmen für Minderjährige; **transitional m.** Übergangsmaßnahmen
mechanic's lien *n* Unternehmerpfandrecht *nt*
media *pl* Medien; **m. law** Medienrecht *nt*
median *n [US]* Mittelstreifen *m*
mediate *adj* mittelbar
mediate *v/i* schlichten, vermitteln
mediation *n* Schlichtung *f*, Vermittlung *f*; **m. agency** Vermittlungsstelle *f*; **m. committee** Vermittlungsausschuss *m*
mediator *n* Schlichter(in) *m/f*, Vermittler(in) *m/f*, Vermittlungsagent(in) *m/f*, Vermittlungsvertreter(in) *m/f*
medical *adj* ärztlich
forensic medicine *n* Gerichts-, Rechtsmedizin *f*, gerichtliche Medizin
medium-term *adj* mittelfristig
meet *v/ti* 1. *(Anspruch)* erfüllen; 2. tagen
meeting *n* 1. Sitzung *f*, Tagung *f*; 2. *(Treffen)* Verabredung *f*; 3. Versammlung *f*, Zusammenkunft *f*; **m. of creditors** Gläubigerversammlung *f*; **m. (of) a deadline** Einhaltung/Wahrung einer Frist, Fristeinhaltung *f*; **m. of minds** Willenseinigung *f*; **m. the requirements** Bedarfserfüllung *f*
to adjourn a meeting Sitzung vertagen; **to convene a m.** Sitzung/Versammlung einberufen; **to make a m. public** Öffentlichkeit einer Sitzung herstellen; **to open a m.** Sitzung eröffnen; **to preside over a m.** Sitzung leiten
annual general meeting (AGM) Gesellschafts-, (Jahres)Hauptversammlung *f*; **extraordinary m.** außerordentliche Sitzung/Versammlung; **general m.** Haupt-, Generalversammlung *f*; **~ of cooperative society members** Genossenschaftsversammlung *f*; **open-air m.** Versammlung unter freiem Himmel;

public m. öffentliche Versammlung
member *n* 1. Angehörige(r) *f/m*, Genosse *m*, Mitglied *nt*; 2. Glied *nt*; **m. of the supervisory board** Aufsichtsratsmitglied *nt*; **m. of the family** Familienmitglied *nt*; **~ a gang** Bandenmitglied *nt*; **~ the household** Haushaltsangehörige(r) *f/m*; **~ the jury** Geschworene(r) *f/m*; **~ parliament** Abgeordnete(r) *m/f*
advisory member beratendes Mitglied; **ex officio m.** Mitglied kraft Amtes; **paying m.** zahlendes Mitglied; **private m.'s bill** *[GB]* Initiativgesetzesvorlage *f*
members *pl* Mitglieder; **m. only** nur für Mitglieder; **m.' meeting** Mitgliederversammlung *f*; **m. present** erschienene Mitglieder; **m.' rights** Mitglieder-, Mitgliedschaftsrechte
membership *n* 1. Mitgliedschaft *f*; 2. Mitgliederzahl *f*; **m. of a household** Haushaltszugehörigkeit *f*; **compulsory m.** Mitgliedschaftszwang *m*, Zwangsmitgliedschaft *f*; **full m.** Vollmitgliedschaft *f*; **m. dues** Mitgliedsbeitrag *m*
memo *n* Gesprächsnotiz *f*, Vermerk *m*
memorandum *n* 1. Niederschrift eines Vertrages; 2. Vermerk *m*; **m. of the agreement** Vertragsniederschrift *f*; **m. of association** Gesellschafts-, Gründungsvertrag *m*; **~ satisfaction** *(Grundbucheintrag)* Löschungsantrag *m*; **~ understanding** *(Völkerrecht)* Vereinbarung *f*
memorandum sale Kauf auf Probe, ~ mit Rückgaberecht
memorial *n* Mahnmal *nt*
memory *n* 1. Erinnerung *f*; 2. Gedächtnis *nt*
menace *v/t* bedrohen; *n* (Be)Drohung *f*
mendacious *adj* lügnerisch
menopause *n* Wechseljahre *pl*
mens rea *n (lat.)* *(StR)* Zurechnungsfähigkeit *f*
mental *adj* mental, seelisch
look-the-other-way mentality *n* Wegguckmentalität *f*
mention *v/t* erwähnen; **m.(ing)** *n* Erwähnung *f*; **m.ed above/below** *adj* oben/unten erwähnt
mercantile *adj* kaufmännisch, merkantil
merchandise *n* (Handels)Ware *f*
merchant *n* Kaufmann *m*; **non-registra-**

ble m. Minderkaufmann *m;* **registered m.** Vollkaufmann *m;* **M. Shipping Act** *[GB]* Handelsschifffahrtsgesetz *nt;* **m. status** Kaufmannseigenschaft *f*

merciless *adj* unbarmherzig

mercy *n* Gnade *f;* **to be at so.'s m.** jdm hilflos ausgeliefert sein; **m. killing** Euthanasie *f*

merger *n* 1. Fusion *f;* 2. *(Schuldrecht)* Konfusion *f;* 3. (Unternehmens)Zusammenschluss *m,* Konzentration *f;* **m. of rights in one hand** *(Sachenrecht)* Konsolidation *f;* **m. agreement** Fusions-, Verschmelzungsvertrag *m;* **minor m. clause** Toleranzklausel *f;* **m. control** Kontrolle von Unternehmenszusammenschlüssen, Fusions-, Konzentrationskontrolle *f*

merit *v/t* verdienen

merit *n* Verdienst *m,* Leistung *f;* **m.s** *pl* sachlicher Gehalt; **on its m.s** materiellrechtlich; **(up)on the m.s of the case** in der Sache selbst, nach materiellem Recht, in materieller Hinsicht, nach Lage des Falles; **to decide ~** nach Sachlage entscheiden; **to plead ~** zur Sache ausführen

mess *n* Unordnung *f*

message *n* Nachricht *f,* Meldung *f*

mete out *v/t (Strafe)* auferlegen, zumessen

meter maid *n [US] (coll)* Politesse *f;* **m. reading** Zählerstand *m*

method *n* Methode *f;* **dilatory m.s** Prozessverschleppung *f*

methodology *n* Methodenlehre *f;* **legal m.** Rechtsmethodologie *f*

midday *n* Mittag *m*

middleman *n* Mittelsmann *m,* Vermittler *m*

might is right *n (prov.)* Macht geht vor Recht *(prov.)*

economic migrant *n* Wirtschaftsflüchtling *m*

per mil limit *n* Promillegrenze *f*

mileage *n* Tachometerstand *m*

military *adj* militärisch; *n* Militär *nt,* **M. Grievance Code** *[GB]* Wehrbeschwerdeordnung *f*

mind *n* Psyche *f;* **of unsound m.** geisteskrank, unzurechnungsfähig; **being of sound m. and memory** im Vollbesitz seiner geistigen Kräfte

mine *n* Bergwerk *nt*

minibus *n* Kleinbus *m*

minimum amount *n* Mindestbetrag *m;* **m. conditions** Mindestbedingungen; **m. distance** Mindestabstand *m;* **m. holiday** Mindesturlaub *m;* **statutory ~** gesetzlicher Mindesturlaub; **m. income** Mindesteinkommen *nt;* **m. information** Mindestinformation *f;* **m. length of separation** Mindesttrennungsdauer *f;* **m. membership** Mindestmitgliederzahl *f;* **m. number** Mindestzahl *f;* **m. period of separation** Mindesttrennungsdauer *f;* **m. price** Mindestpreis *m;* **m. hourly rate of pay** Mindeststundenlohn *m;* **m. requirement** Mindesterfordernis *nt;* **m. retiring age** Mindestrentenalter *nt;* **m. sentence** Mindeststrafe *f;* **m. speed** Mindestgeschwindigkeit *f;* **m. use of force** Mindestmaß an Gewalt; **m. wage** Mindestlohn *m*

mining law *n* Bergrecht *nt;* **m. right** Abbau-, Schürfrecht *nt*

minister of justice *n* Justizminister(in) *m/f, (Berlin, Hamburg, Bremen)* Justizsenator *f;* **~ the interior** Innenminister *m*

ministry *n* Ministerium *nt;* **M. of Transport test (MOT)** *[GB]* TÜV-Prüfung *f*

minor *adj* 1. geringfügig, leicht; 2. geringfügig, minder; 3. minderjährig

minor *n* Minderjährige(r) *f/m,* Unmündige(r) *f/m;* **morally harmful to m.s.** jugendgefährdend

minority *n* 1. Minderheit *f;* 2. Minderjährigkeit *f;* **m. report** Sondergutachten *nt;* **m. rights** Minderheitenrechte

in mint condition *n* in makellosem/tadellosem Zustand

minute *v/t* protokollieren

minutes *pl* Niederschrift *f,* Protokoll *nt;* **m. of the meeting** Sitzungsniederschrift *f,* Sitzungsprotokoll *nt;* **~ proceedings** *(Gerichtsverhandlung)* Sitzungsniederschrift *f,* Sitzungsprotokoll *nt*

to enter in the minutes ins Protokoll aufnehmen; **to keep the m.** Protokoll führen; **to have sth. recorded in the m.** etw. im Protokoll vermerken; **to take down the m.** Protokoll führen, protokollieren; **joint m.** *(Völkerrecht)* gemeinsame Niederschrift

misadventure *n* Missgeschick *nt,* Unglücksfall *m*

to labour under a misapprehension *n* sich im Irrtum befinden

misappropriate *v/t* 1. sich rechtswidrig aneignen; 2. entwenden; 3. unterschlagen, veruntreuen; 4. widerrechtlich verwenden, zweckentfremden; **m.d** *adj* zweckentfremdet

misappropriation *n* 1. widerrechtliche Aneignung; 2. Unterschlagung *f*, Veruntreuung *f*; 3. Zweckentfremdung *f*; **m. in one's official capacity** Amtsunterschlagung *f*; **m. of goods under attachment** Pfandentstrickung *f*; **m. by a public official** Veruntreuung im Amt; **m. of a trademark** *[US]* Markenverletzung *f*

miscalculat|e *v/ti* 1. falsch rechnen; 2. sich verrechnen; **m.ion** *n* Rechenfehler *m*, Kalkulationsirrtum *m*

miscarriage *n* Fehlgeburt *f*; **m. of justice** 1. Fehlspruch *m*, Fehlurteil *nt*; 2. Justizirrtum *m*; 3. Rechtsbeugung *f*; 4. Versagen der Justiz

miscellaneous *adj* *(Tagesordnung)* Verschiedenes *nt*

mischief *n* 1. Mutwillen *m*; 2. Unfug *m*; **criminal m.** *[US]* Sachbeschädigung *f*; **public m.** grober Unfug

mischievous *adj* mutwillig

misconduct *n* ungebührliches Benehmen, Fehl-, Missverhalten *nt*, Verfehlung *f*; **gross m.** grobe/schwere Verfehlung; **professional m.** Berufsvergehen *nt*, Standeswidrigkeit *f*

misconstru|ction *n* Missdeutung *f*; **m.e** *v/t* missdeuten

misdeed *n* Missetat *f*, Übeltat *f*

misdemeanour *n* 1. Amtsdelikt *m*, Amtsmissbrauch *m*; 2. Missetat *f*, Übertretung *f*, Verfehlung *f*, Vergehen *nt*

misdirection *n* Falschbelehrung *f*, falsche/unrichtige (Rechts)Belehrung

misfeasance *n* Missbrauch der Amtsgewalt, Pflichtverletzung *f*

misfortune *n* Unglück *nt*, Pech *nt*

misgivings *pl* Bedenken

misidentification *n* *(Person)* Verwechslung *f*

misinformation *n* falsche Information, Fehlinformation *f*

misinterpret *v/t* falsch auslegen, missdeuten; **m.ation** *n* Missdeutung *f*; **fraudulent ~** arglistige Täuschung

misjudg|e *v/t* falsch beurteilen, verkennen; **m.ment** *n* 1. Fehlbeurteilung *f*, Verkennung *f*; 2. Fehlurteil *nt*; **~ of the facts** Verkennung der Tatsachen

mislead *v/t* irreführen, irreleiten, täuschen, verführen; **m.ing** *adj* irreführend, missverständlich

misnomer *n* Falschbezeichnung *f*

misprision *n* Nichtanzeige von Straftaten; **m. of treason** Nichtanzeige von Hochverrat

misrepresent *v/t* unrichtige tatsächliche Angaben machen, falsch darstellen, irreführen, vorspiegeln

misrepresentation *n* 1. falsche Angabe/Darstellung, Falsch-, Fehldarstellung *f*, falsche Tatsachenerklärung; 2. Täuschung *f*, Vorspiegelung *f*; **m. of facts** Entstellung/Vortäuschung von Tatsachen, Vorspiegelung falscher Tatsachen

fraudulent misrepresentation Vorspiegelung falscher Tatsachen, wissentliche Falschdarstellung, (Irreführung durch) Täuschung *f*; **innocent m.** unwissentliche Falschdarstellung, schuldlose Fehldarstellung, unwissentlich abgegebene Tatsachenerklärung; **negligent m.** fahrlässige Falschdarstellung

miss *v/t* 1. versäumen; 2. verfehlen

missile *n* Wurfgeschoss *nt*

missing *adj* fehlend, unauffindbar, vermisst, verschollen, verschwunden; **m. person** Vermisste(r) *m/f*, Verschollene(r) *f/m*; **m. persons act** Verschollenheitsgesetz *nt*; **m. person report** Suchanzeige *f*

mistake *v/t* missverstehen; **m. so. for** jdn irrtümlich halten für

mistake *n* 1. Fehler *m*, Irrtum *m*, Unrichtigkeit *f*; 2. Täuschung *f*; 3. Versehen *nt*; **by m.** irrtümlich, aus Versehen; **m. of fact** Tatirrtum *m*; **m. in law** rechtlicher Irrtum, Rechtsirrtum *m*; **~ the utterance** Erklärungsirrtum *m*; **common m.** *(Vertrag)* gemeinsamer Irrtum; **factual m.** Tatbestandsirrtum *m*

mistaken *adj* irrig, irrtümlich; **to be m.** sich im Irrtum befinden

mistrial *n* Fehlprozess *m*

mistrust *v/t* misstrauen; **m.ful** *adj* misstrauisch

misunderstand v/t missverstehen; **m.ing** n Missverständnis nt

misuse v/t 1. missbrauchen, missbräuchlich benutzen, zweckentfremden; 2. misshandeln

misuse n missbräuchliche Benutzung, falscher Gebrauch, Missbrauch m, Zweckentfremdung f; **m. of cheque and credit cards** Missbrauch von Scheck- und Kreditkarten; ~ **data** Datenmissbrauch m; ~ **a flag** Flaggenmissbrauch m; ~ **identity papers** Missbrauch von Ausweispapieren; ~ **a legal right** missbräuchliche Rechtsausübung; ~ **slot/ vending machines** Automatenmissbrauch m; ~ **titles, professional names and symbols** Missbrauch von Titeln, Berufsbezeichnungen und Abzeichen

mitigat|e v/t mildern; **m.ing** adj (straf-) mildernd

mitigation n (Straf)Milderung f; **m. of punishment**; ~ **a sentence** Strafmilderung f, Milderung der Strafe; **to plead in m.** auf Strafmilderung plädieren

mix-up n (Sache) Verwechslung f

mob n aufgebrachte Menschenmenge; **m. law** Lynchjustiz f

mock trial n Scheinprozess m

modality n Modalität f

mode of payment n Zahlungsmodalität f, Zahlungsweise f; ~ **procedure** Verfahrensweise f

model os. on so. v/refl sich jdn zum Vorbild nehmen

modification n (teilweise) Abänderung, Abwandelung f, (Ver)Änderung f; **m. of the articles of association** Änderung der Satzung; ~ **a contract** Vertragsänderung f

modify v/t abwandeln, (ver)ändern

mole n Muttermal nt

molest v/t belästigen; **m.ation** n Belästigung f

moment of shock n Schrecksekunde f

monetary adj geldlich

money n Geld nt; **m. held in trust for a ward** Mündelgeld nt; **to convert into m.** in Geld umsetzen, versilbern (coll)

counterfeit money Falschgeld nt, falsches Geld; **entrusted m.** anvertrautes Geld; **false m.** Falschgeld nt; **hot m.** heißes Geld; **lawful m.** [US] gesetzliches Zahlungsmittel, **used m.** verwendetes Geld

money broker Kreditvermittler m; **m. brokerage agreement** Kreditvermittlungsvertrag m; **m. claim** Geldforderung f

money-grubbing adj raffgierig

money-laundering n Geldwäsche f; ~ **act** Geldwäschegesetz nt

moneylend|er n Geldverleiher m; **m.ing** n Geldverleih m

money order Postanweisung f; **m. wage** Nominallohn m

monies paid in escrow Hinterlegungsgelder, hinterlegte Gelder

monitoring n Überwachung f, Kontrolle f; **m. by closed circuit TV (CCTV)** Videoüberwachung f; **m. body** Kontrollinstanz f; **m. measure** Überwachungsmaßnahme f; **m. system** Überwachungssystem nt

Monopolies and Mergers Commission (MMC) [GB] Kartellamt nt, Kartellbehörde f

monopoly n Monopol nt; **m. of production** Alleinherstellungsrecht nt; **m. abuse** Monopolmissbrauch m

monstrous adj ungeheuerlich

moonlighting n (coll) Schwarzarbeit f

morals pl Moral f

moratorium n 1. Moratorium nt; 2. Stillhalteabkommen nt, Stillhaltevereinbarung f; **to grant a m.** stillhalten

mores pl (lat.) Sitten

morgue n Leichenhalle f, Leichenschauhaus nt

mortal adj tödlich

mortgage Hypothek f, Grundpfand(recht) nt, Grundschuld f, Belastung f; **by way of m.** hypothekarisch; **partial m. for the benefit of the owner** Eigentümerteilhypothek f

to cancel a mortgage Hypothek löschen; ~ **in the land register** Hypothek im Grundbuch löschen (lassen); **to create a m.** Hypothek bestellen; **to foreclose on a m.** Zwangsvollstreckung aus einer Hypothek betreiben; **to redeem a m.** Hypothek ablösen/tilgen; **to register a m.** Hypothek eintragen; **to take out a m.** Grundschuld bestellen

certified mortgage Briefhypothek f; **collateral m.** Sicherungshypothek f; **de-**

faulted m. überfällige Hypothek; **first m.** Ersthypothek *f*; **interest-bearing m.** Zinshypothek *f*; **interest-only m.** tilgungsfreie Hypothek; **junior m.** nachrangige Hypothek; **maximum m.** Höchstbetragshypothek *f*; **ordinary m.** Verkehrshypothek *f*; **recorded m.** *[US]* eingetragene Hypothek; **registered m.** 1. Briefhypothek *f*; 2. *[GB]* eingetragene Hypothek; ~ **but uncertified m.** Buchhypothek *f*; **senior m.** Ersthypothek *f*, erstrangige Hypothek; **variable m.** variable Hypothek; **Welsh m.** Nutzungspfandrecht *nt*, Antichrese *f*

mortgage *v/t* 1. (hypothekarisch) belasten, Hypothek aufnehmen, dinglich sichern; 2. verpfänden

mortgage bond *n* Pfandbrief *m*, Hypotheken(pfand)brief *m*, Grundschuldbrief *m*, Hypothekenschuldverschreibung *f*; **m. b. institution** Pfandbriefanstalt *f*; **to issue a m.b.** Hypothekenbrief ausgeben

mortgage charge Hypothekenbelastung *f*; **m. claim** (Grund)Pfandforderung *f*; **m. creditor** Hypothekengläubiger *m*; **m. debenture** (Hypotheken)Pfandbrief *m*; **m. debt** hypothekarisch gesicherte Forderung, Grundpfand-, Hypothekenschuld *f*, Hypothekenforderung *f*; **to call in a ~** Hypothek kündigen; **m. deed** 1. Hypotheken(bestellungs)urkunde *f*, Hypothekenbrief *m*; 2. Verpfändungsurkunde *f*; **m. interest** Hypothekenzinsen; **m. loan** Bodenkredit *m*, Darlehenshypothek *f*, Hypothekardarlehen *nt*, Hypothekarkredit *m*, Hypothekenanleihe *f*; **m. redemption** Hypothekentilgung *f*; **m. security** Grundpfandsicherheit *f*

mortgageable *adj* mit einer Hypothek belastbar

mortgaged *adj* belastet, verpfändet

mortgagee *n* 1. Grundschuld-, Hypothekengläubiger *m*; 2. Inhaber des Grundpfandrechts, Grundpfandgläubiger *m*, Pfandinhaber *m*; 3. Sicherungsnehmer *m*

mortgaging *n* Verpfändung *f*; **m. of real estate** Grundstücksverpfändung *f*

mortgagor *n* 1. Grundpfandbesteller *m*; 2. Grundpfand-, Hypothekenschuldner(in) *m/f*; 3. Sicherungsgeber *m*, Verpfänder *m*

mortis causa *n (lat.)* von Todes wegen

mortmain *n* tote Hand

mortuary *n* Leichenhalle *f*, Leichenschauhaus *nt*

MOT certificate/decal *[GB]* TÜV-Plakette *f*; **to pass the M.** durch den TÜV kommen

mother *n* Mutter *f*; **expectant m.** werdende Mutter; **surrogate m.** Leihmutter *f*; **m.hood** *n* Mutterschaft *f*; **m. tongue** Muttersprache *f*

motion *n* 1. Antrag *m*; 2. *[US] (Rechtsmittel)* Einspruch *m*; **m. for adjournment** Antrag auf Vertagung, Vertagungsantrag *m*; **m. to dismiss** Abweisungsbegehren *nt*; ~ **dismiss the claim** Antrag auf Abweisung der Klage; ~ **lift immunity** Antrag auf Aufhebung der Immunität; **m. on a point of order** Antrag zur Geschäftsordnung, Verfahrensantrag *m*; **m. for relief** Hilfsantrag *m*; ~ **a vote of confidence** Vertrauensantrag *m*

to decline a motion Antrag ablehnen; **to pass a m.** Antrag annehmen; **to reject a m.** Antrag zurückweisen; **to sustain a m.** einem Antrag stattgeben; **to table a m.** Antrag einbringen; **to withdraw a m.** Antrag zurücknehmen

alternative motion Alternativantrag *m*; **precautionary m.** Hilfsantrag *m*; **procedural m.** Verfahrensantrag *m*; **subsidiary m.** Hilfsantrag *m*; **substantive m.** Sachantrag *m*

motivate *v/t* motivieren

motive *n* Beweggrund *m*, Motiv *nt*; **m. for the act** Tatmotiv *nt*; **without any apparent m.** ohne erkennbares Motiv; **base m.s** niedere Beweggründe; **ulterior m.** Hintergedanke *m*

motor caravan *n* Wohnmobil *nt*; **m. insurance** Kraftfahrzeugversicherung *f*; ~ **with a no-claims bonus** Kraftfahrzeugversicherung mit Schaden(s)freiheitsrabatt

motor|bike *n* Motor-, Kraftrad *nt*; **m.car** *n* Auto *nt*, Kraftfahrzeug *nt*; **m.home** *n* Wohnmobil *nt*

motoring accident *n* Autounfall *m*; **m. case** Verkehrsstrafsache *f*; **m. conviction** Verurteilung wegen eines Verkehrsdelikts; **m. offence** Verkehrsdelikt *nt*, Verkehrsverstoß *m*

motorist *n* Auto-, Kraftfahrer(in) *m/f*
motor vehicle Kraftfahrzeug *nt*; **to de-register a m. v.** Kraftfahrzeug abmel-den; **to drive a m. v.** Kraftfahrzeug füh-ren; **to register a m. v.** Kraftfahrzeug anmelden
motor vehicle accident Auto-, Kraftfahr-zeugunfall *m*; **m. v. certificate** Kraft-fahrzeugschein *m*; **m. v. documents** Kraftfahrzeugpapiere *f*; **m. v. excise du-ty** Kraftfahrzeugsteuer *f*; **m. v. insurance** Kraftfahrzeugversicherung *f*; **m. v. license bureau** *[US]* Kfz-Zulassungsstelle *f*; **m. v. licensing** Kraftfahrzeugzulassung *f*; **~ office** Kraftfahrzeugzulassungsstelle *f*
motor vehicle registration 1. Kraftfahr-zeuganmeldung *f*; 2. *[US]* Kraftfahrzeug-brief *m*; **~ book** *[GB]* Kraftfahrzeugbrief *m*; **~ certificate** Kraftfahrzeugschein *m*
motor vehicle third-party liability Kraft-fahrzeughaftpflicht *f*
mount *v/ti* 1. montieren; 2. *(Spannung, Unruhe)* wachsen
moustache *n* Oberlippenbart *m*
mouth-to-mouth resuscitation *n* Mund-zu-Mund-Beatmung *f*
movable *adj* beweglich; **m.s** *pl* 1. Fahrnis *f*; 2. bewegliche Habe/Sachen
move *n* 1. Maßnahme *f*; 2. Umzug *m*
move *v/ti* 1. verlegen; 2. *(räumlich)* ver-schieben; 3. umziehen; **m. away** weg-ziehen
movement *n* Bewegung *f*; **m. of goods** Warenverkehr *m*; **~ goods and services** Waren- und Dienstleistungsverkehr *m*; **free ~ goods** Warenverkehrsfreiheit *f*; **free ~ labour** *(EU)* freie Wahl des Ar-beitsplatzes; **m. certificate** Warenver-kehrsbescheinigung *f*
mover *n* *(Prozess)* Antragssteller(in) *m/f*
moving expenses *pl* *[US]* Umzugskosten
mud and snow tyre *n* M&S-Reifen *m*
mudguard *n* 1. Kotflügel *m*; 2. *(Fahrrad)* Schutzblech *nt*
mug *v/t* (auf offener Straße) überfallen, niederschlagen (und berauben)
mug shot *n* *(coll)* Verbrecher-, Fahndungs-foto *nt*
mugging *n* Straßenraub *m*, (Raub)Über-fall *m*
multi-lane *adj* *(Verkehr)* mehrspurig
multiple *adj* mehrfach

multiplicity of claims *n* Anspruchshäufung *f*
mumble *v/t* nuscheln
municipal *adj* kommunal, städtisch
municipality *n* Kommune *f*, Stadt(Ge-meinde) *f*; **to incorporate within a m.** eingemeinden
murder *v/t* (er)morden
murder *n* Ermordung *f*, Mord *m*; **m. by poisoning** Giftmord *m*; **m. in conjunc-tion with robbery** Raubmord *m*
to be charged with murder unter Mord-anklage stehen; **~ suspected of m.** in Mordverdacht geraten
attempted murder Mordversuch *m*, Mordanschlag *m*; **first-degree m.** Mord *m*; **insidious m.** Meuchelmord *m*; **judi-cial m.** Justizmord *m*; **sexually motivat-ed m.** Lustmord *m*; **premeditated m.** vorsätzlicher Mord *m*; **secret m.** Feme-mord *m*; **unsolved m.** ungelöster Mord
murder attempt Mordanschlag *m*; **m. charge** Mordanklage *f*; **to lay a ~ against so.** Mordanklage gegen jdn er-heben; **m. clear-ups** aufgeklärte Morde
murdered person *n* Mordopfer *nt*
murderer Mörder *m*; **to hire a m.** Mör-der dingen
murder squad *n* Mordkommission *f*; **m. suspect** Mordverdächtige(r) *f/m*; **m. trial** Mordprozess *m*; **m. victim** Mordopfer *nt*; **m. weapon** Mord-, Tatwaffe *f*
mutilat|e *v/t* verstümmeln; **m.ion** *n* Ver-stümmelung *f*
mutin|eer *n* Meuterer *m*; *v/t* meutern; **m.iny** *n* Meuterei *f*
mutual *adj* beider-, gegen-, wechselsei-tig, auf Gegenseitigkeit; **m.ity** *n* Gegen-seitigkeit *f*
muzzle *n* Maulkorb *m*

N

naked *adj* nackt, unbekleidet
name *v/t* benennen
name *n* 1. Name *m*; 2. Ruf *m*; **by n.** na-mentlich; **in the n. of** im Namen von; **~ of the law** im Namen des Gesetzes; **~ and on behalf of** namens und im Auf-trag von; **n. at birth** Geburtsname *m*

to assume a new name einen anderen Namen annehmen; **to blacken so.'s n.** jdn diffamieren; **to give so. a bad n.** jdn in Verruf bringen; **to register sth. in so.'s n.** etw. auf jdn zulassen; **to withhold so.'s n.** jds Namen nicht nennen

assumed name Deckname *m*, angenommener Name; **Christian/first n.** Vor-, Ruf-, Taufname *m*; **corporate n.** Gesellschaftsfirma *f*; **under a false n.** unter falschem Namen; **full n.** vollständiger Name; **last n.** *[US]* Nachname *m*; **married n.** Ehename *m*; **proper n.** Eigenname *m*; **proprietary n.** gesetzlich geschützter Name

namely *adv* nämlich

naming *n* Benennung *f*, Namhaftmachung *f*; **n. of witnesses** Benennung von Zeugen

narcotic *n* Betäubungsmittel *nt*, Narkotikum *nt*; **n.s act** Betäubungsmittelgesetz (BtMG) *nt*; **~ addict** *[US]* Rauschgiftsüchtige(r) *f/m*; **~ agent** *[US]* Rauschgiftfahnder(in) *m/f*; **n.s squad** *[US]* Rauschgiftdezernat *nt*

narcotize *v/t* betäuben

narrowing of a claim *n* Beschränkung eines Anspruchs

nasty *adj* gemein

most-favoured nation clause *n* Meistbegünstigungsklausel *f*

national *adj* innerstaatlich; *n* Inländer, Staatsangehörige(r) *f/m*; **n. of the United Kingdom** britischer Staatsangehöriger; **dual n.** Doppelstaatler(in) *m/f*; **foreign n.** Ausländer(in) *m/f*; **multiple n.** Mehrstaatler(in) *m/f*; **N. Criminal Intelligence Service (NCIS)** *[GB]* zentrale Verbrechensdatei; **N. Insurance Act** *[GB]* Sozialversicherungsgesetz *nt*; **~ card** *[GB]* Sozialversicherungsausweis *m*

nationality *n* Staatsangehörigkeit *f*; **dual n.** Doppelstaatsangehörigkeit *f*, doppelte Staatsangehörigkeit

nationwide *adj* landesweit

natural *adj* 1. natürlich; 2. *(Eltern)* leiblich

naturaliz|ation *n* Einbürgerung *f*, Naturalisation *f*, Naturalisierung *f*; **n.e** *v/t* einbürgern, naturalisieren; **n.ed** *adj* eingebürgert

nature conservation *n* Naturschutz *m*; **n. reserve** Landschafts-, Naturschutzgebiet *nt*

navigation *n* Schifffahrt *f*, Schiffsverkehr *m*; **n. act** Schifffahrtsgesetz *nt*; **n. law** Schifffahrtsrecht *nt*; **n. treaty** Schifffahrtsabkommen *nt*

neat *adj* *(Mensch, Zimmer)* ordentlich

necessaries *pl* Bedürfnisse

necessary *adv* geboten, nötig, notwendig; **if n.** nötigenfalls

necessitate *v/t* erfordern, notwendig machen

necessities of life *pl* Lebensbedarf *m*, Lebensbedürfnisse; **to endanger the n. of l.** Lebensbedarf gefährden

necessity *n* 1. Erforderlichkeit *f*; Erfordernis *nt*; 2. Notwendigkeit *f*; 3. *(ZR, StR)* Notstand *m*; **from n.** aus Not; **of n.** notgedrungen; **n. in criminal law** strafrechtlicher Notstand; **absolute n.** unbedingtes Erfordernis; **imaginary n.** Putativnotstand *m*

necrophilia *n* Leichenschändung *f*

née *adj* *(frz.)* geborene

need *v/t* bedürfen, benötigen; **if n. be** wenn nötig

need *n* 1. Not *f*; 2. Notwendigkeit *f*; **in case of n.** nötigenfalls; **urgent n.** dringende Notwendigkeit

needling *n* Stichelei *f*

needs *pl* Bedarf *m*, Bedürfnisse; **to satisfy n.** Bedürfnisse befriedigen; **essential n.** Lebensbedarf *m*, Lebensbedürfnisse; **personal n.** 1. persönliche Bedürfnisse; 2. Eigenbedarf *m*

needy *adj* notleidend; **n. person** Bedürftige(r) *f/m*

negat|e *v/t* negieren, verneinen; **n.ion** *n* Verneinung *f*

negative *adj* abschlägig, negativ; **to answer in the n.** abschlägig bescheiden, verneinen

neglect *v/t* 1. vernachlässigen; 2. ver(ab)säumen; 3. verwahrlosen lassen

neglect *n* 1. Vernachlässigung *f*; 2. Unterlassung *f*; 3. Verwahrlosung *f*; **n. of duty** Dienstvergehen *nt*, Dienstversäumnis *nt*, Nichterfüllung einer Pflicht, Obliegenheits-, Pflichtverletzung *f*, Pflichtversäumnis *nt*; **~ supervisory duties** Vernachlässigung der Aufsichtspflicht;

culpable n. schuldhafte Vernachlässigung

neglected *adj* verwahrlost

negligence *n* Fahrlässigkeit *f*, Leichtfertigkeit *f*, Nachlässigkeit *f*, Sorgfaltspflichtverletzung *f*, fahrlässiges Verhalten, Verletzung der gesetzlichen Sorgfaltspflicht, fahrlässiges Verschulden; **n. in contracting** Verschulden bei Vertragsabschluss, culpa in contrahendo *(lat.)*

actionable negligence rechtserhebliche Fahrlässigkeit; **comparative n.** *[US]* Mitverschulden *nt*; **concurrent n.** konkurrierendes Verschulden; **contributory n.** mitursächliche Fahrlässigkeit, Mitschuld *f*, Mitverschulden des Geschädigten/Verletzten, konkurrierendes/mitwirkendes Verschulden; **criminal n.** (strafbare) Fahrlässigkeit, sträfliche Nachlässigkeit, strafrechtliches Verschulden; **culpable n.** schuldhafte Fahrlässigkeit; **gross n.** grobe Fahrlässigkeit/Nachlässigkeit, grob fahrlässiges Handeln; **imputed n.** *(Haftung für fremdes Verschulden)* zurechenbare Fahrlässigkeit; **medical n.** medizinische Fahrlässigkeit; **ordinary n.** gewöhnliche Fahrlässigkeit; **ordinary n.** leichte Fahrlässigkeit; **passive n.** *[US]* fahrlässige Unterlassung; **punishable n.** strafbare Fahrlässigkeit; **wilful n.** bewusste/vorsätzliche Fahrlässigkeit

negligence clause Fahrlässigkeitsklausel *f*; **n. offence** Fahrlässigkeitsdelikt *nt*

negligent *adj* fahrlässig, leichtfertig, nachlässig, sorgfaltswidrig; **criminally n.** kriminell fahrlässig; **grossly n.** grob fahrlässig

negligible *adj* geringfügig, nebensächlich

negotiability *n* Handelbarkeit *f*, Verkehrsfähigkeit *f*

negotiable *adj* handelbar, begebbar, indossabel, negoziabel, negoziierbar, verkehrsfähig; **N. Instruments Act** *[US]* Wechselgesetz *nt*; **n. instruments law** Wechselrecht *nt*

negotiat|e *v/t* 1. verhandeln; 2. girieren, übertragen; **n.ed** *adj (Lohn)* tariflich; **n.ing power(s)** *n* Verhandlungsvollmacht *f*; **n.ion** *n* 1. *(Unterhandlung)* Verhandlung *f*; 2. Übertragung *f*; Girierung *f*, Negoziierung *f*

neighbour *n* Nachbar *m/f*; **next-door n.** unmittelbarer Nachbar; **n. law** Nachbarrecht *nt*; **n.hood** *n* 1. *(Leute, Ort)* Nachbarschaft *f*; 2. Gegend *f*, Umgebung *f*; ~ **warden** Leiter/Mitglied einer Nachbarschaftshilfe; ~ **watch** Nachbarschaftshilfe zur Kriminalitätsvorbeugung; **n.ing** *adj* angrenzend, benachbart; **n.'s fence** Nachbarzaun *m*

nepotism *n* Vetternwirtschaft *f*

net *adj* netto

neutral *adj* neutral; **n.ity** *n* Neutralität *f*

new *adj* neu

news ban *n* Nachrichtensperre *f*; **n. blackout/embargo** Nachrichtensperre *f*; **n.letter** *n* Rundbrief *m*

next *adj* nächst; **n. to** neben; **n. entitled** nächstberechtigt; **n. of kin** nächste(r) (Familien)Angehörige(r)/Verwandte(r); **n.-door** *adj* nebenan

nick *n* *[GB]* *(coll)* 1. Gefängnis *nt*; 2. Polizeigewahrsam *m*; *v/t* einlochen *(coll)*

night *n* Nacht *f*; **n. duty** Nachtdienst *m*; **n.'s rest** Nachtruhe *f*; **to disturb the ~** Nachtruhe stören; **to keep the ~** Nachtruhe einhalten; **n. shelter** Obdachlosenasyl *nt*; **n.-time** *n* Nachtzeit *f*; ~ **disturbance** nächtliche Ruhestörung; **n. work** Nachtarbeit *f*

noise *n* Geräusch *nt*, Lärm *m*; **disturbed by n.** lärmbeeinträchtigt; **sensitive to n.** lärmempfindlich

noise abatement Lärmbekämpfung *f*; **n. barrier** Lärmschutzwand *f*; **n. disturbance** ruhestörender Lärm, Lärmbeeinträchtigung *f*; **n. level** Lärmpegel *m*; **n. pollution** Lärmbelästigung *f*; **n.-reducing** *adj* lärmdämpfend

nolle prosequi *n* *(lat.)* *(StR)* Einstellung des Ermittlungsverfahrens, Einstellungsverfügung *f*

no-man's land *n* Niemandsland *nt*

nomenclature of goods *n* Warennomenklatur *f*

nominal *adj* nominal, nominell

nominat|e *v/t* 1. benennen, ernennen, namhaft machen; 2. nominieren, zur Wahl vorschlagen; **n.ion of a subsequent heir** *n* Einsetzung eines Nacherben

nominee *n* 1. Begünstigte(r) *f/m*, Benannte(r) *f/m*; 2. Nominierte(r) *f/m*; **n. account** Anderkonto *nt*

non compos mentis *adj* (*lat.*) unzurechnungsfähig

non|-acceptance *n* Ausschlagung *f*, Nichtannahme *f*, Verweigerung der Annahme; **n.-actionable** *adj* nicht einklagbar; **n.-admission** *n* Nichtzulassung *f*; **~ as a joint plaintiff** Nichtzulassung als Nebenkläger; **n.-allowable** *adj* (*Steuer*) nicht absetzbar; **n.-appealable** *adj* unaufhebbar, unanfechtbar, rechtskräftig; **n.-appealability** *n* Unanfechtbarkeit *f*

non-appearance *n* 1. Ausbleiben *nt*, Nichteinlassung *f*; 2. (*Gericht*) Nichterscheinen *nt*, Terminversäumnis *nt*

non|-applicability *n* Nichtanwendbarkeit *f*; **n.-application** *n* Nichtanwendung *f*; **n.-assignability** *n* Unabtretbarkeit *f*; **n.-assignable** *adj* unabtretbar; **n.-attachable** *adj* (*Sache*) unpfändbar; **n.-attendance** *n* Nichterscheinen *nt*, Versäumnis *nt*, Fortbleiben *nt*; **n.-bonded** *adj* unverbrieft; **n.-commercial** *adj* nicht gewerblich

non-compliance *n* Missachtung *f*, Nicht(be)achtung *f*, Nichtbefolgung *f*, Nichteinhaltung *f*, Zuwiderhandlung *f*; **n. with the formalities; ~ the formal requirements** Formverletzung *f*, Verletzung der Formvorschriften; **~ one's contractual obligations** Nichterfüllung der Vertragspflichten

non-conformity *n* Nichtübereinstimmung *f*, Nichtübertragbarkeit *f*; **n. with the contract** Nichtvertragsgemäßheit *f*; **~ sample** Nichtübereinstimmung mit dem Muster

non-consummation of marriage *n* Nichtvollzug der Ehe

non|-contention *n* Nichtbestreiten *nt*; **n.-contentious** *adj* nicht streitig

non|-convertible *adj* nicht konvertierbar; **n.-denial** *n* Nichtbestreiten *nt*; **n.descript** *adj* unscheinbar

non-disclosure *n* Nichtanzeige *f*, Unterlassung einer Mitteilung, Verletzung der Anzeige-/Offenbarungspflicht, Verschweigen *nt*; **n. of material facts; material n.** Unterdrückung wesentlicher Tatsachen, Verschweigen rechtserheb-

licher Umstände; **malicious n.** arglistiges Verschweigen

non-discriminatory *adj* nicht diskriminierend

non|-enforceab|ility *n* Nichteinklagbarkeit *f*, Nichtvollstreckbarkeit *f*, Verweigerung des Rechtsschutzes; **n.-enforceable** *adj* nicht vollstreckbar; **n.-execution** *n* Nichtausführung *f*; **n.-exercise** *n* Nichtausübung *f*; **n.-existence** *n* Nichtbestehen *nt*, Nichtvorhandensein *nt*; **n.-extradition** *n* Nichtauslieferung *f*; **n.feasance** *n* pflichtwidrige/schuldhafte Unterlassung, Nichterfüllung einer Pflicht

non|-forfeitability *n* (*Lebensvers.*) Unverfallbarkeit *f*; **n.-forfeitable** *adj* unverfallbar

non|-interest-bearing *adj* unverzinslich; **n.-lawyer** *n* Nichtjurist *m*, Nichtjuristin *f*; **n.-leviable** *adj* unpfändbar; **n.-liability** *n*, Nichthaftung *f*; **n.-mandatory** *adj* dispositiv; **n.-negotiable** *adj* 1. nicht verhandelbar; 2.nicht begebbar; **n.-objection** *n* Nichtwiderspruch *m*

non|-observance *n* Nicht(be)achtung *f*; Nichtbefolgung *f*; Nichteinhaltung *f*; **n.-occurrence** *n* Nichteintritt *m*; **n.-partisan** *adj* überparteilich; **n.-payment** *n* Nichtbezahlen *nt*, Nichtzahlung *f*

non-performance *n* Nichterfüllung *f*; **to be liable for n.** für Nichterfüllung haften; **partial n.** teilweise Nichterfüllung

non-perishable *adj* nicht verderblich, haltbar; **n.-profit-making** *adj* 1. nicht auf die Erzielung eines Gewinns ausgerichtet; 2. gemeinnützig; **n.-proliferation treaty** *n* Nichtweitergabevertrag *m*; **n.-prosecution** *n* (*StR*) Nichtverfolgung *f*; **n.-recognition** *n* (*Völkerrecht*) Nichtanerkennung *f*; **n.-recourse** *adj* regresslos; **n.-recurrent** *adj* einmalig; **n.-refundable** *adj* nicht erstattungsfähig; **n.-resident** *adj* auswärtig; *n* Nichtansässige(r) *f/m*; **n.-returnable** *adj* Einweg-; **n.-reversible** *adj* irreversibel; **n.sense** *n* Unsinn *m*; **n.-standard** *adj* norm(en)widrig; **n.-support** *n* [*US*] Verletzung/Vernachlässigung der Unterhaltspflicht; **n.-trader** *n* Nichtkaufmann *m*

non|-transferability *n* Unübertragbarkeit *f*; **n.-transferable** *adj* unübertragbar

non|-use *n* Nichtbenutzung *f*; **n.-violent** *adj* gewaltlos; **n.-warranty clause** *n* Ausschluss der Sachmängelhaftung

noon *n* Mittag *m*

norm *n* Norm *f*; **binding n.** zwingende Norm; **jurisdictional n.** Kompetenznorm *f*; **legal n.** Rechtsnorm *f*; **procedural n.** Verfahrensnorm *f*

normal *adj* normal

normative *adj* normativ

notar|ial *adj* notariell; **n.iate** *n* Notariat *nt*; **n.ization** *n* notarielle Beurkundung; **n.ize** *v/t* notariell beglaubigen

notary (public) *n* Notar(in) *m/f*; **n. who does not practise advocacy** Nurnotar *m*; **attested/recorded by a n.** notariell beurkundet; **attesting/authenticating/recording n.** Urkundsnotar *m*, beglaubigender/beurkundender Notar

notary|-advocate *n* Anwaltsnotar *m*; **n.'s certificate** notarielle Bescheinigung; **~ fees** Beurkundungs-, Notariatsgebühren; **~ office** *(Kanzlei)* Notariat *nt*; **~ roll of documents** Urkundenrolle *f*; **~ seal** Notar(iats)siegel *nt*; **n.ship** *n (Amt)* Notariat *nt*

note *v/t* notieren, ver-, vormerken

note *n* Vermerk *m*; **n. of travelling expenses** Reisekostenabrechnung *f*; **n. in the files** (Akten)Vermerk; **counterfeit n.** falsche Banknote, Blüte *f (coll)*; **interim n.** Zwischenbescheid *m*; **marginal n.** Randbemerkung *f*; **promissory n. (P/N)** Eigen-, Inhaber-, Solawechsel *m*, Schuld-, Verpflichtungsschein *m*; **~ payable to bearer** Legitimationspapier *nt*

notice *n* Ankündigung *f*, Anzeige *f*, Benachrichtigung *f*, Kundmachung *f*, Mitteilung *f*, Nachricht *f*, Notifikation *f*; **at short n.** kurzfristig; **until further n.** bis auf weiteres; **without n.** fristlos

notice of action Klageankündigung *f*; **~ admission** Zulassungsbescheid *m*; **~ appeal** Berufungs-, Beschwerde-, Rechtsmittel-, Revisionsschrift *f*, **~ appeal on points of law** Revisionsantrag *m*; **~ appearance** Ladungsfrist *f*; **~ apportionment** Zerlegungsbescheid *m*; **~ approval** Genehmigungsbescheid *m*; **~ assessment** Veranlagungsbescheid *m*; **~ assignment** Abtretungsanzeige *f*; **~ avoidance** Anfechtungserklärung *f*; **~**

cancellation Löschungsanzeige *f*, Löschungsvermerk *m*, Wandlungserklärung *f*; **~ claim** 1. Streitverkündung *f*; 2. *(Vers.)* Schadenanzeige *f*; **n. to complete** Leistungsaufforderung *f*; **n. of completion** Fertigstellungsanzeige *f*; **~ confirmation** Bestätigungsanzeige *f*; **n. as per contract** vertragsgemäße Kündigung; **n. to terminate a contract** Kündigung eines Vertrages

notice of defect Mängelrüge *f*, Mängelanzeige *f*; **~ in quality** Qualitätsbeanstandung *f*; **immediate ~** unverzügliche Mängelrüge

notice of deficiency *(Steuer)* Nachforderungsbescheid *m*; **~ delivery** Zustellungsurkunde *f*; **~ execution** Pfändungsanzeige *f*; **~ exemption** *(Steuer)* Freistellungsbescheid *m*; **~ expropriation** Enteignungsbescheid *m*; **~ a fine** Bußgeldbescheid *m*; **n. of hearing** Ladung zur mündlichen Verhandlung; **n. for judgment in an appeal on a point of law** Revisionsantrag *m*; **n. of liability** Haftungsbescheid *m*; **~ loss** Schadensanzeige *f*, Schadensmeldung *f*; **~ non-liability for tax** *(Steuer)* Freistellungsbescheid *m*; **~ opposition** Einspruchseinlegung *f*, Widerspruchsbescheid *m*; **n. to pay** Zahlungsaufforderung *f*, Zahlungsbefehl *m*; **n. of protest** Protestanzeige *f*; **~ intended prosecution** Ordnungswidrigkeitenanzeige *f*; **n. to quit** Kündigung (durch den Vermieter), Mietaufkündigung *f*, Mietkündigung *f*; **n. of receipt** Empfangsanzeige *f*; **~ redemption of the mortgage debt** Kündigung der Hypothek; **~ rejection** Ablehnungsbescheid *m*; **~ restitution** Erstattungsbescheid *m*; **~ sale by the pledgee** Verkaufsandrohung durch den Pfandgläubiger

notice of termination Kündigung *f*; **~ pending a change of contract** Änderungskündigung *f*; **~ of employment** *(Arbeitgeber)* Kündigungsschreiben *nt*; **~ of tenancy** Mietkündigung *f*

notice of trial Ladung zum Termin; **~ withdrawal** Austrittserklärung *f*

subject to notice kündbar; **not ~** unkündbar

to bring to the notice of zur Kenntnis

bringen; **to defer until further n.** bis auf weiteres zurückstellen; **to dismiss without n.** fristlos entlassen
to give notice (of termination) kündigen; ~ **in writing** schriftlich kündigen; **to give n. of** avisieren; ~ **a claim** Schaden anmelden; ~ **termination** aufkündigen; **to give an employee n.** einem Angestellten kündigen; **to be given n.** Kündigung erhalten; **n. is hereby given** hierdurch wird bekannt gemacht; **if n. is given** im Falle der Kündigung
to serve a notice eine Mitteilung zustellen; **to take n. (of sth.)** zur Kenntnis nehmen; **to terminate without n.** fristlos kündigen
actual notice *(Rechte Dritter)* tatsächliche Kenntnis; **advance n.** vorherige Ankündigung; **constructive n.** gesetzlich unterstellte Kenntnis, vermutete Kenntnis, *(Rechte Dritter)* zurechenbare Kenntnis; **due n.** ordentliche Kündigung; **to give** ~ ordnungsgemäß kündigen; **fixed-penalty n.** Bußgeldbescheid *m*; **imputed n.** *(Rechte Dritter)* zurechenbare Kenntnis; **judicial c.** Kenntnis des Gerichts; **obituary n.** *(Zeitung)* Todesanzeige *f*; **official n.** amtliche Mitteilung; **public n.** öffentliche Bekanntgabe/Bekanntmachung, Aushang *m*, Aufgebot *nt*; ~ **for creditors of an estate** Aufgebot der Nachlassgläubiger; ~ **to all creditors** Gläubigeraufgebot *nt*, Gläubigeraufruf *m*; ~ **of the mortgage deed** Aufgebot des Hypothekenbriefs; ~ **procedure** Aufgebotsverfahren *nt*; **third-party n.** Streitverkündigung *f*; **three months' n.** vierteljährliche Kündigung; **written n.** Abmahnungsschreiben *nt*
notice *v/t* bemerken, wahrnehmen; **n.able** *adj* merklich
notifiable *adj* (an)melde-, anzeigepflichtig
notification *n* Anzeige *f*, Bekanntgabe *f*, Benachrichtigung *f*, Bescheid *m*, Meldung *f*, Mitteilung *f*, Notifikation *f*, Vorladung *f*; **n. of a claim** Anzeige des Versicherungsfalls; **n. in writing** schriftliche Mitteilung; **official n.** dienstliche Meldung; **oral n.** mündliche Anzeige/Mitteilung; **provisional n.**

Zwischenbescheid *m*; **n. procedure** Benachrichtigungsverfahren *nt*; **n. requirement** Anmeldepflicht *f*; **n. sheet** Notifizierungsbogen *m*
notify *v/t* anzeigen, benachrichtigen, bescheiden, Kenntnis geben, in Kenntnis setzen, zur Kenntnis bringen, mitteilen, notifizieren, Anzeige machen; **n. in writing** schriftlich benachrichtigen
notion *n* Begriff *m*; **n.al** *adj* begrifflich, ideell
notorious *adj* berüchtigt, gerichtskundig, (gerichts)notorisch
notwithstanding *prep* nichtsdestoweniger, trotz, unbeschadet, ungeachtet; **n. this** in Abweichung hiervon
novation *n* Novation *f*, Schuldersetzung *f*
novel *adj* *(Patentrecht)* neu
novelty *n* Neuheit *f*; **detrimental as to n.** neuheitsschädlich; **n. value** Neuheitswert *m*
novus actus interveniens *n (lat.)* Unterbrechung des Kausalzusammenhangs
now and then *adv* öfter(s)
from now *adv* ex nunc *(lat.)*; ~ **on** von jetzt ab
noxious *adj* schädlich, umweltschädigend
nubile *adj* *(Frau)* heiratsfähig
nugatory *adj* gegenstandslos
nuisance *n* Ärgernis *nt*, Beeinträchtigung *f*, Belästigung *f*, Geruch *m*, Immissionen, Missstand *m*, Störung *f*, Unfug *m*; **n. caused by smoke** Rauchbelästigung *f*; **to abate a n.** Ärgernis/Störung/Missstand abstellen, ~ beseitigen
actionable nuisance rechtserhebliche Belästigung/Störung, Eigentumsstörung *f*; **civil n.** Besitzstörung *f*; **olfactory n.** Geruchsbelästigung *f*; **ongoing n.** Dauerbelästigung *f*; **private n.** verbotene Eigenmacht, Eigentumsstörung *f*; **public n.** öffentliches Ärgernis, Störung der Allgemeinheit, grober Unfug
null and void *adj* (null und) nichtig
nulla bona *adj (lat.)* fruchtlos gepfändet; *n* keine pfändbare Habe, fruchtlose Pfändung, Unpfändbarkeitsbescheinigung *f*, Pfändungsversuch erfolglos
nullification *n* Nichtigkeitserklärung *f*
nullify *v/t* annullieren, nichtig machen, für ~ erklären

nullity *n* Kraftlosigkeit *f*, Nichtigkeit *f*, Unwirksamkeit *f*; **n. of a marriage** Ehenichtigkeit *f*; ~ **transactions** Nichtigkeit von Rechtsgeschäften; **partial n.** Teilnichtigkeit *f*, teilweise Unwirksamkeit; **pending n.** schwebende Unwirksamkeit; **relative n.** relative Unwirksamkeit

nullity appeal *(Patentrecht)* Nichtigkeitsbeschwerde *f*; **n. board** *(EU Patentamt)* Nichtigkeitssenat *m*; **n. clause** Unwirksamkeitsklausel *f*; **n. proceedings/suit** Nichtigkeitsprozess *m*, Nichtigkeitsverfahren *nt*

number *n* Nummer *f*, Zahl *f*; **n. of members** Mitgliederzahl *f*; **estimated ~ undetected/unreported cases** Dunkelziffer *f*; **consecutive n.** laufende Nummer

numberplate *n* *[GB]* Kennzeichen *nt*, amtliches Kennzeichen, Nummernschild *nt*; **seasonal n.** Saisonkennzeichen *nt*

numbers game *n* Lotto *nt*

numerical *adj* zahlenmäßig

nuncupative *adj* *(Testament)* mündlich

nurse *n* Krankenschwester *f*; *v/t* pflegen; **male n.** (Kranken)Pfleger *m*; **state-registered n.** staatlich geprüfte Krankenschwester

nurse *v/t* pflegen

nursing *n* Pflege *f*; **n.-care insurance** Pflegeversicherung *f*; **n. staff** (Kranken)Pflegepersonal *nt*

O

oath *n* Eid *m*, Schwur *m*; **in lieu of an o.** an Eides Statt, eidesstattlich; **on/under o.** eidlich; **to deny ~** eidlich ableugnen; **oath of allegiance** Fahnen-, Loyalitäts-, Treueeid *m*; **~ disclosure/manifestation** Offenbarungseid *m*; **to swear an ~ disclosure/manifestation** Offenbarungseid leisten; **o. in litem** *(lat.)* Prozesseid *m*; **o. by negligence** fahrlässiger Eid; **o. of office** Amtseid *m*; **o. (administered) after a statement** Nacheid *m*

oath sworn by an expert Sachverständigeneid *m*; **o. taken by a witness** Zeugeneid *m*; **eligible for taking an o. (before the court)** eidesfähig

to administer an oath beeidigen; ~ **to so.** jdm den Eid abnehmen; **to affirm on/under o.** beschwören, durch Eid bekräftigen, eidlich versichern/bekräftigen; **to be on/under o.** unter Eid stehen; **to break an o.** Eid brechen; **to confirm on/under o.** beeiden; **to declare on/under o.** eidlich erklären; **to examine so. on/under o.** jdn eidlich vernehmen; **to swear/take an o.** schwören, Eid ablegen; **to testify on/under o.** unter Eid aussagen, eidliche Zeugenaussage machen

assertory oath Bekräftigungseid *m*, Beteuerung unter Eid, assertorischer Eid; **confirmatory o.** Bekräftigungseid *m*; **false o.** Falscheid *m*; **official o.** Diensteid *m*; **promissory o.** Verpflichtungseid *m*, Voreid *m*; **suppletory o.** Ergänzungseid *m*, Parteieid *m*

obedience *n* Gehorsam *m*; **to owe so. o.** jdm Gehorsam schulden; **total o.** absoluter Gehorsam

obedient *adj* gehorsam

obey *v/t* befolgen, gehorchen

obfuscation *n* Verdunkelung *f*

obiter dicta *pl* *(lat.)* nicht tragende Entscheidungsgründe, Nebenbemerkungen des Richters nach Urteilsverkündung

obiter dictum *n* *(lat.)* beiläufige Bemerkung des Richters nach Urteilsverkündung *(im Ggs. zu ratio decidendi)*, Randbemerkung *f*

object to *v/prep* 1. Einspruch einlegen/erheben, einwenden, protestieren, Widerspruch einlegen/erheben, widersprechen; 2. rügen, beanstanden

object *n* 1. Gegenstand *m*, Objekt *nt*; 2. Zweck *m*; **o. of the contract** Vertragszweck *m*; ~ **performance** Leistungsgegenstand *m*; ~ **legal protection** Rechtsgut *nt*; **found o.** Fundsache *f*; **precious o.** Kostbarkeit *f*

objection *n* Einspruch *m*, Einwendung *f*, Einwurf *m*, (Rechts)Einwand *m*, Widerspruch *m*, Beanstandung *f*; **o. overruled** dem Einspruch wird nicht stattgegeben; **o. to an election** Wahleinspruch *m*; ~ **the jury** Geschworenenablehnung *f*; **o. on a point of law** rechtliche Einwendung; ~ **order** Formaleinwand *m*; **o. against the standing rules** Einspruch

gegen die Geschäftsordnung; **o. to a juror** Ablehnung eines Geschworenen; ~ **a witness** Zeugenablehnung *f*
to disallow an objection Einspruch verwerfen; **to dismiss an o.** Einspruch zurückweisen; **to file/lodge/make an o.** Einspruch einlegen/vorbringen; **to overrule an o.** Einspruch verwerfen; **to raise an o.** Einwand machen/erheben/ vorbringen, Widerspruch erheben; **to refute an o.** Einwand entkräften; **to withdraw an o.** Einspruch zurücknehmen
conscientious objection Kriegsdienstverweigerung *f*; **inadmissible o.** unzulässige Einwendung; **legal o. to an action** prozesshindernde Einrede; **procedural o.** Verfahrensrüge *f*; **wellfounded o.** begründeter Einspruch
objective *adj* objektiv, sachlich
objective *n* Ziel *nt*; **to achieve an o.** Ziel erreichen; **to pursue an o.** Ziel verfolgen
objectivity *n* Objektivität *f*
conscientious objector *n* Kriegs-, Wehrdienstverweigerer *m*
objects clause *n* Kompetenzartikel *m*; **o. of the company** Unternehmensziele, Gesellschaftszweck *m*
obligate *v/i* verpflichten
obligation *n* 1. Verpflichtung *f*, Obliegenheit *f*, Pflicht *f*, Auflage *f*; 2. Schuld *f*, Schuldverhältnis *nt*, Schuldverpflichtung *f*
obligation to buy Kaufzwang *m*; **no ~** kein Kaufzwang; **o. to carry identity papers** Ausweispflicht *f*; ~ **caution** Belehrungspflicht *f*; ~ **conclude a contract**; ~ **contract**; ~ **enter into a contract** Abschluss-, Kontrahierungszwang *m*; **o. under a contract** Vertragspflicht *f*; **o. to deliver** Ablieferungspflicht *f*; ~ **be discharged by remittance** Schickschuld *f*; ~ **file an opposition** Widerspruchsverpflichtung *f*; **o. under a guarantee** Garantieverpflichtung *f*; **o. of the guardian to render an account** Rechnungslegungspflicht des Vormundes; **o. to have and carry a driving licence** Führerscheinpflicht *f*; ~ **keep the peace** Friedenspflicht *f*; **o. in kind** Gattungs-, Sach-

schuld *f*; **o. under public law** öffentlich-rechtliche Verpflichtung; **o. to maintain secrecy** Geheimhaltungspflicht *f*; ~ **notify** Anzeigepflicht *f*; ~ **obtain a licence** Konzessionspflicht *f*
obligation to pay Leistungs-, Zahlungspflicht *f*, Zahlungsverpflichtung *f*; **to incur an ~** Zahlungsverpflichtung eingehen
obligation to perform Verpflichtung zur Vornahme einer Handlung; ~ **a contract** Leistungspflicht *f*; **o. to be performed at the debtor's place of business** Bringschuld *f*
obligation to present Vorlegungspflicht *f*; ~ **the case to the court** Darlegungspflicht *f*; **o. to produce supporting documents** Nachweispflicht *f*
obligation to provide compensation Verpflichtung zum Ersatz; ~ **maintenance** Verpflichtung zum Familienunterhalt
obligation to refund Rückzahlungspflicht *f*; ~ **register with the police** polizeiliche Meldepflicht; ~ **reimburse** Rückzahlungspflicht *f*; **o. in rem** *(lat.)* dingliche Verpflichtung; **o. to sell** Verkaufszwang *m*; **o. to supply a particular item** Stückschuld *f*; ~ **unascertained goods** Gattungsschuld *f*
obligation to surrender Ablieferungspflicht *f*; ~ **possession** Herausgabepflicht *f*
obligation to teach Lehrverpflichtung *f*; ~ **tell the truth** Wahrheitspflicht *f*; ~ **tolerate** Duldungspflicht *f*; ~ **treat** Anbietungspflicht *f*; **o. under a warranty** Garantieverpflichtung *f*, Gewährleistungspflicht *f*; **o. to work** Arbeitspflicht *f*
obligation incumbent on so. jdm obliegende Verpflichtung
to assume an obligation Verpflichtung übernehmen, Verbindlichkeit eingehen; **to be under an o. to so.** jdm gegenüber verpflichtet sein; **to breach an o.** Verpflichtung verletzen; **to create an o.** Schuld begründen; **to discharge an o.** Verpflichtung abgelten; **to enter into an o.** Verbindlichkeit eingehen; **to honour an o.** Verbindlichkeit/Verpflichtung erfüllen; **to impose an o.** Verpflichtung auferlegen; **to incur an o.** Verpflichtung

auf sich nehmen, ~ übernehmen; **to lift an o.** Verpflichtung aufheben; **to meet an o.** Verpflichtung erfüllen; **to release so. from an o.** jdn aus einer Verpflichtung entlassen, ~ von einer Verpflichtung entbinden; **to undertake an o.** Verpflichtung übernehmen
abstract obligation abstrakte Verpflichtung; **accessory o.** akzessorische Verpflichtung, Zusatzverpflichtung *f*; **alternative o.** Wahlschuld *f*; **conditional o.** bedingte Verpflichtung; **continuous o.** Dauerschuldverhältnis *nt*; **contractual o.** vertragliche Pflicht, vertragliches Schuldverhältnis, Vertragspflicht *f*, Vertragsverpflichtung *f*; **joint ~** gemeinschaftliche vertragliche Verpflichtung; **equitable o.** Billigkeitsverpflichtung *f*; **express o.** ausdrückliche Pflicht/Verpflichtung; **financial o.** Zahlungsverpflichtung *f*; **formal o.** Verpflichtungserklärung *f*; **imperfect o.** Naturalobligation *f*; **implied o.** stillschweigende Pflicht/Verpflichtung; **incumbent o.** obliegende Verpflichtung; **indeterminable o.** Gattungsschuld *f*; **joint o.** Gesamtschuld *f*, gemeinsame Verpflichtung; **~ and several o.** Solidarverpflichtung *f*, gesamtverbindliche Verpflichtung; **legal o.** Rechtspflicht *f*, gesetzliche Verpflichtung; **moral o.** moralische Verpflichtung; **mutual o.** gegenseitige Verpflichtung; **pecuniary o.** finanzielle Verpflichtung; **primary o.** Hauptpflicht *f*, Hauptschuld *f*; **real o.** dingliche Schuld; **secondary o.** Nebenpflicht *f*; **specific o.** Speziesschuld *f*; **statutory o.** gesetzliche Verpflichtung; **subsidiary o.** Nebenverpflichtung *f*; **unconditional o.** unbedingte Verpflichtung; **unenforceable o.** nicht einklagbare Verpflichtung; **unilateral o.** einseitige Verpflichtung
obligatory *adj* obligatorisch, verpflichtend
oblige *v/t* verpflichten; **o.d** *adj* verpflichtet; **~ to pay** zahlungspflichtig; **o.e** *n* Forderungsberechtigte(r) *f/m*
obliging *adj* entgegenkommend, umgänglich
obligor *n* Haftende(r) *f/m*, (Leistungs) Schuldner(in) *m/f*

obliterat|e *v/t* löschen; **o.ion** *n* Löschung *f*, Unkenntlichmachung *f*
obscen|e *adj* obszön, unanständig, unzüchtig; **o.ity** *n* Obszönität *f*, Unanständigkeit *f*
obscur|ation *n* Verdunkelung *f*; **o.e** *adj* zweifelhaft, undurchsichtig; *v/t* verschleiern, verdunkeln
observance *n* Befolgung *f*, Einhaltung *f*, Observanz *f*, Wahrung *f*; **o. of human rights** Achtung der Menschenrechte
observation *n* Beobachtung *f*; **cross-border o.** grenzüberschreitende Observation; **o. point** Warte *f*
observe *v/t* befolgen, einhalten, beobachten; **to have so. o.d** jdn observieren lassen
obsessive *adj* zwanghaft
obsol|escence *n* Veralterung *f*; **o.ete** *adj* überholt, veraltet
obstacle *n* Hindernis *nt*, Hürde *f*
obstruct *v/t* (be)hindern, hemmen, vereiteln, Widerstand leisten; **o.ing the course of justice** *n* Strafvereitelung *f*; **~ an election** Wahlbehinderung *f*; **~ execution** Vollstreckungsvereitelung *f*, Vereitelung der (Zwangs)Vollstreckung; **~ an officer (in the execution of his duty)** Widerstand gegen die Staatsgewalt; **~ the police** Behinderung der Polizei, Widerstand gegen Vollstreckungsbeamte; **~ (of) the traffic** Verkehrsbehinderung *f*, Behinderung des öffentlichen Verkehrs
obstruction *n* Behinderung *f*, (Verkehrs)Hindernis *nt*; **o. of bankruptcy proceedings** Behinderung des Konkursverfahrens; **~ the course of justice** Behinderung der Rechtspflege; **~ execution** Strafvereitelung *f*; **~ an officer** Widerstand gegen die Staatsgewalt; **~ polling** Wahlbehinderung *f*; **o. to road users** Verkehrshindernis *nt*; **o. of visibility** Sichtbehinderung *f*; **wilful o.** vorsätzliche Behinderung
obtain *v/t* beziehen, erhalten, erlangen, erwirken, sich verschaffen; **o. surreptitiously** erschleichen; **o.ing benefits by artifice** *n* Leistungserschleichung *f*; **~ through fraud** Erlangung durch Betrug; **~ (of) information** Informationsbeschaffung *f*; **~ (of) knowledge** Erlan-

gung der Kenntnis; **~ a patent surreptitiously** Patenterschleichung *f*; **~ (of) possession** Erlangung des Besitzes, Besitzerwerb *m*; **~ surreptitiously** Erschleichen *nt*; **~ (of) services surreptitiously** Erschleichen von Leistungen
obvious *adj* offenkundig, offensichtlich; **o.ness** *n* Offenkundigkeit *f*
occasion *n* Anlass *m*, Gelegenheit *f*; **on o.** öfter(s); **~ the o. of** aus Anlass; **to give so. o. to** jdm Anlass geben zu; **o.al** *adj* Gelegenheits-
occupancy *n* 1. Besitz *m*, *(Wohnung)* Innehaben *nt*; 2. Besitzergreifung *f*; **ready for o.** beziehbar
occupant *n* 1. Besitzer(in) *m/f*, (Wohnungs)Inhaber(in) *m/f*, Bewohner(in) *m/f*, 2. *(Fahrzeug)* Insasse *m*; **o. of a house** Hausbewohner(in) *m/f*; **o.s of a house** Hausgemeinschaft *f*; **o. at will** prekarischer Besitzer; **former o.** früherer Besitzer; **previous o.** Vorbesitzer(in) *m/f*
occupation *n* 1. *(Fabrik, Haus)* Besetzung *f*, Besitznahme *f*, Okkupation *f*; 2. Beschäftigung *f*, Betätigung *f*, Tätigkeit *f*; 3. Innehaben *nt*, Gewahrsam *m*; **to have a regular o.** einer geregelten Tätigkeit nachgehen; **chief o.** Hauptbeschäftigung *f*; **gainful o.** Erwerbstätigkeit *f*; **hazardous o.** gefahrgeneigte Tätigkeit; **practised o.** ausgeübter Beruf; **secondary o.** Nebenberuf *m*, Nebenbeschäftigung *f*, Nebenerwerb *m*; **unlawful o.** unerlaubte Inbesitznahme
occupier *n* 1. *(Wohnung)* Inhaber(in) *m/f*, Besitzer(in) *m/f*, Bewohner(in) *m/f*; 2. Gewahrsamsinhaber *m*; **o. of a house** Hausbesitzer(in) *m/f*; **~ land** Landbesitzer(in) *m/f*; **~ property** Grundstücksbesitzer *m*; **previous o.** früherer Besitzer; **o.'s liability** Haftung/Haftpflicht des Besitzers, Gebäudehaftung *f*, Haftung für Verkehrssicherheit, Hausbesitzerhaftpflicht *f*, Unfallhaftpflicht *f*
occupy *v/t* 1. besetzen, okkupieren; 2. besitzen, bewohnen, innehaben
occur *v/i* sich ereignen, eintreten, geschehen
occurrence *n* 1. Ereignis *nt*, Vorfall *m*, Vorkommnis *nt*; 2. Eintreten *nt*, Eintritt *m*; **on o. of pendency** nach Eintritt der Rechtshängigkeit; **the o. giving rise to**

the claim das den Anspruch begründende Ereignis; **o. of the accident** Eintritt des Unfalls; **~ the cause of action** Eintritt des die Klage begründenden Ereignisses; **~ the legal consequences** Eintritt der Rechtsfolgen; **~ the contingency** Eintritt des Versicherungsfalls; **~ damage** Schadenseintritt *m*; **~ default** Eintritt des Verzuges, Verzugseintritt *m*; **~ the event** Eintritt der Bedingung; **the event insured** Eintritt des Versicherungsfalls; **~ loss** Entstehung des Schadens, Eintritt eines schädigenden Ereignisses, **~** Schadensfalls; **~ pendency** Eintritt der Rechtshängigkeit
ocean *n* (Hoch)See *f*; **o. floor** Meeresboden *m*; **o. transport contract** Seebeförderungs-, Seefrachtvertrag *m*
odd-job man *n* Gelegenheitsarbeiter *m*
offence *n* Vergehen *nt*, Verstoß *m*, (Straf)Tat *f*, Delikt *nt*, Verfehlung *f*, Zuwiderhandlung *f*; **o. committed abroad** Auslandsstraftat *f*, Auslandsdelikt *nt*, Auslandstat *f*; **o. under the Official Secrets Act** *[GB]* Geheimnisverrat *m*; **o. connected by causation to a previous act** Erfolgsdelikt *nt*; **o. committed subsequent to the cause** Erfolgsdelikt *nt*; **o. by commission** Tätigkeitsdelikt *nt*; **o. committed under the influence of drugs** Rauschgiftstraftat *f*; **o. of intoxication** Rauschtat *f*; **o. committed in a state of intoxication** Rauschtat *f*; **o. in law** Gesetzesverstoß *m*; **o. committed under a different jurisdiction** Distanzdelikt *nt*; **o. against morality** sittenwidriges Vergehen; **o. of a continuing nature** Dauerdelikt *nt*; **o. committed through negligence** Fahrlässigkeitsdelikt *nt*; **~ by a public official** Vergehen im Amt; **o. against the person** Körperverletzungsdelikt *nt*; **~ personal liberty** Freiheitsdelikt *nt*; **o. by press publication** Pressedelikt *nt*; **o. against property** Eigentumsvergehen *nt*, Vermögensdelikt *nt*; **o. liable to private prosecution** Privatklagedelikt *nt*; **o. against public order** Verstoß gegen die öffentliche Ordnung; **o. requiring a request for prosecution from the victim** Antragsdelikt *nt*; **o. typical of the affluent society** Wohlstandsdelikt *nt*; **o. relative to**

personal status Straftat gegen den Personenstand; **o. of false swearing** Eidesdelikt *nt*; **o.s against tax laws** Steuerordnungswidrigkeiten; **o. of usury** Wuchertatbestand *m*
the offence is completed die Straftat ist vollendet
to cause/give offence Anstoß/Ärgernis erregen; **to commit an o.** Delikt/Straftat begehen, Straftat verüben, sich vergehen; **to constitute an o.** Tatbestand erfüllen; **to disrupt an o.** Straftat unterbrechen; **to report an o.** Straftat anzeigen; **to substantiate an o. involving relapse into crime** Rückfalldelikt begründen; **to be suspected of having committed an o.** tatverdächtig sein; **to take o.** Anstoß nehmen
administrative offence Ordnungswidrigkeit *f*; **aggravated o.** qualifizierte Staftat; **completed o.** vollendete Straftat; **construed o.** angenommener Straftatbestand; **continued o.** fortgesetzte Straftat; **continuing o.** Dauerstraftat *f*
criminal offence Straftat *f*, Verbrechen *nt*, strafbare Handlung, schweres Vergehen; **to commit a ~** straffällig werden; **to publicly incite people to commit a ~** öffentlich zu Straftaten auffordern
disciplinary offence Dienst-, Disziplinarvergehen *nt*; **drink-related o.** Straftat unter Alkoholeinwirkung; **economic o.** Wirtschaftsvergehen *nt*; **environmental o.** Umweltvergehen *nt*; **fiscal o.** Steuerdelikt *nt*, Steuerstraftat *f*, **hit-and-run o.** unerlaubtes Entfernen vom Unfallort, Fahrerflucht *f*; **inchoate o.** unvollendete Straftat; **indictable o.** Offizialdelikt *nt*, Verbrechen *nt*; **matrimonial o.** Eheverfehlung *f*; **minor o.** Bagatellvergehen *m*, Ordnungswidrigkeit (OWI) *f*, geringfügiger Verstoß; **racially motivated o.** rassistische Straftat; **negligent o.** Fahrlässigkeitsdelikt *nt*; **notifiable o.** anzeigepflichtiges Vergehen; **petty o.** geringfügiges Delikt, Bagatell-, Kavaliersdelikt *nt*; **postal o.** Postvergehen *nt*; **premeditated o.** Vorsatzdelikt *nt*; **similar previous o.s** einschlägiges Vorstrafenregister; **prior o.** Vortat *f*; **punishable o.** Begehungsdelikt *nt*; **to make sth. a ~** etwas bei Strafe

verbieten; **qualified o.** qualifizierte Straftat; **regulatory o.** Ordnungswidrigkeit (OWI) *f*; **~ o.s act** Ordnungswidrigkeitengesetz *nt*; **repeated/recidivist o.** Rückfalltat *f*; **second o. of theft** Rückfalldiebstahl *m*; **in the case of a second o.** bei Rückfall; **sexual o.** Sexual-, Sittlichkeitsdelikt *nt*, Sexualverbrechen *nt*; **subsequent o.** Nachtat *f*, nachfolgende Straftat; **summary o.** Bagatelldelikt *nt*, Bagatell(straf)-, Bußgeldsache *f*, Ordnungswidrigkeit (OWI) *f*, summarisch verfolgbare leichte Straftat; **technical o.** Formaldelikt *nt*; **terminated o.** beendete Straftat; **trivial o.** Kavaliersdelikt *nt*
offend *v/t* verstoßen; **o. again** rückfällig werden; **o. against** verstoßen gegen
offender *n* (Straf)Täter *m*, Delinquent(in) *m/f*, Zuwiderhandelnde(r) *f/m*; **o. by conviction** Überzeugungstäter(in) *m/f*; **o. on probation** Proband *m*
alleged offender mutmaßlicher Straftäter; **compulsive o.** Triebtäter(in) *m/f*; **first o.** Ersttäter *m*; **habitual/hardened/seasoned o.** Gewohnheitstäter *m*; **infrequent o.** Gelegenheitstäter(in) *m/f*, Gelegenheitsverbrecher(in) *m/f*; **joint o.** Komplize *m*, Mittäter(in) *m/f*; **~ o.s** Tätermehrheit *f*; **juvenile o.** jugendlicher Täter; **old o.** amtsbekannte Person, mehrfach Vorbestrafte(r) *f/m*; **persistent o.** Gewohnheitsverbrecher(in) *m/f*, *(mehr als zweimalig)* Wiederholungstäter(in) *m/f*, **principal o.** Haupttäter(in) *m*; **second o.** Rückfalltäter(in) *m/f*; **serial o.** Serientäter(in) *m/f*, **sexual o.** Triebtäter (-in) *m/f*; **suspected o.** Verdächtiger *m*; **young o.** Jugendstraftäter(in) *m/f*; **~ o.s' institution** *[GB]* Jugendstrafanstalt *f*
offensive *adj* Anstoß erregend, anstößig, belästigend; **o.ness** *n* Widerwärtigkeit *f*
offer *v/t* (an)bieten, andienen, ausloben, sich erbieten, offerieren
offer *n* 1. Angebot *nt*; 2. Gebot *nt*, Offerte *f*; 3. Andienung *f*, Anerbieten *nt*, Antrag *m*; **o. subject to availability** Angebot solange Vorrat reicht; **o. to buy** Kaufangebot *nt*; **o. of evidence; o. to furnish evidence** Beweisantritt *m*, Beweisangebot *nt*; **o. of marriage** Heiratsantrag *m*; **o. to negotiate** Verhandlungsangebot *nt*; **o. of performance** Angebot

der Leistung; ~ **resignation** Rücktrittsgesuch *nt*; **(public) o. (of a reward)**
Auslobung *f*; **o. to settle** Einigungsan-
gebot *nt*; **o. for subscription** Zeichnungsangebot *nt*; **to revoke an o.** Angebot widerrufen
conditional offer bedingtes Angebot;
firm o. verbindliches Angebot; **special
o.** Sonderangebot *nt*; **unsolicited o.** unverlangtes Angebot
offer price Angebotspreis *m*
offeror *n* Offerent *m*
office *n* 1. Amt *nt*; 2. Geschäftsstelle *f*; **by
virtue of his o.** kraft seines Amtes; **O. of
Fair Trading (OFT)** *[GB]* Kartellamt *nt*,
Amt für Verbraucherschutz; ~ **Weights
and Measures** *[GB]* Eichamt *nt*; **to
hold o.** Amt bekleiden; **to remove so.
from o.** jdn aus dem Amt entfernen
cadastral office Vermessungsamt *nt*; **fixed-penalty o.** Bußgeldstelle *f*; **judicial
o.** Richteramt *nt*; **lost-property o.**
Fundbüro *nt*; **public o.** Staatsamt *nt*;
registered o. Firmensitz *m*, Sitz (des
Unternehmens) *m*, eingetragener/juris-
tischer Sitz, Gesellschaftssitz *m*; **supervisory o.** Aufsichtsamt *nt*
office-holder *n* Amtsinhaber *m*, Amtsträ-
ger(in) *m/f*
officer *n* Offizier *m*; **o. of the court** Ge-
richtsvollzieher(in) *m/f*, Justizbeamter *m*;
certifying o. Urkundsperson *f*; **chief
executive o. (CEO)** Vorstandsvorsitzen-
de(r) *f/m*, geschäftsführender Direktor;
forensic o. Erkennungsdienstbeamter *m*;
investigating o. Ermittlungsbeamter *m*;
judicial o. Justizbeamter *m*, Rechtspfle-
ger(in) *m/f*; **junior** ~ Gerichtsassessor
(in) *m/f*; **legal o.** Syndikus *m*; **medical o.**
Amtsarzt *m*; ~ **of health (MOH)** *[GB]*
Amtsarzt *m*
official *adj* amtlich, behördlich, dienstlich, offiziell
official *n* Amtsperson *f*, Amtsträger(in) *m/f*;
o. in charge *(Behörde)* Sachbearbei-
ter(in) *m/f*; ~ **of enforcement** Vollstre-
ckungsleiter(in) *m/f*; **o. sworn to secrecy**
Geheimnisträger(in) *m/f*
administrative official Verwaltungsbeamter *m*; **authenticating o.** Urkundsbe-
amter *m*, Urkundsbeamtin *f*; **consular o.**
Konsularbeamter *m*; **public o.** Beamter *m*

offset *v/t* auf-, verrechnen, ausgleichen,
kompensieren; **o. plea** Verrechnungs-
einrede *f*; **o.table** *adj* aufrechenbar;
o.ting *n* Verrechnung *f*; ~ **against a
claim** Aufrechnung mit einem Anspruch; ~ **of claims** Verrechnung von
Ansprüchen
offshore *adj* der Küste vorgelagert
offspring *n* Nachkommen(schaft) *pl/f*
oil *n* Öl *nt*; **o. pollution** Ölverschmutzung *f*;
o. spill Öllache *f*
ombuds|man *n* Beschwerdekommissar *m*,
Ombudsmann *m*; **o.woman** *n* Ombuds-
frau *f*
omission *n* 1. Auslassung *f*, Lücke *f*,
Übergehung *f*; 2. Unterlassung *f*, Versäumnis *nt*; 3. Wegfall *m*, Weglassen *nt*
omit *v/t* 1. auslassen; 2. unterlassen; 3.
versäumen
omnibus act *n* *[US]* Rahmengesetz *nt*; **o.
clause** Auffangtatbestand *m*, General-,
Sammelklausel *f*
on-carriage *n* Weiterbeförderung *f*
onerous *adj* lästig, einseitig verpflichtend
one-sidedness *n* Einseitigkeit *f*
onlooker *n* Schaulustiger *m*, Zuschau-
er(in) *m/f*
onus *n* Last *f*, Verpflichtung *f*; **o. of presentation** Darlegungslast *f*; ~ **proof** Be-
weisführungs-, Beweislast *f*
open *v/ti* (er)öffnen, einleiten; *adj* 1. offen; 2. *(Fall)* ungelöst; **to leave o.** offen
lassen; **o.-air** *adj* unter freiem Himmel
opening *adj* einleitend; *n* Eröffnung *f*; **o.
of a (letter of) credit** Eröffnung eines
Akkreditivs; ~ **the hearing** Verhand-
lungseröffnung *f*; ~ **the trial** Eröffnung
des Hauptverfahrens; ~ **the will** Testamentseröffnung *f*
opening bid Eröffnungsgebot *nt*; **o.
hours** Öffnungszeiten; **o. session** Eröff-
nungssitzung *f*; **o. times** Öffnungszeiten
operate *v/t* betreiben, bewirtschaften,
operieren; **to be o.d on** operiert werden
not in operating condition betriebsunfähig; **o. cost(s)/expenditure(s)** *n* Be-
triebsausgabe *f*, betrieblicher Aufwand,
Betriebs-, Geschäftskosten; **o. income**
Betriebseinnahme *f*; **o. instructions** Be-
dienungsanweisungen; **o. licence** Be-
triebserlaubnis *f*; **o. profit** Geschäftsge-

winn *m*; **o. receipts** Betriebseinnahmen; **o. room** *[US]*/**theatre** *[GB]* Operationssaal *m*; **o. scar** Operationsnarbe *f*

operation *n* 1. Betreiben *nt*, Betrieb *m*, Bewirtschaftung *f*; 2. Bedienung *f*, Einsatz *m*; 3. Operation *f*; 4. Unternehmen *nt*; **by o. of** kraft; **to be in o.** gelten; **to commence o.s** Betrieb aufnehmen; **to conduct an o.** Operation durchführen; **commercial o.** (wirtschaftlicher) Geschäftsbetrieb; **independent o.** selbstständiger Betrieb; **large-scale o.** Großeinsatz *m*; **o.al** *adj (Maschinen)* einsatzfähig

operative *adj* wirksam; **to become o.** wirksam werden

operator *n* (Geschäfts)Betreiber(in) *m/f*, Veranstalter *m*

opinion *n* 1. Meinung *f*, Ansicht, Befinden, Erachten *nt*, Dafürhalten *nt*; 2. Beurteilung *f*, Stellungnahme *f*, Votum *nt (lat.)*; **o. of the court** *[US]* Ansicht des Gerichts, Urteilsbegründung *f*; **in the ~** nach Ansicht des Gerichts; **o. on paternity** Vaterschaftsgutachten *nt*

to concur in so.'s opinion sich jds Ansicht anschließen; **to express an o.** Stellung nehmen; **to furnish an o.** Gutachten erstatten; **to render an o.** Meinung abgeben

adverse opinion ablehnendes Gutachten; **dissenting o.** *(Richter)* abweichende Meinung/Stellungnahme; **judicial o.** Urteilsbegründung *f*; **legal o.** Anwalts-, Rechtsgutachten *nt*, Rechtsansicht *f*, Rechtsauffassung *f*; **to seek/take (a) ~** Rechtsgutachten einholen; **medical o.** ärztliches/medizinisches Gutachten; **public o.** öffentliche Meinung; **reasoned o.** mit Gründen versehene Stellungnahme; **second o.** Hilfs-, Zweitgutachten *nt*; **unanimous o.** einstimmige Meinung; **written o.** schriftliche Stellungnahme

opium *n* Opium *nt*

opponent *n* Gegner(in) *m/f*, Opponent *m*; **o.'s version of events** Gegendarstellung *f*

opportunity *n* Gelegenheit *f*; **equal o. employer** Arbeitgeber, der Männer und Frauen gleichberechtigt einstellt

oppos|e *v/t* einsprechen, Einspruch erheben, opponieren, sich widersetzen; **o.ing** *adj* gegnerisch; **o.ite** *n* Gegenteil *nt*; *adj* gegenteilig, gegenerisch

opposition *n (Patentrecht)* Einspruch *m*, Opposition *f*, Widerspruch *m*; **o. (lodged) by a neighbour** Nachbarwiderspruch *m*; **o. to a patent** Patenteinspruch *m*; **admissible o.** zulässiger Einspruch; **third-party o.** Drittwiderspruch *m*; **o. period** Widerspruchsfrist *f*; **to allow the ~ to lapse** Widerspruchsfrist verstreichen lassen; **o. proceedings** Einspruchsverfahren *nt*

oppress *v/t (politisch)* unterdrücken; **o.ion** *n* Unterdrückung *f*

opt *v/t* optieren; **o. for sth.** für etw. optieren

option *n* 1. Option *f*, Wahl(möglichkeit) *f*; 2. Options-, Bezugsrecht *nt*; **at his o.** nach seiner Wahl; **~ so.'s o.** nach jds freier Wahl; **o. to purchase land** Optionsrecht auf Kauf eines Grundstücks; **to exercise an o.** Option(srecht) ausüben; **to have no o.** keine Wahl haben; **first o.** Vorhand *f*

option agreement Optionsvertrag *m*; **o. bond** Optionsanleihe *f*; **o. clause** Optionsklausel *f*; **o. order** Auftrag auf Abruf; **o. period** Optionsfrist *f*, Optionszeit *f*; **o. warrant** Genussschein *m*

optional *adj* wahlweise, fakultativ, dispositiv

optionee *n* Optionsberechtigte(r) *f/m*

oral *adj* mündlich; **o.ity** *n* Mündlichkeit *f*

ordain *v/t* verordnen

ordeal *n* Qual *f*, Quälerei *f*

order *v/t* 1. anordnen, anweisen, befehlen, erlassen, verfügen; 2. bestellen

order *n* 1. Anordnung *f*, Anweisung *f*, Befehl *m*; 2. Auftrag *m*, Order *f*, Bestellung *f*; 3. (gerichtliche) Entscheidung, Beschluss *m*, Erlass *m*, Verfügung *f*, Verordnung *f*; 4. Bescheid *m*, Gebot *nt*, Dekret *nt*; 5. Ordnung *f*, Rang *m*, Reihe(nfolge) *f*, Weisung *f*; **by o. of** im Auftrag; **~ of the court** durch Beschluss; **~ and for account of** im Auftrag und für Rechnung von, auf Weisung und für Rechnung von; **next in o. of entitlement** nächstberechtigt; **on the o. of** auf Anordnung von; **on o.s from** auf Weisung von; **~ a point of o.** zur Ge-

schäftsordnung; **out of o.** kaputt; **payable to o.** zahlbar an Order
order to transfer an action Verweisungsbeschluss *m*; **o. of adjudication in bankruptcy** Konkurseröffnungsbeschluss *m*, Beschluss über die Eröffnung des Konkursverfahrens; **~ arrest** Haftbefehl *m*; **~ attachment for debts** Forderungsarrest *m*; **o. in bankruptcy** Konkurseröffnungsbeschluss *m*, Beschluss über die Eröffnung des Konkursverfahrens; **o. certifying so. legally incapable** Entmündigungsbeschluss *m*; **o. of certiorari** *(lat.)* Aktenanforderung *f*; **o. in chambers** Beschluss im Bürowege; **o. for collection** Inkassoauftrag *m*; **o. concerning costs** Kostenfestsetzungsbeschluss *m*, Kostenanordnung *f*; **o. of the court** Gerichtsbeschluss *m*, gerichtliche Verfügung; **o. to dismiss a case; o. of dismissal** Einstellungsbeschluss *m*; **o. of distribution** Auseinandersetzungsbeschluss *m*; **o. to levy execution** Vollstreckungsauftrag *m*; **~ relinquish the floor** Wortentziehung *f*; **o. of guardianship** Entmündigungsbeschluss *m*; **~ the judge** Anordnung des Richters
order to pay Zahlungsbefehl *m*, Zahlungsanordnung *f*, Zahlungsanweisung *f*, Zahlungsauftrag *m*; **~ a bill of exchange** Wechselzahlungsbefehl *m*, Wechselmahnbescheid *m*; **~ costs** Kostenauferlegung *f*, Verurteilung zu den Kosten
order for payment of a bill of exchange Wechselzahlungsbefehl *m*, Wechselmahnbescheid *m*; **~ possession** *[GB]* Räumungsbefehl *m*; **o. of priority of encumbrances** Rangverhältnis von Grundstücksbelastungen; **~ summary punishment** Strafbefehl *m*; **~ rank** Rangfolge *f*; **o. to refer the matter to another court** Verweisungsbeschluss *m*; **~ refrain** *[GB]* Unterlassungsanordnung *f*; **~ refund** Erstattungsbeschluss *m*; **o. of registration** Reihenfolge der Eintragungen; **o. for release from detention** Haftentlassungsbeschluss *m*; **o. of revivor** *(lat.)* Beschluss auf Wiederaufnahme des Verfahrens; **o. to stay proceedings** *(Verfahren)* Einstellungsbeschluss *m*; **o. committing so. for trial** Eröffnungsbeschluss *m*

to be called to order Ordnungsruf bekommen; **to be made out to o.** an Order lauten; **to cancel an o.** Auftrag stornieren; **to comply with an o.** einer Anordnung Folge leisten, Verfügung befolgen; **to execute an o.** Auftrag ausführen; **to implement an o.** Beschluss durchführen; **to make (out) an o.** Verfügung/Beschluss erlassen, Anordnung treffen; **to place an o.** Auftrag erteilen; **to put in o.** regeln; **~ sth. in o.** etw. in Ordnung bringen, **~** ordnen; **to reconsider an o.** gerichtliche Entscheidung überprüfen; **to refuse to obey an o.** Befehl verweigern; **to rescind an o.** Auftrag stornieren; **to set aside an o.** Beschluss aufheben
administrative order Verwaltungsanordnung *f*
amending order Änderungsbeschluss *m*; **ascending o.** aufsteigende Reihenfolge; **binding o.** verbindliche Anweisung; **bind-over o.** gerichtliche Verwarnung mit Strafvorbehalt; **call-up o.** Einberufungsbescheid *m*; **circular o.** Runderlass *m*; **constitutional o.** Verfassungsordnung *f*; **definitive o.** gültiger Beschluss; **descending o.** absteigende Reihenfolge; **ex officio o.** Anordnung von Amts wegen; **ex parte o.** Beschluss auf einseitigen Antrag; **exclusive o.** Alleinauftrag *m*; **executive o.** Exekutivorder *f*, Verordnung *f*, Vollzugsanordnung *f*; **firm o.** fester Auftrag, verbindliche Bestellung; **apparent good o.** äußerlich guter Zustand; **~ and condition** einwandfreier äußerer Zustand; **in good o. and condition** in gutem/ordnungsgemäßem Zustand; **interim o.** einstweilige Anordnung, Zwischenverfügung *f*; **interlocutory order** Zwischenurteil *nt*; **declaratory ~** Feststellungszwischenurteil *nt*; **judicial o.** gerichtliche/richterliche Anordnung, Gerichtsbeschluss *m*; **legal o.** Rechtsordnung *f*; **official o.** amtliche Verfügung, Dienstanweisung *f*; **open o.** auf Widerruf gültiger Auftrag; **peremptory o.** zwingender Beschluss; **procedural o.** Verfahrensbeschluss *m*; **prohibitive o.** Untersagungsverfügung *f*; **provisional o.** einstweilige Anordnung/Verfügung; **public o.** öffentliche

Ordnung; ~ **law** Ordnungsrecht *nt*; ~ **offence** Ordnungswidrigkeit (OWI) *f*, Störung der öffentlichen Ordnung, Verstoß gegen die öffentliche Ordnung; **restraining o.** Verfügungsverbot *nt*; **reverse o.** umgekehrte Reihenfolge; **special o.** Sonderauftrag *m*; **statutory o.** 1. Rechtsverordnung *f*; 2. gesetzliche Anordnung; **subsequent o.** Nachtragsverfügung *f*

order check *[US]*/**cheque** *[GB]* Orderscheck *m*; **o. clause** Orderklausel *f*; **o. form** Auftragsschein *m*, Auftragsformular *nt*

ordered *adj* bestellt; **it is o. and decreed as follows** es ergeht folgender Beschluss

orderly *adj* ordentlich, ordnungsgemäß

ordinance *n* (Gesetzes-/Rechts)Verordnung *f*; **to issue an o.** Verordnung erlassen; **municipal o.** Gemeindeverordnung *f*, städtische Verordnung

ordinances *pl* Satzungen

ordinary *adj* ordentlich

organ *n* Organ *nt*; **o. of the association** Vereinsorgan *nt*; ~ **a foundation** Stiftungsorgan *nt*; ~ **sovereign power** Hoheitsträger *m*

administrative organ Verwaltungsorgan *nt*; **collegial o.** Kollegialorgan *nt*; **constitutional o.** Verfassungsorgan *nt*; **executive o.** Exekutivorgan *nt*, ausführendes Organ; **federal o.** Bundesorgan *nt*; **lawmaking o.** Rechtsetzungsorgan *nt*; **legislative o.** Gesetzgebungsorgan *nt*, gesetzgebendes Organ; **official o.** Amtsorgan *nt*, amtliches Organ; **subordinate o.** nachgeordnetes Organ

organ donation Organspende *f*; **o. donor** Organspender(in) *m/f*; **o. removal** Organentnahme *f*

organism *n* Organismus *m*

organization *n* Organisation *f*; **charitable o.** gemeinnütziger Verein; **criminal o.** kriminelle Vereinigung; **o. chart** Organogramm *nt*

organize *v/t* organisieren

orient|(ate) os. *v/refl* sich orientieren; **o.ation** *n* Orientierung *f*

origin *n* Herkunft *f*, Entstehen *nt*, Quelle *f*

original *adj* ursprünglich, originär, urschriftlich; *n* Erstausfertigung *f*, Erst-,

Urschrift *f*, Original *nt*; **o. or certified copy** Original oder beglaubigte Abschrift; **to make out the o.** Urschrift anfertigen

originat|e *v/i* entstehen, herstammen; **o.or** *n* 1. Urheber *m*; 2. *(Abbuchungsverfahren)* Rechnungssteller(in) *m/f*

orphan *n* Waisenkind *nt*, (Voll)Waise *f*; **o. and widow's stocks** mündelsichere Obligationen; **o.age** *n* Waisenhaus *nt*; **o.'s allowance/benefit** Waisenrente *f*; ~ **pension** Waisengeld *nt*

ostracize *v/t* verfemen, ächten

otherwise *adv* anderweitig; **except as o. provided** vorbehaltlich anderweitiger Bestimmungen

oust *v/t* Besitz entziehen, (aus dem Besitz) vertreiben, entfernen; **o.er** *n* Vertreibung *f*, Besitzentziehung *f*, Besitzvorenthaltung *f*, Entfernung *f*, (Zwangs-)Räumung *f*; **o.ing the jurisdiction of a court** *n* Ausschluss des Rechtsweges

outbid *v/t* *(Angebot)* überbieten; **o.ding** *n* Übergebot *nt*

outbuilding *n* Nebengebäude *nt*

outburst of rage *n* Wutausbruch *m*

outcome *n* Ausgang *m*, Effekt *m*, Ergebnis *nt*; **o. of a lawsuit** Ausgang eines Prozesses

outdated *adj* überholt

outhouse *n* *[GB]* Nebengebäude *nt*

outlaw *n* Gesetzlose(r) *f/m*; *v/t* ächten, verbieten, verfemen; **o.ed** *adj* geächtet, vogelfrei

outlay *n* Aufwendungen *pl*, Auslage *f*

outline *v/t* entwerfen; *n* Entwurf *m*, Rahmen *m*; **o. conditions** Rahmenbedingungen; **o. permission** *(Baurecht)* Vorbescheid *m*

out-of-court *adj* außergerichtlich, gütlich

out-patient *adj* ambulant

output tax *n* Umsatzsteuer *f*

outrage *n* Frevel *m*, Frevel-, Gräueltat *f*; **to commit an o.** Freveltat begehen, freveln

outside *adv* außen

outskirts *pl* Randbezirk(e) *m/pl*

outsourc|e *v/t* verdingen, *(Auftrag)* nach außerhalb vergeben; **o.ing** *n* Verdingung *f*, Vergabe von Unteraufträgen

outstanding *adj* *(Forderung)* offen stehend

outvote v/t überstimmen
over and above that adv darüber hinaus
overall adj pauschal
deliberate overcharging n Preistreiberei f
overdevelopment n Zersied(e)lung f
overdraft n (Konto)Überziehung f; **o. facility** Dispositions-, Überziehungskredit m
overdraw v/t überziehen
overdue v/t überfällig
overestimate v/t überschätzen
overhaul v/t reparieren, überholen; **in need of o.** überholungsbedürftig
overheads pl Gemeinkosten
overhear v/t zufällig mithören
overindebtedness n Überschuldung f
overlap v/i sich überschneiden; **o.ping** n Überschneidung f; **~ of laws** Gesetzeskonkurrenz f
overleaf adv umseitig
overlook v/t hinwegsehen; **o.ed** adj unbeachtet
overpower v/t überwältigen; **o.ing** n Überwältigung f
overrate v/t überbewerten
overrule v/t (Gerichtsentscheidung) abweichen, aufheben, außer Kraft setzen, überstimmen
oversight n Versehen nt
overstrain v/t überbeanspruchen
over-subtle adj spitzfindig
overtake v/t überholen
overtaking n (Verkehr) Überholen nt; **no o.** Überholen verboten; **incorrect/improper o.** falsches Überholen; **o. manoeuvre** Überholmanöver nt
overtax v/t überbeanspruchen
over-the-counter (OTC) adj (Medikament) nicht rezeptpflichtig
overtime n Überstunden; **to work o.** Überstunden machen; **o. allowance/bonus** Überstundenzuschlag m
overturn v/t aufheben
overvalue v/t überbewerten
overview n Übersicht f
overwork os. v/refl sich überarbeiten
owe v/t 1. schulden; 2. verdanken; **o. so. sth.** jdm etw. schuldig sein; **o.d** adj geschuldet; **to be ~** ausstehen
owing adj ausstehend, fällig, offen stehend; **o. to which** prep demzufolge, auf Grund dessen

own adj eigen
own v/t (als Eigentum) besitzen; **o. up to** v/prep (Geständnis) gestehen, zugeben, sich bekennen zu; **jointly o.ed** adj im gemeinsamen Eigentum
owner n 1. Eigentümer m, Eigner m; 2. (Kfz, Tier) Inhaber(in) m/f, Halter(in) m/f; **o. of a collateral** Sicherungseigentümer m; **o. in fee simple** Grundstückseigentümer(in) m/f; **o. for life** Eigentümer auf Lebenszeit; **o. of rear property** Hinterlieger(in) m/f; **~ record** eingetragener Eigentümer; **o. authorized to dispose (of)** verfügungsbefugter Eigentümer
adjoining owner Anlieger m; **absolute o.** unumschränkter Eigentümer, Volleigentümer(in) m/f; **abutting o.** Anlieger m; **adjacent o.** Nachbareigentümer(in) m/f; **bona-fide o.** gutgläubiger Eigentümer; **conditional o.** Vorbehaltseigentümer(in) m/f; **equitable o.** Eigentümer im Innenverhältnis; **fiduciary o.** treuhänderischer Eigentümer; **joint o.** Miteigentümer(in) m/f; **~ o.s** Gesamthandseigentümer; **lawful/legal o.** rechtmäßiger Eigentümer; **neighbouring o.** angrenzender Eigentümer; **periodic o.** Eigentümer auf Zeit; **present o.** derzeitiger Eigentümer; **previous o.** Vorbesitzer(in) m/f; **putative o.** mutmaßlicher/vermutlicher Eigentümer; **registered o.** eingetragener Eigentümer, (Fahrzeug)Halter(in) m/f; **rightful o.** rechtmäßiger Eigentümer; **sole o.** Alleineigentümer(in) m/f, alleiniger Eigentümer; **subsequent o.** Nachbesitzer(in) m/f; **true o.** wirklicher Eigentümer
owner-driver n Selbstfahrer m; **o.'s land charge** Eigentümergrundschuld f; **o.less** adj herrenlos; **o.'s liability** Eigentümerhaftung f; **~ mortgage** Eigentümerhypothek f; **o.-occupier** n Eigen(heim)besitzer(in) m/f; **o.-possessor relationship** n Eigentümer-Besitzer-Verhältnis nt; **o.'s right of usufruct** Eigentümernießbrauch m; **~ rights** Eigentümerrechte; **~ risk** Eigengefahr f; **at ~ risk** auf eigene Gefahr; **o.-user relationship** n Nutzungsverhältnis nt
ownership n Eigentum nt, (rechtliche) Sachherrschaft; **o. in common** Miteigentum nt; **o. of land** Eigentum an ei-

nem Grundstück; **o. in fractional shares** Miteigentum nach Bruchteilen; **o. by way of security** Sicherungseigentum *nt* **to abandon ownership** derelinquieren; **to claim o.** vindizieren; **to convey o.** Eigentum übertragen; **to transfer o.** übereignen

absolute ownership unbeschränktes Eigentum, Volleigentum *nt*; **fractional o.** Bruchteilseigentum *nt*; **joint o.** Eigentum zur gesamten Hand, gemeinschaftliches Eigentum, Gesamthands-, Kollektiv-, Miteigentum *nt*; **private o.** Individual-, Privateigentum *nt*; **to transfer to ~** privatisieren; **public o.** öffentliches Eigentum, Kollektiv-, Staatseigentum *nt*; **in ~** in öffentlicher Hand; **registered o.** Bucheigentum *nt*; **restricted o.** beschränktes Eigentum; **sole o.** Alleineigentum *nt*

P

package *n* Päckchen *nt*; **disposable p.** Wegwerfverpackung *f*; **p. licence** Zusammenfassung von Lizenzen; **reusable p.** Mehrwegverpackung *f*
packet *n* Päckchen *nt*
padlock *n* Vorhängeschloss *nt*
paedophil|e *n* Pädophiler *m*; **p.ia** *n* Unzucht mit Kindern
paid *adj* gezahlt; **p.-up** (ein)bezahlt, eingezahlt
pain (and suffering) *n* Schmerz *m*; **on p. of** bei Vermeidung von Strafen; **p.ful** *adj* schmerzhaft; **p.killer** *n* schmerzstillendes Mittel; **phantom p.** Phantomschmerz *m*
paint damage *n* Lackschaden *m*
pall *n* Leichentuch *nt*; **p. of smoke** Rauchglocke *f*
palliative *n* schmerzlinderndes Mittel
pamphlet *n* Flugblatt *nt*
panda car *n* *[GB]* Streifenwagen *m*
pandects *pl* Pandekten
pander *n* Kuppler *m*; **p.ess** *n* Kupplerin *f*; **p.ing** *n* 1. Kuppelei *f*; 2. Zuhälterei *f*
panel *n* Forum *nt* *(lat.)*; **p. of lay assessors** Schöffenliste *f*; **~ experts** Exper-

tengruppe *f*; **~ judges** Kollegialgericht *nt*, Spruchkörper *m*; **~ jurors** Jury *f*; **p. doctor** Kassenarzt *m*, Kassenärztin *f*
pangs of conscience *pl* Gewissensbisse
paper *n* Papier *nt*; **recycled p.** Umweltpapier *nt*
par *adj* pari; **above p.** über pari; **at p.** zu pari; **below p.** unter pari; **to put on a p.** gleichstellen; **p. value** Nenn-, Nominalwert *m*
paragraph *n* Absatz *m*, Abschnitt *m*, Paragraf *m*
paralegal *n* *[US]* Anwaltsassistent *m*, Justiz-, Rechtspfleger(in) *m/f*, Rechtsanwaltsgehilfe *m*
parallel *adj* parallel
paralyze *v/t* lahm legen
paramedic *n* Rettungssanitäter(in) *m/f*
paramount *adj* vorrangig
parcel *n* Partie *f*; **p. of land** (Grundstücks-/ Land)Parzelle *f*; **p. out** *v/t* parzellieren, aufteilen; **small p.** Päckchen *nt*
pardon *n* Begnadigung *f*, Gnadenerweis *m*; *v/t* begnadigen; **p.able** *adj* entschuldbar
parent *n* 1. Elternteil *m*; 2. Erziehungsberechtigte(r) *f/m*; **p. (not) having the care and custody of a child** (nicht) sorgeberechtigter Elternteil; **p. and child case** Kindschaftssache *f*; **~ relation** Kindschaft *f*; **p. and subsidiary** *(Unternehmen)* Mutter und Tochter; **p. obliged to provide maintenance** unterhaltpflichtiger Elternteil; **single p.** Alleinerzieher(in) *m/f*, alleinerziehender Elternteil; **p.al** *adj* elterlich; **p. company** Muttergesellschaft *f*
parenticide *n* Elternmord *m*
parents *pl* Eltern; **p. living apart; separated p.** getrennt lebende Eltern; **p.' assets** Elternvermögen *nt*; **~ rights** Elternrecht *nt*; **p.-in-law** *pl* Schwiegereltern
parish *n* Gemeinde *f*
parity *n* Parität *f*
to be parked illegally *adj* im Parkverbot stehen
short-stay parker *n* Kurzparker(in) *m/f*
illegal parking *n* falsches Parken; **p. ban** Parkverbot *nt*; **p. bay** Parkbucht *f*; **p. disk** Parkscheibe *f*; **p. facilities** Parkmöglichkeiten; **p. fee** Parkgebühr *f*; **p. fine** Bußgeld für falsches Parken; **p. lot**

Parkplatz *m*; **p. meter** Parkuhr *f*; **p. offence** Parkverstoß *m*; **p. offender** Falschparker(in) *m/f*, Parksünder(in) *m/f (coll)*; **p. permit** Parkausweis *m*; **p. regulations** Parkvorschriften; **p. restrictions** Parkbeschränkungen; **p. ticket** Strafzettel für falsches Parken, Knöllchen *nt (coll)*

parliament *n* Parlament *nt*; **p.arian** *n* Parlamentarier(in) *m/f*; **p.ary** *adj* parlamentarisch

parol *adj* mündlich

parole *n* 1. Haftaussetzung *f*; 2. Hafturlaub *m*; 3. *(Gefangener)* Ehrenwort *nt*; **without p.** ohne vorzeitige Entlassung; **to break one's p.** Ehrenwort brechen; **p. board** Ausschuss zur Gewährung der bedingten Haftentlassung; **p. officer** *[US]* Bewährungshelfer(in) *m/f*; **p. violation** Verstoß gegen Bewährung(sauflage)

parricide *n* Vatermord *m*

part *n* 1. (Einzel)Teil *m*; 2. Komponente *f*, Bestandteil *m*; **p. and parcel** Bestandteil *m*; **operative p. of the judgment** Urteilsformel *f*; **to take p. (in)** teilnehmen; **constituent p.** Bestandteil *m*; **in equal p.s** zu gleichen Teilen; **essential/ integral p.** wesentlicher Bestandteil; **fractional p.** Bruchteil *m*; **private p.s** Geschlechtsteile, Intimbereich *m*; **substantive p.** wesentlicher Teil

part-claim *n* Teilforderung *f*; **p.-compensation** *n* Teilentschädigung *f*; **p.-debt** *n* *(ZR)* Teilschuld *f*; **p.-debtor** *n* Teilschuldner(in) *m/f*; **p.-delivery** *n* Teillieferung *f*; **to give sth. in p. exchange** etw. in Zahlung geben; **to take sth. in p. exchange** etw. in Zahlung nehmen; **p.-judgment** *n* Teilurteil *nt*; **p.-mortgage** *n* Teilhypothek *f*; **p.-owner** *n* Bruchteils-, Teileigentümer(in) *m/f*; **p.-ownership** *n* Teileigentum *nt*; **p.-payment** *n* Teilzahlung *f*; **p.-performance** *n* teilweise Erfüllung, Teilerfüllung *f*, Teilleistung *f*; **p. possession** *n* Teilbesitz *m*; **p.-time** *adj* Teilzeit-; **~ employment** Teilzeitbeschäftigung *f*; **p.-timer** *n* Teilzeit-, Halbtagskraft *f*

part with sth. *v/prep* sich von etw. trennen

partial *adj* 1. parteiisch; 2. teilweise, partiell

participant 1. Beteiligte(r) *f/m*; 2. Teilhaber(in) *m/f*; 3. Teilnehmer(in) *m/f*

participat|e (in) *v/prep* 1. sich beteiligen; 2. beteiligt sein, teilhaben; 3. teilnehmen; **p.ing** *adj* gewinnbeteiligt; **~ rights** Gewinnberechtigung *f*

participation *n* 1. (Mit)Beteiligung *f*; 2. Mitwirkung *f*, Teilnahme *f*; 3. Teilhaberschaft *f*; **active p. in a crime** aktive Tathilfe; **personal p.** persönliche Beteiligung

participator *n* 1. Teilhaber(in) *m/f*; 2. Teilnehmer(in) *m/f*

particle *n* Teilchen *nt*

in particular *adj* insbesondere

particulars *pl* Einzelheiten, nähere Umstände; **without giving p.** ohne nähere Angaben zu machen; **p. of a claim** Klagebegründung *f*; **~ the complaint** Klagepunkte; **~ pleadings** Einzelheiten der Schriftsätze; **to establish the p.** Personalien feststellen; **to state p.** detaillieren; **to take down the p.** Personalien aufnehmen

parties to the contract *pl* Vertragsparteien; **to caution the p.** Parteien belehren; **unless otherwise agreed by the p.** vorbehaltlich einer abweichenden Vereinbarung; **contracting p.** vertragschließende Parteien; **opposing p.** streitende Parteien

partisan *adj* parteiisch

partition *v/t* auseinandersetzen

partition *n* 1. (Auf)Teilung *f*; 2. Auseinandersetzung *f*; **p. of an estate** Erb(schafts)teilung *f*, Nachlassauseinandersetzung *f*; **~ land** Grundstücksteilung *f*; **p. wall** Trenn-, Zwischenwand *f*

partner 1. Partner(in) *m/f*, Sozius *m*; 2. Teilhaber(in) *m/f*, Gesellschafter(in) *m/f*; 3. Lebensgefährte *m*, Lebensgefährtin *f*, Lebenspartner(in) *m/f*; **p. by estoppel** Gesellschafter kraft Rechtsscheins; **p. with limited liability** Kommandist(in) *m/f*; **to buy out a p.** Teilhaber abfinden

acting partner geschäftsführender Teilhaber; **dormant/silent/sleeping p.** stiller Gesellschafter/Teilhaber; **general p.** *(KG)* Komplementär *m*, Vollhafter(in) *m/f*, unbeschränkt Haftende(r); **~'s interest** Komplementäranteil *m*; **incoming p.** neu eintretender Gesellschafter; **fully**

liable p. persönlich haftender Gesellschafter/Teilhaber, Vollhafter(in) *m/f*; **limited p.** Kommandist(in) *m/f*, Teilhafter(in) *m/f*, beschränkt Haftende(r); **managing p.** geschäftsführender Gesellschafter/Teilhaber; **marital p.** Ehegatte *m*; **ostensible p.** vorgeblicher Gesellschafter; **outgoing/withdrawing p.** ausscheidender Gesellschafter; **p. swapping** Partnertausch *m*

partner|s' contributions Beiträge der Gesellschafter; **p.'s debt** Teilhaberschuld *f*; **~ interest** Gesellschafteranteil *m*; **p.s' liability** Haftung der Gesellschafter; **~ meeting** Gesellschafter-, Gesellschaftsversammlung *f*; **~ resolution** Gesellschafterbeschluss *m*, Beschluss der Gesellschafter

partnership *n* 1. Partnerschaft *f*, Sozietät *f*, Teilhaberschaft *f*; 2. Personengesellschaft *f*, Personalhandelsgesellschaft *f*; 3. Lebensgemeinschaft *f*; **p. of convenience** Zweckgemeinschaft *f*; **p. at will** kündbare Gesellschaft; **civil-law p.** Gesellschaft bürgerlichen Rechts (GbR); **dormant p.** stille Gesellschaft; **~ interest** stille Beteiligung; **general p.** offene Handelsgesellschaft (OHG); **limited p.** Kommanditgesellschaft (KG) *f*; **nontrading p.** BGB-Gesellschaft *f*, Gesellschaft bürgerlichen Rechts (GbR); **revocable p.** Gesellschaft auf Widerruf; **trading p.** Personenhandelsgesellschaft *f*; **undisclosed p.** Innengesellschaft *f*

partnership agreement 1. Partnerschaftsabkommen *nt*; 2. Gesellschafts-, Sozietätsvertrag *m*; **p. assets** Vermögen der Gesellschaft; **p. contract** 1. Partnerschaftsvertrag *m*; 2. Gesellschaftsvertrag *m*; **p. interest** Gesellschaftsanteil *m*; **p. property** Gesellschaftsvermögen *nt*

party *n* (Prozess)Partei *f*; **let the other p. also be heard** audiatur et altera pars *(lat.)*

party to a contract Vertragspartei *f*, Vertragspartner(in) *m/f*; **~ of sale** Partei eines Kaufvertrages; **p. in breach of contract** vertragsbrüchige Partei; **p. entitled to terminate a contract** Rücktrittsberechtigte(r) *f/m*

party concerned Betroffene(r) *f/m*; **p. to a dispute** Streit-, Prozesspartei *f*; **p. at**

fault Schuldige(r) *f/m*, schuldiger Teil; **p. involved** Beteiligte(r) *f/m*, beteiligte Partei; **p. liable for payment; ~ to pay** Zahlungspflichtige(r) *f/m*; **~ to pay costs** Kostenschuldner(in) *m/f*; **p. intervening on the side of a litigant; p. supporting a litigant** Streitgehilfe *m*, Streithelfer(in) *m/f*; **p. to the litigation** Streitpartei *f*; **~ the proceedings** Prozesspartei *f*, Verfahrensbeteiligte(r) *f/m*; **p. furnishing security** Sicherungsgeber *m*; **p. on strike** Streikpartei *f*; **p. suing in forma pauperis** *(lat.)* Kläger nach Armenrecht; **p. to a wage agreement** Tarifpartei *f*

to be a party (to sth.) beteiligt sein, teilnehmen

adversary party Kontrahent(in) *m/f*, Gegenpartei *f*, (Prozess)Gegner(in) *m/f*; **aggrieved p.** Be-, Geschädigte(r) *f/m*, Beschwerte(r) *f/m*, beschwerte Partei, Verletzte(r) *f/m*; **appearing p.** erschienene Partei; **coinsured p.** Mitversicherte(r) *f/m*; **contracting p.** Vertragspartei *f*, Vertragspartner(in) *m/f*, vertragschließende Partei, Vertrags(ab)schließende(r) *f/m*, Kontrahent(in) *m/f*; **damaging p.** Schädiger *m*; **defaulting p.** säumige Partei; **dismissed p.** abgewiesene Partei; **entitled p.** Berechtigte(r) *f/m*; **guilty p.** Schuldige(r) *f/m*, schuldiger Teil, Verursacher *m*; **injured p.** Geschädigte(r) *f/m*, Verletzte(r) *f/m*; **interested p.** Interessent *m*; **intervening p.** (Neben)Intervenient *m*, Streithelfer(in) *m/f*; **liable p.** Haftende(r) *f/m*, Haftpflichtige(r) *f/m*, Haftungs-, Leistungsträger(in) *m/f*, Schuldner(in) *m/f*; **primarily ~** Erstverpflichtete(r) *f/m*; **litigant/litigating p.** Prozesspartei *f*, streitender Teil; **non-entitled p.** Nichtberechtigte(r) *f/m*; **nonsuited p.** abgewiesene Partei; **obligated p.** Verpflichteter *m*; **opposing p.** Gegenseite *f*, (Prozess)Gegner(in) *m/f*, Kontrahent(in) *m/f*, Gegenpartei *f*; **proper p.** eigentliche Partei; **prosecuting p.** betreibende Partei; **responsible p.** Verantwortliche(r) *f/m*; **secured p.** Sicherungsnehmer *m*; **self-contracting p.** Selbstkontrahent *m*; **subsidiary p.** Nebenpartei *f*; **suing p.** klägerische Partei, klagender Teil; **summoned p.** geladene Partei

third party Dritte(r) *f/m*; **t. p. acting in good faith** gutgläubige(r) Dritte(r); **innocent t. p.** gutgläubige(r) Dritte(r)

unsuccessful party unterlegene Partei, Verlierer *m*; **wronged p.** Verletzte(r) *f/m*

party wall gemeinsame (Grenz)Mauer

pass *n* Passierschein *m*

pass *v/ti* 1. *(Gesetz)* erlassen, verabschieden; 2. *(Urteil)* fällen; 3. *(Antrag, Gesetz)* durchkommen; 4. überholen; **p. on** 1. weiterleiten; 2. abwälzen; **p. out** ohnmächtig werden

passage *n* Weg *m*; **p. of a bill** Verabschiedung eines Gesetzes; **~ time** Zeitablauf *m*

passbook *n* Sparbuch *nt*

to be passed *adj (Antrag, Gesetz)* durchkommen

passenger *n* 1. Mit-, Beifahrer(in) *m/f*, Insasse *m*; 2. Fahrgast *m*; **p. accident insurance** Insassenunfallversicherung *f*; **p. car** Personenkraftwagen *m*; **p. fare** Personentarif *m*; **p. insurance** Insassenversicherung *f*; **p. traffic** Personenverkehr *m*; **p. transport(ation)** Personenbeförderung *f*; **~ act** Personenbeförderungsgesetz *nt*

passer-by *n* Passant(in) *m/f*

passing of a bill *n* Verabschiedung eines Gesetzes; **~ risk** Gefahrenübergang *m*, Übergang der Gefahr; **p. off** Warenzeichenmissbrauch *m*; **fraudulent ~** Irreführung über die Herkunft der Ware(n); **p. on** Weitergabe *f*

no passing *[US]* Überholen verboten

passive *adj* passiv

passport *n* (Reise)Pass *m*; **expired p.** abgelaufener Pass; **substitute p.** Passersatz *m*; **p. forgery** Passfälschung *f*; **p. holder** Passinhaber(in) *m/f*; **p. offence** Passvergehen *nt*; **p. office** Passbehörde *f*

past *n* Vergangenheit *f*; *adj* vergangen

pasture *n* Weide *f*

patch so. up *v/t (coll)* jdn verarzten

patent *adj* offenkundig

patent *n* Patent *nt*; **p. pending** zum Patent angemeldet

to apply for a patent on an invention Erfindung zum Patent anmelden, Patent auf eine Erfindung anmelden; **to regis-** ter a p. Patent anmelden; **to take out a p.** Patent erhalten

confirming patent Bestätigungspatent *nt*; **ineffective p.** mangelhaftes Patent; **interfering p.** Kollisionspatent *nt*; **lapsed p.** verfallenes Patent; **original p.** Hauptpatent *nt*; **prior p.** älteres Patent

patent *v/t* patentieren, patentrechtlich schützen

patent act Patentgesetz *nt*; **p. action** Patentklage *f*; **p. advocate/agent** *[GB]* Patentanwalt *m*, Patentanwältin *f*; **p.ability** *n* Patentfähigkeit *f*; **p.able** *adj* patentfähig, patentierbar; **p. applicant** Patentanmelder *m*; **p. application** Patentanmeldung *f*, Patentantrag *m*; **p. attorney** *[US]*/**lawyer** *[GB]* Patentanwalt *m*, Patentanwältin *f*; **p. charges** Patentgebühren; **p. claim** Patentanspruch *m*, Patentbegehren *nt*; **p.(s) court** Patentgericht *nt*; **p.ee** *n* Patentbesitzer(in) *m/f*, Patentinhaber(in) *m/f*; **p. holder** Patentinhaber(in) *m/f*; **p. infringement** Patentverletzung *f*; **p. law** Patentrecht *nt*; **p. licence** Patentlizenz *f*; **P. Office** *[GB]* Patentamt *nt*; **p. opposition proceedings** Patenteinspruchsverfahren *nt*; **p. proceedings.** Patentprozess *m*, Patentverfahren *nt*; **p. protection** Patentschutz *m*; **p. register** Patentrolle *f*; **p. right** Patentrecht *nt*; **p. specification** Auslage-, Patentschrift *f*

paternity *n* Vaterschaft *f*; **to acknowledge p.** Vaterschaft anerkennen; **to deny p.** Vaterschaft bestreiten, ~ nicht anerkennen; **p. leave** Vaterschaftsurlaub *m*; **p. suit** Vaterschaftsklage *f*, Klage auf Anerkennung der Vaterschaft, Vaterschaftsprozess *m*; **p. test** Vaterschaftsfeststellung *f*

path *n* Pfad *m*, Weg *m*

patient *n* Patient(in) *m/f*; **p. care** Krankenfürsorge *f*

patricide *n* 1. Vatermord *m*; 2. Vatermörder(in) *m/f*

patrimony *n* Patrimonium *nt (lat.)*

patrol *n (Polizei)* Kontrollgang *m*, (Verkehrs)Streife *f*; **on p.** auf Streife; **plainclothes p.** Zivilstreife *f*; **p. car** *[GB]* Streifenwagen *m*

patron *n* Schirmherr(in) *m/f*, Patron(in) *m/f*; **p.age** *n* Patronat *nt*; **under the ~ of**

unter der Schirmherrschaft von; **p.izing**
adj herablassend

pattern *n* Muster *nt*

patting-down *n* Abtasten *nt*, Personendurchsuchung *f*

pauper *n* Partei im Armenrecht, arme
Partei; **p.ization** *n* Verarmung *f*

pavement *n* Gehweg *m*

pawn *n* (Faust)Pfand *nt*; **in p.** verpfändet;
to redeem a p. Pfand aus-/einlösen; **to
take out of p.** aus der Verpfändung auslösen

pawn *v/t* verpfänden, versetzen; **p.able** *adj*
verpfändbar; **p.ed** *adj* verpfändet

pawnbroker *n* Pfandleiher *m*; **~'s shop**
Leih-, Pfandhaus *nt*; **p.broking** *n*
Pfandleihe *f*; **p.ee** *n* (Faust)Pfandgläubi-
ger(in) *m/f*, Pfandbesitzer *m*, Pfandhal-
ter *m*, Pfandinhaber *m*, Pfandnehmer *m*;
p.ing *n* Pfandbestellung *f*, Verpfändung *f*;
p.or *n* Pfandbesteller *m*, Pfandgeber(in)
m/f, Pfandschuldner *m*, Verpfänder *m*;
p.shop *n* Leih-, Pfandhaus *nt*, Pfand-
leihanstalt *f*; **p. ticket** Leih-, Pfand-
schein *m*

pay *v/t* 1. (be)zahlen, begleichen; 2. abführen, entrichten; 3. entlohnen, besolden; **unable to p.** zahlungsunfähig; **p.
down** anzahlen; **p. in** *v/prep* ein(be)zah-
len; **p. off** *v/prep* 1. ausbezahlen; 2. abfinden; **~ (in instalments)** abzahlen, abtragen; **p. out** *v/prep* auszahlen; **p. sth.
in advance** etw. voraus(be)zahlen, **~** im
Voraus zahlen; **p. instantly** sofort bezahlen; **p. retrospectively** nachzahlen;
p. subsequently nachentrichten

pay *n* 1. Bezahlung *f*; 2. Lohn *m*, Dienstbezüge *pl*, Heuer *f*; **extra p.** Zulage *f*,
Zusatzvergütung *f*

pay|able *adj* fällig, zahlbar

payee *n* Zahlungs-, Scheckempfänger(in)
m/f, Scheck-, Wechselnehmer(in) *m/f*;
p.'s duty to notify Anzeigepflicht des
Anweisungsempfängers

payer *n* Zahler *m*; **defaulting p.** säumiger
Zahler; **prompt p.** pünktlicher Zahler;
slow p. säumiger Zahler

pay dispute Tarifkonflikt *m*

paying *n* Entrichtung *f*; **p. habits** Zah-
lungsmoral *f*; **p. off** Abzahlung *f*

payload *n* Nutzlast *f*, Zuladung *f*; **p. of the
towing vehicle** Nutzlast des Zugfahr-

zeugs; **permissible p.** maximale Zuladung

payment *n* 1. Zahlung *f*, Begleichung *f*,
Entrichtung *f*, Abführung *f*; 2. Bezah-
lung *f*, Entlohnung *f*; **against p.** gegen
Bezahlung; **p. when due** Zahlung bei
Fälligkeit; **in lieu of p.** an Zahlungs
Statt, statt der Zahlung; **for want of p.**
mangels Zahlung

payment on account Abschlagszahlung *f*;
p. of the annuity Zahlung der Rente; **p.s
in arrears** Zahlungsrückstände; **p. of
arrears** *(Rückstände)* Nachzahlung *f*; **~
the balance** Restzahlung *f*; **p. in cash**
Barzahlung *f*; **p. of charges** Gebühren-
zahlung *f*; **retroactive ~ contributions**
Nachentrichtung von Beiträgen; **~ subsequent contributions** Nachschuss-
zahlung *f*; **p. in due course** ordnungsmäßige Zahlung; **p. on delivery**
Zahlung bei Lieferung; **p. in full** vollständige Bezahlung; **~ instalments** Ratenzahlung *f*; **~ kind** Naturalentlohnung *f*,
Natural-, Sachleistung *f*, Naturallohn *m*,
Naturalvergütung *f*; **p. per line** Zeilen-
honorar *nt*; **p. of money** Geldzahlung *f*;
~ the pension Rentenzahlung *f*, Zahlung der Rente; **~ pension arrears** Ren-
tennachzahlung *f*; **p. upon performance** (Be)Zahlung nach Leistung; **p.
under protest** (Be)Zahlung unter Vorbehalt; **p. on receipt of goods** Zahlung
bei Eingang der Waren; **p. by results**
Zahlung nach Erfolg; **p. in (full) settlement** Abfindungszahlung *f*; **p. of tax**
Versteuerung *f*; **~ arrears** Steuernach-
zahlung *f*

to demand payment Zahlung verlangen,
zur **~** auffordern; **to effect p.** Zahlung
leisten; **to postpone p.** Zahlung hinausschieben; **to press so. for p.** jdn zur Zahlung drängen; **to promise p.** Zahlung
versprechen; **to resume p.** Zahlung
wiederaufnehmen; **to stop p.** Zahlung
einstellen; **to sue for p.** Zahlung einklagen, auf **~** klagen; **to suspend p.** Zahlung aussetzen

back payment *(Gehalt, Pension)* Nachzahlung *f*; **compensatory p.** Aus-
gleichs-, An-, Abschlagszahlung *f*; **due
p.** fällige Zahlung; **ex gratia** *(lat.)* **p.** 1.
freiwillige   Zahlung/Abfindung/Ent-

schädigung *(ohne Anerkennung einer Rechtspflicht)*; 2. *(Vers.)* Kulanzregulierung *f*; **extra p.** Zuzahlung *f*; **interim/intermediate p.** Übergangs-, Zwischenzahlung *f*; **lump-sum p.** Pauschalzahlung *f*; **non-recurring/one-off p.** einmalige Zahlung; **part(ial) p.** Abschlagszahlung *f*; **pro-rata** *(lat.)* **p.** anteilige Zahlung; **prompt p.** sofortige/prompte Bezahlung; **retrospective p.** *(rückwirkend)* Nachzahlung *f*; **special p.** Sonderzahlung *f*; **subsequent p.** Nachzahlung *f*, Nachentrichtung *f*, Nachschuss *m*; **voluntary p.** freiwillige Zahlung

payment appropriation Zahlungsermächtigung *f*; **p. bond** Zahlungsbürgschaft *f*; **p. habits** Zahlungsgepflogenheiten; **p. notice** Zahlungsmitteilung *f*; **international p. transactions** internationaler Zahlungsverkehr

pay|out *n* Auszahlung *f*; **p.roll** *n* 1. Belegschaft *f*; 2. Gehalts-, Lohnliste *f*; **~ deduction** Gehalts-, Lohnabzug *m*; **p. round** Tarifrunde *f*; **p. scale** Lohn-, Gehaltstarif *m*

peace *n* Frieden *m*; **p. and liberty** Frieden und Freiheit; **domestic p.** häuslicher Frieden, Hausfrieden *m*; **to disturb the ~** Hausfrieden stören; **public p.** öffentlicher Frieden, Rechts-, Landfrieden *m*, (Ruhe und) Ordnung *f*; **p. treaty** Friedensvertrag *m*

peculat|e *v/t* unterschlagen, veruntreuen; **p.ion** *n* (Geld)Unterschlagung *f*, Veruntreuung *f*; **p.or** *n* Veruntreuer *m*

peculiarity *n* Eigenart *f*

pecuniary *adj* geldlich

peddl|e *v/t* hausieren; **p.er** *n [GB]* Reisegewerbetreibende(r) *f/m*, Hausierer(in) *m/f*; **~'s licence** Hausierschein *m*; **p.ing** *n* Hausieren *nt*

pedestrian *n* Fußgänger *m*; **p. crossing** Fußgängerübergang *m*, Überweg *m*, Zebrastreifen *m*; **p. mall** *[US]*/**precinct** *[GB]* Fußgängerzone *f*; **p. traffic lights** Fußgängerampel *f*

pedlar *n [US]* Reisegewerbetreibender(in) *m/f*, Hausierer(in) *m/f*; **p.'s license** Hausierschein *m*

pedophil|e *n* Kinderschänder *m*; **p.ia** Unzucht mit Kindern

peeping Tom *n (coll)* Spanner *m (coll)*

peer *n* Gleiche(r) *f/m*

penal *adj* strafrechtlich, Straf-; **p.ize** *v/t* 1. (be)strafen, pönalisieren; 2. benachteiligen

penalty *n* Bußgeld *nt*, (Geld)Buße *f*, (Geld-/Konventional-/Vertrags-/Wirtschafts)Strafe *f*, Pönalie *f*; **on p. of** bei Strafe von, ~ Vermeidung von Strafen; **p. for breach of contract** Konventionalstrafe *f*; **~ contempt of court** *Gericht)* Ordnungsstrafe *f*; **~ default** Verzugsfolge *f*; **on p. of** bei Androhung einer Strafe; **~ a fine** bei Androhung einer Geldstrafe; **p. in case of recidivism** Rückfallstrafe *f*; **p. for tax offences** Steuerstrafe *f*; **to stipulate a p.** Vertragsstrafe vereinbaren

additional penalty Nebenstrafe *f*; **administrative p.** Ordnungsstrafe *f*; **coercive p.** Beugestrafe *f*; **contractual p.** Konventional-, Vertragsstrafe *f*; **disciplinary p.** Disziplinarstrafe *f*; **fixed p.** Bußgeld *nt*; **inadmissible p.** unzulässige Vertragsstrafe; **internal p.** Hausstrafe *f*; **maximum p.** Höchststrafe *f*; **normal p.** Regelstrafe *f*; **secondary/supplementary p.** Nebenstrafe *f*; **substitute p.** Ersatzstrafe *f*

penalty agreement Vertragsstrafenvereinbarung *f*; **p. charge notice** Strafzettel für falsches Parken, Knöllchen *nt (coll)*; **p. clause** Strafklausel *f*, Vertragsstrafenklausel *f*, Vereinbarung einer Konventional-/Vertragsstrafe; **p. notice** Bußgeld-, Strafbescheid *m*; **p. point** *(Verkehrszentralregister)* (Straf)Punkt *m*; **p. reservation** Vertragsstrafenvorbehalt *m*

penance *n* Buße *f*

pendency *n* Rechtshängigkeit *f*; **p. of a case** Streitbefangenheit *f*

pendente lite *adv (lat.)* anhängig, während des Verfahrens, ~ der Dauer des Prozesses, in einem schwebenden Verfahren

pending *adj* (bei Gericht) anhängig, rechtshängig, schwebend, noch nicht entschieden, ausstehend, unerledigt

penetrat|e *v/t* eindringen; **p.ion** *n (auch sexuell)* Eindringen *nt*

penitentiary *n [US]* Zuchthaus *nt*, Justizvollzugs-, Gefangenenanstalt *f*, Gefängnis *nt*

penologist *n* Strafrechtler(in) *m/f*

pension *n* Rente *f*, Pension *f*, Ruhegehalt *nt*, Ruhegeld *nt*, (Alters)Versorgung *f*; **entitled to a p.** pensions-, versorgungsberechtigt; **to draw a p.** Ruhegeld beziehen

basic pension Sozial-, Unterhaltsrente *f*; **compensatory p.** Ausgleichsrente *f*; **index-linked p.** Indexrente *f*, dynamische Rente; **old-age p.** Altersrente *f*, Altersruhegeld *nt*

pensionable *adj* pensionsfähig, rentenberechtigt

pension adjustment Rentenanpassung *f*; **p. age** Pensionsalter *nt*; **statutory ~** gesetzliches Rentenalter; **p. claim** Rentenanspruch *m*; **p. computation base** Rentenbemessungsgrundlage *f*; **p. entitlement** Pensions-, Rentenanspruch *m*, Pensionsberechtigung *f*, Ruhegehalts-, Versorgungsanspruch *m*, Versorgungsanrecht *nt*

pensioner *n* Rentner(in) *m/f*, Renten-, Versorgungsempfänger(in) *m/f*; **old-age p.** Altersrentner(in) *m/f*, Pensionär(in) *m/f*

pension expectancy Pensions-, Renten-, Versorgungsanwartschaft *f*; **p. fund** 1. Rentenfonds *m*; 2. Versorgungsanstalt *f*, Versorgungskasse *f*, Versorgungsträger *m*; **p. insurance (scheme)** Rentenversicherung *f*; **statutory ~** gesetzliche Rentenversicherung; **p. payment** Rentenzahlung *f*, Versorgungsleistung *f*; **p. scheme** Rentenversicherung *f*

pensioning *n* Versetzung in den Ruhestand

people *pl* Menschen; **p. smuggler** Schlepper *m*

per *(lat.)* laut; **p annum** *(lat.)* pro Jahr; **p. capita** *(lat.)* pro Kopf/Person; **p. curiam** *(lat.)* gerichtlich; **p. diem** *(lat.)* pro Tag, täglich; **p. mille** Promille *f*; **p. pro**; **p. procurationem (p.p.)** *(lat.)* per Prokura

perceive *v/t* erkennen, bemerken, wahrnehmen

percept|ible *adj* wahrnehmbar; **p.ion** *n* Wahrnehmung *f*

peremptory *adj* peremptorisch

perfid|ious *adj* heimtückisch; **p.y** *n* Heimtücke *f*

perform *v/t* 1. *(Pflicht)* ausüben, erfüllen; 2. erbringen, leisten, verrichten; **liable to p.** leistungspflichtig

performance *n* 1. Erfüllung *f*, Erbringung *f*, Verrichtung *f*; 2. (Arbeits)Leistung *f*; **in p. of** erfüllungshalber; **p. owed** geschuldete Leistung

performance of an action Erbringung einer Handlung; **~ a contract** Vertragserfüllung *f*, Erfüllung eines Vertrags; **p. pursuant to the contract** vertragsgetreue Erfüllung; **p. and counter-p.** Leistung und Gegenleistung; **p. of duties** Wahrnehmung von Aufgaben; **~ a guarantee obligation; p. pursuant to a guarantee** Garantieleistung *f*; **p. in kind** Sachleistung *f*; **p. by a third party** Leistung durch einen Dritten; **p. in lieu of payment** Leistung an Zahlungs Statt; **p. of service** Diensterfüllung *f*; **~ services** Erbringung von Dienstleistungen; **~ transport services** Beförderungsleistung *f*

to assure performance Leistung zusichern; **to demand p.** Leistung fordern/verlangen; **to effect p.** Leistung bewirken/erbringen; **to evade p.** sich der Leistung entziehen; **to promise p.** Leistung versprechen; **to refuse p.** Leistung verweigern

additional performance Sonder-, Zusatzleistung *f*; **agreed p.** vereinbarte Leistung; **ancillary/collateral p.** Nebenleistung *f*; **contemporaneous p.** Zug-um-Zug-Erfüllung *f*; **contractual p.** vertragsgemäße Leistung; **defective p.** Leistungsstörung *f*, mangelhafte Erfüllung, Fehlleistung *f*, Schlechterfüllung *f*; **delayed p.** späte Erfüllung; **due p.** gebührende Leistung; **full p.** restlose Erfüllung; **gratuitous p.** unentgeltliche Leistung; **impaired p.** Leistungsstörung *f*; **impossible p.** unmögliche Leistung; **insufficient p.** Schlechtleistung *f*; **partial p.** teilweise Erfüllung; **promised p.** versprochene Leistung; **recurrent p.** wiederkehrende Leistung; **simultaneous p.** Erfüllung Zug um Zug; **specific p.** 1. vertragsgemäße Erfüllung, Leistung des vertraglich Geschuldeten, genaue Vertragserfüllung; 2. Naturalerfüllung *f*, Naturalrestitution *f*; **to sue for ~** auf Erfüllung klagen; **subsequent p.** Nacherfüllung *f*, Nachleistung *f*; **substantial p.** im Wesentlichen dem Vertrag entsprechende Erfüllung; **substitute p.** Ersatzvornahme *f*; **third-party p.** Fremdleistung *f*; **vicarious p.** Erfüllungsübernahme *f*

performance assessment Leistungsbewertung *f*; **p. bond** Bietungsgarantie *f*; **p. bonus** Leistungszulage *f*; **p. guarantee/warranty** Leistungsgarantie *f*; **p. rating** Leistungsbeurteilung *f*; **p. risk** Leistungsgefahr *f*

peril *n* Gefahr *f*, Risiko *nt*; **at one's own p.** auf eigene Gefahr; **p.s clause** *(Vers.)* Risikoklausel *f*

period *n* Frist *f*, Laufzeit *f*; **p. of time** Zeitabschnitt *m*; **for an indefinite p.** unbefristet, auf unbestimmte Zeit; **~ unforeseeable p.** auf unabsehbare Zeit; **within the stipulated p.** fristgerecht

period (allowed) for abandonment Abandonfrist *f*; **~ acceptance** Annahmefrist *f*; **~ bringing an action** Klagefrist *f*; **~ (filing an) appeal** Rechtsmittelfrist *f*; **~ filing an application** Anmeldungs-, Antragsfrist *f*; **p. of good behaviour** Wohlverhaltensfrist *f*; **p. (allowed) for cancellation** Rücktrittsfrist *f*; **~ filing a claim** Klagefrist *f*; **p. of a contract** Vertragszeit *f*, Kontraktfrist *f*; **p. (allowed) for filing a defence** Einlassungsfrist *f*; **~ remedying defects** Nachbesserungsfrist *f*; **~ execution** Ausführungsfrist *f*; **p. of extension/grace** Stundungs-, Gnaden-, Nach-, Schonfrist *f*; **to allow so. a ~** *(Respekttage)* jdm Aufschub gewähren; **p. of inspection** Untersuchungsfrist *f*; **~ insurance** Versicherungszeit *f*; **~ lease** Pachtdauer *f*; **~ limitation** Verjährungszeit *f*; **~ marriage** Ehezeit *f*

period of notice Kündigungsfrist *f*; **p. of n. to terminate a lease (of land)** Kündigungsfrist bei Grundstücken; **to observe the p. of n.** Kündigungsfrist einhalten; **reasonable p. of n.** angemessene Kündigungsfrist; **statutory p. of n.** gesetzliche Kündigungsfrist

period of occupancy Besitzdauer *f*; **~ office** Amtszeit *f*; **p. for performance** Leistungsfrist *f*; **~ filing a petition** Eingabefrist *f*; **p. of prescription** Ersitzungs-, Verjährungsfrist *f*; **~ probation** Bewährungsfrist *f*, Bewährungszeit *f*; **~ qualification** Zulassungsfrist *f*; **~ summons** Ladungsfrist *f*; **~ tenancy** Mietzeit *f*; **~ time** Zeitraum *m*, Frist *f*; **p. allowed for transport** Beförderungsfrist *f*; **p. of use** Nutzungszeitraum *m*; **~ validity** Geltungs-, Gültigkeitsdauer *f*, Laufzeit *f*; **~ warning** Abmahnungsfrist *f*

claim-free period *(Vers.)* schadensfreie Zeit; **cooling-off p.** 1. Überlegungsfrist *f*; 2. *(Streik)* Wartezeit *f*; **cut-off p. for rescission** Ausschlussfrist für Wandelung; **legislative p.** Legislaturperiode *f*; **one-year p.** Jahresfrist *f*; **preclusive p.** Ausschlussfrist *f*; **qualifying p.** Wartezeit *f*; **statutory p.** gesetzliche Frist; **transitional p.** Übergangszeit *f*

periodically *adv* in regelmäßigen Zeitabständen

perishable *adj* *(nicht lange haltbar)* verderblich

perjure os. *v/refl* Meineid leisten/schwören; **p.er** *n* Eidbrüchige(r) *f/m*, Meineidige(r) *f/m*

perjury *n* Meineid *m*, vorsätzlich falscher Schwur; **~ is punishable by imprisonment** auf Meineid steht Gefängnis; **to suborn so. to commit ~** jdn zum Meineid anstiften/verleiten

permanent *adj* 1. dauernd; 2. *(Visum)* unbefristet

permissible *adj* erlaubt, statthaft, zulässig

permission *n* Erlaubnis *f*, Genehmigung *f*, Gestattung *f*; **by kind p. of** mit freundlicher Genehmigung von; **subject to p.** genehmigungsbedürftig

permission to accept Annahmegenehmigung *f*; **~ drive** Fahrerlaubnis *f*; **~ give evidence** Aussagegenehmigung *f*; **~ hunt** Jagdberechtigung *f*, Jagderlaubnis *f*; **~ marry** Heiratserlaubnis *f*; **~ hold a meeting** Versammlungserlaubnis *f*; **p. for a partition (of land)** Teilungsgenehmigung *f*; **p. to take up residence** Zuzugsgenehmigung *f*

to grant permission Genehmigung erteilen; **to obtain p.** Genehmigung einholen, Erlaubnis erwirken; **to refuse p.** Erlaubnis/Genehmigung/Gestattung verweigern; **to revoke p.** Genehmigung widerrufen; **to seek p.** Genehmigung beantragen; **special p.** Sondergenehmigung *f*; **subsequent p.** Nachgenehmigung *f*

permit *v/t* erlauben, genehmigen, gestatten, stattgeben, zulassen

permit *n* 1. (schriftliche) Erlaubnis, Lizenz *f*; 2. (Fahr)Erlaubnisschein *m*; 3. Passierschein *m*; **the p. shall expire** die Erlaubnis erlischt; **official p.** amtlicher Ausweis; **p. holder** Erlaubnisscheininhaber(in) *m/f*

permitted *adj* erlaubt, zugelassen

perpetrate *v/t* verüben

perpetration *n* Verübung *f*, Vornahme *f*; **p. of damage** Schadensverursachung *f*; **~ an offence** Täterschaft *f*; **~ an offence by several offenders** Mehrtäterschaft *f*; **~ an offence using an innocent agent** mittelbare Täterschaft

perpetrator *n* Täter(in) *m/f*, Verursacher(in) *m/f*; **p. for ideological reasons** Gesinnungstäter *m*; **joint p.** Mittäter(in) *m/f*

persecut|e *v/t* (*Minderheit*) verfolgen; **p.ion** *n* Verfolgung *f*; **political ~** politische Verfolgung; **racial ~** Verfolgung aus rassistischen Gründen

person *n* Person *f*; **p. charged** Beschuldigte(r) *f/m*; **p. held liable** Haftungsschuldner(in) *m/f*; **p. hereinafter referred to** nachfolgend bezeichnete Person; **irrespective of a p.'s status** ohne Ansehen der Person

person entitled to appeal Anfechtungsberechtigter *m*; **~ file an application** Antragsberechtigte(r) *f/m*; **p. offering board** Kostgeber *m*; **p. of limited capacity** beschränkt Geschäftsfähige(r); **p. entitled to a claim** Anspruchsberechtigter(r) *f/m*; **p. liable for compensation; ~ to provide compensation** Ausgleichs-, Ersatzpflichtige(r) *f/m*; **~ pay a contribution** Beitragspflichtige(r) *f/m*; **p. with a previous conviction** Vorbestrafte(r) *f/m*; **p. entitled to custody** Sorgeberechtigte(r) *f/m*; **~ damages** Ersatzberechtigte(r) *f/m*; **p. presumed dead** Totgeglaubte(r) *f/m*; **p. entitled to dispose** Verfügungsbefugte(r) *f/m*, Verfügungsberechtigte(r) *f/m*; **p. dying at**

the same time as another Kommorient *m*; **p. to be evicted** Räumungsschuldner *m*; **p. entitled to housing benefit** Wohngeldberechtigte(r) *f/m*; **~ inherit** Erbberechtigte(r) *f/m*; **p. unworthy to inherit** Erbunwürdige(r) *f/m*; **p. holding a licence** Lizenzinhaber(in) *m/f*; **p. entitled to maintenance** Unterhaltsberechtigte(r) *f/m*; **p. liable/obliged to provide maintenance** Unterhaltspflichtiger *m*; **p. convicted of manslaughter** Totschläger(in) *m/f*; **p. of unsound mind** Geistesgestörte(r) *f/m*; **p. owing money** Geldschuldner(in) *m/f*; **p. exercising an option** Optant *m*; **p. possessing part or all of deceased's estate under a claim of title as heir** Erbschaftsbesitzer(in) *m/f*; **p. entitled to a statutory portion** Pflichtteilsberechtigte(r) *f/m*; **p. seeking recourse** Regressnehmer *m*; **p. entitled in rem** (*lat.*) dinglich Berechtigte(r); **~ to permanent residence** Dauerwohnberechtigte(r) *f/m*; **p. acting behind the scenes** Hintermann *m*; **p. entitled to service(s)** Dienstberechtigte(r) *f/m*; **p. liable for military service** Wehrpflichtiger *m*; **p. performing substitute military service** Zivildienstpflichtiger *m*; **p. firing the fatal shot** Todesschütze *m*; **p. authorized to sign** Zeichnungsberechtigte(r) *f/m*; **p. pulling the strings** (*coll*) Hintermann *m*; **p. entitled to public support** Versorgungsberechtigte(r) *f/m*; **p. liable to surrender** Herausgabeschuldner *m*; **p. entitled to use** Nutzungsberechtigte(r) *f/m*; **~ vote** Wahlberechtigte(r) *f/m*

to appear in person persönlich auftreten

legally aided person Partei im Armenrecht; **artificial p.** juristische Person; **previously convicted p.** Rückfällige(r) *f/m*; **dead p.** Tote(r) *f/m*; **unknown ~** unbekannter Toter; **elderly p.** ältere Person; **guilty p.** Schuldige(r) *f/m*; **insured p.** Versicherungsnehmer(in) *m/f*; **juridical/juristic/legal p.** juristische Person, Rechtspersönlichkeit *f*; **missing p.** vermisste Person; **natural p.** natürliche Person; **private p.** Privatperson *f*, Individuum *nt*; **litigious/querulous p.** Querulant(in) *m/f*; **released p.** Freigelassene(r) *f/m*; **self-opinionated p.**

Rechthaber(in) *m/f*; **suitable p.** geeignete Person; **suspicious p.** verdächtige P Person; **unauthorized p.** Unbefugte(r) *f/m*; **underage p.** Minderjährige(r) *f/m*; **unidentified p.** Unbekannte(r) *f/m*; **unknown p.** unbekannte Person; **wounded p.** Verwundete(r) *f/m*

persona non grata *(lat.)* unerwünschte Person, persona non grata *(lat.)*

personal *adj* persönlich, privat

personality *n* Persönlichkeit *f*; **judicial/ legal p.** Rechtspersönlichkeit *f*, Rechtssubjekt *nt*; **distinct ~** eigene Rechtspersönlichkeit; **p. defect** Persönlichkeitsmangel *m*

personally *adv* höchstpersönlich

personnel *n* Personal *nt*; **legal p.** Justizpersonal *nt*; **p. committee** Personalvertretung *f*; **p. costs** Personalaufwendungen

persons not gainfully employed Nichterwerbstätige; **displaced p.** (Heimat)Vertriebene

persua|de *v/t* überreden, überzeugen; **p.sion** Überredung *f*; **p.sive** *adj* überzeugend

pertain to *v/prep* betreffen

pertinen|cy *n* Sachdienlichkeit *f*; **p.t** *adj* einschlägig, relevant, sachdienlich, zur Sache gehörig

perver|se *adj* pervers, widernatürlich; **p.sion** *n* Entstellung *f*, Verdrehung *f*; **~ of (the course of) justice** Rechtsbeugung *f*; **p.t** *v/t* entstellen, verdrehen

pester so. *v/t* jdm zusetzen, jdn quälen

petition *v/t* begehren

petition *n* 1. Antrag *m*, Bittschrift *f*, Eingabe *f*, Gesuch *nt*, Petitum *nt*, Petition *f*; 2. Klageantrag *m*, Rechtsbegehren *nt*; 3. Strafantrag *m*; **p. for annulment of marriage** Klage auf Aufhebung der Ehe; **~ appeal** Berufungsantrag *m*; **p. in bankruptcy** Antrag auf Eröffnung des Konkursverfahrens, Konkurseröffnungsantrag *m*; **to file a ~** Antrag auf Konkurseröffnung stellen, Konkurs anmelden, Konkurseröffnung beantragen; **p. for clemency** Begnadigungs-, Gnadengesuch *nt*; **~ compensation** Entschädigungsantrag *m*; **p. for composition proceedings** Vergleichsantrag *m*; **to file a ~** Vergleichsverfahren beantra-

gen; **p. to the constitutional court** Verfassungsbeschwerde *f*; **to file a p. with the constitutional court** Verfassungsbeschwerde einlegen; **p. for an interlocutory decision** Zwischenfeststellungsklage *f*; **~ dissolution** Auflösungsklage *f*

petition for divorce (Ehe)Scheidungsantrag *m*, (Ehe)Scheidungsklage *f*, Scheidungsbegehren *nt*; **to file a ~** Scheidung einreichen

petition to cancel an entry Löschungsklage *f*; **p. for an injunction** Antrag auf Erlass einer einstweiligen Verfügung; **p. to modify a judgment** *[US]* Abänderungsklage *f*; **p. for leave to appeal** Antrag auf Zulassung der Berufung; **~ liquidation** Liquidationsantrag *m*; **p. in lunacy** Antrag auf Entmündigung, Entmündigungsantrag *m*; **p. for nullity** *(Eherecht)* Nichtigkeitsklage *f*; **~ prosecution** Antrag auf Verfolgung; **p. to institute** Eröffnungsantrag *m*; **p. for release from custody** Antrag auf Haftentlassung; **~ a referendum** Volksbegehren *nt*; **~ relief** Abhilfegesuch *nt*; **~ relief by the court** Rechtsschutzgehren *nt*; **~ a reprieve** Antrag auf Vollstreckungsaufschub; **~ rescission of contract** Klage auf Aufhebung des Vertrags; **~ the restitution of the conjugal community** Klage auf Wiederherstellung der ehelichen Gemeinschaft; **~ review** Rechtsmittelschrift *f*; **~ revivor** *(lat.)* Antrag auf Nachprüfung; **~ an amicable settlement** Güteantrag *m*

to present a petition Gesuch einreichen; **to refuse a p.** Gesuch ablehnen; **to support a p.** Gesuch befürworten

alternative petition Eventualantrag *m*; **secondary p.** Nebenantrag *m*

petition|ary *adj* petitorisch; **p.er** *n* Antrags-, Bittsteller(in) *m/f*, Kläger(in) *m/f*, Petent *m*; **~ for a divorce** Scheidungskläger(in) *m/f*

pettifogg|er *n* Rechtsverdreher(in) *m/f*, Rabulist *m*, Winkeladvokat *m*; **p.ing** *n* Rechtsverdrehung *f*; **p.ing** *adj* rabulistisch

petty *adj* geringfügig, leicht, Bagatell-

phase out *v/t* 1. (allmählich) abschaffen; 2. (schrittweise) einstellen

legal philosophy *n* Rechtsphilosophie *f*

cordless phone *n* schnurloses Telefon; **p. booth; p. box** Telefonzelle *f*
photo(graph) *n* Foto *nt*; **p. of a wanted person** Fahndungsfoto *nt*
phras|e *v/t* formulieren; **p.ing** *n* Formulierung *f*
physical *adj* körperlich
physician *n* Arzt *m*
picket *n* Streikposten *m*; *v/t* mit Streikposten besetzen/versperren
pick|lock *n* Dietrich *m*; **p.pocket** *n* Taschendieb(in) *m/f*, Langfinger *m (coll)*
picture *n* Bild *nt*; **distorted p.** Zerrbild *nt*; **photofit p.** Phantombild *nt*
piece *n* Stück *nt*; **p. of advice** Ratschlag *m*; ~ **evidence** Beweisanzeichen *nt*, Beweisgegenstand *m*; ~ **land** Grundstück *nt*, Parzelle *f*; ~ **lost property** *(Fundbüro)* Fundsache *f*; **p.work** *n* Akkordarbeit *f*
pile-up *n* Massen(auffahr)unfall *m*, Massenkarambolage *f*
pilfer *v/t (coll)* entwenden, klauen *(coll)*; **p.age** *n* Bagatelldiebstahl *m*, Diebstahl/Entwendung geringwertiger Sachen; **p.ing in transit** *n* Transportdiebstahl *m*
pillager *n* Plünderer *m*
pillory *n* Pranger *m*; *v/t* anprangern, (jdn) an den Pranger stellen
pimp *n* Zuhälter *m*; **p.ing** *n* Zuhälterei *f*
pinch *v/t (coll)* stehlen, stibitzen *(coll)*, klauen *(coll)*; **p. sth.** etw. mitgehen lassen *(coll)*
pira|cy Seeräuberei *f*, Piraterie *f*; 2. geistiger Diebstahl; **p. of an invention** Diebstahl einer Erfindung; **p.te** *n* Seeräuber *m*, Pirat *m*; *v/t* (unerlaubt) nachahmen/nachdrucken
pistol *n* Pistole *f*; **p. for blanks** Schreckschusspistole *f*
place *v/t* vermitteln
place *n* 1. Ort *m*; 2. Ortschaft *f*; **in p. of an** Stelle von; ~ **p.s** stellenweise; **p. of apprehension** Ergreifungsort *m*; ~ **auction** Versteigerungsort *m*; ~ **business** Geschäftssitz *m*, Niederlassung *f*; ~ **contracting** Abschlussort *m*; ~ **custody** Verwahrungsort *m*; ~ **delivery** Liefer-, Erfüllungsort *m*; ~ **deposit** Hinterlegungsort *m*, Hinterlegungsstelle *f*; ~ **effect** Erfolgsort *m*; ~ **employment** Arbeitsstelle *f*; ~ **establishment** Niederlassungsort *m*; ~ **jurisdiction** Gerichts-

stand *m*; ~ **origin** Herkunftsort *m*; ~ **payment** Zahlungs-, Erfüllungsort *m*; ~ **performance** Erfüllungs-, Leistungsort *m*, Ort der Erfüllung/Leistung; ~ **(the) proceedings** Verfahrensort *nt*; ~ **production** Herstellungsort *m*; ~ **refuge** Zufluchtsort *m*
place of residence Wohn-, Aufenthaltsort *m*; **main p. of r.** Hauptwohnsitz *m*; **usual p. of r.** gewöhnlicher Aufenthaltsort
place of restitution Rückgabeort *m*; ~ **safekeeping** Aufbewahrungsort *m*; ~ **service** Zustellungsort *m*; ~ **storage** Lagerort *m*; ~ **work** Arbeitsplatz *m*
to take so.' place an jds Stelle treten
plac|eable *adj* vermittelbar; **p.ing of an order** *n* Auftragserteilung *f*; ~ **contracts by tender** Verdingung *f*
plagiari|sm *n* Diebstahl geistigen Eigentums, geistiger Diebstahl, Plagiat *nt*; **p.st** *n* Plagiator *m*; **p.ze** *v/t* plagiieren
plague *v/t* drangsalieren
plain *adj* offenbar
plaintiff *n* Kläger(in) *m/f*, Klagepartei *f*; **p. entitled to legal aid** Kläger nach Armenrecht; **p. in attachment proceedings** Arrestkläger *m*
to appear as plaintiff als Kläger auftreten; ~ **for the p.** für den Kläger erscheinen; **to find for the p.** zugunsten des Klägers entscheiden; **to nonsuit a p.** Kläger abweisen
chief plaintiff Hauptkläger(in) *m/f*; **female p.** Klägerin *f*; **joint p.** Mit-, Nebenkläger(in) *m/f*, Streitgenosse *m*; **nominal p.** Kläger in Prozessstandschaft; **unsuccessful p.** abgewiesene Partei; **p.'s application** Klageantrag *m*
plan *n* Plan *m*; **to go according to p.** nach Plan verlaufen
planning *n* Planung *f*; **regional p.** Raumordnung(spolitik) *f*, Regionalplanung *f*; ~ **act** Raumordnungsgesetz *nt*
planning authority Bau-, Planungs-, Raumordnungsbehörde *f*; **p. and building laws and regulations** Baurecht *nt*; **p. department** Bau-, Planungsamt *nt*; **p. law** Planungsrecht *nt*; **p. permission** Baugenehmigung *f*, Baubewilligung *f*, Bauerlaubnis *f*; **p. procedure** Planfeststellungs-, Raumordnungsverfahren *nt*; **p. regulations** Bau-, Planungsvor-

schriften; **p. restrictions** Baubeschränkungen

plant *n* Betrieb *m*, Fabrik *f*, Werk *nt*; **p. hire/leasing** Vermietung von Betriebsanlagen

plant (sth. on so.) *v/t (Beweismaterial, Drogen)* unterschieben

first-aid plaster *n* Verbandpflaster *nt*

play down *v/t* verharmlosen

plea *n* 1. Fürsprache *f*; 2. Einrede *f*, Einwand *m*, Einwendung *f*; 3. Plädoyer *nt*, Vorbringen *nt*; **p. that the claim is statute-barred** Einrede der Verjährung; **p. by way of confession and avoidance** rechtsvernichtende Einwendung; **p. that the defendant is not the proper party** Einrede der mangelnden Passivlegitimation; ~ **the goods are defective** Mängeleinrede *f*; ~ **the plaintiff is not the proper party** Einrede der mangelnden Aktivlegitimation

plea in bar of trial prozesshindernde Einrede; **p. of demurrer** Bestreiten der Schlüssigkeit; ~ **discharge** Einrede der Erfüllung; ~ **diversity** Bestreiten der Identität; ~ **estoppel** Einwand der unzulässigen Rechtsausübung; ~ **exception** Verfahrenseinwand *m*; ~ **exhaustion of remedies** Erschöpfungseinrede *f*; ~ **fraud** Arglisteinrede *f*, exceptio doli *(lat.)*; **p. of guilt/guilty** Schuld(ein)geständnis *nt*, Schuldanerkenntnis *f*; **to enter a** ~ sich schuldig bekennen; **p. of ignorance** Bestreiten von Nichtwissen; **to put in a** ~ **impossibility** Unmöglichkeit der Leistung einwenden; ~ **insanity** Einrede der Unzurechnungsfähigkeit, ~ der mangelnden Geschäftsfähigkeit wegen Geisteskrankheit; ~ **insufficiency** Unzulänglichkeitseinrede *f*; ~ **insufficient assets (in an estate)** Dürftigkeitseinrede *f*; ~ **want of jurisdiction** Einrede der Unzuständigkeit

plea of lack of capacity Einrede der Unzurechnungsfähigkeit; ~ **to sue and be sued** Einrede der mangelnden Prozessfähigkeit

plea in law rechtshindernde Einrede; **p. on the grounds of malice** Einrede der Arglist; ~ **the merits of the claim** Einlassung zur Hauptsache; **p. of non-performance** Einrede des nicht erfüllten

Vertrages; ~ **not guilty** Nichtschuldigerklärung *f*; ~ **nullity** Einwand/Einwendung der Nichtigkeit, (Patent)Nichtigkeitsklage *f*; ~ **onerari no** *(lat.)* Bestreiten der Schuldverpflichtung; ~ **pendente lite** *(lat.)* Einrede der Rechtshängigkeit; ~ **privilege** Geltendmachung des Zeugnisverweigerungsrechts; ~ **prior publication** Einrede der Vorveröffentlichung; ~ **res judicata** *(lat.)* Einwand der Rechtskraft(wirkung); ~ **retorsion** Kompensationseinrede *f*; ~ **self-defence** *(StR)* Notwehr *f*; **p. on the substance of a claim** Einlassung zur Sache; **p. by way of traverse** rechtsverhindernde Einwendung

to enter a plea Einrede erheben; **to put in a p.** Einrede geltend machen

deceitful plea Prozessbetrug *m*; **dilatory p.** aufschiebende/dilatorische/verzögernde Einrede, ~ Einwendung; **improper p.** unzulässige Einrede; **jurisdictional p.** Rüge der Unzuständigkeit; **peremptory p.** absolute/peremptorische/rechtsvernichtende Einrede; **preliminary p.** Zwischenstreit *m*; **substitute p.** Hilfseinwendung *f*; **three months' p.** Dreimonatseinrede *f*; **unfounded p.** unbegründete Einrede; **vexatious p.** schikanöser Einwand

plea bargaining Absprache zwischen Anklage und Verteidigung

plead *v/i* 1. einlassen, vortragen, vorbringen, plädieren, geltend machen; 2. einwenden; 3. sich zur Anklage äußern; 4. *(als Anwalt)* verhandeln; **p. guilty** sich schuldig bekennen; **p. not guilty** sich für nicht schuldig erklären; **unable/unfit to p.** verhandlungsunfähig

pleading *n* 1. Einlassung *f*; 2. Vorbringen *nt*; **p. in the alternative** Hilfsantrag *m*; **p. to the charge** Einlassung *f*; **to file a p.** Schriftsatz einreichen; **alternative p.** *[US]* Hilfsantrag *m*

pleadings *pl* 1. Ausführungen, Vortrag *m*; 2. (Prozess)Schriftsätze, Vorbereitung der mündlichen Verhandlung; **subsequent p.** nachträgliches Vorbringen; **written p.** Schriftsatz *m*

plebiscite *n* Volksabstimmung *f*, Volksentscheid *m*

pledge *n* 1. (Faust)Pfand *nt*, Gelöbnis *nt*,

Gelübde *nt*, (feierliches) Versprechen; **p. for the debt of another person** Interzession *f*

pledge *v/ti* 1. geloben, versprechen; 2. verpfänden, versetzen; **p.able** *adj* verpfändbar; **p.d** *adj* verpfändet; **~ as security** sicherungsübereignet

pledg|ee *n* (Faust)Pfandgläubiger *m*, Pfandbesitzer *m*, Pfandhalter *m*, Pfandinhaber *m*, Pfandnehmer *m*; **p.ing** *n* Pfandbestellung *f*, Verpfändung *f*; **~ of debts** Verpfändung von Schulden; **~ of chattels** Verpfändung von beweglichen Sachen; **~ of a claim** Verpfändung einer Forderung; **p.or** *n* Pfandbesteller *m*, Pfandgeber(in) *m/f*, Pfandschuldner *m*, Verpfänder *m*

plight *n* Notlage *f*

plot *n* 1. Anschlag *m*, Komplott *nt*, Konspiration *f*, Verschwörung *f*; 2. Baugrund-, Flurstück *nt*; **p. of land** Grundstück *nt*, (Grundstücks)Parzelle *f*; **to devise a p.** Anschlag anzetteln; **to foil a p.** Komplott vereiteln; **to hatch a p.** Komplott schmieden

plot *v/i* Komplott schmieden, konspirieren; **(secret) p.ting** *n* Intrige *f*

ploy *n* Täuschungsmanöver *nt*

plunder *v/t* plündern; **p.er** *n* Plünderer *m*; **p.ing** *n* Plünderung *f*

plurality *n* Mehrheit *f*; **p. of acts** Tatmehrheit *f*; **~ claims** Mehrheit von Forderungen; **~ creditors** Mehrheit von Gläubigern; **~ heirs** Erbenmehrheit *f*, Mehrheit der Erben; **~ offices** Ämterhäufung *f*, Häufung von Ämtern; **~ rules** Normenhäufung *f*; **~ votes** Stimmenmehrheit *f*, Mehrheit der Stimmen

to be a plus *n (Bewerbung)* von Vorteil sein

poach *v/i* wildern, Jagdwilderei begehen; **p.er** Wilddieb *m*, Wilderer *m*; **p.ing** *n* (Jagd)Wilderei *f*, Jagdfrevel *m*

pocket *n* Tasche *f*; **p. money** Taschengeld *nt*

point *n* Punkt *m*; **at this p. in time** zu diesem Zeitpunkt; **p. of impact** Ort des Aufpralls; **p. at issue** strittiger Punkt; **p. of law** Rechtsargument *nt*, Rechtsfrage *f*; **to appeal on a ~** Rechtsbeschwerde/Revision einlegen; **p. of order** Verfahrensfrage *f*; **on a ~ order** zur Geschäftsordnung; **~ time** Zeitpunkt *m*; **to come to the p.** zur Sache kommen

break-even point Nutz-, Rentabilitätsgrenze *f*, Nutz-, Rentabilitätsschwelle *f*; **moot p.** offene Frage

point out/to *v/prep* hinweisen auf

pointer *n* Indiz *nt*

points system for traffic offences *pl* Punktesystem *nt*

poison *n* Gift *nt*; **to administer p.** Gift beibringen

poison *v/t* vergiften; **p.ing** *n* Vergiftung *f*

police *n* Polizei *f*; **wanted by the p.** steckbrieflich gesucht; **to be arrested by the p.** von der Polizei festgenommen werden; **~ questioned by the p.** von der Polizei verhört/vernommen werden; **to give os. up to the p.** sich der Polizei stellen; **to help the p. with their inquiries** von der Polizei verhört/vernommen werden; **to notify the p. of a change of address** sich polizeilich ummelden; **to register with the p.** sich polizeilich anmelden; **to report so. to the p.** jdn bei der Polizei anzeigen, gegen ~ Anzeige erstatten; **to have ~ regularly to the p.** unter Polizeiaufsicht stehen

local police Ortspolizei *f*; **military p.** Feldjäger *pl*, Militärpolizei *f*; **secret p.** Geheimpolizei *f*

police action polizeiliche Maßnahme; **p. administration** Polizeiverwaltung *f*; **~ act** Polizeiverwaltungsgesetz *nt*; **p. agent** Vertrauensmann *m*; **p. authority** Ordnungs-, Polizeibehörde *f*; **p. car** Polizeifahrzeug *nt*; **unmarked ~** Zivilfahrzeug der Polizei; **p. caution** polizeiliche Verwarnung; **p. clearance** (polizeiliches) Führungszeugnis; **P. Complaints Board** *[GB]* Beschwerdeinstanz zur Untersuchung polizeilicher Vergehen; **p. constable** Polizist *m*; **p. cordon** Polizeikette *f*; **p. court** Schnellgericht *nt*; **p. custody** Polizeigewahrsam *m*, polizeilicher Gewahrsam; **p. detachment** Polizeiaufgebot *nt*; **p. district** *[US]* (Polizei)Revier *nt*; **p. dragnet search** Schleppnetzfahndung *f*; **p. escort** Geleitschutz *m*; **p. force** Polizei *f*, **p. headquarters** Polizeipräsidium *nt*; **p. informer** Polizeispitzel *m*; **p. inspector** Polizeikommissar(in) *m/f*; **p. interrogation** polizeiliche Vernehmung; **p. investigation** polizeiliche Ermittlung; **p. law** Polizeirecht *nt*

police officer Polizeibeamter *m*, Polizist *m*; **auxiliary p. o.** Hilfspolizist *m*
police order Polizeianordnung *f*, Polizeiverfügung *f*, polizeiliche Verfügung; **p. ordinance** Polizeiverordnung *f*; **p. patrol** Polizeistreife *f*; **p. protection** Polizeischutz *m*; **to place under ~** unter Polizeischutz stellen; **p. raid** (Polizei)Razzia *f*; **with no p. record** unbescholten; **p. records department** Erkennungsdienst *m*; **p. regulations** Polizeiordnung *f*; **p. report** polizeiliche Meldung; **p. siren** Polizeisirene *f*, Martinshorn *nt*; **p. state** Polizeistaat *m*; **p. station** (Polizei)Revier *nt*, (Polizei)Wache *f*; **main ~** Hauptwache *f*; **p. supervision** Polizeiaufsicht *f*
policeman *n* Polizist *m*; **p. on the beat** Streifenpolizist *m*; **plain-clothes p.** Detektiv(in) *m/f*, Zivilfahnder(in) *m/f*; **sleeping p.** *(coll)* (Fahrbahn)Schwelle *f*
policewoman *n* Polizistin *f*; **p. on the beat** Streifenpolizistin *f*
policy *n* 1. (Versicherungs)Police *f*; 2. *(Vorgehensweise)* Politik *f*; **the p. matures** die Versicherung wird fällig; **p. of wait and see** abwartende Haltung; **to cash the p.** sich die Versicherungssumme auszahlen lassen
comprehensive policy 1. Mantelpolice *f*; 2. Vollkaskoversicherung *f*; **contingent p.** Eventual-, Risikoversicherung *f*; **environment(al) p.** Umweltpolitik *f*; **legal p.** Rechtspolitik *f*; **marine p.** Seeversicherungspolice *f*; **contrary to public p.** sittenwidrig
policyholder *n* Policeninhaber *m*, Versicherungsnehmer(in) *m/f*
political *adj* politisch
politics *n* *(allgemein)* Politik *f*
poll tax *n* Kopfsteuer *f*
to go to the polls *pl* zur Wahl gehen
polling booth *n* Wahlkabine *f*; **p. card** Wahlbenachrichtigung *f*; **p. place** *[US]*/**station** *[GB]* Wahllokal *nt*
pollut|ants *pl* Schadstoffe; **p.e** *v/t* verschmutzen; **p.r** *n* Umweltverschmutzer *m*; **~ pays principle (PPP)** Verursacherprinzip *nt*; **p.ing** *adj* umweltverschmutzend
pollution *n* (Umwelt)Verschmutzung *f*, Umweltschädigung *f*, Schadstoff-, Um-

weltbelastung *f*; **p. of the soil** Bodenverunreinigung *f*; **~ waters** Gewässerverunreinigung *f*
coastal pollution Küstenverschmutzung *f*; **industrial p.** Umweltverschmutzung durch die Industrie; **marine p.** Meeresverschmutzung *f*
pollution control Umweltschutz *m*; **p. damage** Verschmutzungsschäden *pl*; **p. level** Verschmutzungsgrad *m*; **p. permit** Verschmutzungszertifikat *nt*
poly|gamy *n* Polygamie *f*; **p.graph** *n* Lügendetektor *m*
pool *v/t* *(Mittel)* zusammenlegen
poor *adj* arm, bedürftig, minderbemittelt
poppy *n* Mohn *m*
porch *n* Windfang *m*
pornograph|ic *adj* pornografisch; **p.y** *n* Pornografie *f*
port of embarkation *n* Einschiffungshafen *m*
portion *n* (An)Teil *m*; **p. of the inheritance** Erbanteil *m*; **compulsory p.** Pflichtteil *m*; **~ for spouses** Ehegattenpflichtteil *m*; **~ of parents** Elternpflichtteil *m*; **legal/statutory p.** Pflichtteil *m*, gesetzlicher Erbteil
pose as *v/i* sich ausgeben als
position *n* 1. Lage *f*, Position *f*; 2. Stellung *f*, Stelle *f*, Posten *m*; 3. *(Ansehen)* Stellung *f*, Rang *m*; **p. of assets and liabilities** Vermögensstand *m*; **~ authority** verantwortungsvolle Stelle; **~ trust** 1. Vertrauensstelle *f*; 2. Vertrauensstellung *f*; **to be in the p.** in der Lage sein
factual position Sachlage *f*; **fiduciary p.** Vertrauensstellung *f*; **legal p.** 1. rechtliche Stellung, Rechtsstellung *f*; 2. Rechtslage *f*; **current ~** aktuelle Rechtslage; **official p.** Dienststellung *f*
legal positivism *n* Rechtspositivismus *m*
possess *v/t* besitzen, innehaben; **p. jointly** mitbesitzen
possession *n* 1. Besitz *m*, (tatsächliche) Sachherrschaft, Innehaben *nt*; 2. Besitzgegenstand *m*, Besitztum *nt*; 3. Inbesitznahme *f*; **in (full) p. of one's faculties** im vollen Besitz seiner geistigen Kräfte; **p. for another** Fremdbesitz *m*; **p. and enjoyment** Besitz und Gebrauchsvorteile; **p. as a bailee** Fremdbesitz *m*; **p. of an estate** Nachlassbesitz *m*; **~ real es-**

tate Grundstücksbesitz *m*; **p. in good faith** redlicher Besitz; **p. of firearms** Waffenbesitz *m*; ~ **land** Landbesitz *m*; **p. as of right** Eigenbesitz *m*
to acquire possession Besitz erwerben; **to claim p.** Herausgabe verlangen; **to gain p.** Besitz erlangen; **to lose p.** Besitz verlieren; **to obtain p.** Besitz erlangen; **to recover p.** Besitz wiedererlangen; **to sue for p.** auf Räumung klagen; **to surrender p.** Besitz aufgeben; **to take p.** in Besitz nehmen, Besitz ergreifen, besetzen; ~ **of something** etw. in Besitz nehmen; **to trespass on so.'s p.** jdn im Besitz stören
actual possession tatsächlicher/unmittelbarer Besitz; **adverse p.** fehlerhafter/rechtswidriger Besitz, Ersitzungsbesitz *m*; **to acquire by** ~ ersitzen; **bona-fide p.** gutgläubiger/redlicher Besitz; **constructive p.** Besitzkonstitut *nt*, Besitzmittelungsverhältnis *nt*; **continuous p.** fortwährender Besitz; **derivative p.** abgeleiteter Besitz; **direct p.** unmittelbarer Besitz; **exclusive p.** ausschließlicher Besitz; **faulty p.** fehlerhafter Besitz; **fictitious p.** fiktiver/fingierter Besitz; **fiduciary p.** treuhänderischer Besitz; **indirect p.** mittelbarer Besitz; **joint p.** gemeinschaftlicher Besitz, Gemeinschafts-, Gesamthands-, Mitbesitz *m*; **lawful p.** rechtmäßiger Besitz; **leasehold p.** Pachtbesitz *m*; **legal p.** Besitz im Rechtssinn; **naked p.** Besitz ohne Rechtstitel, reiner Besitz; **proprietary p.** Eigenbesitz *m*; **sole p.** Alleinbesitz *m*; **unauthorized p.** unbefugter Besitz; **unlawful p.** rechtswidriger/unrechtmäßiger/widerrechtlicher Besitz; **vacant p.** 1. ungenutzte Immobilie; 2. *(Anzeige)* sofort beziehbar
possessions *pl* Habe *f*
possessor *n* Besitzer(in) *m/f*, Inhaber(in) *m/f*; **p. as a bailee** Fremdbesitzer(in) *m/f*; **p. of a thing** Besitzer einer Sache; **adverse p.** nicht berechtigter Besitzer; **indirect p.** mittelbarer Besitzer; **subsequent p.** Besitznachfolger *m;* **p.'s agent** Besitzdiener *m;* ~ **lien** Besitzpfand *nt*; **p.y** *adj* besitzrechtlich, possessorisch
possib|ility *n* Möglichkeit *f*; **p.le** *adj* möglich

post *v/t* 1. absenden; 2. verbuchen
post *n* 1. Post *f;* 2. Stelle *f*, Posten *m*, Stellung *f;* **established p.** Planstelle *f;* **p.-date** *v/t* nachdatieren; **p.mark** *n* Poststempel *m;* **p. office** 1. Post *f;* 2. Postamt *nt;* **p.al** *adj* postalisch
poste restante *n (frz.)* postlagernd
posting *n* 1. Absendung *f;* 2. Verbuchung *f*
post-mortem *(lat.)* **(examination)** *n* Autopsie *f*, Leichenöffnung *f*, Leichenschau *f*, Obduktion *f;* **to carry out/conduct/perform a p.-m.** Obduktion vornehmen; ~ **on so.** jdn obduzieren
postpone *v/t* auf-, hinaus-, verschieben, *(Termin)* verlegen, vertagen, zurückstellen; **p. sth.** etw. auf einen späteren Termin verschieben
postponement *n* Auf-, Verschiebung *f*, Aufschub *m*, Verlegung *f*, Vertagung *f*, Zurückstellung *f;* **p. of a prison sentence** Haftaufschub *m;* ~ **priority** *(Grundbuch)* Rangrücktritt *m;* ~ **the trial** Verlegung der Hauptverhandlung
postulate *n* Postulat *nt;* *v/t* postulieren
potential *adj* potenziell
poverty *n* Armut *f*, Bedürftigkeit *f*, Not *f;* **p.-stricken** *adj* verarmt
power *n* 1. Ermächtigung *f*, Vollmacht *f;* 2. Gewalt *f;* 3. Herrschaft *f;* 4. Macht *f*, (Macht)Befugnis *f;* **p. is a law unto itself** *(prov.)* Macht geht vor Recht *(prov.);* **p. to act** Handlungsvollmacht *f;* **p. of agency** Vertretungsmacht *f;* **limited** ~ Beschränkung der Vertretungsmacht; **p. of alienation** Veräußerungsbefugnis *f;* **p. to amend** Abänderungsbefugnis *f;* **p. of appointment** Ernennungsbefugnis *f*, Ernennungsrecht *nt*
power of attorney 1. Handlungs-, Vertretungsvollmacht *f*, Vertretungsbefugnis *f;* 2. *(Schriftstück)* Vollmacht(surkunde) *f;* **p. of a. for legal proceedings** Prozessvollmacht *f;* **to furnish/produce p. of a.** Vollmacht vorlegen; **to grant p. of a.** Vollmacht ausstellen; **to revoke p. of a.** Vollmacht widerrufen
apparent power of attorney Scheinvollmacht *f;* **comprehensive p. of a.** Gesamtvollmacht *f;* **corporate p. of a.** Prokura *f;* **general p. of a.** Generalvollmacht *f;* **joint p. of a.** Kollektiv(handlungs)vollmacht *f*, Kollektivprokura *f;*

permanent p. of a. 1. Dauervollmacht *f*;
2. *(Anwalt)* Dauermandat *nt*; **sole p. of
a.** alleinige Vollmacht, Einzelvollmacht *f*
power of certification Beurkundungsbe-
fugnis *f*; ~ **collection** Einziehungsvoll-
macht *f*; ~ **command** Befehlsbefugnis *f*,
Befehlsgewalt *f*; **p. to contract** Ver-
tragsbefugnis *f*, Vertragsschließungs-
kompetenz *f*, Vertragsvollmacht *f*; **p. of
control** 1. Dispositionsbefugnis *f*; 2.
Herrschaftsgewalt *f*; ~ **and disposition**
Herrschafts- und Verfügungsgewalt *f*; **p.
of conveyance** Auflassungsvollmacht *f*;
~ **disposition** Verfügungsgewalt *f*, Verfügungsbefugnis *f*, Verfügungsberechtigung *f*; ~ **entry and search** Durchsu-
chungsvollmacht *f*; **p.s of intervention**
Eingriffsbefugnisse; **p. of investigation**
Ermittlungsbefugnis *f*; **p.s of the owner**
Befugnisse des Eigentümers; **to confer
p. of procuration on so.** jdm Prokura
erteilen; **p. to reject a remedy** Verwer-
fungskompetenz *f*; **p. of representation**
Vertretungsbefugnis *f*; ~ **revocation**
Entziehungs-, Widerrufsrecht *nt*; **p.(s)
of search** Durchsuchungsbefugnis *f*; **p.
to sell** Veräußerungsbefugnis *f*, Verkaufsvollmacht *f*; **p. of sentencing**
Strafgewalt *f*; **p. to sign; p. of signature**
Unterschriftsbefugnis *f*, Unterschrifts-,
Zeichnungsvollmacht *f*, Unterschrifts-
berechtigung *f*; **p. to stop and frisk**
[US]/~ **search** *[UK]* Anhalte- und
Durchsuchungsbefugnis *f*
to confer power|(s) (on so.) Ermächti-
gung erteilen; **to exceed one's p.s** seine
Kompetenzen überschreiten; **to exercise p.** Macht ausüben; **to hold p.** Gewalt innehaben; **to seize p.** Macht ergreifen
belligerent power kriegführende Macht;
budgetary p.s Haushaltsbefugnisse;
catch-all p.s umfassende Vollmachten;
commercial p. Handelsvollmacht *f*;
decision-making p.(s) Entscheidungsgewalt *f*; **disciplinary p.(s)** Disziplinargewalt *f*, Disziplinarbefugnis *f*; **discretionary p.(s)** Verfügungs-,
Ermessensfreiheit *f*, Ermessensbefug-
nis *f*, Ermessensrecht *nt*, Beurteilungsspielraum *m*; **exceeding one's ~** Ermes-
sensüberschreitung *f*; **dispositive p.**

Verfügungsbefugnis *f*, Verfügungsgewalt *f*, Verfügungsmacht *f*; **executive p.**
Exekutive *f*, Exekutivgewalt *f*, ausfüh-
rende/vollziehende Gewalt, Regie-
rungsgewalt *f*; **executory p.** Vollzugs-
gewalt *f*; **judicial p.** rechtsprechende/
richterliche Gewalt; **legislative p.** Gesetzgebungsbefugnis *f*, gesetzgebende
Gewalt; **impaired mental p.** verminderte geistige Fähigkeit; **notarial p.**
notarielle Vollmacht; **occupying p.**
Besatzungsmacht *f*; **official p.(s)** Amts-
vollmacht *f*, Amtsbefugnis *f*, Amtsgewalt *f*; **organizational p.** Organisa-
tionsgewalt *f*; **parental p.** elterliche
Gewalt; **persuasive p.** Überzeugungskraft *f*; **signatory p.** vertragschließende
Macht; **sovereign p.** Hoheitsbefugnis *f*,
Hoheitsgewalt *f*; **special p.(s)** Spezial-
vollmacht *f*, außerordentliche Vollmacht;
statutory p.(s) gesetzliche Befugnis/
Ermächtigung, Satzungsbefugnis *f*;
supervisory p.s Kontroll-, Überwa-
chungsbefugnisse, Aufsichtsgewalt *f*;
treaty-making p.s *(Völkerrecht)* Kompetenz zum Abschluss von Verträgen
practicable *adj* ausführbar
practice *n* 1. Gebrauch *m*, Gepflogenheit *f*,
Gewohnheit *f*; 2. Praxis *f*; **p. of religion**
Religionsausübung *f*; **to put into p.** realisieren
commercial practice Geschäftspraxis *f*;
usual in ~ handelsüblich; **common p.**
allgemein übliches Verfahren; **to be ~**
üblich sein; **legal p.** Rechtspraxis *f*
practices *pl* Machenschaften, Praktiken;
abusive p. missbräuchliche Praktiken;
criminal p. verbrecherische Machenschaften; **dishonest p.** unlauteres Geschäftsgebaren; **fraudulent p.** betrügerische Machenschaften, betrügerisches
Geschäftsgebaren, unlautere Wettbewerbshandlungen; **to obtain sth. by ~**
etw. durch betrügerische Machenschaften erwirken; **industrial p.** Industriepraktiken; **restrictive p.** wettbewerbsbeschränkende Maßnahmen; **sharp p.**
unlautere Machenschaften; **third-party p.** verschärftes Verhör
practis|e *v/t* 1. praktizieren; 2. *(Beruf)*
ausüben; **p.ing** *adj* ausübend; ~ **certificate** Anwaltszulassung *f*

prayer *n* Petitum *nt*; **p. for relief** Klage-begehren *nt*

preamble *n* einleitende Bestimmungen, Präambel *f*

precatory *adj* ersuchend

precaution *n* Vorkehrung *f*, Vorsichts-maßnahme *f*, Vorsichtsmaßregel *f*, Vor-sorge *f*; **as a p.** vorsorglich; **to take p.s** Vorkehrungen treffen; **p.ary** *adj* vor-beugend, vorsorglich, Vorsichts-

precede *v/t* Vortritt haben

precedence *n* 1. Vorrang *m*, Vortritt *m*; 2. Präzedenz *f*; **p. of statute law** Vorrang des Gesetzes; **to take p.** Vorrang/Vor-tritt haben, vorgehen

precedent *n* Präzedenzfall *m*, einschlägi-ge/grundsätzliche Entscheidung, Präju-diz *nt*; **to overrule a p.** sich über einen Präzedenzfall hinwegsetzen; **to set a p.** Präzedenzfall schaffen

binding precedent maßgebliche Ent-scheidung; **judicial p.** Präjudiz *nt*, Prä-zedenzfall *m*; **legal p.s** Vorentscheidun-gen, Rechtsprechung *f*; **persuasive p.** *[GB]* nicht verbindlicher Präzendenz-fall

precept *n* 1. *(Anordnung)* Gebot *nt*; 2. Zahlungsbefehl für Kommunalsteuern

precious *adj* kostbar

preclu|de *v/t* ausschließen, präkludieren; **p.sion** Ausschließung *f*, Ausschluss *m*, Präklusion *f*

preconceived *adj* vorgefasst

precondition *n* Voraussetzung *f*, Vorbe-dingung *f*

precontractual *adj* vorvertraglich

precursor *n* Wegbereiter(in) *m/f*

predatory *adj* räuberisch

predecease *v/t* vorversterben; **p. so.** vor jdm sterben

predecessor *n* Vorgänger(in) *m/f*; **p. in of-fice** Vorgänger im Amt; **~ title** Rechts-vorgänger *m*; **legal p.** Rechtsvorgänger *m*; **p. company** Vorgesellschaft *f*

predicament *n* Not-, Zwangslage *f*

predomina|nt *adj* vorherrschend, vor-wiegend; **p.te** *v/i* überwiegen, vorherr-schen

pre-empt *v/t* 1. durch Vorkaufsrecht er-werben; 2. verhindern, zuvorkommen; **p.ion** *n* Vorkauf *m*; **p.or** *n* Vorkaufsbe-rechtigte(r) *f/m*

prefer *v/t* bevorzugen

preference *n* Vorrang *m*, Prioritätsrecht *nt*; **to attach p. (to sth.)** Vorrang beilegen; **third-party p.** Drittbegünstigung *f*; **p. share** *[GB]* Vorzugsaktie *f*; **p. tariff** Vorzugstarif *m*

preferential *adj* bevorrechtigt, bevor-zugt, Vorzugs-

preferment of a charge *n* Anklageerhe-bung *f*

preferred *adj* bevorzugt

preferring a charge *n* Anklageerhebung *f*

pregnan|cy Schwangerschaft *f*; **surro-gate ~** Leihschwangerschaft *f*; **p.t** *adj* schwanger

prejud|ge *v/t* präjudizieren; **p.ication** *n* Präjudiz *nt*

prejudice *n* 1. Befangenheit *f*; 2. Benach-teiligung *f*, Nachteil *m*; 3. Vorentscheid *m*, Präjudiz *nt*, Rechtsnachteil *m*; 4. Scha-den *m*, Schädigung *f*; 5. Voreingenom-menheit *f*, Vorurteil *nt*; **without p.** ohne Obligo/Nachteil, unbeschadet; **~ to our rights** unter Wahrung unserer Rechte; **~ the rights (of)** ohne Rechtsnachteil (für); **to the p. of** zum Schaden von; **legal p.** Rechtsnachteil *m*; **racial p.** Ras-senvorurteil *nt*

prejudic|e *v/t* schädigen; **p.ed** *adj* befan-gen, voreingenommen; **p.ial** *adj* 1. nachteilig; 2. vorgreiflich

preliminar|ies (prelims) *pl* Einlei-tung(sformel) *f*, Präambel *f*, Präliminari-en, Vorbemerkungen; **p.y** *adj* einlei-tend, vorläufig

premarital *adj* vorehelich

premature *adj* vorzeitig

premeditat|ed *adj* mit Vorbedacht, vor-sätzlich; **p.ion** *n* Vorbedacht *m*, Vorsatz *m*

premise *n* Annahme, Voraussetzung *f*

premises *pl* Anwesen *nt*, Haus *nt* *(mit Nebengebäuden)*, Lokal *nt*, Räumlich-keiten; **on the p.** an Ort und Stelle; **com-mercial/industrial p.** gewerbliche Räu-me; **rented p.** Mieträume

premium *n* 1. Abstandssumme *f*, Agio *nt*, Auf-, Draufgeld *nt*; 2. *(Vers.)* Beitrag *m*, Prämie *f*; **annual p.** Jahresprämie *f*; **stipulated p.** Vertragsprämie *f*

premonition *n* Vorahnung *f*

prepaid (ppd) *adj* vorausbezahlt

preparation *n* Vorbereitung *f*; **p. of a case**

Prozessvorbereitung *f*; **~ contract** Vertragsgestaltung *f*

prepar|e *v/t* verfassen, vorbereiten; **p.ing a war of aggression** *n* Vorbereitung eines Angriffskrieges

prepay *v/t* voraus(be)zahlen

prepayment *n* Vorausentrichtung *f*, Vorauszahlung *f*; **p. of tax** Steuervorauszahlung *f*; **adequate p.** angemessene Vorauszahlung

prerequisite *n* Vorbedingung *f*, Voraussetzung *f*; **absolute p.** unbedingte Voraussetzung; **essential p.** unabdingbare Voraussetzung

prerogative *n* Prärogativ *f*, Vorrang *m*, Vorrecht *nt*; **p. of mercy** Begnadigungs-, Gnadenrecht *nt*

presciption of a surrogate *n* Verschreibung eines Subsitutionsmittels

prescrib|able *adj* ersitzbar; **p.e** *v/t* 1. verschreiben; 2. vorschreiben, festsetzen, festlegen; 3. ersitzen; **p.d** *adj* vorgeschrieben

prescriptab|le *adj* verjährbar; **p.ility** *n* Verjährbarkeit *f*

prescription *n* 1. Ersitzung *f*, praescriptio *(lat.)*; 2. Rezept *nt*, Verschreibung *f*; 3. Verjährung *f*; **p.-only** *adj*; **obtainable only on p.** rezeptpflichtig

prescription of a bill Wechselverjährung *f*; **~ claim** Verjährung eines Anspruchs; **to acquire by p.** ersitzen; **to plead p.** sich auf Ersitzung berufen; **to write out a p.** Rezept ausstellen

dental prescription Verschreibung durch einen Zahnarzt; **extinctive p.** Versitzung *f*; **medical p.** Verschreibung durch einen Arzt; **negative p.** Versitzung *f*; **veterinary p.** Verschreibung durch einen Tierarzt; **p. charges** Rezeptgebühren

presence *n* Anwesenheit *f*; **in so.'s p.** in jds Gegenwart; **~ the p. of** im Beisein von, in Gegenwart von

present *adj* 1. anwesend; 2. derzeit, gegenwärtig; 3. vorliegend; **at p.** zurzeit; **those p.** Anwesende *pl*

present *v/t* einreichen, vorlegen

present *n* 1. Gegenwart *f*; 2. Geschenk *nt*

presentation *n* Einreichung *f*, Vorlage *f*; **p. of a claim** Anspruchserhebung *f*; **~ a document** Urkundenvorlegung *f*; **~ the**

evidence Beweisführung *f*; **oral p.** Mündlichkeit *f*

presenter *n* Einreicher *m*

preservation *n* (Aufrecht)Erhaltung *f*; **p. of banking secrets** Wahrung des Bankgeheimnisses; **~ natural beauty** Naturschutz *m*; **~ evidence** Beweissicherung *f*; **~ privileged interests** Wahrnehmung berechtigter Interessen; **~ trade secrets** Wahrung von Betriebsgeheimnissen; **p. order** Veränderungssperre *f*

preservatives *pl* Konservierungsstoffe

preside *v/i* präsidieren, Sitzung leiten; **p. over** Vorsitz haben, vorstehen

presid|ency *n* Vorsitz *m*; **p.ent of the court** *n* Vorsitzender des Gerichts; **p.ing** *adj (Richter)* vorsitzend

presidium *n* Präsidium *nt*

press *n* Presse *f*; **to release to the p.** der Presse mitteilen

press act Pressegesetz *nt*; **p. censorship** Pressezensur *f*; **p. law** Presserecht *nt*; **p. offence** Pressevergehen *nt*; **p. office** Pressestelle *f*; **p. privilege** Pressegeheimnis *nt*; **p. release** Presseerklärung *f*, Pressemitteilung *f*, Presseverlautbarung *f*

to exert pressure on so. *n* Zwang auf jdn ausüben; **direct p.** unmittelbarer Zwang; **indirect p.** mittelbarer Zwang; **undue p.** Nötigung *f*; **p. group** Interessengruppe *f*, Interessenverband *m*

presume *v/t* 1. mutmaßen, vermuten; 2. unterstellen; **p.d** *adj* mutmaßlich; **~ dead** verschollen

presumption *n* 1. Vermutung *f*, Annahme *f*, Mutmaßung *f*, Präsumtion *f*; 2. Unterstellung *f*

presumption of absence Abwesenheitsvermutung *f*; **~ irretrievable breakdown** *(Ehe)* Zerrüttungsvermutung *f*; **~ causation** Kausalitäts-, Verursachungsvermutung *f*; **~ copyright** Urheberrechtsvermutung *f*; **~ death** Todesvermutung *f*; **~ defect** Mängelvermutung *f*; **~ a donation** Schenkungsvermutung *f*; **~ fact** Tatsachenvermutung *f*; **~ fault** Verschuldensvermutung *f*; **~ guilt** Schuldvermutung *f*; **~ inheritance** Erbvermutung *f*; **~ innocence** Unschuldsvermutung *f*; **~ law** Rechtsvermutung *f*; **~ life** Lebensvermutung *f*; **~ a dominant market position** Marktbeherrschungsvermutung f; ~ **ownership** Eigentumsvermutung f; ~ **paternity** Vaterschaftsvermutung f; ~ **survival** Vermutung des Überlebens, Überlebensvermutung f; ~ **title** Eigentumsvermutung f; ~ **validity** Gültigkeitsvermutung f

to rebut a presumption Vermutung widerlegen; **irrebuttable/irrefutable p.** unwiderlegbare (Rechts)Vermutung; **legal p.** Rechtsvermutung f; **rebuttable p.** widerlegbare (Rechts)Vermutung; **statutory p.** gesetzliche Vermutung

presumptive *adj* mutmaßlich, vermutlich

presuppose *v/t* voraussetzen, zur Voraussetzung haben

pretence *n* Vortäuschen *nt*, Vortäuschung f, Vorspiegelung f; **under the p. of sth.** unter Vorspiegelung von etw.; ~ **false p.s** unter falschem Vorwand, ~ Vorspiegelung/Vortäuschung falscher Tatsachen

pretend *v/t* vortäuschen, vorgeben, vorschützen, vorspiegeln; **p.er** *n* Prätendent *m*

pretext *n* Ausrede f, Vorwand *m*; **to serve as a p.** als Vorwand dienen

prevail *v/i* (vor)herrschen, obwalten; **p. against/over** *v/prep* obsiegen; **p.ing** *adj* (vor)herrschend

prevaricat|e *v/t* Ausflüchte machen, Wahrheit verdrehen; **p.ion** *n* 1. Parteiverrat *m*; 2. Prävarikation f, Rechts-, Tatsachen-, Wortverdrehung f; **p.or** *n* Rechts-, Wortverdreher(in) *m/f*

prevent *v/t* verhindern, vorbeugen, verhüten, vereiteln, abwenden

prevention *n* Verhinderung f, Vorbeugung f, Verhütung f, Vereitelung f, Prävention f, Vermeidung f, Unterbindung f; **p. of hardship** Vermeidung von Härten; ~ **punishment** Strafvereitelung f; **p. from work** Dienstverhinderung f

preventive *adj* vorbeugend, präventiv

previous *adj* früher, vorausgegangen, vorig

price *n* (Kauf)Preis *m*; **p. per item** Stückpreis *m*

all-inclusive price Pauschalpreis *m*; **excessive p.** überhöhter Preis; **extortionate p.** Wucherpreis *m*; **inclusive p.** Pauschalpreis *m*; **maximum p.** Höchstpreis *m*; **recommended p.** Richtpreis *m*;

total p. Gesamtpreis *m*; **unjustified p.** ungerechter Preis

price cartel Preiskartell *nt*; **p. control** Preisbindung f; **p. fixing** Preisbindung f, Preisfestsetzung f; **p. maintenance** Preisbindung f; **p. recommendation** Preisempfehlung f; **p. ring** Preiskartell *nt*

pric|ed *adj* *(Ware)* (mit einem Preis) ausgezeichnet; **p.ing** *n* 1. Preisgestaltung f; 2. Preisangabe f; ~ **offence** Preisverstoß *m*; ~ **regulations** Preisvorschriften

prima facie *adj (lat.)* auf den ersten Anschein, Anscheins-

primacy *n* Primat *m*

primogeniture *n* Erstgeburtsrecht *nt*

principal *n* 1. Anführer *m*; 2. Bauträger *m*; 3. Besteller(in) *m/f*; 4. Dienst-, Geschäftsherr(in) *m/f*; 5. Darlehens-, Kreditbetrag *m*, Darlehenssumme f; 6. Kapital(betrag) *nt/m*; 7. Vertretene(r) *f/m*, Vollmachtgeber(in) *m/f*; 8. Auftraggeber(in) *m/f*, Anweisender *m*; 8. Vorgesetzte(r) *f/m*, Prinzipal *m*; **p. and accomplice(s)** Haupttäter und Mittäter; ~ **agent** Vollmachtgeber(in) und -nehmer(in) *m/f*; **acting as** ~ Selbstkontrahieren *nt*; **p. in the first degree** Haupttäter(in) *m/f*; ~ **second degree** Mittäter(in) *m/f*

principle *n* Grundsatz *m*, Prinzip *nt*; **in p.** im Prinzip, prinzipiell; **on p.** aus Prinzip, prinzipiell; **p. that administrative decisions should be definite and unambiguous** Bestimmtheitsgrundsatz *m*

principle of abuse *(Kartellrecht)* Missbrauchsprinzip *nt*; ~ **asperity** Asperationsprinzip *nt*; ~ **irretrievable breakdown** *[GB]*/**irreconcilability** *[US]* *(Ehe)* Zerrüttungsprinzip *nt*; ~ **cost recovery** Kostendeckungsprinzip *nt*; ~ **public disclosure** Publizitätsprinzip *nt*; ~ **equality** Gleichheitsgrundsatz *m*; ~ **immediacy** Unmittelbarkeitsgrundsatz *m*; ~ **law** Rechtsgrundsatz *m*; **established ~ law** bestehender Rechtsgrundsatz; ~ **liability** Haftungsgrundsatz *m*; ~ **majority rule** Mehrheitsgrundsatz *m*; ~ **orality** Mündlichkeitsgrundsatz *m*, Mündlichkeitsprinzip *nt*; ~ **party disposition** Dispositionsgrundsatz *m*; ~ **presentation** *(Zivilprozess)* Verhandlungsgrundsatz *m*; ~ **representation**

Vertretungsgrundsatz *m*; ~ **personality** Personalitätsprinzip *nt*; ~ **priority** Prioritätsprinzip *nt*; ~ **proscription** Verbotsprinzip *nt*; ~ **ex officio** *(lat.)* **proceedings** Offizialmaxime *f*, Amtsprinzip *nt*

principle of discretionary prosecution Opportunitätsprinzip *nt*; ~ **international prosecution** Weltrechtspflegeprinzip *nt*; ~ **mandatory prosecution** Legalitätsprinzip *nt*

principle of equal treatment Gleichbehandlungsgrundsatz *m*; ~ **public trial** Öffentlichkeitsgrundsatz *m*, Öffentlichkeitsprinzip *nt*; ~ **territoriality** Territorialitätsprinzip *nt*; ~ **unanimity** Konsensprinzip *nt*

accusatory principle Offizialmaxime *f*; **basic p.** Grundprinzip *nt*, Leitsatz *m*; **constitutional p.** Verfassungsgrundsatz *m*; **ethical p.s** moralische Grundsätze *m*; **guiding p.** Leitsatz *m*; **legal p.** Rechtsgrundsatz *m*; **procedural p.** Verfahrensgrundsatz *m*

fine *[US]*/**small** *[GB]* **print** *n* Kleingedrucktes *nt*

printed matter *n* Drucksache *f*

prior *adj* vorherig

priority *n* Vorrang *m*, Priorität *f*, Rangverhältnis *nt*; **to enter a p.** Vorrang vermerken; **to have p. (over sth.)** im Rang vorgehen

priority caution *(Grundbuch)* Rangvormerkung *f*; **p. note/notice** Rangstellenvermerkung *f*, Vormerkung *f*; **to enter a ~ in the Land Register** *[GB]* Vormerkung in das Grundbuch eintragen; **~ of conveyance** Auflassungsvormerkung *f*; **p. rating** Dringlichkeitsstufe *f*

prise *n* *(Seerecht)* Prise *f*

prison *n* Gefängnis *nt*, Haft-, Gefangenen-, Justizvollzugs-, Strafvollzugsanstalt *f*, Knast *m* *(coll)*; **p. for juvenile delinquents/offenders** Jugendstrafanstalt *f*, Jugendgefängnis *nt*; **to commit so. to p.** jdn in Haft nehmen; **to release so. from p.** jdn aus der Haft entlassen; **high-security p.** Hochsicherheitsgefängnis *nt*; **military p.** Militärgefängnis *nt*

prison authority Strafvollzugsbehörde *f*; **p. camp** Gefangenenlager *nt*; **p. cell** (Gefängnis)Zelle *f*

prisoner *n* (Straf)Gefangene(r) *f/m*, Häft-

ling *m*; **p. at the bar** Angeklagter, der aus der Untersuchungshaft vorgeführt wird, in Haft befindlicher Angeklagter, Häftling auf der Anklagebank; **p. for life** Lebenslängliche(r) *f/m*; **p. (released) on parole** bedingt Strafentlassener; **p. on remand** Untersuchungsgefangene(r) *f/m*; **p. awaiting trial** Untersuchungsgefangene(r) *f/m*, Untersuchungshäftling *m*; **p. of war** Kriegsgefangener *m*

discharged prisoner Strafentlassene(r) *f/m*; **escaped p.** Ausbrecher *m*; **p.'s evidence/statement** Gefangenenaussage *f*

prison governor *[UK]* Gefängnisdirektor(in) *m/f*; **p. guard** Gefangenenaufseher *m*; **p. inmate** Gefangene(r) *f/m*, Gefängnisinsasse *m*, Häftling *m*; **smuggled p. message** Kassiber *m*; **p. mutiny** (Gefangenen)Meuterei *f*, Gefängnisrevolte *f*; **p. officer** (Gefängnis)Wärter(in) *m/f*; **p. regulations** Strafvollzugsordnung *f*; **p. riot** (Gefängnis)Meuterei *f*; **p. rules** Gefängnisordnung *f*

prison sentence Freiheits-, Gefängnisstrafe *f*, Vollstreckungshaft *f*; **to begin to serve a p. s.** Haft antreten; **short p. s.** kurze Freiheitsstrafe; **suspended p. s.** Haftaussetzung *f*

prison service *(Gefängnis)* Vollzugsdienst *m*; **p. staff** Gefängnispersonal *nt*; **p. term** Gefängnis-, Haftstrafe *f*; **p. warden** *[US]* Gefängnisdirektor(in) *m/f*; **p. warder** Gefängnisaufseher(in) *m/f*, Gefängniswärter(in) *m/f*

privacy *n* Privats-, Intimsphäre *f*; **p. of correspondence** Korrespondenzgeheimnis *nt*; **to invade so.'s p.** in jds Privatsphäre eindringen; **P. Act** *[US]* Datenschutzgesetz *nt*

private *adj* persönlich, privat; **p. and confidential** vertraulich; **p-law** *adj* privatrechtlich; **p.ly** *adv* unter der Hand

privatiz|ation *n* Privatisierung *f*; **p.e** *v/t* privatisieren

privilege *n* 1. Bevorrechtigung *f*, Vorrecht *nt*; 2. Dringlichkeitsfolge *f*; 3. Immunität *f*; 4. Privileg *nt*; 5. *(Sonderrecht)* Vergünstigung *f*; **p.s, exemptions and immunities** Vorrechte, Befreiungen und Immunitätsrechte; **p. of nondisclosure** Auskunftsverweigerungsrecht *nt*; **p. by reason of occasion** *[US]*

Wahrnehmung berechtigter Interessen; **p. of self-defence** Notwehr *f*
to grant a privilege Privileg gewähren; ~ **so. a p.** jdm ein Vorrecht einräumen; **to waive a p.** auf ein Vorrecht verzichten; ~ **one's p.** auf sein Zeugnisverweigerungsrecht verzichten

absolute privilege absoluter Rechtfertigungsgrund; **diplomatic p.** diplomatische Immunität; **judicial p.** Richterprivileg *nt*; **parliamentary p.** Abgeordnetenimmunität *f*; **postal p.** Postprivileg *nt*; **professional p.** berufliches Aussageverweigerungsrecht; **special p.** Sonderrecht *nt*

privilege *v/t* privilegieren, bevorrechtigen; **p.d** *adj* 1. bevorrechtigt; 2. bevorzugt; unter die Immunität fallend; **to be ~ from testifying** Zeugnisverweigerungsrecht haben

privity *n* 1. vertragliches Rechtsverhältnis, gemeinsame Interessenbeziehung; 2. Mitwissen *nt*, Mitwisserschaft *f*; **p. of contract** Vertragsprinzip *nt*, Rechtsbeziehung *f*

privy (person) *n* Mitwisser(in) *m/f*; **P. Council (PC)** *[GB]* Kronrat *m*; **p. councillor** Geheimrat *m*, Geheimrätin *f*

prize *n* 1. *(Belohnung)* Preis *m*; 2. Prise *f*; **to promise as a p.** ausloben

pro rata *adj (lat.)* anteilig, verhältnismäßig, proportional, pro rata

probab|ility *n* Wahrscheinlichkeit *f*; **in all p.** aller Wahrscheinlichkeit nach, mit an Sicherheit grenzender Wahrscheinlichkeit, allem Anschein nach; **p.le** *adj* wahrscheinlich

probate *n* 1. Erbschaftssache *f*; 2. Erbschein *m*; 3. Eröffnung des Testaments durch das Nachlassgericht, (formelle) Testamentsbestätigung; **p. case** Erbschafts-, Nachlass-, Testamentssache *f*; **p. court** Nachlassgericht *nt*; **p. judge** Nachlassrichter *m*; **p. law** Nachlass-, Testamentsrecht *nt*; **p. matters** Erbschaftssachen *(z.B. Anfechtung des Testaments)*; **p. proceedings** 1. Nachlassverfahren *nt*; 2. Eröffnungsprotokoll *nt*; **contentious ~** streitige Testamentssachen; **principal p. registry** *[GB]* Nachlassgericht *nt*

probation *n* (Strafaussetzung zur) Bewährung; **to put on p.** unter Bewährung

stellen; **to release on p.** auf Bewährung entlassen; **p. officer** *[GB]* Bewährungshelfer *m*; **p. period** Probezeit *f*; **p. service** Bewährungshilfe *f*; **p.er** *n* auf Bewährung Entlassene(r), Proband(in) *m/f*

probative *adj* beweiskräftig

problem *n* 1. Frage *f*; 2. Problem *nt*; **legal p.** juristisches Problem

procedural *adj* verfahrensmäßig, formell, prozessual

procedure *n* Verfahren *nt*, Verfahrensweise *f*, Verfahrensablauf *m*, Verfahrensweg *m*, Prozedur *f*, Prozess *m*; **p. for taking evidence** Beweisaufnahmeverfahren *nt*, Verfahren der Beweisaufnahme; ~ **the preservation of evidence** Beweissicherungsverfahren *nt*

adhesive procedure Adhäsionsverfahren *nt*; **administrative p.** Verwaltungsverfahren *nt*; **appellate p.** Berufungs-, Rechtsbeschwerde-, Rechtsmittel-, Widerspruchsverfahren *nt*, Rechtsmittelweg *m*; **civil p.** Zivilprozess *m*, Zivil(rechts)verfahren *nt*; ~ **agreement** Übereinkommen über den Zivilprozess; **contracting p.** Vertragschließungsverfahren *nt*; **criminal p.** Strafprozess *m*, Strafverfahren *nt*; **electoral p.** Wahlverfahren *nt*; **evidentiary p.** Beweisermittlungsverfahren *nt*; **inquisitorial p.** Inquisitionsverfahren *nt*, inquisitorisches Verfahren; **legal p.** Rechtsverfahren *nt*; **by ~** auf dem Rechtsweg; **legislative p.** Gesetzgebungsverfahren *nt*; **oral p.** mündliches Verfahren; **summary p.** Dringlichkeitsverfahren *nt*; **written p.** schriftliches Verfahren

proceed *v/i* 1. verfahren; 2. klagen, Klage/Prozess anstrengen, Verfahren betreiben, vorgehen; **p. against** verklagen; ~ **so.** gegen jdn gerichtlich vorgehen; **p. cautiously** vorsichtig operieren; **p. to (doing) sth.** zu etw. übergehen

proceeding *n [US]* 1. Vorgang *m*; 2. Prozess *m*, Gerichtsverhandlung *f*, Verfahren *nt*

proceedings *pl [GB]* 1. Prozess *m*, Gerichtsverhandlung *f*, Verfahren *nt*; 2. Sitzungsverlauf *m*; 3. Prozessakten; **p. in the absence of the defendant; p. against an absentee** Kontumazial-, Abwesenheitsverfahren *nt*; **p. on appeal**

Berufungs-, Rechtsmittel-, Revisionsverfahren *nt*; ~ **appeal on points of law**
Rechtsbeschwerdeverfahren *nt*; **p. in
bankruptcy** Konkursverfahren *nt*; ~ **a
juvenile court** Jugendstrafverfahren *nt*;
p. for fines Bußgeldverfahren *nt*; ~ **the
preservation of evidence** Beweissicherungsverfahren *nt*

to expedite proceedings Verfahren beschleunigen; **to institute p. against so.**
Verfahren gegen jdn einleiten; **to interrupt p.** Verfahren unterbrechen; **to
open p.** Verfahren eröffnen; **to quash p.**
Verfahren einstellen/niederschlagen,
Strafverfolgung niederschlagen; **to
stay/suspend p.** Verfahren/Verhand-
lung aussetzen

accelerated proceedings beschleunigtes
Verfahren; **adhesive p.** Adhäsionsver-
fahren *nt*; **administrative p.** Verwaltungsverfahren *nt*; **ancillary p.** Nach-
verfahren *nt*, Folgesachen *pl*; **antitrust
p.** Kartellverfahren *nt*; **appellate p.** An-
fechtungs-, Berufungs-, Rechtsmittel-,
Revisionsverfahren *nt*; **civil p.** Zivilprozess *m*, Zivilverfahren *nt*; **coercive c.**
Zwangsverfahren *nt*; **collateral p.**
Nebenverfahren *nt* *(außerhalb der
Streitverhandlung)*; **compulsory p.**
Zwangsverfahren *nt*; **conciliatory p.**
Güteverfahren *nt*; **contentious p.** Er-
kenntnis-, Streitverfahren *nt*, kontradiktorisches Verfahren; **costly p.** kostspieliges Verfahren

criminal proceedings Strafprozess *m*,
Strafverfahren *nt*, strafrechtliches Verfahren; **pending c. p.** anhängiges Strafverfahren; **to institute c. p.** Strafantrag
stellen, Strafverfahren einleiten; **c. p.
for tax offences** Steuerstrafverfahren *nt*

declaratory proceedings Feststellungs-
streit *m*, Feststellungsverfahren *nt*; **disciplinary p.** Dienstaufsichts-, Disziplinarverfahren *nt*; **to institute** ~
Disziplinarverfahren einleiten; **executory p.** Vollstreckbarkeitsverfahren *nt*;
in rem *(lat.)* **p.** objektives Verfahren; **inquisitional p.** inquisitorisches Verfahren,
Inquisitionsverfahren *nt*; **interlocutory
p.** Neben-, Vor-, Zwischenverfahren *nt*;
inter-se *(lat.)* **p.** Insichprozess *m*; **investigative p.** Ermittlungsverfahren *nt*; **ir-**

regular p. fehlerhaftes Verfahren; **judicial p.** Gerichtsverfahren *nt*

legal proceedings Gerichtsverfahren *nt*,
Prozess *m*, Rechtsgang *m*; **to be immune from l. p.** Immunität gegen gerichtliche Verfolgung genießen; **to institute l. p.** Prozess anstrengen/einleiten,
Klage anstrengen/erheben, klagen, prozessieren, Verfahren anstrengen/einlei-
ten, verklagen

lengthy proceedings langwieriges Verfahren; **litigious p.** streitiges Verfahren;
main p. Hauptverfahren *nt*; **marital p.**
Verfahren in Ehesachen; **multi-stage p.**
Stufenklage *f*; **non-contentious p.**
nichtstreitiges Verfahren; **oral p.** mündliche Verhandlung; **penal p.** Strafverfahren *nt*; **pending p.** schwebendes Verfahren; **preliminary p.** Ermittlungs-,
Vorverfahren *nt*, Voruntersuchung *f*,
Vorverhandlung *f*; **private-law p.** Pri-
vat(klage)verfahren *nt*; **special p.**
Sonderverfahren *nt*; **subsequent p.** An-
schlussverfahren *nt*

summary proceedings abgekürztes/be-
schleunigtes/kurzes/summarisches Verfahren, Eil-, Schnell-, Bußgeldverfahren *nt*; **supplementary p.** Anhänge-,
Offenbarungsverfahren *nt*; **written p.** 1.
schriftliches Verfahren; 2. *(Gerichtsverhandlung)* Sitzungsbericht *m*

proceeds *pl* Erlös *m*, Ertrag *m*; **p. of an
auction** Versteigerungserlös *m*; **p. resulting from depreciation** Abschrei-
bungserlös(e) *m/f*; **p. of the sale** (Veräußerungs)Erlös *m*; **net p.** Netto-, Real-,
Reinerlös *m*

process *n* Prozedur *f*; **due p.** Rechtsstaatlichkeit *f*; ~ **of law** vorgeschriebener
Rechtsweg, ordnungsmäßiges/rechts-
staatliches Verfahren; **by ~ of law** in einem ordentlichen Rechtsverfahren

decision-making process Entschei-
dungsfindung *f*; **judicial ~** richterliche
Entscheidungsfindung; **executory p.**
Vollstreckungsverfahren *nt*; **legal p.**
Rechtsweg *m*

process *v/t* verarbeiten

process application *(Patentrecht)* Ver-
fahrensanmeldung *f*; **p. licence** Verfah-
renslizenz *f*; **p. server** Zustellung einer
gerichtlichen Verfügung

processing *n* Verarbeitung *f*; **p. instructions** Verarbeitungsvorschriften; **p. permit** Weiterverarbeitungsbefugnis *f*

proclaim *v/t* ausrufen, proklamieren, verkünden

proclamation *n* Aufruf *m*, Ausrufung *f*, Proklamation *f*, Verkünd(ig)ung *f*

procrastination *n* Verschleppung *f*

proctor *n* Prokurator *m*

procurat|ion *n* 1. Vollmacht(serteilung) *f*, Prokura *f*; 2. Zuhälterei *f*, Kuppelei *f*, Verkuppelung *f*; ~ **endorsement** Vollmachtsindossament *nt*; **p.or** *n* Prokurator *m*

procure *v/t* 1. be-, verschaffen, besorgen; 2. Kuppelei betreiben, verkuppeln; **p. sth. for so.** jdm etw. verschaffen

procurement *n* Be-, Verschaffung *f*, Besorgung *f*; **p. of goods** Bezug von Sachen; **p. risk** Beschaffungsrisiko *nt*

procur|er *n* Zuhälter *m*, Kuppler *m*; **p.ess** Zuhälterin *f*, Kupplerin *f*; **p.ing** *n* Kuppelei *f*; ~ **(of) forged (official) documents** Verschaffen von falschen (amtlichen) Ausweisen

produce *v/t* 1. beibringen, vorlegen, vorzeigen; 2. erzeugen, fertigen, herstellen, produzieren

produce of the soil *n* Bodenerzeugnis *nt*, Bodenfrüchte *pl*; **p.d** *adj* hergestellt; **p.r** *n* Erzeuger(in) *m/f*, Hersteller(in) *m/f*, Produzent *m*; ~**'s liability** Produzentenhaftung *f*

product *n* Erzeugnis *nt*, Fabrikat *nt*, Produkt *nt*, Ware *f*; **p.s and services** Waren und Dienstleistungen

competing product Konkurrenzerzeugnis *nt*; **defective/faulty p.** mangelhaftes Produkt; **high-grade p.** Qualitätsprodukt *nt*; **indigenous p.** einheimisches Erzeugnis

product defects Produktmängel *pl*

product piracy Produktpiraterie *f*

production *n* 1. Beibringung *f*, Vorlage *f*, Vorlegung *f*; 2. *(Gericht)* Vorführung *f*; 3. Erstellung *f*, Erzeugung *f*, Herstellung *f*, Fertigung *f*, Gewinnung *f*, Herstellen *nt*; **on p. of** bei Vorlage von

production of a document Urkundenvorlage *f*; ~ **counterfeit money** Herstellung von Falschgeld; ~ **the deed** Vorlegung der Urkunde; ~ **evidence** Vorlegung von Beweismitteln; ~ **fresh evidence** Vorbringen neuer Beweise; ~ **the letter** Vorlegung des Briefes; ~ **minerals** Gewinnung von Bodenschätzen; ~ **proof** Erbringen des Nachweises; ~ **a witness** Zeugenvorführung *f*

production contract Herstellungsvertrag *m*; **p. cost(s)** Gestehungs-, Gewinnungs-, Herstellungskosten

product liability Hersteller-, Produkt-, Produzentenhaftung *f*; **p. l. act** Produkthaftungsgesetz *nt*; **p. l. case** Produkthaftungsfall *m*; **p. l. insurance** Versicherung für Produzentenhaftung

profanation *n* Entweihung *f*; **p. of a church** Kirchenschändung *f*

profane *v/i* entweihen

profession *n* (akademischer) Beruf; **legal p.** 1. Anwaltsberuf *m*; 2. Anwaltsstand *m*; **the ~** (Rechts)Anwaltschaft *f*; **regular p.** Hauptberuf *m*; **p.al** beruflich, gewerbsmäßig

profit *n* 1. Gewinn *m*, Ertrag *m*, Erlös *m*; 2. Nutzen *m*; **p. for the year** Jahresgewinn *m*; **p. and loss account** Gewinn- und Verlustrechnung (GuV) *f*; **p. à prendre** *(frz.)* Nutzungsrecht an fremdem Grundstück

to make a profit Gewinn erzielen; **to yield a p.** Gewinn abwerfen

annual profit|(s) Jahresgewinn *m*; **corporate p.(s)** *[US]* Gesellschafts-, Unternehmensgewinn *m*; **declared p.** ausgewiesener Gewinn; **distributed p.** ausgeschütteter Gewinn; **fictitious p.** Scheingewinn *m*; **illicit p.s** unerlaubter Gewinn; **net p.** Reinertrag *m*, Reingewinn *m*; **personal p.** Eigennutz *m*; **usurious p.** wucherischer Gewinn

profit appropriation(s) Gewinnverwendung *f*; **statutory p. a.** gesetzliche Gewinnverwendung

profit distribution Gewinnausschüttung *f*, Gewinnverteilung *f*; **p.-making** *adj* gewinnbringend; *n* Gewinnerzielung *f*; **p. margin** Gewinnspanne *f*, Gewinnmarge *f*; **p.-related** *adj* gewinnbezogen; **p. share** Gewinnanteil *m*; **p.-sharing** Gewinnbeteiligung *f*, Beteiligung am Gewinn; *adj* gewinnbeteiligt; **p. transfer** Gewinnabführung *f*; ~ **agreement** Gewinnabführungsvertrag *m*

profitab|ility Rentabilität *f*; **p.le** einträglich, ertragreich, nutzbringend, rentabel
profiteering *n* (Preis)Wucher *m*
prognosis *n* Prognose *f*
prohibit *v/t* verbieten, untersagen; **p. so. from doing sth.** jdm etw. untersagen; **p.ed** *adj* verboten
prohibition *n* Verbot *nt*, Untersagung *f*; **p. per se** *(lat.)* Verbotsprinzip *nt*; **p. of excessive (re)action** Übermaßverbot *nt*; **p. to worsen the appellant's position** Verschlechterungsverbot *nt*; **p. of assembly** Versammlungsverbot *nt*; **~ censorship** Zensurverbot *nt*; **~ competition** Konkurrenz-, Wettbewerbsverbot *nt*; **statutory ~ competition** gesetzliches Wettbewerbsverbot; **~ arbitrary decision-making** Willkürverbot *nt*; **~ dismissal** Kündigungsverbot *nt*; **p. to donate** Schenkungsverbot *nt*; **~ driving on Sunday** Sonntagsfahrverbot *nt*; **~ employment** Arbeitsverbot *nt*; **~ prior encumbrance** *(Grundstück)* Vorbelastungsverbot *f*; **p. to carry firearms** Waffen(tragungs)verbot *nt*; **p. of double jeopardy** *[US]* Doppelverfolgungsverbot *nt*, Strafklageverbot *nt*; **p. of market abuse** Marktmissbrauchsverbot *nt*; **~ merger** Fusionsverbot *nt*; **~ overtaking** Überholverbot *nt*; **~ payment** Zahlungsverbot *nt*; **p. to practise** Berufsverbot *nt*; **p. of restraints of trade** Kartellverbot *nt*; **~ restrictive practices** Missbrauchsverbot *nt*; **p. to enter licensed premises** Gaststättenverbot *nt*; **p. to sell** Markt-, Veräußerungsverbot *nt*, Veräußerungssperre *f*; **~ set off** Aufrechnungsverbot *nt*; **p. of strikes** Streikverbot *nt*; **~ Sunday work(ing)** Sonntagsarbeitsverbot *nt*; **p. against wearing a uniform** Uniformverbot *nt*
to violate a prohibition gegen ein Verbot verstoßen; **statutory p.** gesetzliches Verbot; **p. act** Verbotsgesetz *nt*
prohibitive *adj* negatorisch
project *v/t* herausragen, überstehen
project *n* 1. Vorhaben *nt*, Projekt *nt*; 2. *[US]* Sozialwohnung *f*; **p. approval** Planfeststellung *f*
prolong *v/t* 1. verlängern, prolongieren; 2. verzögern, verschleppen; **p.ation** *n* Verlängerung *f*, Prolongation *f*; **~ of (a)**

contract Vertragsverlängerung *f*; **~ payment** Stundung *f*
promise *v/t* versprechen, geloben; *n* Versprechen *nt*, Zusage *f*, Zusicherung *f*, Gelöbnis *nt*; **p. to deliver** Lieferzusage *f*; **~ make a gift** Schenkungsversprechen *nt*; **p. of a loan; p. to grant a loan** Darlehenszusage *f*, Darlehensversprechen *nt*; **p. of marriage** Eheversprechen *nt*; **p. to pay** Schuld-, Zahlungsversprechen *nt*; **~ render performance** Leistungsversprechen *nt*; **(public) p. of a reward** Auslobung *f*
binding promis|e bindendes Versprechen; **gratuitous p.** Versprechen ohne Verpflichtung; **unconditional p.** unbedingtes Versprechen; **p.ee** *n* Versprechensempfänger(in) *m/f*; **p.or** *n* Versprechender *m*
promot|e *v/t (Position)* befördern; **p.er** *n* Gründer *m*; **~s' meeting** Gründungsversammlung *f*; **p.ion** *n* Beförderung *f*
prompt *adj* unverzüglich
promulgate *v/t (Gesetz)* verkünden, bekannt machen, veröffentlichen, promulgieren
promulgation *n* *(Gesetz)* Verkünd(ig)ung *f*, Bekanntmachung *f*, Veröffentlichung *f*; **p. of a law** Gesetzesverkündung *f*, Verkünd(ig)ung eines Gesetzes
prone *adj* anfällig; **to be p. to** neigen zu
pronounce *v/t (Urteil)* fällen, verkünden; **p. so. dead** jds Tod feststellen; **~ guilty** jdn schuldig sprechen
pronouncement Verkünd(ig)ung *f*, Erklärung *f*; **p. of a judgment** Urteilsverkünd(ig)ung *f*; **~ sentence** *(StR)* Urteilsverkündung *f*
pronouncing a judgment/sentence *n* Verkünd(ig)ung eines Urteils, Urteilsverkündung *f*
proof *n* Aus-, Be-, Nachweis *m*, Beleg *m*, Beweismittel *nt*; **as p. of** zum Nachweis von; **in the absence of p.** mangels Beweises; **~ to the contrary** bis zum Beweis des Gegenteils; **failing p.** mangels Beweises; **satisfactory p. has been furnished** der Nachweis ist einwandfrei erbracht
proof of authenticity Echtheitsbeweis *m*, Nachweis der Echtheit; **p. in bankrupt-**

cy Nachweis einer Konkursforderung; **p. of (a) claim** *(Vers.)* Anspruchsbegründung *f*, Forderungsnachweis *m*; **p. to the contrary** Gegenbeweis *m*; **p. of damage** Schadensnachweis *m*; ~ **death** Nachweis des Todes, Todesbeweis *m*, Todesnachweis *m*; **to lodge (a)** ~ **debt (in bankruptcy)** Konkursforderung anmelden; ~ **fault** Verschuldensbeweis *m*; ~ **guilt** Schuldbeweis *m*; ~ **identity** Identitätsnachweis *m*, Ausweis *m*, Legitimierung *f*; **to show** ~ **identity** sich legitimieren; **p. of inheritance** Erbnachweis *m*; ~ **likelihood** Wahrscheinlichkeitsbeweis *m*; ~ **loss** Schadens-, Verlustnachweis *m*; ~ **need** Nachweis der Bedürftigkeit; ~ **novelty** Neuheitsbeweis *m*; ~ **origin** Herkunftsnachweis *m*; ~ **ownership** Eigentumsnachweis *m*; ~ **paternity** Vaterschaftsnachweis *m*; ~ **payment** Leistungs-, Zahlungsnachweis *m*; ~ **possession** Besitznachweis *m*; ~ **qualification** Qualifikationsnachweis *m*; ~ **a right** Nachweis eines Rechts; ~ **service** Zustellungsnachweis *m*; ~ **the truth (of the alleged facts)** Wahrheitsbeweis *m*; ~ **title** Nachweis des Eigentums(rechts), Feststellung des Rechtsanspruchs; **p. in writing** schriftlicher Beweis

to adduce proof Beweis anführen; **to furnish p.** Beweis antreten/erbringen, nachweisen; **to require p.** Nachweis benötigen; **to supply p.** Beweis liefern; **preliminary p.** Glaubhaftmachung *f*; **written p.** Urkundenbeweis *m*

proof positive eindeutiger Beweis

propensity *n* Hang *m*, Neigung *f*

proper *adj* 1. angebracht, angemessen, gebührend, gehörig; 2. eigentlich; 3. ordnungs-, sachgemäß

property *n* 1. Anwesen *nt*, Grundbesitz *m*, Grundeigentum *nt*, Grundstück *nt*, Immobilie *f*, Objekt *nt*; 2. Eigentum *nt*, Besitz *m*, Besitztum *nt*, Habe *f*; 3. Eigenschaft *f*; 4. Vermögen *nt*, Vermögensbesitz *m*; 5. Hab und Gut *nt*; **p. in abeyance** herrenloses Grundstück; **p. of another** fremdes Grundstück; **p. as security** Sicherungsgut *nt*; **p. encumbered with a usufruct** mit einem Nießbrauch belastetes Vermögen

to administrate a property Vermögen verwalten; **to convey a p.** Grundstück auflassen; **to disencumber a p.** Grundstück freigeben; **to encumber a p.** Grundstück belasten; **to join properties** Grundstücke vereinigen; **to own p.** Immobilie(n) besitzen; **to seize p.** Vermögen beschlagnahmen; **to transfer a p.** Grundstück übereignen

adjacent/adjoining property angrenzendes Grundstück, Nachbargrundstück *nt*; **agricultural p.** landwirtschaftlich genutztes Anwesen; **attached p.** beschlagnahmte Sache; **common p.** Gemein-, Gesamtgut *nt*; **communal p.** gemeinschaftliches Eigentum; **derelict p.** herrenloses Gut, herrenlose Sache; **enclosed p.** be-/eingefriedetes Grundstück; **encumbered p.** belastetes Eigentum/Grundstück; **immovable p.** Immobilie *f*, unbewegliche Sache; **inalienable p.** unveräußerliche Sache; **inheritable p.** vererbliches Vermögen; **inherited p.** Erbgut *nt*; **intellectual p.** geistiges Eigentum; **joint p.** Gesamtgut *nt*, gemeinschaftliches Vermögen; **landed p.** Grundvermögen *nt*, Landbesitz *m*; **leased p.** 1. Miet-, Pachtgegenstand *m*, Mietsache *f*; 2. Pachtgrundstück *nt*; **joint marital p.** Gesamtgut *nt*, Gütergemeinschaft *f*

matrimonial property agreement Güterrechtsvereinbarung *f*, Ehevertrag *m*; ~ **regime** vertragliches Güterrecht, (ehelicher/gesetzlicher) Güterstand; ~ **register** Güterrechtsregister *nt*; ~ **relation** Güterrechtsverhältnis *nt*

mortgageable property hypothekarisch belastbares Grundstück; **mortgaged p.** hypothekarisch belastetes Grundstück, Sicherungsgut *nt*; **municipal p.** Gemeindeeigentum *nt*; **neighbouring p.** Nachbargrundstück *nt*; **owner-occupied p.** eigengenutztes Grundstück; **personal p.** persönliches Eigentum, Eigentum an beweglichen Sachen, Fahrnis *f*, bewegliche Habe, Mobiliarvermögen *nt*; **private p.** *(Objekt)* Privateigentum *nt*, Privatbesitz *m*; **public p.** öffentliches Eigentum, Eigentum der öffentlichen Hand, öffentliches Gut, Gemeingut *nt*, Volkseigentum *nt*; **real p.**

Immobilie(n) *f/pl*, Liegenschaft *f*; **adjoining ~** Anliegergrundstück *nt*; **rented p.** Mietgegenstand *m*; **residential p.** 1. Wohngrundstück *nt*; 2. Wohnungseigentum *nt*; **~ act** Wohnungseigentumsgesetz (WEG) *nt*; **separate p.** *(Gütergemeinschaft)* Sondergut *nt*; **sequestrated p.** Sequestervermögen *nt*; **situated p.** belegene Sache; **stolen p.** Diebesgut *nt*; **third-party p.** fremdes Eigentum, fremde Sache; **unencumbered p.** lastenfreies Eigentum

property crime 1. Eigentumsdelikt *nt*; 2. Eigentumskriminalität *f*; **p. curatorship** Güterpflegschaft *f*; **p. damage** Sachbeschädigung *f*, Beschädigung von Sachen, Immobiliar-, Sach-, Vermögensschaden *m*; **p. dispute** Eigentumsstreitigkeit *f*; **p. law** Grundbuch-, Grundstücks-, Güterrecht *nt*; **p. levy** Vermögensabgabe *f*; **p. management** Hausverwaltung *f*; **p. manager** Hausverwalter *m*; **p. offence** Eigentums-, Vermögensdelikt *nt*; **p. owner** Grund-, Gebäudebesitzer(in) *m/f*, Grund(stücks)eigentümer(in) *m/f*; **~'s liability** Gebäudehaftung *f*; **p. ownership** Sach-, Gebäudeeigentum *nt*, Grundstückseigentum *nt*; **p. right** dingliches Recht; **intangible ~** immaterielles Güterrecht, Immaterialgüterrecht *nt*; **p. suit** Grundstücksklage *f*; **p. tax** Grund-, Besitzsteuer *f*; **p. transaction** Grundstücksgeschäft *nt*; **p. transaction** Grundstücksgeschäft *nt*; **p. value** Grundstücks-, Kataster-, Vermögenswert *m*

proportion *n* Verhältnis *nt*, Quote *f*; **p.al** *adj* proportional; **p.ate** *adj* verhältnismäßig, proportional

proposal *n* 1. Angebot *nt*, Vorschlag *m*; 2. Antrag *m*; 3. Heiratsantrag *m*; **p. document** Angebotsschreiben *nt*; **p. form** Versicherungsantrag *m*

propose *v/t* vorschlagen; **p.r** *n* Proponent *m*

proposition *n* Prozessbehauptung *f*

proprietary *adj* *(Marke)* (gesetzlich) geschützt

proprietor *n* Eigentümer *m*, Eigner *m*, Inhaber(in) *m/f*, Besitzer(in) *m/f*; **p. of a trademark** Inhaber eines Warenzeichens; **landed p.** Grundeigentümer *m*;

registered p. eingetragener Inhaber; **sole p.** Alleineigentümer(in) *m/f*

proprietorship *n* Eigentumsrecht an Grundbesitz, Rechtsinhaberschaft *nt*; **single p.** Einzelfirma *f*

proprietress *n* Eigentümerin *f*

propriety *n* 1. Anstand *m*; 2. Ordnungsgemäßheit *f*

proprio motu *adv* *(lat.)* auf eigenen Antrag

prorate (among) *v/t* umlegen (auf)

prorogation *n* Porogation *f*; **p. of the court** porogatio fori *(lat.)*; **~ jurisdiction** Prorogation *f*

proscri|be *v/t* ächten, verbieten; **p.ption** *n* Ächtung *f*, Verbot *nt*, Proskription *f*; **~ of a party** Parteiverbot *nt*

prosecutable *adj* strafbar

prosecute *v/t* anklagen, (gerichtlich/ strafrechtlich) verfolgen

prosecution *n* 1. Anklage *f*, Belangung *f*; 2. Staatsanwaltschaft *f*; 3. Strafverfahren *nt*, (Straf)Verfolgung *f*; 4. Rechtsverfolgung *f*; **exempt from p.** unverfolgbar; **liable/subject to p.** straf-, verfolgbar; **not ~** straffrei

prosecution of an action Rechtsverfolgung *f*; **~ a claim** Rechtsdurchsetzung *f*; **~ human rights abuses** Verfolgung von Menschenrechtsverletzungen; **p. in the public interest** Strafverfolgung von Amts wegen

to authorize prosecution Strafverfolgung veranlassen; **to discontinue/drop the p.** Strafverfolgung einstellen

accessory prosecution Nebenklage *f*; **criminal p.** strafrechtliche Verfolgung; **to be immune from ~** *(Kronzeuge)* straffrei bleiben; **discretionary p.** Opportunitätsprinzip *nt*; **private p.** *(Strafverfahren)* Privatklage *f*; **to bring a ~** Privatklage erheben; **public p.** Offizialklage *f*

federal prosecution department Bundesanwaltschaft *f*; **p.'s report on criminal appeal** Übersendungsbericht *m*; **p. service** Staatsanwaltschaft *f*, Anklage-, Strafverfolgungsbehörde *f*

prosecutor *n* Ankläger *m*, Anklagevertreter(in) *m/f*, Staatsanwalt *m*, Staatsanwältin *f*; **p. in a juvenile court** Jugendstaatsanwalt *m*

accessory prosecutor Nebenkläger(in) *m/f*; **private p.** Anzeigeerstatter *m*, Neben-, Privatkläger(in) *m/f*; **public p.** Staatsanwalt *m*, Staatsanwältin *f*, Ankläger *m*, Anklagevertreter(in) *m/f*, Strafverfolger(in) *m/f*; **senior** ~ Oberstaatsanwalt *m*, Oberstaatsanwältin *f*

prospectus *n* Prospekt *nt*; **p. liability** Prospekthaftung *f*

prostitut|e *n* Prostituierte *f*, Dirne *f*, Hure *f*; **p.ion** *n* Prostitution *f*, Erwerbsunzucht *f*; gewerbsmäßige Unzucht; **drug-related p.** Drogenstrich *m*; **p. act** Prostitutionsgesetz *nt*

protect *v/t* 1. schützen, (ab)sichern, wahren; 2. *(Interessen)* wahrnehmen

protection *n* Schutz *m*; **for the p. of life and limb** zum Schutz von Leib und Leben; **requiring p.** schutzbedürftig

protection of bona-fide acts Vertrauensschutz *m*; ~ **animals** Tierschutz *m*; ~ **buildings** Objektschutz *m*; ~ **children and adolescents**; ~ **young persons** Jugendschutz *m*; ~ **the constitution** Verfassungsschutz *m*; **p. from creditors** Gläubigerschutz *m*; **p. of creditors' claims** Wahrung von Gläubigerinteressen; ~ **registered designs** Gebrauchsmuster-, Geschmacksmuster-, Modell-, Musterschutz *m*; **p. against unfair/unlawful dismissal** *(Arbeitnehmer)* Kündigungsschutz *m*; **p. of the environment** Umweltschutz *m*; **p. against eviction** *(Mieter)* Kündigungs-, Räumungsschutz *m*; **p. of goods** Güterschutz *m*; ~ **homeworkers** Heimarbeitsschutz *m*; **p. against noxious intrusions** Immissionsschutz *m*; **p. of minorities** Minderheitenschutz *m*; ~ **minors at work**; ~ **minors in employment** Jugendarbeitsschutz *m*; **(legal)** ~ **names** Namensschutz *m*; ~ **nature** Naturschutz *m*; **p. by dint of patent registration** Patentschutz *m*; **p. of personality** Persönlichkeitsschutz *m*; ~ **persons** Personenschutz *m*; ~ **possession** Besitzschutz *m*; ~ **privacy** Schutz der Privatsphäre; ~ **property** Eigentums-, Objektschutz *m*, Schutz des Eigentums, ~ von Eigentum; ~ **rights** Wahrnehmung von Rechten; ~ **constitutional rights** Schutz der Grundrechte; ~ **tenants** Mieterschutz *m*; ~

trademarks Markenschutz *m*; ~ **victims** Opferschutz *m*; **P. of Young Persons Act** *[GB]* Jugendschutzgesetz *nt*

to afford protection Schutz gewähren; **coastal p.** Küstenschutz *m*; **environmental p.** Umweltschutz *m*; ~ **agency** Umweltbehörde *f*; **legal p.** Rechtsschutz *m*; ~ **insurance** Rechtsschutzversicherung *f*; **personal p.** Personen-, Individualschutz *m*; **special p.** Sonderschutz *m*; **p. money** Schutzgeld *nt*; **p. racket** Schutzgelderpressung *f*

protector *n* Patron(in) *m/f*; **p.ate** *n* Protektorat *nt*

protest *v/t* 1. protestieren, Protest erheben; 2. Widerspruch einlegen/erheben; 3. beteuern

protest *n* 1. Protest *m*; 2. Ein-, Widerspruch *m*; **p. in due course** rechtzeitig erhobener Wechselprotest; **p. against dismissal** Kündigungseinspruch *m*; **p. for non-acceptance** Protest mangels Annahme; ~ **non-payment** Protest mangels Zahlung

protestation *n* Beteuerung *f*; **p. of innocence** Unschuldsbeteuerung *f*

protest demonstration Protestdemonstration *f*

protesting a bill of exchange *n* Wechselprotest *m*

protocol Protokoll *nt*; **additional p.** Zusatzprotokoll *nt*

protract *v/t* verschleppen, verzögern; **p.ed** *adj* langwierig; **p.ing (of) a lawsuit** *n* Prozessverschleppung *f*; **p.ion** *n* Verschleppung *f*, Verzögerung *f*

provab|ility *n* Nachweisbarkeit *f*; **p.le** *adj* be-, nachweisbar, nachweislich

prove *v/ti* 1. belegen, be-, nachweisen, Nachweis erbringen/führen; 2. sich erweisen; **p. true** sich als wahr erweisen; **p.d** *adj* be-, erwiesen; **as has been** ~ nachgewiesenermaßen; **not** ~ unbewiesen, unerwiesen; **to consider** ~ als erwiesen ansehen

proven *adj [US] [Scot.]* erwiesen, bewiesen, nachgewiesen; **not p.** unerwiesen, unbewiesen

legal proverb *n* Rechtssprichwort *nt*

provide *v/t* 1. erstellen; 2. ver-, vorsorgen; **p. for** vorsehen für; 2. vorschreiben, festlegen

provided (that) *conj* vorausgesetzt, unter dem Vorbehalt, ~ der Bedingung, dass; **always ~** mit dem Vorbehalt; **as hereinafter p.** *adj* gemäß den nachstehenden Bestimmungen; **except as otherwise p.** vorbehaltlich anderslautender Bestimmungen; **unless otherwise p.** soweit nichts anderes bestimmt ist

provider of benefits *n* Leistungsträger *m*, Leistungserbringer *m*, Leistungsanstalt *f*; **p. of capital** Kapitalaufbringer *m*

providing (of) bail/security *n* Kautionsleistung *f*, Kautionsstellung *f*

provision *n* 1. Bereithalten *nt*, Bereit-, Ge-, Erstellung *f*; 2. Bestimmung *f*, Vorschrift *f*; 3. Versorgung *f*; 4. Vorsorge *f*; **in the absence of any p.s to the contrary** mangels gegenteiliger Bestimmungen

provision of the articles Satzungsbestimmung *f*; **~ capital** Kapitalbeschaffung *f*, Kapitalaufbringung *f*, Kapitalbereitstellung *f*; **~ a contract** Vertragsbestimmung *f*; **p. for surviving dependants** Hinterbliebenenversorgung *f*; **p. of (a) law** gesetzliche Bestimmung, Gesetzesbestimmung *f*; **p. for one's/so.'s livelihood** Daseinsvorsorge *f*; **p. of maintenance** Unterhaltsleistung *f*; **~ security** Bürgschaftsleistung *f*, Kautionsstellung *f*, Besicherung *f*; **~ a will** testamentarische Verfügung, Testamentsbestimmung *f*; **to make p. for sth.** Fürsorge/Vorkehrungen für etw. treffen

administrative provision Verwaltungsvorschrift *f*; **applicable p.** anwendbare Vorschrift; **contractual p.** Vertragsbestimmung *f*, vertragliche Bestimmung/Vereinbarung; **discretionary p.** Kannvorschrift *f*; **diverging p.** abweichende Bestimmung/Regelung; **enabling p.** Blankettvorschrift *f*; **exempting p.** Ausnahmeregelung *f*; **to come under an ~** unter eine Ausnahmeregelung fallen; **explicit p.** eindeutige Bestimmung; **final p.** Schlussbestimmung *f*; **implementing p.s** Ausführungsbestimmungen; **incidental p.** Nebenbestimmung *f*; **legal p.** Rechtsvorschrift *f*, gesetzliche Regelung; **mandatory p.** zwingende Klausel/Bestimmung, Mussbestim-

mung *f*, Sollvorschrift *f*; **optional p.** Kannvorschrift *f*; **outline p.** Blankettvorschrift *f*; **penal p.** Strafbestimmung *f*, Strafvorschrift *f*; **prevailing p.s** bestehende Bestimmungen; **procedural p.** Verfahrensbestimmung *f*; **prohibitory p.** Verbotsbestimmung *f*; **protective p.** Schutzbestimmung *f*; **regulatory p.** Verwaltungsvorschrift *f*; **special p.** besondere Bestimmung, Sonderbestimmung *f*, Sondervorschrift *f*; **statutory p.** 1. gesetzliche Bestimmung/Regelung/ Vorschrift, Gesetzesvorschrift *f*; 2. Satzungsbestimmung *f*; **supplementary p.** Zusatzbestimmung *f*; **transitional p.** Übergangsvorschrift *f*; **valid p.** geltende Vorschrift

provisional *adj* einstweilig, provisorisch, vorläufig

provisions *pl* 1. Bestimmungen; 2. *(Bilanz)* Rückstellungen; **p. of the act** Vorschriften des Gesetzes; **~ a contract** Vertragsbestimmungen, Bestimmungen eines Vertrags; **p. in force** bestehende/gültiges/geltendes Bestimmungen; **p. for contingent liabilities** Rückstellungen für Eventualverbindlichkeiten

applicable provisions anwendbare/anzuwendende Vorschriften; **binding p.** zwingende Vorschriften; **exceptional p.** Ausnahmevorschriften; **general/outline p.** allgemeine Vorschriften, Rahmenvorschriften; **legal p.** Rechtsvorschriften; **procedural p.** Verfahrensvorschriften; **statutory p.** gesetzliche Vorschriften; **subordinate p.** subsidäre Bestimmungen; **supplementary p.** Ergänzungsbestimmungen; **transitional p.** Übergangsbestimmungen; **valid p.** geltende Vorschriften

proviso *n* (Vertrags)Vorbehalt *m*, Vorbehaltsklausel *f*, Vorbehaltserklärung *f*, Bedingung *f*, Kautel *f*; **p. of cancellation** Widerrufsvorbehalt *m*; **p. concerning errors** Irrtumsvorbehalt *m*; **legal p.** Rechtsvorbehalt *m*; **p. clause** Vorbehaltsklausel *f*

provocation *n* Provokation *f*

provoke *v/t* provozieren, herausfordern; **p. sth.** etw. vom Zaun brechen

(voyeuristic) prowler *n* Spanner *m* *(coll)*; **p. car** *[US]* Streifenwagen *m*

proximity *n* Nähe *f;* **in the p. of** in der Nähe von

proxy *n* 1. Bevollmächtigte(r) *f/m,* Beauftragte(r) *f/m;* 2. *(Stimmausübung)* Stellvertreter(in) *m/f;* 3. Vertretungsbefugnis *f,* (Handlungs)Vollmacht *f,* Prokura *f,* Stellvertretung *f,* Stimmrechtsvollmacht *f*

to revoke a proxy Vollmacht widerrufen; **to vote by p.** sich bei einer Wahl vertreten lassen; **irrevocable p.** unwiderrufliche Vollmacht; **p.holder** *n* Inhaber einer Vollmacht, Vollmachtnehmer(in) *m/f,* Vollmachtsbesitzer(in) *m/f;* **p. marriage** Handschuhehe *f;* **p. statement** Berechtigungs-, Legitimationsnachweis *m*

pruden|ce *n* Sorgfalt *f,* Umsicht *f;* **p.t** *adj* umsichtig

pseudonym *n* Deckname *m,* Pseudonym *nt*

psych|e *n* Psyche *f;* **p.iatry** *n* Psychiatrie *f;* **p.ic** *adj* psychisch

psychopath *n* Psychopath(in) *m/f;* **p.ic** *adj* psychopathisch; **p.y** *n* Psychopathie *f*

psychosis *n* Psychose *f*

pub brawl *m* Kneipenschlägerei *f*

public *adj* 1. öffentlich, publik; 2. staatlich; *n* Öffentlichkeit *f,* Publikum *nt;* **the p. at large** die breite Öffentlichkeit; **dangerous to the p.** gemeingefährlich

to exclude the public die Öffentlichkeit ausschließen; **to go p.** *(Unternehmen)* an die Börse gehen; **~ with sth.** mit etw. an die Öffentlichkeit treten; **to readmit the p.** die Öffentlichkeit wiederherstellen

general public Allgemeinheit *f,* Öffentlichkeit *f;* **the ~** die Allgemeinheit, die breite Öffentlichkeit; **p.-law** *adj* öffentlich-rechtlich; **P. Liability Act** *[GB]* Haftpflichtgesetz *nt*

publican *n* Gastwirt *m;* **p.'s liability** Haftung des Gastwirtes; **~ licence** Schankerlaubnis *f;* **~ lien** Pfandrecht des Gastwirtes

publication *n* 1. Bekanntmachung *f,* Verkünd(ig)ung *f;* 2. Veröffentlichung *f,* Schrift *f;* **p. of obscene writings** Verbreitung pornografischer Schriften; **libellous p.** Schmähschrift *f;* **obscene p.** pornografische Veröffentlichung; **official p.** amtliche Veröffentlichung

publicity *n* Publizität *f;* **to shun p.** die Öf-

fentlichkeit scheuen; **adverse p.** negative Publizität

publicize *v/t* bekannt machen, veröffentlichen

publish *v/t* veröffentlichen; **p.er** *n* Verlag *m,* Verleger *m;* **p.ing conctract** *n* Verlagsvertrag *m;* **~ house** Verlag *m;* **~ law** Verlagsrecht *nt*

puisne judge *n [GB]* einfacher Richter am High Court

pull a fast one on so. *v/t (coll)* jdn übertölpeln

punch *n* Schlag *m;* **p. so.** *v/t* jdm (mit der Faust) einen Hieb versetzen

punish *v/t* (be)strafen, ahnden; **p.ability** *n* Strafbarkeit *f,* Strafwürdigkeit *f;* **p.able** *adj* strafbar, strafwürdig

punishment *n* 1. Bestrafung *f,* Ahndung *f;* 2. Strafe *f;* **exempt from p.** straffrei, straflos; **to declare so. ~** für straffrei erklären; **liable to p.** straffällig

to be liable to punishment sich der Bestrafung aussetzen; **to levy a p.** Strafe verhängen; **to refrain from p.** von einer Bestrafung absehen, **to remit a p.** Strafe erlassen

adequate punishment angemessene Strafe, **capital p.** Todesstrafe *f;* **collective p.** Kollektivstrafe *f;* **corporal p.** Leibes-, Prügelstrafe *f;* Züchtigung *f;* **disciplinary p.** Disziplinarstrafe *f;* **extra p.** Zusatzstrafe *f;* **just p.** gerechte Strafe; **lawful p.** (rechtlich) zulässige Strafe; **reserved p.** Strafvorbehalt *m;* **severe p.** strenge Strafe; **summary p.** Strafbefehlsverfahren *nt*

pupil *n* Pupille *f;* **dilated p.** erweiterte Pupille

purchase *v/t* (an)kaufen

purchase *n* (An)Kauf *m,* Erwerb *m;* **p. of an animal** Tierkauf *m;* **p. on commission** Kommissionskauf *m;* **p. by description; p. of generic goods** Gattungskauf *m;* **~ goodwill** Mantelkauf *m;* **~ an accrued inheritance** Erbschaftskauf *m;* **~ property** Grundstückskauf *m*

to cancel a purchase Kauf rückgängig machen

compulsory purchase *(Grundbesitz)* Enteignung *f;* **~ by operation of law** Legalenteignung *f;* **~ order** Enteignungsanordnung *f,* Enteignungsbeschluss *m;*

executed p. Realkauf *m*; **illicit p.** Schwarzkauf *m*; **simulated p.** Scheinkauf *m*

purchase agreement Kaufvereinbarung *f*, Kaufvertrag *m*; **p. money** Kaufgeld *nt*; **p. order** Kaufauftrag *m*; **p. price** Erwerbs-, Kaufpreis *m*; **to pay the ~** Kaufpreis entrichten; **p. tax** Kaufsteuer *f*

purchaser *n* (An)Käufer *m*, Erwerber(in) *m/f*; **p. of an inheritance** Erbschaftserwerber(in) *m/f*; **third-party p.** Direkterwerber(in) *m/f*; **p.'s rights** Rechte des Käufers

purchasing power *n* Kaufkraft *f*

pure *adj* rein

purloin *v/t* entwenden, stehlen

purport to do sth. *v/t* vorgeben, etw. zu tun; **p.ed** *adj* angeblich

purpose *n* Zweck *m*; **for a specific p.** zweckgebunden; **~ legal p.s** im Rechtsverkehr; **to answer the p.** dem Zweck entsprechen; **to serve a particular p.** einem bestimmten Zweck dienen

inadmissible purpose unzulässiger Zweck; **charitable p.** wohltätiger Zweck, Wohltätigkeitszweck *m*; **primary p.** Hauptzweck *m*; **for residential r. p.s** für Wohnzwecke

purposeful *adj* entschlossen, zielbewusst

purposive *adj* gezielt

purse *n* Geldbörse *f*; **public p.** Staatskasse *f*; **p.r** *n* Zahlmeister(in) *m/f*

pursuance *n* (Bezweckung) Verfolgung *f*

pursuant to *adj* gemäß, nach Maßgabe von, entsprechend, in Ausführung von, laut

pursue *v/t* 1. verfolgen, nachlaufen, nachfahren; 2. (Ziel) verfolgen; **p.r** *n* 1. Verfolger(in) *m/f*; 2. [Scot.] Kläger(in) *m/f*

pursuit *n* 1. Verfolgung *f*; 2. Verfolgungsfahrt *f*, Verfolgungsjagd *f*; **p. of fugitives** Verfolgung von Flüchtigen; **~ profit** Gewinnstreben *nt*; **hot p.** (Polizei) 1. Verfolgung auf frischer Tat; 2. (grenzüberschreitende) Nacheile

purvey *v/t* liefern, verkaufen; **p.ance** *n* Lieferung *f*; **p.or** *n* Lieferant *m*

purview *n* (Geltungs-/Zuständigkeits)-Bereich *m*, Geltungsgebiet *nt*, Wirkungskreis *m*; **p. of the act** Geltungsbereich des Gesetzes

put away *v/t* (coll) einsperren; **p. down in writing** schriftlich niederlegen; **p. off**

1. hinhalten; 2. (zeitlich) verschieben; **p. up with** hinnehmen

putative *adj* mutmaßlich, vermeintlich, vermutlich, putativ

putsch *n* Putsch *m*; **to carry out a p.** putschen

putting into circulation *n* Inverkehrbringen *nt*; **~ force** Inkraftsetzen *nt*, Inkraftsetzung *f*; **~ operation** Inbetriebsetzung *f*; **p. together** (Häftlinge, Patienten) Zusammenlegung *f*

Q

qualification *n* 1. Befähigung *f*, Eignung *f*, Qualifikation *f*; 2. Qualifizierung *f*; **q. for university** Hochschulreife *f*; **occupational/professional q.** 1. fachliche Eignung; 2. berufliche/fachliche Qualifizierung; **q. profile** (Arbeitnehmer) Qualifikationsprofil *nt*

qualified *adj* 1. ausgebildet; 2. (Geständnis, Mehrheit) qualifiziert

qualify *v/ti* 1. (Vorbehalt) einschränken; 2. (sich) qualifizieren; **q. so. for sth.** jdn für etw. qualifizieren; **q. sth. as sth.** etw. als etw. qualifizieren

qualifying period *n* Anrechnungs-, Anwartschaftszeit *f*, Karenzzeit *f*

quality *n* 1. Beschaffenheit *f*, Eigenschaft *f*; 2. Güte *f*, Qualität *f*; **q. as per sample** Qualität laut Muster; **q. subject to approval** Qualität laut Besicht

assured quality zugesicherte Qualität; **defective q.** mangelhafte Beschaffenheit, Qualitätsmangel *m*; **essential q.** wesentliche Eigenschaft; **inferior q.** minderwertige Qualität; **merchantable q.** handelsübliche Güte und Beschaffenheit, ~ Qualität; **good ~ and condition** gute Qualität und Beschaffenheit; **prime q.** erstklassige Qualität; **standard q.** handelsübliche Qualität; **stipulated q.** vereinbarte Qualität; **unsatisfactory q.** unzureichende Qualität; **warranted q.** zugesicherte Eigenschaft/Qualität

quality assessment Qualitätsbeurteilung *f*; **q. assurance** Eigenschafts-, Qualitätszusicherung *f*, Qualitätssicherung (QS) *f*;

q. control Qualitätskontrolle *f*, Qualitätsüberwachung *f*; **q. level** Qualitätsniveau *nt*; **q. mark** Qualitätszeichen *nt*; **q. rating** Qualitätsbeurteilung *f*; **q. specification** Qualitätsvorschrift *f*; **q. standard** Qualitätsnorm *f*

quantif|iable *adj* quantifizierbar; **q.y** *v/t* beziffern, quantifizieren

quantity *n* Menge *f*; **in terms of q.** quantitativ

quantum *n (lat.)* 1. *(Schaden(s)ersatz)* Anteil *m*, Betrag *m*; **q. of damages** Betrag/Höhe/Umfang des Schaden(s)ersatzes, Entschädigungssumme *f*, Schaden(s)ersatzbetrag *m*, Schaden(s)ersatzsumme *f*; **agreed ~** vereinbarter Schaden(s)ersatzbetrag; **q. meruit** *(lat.) (Teilleistung)* angemessene Vergütung

quarantine *n* Quarantäne *f*; **to discharge from q.** aus der Quarantäne entlassen; **to lift the q.** Quarantäne aufheben; **to put in/under q.** unter Quarantäne stellen

quarantine *v/t* unter Quarantäne stellen

quarantine inspection Quarantäneprüfung *f*; **q. regulations** Quarantänebestimmungen; **q. ward** Quarantänestation *f*

quarrel *n* Streit *m*, Streitigkeit *f*, Hader *m*; *v/i* streiten, zanken; **q.some** *adj* streit-, zanksüchtig

quarter *n* Viertel *nt*; **q.s** *n* Quartier *nt*

quash *v/t* 1. annullieren, aufheben; 2. *(Verfahren)* einstellen, niederschlagen; 3. *(Urteil)* widerrufen

quashing *n* *(Verfahren)* Kassation *f*, Niederschlagung *f*; **q. of a decision** Kassation *f*; **~ a judgment** Urteilsaufhebung *f*; **~ criminal proceedings** Niederschlagung vom Strafverfahren

quasi|-contract *n* Quasikontrakt *m*; **q.-contratual** *adj* quasivertraglich, vertragsähnlich; **q.-judicial** *adj* quasigerichtlich; **q.-marriage** *n* eheähnliches Verhältnis; **q.-money** *n* Quasigeld *nt*; **q.-public** *adj* quasiöffentlich; **q.-purchase** *adj* kaufähnlich; **q.-tort** *n* Quasidelikt *nt*

Queen's Counsel (QC) *n* *[GB]* Kronanwalt *m*, Anwalt der Krone

query *v/t* beanstanden; *n* Beanstandung *f*

question *v/t* 1. (aus)fragen, befragen, verhören, vernehmen, Vernehmung durchführen; 2. in Frage stellen

question *n* Frage *f*; **in q.** fraglich; **q. of construction** Auslegungsfrage *f*; **~ discretion** Ermessensfrage *f*; **~ fact** Tatfrage *f*; **~ guilt** Schuldfrage *f*; **q. at issue** *(Prozess)* Streitfrage *f*; **q. of law** Rechtsfrage *f*; **~ substantive law** materiellrechtliche Frage; **~ liability** Haftungsfrage *f*; **~ merit** Sachfrage *f*; **q. in point** strittige Frage

to allow a question Frage zulassen; **to raise a q.** Frage aufwerfen

jurisdictional question Zuständigkeitsfrage *f*; **leading q.** Suggestivfrage *f*; **legal q.** juristische Frage, Rechtsfrage *f*; **loaded q.** Fangfrage *f*; **pending q.** schwebende Frage; **vexed q.** schwierige Frage

question|able *adj* bedenklich, fraglich; **q.er** *n* Fragesteller(in) *m/f*

questioning *n* Ausforschung *f*, Befragung *f*, Einvernahme *f*, Verhör *nt*, Vernehmung *f*; **q. (of) the defendant on the substance of the charge** Vernehmung des Angeklagten zur Sache; **~ witness(es)** Zeugenverhör *nt*, Zeugenbefragung *f*

to jump the queue *n* sich vordrängen

quiet *n* Ruhe *f*; *adj* ungestört

quit *v/t* 1. verlassen, räumen; 2. *(Dienst)* quittieren

quorum *n (lat.)* 1. Beschlussfähigkeit *f*, beschlussfähige Mindestzahl, beschlussfähiges Gremium, Quorum *nt*; **to form a q.** Quorum bilden

quota *n* Kontingent *nt*, Quote *f*; **subject to a q.** kontingentiert; **to fix a q.** kontingentieren; **liable q.** Haftungsquote *f*; **mandatory q.** verbindliche Quote

quota agreement Quotenvereinbarung *f*; **q. allocation** Quotenzuteilung *f*; **q. preference** Quotenvorrecht *nt*; **q. regime/system** Quotenregelung *f*; **q. review** Quotenüberprüfung *f*; **q. volume** Kontingentsmenge *f*

quotation *n* 1. (detailliertes) Angebot, Quotierung *f*; 2. (wörtliches) Zitat

quote *v/t* 1. Angebot spezifizieren; 2. zitieren, anführen; **q. literally** wörtlich zitieren

quotient *n* Quotient *m*

R

rabble *n* Gesindel *nt*, Pöbel *m*; **r.-rousing** *n* Aufhetzung *f*, Volksverhetzung *f*

rabi|d *adj* tollwütig; **r.es** *n* Tollwut *f*

race *n* Rasse *f*; **irrespective of r.** ohne Rücksicht auf die Rasse; **r. hatred** Rassenhass *m*; **r. riot** Rassenkrawall *m*

raci|sm *n* Rassismus *m*; **r.st** *n* rassistisch

rack jobbing *n* Streckengeschäft *nt*

rack rent; r.renting *n* Mietwucher *m*

racket *n* Gaunerei *f*, Schiebergeschäft *nt*; **r.eer** *n* 1. Gauner(in) *m/f*, Betrüger(in) *m/f*; 2. Erpresser(in) *m/f*

radar camera *n* Radarkamera *f*; **r. trap** Auto-, Radarfalle *f*

radiation *n* Strahlung; **ionizing r.** ionisierende Strahlung; **non-ionizing r.** nicht ionisierende Strahlung

radical *n* Radikaler *m*; **r.ism** *n* Radikalismus *m*

radio *n* Rundfunk *m*; *v/t* funken, (über Funk) durchgeben

radioactive *adj* radioaktiv

radio announcement Rundfunkdurchsage *f*; **r. car** Funkstreifenwagen *m*; **r. contact** Funkverbindung *f*; **r. patrol car** Funkstreifenwagen *m*

rage *n* Wut *f*, Rage *f*; **in a r.** in einem Wutanfall; **to vent one's r. on so.** seine Wut an jdm auslassen

raid *v/t* 1. überfallen, Überfall machen auf; 2. Razzia durchführen/machen

raid *n* 1. (Raub)Überfall *m*, Raubzug *m*; 2. Razzia *f*; **to carry out a r.** 1. Überfall machen; 2. Razzia durchführen/machen; **smash-and-grab r.** Laden-, Schaufenster(blitz)einbruch *m*; **terrorist r.** Terrorangriff *m*

raider *n* Bankräuber(in) *m/f*, Einbrecher(in) *m/f*, Gangster *m*

railway *n* Bahn *f*; **r. traffic** Bahnverkehr *m*

rain-slickened *adj* (Straße) regennass

rais|e *v/t* 1. heben, hochziehen; 2. (Preis, Standard) erhöhen, anheben, heraufsetzen; 3. (Geldmittel) aufbringen, beschaffen; 4. (Gehalt) aufbessern; 5. (Gebäude) errichten; 6. (Frage, Problem) vorbringen, aufwerfen; 7. (Hoffnung, Verdacht) (er)wecken; 8. (Einwand) erheben; 9. (Kinder) auf-, großziehen

rally *n* Massenversammlung *f*, Kundgebung *f*

ram *v/t* rammen

to go on the rampage *n* randalieren

ramshackle *adj* baufällig

random *adj* willkürlich, Zufalls-

range *n* Bereich *m*; **at close r.** aus nächster Nähe; **r. of application** Anwendungs-, Verwendungsbereich *m*; **~ benefits** (Vers.) Leistungsumfang *m*; **r. of punishment(s)/sentence(s)** Strafrahmen *m*; **statutory ~** gesetzlicher Strafrahmen

rank *n* 1. Dienstgrad *m*, Rang *m*; 2. Rang(stelle) *f*, Stellung *f*; **r. of a debt** Rang einer Forderung; **~ the lien** Rang des Pfandrechts; **~ a mortgage** Rang einer Hypothek; **of equal r.** ranggleich; **higher r.** höherer Dienstgrad; **prior r.** älterer Rang

rank after *v/prep* im Rang nachstehen; **r. before** vorgehen

ranking *n* 1. Rangordnung *f*; 2. Rangbestimmung *f*; **r. of claims** Reihenfolge der Forderungen; **~ creditors** Gläubigerrang *m*, Rangfolge der Gläubiger; **~ liabilities** Haftungsfolge *f*; **~ liens** Rangordnung von Pfandrechten; **~ mortgages** Hypothekenrang *m*

ransack *v/t* plündern

ransom *v/t* frei-, loskaufen

ransom *n* 1. Lösegeld *nt*; 2. Freilassung *f*; **to hold so. to r.** jdn gegen Lösegeld festhalten; **r. demand** Lösegeldforderung *f*; **r. money** Lösegeld *nt*; **r. note** Lösegeldforderung *f*

rant *n* Schimpfkanonade *f*

rap sheet *n* (coll) 1. Kriminalakte *f*; 2. [US] Vorstrafenregister *nt*

rape *v/t* vergewaltigen, notzüchtigen

rape *n* Vergewaltigung *f*, Notzucht *f*; **r. resulting in death** Notzucht mit Todesfolge; **attempted r.** versuchte Vergewaltigung, Notzuchtversuch *m*; **statutory r.** [US] Geschlechtsverkehr mit Minderjährigen; **r. victim** Opfer einer Vergewaltigung

rapist *n* Vergewaltiger *m*

rare *adj* selten

rash *adj* überstürzt, übereilt, unüberlegt
rat(e)able *adj (Kommunalsteuer)* steuerpflichtig
to smell a rat *n (coll)* Lunte riechen *(coll)*
rate *v/t* 1. (be)werten, schätzen, beurteilen; 2. *(Steuer)* veranlagen
rate *n* 1. *(Anteil)* Rate *f*; 2. Quote *f*; 3. *(Gebühren)* Satz *m*; 4. (Kauf)Preis *m*; 5. Tarif *m*; **r. of compensation** Vergütungssatz *m*; **~ distribution** Verteilerschlüssel *m*; **nil ~ duty** *(Steuer)* Nullsatz *m*; **~ exchange** Umrechnungssatz *m*, (Wechsel)Kurs *m*; **~ interest** Zins(satz) *m*; **~ recidivism** Rückfallrate *f*
base rate *n* Leitzins *m*; **flat r.** Einheitssatz *m*, Pauschale *f*, Pauschalsatz *m*, Pauschaltarif *m*; **preferential r.** Vorzugstarif *m*; **standard r.** Einheitssatz *m*; **~ r.s** *(Sozialhilfe)* Regelsätze; **r. scale** Tarif *m*
rates *pl [GB]* Gemeinde-, Kommunalabgaben, Kommunalsteuern; **commercial r.** Gewerbesteuer *f*; **excessive r.** Gebührenüberhebung *f*; **local r.** Gemeinde-, Kommunalabgaben
ratification *n* Ratifikation *f*, Ratifizierung *f*; **r. instrument** Ratifikationsurkunde *f*
ratify *v/t* ratifizieren, billigen, genehmigen
ratio *n* 1. *(Zahl)* Verhältnis *nt*; 2. (Verteiler)Schlüssel *m*, Anteil *m*; **r. decidendi** *(lat.) (Urteil)* Entscheidungsgrund *m*
ration *v/t* rationieren, zuteilen
rationalize *v/t* rationalisieren
rationing *n* Rationierung *f*, Kontingentierung *f*
ray *n* Strahl *m*
reach *v/t* erreichen, gelangen; **r.ing a verdict** *n* Urteilsfindung *f*
reacquisition *n* Wiedererwerb *m*
react *v/i* reagieren
reaction *n* Reaktion *f*; **r. time** Reaktionszeit *f*
reactor facilities *pl* Reaktoranlagen
read *v/ti* 1. (vor)lesen; 2. lauten; **r. and approved** gelesen und genehmigt; **r. as follows** wie folgt lauten; **r. out (aloud)** vorlesen; **~, agreed to and signed** vorgelegt, genehmigt und unterschrieben
readiness to negotiate *n* Verhandlungsbereitschaft *f*; **~ pay** Zahlungsbereitschaft *f*; **~ resort to violence** Gewaltbereitschaft *f*; **~ work** Arbeits-, Leistungsbereitschaft *f*
reading *n* 1. Lesart *f*; 2. (Ver-/Vor)Lesung *f*; 3. gemessener Wert; **r. of a bill** Lesung eines Gesetzentwurfes; **~ a document** Urkundenverlesung *f*; **~ the indictment** Verlesung der Anklage; **~ the will** Testamentseröffnung *f*; **first r.** erste Lesung; **r. error** Messfehler *m*
readmission *n* Wiederaufnahme *f*, Wiederzulassung *f*
ready *adj* fertig, bereit
reaffirm *v/t* bekräftigen, beteuern
real *adj* dinglich, konkret
realization *n* 1. Verwirklichung *f*, Umsetzung *f*, Durchführung *f*, Realisierung *f*; 2. Erkenntnis *f*; 3. Veräußerung *f*, Verkauf *f*; **r. of a claim** Verwirklichung eines Anspruchs; **~ distrained goods** Pfandverwertung *f*; **r. gain/proceeds** Veräußerungsgewinn *m*; **r. proceeds** Verwertungserlös *m*; **r. value** Verkaufs-, Realisationswert *m*
realize *v/t* 1. erkennen, begreifen; 2. aus-, durchführen, realisieren; 3. veräußern, verkaufen, zu Geld machen
reallocation of land *n* Flurbereinigung *f*
realty *n [US]* Realien *pl*, Grund-, Immobiliar-, Realvermögen *nt*, Grundbesitz *m*, Grundeigentum *nt*, Immobilien *pl*, Liegenschaft *f*, unbewegliches Vermögen, unbewegliche Habe
reappointment *n* Wiedereinstellung *f*
reason *n* 1. Grund *m*, Motiv *nt*, Begründung *f*; 2. Vernunft *f*; **by r. of** auf Grund; **for a major r.** aus wichtigem Grund; **~ no r. at all** ohne jeden Anlass; **r. for so's arrest** Haftgrund *m*; **r. to assume** Grund zu der Annahme; **r. for opening bankruptcy proceedings** Konkursgrund *m*; **~ complaint** Beschwerdegrund *m*; **~ a decision** Begründung einer Entscheidung; **~ dismissal** Entlassungs-, Kündigungsgrund *m*; **~ exemption from punishment** Strafausschließungsgrund *m*; **~ exoneration** Schuldausschließungsgrund *m*; **~ termination** Kündigungsgrund *m*; **~ the verdict** Urteilsgrund *m*; **~ withdrawal of punishment** Strafaufhebungsgrund *m*
cogent reason schlüssige Begründung;

compelling r. zwingender Grund; **convincing r.** überzeugender Grund; **decisive r.** ausschlaggebender Grund; **good r.** gewichtiger/stichhaltiger Grund; **legal r.** Rechtsgrund *m*; **procedural r.** verfahrenstechnischer Grund; **specious r.** Scheingrund *m*; **sufficient r.** ausreichender/hinreichender Grund

reasonable *adj* 1. vernünftig; 2. zumutbar, angemessen, vertretbar; **r.ness** *n* 1. Verhältnismäßigkeit *f*; 2. Zumutbarkeit *f*

reasoning *n* Argumentation *f*

reasons *pl* Begründung *f*, Gründe; **r. for the application** Begründung des Antrags; **r. given for the decision** Entscheidungsbegründung *f*; **r. of equity** Billigkeitsgründe; **r. for the judgment** Urteilsbegründung *f*

to advance reasons Gründe vorbringen; **to give r. for** begründen; **grave r.** schwerwiegende Gründe; **to state the r. for the decision** Entscheidung mit Gründen versehen; **stating (the) r.** unter Angabe der Gründe

reassessment *n* Neufestsetzung *f*

reassign *v/t* wieder abtreten; **r.ment** *n* Rück-, Wiederabtretung *f*, Rückübertragung *f*

rebate *n* 1. Abschlag *m*, Preisnachlass *m*, Vergünstigung *f*; 2. Rückerstattung *f*

rebellion *n* Rebellion *f*

rebuke *v/t* vorhalten, tadeln; *n* Rüge *f*, Vorhaltung *f*, Vorwurf *m*, Zurechtweisung *f*

rebut *v/t* widerlegen; **r.table** *adj* widerlegbar; **r.tal** *n* Widerlegung *f*, Zurückweisung *f*; **~ of a claim** Abwehr eines Anspruchs

recall *n* 1. (Waren)Rückruf *m*, Rückrufaktion *f*; 2. *(Kapital, Kredit)* Kündigung *f*; 3. Widerruf *m*; **r. action** Rückrufaktion *f*

recapture *n* Wiederergreifung *f*; *v/t* wieder ergreifen

receipt *n* 1. Annahme *f*, Eingang *m*, Empfang *m*, Empfang-, Entgegennahme *f*, Erhalt *m*; 2. Beleg *m*, Empfangsschein *m*, (Kassen)Quittung *f*, Wareneingangs-, Empfangsbescheinigung *f*, Empfangsbestätigung *f*; 3. Vereinnahmung *f*, **against (a) r.** gegen Quittung; **payable on r.** zahlbar bei Empfang; **r. of benefits** Leistungsbezug *m*; **on ~ notice** nach Eingang der Kündigung; **~ payment** Zahlungseingang *m*

to acknowledge receipt Empfang bestätigen; **to be in r. of sth.** in den Genuss von etw. kommen; **to issue a r.; to make out a r.** Quittung ausstellen; **to retain a r.** Quittung aufheben

advance receipt Vorausempfang *m*; **actual r.s** Isteinnahmen; **additional r.s** Mehrerlös *m*; **gross r.s** Bruttoeinnahmen; **net r.s** Nettoeinnahmen; **postal r.** Posteinlieferungsschein *m*; **proper r.** ordnungsgemäße Quittung; **rental r.s** Miet-, Pachteinnahmen; **statutory r.** löschungsfähige Quittung

receipt *v/t* (Empfang) quittieren; **r. holder** Quittungsinhaber(in) *m/f*

receivables *pl* Außenstände, Buchforderungen

receive *v/t* empfangen, erhalten, vereinnahmen

receiver *n* 1. Empfänger(in) *m/f*; 2. Hehler(in) *m/f*; 3. Konkurs-, Insolvenz-, Masseverwalter(in) *m/f*, Liquidator *m*; 4. Pfleger *m*; **r. of housing benefit** *[GB]* Sozialmieter(in) *m/f*; **~ stolen goods** Hehler(in) *m/f*; **to appoint a r.** Verwalter bestellen; **judicial r.** gerichtlicher Verwalter; **official r.** Konkursverwalter(in) *m/f*, Sequester *m*, (gerichtlich bestellter) Liquidator

receivership *n* 1. Insolvenz-, Konkursverwaltung *f*, Sequestration *f*; 2. (vorläufige) (Vermögens)Verwaltung; 3. Verwalteramt *nt*; 4. Zwangsverwaltung *f*; **under r.** zwangsverwaltet

receiving (of) stolen goods Hehlerei *f*; **~ for gain** gewerbsmäßige Hehlerei

receiving order 1. Konkurseröffnungsbeschluss *m*; 2. Zwangsverwaltungsverfügung *f*; **to grant a r. o.** Konkursverfahren eröffnen/einleiten

until recently *adv* bis vor kurzem

recept|ion *n* 1. *(Gäste)* Empfang *m*; 2. Aufnahme *f*; **r.ive** *adj* empfänglich

recess *n* 1. *(Gerichte, Parlament)* Ferien *f*; 2. Sitzungspause *f*; **r. court** *[US]* *(Gericht)* Ferienkammer *f*

recidivism *n* Rückfallkriminalität *f*, Rückfälligkeit *f*; **in case of r.** bei Rückfall

recidivist *adj* rückfällig; *n* Rückfällige(r)

f/m, Rückfall-, Wiederholungstäter(in) *m*/*f*, rückfälliger Täter/Verbrecher

recidivous *adj* rückfällig; **to become r.** rückfällig werden

recipient *n* Empfänger(in) *m*/*f*; **r. of benefits** Versorgungs-, Leistungsempfänger(in) *m*/*f*; **authorized r.** Empfangsberechtigte(r)*f*/m, Empfangsbevollmächtigte(r)*f*/m

reciprocal *adj* beider-, gegen-, wechselseitig, wechselbezüglich, reziprok, korrespektiv

reciprocity *n* Gegenseitigkeit *f*, Reziprozität *f*; **to guarantee r.** Gegenseitigkeit verbürgen; **r. agreement** Gegenseitigkeitsabkommen *nt*; **r. clause** Gegenseitigkeits-, Reziprozitätsklausel *f*; **r. principle** Grundsatz der Gegenseitigkeit

recitals *pl (Urteil)* Rubrum *nt*

reckless *adj* rücksichtslos, bewusst fahrlässig; **r.ness** *n* 1. *(StR)* (grobe) Fahrlässigkeit, Leichtfertigkeit *f*; 2. Rücksichtslosigkeit *f*

reckon with sth. *v*/*prep* mit etw. rechnen

reclaim *v*/*t* zurückfordern, heraus-, zurückverlangen, reklamieren

reclamation of the goods sold *n* Rückforderung der Kaufsache

recognition *n* Anerkenntnis *nt*, Anerkennung *f*; **beyond r.** bis zur Unkenntlichkeit; **de jure r.** De-jure-Anerkennung *f*; **r. of a claim** Forderungsanerkennung *f*; **r. and enforcement of a foreign judgment** Anerkennung und Vollstreckung eines ausländischen Urteils

recognize *v*/*t* 1. anerkennen; 2. erkennen; **r.d** *adj* anerkannt

recoil *v*/*i* zurückweichen, zurückschrecken

recollect *v*/*t* sich erinnern; **r.ion** *n* Erinnerung *f*; **to have no ~** sich nicht erinnern können

recommend *v*/*t* empfehlen; **r.ation** *n* Empfehlung *f*

recommit|ment *n (Gesetzesvorlage)* (Zu)Rückverweisung *f*; **r.tal** *n (Fall)* (Zu)Rückverweisung *f*

recompense *n* 1. Belohnung *f*; 2. Entschädigung *f*; 3. Wiedergutmachung *f*

reconcilable *adj* vereinbar

reconcile *v*/*t* 1. abstimmen, in Einklang bringen, vereinbaren; 2. versöhnen; **r. sth. with sth.** etw. mit etw. vereinbaren

reconciliation *n* Versöhnung *f*

recondition *v*/*t (reparieren)* überholen; **r.ing** *n* Instandsetzung *f*

reconsider *v*/*t* überdenken, überprüfen

reconstruction *n* 1. Wiederaufbau *m*; 2. Rekonstruktion *f*; **r. of an incident** Tatrekonstruktion *f*

reconvey *v*/*t* rückübereignen; **r.ance** *n* Rückauflassung *f*, Rückübereignung *f*

record *v*/*t* 1. auf-, verzeichnen, notieren, protokollieren; 2. beurkunden, verbriefen; **r. in writing** niederschreiben

record *n* 1. Aufzeichnung *f*; 2. *(Gericht)* Protokoll *nt*, Niederschrift *f*; 3. *(Leistung in der Vergangenheit)* Ruf *m*; 4. Vergangenheit *f*, Vorgeschichte *f*, Vorleben *nt*; **for the r.** für das Protokoll; **off the r.** inoffiziell, nicht für die Öffentlichkeit bestimmt, ~ zur Veröffentlichung bestimmt; **on r.** aktenkundig, urkundlich nachweisbar, registriert; **the r. as it stands** Aktenlage *f*

record of attendance Anwesenheitsnachweis *m*; **~ delivery** Übergabeprotokoll *nt*; **~ destruction (of files)** Vernichtungsprotokoll *nt*; **~ inspection** Besichtigungsprotokoll *nt*; **~ interrogation** Vernehmungsprotokoll *nt*; **~ payment** Zahlungsnachweis *m*; **~ the proceedings** *(Gericht)* Verhandlungsniederschrift *f*, (Verhandlungs)Protokoll *nt*

to decide on the record nach Aktenlage entscheiden, ~ Lage der Akten entscheiden; **to have a clean r.** nicht vorbestraft sein; **to place on r.** beurkunden; **to put on r.** ins Protokoll aufnehmen

criminal record *n* 1. kriminelle Vergangenheit; 2. Vorstrafenregister *nt*, Vorstrafenverzeichnis *nt*, Strafregister *nt*, Strafakte *f*; **to have a ~** r. vorbestraft sein; **~ r.s** Verbrecherkartei *f*; **notarial r.** Notariatsprotokoll *nt*, notarielle Niederschrift; **verbatim r.** wortgetreue Niederschrift

record|ed *adj* beurkundet; **to have sth. ~** etw. zu Protokoll geben; **r.er** *n* 1. Archivar *m*, Registerführer *m*; 2. Protokollführer *m*; 3. *[GB]* nebenamtlicher Richter (vor einem höheren Gericht)

recording *n* Beurkundung *f*, Eintragung *f*, Verbriefung *f*; **r. of attendance** Feststellung der Anwesenheit; **~ evidence** Beweissicherung *f*; ~ **the proceedings** *(Gericht)* Protokollführung *f*; **notarial r.** notarielle Beurkundung

records department *n* Erkennungsdienst *m*; **central r. division** Zentralarchiv *nt*; **r. of the trial** Verhandlungsakten; **personal r.** Personalakte *f*

recoup *v/t* zurückerhalten, zurückerlangen

recourse *n* 1. Einschaltung *f*; 2. Inanspruchnahme *f*, Zuflucht *f*; 3. Rechtsbehelf *m*; 4. (Wechsel)Regress *m*, Schadloshaltung *f*, Rückgriff *m*; **liable to r.** regresspflichtig; **no r.** Ausschluss jeder Haftung, ohne Regress; **without r.** ohne Gewähr/Obligo/Regress; ~ **possible r. to legal action** unter Ausschluss des Rechtsweges; **r. to arbitration** Anrufung der Schiedsstelle; **to have** ~ Schiedsstelle anrufen

recourse to the courts (of law) Rechts-, Klageweg *m*, Inanspruchnahme der Gerichte; **no** ~ **the courts of law** Ausschluss des Rechtsweges; ~ **the courts of ordinary jurisdiction** ordentlicher Rechtstitel; ~ **civil courts** Privatrechtsweg *m*

recourse in default of payment Regress mangels Zahlung; **r. to the law** Klage-, Rechtsweg *m*; **to have** ~ Klage-/Rechtsweg beschreiten; **r. for want of acceptance** Rückgriff mangels Annahme

to have recourse Regress nehmen; ~ **against so.** jdn in Regress nehmen; ~ **to so.** *(Schaden(s)ersatz)* sich an jdn halten; ~ **to sth.** Zuflucht zu etw. nehmen; **to seek r.** Regress geltend machen, (jdn) in Regress nehmen

recourse claim Regressanspruch *m*, Regress-, Rückgriffsforderung *f*

recover *v/t* 1. bei-, eintreiben, einziehen; 2. erstreiten; 3. *(Diebesgut)* sicherstellen; 4. wieder-, zurückerlangen, zurückerhalten; **r.able** *adj* 1. beitreib-, eintreib-, einziehbar; 2. klagbar; 3. wiedererlangbar

recovery *n* 1. Bei-, Eintreibung *f*, Einziehung *f*; 2. (Wieder)Erlangung *f*, Wiedergewinnung *f*; 3. Wiederauffindung *f*, Wiederbeschaffung *f*; 4. Erholung *f*, Genesung *f*; **r. of damages** Erlangung von Schaden(s)ersatz; **unlawful** ~ **pledged**

items Pfandkehr *f*; **r. service** Abschleppdienst *m*; **r. suit** Regressklage *f*

recrimination *n* Gegenbeschuldigung *f*, Gegenklage *f*; **mutual r.** gegenseitige Beschuldigungen

recruit *v/t* anwerben; **r.ment** *n* Anwerbung *f*

rectifiable *adj* behebbar

rectification *n* 1. Behebung *f*; 2. Berichtigung *f*; 3. Wiedergutmachung *f*; **r. of a judgment** Berichtigung eines Urteils; ~ **faulty transactions** Heilung fehlerhafter Rechtsgeschäfte; ~ **the land (charges) register** Grundbuchberichtigung *f*

rectify *v/t* berichtigen, richtig stellen, verbessern; **r.ing minutes** *n* Berichtigungsprotokoll *nt*

recurrence *n* Wiederholung *f*; **in the event of r.** im Wiederholungsfall

recurrent; recurring *adj* wiederholt, wiederkehrend

recycling plant *n* Rückgewinnungs-, Wiederaufarbeitungsanlage *f*

redeem *v/t* 1. ab-, aus-, ein-, erlösen; 2. abzahlen, tilgen; **r.ability** *n* 1. Einlösbarkeit *f*; 2. *(Anleihe)* Kündbarkeit *f*; **r.able** *adj* kündbar

redemption *n* 1. Ab-, Aus-, Einlösung *f*; 2. (Forderungs)Tilgung *f*, Rück-, Wiederkauf *m*, Rückzahlung *f*; **r. of a mortgage** Hypothekenablösung *f*, Hypothekentilgung *f*, Rückzahlung einer Hypothek; ~ **a pawn/pledge** Pfandaus-, Pfandeinlösung *f*; ~ **debts** Schuldenablösung *f*, Schuldentilgung *f*

redemption clause Einlösungsklausel *f*; **r. date** Tilgungstermin *m*, Zeitpunkt der Einlösung; **(early) r. penalty** Vorfälligkeitsentschädigung *f*; **r. period** Einlösungsfrist *f*; **r. right** Wiederkaufsrecht *nt*; **r. value** Rückkaufs-, Rückzahlungswert *m*

redeploy *v/t* *(Arbeitskräfte)* verlegen

redevelopment *n* Sanierung *f*

red-handed *adj* auf frischer Tat, in flagranti *(lat.)*

redhibition *n* Rücktritt vom Kaufvertrag, Wandelung *f*, Minderung (des Kaufpreises) *f*

redirect *v/t* *(Post)* nachsenden, umleiten

redistribut|e *v/t* umverteilen; **r.ion** *n* Umverteilung *f*

redraft *v/t* *(Vertrag)* neu fassen

redress *v/t* 1. abhelfen, Abhilfe schaffen; 2. entschädigen, wiedergutmachen
redress *n* 1. Abhilfe *f*; 2. Entschädigung *f*, Regress *m*, Wiedergutmachung *f*; **to seek r.** Regress(anspruch) geltend machen; **~ in court** Regressanspruch gerichtlich geltend machen; **legal r.** Rechtsbehelf *m*, (gerichtlicher) Rechtsschutz
reduce *v/t* herabsetzen, kürzen, (ver)mindern, ermäßigen, heruntersetzen, drosseln, schmälern
reduction *n* 1. Ermäßigung *f*; 2. *(Preis)* Minderung, Herabsetzung *f*, Heruntersetzung *f*; 3. *(Arbeitszeit, Gehälter)* Kürzung *f*; 4. Reduktion *f*, Verminderung *f*; 5. Schmälerung *f*; **r. of benefits** Versorgungsabschlag *m*; **~ damages** Herabsetzung des Schaden(s)ersatzes; **~ liability** Haftungsminderung *f*; **~ the purchase price** Herabsetzung/Minderung des Kaufpreises; **~ a sentence** Strafnachlass *m*, Strafverkürzung *f*, Strafermäßigung *f*, Strafherabsetzung *f*, Herabsetzung der Strafe
redundancy pay *n* Entlassungsgeld *nt*, Entlassungsabfindung *f*; **r. scheme** *[GB]* Sozialplan *m*
redundant *adj* 1. überflüssig; 2. entlassen
re-employment *n* Wiedereinstellung *f*
re-enactment *n* *(Gesetz)* Wiederinkraftsetzung *f*
reestablish *v/t* wiederherstellen
re|-examin|ation *n* erneute Überprüfung; **r.-examine** *v/t* nachprüfen
refer (to) *v/t* 1. hinweisen/verweisen auf; 2. sich berufen/beziehen auf, Bezug nehmen auf; **r. back** zurückverweisen
referee *n* 1. Kampf-, Schiedsrichter *m*; 2. Gutachter *m*; **r. in bankruptcy** *[US]* Konkursrichter(in) *m/f*; **medical r.** 1. Vertrauensarzt *m*; 2. *[US]* Amtsarzt *m*
reference *n* 1. (Akten)Zeichen *nt*, Betreff *m*, Bezug *m*, Bezugnahme *f*; 2. Erwähnung *f*, Verweis *m*; 3. *(Arbeit)* Zeugnis *nt*, Referenz *f*; **r. to** Bezugnahme auf; **with ~** betreffend, betreffs, in/unter Bezug auf; **~ the authorization for registration** Bezugnahme auf die Eintragungsbewilligung
to give so. a reference jdm ein Zeugnis ausstellen; **to have good r.s** gute Zeug-

nisse haben; **to obtain r.s on so.** über jdn Referenzen einholen
reference figure *n* Bezugsgröße *f*; **r. file** Handakte *f*; **to quote a r. number** ein Aktenzeichen angeben; **r. rent** Vergleichsmiete *f*, Mietrichtsatz *m*
referendum *n* Volksbefragung *f*, Volksentscheid *m*, Volksabstimmung *f*
referral *n* Verweisung *f*; **r. to arbitration** Überweisung/Verweisung an ein Schiedsgericht; **~ a higher court** Verweisung an ein höheres Gericht; **r. of jurisdiction** Zuständigkeitsverweisung *f*; **partial r.** Teilverweisung *f*
referring the case to another court *n* Weiterverweisung *f*
refinance *v/t* umschulden
reflect on so. *v/prep* auf jdn zurückfallen
reflector *n* *(Kfz)* Rückstrahler *m*, Katzenauge *nt* *(coll)*
reflex action *n* Reflexbewegung *f*
reform *v/t* reformieren
reform *n* Reform *f*; **constitutional r.** Verfassungsreform *f*; **judicial r.** Justizreform *f*; **legal r.** Rechtsreform *f*; **r. act** Reformgesetz *nt*
reformatory *n* *[US]* Jugendstrafanstalt *f*
refrain from *v/prep* unterlassen, absehen von, Abstand nehmen von
refresher *n* zusätzliches Anwaltshonorar, Sonderhonorar für den Anwalt
refuge *n* Zuflucht *f*; **r. for homeless persons** Obdachlosenasyl *nt*; **~ battered wives/women** Frauenhaus *nt*
refugee *n* Flüchtling *m*; **economic r.** Wirtschaftsflüchtling *m*; **r. camp** Flüchtlingslager *nt*; **r. status** Flüchtlingsstatus *m*
refund *v/t* (rück)erstatten, (rück)vergüten, wieder-, zurückerstatten, zurückgewähren
refund *n* Erstattung (von Kosten), Rückerstattung *f*, (Rück)Vergütung *f*, Rückzahlung *f*; **r. of charges** Gebührenerstattung *f*; **~ costs** Kostenerstattung *f*; **~ expenses** Aufwendungserstattung *f*; **~ prepaid rent** Rückerstattung vorausbezahlter Miete; **person entitled to a r.** Erstattungsberechtigte(r) *f/m*; **r. claim** (Rück)Erstattungsanspruch *m*
refurbish *v/t* renovieren, umgestalten; **r.ment** *n* Renovierung *f*, Umgestaltung *f*

refusal *n* (Ver)Weigerung *f*, Ablehnung *f*, Absage *f*, Versagung *f*; **r. of assistance** Versagung der Hilfe; **r. to take delivery** Nichtabnahme *f*; ~ **disclose sth.** Auskunftsverweigerung *f*; ~ **give evidence** Aussage-, Zeugnisverweigerung *f*, Verweigerung der Zeugenaussage; ~ **accept an inheritance** Erbschaftsausschlagung *f*; ~ **accept a legacy** Vermächtnisausschlagung *f*; ~ **obey** Gehorsam verweigern; ~ **obey orders** Befehlsverweigerung *f*; **r. of a patent** Patentversagung *f*, Patentverweigerung *f*; **r. to pay** Zahlungsverweigerung *f*

refusal to perform Leistungsverweigerung *f*; ~ **perform and compensation for expenses** Leistungsverweigerung und Aufwendungsersatz; ~ **perform due to gross inequity** Leistungsverweigerung wegen grober Unbilligkeit; ~ **discharge a performance** Erfüllungs-, Leistungsverweigerung *f*

refusal to do military service Wehrdienstverweigerung *f*; ~ **surrender** Herausgabeverweigerung *f*; ~ **testify** Aussage-, Zeugnisverweigerung *f*, Verweigerung der Zeugenaussage

to meet with a refusal abschlägig beschieden werden

refuse *v/t* ablehnen, verweigern; **r. to testify** Zeugnisverweigerung verweigern

refuse *n* Abfall *m*, Müll *m*; **r. collection** Müllabfuhr *f*; **r. disposal** Abfallbeseitigung *f*; **r. dump** Müllkippe *f*

refut|ation *n* Entkräftung *f*, Widerlegung *f*; **r.e** *v/t* entkräften, widerlegen

regard *v/t* ansehen

regard *n* 1. Ansehung *f*; 2. Hin-, Rücksicht *f*; **having r. to** mit Rücksicht auf; **with r. to** im Hinblick auf, hinsichtlich; ~ **due r. to** unter gebührender Berücksichtigung von **regard|ing** *prep* hinsichtlich; **r.less of** *prep* ungeachtet, unabhängig von, unbeschadet

matrimonial regime of separate possessions and accrued gains *n* Zugewinngemeinschaft *f*

region *n* Gebiet *nt*, Raum *m*, Region *f*; **r.al** *adj* regional

register *v/ti* 1. sich (an)melden; 2. sich einschreiben/immatrikulieren; 3. eintragen, registrieren

register *n* Register *nt*, Verzeichnis *nt*, Eintragungsbuch *m*; **r. of associations** Vereinsregister *nt*; ~ **births** Geburtenbuch *m*; ~ **births, deaths and marriages** *[GB]*; ~ **births, marriages and burials** *[US]* Personenstands-, Standesregister *nt*, Personenstandsbuch *nt*; ~ **cartels** Kartellregister *nt*; ~ **companies (and partnerships)** Firmen-, Gesellschaftsregister *nt*; ~ **convictions** Strafregister *nt*; ~ **copyrights** Urheberrolle *f*; ~ **craftsmen** Handwerksrolle *f*; ~ **deaths** Sterbebuch *nt*, Sterberegister *nt*; ~ **debtors** Schuldnerverzeichnis *nt*; ~ **designs** Geschmacksmusterrolle *f*; ~ **electors** Wählerverzeichnis *nt*, Wählerliste *f*; ~ **marriages** Heiratsregister *nt*; ~ **patents** Patentrolle *f*; ~ **residents** (Einwohner)Melderegister *nt*; ~ **titles** Grundbuch *nt*

to be admitted to the register als Kassenarzt zugelassen sein; **to delete sth. in the r.** etw. im Register löschen; **to inspect the r.** Register einsehen; **to keep the r.** Register führen; **to strike sth. off the r.** etw. im Register löschen

baptismal register Taufregister *nt*; **cadastral r.** Katasterbuch *nt*; **central r.** Zentralregister *nt*; ~ **of traffic offenders** Verkehrszentralregister (VZR) *nt*; **commercial r.** Handelsregister *nt*; **genealogical r.** Familienbuch *nt*; **official r.** amtliches Verzeichnis

registered *adj* 1. angemeldet, eingeschrieben, eingetragen, registriert; 2. *(Arzt, Kfz)* zugelassen

registrability *n* Eintragungsfähigkeit *f*

registrant *n* Anmelder *m*

registrar *n* 1. Rechtspfleger *m*; 2. Registerführer *m*; **r. in bankruptcy** *[GB]* Konkursrichter(in) *m/f*; **r. of the court registry** Urkundsbeamter(in) *m/f*

registration *n* 1. Eintragung *f*, Registrierung *f*; 2. Erfassung *f*; 3. Anmeldung *f*, Vormerkung *f*; 4. Immatrikulation *f*, Zulassung *f*; **subject to r.** eintragungspflichtig

registration of aliens ausländerrechtliche Erfassung (bei der Ausländerbehörde); ~ **a business** Gewerbeanmeldung *f*; ~ **a change of address** Ummeldung *f*; ~ **a (land) charge** *(Grundbuch)* Eintra-

gung einer Belastung; ~ **a cartel** Kartellanmeldung *f*; ~ **a design** Geschmacksmustereintragung *f*; **r. as a doctor** Zulassung als Arzt; **r. of the mortgage** Eintragung der Hypothek; ~ **a trademark** Anmeldung eines Warenzeichens, Warenzeicheneintragung *f*
to be subject to registration registrierpflichtig; **to file sth. for r.** etw. zum Register anmelden; **to require r.** der Eintragung bedürfen; **compulsory/ mandatory r.** Eintragungszwang *m*, Meldepflicht *f*; **new r.** Neuzulassung *f*; **supplementary r.** Nach(an)meldung *f*
registration act *n* Meldegesetz *nt*; **r. authority** Meldebehörde *f*; **r. court** Registergericht *nt*; **r. date** Anmeldedatum *nt*; **r. department** Registratur *f*; **r. document** Zulassungspapier *nt*; **r. fee** Anmelde-, Eintragungs-, Registergebühr *f*; **r. form** Anmeldeformular *nt*; **r. number** 1. *(Kfz)* Autokennzeichen *nt*, amtliches Kennzeichen; 2. Eintragungs-, Zulassungsnummer *f*; **personalized** ~ Wunschkennzeichen *nt*; **r. office** (Einwohner)Meldeamt *nt*, Meldebehörde *f*, Meldestelle *f*; **r. order** Eintragungsbeschluss *m*; **r. papers** Fahrzeugpapiere *pl*; **r. plate** *(Kfz)* Kennzeichen *nt*, Nummernschild *nt*; **military** ~ Militärkennzeichen *nt;* **personalized** ~ Wunschkennzeichen *nt*; **r. procedure** Eintragungsverfahren *nt*; **r. requirement** 1. Anmeldungspflicht *f*; 2. Eintragungsvoraussetzung *f*; **r. rules** Meldebestimmungen
registry *n* Register *nt*; **official r.** Amtsregister *nt*; **r. marriage** Zivilehe *f*; **r. office** *[GB]* Standesamt *nt*
regret *v/t* bereuen, bedauern
regular *adj* ordentlich, regelmäßig; **r.ity** *n* Regelmäßigkeit *f*
regulate *v/t* regeln, reglementieren, regulieren
regulation *n* 1. Bestimmung *f*, Maßregel *f*, Regelung *f*, Reglementierung *f*, Regulierung *f*, Vorschrift *f*; 2. Rechtsverordnung *f*; **in accordance with r.s** vorschriftsgemäß; **r. to prevent abuse** Missbrauchsregelung *f*; **contrary to r.s** ordnungswidrig; **r. concerning free gifts** Zugabeverordnung *f*; ~ **persons who turn King's/ Queen's evidence** Kronzeugenregelung *f*

directive but non-obligatory regulation Sollvorschrift *f*; **discretionary r.** Kannvorschrift *f*; **valid r.** gültige Vorschrift
regulations *pl* Vorschriften, Regularien; **according to the r.** vorschriftsmäßig; **against the r.;** **contrary to r.** vorschriftswidrig, den Vorschriften zuwider; **r. governing construction contracts** Verdingungsordnung *f*; **r. for the prevention of accidents** Unfallverhütungsvorschriften; **r. governing working time** Arbeitszeitordnung *f*
applicable regulations anzuwendende Vorschriften; **commercial r.** Handelsvorschriften; **environmental r.** Umweltauflagen; **general r.** Rahmenvorschriften; **municipal r.** Gemeindeordnung *f*; **official r.** Dienstvorschriften; **postal r.** Postordnung *f*; **transitional r.** Übergangsvorschriften
regulator *n* Aufsichtsbehörde *f*; **r.y** *adj* regulativ, regelnd, Aufsichts-, Kontroll-
rehabilitat|e *v/t* rehabilitieren, resozialisieren; **r.ion** *n* Rehabilitation *f*, Resozialisierung *f*, Wiedereingliederung *f*
rehear *v/t* nochmals verhandeln; **rehearing** *n* 1. nochmalige/erneute Verhandlung; 2. Berufung(sverfahren) *f/nt*
reimbursable *adj* erstattungspflichtig
reimburse *v/t* entschädigen, ersetzen, (rück)vergüten, (zurück)erstatten
reimbursement *n* Entschädigung *f*, (Rück)Erstattung *f*, (Rück)Vergütung *f*, Rückzahlung *f*; **r.of costs** Kostenerstattung *f*, (Rück)Erstattung der Kosten; ~ **expenses** Aufwendungsersatz *m*, Ausgaben-, Auslagenerstattung *f*; **r. proceedings** Erstattungsverfahren *nt*
reinstate *v/t* 1. wieder in Kraft setzen, wiederherstellen; 2. wiedereinstellen; 3. wiedereinsetzen
reinstatement *n* 1. Wiederherstellung *f*, Wiederinkraftsetzung *f*; 2. *(nach ungerechtfertigter Entlassung)* Wiedereinstellung *f*; 3. Wiedereinsetzung (in den vorherigen Stand)
reinsur|ance *n* Rückversicherung *f*; **r.e** *v/t* rückversichern
reintegration *n* Wiedereingliederung *f*
reinterpret *v/t* umdeuten; **r.ation** *n* Umdeutung *f*

reject *v/t* ablehnen, ab-, zurückweisen, verwerfen

rejection n Ablehnung *f*, Ab-, Zurückweisung *f*, Verwerfung *f*; **r. of a judge** Richterablehnung *f*; **r. without giving reasons** Ablehnung ohne Angabe von Gründen; **r. of responsibility** Ablehnung der Verantwortung; **unfounded r.** unbegründete Ablehnung

rejects *pl* beanstandete Ware(n)

rejoinder n Erwiderung *f*, Entgegnung *f*, Entgegenhaltung *f*, Gegenerklärung *f*, Duplik *f*; **r. by the defendant** Erwiderung des Beklagten; **r. to an objection** Einspruchserwiderung *f*

relapse n *(StR)* Rückfall *m*; **r. into the same type of crime** Rückfall in das gleiche Vergehen

relapse *v/t* rückfällig werden

related *adj* verwandt

relation n 1. Beziehung *f*, Verhältnis *nt*; 2. Verwandte(r) *f/m*; **r.s pursuant to the law of contract** schuldrechtliche Beziehungen; **r. to third parties** Außenverhältnis *nt*; **to keep up good neighbourly r.s** gute Nachbarschaft pflegen

extramarital relations außereheliche Beziehungen; **fiduciary r.** Treueverhältnis *nt*; **industrial r. law** Arbeitsrecht *nt*; **international legal r.** internationaler Rechtsverkehr; **inter-company r.** Organschaft *f*; **intimate r.** Intimverkehr *m*; **legal r.** Rechtsverhältnis *nt*, Rechtsverkehr *m*, Rechtsbeziehungen; **existing ~** bestehendes Rechtsverhältnis; **extinct ~** erloschenes Rechtsverhältnis; **marital r.** eheliche Beziehungen; **sexual r.** geschlechtliche Beziehungen

relationship n 1. Beziehung *f*, Verhältnis *nt*; 2. Verwandtschaft *f*; **r. between several offences committed by one act or a series of acts** Konkurrenz von Straftaten; **~ plaintiff and defendant** Streitverhältnis *nt*; **r. based on trust** Vertrauensverhältnis *nt*

adoptive relationship Annahmeverhältnis *nt*; **adulterous r.** ehebrecherisches Verhältnis; **causal r.** ursächlicher Zusammenhang; **commercial r.** Geschäftsverhältnis *nt*; **confidential r.** Vertrauensverhältnis *nt*; **contractual r.** Vertragsverhältnis *nt*, Vertragsbezie-

hung *f*; **existing ~** bestehendes Vertragsverhältnis; **external r.** Außenverhältnis *nt*; **fiduciary r.** Treuhandverhältnis *nt*; **internal r.** Binnenbeziehung *f*, Innenverhältnis *nt*; **legal r.** Rechtsbeziehung *f*, Rechtsverhältnis *nt*, rechtliches Verhältnis; **to establish a ~** Rechtsverhältnis begründen; **marital r.** eheliches Verhältnis; **quasi-contractual r.** vertragsähnliches Rechtsverhältnis

relative n Angehörige(r) *f/m*, Verwandte(r) *f/m*; **r. by marriage** angeheiratete(r) Verwandte(r); **collateral r.** Seitenverwandte(r) *f/m*

relatives *pl* Verwandte, Angehörige

relator action n Popularklage *f*

relax *v/t (Beschränkungen)* abbauen, lockern; **r.ation** n Lockerung *f*; **r.ing (of) the ban** n Lockerung des Verbots

re-lease *v/t* weiterverpachten

release *v/t* befreien, entbinden, ent-, freilassen

release n 1. Entbindung *f*, Ent-, Freilassung *f*; 2. Freigabe (zur Veröffentlichung) *f*; 3. Freisetzen *nt*; 4. Freistellung *f*; **r. from attachment** Entstrickung *f*; **r. on bail** Aufhebung des Haftbefehls gegen Sicherheitsleistung, Haftentlassung gegen Sicherheitsleistung; **r. from custody** Haftentlassung *f*, Haftaufhebung f, Entlassung aus der Haft; **~ distraint** Aufhebung der Pfändung; **r. of an expectancy** *[US]* Erbverzicht *m*; **r. from liability** Enthaftung *f*, Entlassung aus der Haftung; **~ a lien** Pfandentstrickung *f*, Pfandfreigabe *f*; **r. of a mortgage** *[US] (Grundbucheintrag)* Löschungsbewilligung *f*

conditional release bedingte Ent-/Freilassung; **general r.** Abfindungserklärung *f*; **unconditional r.** unbedingte Freilassung

release agreement n Erlassvertrag *m*; **r. order** Beschluss über die Aufhebung des Haftbefehls; **r. payment** Abstandszahlung *f*

re|-let *v/t* rückvermieten; **r.-letting** n Rück-, Weitervermietung *f*

relevance n Bedeutung *f*, Belang *m*, Relevanz *f*, Entscheidungserheblichkeit *f*; **r. in law** Rechtserheblichkeit *f*

relevant *adj* 1. bedeutend, einschlägig,

relevant, (entscheidungs)erheblich; 2. gerichtsverwertbar; 3. sach-, zweckdienlich; **legally r.** rechtserheblich

reliab|ility *n* 1. Zuverlässigkeit *f*, Vertrauenswürdigkeit *f*; 2. *(Auskunft)* Verbindlichkeit *f*; **r.le** *adj* vertrauenswürdig, zuverlässig

reliance *n* Vertrauen *nt*

relicensing *n (Kfz)* Wiederzulassung *f*

relief *n* 1. Abhilfe *f*, Ablösung *f*; 2. Entlastung *f*, Erleichterung *f*, Linderung *f*; 3. Fürsorge *f*; 4. Rechtshilfe *f*, Klagebegehren *nt*, gerichtlicher Rechtsschutz; **r. of distress** Linderung der Not; **to grant r.** Erleichterung gewähren

judicial relief Rechtsschutz *m*; **temporary r.** 1. Abhilfe; 2. vorläufiger Rechtsschutz

relief fund *n* Härte-, Unterstützungsfonds *m*; **r. measures** Hilfsmaßnahmen; **r. organisation** Hilfswerk *nt*; **r. payment** Unterstützungszahlung *f*

relieve *v/t* abhelfen, ablösen, entheben, entlasten

religion *n* Religion *f*

relinquish *v/t* 1. *(Hoffnung, Plan, Stelle)* aufgeben; 2. *(Besitz, Recht)* aufgeben, verzichten auf, preisgeben, abtreten, überlassen, abandonieren

relinquishment *n (Amt, Eigentum)* Verzicht *m*, Abandon *nt*; **r.of an inheritance** Erbverzicht *m*; **~ ownership** Eigentumsverzicht *m*; **~ a right** Aufgabe eines Rechts, Verzicht auf ein Recht; **~ title** Eigentumsaufgabe *f*, Eigentumsverzicht *m*

relocat|e *v/t* 1. umsiedeln; 2. (Betrieb) verlegen, verlagern; **r.ion** *n* (Betriebs)Verlagerung *f*

reluctant *adj* widerwillig

remain *v/i* (ver)bleiben

remainder *n* 1. *(Erbrecht)* Anwartschaft *f/nt*; 2. (Rest)Betrag *m*, Restsumme *f*, Überrest *m*; **r. of a sentence** Reststrafe *f*, Strafrest *m*; **contingent r.** bedingte Anwartschaft

remainderman *n* Anwartschaftsberechtigter *m*

remaining *adj* übrig, verbleibend; **r. in force** Inkraftbleiben *nt*

remains *pl* Reste; **mortal r.** sterbliche Überreste

remand *v/t* 1. Untersuchungshaft anordnen, in ~ nehmen, in Haft überstellen; 2. überweisen, (zurück)verweisen

remand *n* 1. (Rücksendung in) Untersuchungshaft; 2. Überweisung *f*, Überstellung *f*, (Zurück)Verweisung *f*; **r. in custody** 1. Haftfortdauer *f*; 2. Sicherungshaft *f*

to appear on remand im Haftprüfungsverfahren vorgeführt werden; **to be on r.** in Untersuchungshaft sein/sitzen; **extended r.** Haftfortdauer *f*

remand centre/home Jugendstrafanstalt *f*; **r. court** Haftprüfungsgericht *nt*

remanding *n [US] (Rechtssache)* Zurückverweisung *f*

remand order Haftanordnung *f*; **r. prison** Untersuchungsgefängnis *nt*, Untersuchungshaftanstalt *f*; **r. prisoner** Untersuchungsgefangene(r) *f/m*, Untersuchungshäftling *m*; **r. proceedings** Haftprüfungsverfahren *nt*

remark *n* Bemerkung *f*; **r. to that effect** dementsprechende Bemerkung; **derogatory r.** abfällige Bemerkung

re-marriage *n* Wiederheirat *f*, Wiederverheiratung *f*; **r. of the surviving spouse** Wiederverheiratung des überlebenden Ehegatten; **r. clause** Wiederverheiratungsklausel *f*

remediable *adj* behebbar

remed|ial *adj* Abhilfe gewährend; **not r.ied** *adj* unbehoben

remedies *pl* Rechtsmittel, Rechtsbehelfe; **to exhaust the r.** Rechtsbehelfe erschöpfen; **domestic r.** innerstaatliche Rechtsbehelfe; **judicial r.** gerichtliche Rechtsbehelfe; **local ~** innerstaatliche Rechtsmittel

remedy *v/t* 1. abhelfen, Abhilfe schaffen; 2. abstellen, beheben, beseitigen; 3. heilen

remedy *n* 1. Abhilfe *f*; 2. Beseitigung *f*; 3. (Hilfs)Mittel *nt*; 4. Rechtsbehelf *m*, Rechtsmittel *nt*; 5. Heilmittel *nt*, Medikament *nt*; **r. of non-compliance with the required form** Heilung des Formmangels

extrajudicial remedy außergerichtlicher Rechtsbehelf; **legal r.** Rechtsbehelf *m*, gerichtlicher Rechtsschutz; **proven r.** bewährtes Mittel

remedying n Behebung f; **r. (of) a defect; ~ defects** Mängelheilung f, Mängelbeseitigung f, Nachbesserung f
remember v/t sich erinnern
remind v/t 1. (an)mahnen; 2. erinnern
reminder n 1. Anmahnung f, Mahnbrief m, Mahnschreiben nt, (Ab)Mahnung f; 2. (Zahlungs)Erinnerung f
remiss adj säumig
remission n 1. Erlass m, Erlassung f; 2. Niederschlagung f; 3. (Rechtssache) Zurückverweisung f; **r. of a claim** Forderungsverzicht m; **~ a debt** Schuldenerlass m; **~ rent** Mietermäßigung f; **~ the sentence** Erlass der Strafe, Straferlass m; **~ the remaining sentence** Erlass der Reststrafe; **~ tax** Steuererlass m
remit v/t 1. (Schulden) erlassen, nachlassen; 2. überweisen
remit n Aufgabenkreis m
remitt|al n Verweisung f; **r.ance** n (Geld) Überweisung f; **r.ee** n Überweisungsempfänger(in) m/f
remnants pl Restposten
remonstrance n 1. Beschwerde f, Vorhaltung f; 2. Gegenvorstellung f
remonstrate v/t protestieren; **r. with so.** jdm Vorhaltungen machen
remorseful adj reumütig
remote adj abgelegen, entlegen, fern; **r.ness** n Entlegenheit f, Ferne f; **~ of damage** Nichtzurechenbarkeit eines Schadens
removal n 1. Beseitigung f, Entfernung f, Fortschaffen nt; 2. Mit-, Wegnahme f; **r. of defects** (Werkvertrag) Mängelbeseitigung f; **r. from office** Entfernung/Entlassung aus dem Amt; **r. of organs (of the body)** Entnahme von Körperorganen; **~ a seal** Siegelabnahme f; **secret r.** Beiseiteschaffen nt; **~ of evidence** Beiseiteschaffen von Beweismitteln; **unlawful r. of a pawned/pledged item** Pfandverschleppung f
removal costs [GB] Umzugskosten
remove v/t 1. (Tagesordnung) absetzen; 2. beseitigen, entfernen, verlegen, wegnehmen, wegschaffen; **r. secretly** beiseite schaffen
removing by stealth n Beiseiteschaffen nt; **r. (of) defects of title** Beseitigung von Rechtsmängeln

remunerate v/t besolden, entgelten, entlohnen, vergüten
remuneration n Besoldung f, Bezahlung f, Bezüge pl, Entgelt nt, Entlohnung f, Lohn m, Vergütung f, Honorar nt; **r. in kind** Sachbezüge pl; **r. for services rendered** Entlohnung von Dienstleistungen, Entgelt für Leistungen
lump-sum remuneration Pauschalentgelt nt; **standard/usual r.** übliches Entgelt
remunerative adj einträglich, gewinnbringend
rename v/t umbenennen
render v/t 1. erbringen, leisten; 2. erlassen; 3. (Urteil) fällen; **to be r.ed** (Urteil) ergehen
rendering (of an) account n Rechenschaftslegung f; **r. (of) a service** Erbringung einer (Dienst)Leistung, **r. unserviceable** Unbrauchbarmachung f
rendition of proof n Erbringen des Nachweises
renege (on sth.) v/t wortbrüchig werden
renew v/t erneuern, prolongieren, verlängern; **r.able** adj verlängerbar
renewal n Erneuerung f, Prolongation f, Verlängerung f; **r. of a contract** Vertragserneuerung f, Erneuerung eines Vertrags; **~ copyright** Urheberrechtsverlängerung f; **~ the lease** Pachtverlängerung f; **~ a licence** Konzessions-, Lizenzverlängerung f; **~ the patent** Verlängerung des Patents; **~ a tenancy** Mietverlängerung f; **tacit r.** stillschweigende Verlängerung
renewal clause n Verlängerungsklausel f; **r. slip** (Vers.) Erneuerungsschein m
renounce v/t 1. (Verbrechen) abschwören; 2. ausschlagen, sich (von etw.) lossagen
renovat|e v/t renovieren; **r.ion** n Instandsetzung f, Renovierung f, Umbau m; **r. work** Renovierungsarbeiten pl
rent v/t 1. mieten, pachten, in Pacht nehmen; 2. [US] (Immobilien) vermieten; **r. out** vermieten, in Pacht geben
rent n Miete f, Mietgeld nt, Mietpreis m, Mietzins m, Pacht f, Pachtzins m, Raummiete f; **r. due** fällige Miete, zu zahlende Miete; **r. for business premises** Miete für gewerblich genutzte Räume; **r.**

exclusive of heating Kaltmiete *f*; **r. including heating** Warmmiete *f*
accrued rent aufgelaufene Miete; **agreed r.** vereinbarte Miete, vereinbarter Mietzins; **annual r.** Jahresmiete *f*; **comparative r.** Vergleichsmiete *f*; **controlled r.** gebundene Miete; **delinquent r.** *[US]* fällige Miete, Mietrückstand *m*; **economic r.** Kostenmiete *f*; **exorbitant r.** überhöhte Miete; **extortionate/usurious r.** Mietwucher *m*; **fair r.** angemessene Miete; **local r.** ortsübliche Miete; **staggered r.** Staffelmiete *f*; **uncontrolled r.** freie Miete
rent allowance Miet(kosten)zuschuss *m*; **r. arrears** fällige/rückständige Miete, Miet-, Pachtrückstände, Mietschuld *f*, Mietrückstand *m*; **r. collection** Mieteinzug *m*; **r. control** Mitpreisbindung *f*; **r. demand** Miet-, Pacht(zins)forderung *f*; **r. deposit** Mietkaution *f*; **r. dispute** Mietstreitigkeit *f*; **r. escalator clause** Miet(zins)anpassungsklausel *f*; **r. freeze** Mietfestschreibung *f*, Mietpreisstopp *m*; **r. increase** Miet(preis)-, Pacht(zins)erhöhung *f*; **r. payment** Miet-, Pachtzahlung *f*; **r. rebate** 1. Mieterstattung *f*; 2. Mietnachlass *m*; **to grant a r. respite** Miete stunden; **r. restriction** Mietbindung *f*, Mieterschutz *m*; **r. review** Mietanpassung *f*; **r. subsidy** Mietzuschuss *m*; **r. tribunal** Schiedsgericht für Mietstreitigkeiten
rentable *adj* *[US]* vermietbar
rental agreement *n* *(bewegliche Sache)* Mietvertrag *m*; **r. charge** Leih-, Mietgebühr *f*; **r. fees** Mietgebühren; **r. income** Mietertrag *m*; **r. value** (Miet)Ertragswert *m*; **r. table** Mietspiegel *m*
renunciation *n* Verzicht *m*; **r. of a(n) (future) inheritance** Erbverzicht *m*
renvoi *n* *(frz.)* Weiterverweisung *f*
re|-offender *n* Wiederholungstäter(in) *m/f*; **r.offending** *adj* rückfällig
re-opener clause *n* Revisionsklausel *f*
reopening *n* Wiedereröffnung *f*; **r. of the case** Wiederaufnahme des Verfahrens; **~ trial** Wiederaufnahme der Verhandlung, **~** des Verfahrens
reorder *v/t* nachbestellen
reorganiz|ation *n* Sanierung *f*, Umbildung *f*; **r.e** *v/t* umbilden, umstrukturieren

repair *v/t* ausbessern, instand setzen, reparieren
repair *n* Ausbesserung *f*, Instandsetzung *f*, Reparatur *f*; **in good r.** *(Gebäude)* in gutem Zustand; **in need of r.** reparaturbedürftig; **to be beyond r.** nicht mehr zu reparieren sein; **major r.s** größere Reparaturen; **ordinary r.s** gewöhnliche Reparaturen; **r. contract** Reparaturauftrag *m*, Instandsetzungs-, Reparaturvertrag *m*; **r. costs** Instandsetzungskosten
repairs *pl* Instandsetzungsarbeiten
reparation *n* Reparation *f*
repatriat|e *v/t* (ins Heimatland) zurückführen; **r.ion** *n* 1. Heimschaffung *f*; 2. Zurückweisung (ins Herkunftsland) *f*
repay *v/t* (rück)erstatten, rückvergüten, tilgen; **r.able** *adj* rückzahl-, tilgbar
repayment *n* 1. *(Schulden)* Rückzahlung *f*, Tilgung *f*; 2. (Rück)Erstattung *f*, Rückgewähr *f*, Rückvergütung *f*; **r. of debts** Schuldentilgung *f*, Schuldenrückzahlung *f*; **liable to make r.** (rück)erstattungspflichtig
repayment claim Rückzahlungsanspruch *m*; **r. clause** Rückzahlungsklausel *f*; **r. guarantee** Rückerstattungsgarantie *f*
repeal *v/t* *(Gesetz)* abschaffen, aufheben, außer Kraft setzen
repeal *n* Abschaffung *f*, Aufhebung *f*, Rücknahme *f*
repeated *adj* mehrmalig
repeat offence *n* Wiederholungstat *f*; **r. offender** Wiederholungstäter(in) *m/f*; **r. order** Nachbestellung *f*
repent *v/i* bereuen; **r.ance** *n* Reue *f*; **active r.** tätige Reue; **r.ant** *adj* reumütig
repetition *n* Wiederholung *f*; **in case of r.** im Wiederholungsfall
rephrase *v/t* umformulieren
replace *v/t* ersetzen; **r.able** *adj* ersatzfähig
replacement *n* Ersatz *m*, Ersetzung *f*, Wiederbeschaffung *f*; **r. clause** Wiederherstellungsklausel *f*; **r. costs** Wiederbeschaffungskosten; **r. value** Wiederbeschaffungswert *m*; **~ insurance** Neuwertversicherung *f*
replevin *n* Herausgabeklage *f*, Klage auf Herausgabe gepfändeter Sachen an den Eigentümer; *v/t* auf Herausgabe klagen

replica *n* Nachbildung *f*; **r. firearm** Imitationswaffe *f*

replication *n* Entgegnung *f*, Gegenvorbringen *nt*; **r. by the plaintiff** Erwiderung des Klägers

reply *v/ti* (be)antworten, entgegnen, erwidern, entgegenhalten

reply 1. Antwort *f*, Beantwortung *f*; 2. Entgegenhaltung *f*, Erwiderung *f*, Replik *f*; **r. and rejoinder** Replik und Duplik; **to await the r.** Antwort abwarten; **to give an evasive r.** Ausflüchte machen

report *v/ti* 1. berichten, Bericht erstatten; 2. (sich) melden; **r. about** Meldung machen über; **r. on** referieren über; **r. sick** sich krank melden

report *n* 1. (Geschäfts)Bericht *m*, Protokoll *nt*, Befund *m*; 2. (An)Meldung *f*, Anzeige *f*; **r. of the directors** Vorstandsbericht *m*; **r.s and disclosures** Meldungen und Auskünfte; **r. on the investigation** Untersuchungsbericht *m*; **r. of a loss** Verlustanzeige *f*

annual report *n* Jahres-, Rechenschaftsbericht *m*; **final r.** Schlussbericht *m*; **medical r.** ärztlicher Befund; **official r.** dienstliche Meldung

reportable *adj* anzeigepflichtig

reporter *n* Berichterstatter(in) *m/f*, Referent(in) *m/f*

reporting *n* Berichterstattung *f*; **r. of an accident** Unfallanzeige *f*; **r. sick** Krankmeldung *f*

repository *n* Verwahrungsort *m*

repossess *v/t* wieder in Besitz nehmen

repossession *n* (Wieder)Inbesitznahme *f*; **r. action** Räumungsklage *f*; **r. order** Räumungsanordnung *f*, Räumungsbefehl *m*; **r. proceedings** Räumungsverfahren *nt*

reprehensib|ility *n* Verwerflichkeit *f*; **r.le** *adj* tadelnswert, verwerflich

represent *v/t* 1. vertreten; 2. darstellen; 3. verkörpern; **r. wrongly** falsch darstellen; **to be legally r.ed**; ~ **r.ed by a lawyer** durch einen Anwalt vertreten sein, sich ~ vertreten lassen

representation *n* 1. (Stell)Vertretung *f*; 2. Darstellung *f*; 3. *(Vertrag)* Erklärung *f*; 4. Repräsentation *f*; **r. in court** Prozessvertretung *f*; **R. of the People Act** *[GB]*

Wahlgesetz *nt*; **r. of violence** Gewaltdarstellung *f*

to decline representation Vertretung ablehnen; **to make r.s** vorstellig werden, Vorstellungen erheben; **to resign r.** Vertretung niederlegen; **to take over r.** Vertretung übernehmen

adequate representation *n* angemessene Vertretung; **compulsory r.** Anwalts-, Vertretungszwang *m*; **consular r.** Konsularvertretung *f*; **legal r.** Vertretung vor Gericht, anwaltliche/gesetzliche/rechtliche Vertretung; **mandatory r. (by a lawyer)** Anwaltszwang *m*; **material r.s** wesentliche Angaben; **official r.** amtliche Vertretung; **pictorial r.** bildliche Darstellung, Bild *nt*; **professional r.** berufsständische Vertretung; **proportional r.** 1. Proporz *m*; 2. Verhältniswahlrecht *nt*

representative *adj* repräsentativ, stellvertretend

representative *n* Beauftragte(r) *f/m*, (Stell)Vertreter(in) *m/f*; **to appoint a r.** Vertreter bestellen

authorized representative Bevollmächtigte(r) *f/m*, bevollmächtigter Vertreter, Vertretungsberechtigte(r) *f/m*; **commercial r.** Handelsvertreter(in) *m/f*; **consular r.** Konsularvertreter(in) *m/f*; **legal r.** 1. Beistand *m*, Rechtsvertreter(in) *m/f*; 2. gesetzlicher Vertreter; **permanent r.** ständiger Vertreter; **unauthorized r.** Vertreter ohne Vertretungsmacht

repressi|on *n* Repression *f*, Unterdrückung *f*; **r.ve** *adj* repressiv

reprieve *v/t* 1. Urteilsvollstreckung aussetzen, Strafvollstreckungsaufschub gewähren; 2. begnadigen; *n* 1. Aufschub *m*, Straf-, Vollstreckungsaufschub *m*; 2. Begnadigung *f*; 3. Gnadenfrist *f*

reprimand *v/t* ermahnen, maßregeln, rügen, tadeln, verwarnen, Verweis erteilen, zurechtweisen; *n* Ermahnung *f*, Maßregelung *f*, Rüge *f*, Tadel *m*, Verwarnung *f*, Verweis *m*, Zurechtweisung *f*

reprint *v/t* ab-, nachdrucken; *n* Ab-, Nachdruck *m*

reprisal *n* Repressalie *f*, Vergeltung(smaßnahme) *f*

reproach *v/t* vorhalten, vorwerfen; *n* Vorhaltung *f*, Vorwurf *m*; **to be above r.** über jeden Vorwurf erhaben sein

reprocessing plant *n* *(Atommüll)* Wiederaufarbeitungsanlage *f*

reproduce *v/t* 1. ab, nachbilden, nachbauen; 2. nachdrucken, vervielfältigen

reproduction *n* 1. Abbildung *f*, Nachbau *m*, Nachbildung *f*; 2. Nachdruck *m*, Vervielfältigung *f*; 3. *(Ton, Bild)* Wiedergabe *f*; **unlicensed r.** unerlaubter Nachdruck

repudiate *v/t* 1. *(Anspruch)* ablehnen, ab-, zurückweisen, nicht anerkennen; 2. bestreiten, leugnen

repudiation *n* 1. Ablehnung *f*, Abweisung *f*; 2. *(Schuld)* Bestreiten *nt*; 3. *(Anspruch)* Nichtanerkennung *f*, Zurückweisung *f*; **r. of a contract** Erfüllungsverweigerung *f*, Rücktritt vom Vertrag; **~ debt** Nichtanerkennung einer Schuld

repulsive *adj* widerwärtig; **r.ness** *n* Widerwärtigkeit *f*

repurchase *v/t* zurückkaufen; *n* Rückkauf *m*, Rücknahme *f*; **r. agreement** Rückkaufvereinbarung *f*

reputable *adj* angesehen

reputation *n* Ansehen *nt*, Leumund *m*, Ruf *m*; **to expose so.'s r. to risk** jdn kompromittieren; **to have a good r.** guten Namen haben; **so.'s r. is tarnished** jdm haftet ein Makel an

repute *n* Leumund *m*; **good r.** einwandfreier Leumund; **ill r.** schlechter Leumund; **of ~** von schlechtem Ruf

reputed *adj* beleumundet

request *n* 1. Anforderung *f*; 2. Antrag *m*, Bitte *f*, Ersuchen *nt*, Gesuch *nt*, Petitum *nt*, Wunsch *m*; **at so.'s r.** auf jds Ersuchen; **~ the r. of** auf Anforderung/Antrag von; **~ the special r. of** auf besonderen Antrag von; **on r.** auf Wunsch

request for arbitration Schiedsantrag *m*; **~ judicial assistance** Rechtshilfeersuchen *nt*; **~ mutual assistance** *(StR)* Rechtshilfeersuchen *nt*; **~ extradition** Auslieferungsantrag *m*; **~ an extension of time** Fristverlängerungsantrag *m*; **~ extradition** Auslieferungsbegehren *nt*, Auslieferungsersuchen *nt*; **~ files** Aktenanforderung *f*; **~ information** Auskunftsersuchen *nt*; **r. to interrogate** Vernehmungsersuchen *nt*; **r. for leave**

to speak Wortmeldung *f*; **~ payment** Mahnung *f*, Zahlungsaufforderung *f*; **~ a reference** Referenzanforderung *f*; **~ service** Zustellungsersuchen *nt*; **~ summons** Ladungsgesuch *nt*; **~ a transfer** Versetzungsantrag *m*

to refuse a request *(Gesuch)* abschlägig bescheiden

request *v/t* bitten um, er-, nachsuchen um; **as r.ed** wunschgemäß

require *v/t* bedürfen, benötigen, erfordern, gebieten, notwendig machen

required *adj* erforderlich, vorgeschrieben; **r. to report** berichtspflichtig

requirement *n* 1. Erfordernis *nt*, Anforderung *f*, Voraussetzung *f*; 2. Bedarf *m*, Bedürfnis *nt*; 3. Forderung *f*; **r.s of the law** gesetzliche Anforderungen; **r. to produce (a document)** Vorlegungspflicht *f*

to comply with the requirements den Anforderungen entsprechen; **to meet the r.** Voraussetzungen erfüllen

constitutional requirement verfassungsmäßiges Erfordernis, verfassungsmäßige Voraussetzung; **de facto r.** tatsächliche Voraussetzung; **formal r.** Formerfordernis *nt*, Formvorschrift *f*; **legal r.** rechtliche Voraussetzung; **personal r.s** Eigenbedarf *m*; **procedural r.** Prozessvoraussetzung *f*, Verfahrenserfordernis *f*, verfahrensrechtliche Voraussetzung; **statutory r.s** gesetzliche Voraussetzungen; **technical r.** Formerfordernis *nt*

requisite *adj* erforderlich, notwendig

requisition *v/t* beschlagnahmen, requirieren; **r.ing** *n* Beschlagnahme *f*, Requisition *f*

re-route *v/t* *(Sendung)* umleiten

res *n* *(lat.)* Sache *f*; **r. judicata** *(lat.)* entschiedene Sache

resale *n* Weiterverkauf *m*, Weiterveräußerung *f*, Weitervertrieb *m*, Wiederveräußerung *f*, Wiederverkauf *m*; **r. price** Wiederverkaufspreis *m*; **~ maintenance** Preisbindung der zweiten Hand; **r. restriction** Vertriebsbindung *f*

rescind *v/t* 1. anfechten; 2. aufheben, außer Kraft setzen, für ungültig erklären; 3. *(Vertrag)* rückgängig machen, vom Vertrag zurücktreten

rescission *n* 1. Anfechtung *f*; 2. Annullierung *f*, Aufhebung *f*, Auflösung *f*, Nichtig-, Ungültigkeitserklärung *f*, Rückgängigmachung *f*; 3. *(Vertrag)* Rücktritt *m*, Wandelung *f*; **r. for breach of warranty** Rückgängigmachung wegen Gewährleistungsbruch; **r. of a contract** Vertragsanfechtung *f*, Rücktritt vom Vertrag, Vertragsannullierung *f*, Rückgängigmachung eines Vertrages; **r. on the grounds of non-performance** Rücktritt wegen Nichterfüllung; **r. for misrepresentation** Anfechtung wegen falscher Darstellung von Tatsachen; **partial r.** Teilrücktritt *m*

rescue *v/t* 1. bergen; 2. sanieren

rescue *n* Rettung *f*; **r. of goods lawfully distrained** Verstrickungsbruch *m*; **~ prisoners** Gefangenenbefreiung *f*

rescue operation *n* Bergung *f*, Rettungsaktion *f*; **r. party** Rettungsmannschaft *f*; **r. service** Rettungsdienst *m*

resell *v/t* weiterverkaufen, weiterveräußern; **r.er** *n* Wiederverkäufer *m*; **~'s liability** Haftung des Wiederverkäufers

resentment *n* Ressentiment *nt*

reservation *n* 1. (Vertrags)Vorbehalt *m*, Vorbehaltserklärung *f*, Einschränkung *f*, Ausbedingung *f*; 2. Bedenken *nt*, Zweifel *m*; **with r.s** unter Vorbehalt; **r. of assent/consent** Einwilligungs-, Zustimmungsvorbehalt *m*; **~ discharge** Befreiungsvorbehalt *m*; **~ ownership** Eigentumsvorbehalt *m*; **~ priority/rank** Rangvorbehalt *m*

reservation of a right Rechtsvorbehalt *m*; **~ to cancel** Rücktrittsvorbehalt *m*; **~ to rescind** Rücktrittsvorbehalt *m*

reservation of title Eigentumsvorbehalt *m*; **with ~** unter Eigentumsvorbehalt; **~ clause** Eigentumsvorbehaltsklausel *f*

central reservation *n* *[GB]* Mittelstreifen *m*; **legal r.** 1. Gesetzesvorbehalt *m*; 2. Rechtsvorbehalt *m*; **mental r.** geheimer Vorbehalt, Mentalreservation *f*, reservatio mentalis *(lat.)*; **r. clause** Vorbehaltsklausel *f*

reserve *v/t* 1. *(Recht)* ausbedingen, vorbehalten; 2. vorbestellen

reserve *n* 1. Reserve *f*, Rücklage *f*; 2. Zurückhaltung *f*

reserve|s pursuant to the articles in der Satzung festgelegte Rücklage(n); **r.s for depreciation** Rücklage(n) für Wertminderung; **~ replacements** Rücklage(n) für Ersatzbeschaffung; **to draw on the r.s** Reserven angreifen

appropriated reserve|s zweckgebundene Rücklagen; **declared r.s** ausgewiesene Rücklagen; **open r.s** offene Rücklage(n); **statutory r.s** gesetzliche Rücklage(n); **uncommitted r.s** freie Rücklage(n); **undisclosed r.s** stille Rücklage(n)

reserve bid Mindestgebot *nt*; **r. fund** Rücklage *f*; **r. juror** *n* Hilfsschöffe *m*

residence *n* Wohnsitz *m*; **r. abroad** Auslandswohnsitz *m*; **r. for tax purposes** Steuerwohnsitz *m*

to change one's residence Aufenthalt ändern; **to take up r.** sich niederlassen, Wohnsitz begründen

dual residence *n* Doppelwohnsitz *m*; **privately owned r.** Eigenheim *nt*; **permanent r.** ständiger Wohnsitz, Dauerwohnsitz *m*

residence ban Aufenthaltsverbot *nt*; **r. certificate** Aufenthaltsbescheinigung *f*; **r. check** Wohnsitzüberprüfung *f*; **r. documents/papers** aufenthaltsrechtliche Papiere, Aufenthaltspapiere; **r. law** Aufenthaltsrecht *nt*; **in terms of ~** aufenthaltsrechtlich; **r. permit** Aufenthaltserlaubnis *f*, Aufenthaltsgenehmigung *f*; **temporary ~** Aufenthaltsgestattung *f*; **r. requirement** Wohnsitzerfordernis *f*; **r. restriction** Aufenthaltsbeschränkung *f*

resident *adj* (orts)ansässig, wohnhaft, beheimatet; **to be r. in/at …** seinen Wohnsitz haben in ...; **r. abroad** im Ausland wohnhaft

resident *n* 1. Anlieger *m*, An-, Be-, Einwohner(in) *m/f*, Mitbewohner(in) *m/f*; 2. (Gebiets)Ansässige(r) *f/m*, Inländer *m*; **r. in a home** Heimbewohner(in) *m/f*; **local r.** Ortsansässige(r) *f/m*

residents only *pl* *(Schild)* Anliegerverkehr *m*; **open to r.** Anlieger frei; **r.' registration office** Einwohnermeldeamt *nt*

residual *adj* übrig

residue *n* Rest *m*; **r.s** Rückstände

resign *v/ti* 1. ab-, aus-, zurücktreten, aufgeben; 2. Amt niederlegen

resignation *n* 1. Austritt *m*; 2. *(Amt)* Rücktritt *m*; **to hand in one's r.** Rücktrittsgesuch einreichen; **to tender one's r.** Rücktritt anbieten

resist *v/t* Widerstand leisten, sich wehren

resistance *n* Gegenwehr *f*, Widerstand *m*; **r. to state authority** Widerstand gegen die Staatsgewalt; **armed r.** bewaffneter Widerstand; **passive r.** passiver Widerstand

resisting bailiffs *n* Widerstand gegen Vollstreckungsbeamte

resolution *n* 1. Entschließung *f*, Resolution *f*; 2. Beschluss *m*; 3. Entschluss *m*; **r. of the annual general meeting** Hauptversammlungsbeschluss *m*; **~ managing board** Vorstandsbeschluss *m*

resolve *v/t* beschließen, sich entschließen; **be it r.d** es ergeht folgender Beschluss

resonance *n* Resonanz *f*

resort *n* Zuflucht *f*, Inanspruchnahme *f*; **last r.** letztes Mittel; **as a ~** als letzter Ausweg; **to be so.'s ~** jds letzte Zuflucht sein

resort to sth. *v/prep* Zuflucht zu etw. nehmen

resources *pl* *(Geld)* Mittel, Ressourcen; **natural r.** Bodenschätze

respect *n* 1. Respekt *m*; 2. Hinsicht *f*; 3. Ansehung *f*, **in r. of; with r. to** hinsichtlich; **r. of human rights** Achtung der Menschenrechte

respective *adj* jeweilig; **r.ly** *adv* beziehungsweise

respite *n* 1. Fristverlängerung *f*, Nachfrist *f*; 2. (Forderungs)Stundung *f*, Vollstreckungs-, Zahlungsaufschub *m*; **r. for payment** Zahlungsaufschub *m*

to grant a respite Aufschub/Frist bewilligen, Frist/Stundung gewähren, stunden, Zahlungsaufschub einräumen, Nachfrist setzen; **~ for the payment of a debt** Zahlung stunden; **additional r.** Nachfrist *f*, **final r.** Galgenfrist *f (coll)*

respond to *v/prep* reagieren auf; **r.eat superior** *(lat.)* Haftung für den Verrichtungsgehilfen

respondent *n* Anfechtungs-, Beschwerdegegner *m*, (Revisions)Beklagte(r) *f/m*; **r. in arrest proceedings** Arrestschuldner *m*; **~ divorce proceedings** Scheidungsbeklagte(r) *f/m*

response *n* Reaktion *f*; **pupillary r.** Pupillenreaktion *f*

responsibility *n* 1. Verantwortung, Verantwortlichkeit *f*, Haftung *f*; 2. Obliegenheit *f*, Kompetenz *f*; 3. *(StR)* Zurechnungsfähigkeit *f*; **own r.** Selbstverantwortung *f*; **on one's ~** auf eigene Verantwortung; **the r. lies with** die Verantwortung liegt bei; **r. for executive organs** Organhaftung *f*; **r. of a third party** Fremdverschulden *nt*; **r. for torts/civil wrongs** Deliktfähigkeit *f*

to accept responsibility for sth. etw. verantworten; **to assume r.** Verantwortung übernehmen; **to bear r.** Verantwortung tragen; **to decline r.** Verantwortung ablehnen; **to delegate r.** Verantwortlichkeit delegieren; **to deny/disclaim r.** Verantwortung ablehnen; **to evade r.** sich aus der Verantwortung stehlen; **to shift r.** Verantwortung abwälzen; **to shirk r.** sich aus der Verantwortung stehlen; **to take r. for sth.** Verantwortung für etw. übernehmen

chief responsibility *n* Hauptverantwortung *f*; **collective r.** Kollektivverantwortung *f*; **criminal r.** strafrechtliche Haftung/Verantwortung, Schuld-, Zurechnungsfähigkeit *f*; **below the age of ~** strafunmündig; **diminished ~** verminderte Schuldfähigkeit/Zurechnungsfähigkeit; **joint r.** Kollektivverantwortung *f*, Mitverantwortung *f*, Verbundzuständigkeit *f*; **overall r.** Gesamtverantwortung *f*; **overriding r.** übergeordnete Zuständigkeit; **sole r.** alleinige Verantwortung; **having ~** eigenverantwortlich

responsible *adj* 1. verantwortlich, zuständig; 2. verantwortungsbewusst; **to be r.** verschulden; **~ for** aufkommen für, zu vertreten haben, verantwortlich zeichnen für; **not ~ for sth.** etw. nicht zu vertreten haben; **to hold so. r.** jdn zur Verantwortung ziehen, ~ verantwortlich machen

civilly responsible haftend; **criminally r.** 1. strafrechtlich verantwortlich; 2. schuld-, zurechnungsfähig; **jointly r.** gemeinsam verantwortlich

rest *n* 1. Ruhepause *f*; 2. Rest *m*; **r. area** Ruhezone *f*; **r. period** Ruhepause *f*, Ruhezeit *f*; **~ for drivers** Ruhezeit für Kraftfahrzeugführer

restitute *v/t* herausgeben

restitution *n* 1. Entschädigung *f*; 2. Ersatz *m*, Erstattung *f*; 3. Herausgabe *f*; 4. Rückgabe *f*, Restitution *f*; 5. *(früherer Rechtszustand)* Wiederherstellung *f*; 6. Rückerstattung *f*, Rückgewähr *f*; **r. to the previous condition** Wiedereinsetzung in den vorherigen Stand, restitutio in integrum *(lat.)*; **r. of an item** Herausgabe eines Gegenstandes; **~ confiscated items** Herausgabe beschlagnahmter Sachen; **~ conjugal life** Wiederherstellung der ehelichen Lebensgemeinschaft; **r. in kind** Naturalrestitution *f*; **r. of property** Rückerstattung von Vermögen, Rückgabe des Eigentums; **~ the original state** Wiederherstellen des eigentlichen/früheren Zustandes

liable to make restitution rückerstattungspflichtig

restitution claim Rückerstattungsanspruch *m*; **r. duty** Wiederherstellungspflicht *f*; **r. order** Rückerstattungsbeschluss *m*; **r. proceedings** Rückerstattungsverfahren *nt*; **r. suit** Wiederherstellungsklage *f*

restoration *n* 1. Herausgabe *f*, Rückgabe *f*; 2. Wiederherstellung *f*, Instandsetzung *f*; 3. Wiedereinsetzung *f*; **r. of possession** Wiedereinräumung des Besitzes, Wiedereinsetzung in den Besitz; **~ one's rights** Wiedereinsetzung in seine Rechte

restor|e *v/t* 1. heraus-, zurückgeben; 2. wiederherstellen; **r.ing law and order** *n* Wiederherstellung der öffentlichen Ordnung

restrain os. *v/refl* sich zurückhalten/zügeln

restraint *n* 1. Einschränkung *f*, Freiheitsbeschränkung *f*, Hemmung *f*; 2. Verbot *nt*; **r. on alienation** Veräußerungsverbot *nt*; **statutory ~** gesetzliches Veräußerungsverbot; **r. of competition** Behinderung des Wettbewerbs; **~ disposal** Veräußerungsbeschränkung *f*; **~ disposition** Verfügungsverbot *nt*; **~ marriage** Eheverbot *nt*; **~ trade** 1. Einschränkung des Wettbewerbs, Handels-, Wettbewerbsbeschränkung *f*; 2. Wettbewerbsverbot *nt*; **~ use** Nutzungsuntersagung *f*

restrict *v/t* 1. be-, einschränken; 2. be-

grenzen, drosseln; **r.ed** *adj* befristet, begrenzt, be-, eingeschränkt

restriction *n* Begrenzung *f*, Be-, Einschränkung *f*; **r. of admission(s)** Zulassungsbeschränkung *f*; **~ distribution** Vertriebsbeschränkung *f*; **~ the establishment of a business** Niederlassungsbeschränkung *f*; **~ freedom** Einschränkung der Freiheit; **~ civil liberties** Einschränkung von Grundrechten; **~ trade** Handelsbeschränkung *f*; **~ transferability** Vinkulation *f*, Vinkulierung *f*

to impose restrictions Beschränkungen auferlegen; **to lift r.** Beschränkungen aufheben

statutory restriction gesetzliche Beschränkung

restrictive *adj* be-, einschränkend, restriktiv, wettbewerbsbeschränkend; **R. Practices Court** *[GB]* Kartellgericht *nt*; **R. Trade Practices Act** *[GB]* Kartellgesetz *nt*

restructure *v/t* umstrukturieren

resubmission *n* Wiedervorlage *f*

result from *v/prep* folgen/sich ergeben aus

result *n* 1. Ergebnis *nt*, Ausgang *m*; 2. Effekt *m*, Folge *f*; **r.s** *pl* Gewinnergebnis *nt*; **r. of the investigation** Ermittlungsergebnis *nt*

resume *v/t* wiederaufnehmen

resumé *n (frz.)* 1. *[US]* Lebenslauf *m*; 2. Zusammenfassung *f*, Resümee *nt*

resumption *n* 1. Wiederaufgreifen *nt*; 2. *(Arbeit, Beziehungen, Verfahren, Verhandlungen)* Wiederaufnahme *f*; **r. of business** Wiederaufnahme der Geschäftstätigkeit; **~ possession** Wiederinbesitznahme *f*; **~ work** Wiederaufnahme der Arbeit

resuscitate so. *v/t* jdn wiederbeleben

retailer *n* Einzelhändler *m*

retail outlet *n* Einzelhandels-, Ladengeschäft *nt*; **r. price maintenance** Preisbindung der zweiten Hand; **r. shop/store** Einzelhandelsgeschäft *f*; **r. trade** Einzelhandel *m*

retain *v/t* 1. beibehalten; 2. *(Anwalt)* beauftragen; 3. *(Gewinn)* ein-, zurückbehalten, thesaurieren; 4. aufbewahren

retainer *n* (Anwalts-/Gebühren)Honorar *nt*, Honorarvorschuss *m*

retaining fee *n* *(Anwalt)* Honorarvorschuss *m*; **r. (of) a lawyer** Mandierung *f*; **r. lien** Zurück(be)haltungsrecht *nt*

retaliat|e *v/i* vergelten, Vergeltung üben; **r.ion** *n* Vergeltung *f*, Retorsion *f*

retarded *adj* (geistig) zurückgeblieben

retention *n* 1. *(Vers.)* Eigen-, Selbstbehalt *m*, Selbstbeteiligung *f*; 2. Ein-, Zurückbehaltung *f*; 3. Thesaurierung *f*; **r. of ownership/title** Eigentumsvorbehalt *m*

retire *v/i* 1. in den Ruhestand treten; 2. sich zurückziehen; **r. for deliberation** sich zur Beratung zurückziehen; **r. prematurely** vorzeitig in den Ruhestand treten

retir|ed *adj* pensioniert, im Ruhestand (i. R.); **r.ee** *n [US]* Rentner(in) *m/f*, Pensionär(in) *m/f*

retirement *n* 1. Rücktritt *m*; 2. Ruhestand(sverhältnis) *m/nt*; **r. on medical grounds** Verrentung/Pensionierung aus gesundheitlichen Gründen; **r. by rotation** turnusmäßiger Rücktritt

early retirement *n* Vorruhestand *m*; **to take ~** vorzeitig in den Ruhestand treten; **~ scheme** Vorruhestandsregelung *f*; **involuntary r.** Zwangspensionierung *f*

retirement age *n* Pensions-, Renten-, Ruhestandsalter *nt*; **r. benefits** Pensionsbezüge; **r. insurance** Renten-, Pensionsversicherung *f*; **r. pension** (Alters)Rente, Pension *f*, Ruhegehalt *nt*, Ruhegeld *nt*; **r. scheme** Ruhestandsregelung *f*

retort *v/t* entgegnen, erwidern

retract *v/t* *(Äußerung)* zurücknehmen, widerrufen

retraction *n* (Zu)Rücknahme *f*, Widerruf *m*; **r. of the confession** Widerruf des Geständnisses; **~ an insult** Zurücknahme einer Beleidigung; **~ a promise** Zurücknahme eines Versprechens; **~ false statements** Widerruf falscher Aussagen; **~ testimony** Widerruf der Zeugenaussage

retrain *v/t* umschulen; **r.ing scheme** *n* Umschulung(smaßnahme) *f*

retransfer *v/t* rückübereignen, (zu)rückübertragen, zurücküberweisen; *n* Rückübertragung *f*

retrial *n* *(Gericht)* Neuverhandlung *f*, Wiederaufnahmeverfahren *nt*

retribution *n* Vergeltung *f*

retriev|al *n* Wiedererlangung *f*, Wiedergewinnung *f*; **r.e** *v/t* zurückerhalten, zurückerlangen

retroactive *adj* rückwirkend

retroce|de *v/t* retrozedieren, zurückabtreten; **r.dent** *n* Retrozedent *m*; **r.cession** *n* Retrozession *f*, Rückabtretung *f*

retrofication *n* Retrofizierung *f*; **r. proceedings** Retrofizierungsverfahren *nt*

in retrospect *n* im Nachhincin; **r.ive** *adj* rückwirkend

retry *v/t* neu verhandeln

return *v/t* heraus-, zurückgeben, (zu)rückgewähren

return *n* 1. Ertrag *m*, Gewinn *m*; 2. Heraus-, (Zu)Rückgabe *f*, Rückerstattung *f*, Rückgewähr *f*; **by r. of mail/post** postwendend; **r. unsatisfied** 1. *(nach Konkursanmeldung)* mangels Masse; 2. Pfandabstand *m*; **r. on capital employed** Kapitalrendite *f*; **~ equity (ROE)** Eigenkapitalrendite *f*; **r. of gifts** Rückgabe der Geschenke; **r. on investment** Kapitalrendite *f*; **r. of a pledged item** Pfandrückgabe *f*; **~ the rented item** Rückgabe der Mietsache; **~ nihil** *(lat.)* Mitteilung der Unzustellbarkeit

joint return gemeinsame Steuererklärung; **to file ~/separate r.s** sich gemeinsam/getrennt veranlagen lassen; **nil r.** Fehlanzeige *f*

return journey/trip Rückfahrt *m*

returning officer *n* *[GB]* Wahl(amts)leiter(in) *m/f*

reuniting *n* Zusammenführung *f*; **r. (of) divided families** Familienzusammenführung *f*

revaluation *n* 1. Neubewertung *f*; 2. *(Währung)* Aufwertung *f*

revalue *v/t* 1. neu bewerten; 2. aufwerten

reveal *v/t* 1. enthüllen, entlarven, offen legen, offenbaren, preisgeben; 2. ausweisen

revelation *n* Enthüllung *f*, Offenbarung *f*, Offenlegung *f*

revenge *n* Rache *f*

revenue *n* Einkommen *nt*; **r.s** Einnahme(n) *f/pl*, Einkünfte *pl*; **r. law** Abgaben-, Steuerrecht *nt*; **r. offence** Steuerstraftat *f*; **r. officer** Steuerbeamter *m*, Steuerbeamtin *f*; **r. stamp** Steuermarke *f*

reversal *n* *(Urteil)* Aufhebung *f*, Kassation *f*; 2. Umkehr(ung) *f*, Umschwung *m*;

r. of the burden of proof Umkehr(ung) der Beweislast

reverse *adj* entgegengesetzt; *v/ti* 1. rückwärts fahren; 2. *(Entscheidung)* umstoßen

reversible *adj* umkehrbar

reversion *n* 1. Heimfall *m*, Nacherbschaft *f*; 2. Übergang *m*; **r. of a sentence** *(Urteil)* Nichtigkeitserklärung *f*; **r. clause** Heimfallsklausel *f*

revert *v/i* *(Eigentum)* heimfallen, (an jdn) zurückfallen

review *v/t* nach-, überprüfen, erneut bedenken

review *n* Nach-, Überprüfung *f*, Revision *f*; **r. on appeal** Überprüfung durch die Rechtsmittelinstanz; **R. of Elections Act** *[GB]* Wahlprüfungsgesetz *nt*; **r. of a pretrial order for committal to custody** Haftprüfungsverfahren *nt*; **~ quotas** Überprüfung der Quoten; **~remand (in custody); r. under writ of habeas corpus** *(lat.)* Haftprüfung *f*

judicial review *n* 1. gerichtliche/richterliche Nachprüfung, ~ Überprüfung; 2. Revision *f*; Normenkontrolle *f*; **j. r. of an arrest** Haftprüfung *f*; **~ a legal norm** Normenkontrolle *f*; **~ remand (in custody)** Haftprüfung *f*; **j. r. procedure** Normenkontrollverfahren *nt*

pre-trial review Vorverfahren *nt*

review board Berufungsausschuss *m*; **r. procedure/proceedings** Normenkontrollverfahren *nt*

reviewable *adj* rechtsmittelfähig

reviling the memory of the dead *n* Verunglimpfung des Andenkens Verstorbener

revindicat|e *v/t* revindizieren; **r.ion** *n* Revindikation *f*

revise *v/t* 1. abändern, überarbeiten; 2. neu regeln

revision *n* 1. Abänderung *f*, Überarbeitung *f*; 2. Neuregelung *f*; **liable to r.** revisibel; **r. of contract** Vertragsrevision *f*; **interlocutory r.** Abhilfe *f*

revival *n* *(Recht)* Wiederaufleben *nt*, Wiederinkraftsetzung *f*; **r. of the maintenance claim** Wiederaufleben des Unterhaltsanspruchs; **~ extinct legal relations** Wiederaufleben erloschener Rechtsverhältnisse; **r. clause** Wiederauflebensklausel *f*

revocability *n* Widerruflichkeit *f*; **r. of consent** Widerruflichkeit der Einwilligung

revocable *adj* widerruflich

revocation *n* 1. Rücknahme *f*, Widerruf *m*; 2. *(Patentrecht)* Aberkennung *f*, Nichtigkeitserklärung *f*; **subject to r.** bis auf Widerruf, vorbehaltlich des Widerrufs; **r. of the adoption order** gerichtliche Aufhebung der Adoption; **~ agency** Widerruf der Vertretung; **~ authority** Vollmachtsentzug *m*; **~ the gift** Widerruf der Schenkung; **~ a legacy** Legatsentziehung *f*; **~ a licence** Konzessions-, Lizenzentzug *m*, Lizenzentziehung *f*; **~ an offer** Rücknahme eines Angebots; **~ a patent** Patententziehung *f*; **~ power of attorney** Vollmachtswiderruf *m*, Entziehung/Widerruf der Vertretungsmacht; **~ probation** Widerruf der Strafaussetzung; **~ probate** Einziehung des Erbscheins; **~ a will** Testamentswiderruf *m*, Widerruf eines Testaments

constructive revocation *n* Widerruf kraft Gesetzes

revocation action Nichtigkeitsklage *f*; **r. clause** Widerrufsklausel *f*; **r. division** Nichtigkeitsabteilung *f*; **r. proceedings** *(Patentrecht)* Nichtigkeitsverfahren *nt*

revoke *v/t* 1. aberkennen; 2. *(Vertrag)* aufheben; 3. widerrufen, zurücknehmen, zurückziehen; **until r.d** widerruflich, bis auf Widerruf

revolt *n* Rebellion *f*

revolution *n* Umsturz *m*

reward *v/t* belohnen

reward *n* Belohnung *f*; **r. paid for the capture of a criminal** Kopfgeld *nt*; **to offer a r.** Belohnung aussetzen/ausloben; **fair r.** angemessene Belohnung

rework *v/t* nach-, überarbeiten; **r. expense** Nacharbeitungskosten

ride *n* *[US]* Mitfahrgelegenheit *f*

rider *n* 1. *(Urkunde)* Nachtrag *m*; 2. Vertragsergänzung *f*; 3. *(Gesetzentwurf)* Zusatz(klausel) *m/f*, Zusatzparagraf *m*; 4. *(Vers.)* Zusatzpolice *f*, ergänzende Bestimmungen

riffraff *n* *(pej)* Lumpengesindel *nt* *(pej)*

rifle *n* Gewehr *nt*

right *n* 1. (subjektives) Recht; 2. Anrecht *nt*, Anspruch *m*, Berechtigung *f*; **as of r.;**

by r.s von Rechts wegen, rechtens; ~ what r.? mit welchem Recht?; **without any r.s** rechtlos; **all r.s** sämtliche Rechte; ~ **reserved** alle Rechte vorbehalten, freibleibend

right to abatement of a nuisance Beseitigungsanspruch *m*; **r. of abode** Aufenthaltsrecht *nt*; ~ **access** *n* 1. Recht auf Zutritt, Zugangs-, Zutrittsrecht *nt*; 2. *(Kinder)* Besuchs-, Umgangs-, Verkehrsrecht *nt*; **to have** ~ **access** (rechtsmäßigen) Zugang/Zutritt haben

right to accruals Anwachsungsrecht *nt*; **r. to have an act terminated and prohibited** Beseitigungs- und Unterlassungsanspruch *m*; ~ **bring an action** Klagerecht *nt*; ~ **alienate** Veräußerungsrecht *nt*; **r. of appeal** Berufungs-, Beschwerderecht *nt*, Rechtsmittel *nt*; ~ **approach** *(Völkerrecht)* Recht auf Flaggenerkundung; ~ **appropriation** Aneignungsrecht *nt*; ~ **approval** Bestätigungsrecht *nt*; ~ **assembly** Versammlungsfreiheit *f*; **r. to follow the asset** Folgerecht *nt*; **r. of assignment** Zuweisungsrecht *nt*; ~ **asylum** Asylrecht *nt*, Recht auf Asyl; ~ **attachment** Forderungspfandrecht *nt*; ~ **audience** *(Anwalt, Gericht)* Auftrittsrecht *nt*, Postulationsfähigkeit *f*; **r. to augmentation of the compulsory/statutory portion** Pflichtteilergänzungsanspruch *m*; **r. of free collective bargaining** Tarifautonomie *f*; **r. to benefits** Leistungsanspruch *m*

right of cancellation 1. Kündigungs-, Rücktrittsrecht *nt*; 2. Löschungsanspruch *m*; **statutory r. of c.** gesetzliches Rücktrittsrecht; **stipulated r. of c.** vereinbartes Rücktrittsrecht

right of capture Beuterecht *nt*; ~ **public citation** Vortragsrecht *nt*; **r. to claim** Forderungsrecht *nt*; **r.s giving a prior claim to satisfaction** Konkursvorrechte

right of codetermination Mitbestimmungs-, Mitspracherecht *nt*; ~ **command** Befehlsrecht *nt*; **r. to compensation** Recht auf Entschädigung; **r. of complaint** Beschwerderecht *nt*; **r. to answer a complaint as the competent party** Passivlegitimation *f*; **r. of consumption** Verbrauchsrecht *nt*; **r. to cancel/rescind a contract** Vertragsaufhe-

bungsrecht *nt*; ~ **terminate a contract** *(Vertrag)* Kündigungsrecht *nt*

right of control Kontrollrecht *nt*; ~ **of partners** *(OHG, KG)* Kontrollrecht der Teilhaber; ~ **of shareholders** *(GmbH, AG)* Kontrollrecht der Gesellschafter/Aktionäre

right of conversion Konversions-, Wandlungsrecht *nt*; **r. to counsel** Recht auf Hinzuziehung eines Verteidigers; **r. of custody** Verwahrungsrecht *nt*; ~ **custody (of the children)** Sorgerecht *nt*; **r. to recover damages** Recht auf Schaden(s)ersatz; **sole r. of decision** Alleinentscheidungsrecht *nt*; **r. to make a decision** Entscheidungsrecht *nt*; **r. of ultimate decision** Letztentscheidungsrecht *nt*; **r. to be a legitimate defendant** Passivlegitimation *f*; ~ **demonstrate** Demonstrationsrecht *nt*; **r. of discovery** *(Prozessrecht)* Recht auf Auskunftserteilung; ~ **disposal** Veräußerungs-, Verkaufsrecht *nt*; ~ **disposition** Verfügungsrecht *nt*; ~ **distribution** *(Urheberrecht)* Verbreitungsrecht *nt*; ~ **domicile** Heimatrecht *nt*; **r.s and duties** Rechte und Pflichten

right of education Erziehungsrecht *nt*; **parental** ~ elterliches Erziehungsrecht; **r. to education** Recht auf Bildung/Erziehung

right to stand for election passives Wahlrecht; **r. of emption** Kaufrecht *nt*; ~ **enclosure** Einhegungsrecht *nt*; ~ **enjoyment** Genussrecht *nt*; ~ **quiet enjoyment** Recht auf ungestörte Nutzung; ~ **entry** Eintrittsrecht *nt*; **r. to have an entry expunged from a register** Löschungsanspruch *m*; **r. of escheat** Heimfallrecht *nt*; ~ **establishment** Niederlassungsrecht *nt*

right to refuse to give evidence Aussage-, Zeugnisverweigerungsrecht *nt*

right of exclusion Ausschließungs-, Ausschlussrecht *nt*; ~ **execution** Exekutionsrecht *nt*; ~ **exemption** Befreiungsanspruch *m*; ~ **exchange** Umtauschrecht *nt*; ~ **exploitation** Verwertungsrecht *nt*; ~ **expropriation** Enteignungsrecht *nt*; **r. to foreclose** Zwangsvollstreckungsrecht *nt*; ~ **be heard** Anhörungsrecht *nt*, Recht auf rechtliches Gehör; **r. of a**

reversionary heir Nacherbenrecht *nt*; ~ **indemnity** Befreiungs-, Freistellungsanspruch *m*; **r. to obtain information** Informationsrecht *nt*; ~ **withhold information** Auskunftsverweigerungsrecht *nt*; ~ **be informed** Auskunftsanspruch *m*, Auskunfts-, Informationsrecht *nt*, Recht auf Auskunft(erteilung); ~ **a prohibitory injunction** Unterlassungsanspruch *m*; ~ **make inquiries** Informationsrecht *nt*; **r. of inspection** Recht auf Einsichtnahme, Einsichts-, Prüfungs-, Überwachungsrecht *nt*; **r. to issue instructions** Direktions-, Weisungsrecht *nt*; ~ **a future interest** Anwartschaftsrecht *nt*; **r. of interpellation** Interpellationsrecht *nt*; ~ **intervention** Interventions-, Investigationsrecht *nt*; **r. to have justice administered** Justizgewährungsanspruch *m*; **r.s attached to land** *[GB]* Realrechte

right to initiate legislation *(Parlament)* Initiativrecht *nt*; **r. of lien** Pfandrecht *nt*; **r. to life** Recht auf Leben; ~ **light** Lichtrecht *nt*; ~ **marry** Recht auf Eheschließung; **r.s of minorities** Minderheitenrechte; **r. of notice**; **r. to give notice** Kündigungsrecht *nt*; **r. to object** Einspruchs-, Widerspruchsrecht *nt*; **(contractual) r.s and obligations** Rechte und Pflichten (aus dem Vertrag); **r. of opposition** Widerspruchsrecht *nt*

right to organize *(Arbeitsrecht)* Organfreiheit *f*; **r. of ownership** Eigentums-, Herrschaftsrecht *nt*, Eigentumsanspruch *nt*; ~ **participation**; **r. to participate** Beteiligungs-, Mitwirkungsrecht *nt*, Teilnahmeberechtigung *f*; **r. of passage** Durchfahrts-, Wegerecht *nt*; ~ **pasture** Weiderecht *nt*; **r. to a pension** Renten-, Pensionsanspruch *m*; ~ **refuse to perform**; ~ **withhold performance** Leistungsverweigerungsrecht *nt*; **r. of personality** Persönlichkeitsrecht *nt*; ~ **petition** Petitionsrecht *nt*; **r. to a statutory portion** Pflichtteilsrecht *nt*

right of possession Besitzrecht *nt*; **r. to abandon possession** Recht zur Besitzaufgabe; ~ **possession** Recht auf Besitz, Herausgabeanspruch *m*

right of precedence Vorrang *m*, Vortrittsrecht *nt*; ~ **preemption** Vorkaufsrecht *nt*,

Vorkaufsberechtigung *f*; **statutory** ~ **preemption** gesetzliches Vorkaufsrecht; **r. to have premises vacated** Räumungsanspruch *m*; **r. of privacy** Persönlichkeitsrecht *nt*; **r. to a share in the profits** Recht auf Gewinnbeteiligung; **r.s attached to real property** *[US]* Realrechte; **r. of protection** Sicherungsrecht *nt*; ~ **publication** Veröffentlichungsrecht *nt*; ~ **purchase** Kaufrecht *nt*; ~ **pursuit** *(Polizei)* (grenzüberschreitendes) Nacheile-, Verfolgungsrecht; **r. to ask questions** Fragerecht *nt*; ~ **reclaim** Rückforderungsrecht *nt*

right of recourse Regress-, Rückgriffsrecht *nt*; ~ **to a court** Justizgewährungsanspruch *m*; **r. of recovery** Aussonderungs-, Einziehungsrecht *nt*; ~ **redemption** 1. Ablösungs-, Einlösungsrecht *nt*; 2. Rückkauf-, Tilgungsrecht *nt*; ~ **re-entry** Recht zur Wiedereinreise; ~ **referral** Zuweisungsrecht *nt*; ~ **refusal** Ablehnungs-, Weigerungsrecht *nt*; ~ **first refusal** Vorkaufsrecht *nt*, Option *f*; **r. to reject**; **r. of rejection** Zurückweisungsrecht *nt*, Recht auf Annahmeverweigerung

right in rem *(lat.)* dinglicher Anspruch, Recht an der Sache, ~ **Sachen**, dingliches Recht; **absolute** ~ unbeschränktes dingliches Recht

right to remain silent Aussage-, Zeugnisverweigerungsrecht *nt*, Recht auf Verweigerung der Aussage; ~ **on the grounds of privilege** Aussage-/Zeugnisverweigerungsrecht aus beruflichen Gründen; ~ **on the grounds of privilege** Aussage-/Zeugnisverweigerungsrecht aus persönlichen Gründen

right to renew; **r. of renewal** Verlängerungs-, Prolongationsrecht *nt*; ~ **reply** Erwiderungsrecht *nt*; **r. to repossess** Wegnahmerecht *nt*; **r. of repurchase** Rückkaufs-, Wiederkaufsrecht *nt*

right of resale Wiederverkaufsrecht *nt*; **joint** ~ gemeinsames Wiederverkaufsrecht

right of rescission Anfechtungs-, Aufhebungs-, Rücktrittsrecht *nt*; **r. to resell** Weiterverkaufsrecht *nt*; ~ **review** Überprüfungsrecht *nt*

right of residence 1. Aufenthaltsrecht *nt*,

Recht auf Aufenthalt; 2. Wohnrecht *nt*; ~ **continued/permanent r.** 1. Dauerwohnrecht *nt*; 2. Verbleiberecht *nt*; ~ **lifetime/permanent r.** Dauerwohnrecht *nt*, uneingeschränktes Wohnrecht; **right to resist** Widerstandsrecht *nt*; **r. of retention** Zurück(be)haltungs-, Retentionsrecht *nt*; **r. to return (sth/goods)** Rückgaberecht *nt*; **r. of reversion** Heimfallrecht *nt*; ~ **review** Nachprüfungsrecht *nt*; ~ **judicial review** richterliches Prüfungsrecht; ~ **revocation** Recht des Widerrufs; ~ **salvage** Bergungs-, Strandrecht *nt*; ~ **sanctuary** *(Anspruch)* Asylrecht *n*; ~ **satisfaction** Befriedigungsrecht *nt*; **r. to preferential satisfaction** Recht auf vorzugsweise Befriedigung; **r. of search** Durchsuchungsrecht *nt*; ~ **seizure** Beschlagnahme-, Wegnahmerecht *nt*; ~ **self-defence** Recht auf Notwehr *f*, Notwehrrecht *nt*; ~ **self-determination** Selbstbestimmungsrecht *nt*; ~ **self-redress** Selbsthilferecht *nt*; **r. to sell** Verkaufsrecht *nt*, Verkaufsberechtigung *f*, Recht zum Verkauf

right of set-off Aufrechnungsrecht *nt*, Aufrechnungsbefugnis *f*; ~ **and retention** Aufrechnungs- und Zurückbehaltungsrecht *nt*

right to sever Recht auf Abtrennung; **r. of silence** Schweigerecht *nt*; **r. to strike** Streikrecht *nt*

right of stoppage (in transit/transitu *(lat.)*) 1. Anhalterecht *nt*; 2. *(Konkurs)* Verfolgungsrecht *nt*

right of succession Erbfolge-, Nachfolgerecht *nt*; **r. to sue** Aktivlegitimation *f*, Klagebefugnis *nt*, Prozessführungsrecht für Aktivprozesse, Recht auf Klageerhebung; ~ **sue and be sued** Prozessführungsrecht *nt*; ~ **be sued** Passivlegitimation *f*, Prozessführungsrecht für Passivprozesse; **r. of supervision** Aufsichtsrecht *nt*; **r. to support** Recht auf Unterhalt; ~ **levy tax(es)** Hebe recht *nt*; ~ **termination of a tortious act** Beseitigungsanspruch *m*

right of (beneficial) use Nutzungsrecht *nt*, Nutzungsbefugnis *f*; ~ **common use** gemeinschaftliches Nutzungsrecht (an Grundbesitz); ~ **prior use** Vorbenutzungsrecht *nt*

right to use (Be)Nutzungsrecht *nt*, Recht auf (Be)Nutzung

right of usufruct Nießbrauch-, Nutzungsrecht *nt*; **permanent ~** Dauernutzungsrecht *nt*

right of veto Vetorecht *nt*, Zustimmungsvorbehalt *m*

right to vote (aktives) Wahl-, Stimmrecht, Wahl-, Stimmberechtigung *f*; **to exercise one's r. to v.** Wahlrecht ausüben; **to grant the r. to v.** Wahlrecht einräumen

right of way 1. Durchfahrts-, Durchgangs-, Wegerecht *nt*; 2. Vorfahrt *f*; **to have (the) r. of w.** Vorfahrt haben, vorfahrtberechtigt sein; **having the r. of w.** vorfahrtberechtigt; **pedestrian r. of w.** Vorrang für Fußgänger; **r. of w. sign** Vorfahrtsschild *nt*, Vorfahrtszeichen *nt*

right of withdrawal Austrittsrecht *nt*; **r. to withhold** Zurückbehaltungsrecht *nt*; ~ **work** Recht auf Arbeit

to abandon a right Recht aufgeben; **to abolish a r.** Recht aufheben; **to abuse a r.** Recht missbrauchen; **to acquire a r.** Recht erwerben; **to arrogate a r.** sich ein Recht anmaßen; **to assert a r.** Recht geltend machen; ~ **through the courts** Rechtsanspruch gerichtlich durchsetzen; **to assign a r.** Recht abtreten; **to be in the r.;** ~ **within one's r.s** im Recht sein; **to confer a r.** Recht übertragen/verleihen; **to deprive so. of his r.s** jdn entrechten; **to derive a r.** Recht herleiten; **to encroach upon so.'s r.s** jds Rechte beeinträchtigen; **to enjoy a r.** Recht genießen; **to exclude a r.** Recht ausschließen; **to exercise a r.** Recht ausüben; **to extinguish a r.** Recht löschen; **to forfeit a r.** Recht verwirken, eines Rechtes verlustig gehen; **to get one's r.s** Recht bekommen; **to grant a r.** Recht einräumen/verleihen; **to infringe a r.** Recht verletzen; **to insist on a r.** auf einem Recht beharren; ~ **one's r.** auf seinem Recht beharren; **to relinquish a r.** Recht aufgeben; **to reserve a r.** Recht vorbehalten, sich etw. vorbehalten; **to safeguard r.s** Rechte schützen; **to substantiate a r.** Recht begründen; **to surrender a r.** Recht aufgeben; **to use a r.** Recht wahrnehmen; **to vest a r. (in so.)**

Recht verleihen; **to waive a r.** Recht aufgeben, auf ein ~ verzichten
absolute right absolutes/uneingeschränktes Recht; **abstract r.** abstraktes Recht; **accessory r.** akzessorisches Recht; **accrued/acquired r.** *(Vers.)* erworbenes Recht; **alienable r.** veräußerliches Recht; **ancillary r.** Nebenrecht *nt*; **duly acquired r.** wohlerworbenes Recht; **beneficial r.** Nutznießungsrecht *nt*; **chartered r.** verbrieftes Recht; **civil r.s** staatsbürgerliche/politische Rechte, Bürger-, Grundrechte; **commercial r.s** wirtschaftliche Rechte; **conditional r.** bedingtes Recht; **conjugal r.** eheliches Recht; **constitutional r.** Grundrecht *nt*, verfassungsmäßiges Recht; **contingent r.** Anwartschaftsrecht *nt*; **contractual r.s** Vertragsrechte; **derived r.** abgeleitetes Recht; **disposable r.** abdingbares Recht; **dispositive r.** Gestaltungs-, Verfügungsrecht *nt*; **domiciliary r.s** Hausrecht *nt*; **enforceable r.** einklagbares Recht
equal rights gleiche Rechte, Gleichberechtigung *f*; **having ~** gleichberechtigt; **~ for all** gleiches Recht für alle
exclusive right Allein-, Ausschließlichkeits-, Exklusivrecht *nt*, ausschließliches Recht; **executive r.** Exekutivrecht *nt*; **existing r.** bestehendes Recht; **future r.** zukünftiges Recht; **human r.s** Menschenrechte; **imperfect r.** unvollkommenes Recht; **inalienable r.** unabdingbares/unveräußerliches Recht; **indefeasible/inviolable r.** unantastbares/unverletzliches Recht; **inherent r.** originäres Recht; **intangible r.** immaterielles Recht; **intervening r.** Zwischenbenutzungsrecht *nt*; **legal r.** Rechtsanspruch *m*; **marital r.** eheliches Recht; **mortgaged r.** verpfändetes Recht; **objective r.** objektives Recht; **other r.s** sonstige Rechte; **in one's own r.** aus eigenem Recht; **participatory r.** Mitwirkungsrecht *nt*; **personal r.** Individualrecht *nt*, persönliches Recht; **possessive r.** Recht auf Besitz; **possessory r.** Besitzrecht *nt*, possessorisches Recht; **preemptive r.** Options-, Vorkaufsrecht *nt*, Vorkaufsberechtigung *f*, Option *f*; **preferential r.** Absonderungs-, Vor-, Vorzugsrecht *nt*;

prescriptive r. ersessenes Recht, durch Verjährung erworbenes Recht; **prevailing r.** Hauptrecht *nt*; **prior r.** älteres Recht; **proprietary r.** gewerbliches Eigentum, Eigentums-, Schutz-, Urheberrecht *nt*; **legally protected r.** Rechtsgut *nt*; **relative r.** relatives Recht; **reserved r.** Vorbehaltsrecht *nt*; **restitutory r.** Wiederherstellungsanspruch *m*; **restricted r.** beschränktes Recht; **reversionary r.** Heimfallrecht *nt*, Anrecht des Erben auf das Urheberrecht; **riparian r.s** Uferanliegerrechte; **senior r.** älteres Recht, Prioritätsrecht *nt*; **social r.s** soziale Rechte; **sole r.** alleiniges Recht; **sovereign r.** Hoheits-, Souveränitätsrecht *nt*; **special r.** Privileg *nt*, besonderes Recht, Sonderrecht *nt*; **statute-barred r.** verjährter Rechtsanspruch; **statutory r.** gesetzlich verbrieftes Recht, gesetzliches Recht; **subjective r.** subjektives Recht; **subsidiary r.** Nebenrecht *nt*, subsidiäres Recht; **third-party r.** Recht des Dritten; **existing ~ r.s** bestehende Rechte Dritter; **transferable r.** übertragbares Recht; **unprescriptible r.** unverjährbares Recht; **unwritten r.** ungeschriebenes Recht; **usufructuary r.** Nießbrauch-, Nutznießungs-, Nutzungsrecht *nt*, Nutzungsbefugnis *f*; **~ in a thing** Nutzungsrecht an einer Sache; **vested r.** verbrieftes/wohlerworbenes Recht, (wohlerworbener) Besitzstand
rightful *adj* rechtmäßig
rigor mortis *n* *(lat.)* Leichen-, Totenstarre *f*
rigour of the law *n* Strenge des Gesetzes
ringleader *n* Anführer(in) (einer Bande) *m/f*, Banden-, Rädelsführer(in) *m/f*
riot *n* Aufruhr *m*, Krawall *m*, Ausschreitung *f*; **r. and civil commotion** Aufruhr und innere Unruhen; **civil r.** Landfriedensbruch *m*; **r. damage** Tumultschäden *pl*
riot|er *n* Aufrührer(in) *m/f*, Unruhestifter(in) *m/f*, Randalierer(in) *m/f*; **r.ous** *adj* aufrührerisch
rip-off *n (coll)* Nepp *m (coll)*
rip so. off *(coll)* jdn übers Ohr hauen *(coll)*
rise *n* 1. Anstieg *m*; 2. Erhöhung *f*; **to give r. to** hervorrufen, Anlass geben zu, führen zu

risk *n* 1. Gefahr *f*, Risiko *nt*, Wagnis *nt*; 2. versicherter Gegenstand; **at one's own r.** auf eigene Gefahr/Verantwortung, ~ eigenes Risiko; **without r.** unter Ausschluss der Gefahr; **the r.** passes die Gefahr geht über

risk of default/non-payment Ausfallrisiko *nt*; **~ escape/flight** Fluchtgefahr *f*; **~ fire** Brand-, Feuergefahr *f*; **~ injury** Verletzungsgefahr *f*; **~ loss** Verlustrisiko *nt*; **~ loss of rent** Mietausfallrisiko *nt*

to bear the risk Risiko tragen, für die Gefahr haften; **to calculate a r.** Risiko abwägen; **to cover a r.** Risiko abdecken; **to involve a r.** Risiko enthalten; **to offset a r.** Risiko ausgleichen; **to run a r.** Risiko eingehen; **~ the r.** Gefahr laufen; **to share in the r.** sich am Risiko beteiligen

aggravated risk *(Vers.)* erhöhtes Risiko; **attendant r.** Begleitrisiko *nt*; **commercial r.** Geschäftsrisiko *nt*; **customary r.s** handelsübliche Risiken; **discernible r.** erkennbare Gefahr; **excepted/excluded r.** ausgeschlossenes/unversichertes Risiko; **fair/insurable r.** versicherbares Risiko; **imputed r.** kalkulatorisches Wagnis; **insured r.** versicherte Gefahr; **occupational r.** Berufsrisiko *nt*; **own r.** Selbstbeteiligung *f*; **to act at one's ~** auf eigene Gefahr handeln; **personal r.** Eigengefahr *f*, persönliche Gefahr; **poor r.** *(Vers.)* unkalkulierbares Risiko *nt*; **professional r.** Berufsrisiko *nt*; **substandard r.** *(Vers.)* gefährliches Risiko; **third-party r.** Haftpflichtrisiko *nt*; **uncovered r.** ungedecktes Risiko; **unexpired r.** noch bestehendes Risiko

risk *v/t* riskieren, wagen

risk assessment Risikobewertung *f*; **r. bearer** Risikoträger *m*; **r.-bearing** *adj* risikotragend; **r. capital** haftendes Kapital; **r. category** Gefahrenklasse *f*; **r. evaluation** Risikobewertung *f*, Abschätzung des Risikos; **r. limitation** Risikobegrenzung *f*; **r.-prone** *adj* risikoträchtig

risky *adj* risikoreich

rival *n* Konkurrent(in) *m/f*; **r. firm** Konkurrenzfirma *f*

river *n* Fluss *m*, Strom *m*; **r. police** Wasserschutzpolizei *f*

road *n* Straße *f*; **r.s and highways department** Straßenverkehrsbehörde *f*; **to take off the r.** *(Kfz)* aus dem Verkehr ziehen

bumpy road unebene Fahrbahn; **four-lane r.** vierspurige Straße; **hard-surface r.** befestigte Straße; **private r.** Privatstraße *f*

fatal road accident Verkehrsunfall mit Todesfolge; **work-related r. a.** Wegeunfall *m*; **r. a. victim(s)** Verkehrsopfer *nt/pl*

road behaviour Fahrverhalten *nt*; **r.block** *n (Polizei)* (Straßen)Sperre *f*; **r. bottleneck** Straßenverengung *f*; **r. casualty** Unfalltote(r) *f/m*; **r. charge** Straßenbenutzungsgebühr *f*, Maut *f*; **moving r. construction site** Wanderbaustelle *f*; **r. deaths** Verkehrstote; **r. haulage** Güterkraftverkehr *m*; **~ act** Güterkraftverkehrsgesetz *nt*; **r. junction** Straßenkreuzung *f*; **r. licence** *(Schein)* Fahrzeugzulassung *f*; **r. licensing regulations** Straßenverkehrszulassungsordnung (StVZO) *f*; **r. markings** Straßenmarkierung *f*; **r. rage** aggressives Verhalten im Straßenverkehr; **r. safety** Sicherheit im Straßenverkehr; **~ instruction** Verkehrserziehung *f*; **r. surface** Fahrbahn *f*; **r. toll** Maut *f*, Wegezoll *m*

road traffic *n* Straßen-, Kraftverkehr *m*; **r. t. accident (RTA)** Verkehrsunfall *m*; **r. t. authority** Straßenverkehrsbehörde *f*; **r. t. law** Straßen(verkehrs)recht *nt*; **R. T. Licensing Department** *[GB]* Straßenverkehrsamt *nt*; **r. t. offence** Straßenverkehrsdelikt *nt*; **r. t. regulations** Straßenverkehrsordnung (StVO) *f*; **r. t. victim** Opfer des Straßenverkehrs

road user Verkehrsteilnehmer(in) *m/f*; **r.way** *n* Fahrbahn *f*; **narrow(ing) ~** verengte Fahrbahn; **r.works** *n* Straßenarbeiten; **~ site** Straßenbaustelle *f*

roadworthiness *n* 1. *(Kfz)* Fahrsicherheit *f*, Fahrtauglichkeit *f*; 2. Fahrerssicherheit *f*, Verkehrstüchtigkeit *f*

roadworthy *(Kfz) adj* fahr-, straßentauglich, verkehrssicher, verkehrstüchtig; **not r.** fahruntüchtig

rob *v/t* (aus-/be)rauben; **r. so. of sth.** jdm etw. rauben

robber *n* Räuber *m*; **r. committing murder** Raubmörder *m*

robbery *n* Raub(überfall) *m*, Raubstraftat *f*;

r. resulting in death Raub mit Todesfolge; **to commit a r.** rauben, Raub begehen; **aggravated r.** schwerer Raub(überfall)/Diebstahl; **armed r.** bewaffneter Raubüberfall/Diebstahl

robe n *(Anwalt, Richter)* Robe f, Talar m

round robin n *(Umlauf)* Rundbrief m

rogue n Schurke m, Halunke m; **r.s' gallery** Verbrecheralbum nt, Lichtbildsammlung f

roll n Liste f, Verzeichnis nt; **R. of Solicitors** *[GB]* Anwaltsliste; **to strike off the r.** von der Anwaltsliste streichen, disqualifizieren; **electoral r.** Wählerverzeichnis nt

emotional roller coaster n Wechselbad der Gefühle

Romalpa clause n *(Vertrag)* Vorbehaltsklausel bis zur vollständigen Zahlung

room n Raum m, Zimmer nt; **r. for manoeuvre** Bewegungs-, Handlungsspielraum m; **r. cancellation** Zimmerabbestellung f; **r.ing house** n *[US]* Wohnheim nt; **r. reservation** Zimmerbestellung f

root n Wurzel f, Ursache f; **r. of title** Eigentumsursprung m, urkundlicher Eigentumsnachweis von Grundbesitz; **r. cause** Hauptursache f

rope n Strang m, Strick m; **r. ladder** Strickleiter f

rota n 1. Turnus m; 2. Dienstplan m; **r.ry** n *[US]* Kreisverkehr m

rotate v/i 1. turnusmäßig wechseln; 2. sich drehen; **r.ion** n Turnus m, (turnusmäßiger) Wechsel; **in ~** im Turnus

rotten adj verdorben, verfault, faul

round n 1. Runde f; 2. Kontrollgang m; 3. *(Munition)* Ladung f; **r. of wage claims** Lohn-, Tarifrunde f; **to fire single r.s** Einzelfeuer schießen

roundabout n Kreisverkehr m

round up v/t *(festnehmen)* hochnehmen *(coll)*

roundup n Razzia f; **r. of criminals** Aushebung von Verbrechern, Hochnehmen nt *(coll)*

rouse v/t 1. (auf)wecken; 2. bewegen; 3. erregen, reizen

route n 1. Route f, Fahrstrecke f, (Reise)Weg m; 2. (Verkehrs)Linie f; 3. Transportweg m; **en r.** *(frz.)* unterwegs

routine n Routine f; **r. check** Routineüberprüfung f; **r. duties** Routineaufgaben; **r. inspection** routinemäßige Überprüfung; **r. traffic check** Stand-, Verkehrskontrolle f

row n 1. Streit m, verbale Auseinandersetzung, Krach m, Zerwürfnis nt; 2. Reihe f; **r. of houses** Häuserzeile f; **to start a r.** Streit anfangen; **r. house** *[US]* Reihenhaus nt

rowdiness n rüpelhaftes/flegelhaftes Benehmen, Lärmen nt

royalties pl Konzessions-, Lizenzeinnahmen

royalty n 1. Konzessions-, Lizenzabgabe f, Lizenzgebühr f; 2. (Autoren)Honorar nt, Tantieme f, Erfinder-, Erfolgs-, Verfasseranteil m; **r. fees** Lizenz-, Patentgebühren; **r. tax** Tantiemenabgabe f

rubber n Gummi nt; **r. check** *[US] (coll)* ungedeckter Scheck; **r.-stamp** v/t *(fig)* (routinemäßig) abstempeln, genehmigen

ruin n Zerfall m; v/t zerstören; **r.ous** adj ruinös

rule n 1. (Maß)Regel f, Richtlinie f, Vorschrift f; Bestimmung f, Gebot nt; 2. gerichtliche Entscheidung; 3. *[US]* Rechtsverordnung f; 4. Herrschaft f, Regierungszeit f; **according to the r.s** ordnungsgemäß; **against the r.s** regelwidrig; **as a r.** in der Regel

rule|s for average Havariebestimmungen; **r.s of arbitration** Schieds(gerichts)ordnung f; **r. of construction/interpretation** Auslegungsregel f; **general ~** allgemeine Auslegungsregel; **r.s of conduct** Verhaltensmaßregeln; **~ professional conduct** Standesregeln; **~ the court** Gerichts-, Verfahrensordnung f, gerichtliche Verfahrensvorschriften; **~ disclosure** Publizitätsbestimmungen; **~ evidence** Beweisregeln; **~ the house** Hausordnung f

rule of law 1. Rechtsstaatlichkeit f, Rechtsstaatprinzip nt; 2. (Rechts)Norm f, Rechtssatz m, Rechtsregel f; **in accordance with the r. of l.** rechtsstaatlich

rules of order and procedure Geschäfts- und Verfahrensordnung f; **~ practice** Prozessordnung f; **r. of procedure** Verfahrensnorm f, Verfahrensregel f, Ver-

fahrensrichtlinie *f*; **r.s of procedure** Geschäfts-, Verfahrensordnung *f*, Verfahrensvorschriften; **~ and form** Verfahrens- und Formvorschriften; **r. of reasonableness** Übermaßverbot *nt*; **r.s of the road** Straßenverkehrsregeln; **r.s and regulations** 1. Vorschriften; 2. Geschäftsordnung *f*, Geschäftsbedingungen *pl*; **R.s of the Supreme Court** *[US]* Verfahrensregeln des höchsten Gerichts; **r. of thumb** Faustregel *f*; **r. concerning uncertainties** Unklarheitenregel *f*
to apply a rule Vorschrift anwenden; **to break/contravene a r.** gegen ein Gebot/eine Vorschrift verstoßen; **to comply with a r.** Vorschrift beachten; **to disregard a r.** Regel missachten; **to infringe a r.** Vorschrift verletzen; **to observe a r.** Regel beachten; **to relax r.s** Bestimmungen/Vorschriften lockern; **to work to r.** nach Vorschrift arbeiten, Dienst nach Vorschrift tun
administrative rule Verwaltungsvorschrift *f*; **binding r.** zwingende Vorschrift; **contractual r.** vertragliche Regelung; **disciplinary r.s** Dienstordnung *f*; **discretionary r.** Ermessensvorschrift *f*; **hard and fast r.** feste/verbindliche Regel; **legal r.** Rechtsnorm *f*, Rechtssatz *m*; **optional r.s** Dispositivnormen; **peremptory r.** zwingende Vorschrift; **procedural r.** Verfahrensregel *f*; **~ r.s** Verfahrensanordnung *f*; **shop-floor r.s** Betriebssatzung *f*; **standing r.** feststehende Regel; **~ r.s** Geschäftsordnung *f*; **stare-decisis** *(lat.)* **r.** Regel der Präjudizienbindung; **uniform r.s** einheitliche Richtlinien
rule *v/ti* 1. entscheiden, Entscheidung/Urteil fällen, urteilen; 2. beschließen, regeln, anordnen; 3. herrschen; **r.d** *adj (Urteil)* erkannt
rule out *v/prep* ausschließen
ruler *n* Herrscher *m*
ruling *n* 1. (gerichtliche) Entscheidung, (Rechts)Spruch *m*, Urteil *nt*; 2. (richterliche) Verfügung, Bescheid *m*, Beschluss *m*; **r. on an objection** Widerspruchsbescheid *m*; **to deliver a r.** Urteil fällen
administrative ruling Verwaltungsent-

scheidung *f*; **final r.** rechtskräftiger Beschluss; **first r.** Erstbescheid *m*; **interim r.** Vorbescheid *m*; **judicial r.** Entscheidung durch den Richter, Rechtsfindung *f*; **jurisdictional r.** Bestimmung der Zuständigkeit; **preliminary r.** Vorabentscheidung *f*, Vorbescheid *m*; **supplemental/supplementary r.** Ergänzungsurteil *nt*, Ergänzungsbescheid *m*
ruling *adj* (vor)herrschend
rumble strip *n (Straße)* Rüttelschwelle *f*
rummage *n* Ausschuss *m*, Ramsch *m*; *v/i* (durch)wühlen, durchstöbern
rumour *n* Gerücht *nt*; **r. has it that ...** Gerüchten zufolge ...
run *n* 1. Fahrt *f*; 2. *(Maschine)* Durchlauf *m*; **on the r.** auf der Flucht, flüchtig; **in the long r.** auf lange Sicht
run *v/ti* 1. (ver)laufen; 2. leiten; 3. betreiben, bewirtschaften; 4. gelten, gültig sein; 5. bedienen; 6. kandidieren; **r. counter to sth.** einer Sache zuwiderlaufen; **r. so. over** jdn überfahren
running *n* 1. Laufen *nt*, Rennen *nt*; 2. Führung *f*, Leitung *f*, Betrieb *m*; 3. Laufzeit *f*; **r. of a period/term** Lauf einer Frist; **to interrupt the ~** Verjährung unterbrechen; **to suspend the ~** Frist/Verjährung hemmen; **r. amok** Amoklauf *m*; **r. two households** doppelte Haushaltsführung
run-up *n* Vorlauf *m*; **in the r. to sth.** im Vorfeld von etw.
ruse *n* Täuschungsmanöver *nt*, List *f*
rush *v/ti* 1. eilen, hetzen; 2. überstürzen; **r. through** schnell erledigen, durchpeitschen
rustl|er *n* Viehdieb(in) *m/f*; **r.ing** *n* Viehdiebstahl *m*
ruthless *adj* rücksichts-, schonungslos, unbarmherzig

S

sabot|age *n* Sabotage(tätigkeit) *f*; *v/t* sabotieren, Sabotage begehen; **s.eur** *n* Saboteur *m*
sachet *n* kleines Päckchen mit Drogen
sack *v/t (coll)* entlassen, hinauswerfen;

s. *n* Entlassung *f*, Hinauswurf *m*; **to be given the s.** Kündigung erhalten; **s.ing** *n* Entlassung *f*
sacrifice *n* Opfer *nt*, Aufopferung *f*; *v/t* opfern
sacrilege *n* Sakrileg *nt*, Frevel *m*, Kirchenschändung *f*
sacrosanct *adj* unantastbar
safe *n* Geldschrank *m*, Tresor *m*; *adj* 1. sicher; 2. wohlbehalten, heil; 3. vorsichtig, zuverlässig; **s. and sound** unversehrt
safeguard *v/t* 1. schützen, sichern; 2. garantieren, sicherstellen; 3. wahren
safeguard *n* Sicherungs-, Sicherheitsmaßnahme *f*; **s. clause** Schutz-, Sicherungsklausel *f*
safeguarding *n* 1. Sicherstellung *f*, Sicherung *f*; 2. Wahrung *f*; **s. of banker's discretion** Wahrung des Bankgeheimnisses; ~ **data** Datenschutz *m*; ~ **evidence** Beweissicherung *f*; ~ **interests** Wahrung/ Wahrnehmung von Interessen, Interessenwahrnehmung *f*; ~ **the public interest** Wahrung öffentlicher Belange; ~ **jobs** Arbeitsplatzsicherung *f*; ~ **the peace** Sicherung des Friedens; ~ **rights** Wahrnehmung von Rechten
safekeeping *n* Aufbewahrung *f*, (sichere/gerichtliche) Verwahrung; **s. of securities and valuables** Verwahrung von Wertpapieren und Wertsachen; ~ **a will** (sichere) Verwahrung eines Testaments; **s. charge** Aufbewahrungsgebühr *f*; **s. duty** Verwahrungspflicht *f*; **s. fee** Aufbewahrungsgebühr *f*; **s. period** Aufbewahrungsfrist *f*
safety *n* Sicherheit *f*, Schutz *m*; **s. at work** Sicherheit am Arbeitsplatz, Arbeitsschutz *m*
industrial safety Arbeitsschutz *m*; ~ **legislation** Arbeitsschutzgesetz; **public s.** öffentliche Sicherheit; **to endanger** ~ öffentliche Sicherheit (und Ordnung) gefährden
safety appliances Sicherheitsvorrichtungen; **s. belt** Sicherheitsgurt *m*; **s. board** Sicherheitsbehörde *f*; **s. bond** Kaution *f*, Sicherheitsleistung *f*; **s. catch** Schutzvorrichtung *f*, Sicherung *f*; **s. check** Sicherungsüberprüfung *f*; **s. clause** Sicherheitsklausel *f*; **s. committee** Sicher-

heitsausschuss *m*; **s. device** Sicherungsvorrichtung *f*; **s. guarantee** Sicherheitsgarantie *f*; **s. hazard** Sicherheitsrisiko *nt*, Gefahrenquelle *f*; **s. measures** Schutz-, Sicherheitsmaßnahmen; **s. officer** Sicherheitsbeauftragte(r) *f/m*; **s. precaution** Sicherheitsvorkehrung *f*; **s. provisions/ regulations** Sicherheitsbestimmungen, Sicherheits-, Unfallverhütungsvorschriften; **for s. reasons** aus Sicherheitsgründen, sicherheitshalber; **s. standards** Sicherheitsnormen
salaried *adj* 1. besoldet, bezahlt; 2. fest angestellt, festes Gehalt beziehend
salary *n* Gehalt *nt*, Besoldung *f*, Dienstbezüge *pl*; **s. and other emoluments** Gehalt und andere Bezüge; **to draw a s.** Gehalt beziehen; **accrued s.** Gehaltsrückstände *pl*; **annual s.** Jahresgehalt *nt*; **basic s.** Grundgehalt *nt*; **initial/starting s.** Anfangsgehalt *nt*
salary advance Gehaltsvorschuss *m*; **s. arrears** Gehaltsrückstände; **s. assignment** Gehaltsabtretung *f*; **s. attachment** Gehaltspfändung *f*; **s. bracket** Gehaltsstufe *f*; **s. claim** Gehaltsanspruch *m*, Gehaltsforderung *f*; **s. continuation** Gehaltsfortzahlung *f*; **s. cut** Gehaltskürzung *f*; **s. earner** Gehaltsempfänger(in) *m/f*; **s. increase** Gehaltserhöhung *f*; **s. increment** automatische Gehaltserhöhung; **s. level** Gehaltsstufe *f*, Besoldungsgruppe *f*; **s. payment** Gehaltszahlung *f*; **s. rise** Gehaltserhöhung *f*; **s. scale** Gehaltstarif *m*, Besoldungs-, Lohn-, Gehaltsordnung *f*
sale *n* 1. Verkauf(sgeschäft) *m/nt*, Veräußerung *f*, Kaufgeschäft *nt*; 2. Absatz *m*, Vertrieb *m*; 3. Aus-, Schlussverkauf *m*; **s.s** Absatz *m*, Umsatz *m*; **s. as seen** Kauf wie besehen; **for s.** (ver)käuflich, zum Verkauf, zu verkaufen; **not for s.** unverkäuflich
sale on approval Kauf auf Probe, Probekauf *m*, Bedingtlieferung *f*; **s. of assets** Veräußerung von Vermögenswerten/ Vermögensgegenständen; **s. by auction** Versteigerung *f*; **s. of bankruptcy assets** Liquidationsverkauf *m*; ~ **(alcoholic) beverages for consumption on the premises** Ausschank *m*; ~ **a business** Geschäftsveräußerung *f*; **s. at buyer's**

risk Käufer trägt die Gefahr; **s. without consent** Veräußerung ohne Zustimmung; **s. on a consignment basis** Kommissions-, Konsignationsverkauf *m*; **s. by private contract** Frei(hand)verkauf *m*; **s. under contract for goods and services** Werklieferung *f*; **s. by court order** Zwangsversteigerung *f*; **s. on credit (terms)** Verkauf auf Ziel; **s. for prompt delivery** Verkauf zur sorfortigen Lieferung; **s. by description** Kauf nach Beschreibung; **s. or encumbrance** Veräußerung oder Belastung; **~ exchange** Kauf mit Umtauschrecht; **s. by judicial execution** Veräußerung durch/im Wege der Zwangsvollstreckung; **s. with all faults** Kauf wie es steht und liegt; **s. of foodstuffs** Lebensmittelverkauf *m*
sale of goods Verkauf beweglicher Sachen, Güterverkauf *m*, Warenabsatz *m*; **~ specific goods** Spezieskauf *m*; **organized ~ stolen goods** Bandenhehlerei *f*; **~ unascertained goods** Genuskauf *m*; **S. of Goods Act** *[GB]* Warenverkaufs-, Kaufgesetz *nt*; **~ goods from the bankrupt's assets** Konkurskauf *m*
sale of an accrued inheritance Erbschaftskauf *m*; **s. on inspection** Kauf wie besehen; **private s. of instruments to order** freihändiger Verkauf von Orderpapieren; **s. with option to repurchase** Verkauf mit Rückkaufsrecht; **s. of property** Grundstücksveräußerung *f*; **s. or return** Kauf auf Probe, **~** mit Rückgaberecht; **to supply sth. on a ~ basis** in Kommission liefern; **s. by sample** Kauf nach Muster/Probe; **s. subject to existing tenancies** Kauf bricht nicht Miete; **s. by private treaty** freier/freihändiger Verkauf, freihändige Veräußerung; **s. by vending machine** Automatenverkauf *m*
to cancel a sale Kauf rückgängig machen, vom Kaufvertrag zurücktreten; **to conclude a s.** Kauf abschließen; **to offer for s.** feilbieten, feilhalten; **to rescind a s.** wandeln
commercial sale Handelskauf *m*; **compulsory s.** Zwangsverkauf *m*, Zwangsversteigerung *f*; **conditional s.** (Ver)Kauf unter Eigentumsvorbehalt, Vorbehaltskauf *m*; **court-ordered s.**

Zwangsversteigerung *f*; **direct s.** Verkauf ohne Zwischenhändler; **enforced s.** Zwangsverkauf *m*; **exclusive s.** Alleinvertrieb *m*; **executed s.** erfüllter Kaufvertrag, Realkauf *m*, Handverkauf *m*; **executory s.** zu erfüllender Kaufvertrag; **forced s.** Not-, Zwangsverkauf *m*; **judicial s.** Zwangsversteigerung *f*, Zwangsverkauf *m*, gerichtliche Versteigerung, gerichtlicher Verkauf; **lawful s.** rechtsmäßige Veräußerung; **outright s.** Verkauf in Bausch und Bogen; **prior s.** Zwischenverkauf *m*; **subject to ~** Zwischenverkauf vorbehalten; **private s.** freier/freihändiger Verkauf; **public s.** Versteigerung *f*; **tie-in s.** Koppelungsverkauf *m*; **unconditional s.** Kaufvertrag ohne Eigentumsvorbehalt
sale|ability *n* Verkäuflichkeit *f*, Verkehrs-, Marktfähigkeit *f*; **s.able** *adj* veräußerbar, verkehrsfähig
sales *pl* Umsatz *m*; **s. account** Verkaufsabrechnung *f*; **s. agency** Verkaufsagentur *f*, Verkaufsniederlassung *f*; **s. agreement** Kaufvertrag *m*, Verkaufsvereinbarung *f*; **s. commission** Verkaufsprovision *f*; **s. contract** Kauf-, Liefervertrag *m*; **s. margin** Verkaufsspanne *f*; **s. monopoly** Verkaufsmonopol *nt*; **s. performance** Verkaufsleistung *f*; **s. premium** Verkaufsprämie *f*; **s. price** Kaufpreis *m*; **s. proceeds** Verkaufserlös *m*; **s. profit** Verkaufsgewinn *m*; **s. prospectus** Verkaufsprospekt *nt*; **s. regulations** Verkaufsvorschriften; **s. restrictions** Veräußerungsbeschränkungen; **s. slip** Kassenbeleg *m*, Kassenzettel *m*; **s. staff** Verkaufspersonal *nt*
sales tax Umsatzsteuer *f*; **liable to s. t.** umsatzsteuerpflichtig; **s. t. audit** Umsatzsteuerprüfung *f*; **s. t. return** Umsatzsteuererklärung *f*
doorstep sales team Drückerkolonne *f (pej)*; **s. value** Verkaufswert *m*
saliva *n* Speichel *m*; **s. sample** Speichelprobe *f*
salvage *n* Rettung *f*, Bergung *f*; **s. contract** Bergungsvertrag *m*; **s. costs** Rettungskosten *f*; **s. loss** Bergungsschaden *m*; **s. value** Rest-, Schrott-, Veräußerungswert *m*; **s. work** Bergungsarbeiten *pl*
salvo *n* Vorbehaltsklausel *f*

Samaritans *pl* *[GB]* Telefonseelsorge *f*
sample *n* Muster *nt*, Probe *f*; **multiple random s.** Mehrfachstichprobe *f*
sampling *n* Probenahme *f*; **multiple s. inspection** Mehrfachstichprobenprüfung *f*
sanction *n* 1. (nachträgliche) Genehmigung, Billigung *f*; 2. Zwangsmaßnahme *f*, Strafandrohung *f*, Strafmaßnahme *f*, Sanktion *f*; **to impose s.s** Sanktionen verhängen; **to lift s.s** Sanktionen aufheben; **punitive s.** Strafsanktion *f*
sanction *v/t* 1. genehmigen, gutheißen; 2. sanktionieren
sanctuary *n* Freistätte *f*, Asyl *nt*
sane *adj* 1. geistig gesund; 2. zurechnungsfähig; 3. vernünftig
sanitary *adj* hygienisch, Gesundheits-
sanity *n* 1. geistige Gesundheit; 2. Zurechnungsfähigkeit *f*; 3. Vernünftigkeit *f*
sans recours *n* *(frz.)* ohne Gewähr/Regress
satisfaction *n* 1. Befriedigung *f*, Zufriedenstellung *f*; 2. Zufriedenheit *f*, Genugtuung *f*; 3. *(Forderung, Verpflichtung, Vertrag)* Erfüllung *f*; 4. *(Schulden)* Bezahlung *f*, Begleichung *f*, Tilgung *f*; 5. Schadensabfindung *f*, Wiedergutmachung *f*; **in s. of** in Erfüllung von
satisfaction of a claim Befriedigung/Erfüllung eines Anspruchs, Anspruchserfüllung *f*, Erfüllung einer Forderung; **~ a condition** Erfüllung einer Bedingung; **~ contract** Vertragserfüllung *f*; **to the ~ the court** nach Überzeugung des Gerichts; **~ creditors** Befriedigung von Gläubigern, Gläubigerbefriedigung *f*; **~ a debt** Bezahlung einer Schuld; **~ judgment** Zahlung auf Grund eines Gerichtsurteils; **~ a mortgage** *(Grundbucheintrag)* Löschungsbewilligung *f*; **~ needs** Befriedigung von Bedürfnissen; **s. in part** teilweise Befriedigung
to demand satisfaction Befriedigung verlangen; **preferential s.** Vorwegbefriedigung *f*
not satisfied *adj* fruchtlos gepfändet
satisfy *v/t* 1. befriedigen, zufrieden stellen; 2. *(Anspruch, Bedingungen)* erfüllen; 3. *(Gläubiger)* abfinden; 3. *(Schuld)* tilgen, abgelten; 4. *(Richter)* überzeugen; **s. os.** *v/refl* sich Gewissheit verschaffen, ~ vergewissern; **to be satisfied** zu der Überzeugung gelangen

savage *adj* brutal, roh, grausam
save *v/t* 1. (ein)sparen; 2. retten, befreien; 3. *(Daten)* speichern, sichern; 4. *(Ruf, Schein)* wahren; 5. schonen; 6. *(Ärger)* ersparen
save *prep* außer, ausgenommen, mit Ausnahme von; **s. for** abgesehen von; **s. as aforesaid** mit Ausnahme des oben Gesagten
saver *n* Sparer(in) *m/f*
saving *prep* ausgenommen
saving *n* 1. Sparen *nt*; 2. Einsparung *f*, Ersparnis *f*; **s. of time** Zeitersparnis *f*; **s. clause** Vorbehaltsklausel *f*, einschränkende Bestimmung, Ausnahmebestimmung *f*
savings *pl* 1. Einsparungen; 2. Ersparnisse, Rücklage *f*, Sparguthaben *nt*; **to withdraw s.** Ersparnisse abheben; **s. and loan association** *[US]* Bausparkasse *f*; **s. account** Sparkonto *nt*; **s. agreement** Sparvertrag *m*; **s. bank** Sparkasse *f*
say *n* Mitspracherecht *nt*; **to have a s. in sth.** bei etw. ein Mitspracherecht haben
scald *v/t* verbrühen
scale *n* 1. Tabelle *f*, Skala *f*; 2. Ausmaß *nt*, Umfang *m*, Größenordnung *f*; **s. of charges** Gebührenordnung *f*, Gebührentabelle *f*; **~ rates** Tarif(tabelle) *m/f*; **graduated s.** Stufentarif *m*
scam *n* *(coll)* Betrug *m*
scapegoat *n* Sündenbock *m*; **to make so. one's s.** jdm die Schuld zuschieben
scar *n* Narbe *f*
scarcity value *n* Seltenheitswert *m*
scare *v/t* verängstigen, in Angst und Schrecken versetzen; **s. so. off** jdn verscheuchen
scarred *adj* voller Narben, vernarbt
scene *n* 1. *(Unfall, Verbrechen)* (Ereignis-/Tat)Ort *m*; 2. Milieu *nt*; **at the s.** vor Ort; **on s.** am Tatort
scene of the accident Unfallort *m*; **to secure the ~** Unfallort absichern; **s. of the crime** Ort des Verbrechens, Ort der Tat, Tatort *m*; **to return to the ~** an den Ort des Verbrechens zurückkehren; **s. of the disaster** Unglücksort *m*; **~ the incident** Ort des Zwischenfalls; **~ the offence** *(Vergehen)* Ort der Handlung; **to visit the s.** Ortsbesichtigung vornehmen; **extremist s.** Extremistenmilieu *nt*

schedule *n* 1. Verzeichnis *nt*, Tabelle *f*, Aufstellung *f*; 2. *(Gesetz, Vertrag)* Anhang *m*; 3. Zeit-, Termin-, Arbeitsplan *m*; **according to s.** planmäßig, termingerecht; **behind s.** verspätet, im Rückstand; **on s.** termingemäß

schedule of the bankrupt's creditors Konkurstabelle *f*; ~ **creditors** Gläubigerverzeichnis *nt*; ~ **fees** Gebührenordnung *f*, Gebührenverzeichnis *nt*; ~ **property** Vermögensverzeichnis *nt*

schedule *v/t* anberaumen, ansetzen, planen; **s.d** *adj* vorgesehen, geplant

scheduling *n* Terminplanung *f*

scheme *n* 1. Plan *m*, Programm *nt*, Vorhaben *nt*; 2. Schema *nt*, systematische Anordnung; 3. Komplott *nt*, Verschwörung *f*, Intrige *f*, Anschlag *m*; 4. Anlage *f*; **to implement a s.** Vorhaben verwirklichen; **s. of arrangement/composition** *(Konkurs)* Vergleichsplan *m*, Vergleichsregelung *f*; ~ **partition** Teilungsplan *m*; **contractual s.** vertragliche Regelung

schemer *n* Intrigant(in) *m/f*

scheming *adj* raffiniert, durchtrieben

Schengen implementation agreement Schengener Durchführungsübereinkommen *nt*

scholar *n* Gelehrte(r) *f/m*; **legal s.** Rechtsgelehrte(r) *f/m*; **s.ship** *n* Stipendium *nt*

school *n* 1. Schule *f*; 2. *(Universität)* Fachbereich *m*, Fakultät *f*; **s. of motoring** Fahrschule *f*; **to expel so. from s.** jdn von der Schule verweisen; **elementary/primary s.** Grundschule *f*; **high s.** *[US]* höhere/weiterführende Schule; ~ **diploma** *[US]* Abitur *nt*, Abschlusszeugnis *nt*; **private s.** Privatschule *f*; **public s.** *[GB]* Privatschule *f*; **secondary s.** höhere/weiterführende Schule; ~ **modern s.** Hauptschule *f*; **vocational s.** Berufsschule *f*, berufsbildende Schule, Berufskolleg *nt*

school attendance Schulbesuch *m*; **s. certificate** Schulzeugnis *nt*; **s. crime** Straftaten an/in Schulen; **s. grounds** Schulgelände *nt*; **s. inspectorate** Schulaufsicht *f*; **s.-leaver** *n* Schulabgänger(in) *m/f*; **s. outing** Schulausflug *m*; **s. regulations** Schulordnung *f*

forensic science *n* Rechtsmedizin *f*, Kriminaltechnik *f*; ~ **scientist** *n* Gerichts-, Rechtsmediziner(in) *m/f*

scope *n* 1. Umfang *m*, Rahmen *m*, Ausmaß *nt*; 2. (Geltungs-/Wirkungs)Bereich *m*, Wirkungskreis *m*, Reichweite *f*; 3. Beurteilungsspielraum *m*; 4. Kompetenz-, Zuständigkeitsbereich *m*; 5. (Entfaltungs)Möglichkeit *f*, Spielraum *m*; **within the s. of** im Rahmen von; **to come/fall ~ in** den Bereich fallen von, im Rahmen liegen von

scope of administration Zuständigkeitsbereich der Verwaltung; ~ **application** Anwendungs-, Gültigkeits-, Geltungsbereich *m*; ~ **authority** Vollmachtsumfang *m*; ~ **benefits** Leistungsumfang *m*; ~ **a contract** Vertragsumfang *m*; ~ **a decision** Tragweite einer Entscheidung; ~ **discretion** Ermessensspielraum *m*, Ermessensbereich *m*; ~ **duties/functions** Aufgabenbereich *m*; ~ **(the) guarantee** Garantieumfang *m*; ~ **the law** Rahmen des Gesetzes; ~ **liability** Haftungsumfang *m*; ~ **a patent** Patentumfang *m*; ~ **the power of attorney** Umfang der Vollmacht; ~ **policy** Versicherungsumfang *m*; ~ **protection** Schutzbereich *m*; ~ **risk** Risikoumfang *m*; ~ **service** Leistungsumfang *m*; ~ **supply** Lieferumfang *m*; ~ **validity** Gültigkeitsbereich *m*

scorch *n* Brandfleck *m*, verbrannte/versengte Stelle; **s.ing** *adj* glühend heiß

scorn *n* Verachtung *f*, Hohn *m*; **s.ful** *adj* verächtlich, spöttisch, höhnisch

scot-free *adj* ungeschoren; **to get off s.-f.** ungeschoren davonkommen

Scots law schottisches Recht

scour *v/t* *(Gelände)* ab-, durchsuchen, ab-, durchkämmen

scrambler *n* Verschlüsselungsgerät *nt*, Zerhacker *m*

scrap *n* 1. Stückchen *nt*, Fetzen *m*, Spur *f*; 2. Schrott *m*, Abfall *m*; **not a s. of evidence** nicht der geringste Beweis; **s.ping** *n* Verschrottung *f*

scrap *v/t* verschrotten, ausmustern; **s. value** Schrottwert *m*

scratch *n* Kratzer *m*, Kratzwunde *f*; **s. mark** Kratzspur *f*

scream *n* 1. Schrei *m*; 2. Kreischen *nt*; 3. Heulen *nt*; *v/i* schreien

screen *n* 1. Schirm *m*, Schutz *m*; 2. (Trenn)Wand *f*; 3. Windschutzscheibe *f*; **s. of smoke** Rauchschleier *m*

screen v/t 1. *(Person)* überprüfen; 2. *(Bewerber)* aussondern, sieben

screening n (Personen)Überprüfung f

scrounge v/ti schnorren *(coll)*, abstauben *(coll)*; **s.r** n Schnorrer(in) f/m

scruffy adj gammelig, vergammelt *(coll)*, schlampig, verwahrlost

scruple n Skrupel m, Hemmung f; **without s.** skrupel-, gewissenlos; **s.s** pl (moralische) Bedenken

scrupulous adj gewissenhaft, peinlich, genau

scrutineer n Wahlprüfer(in) m/f

scrutinize v/t (genau) prüfen, (genau) untersuchen, mustern

scrutiny n Untersuchung f, (Über)Prüfung f, Musterung f; **~ of votes; ~ the legitimacy of a ballot** Wahlprüfung f

scuffle n Rauferei f, Handgemenge nt, Handgreiflichkeit f, Prügelei f

scurrilous adj verleumderisch, ehrenrührig

sea n See f, Meer nt; **s.bed** n Meeresboden m; **s. bill of lading** Seekonnossement nt, Seefrachtbrief m; **s.borne** adj auf dem Seewege; **s. change** totale Veränderung; **s.-damaged** adj havariert, seebeschädigt; **s. law** Seerecht nt

seal n 1. Siegel nt, Versiegelung f, Plombe f; 2. (Beglaubigungs)Stempel m; 3. Verschluss m, Dichtung f; **s. of office** Dienstsiegel nt; **~ quality** Güte-, Qualitätssiegel nt; **under the ~ secrecy** unter dem Siegel der Verschwiegenheit

to affix/put on a seal (ver)siegeln, Plombe/Siegel anbringen; **to break a s.** Siegel (auf)brechen, entsiegeln; **to remove a s.** Plombe/Siegel entfernen; **embossed s.** Prägesiegel nt; **official s.** Amts-, Dienstsiegel nt

seal v/t 1. (ver)siegeln, verplomben, plombieren; 2. fest verkleben, zukleben; **s. off** absperren, abriegeln

sealing n (Be-/Ver)Siegelung f; **s. (of) the deed** Siegelung der Urkunde; **official s.** amtliche Versiegelung

search n 1. Suche f, Nachforschung f; 2. Fahndung f, Suchaktion f; 3. (Personen)Durchsuchung f, Haus(durch)suchung f; **in s. of** auf der Suche nach

search at the crime scene Tatortbereichsfahndung f; **s. of a house** Hausdurchsuchung f; **~ items** Durchsuchung von Sachen; **~ premises** Durchsuchung von Räumlichkeiten; **s. and seizure** Durchsuchung und Beschlagnahme

bodily/personal search Leibesvisitation f; **illegal s.** nicht genehmigte Durchsuchung; **intimate s.** körperliche Durchsuchung; **large-scale s.** Großfahndung f; **nationwide/statewide s.** Landesfahndung f; **preliminary s.** Vorprüfung f; **selective s.** Schwerpunktfahndung f; **vehicular s.** Durchsuchung eines Fahrzeugs

search v/t (ab-/durch-/unter)suchen, durch-, erforschen

search area Suchgebiet nt; **s. department** Fahndungsabteilung f; **s. gloves** Durchsuchungshandschuhe; **s. operation** Fahndungsaktion f; **s. order** Durchsuchungsbeschluss m; **s. party** Suchtrupp m, Such-, Rettungsmannschaft f; **s. procedure** Durchsuchungsverfahren nt; **s. report** Durchsuchungsprotokoll nt

search warrant Durchsuchungsbefehl m, Haus(durch)suchungsbefehl m, Anordnung der Durchsuchung; **to execute a s. w.** Durchsuchungsbefehl durchführen; **to issue a s. w.** Durchsuchungsbefehl ausstellen; **to obtain a s. w.** Durchsuchungsbefehl erwirken

search witness Durchsuchungszeuge m

season n Jahreszeit f, Saison f; **in s.** jagdbar; **closed s. (for game)** Schonzeit f; **open s.** Jagdzeit f; **s. ticket** Dauer-, Zeitkarte f; **s.al** adj jahreszeitlich (bedingt), saisonabhängig

seat n 1. Sitzplatz m, Sitzgelegenheit f; 2. (Wohn)Sitz m; 3. (Abgeordneten)Sitz m, Mandat nt; **to win a s.** Mandat gewinnen; **s. of business** Firmen-, Geschäftssitz m; **~ government** Regierungssitz m

seat belt Sicherheitsgurt m; **to fasten one's s. b.** sich anschnallen; **s. b. offence** Nichtanlegen des Sicherheitsgurtes

secluded adj abgelegen, zurückgezogen, abgeschieden

seclusion n Abgeschiedenheit f, Abgeschlossenheit f, Zurückgezogenheit f; **to live in s.** in Zurückgezogenheit leben

second v/t 1. unterstützen, beistehen; 2. *(Antrag)* befürworten; 3. *(Person)* abordnen, abstellen

secondary adj 1. zweitrangig, weniger

bedeutend; 2. *(Strafe, Ursache)* Neben-; 3. *(Beweismittel)* indirekt

second|-hand *adj* gebraucht, getragen, aus zweiter Hand; **s.-rate** *adj* zweitrangig, zweitklassig, mittelmäßig

secrecy *n* 1. Geheimnis *nt*, Geheimhaltung *f*, Verschwiegenheit *f*, Schweige-, Geheimhaltungspflicht *f*; 2. Heimlichkcit *f*, Geheimnistuerei *f*

secrecy of ballot geheime Abstimmung; **~ correspondence** Brief-, Korrespondenzgeheimnis *nt*; **~ election** Wahlgeheimnis *nt*; **~ letters** Briefgeheimnis *nt*; **to violate the ~ letters** Briefgeheimnis verletzen; **~ mail** Postgeheimnis *nt*; **~ telecommunications** Fernmelde-, Fernsprechgeheimnis *nt*; **~ telephone communications** Telefongeheimnis *nt*

to enjoin so. to secrecy jdn zur Verschwiegenheit/Geheimhaltung verpflichten; **to observe s.** Stillschweigen bewahren; **~ strict s.** strenge Verschwiegenheit wahren; **official s.** Amts-, Dienstverschwiegenheit *f*

secret *adj* geheim, heimlich

secret *n* Geheimnis *nt*; **in s.** im Geheimen, heimlich; **s. of manufacture** Fabrikationsgeheimnis *nt*; **~ state** Staatsgeheimnis *nt*

to betray/disclose a secret Geheimnis verraten/preisgeben; **to confide a s. to so.** jdm ein Geheimnis anvertrauen; **to keep a s.** Geheimnis wahren; **to make no s. of sth.** kein Geheimnis/keinen Hehl aus etw. machen

corporate secret Firmengeheimnis *nt*; **fiscal s.** Steuergeheimnis *nt*; **illegal s.** illegales Geheimnis; **official s.** Amts-, Dienst-, Staatsgeheimnis *nt*; **Official S.s Act** *[GB]* Gesetz über die Wahrung von Staatsgeheimnissen; **personal s.** Privatgeheimnis *nt*; **postal s.** Postgeheimnis *nt*; **professional s.** Berufsgeheimnis *nt*

secretary *n* 1. Schriftführer(in) *m/f*; 2. Sekretär(in) *m/f*; **S. of the Interior** *[US]* Innenminister *m*; **s. of state** *[GB]* (Kabinetts)Minister *m*; **legal s.** Sekretär(in) in einer Rechtsabteilung, ~ in einem Anwaltsbüro; **s. general** Generalsekretär(in) *m/f*

secretly *adv* unter der Hand, insgeheim

section 1. Absatz *m*, Abschnitt *m*; 2. *(Gesetz, Urkunde)* Paragraf *m*; 3. Dezernat *nt*, Abteilung *f*, Referat *nt*; 4. *(Vertrag)* Ziffer *f*; 5. Leichenöffnung *f*, Sektion *f*; 6. Teilstrecke *f*; 7. (Teil)Bereich *m*; **legal s.** Rechtsabteilung *f*; **s. head** Referent(in) *m/f*; **s. mark** Paragrafenzeichen *nt*; **S. 8 tenant** *[US]* Sozialmieter(in) *m/f*

section so. (under the **Mental Health Act**) *v/t [GB]* jdn zwangseinweisen

sector *n* 1. Sektor *m*, Bezirk *m*; 2. Gebiet *nt*, Bereich *m*, Branche *f*; **public s.** öffentliche Hand, öffentlicher Sektor

secure *v/t* 1. (ab)sichern, sicherstellen; 2. gewährleisten, garantieren, decken; 3. festnehmen, einsperren; 4. erwerben, (sich) beschaffen; 5. erlangen, erhalten, erringen, erzielen, erwirken; **s.d** *adj* 1. *(Darlehen)* besichert; 2. sichergestellt; **~ in rem** *(lat.)* dinglich gesichert

securing *n* 1. Sicherung *f*; 2. Sicherstellung *f*; **s. of claims** Sicherung von Ansprüchen; **~ the evidence** Spuren-, Beweissicherung *f*; **~ the scene of the accident** Sicherung des Unfallortes; **~ the scene of the crime** Tatortabsicherung *f*

securities *pl* Effekten, Wertpapiere; **to lodge s. as collateral** Wertpapiere als Sicherheit hinterlegen; **collateral s.** beliehene/lombardierte Wertpapiere; **gilt-edged s.** mündelsichere Wertpapiere; **s. broker** Effekten-, Wertpapiermakler *m*

securitiz|ation *n* Ab-, Besicherung *f*, Bestellung einer Sicherheit, Forderungs(be)-sicherung *f*; **~ of a credit** Kreditsicherung *f*; **s.e** *v/t* besichern, dinglich sichern; **s.ed** *adj [GB] (Kredit)* abge-, besichert

security *n* 1. *(psychisch)* Sicherheit *f*, Geborgenheit *f*; 2. Sicherheitsvorkehrungen *pl*, Sicherheitsmaßnahmen *pl*; 3. Sicherheitsleistung *f*, Bürgschaft *f*, Kaution *f*, Pfand *nt*; 4. Wertpapier *nt*, Schuldverschreibung *f*; **against a s.** gegen eine Kaution; **by way of s.** gegen Sicherheitsleistung

security for costs Sicherheitsleistung für Prozesskosten; **~ a debt** Sicherheit für eine Forderung; **s. backed by real estate** Immobiliarsicherheit *f*; **s. in rem** *(lat.)* dingliche Sicherheit; **s. for rent** Mietkaution *f*; **s. of tenure** 1. Kündigungs-, Mieterschutz *m*; 2. *(Beruf)* Unkündbarkeit *f*

to assign as security sicherungsübereignen; **to forfeit a s.** Kaution einbüßen; **to furnish/provide s.** sichern, Sicherheit bestellen/leisten; **to impair the s.** Sicherheit gefährden; **to lend against s.** beleihen; **to realize a s.** Sicherheit verwerten, sich aus einem Sicherungsgut befriedigen; **to stand s.** bürgen, Bürge stellen, Bürgschaft leisten; **~ for so.** für jdn bürgen

adequate security angemessene Sicherheit; **collateral s.** Nebenbürgschaft *f*

contractual security vertragliche Sicherheit; **legal s.** Rechtssicherheit *f*; **personal s.** persönliche Sicherheit; **real s.** dingliche Sicherheit; **secondary s.** Nebensicherheit *f*

social security 1. Sozialversicherung *f*; 2. soziale Sicherheit; **to claim s. s.** Sozialhilfe beantragen; **s. s. benefits** Sozialleistungen; **statutory s. s. benefits** gesetzliche Sozialleistungen; **s. s. claim** Anspruch auf Sozialleistungen; **s. s. code** Sozialgesetzbuch *nt*; **s. s. contribution** Sozialversicherungsabgabe *f*, Sozialversicherungsbeitrag *m*; **s. s. contributions** Sozialabgaben, Sozialbeiträge; **s.s insurance** Sozialversicherung *f*; **~ act** Sozialversicherungsgesetz *nt*; **~ benefit** Sozialversicherungsleistung *f*; **~ scheme** Sozialversicherungsträger *m*; **s. s. law** Sozial(versicherungs)recht *nt*; **s. s. (insurance) number** Sozialversicherungsnummer *f*; **s. s. office** Sozialamt *nt*; **s. s. recipient** Sozialhilfeempfänger(in) *m/f*; **s. s. tax** *[US]* Sozialabgaben *pl*, Sozialbeiträge *pl*; **~ tribunal** Sozialgericht *nt*; **~ tribunal judge** Sozialrichter *m*

security agreement Sicherungsübereignungsvertrag *m*; **s. alarm** 1. Sicherheitsalarm *m*; 2. Alarmanlage *f*; **s. camera** Überwachungskamera *f*; **s. clearance** Sicherheitsüberprüfung *f*, Sicherheitsbescheid *m*; **s. deposit** Sicherheitshinterlegung *f*, Sicherheitsleistung *f*, Kaution *f*; **s. detention** Sicherheitsverwahrung *f*; **s. guarantee** Sicherheitsgarantie *f*; **s. guard** Wache *f*, (Sicherheits)Wächter(in) *m/f*; **s. interests** Sicherheitsbelange; **s. mat-**

ter 1. Sicherheitsangelegenheit *f*; 2. Geheimsache *f*; **s. measures** Sicherheitsmaßnahmen; **s. note** Sicherungsschein *m*; **s. precaution** Sicherheitsvorkehrung *f*; **s. provisions** 1. Sicherungsvorkehrungen; 2. Geheimhaltungsvorschriften; **s. service** Wachdienst *m*; **~ company** Wach- und Schließgesellschaft *f*; **s. staff** Sicherheitskräfte *pl*; **s. van** Geldtransportfahrzeug *nt*; **s. vetting** Sicherheitsüberprüfung *f*; **s. zone** Sicherheitsbereich *m*

sediti|on *n* Aufwiegelung *f*, Volksverhetzung *f*; **s.ous** *adj* aufrührerisch, aufwieglerisch

seduce *v/t* verführen

seduction *n* Verführung *f*; **s. of minors** Verführung Minderjähriger

see fit *v/t* (es) für tunlich halten

seek *v/t* 1. erbitten, ersuchen, beantragen; 2. suchen

seen *adj* besehen, gesehen; **as s.** wie besehen; **s. and approved** gesehen und genehmigt

segregate *v/t* ab-, aussondern, trennen

segregation *n* 1. *(Eigentum)* Aussonderung *f*; 2. Isolierung *f*, Trennung *f*; **s. of prisoners** Absonderung von Gefangenen; **~ property** Vermögensabsonderung *f*; **racial s.** Rassentrennung *f*; **s. proceedings** Aussonderungsverfahren *nt*

seizable *adj* 1. konfiszierbar, einziehbar; 2. pfändbar

seize *v/t* 1. *(Person)* ergreifen; 2. beschlagnahmen, konfiszieren, sicherstellen; 3. pfänden

seizure *n* 1. Ergreifung *f*, Festnahme *f*; 2. Beschlagnahme *f*, Sicherstellung *f*, Konfiszierung *f*, Zugriff *m*; 3. Pfändung *f*; 4. (In)Besitznahme *f*; 5. *(Pass)* Einziehung *f*; 6. *(Medizin)* Schlaganfall *m*

seizure of assets/property dinglicher Arrest; **~ chattels** Mobiliarpfändung *f*; **~ all the debtor's goods** Kahlpfändung *f*; **s. by way of execution** Zwangsvollstreckung *f*; **s. of goods** Wegnahme von Sachen; **s. and sale of movable property** Mobiliarvollstreckung *f*; **s. for security** Sicherheitspfändung *f*

to effect a seizure Beschlagnahme vornehmen, beschlagnahmen; **to lift the s.** Beschlagnahme/Pfändung aufheben;

actual s. Beschlagnahme durch Wegnahme; **constructive s.** Beschlagnahme durch Verfügungsverbot; **illegal s.** gesetzwidrige Wegnahme; **unlawful s.** rechtswidrige/widerrechtliche Beschlagnahme

selection *n* (Aus)Wahl *f*, Auslese *f*; **s. board/committee** Auswahlkomitee *nt*, Bewerbungsausschuss *m*; **s. interview** Vorstellungsgespräch *nt*; **s. procedure** Auswahlverfahren *nt*

selective *adj* punktuell, selektiv

self|-accusation *n* Selbstanklage *f*, Selbstbeschuldigung *f*; **s.-appraisal** *n* Selbstbeurteilung *f*; **s.-assessment** *n* *(Steuer)* Selbstveranlagung*f*; **s.-confessed** *adj* geständig; **s.-confession** *n* Selbstbekenntnis *nt*; **s.-confident** *adj* selbstbewusst, selbstsicher; **s.-conscious** *adj* befangen, gehemmt; **s.-contracting** *n* Insichgeschäft *nt*; **s.-control** *n* Selbstbeherrschung *f*, Selbstkontrolle *f*; **s.-dealing** *n* Insichgeschäft *nt*

self-defence *n* Notwehr *f*, Selbstverteidigung *f*; **in s.-d.** zum eigenen Schutz; **to act ~ in** Notwehr handeln; **excessive s.-d.** Notwehrüberschreitung *f*; **imaginary s.-d.** Putativnotwehr *f*; **justifiable s.-d.** zulässige Notwehr

self|-denunciation *n* Selbstanzeige *f*; **s.-denial** *n* Selbstverleugnung *f*; **s.-determination** *n* Selbstbestimmung*f*; **sexual ~** sexuelle Selbstbestimmung

self|-employed *adj* selbstständig; **~ person** Selbstständige(r) *f/m*, Freiberufler *m*, selbstständiger Kaufmann; **s.-employment** *n* freiberufliche/selbstständige (Erwerbs)Tätigkeit, Selbstständigkeit *f*

self|-endangering *n* Selbstgefährdung *f*; **s.-esteem** *n* Selbstachtung *f*; **s.-help** *n* Selbsthilfe *f*; **s.-incrimination** *n* Selbstbezichtigung *f*, Selbstanklage *f*, Selbstanzeige *f*; **s.-induced** *adj* selbstverursacht; **s.-inflicted** *adj* 1. *(Wunde, Schaden)* sich selbst zugefügt/beigebracht; 2. *(Belastung)* sich freiwillig auferlegt; **s.-interest** *n* Eigennutz *m*; **s.-mutilation** *n* Selbstverstümmelung *f*; **s.-opinionated** *adj* rechthaberisch; **s.-preservation** *n* Selbsterhaltung *f*; **s.-redress** *n* Selbsthilfe *f*; **s.-restraint** *n* Selbstbeschränkung *m*; **s.-retention**

(Vers.) Selbst-, Eigenbehalt *m*; **s.-righteous** *adj* selbstgerecht; **s.-righteousness** Selbstgerechtigkeit *f*; **s.-rule** *n* Selbstverwaltung *f*; **s.-sustaining** *adj* *(Umwelt)* nachhaltig

sell *v/t* verkaufen, veräußern, Veräußerung vornehmen, vertreiben; **s. privately** unter der Hand verkaufen

seller *n* Verkäufer(in) *m/f*, Veräußerer *m*; **s.'s duty to notify** Anzeigepflicht des Verkäufers; **~ liability** Haftung des Verkäufers, Händlerhaftung *f*; **~ lien** Zurückbehaltungsrecht des Verkäufers; **~ limited liability** beschränkte Haftung des Verkäufers; **~ option** Verkaufsoption*f*; **~ warranty** Mängelhaftung*f*, Gewährleistung(spflicht) des Verkäufers

selling *n* Verkauf *m*, Verkäufe *pl*, Absatz *m*; **forced s.** Zwangsversteigerung *f*; **s. agreement** Veräußerungsvertrag *m*; **s. licence** Verkaufslizenz *f*; **s. order** Verkaufsauftrag *m*; **s. price** Verkaufspreis *m*; **s. restriction** Veräußerungsbeschränkung*f*; **s. right** Verkaufs-, Absatzrecht *nt*; **exclusive ~** Alleinverkaufsrecht *nt*; **s. value** Veräußerungs-, Verkaufswert *m*

semblance *n* Anschein *m*

semen *n* Sperma *nt*, Samenflüssigkeit *f*

semi|-official *adj* halbamtlich; **s.-public** *adj* halböffentlich; **s.-skilled** *adj* angelernt; **s.-trailer** *n* Auflieger *m*, Sattelanhänger *m*

senate *n* Senat *m*; **s. committee** Senatsausschuss *m*

send *v/t* ab-, zusenden; **s. in** einsenden

sender *n* Ab-, Einsender *m*

senior *n* 1. Vorgesetzte(r) *f/m*; 2. Dienst-, Rangälteste(r)*f/m*; *adj* 1. älter; 2. vorgesetzt, übergeordnet, leitend; 3. dienstälter; 4. ranghöher; 5. *(Pfandrecht)* vorrangig, bevorrechtigt, bevorzugt; **s.ity** *n* höheres Dienstalter; **~ principle** Dienstaltersprinzip *nt*

sense *n* 1. Bedeutung *f*, Sinn *m*; 2. (praktische) Vernunft

sense of decency Anstandsgefühl *nt*; **s. of direction** Orientierungssinn *m*; **~ duty** Pflichtgefühl *nt*, Pflichtbewusstsein *nt*; **~ guilt** Schuldbewusstsein *nt*; **~ justice** Rechtsempfinden *nt*, Rechts-, Gerechtigkeitsgefühl *nt*; **in the ~ the law** im Sinne des Gesetzes; **~ responsibility**

Verantwortungsbewusstsein *nt*; **~ right and wrong** Rechtsbewusstsein *nt*; **~ shame** Schamgefühl *nt*
common sense gesunder Menschenverstand; **in the legal s.** im rechtlichen Sinne; **literal s.** wörtliche Bedeutung
sensible *adj* vernünftig, einsichtig
sensitive *adj* 1. empfindlich; 2. anfällig; 3. heikel, prekär
sentence *v/t* ab-, verurteilen, bestrafen, Urteil fällen/sprechen über; **s. so. to sth.** jdn zu etw. verurteilen
sentence *n* 1. (Gerichts-/Straf)Urteil *nt*; 2. Strafmaß *nt*, Strafe *f*; **in lieu of a s.** anstelle einer Strafe, ersatzweise; **subsumed in another s.** mitbestraft
sentence in absence Abwesenheitsurteil *nt*; **s. for a crime** Kriminalstrafe *f*; **~ juvenile delinquents** Jugendstrafe *f*; **s. of imprisonment** Gefängnis-, Freiheitsstrafe *f*; **s. demanded by the prosecution** Strafantrag *m*
to affirm/confirm a sentence Urteil bestätigen; **to award a s.** auf Strafe erkennen; **to carry out/execute a s.** Urteil/Strafe vollstrecken; **to commute a s.** Strafe umwandeln; **to deliver a s.** Urteil fällen/verkünden; **to determine the s.** Strafe/Strafhöhe festsetzen; **to execute a s.** Strafe vollstrecken, aus einem Urteil vollstrecken; **to impose/inflict a s.** Strafe auferlegen/verhängen, Strafe zumessen; **to pass/pronounce a s.** Urteil fallen; **to reduce a s.** Strafe herabsetzen/mildern; **to remit a s.** Strafe erlassen; **to serve a s.** (Freiheits-/Haft)Strafe verbüßen, ~ absitzen; **to suspend a s.** Strafe zur Bewährung aussetzen, Bewährung gewähren; **to uphold a s.** Urteil bestätigen
compound sentence Gesamtstrafe *f*; **concurrent s.** Gesamtstrafe *f*, gleichzeitig zu verbüßende Freiheitsstrafe, gleichzeitige Verbüßung zweier Freiheitsstrafen; **consecutive s.s** nacheinander zu verbüßende Freiheitsstrafen; **cumulative s.** Gesamtstrafe *f*
custodial sentence Freiheits-, Gefängnis-, Haftstrafe *f*; **fit for a c. s.** haftfähig; **unfit for a c. s.** haftunfähig; **to serve a c. s.** Haftstrafe verbüßen/absitzen
interlocutory sentence Zwischenurteil *nt*; **lenient s.** milde Strafe; **maximum s.**

Höchststrafe *f*; **minimum s.** Mindeststrafe *f*; **non-custodial s.** Strafe ohne Freiheitsentzug; **reduced s.** Haftverkürzung *f*; **remaining s.** Reststrafe *f*; **reserved s.** vorbehaltene Strafe; **single s.** Einzelstrafe *f*; **subsidiary s.** Nebenstrafe *f*; **summary s.** Strafbefehl *m*; **suspended s.** (Freiheits)Strafe auf Bewährung, Strafe/Verurteilung mit Bewährung, zur Bewährung ausgesetzte Strafe, Aussetzung der Bewährung
sentence imposed Straferkenntnis *f*
sentenced *adj* verurteilt
sentencing *n* Verurteilung *f*, Straffestsetzung *f*; **s. power(s)** Strafbefugnis *f*, Strafgewalt *f*
separab|ility *n* Trennbarkeit *f*; **s.le** *adj* teilbar, trennbar
separate *v/ti* 1. trennen, absondern; 2. (auf)teilen; 3. *(Eheleute)* sich trennen; **judicially s.d** *adj* gerichtlich getrennt, getrennt von Tisch und Bett
separate *adj* 1. getrennt, gesondert; 2. einzeln, Einzel-; 3. *(Vereinbarung, Vertrag)* Sonder-; 4. *(Klage)* selbstständig; **to live s.** getrennt leben; **s. and apart** getrennt
separation *n* 1. (Ab)Trennung *f*, Teilung *f*, Aus-, Absonderung *f*; 2. *(Eherecht)* Trennung *f*, Getrenntleben *nt*; 3. *[US]* Aufgabe einer Stellung
separation of claims *(Konkurs)* Absonderung *f*; **s. by consent** einverständliche Trennung; **2 years s. and consent** *[GB]* zweijährige Trennung und Einwilligung (des/der Beklagten); **s. of (the) estate** Gütertrennung *f*; **~ households** Haushaltstrennung *f*; **s. a mensa et thoro** *(lat.)*; **s. from bed and board** Trennung von Tisch und Bett; **s. of powers** Gewaltenteilung *f*, Gewaltentrennung *f*, Trennung der Gewalten; **s. of property** *[US]* Gütertrennung *f*
judicial/legal separation Aufhebung der ehelichen Gemeinschaft, gerichtliche Trennung, gerichtlich gestaltetes Getrenntleben, Trennung von Tisch und Bett; **voluntary s.** *[US]* einverständliche Trennung
separation agreement Vereinbarung über das Getrenntleben; **s. allowance** Trennungsentschädigung *f*, Trennungsbeihilfe *f*

sequence n (Aufeinander-/Reihen)Folge f; **in s.** aufeinanderfolgend; **s. of authorities/instances/courts** Instanzenweg m, Instanzenzug m; ~ **events** Tathergang m, Aufeinanderfolge der Ereignisse; ~ **priority** Rangfolge f

sequestrate v/t beschlagnahmen, konfiszieren, sequestrieren

sequestration n 1. Beschlagnahme f, Konfiszierung f, Sequestration f, Vollstreckung durch Gerichtsvollzieher; 2. Zwangsverwaltung f; **s. of assets** Vermögensbeschlagnahme f; **to award s. of the estate** Vermögensbeschlagnahme anordnen; **to put under** s. unter Zwangsverwaltung stellen; **court-ordered s.** gerichtliche Beschlagnahme; **judicial s.** Zwangsverwaltung f, Aufbewahrung durch das Gericht; **s. order** Beschlagnahmeanordnung f, Beschlagnahmeverfügung f

sequestrator n 1. Gerichtsvollzieher m, Sequester m; 2. Zwangsverwalter m

serial adj 1. (Mörder) Serien-; 2. serienmäßig

series n Reihe f, Serie f, Folge f

serious adj 1. ernst, schwer, gravierend; 2. seriös, ernst zu nehmend; 3. erheblich, bedeutend

seriousness n Ernst m, Schwere f; **s. of an offence** Schwere einer Straftat

servant n Diener(in) m/f, Bedienstete(r) f/m, Verrichtungsgehilfe m; **civil s.** Beamter m; **female** ~ Beamtin f; **domestic s.** Hausangestellte(r) f/m; **public s.** Angestellte(r) im öffentlichen Dienst; **possessory s.** Besitzdiener m

serve v/t 1. (be)dienen; 2. (Strafe) verbüßen, absitzen; 3. (Ladung) zustellen; 4. dienlich sein, nützen; 5. versorgen; **s. as** fungieren als; **it s.s you right!** das geschieht dir recht!

service n 1. Dienst(leistung) m/f; 2. Dienstverhältnis nt; 3. Zustellung f; 4. Inspektion f, Wartung f; 5. Gefälligkeit f; **fit for s.** dienstfähig; **liable for s.** leistungspflichtig **unfit for s.** dienstunfähig; **s.s to be provided** zu erbringende Leistungen

service of action Klagezustellung f; ~ **default** Inverzugsetzung f; ~ **documents by a party** Parteizustellung f; **s. under a** **guarantee** Garantieinanspruchnahme f; **s. of an heir** [Scot.] Erbenanerkennung f; ~ **a judgment** Urteilszustellung f; **s. between lawyers** Zustellung von Anwalt zu Anwalt; **s. of notice** Zustellung einer Kündigung; **s. by public notice** öffentliche Zustellung; **s. of process** Zustellung der Klageschrift, ~ von Gerichtsdokumenten; **s. by publication** [US] öffentliche Zustellung; **s. in return** Gegenleistung f; **s. of (a writ of)** **summons** Zustellung einer Ladung, Ladungszustellung f

to accept service Zustellung annehmen; **to evade s.** sich der Zustellung entziehen; **to owe a s.** Leistung schulden; **to render a s.** Dienst erweisen/leisten, Dienstleistung erbringen

civil service öffentlicher Dienst; **civil alternative s.** Zivildienst m; **civil s. law** Beamten-, Dienstrecht nt; **in terms of** ~ beamtenrechtlich; **civil s. pay** Beamtenbesoldung f; ~ **status** Beamtenstatus m; **compulsory military s.** Wehrpflicht f; **contracted s.** vereinbarte Leistung; **free/gratuitous s.** unentgeltliche Leistung; **full s.** vollständige Zustellung; **funeral s.** Trauerfeier f; **military s.** Militär-, Wehrdienst m; **exempt from** ~ vom Wehrdienst befreit; **fit for** ~ wehrdiensttauglich; **national s.** [GB] Militär-, Wehrdienst m; **alternative** ~ Wehrersatzdienst m; **personal s.** Zustellung zu eigenen Händen des Beklagten; **personal s.s** persönliche Dienstleistungen; **postal s.** Post f; ~ **s.s act** Postgesetz nt; **proper s.** ordnungsgemäße Zustellung; **public s.** öffentlicher Dienst; ~ **obligation (PSO)** 1. öffentlicher (Dienstleistungs)Auftrag; 2. Beförderungspflicht f; **secret s.** Geheimdienst m; **social s.s** 1. Sozialleistungen pl; 2. Sozialwesen nt, soziale Einrichtungen; ~ **department** Sozialamt nt; **special s.** Sonderzustellung f; **substituted s.** Ersatzzustellung f; **supervisory s.** Überwachungsdienst m

service v/t 1. warten, instandhalten

serviceab|ility n Gebrauchsfähigkeit f; **s.le** adj tauglich, gebrauchsfähig

service agreement Dienstleistungs-, Wartungsvertrag m, Dienstleistungsabkommen nt; **s. check** Inspektion f;

s. charge Bearbeitungs-, Verwaltungsgebühr *f*; **s. company** Dienstleistungsunternehmen *nt*; **s. contract** Dienst(leistungs)-, Wartungsvertrag *m*; **~ law** Dienstvertragsrecht *nt*; **s. contractor** Wartungsunternehmen *nt*; **s. fee** 1. Zustellungsgebühr; 2. Dienstleistungs-, Bearbeitungsgebühr *f*; **s. hours lost** entgangener Dienst; **s. impossible** *(Notiz)* unzustellbar; **s. pistol** Dienstwaffe *f*, Dienstpistole *f*; **s. provider/renderer** Dienstleister(in) *m/f*, Erbringer von Dienstleistungen, Leistungsträger *m*; **s. regulation(s)** Dienstvorschrift *f*, Dienstordnung *f*; **s. rendering** Erbringung von Dienstleistungen; **s. status** Wehrdienstverhältnis *nt*; **s. trade** Dienstleistungsgewerbe *nt*

serving a sentence *n* Strafverbüßung *f*; Verbüßen einer Straftat

servitude *n* Dienstbarkeit *f*, Servitut *nt*; **personal s.** persönliche Dienstbarkeit; **real s.** Grunddienstbarkeit *f*; **statutory s.** Legalservitut *f*

session *n* *(Gericht, Parlament)* Sitzung(speriode) *f*; **to be in s.** *(Gericht)* tagen, Sitzung abhalten; **s. of a court** Gerichtssitzung *f*; **to adjourn a s.** Sitzung vertagen; **to attend a s.** an einer Sitzung teilnehmen; **to call/convene a s.** Sitzung einberufen; **closed s.** nichtöffentliche Sitzung; **plenary s.** Plenum *nt*

set *v/t* bestimmen, festlegen, anberaumen; **s. aside** 1. *(Urteil)* aufheben, annullieren, für unwirksam erklären; 2. *(Klage, Berufung)* abweisen, verwerfen; 3. absondern; 4. *(landwirtschaftliche Nutzfläche)* stilllegen; **s. forth** anführen, darlegen, dartun, vorbringen; **s. free** freilassen; **s. off** auf-, verrechnen, ausgleichen, kompensieren; **~ against** verrechnen mit; **s. out** darlegen, auseinandersetzen; **s. up** einrichten, errichten, bilden, gründen

set *n* 1. Satz *m*, Sammlung *f*; 2. Gruppe *f*; 3. Reihe *f*, Folge *f*; 4. Clique *f*, Bande *f*; **s. of chambers** Gemeinschaftspraxis *f*, Sozietät *f*; **~ circumstances** Tatumstände *pl*; **~ instruments** Instrumentarium *nt*

set-aside scheme *n* Flächenstilllegung *f*

setback *n* Rückschlag *m*

set-off *n* Aufrechnung *f*, Anrechnung einer Gegenforderung, Entschädigung *f*; **s.-o. claim** Aufrechnungsanspruch *m*

setting fire (to sth.) *n* Inbrandsetzen *nt*

setting forth the facts *n* (unter) Darlegung der Tatsachen

setting free *n* Freilassung *f*

setting-off (of) a claim *n* Aufrechnung mit einem Anspruch; **cautionary s.-o.** Eventualaufrechnung *f*

setting up *n* 1. Gründung *f*; 2. Einsetzung *f*, Bildung *f*; **~ a home** Begründung des Wohnsitzes; **~ as a lawyer** Niederlassung als Anwalt

settle *v/ti* 1. abrechnen, begleichen, abfinden; 2. *(Streit)* beilegen, schlichten; 3. *(Anspruch, Schaden)* regulieren, befriedigen; 4. *(Erbschaft)* aussetzen; 5. erledigen, regeln; 6. sich vergleichen; 7. sich niederlassen; **s. amicably** sich gütlich einigen, einvernehmlich/gütlich regeln, schlichten

settled *adj* 1. sesshaft, ansässig; 2. geregelt, beschlossen, entschieden, abgemacht; 3. bezahlt, beglichen

settlement *n* 1. Begleichung *f*, Bezahlung *f*, Abfindung *f*, Abrechnung *f*; Zahlungsabwicklung *f*; 2. Beilegung *f*, Regelung *f*, Schlichtung *f*; 3. (außergerichtlicher) Vergleich; 4. (Vermögens)Übertragung *f*; 5. Aussetzung *f*; 6. (An)Siedlung *f*; 7. Besiedlung *f*; **pending s.** bis zur Erledigung

settlement of accident claims Abwicklung von Schadensfällen; **~ an action** Prozessvergleich *m*; **s. by arbitration; s. in arbitration proceedings** schiedsgerichtliche Beilegung, Schiedsvergleich *m*; **s. of a claim** Forderungsbefriedigung *f*; **preferential ~ a claim** abgesonderte Befriedigung; **s. by contract** vertragliche Regelung; **s. with one's creditors** Gläubigerabfindung *f*; **s. of damages** Schadensregulierung *f*; **~ debts** Bezahlung von Schulden, Schuldenregulierung *f*; **~ a (legal) dispute** Erledigung/Regelung eines Rechtsstreites, Streitbeilegung *f*; **s. in full** Gesamtausgleich *m*; **s. of hardship cases** Härteregelung *f*; **~ an inheritance** Erbabfindung *f*; **s. in kind** Naturalausgleich *m*, Ausgleich durch Sachleistungen; **s. without prejudice** *(Vers.)* Regulierung ohne Anerkennung einer Rechtspflicht;

s. of property (urkundliche) Verfügung über Vermögen; **s. in rem** *(lat.)* dingliche Einigung; **s. of third-party damage** Drittschadensliquidation *f;* **s. by will** testamentarische Verfügung

amicable settlement gütliche Beilegung/ Einigung/Erledigung/Regelung, gütlicher Vergleich; **compulsory s.** Zwangsausgleich *m;* **contractual s.** vertragliche Regelung; **final s.** vollständige Erledigung; **lump-sum s.** Pauschalabfindung *f,* Pauschalentschädigung *f;* **out-of-court s.** außergerichtliche Abmachung/Einigung/Regelung/Vereinbarung, außergerichtlicher Vergleich; **peaceful s.** friedliche Beilegung; **permanent s.** Dauerregelung *f;* **satisfactory s.** befriedigende Regelung; **voluntary s.** außergerichtlicher Vergleich, außergerichtliche Einigung

settlement agreement Abfindungsvertrag *m;* **s. day** Abrechnungs-, Verrechnungs-, Zahlungstag *m;* **s. option** Wahlrecht für die Entschädigungsform

sever *v/t* 1. (ab)trennen, absondern; 2. (ab)teilen; 3. *(Beziehungen)* abbrechen, auflösen; 4. *(Satzung)* aufheben

severability *n* Teilnichtigkeit *f;* **s. clause** Teilnichtigkeitsklausel *f*

severable *adj* 1. (ab)trennbar; 2. teilbar

several *adj* 1. *(Forderung, Haftung)* einzeln, gesondert, getrennt, Einzel-; 2. verschiedene, mehrere; **s.ly** *adv* einzeln, gesondert, getrennt

severalty *n* Bruchteileigentum *nt,* Sonderbesitz *m;* **s. owner** Bruchteileigentümer(in) *m/f*

severance *n* 1. Trennung *f;* 2. Abtrennung *f;* **s. of action** Prozess-, Verfahrenstrennung *f;* **s. claim** Abfindungsanspruch *m;* **s. benefit** Trennungsentschädigung *f;* **s. pay** 1. Entlassungsabfindung *f,* Entlassungsgeld *nt;* 2. Trennungsentschädigung *f,* Trennungszulage *f;* **s. scheme** *[US]* Sozialplan *m*

severe *adj* 1. streng, hart; 2. schwer, gravierend

severity *n* 1. Strenge *f,* Härte *f;* 2. Schwere *f*

sewage *n* Abwasser *nt;* **s. disposal** Abwässerbeseitigung *f;* **s. plant** Kläranlage *f*

sewerage *n* 1. Abwässerbeseitigung *f;* 2. Kanalisation(snetz) *f/nt*

sex *n* Geschlecht *nt;* **s. crime** Sexualverbrechen *nt;* **s. discrimination** Benachteiligung/Diskriminierung aufgrund des Geschlechts; **S. Discrimination Act** *[GB]* Gleichberechtigungsgesetz *nt;* **s. fiend** Sexual-, Sittlichkeitsverbrecher *m,* Sittenstrolch *m (obs);* **s. killer** Lustmörder *m;* **s. murder** Lustmord *m;* **s. murderer** Lustmörder *m*

sexual *adj* sexuell

shackle *v/t* fesseln, in Ketten legen; **s.s** *pl* Fußfesseln

shady *adj (coll)* zwielichtig, fragwürdig, zweifelhaft

shaky *adj* wackelig

sham *n* Täuschung *f,* Schein *m,* Nachahmung *f,* Schwindel *m; adj* unecht, nachgemacht, falsch, vorgetäuscht, Schein-; **s. contract** Scheinvertrag *m;* **s. marriage** Scheinehe *f;* **s. payment** fingierte Zahlung; **s. transaction** Scheingeschäft *nt*

shame *n* 1. Scham *f;* 2. Schande *f;* **s.ful** *adj* schändlich, niederträchtig; **s.less** *adj* schamlos

shape *v/t* gestalten

share *v/t* 1. teilen; 2. gemeinsam haben

share *n* 1. (An)Teil *m;* 2. Beteiligung *f;* 3. Aktie *f;* 4. Kapitalanteil *m;* **s. in** teilnehmen an; **s. out** verteilen

share of the blame Mitschuld *f;* **s. in/of the estate** Erb(an)teil *nt,* Erbschaftsanteil *m;* **accrued ~** angewachsener Erbteil; **s. under an intestacy** gesetzlicher Erbteil; **s. in the liability** Haftungsanteil *m;* **~ profits** Gewinnbeteiligung *f,* Beteiligung am Gewinn; **to have a ~ the profits** am Gewinn beteiligt sein; **~ the success** Erfolgsanteil *m;* **~ a syndicate** Konsortialanteil *m,* Konsortialbeteiligung *f*

to have a share in teilhaben an; **entitled to a s.** anteilsberechtigt

appropriate share gebührender Teil; **equal s.s** gleiche Anteile; **fair s.** angemessene Beteiligung; **hereditary s.** Erb(an)teil *m;* **intestate s.** gesetzlicher Erbteil; **ordinary s.** Stammaktie *f*

share certificate Kapitalanteilschein *m,* Aktienzertifikat *nt;* **s.cropper** *n* Natural-, Teilpächter *m;* **s.cropping** *n* Natural-, Teilpacht *f*

shareholder *n* 1. Anteilseigner *m/f,* Anteilinhaber *m/f*; 2. *(AG)* Aktionär(in) *m/f*; 3. *(GmbH)* Gesellschafter(in) *m/f*, Teilhaber(in) *m/f*; **s.s' action** Aktionärsklage *f*; **~ meeting** Gesellschafter-, Hauptversammlung *f*

share tenancy Teilpacht *f*

sharing *n* 1. Teilung *f*; 2. Beteiligung *f*; **s. of loss** Verlustbeteiligung *f*

sheet *n* Blatt *nt*

shelf life *n* Haltbarkeit *f*, Lagerfähigkeit *f*

shell of a burnt-out car *n* Wrack eines ausgebrannten Kfz

shelter *n* 1. Zuflucht(sort) *f/m*; 2. Obdach *nt*, Unterkunft *f*; 3. Unterstand *m*; 4. *(fig)* Schutz *m*; **s. for the homeless** Obdachlosenheim *nt*

sheriff *n* 1. *[US]* Sheriff *m*, oberster Vollstreckungsbeamter eines Bezirks; 2. *[Scot]* Friedensrichter(in) *m/f*; **s. court** *[Scot]* Amtsgericht *nt*, niedriges Gericht; **s.dom** *n* Gerichtsbezirk *m*; **s.'s officer** Gerichtsvollzieher(in) *m/f*

shift *v/t* 1. verschieben; 2. *(Verantwortung)* abwälzen

shift *n* 1. (Ver)Änderung *f*, Wechsel *m*; 2. *(räumlich)* Verlegung *f*, Verschiebung *f*; 3. Schicht *f*; **s. of the burden of proof** Beweislastumkehr *f*; **s. allowance** Schichtzulage *f*; **s. work** (Wechsel)Schichtdienst *m*, Schichtarbeit *f*

shifting *n* Verlagerung *f*, Verschiebung *f*; **s. the burden of proof** Beweisumkehrung *f*

shifty *adj (pej)* hinterhältig, verstohlen, zwielichtig

ship *v/t* versenden, verfrachten, verschiffen

ship *n* Schiff *nt*; **to arrest a s.** Schiff mit Beschlag belegen

shipment *n* 1. Versand *m*, Verschiffung *f*; 2. Sendung *f*, Fracht *f*

ship mortgage Schiffshypothek *f*

shipowner *n* Reeder *m*; **s.'s liability** *n* Reederhaftung *f*

shipper *n* Be-, Verfrachter *m*

shipping *n* 1. Schifffahrt *f*; 2. Verschiffung *f*, Verladung *f*, Befrachtung *f*; **s. company** Reederei *f*; **s. contract** Schifffahrtsvertrag *m*; **s. documents** Versand-, Verschiffungsdokumente

ship's articles *n* Heuervertrag *m*; **~ creditor** Schiffsgläubiger *m*; **~ passport** Schiffsbrief *m*, Schiffspass *m*; **~ register** Schiffsregister *nt*

shock *n* Schock *m*; **nervous s.** seelischer Schaden; **psychological s.** seelischer Schock

shoot *v/ti* (er)schießen; **s.ing** *n* Schießerei *f*; **lawful s.** gerechtfertigter Waffengebrauch; **unlawful s.** ungerechtfertigter Waffengebrauch; **s. incident** Schießerei *f*; **s. scene** Ort der Schießerei

shop *v/t* 1. (ein)kaufen; 2. *(coll)* verpfeifen *(coll)*

shop *n* Laden *m*; **s. agreement** Betriebsvereinbarung *f*; **closed s.** *[GB]* Betrieb mit Zwangsmitgliedschaft in einer Gewerkschaft; **~ clause** Organisationsklausel *f*; **s. closing act** Ladenschlussgesetz *nt*; **~ hours** Ladenschlusszeiten; **~ time** Ladenschluss *m*; **s.keeper** *n* Ladeninhaber(in) *m/f*

shoplift *v/i* Ladendiebstahl begehen; **s.er** *n* Laden-, Warenhausdieb *m*; **s.ing** *n* Laden-, Warenhausdiebstahl *m*

shop premises Ladenlokal *nt*; **s. steward** *(Gewerkschaft)* Vertrauensmann *m*, (Betriebs)Obmann *m*

shore *n* Küste *f*; **s. leave** Landgang *m*

short *adj* kurz

shortage *n* Knappheit *f*, Mangel *m*, Manko *nt*; **s. of liquid assets** Illiquidität *f*

shortcomings *pl* Unzulänglichkeiten, Mängel

shorten *v/t* verkürzen

shortfall *n* Fehlbetrag *m*, Fehlmenge *f*, Defizit *nt*

shorthand *n* Kurzschrift *f*

shortlist *v/t* in die engere Wahl einbeziehen; **to be s.ed** in die engere Wahl kommen

short-lived *adj* kurzlebig, von kurzer Dauer

short-term *adj* kurzfristig

shot *n* 1. Schuss *m*; 2. Foto *nt*; **aimed s.** gezielter Schuss; **fatal s.** Todesschuss *m*; **s. to kill** gezielter Todesschuss

shoulder *n* 1. Schulter *f*; 2. *(Straße)* Straßenrand *m*, Seitenstreifen *m*; **hard s.** befestigter Seitenstreifen; **soft s.** unbefestigter Seitenstreifen

show *n* 1. Vorführung *f*, Schau *f*; 2. Kundgebung *f*; 3. Messe *f*, Ausstellung *f*; **s. of hands** *(Abstimmung)* Handzeichen *nt*, Handaufheben *nt*

show *v/t* 1. zeigen; 2. vorführen; 3. aus-, vorweisen; 4. beweisen; 5. dartun; **s. up** erscheinen

shown below *adj* nachstehend aufgeführt; **as has been s.** nachgewiesenermaßen

showpiece *n* Vorzeigeobjekt *nt*

show trial Schauprozess *m*

shredder *n* Reißwolf *m*

shyster *n* *[US] (pej)* Winkeladvokat *m* *(pej)*

sick *adj* krank; **s. leave** Krankheitsurlaub *m*; **to be on ~** wegen Krankheit beurlaubt sein; **~ benefit** Krankengeld *nt*; **to put so. on the s. list** jdn krankschreiben

sickness *n* Krankheit *f*, Erkrankung *f*; **s. allowance/benefit(s)** 1. Krankengeld *nt*; 2. Leistung(en) im Krankheitsfall

sick note Krankmeldung *f*, Arbeitsunfähigkeitsbescheinigung *f*; **to issue so. with a ~** jdn krankschreiben; **s. pay** Krankengeld *nt*; **s. person** Kranke(r) *f/m*

side *n* Seite *f*; **s. with** *v/prep* Partei ergreifen/nehmen für; **to take s.s** Partei ergreifen; **opposite s.** Gegenseite *f*

side agreement Nebenabrede *f*, Sonderabmachung *f*; **s. arms** Hieb- und Stoßwaffen; **s. effect** Nebenwirkung *f*; **s. issue** Nebenfrage *f*; **s.line** *n (Familie)* Neben-, Seitenlinie *f*; **s. street** Nebenstraße *f*; **s.walk** *n [US]* Gehweg *m*

sight *n* 1. Sicht *f*; 2. Sehvermögen *nt*; 3. Sehenswürdigkeit *f*; **at s.** bei/nach Sicht, bei Vorlage; **payable ~** zahlbar bei Sicht; **telescopic s.** Zielfernrohr *nt*

sight deposit Sichteinlage *f*; **s. draft** Sichtwechsel *m*, befristeter Wechsel; **s. unseen** *(Kauf)* unbesehen, ohne Besicht; **to buy ~** ohne Besicht/unbesehen kaufen

sign *v/t* unterzeichnen, unterschreiben, signieren; **s. jointly** mitunterschreiben; **s. sth. over to so.** etw. auf jdn überschreiben; **s. up** anheuern

sign *n* 1. Zeichen *nt*; 2. Hinweisschild *nt*; **s.s of violence** Spuren von Gewalteinwirkung; **s. of wear** Verschleißerscheinung *f*

unmistakable sign untrügliches Zeichen; **mandatory s.** Gebotszeichen *nt*; **manual s.** Handzeichen *nt*; **prohibitory s.** *(Verkehr)* Verbotszeichen *nt*; **~ and**

restrictive s.s Verbots- und Beschränkungszeichen

signal *n* Signal *nt*, Zeichen *nt*

signatory *n* Unterzeichner(in) *m/f*, Unterzeichneter *m*, Signatar *m*, Unterfertiger *m*; **s. to a contract** Vertragsunterzeichner(in) *m/f*; **authorized s.** Unterschrifts-, Zeichnungsberechtigte(r) *f/m*, Prokurist(in) *m/f*, Bevollmächtigte(r) *f/m*

signature *n* Unterschrift *f*, Unterzeichnung *f*, Paraphe *f*; **ready for s.** unterschriftsreif; **s. by procuration** Unterschrift in Vollmacht; **to affix one's s.** Unterschrift leisten; **to authenticate a s.** Unterschrift beglaubigen

forged signature gefälschte Unterschrift, Unterschriftsfälschung *f*; **full s.** Namensunterschrift *f*; **joint s.** Mitunterschrift *f*; **official s.** amtliche Unterschrift

signed *adj* ge-, unterzeichnet; **s. and sealed** unterschrieben und besiegelt

significance *n* Bedeutung *f*, Tragweite *f*, Belang *m*, Aussagekraft *f*; **legal s.** rechtliche Bedeutung

significant *adj* 1. bedeutend; 2. bezeichnend

signing *n* (Unter)Zeichnung *f*; **s. up** Anheuerung *f*; **s. of a contract** Vertragsunterzeichnung *f*; **s. authority** Zeichnungsvollmacht *f*

signpost *n* Wegweiser *m*

silence *n* (Still)Schweigen *nt*; **to maintain s.** Stillschweigen bewahren

silence so. *v/t* jdn mundtot machen

silencer *n* Schalldämpfer *m*

silent *adj* ruhig, still; **to remain s.** schweigen

to take silk *n [GB]* Kronanwalt/Queen's Counsel werden

similar *adj* gleichartig, ähnlich; **s.ity** Gleichartigkeit *f*, Ähnlichkeit *f*

simple *adj* einfach

simulat|e *v/t* vortäuschen, vorspiegeln; **s.ing a criminal offence** *n* Vortäuschen einer Straftat

simultan|eity *n* Gleichzeitigkeit *f*; **s.eous** *adj* gleichzeitig, simultan

sine die *adv (lat.)* auf unbestimmte Zeit

sinecure *n* Pfründe *f*

single *adj* 1. einzeln; 2. alleinstehend, ledig, unverheiratet

sister *n* Schwester *f*; **s.-in-law** *n* Schwägerin; **s.s and brothers** Geschwister

sit *v/i (Gericht)* tagen, Sitzung abhalten; **s. in camera** *(lat.)* in geheimer Sitzung beraten

site *n* 1. Sitz *m*, Standort *m*; 2. *(Unfall, Verbrechen)* Ort *m*, Stelle *f*; 3. Baustelle *f*; 4. Gelände *nt*, **s. of the accident** Unfallstelle *f*

contaminated site verseuchtes Gelände; **industrial s.** Industriegelände *nt*; **vacant s.** unbebautes Grundstück; **s. development** (Bauland)Erschließung *f*

sitting *n* Sitzung *f*; **s. in camera** *(lat.)* nichtöffentliche Sitzung; **s. of a court** Gerichtssitzung *f*; **public ~** öffentliche Sitzung des Gerichtshofes; **s. fee** Verhandlungsgebühr *f*; **s. room** Wohnzimmer *nt*

situate *v/t* legen; **s.(d)** *adj* gelegen

situation n 1. Lage *f*, Situation *f*; 2. *(Posten, Stelle)* Stellung *f*, Stelle *f*; **to remedy the s.** Lage bereinigen; **to stabilize the s.** Lage stabilisieren; **economic s.** Wirtschaftslage *f*; **financial s.** Vermögenslage *f*; **legal s.** Rechtslage *f*, Rechtszustand *m*; **s. report** Lagemeldung *f*

situs *n (lat.)* Ort *m*

size *n* Größe *f*, Umfang *m*; **s. of the property** Grundstücksgröße *f*; **prescribed s.** vorschriftsmäßige Größe

skeleton *n* Skelett *nt*, Gerippe *nt*, **to have a s. in the closet** *(fig)* Leiche im Keller haben *(fig)*; **s. agreement/contract** Mantel-, Rahmenvertrag *m*, Rahmenabkommen *nt*; **s. key** Dietrich *m*, Nachschlüssel *m*; **s. law** 1. Rahmenrecht *nt*; 2. Rahmengesetz *nt*; **s. legislation** Rahmengesetzgebung *f*; **s. wage agreement** Manteltarifvertrag *m*, Rahmentarif *m*

sketch of the collision *n* Verkehrsunfallskizze *f*

skilful *adj* geschickt, gewandt, fachgerecht

skilled *adj* fach-, sachkundig, gelernt, qualifiziert

skimming off (of) profits *n* Gewinnabschöpfung *f*

skin *n* Haut *f*; **s. colour** Hautfarbe *f*

sky *n* Himmel *m*

slander *v/t* 1. *(nicht dauerhaft, mündlich)* verleumden, verunglimpfen, beleidi-

gen; 2. anschwärzen, in falschen Verdacht bringen

slander *n* 1. Verleumdung *f*, Verunglimpfung *f*, Beleidigung *f*, ehrenrührige Behauptung, Ehrverletzung *f*, üble Nachrede; 2. Anschwärzung *f*; **s. of goods** Herabsetzung der Ware eines Konkurrenten; **s.ous** *adj* verleumderisch, verunglimpfend, diffamierend

slap in the face *n* Ohrfeige *f*

slate *n (fig)* Vorstrafenregister *nt*; **to wipe the s. clean** *(fig)* Vorstrafenregister tilgen; **clean s.** *(fig)* saubere Weste *(fig)*

slave *n* Sklave *m*; **s. trade** Menschenhandel *m*; **white ~** Mädchenhandel *m*; **s.ry** *n* Sklaverei *f*

slay *v/t* erschlagen

sleep|er *n (Terrorismus)* Schläfer *m*

slight *adj* geringfügig

slip-up *n (coll)* Fehler *m*

slur *n* 1. Makel *m*, Schandfleck *m*; 2. Beleidigung *f*; **to cast a s. on so.** jdn verunglimpfen; **s.ring** *adj (Sprache)* lallend

slush and snow tyre *n* M&S-Reifen *m*; **s. fund** Schmiergeldfonds *m*

smack *n* Ohrfeige *f*; *v/t* ohrfeigen

smash *v/t* zertrümmern; **s. to bits** kaputt schlagen; **multiple s.-up** *n* Massenunfall *m*

smear campaign *n* Verleumdungskampagne *f*

smoke *n* Rauch *m*; **s. alarm/detector** Rauchmelder *m*; **s. poisoning** Rauchvergiftung *f*

smoking area *n* Raucherzone *f*; **s. ban** Rauchverbot *nt*

smooth *adj* glatt, reibungslos

smuggle *v/t* schmuggeln; **s. in** einschleusen; **s.r of illegal immigrants** *n* Schlepper *m*

smuggling *n* Schmuggel *m*, Schleichhandel *m*; **s. in** Einschleusung *f*; **s. of narcotics** Rauschgiftschmuggel *m*

snatch *v/t* 1. greifen; 2. ergattern; 3. entführen; **s. away** wegreißen

sniffer dog *n* (Rauschgift)Spürhund *m*

sniper *n (pej)* Heckenschütze *m*

snow *n* Schnee *m*; **fresh s.** Neuschnee *m*; **s.drift** *n* Schneewehung *f*

sober *adj* nüchtern; **s. (up)** *v/i* nüchtern werden

sociable *adj* gesellig, umgänglich, freundlich

society *n* 1. Gesellschaft *f*; 2. Verein *m*, Vereinigung *f*, Verband *m*; 3. Umgang *m*, Verkehr *m*; **charitable s.** Wohltätigkeitsverein *m*; **cooperative s.** Genossenschaft *f*; **registered ~** eingetragene Genossenschaft (e. G.); **friendly s.** gemeinnützige Gesellschaft, Gegenseitigkeitsgesellschaft *f*; **incorporated s. (Inc)** *[US]* rechtsfähige Gesellschaft, juristische Person; **mutual s.** Gesellschaft auf Gegenseitigkeit, Gegenseitigkeitsgesellschaft *f*; **non-profit-making s.** gemeinnütziger Verein; **non-trading s.** Idealverein *m*; **registered s.** eingetragener Verein (e. V.); **unincorporated s.** nicht rechtsfähige Gesellschaft; **unregistered s.** nicht eingetragener Verein; **s. assets** Vereinsvermögen *nt*

sodomy *n* Sodomie *f*

soil *n* Boden *m*

sojourn *n* Aufenthalt *m*

solace *n* 1. Trost *m*; 2. Entschädigung für immateriellen Schaden

solatium *n* (*lat.*) Schmerzensgeld *nt*

solicit *v/t* 1. (an-/um)werben; 2. erbitten; 3. (*Prostitution*) ansprechen; **s.ation of customers; s.ting of customers** *n* Kundenwerbung *f*, Werbung von Kunden; **s.ing** *n* Aufforderung zur Unzucht

solicitor *n [GB]* (Rechts)Anwalt *m*, (Rechts)Anwältin *f*; **s. of record** prozessbevollmächtigter Anwalt; **to brief a s.** Anwalt mit der Vertretung beauftragen; **official s.** Amtsanwalt *m*; **specialized s.** Fachanwalt *m*

solicitor general *n* 1. *[GB]* zweiter Kronanwalt *m*; 2. *[US]* Generalstaatsanwalt *m*; **s.'s trust account** *[GB]* Notar-, (Rechts)Anwaltsanderkonto *nt*

solidarity *n* Solidarität *f*

solution *n* Lösung *f*

solven|cy *n* Zahlungsfähigkeit *f*, Solvenz *f*; **s.t** *adj* zahlungsfähig, solvent, liquide

solvent *n* Lösungsmittel *nt*; **s. abuse** Lösungsmittelmissbrauch *m*; **s.-free** *adj* lösungsmittelfrei

sophist|icated *adj* raffiniert; **s.ry** *n* Spitzfindigkeit *f*, Raffinesse *f*

sort sth. out *v/t* etw. ordnen, ~ in Ordnung bringen

sound so. out *v/t* jdn ausforschen

sound *adj* stichhaltig

sound *n* Ton *m*; **s. recording** Tonaufnahme *f*

soundness *n* Stichhaltigkeit *f*; **s. of mind** Zurechnungsfähigkeit *f*

source *n* Quelle *f*; **s. of danger** Gefahrenquelle *f*; **~ information** Informationsquelle *f*; **~ money** Geldquelle *f*; **to tax at s.** Quellenabzugssteuer erheben; **legal s.s; s.s of (the) law** Rechtsquellen; **from an official s.** aus amtlicher Quelle; **s. country** Quellenstaat

sovereign *n* Souverän *m*; *adj* hoheitlich, souverän

sovereignty *n* Hoheitsgewalt *f*, Oberherrschaft *f*, Souveränität *f*, (Staats)Hoheit *f*; **s. over air space** Lufthoheit *f*; **s. in tax matters** Steuerhoheit *f*

joint sovereignty *n* Kondominium *nt*; **monetary s.** Währungshoheit *f*; **territorial s.** Gebietsherrschaft *f*, Gebietshoheit *f*

space *n* Raum *m*; **enclosed/walled-in s.** umbauter Raum; **s.-saving** *adj* raumsparend; **s. law** Weltraumrecht *nt*

speak *v/i* reden; **not being on s.ing terms** *n* zerstritten

Special Branch *n [GB]* (*Organisation*) Verfassungsschutz *m*

specialist *n* 1. Facharzt *m*; 2. Sachverständige(r) *f/m*

in specie *n* in Münzen

species *n* Gattung *f*

specification *n* Spezifikation *f*, Spezifizierung *f*

specify *v/t* genau angeben, festlegen, spezifizieren

specimen *n* Blankett *nt*, Muster *nt*, Probe *f*; **s. signature** Unterschriftsprobe *f*; **s. contract** Vertragsmuster *nt*; **s. signature** Musterunterschrift *f*

spectator *n* Zuschauer(in) *m/f*

speculation *n* Spekulation *f*, Mutmaßung *f*

speech *n* Rede *f*; **inflammatory s.** Hetzrede *f*

speed *n* Geschwindigkeit *f*, Tempo *nt*; **excessive s.** überhöhte Geschwindigkeit; **maximum s.** Höchstgeschwindigkeit *f*; **permissible s.** zulässige Geschwindigkeit; **recommended s.** Richtgeschwindigkeit *f*

speed camera *n* Radarkamera *f*; **s. check** Geschwindigkeitskontrolle *f*

speeding n Überschreiten der zulässigen Geschwindigkeit; **s. up of proceedings** Verfahrensbeschleunigung f

speed limit Geschwindigkeitsbegrenzung f, Geschwindigkeitsbeschränkung f, zulässige Höchstgeschwindigkeit, Tempolimit nt

speedometer n Tachometer m

speed restriction Geschwindigkeitsbegrenzung f; **s. trap** Auto-, Radarfalle f

spend v/t ausgeben; **s.ing power** n Kaufkraft f

sperm bank n Samenbank f; **s. donor** Samenspender m

sphere n Sachbereich m, Sachgebiet nt; **s. of activity** Tätigkeitsbereich m; **(geographical) ~ application** (räumlicher) Anwendungsbereich; **relevant ~ application** sachlicher Anwendungsbereich; **~ influence** Einflussbereich m; **~ interest** Interessensphäre f; **~ jurisdiction** Kompetenzbereich m; **~ responsibility** Kompetenz-, Verantwortungsbereich m

jurisdictional sphere Geltungsbereich m; **personal/private s.** (persönlicher) Lebensbereich

spirit of the law n Geist/Sinn des Gesetzes

split up v/ti (sich) trennen; **~ with so.** sich von jdm trennen

splitting n Teilung f; **s. of an inheritance** Nachlassspaltung f; **~ spouses' future pension rights** Quasisplitting nt

spokesman n Sprecher m

sponsor n Patron(in) m/f, Schirmherr(in) m/f; **s.ed by** adj unter der Schirmherrschaft von; **s.ship** n 1. Förderung f; 2. Patenschaft f, Patronat nt

spot n (Unfall, Verbrechen) Ort m; **on the s.** an Ort und Stelle, vor Ort; **blind s.** toter Winkel

spot check n Stichprobe f; **s. contract** Platzgeschäft nt; **s. transaction** Lokogeschäft nt

spouse n Ehepartner m, Gatte m, Gattin f; **divorced s.** geschiedener Ehegatte; **surviving s.** überlebender Ehegatte

spouses pl Ehegatten, Eheleute

spread v/t 1. streuen, verteilen; 2. (Informationen) verbreiten; n Streuung, Verteilung f; **s.ing of risks** n Risikoverteilung f

spy n Spion(in) m/f; **s. in the cab** (coll) Tachograph m

spy on so. v/prep jdm nachschnüffeln

squad n Dezernat nt; **flying s.** [GB] Überfallkommando nt; **s. car** Funkstreifenwagen m

squander v/t verschwenden

squat v/i sich ohne Rechtstitel ansiedeln; **s.ter** n Haus-, Wohnungsbesetzer(in) m/f; **s.ting** n Hausbesetzung f; **~ fraternity** (coll) Hausbesetzerszene f

squeal v/i (coll) verpfeifen (coll)

squeamish adj zimperlich; **s.ness** n Zimperlichkeit f

stab n (Messer)Stich m; **s. wound** Dolchstoß m, Stichwunde f; **s.bing weapon** n Stichwaffe f

staff n Belegschaft f, Personal nt; **temporary s.** Aushilfskräfte, Aushilfspersonal nt

staff council n Personalrat m; **s. meeting** Personalversammlung f; **s. member** Betriebsangehörige(r) f/m; **s. membership** Betriebsangehörigkeit f; **s. representation** Personalvertretung f

at this stage n zu diesem Zeitpunkt; **s. in the proceedings** n Verfahrensschritt m; **intermediate s.** Zwischenstufe f; **transitional s.** Übergangszustand m

stages of appeal pl (Gericht) Instanzenweg m, Instanzen-, Rechtszug m

stagger v/i taumeln; **s.ed** adj zeitversetzt, zeitverteilt

to be at stake n auf dem Spiel stehen

stakeout n Observation f; **to work a s.** observieren

stalemate n (Verhandlung) Stillstand m

stalk so. v/t jdm nachstellen

stamp n 1. Stempel m; 2. (Post)Wertzeichen nt; **to endorse with a s.** mit einem Stempel versehen; **s. duty** Wechselsteuer f

to take the stand n [US] in den Zeugenstand treten

standard adj einheitlich

standard n Norm f; **s. of living** Lebensstandard m, Lebenshaltung f; **s.s of (fair) trading** Wettbewerbsregeln; **to set s.s** Normen festlegen; **established s.s** anerkannte Normen; **moral s.s** Wertvorstellung f

standard amount Regelbetrag m; **s.s cartel** Normen- und Typenkartell nt; **s.s**

committee *n* Normenausschuss *m*; **s. conditions** Einheits-, Normativbedingungen; **s. contract** Formal-, Mustervertrag *m*
standardiz|ation *n* Normung *f*, Vereinheitlichung *f*; **s.e** *v/t* normen, vereinheitlichen
standard letter Formbrief *m*; **s. measure** Normalmaß *nt*; **s. practice** Gepflogenheit *f*; **s. price** Normalpreis *m*; **s. procedure** übliche Vorgehensweise; **to be ~** üblich sein; **s. provisions** Normativbestimmungen; **s. rate** Normalsatz *m*; **s. salary** Tarifgehalt *nt*; **s. size** Norm(al)größe *f*; **s. tenancy agreement** Mustermietvertrag *m*; **s. terms of contract** Mustervertragsbedingungen; **s. wage** Normallohn *m*; **~ rate** Tariflohn *m*
standby (duty) *n* Verfügungs-, Rufbereitschaft *m*
standing *n* *(Firma)* Ansehen *nt*, Ruf *m*, Status *m*, Stellung *f*; **s. sue** Prozessführungsbefugnis *f*, Prozessstandschaft *f*; **to be of good s.** angesehen sein; **financial s.** Bonität *f*; **s. order** *(Bank)* Dauerauftrag *m*
standstill *n* Stillstand *m*; **to bring to a s.** *(Verkehr)* lahm legen; **s. agreement** Stillhalteabkommen *nt*
staples *pl* Waren des Grundbedarfs
Stars and Stripes *pl* amerikanische Nationalflagge
start of insolvency proceedings *n* Insolvenzverfahrenseröffnung *f*
starting capital *n* Grundkapital *nt*; **s. date** Anfangstermin *m*; **s. day** Anfangstag *m*
stash *n (coll)* geheimes Lager
state *v/t* angeben, darlegen, erklären, feststellen, konstatieren
state *n* 1. Staat *m*, öffentliche Hand; 2. Zustand *m*; **for reasons of s.** aus Gründen der Staatsräson; **permanent s. of affairs** Dauerzustand *m*; **s. of the art** Stand der Technik; **~ dependence** Abhängigkeitsverhältnis *nt*; **~ disrepair** Baufälligkeit *f*, schlechter Zustand
state of emergency *n* Ausnahmezustand *m*, Notstand *m*; **legislative s. of e.** Gesetzgebungsnotstand *m*; **to declare/proclaim a s. of e.** Ausnahmezustand verhängen, Notstand erklären

state of health Gesundheitszustand *m*; **~ mind** (geistige) Verfassung, Geisteszustand *m*; **~ origin** Heimatstaat *m*; **~ repair** Beschaffenheit *f*, Erhaltungszustand *m*, baulicher Zustand; **~ war** Kriegszustand *m*
bordering state *n* Anliegerstaat *m*; **constitutional s.** Rechtsstaat *m*; **contracting s.** Vertragsstaat *m*; **federal s.** 1. Bundesland *nt*; 2. Bundesstaat *m*; **flawless s.** mangelfreier Zustand; **foreign s.s** ausländische Staaten; **hostile s.** Feindesstaat *m*; **legal s.** Rechtsstaat *m*; **mental s.** Geisteszustand *m*; **neighbouring s.** Nachbarstaat *m*; **non-contracting s.s** Nichtvertragsstaaten; **original s.** ursprünglicher Zustand; **sending s.** Entsendestaat *m*; **signatory s.** Signatar-, Unterzeichnerstaat *m*; **territoral s.** Territorialstaat *m*
state administration of justice Landesjustizverwaltung *f*; **s. agency** staatliches Organ; **s. authority** Landesbehörde *f*; **s. autonomy** Landeshoheit *f*; **s. border** Staatsgrenze *f*; **s. building code** Landesbauordnung *f*; **s. bureau of criminal investigation** Landeskriminalamt *nt*; **s. constitution** Landesverfassung *f*
state administrative court *n* Landesverwaltungsgericht (LVG) *nt*; **s. constitutional court** Landesverfassungsgericht *nt*; **supreme s. court** Oberlandesgericht (OLG) *nt*; **s. governed by the rule of law** Rechtsstaat *m*
state law Landesrecht *nt*; **s. legislation** Landesgesetzgebung *f*; **s. level** Landesebene *f*
stateless *adj* staatenlos; **s. person** Staatenlose(r) *f/m*; **s.ness** *n* Staatenlosigkeit *f*
statement *n* 1. Aussage *f*, Äußerung *f*, Behauptung *f*, Darlegung *f*, Darstellung *f*, Erklärung *f*, Feststellung *f*; 2. *(Polizei)* Protokoll *nt*; **s. concerning the case as such** Angaben zur Sache; **s. of account** 1. Kontoauszug *m*; 2. Rechenschaftsbericht *m*; **~ assets and liabilities** Status *m*, Vermögensaufstellung *f*, Vermögensausweis *m*, Vermögensbilanz *f*, Vermögensübersicht *f*; **~ the case** Darlegung des Falls/Sachverhalts; **~ the claimant's case** Darlegung der Ansprüche des Klägers; **~ claim** Klageschrift *f*,

Klagebegründung *f*; ~ **confession** Unterwerfungserklärung *f*; ~ **defence** Klagebeantwortung *f*, Klageerwiderung *f*, Verteidigungsschrift *f*; ~ **the facts** Darstellung der Tatsachen; ~ **forfeiture** gerichtliche Verfallerklärung; ~ **grounds for appeal** Revisionsbegründung *f*; ~ **loss** Schadensangabe *f*; **s. in intervention** Streithilfeschriftsatz *m*; **s. by a party** Parteivorbringen *nt*, Parteivortrag *m*; **s. on oath** Aussage unter Eid, eidliche Erklärung

to make a statement aussagen, Erklärung abgeben, (Zeugen)Aussage machen; ~ **regarding the accusation** sich zum Vorwurf äußern; **to retract a s.** Aussage widerrufen; **to say sth. in a s.** (**to the police**) etw. zu Protokoll geben; **to take down a s.** Aussage protokollieren

annual statement *n* Jahresabrechnung *f*, Jahresabschluss *m*; **conflicting s.s** sich widersprechende Angaben/Aussagen; **defamatory s.** beleidigende Behauptung; **disparaging s.** ehrenrührige/herabsetzende Äußerung; **incriminating s.** belastende Erklärung; **official s.** amtliche Erklärung; **parol s.** mündliche Erklärung; **reasoned s.** begründete Erklärung; **summary s.** kurze Darlegung; **unsworn s.** nichteidliche/unbeeidigte/uneidliche Aussage; ~ **false s.** *(Zeugen, Sachverständige)* uneidliche Falschaussage; **voluntary s.** freiwillige Erklärung; **written s.** schriftliche Erklärung, Schriftstück *nt*; ~ **of the case** Schriftsatz *m*; **to make a ~** schriftlich aussagen; **to submit a ~** Schriftsatz einreichen

state office *n* Landesamt *nt*; **s. ordinance** Landesverordnung *f*; **s.-owned** *adj* staatseigen; **s. parliament** Landtag *m*; **s. pension** 1. staatliche Rente; 2. *[GB]* Sozialrente *f*; **s. police force** Landespolizei *f*; **s. power** Staatsmacht *f*; **s. seal** Staatssiegel *nt*; **s. secret** Staatsgeheimnis *nt*; **s. social security tribunal** Landessozialgericht *nt*; **s. statute** Landesgesetz *nt*; **s. territory** Staatsgebiet *nt*

statewide *adj* landesweit

stating *adj* unter Angabe von

stationary *adj* 1. *(Kfz)* stillstehend; 2. *(Verkehr)* ruhend

stature *n* *(Person)* Statur *f*

status *n* Rang *m*, Status *m*, Stellung *f*; **s. quo ante** *(lat.)* vorheriger Zustand; **s. of the case** Aktenlage *f*; ~ **the child** (rechtliche) Stellung des Kindes; **s. in the land register** grundbuchrechtliche Stellung; **s. of marital property** gebührrechtliche Stellung; ~ **possession** Besitzstand *m*

civil status *n* Personenstand *m*; ~ **act** Personenstandsgesetz *nt*; **legal s.** Rechtsposition *f*, Rechtsstand *m*, Rechtsstatus *m*, rechtliche Stellung; **marital s.** Ehe-, Familien-, Personenstand *m*, ehelicher Status; **personal s.** Personenstand *m*; **special s.** Sonderstatus *m*

status inquiry Kreditauskunft *f*; **s. judgment** Statusurteil *nt*

statute *n* 1. Gesetz *nt*; 2. Statut *nt*; **S. of Fraud** *[GB]* Wirtschaftsstrafgesetz (WiStG) *nt*; **s. of limitations** Verjährungsgesetz *nt*; **subject to the ~** verjährbar; **not subject to the ~** unverjährbar; **to fall under the ~** verjähren; **to invoke the ~** Verjährung einwenden

civil statute Zivilgesetz *nt*; **electoral s.** Wahlordnung *f*; **enabling s.** Ermächtigungs-, Blankettgesetz *nt*; **mandatory s.** zwingendes Gesetz; **special s.** Sondergesetz *nt*, Sonderstatut *nt*, Spezialgesetz *nt*; **supplementary s.** Nebengesetz *nt*; **temporary s.** befristetes Gesetz; **transitional s.** Übergangsgesetz *nt*

statute|-barred *adj* verjährt; **not s.-barred** unverjährt; **to become s.-barred** verjähren, der Verjährung unterliegen; **s.-barring of execution** *n* Vollstreckungsverjährung *f*

statute book Gesetzbuch *nt*, Gesetzessammlung *f*; **s. law** Gesetzesrecht *nt*, kodifiziertes Recht; **above ~** übergesetzlich; ~ **of corporations and local authorities** Satzungsrecht *nt*

statutes *pl* Satzung *f*; **according to the s.** satzungsgemäß; **corporate s.** *[US]* Gesellschaftssatzung *f*; **local s.** Ortssatzung *f*; **municipal s.** Gemeindesatzung *f*

statutory *adj* 1. gesetzlich (vorgeschrieben), statutarisch; 2. satzungsgemäß

stave off *v/prep* abwenden

stay *v/t* 1. aussetzen; 2. *(Verfahren)* einstellen; 3. sistieren, unterbinden; 4. suspendieren; **s. away** wegbleiben

stay *n* Aussetzung *f*, Einstellung *f*, Suspendierung *f*; **s. abroad** Auslandsaufenthalt *m*; **s. of bankruptcy proceedings** Konkurseinstellung *f*; **~ eviction** Räumungsaufschub *m*

stay of execution *n* 1. Aufschub/Aussetzung der Vollstreckung, Sistierung *f*, Straf-, Vollstreckungsaufschub *m*, Straf-, Vollstreckungsaussetzung *f*, Zurückstellung der Strafvollstreckung, (vorläufige) Einstellung der Zwangsvollstreckung; 2. Unterbrechung des Strafvollzugs; **~ on probation** Strafaussetzung zur Bewährung; **to grant (a) ~** Zwangsvollstreckung aussetzen

stay of imprisonment n Haftaufschub *m*; **~ proceedings** Aussetzung/Einstellung/Ruhen/Unterbrechung des Verfahrens

steal *v/t* stehlen, entwenden, klauen *(coll)*; **s.ing from premises** *n* Landendiebstahl *m*; **~ the dead** Leichenfledderei *f*; **s.ing goods from vehicles** Ladungsdiebstahl *m*

steer *v/t* lenken

steering *n (Kfz)* Lenkung *f*, **s. lock** Lenkradsperre *f*; **s. wheel** Lenkrad *nt*

step *n (Schritt)* Maßnahme *f*, Schritt *m*; **first s.** einleitender Schritt; **s. in the proceedings** Prozesshandlung *f*

to take steps *pl* Maßnahmen ergreifen; **~ legal s.** gerichtliche Schritte ergreifen

appropriate steps geeignete Maßnahmen/Schritte; **preventive s.** vorbeugende Maßnahmen

stepbrother *n* Stiefbruder *m*; **s.child** *n* Stiefkind *nt*; **s.father** *n* Stiefvater *m*; **s.mother** *n* Stiefmutter *f*; **s.parents** *pl* Stiefeltern; **s.sister** *n* Stiefschwester *f*

steril|e *adj (Frau)* zeugungsunfähig; **s.ity** *n* Zeugungsunfähigkeit *f*

steriliz|ation *n* Sterilisation *f*, Sterilisierung *f*; **s.e** *v/t* sterilisieren

steward *n (Veranstaltung)* Ordner *m*

stigma *n* Makel *m*

still|birth *n* Totgeburt *f*; **s.born** *adj* tot geboren

stimulant *n* anregendes Mittel

stipend *n* Besoldung *f*; **s.iary** *adj [GB]* *(Richter)* besoldet, hauptberuflich

stipulate *v/t* 1. abmachen, (aus)bedingen, vereinbaren; 2. Bestimmung treffen, vorschreiben; 3. (vertraglich) festlegen, festsetzen; **s. expressly** ausdrücklich vereinbaren; **s. in writing** schriftlich vereinbaren; **s.ed** *adj* vereinbart, vorgeschrieben

stipulation *n* 1. Auflage *f*, Bedingung *f*; 2. Bestimmung *f*, Festsetzung *f*, Vereinbarung *f*, Stipulieren *nt*; 3. Vertragsbestimmung *f*, (Vertrags)Klausel *f*, stipulatio *(lat.)*; **s. to the contrary** gegenteilige Bestimmung; **s.s of a contract** Vertragsbestimmungen; **contrary to the ~** vertragswidrig; **s. prohibiting company penalties after strikes** Maßregelungsklausel *f*; **s. as to time** Zeitbestimmung *f*

to abrogate a stipulation Vereinbarung aufheben

contractual stipulation vertragliche Abmachung/Vereinbarung, Vertragsabrede *f*, Vertragsbedingung *f*, Vertragsbestimmung *f*

stock *n* Aktie *f*; **s. certificate** Aktienzertifikat *nt*, Kapitalanteilschein *m*; **s. exchange** (Wertpapier)Börse *f*; **~ act** Börsengesetz *nt*; **~ price** Börsenpreis *m*; **~ law** Börsenrecht *nt*; **s. option** Bezugsrecht *nt*

stock|(s) Inventar *nt*, Lager *nt*, Vorrat *m*; **s.s and shares** *pl* Wertpapiere; **to take s.** Bestand aufnehmen, inventarisieren; **dead s.** totes Inventar; **preferred s.** Vorzugsaktie *f*

stockholder *n* Aktionär *m*, Anteilseigner *m*; **s.s' action** Aktionärsklage *f*

stocking mask *n* Strumpfmaske *f*

stockpile *n* Halde *f*; *v/t* auf Halde nehmen

stocktaking *n* Bestandsaufnahme *f*, Inventur *f*

stolen *adj* gestohlen

stop *v/ti* 1. anhalten; 2. *(Scheck)* sperren; 3. unterbinden; **s. and go** zähfließender Verkehr

stopgap *adj* notdürftig, Überbrückungs-; **s. measure** Notbehelf *m*

stoppage *n* 1. Betriebsstörung *f*; 2. Sperrung *f*; **s. of mail** Briefsperre *f*; **~ payment(s)** *(Scheck)* Zahlungssperre *f*

stopping *n* Halten *nt*; **no s.** Halteverbot *nt*; **s. (of) a cheque** Schecksperre *f*

storage *n* Lagerung *f*, Speicherung *f*; **s. of data** Speicherung von Daten

store *n* Laden *m*; **s. detective** Laden-,

Kaufhausdetektiv(in) *m/f*; **s.room for court exhibits** *n* Asservatenkammer *f*
storing *n* Lagerung *f*
stowaway *n* blinder Passagier
straight *adj* *(fig)* redlich; **to wander from the s. and narrow** *(fig)* vom rechten Weg abkommen *(fig)*
strain *n* Anspannung *f*
straitjacket *n* Zwangsjacke *f*
to be stranded *adj* Panne haben
stranger *n* Ortsfremde(r) *f/m*, Unbekannte(r) *f/m*
strangle *v/t* erdrosseln, erwürgen; **s.hold** *n* Würgegriff *m*
strangling mark *n* Würgemal *nt*
strangulat|e *v/t* erdrosseln, erwürgen; **s.ion** *n* Erdrosselung *f*, Erwürgung *f*
straw man *n* Strohmann *m*
stray *v/i* *(Tier)* streunen
streamline *v/t* rationalisieren
street *n* Straße *f*; **to walk the s.s** auf den Strich gehen; **s. crime** Straßenkriminalität *f*; **s. prostitution** Strich *m*; **s. vending** Straßenverkauf *m*; **s. vendor** Straßenhändler(in) *m/f*
streetwalker *n* (Straßen)Prostituierte *f*
probative strength *n* Aussagekraft *f*
strict *adj* peremptorisch, strikt
strife *n* Unfrieden *m*
strike *v/t* streiken; **s. off** streichen; **s. out** löschen
strike *n* Streik *m*, Ausstand *m*; **to call a s.** Streik ausrufen; **to go on s.** in den Streik treten, streiken; **illegal s.** widerrechtlicher Streik; **sit-down s.** Sitzstreik *m*
strike ballot *n* Urabstimmung *f*; **s. ban** Streikverbot *nt*
striker *n* Streikender *m*
striking off *n* *(Register)* Löschung *f*, Streichung *f*; **s. off the roll of solicitors** Streichung von der Anwaltsliste
string of murders *n* Mordserie *f*
strongroom *n* Tresorraum *m*
structure *n* 1. Bauwerk *nt*, Gebäude *nt*; 2. Struktur *f*; **legal s.** Rechtsform *f*
stumble *v/i* stolpern
stun *v/t* betäuben
sturdy *adj* stämmig
suab|ility *n* (Ein)Klagbarkeit *f*; **s.le** *adj* belangbar, ein-, verklagbar
sub judice *adj* *(lat.)* rechtshängig
sub-agent *n* Unterbevollmächtigte(r) *f/m*

subcontract *n* Neben-, Untervertrag *m*, Unterauftrag *m*; *v/t* (durch) Unterauftrag vergeben; **s.ing** *n* Vergabe von Unteraufträgen, Weitergabe von Arbeit; **s.or** *n* 1. Nach-, Subunternehmer(in) *m/f*, Unterauftragnehmer *m*; 2. Zulieferer *m*
subcription right *n* Bezugsrecht *nt*
subject *n* 1. Fach *nt*; 2. Staatsangehörige(r) *f/m*; 3. Subjekt *nt*; **s. of the action** Gegenstand der Klage; **~ the contract** Gegenstand des Vertrages, Vertragsinhalt *m*; **~ litigation** Streitgegenstand *m*, Streitobjekt *nt*
subject to *adj* abhängig von, gemäß, nach Maßgabe von, vorbehaltlich; **to be ~** unterliegen; **~ alterations** Änderungen vorbehalten; **~ a plea/defence** einredebehaftet
legal subject *n* Rechtssubjekt *nt*; **optional s.** *(Ausbildung)* Wahlfach *nt*
subjective *adj* subjektiv
subject matter *n* *(Thema)* Materie *f*, Gegenstand *m*; **s. m. of the action** Klagegegenstand *m*; **~ a contract** Vertragsgegenstand *m*; **~ the proceedings** Streitgegenstand *m*
sublease *n* Untermiete *f*, Unterpacht *f*, Weiterverpachtung *f*
sublessee *n* Untermieter(in) *m/f*
sublet *v/t* unter-, weitervermieten; **s.ting** *n* Untervermietung *f*
sub-licence *n* Unterlizenz *f*
subliminal *adj* *(Werbung)* unterschwellig
submission *n* 1. *(Gericht)* Anrufung *f*, Vorbringen *nt*; 2. Antrag *m*; 3. Behauptung (einer Partei) vor Gericht; 4. Beibringung *f*, Darlegung *f*; 5. Einreichung *f*, Submission *f*; 6. Unterwerfung *f*; 7. Vorlage *f*, Vorlegung *f*; 8. Vortrag *m*; **s. of a document** Urkundenvorlage *f*; **~ documents** Vorlage von Urkunden; **~ evidence** Beweisantritt *m*, Vorbringen/Vorlage von Beweismaterial; **s. to execution** Vollstreckungsunterwerfung *f*; **s. by a party** Parteivorbringen *nt*; **s. of the parties** Vorbringen der Parteien; **~ pleadings** Einreichung von Schriftsätzen; **subsequent ~ reasons** Nachschieben von Gründen; **late s.** verspätetes Vorbringen; **later s.** Nachschieben *nt*
submissions *pl* Sachvortrag *m*, Ausführungen; **alternative s.** Hilfsvorbringen *nt*;

final s. Schlussantrag *m*; **legal s.** Rechtsausführungen

submissive *adj* gefügig

submit *v/t* 1. beantragen; 2. darlegen, einreichen, unterbreiten; 3. geltend machen; 4. vorbringen, vorlegen, vortragen; **s. later** nachschieben

subordinat|e *adj* *(Behörde)* nachgeordnet, subsidiär; *n* Untergebene(r) *f/m*; *v/t* unterordnen; **s.ion** *n* Unterordnung *f*

suborn *v/t* (jdn zu etw.) anstiften/verleiten

subornation *n* Anstiftung *f*, Verleitung *f*; **s. to give false evidence** Verleitung zur Falschaussage; ~ **commit perjury** Anstiftung/Verleitung zum Meineid; ~ **of a witness** Zeugenbeeinflussung *f*, Zeugenbestechung *f*

suborner *n* *(Meineid)* Anstifter *m*

sub-paragraph *n* (Unter)Absatz *m*

subpoena *n* (Bei-/Vor)Ladung unter Strafandrohung; **s. ad testificandum** *(lat.)* Zeugenladung unter Strafandrohung

subpoena so. *v/t* jdn unter Strafandrohung vorladen

subpurchaser *n* *(Produzentenhaftung)* mittelbarer Käufer

subreption of authority *n* Zuständigkeitserschleichung *f*; ~ **a judgment** Urteilserschleichung *f*

subrog|ation *n* 1. Subrogation *f*, Abtretung auf Grund rechtlicher Verpflichtungen, Eintritt in Rechte, Rechtsübergang *m*; 2. Sonder(rechts)nachfolge *f*; **s. of rights** Rechtseintritt *m*; **s.ee** *n* Sonder(rechts)nachfolger *m*

subscribe *v/t* 1. *(Wertpapier)* zeichnen; 2. abonnieren, **s.r** *n* 1. Abonnent *m*, Subskribent *m*; 2. Zeichner *m*

subscription *n* 1. Abonnement *nt*, Subskription *f*; 2. *(Wertpapier)* Zeichnung *f*; **s. of capital** Kapitalzeichnung *f*; **annual s.** Jahresabonnement *nt*; **joint s.** Mitzeichnung *f*

subscription contract Zeichnungsvertrag *m*; **s. offer** Zeichnungsangebot *nt*; **s. period** Zeichnungsfrist *f*; **s. terms** Zeichnungsbedingungen

subsection *n* Teil-, Unterabschnitt *m*

subsequent *adj* anschließend, (nach)folgend, nachträglich

subsidence *n* Bergschaden *m*

subsidiarity *n* Subsidiarität *f*

subsidiary *adj* subsidiär; *n* Tochtergesellschaft *f*

subsidy *n* Subvention *f*, Zuschuss *m*; **s. fraud** Subventionsbetrug *m*

subsistence *n* Auskommen *nt*, (Lebens)Unterhalt *m*; **s. allowance** Unterhaltszuschuss *m*; **s. level** Existenzminimum *nt*

substance *n* 1. Stoff *m*, Substanz *f*; 2. Tenor *m*; **s. of a crime** objektiver Tatbestand; **controlled s.s act** Betäubungsmittelgesetz (BtMG) *nt*; **dangerous s.s** Gefahrstoffe; **harmful s.** Schadstoff *m*; **environmentally hazardous s.s** umweltgefährdende Stoffe; **radioactive s.** radioaktiver Stoff; **toxic s.s** giftige Stoffe

substantial *adj* beträchtlich, erheblich, (vertrags)wesentlich

substantiate *v/t* (näher) begründen, belegen, nachweisen, substantiieren; **s. by prima facie evidence** glaubhaft machen

substantiation *n* Glaubhaftmachung *f*, nähere Begründung, Nachweis *m*, Substantiierung *f*; **s. of a claim** Glaubhaftmachung eines Anspruchs; **s. by prima facie evidence** Glaubhaftmachung *f*

substantive *adj* materiell(-rechtlich)

substitute *v/t* ersetzen, substituieren; **s. for** an die Stelle setzen von; *adj* stellvertretend

substitute *n* 1. Ersatz(mann) *m*, Stellvertreter(in) *m/f*, Substitut *nt*; 2. Surrogat *nt*; **as a s.** ersatzweise

substitution *n* Novation *f*, Substitution *f*, Surrogation *f*; **s. of a child** Kindesunterschiebung *f*; ~ **goods** (absichtliches) Vertauschen von Waren; ~ **an heir** Einsetzung eines Ersatzerben; **s. by operation of the law** Surrogation kraft Gesetzes; **s. of a party during court proceedings** Parteiwechsel *m*; **s. in rem** *(lat.)* dingliche Surrogation; **fraudulent s.** Unterschieben *nt*

sub|sume *v/t* subsumieren; **s.sumption** *n* Subsumtion *f*

subtenan|cy *n* Untermiete *f*, Untermietverhältnis *nt*; **s.t** *n* Untermieter(in) *m/f*

subtotal *n* Zwischensumme *f*

suburb *n* Vorstadt *f*

subvers|ion *n* Zersetzung *f*; **s.ive** *adj* subversiv, umstürzlerisch

subway *n   [GB]* (Fußgänger)Unterführung *f*
succeed to *v/prep* beerben, Nachfolge antreten von
success *n* Erfolg *m*; **s. fee** Erfolgshonorar *nt*; **to be s.ful** *adj* obsiegen
succession *n* 1. Erbfall *m*, Erbgang *m*, Nachfolge *f*, Sukzession *f*; 2. Reihe(nfolge) *f*; **entitled to s.** nachfolgeberechtigt; **s. per stirpes** *(lat.)* Erbfolge nach Stämmen; **s. in title** Rechtsnachfolge *f*
anticipated succession vorweggenommene Erbfolge; **intestate/statutory s.** gesetzliche Erbfolge, Intestatserbfolge *f*; **legal s.** Rechtsnachfolge *f*; **provisional s.** Vorerbschaft *f*; **exempt ~** befreite Vorerbschaft; **reversionary s.** Ersatzerbfolge *f*, Nacherbfolge *f*; **single s.** Einzelrechtsnachfolge *f*; **substitute s.** Ersatznacherbfolge *f*; **testamentary/testate s.** testamentarische Erbfolge, testamentarisch festgelegte Erbfolge; **universal s.** Gesamt(rechts)nachfolge *f*, Universalsukzession *f*; **vacant s.** herrenloser Nachlass; **wilful s.** gewillkürte Erbfolge
successive *adj* sukzessiv; **s.ly** *adv* der Reihe nach
successor *n* (Rechts)Nachfolger(in) *m/f*; **s. in title** Rechtsnachfolger(in) *m/f*; **intestate s.** Intestaterbe *m*; **universal s.** Gesamtrechtsnachfolger(in) *m/f*, Universalerbe *m*
successor company/firm Nachfolgefirma *f*, Nachfolgegesellschaft *f*
sue *v/t* (ver)klagen, belangen, prozessieren, vor Gericht gehen; **s. for** einklagen, **s. jointly** mitverklagen **s. and be sued** klagen und verklagt werden
suffer *v/t* dulden, erleiden
sufferance *n* Duldung *f*; **s. note** Duldungsbescheid *m*
suffic|e *v/i* genügen; **s.iency** *n* Angemessenheit *f*; **s.ient** *adj* genügend, hinlänglich, hinreichend
suffrage *n* Wahlrecht *nt*; **universal s.** allgemeines Wahlrecht
suggest *v/t* 1. vorschlagen, anheim stellen; 2. den Anschein erwecken; **s.ion** *n* Vorschlag *m*
sui juris *adv (lat.)* aus eigenem Recht

suicidal *adj* selbstmörderisch
suicide *n* 1. Freitod *m*, Selbstmord *m*, Selbsttötung *f*, Suizid *m*; 2. Selbstmörder *m*; **assisted s.** Tötung auf Verlangen; **attempted s.** Selbstmordversuch *m*; **to commit s.** Selbstmord begehen
suit *n* Prozess *m*; **s. in rem** *(lat.)* dingliches Verfahren; **to bring s.** Klage erheben; **to file a s.** Klage beantragen/einreichen/erheben; **~ for support** Unterhaltsklage erheben; **to uphold a s.** der Klage stattgeben; **to withdraw a s.** Klage zurücknehmen/zurückziehen
civil suit *n* Zivilklage *f*; **pending s.** anhängiger Prozess/Rechtsstreit; **prohibitory s.** vorbeugende Unterlassungsklage; **vexatious s.** schikanöser Prozess
suitab|ility *n* Eignung *f*, Geeignetheit *f*, Tauglichkeit *f*; **s.le** *adj* geeignet, tauglich, zweckmäßig
sum *n* Summe *f*, (Geld)Betrag *m*; **s. in dispute** Streitwert *m*, Streitsumme *f*; **s. insured** Deckungs-, Versicherungssumme *f*; **s. paid into court** Hinterlegungssumme *f*; **s. total** Gesamtbetrag *m*, Gesamtsumme *f*
annual sum Jahresbetrag *m*; **fixed s.** Fixum *nt*; **nominal s.** Nominalbetrag *m*; **small s.** Bagatellbetrag *m*
sum up *v/t* zusammenfassen, resümieren
summarily *adv* ohne Formalitäten
summarize *v/t (Text)* zusammenfassen
summary *n* 1. Zusammen-, Kurzfassung *f*; 2. Auszug *m*; **s. of the judgment** Urteilsformel *f*
summary *adj (Verfahren)* summarisch, beschleunigt, abgekürzt
summation *n [US]* 1. Schlussplädoyer *nt*, Schlussvortrag *m*; 2. Zusammenfassung *f*
summing up *n* 1. *[GB]* (Schluss)Plädoyer *nt*, Schlussvortrag *m*; 2. Zusammenfassung *f*
summon *v/t* 1. (vor)laden, vor Gericht laden, zitieren; 2. kommen lassen, herbestellen; 3. aufrufen, auffordern; 4. *(Sitzung, Tagung)* einberufen; **to be s.ed (to appear in court)** geladen werden; **s.ed person** Geladene(r) *f/m*
summoning *n (Vorgang)* Vorladung *f*; **s. (of) the accused** Beschuldigtenvorladung *f*; **s. by publication** Ladung durch öffentliche Zustellung; **s. of witnesses** Ladung von Zeugen

summons *n* 1. (Vor)ladung *f*, gerichtliche Vor-/Beiladung; 2. Einberufung *f*; 3. Aufruf *m*, Aufforderung *f*; **s. to appear** Vorladung *f*; **s. for questioning** Vorladung zur Vernehmung; **s. of a witness** Zeugenladung *f*
to answer a summons einer Ladung Folge leisten; **to issue a s.** (Vor)Ladung ergehen lassen; **to serve a s.** (Vor)Ladung zustellen, laden; **~ on so.** jdn vorladen; **to take out a s.** (Vor)Ladung erwirken; **~ against so.** jdn vorladen lassen
Sunday work(ing) *n* Sonntagsarbeit *f*
superannuation benefits *n* Versorgungsbezüge
superfluous *adj* überflüssig
superintendent *n* Oberaufseher(in) *m/f*; **chief s.** Hauptkommissar *m*; **s.'s office** *(Polizei)* Kommissariat *nt*
superior *n* Vorgesetzte(r) *f/m*, Dienst-, Disziplinarvorgesetzte(r) *f/m*
supersede *v/t* an die Stelle treten von, ersetzen; **s. so.** an jds Stelle treten
supersedeas *n* *(lat.)* gerichtliche Verfügung zur Einstellung des Verfahrens
supervis|e *v/t* beaufsichtigen, überwachen, kontrollieren; **s.ing duty** *n* Aufsichtspflicht *f*
supervision *n* Aufsicht *f*, Beaufsichtigung *f*, Überwachung *f*, Kontrolle *f*, Betreuung *f*; **requiring s.** überwachungsbedürftig; **s. to prevent abuse** Missbrauchsaufsicht *f*; **s. of local authorities (by the state)** Kommunalaufsicht *f*; **~ cartels** Kartellaufsicht *f*; **~ conduct** Führungsaufsicht *f*; **~ a foundation** Stiftungsaufsicht *f*
federal supervision Bundesaufsicht *f*; **governmental s.** Regierungsaufsicht *f*; **legal s.** Rechtsaufsicht *f*; **probationary s.** *(bei Bewährungsstrafe)* Führungsaufsicht *f*; **s. order** Überwachungsverfügung *f*
supervisor *n* Aufsichtsbeamte(r) *f/m*, Aufsichtsperson *f*, Oberaufseher(in) *m/f*; **educational s.** Erziehungsbeistand *m*
supervisory *adj* Aufsichts-
supplement *n* 1. Anhang *m*, Ergänzung *f*, Nachtrag *m*; 2. Zuschlag *m*; *v/t* ergänzen, nachtragen; **s.al; s.ary** *adj* ergänzend, zusätzlich, nachträglich, Zusatz-; **~ to; s.ing** *adj* in Ergänzung von; **s.s to**

an agreement Nebenabreden zu einem Vertrag
supplier *n* Lieferant *m*, Zulieferer *m*; **s. of goods** Warenlieferant *m*
supplies *pl* Lieferungen
supply *v/t* liefern, versorgen; **s. so. with sth.** *v/t* jdn mit etw. versorgen; **s. subsequently** nachliefern
supply *n* Lieferung *f*, Versorgung *f*; **subsequent s.** Nachlieferung *f*; **s. agreement** Versorgungsvertrag *m*; **s. contract** Liefer-, Zulieferervertrag *m*; **s. guarantee** Zuliefergarantie *f*
support *v/t* 1. befürworten, eintreten für; 2. beistehen, Hilfe leisten; 3. fördern, unterstützen, subventionieren; 4. unterhalten, ernähren; 5. bestätigen, begründen, belegen, untermauern, erhärten
support *n* 1. Befürwortung *f*; 2. Beistand *m*, Hilfe *f*; 3. Förderung *f*, Unterstützung *f*; 4. Versorgung *f*, Unterhalt *m*; 5. Bestätigung *f*, Erhärtung *f*, Beleg *m*; **in s. of** zur Verteidigung/Begründung von, zum Beweis dafür; **entitled to s.** unterhaltsberechtigt
supporter *n* 1. Befürworter(in) *m/f*; 2. Helfer *m*, Beistand *m*; 3. Förderer *m*; 4. Ernährer *m*; 5. *(Sport)* Anhänger (eines Vereins) *m*
supposed *adj* angeblich, vermutlich, mutmaßlich
suppress *v/t* 1. *(Beweise, Informationen)* unterschlagen, verschweigen, verheimlichen; 2. *(Protest)* niederschlagen, unterdrücken
suppression *n* 1. Unterschlagung *f*, Verschweigen *nt*, Verheimlichung *f*; 2. Niederschlagung *f*; 3. Unterdrückung *f*; **s. of complaints** Zurückhalten von Beschwerden; **~ documents** Urkundenunterdrückung *f*; **~ evidence** Beweisunterschlagung *f*, Unterdrückung/Zurückhalten von Beweismaterial, Verdunkelung *f*
supranational *adj* überstaatlich
supremacy *n* Oberherrschaft *f*, Oberhoheit *f*
supreme *adj* höherrangig
surcharge *n* Aufschlag *m*, (Teuerungs)Zuschlag *m*, Nach-, Strafgebühr *f*
surety *n* 1. Bürgschaft *f*, Garantie(leistung) *f*, Kaution *f*; 2. (Ausfall)Bürge *m*;

collateral s. Nach-, Nebenbürge *m*, Nebenbürgschaft *f*; **s. bond** Bürgschafts-, Kautionserklärung *f*, Bürgschaftsschein *m*; **s. contract** Bürgschaftsvertrag *m*

suretyship *n* Bürgschaft *f*; **absolute s.** selbstschuldnerische Bürgschaft; **joint and several s.** solidarische Bürgschaft

veterinary surgeon *n* Tierarzt *m*, Tierärztin *f*

surmise *v/t* vermuten, mutmaßen

surname *n* Eigen-, Familien-, Nachname *m*

surplus *n* 1. (Gewinn)Überschuss *m*, Mehrertrag *m*, Zugewinn *m*; 2. Überhang *m*, Überbestand *m*; **s. brought forward** Gewinnvortrag *m*; **annual s.** Jahresüberschuss *m*

surpris|e *n* Überraschung *f*; **s.ing** *adj* überraschend

surrejoinder *n* Triplik *f*, Anwort auf eine Duplik

surrender *v/t* 1. sich ergeben, aufgeben, kapitulieren; 2.übergeben, überlassen, aushändigen, abgeben, herausgeben, abliefern; 3. *(vor Ablauf des Miet- oder Pachtvertrages)* räumen; 4. *(der Polizei)* überantworten, übergeben

surrender *n* 1. Aufgabe *f*, Kapitulation *f*, Preisgabe *f*; 2. Aushändigung *f*, Ablieferung *f*, Überlassung *f*, Übergabe *f*; 3. *(Besitzübertragung)* Herausgabe *f*; 4. Überantwortung *f*; 5. *(Lebensvers.)* Rückkauf *m*

surrender of a child Herausgabe eines Kindes; **~ a document** Übergabe einer Schrift, Dokumentenübergabe *f*; **~ the goods** Herausgabe der Ware; **~ land** Grundabtretung *f*; **~ ownership** Aufgabe des Eigentums, Besitzaufgabe *f*, Überlassung des Besitzes; **~ a pledge** Pfandherausgabe *f*; **~ profits** Gewinnherausgabe *f*; **~ property** Aufgabe des Eigentums, Grundstücksüberlassung *f*, Vermögensherausgabe *f*; **~ a right** Aufgabe/Abtretung eines Rechts; **~ the use and benefit (of sth.)** Nutzungsüberlassung *f*

compulsory surrender Zwangsenteignung *f*; **unconditional s.** bedingungslose Kapitulation/Übergabe; **s. privilege** *(Vers.)* Rückkaufsberechtigung *m*; **s. terms** Kapitulationsbedingungen; **s. value** *(Vers.)* Rückkaufswert *m*

surreptitious *adj* heimlich, betrügerisch

surrogate *n* Substitutionsmittel *nt*; **s.'s court** *n [US]* Nachlassgericht *nt*

surrogation *n* Surrogation *f*; **s. by contract** Surrogation kraft Vereinbarung

surround sth. *v/t* etw. umstellen; **s.ing** *adj* umliegend; **s.ings** *pl* Umgebung *f*, Umgegend *f*

surveillance *n* 1. Aufsicht *f*, Beaufsichtigung *f*, Kontrolle *f*; 2. Observation *f*, Überwachung *f*; **to have kept so. under s.** jdn observieren lassen; **to put so. under s.** jdn observieren lassen; **covert s.** verdeckte Observation; **electronic s.** elektronische Überwachung; **overt s.** offene Observation

surveillance apparatus Überwachungsapparat *m*; **s. device** Abhörvorrichtung *f*; **s. personnel** Observationskräfte *pl*; **closed-circuit s. system** Videoüberwachungssystem *nt*

survey *n* 1. Umfrage *f*, Befragung *f*, Erhebung *f*, Studie *f*; 2. Bericht *m*, Gutachten *nt*; 3. Übersicht *f*; 4. Vermessung *f*; 5. Inspektion *f*, Prüfung *f*

survey *v/t* begutachten; **cadastral s.** Katasterplan *m*; **judicial s.** richterliche Inaugenscheinnahme, Ortsbesichtigung *f*

survey certificate Vermessungsschein *m*; **s. charges** Vermessungsgebühren; **s. map** Lageplan *m*; **s.ing** *n* (Land)Vermessung *f*

surveyor *n* 1. (Bau)Gutachter(in) *m/f*; 2. Vermessungsingenieur(in) *m/f*; **s.'s office** Vermessungsamt *nt*

survival *n* Überleben *nt*; **in case of s.** im Überlebensfall

survive *v/t* überleben; **able to s.** überlebensfähig

survivor *n* Überlebende(r) *f/m*, Hinterbliebene(r) *f/m*; **s.'s pension** Hinterbliebenenrente *f*

susceptible *adj* anfällig, zugänglich, empfänglich; **s. of proof** beweisfähig

suspect *n* 1. (Tat)Verdächtige(r) *f/m*, Verdachtsperson *f*, verdächtige Person, mutmaßlicher Täter

suspect *v/t* 1. verdächtigen, im Verdacht haben, Verdacht schöpfen; 2. vermuten, mutmaßen, annehmen; **s. so. of (having done) s.th.** jdn verdächtigen etw. getan zu haben; **s. so. wrongly** jdn zu Unrecht verdächtigen

to apprehend a suspect Verdächtigen festnehmen; **to arrest a s.** Verdächtigen festnehmen; **to be a s.** tatverdächtig sein; **to tail a s.** Verdächtigen beschatten **suspected** *adj* mutmaßlich, (tat)verdächtig; **to be ~** in Verdacht greaten, unter Verdacht stehen; **~ of having done sth.** im Verdacht stehen, etw. getan zu haben **suspend** *v/t* 1. *(Urteil, Vollstreckung, Zahlung)* aussetzen; 2. (vorübergehend) einstellen; 3 (einstweilig) außer Kraft setzen, aufheben; 4. *(Amt, Dienst)* suspendieren, beurlauben; 5. unterbinden, sistieren; 6. *(Verjährung)* hemmen **suspense** *n* 1. Ungewissheit *f*; 2. Schwebe *f*; 3. Spannung *f*; **in s.** schwebend; **s. account** Asservatenkonto *nt* **suspension** *n* 1. Aussetzung *f*; 2. (vorläufige) Einstellung, Unterbrechung *f*; 3. Aufhebung *f*, Außerkraftsetzung *f*; 4. vorläufige Entlassung, Amts-, Dienstenthebung *f*, Beurlaubung *f*; 5. Sistierung *f*, Unterbindung *f*; 6. Hemmung *f* **suspension of the administration of justice** Justitium *nt*; **~ benefits** *(Vers.)* Ruhen von Leistungen; **~ the driving licence** Entziehung der Fahrerlaubnis, Führerscheinentzug *m*; **~ execution** Vollstreckungseinstellung *f*, Vollstreckungsaussetzung *f*, Aussetzung der (Zwangs)Vollstreckung; **~ expiration of prescription** Ablaufhemmung *f*; **~ mail** Postsperre *f*; **compulsory s. from office** Zwangsbeurlaubung *f*; **~ payment** Zahlungseinstellung *f*; **~ the period of limitation** Ruhen der Verjährung; **~ the period of prescription** Hemmung der Ersitzung; **~ proceedings** einstweilige Verfahrenseinstellung, Aussetzung des Verfahrens; **~ criminal proceedings; ~ the prosecution** Aussetzung des Strafverfahrens; **~ the remainder of a sentence (in case of life imprisonment)** Aussetzung des Strafrestes (bei lebenslanger Freiheitsstrafe); **~ the running of time** Hemmung des Laufes einer Frist **suspension of a sentence** Strafaufschub *m*, Strafaussetzung *f*; **~ a sentence on probation** (Straf)Aussetzung zur Bewährung; **~ a statute** (vorläufige) Außerkraftsetzung eines Gesetzes; **~ the**

statute of limitations Hemmung der Verjährung; **~ the time limit** Fristbestimmung *f*; **~ the time limitation** Ruhen der Verjährung; **~ voting rights** Ausschluss vom Stimmrecht; **s. without salary** vorläufige Dienstenthebung ohne Dienstbezüge; **s. order** Aussetzungsabschluss *m*
suspensive *adj* *(Bedingung)* aufschiebend, unterbrechend
suspicion *n* (Tat)Verdacht *m*; **above s.** über jeden Verdacht erhaben; **under s.** unter Verdacht, tatverdächtig
suspicion of absconding Fluchtverdacht *m*; **~ murder** Mordverdacht *m*; **to be under ~ murder** unter Mordverdacht stehen; **reasonable ~ an offence** hinreichender Tatverdacht; **strong ~ an offence** dringender Tatverdacht; **on ~ treachery** unter dem Verdacht des Verrats; **there are grounds for s.** es besteht Tatverdacht; **s. that so. might abscond** Fluchtverdacht *m*
to arouse suspicion Verdacht erregen; **to cast s. on so.** Verdacht auf jdn lenken; **to corroborate a s.** Verdacht erhärten; **to deflect/divert s. (away) from os. onto so. else** Verdacht von sich auf jdn/andere lenken; **to dispel a s.** Verdacht zerstreuen; **to lay os. open to s.** ins Zwielicht geraten
faint suspicion geringer (Tat)Verdacht; **justifiable s.** begründeter (Tat)Verdacht; **reasonable s.** hinreichender (Tat)Verdacht; **strong s.** dringender (Tat)Verdacht; **sufficient s.** hinreichender (Tat)Verdacht; **unfounded s.** grundloser/unbegründeter (Tat)Verdacht
suspicious *adj* misstrauisch, verdächtig
sustain *v/t* 1. *(Anspruch)* aufrechterhalten; 2. erleiden, erdulden, ertragen; 3. bestätigen, bekräftigen; 4. (als rechtsgültig) anerkennen; 5. *(Leben)* erhalten
sustainable *adj* 1. *(Umwelt)* nachhaltig, umweltverträglich; 2. haltbar, vertretbar
sustained *adj* ausdauernd, anhaltend, nachhaltig
swap *n* Tausch *m*; **s. contract** Swapabschluss *m*
swear *v/ti* 1. *(Eid, Rache)* schwören; 2. fluchen; **s. to sth.** etw. beschwören, Eid

auf etw. ablegen/leisten/schwören; **s. falsely** falsch schwören; **s. in** be-, vereidigen; **s.ring an oath** *n* Eidesleistung *f*
swearing|-in *n* Be-, Vereidigung *f*; **s.-in of witnesses** Zeugenvereidigung *f*
swindle *n* Schwindel *m*, Betrug *m*, Hochstapelei *f*; *v/t* beschwindeln, betrügen; **s.r** *n* Betrüger(in) *m/f*, Gauner *m*, Hochstapler(in) *m/f*
swipe *v/t (coll)* klauen *(coll)*, stibitzen *(coll)*
swoop *n* Razzia *f*
sworn *adj* beeidet, vereidigt
syllabus *n [US]* Zusammenfassung eines Falles
sympathizer *n* Sympathisant(in) *m/f*
sympathy *n* Mitgefühl *nt*, Teilnahme *f*; **to express one's s.** kondolieren, sein Mitgefühl ausdrücken
symptom *n* (An)Zeichen *nt*
syndicate *n* Konsortium *nt*, Syndikat *nt*; **by way of s.** konsortialiter; **s. member** Konsortialmitglied *nt*, Konsorte *m*; **s. system** *(Vers.)* Konsortialsystem *nt*; **s. transaction** Konsortialgeschäft *nt*
system *n* System *nt*, Methode *f*, Verfahren *nt*, (An)Ordnung *f*; **s. of government** Regierungssystem *nt*, Staatsordnung *f*; **~ judicature** Gerichtsordnung *f*; **~ private law** Privatrechtsordnung *f*; **~ taxation** Steuer-, Abgabewesen *nt*
adversarial system *(Zivilprozess)* Verhandlungsgrundsatz *m*; **economic s.** Wirtschaftsordnung *f*; **electoral s.** Wahlsystem *nt*; **legal s.** Rechtsordnung *f*, Rechtssystem *nt*; **moral s.** Wertordnung *f*; **pay-as-you-earn s. (PAYE)** *[GB]*; **pay-as-you go s.** *[US]* Lohn-/Einkommensteuerabzugsverfahren *nt*; **penal s.** 1. Strafrechtssystem *nt*; 2. Strafvollzug *m*

T

table *n* Tabelle *f*; **t. of charges** Gebührentabelle *f*, Gebührenverzeichnis *nt*
taboo *n* Tabu *nt*
tabular *adj* tabellarisch
tachograph *n* Fahrtenschreiber *m*, Tachograph *m*; **to manipulate the t.** Tachograph manipulieren

tacit *adj* stillschweigend
tacking of mortgages *n* Zusammenfassung von Hypotheken
tackling sth. *n* Inangriffnahme *f*
dilatory tactics *n* Verzögerungstaktik *f*, Verschleppung *f*
tactlessness *n* Taktlosigkeit *f*
electronic tags *pl* elektronische Fußfesseln
tail *v/t* observieren; **to put a t. on so.** *n* jdn observieren lassen; **t.back** *n* Rückstau *m*
taint of a previous conviction *n* Strafmakel *m*
take *v/t (Risiko)* tragen; **t. along** mitnehmen; **t. away** wegnehmen; **t. back** *(Äußerung)* zurücknehmen; **t. in** 1. hereinnehmen; 2. hereinlegen; **t. over** übernehmen; **t. part** teilnehmen, mitmachen
takeover *n* Übernahme *f*; **t. resolution** Übernahmebeschluss *m*; **t. suit** Übernahmeklage *f*
taker *n* (Herein)Nehmer(in) *m/f*; **t. of an option** Optionsnehmer(in) *m/f*; **t.'s liability** Übernahmehaftung *f*
taking into account *n* Anrechnung *f*; **t. away** Wegnahme *f*; **t. back** Rücknahme *f*; **t. into custody** Arrest *m*, Inhaftierung *f*; **t. of drugs** Medikamenteneinnahme *f*; **~ evidence** Beweisaufnahme *f*; **t. in** Hereinnahme *f*; **t. (of) the minutes** Protokollierung *f*, Aufnahme der Niederschrift; **t. of notice** Kenntnisnahme *f*; **~ judicial notice** Kenntnisnahme des Gerichts; **t. an oath** Eidesleistung *f*; **t. without the owner's consent (twoc)** unerlaubte Aneignung, unbefugter Gebrauch; **t. over of costs** Kostentragung *f*; **t. possession** (In)Besitznahme *f*, Besitzantritt *m*, Besitzergreifung *f*, Ergreifung des Besitzes, Übernahme *f*; **t. up of residence** Niederlassung *f*; **t. (of) testimony** Zeugenvernehmung *f*
unlawful taking widerrechtliche Wegnahme
talk *n* Gespräch *nt*; **t. one's way out of it** *v/t* sich herausreden
tamper with *v/prep (Bericht, Rechnungen, Testament)* fälschen; **t.ing with evidence** *n* Verdunkelung *f*; **~ jurors** Geschworenenbeeinflussung *f*; **~ witnesses** Beeinflussung von Zeugen, Zeu-

genbeeinflussung *f;* **t.-proof** *adj* beweissicher

tangible *adj* beweglich, konkret

tanker *n* Tanklaster *m*, Tanklastzug *m*; **t. spill** *(Meer)* Ölpest *f*

tap *v/t* abhören, anzapfen

target *n* Ziel *nt*; **t. area** Zielgebiet *nt*; **t. person** Zielperson *f*; **t.ed** *adj* zielgerichtet

tariff *n* 1. Gebührenordnung *f*, Gebührensatz *m*, Preis *m*, Tarif *m*; 2. *(Zoll)* Tarif *m*; **as per t.** laut Tarif; **preferential t.** Vorzugstarif *m*, Vorzugszoll *m*

tariff commitment Tarifbindung *f*; **t. law** Zolltarifrecht *nt*; **t. provisions** Zolltarifbestimmungen; **t. regulations** Zollvorschriften

task *n* Aufgabe *f*; **to carry out a t.** Aufgabe wahrnehmen; **public t.** Gemeinschaftsaufgabe *f*; **t. force** Einsatzkommando *nt*

taste *n* Geschmack *m*

tatty *adj (coll)* vergammelt *(coll)*

tax *n* Steuer *f*; **liable for t.** steuerpflichtig; **t. on holiday homes** Zweitwohnungssteuer *f*; **~ hunting** Jagdsteuer *f*; **t. deducted at source** Quellensteuer *f*; **to avoid tax** Steuer umgehen; **to collect a t.** Steuer eintreiben; **to evade t.** Steuer hinterziehen

municipal tax Gemeindesteuer *f*, Kommunalabgabe *f*; **value-added t. (VAT)** Mehrwertsteuer *f*; **~ assessment** Mehrwertsteuerveranlagung *f*; **~ rebate** Mehrwertsteuerrückvergütung *f*

tax agreement Steuerabkommen *nt*; **personal t. allowance** Freibetrag *m*; **t. appeal** Steuereinspruch *m*; **t. assessment** Steuerbescheid *m*, Steuerfestsetzung *f*, Steuerveranlagung *f*, steuerliche Veranlagung; **t. attorney** Anwalt für Steuersachen; **t. authorities** Fiskus *m*; **t. authority** Steuerbehörde *f*; **t. avoidance** Steuerumgehung *f*; **t. base** Steuerberechnungs-, Veranlagungsgrundlage *f*; **t. bracket** Steuerklasse *f*; **t. card** Steuerkarte *f*; **t. category** Steuerklasse *f*; **t. code** Abgabenordnung *f*; **t. collection** Steuerbeitreibung *f*, Steuereinziehung *f*, Steuererhebung *f*; **t. concession** Steuervergünstigung *f*; **t. consultant** Steuerbevollmächtigter *m*; **tax-deductible** *adj*

steuerlich absetzbar; **t. deduction (at source)** Steuerabzug *m*; **t. delinquency** Steuersäumnis *nt*; **t. disc** 1. *(Hund)* Steuermarke *f*; 2. *(Kfz)* Steuerplakette *f*; **t. dodging** Steuerflucht *f*; **t. due** Steuerschuld *f*; **t. evader** Steuerhinterzieher(in) *m/f*, Steuersünder(in) *m/f*; **t. evasion** Steuerhinterziehung *f*, Steuerflucht *f*, Steuerhehlerei *f*, Steuerverkürzung *f*; **t.-exempt;** **t.-free** *adj* steuerbefreit, steuerfrei; **t. exemption** Steuerbefreiung *f*; **t. fraud** Steuerbetrug *m*, Steuerhinterziehung *f*; **t. haven** Steuerparadies *nt*, Steueroase *f*; **t. investigation** Steuerermittlung *f*, Steuerfahndung *f*; **t. investigator** Steuerfahnder(in) *m/f*; **t. law** Steuerrecht *nt*; **t. lawyer** Steuerjurist *m*; **t. liabilities** Steuerverbindlichkeiten; **t. liability** Steuerpflicht *f*, Steuerschuld *f*; **t. litigation** Steuerprozess *m*; **t. loophole** Steuerschlupfloch *nt*; **t. offence** Steuerdelikt *nt*, Steuerstraftat *f*, Steuervergehen *nt*; **t. payment** Steuerzahlung *f*; **~ date** Steuertermin *m*; **t. ploy** Steuertrick *m*; **t. privilege** Steuervergünstigung *f*; **t.-privileged** *adj* steuerbegünstigt; **t. proceedings** Steuerverfahren *nt*; **t. provisions/regulations** Steuervorschriften; **t. rebate** Steuerrückvergütung *f*; **t. relief** Steuererleichterung *f*, Steuernachlass *m*; **t. return** Steuererklärung *f*; **to file one's ~** Steuererklärung einreichen; **t. year** Steuerjahr *nt*

tax *v/t* besteuern; **t.able** *adj* be-, versteuerbar, steuerpflichtig, veranlagungsfähig

taxation *n* Be-, Versteuerung *f*; **t. of costs** *(Gericht)* Kostenfestsetzung *f*; **~ households** Haushaltsbesteuerung *f*; **~ interest** Zinsbesteuerung *f*; **t. at source** Quellenbesteuerung *f*; **double t.** Doppelbesteuerung *f*; **multiple t.** Mehrfachbesteuerung *f*; **retrospective t.** Nachversteuerung *f*; **t. fee** *(von unterliegender Partei an obsiegende Partei zu erstatten)* Prozesskosten

taxed *adj* besteuert

local taxes *pl* Gemeindesteuern, Kommunalabgaben

taxi rank *n* Taxistand *m*

taxing (of) costs *n* Kostenfestsetzung *f*, Festsetzung der Prozesskosten; **t. officer** Kostenbeamter *m*

taxpayer *n* Steuerpflichtige(r) *f/m*, Steuerschuldner(in) *m/f*, Steuerzahler(in) *m/f*; **t.'s suit** Popularklage *f*
teaching *n* Lehrtätigkeit *f*; **t. qualifications** Lehrbefähigung *f*
tear gas *n* Tränengas *nt*
technical *adj* formal; **t.ity** *n* Formsache *f*
telecomminucation(s) *n* Telekommunikation *f*
telephone *n* Telefon *nt*, Fernsprecher *m*; **t. answering-machine** Telefonbeantworter *m*; **t. surveillance/tapping** Telefonüberwachung *f*, Abhören von Telefongesprächen
television law *n* Fernsehrecht *nt*
telework|er *n* Heimarbeiter(in) *m/f*; **t.ing** *n* Heimarbeit *f*
telex *n* Fernschreiben *nt*; **by t.** fernschriftlich
teller *n* Kassierer *m*; **automated t. machine (ATM)** Bankomat *m*
temp *n (coll)* Leih-, Zeitarbeitnehmer(in) *m/f*; **t.ing agency** *n* Zeitarbeitsfirma *f*
temporary *adj* befristet, einstweilig, vorläufig, vorübergehend
tenable *adj* haltbar, vertretbar
tenancy *n* 1. Miet-, Pachtverhältnis *nt*; 2. Dauer eines Miet-/Pachtverhältnisses, Mietzeit *f*; 3. Mietbesitz *m*; 4. Miete *f*; **t. in common** Eigentum nach Bruchteilen; **t. at sufferance** 1. stillschweigend verlängertes Mietverhältnis; 2. jederzeit kündbarer Mietvertrag; **~ will** 1. geduldeter Besitz; 2. jederzeit kündbares Mietverhältnis
contingent tenancy bedingtes Mietverhältnis; **hereditary t.** Erbpacht *f*; **joint t.** Eigentum zur gesamten Hand, Mitbesitz *m*; **~ of spouses** gemeinsamer Mietvertrag von Ehegatten; **limited t.** befristetes Mietverhältnis; **periodic t.** zeitlich begrenztes Miet-/Nutzungsverhältnis; **permanent t.** Dauermiete *f*; **protected t.** dem Mieterschutz unterliegendes Mietverhältnis; **several t.** Einzelbesitzverhältnis *nt*; **sole t.** Alleinpacht *f*; **fixed-term t.** befristetes Mietverhältnis
tenancy agreement Mietvereinbarung *f*, Mietvertrag *m*; **agricultural ~** Landpachtvertrag *m*; **t. dispute** Mietstreitigkeit *f*
tenant *n* 1. Mieter(in) *m/f*, Hausbewoh-

ner *m*, Mietpartei *f*; 2. *(Immobilie)* Pächter(in) *m/f*; **t. in common** Eigentümer zu Bruchteilen; **to evict a t.** Mieter(in) hinauswerfen; **to give a t. notice (to quit)** Mieter(in) kündigen
incoming tenant einziehende(r)/neue(r) Mieter(in); **joint t.s** Eigentümer zur gesamten Hand; **lifetime t.** Dauermieter(in) *m/f*; **new t.** Nachpächter *m*; **outgoing t.** ausziehende(r) Mieter(in); **previous t.** Vormieter(in) *m/f*; **sole t.** alleinige(r) Mieter(in); **statutory t.** unter Kündigungsschutz stehende(r) Mieter(in); **subsequent t.** Nachmieter *m*; **subsidized t.** *[US]* Sozialmieter(in) *m/f*
tenant|able *adj* vermietbar; **t.s' association** Mieterbund *f*, Mietervereinigung *f*; **t.'s improvements** Einbauten durch Mieter; **t.'s liability** Mieterhaftung *f*; **~ insurance** Mieterhaftpflichtversicherung *f*; **t.'s right of notice and protection against eviction** Kündigungsrecht und Kündigungsschutz des Mieters; **~ pre-emption** Vorkaufsrecht des Mieters; **t.'s rights** Mieterrechte
tend to *v/prep* neigen zu
tendency *n* Richtung *f*, Tendenz *f*
tender *n* Submission(sangebot) *f/nt*, Offerte *f*, Andienung *f*; **t. of payment** Zahlungsanerbieten *nt*; **~ performance** Erfüllungsangebot *nt*; **by way of t.** auf dem Submissionsweg; **to invite t.s** ausschreiben; **legal t.** gesetzliche Währung/Zahlungsmittel; **public t.** Ausschreibung *f*
tender *v/t* *(Zahlung, Leistung)* anbieten, andienen, offerieren
tenderer *n* Submittent *m*
collusive tendering *n* Absprache bei Angebotsabgabe; **t. terms** Submissionsbedingungen
tenement *n* Mietshaus *nt*; **dominant t.** Grundstück des Berechtigten, herrschendes Grundstück; **servient t.** dienendes Grundstück
tenet *n* Grundsatz *m*
tenor *n* 1. (wesentlicher) Inhalt, Sinngehalt *m*, Tenor *m*; 2. Text *m*, Wortlaut *m*; **t. of a bill** Wechsellaufzeit *f*; **~ deed** genauer Wortlaut einer Urkunde; **of the same t.** gleich lautend, inhaltsgleich
tenure (for life) *n* 1. Amtszeit *f*; 2. *(Amt,*

Grundbesitz) Innehaben *nt*; 3. unkündbare Stellung, Lebensstellung *f*
term *n*   1. Ausdruck *m*, Begriff *m*, Bestimmung *f*; 2. Dauer *f*, Frist *f*, Laufzeit *f*; **t. of a bill** Laufzeit eines Wechsels; ~ **contract** Vertragsdauer *f*, Vertragslaufzeit *f*; **express** ~ ausdrückliche Vertragsvereinbarung; **t. of bailment** Hinterlegungszeit *f*; **t.s of delivery** Liefer(ungs)bedingungen; **t. of guarantee** Garantiefrist *f*; ~ **imprisonment** Haftdauer *f*, Haft-, Strafzeit *f*, Höhe der Gefängnisstrafe, Zeitstrafe *f*; ~ **insurance** Versicherungsdauer *f*; ~ **lease** Dauer eines Mietvertrages, Miet(lauf)zeit *f*; ~ **the mortgage** Laufzeit der Hypothek; ~ **notice** Kündigungsfrist *f*; ~ **office** Amtsdauer *f*, Amtsperiode *f*, Amtszeit *f*; ~ **payment** Zahlungsfrist *f*; **to keep the** ~ **payment** Zahlungsfrist einhalten; ~ **protection** Schutzfrist *f*; ~ **tenancy** Mietdauer *f*, Miet(lauf)zeit *f*, Laufzeit des Mietvertrages
on equal term|s zu gleichen Bedingungen; **essential t.** wesentliche Bedingung; **generic t.** Gattungsbegriff *m*; **legal t.** juristischer Begriff, Ausdruck der Rechtssprache; **legislative t.** Legislaturperiode *f*; **in the long/short t.** auf lange/kurze Sicht; **peremptory t.** *[US]* Notfrist *f*; **technical t.** Fachausdruck *m*; **usual t.s (u.t.)** übliche Bedingungen; **under the** ~ zu den üblichen Konditionen
to agree terms Bedingungen vereinbaren; **to amend the t.** Bedingungen abändern; **to comply with the t.** Bedingungen einhalten
term assurance *[GB]***/insurance** Risikolebensversicherung *f*, befristete (Lebens)Versicherung; **t. contract** Zeitvertrag *m*; **t. loan** befristetes Darlehen
terminab|ility *n* Kündbarkeit *f*; **t.le** *adj* auflös-, kündbar; **not** ~ unkündbar
terminate *v/ti* 1. enden, ablaufen, außer Kraft treten; 2. auflösen, beendigen, kündigen
termination *n*   1. Ablauf *m*, Ende *nt*, Schluss *m*; 2. Beendigung *f*, Kündigung *f*; **not subject to t.** *(Vertrag)* unkündbar; **t. of contract** 1. Ablauf eines Vertrages; 2. Beendigung/Kündigung des Vertrags,

Vertragsbeendigung *f*, Vertragsauflösung *f*, Lösung vom Vertrag; **premature unilateral** ~ vorzeitige einseitige Kündigung des Vertrages; **t. due to disability** Kündigung bei Berufsunfähigkeit; **t. of employment** Beendigung des Dienstverhältnisses; ~ **act** Kündigungsschutzgesetz *nt*; **t. by execution creditor** Kündigung durch Pfändungspfandgläubiger; **t. and renewal of lease** Ende und Verlängerung der Pacht; **t. of a mandate** Mandatsentzug *m*; **t. without notice** fristlose Kündigung; **t. of the partnership by a partner** Kündigung durch Gesellschafter; ~ **possession** Beendigung des Besitzes; ~ **pregnancy** Abtreibung *f*, Schwangerschaftsabbruch *m*; **t. for a valid reason** Kündigung aus wichtigem Grund; **t. of the marital property regime** Beendigung des Güterstandes; **t. of tenancy** Ende des Mietverhältnisses, Mietaufhebung *f*; ~ **usufruct** Beendigung des Nießbrauchs
termination agreement Aufhebungsvertrag *m*; **t. clause** Kündigungsklausel *f*
in terms of hinsichtlich; **in accordance with the t.** bestimmungsgemäß; **by the t. of the act** nach dem Wortlaut des Gesetzes; **subject to the t.** vorbehaltlich der Bestimmungen
terms of contract Vertragsbestimmungen, Vertragsbedingungen; **to vary the t. of c.** die Vertragsbestimmungen abändern; **to observe the t. of c.** Vertragsbestimmungen einhalten; **general t. of c.** allgemeine Vertragsbestimmungen; **essential t. of c.** wesentliche Vertragsbestimmungen
terms of assignment Übertragungsbedingungen; ~ **auction** Versteigerungsbedingungen;
terms and conditions Konditionen, allgemeine Bedingungen, (allgemeine) Geschäftsbedingungen, Vertragsbedingungen; **t. and c. of insurance** Versicherungsbedingungen; ~ **of transport** Transportbedingungen; **general** ~ allgemeine Geschäftsbedingungen
terms of delivery Lieferbedingungen; ~ **employment** Anstellungs-, Arbeitsvertragsbedingungen; ~ **employment agreed**

on in a collective agreement tarifvertraglich vereinbarte Arbeitsbedingungen; **~ hire** *(Gegenstand)* Mietbedingungen; **~ interest** Zinsbedingungen; **~ issue** Ausgabebedingungen; **~ lease** Pachtbedingungen; **~ payment** Zahlungsbedingungen; **easy t.s** Zahlungserleichterungen; **t. of reference** Richtlinien; **~ repayment** Rückzahlungsbedingungen; **~ sale** Verkaufsbedingungen; **~ settlement** Vergleichsbedingungen; **~ subscription** Zeichnungsbedingungen; **~ tenancy** Mietbedingungen

to come to terms (with sth.) etw. verarbeiten

agreed terms vereinbarte Vertragsbedingungen; **on equal t.** paritätisch; **exact t.** genauer Wortlaut; **agreed in precise t.** genau vereinbart; **in real t.** real; **special t.** Sonderbedingungen

terra nullius *n (lat.)* Niemandsland *nt*

territory *n* (Hoheits)Gebiet *nt*; **within the t. of a state** im Hoheitsgebiet eines Staates; **sovereign t.** Herrschaftsbereich *m*, Herrschafts-, Hoheitsgebiet *nt*

terror *n* Terror *m*; **t.ism** *n* Terrorismus *m*; **to renounce ~** dem Terrorismus abschwören; **environmental ~** Umweltterrorismus *m*; **t.ist** *n* Terrorist(in) *m/f; adj* terroristisch; **t.ize** *v/t* terrorisieren

test *n* Probe *f*, Prüfung *f*, Versuch *m*; **t. case** Leit-, Probefall *m*, Musterprozess *m*

test *v/t* prüfen; **t.able** *adj* testierfähig

testament *n* Testament *nt*; **by t.** letztwillig; **t.ary** *adj* letztwillig, testamentarisch

testat|e *v/t* Testament errichten; **t.or** *n* Erblasser *m*, Testator *m*; **t.or's children** Kinder des Erblassers; **~ instructions to apportion the estate** Teilungsanordnung *f*; **t.rix** *n* Erblasserin *f*, Testatorin *f*

test|ed *adj* geprüft; **t.er** *n* Prüfer(in) *m/f*

testify *v/t* aussagen, bezeugen; **t. for so.** für jdn zeugen

testimonial *n* Attest *nt*, (Dienst)Zeugnis *nt*, Referenz *f*, Testat *nt*; **to give so. a t.** jdm ein Zeugnis ausstellen

conflicting/divergent testimonies *pl* sich widersprechende Zeugenaussagen, von einander abweichende Zeugenaussagen

testimony *n* (Zeugen)Aussage *f*, Bekundung *f*, Beweis *m*, Zeugnis *nt*; **t. to the contrary** Gegenaussage *f*; **t. on/under oath** eidliche (Zeugen)Aussage; **t. is taken** Zeugenvernehmung findet statt

to give testimony aussagen, bezeugen; **to record the t. of a witness** Zeugenaussage zu Protokoll nehmen; **to retract/ withdraw one's t.** seine Zeugenaussage widerrufen

false testimony Falschaussage *f*, falsche Zeugenaussage; **~ not on oath** falsche uneidliche Aussage; **oral t.** mündlicher Beweis; **rebutting t.** gegenbeweisliche Zeugenaussage; **sworn t.** eidliche Aussage; **unsworn t.** uneidliche Aussage

text *n* Text *m*; **t. of the act** Gesetzestext *m*; **authoritative t.** maßgeblicher/verbindlicher Text, **~** Wortlaut; **original t.** Urschrift *f*

theft *n* Diebstahl *m*, Entwendung(sschaden) *f/m*; **t. of small change** Wechselgelddiebstahl *m*; **t. from a church** Kirchendiebstahl *m*; **t. of crops** Felddiebstahl *m*; **t. by a member of the family** Familiendiebstahl *m*; **t. of food(stuffs) for personal consumption** Mundraub *m*; **t. by using false keys** Nachschlüsseldiebstahl *m*; **t. of numberplates** Kennzeichendiebstahl *m*; **t. for temporary use** Gebrauchsdiebstahl *m*

to be indicted for theft wegen Diebstahls angeklagt sein; **to charge so. with t.** jdn des Diebstahls beschuldigen

theft committed during a fire Branddiebstahl *m*; **t. accompanied by the use of force** räuberischer Diebstahl

aggravated theft qualifizierter/schwerer Diebstahl; **jointly committed t.** gemeinschaftlich begangener Diebstahl; **grand t.** schwerer Diebstahl; **occasional t.** Gelegenheitsdiebstahl *m*; **petty t.** Klein-, Bagatelldiebstahl *m*, einfacher Diebstahl; **~ committed for reasons of distress** Notentwendung *f*; **recidivous t.** Rückfalldiebstahl *m*

theft-proof *adj* diebstahlsicher

theory of deterrence *n* Abschreckungstheorie *f*; **~ legal fiction** Fiktionstheorie *f*; **legal t.** Rechtstheorie *f*

there|by *adv* dadurch; **t.for** *adv* dafür; **t.fore** *adv* deshalb, zu diesem Zweck, ergo *(lat.)*; **t.in** *adv* darin; **t.of** *adv* da-

von; **t.to** *adv* dazu; **t.tofore** *adv* zuvor;
t.with *adv* damit
thief *n* Dieb *m*; **to be convicted as a t.** als
Dieb verurteilt werden; **habitual t.** Ge-
wohnheitsdieb *m*; **opportunist t.** Gele-
genheitsdieb(in) *m/f*; **petty t.** kleiner
Dieb
thief-proof *adj* diebstahlsicher
**little thieves are hanged but great ones
escape** *(prov.)* die kleinen Diebe hängt
man, die großen lässt man laufen
thieves' snare *n* Diebesfalle *f*
thing *n* Ding *nt*, Gegenstand *m*, Objekt *nt*,
Sache *f*; **as t.s stand** (clausula) rebus sic
stantibus *(lat)*; **to surrender a t.** Sache
herausgeben; **incorporeal t.** immaterieller Gegenstand
think sth. fit *v/t* etw. (nach pflichtgemäßen Ermessen) für richtig halten, ~ für
tunlich halten
thinking distance *n* *(Anhalteweg)* Reaktionszeit *f*; **legal t.** Rechtsdenken *nt*
third-party *adj* fremd, Dritt-
this shall apply analogously *pron* Ent-
sprechendes gilt
thought *n* Gedanke *m*; **t.less** *adj* leichtfertig, unachtsam, unbedacht; **t.lessness** *n*
Unachtsamkeit *f*
threat *n* (An-/Be)Drohung *f*; **t. of bankruptcy** Gefahr der Insolvenz, Pleite-
geier *m (fig)*; **~ deception** Täuschungs-
gefahr *f*; **t. against so.'s life**
Morddrohung *f*; **t. to life and limb** Gefahr für Leib und Leben; **t. of legal proceedings** Klageandrohung *f*; **t. proportionate to the t.** im Verhältnis zur
Bedrohung; **t. of punishment** Strafandrohung *f*; **~ violence** Gewaltandrohung *f*
environmental threat Umweltgefährdung *f*; **public t.** Gefährdung des Gemeinwohls; **veiled t.** versteckte Drohung
threaten *v/t* (an-/be)drohen; **t.ing** *adj*
drohend
throw out *v/prep* hinauswerfen
thug *n* Raufbold *m*, Schläger *m*
thwart *v/t* vereiteln; **t.ing** *n* Vereitelung *f*;
~ a plot Vereitelung eines Anschlags
tick where applicable *v/t* Zutreffendes
bitte ankreuzen
ticket *n* 1. Fahrausweis *m*; 2. Strafmandat *nt*,
Strafzettel *m*, Knöllchen *nt (coll)*; **to**

buy a supplementary t. *(Fahrkarte)*
nachlösen
tide of crime *n* Verbrechensflut *f*
tidiness is half the battle *n (prov.)* Ordnung ist das halbe Leben *(prov.)*
tidy *adj (Mensch, Zimmer)* ordentlich
tie *v/t* binden; **t.d** *adj* gebunden
tighten up *v/prep* verschärfen
till *n* (Laden)Kasse *f*
timber *n* Holz *nt*
time *n* Zeit *f*; **at the t.** seinerzeit; **~ of
reaching agreement** bei Vertragsab-
schluss; **for the t. being** bis auf weiteres; **~ some t.** seit einiger Zeit; **in the
course of t.** mit der Zeit
time of absence Ausfallzeit *f*; **~ the act**
Zeit der Handlung; **t. for (lodging an)
appeal** Berufungs-, Revisions-, Be-
schwerdefrist *f*; **the ~ has elapsed** die
Rechtsmittelfrist ist abgelaufen; **to extend the ~** Rechtsmittelfrist verlängern
time for (making an) application Anmeldefrist *f*; **~ commencement of action** Frist zur Klageerhebung; **t. of conclusion of the contract** Zeitpunkt des
Vertragsabschlusses; **t. to consider**
Überlegungsfrist *f*; **t. of the crime/inci-
dent** Tatzeit *f*; **~ death** Todeszeitpunkt *m*;
~ delivery Liefer(ungs)zeit *f*; **~ detention** Haftdauer *f*, Haftzeit *f*; **~ determination** Feststellungszeitpunkt *m*; **~
lease** Pachtzeit *f*; **t. for filing an objection** Widerspruchsfrist *f*; **t. of occupancy**
Besitzzeit *f*
time for payment Zahlungsfrist *f*; **to allow ~** Zahlungsziel einräumen; **to extend the ~** Zahlungsfrist verlängern
time for performance Erfüllungsfrist *f*;
agreed ~ Leistungszeit *f*; **t. of preclusion** Ausschlussfrist *f*; **t. for presentation** Vorlegungsfrist *f*; **t. in question**
fragliche Zeit; **t. for stating reasons**
Begründungsfrist *f*; **t. for reflection**
Überlegungsfrist *f*; **~ registration** Meldefrist *f*; **~ repayment** Rückzahlungs-
frist *f*; **~ reply** Erwiderungsfrist *f*; **t. of
competitive restriction** *(Arbeitsrecht)*
Karenzzeit *f*; **~ validity** Geltungsdauer *f*
time allowed for payment (offenes)
Zahlungsziel; **~ registration** Anmeldefrist *f*; **t. ceases to run** *(Verjährung)* der
Ablauf wird gehemmt

to fix a time Zeit bestimmen; **to have set t.s** feste Zeiten haben; **to serve one's t.** 1. *(Lehre)* seine Zeit abdienen; 2. seine Strafe absitzen

allowed time Vorgabezeit *f;* **appointed t.** Termin *m,* festgesetzte Zeit; **at a definite/fixed t.** zu einer bestimmten/festgesetzten Zeit; **in due t.** fristgemäß, frist-, termingerecht, rechtzeitig, zur gegebenen Zeit; **idle t.** *(nach Maschinenschaden)* betrieblich bedingte Wartezeit; **at an inopportune t.** zur Unzeit *f;* **local t.** Ortszeit *f;* **material t.** 1. *(StR)* Tatzeit *f;* 2. entscheidungserheblicher Zeitpunkt; **reasonable t.** angemessene(r) Frist/Zeitraum; **within a ~** in angemessener Zeit; **statutory t.** gesetzliche Frist; **at the stipulated t.** zur festgesetzten Zeit

time allowance Zeitvorgabe *f,* Zeitzuschlag *m;* **t.-barred** *adj* verjährt; **t. charter** Zeitfrachtvertrag *m;* **t.-consuming** *adj* zeitaufwändig; **t. contract** Abschluss auf Termin; **t. frame** zeitlicher Rahmen; **t. lag** (zeitliche) Verzögerung

time limit (Be)Frist(ung) *f,* Fristende *nt,* Zeitbegrenzung *f;* **t. l. for avoiding** Anfechtungsfrist *f;* **~ a claim** Rügefrist *f;* **~ lodging an objection** Widerspruchsfrist *f;* **to extend the t. l.** Frist verlängern; **to set a t. l.** befristen

time off (duty) arbeitsfreie Zeit; **t.-related** *adj* zeitbezogen; **t. restriction** Befristung *f;* **t.scale** *n* Zeitrahmen *m;* **t.-share** *n* Teilzeitwohnrecht *nt;* **t.span** *n* Zeitdauer *f;* **t.table** *n* 1. Fahrplan; 2. Zeitplan *m;* **t. wage** Zeitlohn *m;* **t. work** nach Zeit bezahlte Arbeit

tip-off *n* Tipp *m*

tipstaff *n* Justizwachtmeister *m*

title *n* 1. (Rechts)Anspruch *m,* Eigentumsrecht *nt,* (Eigentums)Titel *m,* Recht *nt;* 2. *(Gesetzesbezeichnung)* Titel *m;* **t. of the act** Gesetzestitel *m;* **~ an action** Klagerubrum *nt;* **t. to a claim** Recht an einer Forderung; **t. by discovery** Fundeigentum *nt;* **t. to an estate** Erbberechtigung *f;* **~ real estate** Eigentum an unbeweglichen Sachen; **~ the goods** Eigentum/Recht an der Ware; **~ land** Eigentum(srecht) an einem Grund-

stück/Grundbesitz; **to convey ~ land** *(Grundeigentum)* Eigentum übertragen; **~ performance** Recht auf Leistung; **t. by prescription** Ersitzungseigentum *nt,* Ersitzungsrecht *nt;* **t. to property** Eigentumsanspruch *m,* Recht an einem Grundstück; **~ tangible property** Eigentum an der Sache; **~ a thing** Recht an einem Gegenstand; **~ a trademark** Markenrecht *nt*

to acquire title Eigentum erwerben, in das Eigentum gelangen; **to claim t.** (to sth.) Recht anmelden; **to dispute so.'s t.** jds Recht streitig machen; **to procure t.** Eigentum verschaffen; **to reserve t.** (to sth.) sich das Eigentum vorbehalten; **to transfer t.** übereignen, übertragen

adverse title Gegenrecht *nt;* **bad t.** Rechtsmangel *m,* mit Rechtsmängeln behaftetes Eigentum, mangelhafter Rechtstitel; **clear t.** lastenfreies Eigentum; **colourable t.** Rechtsscheinsanspruch *m;* **defective t.** fehlerhafter Rechtstitel; **derivate t.** abgeleiteter Eigentumstitel; **dormant t.** ruhender Rechtstitel; **doubtful t.** zweifelhafter Rechtstitel; **enforceable t.** vollstreckbarer Titel; **good t.** rechtsmäßiges/volles Eigentum, hinreichender Rechtstitel; **imperfect t.** fehlerhafter Eigentumstitel; **joint t.** Gesamthand *f;* **legal t.** Rechtstitel *m;* **marketable t.** *(ohne Rechtsmängel und Belastungen)* Eigentumsrecht *nt;* **official t.** Amtsbezeichnung *f;* **paramount t.** stärkeres Recht; **possessory t.** Besitzanspruch *m,* Besitztitel *m,* Recht zum Besitz; **prima facie** *(lat.)* **t.** Rechtsschein *m;* **short t.** kurze Bezeichnung; **valid t.** rechtskräftiger Titel

title deed (Grundstücks)Eigentumsurkunde *f;* **t. record** Eigentumsnachweis *m;* **t. reference** *(Urteil)* Rubrum *nt;* **t. search** *(Grundstück)* Rechtstitelüberprüfung *f*

to wit *adv* das heißt

token *n* Zeichen *nt;* **t. of esteem** Zeichen der Wertschätzung; **t. fee** Schutzgebühr *f;* **t. money** Zeichengeld *nt;* **t. payment** symbolische Zahlung; **t. strike** Warnstreik *m*

tolerat|e *v/t* dulden; **t.ion** *n* Duldung *f*

toll *n* Maut *f*; **t.age** *n* Mautrecht *nt*; **t. bar** Schlagbaum *m*; **t.booth**; **t.gate** *n* Mautstelle *f*; **t. bridge** Mautbrücke *f*; **t.-free** *adj* gebührenfrei; **t. road** Mautstraße *f*

tolling of the statute of limitations *n* [*US*] Ablaufhemmung *f*

tool *n* Werkzeug *nt*; **t.s of the trade** Arbeitsmittel

top secret *adj* streng geheim

torment *n* Quälerei *f*; *v/t* peinigen, quälen

tort *n* (ZR) Delikt *nt*, unerlaubte Handlung; **in t.** deliktisch; **t. of negligence** Fahrlässigkeitsdelikt *nt*; **responsible for t.s** delikts-, zurechnungsfähig; **actionable t.** zivilrechtliches Delikt; **strict-liability t.** Gefährdungsdelikt *nt*

tort|s act Deliktstatut *nt*; **t. action** Deliktklage *f*, deliktische Klage; **t.feasor** *n* Delikttäter(in) *m/f*, Schädiger *m*, Täter(in) *m/f*; **t.ious** *adj* deliktisch; **t. law** Recht der unerlaubten Handlung

torture *n* Folter *f*; *v/t* foltern, quälen

(grand) total *n* End-, Gesamtbetrag *m*

touch *v/t* berühren, betreffen

tour operator *n* Reiseveranstalter *m*

tower of flats *n* Wohnhochhaus *nt*; **t. block** Hochhaus *nt*

town *n* Ortschaft *f*, Stadt *f*; **t. and country planning** Landschafts-, Raumplanung *f*; Raumordnung *f*; **~ Act** [*GB*] Städtebauförderungsgesetz *nt*, Flächennutzungsgesetz *nt*; **t.ship** *n* [*US*] Stadtgemeinde *f*

toxic *adj* toxisch

toy *n* Spielzeug *nt*; **t. weapon** Spielzeugwaffe *f*

trace *n* Spur *f*; **to preserve t.s** Spuren sichern; **to remove t.s** Spuren verwischen; **t.r** *n* Leuchtspurmunition *f*

trace *v/t* aufspüren, ausfindig machen; **t. sth. back** etw. zurückverfolgen

track *n* Spur *f*; **to be on the wrong t.** falsche Spur verfolgen; **t.er dog** *n* Spürhund *m*

track down *v/prep* aufspüren

tract of land *n* Gelände *nt*; **fractional t. of l.** Parzelle *f*

trade *n* 1. Beruf *m*; 2. (Handels)Gewerbe *nt*, Gewerbezweig *m*; 3. Handel *m*, Handels-, Wirtschaftsverkehr *m*; 4. Handwerk *nt*; **by t.** von Beruf; **customary in the t.** handelsüblich; **t. in children** Kin-

derhandel *m*; **~ goods** Warenhandel *m*; **t. subject to compulsory registration** anmeldepflichtiges Gewerbe; **to carry on a t.** Geschäft/Gewerbe ausüben, ~ betreiben

trade *v/i* Handel treiben, handeln; **t. in** in Zahlung geben

illicit trade Schleich-, Schwarzhandel *m*, rechtswidriger Handel; **itinerant t.** ambulantes Gewerbe, Reise-, Wandergewerbe *nt*; **~ licence** Wandergewerbeschein *m*; **~ tax** Wandergewerbesteuer *f*; **lawful t.** erlaubter Handel; **licensed t.** konzessioniertes Gewerbe; **unlawful t.** unerlaubter Handel

trade acceptance Handelswechsel *m*; **t. accounts receivable** Forderungen aus Lieferungen und Leistungen, Warenforderungen; **t. agreement** Handels-, Tarif-, Wirtschaftsabkommen *nt*; **to conclude a ~** Handelsabkommen abschließen; **t. convention** Wirtschaftsabkommen *nt*; **t. custom** Handelsbrauch *m*, Handelssitte *f*; **t. debts** Geschäftsschulden; **t. description** handelsübliche Bezeichnung, Warenbezeichnung *f*; **false ~** Falschbezeichnung von Waren; **T. Description Act** [*GB*] Warenbeschreibungsgesetz *nt*; **to accept sth. as t.-in** *n* etw. in Zahlung nehmen; **t. inspection** Gewerbeaufsicht *f*; **t. libel** (*Konkurrent*) Anschwärzung *f*, Geschäftsschädigung *f*; **t. name** Geschäfts-, Handelsbezeichnung *f*, Handelsname *m*; **t. practices** Handelspraktiken; **t. process** Geschäftsverfahren *nt*; **t. reference** Kreditauskunft *f*; **t. regulations** Gewerbeordnung *f*; **t. secret** Geschäftsgeheimnis *nt*; **t. tax** Gewerbesteuer *f*; **t. union** [*GB*] Gewerkschaft *f*; **~ law** Gewerkschaftsrecht *nt*; **t. usage** Handelsbrauch *m*, Handelssitte *f*; **in accordance with ~** handelsüblich; **t. value** Handelswert *m*; **t. watchdog** Wettbewerbsaufsicht *f*

trademark *n* (Handels)Marke *f*, (Marken-/Waren)Zeichen *nt*; **to cancel a t.** Warenzeichen löschen; **to infringe a t.** Warenzeichen verletzen; **to pirate a t.** Warenzeichen nachahmen; **to register a t.** Warenzeichen anmelden/eintragen

deceptive trademark irreführendes Warenzeichen; **distinctive t.** unterschei-

dungskräftiges Warenzeichen; **forged t.** gefälschtes Warenzeichen; **non-distinctive t.** Warenzeichen ohne Unterscheidungskraft; **registered t.** eingetragenes (Waren)Zeichen
trademark|s act Markengesetz *nt*; **t. agreement** Markenabkommen *nt*; **t. counterfeiting** Warenzeichenfälschung *f*; **t. infringement** Verletzung des Warenzeichens, (Waren)Zeichenverletzung *f*; **t. law** Markenrecht *nt*, (Waren)Zeichenrecht *nt*; **t. licence** Warenzeichenlizenz *f*; **t. owner** Markeninhaber(in) *m/f*; **t. piracy** Markenpiraterie *f*; **t. proprietor** Warenzeichen-, Markeninhaber(in) *m/f*; **t. protection** (Waren)Zeichenschutz *m*; **t. register** Warenzeichenregister *nt*, Zeichenrolle *f*; **t. registration** Markeneintragung *f*; **t. suit** Warenzeichenprozess *m*
trader *n* Geschäfts-, Kaufmann *m*, Gewerbetreibende(r) *f/m*, Handelnder *m*, Händler(in) *m/f*; **t. on own account** Eigen-, Properhändler *m*; **t. registrable by law** Sollkaufmann *m*; **itinerant t.** Reise-, Wandergewerbetreibende(r) *f/m*; **optionally registrable t.** Kannkaufmann *m*; **sole t.** Allein-, Eigenhändler *m*, Einmanngesellschaft *f*, Einzelfirma *f*, Einzelkaufmann *m*, Einzelunternehmen *nt*, Einzelunternehmung *f*; **statutory t.** Formkaufmann *m*; **t.'s liability** Händlerhaftung *f*
tradespeople *pl* Gewerbetreibende
trading *n* Handel *m*; **t. on one's own account** *n* Eigenhandel *m*; **fair t.** lauterer Wettbewerb; **fraudulent t.** unlautere Wettbewerbshandlungen
trading company/enterprise/firm Erwerbs-, Handelsgesellschaft *f*, Handelsbetrieb *m*; **t. cooperative** Handelsgenossenschaft *f*; **t. licence** 1. Gewerbebefugnis *f*, Gewerbekonzession *f*, Handelserlaubnis *f*; 2. Gewerbeschein *m*; **t. profit** Handelsgewinn *m*
traditional *adj* herkömmlich
traffic *n* (Kraftfahrzeug)Verkehr *m*; **to divert t.** Verkehr umleiten; **to obstruct or endanger t.** Verkehr behindern oder gefährden
cross-border traffic grenzüberschreitender Verkehr; **local t.** Ortsverkehr *m*;

maritime t. Seeverkehr *m*; **slow-moving t.** zäh fließender Verkehr; **oncoming t.** Gegenverkehr *m*; **through t.** Durchgangsverkehr *m*; **two-way t.** Verkehr in beide Richtungen; **vehicular t.** Fahrzeugverkehr *m*
traffic accident (Verkehrs)Unfall *m*; **to abscond after a ~** sich unerlaubt vom Unfallort entfernen, Fahrerflucht begehen; **t. ban** Verkehrsverbot *nt*; **t.-calmed** *adj* verkehrsberuhigt; **t. calming** Verkehrsberuhigung *f*; **t. case** Verkehrssache *f*; **penal ~** Verkehrsstrafsache *f*; **t. convention** Verkehrsabkommen *nt*; **t. court** Verkehrsgericht *nt*; **flat t. delineator** *(an Baustellen)* gelbe Linie; **(minor) t. infraction** Verkehrsordnungswidrigkeit *f*; **t. infringement** Verkehrsübertretung *f*; **t. island** Verkehrsinsel *f*; **t. jam** Stau *m*; **t. lane** Fahrstreifen; **~ marking** Markierung von Fahrstreifen; **t. legislation** Verkehrsgesetzgebung *f*; **t. light(s)** Verkehrsampel *f*; **~ offence** Rotlichtverstoß *m*; **t. magistrate** Verkehrsrichter(in) *m/f*; **t. obstruction** Verkehrsbehinderung *f*; **t. offence** Verkehrsdelikt *nt*, Verkehrsordnungswidrigkeit *f*; **t. offender** Verkehrssünder(in) *m/f*; **t. regulations/rules** Verkehrsordnung *f*, Verkehrsregeln, Verkehrsvorschriften; **contrary to ~** verkehrswidrig; **t. restrictions** Verkehrsbeschränkungen; **t. route** Verkehrsweg *m*; **t. sign** Verkehrszeichen *nt*; **t. violation** Verkehrsverletzung *f*, Verkehrswidrigkeit *f*; **t. violator** *[US]* Verkehrssünder(in) *m/f*; **t. warden** Politesse *f*
trafficker *n* *(Drogen, Waffen)* Schieber *f*
trafficking in human beings *n* Menschenhandel *m*; **~ women** Frauenhandel *m*
hot trail *n* heiße Spur
trailer *n* 1. Anhänger *m*; 2. *[US]* Wohnwagen *m*; **t. payload** Nutzlast des Anhängers
train *n* Zug *m*
train *v/t* ausbilden; **t.ee** *n* Auszubildende(r) *f/m*, Lehrling *m*, Praktikant(in) *m/f*; **judicial ~** Gerichtsreferendar(in) *m/f*; **~ lawyer** Rechtsreferendar(in) *m/f*
training *n* Ausbildung *f*; **to complete one's t.** seine Ausbildung abschließen;

appropriate t. angemessene Ausbildung; **further t.** Fortbildung *f*; **in-house/on-the-job t.** innerbetriebliche Weiterbildung; **legal t.** juristische Ausbildung, Juristen-, Justizausbildung *f*; **vocational t.** Ausbildung *f*; **t. contract** Ausbildungs-, Lehrvertrag *m*; **t. costs** Ausbildungskosten

traitor *n* (Hoch-/Landes)Verräter *m*

tramp *n* Landstreicher(in) *m/f*, Penner *m (coll)*

transact *v/t* tätigen

transaction *n* (Rechts)Geschäft *nt*, Handlung *f*, Transaktion *f*, Verkehr *m*; **t. on one's own account** Eigengeschäft *nt*; **~ a consignment basis** Kommissionsgeschäft *nt*; **t. to perform a contract** Erfüllungsgeschäft *nt*; **t. involving a guarantee** Garantiegeschäft *nt*; **t. contra bonos mores** *(lat.)* sittenwidriges (Rechts)Geschäft; **t. mortis causa** *(lat.)* Rechtsgeschäft von Todes wegen; **t. with simultaneous performance** Zug-um-Zug-Geschäft *nt*; **t. in rem** *(lat.)* dingliches Rechtsgeschäft; **t. inter vivos** *(lat.)* Rechtsgeschäft unter Lebenden

to authenticate a (legal) transaction Rechtsgeschäft beurkunden; **to effect a t.** Geschäft besorgen; **to enter into a t.** (Rechts)Geschäft abschließen/eingehen/vornehmen

absolute transaction bedingungsfeindliches Geschäft; **avoidable t.** anfechtbares Rechtsgeschäft; **blank t.** Blankogeschäft *nt*; **commercial t.** Erwerbs-, Handels-, Bedingtgeschäft *nt*; **~ t.s** Geschäftsverkehr *m*; **contractual t.** schuldrechtliches Rechtsgeschäft; **covert t.** verdecktes Rechtsgeschäft; **direct t.** Direktgeschäft *nt*; **dummy t.** Scheingeschäft *nt*; **electronic t.s** elektronischer Geschäftsverkehr; **exceptional t.s** außergewöhnliche Geschäfte; **executory t.** Verpflichtungsgeschäft *nt*; **fiduciary t.** fiduziarisches Rechtsgeschäft; **illicit t.** unerlaubtes (Rechts)Geschäft; **inadmissible t.** unzulässiges (Rechts)Geschäft; **legal t.** Rechtsgeschäft *nt*; **indefeasible ~** absolutes (Rechts)Geschäft; **local t.** Platzgeschäft *nt*; **monetary t.s** Zahlungsverkehr *m*; **notarized t.** notariell beurkundetes (Rechts)Geschäft;

other t.s sonstige Geschäfte; **pending t.** schwebendes Geschäft; **reciprocal t.** Gegenseitigkeitsgeschäft *nt*; **tie-in t.** Koppelungsgeschäft *nt*; **unconditional t.** bedingungsfeindliches Geschäft; **unethical t.** sittenwidriges (Rechts)Geschäft; **unilateral t.** einseitiges (Rechts)Geschäft; **usual t.s** gewöhnliche Geschäfte; **usurious t.** wucherähnliches Geschäft, Wuchergeschäft *nt*; **void (and voidable) t.** unwirksames/nichtiges (Rechts)Geschäft

transaction endorsement Vertragsergänzung *f*

transborder *adj* grenzüberschreitend

transcript *n* Protokoll *nt*; **t. of the evidence/testimony** Beweis(aufnahme)protokoll *nt*

transfer *v/t* 1. übertragen, überweisen, überleiten; 2. versetzen, überstellen, verlegen; 3. abführen; **t. in writing** überschreiben

transfer *n* 1. Übertragung *f*, Überweisung *f*, Überstellung *f*, Übergabe *f*, Transfer *m*; 2. Verlegung *f*, Versetzung *f*; 3. Zession *f*, Abführung *f*; 4. Verweisung *f*; 5. Übergang *m*; 6. Negoziierung *f*; **t. of a case to the competent court** Abgabe einer Rechtssache an das zuständige Gericht; **~ assets** Übertragung von Vermögensgegenständen; **fraudulent ~ assets** Vermögensverschiebung *f*; **~ the claim** Übergang der Forderung; **~ a company** Betriebsübergang *m*; **~ competence** Kompetenzübertragung *f*; **~ contract** Vertragsübertragung *f*; **~ copyright** Urheberrechtsübertragung *f*; **t. by/on death** Übergang von Todes wegen, Übereignung im Todesfall; **t. of encumbrances** Lastenübergang *m*; **~ an enterprise** 1. Betriebsübertragung *f*; 2. Betriebsübergang *m*; **t. by gift** schenkungsweise Veräußerung; **t. of jurisdiction** Übertragung der Zuständigkeit; **~ liability** Haftungsübergang *f*; **~ lien** Pfandrechtsübergang *m*; **~ money** Geldübergabe *f*; **~ ownership** Eigentumsübergang *m*, Grundstücksauflassung *f*, Übereignung *f*, Übertragung des Eigentums; **t. to private ownership** Privatisierung *f*; **t. of a patent** Rechtsübergang eines Patents; **t. in lieu of performance**

Hingabe an Erfüllungs Statt; **t. to a different position** Versetzung *f*; **t. of possession** Besitzübertragung *f*; **t. of prisoners** Häftlingsverlegung *f*; **~ property** Eigentums-, Grundstücksübertragung *f*, Übergang von Vermögen, Vermögensübergang *m*; **~ right(s)** Rechtsübertragung *f*, Rechtsübergang *m*; **~ risk** Gefahrübergang *m*; **~ shares** Aktienübertragung *f*; **t. of title** Eigentumsübergang *m*, Eigentums-, Grundstücksübertragung *f*, Übereignung *f*, Übergang des Eigentums, Übertragung eines Rechts, Übertragung von Rechten; **~ by constructive delivery** brevi manu traditio *(lat.)*; **~ in the land (charges) register** Grundbuchumschreibung *f*; **t. for use** Gebrauchsüberlassung *f*

blank transfer Blankozession *f*; **gratuitous t.** unentgeltliche Übertragung/Veräußerung; **specific-purpose t.** Zweckzuwendung *f*

transferability *n* Übertragbarkeit *f*; **to restrict t.** vinkulieren

transferable *adj* negoziabel, negoziier-, übertragbar

transfer|ee *n* (Überweisungs)Empfänger(in) *m/f*, Übernehmer *m*, Zessionar(in) *m/f*; **t.or** *n* Remittent *m*, Veräußerer *m*, Zedent *m*

transfer order Über-, Verweisungsbeschluss *m*

transform *v/t* umwandeln

transgress *v/t* übertreten; **t.ion** *n* Überschreitung *f*, Übertretung *f*; **t.or** *n* Zuwiderhandelnde(r) *f/m*

transit *n* Durchfuhr *f*, Transit *m*; **in t.** auf dem Transportweg; **t. right** Durchfahrtsrecht *nt*

transition *n* Überleitung *f*; **t. act** Überleitungsgesetz *nt*

translate *v/t* übersetzen

translation *n* Übersetzung *f*; **authoritative t.** maßgebliche Übersetzung; **certified t.** beglaubigte Übersetzung; **literal t.** wörtliche Übersetzung; **t. error** Übersetzungsfehler *m*; **t. rights** Übersetzungsrechte

translator *n* Übersetzer(in) *m/f*; **freelance t.** freiberuflicher Übersetzer; **specialized t.** Fachübersetzer(in) *m/f*; **sworn t.** be-/vereidigter Übersetzer

transmission *n* 1. Weiterleitung *f*, Weitergabe *f*, Fortleitung *f*, Übermittlung *f*; 2. Übertragung *f*, Sendung *f*; 3. Übergang *m*; **t. of claims** Forderungsübergang *m*

transmit *v/t* übermitteln

transnational *adj* transnational

transparency *n* Transparenz *f*

transplant *n* Transplantation *f*

transport *v/t* befördern

transport *n* *[GB]* 1. Transport *m*, Beförderung *f*; 2. Verkehr *m*; **t. of goods** Güterbeförderung *f*; **cross-border t. of waste** grenzüberschreitendes Verbringen von Abfall; **commercial t.** gewerblicher Verkehr; **domestic t.** inländischer Verkehr; **public t.** öffentliche Verkehrsmittel

transport authorities Verkehrsbehörden; **t. company** Verkehrsgesellschaft *f*; **t. facilities** Verkehrseinrichtungen, Verkehrsanlagen; **t. hazard** Transportgefahr *f*; **t. industry** Verkehrsgewerbe *nt*; **t. risk** Transportgefahr *f*; **t. route** Transportweg *m*; **t. terms** Transportbedingungen; **t. undertaking** Verkehrsbetrieb *m*

transportation *n* *[US]* 1. Transport *m*, Beförderung *f*; 2. Verkehr *m*

transshipment *n* Umschlag *m*

trash *n* *[US]* Müll *m*

travel allowance *n* Reiseentschädigung *f*; **t. contract** Reisevertrag *m*; **~ law** Reisevertragsrecht *nt*; **t. costs** Reisekosten; **to reimburse ~** Fahrkosten erstatten; **t. document(s)** Reiseausweis *m*, Reisepapiere *pl*; **t. and maintenance expenses** Reise- und Tagegelder; **t. insurance** Reiseversicherung *f*; **international ~ cover** Auslandsschutzbrief *m*; **t. law** Reiserecht *nt*; **t. regulations** Reisebestimmungen; **t. restrictions** Reisebeschränkungen

traveller *n* Reisender; **t.'s accident insurance** Reiseunfallversicherung *f*

travelling allowance *n* Reisekostenpauschale *f*, Fahrkostenzuschuss *m*; **t. expenses** Fahr-, Reisekosten, Wegegeld *nt*; **to reimburse ~** Reisekosten erstatten

traverse *n* Bestreiten *nt*; **general t.** allgemeines Bestreiten; **special t.** substantiiertes Bestreiten; **technical t.** Formaleinwand *m*

travesty of justice n Justizskandal m
tread n Reifenprofil nt
treason n (Geheimnis-/Landes)Verrat m;
t. against the constitution Verfassungsverrat m; **high t.** Hochverrat m;
t.able adj (hoch)verräterisch
treasure n Schatz m; **t.r** n Kämmerer m,
Kassenführer m, Kassenwart m; **t.r's report** Kassenbericht m; **t. trove** Schatzfund m
treasury n Fiskus m, öffentliche Kasse,
Staatskasse f; **t. certificate** Kassenschein m
treat v/t behandeln; **t. as confidential**
vertraulich behandeln; **t. equally** gleich
behandeln
treatment n Behandlung f; **competent t.**
fachgerechte Behandlung; **discriminatory t.** diskriminierende Behandlung;
equal t. Gleichbehandlung f; **follow-up
t.** Nachbehandlung f; **humiliating t.**
entwürdigende Behandlung; **medical/
therapeutic t.** Heil-, Krankenbehandlung f, Heilverfahren nt
preferential treatment 1. bevorzugte
Behandlung, Vorzugsbehandlung f, Bevorzugung f, Begünstigung f, Absonderung f; 2. Vorleistung f, Vergünstigung f;
p. t. of creditors Gläubigerbegünstigung f, Gläubigerbevorzugung f; **p. t.
for residents** Inländerprivilegierung f
to grant reciprocal treatment Gegenseitigkeit gewähren; **unequal t.** Ungleichbehandlung f
treaty n (Staats)Vertrag m, Ab-, Übereinkommen nt, Übereinkunft f, Konvention f, (lat.) pactum; **t. of accession** Beitrittsvertrag m; **t. on business
establishment** Niederlassungsabkommen nt; **t. of friendship** Freundschaftsvertrag m; **~ transition** Überleitungsvertrag m
to abrogate a treaty (Völkerrecht) einen
Vertrag aufheben; **to accede to a t.** einem Vertrag beitreten
commercial treaty Handelsvertrag m;
consular t. Konsularabkommen nt,
Konsular-, Konsulatsvertrag m; **international t.** internationales Übereinkommen, völkerrechtliche Vereinbarung, völkerrechtlicher Vertrag; **t. states**
Vertragsstaaten

trespass n Besitz-, Eigentumsstörung f,
unbefugtes/widerrechtliches Betreten,
Hausfriedensbruch m, Übergriff m,
Übertretung f, Verletzung des Eigentums
trespass v/t Hausrecht verletzen
trespass action Klage wegen Besitzstörung; **t. claim** Besitzstörungsanspruch m;
t.er n Besitzstörer m, Eindringling m,
Unbefugte(r) f/m, Zuwiderhandelnde(r)
f/m; **~s will be prosecuted** Betreten bei
Strafe verboten; **t.ing** n Hausfriedensbruch m; **no ~** Betreten verboten
triable adj (StR) verhandelbar
trial n 1. Gerichts-, Hauptverhandlung f,
(Straf)Verhandlung f, (Gerichts)Verfahren nt, Prozess m, Erkenntnisverfahren nt;
2. Erprobung f, Prüfung f, Versuch m,
Probe f; **on t.** angeklagt; **t. in the absence of the accused** (StR) Kontumazialverfahren nt; **t. in camera** (lat.) nichtöffentliche Verhandlung; **t. by jury**
Geschworenenprozess m, Geschworenen-, Schwurgerichtsverfahren nt, Verhandlung vor einem Gericht mit Schöffen; **t. by record** Urkundenprozess m; **t.
for treason** Hochverratsprozess m
to be on trial unter Anklage stehen, vor
Gericht stehen; **to bring so. to t.** jdn vor
Gericht bringen; **to commit so. for t.** jdn
der Justiz überstellen; **to put on t.** vor
Gericht stellen; **to stand t.** sich vor Gericht verantworten müssen, vor Gericht
stehen
criminal trial Strafverfahren nt; **departmental t.** [US] Disziplinarverfahren nt;
fair t. gerechtes/ordentliches Verfahren; **follow-up t.** Folgeprozess m; **main
t.** Hauptprozess m, Hauptverfahren nt;
new t. Wiederaufnahmeverfahren nt;
public t. öffentliche Verhandlung; **summary t.** abgekürztes/beschleunigtes
Strafverfahren; **unfair t.** ungerechtes
Verfahren
trial conduct Prozessführung f; **t. court**
Prozessgericht nt, Tatsacheninstanz f; **t.
date** Termin m; **t. judge** Erst-, Spruchrichter(in) m/f; **t. lawyer** Prozessanwalt m
tribunal n (Schieds)Gericht nt, Tribunal
nt; **administrative t.** Verwaltungsgericht nt, Verwaltungsgerichtshof m, **~
judge** Verwaltungsrichter m; **agri-**

cultural t. Landwirtschaftsgericht *nt*;
consular t. Konsulargericht *nt*; **disciplinary t.** Disziplinargericht *nt*; **industrial t.** Arbeitsgericht *nt*; **regional ~**
Landesarbeitsgericht *nt*; **professional t.**
Standesgericht *nt*; **special t.** Sonderge-
richt *nt*

trick *n* Trick *m*

trip *n* Fahrt *f*, Reise *f*

trip over sth. *v/prep* über etw. stolpern

in triplicate *adv* in dreifacher Ausfertigung

trouble *n (coll)* Unfrieden *m*; **to cause t.**
Unfrieden stiften; **t.-free** *adj* reibungs-
los; **t.maker** *n* Unruhestifter(in) *m/f*,
Störer(in) *m/f*, Querulant(in) *m/f*

truancy *n* Schulversäumnis *nt*; **t. sweep**
Suche nach Schulschwänzern

truncheon *n* (Polizei)Knüppel *m*,
Schlagstock *m*

trunk *n* Oberkörper *m*, Rumpf *m*

trust *v/t* vertrauen

trust *n* 1. Vertrauen *nt*; 2. Treuhand *f*, Stiftung *f*, Vermögensverwaltung *f*; **in t.**
treuhänderisch; **on t.** auf Treu und Glauben; **to hold i. t.** treuhänderisch besitzen; **to release from t.** Sicherungsübereignung aufheben

charitable trust Stiftung für gemeinnützige Zwecke; **permanent t.** Dauertreu-
hand *f*; **public t.** öffentlich-rechtliche
Stiftung

trust account Anderkonto *nt*; **t. administration** treuhänderische Verwaltung; **t.
agreement** Treuhandvertrag *m*; **t. company** Treuhandgesellschaft *f*; **t. deposit**
Anderdepot *nt*; **t. fund** Stiftungsfonds *m*;
t. instrument Treuhandurkunde *f*; **t.
money** Mündelgeld *nt*; **t. property** treuhänderisches Eigentum, Treugut *nt*,
Treuhandeigentum *nt*, Treuhandvermö-
gen *nt*; **t. receipt** *[US]* Sicherungsübereignungsvertrag *m*

trustee *n* (Stiftungs)Treuhänder *m*, treuhänderischer Verwalter, Sachverwalter *m*,
Kurator *m*, Fiduziar *m*; **t. in bankruptcy** *[GB]* endgültige(r) Konkursverwal-
ter(in); **~ composition proceedings**
Vergleichsverwalter *m*; **to appoint a t.**
Treuhänder bestellen/einsetzen

constructive trustee mutmaßlicher
Treuhänder; **joint t.s** Vereinbarungs-

treuhand *f*; **judicial t.** richterlich bestellter Treuhänder; **sole t.** Einzeltreuhänder *m*

trustee's liability Treuhänderhaftung *f*;
t.ship *n* 1. Treuhandverwaltung *f*, Treu-
handschaft *f*; 2. Kuratel *f*, Pflegschaft *f*

trustor *n* Treugeber *m*

trustworth|iness *n* Vertrauenswürdigkeit *f*;
t.y *adj* vertrauenswürdig

truth *n* Wahrheit *f*; **a grain of t.** ein Körnchen Wahrheit; **half the t.** die halbe
Wahrheit; **nothing but the t.; the
plain/unvarnished t.** die reine Wahrheit

to admonish so. to tell the truth jdn zur
Wahrheit ermahnen; **to ascertain the t.**
Wahrheit ermitteln; **to prove the t.**
Wahrheit beweisen, Wahrheitsbeweis
antreten; **to suppress the t.** Wahrheit
unterdrücken/verheimlichen; **to swear
to tell the t., the whole t. and nothing
but the t.** schwören, die reine Wahrheit
zu sagen, nichts zu verschweigen und
nichts hinzuzufügen; **to tell the t.** die
Wahrheit sagen

truthful *adj* wahrheitsgemäß, wahrheits-
getreu

try *v/t* verhandeln

tuition assistance *n [US]* Erziehungsbei-
hilfe *f*

turn *n* Reihenfolge *f*, Turnus *m*; **in t.** der
Reihe nach, turnusmäßig; **t. for the better** Wendung zum Besseren

turn back *v/prep* umkehren; **t. down**
v/prep (Gesuch) ablehnen, ausschlagen;
t. out *v/prep* sich herausstellen, ausgehen

left-hand turn *n* Linkskurve *f*; **sharp t.**
scharfe Kurve

turnover *n* Umsatz *m*; **tax-exempt t.**
steuerfreier Umsatz

moral turpitude *n* Verwerflichkeit *f*

tutelage *n* Vormundschaft *f*, Pflegschaft *f*,
Kuratel *f*

two|-digit *adj* zweistellig; **t.-stage; t.-
tier** *adj* zweistufig; **t.-year** *adj* zwei-
jährig

type *n* Gattung *f*, Genus *nt (lat.)*; **t. of
claim** Anspruchsart *f*; **~ contract** Ver-
tragstyp *m*; **t. and appearance** Marke
und Aussehen; **t. approval** Bauart-, Typengenehmigung *f*

tyrannize *v/t* tyrannisieren

tyre *n* Reifen *m*; **flat t.** platter Reifen; **t. tread** Reifenprofil *nt*

U

ultra vires *adj (lat.)* unbefugt, außerhalb der Vollmacht(en)
umbrella agreement *n* Rahmenabkommen *nt*
umpire *n* Kampfrichter *m*
un|abated *adj* unvermindert; **u.able** *adj* außerstande; **u.acceptable** *adj* unannehmbar; **u.adulterated** *adj* unverfälscht, rein; **u.affected** *adj (Rechte)* unberührt; **to remain ~** unberührt bleiben; **u.alterable** *adj* unumstößlich; **u.ambiguous** *adj* eindeutig
unanim|ity *n* Einstimmigkeit *f*; **u.ous** *adj* einhellig, einstimmig, übereinstimmend
unarmed *adj* unbewaffnet; **u.ascertained** *adj* unermittelt; **u.assailable** *adj* unangreifbar; **u.attended** *adj* unbeaufsichtigt, unbewacht; **u.authenticated** *adj* unverbürgt
unauthorized *adj* nicht bevollmächtigt/berechtigt, unbefugt, unberechtigt, unerlaubt; **u. person** Nichtberechtigte(r) *f/m*
unavailable *adj* unabkömmlich
unavoidab|ility *n* Unvermeidlichkeit *f*; **~ of errors** Unvermeidlichkeit von Irrtümern; **u.le** *adj* unumgänglich, unvermeidbar, unweigerlich
un|balanced *adj* unausgewogen; **u.bearable** *adj* unerträglich; **u.beknownst** *adj* ohne Wissen; **~ to me** ohne mein Wissen; **u.believable** *adj* unglaublich
unbiased *adj* unbefangen, unvoreingenommen, vorurteils-, wertfrei
unblemished *adj* makellos, unbescholten
uncertain *adj* unsicher, ungewiss, unbestimmbar; **u.ty** *n* Ungewissheit *f*; **void for ~** wegen Unklarheit nichtig; **legal ~** Rechtsunsicherheit *f*
un|challenged *adj* unwiderlegt; **u.changing** *adj* gleichbleibend; **u.checked** *adj* unkontrolliert; **u.claimed** *adj* herrenlos; **u.clear** *adj* unklar; **u.collectible** *adj*

(Schulden) uneinbringlich, uneintreibbar; **u.compromising** *adj* kompromisslos
unconditional *adj* bedingungslos, unbedingt, ohne Vorbehalt, vorbehaltlos
unconfirmed *adj* unbestätigt
unconscious *adj* bewusstlos, ohnmächtig; **u.ness** *n* Bewusstlosigkeit *f*
un|constitutional *adj* verfassungswidrig; **u.contested** *adj* unumstritten; **u.controlled** *adj* unbeherrscht, unkontrolliert; **u.controversial** *adj* unumstritten; **u.cover** *v/t* aufdecken; **u.damaged** *adj* unbeschädigt, unversehrt; **u.dated** *adj* 1. nicht datiert, undatiert; 2. *(Vertrag)* unbefristet; **u.declared** *adj* undeklariert; **u.defended** *adj* unwidersprochen; **u.deniable** *adj* unbestreitbar, unbezweifelbar, unleugbar
under|age *adj* minderjährig, unmündig; **u.cover** *adj (geheim)* verdeckt; **u.go sth.** *v/t* sich etw. unterziehen; **u.hand** *adj* hinterhältig; **u.insurance** *n* Unterversicherung *f*; **u.mine** *v/t* aushöhlen; **u.mining** *n* Aushöhlung *f*
undersign *v/t* unterschreiben; **the u.ed** *n* Unterfertiger *m*, Unterzeichneter *m*
understanding *n* 1. Abrede *f*, Absprache *f*, Abstimmung *f*, Einvernehmen *nt*, Übereinkommen *nt*, Übereinkunft *f*, Verständigung *f*, Auffassung *f*; 2. Einvernehmen *nt*; 3. Einsicht *f*; **to come to/reach an u.** zu einer Verständigung gelangen, sich verständigen; **human u.** Menschenverstand *m*; **mutual u.** Gegenabrede *f*
understanding *adj* einsichtig
it is understood that *adj* es gilt als vereinbart
undertak|e *v/t* eingehen, *(Aufgabe)* übernehmen, sich verpflichten; **u.er** *n* (Leichen)Bestatter *m*
undertaking *n* 1. Zusage *f*, Versprechen *nt*, Verpflichtung *f*, Verpflichtungserklärung *f*, Garantie *f*; 2. Unternehmen *nt*; **u. to pay** Zahlungszusage *f*; **commercial u.** Erwerbs-, Gewerbe-, Wirtschaftsbetrieb *m*, Erwerbsgeschäft *nt*, Geschäftsunternehmung *f*, gewerblicher Betrieb; **contractual u.** vertragliches Versprechen, Vertragszusage *f*; **fraudulent u.** Schwindelunternehmen *nt*; **municipal u.** Kommunalbetrieb *m*; **public-sector**

u. Unternehmen der öffentlichen Hand; **solemn u.** feierliche Verpflichtung; **written u.** Revers *m*

underwear *n* (Unter)Wäsche *f*

underwrit|e *v/t* 1. versichern; 2. garantieren; **u.er** *n* 1. Versicherer *m*, Versicherungsträger *m*; 2. Garant *m*, Garantiegeber *m*; 3. *(Emission)* Zeichner *m*; **~'s commission** Konsortialprovison *f*; **u.-ing agreement** *n* Konsortialvertrag *m*; **~ commitment** Konsortialverpflichtung *f*; **~ limit** *(Vers.)* Zeichnungsgrenze *f*; **~ transaction** Konsortialgeschäft *nt*

un|developed *adj* *(Land)* unbebaut; **u.disciplined** *adj* disziplinlos; **u.disclosed** *adj* *(Auftraggeber)* ungenannt; **u.disputable** *adj* unbezweifelbar; **u.disputed** *adj* unbestritten, unstreitig; **u.disturbed** *adj* unbehelligt, ungestört; **u.do sth.** *v/t* etw. ungeschehen machen; **u.doubtedly** *adv* zweifellos; **u.earned** *adj* unverdient; **u.economic** *adj* nicht wirtschaftlich, unwirtschaftlich

unemployed *adj* arbeits-, erwerbslos; **u. person** Arbeits-, Erwerbslose(r) *f/m*; **long-term ~** Langzeitarbeitslose(r) *f/m*

unemployment *n* Arbeits-, Erwerbslosigkeit *f*; **long-term u.** Langzeitarbeitslosigkeit *f*; **u. benefit** Arbeitslosengeld *nt*; **u. insurance** Arbeitslosenversicherung *f*; **u. support** Arbeitslosenhilfe *f*, Arbeitslosenunterstützung *f*

unencumbered *adj* hypotheken-, lasten-, schuldenfrei, unbelastet, frei von Hypotheken

unenforceab|ility *n* Unvollziehbarkeit *f*; **~ due to lapse of time** Verjährbarkeit *f*; **u.le** *adj* nicht durchsetzbar/einklagbar, undurchsetzbar, unvollziehbar

un|equal *adj* ungleich; **u.equivocal** *adj* eindeutig, unmissverständlich; **u.ethical** *adj* sitten-, standeswidrig; **u.excused** *adj* unentschuldigt; **u.expected** *adj* unvermutet

unfair *adj* 1. unangemesen; 2. *(Kündigung)* ungerecht, (sozial) nicht gerechtfertigt; 3. *(Wettbewerb)* unlauter; **u.ness** *n* Unbilligkeit *f*

unfaithful *adj* *(Ehe)* untreu; **to be u.** hintergehen

unfinished *adj* unerledigt

unfit *adj* unfähig, ungeeignet, untaug-

lich; **u. to drive** *(Person)* fahruntüchtig; **~ plead** prozessunfähig

unfitness *n* Ungeeignetheit *f*, Untauglichkeit *f*; **u. to drive** Fahruntüchtigkeit *f*; **absolute ~** absolute Fahruntüchtigkeit; **relative ~** relative Fahruntüchtigkeit; **u. to be kept in prison on health grounds; ~ serve a prison sentence** Haftunfähigkeit *f*, Haftuntauglichkeit *f*; **u. for service** Dienstunfähigkeit *f*; **u. to work** Arbeitsunfähigkeit *f*

unforesee|ability *n* Unvorhersehbarkeit *f*; **u.able** *adj* unabsehbar, unvorhersehbar; **u.n** *adj* unvermutet, unvorhergesehen

un|forgiving *adj* nachtragend; **u.founded** *adj* *(Anspruch)* gegenstandslos, unbegründet, unberechtigt; **u.furnished** *adj* unmöbliert; **u.garnishable** *adj* *(Forderung)* unpfändbar; **u.grateful** *adj* undankbar; **u.guarded** *adj* unbewacht; **u.harmed** *adj* schadlos, unversehrt; **u.hindered** *adj* ungehindert; **u.hurt** *adj* unverletzt; **u.identifiable** *adj* unkenntlich

Unification Treaty (FRG/GDR) *n* Einigungsvertrag *m*

uniform *n* Uniform *f*; *adj* einheitlich, gleichmäßig; **u.ity** *n* Einheitlichkeit *f*, Gleichmäßigkeit *f*; **~ in the application of law** Einheitlichkeit der Rechtsanwendung; **legal ~** Rechtseinheit *f*

unilateral *adj* einseitig

un|impeded *adj* ungehindert; **u.important** *adj* unwichtig; **u.inhabitable** *adj* unbewohnbar; **u.injured** *adj* heil, unverletzt, unversehrt; **u.intentional** *adj* unabsichtlich, unbeabsichtigt, ungewollt; **u.interrupted** *adj* ununterbrochen

union *n* 1. Verbund *m*; 2. Gewerkschaft *f*; **personal u.** Personalunion *f*; **u. agreement** (Flächen)Tarifvertrag *m*; **U. Jack** britische Nationalflagge; **u. member** Gewerkschaftsmitglied *nt*; **u. membership agreement** *[GB]* Vereinbarung über Gewerkschaftszwang; **u. representative** Gewerkschaftsvertreter/in *m/f*; **u.ized** *adj* (gewerkschaftlich) organisiert

unit *n* Einheit *f*; **u. of account** Rechnungseinheit *f*; **administrative u.** Verwaltungseinheit *f*; **economic u.** wirtschaftliche Einheit; **taxable u.**

Steuergegenstand *m*; **territorial u.** Gebietseinheit*f*; **u.trust** *[GB]* Investmentfonds *m*, Kapitalanlagegesellschaft (KAG)*f*

unite *v/t* vereinigen; **U.d Nations (UN)** *n* Vereinte Nationen

university *n* Universität *f*, Hochschule *f*; **u. and college act** Hochschulgesetz *nt*; **u. graduate** Hochschulabsolvent(in) *m/f*

unjust *adj (Bereicherung, Urteil)* ungerecht; **u.ified** *adj (Vorwurf)* unberechtigt, ungerechtfertigt

unknow|ingly *adv* unwissentlich; **u.n** *adj* unbekannt; ~ **person** *n* Unbekannte(r) *f/m*

unlawful *adj* gesetz-, rechtswidrig, illegal, illegitim, ungesetzlich, unrechtmäßig, widerrechtlich; **u.ness** *n* Gesetz-, Rechtswidrigkeit *f*, Illegalität *f*, Widerrechtlichkeit *f*

unless *conj* es sei denn, dass

unlimited *adj* unbefristet, unbegrenzt, unbe-, uneinge-, unumschränkt

unmarried *adj* ledig, unverheiratet; **u. woman** Ledige *f*

un|merited *adj* unverdient; **u.mistakable** *adj* unmissverständlich, unverkennbar; **u.molested** *adj* unbehelligt; **u.-motivated** *adj* unmotiviert; **u.moved** *adj* ungerührt; **u.named** *adj* ungenannt; **u.noticed** *adj* unbemerkt

un|objectionable *adj* unbedenklich; **u.obtrusive** *adj* unauffällig; **u.occupied** *adj* unbewohnt

unofficial *adj* inoffiziell; **u.ly** *adv* unter der Hand

unopposed *adj* unwidersprochen

unpre|cedented *adj* beispiellos; **u.dictability** *n* Unberechenbarkeit *f*; **u.dictable** *adj* unberechenbar; **u.judiced** *adj* unbefangen, unvoreingenommen, vorurteilsfrei; **u.meditated** *adj* unüberlegt

un|professional *adj* standeswidrig; **u.provoked** *adj* unmotiviert

unpunished *adj* straflos, unbe-, ungestraft, ungeahndet

un|quantifiable *adj* unbestimmbar; **u.questionably** *adv* fraglos

unreasonable *adj* unangemessen, ungebührlich, unzumutbar; **u.ness** *n* Unangemessenheit *f*, Unzumutbarkeit *f*

un|recognized *adj* unerkannt; **u.redeemed** *adj* uneingelöst; **u.registered** *adj* nicht eingetragen

unreliab|ility *n* Unglaubwürdigkeit *f*; **u.le** *adj* 1. *(Zeuge)* unglaubwürdig; 2. unzuverlässig

un|remitting *adj* unablässig; **u.reserved** *adj* vorbehaltslos

unrest *n* Unruhe *f*

un|restrained *adj* zügellos; **u.restricted** *adj* freizügig, uneinge-, unumschränkt

un|ruly *adj* disziplinlos; **u.safe** *adj (gefährlich)* unsicher; **u.saleable** *adj* unveräußerlich, unverkäuflich; **u.scheduled** *adj* außerplanmäßig; **u.scrupulous** *adj* skrupellos, hemmungslos

unseal *v/t* entsiegeln; **u.ing** *n* Entsiegelung *f*

un|secured *adj* ungesichert; **u.seemly** *adj* ungebührlich, unziemlich; **u.seizable** *adj* unpfändbar; **u.settled** *adj* unausgeglichen, unbeglichen; **u.solicited** *adj* unaufgefordert; **u.solved** *adj (Fall)* ungelöst

unsoundness of mind *n* Unzurechnungsfähigkeit *f*

un|spoiled *adj (Naturzustand)* unberührt; **u.stable** *adj* (psychisch) labil; **u.successful** *adj* erfolglos, *(Prozesspartei)* unterlegen

unsuitab|ility *n* Ungeeignetheit *f*; **u.le** *adj* ungeeignet, untauglich

un|supervised *adj* unkontrolliert; **u.suspecting** *adj* arglos; **u.sworn** *adj* unbeeidigt, uneidlich; **u.tarnished** *adj* makellos; **u.tenable** *adj (Theorie, Zustand)* unhaltbar

until and including *prep* bis einschließlich

un|touched *adj (nicht benutzt)* unberührt; **u.traceable** *adj* unauffindbar; **u.true** *adj* unrichtig, unwahr; **u.trustworthy** *adj (Person)* unglaubwürdig

untruth *n* Unwahrheit *f*; **u.ful** *adj* wahrheitswidrig

un|used *adj* unausge-, unbenutzt; **u.warranted** *adj* 1. *(Maßnahme)* unbegründet; 2. *(Vorwurf)* unberechtigt

unwilling to pay *adj* zahlungsunwillig

unwise *adj* unklug

unwitting *adj* unbewusst; **u.ly** *adv* unwissentlich

unworth|iness to inherit *n* Erbunwürdigkeit *f*; **u.y to inherit** *adj* erbunwürdig

upgrading *n* Höhergruppierung *f*

uphold v/t 1. *(Urteil)* bestätigen; 2. *(Revision)* stattgeben

upkeep n Instandhaltung f, Unterhalt m; **u. of the family** Unterhalt der Familie

upright adj unbescholten; **u.ness** n Rechtschaffenheit f

uproar n Tumult m

upside down adv auf dem Kopf

urban adj städtisch

destructive urge n Zerstörungstrieb m; **instinctive u.** Triebverlangen nt

urgen|cy n Dringlichkeit f; ~ **clause** Dringlichkeitsklausel f; ~ **motion** Dringlichkeitsantrag m; **u.t** adj (vor)dringlich

usage n 1. Brauch m, Gebrauch m, Gepflogenheit f, Gewohnheit f, Usance f; 2. Verwendung f; **accepted u.** üblicher Gebrauch; **common u.** Verkehrssitte f; **local u.** Ortsgebrauch m; **u. property** Gebrauchsfähigkeit f

usance (of a bill) n Wechsellaufzeit f, Wechselfrist f

use v/t (aus-, be)nutzen, verwenden, verwerten; **u. jointly** mitbenutzen

use n (Be)Nutzung f, Gebrauch m, Einsatz m, Genuss f, Inanspruchnahme f, Nutznießung f, Nutzungsrecht nt, Verwendung f, Verwertung f; **of u.** nützlich; **out of u.** außer Gebrauch; **entitled to u.** nutzungsberechtigt

use of data Datennutzung f; **improper** ~ missbräuchliche Datennutzung; **u. of firearms** (Schuss)Waffengebrauch m, Waffeneinsatz m

use of force Anwendung von Gewalt, Gewalt-, Zwangsanwendung f; **appropriate u. of f.** Verhältnismäßigkeit der Mittel bei Gewaltanwendung; **improper/undue u. of f.** unangemessene Gewaltanwendung

use of the invention Benutzung der Erfindung; ~ **(a plot of) land** (Be)Nutzung eines Grundstücks, Grundstücksnutzung f; ~ **a name** Führung eines Namens, Namensführung f; **u. and occupation** Nutzung und Besitz; **u. of the soil** Bodennutzung f; ~ **a title** Führen eines Titels; ~ **a weapon** Waffengewalt f

to be of use von Nutzen sein; **to make u. of** in Anspruch nehmen, Gebrauch machen von, nutzen

alternative use Verwendungsersatz m;

beneficial u. Nutzung des Eigentümers; **commercial u.** Handelsgebrauch m, Handelsgepflogenheit f; **continued u.** *(Patentrecht)* Weiterbenutzung f; **contractual u.** bestimmungs-/vertragsgemäßer Gebrauch; **domestic u.** Hausgebrauch m; **exclusive u.** Alleingebrauch m, alleinige Nutzung; **illicit u.** widerrechtliche Benutzung, Gebrauchsanmaßung f; **improper u.** 1. unsachgemäße Behandlung/Handhabung, unsachgemäßer Gebrauch; 2. missbräuchliche Benutzung/Verwendung, Missbrauch m; **intended u.** Bestimmungs-, Gebrauchs-, Verwendungszweck m, Zweckbestimmung f; **joint u.** gemeinschaftlicher Gebrauch, Gesamt-, Mitbenutzung f, gemeinsame Nutzung; **lawful u.** rechtmäßiger Gebrauch; **malicious u. of process** Prozessbetrug m; **official u.** Dienstgebrauch m; **ordinary u.** gewöhnliche(r) Benutzung/Gebrauch; **own u.** Eigennutz m, eigene Nutzung, eigennützige Verwendung; **prior u.** *(Patentrecht)* Vorbenutzung f; **proper u.** ordnungsgemäße Benutzung, sachgemäßer Gebrauch

public use öffentliche(r) Benutzung/Gebrauch, Gemeingebrauch m; **to withdraw from p. u.** entwidmen; **unrestricted p. u.** Gemeingebrauch m

sole use alleinige (Be)Nutzung; **special u.** Sondernutzung f; **unauthorized u.** unbefugter Gebrauch, Gebrauchsanmaßung f; **unlawful u.** widerrechtlicher Gebrauch; **wrong u.** Fehlgebrauch m

used adj gebraucht, genutzt

useful adj nutzbar, nutzbringend, nützlich, verwertbar, (zweck)dienlich; **u.ness** n Brauchbar-, Nutzbar-, Nützlich-, Zweckmäßigkeit f; **to impair the** ~ die Brauchbarkeit beeinträchtigen

useless adj unbrauchbar; **u.ness** n Unbrauchbarkeit f

user n (Be)Nutzer m, Verwender m; **u. in good faith** gutgläubiger Benutzer; **registered u.** Halter(in) m/f; ~ **of a motor vehicle** Fahrzeughalter(in) m/f; **joint u.s** Mitbenutzer

using all the available means n Einsatz aller zur Verfügung stehenden Mittel; **u. a false name** falsche Namensführung;

u. false or forged numberplates Kennzeichenmissbrauch *m*

usual *adj* gewöhnlich, üblich

usucaption *n* Ersitzung *f*

usufruct *n* Nießbrauch *m*, Nutznießung *f*; **u. in an insurance claim** Nießbrauch an einer Versicherungsforderung; ~ **choses in action** Nießbrauch an Rechten; **u. of an estate** Nießbrauch an einem Vermögen; ~ **a deceased's estate** Nießbrauch an einer Erbschaft; ~ **land** Grundstücksnießbrauch *m*; ~ **a right** Rechtsfrüchte *pl*; **u. in intangibles** Nießbrauch an Rechten; **u. of immovable property** Nutzungsrecht an unbeweglichem Vermögen; **u. in intangible property** Nießbrauch an Sachen

to create a usufruct Nießbrauch bestellen

lifetime usufruct Nießbrauch auf Lebenszeit, lebenslanger Nießbrauch

usufructuary *n* Nießbraucher(in) *m/f*, Nutznießer(in) *m/f*; **u.'s duty to notify** Anzeigepflicht des Nießbrauchers; ~ **of restitution** Rückgabepflicht des Nießbrauchers; **u.'s good faith** guter Glaube des Nießbrauchers; ~ **statutory insurance** Versicherungspflicht des Nießbrauchers; ~ **liability** Haftung des Nießbrauchers

usur|er *n* Wucherer *m*; **u.ious** *adj* wucherisch

usurpation (of office) *n* (Amts)Anmaßung *f*

usury *n* (Kredit)Wucher *m*; **u. act** Wuchergesetz *nt*

utility *n* 1. Nutzen *m*; 2. Versorgungsbetrieb *m*; **municipal u. company** Stadtwerke; **public u.** (öffentlicher) Versorgungsbetrieb *m*, Versorgungsunternehmen *nt*, öffentliche Versorgungsgesellschaft; **u. patent** Gebrauchsmuster *nt*; **u. value** Nutzungs-, Nutzwert *m*

utilization *n* (Aus-/Be)Nutzung *f*, Inanspruchnahme *f*, Nutzbarmachung *f*, Verwertung *f*; **u. rights** Verwertungsrechte

utilize *v/t* benutzen, verwerten

utter *v/t* 1. äußern; 2. *(Falschgeld)* in Umlauf bringen; **u.ance** *n* Äußerung *f*; **u.ing (of) counterfeit money** *n* Inverkehrbringen/Verbreitung von Falschgeld

U-turns (are) prohibited *n (Straßenverkehr)* Wenden (ist) verboten

V

vacan|cy *n* 1. offene Stelle, Vakanz *f*; 2. freies Zimmer; **v.t** *adj* 1. *(Stelle)* unbesetzt, frei; 2. *(Wohnung)* leer stehend, vakant; 3. *(Grundstück)* unbebaut

vacate *v/t* räumen, verlassen

vacation *n* 1. Ferien *f*, Urlaub *m*; 2. Räumung *f*; **v. of a position** Niederlegung eines Amtes; **v. business** Feriensache *f*; **v. court** *[GB] (Gericht)* Ferienkammer *f*; **v. pay** Urlaubsentgelt *nt*, Urlaubsgeld *nt*, Urlaubsvergütung *f*

vaccination *n* Impfung *f*; **liable to v.** impfpflichtig; **compulsory v.** Impfpflicht *f*

vaccine *n* Impfstoff *m*

legal vacuum *n* rechtsfreier Raum

vagrancy *n* Land-, Stadtstreicherei *f*

vagrant *adj* obdachlos; *n* Landstreicher(in) *m/f*, Obdachlose(r) *f/m*, Penner *m (coll)*

vague *adj* unbestimmbar, vage

in vain *adv* vergebens

valid *adj* geltend, gültig, stichhaltig, triftig, (rechts)wirksam; **v. as regards form** formgültig; **v. until cancelled** widerrufgültig; **to be v.** gelten; **legally v.** rechtsgültig, rechtswirksam

validat|e *v/t* für rechtsgültig erklären; **v.ion** *n* Gültigkeitserklärung *f*, *(schriftliches Anerkennen)* Zeichnen *nt*

validity *n* Geltung *f*, (Rechts)Gültigkeit *f*, *(Patent)* Rechtsbeständigkeit *f*, *(Argument)* Stichhaltigkeit *f*, Wirksamkeit *f*; **v. of a claim** Anspruchsberechtigung *f*; ~ **a contract** Gültigkeit/Wirksamkeit eines Vertrages; **v. in law** Rechtsgültigkeit *f*; **continued v.** Weiter-, Fortgeltung *f*; **legal v.** Rechtsgültigkeit *f*

valuable *adj* kostbar; **v.s** *pl* Wertgegenstände, Wertsachen

valuation *n* (Ab)Schätzung *f*, (Be)Wertung *f*, Wertbestimmung *f*; **v. by an expert** Abschätzung durch einen Sachverständigen; **new v.** Neubewertung *f*; **v. rules** Bewertungsvorschriften

value *v/t* (ab)schätzen, taxieren, valutieren

value *n* Wert *m*; **v. of an action; v. in dispute** Streitwert *m*; **v. at cost** Einstandswert *m*; **v. of the estate** Nachlasswert *m*, Wert des Nachlasses; ~ **the item** Gegenstandswert *m*; ~ **the matter in dispute** Höhe des Streitwertes; ~ **the merchandise** Warenwert *m*; ~ **an object** Sachwert *m*

to determine the value Wert bestimmen; **to refund the v.** Wert ersetzen; **to rise in v.** im Wert steigen

added value Mehrwert *m*, Wertschöpfung *f*; **assessed v.** Schätz(ungs)wert *m*; **commercial v.** Handelswert *m*; **current v.** Zeitwert *m*; **declared v.** deklarierter Wert; **economic v.** wirtschaftlicher Wert; **of equal v.** gleichwertig; **equivalent v.** Gegenwert *m*; **estimated v.** Schätz(ungs)wert *m*; **evidentiary v.** Aussage-, Erkenntniswert *m*; **fair v.** angemessener Wert; **fictitious v.** fiktiver Wert; **intangible v.** immaterieller Wert; **intrinsic v.** Eigenwert *m*, innerer Wert; **material v.** Sachwert *m*; **monetary v.** Geldwert *m*; **net v.** Nettowert *m*; **nominal v.** Nenn-, Nominalwert *m*; **overall v.** Pauschalwert *m*; **present v.** Gegenwartswert *m*; **probative v.** Beweiskraft *f*, Beweiswert *m*; **rat(e)able v.** *(Kommunalsteuer)* Einheits-, Steuermesswert *m*; **real v.** Realwert *m*; **rental v.** Miet-, Pachtwert *m*; **residual/residuary v.** Restwert *m*; **sentimental v.** Liebhaberwert *m*; **stable v. clause** Warenpreis-, Inflationsklausel *f*; **taxable v.** Einheits-, Steuermesswert *m*; **total v.** Gesamtwert *m*; **useful v.** Nutzungswert *m*

value adjustment Wertberichtigung *f*; **v. guarantee** Wertsicherung *f*; **v. judgment** Werturteil *nt*; **v.r** *n* Abschätzer *m*, Taxator *m*

value added tax Mehrwert-, Wertschöpfungssteuer *f*

vandal *n* Vandale *m*; **environmental v.** Ökokriminelle(r) *f/m*; **v.ism** *n* Sachbeschädigung *f*, Vandalismus *m*, mutwillige Zerstörung; **to commit (an act of) v.** Sachbeschädigung begehen

at variance with *n* im Widerspruch zu

vary *v/ti* 1. (ver)ändern; 2. sich (ver)ändern

VAT (value added tax) *n* Mehrwert-

steuer (MWSt) *f*; **exempt(ed) from VAT** mehrwertsteuerbefreit; **VAT base** Mehrwertsteuerbemessungsgrundlage *f*; **VAT Directive** *(EU)* Mehrwertsteuerrichtlinie *f*

vault *n* Tresorraum *m*

vehicle *n* Fahrzeug *nt*; **commercial v.** gewerblich genutztes Fahrzeug, Nutzfahrzeug *nt*; **recreational v.** Campingfahrzeug *nt*

vehicle disc *(Kfz)* Steuerplakette *f*; **v. documents** Fahrzeugpapiere; **v. driver** Fahrzeugführer(in) *m/f*; **v. fleet** Fuhr-, Wagenpark *m*; **(registered) v. owner** Fahrzeughalter(in) *m/f*, Kraftfahrzeugeigentümer(in) *m/f*; **v. registration number** Fahrzeugnummer *f*; ~ **office (VRO)** *[GB]* Kfz-Zulassungsstelle *f*; **v. smuggling** Verschiebung von Kfz; **v. licensing statutes** Straßenverkehrszulassungsordnung *f*; **v. taking** Fahrzeug-, Kfz-Diebstahl *m*; **aggravated** ~ schwerer Fahrzeugdiebstahl; **v. title document** Fahrzeugbrief *m*; **v. trafficking** Kfz-Verschiebung *f*; **registered v. user** Kraftfahrzeughalter(in) *m/f*

venal *adj* bestechlich, käuflich; **v.ity** *n* Bestechlichkeit *f*, Käuflichkeit *f*

vend *v/t* verkaufen; **v.ee** *n* Käufer *m*

vendetta *n* Blutrache *f*

vend|ing machine *n* (Waren)Automat *m*; **v.or** *n* Verkäufer(in) *m/f*

vengeance *n* Rache *f*

joint venture *n* Gelegenheitsgesellschaft *f*, Gemeinschaftsunternehmen *nt*, Metageschäft *nt*, Zweckverband *f*

venue *n* 1. Gerichtsstand *m*, Gerichts-, Tagungsort *m*; 2. *(Strafprozess)* örtliche Zuständigkeit; **contractual v.** Vertragsgericht *nt*; **domestic v.** Gerichtsstand im Inland; **elective v.** Wahlgerichtsstand *m*; **exclusive v.** ausschließlicher Gerichtsstand; **stipulated v.** vereinbarter Gerichtsstand; **v. clause** Gerichtsstandsklausel *f*

veracity *n* Wahrheitsgehalt *m*

verbatim *adj* wortgetreu, wörtlich

verdict *n* 1. (Urteils-/Wahr)Spruch *m*, Beschluss *m*, Verdikt *nt*; 2. *(StR)* Geschworenen-, Schuldspruch *m*, (Geschworenen)Urteil *nt*; **v. on a part of the charge** Teilverurteilung *f*; **v. of guilty**

Schuldsprechung *f*, Schuldspruch *m*; ~
not guilty Freispruch *m*; **v. in a summary trial** Strafbefehl *m*
to accept a verdict Urteil annehmen; **to
give a v.** Urteil(sspruch) fällen; **to reach
a v.** zu einem Urteil gelangen; **to return
a v.** Urteil(sspruch) fällen/verkünden
partial verdict Teilurteil *nt*
verifiab|ility *n* Nachprüfbarkeit *f*; **v.le** *adj*
beweisbar, nach-, überprüfbar
verification *n* Nach-, Überprüfung *f*, Ve-
rifizierung *f*, Feststellung der Echtheit,
Belegung *f*; **v. of qualifications** Qualifikationsnachweis *m*
if verified *adj* nach Richtigbefund
verify *v/t* (nach-/über)prüfen, verifizie-
ren, Richtigkeit bestätigen
verity *n* Wahrheit *f*
version *n* *(Text)* Fassung *f*; **the German
v. shall be binding** die deutsche Fassung ist verbindlich; **abridged v.** Kurzfassung *f*; **authoritative v.** geltende/
verbindliche Fassung; **full v.** vollständige Fassung; **official v.** Sprachregelung *f*;
revised v. Neufassung *f*
versus *prep* *(lat.)* gegen, contra *(lat.)*
vessel *n* 1. Behältnis *nt*; 2. Schiff *nt*; **ocean-
going v.** (Hoch)Seeschiff *nt*
bullet-proof vest *n* kugelsichere Weste
vest|ed *adj* wohlerworben; **v.ing day** *n*
Tag des Eigentumsübergangs; ~ **deed**
Übertragungsurkunde *f*
vet *n* *(coll)* Tierarzt *m*, Tierärztin *f*
vet *v/t* *(Person)* überprüfen
veto *n* Einspruchsrecht *nt*, Veto *nt*; *v/t* Veto einlegen
vetting *n* Personenüberprüfung *f*
vexatious *adj* schikanös
viable *adj* lebensfähig, realisierbar
vicarious *adj* stellvertretend
vice *n* Laster *nt*; **inherent v.** innerer Fehler; **v. squad** Sittenpolizei *f*
vice versa *adv* umgekehrt
vicinity *n* Nähe *f*, Nachbarschaft *f*, Umgebung *f*; **in the v. of** im Umkreis von, in
der Nähe von; ~ **immediate v.** in nächster Umgebung
vicious *adj* 1. gehässig; 2. bösartig
vicissitudes of life *pl* Wechselfälle des
Lebens
victim *n* (Tat)Opfer *nt*; **v. of a road accident** Unfallopfer *nt*, Opfer des Straßen-

verkehrs; ~ **persecution** Verfolgte(r) *f/m*;
~ **violence** Opfer der Gewalt; **to fall v. to
sth.** Opfer einer Sache werden; **v. care/
support** Opferbetreuung *f*
victimize *v/t* schikanieren
violent video; v. nasty *n* *(coll)* Gewaltvi-
deo *nt*; **v. ID parade** Wahlgegenüberstellung per Video; **v. surveillance** Videoüberwachung *f*
view *v/t* besichtigen
view *n* Ansicht *f*, Dafürhalten *nt*, Erachten *nt*;
in v. of in Ansehung von, im Hinblick
auf; **partial v.** Teilansicht *f*; **prevailing
v.** herrschende Meinung
viewing *n* Besichtigung *f*; **v. the scene (of
the crime)** Lokaltermin *m*, Tatortbe-
sichtigung *f*, Besichtigung des Tatorts;
legal v. Rechtsstandpunkt *m*
vigilan|ce *n* Wachsamkeit *f*; **v.t** *adj* wach-
sam; **v.te** *n* Mitglied einer Selbstschutz-
organisation; **v.tism** *n* Selbstjustiz *f*
vilification *n* Schmähung *f*, Verleumdung *f*,
Verunglimpfung *f*
village *n* Dorf *nt*, Ortschaft *f*
vindicat|e *v/t* rechtfertigen; **v.ion** *n* 1.
Rechtfertigung *f*; 2. *(Ruf)* Rehabilitation *f*;
~ **legacy** Vindikationslegat *nt*
violate *v/t* *(Gesetz)* übertreten, verletzen,
verstoßen gegen
violation *n* Bruch *m*, Übertretung *f*, Verletzung *f*, Verstoß *m*, Zuwiderhandlung *f*;
v. of bonos mores *(lat.)* Sittenwidrig-
keit *f*; ~ **postal confidentiality** Verletzung des Postgeheimnisses; ~ **the constitution** Verfassungsbruch *m*; ~ **duty**
Pflichtverstoß *m*; ~ **official duty** Amtspflichtverletzung *f*; ~ **the frontier**
Grenzverletzung *f*; ~ **human rights**
Menschenrechtsverletzung *f*; ~ **a law**
Verstoß gegen ein Gesetz; ~ **the law**
Rechtsverletzung *f*; ~ **law and order**
Verletzung der öffentlichen Ruhe und
Ordnung; ~ **civil liberties** Grundrechts-
verletzung *f*; ~ **a legally protected matter** Rechtsgutsverletzung *f*; ~ **neutrality** Neutralitätsverletzung *f*; ~ **an oath**
Eidesverletzung *f*; ~ **a maintenance
obligation** Unterhaltspflichtverletzung *f*;
~ **privacy** Verletzung der Intim-/Privat-
sphäre; ~ **property rights** Eigentums-
verletzung *f*; ~ **personal rights** Persön-
lichkeitsverletzung *f*

violation of secrecy Geheimnisverlet-
zung *f*, Verletzung der Vertraulichkeit; ~
secrecy of correspondence Verletzung
des Briefgeheimnisses; ~ **professional
secrecy** Verletzung des Berufsgeheimnisses
violation of personal status Verletzung
des Personenstandes; ~ **sovereign
rights** Hoheitsverletzung *f*; ~ **a treaty**
(Völkerrecht) Vertragsbruch *m*, Vertragsverletzung *f*
antitrust violation Kartellverstoß *m*; **flagrant v.** eklatante Verletzung; **gross v.**
schwere Verletzung
violence *n* Ausschreitung *f*, Gewalt(tätigkeit) *f*, Handgreiflichkeit *f*, Tätlichkeit *f*;
sexual v. sexuelle Gewalt
violent *adj* gewaltsam, gewalttätig, handgreiflich, tätlich; **to become v.** handgreiflich werden
by virtue of *prep* kraft, vermöge
vis major *n (lat.)* höhere Gewalt
visa *n* Sichtvermerk *m*, Visum *nt*; **consular v.** Konsulatssichtvermerk *m*
vis-à-vis *prep (frz.)* gegenüber
visibility *n* Sichtverhältnisse
visit|ing right *n* Besuchs-, Verkehrsrecht *nt*;
v.or *n* Besucher *m*; **~'s pass/permit** Be-
suchs-, Sprecherlaubnis *f*
vitiat|e *v/t* ungültig machen; **v.ion** *n* Un-
gültigmachung *f*
vocation *n* Beruf *m*
void *adv (Klausel)* hinfällig, kraftlos,
nichtig, (rechts)ungültig, (rechts)un-
wirksam; **v. ab initio** *(lat.)* von Anfang
an nichtig; **to declare v.** für nichtig erklären; **v.ability** *n* Anfechtbarkeit *f*;
v.able *adj* annullierbar, aufhebbar
voidance petition *n* Normenkontroll-
klage *f*
voidness *n* Unwirksamkeit *f*; **v. of a contract** Nichtigkeit eines Vertrages; ~
transaction Unwirksamkeit eines
Rechtsgeschäfts
volition *n* Wille *m*
volume *n* 1. *(Inhalt)* Raum *m*, Umfang *m*;
2. Lautstärke *f*; **v. of traffic** Verkehrs-
aufkommen *nt*; **low v.** Zimmerlautstär-
ke *f*; **v. crime** häufig begangenes Verbrechen
voluntary *adj* 1. freiwillig; 2. *(Verfügung)* unentgeltlich

vote *v/t* (ab)stimmen, wählen; **v. on** abstimmen über; **entitled to v.** stimmbe-
rechtigt
vote *n* Abstimmung *f*, Stimmabgabe *f*,
(Wahl)Stimme *f*, Votum *nt (lat.)*; **v. by
show of hands** Abstimmung durch
Handaufheben; **to canvass for v.s** um
Wahlstimmen werben; **casting v.** ausschlaggebende Stimme; **valid v.** gültige
Stimme; **v. against** Gegenstimme *f*
voter *n* Wähler(in) *m/f*; **to bribe v.s** Wähler bestechen; **floating v.** Wechselwäh-
ler(in) *m/f*
voting *n* Stimmabgabe *f*; **v. by acclamation** Wahl durch Zuruf; ~ **show of hands**
Wahl durch Handaufheben; **v. age**
Wahlalter *nt*; **v. right** Stimmrecht *nt*;
maximum ~ Höchststimmrecht *nt*;
preferential ~ Vorzugsstimmrecht *nt*;
V. Rights Act *[US]* Wahlrechtsgesetz *nt*
vouch for *v/t* (sich ver)bürgen für; **v.er** *n*
1. Beleg *m*; 2. Gutschein *m*
vow *v/t* geloben; *n* Gelöbnis *nt*, Gelübde *nt*,
Schwur *m*; **to take a v.** Gelübde ablegen
voyage *n* Fahrt *f*, Reise *f*
vulnerable *adj* anfällig, verletzbar

W

wage *n* (Arbeits)Lohn *m*, Heuer *f*; **net w.**
Nettolohn *m*; **basic w.** Grundlohn *m*;
guaranteed minimum w. Garantielohn *m*;
local w. ortsüblicher Lohn
wage agreement Lohn-, Tarifabkommen *nt*,
Lohn-, Tarifvereinbarung *f*, Tarifab-
schluss *m*, Tarifvertrag *m*; **collective ~**
Tarifvertrag *m*; **industry-wide ~** Manteltarifvertrag *m*; **w. arbitration** Lohnschlichtung *f*; **w. assignment** Lohnabtretung *f*;
w. bargaining Tarifauseinandersetzung *f*;
w. bracket Lohnklasse *f*, Tarifgruppe *f*;
w. claim Lohnanspruch *m*, Lohnforderung *f*; **w. continuation** Lohnfortzah-
lung *f*; **ancillary w. costs** Lohnneben-
kosten; **w. demand** Lohnforderung *f*; **w.
differential** Tarifunterschied *m*; **w. dispute** Tarifstreit(igkeit) *m/f*; **w. earner**
Lohnempfänger(in) *m/f*; **w. increase**
Lohnerhöhung *f*; **w. payment** Lohnzah-

lung *f*; **w. scale** Lohntarif *m*; **w. settlement** Tarifabkommen *nt*; **w. statement** Lohnabrechnung *f*; **w. tax** Lohnsteuer *f*; **liable to** ~ lohnsteuerpflichtig; **annual** ~ **adjustment** Jahresausgleich *m*

wager *n* Wetteinsatz *m*

waistcoat *n* Weste *f*

wait *v/t* warten; **to lie in w.** *n* auf der Lauer liegen

waiting allowance *n*   Karenzentschädigung *f*; **w. list** Warteliste *f*; **w. period** Karenz-, Wartezeit *f*; **w. time** Wartefrist *f*

waive *v/t (Recht)* aufgeben, ausschlagen, verzichten

waiver *n* Ausschlagung *f*, Erlass *m*, Verzicht(s)erklärung *f*, Verzicht(s)leistung *f*; **w. of action** Klage-, Prozessverzicht *m*; **w. to file an appeal; w. of the right of appeal** Rechtsmittelverzicht *m*; **w. of the benefit of discussion** Verzicht auf die Einrede der Vorausklage; ~ **a claim** Anspruchs-, Forderungsverzicht *m*; ~ **claims for damages** Verzicht auf Ersatzansprüche; ~ **costs** Kostenerlass *m*, Kostenniederschlagung *f*; ~ **a debt** Erlass der Schuld; ~ **exemption** Verzicht auf Pfändungsschutz; ~ **interest** Zinsverzicht *m*; ~ **liability** Erlass der Haftung, Haftungsverzicht *m*; ~ **planning restrictions** Baudispens *m*; ~ **recourse** Regressverzicht *m*; ~ **a right;** ~ **title** Rechtsverzicht *m*; ~ **hereditary titles** Erbverzicht *m*

express waiver ausdrücklicher Verzicht

waiver clause (Forderungs)Verzichtsklausel *f*; **w. judgment** Verzicht(s)urteil *nt*; **w. period** Ausschlagungsfrist *f*

walk off with sth. *v/i (coll)* etw. mitgehen lassen *(coll)*

wall *n* Mauer *f*

wander from the straight and narrow *v/i (fig)* vom rechten Weg abkommen *(fig)*

want *n* Bedürfnis *nt*, Not *f*; **for w. of** in Ermangelung von, mangels; **w. of care/diligence** mangelnde Sorgfalt, Mangel an Sorgfalt

wanted *adj* gesucht; **most w.** meistgesucht; **w. person** Gesuchte(r) *f/m*; **w. persons file/list** Fahndungskartei *f*, Fahndungsliste *f*; **w. poster** Steckbrief *m*

wanton *adj* mutwillig, willkürlich

war *n* Krieg *m*; **w. of aggression** Angriffskrieg *m*; ~ **attrition** Zermürbungskrieg *m*; **w. crime** Kriegsverbrechen *nt*; **w. criminal** Kriegsverbrecher *m*; **w. damage** Kriegsschaden *m*; **w. indemnity** Kriegsentschädigung *f*; **w. victim** Kriegsopfer *nt*

ward *n* 1. Mündel *nt*; 2. *(Krankenhaus)* Station *f*; 3. Wahlbezirk *m*; **w. of court** Amtsmündel *m*, Mündel unter Aufsicht des Gerichts, Pflege-, Schutzbefohlener *m*, Pflegling *m*; **to be a** ~ unter Vormundschaft stehen; **w.'s assets** Mündelvermögen *nt*

ward off *v/prep* abwehren

warder *n* *[GB]* Aufseher(in) *m/f*, Vollzugsbeamter *m*, Vollzugsbeamtin *f*, Wärter(in) *m/f*

warding off a danger *n* Abwehr einer Gefahr

wardress *n* Wärterin *f*

wardship *n* Vormundschaft(sverhältnis) *f/nt*; **w. case** Vormundschaftssache *f*

warehouse *n* (Waren)Lager *m*; **bonded w.** Zolllager *nt*; **w. keeper** Lagerhalter(in) *m/f*; **w. warrant** Lager(pfand)schein *m*; **w. man's lien** *n* Lagerhalterpfandrecht *nt*

warehousing *n* Lagerung *f*; **w. operation** Lagergeschäft *nt*

warn *v/t* (ab-/er)mahnen, (ver)warnen

warning *n* (Ab-/Er)Mahnung *f*, (Ver)Warnung *f*; **w. to initiate criminal proceedings** Strafandrohung *f*; **to heed a w.** Warnung beachten; **to issue a w.** Verwarnung aussprechen; **to sound a dire w.** ernste Warnung aussprechen

ample warning hinreichende Warnung; **verbal w.** gebührenfreie Verwarnung; **written w.** schriftliche Verwarnung

warning charge/fine Verwarn(ungs)geld *nt*, gebührenpflichtige Verwarnung, Verwarnungsgebühr *f*; **w. label** Warnhinweis *m*; **w. letter/notice** Abmahnung(sschreiben) *f/nt*, Mahnbrief *m*, Mahnschreiben *nt*; **w. shot** Warnschuss *m*; **w. shout** Warnruf *m*; **w. sign** Warnzeichen *nt*, Warnschild *nt*; **w. strike** Warnstreik *m*

warrant *v/t* garantieren, Gewähr(leistung) übernehmen, gewährleisten, rechtfertigen, verbürgen, vertreten, zusichern

warrant *n* (richterlicher) Befehl; **w. to appear** Vorführbefehl *m*, Vorladung *f*;

w. of arrest Haftbefehl *m*, Festnahmeanordnung *f*; **a w. for so.'s arrest has been issued** jd ist zur Fahndung ausgeschrieben; **w. of attachment** Zwangsvollstreckungsbefehl *m*; **~ attorney** Unterwerfungserklärung *f*; **w. to bring so. to court** Vorführungsbefehl *m*; **w. to place so. in an institution** Unterbringungshaftbefehl *m*

to have a warrant out for so.'s arrest jdn mit Haftbefehl suchen; **executory w.** Vollstreckungsbefehl *m*

warrant|ed *adj* mit Gewähr; **w.ee** *n* Garantienehmer(in) *m/f*, Zusicherungsempfänger(in) *m/f*; **w.or** *n* Garantiegeber *m*, Garant *m*, Gewährleistende(r) *f/m*, Gewährsmann *m*, Gewährsträger *m*, Zusicherungsgeber(in) *m/f*

warranty *n* Garantie *f*, Gewähr(leistung) *f*, Gewährleistungspflicht *f*, Zusicherung(sabrede) *f*; **w. for defects** Mängelgewährleistung *m*, Mängelgarantie *f*; **w. of quiet enjoyment** Zusicherung der ungestörten Nutzung; **w. implied by law** stillschweigende Zusicherung; **w. of fitness** Tauglichkeitsgewährleistung *f*; **~ merchantability; ~ merchantable quality** Gewährleistung/Zusicherung durchschnittlicher Qualität, ~ handelsüblicher Qualität, ~ **a quality** Zusicherung einer Eigenschaft; **~ title** Gewährleistung für Rechtsmängel, Rechtsgarantie *f*, Rechtsmängelgewähr *f*, Rechtsmängelhaftung *f*; **~ title and quality** Rechts- und Sachmängelgewähr *f*

to break a warranty Zusicherung nicht einhalten; **to disclaim a w.** Zusicherung abbedingen; **to exclude a w.** Garantie ausschließen

affirmative warranty *(Vers.)* positive Zusicherung; **express w.** Mängelgewähr *f*, ausdrückliche Garantie; **implied w.** stillschweigende Gewähr(leistung)/Mängelhaftung; **statutory w.** gesetzliche Gewährleistung

warranty claim Gewährleistungsanspruch *m*; **w. clause** Garantie-, Gewährleistungsklausel *f*; **w. commitment** Garantiezusage *f*; **w. contract** Gewährleistungsvertrag *m*; **w. exclusion** Gewährleistungsausschluss *m*; **w. express or implied** ausdrückliche oder stillschweigende Gewährleistung; **w. period** Garantie-, Gewähr(leistungs)frist *f*, Garantiezeit *f*; **w. provision** Garantievorschrift *f*; **w. reserves** Rücklagen für Gewährleistungsansprüche; **w. rule** Gewährleistungsregel *f*

waste *n* 1. Abfall *m*, Müll *m*; 2. Schwund *m*; 3. Verschwendung *f*; **hazardous w.** gefährlicher Abfall, Sondermüll *m*

waste *v/t* verschwenden

waste collection Müllabfuhr *f*; **w. disposal** Abfallbeseitigung *f*, Müllentsorgung *f*; **~ site** Müllkippe *f*; **w. incineration** Müllverbrennung *f*; **w.land** *n* Ödland *nt*; **w. management** Abfallwirtschaft *f*; **w. water** Abwasser *nt*; **industrial ~** Industrieabwässer

watch *v/t* observieren; **w.dog** *n* 1. Wachhund *m*; 2. Aufsichtsbehörde *f*; **w.ful** *adj* wachsam; **w.man** *n* Wächter *m*

water cannon *n* Wasserwerfer *m*; **w. company** Wasserversorger *m*; **w. meter** Wasserzähler *m*; **w. pollution** Wasserverunreinigung *f*; **w. protection area** Wasserschutzgebiet *nt*; **W. Resources Act** *[GB]* Wasserhaushaltsgesetz *nt*; **w. right** Wasser(nutzungs)recht *nt*

waters *pl* Gewässer *nt*; **coastal w.** Küstengewässer *nt*; **private w.** Privatgewässer *nt*; **territorial w.** Hoheitsgewässer *nt*; **outside ~** außerhalb der Hoheitsgewässer

watertight *adj* *(Alibi)* wasserdicht; **legally w.** juristisch einwandfrei

waterway *n* Wasserstraße *f*

wave on *v/prep* weiterwinken

way *n* *(Methode, Route, Strecke)* Weg *m*; **w. of life** Lebenswandel *m*; **dishonourable ~** ehrloser Lebenswandel; **immoral ~** unsittlicher Lebenswandel; **w.s and means** Mittel und Wege

to block/bar so.'s way jdm den Weg versperren; **to fail to give w. to so.** jdm die Vorfahrt nehmen; **to lose one's w.** sich verirren; **to shoot one's w. out** den Weg frei schießen

waybill (WB) *n* Frachtbrief *m*, Warenbegleitschein *m*

weakness of will *n* Willensschwäche *f*

the public weal *n* öffentliches Wohl

wealth *n* Vermögen *nt*; **w. tax** Vermögenssteuer *f*; **w.y** *adj* vermögend

weapon *n* Waffe *f*; **w. used in a crime** Tatwaffe *f*; **w.s of mass destruction (WMD)** Massenvernichtungswaffen; **to search so. for w.s** jdn nach Waffen durchsuchen; **back-up w.** Zweitwaffe *f*; **dangerous w.** gefährliche Waffe; **deadly/lethal w.** tödliche Waffe; **offensive w.** Angriffswaffe *f*, gefährliche Waffe; **w.s depot** Waffenlager *nt*

wear *v/t (Kleidung)* tragen; **w. and tear** *n* Abnutzung *f*, Verschleiß *m*, Abnutzungs- und Verschleißerscheinungen *pl*; **to be subject to ~** abnutzen; **normal ~** gewöhnliche Abnutzung

wed *v/t* ehelichen; **w.lock** *n* Ehe(stand) *f/m*; **born out of ~** unehelich

week *n* Woche *f*; **w.end arrest** *n* Freizeitarrest *m*

weigh *v/t* ab-, erwägen; **w.ing of interests** *n* Interessenabwägung *f*; **~ pros and cons** Güterabwägung *f*

weight *n* Gewicht *nt*; **live w.** Lebendgewicht *nt*

weight *v/t* gewichten; **w.ed** *adj* gewogen; **w.ing** *n* Gewichtung *f*

welfare *n* (Sozial)Fürsorge *f*, Sozialhilfe *f*, Wohl(fahrt) *nt/f*; **public w.** Wohlfahrt(spflege) *f*; **w. act** Sozialgesetz *nt*; **w. bonus** Sozialzulage *f*; **w. case** Unterstützungsfall *m*; **w. institution** Sozialeinrichtung *f*; **w. law** Sozialrecht *nt*; **w. legislation** Sozialgesetzgebung *f*; **w. principle** Fürsorgeprinzip *nt*; **w. provisions** Fürsorgebestimmungen; **w. recipient** Wohlfahrtsempfänger(in) *m/f*; **w. state** Wohlfahrts-, Sozialstaat *m*

well|-deserved *adj* verdient; **w.-established** *adj (Tatsache)* unabänderlich; **less w.-off** *adj* minderbemittelt

behind the wheel *n* am Steuer; **w. clamp** Parkkralle *f*

whereabouts *n* Aufenthaltsort *m*, Verbleib *m*

where|as *conj* in Anbetracht dass; **w.by** *conj* wodurch, wonach; **w.in** *conj* worin; **w.of** *conj* woraus; **w.on; w.upon** *conj* worauf

once in a while *n* öfter(s)

whining *n* Quengelei *f*

whip *v/t* (ver)prügeln; **w.ping** *n* Prügelstrafe *f*

whisper sth. to so. *v/t* jdm etw. zuflüstern

White Paper *n [GB]* Weißbuch *nt*

whole *adj* heil

wholesale trade *n* Großhandel *m*; **w.r** *n* Großhändler *m*

whore *n* Hure *f*; **w.house** *(coll)* Bordell *nt*, Puff *m (coll)*

widow *n* Witwe *f*; **w.'s benefits** Witwengeld *nt*; **~ pension** Witwenrente *f*; **w.s' and orphans' pension** Witwen- und Waisenrente *f*; **w.ed** *adj* verwitwet; **w.er** *n* Witwer *m*

wife *n* Ehefrau *f*, Gattin *f*; **common-law w.** Lebensgefährtin *f*; **w.-battering** *n* Misshandlung der Ehefrau

wildcat strike *n* wilder Streik

wilful *adj* absichtlich, mutwillig, vorsätzlich; **w.ness** *n* Vorsatz *m*, Vorsätzlichkeit *f*

will *n* 1. Testament *nt*; 2. Wille *m*; **by w.** letztwillig; **capable of making a w.** testierfähig; **of one's own free w.** aus freien Stücken; **terminable at w.** jederzeit kündbar

to administer a will Testament vollstrecken; **to alter a w.** Testament ändern; **to carry out the provisions of a w.** Testament vollstrecken; **to dispose by w.** letztwillig/testamentarisch verfügen, vermachen; **to draw up a w.** Testament aufsetzen; **to make a w.** Testament errichten/machen, testieren; **to open a w.** Testament eröffnen; **to revoke a w.** Testament widerrufen; **to specify sth. in a w.** etwas testamentarisch festlegen; **to suppress w.** Testament unterschlagen; **to vitiate a w.** Testament umstoßen

ambulatory will widerrufliches Testament; **free w.** freier Wille; **holographic w.** eigenhändiges/holografisches Testament; **joint w.** gemeinsames Testament; **last w. (and testament)** letzter Wille, Testament *nt*, letztwillige Verfügung; **later w.** jüngeres Testament; **mutual (of spouses) w.** gegenseitiges/gemeinschaftliches/gegenseitiges/Berliner Testament, Ehegattentestament *nt*; **nautical w.** Seetestament *nt*; **notarial w.** öffentliches Testament; **nuncupative w.** Nottestament *nt*, außerordentliches/mündliches Testament; **ordinary w.** Zeugentestament *nt*; **original w.** Originaltestament *nt*; **reciprocal w.** wechselbezügliches/gegenseitiges/reziprokes/Berliner Testament; **substitute w.** Ersatztestament *nt*; **valid w.** gültiges Testament; **voidable w.** anfechtbares Testament

willing *adj* willens; **w.ness to pay** *n* Zahlungsbereitschaft *f*

wind up *v/prep* abwickeln, auflösen, liquidieren

windfall profit(s) *n* Zufallsgewinn *m*; **w. receipts** Zufallseinnahmen

winding up *n* Abwicklung *f*, Liquidation *f*; **w. u. by court order** Liquidation durch Gerichtsbeschluss; **compulsory w. u.** Zwangsauflösung *f*; **w. u. order/resolution** Konkurseröffnungs-, Liquidationsbeschluss *m*; **w. u. petition** Antrag auf Liquidation, Liquidationsantrag *m*; **w. u. proceeds** Liquidationserlös *m*; **w. u. rules** Liquidationsvorschriften

window display *n* (Laden) Warenauslage *f*

winter clearance sale *n* Winterschlussverkauf *m*; **w. tyre** M&S-Reifen *m*

wipe away *v/prep* wegwischen

wire mesh *n* Maschendraht *m*; **w.less** *adj* Radio *nt*; **w.-netting fence** *n* Maschendrahtzaun *m*; **w.tapping** *n* Abhören von Telefongesprächen, Anzapfen von Telefonleitungen; **~ operation** Lauschangriff *m*

wish *n* Wunsch *m*

withdraw *v/ti* 1. sich zurückziehen, zurücktreten, austreten; 2. widerrufen, zurück-, entziehen, streichen; 3. abheben, entnehmen

withdrawal *n* 1. Rücktritt *m*, Austritt *m*; 2. Ent-, (Zu)Rücknahme *f*, Entziehung *f*, Entzug *m*; 3. Abhebung *f*; **w. of the action** (Zu)Rücknahme der Klage, Klagerücknahme *f*; **~ the appeal** Rücknahme der Berufung, Beschwerderücknahme *f*, Zurücknahme eines Rechtsmittels; **~ an application** Antragsrücknahme *f*; **~ authority** Entziehung der Vollmacht; **w. from a case** Mandatsniederlegung *f*; **~ capital** Kapitalentnahme *f*; **w. of the charge** Rücknahme der Anklage; **~ a complaint** Beschwerderücknahme *f*; **~ a licence** Konzessionsentziehung *f*; **~ the driving licence** Entziehung der Fahrerlaubnis; **~ a thing** Entziehung einer Sache; **~ notice** (Zu)Rücknahme der Kündigung; **~ profits** Gewinnentnahme *f*; **~ prosecution** (Strafprozess) Einstel-

lung des Verfahrens; **~ remedy** Rücknahme eines Rechtsmittels; **w. and revocation** Rücknahme und Widerruf; **w. of false statements** Widerruf falscher Aussagen; **w. from public use** Entwidmung *f*

private withdrawal‖s Privatentnahmen; **w. cure** Entziehungskur *f*

withhold *v/t* 1. (Steuer) einbehalten; 2. (Beweise, Briefe) unterschlagen, (Informationen) verschweigen, vorent-, zurückbehalten; **w.ing** *n* 1. Einbehaltung *f*, Quellenabzug *m*; 2. Verschweigen *nt*, Vorenthaltung *f*; **~ of wages** Lohnabzug *m*, Lohneinbehaltung *f*; **~ wages scheme** Quellenabzugsverfahren *nt*; **~ tax** Quellenbesteuerung *f*

within *prep* binnen, innerhalb

witness *v/t* bezeugen; **w. my hand** von mir unterzeichnet

witness *n* Zeuge *m*; **as w. hereto** als Zeuge hiervon; **in front of w.es** vor Zeugen; **in w. thereof/whereof** zur Urkunde dessen, zum Beweis dafür, zur Bezeugung dessen; **w.es differ** Zeugenaussagen widersprechen sich

witness of an accident Unfallzeuge *m*, Unfallzeugin *f*; **w. to the crime/incident** Tatzeuge *m*, Tatzeugin *f*; **w. for the defence** Entlastungszeuge *m*; **~ the opposing party** Gegenzeuge *m*, Gegenzeugin *f*; **w. rejected by a party** abgelehnter Zeuge; **w. for the prosecution** Belastungszeuge *m*, Zeuge der Anklage; **principal ~** Hauptbelastungszeuge *m*; **w. to a search** Durchsuchungszeuge *m*; **w. to a will** Testamentszeuge *m*

to admonish a witness to tell the truth Zeugen zur Wahrheit ermahnen; **to appear as a w.** als Zeuge auftreten; **to be w. to sth.** Zeuge einer Sache sein; **to bear false w.** falsches Zeugnis ablegen; **to call a w.** jdn in den Zeugenstand rufen; **to be called as a w. before the court** als Zeuge vor Gericht geladen werden; **to compel a w. to appear in court** Zeugen zwangsweise vorführen; **to confront w.es** Zeugen gegenüberstellen; **to cross-examine a w.** Zeugen ins Kreuzverhör nehmen; **to examine a w. on commission** Zeugen kommissarisch vernehmen; **to interfere/tamper with a**

w. Zeugen beeinflussen; **to interrogate/ interview/question a** w. Zeugen verhören/vernehmen; **to name/nominate a w.** Zeugen benennen; **to object to a w.** Zeugen ablehnen; **sworn in as a w.** als Zeuge be-/vereidigt
adverse witness Zeuge der Gegenseite; **attesting w.** Unterschriftszeuge *m*, Zeuge bei der Unterschriftsleistung; **auricular w.** Ohrenzeuge *m*; **biased w.** befangener Zeuge; **compellable w.** aussagepflichtiger Zeuge; **competent w.** (rechtlich) zulässiger/geeigneter Zeuge; **contumacious w.** nicht erschienener Zeuge, unentschuldigt ausgebliebener Zeuge; **convenient w.** Berufszeuge *m*; **credible w.** glaubwürdiger Zeuge; **defaulting w.** ausbleibender Zeuge; **female w.** Zeugin *f*; **friendly w.** eigener Zeuge; **hostile w.** Zeuge der Gegenseite; **interested w.** parteiischer Zeuge; **main w.** Hauptzeuge *m*; **material w.** wichtiger Zeuge; **reliable w.** glaubwürdiger Zeuge; **sworn w.** vereidigter Zeuge; **unsworn w.** nicht vereidigter Zeuge; **unwilling w.** widersetzlicher Zeuge
witness allowance Zeugenentschädigung *f*; **w. box** *[GB]* Zeugenbank *f*, Zeugenstand *m*; **to go into the ~** in den Zeugenstand treten; **w. citation** Zeugenladung *f*; **w.es' fees** Zeugengebühren
witnessing *n* Bezeugung *f*
witness protection Zeugenschutz *m*; **~ scheme** Zeugenschutzprogramm *nt*; **w.' refusal (to testify)** Aussageverweigerung des Zeugen; **w. stand** *[US]* Zeugenstand *m*, Zeugenbank *f*; **w. summons** Zeugenladung *f*
wobbly *adj* wackelig
woman *n* Frau *f*; **convicted w.** Verurteilte *f*; **divorced w.** geschiedene Frau; **unmarried w.** ledige/unverheiratete Frau; **w. barrister** *[GB]* (Rechts)Anwältin vor höheren Gerichten; **w. lawyer** (Rechts)Anwältin *f*; **w. police officer** Polizeibeamtin *f*
word *n* Wort *nt*; **in w. and deed** in Wort und Tat; **w.-for-w.** *adj* wörtlich; **w.s of affirmation** Bekräftigungsformel *f*; **w. of honour** Ehrenwort *nt*; **to exchange w.s** Wortwechsel haben; **defamatory w.s** beleidigende Worte; **last w.** letztes

Wort; **obscene w.s** unzüchtige Worte; **operative w.s** rechtsgestaltende Worte
word *v/t* formulieren
wording *n* (*Ausdrucksweise*) Fassung *f*, Formulierung *f*, Text *m*, Wortlaut *m*; **w. of the act** Gesetzeswortlaut *m*; **~ a contract** Vertragstext *m*; **~ the oath** Eidesformel *f*
work *v/i* arbeiten
work *n* 1. Arbeit *f*; 2. (*Literatur, Kunst*) Werk *nt*; **w. of art** Kunstwerk *nt*; **to do/perform w.** Arbeiten ausführen; **to skive off w.** (*coll*) sich drücken (*coll*)
additional work Mehrarbeit *f*; **casual w.** Aushilfs-, Gelegenheitsarbeit *f*, Aushilfstätigkeit *f*; **commissioned w.** Auftragsarbeit *f*; **compulsory w.** Zwangsarbeit *f*; **creative w.** schöpferische Tätigkeit; **freelance w.** freiberufliche Tätigkeit; **illicit w.** Schwarzarbeit *f*; **painstaking w.** Kleinarbeit *f*; **part-time w.** Teilzeitarbeit *f*; **reasonable w.** zumutbare Arbeit; **short-time w.** Kurzarbeit *f*; **temporary w.** Zeitarbeit *f*
worker *n* Arbeiter(in) *m/f*; **to reinstate a w.** Arbeiter wieder einstellen; **casual w.** Aushilfs-, Gelegenheitsarbeiter(in) *m/f*; **migrant w.** Wanderarbeitnehmer(in) *m/f*; **part-time w.** Halbtagskraft *f*; **seasonal w.s** Saisonarbeitskräfte; **short-time w.** Kurzarbeiter(in) *m/f*; **subcontracted w.** Leiharbeiter(in) *m/f*; **temporary w.** Zeitarbeitnehmer(in) *m/f*, Zeitarbeits-, Aushilfskraft *f*
worker participation act Mitbestimmungsgesetz *nt*
workforce *n* Belegschaft *f*
working conditions *n* Arbeitsbedingungen; **in good w. condition** (*Maschine*) einsatzfähig; **w. day** Arbeits-, Werktag *m*; **regular w. hours** Normalarbeitszeit *f*; **weekly w. hours** Wochenarbeitszeit *f*; **w. majority** arbeitsfähige Mehrheit; **w. order** einsatzbereiter Zustand; **not in ~** betriebsunfähig; **w. process** Arbeitsprozess *m*; **w. time** Arbeitszeit *f*; **w. times act** Arbeitszeitrechtsgesetz *nt*; **w. week** Arbeitswoche *f*
excessive workload *n* Arbeitsüberlastung *f*
workman|like *adj* fachgemäß; **w.ship** *n* Fertigungsqualität *f*, Verarbeitung *f*; **de-**

fective ~ mangelhafte Ausführung/Verarbeitung

work permit Arbeitserlaubnis *f*

works *n* Fabrik *f*; **w. agreement** Betriebs-, Dienstvereinbarung *f*; **w. constitution** Betriebsverfassung *f*; **w. council** Betriebsrat *m*; ~ **electoral committee** Wahlvorstand des Betriebsrates; **w. premises** Werksgelände *nt*

world *n* Welt *f*; **W. Copyright Convention** Genfer Welturheberrechtsabkommen; **w. law** Weltrecht *nt*

worsen *v/ti* 1. verschlechtern; 2. sich verschlechtern

worth *n* Wert *m*

wound *n* Verwundung *f*, Wunde *f*; *v/t* verwunden; **w.ed** *adj* verwundet

to be wound up *adj (Gesellschaft)* in Konkurs gehen

wreck *n* Wrack *nt*; **w. commissioner** Strandvogt *m*; **w.age** *n* Trümmer *pl*, Wrackteile *pl*

wristlock *n* Polizeigriff *m*

to slash one's wrists *pl* sich die Pulsadern aufschneiden

writ *n* Gerichtsbefehl *m*, gerichtliche/richterliche Verfügung; **w. of attachment** Arrestbeschluss *m*; **to obtain a ~ attachment** die Anordnung des dinglichen Arrests erwirken; ~ **certiorari** *(lat.)* Aktenanforderung *f*, Revisionsbeschluss *m*; ~ **habeas corpus** *(lat.)* Haftbeschwerde *f*, Haftprüfung *f*; **w. for an election** Wahlausschreibung *f*; **w. of elegit** *(lat.)* Anordnung der Zwangsverwaltung eines Grundstücks, Zwangsvollstreckungsbefehl *m*; ~ **enforcement** Vollstreckungstitel *m*; ~ **entry** Besitzklage *f*; ~ **error coram vobis** *(lat.)* Aktenanforderung *f*, Urteilsberichtigungsbeschluss *m*; ~ **escheat** Heimfallsklage *f*; **w. of execution** Vollstreckungsbefehl *m*, Vollstreckungsbeschluss *m*, Vollstreckungstitel *m*, Vollstreckungsurteil *nt*, Vollstreckbarkeits-, Vollstreckungsanordnung *f*, Vollstreckungsauftrag *m*, Vollstreckbarkeitserklärung *f*; **to grant a ~** für vollstreckbar erklären; **w. of extraditon** Auslieferungsbeschluss *m*; ~ **fieri facias** *(lat.)* Pfändungsanordnung *f*; ~ **mandamus** *(lat.)* Anweisung eines übergeordneten Gerichts an ein

untergeordnetes Gericht, Verpflichtungsurteil *nt*; **w. for payment** Mahnbescheid *m*; **w. of possession** Besitzeinweisung *f*; ~ **process** (Vor)Ladung *f*; ~ **revivor** *(lat.)* erneuter Vollstreckbarkeitsbeschluss, neue Vollstreckungsklausel; ~ **sequestration** Beschlagnahmeanordung *f*; ~ **subpoena** *(lat.)* Vorladung unter Strafandrohung; ~ **summons** Ladung(sschreiben) *f/nt*, Vorladungsbefehl *m*; ~ **supersedeas** *(lat.)* Einstellungsverfügung *f*

to issue a writ Verfügung erlassen; **concurrent w.** zweite Ausfertigung einer Klage

write *v/t* schreiben, verfassen; **w. down** *v/prep* ab-, niederschreiben; **w.-down** *n* (degressive) Abschreibung; **w. off** *v/prep* abschreiben; **w.-off** *n* 1. Abschreibung *f*; 2. *(coll)* Totalschaden *m*; **w.r** *n* Schreiber *m*, Schriftsteller *m*, Verfasser *m*

writing *n* Schreiben *nt*, Schrift *f*; **in w.** in schriftlicher Form, schriftlich; **obscene w.s** pornografische Schriften

written *adj* schriftlich

wrong *n* 1. Unrecht *nt*, Rechtswidrigkeit *f*; 2. Delikt *nt*, Übel(tat) *nt/f*; **to commit a w.** Unrecht begehen/tun; **to put os. in the w.** sich ins Unrecht setzen; **civil w.** *(ZR)* Delikt *nt*

wrong *adj* falsch, unrichtig; **w.doer** *n* Übel-, Missetäter(in) *m/f*, Rechtsverletzer *m*, Schädiger *m*; **w.ful** *adj* unrechtmäßig, illegitim; **w.ly** *adv* zu Unrecht

X; Y

xenophobi|a *n* Fremdenfeindlichkeit *f*; **x.c** *adj* fremdenfeindlich

X-ray *v/t* röntgen, durchleuchten; ~ **examination** *n* Röntgenuntersuchung *f*

year *n* Jahr *nt*; **per y.** pro Jahr; **within one y.** binnen Jahresfrist; **y. and a day** Jahr und Tag; **y.s of service** Dienstzeit *f*; **y.-on-y.** *adj* im Jahresvergleich, gegenüber dem Vorjahr; **financial y.** Geschäfts-, Wirtschaftsjahr *nt*; **fiscal y.** Steuerjahr *nt*; **previous y.** Vorjahr *nt*

yell *n* (Auf)Schrei *m*, gellendes Geschrei; **to give a y.** aufschreien, Schrei aussto-ßen

yes *adv* ja

yield *n* Ausbeute *f*, Ertrag *m*; *v/t* 1. ein-, erbringen; 2. *(Rechte, Privilegien)* verzichten, überlassen; 3. nachgeben

yob|(bo) *n (coll)* *[GB]* Rowdy *m*, Rüpel *m*; **y.bishness** *n* Rowdytum *nt*

yoke *n* Joch *nt*

young person *n* Jugendliche(r) *f/m*

youth *n* Jugend *f*; **y. attendance centre** Jugendarrestanstalt *f*; **y. employment act** Jugendarbeitsschutzgesetz *nt*; **y. custody order** Verurteilung zum Jugendarrest

youth welfare Jugendfürsorge *f*, Jugendhilfe *f*, Jugendpflege *f*, Jugendwohlfahrt *f*; **y. w. department** Jugendamt *nt*; **y. w. office** Jugendamt *nt*

Z

zeal *n* Eifer *m*; **missionary z.** missionarischer Eifer

zebra crossing *n* Zebrastreifen *m*

zero|-rated *adj* mehrwertsteuerfrei; **z.-rating** *n* Nulltarifierung *f*

zip code *n* *[US]* Postleitzahl (PLZ) *f*

zipper clause *n* *[US]* Arbeitsvertragsklausel, die eine Diskussion der Arbeitsbedingungen untersagt

zone *n* Zone *f*; **contiguous z.** angrenzende Zone, Kontiguitätszone *f*; **duty-free z.** Zollfreizone *f*; **industrial z.** Industriegebiet *nt*; **no-stopping z.** absolutes Halteverbot; **no-waiting z.** eingeschränktes Halteverbot; **parliamentary z.** Bannmeile *f*; **prohibited z.** Verbotszone *f*; **protected z.** Bannkreis *m*

zoning law *n* *[US]* Bau-, Flächennutzungsgesetz *nt*; **z. plan** Bauleitplan *m*, Bebauungs-, Flächennutzungsplan *m*; **z. restriction** Planungsbeschränkung *f*

Juristisch relevante englische Abkürzungen

a/d	**after date** Dato bis heute
a/m	**ante meridien** *(lat.)* vormittags
ABA	**American Bar Association** Amerikanische Anwaltsvereinigung
ABH	**actual bodily harm** einfache Körperverletzung
ACAS	**Advisory Conciliation and Arbitration Service** *[GB]* Beratungs-, Schlichtungs-, und Schiedsgerichtsdienst
ACC	**Assistant Chief Constable** *[GB]* stellvertretender Polizeipräsident
ADR	**alternative dispute resolution** Schlichtungsverfahren *(ohne Einschaltung des Gerichts)*
AGM	**Annual General Meeting** (Jahres)Hauptversammlung (HV)
aka	**also known as** alias
AOB	**any other business** Verschiedenes
ATM	**automated teller machine** Geldautomat
AWOL	**absent without leave** unerlaubtes Fernbleiben vom Dienst
B.D.	**bank(er's) draft** Bankscheck
B/B	**both-to-blame** beiderseitiges Verschulden
B/E	**bill of exchange** Wechsel
B/L	**bill of lading** Konnossement
BFP	**bona fide purchaser** gutgläubiger Erwerber
BVC	**Bar Vocational Course** *[GB]* juristisches Aufbaustudium
c.b.d.	**cash before delivery** Vorkasse
C.C.	**civil commotion** Aufruhr
c.e.	**caveat emptor** *(lat.)* Auschluss der Gewährleistung
C.J.	**Chief Justice** *[GB]* Vorsitzende(r) eines hohen Gerichts
c.o.d.	**cash** *[GB]***/collect** *[US]* **on delivery** (Verkauf) gegen Nachnahme
c.p.d.	**charterer pays dues** Befrachter zahlt Gebühren
C/D	**Certificate of Deposit** Hinterlegungsschein
C/P	**charter party** Befrachtungsvertrag
CA	**Court of Appeal** Berufungs-, Revisionsgericht
CAA	**Civil Aviation Authority** *[GB]* Luftverkehrsbehörde
CAB	**Civil Aeronautics Board** *[US]* Luftverkehrsbehörde
CAC	**Central Arbitration Committee** *[GB]* zentraler Schlichtungsausschuss
CAD	**cash against documents** Kasse gegen Dokumente
CCP	**code of civil procedure** Zivilprozessordnung
CCTV	**closed-circuit TV** Videoüberwachung
CEO	**chief executive officer** Hauptgeschäftsführer(in), Vorstandsvorsitzende(r)
CFR	**cost and freight** Kosten und Fracht
CGT	**capital gains tax** Veräußerungsgewinnsteuer
CID	**Criminal Investigation Department** *[GB]* Kriminalpolizei
CIF	**cost, insurance, freight** Kosten, Versicherung und Fracht
CN	**cover note** vorläufige Deckungszusage
CPA	**certified public accountant** *[US]* Wirtschaftsprüfer
CPS	**Crown Prosecution Service** *[GB]* Staatsanwaltschaft
cr.	**Creditor** Gläubiger
CSA	**Child Support Agency** *[GB]* Amt für Unterhaltszahlungen
CT	**corporation tax** Körperschaftssteuer
CTT	**capital transfer tax** Kapitalverkehrssteuer

CV	**curriculum vitae** Lebenslauf
d.a.p.	**delivery against payment** Lieferung gegen Zahlung
D.D.	**demand draft** Sichtwechsel
D/C	**documents against cash** Dokumente gegen Kasse
D/P	**documents against payment** Dokumente gegen Bezahlung
D/R	**depository receipt** Depotschein
DA	**District Attorney** *[US]* Bezirksstaatsanwalt, Staatsanwalt eines Einzelstaates
DAF	**delivered at frontier** geliefert Grenze
DC	**Detective Constable** Kriminalmeister(in)
DCC	**Deputy Chief Constable** stellvertretender Polizeipräsident
DDP	**delivered duty paid** geliefert verzollt (benannter Bestimmungsort)
DDU	**delivered duty unpaid** geliefert unverzollt (benannter Bestimmungsort)
DEQ	**delivered ex quay** geliefert ab Kai (benannter Bestimmungshafen)
DES	**delivered ex ship** geliefert ab Schiff (benannter Bestimmungshafen)
DPP	**Director of Public Prosecutions** Generalstaatsanwalt
dr.	**debtor** Schuldner
DSgt	**Detective Sergeant** Kriminalmeister(in)
DVLA	**Driver and Vehicle Licensing Agency** *[GB]* Führerschein- und KFZ- Zulassungsbehörde
DWI	**driving while intoxicated** *[US]* Trunkenheit am Steuer
e. & o. e	**errors and omissions excepted** Irrtümer und Auslassungen - vorbehalten
e.e.	**errors excepted** Irrtümer vorbehalten
E.E.A.	**European Economic Area** Europäischer Wirtschaftsraum
e.g.	**exempli gratia** *(lat.)* zum Beispiel
EAT	**Employment Appeal Tribunal** *[GB]* (Landes)Arbeitsgericht, Appelationstribunal
ECJ	**European Court of Justice** Europäischer Gerichtshof
EGM	**Extraordinary General Meeting** außerordentliche Hauptversammlung
EU	**European Union** Europäische Union
ex p.	**ex parte** seitens einer Partei, einseitig
ex.	**Excluding** ausgeschlossen
f.co.	**fair copy** ordentliches Exemplar *(Vertrag)*
F.O.	**firm offer** Festangebot
f/d	**free delivery** freie Zustellung
F/O	**free in and out** frei Laden und Löschen
FAQ	**free alongside quay** frei Längsseite Kai (des Abgangshafens)
FAS	**free alongside ship** frei Längsseite Schiff oder Binnenschiff (benannter Verschiffshafen)
FB	**freight bill** Frachtbrief
FBI	**Federal Bureau of Investigation** *[US]* Bundespolizei
FOB	**free on board** frei an Bord, frei Schiff
FOC	**flag of convenience** billige Flagge
FOC	**free of charge** gebührenfrei, kostenlos
FOD	**free of damage** unbeschädigt
GATT	**General Agreement on Tariffs and Trade** Allgemeines Zoll- und Handelsabkommen
GBH	**grievous bodily harm** schwere Körperverletzung
GM	**genetically modified** genetisch verändert

H.P.	**hire purchase** Mietkauf
HGV	**heavy goods vehicle** Lastkraftwagen (Lkw)
HL	**House of Lords** *[GB]* Oberhaus
HLKO	**Hague Land Warfare Convention** Haager Landkriegsordnung
HMSO	**Her Majesty´s Stationery Office** staatliche Behörde für den Verkauf von Veröffentlichungen der Regierung
i.e.	**id est** *(lat.)* das heißt (d.h.)
I.T.	**income tax** Einkommensteuer
i/c	**in charge of** verantworltich für
I/F	**insufficient funds** ungenügende Deckung
ICJ	**International Court of Justice** Internationaler Gerichtshof
ID (card)	**identity (card)** Personalausweis
ILC	**International Law Commission** Internationale Rechtskommission (IRK)
ILOR	**International Letter of Request** internationales Rechtshilfeersuchen
IOU	**I owe you** Schuldschein
IPO	**initial public offering** Börsengang
IR	**Inland Revenue** *[GB]* Finanzbehörde
IRS	**Internal Revenue Service** *[US]* Finanzbehörde
ISO	**International Standardization Organization** Internationale Standardorganisation (ISO)
IT	**industrial tribunal** Arbeitsgericht
IVF	**in vitro fertilization** künstliche Befruchtung
J	**Justice** Richter *(am High Court)*
JD	**juris doctor** *(lat.)* *[US]* Doktor der Rechte
JP	**Justice of the Peace** *[GB]* Friedensrichter *(Magistrates' Court)*
KC	**King's Counsel** *[GB]* Anwalt der Krone
L.S.	**Law Society** *[GB]* Anwaltsverein *(solicitors)*
L/C	**letter of credit** Kreditbrief
LC	**Lord Chancellor** *[GB]* Lordkanzler
LCJ	**Lord Chief Justice** *[GB]* Lordoberrichter *(High Court)*
LJ	**Lord Justice (of Appeal)** *[GB]* Lordrichter
LJJ	**Lord Justices** *[GB]* Lordrichter *(pl)*
LL.B	**Bachelor of Laws** BA der Rechte
LL.D	**Doctor of Laws** Doktor der Rechte
LL.M	**Master of Laws** MA/Magister der Rechte
LP	**limited partnership** Kommanditgesellschaft
LPC	**Legal Practice Course** *[GB]* juristisches Aufbaustudium
LSAT	**Law School Admission Test** *[US]* Zulassungsprüfung für ein rechtswissenschaftliches Studium
Ltd	**private limited company** *[GB]* Gesellschaft mit beschränkter Haftung (GmbH)
M.O.	**money order** Zahlungsanweisung
MEP	**Member of the European Parliament** *[GB]* Mitglied/Abgeordnete(r) des Europäischen Parlaments
MMC	**Monopolies and Mergers Commission** *[GB]* Kartellbehörde
MOH	**Medical Officer of Health** *[GB]* Amtsarzt
MOT	**Ministry of Transport** *[GB]* Verkehrsministerium
MP	**Member of Parliament** *[GB]* Abgeordnete(r), Mitglied des Unterhauses
MR	**Master of the Rolls** Vorsitzender des *Court of Appeal*

n.b.	**nota bene** *(lat.)* Nachtrag
N.P.	**notary public** Notar
n.p.	**net personality** bewegliches Vermögen
n/a	**not applicable** nicht zutreffend
n/c	**no charge** gebührenfrei, kostenlos
n/d	**no date** ohne Datum
n/e	**no effects** kein Guthaben
N/F	**no funds** keine Deckung
n/o	**no orders** keine Anweisungen
n/p	**net proceeds** Reinerlös
n/s	**not sufficient (funds)** kein ausreichendes Guthaben
NCIS	**National Criminal Intelligence Service** *[GB]* zentrale Verbrechensdatei
NHS	**National Health Service** *[GB]* staatlicher Gesundheitsdienst
NHTSA	**National Highway Traffic Safety Administration** *[US]* Straßenverkehrsbehörde
NI	**National Insurance** *[GB]* Sozialversicherung
NP	**no protest** ohne Protest
o.n.o.	**or near offer** Verhandlungsbasis (VB)
o/a	**on account of** wegen
OAP	**old-age pensioner** Rentner(in)
OFT	**Office of Fair Trading** Wettbewerbsaufsichtsbehörde, Kartellamt
OTC	**over-the-counter** nicht rezeptpflichtig
p.a.	**per annum** *(lat.)* pro Jahr
p.c.	**per cent** Prozent
p.d.	**per diem** *(lat.)* pro Tag
p.m.	**post meridien** *(lat.)* nachmittags bzw.p.p. abends
p.p.; p.pro	**per procurationem** *(lat.)* per Procura, im Auftrag von
P/N	**promissory note** Inhaberwechsel
PA	**power of attorney** Vollmacht
PAYE	**pay as you earn** Lohnsteuerabzugsverfahren
PC	**police constable** Polizeiwachtmeister
PC	**Privy Council** *[GB]* Geheimer Staatsrat, Kronrat
plc	**public limited company** *[GB]* Aktiengesellschaft (AG)
PM	**Prime Minister** Premierminister
PPP	**polluter pays principle** Verursacherprinzip
PRP	**profit-related pay** Beteiligungslohn
PSO	**public service obligation** Beförderungspflicht
PTO	**Patent and Trademark Office** *[US]* Bundespatentamt
PTO	**please turn over** bitte wenden/umblättern
Pty	**proprietary company** Dach-, Holdinggesellschaft
q.v.	**quod vide** *(lat.)* siehe diesbezüglich
QB/QBD	**Queen's Bench Division** *[GB]* Abteilung des High Court
QC	**Queen's Counsel** *[GB]* Anwalt der Krone
R	**Regina, Rex** *[GB]* König(in)
R&CC	**riot and civil commotion** Krawalle und öffentlicher Aufruhr
R.P.	**reply paid** Anwort bezahlt
R/D	**refer to drawer** an den Aussteller zurück
r/d	**refer to drawer** an den Aussteller zurück
re	**reference** Bezug
ref.	**reference** Bezug
RPM	**resale price maintenance** Preisbindung der zweiten Hand

RTA	**road traffic accident** Verkehrsunfall
S/A	**subject to approval** Zustimmung vorbehalten
S/A	**statement of account** Konto-, Rechnungsauszug
S/D	**sight draft** Sichtwechsel
S/R	**sale or return** Verkauf mit Rückgaberecht
SAG	**Sale of Goods Act** *[GB]* Gesetz über den Warenverkauf
SB	**Senate bill** *[US]* von Senat verabschiedetes Gesetz
sd.	**signed** unterzeichnet
SEAO	**saving errors and omissions** Freizeichnungsklausel
SFO	**Serious Fraud Office** staatliche Behörde zur Aufdeckung von Wirtschaftskriminalität
SR&CC	**strikes, riots and civil commotion** Streiks, Aufruhr und innere Unruhen
SRT	**spousal remainder trust** *[US]* Treuhandverwaltung für den Ehegatten
SSP	**statutory sick pay** Krankengeld
T.L.	**total loss** Totalverlust, Totalschaden
T.T.	**testamentary trust** *[US]* Treuhandvermögen
TAC	**Tax Court of the United States** *[US]* Bundesfinanzgericht
TC	**till cancelled** bis auf Widerruf
u/m	**under-mentioned** unten erwähnt
UCC	**uniform commercial code** *[US]* Handelsgesetzmuster
UK	**United Kingdom** *[GB]* Vereinigtes Königreich
v.	**versus** gegen
VAT	**value-added tax** Mehrwertsteuer
VIN	**vehicle identification number** Fahrgestellnummer
VOR	**vehicle registration office** *[GB]* Kfz-Zulassungsstelle
vs.	**versus** *(lat.)* gegen
W.P.	**without prejudice** unbeschadet (irgendwelcher Ansprüche)
W/B	**waybill** Frachtbrief
w/o	**without** ohne
WB	**waybill** Frachtbrief
WMD	**weapons of mass destruction** Massenvernichtungswaffen
WOC	**without compensation** ohne Entschädigung
WPC	**woman police constable** Polizeibeamtin
yr.	**year** Jahr
ZIP	**zone improvement plan (code)** *[US]* Postleitzahl (PLZ)

Juristisch relevante deutsche Abkürzungen

a.o.	**außerordentlich** extraordinary
AG	**Aktiengesellschaft** public limited company (plc)
AGB	**Allgemeine Geschäftsbedingungen** general terms and conditions
AktG	**Aktiengesetz** Companies Act *[GB]*
AVB	**Allgemeine Versicherungsbedingungen** general insurance conditions
Az.	**Aktenzeichen** reference number (Ref. No.)
b.w.	**bitte wenden** please turn over (pto)
Begl.	**beglaubigt** certified, authenticated
Betr.	**Betreff** subject, re
BFH	**Bundesfinanzhof** federal fiscal court
BGB	**Bürgerliches Gesetzbuch** German civil code
BGH	**Bundesgerichtshof** federal high court of justice
BJM	**Bundesjustizministerium** federal ministry of justice
BKA	**Bundeskriminalamt** federal bureau of investigation
BKA	**Bundeskartellamt** federal cartel office
BND	**Bundesnachrichtendienst** German intelligence service
BRD	**Bundesrepublik Deutschland** Federal Republic of Germany
BtmG	**Betäubungsmittelgesetz** narcotics act
BtVG	**Betriebsverfassungsgesetz** industrial constitution act
BverfG	**Bundesverfassungsgericht** federal constitutional court
d.h.	**das heißt** that is, id est (i.e.)
d.J.	**des Jahres** of this year
d.M.	**des Monats** of this month, instant
e. G.	**eingetragene Genossenschaft** registered cooperative society
e. V.	**eingetragener Verein** registered society
EDV	**elektronische Datenverarbeitung** electronic data processing (EDP)
eGmbH	**eingetragene Genossenschaft mit beschränkter Haftung** registered cooperative with limited liability
ff.	**folgende** following
Gbl	**Gesetzblatt** gazette
GbR	**Gesellschaft bürgerlichen Rechts** civil-law partnership
GbR	**Gesellschaft bürgerlichen Rechts** partnership under the German civil code
geb.	**geboren** born
ges. gesch.	**gesetzlich geschützt** protected by law, patented, registered (reg.)
gest.	**gestorben** deceased (decd.)
gez.	**gezeichnet** signed (sgd)
GG	**Grundgesetz** basic law, federal constitution
ggf.	**gegebenenfalls** if appropriate/applicable
GmbH	**Gesellschaft mit beschränkter Haftung** private limited company (Ltd)
HGB	**Handelsgesetzbuch** German commercial code
HR	**Handelsregister** register of companies, commercial register
HV	**Hauptversammlung** general meeting
i.R.	**im Ruhestand** retired
i.S.	**in Sachen** in the matter of
i.V.	**in Vertretung** on behalf of, by authority, for

I.v.	**Irrtum vorbehalten** errors and omissions excepted (e.&o.e.)
i.W.	**in Worten** in words
IHK	**Industrie- und Handelskammer** chamber of industry and commerce
incl.	**inklusiv, einschließlich** inclusive (of) (inc., incl.)
IRK	**Internationale Rechtskommission** International Law Commission (ILC)
ISO	**Internationale Standardorganisation** International Standardization Organization (ISO)
Jg.	**Jahrgang** year
JVA	**Justizvollzugsanstalt** prison, penal institution
Kfz	**Kraftfahrzeug** motor vehicle
KG	**Kommanditgesellschaft** limited partnership
KO	**Konkursordnung** Bankruptcy Act *[GB]*, Chandler Act *[US]*
Konn.	**Konnossement** bill of lading (B/L)
Kto.	**Konto** account (a/c)
Kto.Nr.	**Kontonummer** account number (acct. no.)
KWG	**Kreditwesengesetz** Banking Act *[GB]*
lfd.	**laufend** current
lfd. Nr.	**laufende Nummer** serial number
LG	**Landgericht** regional court
LKW	**Lastkraftwagen** truck, lorry
lt.	**laut, gemäß** according to
LVG	**Landesverwaltungsgericht** state administrative court
m.E.	**meines Erachtens** in my opinion
m.W.	**meines Wissens** to my knowledge
mfG	**mit freundlichem Gruß** yours sincerely
mtl.	**monatlich** monthly
MWSt.	**Mehrwertsteuer** value added tax (VAT)
N.B.	**nota bene, Anmerkung** note well, nota bene (N.B.)
n.St.	**nach Steuer** after tax
n.v.	**nicht verfügbar** not available
Nachf.	**Nachfolger** successor
nom.	**nominal** nominal
o.a.	**oben angeführt** above-mentioned (a/m)
o.G.	**ohne Gewähr** subject to correction, without guarantee
o.g.	**oben genannt** above-mentioned (a/m)
OEG	**Opferentschädigungsgesetz** crime victims compensation act
OHG	**Offene Handelsgesellschaft** general partnership
OLG	**Oberlandesgericht** supreme higher regional court
OWI	**Ordnungswidrigkeit** public order offence
PA	**Patentanmeldung** patent application
pers. haft.	**persönlich haftend** personally liable
PLZ	**Postleitzahl** postal/zip code
ppa.	**per Prokura** per procurationem (p.p., p.pro.), by procuration, per proxy
RA	**Rechtsanwalt** lawyer
Rae	**Rechtsanwälte** lawyers
resp.	**respektive, beziehungsweise** respectively
rev.	**revidiert** revised
s.	**siehe** see
s.u.	**siehe unten** see below

Schufa	**Schutzgemeinschaft für allgemeine Kreditsicherung** credit protection agency
Sen.	**Senior** senior
sog.	**sogenannt** so-called
SRO	**Selbstregulierungsorganisation** self-governing body
St.Nr.	**Steuernummer** tax number
stfr.	**steuerfrei** tax-free, tax-exempt
StPO	**Strafprozessordnung** code of criminal procedure
StR	**Strafrecht** criminal law
stv.	**stellvertretend** acting
StVG	**Straßenverkehrsgesetz** Highway Code *[GB]*, driving code *[US]*
StVO	**Straßenverkehrsordnung** Highway Code *[GB]*, driving code *[US]*
teilw.	**teilweise** partly
tgl.	**täglich** daily, per day, per diem *(lat.)* (p.d.)
TO	**Tagesordnung** agenda
TÜV	**Technischer Überwachungsverein** industrial and automotive safety association
ult.	**ultimo** last day of the month
usf.	**und so fort** and so forth, et cetera *(lat.)* (etc.)
usw.	**und so weiter** and so on, et cetera *(lat.)* (etc.)
UZ	**Ursprungszeugnis** certificate of origin (C/O)
v.H.	**von Hundert** per cent (p.c.)
VB	**Verhandlungsbasis** or near offer (o.n.o.)
VerbrKG	**Verbraucherkreditgesetz** consumer credit act
VermSt.	**Vermögenssteuer** wealth tax
vgl.	**vergleiche** compare (cf.)
VO	**Verordnung** decree
Vors.	**Vorsitzende(r)** chairman, chairperson
VVaG	**Versicherungsverein auf Gegenseitigkeit** mutual insurance society
VZR	**Verkehrszentralregister** central register of traffic offenders
WEG	**Wohnungseigentumsgesetz** residential property act
WiStG	**Wirtschaftsstrafgesetz** Statute of Fraud *[GB]*
WP	**Wirtschaftsprüfer** auditor, certified public accountant
Wv.	**Wiedervorlage** resubmission
Ww.	**Witwer** widower
Wwe.	**Witwe** widow
z.B.	**zum Beispiel** for example (e.g.)
z.d.A.	**zu den Akten** to be filed
z.G.	**zu Gunsten** in favour of
z.H./z.Hd.	**zu Händen** for the attention of (attn.)
z.K.	**zur Kenntnis** for the attention of (attn.)
ZPO	**Zivilprozessordnung** Code of Civil Procedure (CCP)
ZR	**Zivilrecht** civil law
zus.	**zusammen** together

English Civil Court Structure

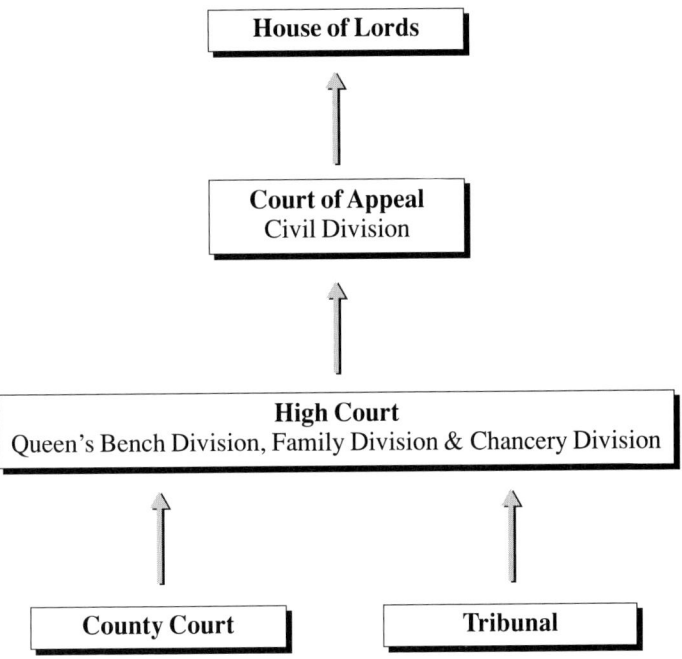

English Criminal Court Structure

House of Lords

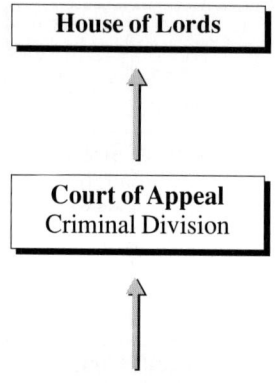

Court of Appeal
Criminal Division

High Court
Queen's Bench Division & Family Division

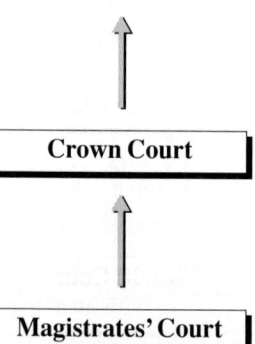

Crown Court

Magistrates' Court

Scottish Civil Court Structure

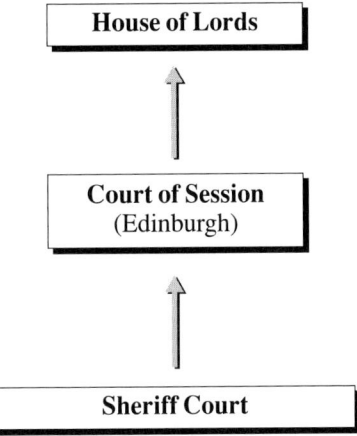

Scottish Criminal Court Structure

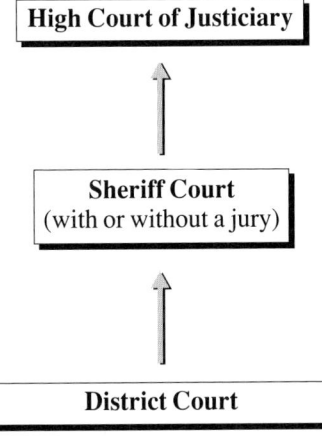

U.S. Court Structure

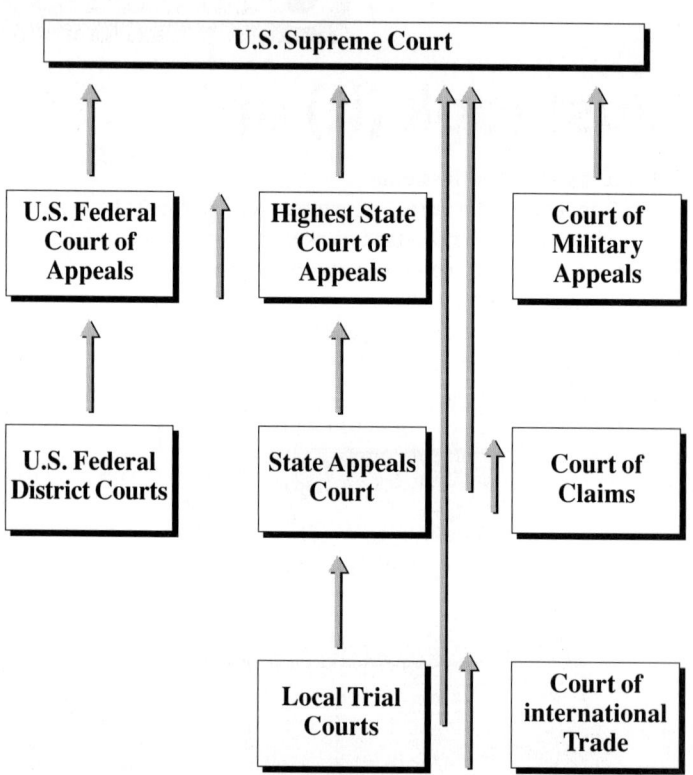